† Wolfgang Müller, Jakob Ebner
Das Gegenwort-Wörterbuch

† Wolfgang Müller
Jakob Ebner

Das Gegenwort-Wörterbuch

Ein Kontrastwörterbuch mit Gebrauchshinweisen

2., neu bearbeitete und erweiterte Auflage

DE GRUYTER

ISBN 978-3-11-061166-3
e-ISBN (PDF) 978-3-11-068229-8
e-ISBN (EPUB) 978-3-11-068596-1

Library of Congress Control Number: 2019951202

Bibliografische Information der Deutschen Nationalbibliothek
Die Deutsche Nationalbibliothek verzeichnet diese Publikation in der Deutschen
Nationalbibliografie; detaillierte bibliografische Informationen sind im Internet
über http://dnb.dnb.de abrufbar.

Dieser Band ist text- und seitenidentisch mit der 2020 erschienen gebundenen Ausgabe der
2. Auflage (ISBN 978-3-11-061164-9)

© 2022 Walter de Gruyter GmbH, Berlin/Boston
Druck: CPI books GmbH, Leck
Satz: Meta Systems Publishing & Printservices GmbH, Wustermark
www.degruyter.com

Wolfgang Müller
*03. Dezember 1921   †26. Januar 2022

In dankbarer Erinnerung an einen leidenschaftlichen und unermüdlichen Germanisten und Lexikographen.

Ein Nachruf auf Wolfgang Müller findet sich hier:

www.degruyter.com/doi/10.1515/9783110682298

Rubrik Zusatzmaterial

Inhalt

1	**Vorwort** —— **VII**	
1.1	Neuerungen der zweiten Auflage —— **VII**	
1.2	Vorwort zur ersten Auflage —— **VII**	
2	**Einführung in die Thematik** —— **XII**	
2.1	Was sind Antonyme? —— **XII**	
2.1.1	Die lexemstrukturelle Gliederung der Antonymenpaare —— **XV**	
2.1.2	Die inhaltlich-begriffliche Gliederung der Antonymenpaare —— **XVII**	
2.1.2.1	Die Hin-//Her-Antonymenpaare —— **XVIII**	
3	**Wie ist das Wörterbuch aufgebaut?** —— **XX**	
3.1	Die Stichwortzeile —— **XX**	
3.2	Die Erläuterungen —— **XXII**	
4	**Wie können Sie das Wörterbuch nutzen? – Wie und was können Sie suchen, und was werden Sie finden?** —— **XXVI**	
4.1	Wie werden die Antonyme kotextuell – im Textzusammenhang – gebraucht? —— **XXVI**	
4.2	Haben Sie das Gegenwort zu einem Wort vergessen, oder wollen Sie es überhaupt erst einmal wissen? Wollen Sie wissen, wie das binäre Antonym zu einem bestimmten deutschen Wort oder Fremdwort der Allgemeinsprache oder der Fachsprache lautet? —— **XXVII**	
4.3	Haben Sie spezielle Fragen? —— **XXVIII**	
4.4	Verwechseln Sie gelegentlich fremdsprachliche Antonyme? —— **XXIX**	
4.5	Sind Sie an Paaren aus Geschichte, Literatur u. a. interessiert? —— **XXIX**	
4.6	Suchen Sie die weibliche Form oder das weibliche Pendant? —— **XXIX**	
4.7	Sind Sie unsicher, ob es nach USA oder in die USA heißt? —— **XXIX**	
4.8	Wissen Sie, dass man Antonyme als Synonyme und auch als Hilfe bei der Wortsuche verwenden kann? —— **XXX**	
4.9	Wollen Sie Wörterbuchartikel präziser gliedern und die Bedeutungen differenzierter beschreiben – mit Hilfe der Antonyme? —— **XXX**	
4.10	Kennen Sie die antonymischen Wortbildungsmittel und die antonymischen grammatischen Ausdrucksmittel? —— **XXXI**	
4.11	Haben Sie Freude am Raten und am Spielen? Dann versuchen Sie es einmal mit Antonymen. —— **XXXII**	
4.12	Wollen Sie auf Entdeckungsreise durch das Antonymenwörterbuch gehen und dabei ihr Wissen spielerisch erweitern? —— **XXXII**	

5   Zeichen und Abkürzungen —— XXXIII

6   Literatur —— XXXIV

I   **Antonymische Wortbildungsmittel und antonymische grammatische Ausdrucksmittel —— 1**

II **Antonymenpaare von A–Z —— 31**

1 Vorwort

1.1 Neuerungen der zweiten Auflage

Die vorliegende zweite Auflage enthält neben den üblichen Korrekturen viele neue Verhältnisse und reichert die Artikel durch Belege an. Diese Belege stammen aus eigenen Exzerptionen von Jakob Ebner und Wolfgang Müller sowie aus verschiedenen Korpora, besonders aus dem Korpus Cosmas des IDS Mannheim. Die Belege veranschaulichen den Gebrauch der Gegenwörter und machen ihre Verwendung vorstellbarer.

Diese zweite Auflage versucht zudem, das lexikografische Zeichensystem deutlicher zu machen.

Auszugsweise Beispiele für neu hinzugekommene Verhältnisse:

Blocksatz//Flattersatz, Bottom//Top, Bradykardie//Tachykardie, Bulle//Bär, Burnout//Boreout, Call//Put, Charterflug//Linienflug, Decollage//Collage, defragmentieren//fragmentieren, Dysphemismus//Euphemismus, Fast Food// Slow Food, Fundi//Realo, Hausse//Baisse, outdoor//indoor, Placebo//Nocebo, reinlich//säuisch, Vorliebe//Abneigung, Vorreiter//Nachzügler, Vorzugsaktie// Stammaktie, Wahlgrab//Reihengrab

Linz im Sommer 2019 · Jakob Ebner

1.2 Vorwort zur ersten Auflage

Unser Denken und somit auch unsere Sprache sind in starkem Maße antonymisch – gegensätzlich – strukturiert.

> *Die Welt ist bipolar aufgebaut: Es gibt keine Nacht ohne Tag, es gibt nur das Oben im Gegensatz zum Unten, es gibt kein Schwarz ohne Weiß, kein Links ohne Rechts, keine Ebbe ohne Flut und kein Einatmen ohne Ausatmen. Im alten China wurden diese beiden Pole mit Yin und Yang bezeichnet, so wie man den einen Pol des Magneten Minus und den anderen Plus nennt* (SIEMS, COMING OUT 89).

Das vorliegende binär konzipierte Antonymenwörterbuch enthält diese die Welt und die Sprache strukturierenden Bipolaritäten. Das sind antonymische Wortpaare und Wendungen – standardsprachliche, salopp-umgangssprachliche und fachsprachliche –, antonymische Wortbildungsmittel und antonymische grammatische Ausdrucksmittel. Einbezogen ist auch das Sexualvokabular, das in den Wörterbüchern oft gar nicht oder nur defizitär berücksichtigt wird.

Dieses Wörterbuch enthält zahlreiche Gegenwortpaare, die in der Sprachpraxis üblich sind, die sich aber trotzdem in den Wörterbüchern nicht als solche registriert finden, zum Beispiel:

Angstgegner//Wunschgegner, Außenseiter//Favorit, Außenstände//Schulden, Familienname//Vorname, Fan//Idol, Froschperspektive//Vogelperspektive, Gastgeber//Gast, Geiselnehmer//Geisel, Knicks//Diener, Nachfolger//Vorgänger, Offizialdelikt//Antragsdelikt, Quelle//Mündung, Täter//Opfer, Versuchsleiter//Versuchsperson, stecken in//nehmen aus (in den Mund, in die Tasche stecken//aus dem Mund, aus der Tasche nehmen).

Wichtige Gegensatzkategorien sind:
oben//unten (zum Beispiel: Himmel//Erde, Unterführung//Brücke, Boden//Keller),
hinten//vorn (zum Beispiel: Bug//Heck, Besanmast//Fockmast, Rücken//Bauch),
viel//wenig (zum Beispiel: reich//arm),
rechts//links (zum Beispiel: Epistelseite//Evangelienseite, schwarz//rot),
groß//klein (zum Beispiel: Erwachsener//Kind),
gut//schlecht (zum Beispiel: Engel//Teufel),
hell//dunkel (zum Beispiel: Sonnenseite//Schattenseite),
mit//ohne (zum Beispiel: bärtig//bartlos),
männlich//weiblich (zum Beispiel: Junge//Mädchen, Herrensattel//Damensattel) u. a.

Dieses Wörterbuch gibt Antwort auf viele und unterschiedliche Fragen zur Antonymie. Um die Breite des Angebots zu skizzieren, seien einige Beispiele genannt.
   Es findet sich zu **schwer** *leicht*, zu **gesund** *krank* (er ist gesund//krank), zu **gesund**//*ungesund* (gesunde//ungesunde Ernährung), zu **Maniküre** *Pediküre*, zu **Pazifist** *Bellizist*, **zu Stummfilm** *Tonfilm*, zu **Zauberer** *Zauberin*, zu **Stier** *Kuh* (männlich//weiblich), zu **Stier** *Ochse* (zeugungsfähig//nicht zeugungsfähig), zu **Hinübersetzung** *Herübersetzung*, zu **Krankenschwester** *[Kranken]pfleger*, zu **Rogen** *Milch*, **zu David** *Goliath*, **zu Leerkilometer** *Nutzkilometer*, zu **konvex** *konkav*, zu **Stalaktit** *Stalagmit*, zu **Auswärtsspiel** *Heimspiel*, zu **ein Modemuffel sein** *modebewusst sein*, zu **Potenzprotz** *Sexmuffel*, zu **Nassrasierer** *Trockenrasierer*, zu **Handbremse** *Rücktritt*, zu **Großraumwagen** *Abteilwagen*, zu **reiner Reim** *unreiner Reim*, zu **Gynäkologe** *Androloge*, zu **Systole** *Diastole*, zu **HDL-Cholesterin** *LDL-Cholesterin*, zu **Pseudonym** *Autonym*, zu **Nymphomanie** *Satyriasis*, zu **Peter-Pan-Syndrom** *Cinderella-Syndrom*, zu **Testosteron** *Östrogen*, zu **Fellatio** *Cunnilingus*, zu **Penis** *Vagina*, zu **Butch** *Femme*, zu **Simultandolmetscher** *Konsekutivdolmetscher*, zu **Matrixsatz** *Konstituentensatz*, zu **Cyber money** *Bargeld*, zu **Internet** *Intranet*.
   Den Antonymenpaaren sind Gebrauchsbeispiele und/oder Bedeutungserläuterungen und/oder Fachbereichsangaben beigegeben, die die semantische Identifikation des betreffenden Gegenwortes herstellen.
   Dies ist das erste deutsche binär gestaltete Antonymenwörterbuch. Es ist kein Gegenwortfeld-Wörterbuch, sondern ein Gegenwort-Wörterbuch. Es enthält antonymische Wortpaare (dick//dünn) im Unterschied zu den kumulativen Gegenwortfeld-Wörterbüchern, die Wörter zur Auswahl anbieten (zum Beispiel zu **dick**//*schlank*,

dünn, dürr, mager, hager), diese aber kollokativ (in Bezug auf charakteristische Wortverbindungen) nicht oder nicht eindeutig zuordnen, und die einen sprachkompetenten Benutzer voraussetzen, der selbst die Auswahl aus dem Angebot treffen muss. Das sind Antonymenwörterbücher mit Synonymgruppen, denen jeweils ein Gegenwort vorangestellt ist.

Dieses Wörterbuch ist der Pragmatik verpflichtet; es will in erster Linie eine Hilfe für die Sprachpraxis, aber darüber hinaus auch eine Dokumentation der vielfältigen gegensätzlichen Sprachstrukturen sein.

Es gibt unterschiedliche antonymische Aspekte, unterschiedliche Antonymien, so dass ein und dasselbe Wort in zwei oder mehreren Antonymenpaaren auftreten kann:
Herr//Dame (meine Damen und Herren), **Herr//Frau** (Herr und Frau Batzke); **Hahn//Henne** (männlich//weiblich), **Hahn//Kapaun** (nicht kastriert//kastriert); **aufmachen//zumachen** (das Fenster aufmachen//zumachen), **aufmachen//zulassen** (das Fenster aufmachen//zulassen), **rausgehen//reingehen** (ich gehe raus und wieder rein), **rausgehen//reinkommen** (ich gehe raus, und er kommt rein), **reinkommen//rauskommen** (er soll zu mir reinkommen, und sie soll zu ihm rauskommen), **schon//noch** (er ist schon alt/er ist noch jung), **schon//noch nicht** (er ist schon alt//er ist noch nicht alt).

Gegensätze – Antonymien – werden gern stilistisch, wortspielerisch und in ganz unterschiedlicher Weise genutzt. Welch bedeutende Rolle sie spielen, können einige Belege aus unserem sprachlichen Alltag vor Augen führen:
- Immer *mehr* Alte, immer *weniger* Junge
- *Warme* Atmosphäre im *kalten* Helsinki
- Wie war ich so *reich* damals, als ich *arm* war!
- Ihr da *oben*, wir hier *unten* – *große* Sorgen *kleiner* Leute
- In der *Engels*gasse ist der *Teufel* los
- *Schwarze* Schafe in *weißen* Kitteln
- Wie *arme Schlucker* schnell zu *Millionären* werden können
- Die eine der Frauen *ist eine Kraftnatur*, die andere *anlehnungsbedürftig*
- *Schlanke* Verwaltung oder *aufgeblähter* Apparat
- *Graue Haare – junge* Pläne
- Von *Chemie* hielt er *wenig, viel* aber von alten *Hausmitteln*
- *Erd-* und *freiverlegte* Rohre
- Was ich im *Kopf* gelöst habe, das ist das eine, was mein *Bauch* sagt, das andere
- Autofahrer *ohne* Führerschein, aber *mit* Promille
- Wie viel Lebens- und Höllenvision sich in Tschaikowskys Tondichtungen *verbirgt* oder *entbirgt*, ist nicht abschließend ausgemacht
- Fred, der *wenig* Haare, aber *viel* Schuppen hat
- Meine Mutter wehrte sich mit *mageren* Beinen und *fetten* Händen

- Meine *Nächte* sind schöner als deine *Tage*
- Wer *heute* liest, ist nicht von *gestern*
- Ein *harter* Tag braucht einen *weichen* Pullover
- Der Junge, der im Heim *groß* und im Knast nicht *klein* wurde
- Die *Fernwärme naht*
- Die deutsche *Früh*kartoffel ist ein *Spät*entwickler
- Wenn der sich *auszieht, zieht* er alle Frauen *an*
- Dann wird das *Fahr*zeug immer mehr zum *Steh*zeug
- Aus dem Leben eines Taug*eviels*
- Die *Verbesserlichen*
- Ihr Pelz *übersommert* am besten in unseren klimatisierten Konservierungsräumen
- *Streichholzkurze* Haare
- Eine *eindrucksleere* Dokumentation.

Beliebt sind auch auf Antonymie aufgebaute Paradoxien:
- Zurück in die Zukunft
- Vorwärts in die Vergangenheit
- Ein Rückschritt, der ein Fortschritt ist.

Sowohl Deutsch lernenden Ausländern als auch Muttersprachlern kann dieses Antonymenbuch eine Hilfe sein – bei jeweils anderen Fragestellungen und Schwerpunkten. Dass im Hinblick auf Antonyme ein Frage- und Informationsbedürfnis besteht, geht aus Sprachanfragen an die Dudenredaktion hervor.

Dieses Wörterbuch ist auf Grund jahrelanger Sammlungen und Beobachtungen entstanden. Ihm wurde mancherlei Hilfe und Wohlwollen zuteil. Ich möchte allen danken, die mit zum Gelingen dieses Projekts beigetragen haben.

Danken möchte ich zuallererst meiner Familie: meiner Frau und meiner Tochter für mancherlei Anregungen und Hinweise; ganz besonderen Dank schulde ich meinen Söhnen: meinem Sohn Wolf-Tilo Müller, der mich mit dem PC vertraut gemacht hat, denn ohne die elektronische Basis hätte das Projekt gar nicht realisiert werden können, und meinem Sohn Dr. Klaus-Rainer Müller, der das gesamte Projekt sehr engagiert begleitet und gefördert hat – sowohl inhaltlich wie auch als Fachmann der elektronischen Wissenschaft.

Herzlich danken möchte ich auch Herbert Ernst Wiegand, der mit eigenen metalexikographischen Forschungsarbeiten der Lexikographie zahlreiche Anstöße gegeben hat und der sich stets entdeckerisch-aufgeschlossen und fördernd denen zuwandte und zuwendet, die auf dem Gebiet der Lexikographie und Lexikologie in neue Bereiche vorzudringen sich bemühen. Durch seine wohlwollende und aktive Vermittlung hat er zur Veröffentlichung dieses Buches wesentlich beigetragen.

Dem de Gruyter Verlag danke ich ganz allgemein und Frau Dr. Brigitte Schöning im Besonderen für die Aufnahme meines Buches in die Verlagsproduktion.

Dieses Buch ist für manche vielleicht ein ungewöhnliches Buch – eine Mischung aus Wörterbuch und Lexikon. Die einen werden mehr darin finden, als sie vermuten, andere wiederum werden vielleicht nicht das finden [können], was sie suchen, denn nicht zu jedem Wort gibt es das binäre Gegenwort.

Für Hinweise im Hinblick auf Ergänzungen und Verbesserungen sowie für weiterführende Anregungen und förderliche Kritik – natürlich auch für Zustimmung – bin ich dankbar.

Mannheim im Herbst 1997   Wolfgang Müller

2 Einführung in die Thematik

2.1 Was sind Antonyme?

Antonymenpaare stehen in einer gegensätzlichen Bedeutungsbeziehung. Es sind Wörter, in deren Bedeutungsstruktur jeweils mindestens ein differenzierendes gegensätzliches Bedeutungsmerkmal (Sem) bei Gleichheit aller übrigen Bedeutungsmerkmale auftritt. **Kuh** und **Bulle**, beides sind Rinder, der Unterschied liegt in weiblich//männlich. **Bulle** und **Ochse**, beides sind männliche Rinder, der Unterschied liegt in zeugungsfähig und zeugungsunfähig. **Aktiver Offizier** und **Reserveoffizier**, beide sind Offiziere, der Unterschied liegt in aktiv und nicht (mehr) aktiv.

Die Antonymien können einerseits inhaltlich und andererseits morpholexikalisch gegliedert werden.

Über begriffliche Zuordnungen und Unterbenennungen gehen die Meinungen der Fachleute – wie so oft bei sprachwissenschaftlichen Termini – zwar auseinander, doch sind sie sich im Prinzip darin einig, dass es sich bei Antonymen um Lexempaare, um Wortpaare, um Binarität (hoch//tief, Liebe//Hass, mit//ohne, lachen//weinen) handelt. Gelegentlich kommen allerdings auch triadische (ternäre) Einheiten – Tripel – vor wie **Vergangenheit//Gegenwart, Zukunft,** die sich auch wieder binär auflösen lassen mit einerseits polarer Spannung [Vergangenheit//Zukunft] und andererseits segmental [Gegenwart//Zukunft] bzw. [Gegenwart//Vergangenheit].

Dreiergruppen gibt es auch bei konkurrierenden Bildungen **(mobilisieren//demobilisieren, entmobilisieren; tolerant//intolerant, untolerant; abrüsten//rüsten, aufrüsten)** und bei konkurrierenden Benennungen **(Hauptsatz//Nebensatz, Gliedsatz; Vordersteven//Hintersteven, Achtersteven)**.

Es gibt Primärantonyme (laden, reinstecken) und Sekundärantonyme (entladen, rausziehen). Ein Sekundärantonym existiert erst durch das Primärantonym – es macht den vom Primärantonym bewirkten Zustand wieder rückgängig.

Gegenwörter haben die gleiche Kontextfähigkeit (Sachverhaltsidentität); oft haben sie auch die gleiche Kotextfähigkeit (gleiche Kollokationen, gleiche Wortverknüpfungen), lassen sich in gleiche Texte einsetzen:
viel//wenig: viele Menschen//wenige Menschen;
Abreise//Anreise: die Abreise//Anreise erfolgt am ...;
gemütlich//ungemütlich: ein gemütlicher//ungemütlicher Raum.

Sie haben jedoch dann nicht die gleiche Kotextfähigkeit, wenn auf Grund der antonymischen Semantik andere Kollokatoren auftreten oder wenn semantische Unverträglichkeiten damit verbunden sind:
loben//tadeln: er wurde wegen seines Fleißes gelobt//er wurde wegen seiner Faulheit getadelt;
hoch//tief: hoch steigen//tief fallen;

Abreise//Anreise: eine überstürzte Abreise//nicht: *eine überstürzte Anreise; **gemütlich//ungemütlich:** mein gemütliches//nicht: *ungemütliches Heim [weil das Adjektiv ungemütlich mit dem Inhalt des Wortes Heim nicht vereinbar ist]).

Ich unterscheide zwischen dem binär verankerten **Gegen-Wort** (usuelles Antonym) und dem nicht binär verankerten **Gegenfeld-Wort** (okkasionelles Antonym). Das Gegenfeld-Wort ist ein antonymisches Wort aus einer Gruppe sinnverwandter Wörter, das mit anderen sinnverwandten konkurriert.

Beim **Gegenwort** besteht eine feste Kopplung (oben//**unten**, lachen//**weinen**). Beim **Gegenfeldwort** gibt es die lexikologischen und stilistischen Variationsmöglichkeiten (lachen//**Tränen vergießen, heulen, flennen**). Man könnte auch von obligatorischen und fakultativen Gegenwörtern sprechen.

Zur Veranschaulichung einige Beispiele:
- Usuell-antonymische Wortpaare sind
  jung//alt: er ist (noch) jung//er ist (schon) alt
  Vorteil//Nachteil
  zahlungsfähig//zahlungsunfähig
  solvent//insolvent, liquid//illiquid.
- Okkasionell-antonymisch sind
  jung//nicht mehr der Jüngste, bejahrt: er ist (noch) jung//er ist nicht mehr der Jüngste, er ist (schon) bejahrt
  Vorteil//Handicap, Benachteiligung, Hintertreffen
  zahlungsunfähig//solvent, liquid.

Das vorliegende binäre Gegen<u>wort</u>-Wörterbuch ist ein erklärendes, ein deskriptives Antonymenwörterbuch, und zwar insofern, als es zu den einzelnen Lexemen (Wörtern)//Semmemen (Wortbedeutungen) Gebrauchsbeispiele und//oder Erläuterungen zum Wortinhalt und//oder Angaben zum Fachbereich enthält.

Alle Arten von Gegenwortpaaren werden berücksichtigt. Es gibt kontradiktorische, konträre, polare, komplementäre, korrelative, konverse und alternative Antonyme, doch oft ist die klassifikatorische Zuordnung ambivalent.

Bei alternativen Antonymenpaaren handelt es sich um die Alternative „entweder – oder", zum Beispiel: Steht die Ampel auf *Rot* oder auf *Grün*? Ist dieses ein *Münz-* oder ein *Kartentelefon*? Ist er *pflicht-* oder *freiwillig* versichert? Möchten Sie eine Platzreservierung im *Großraumwagen* oder im *Abteilwagen* des ICE? Liebt er *heterosexuell* oder *homosexuell*? Ist er *aktiver Offizier* oder *Reserveoffizier*?

Wenn das antonymische – das gegensätzliche – Bedeutungsmerkmal nicht vorhanden ist – zum Beispiel bei *Oberleutnant//Oberst* –, dann handelt es sich nicht um Antonyme, es sei denn ein entsprechender Kontext macht sie okkasionell dazu.

Diese antonymischen Alternativen (mit dem gegensätzlichen Bedeutungsmerkmal: entweder dies oder das) machen deutlich, dass es sich bei Zwischenstufen – wie im Folgenden – nicht um Antonyme handelt.

Ein Antonymenpaar ist **rot//grün** (stehenbleiben//fahren), aber nicht: rot//gelb oder grün//gelb; um Antonyme handelt es sich bei **heterosexuell//homosexuell** (das andere Geschlecht//das eigene Geschlecht liebend), aber nicht: homosexuell//bisexuell oder heterosexuell//bisexuell. **Monogamie//Polygamie** (Völkerkunde) sind Antonyme; Monogamie//Bigamie sind es nicht.

Antonyme gibt es in allen Grundwortarten – bei Adjektiven (alt//neu, regenreich//regenarm), Substantiven (Liebe//Hass, Spannsatz//Kernsatz), Adverbien (oben//unten, stromabwärts//stromaufwärts), Verben (weinen//lachen, tabuisieren//enttabuisieren), Präpositionen (mit//ohne), Zahlwörtern (viel//wenig), Pronomen (dieser//jener, nichts//alles, du//Sie).

Die Antonymie erstreckt sich nicht nur auf Lexeme (Wörter)//Sememe (Wortbedeutungen), sondern auch auf Syntagmen (Wortgruppen) und Wendungen (in Pacht nehmen//in Pacht geben; Gott sei Dank//leider; nach Maß//von der Stange).

Neben den in der semantischen Struktur des Wortschatzes begründeten primären Basisantonymen *(groß//klein, Tag//Nacht)* und den derivativen (abgeleiteten) Antonymen *(belasten//entlasten, einschalten//ausschalten)* sowie Konversionen *(Start//Landung)* und den mit Antonymen zusammengesetzten Komposita *(Hinterhaus//Vorderhaus, Sommermantel//Wintermantel, bergab//bergauf)* gibt es auch aus dem Welterleben heraus ad hoc zusammengefügte oder geschaffene Antonymenpaare mit sowohl primären als auch zusammengesetzten//abgeleiteten Lexemen//Sememen *(rot//schwarz* [politisch], *rot//grün* [Verkehr], *rosa//hellblau* [bei den Babys: für Mädchen//für Jungen], *Ständer//Läufer* [Technik], *Freilandgemüse//Treibhausgemüse).*

Neue Antonymenpaare bilden sich auf Grund neuer gesellschaftlicher und// oder technologischer Entwicklungen: das **Mobiltelefon** machte aus dem Telefon das Antonymenpaar **Festnetztelefon//Mobiltelefon;** die Erfindung des elektrischen Rasierapparates brachte das Antonymenpaar **Trockenrasierer//Nassrasierer** hervor. Gegenwortpaare entstehen auch durch etwas vom Üblichen Abweichendes **(Falschmeldung//Meldung)**; zum Beispiel auch, wenn etwas spezifisch Männliches oder spezifisch Weibliches auf das jeweils andere Geschlecht übertragen wird, **Tennis//Damentennis, Fußball//Damenfußball, Handtasche//Herrenhandtasche, Torte//Herrentorte.**

Es gibt Antonymenpaare mit zwei resultativen (Resultate bewirkenden, das Ende eines Geschehens ausdrückenden) Verben **(zumachen//aufmachen)** und Antonymenpaare mit einem resultativen und einem durativen (den Zustand belassenden) Verb – segmental-alternative Antonyme – **(zumachen//auflassen, aufmachen//zulassen, gehen//bleiben)** und Antonymenpaare mit zwei durativ-konträren Verben **(auflassen//zulassen).**

Die Gegenwortpaare können sowohl unter lexemstrukturellem Aspekt als auch unter inhaltlich-begrifflichem analysiert und typologisiert werden.

Sowohl die lexemstrukturelle Gliederung (nach der Wortbildung: Ableitung – speziell auch die Movierung –, Komposition, Konversion) als auch die inhaltlich begriffliche Gliederung (nach kontradiktorisch, konträr, polar, konvers, komplementär, sexusbedingt-komplementär usw.) bilden die Basis für die Zusammenstellung der Antonymenpaare des binären Antonymenwörterbuches.

2.1.1 Die lexemstrukturelle Gliederung der Antonymenpaare

Es gibt Antonymenpaare mit impliziter und expliziter Antonymie sowie Kompositionsantonyme, die folgendermaßen gekennzeichnet sind:
1. implizite Antonyme (primäre Lexeme//Sememe, Basislexeme//-sememe), also Antonyme, die nicht durch Wortbildungsmittel (Ableitungen) oder durch Komposition//Konversion entstanden sind: *alt//jung, gesund//krank, lachen//weinen, kommen//gehen, starten//landen, Ebbe//Flut, Glück//Pech, Obstipation//Diarrhö, oben//unten, hinten//vorn, rechts//links, gestern//heute, morgen, mit//ohne, niemand//alle;*
2. explizite Antonyme, realisiert durch folgende unterschiedliche antonymische Wortbildungsmittel (Ableitungen):
   a) realisiert durch **zwei** unterschiedliche Präfixe//Präfixoide//Anfangskonfixe
      – mit gleichem Basiswort: *sich verloben//sich entloben, aufrüsten//abrüsten, unterversorgt//überversorgt, Überversorgung//Unterversorgung, Oberhaus//Unterhaus, antiamerikanisch//proamerikanisch*
      – mit nicht gleichem Basiswort: *abstoßen//anziehen, aufziehen//zuschieben*
   b) realisiert durch eine Nullstelle und ein Präfix:
      rüsten//abrüsten, tabuisieren//enttabuisieren, chiffrieren//dechiffrieren, gesund//ungesund, relevant//irrelevant, Argument//Gegenargument, Motivation//Demotivation.
      Als Antonyme werden manchmal auch Paare wie *keimen//entkeimen, harzen//entharzen, wässern//entwässern* bezeichnet, doch handelt es sich hier nicht um Antonymenpaare vom Typ *tabuisieren//enttabuisieren*, bei dem das sekundäre Antonym (enttabuisieren) einen Zustand wieder aufhebt, der durch das primäre Antonym (tabuisieren) herbeigeführt worden ist. Bei *keimen//entkeimen, harzen//entharzen* usw. werden zwar auch Zustände oder Ähnliches durch ent... wieder aufgehoben, doch unterscheiden sich diese Paare von den obengenannten darin, dass jeweils das angebliche Primärantonym, zum Beispiel keimen, intransitiv gebraucht wird (die Kartoffeln keimen) und damit ein Entstehen, Geschehen, Vorgang ausgedrückt wird, während entkeimen transitiv gebraucht wird und eine absichtliche sowie gezielte Handlung darstellt (die Kartoffeln entkeimen). Das trifft auch auf *infizieren – desinfizieren* zu;
   c) realisiert durch zwei unterschiedliche Suffix//Suffixoide//Endkonfixe:
      stimmlos//stimmhaft, kalorienreich//kalorienarm, bleifrei//bleihaltig, kinderfreundlich//kinderfeindlich, frankophil//frankophob

d) mit einem Präfix und einem Suffix:
    behaart//haarlos
e) mit einem antonymischen Teil an erster und einem an zweiter Stelle:
    oknophil//philobat.
3. Es gibt Kompositionsantonyme (wobei Komposition im weitesten Sinne gemeint ist und Konversionen mit eingeschlossen sind).

Bei manchen Komposita sind die antonymischen Teile auch selbstständig als Antonyme vorhanden (Sommermantel//Wintermantel, bergauf//bergab). Es gibt auch nur ad hoc bestehende antonymische Bestandteile (Nennwert//Kurswert, Istwert//Sollwert, Zeitlupe//Zeitraffer, Kartentelefon//Münztelefon), die keine Gegensätze sind, wenn sie selbstständig gebraucht werden, sofern sie überhaupt selbstständig gebraucht werden können.

Manche Kompositionsantonyme haben Bestimmungswörter (die ersten Konstituenten), die mit mehr als nur einem Gegenbestimmungswort korrelieren. Wörter mit dem Bestimmungswort Stamm- können Gegenwörter mit Lauf- haben (*Stammkundschaft//Laufkundschaft*), aber auch mit Wechsel- (*Stammwähler//Wechselwähler*); zu Komposita mit dem Bestimmungswort Einzel- gibt es Gegenwörter mit ganz unterschiedlichen Bestimmungswörtern:

Einzelarbeit//Gruppenarbeit, *Einzelbauer//Genossenschaftsbauer*
Einzelbett//Doppelbett, *Einzelergebnis//Gesamtergebnis*
Einzelfahrkarte//Sammelfahrkarte, *Einzelfeuer//Dauerfeuer*
Einzelhaft//Gemeinschaftshaft, *Einzelhandel//Großhandel*
Einzelkampf//Mannschaftskampf, *Einzelkosten//Gemeinkosten*
Einzellauf//Paarlauf.

Bei den Kompositionsantonymen kann der Gegensatz realisiert sein
a) in den ersten Konstituenten: *fremdbestimmt//selbstbestimmt, Kopfarbeiter//Handarbeiter, Stehplatz//Sitzplatz, Heimspiel//Gastspiel, kurzsichtig//weitsichtig;*
b) in den zweiten Konstituenten: *Steuersenkung//Steuererhöhung, Geschäftsschluss//Geschäftsbeginn, Heimschwäche//Heimstärke;*
c) in der erster **und** in der zweiten Konstituente: *hin-auf//her-ab;*
d) durch Wortbildungsmittel in Verbindung mit Antonymenpaaren: *bejahen//verneinen, sich verfeinden//sich befreunden, erleichtern//erschweren.*

Es gibt Antonymenpaare, deren Antonymität nicht im Lexem//Semem manifest wird, sondern beispielsweise in den Präpositionen oder grammatisch-syntaktisch: *steigen in//steigen aus; s. a. aussteigen* (in den Bus steigen//aus dem Bus steigen); *sich etwas borgen//jemandem etwas borgen:* ich borgte mir ein Buch (von ihm)//er borgte mir ein Buch.

Eine bedeutende Antonymengruppe ist die mit der Vorsilbe *un-//Un-*. Aber nicht immer handelt es sich bei vorhandenen Wortpaaren ohne und mit *un-//Un-* um

Antonymenpaare (z. B. nicht: *Kraut//Unkraut, unziemlich//ziemlich, unvergesslich// vergesslich*); und nicht zu allen mit *un-//Un* negierten Wörtern existieren nichtnegierte Gegenwörter (*unantastbar*//nicht: **antastbar, unbotmäßig*//nicht: **botmäßig, unerschöpflich*//nicht: **erschöpflich, unliebsam*//nicht: **liebsam, unnachahmlich*// nicht: **nachahmlich, unsäglich*//nicht: **säglich*).

Manche *un*-Adjektive sind zwar Gegenwörter, doch werden sie oft nur synonymisch in Verbindung mit einer Negation gebraucht, zum Beispiel: *flott//nicht unflott (diese Musik war flott//nicht unflott; unüberwindbare//kaum überwindbare//nicht überwindbare Schwierigkeiten).*

Bei Zusammensetzungen kann die *un*-Negation auch am Anfang stehen: *unzurechnungsfähig* statt **zurechnungsunfähig*.

2.1.2 Die inhaltlich-begriffliche Gliederung der Antonymenpaare

Berücksichtigt werden alle Arten von Antonymen:
- **kontradiktorische,** die sich gegenseitig ausschließen [*tot//lebendig, ledig//verheiratet*] und als Untergruppe dazu **komplementäre,** die sich in irgendeiner Weise auch wieder ergänzen oder zusammengehören (zum Beispiel aktiv und passiv: *Unterdrücker//Unterdrückter*). Zu den komplementären Antonymen zählen auch **Paare** aus Literatur, Geschichte und Kultur (*David//Goliath, Romeo// Julia, Narziss//Goldmund, Abälard//Heloise, Hänsel//Gretel, Maria//Josef, Castor//Pollux*). Die Aufnahme komplementärer Personen in die Antonymik ist nicht ganz so ungewöhnlich, wie es auf den ersten Blick vielleicht aussehen mag. Schon Daniel Sanders hat in seiner onomasiologischen Sammlung – seinem Deutschen Sprachschatz (1873) – bekannte Liebespaare unter dem komplementären Aspekt von Liebende[r] und Geliebte[r] aufgenommen. Bei den komplementären Personenpaaren kann es sich natürlich nur um eine (subjektive) Auswahl handeln.
- **sexusbedingt-komplementäre** Antonymenpaare (mit primären Lexemen: *Mann//Frau, Nonne//Mönch, Bruder//Schwester, Hengst//Stute*; movierte Bildungen: *Enkel//Enkelin, Förderer//Förderin, Souffleur//Souffleuse*; Komposita: *Enkeltochter//Enkelsohn*; mit primärem Lexem und Kompositum: *Pfleger//Krankenschwester*).
- **konträre//polare** Antonymenpaare – Endpunkte einer Skala – (*lang//kurz, breit//schmal*) und **konverse,** bei der etwas aus zwei entgegengesetzten Perspektiven betrachtet wird (*kaufen//verkaufen, mieten//vermieten, geben//nehmen*). Die Grenzen sind allerdings überall fließend.
- **zeitbestimmte** Antonyme (*morgens//abends*),
- **lagebestimmte** (*vor//hinter*),
- **wertebestimmte** (*schön//hässlich*) usw.
- **richtungsbezogene Antonymenpaare:** *gehen//kommen*. Dazu gehören auch die Hin-//Her-Antonymenpaare.

Antonyme können Zustände, Arten, Handlungen, Geschehen beinhalten. Es gibt
- **artbezogene** Gegenwörter: gehen//fahren, reiten, laufen, kriechen, springen
- **hierarchisch** bedingte: Herr//Knecht, Herr//Hund
- **sexus- und hierarchisch** bedingte: Meister//Sklavin (Sadomasochismus)
- **altersbedingte:** Jüngling//Greis, Frau//Mädchen (sie ist schon eine Frau//noch ein Mädchen)
- **wertungsbedingte:** Mann//Schwächling (er ist ein richtiger Mann//ein mieser Schwächling)
- **situationsbedingte:** Mann//Pferd
- **historische, veraltete:** Abendland//Morgenland, Frühling//Spätling, Kettengarn//Schussgarn, Maschinengarn//Handgarn, kurzsichtig//langsichtig,

Manche von ihnen sind nur kontextbedingt-okkasionelle Antonyme.

2.1.2.1 Die Hin-//Her-Antonymenpaare

Die unterschiedlichen Gegensätze mit *hin-* und *her-* werden in diesem Wörterbuch ausführlicher dargestellt.

Es gibt in diesem Bereich drei verschiedene Gegensatzkombinationen je nach Perspektive und Standort. Im dreibändigen Handwörterbuch von J. Chr. Aug. Heyse (1833) werden die jeweiligen Konstellationen unterschieden hinsichtlich der räumlichen Richtung (hinauf//hinab, hinein//hinaus: a+b//a+c), hinsichtlich der persönlichen Beziehung (hinauf//herauf; hinein//herein; hinüber//herüber: a+b//c+b) und in beiderlei Hinsicht (hinauf//herab; hinein//heraus: a+b//c+d).

Kombinationen:
- hin-auf//hin-unter: Bewegungen in gegensätzliche Richtungen, die bei personen-identischer Perspektive entweder von zwei gegensätzlichen Standorten ausgehen (hin und zurück) oder von einem Standort in entgegengesetzte Richtungen (von hier unten nach dort oben und von hier oben nach dort unten).
- her-auf//her-unter: Bewegungen aus gegensätzlichen Richtungen kommend auf einen Standort zu (von dort unten nach hier oben und von dort oben nach hier unten).
- her-auf//hin-unter – her-unter//hin-auf: Bewegungen in gegensätzliche Richtungen bei personenidentischer Perspektive und einem Standort: auf den Standort zu (von dort unten nach hier oben) und von ihm weg (von hier oben nach dort unten) und umgekehrt auf den Standort zu (von dort oben nach hier unten) und von ihm weg (von hier unten nach dort oben).
- her-auf//hin-auf: bei personenidentischer Perspektive und einem Standort (von dort unten nach hier oben und weiter von hier [unten] nach dort oben oder bei personenverschiedener Perspektive von dort unten nach hier oben bzw. von hier [unten] nach dort oben).
- hin-ein//hin-aus: Bewegungen in gegensätzliche Richtungen bei einer personenidentischen Perspektive und zwei Standorten (hin und zurück; von hier draußen nach dort drinnen und von hier drinnen nach dort draußen).

– <u>her-ein//her-aus</u>: Bewegungen aus gegensätzlichen Richtungen bei einer personenidentischen Perspektive und zwei Standorten (hin und zurück; von dort draußen nach hier drinnen und von dort drinnen nach hier draußen).
– <u>her-ein//hin-aus – her-aus//hin-ein</u>: Bewegungen in gegensätzliche Richtungen bei personenidentischer Perspektive und einem Standort (von dort draußen nach hier drinnen und von hier drinnen nach dort draußen und umgekehrt: von dort drinnen nach hier draußen und von hier draußen nach dort drinnen).
– <u>hin-über//her-über</u>: Bewegungen in gegensätzliche Richtungen bei personenidentischer Perspektive und einem Standort (hin und zurück; von hier nach dort drüben und von dort drüben nach hierher).

Es gibt richtungsbezogene Antonymenpaare mit dem gleichen Basiswort (hereinbringen//hinausbringen, hereindringen//hinausdringen: der Lärm drang herein// der Lärm drang hinaus) und richtungsbezogene Antonymenpaare mit nicht gleichem Basiswort (hereinkommen//hinausgehen; hineintragen//herausbringen: sie trug die Botschaft persönlich hinein und brachte die Antwort persönlich heraus).

3 Wie ist das Wörterbuch aufgebaut?

Das Gegenwort-Wörterbuch ist unter binärem Aspekt angelegt. In einer fett gedruckten **Stichwortzeile** sind die Gegenwörter angeführt, darunter in einem eigenen Absatz die **Erläuterungen** mit Erklärungen und Beispielen. Wenn zu einem Wort das [usuell-binäre] Gegenwort genannt ist, so bedeutet dies nicht, dass nicht auch andere Gegenwörter – okkasionelle – möglich wären. Besonders in Fällen, wo es kein streng usuelles Gegenwort gibt, sind auch andere Entscheidungen denkbar. Wichtig ist in solchen Fällen jedoch nur, dass der Benutzer eine in jedem Fall korrekte und verwendbare Auskunft erhält.

3.1 Die Stichwortzeile

In der Stichwortzeile befindet sich das Gegenwortpaar (in bestimmten – seltenen – Fällen sind es mehr als nur zwei Wörter, dann kann mehr als ein Gegenwort hinter dem Schrägstrich stehen: Vergangenheit//Gegenwart, Zukunft; tolerant//intolerant, untolerant). Jedes Wortpaar erscheint aus gebrauchspraktischen – benutzerfreundlichen – Gründen zweimal, das heißt, jedes Wort (Lexem//Semem) erscheint in der alphabetischen Reihenfolge (abmachen//anmachen; anmachen//abmachen). Auf diese Weise erübrigt sich ein Register.

Wenn es zu einem Antonymenpaar ein oder mehrere sinnverwandte Wortpaare gibt, werden diese bei Synonymität mit ↑ angehängt (**Unterhaltungsmusik//ernste Musik** ↑auch E-Musik, **Leukozyt//Erythrozyt** ↑auch rote Blutkörperchen).

Entsprechend dem Binaritätsprinzip werden beispielsweise Wortpaare wie **zahlungsfähig//zahlungsunfähig, liquid//illiquid, solvent//insolvent** getrennt aufgeführt und nicht zusammengefasst in zahlungsfähig//zahlungsunfähig, illiquid, insolvent. Es wird aber jeweils auf die anderen sinnverwandten Wortpaare verwiesen.

Die mit ↑**auch** angeschlossenen Wörter beziehen sich immer auf das oder die Wörter nach dem Schrägstrich (//). Beispiel: **Ehemann//Ehefrau;** ↑**auch Gattin; zuzählen//abziehen;** ↑**auch subtrahieren; ausstoßen//einziehen;** ↑**auch einatmen; ...//de...;** ↑**auch ent...** . Auf diese Weise findet derjenige, der zu einem Wort – zum Beispiel zu *zuschrauben* – das Gegenwort sucht, nicht nur *aufschrauben*, sondern – angeschlossen mit ↑auch – auch noch das sinnverwandte Wort *aufmachen*, das wie alle Wörter, auf die mit ↑auch verwiesen wird, im Wörterbuch in der alphabetischen Abfolge in einem Antonymenpaar zu finden ist.

Wenn zu einem Wort auf Grund verschiedener Bedeutungen unterschiedliche Gegenwörter existieren, erscheint das Wort zwei oder mehrere Male, zum Beispiel:
aktiv//inaktiv
aktiv//passiv
ausziehen//anbehalten

ausziehen//anziehen
Gast//Gastgeber
Gast//Wirt
gesund//krank
gesund//ungesund
Glück//Pech
Glück//Unglück.

In der Stichwortzeile finden sich auch Verweiswörter, die mit ↑ (= siehe, schlag nach bei ...) auf den Haupteintrag verweisen, zum Beispiel: **Für** ↑ das Für und Wider; **neu** ↑ die neuen Bundesländer, das Neue Testament, die Neue Welt. Die Verweiswörter können auch Grundwörter von Komposita sein, zum Beispiel: **Delikt,** von dem mit ↑ auf entsprechende Wörter (in Gegenwortpaaren) verwiesen wird: ↑Antragsdelikt, Begehungsdelikt, Offizialdelikt, Unterlassungsdelikt. Verweiswörter können auch auf Wörter verweisen, die zwar inhaltlich dazugehören, die aber das Wort selbst gar nicht (als Grundwort) enthalten, zum Beispiel beim Verweiswort **Sprache** ↑Nonstandard, Standard.

Wenn man nur vage weiß, dass es für Mütter, die zum ersten Mal gebären, also für die Erstgebärenden, und für Mütter, die schon mehrmals geboren haben, bestimmte Bezeichnungen gibt, dann findet der Benutzer das Verweiswort **Gebärende** mit Verweisen auf Antonymenpaare mit Erstgebärende, Mehrgebärende, Multipara, Nullipara, Primipara, Sekundipara.

Wenn das Wort, das Verweiswort ist, auch noch in einem Gegenwortpaar vorkommt, steht das Verweiswort in der alphabetischen Reihenfolge immer nach dem oder den Gegenwortpaaren, zum Beispiel:
Niederlage//Sieg
Niederlage ↑Auswärtsniederlage, Heimniederlage.

Die Gegenwortpaare oder -gruppen werden **in alphabetischer Abfolge** aufgeführt. Die alphabetische Ordnung erfolgt Buchstabe für Buchstabe – jeweils bis zum Schrägstrich (//). Für Wörterbücher ungewöhnlich, werden also auch Artikel, Präpositionen in die Alphabetisierung einbezogen. Das betrifft auch die mehr als nur ein Wort umfassenden Einträge, bei denen Leerstellen ignoriert werden, z. B. *in Begleitung* unter **in.**
darunter//darauf
darunter//darüber
das schwache Geschlecht//das starke Geschlecht
im Großen//im Kleinen
Imitation//Original
imitiert//echt
im Kleinen//im Großen.

Kommt ein Stichwort mehr als einmal vor, dann wird zur alphabetischen Einordnung auch das jeweilige Gegenwort herangezogen:
abmontieren//anmontieren
abmontieren//aufmontieren
Feind//Feindin
Feind//Freund
Herr//Dame
Herr//Diener
Herr//Frau
Herr//Knecht
Herr//Sklave.

Wenn es sich um Gegenwortpaare der Wortbildungsmittel mit drei Auslassungspunkten (...) handelt, wird folgendermaßen alphabetisiert: Erst kleingeschriebene Wörter mit folgenden drei Punkten (...); dann großgeschriebene mit folgenden drei Punkten (...); danach vorangestellte drei Punkte (...):
fremd//eigen
fremd//vertraut
fremd...//eigen...
fremd...//selbst...
Fremd...//Eigen...
Fremd...//Selbst...
...fremd//...eigen.

3.2 Die Erläuterungen

Unter der Stichwortzeile stehen Gebrauchsinformationen. Diese sind als zusätzliche und identifikatorische Angaben gedacht. Sie beziehen sich auf das <u>erste</u> Wort des Antonymenpaares. Dabei handelt es sich entweder um
<u>Gebrauchsbeispiele</u> mit Kollokatoren:
aufziehen//zuschieben *das Schubfach aufziehen*
aufziehen//zuziehen *den Vorhang, den Reißverschluss aufziehen*

<u>Bedeutungserklärungen:</u>
Nettogehalt//Bruttogehalt (nach allen Abzügen der noch verbleibende Betrag des Gehalts)

Hinweise auf <u>Fachbereiche:</u>
intragruppal//intergruppal (Psychologie).

Diese Angaben können auch gekoppelt auftreten:
invariant//variant *invariante* (unveränderliche) *Merkmale (Mathematik).*

Die Gebrauchsbeispiele (kursiv) und Bedeutungserklärungen (gerade in Klammern) sind nicht scharf getrennt. Manche Gebrauchsbeispiele haben die Form einer Worterklärung.

Belege: Viele Erklärungen werden durch Belege aus Zeitungen oder aus der Literatur ergänzt. Während die Erklärungen die sachliche Information bieten, stellen die darauf folgenden Belege den Bezug zur Wirklichkeit her. Sie machen die Wörter durch den Zusammenhang lebendig und zeigen manchmal einen ungewöhnlichen Zugang zur Sprache. Die Belege sind grundsätzlich so gestaltet, dass im Beleg beide Gegenwörter vorkommen (das Erstwort der linken Seite auch als erstes Wort im Beleg) und an beiden Stellen des Wortpaares unterschiedliche Belege aufgenommen werden, sodass nicht zweimal derselbe Beleg abgedruckt wird. (Dieses Prinzip lässt sich nicht immer durchführen; man findet dann die beiden Belege an den beiden Alphabetstellen getrennt.)

Beispiel:

unlösbar//lösbar
unlösbare Probleme (die nicht gelöst werden können) ○ *Als ich am 1. Juli angetreten bin, war die Aufgabe unlösbar. Heute ist sie lösbar, weil unsere Partner uns sensationell geholfen haben.* (Die Welt 30. 10. 2014)

lösbar//unlösbar
lösbare Probleme ○ *Die Folgen der Kernschmelze sind vorübergehend lösbar! Die Folgen der Endlagerung aber sind unlösbar!* (Badische Ztg 12. 4. 2011)

zurückdatieren//vorausdatieren
einen Brief zurückdatieren (ein früheres Datum schreiben) ○ *Im Nachgang sei der Vermerk dann vielleicht verändert und zurückdatiert worden, um das zu verschleiern.* (Hannoversche Allgemeine 18. 5. 2017)

vorausdatieren//zurückdatieren
einen Brief vorausdatieren (ein späteres Datum schreiben) ○ *Le Monde wird als „Abendzeitung" immer vorausdatiert auf den nächsten Tag.* (Luxemburger Tageblatt 12. 5. 2014)

Belege werden in einer Wortfamilie nur einmal gesetzt, z. B. wenn **kohärent/inkohärent** belegt ist, so wird bei **Kohärenz//Inkohärenz** darauf verzichtet.

Nur in einer geringen Anzahl von Fällen gibt es bei den Gegenwortpaaren keinerlei Gebrauchsinformationen, und zwar in der Regel dann, wenn es keine besonderen Kollokationen gibt (*Österreicher, Cellist*), wenn inhaltliche Erklärungen nicht nötig scheinen (*Rückenschwimmen//Brustschwimmen, charakterstark, Mondaufgang*) oder wenn Inhaltsbeschreibungen (*Katholizismus*) über die Aufgabe eines Gegenwort-Wörterbuchs, das in erster Linie Antwort auf die Frage nach dem Gegenwort geben soll, hinausgingen und den vorgegebenen Rahmen sprengten.

In den Erläuterungen gibt es manchmal auch dann keine weiteren Angaben, wenn es mehrere binäre Gegenwortpaare gibt, die alle zu einer Wortfamilie gehören, so dass die Angaben bei einem der Gegenwortpaare semantische Rückschlüsse auf das oder die anderen Gegenwortpaare zulassen. Beispiel:

Dekolonisation = *Entlassung einer Kolonie aus der Abhängigkeit*

dekolonisieren (ohne Angaben).
Bibliophile = *Stefan ist ein Bibliophile* (jemand, der alte, schöne, kostbare Bücher schätzt)
Bibliophilie (ohne Angaben).

Die Angaben in den Erläuterungen sollen es möglich machen, das jeweilige Wort (im Zusammenhang mit dem Gegenwort) in den richtigen Kontext einzuordnen, zum Beispiel ein Gegenwortpaar wie *haltbar//unhaltbar*, das nur im Zusammenhang mit dem Sport (*das Tor war unhaltbar//haltbar*), aber nicht in Verbindung mit Äußerungen (*eine unhaltbare Behauptung//*nicht: **eine haltbare Behauptung*) existiert.

Die Bedeutungsangaben sind als zusätzlicher Service, als semantische Hilfe gedacht. Sie sollen und können kein Bedeutungswörterbuch ersetzen.

Die Gebrauchsbeispiele oder Erklärungen in den Erläuterungen sind vor allem dann nötig, wenn ein Wort in mehreren Bedeutungen oder in mehreren Fachsprachen vorkommt oder wenn ein Fachwort zwar in mehreren Fachsprachen gebraucht wird, aber nur in einer ein Gegenwort hat, zum Beispiel:
Apposition//Intussuszeption (Biologie) oder wenn ein mehrere Bedeutungen tragendes Wort in seiner Alltagsbedeutung kein Gegenwort hat, sondern nur in seiner Fachbedeutung, zum Beispiel: **intensiv//extensiv** (Landwirtschaft).

Die Gebrauchsbeispiele sind bei den zusammengehörenden Antonymenpaaren nicht immer identisch, auch dann nicht, wenn es möglich wäre. Dem liegt die Absicht zugrunde, dem Benutzer bei begrenztem Raum eine noch größere Zahl von Beispielen zur Verfügung zu stellen, indem er selbst die jeweiligen Beispiele aus der Gegengruppe mit heranziehen kann. Beispiele:
gesund//krank *sie ist (wieder) gesund; ein gesundes Kind zur Welt bringen*
krank//gesund *kranke Menschen; er ist (noch) krank.* – Der Benutzer könnte für sich bei *gesund//krank* ergänzen: *gesunde Menschen* und bei *krank//gesund: ein krankes Kind zur Welt bringen*
bewusst//unbewusst *bewusste Manipulation des Lesers*
unbewusst//bewusst *eine Sucht unbewusst fördern; unbewusste Selbsttäuschung.* – Der Benutzer könnte für sich bei *bewusst//unbewusst* ergänzen: *eine Sucht bewusst fördern; bewusste Selbsttäuschung* und bei *unbewusst//bewusst: unbewusste Manipulation des Lesers*
Rücken//Brust: *ein Baby auf dem Rücken tragen*
Brust//Rücken: *eine Narbe auf der Brust.* – Die entsprechenden Übertragungen: *ein Baby auf der Brust tragen* – *eine Narbe auf dem Rücken.*

Gebrauchsbeispiele stehen kursiv ohne Klammer – sie enthalten stets das erste Wort des Antonymenpaares; Bedeutungserklärungen sowie Fachbereichsangaben stehen in gerader Schrift in runden Klammern, sofern das erste Wort des Antonymenpaares im Text nicht direkt vorkommt.

Die Gebrauchsbeispiele zeigen auch unterschiedliche kollokative Verbindungen **(degradieren//befördern:** *wegen eines Vergehens degradieren//wegen guter Leis-*

tungen befördern), denn die Gegenwörter haben auf Grund ihrer gegensätzlichen Semantik oft auch gegensätzliche Kollokatoren. Wichtig ist jeweils die semantische Kompatibilität, die semantische Verträglichkeit, das heißt, die Wortverbindungen dürfen sich inhaltlich nicht widersprechen, daher wäre beispielsweise beim Antonymenpaar **dick//dünn** ein Gebrauchsbeispiel *dicker Wälzer* nicht korrekt (dicker Wälzer, nicht: *dünner Wälzer).

4 Wie können Sie das Wörterbuch nutzen? – Wie und was können Sie suchen, und was werden Sie finden?

- Auf eine Vielzahl von Fragen erhalten Sie Auskunft, und Sie bekommen allerlei Anregungen, zum Beispiel: Wie werden die Antonyme kotextuell – im Textzusammenhang – gebraucht?
- Wie lautet das binäre Gegenwort zu einem bestimmten deutschen Wort oder Fremdwort der Allgemeinsprache oder der Fachsprache?
- Sie haben spezielle Fragen? Zum Beispiel, wie man die Zahl nennt, die von einer anderen subtrahiert wird?
- Verwechseln Sie gelegentlich fremdsprachliche Antonyme?
- Sie sind an bekannten Paaren aus Geschichte, Literatur u. a. interessiert? Und Sie haben vielleicht vergessen, wie der eine Partner hieß?
- Wollen Sie wissen, wie die weiblichen Formen korrekt gebildet werden oder wie das weibliche Pendant genannt wird? (Weibliche Formen, die sich nur durch die Endung -*in* unterscheiden, werden nicht aufgenommen, wohl aber solche mit Formunterschied, z. B. *Souffleur*//*Souffleuse, Zarewitsch*//*Zarewna*)
- Heißt es: nach USA oder in die USA?
- Wollen Sie Antonyme als Synonyme gebrauchen?
- Wollen Sie Wörterbuchartikel präziser gliedern und die Bedeutungen differenzierter beschreiben – mit Hilfe der Antonyme?
- Wollen Sie die antonymischen Wortbildungsmöglichkeiten kennenlernen?
- Haben Sie Freude am Raten und am Spielen? Dann versuchen Sie es einmal mit Antonymen.
- Wollen Sie sich auf Entdeckungsreise durch das Antonymenwörterbuch begeben und dabei spielerisch Ihr Wissen erweitern?

4.1 Wie werden die Antonyme kotextuell – im Textzusammenhang – gebraucht?

Die Antonyme spielen beim Erlernen der deutschen Sprache eine wichtige Rolle. Die Arbeit mit Antonymen eignet sich gut im Fremdsprachenunterricht für die Vokabeleinführung (x is the opposite of y ; x est l'opposé de y). Antonyme Wortpaare werden im Unterricht oftmals an Hand von Sätzen eingeführt und gelernt: *laut*// *leise lesen, eine richtige*//*falsche Antwort, der Text ist leicht*//*schwer, ein großer*//*kleiner Mann, gute*//*schlechte Nachrichten, die schwarze*//*weiße Bevölkerung, der Betrieb schreibt schwarze*//*rote* (in der Verlustzone befindliche) *Zahlen, ein schwarzer*//*roter* (linker, sozialistischer) *Politiker.* Dabei wird auch Landeskundliches (Interkulturelles) sichtbar, zum Beispiel in dem Antonymenpaar *hellblau*//*rosa.* Das waren nämlich die Farben der Babykleidung – hellblau für das männliche, rosa für das weibliche Baby.

Für solche Informationen bietet dieses Wörterbuch mit den Wortpaaren und deren kotextuellem Gebrauch eine umfassende Grundlage. Wann sagt man beispielsweise Herr und Frau, wann Mann und Frau, wann Herr und Dame? Wann antwortet man auf eine Frage mit *ja* und wann mit *doch*?

Das Antonymenwörterbuch zeigt indirekt auch – durch das Nichtvorhandensein –, was nicht antonymisch zusammengehört, obgleich es rein formal so aussieht. Zum Beispiel sind folgende Wortpaare nicht Gegenwortpaare, weil sie in unterschiedlichen Situationen//Kontexten gebraucht werden:
heißblütig (mit Temperament; Liebhaber)//**kaltblütig** (ohne Mitleid; Mörder)
verfroren (durch Kälte)//**unverfroren** (Handlungsweise)
kurzatmig (unter Atemnot leidend)//**langatmig** (weitschweifend erzählend).

Was wie Antonymie aussieht, ist manchmal eine Art von Synonymie (*hineinlesen// herauslesen; einhändigen//aushändigen*).

4.2 Haben Sie das Gegenwort zu einem Wort vergessen, oder wollen Sie es überhaupt erst einmal wissen? Wollen Sie wissen, wie das binäre Antonym zu einem bestimmten deutschen Wort oder Fremdwort der Allgemeinsprache oder der Fachsprache lautet?

Welches Antonym gehört zu
konkav *(konvex)*,
gewinnen *(verlieren)*,
Inhalt *(Form)*,
Tragödie *(Komödie)*,
akut *(chronisch)*,
Zentrum *(Peripherie)*,
Stadtmitte *(Stadtrand)*,
Stammkundschaft *(Laufkundschaft)*,
öffentlich *(privat)*,
lachen *(weinen)*,
lieben *(hassen)*,
niedrig *(hoch)*,
günstig *(ungünstig)*,
steigen *(fallen)*,
teilen im Sinne von dividieren *(malnehmen)*,
flüstern *(schreien)*,
rasen *(schleichen)*,

heterogen *(homogen)*,
oral *(anal)*,
Konsens *(Dissens)*,
Eustress *(Disstress)*,
im Uhrzeigersinn *(entgegen dem Uhrzeigersinn)*,
Linienflug *(Charterflug)*,
Nutzkilometer *(Leerkilometer)*,
Freibad *(Hallenbad)*,
Auswärtsspiel *(Heimspiel)*,
Lee *(Luv)*,
Backbord *(Steuerbord)*,
stehend freihändig *(liegend aufgelegt)*,
Stalaktit *(Stalagmit)*,
Flora *(Fauna)*,
Gynäkologe *(Androloge)*,
Nymphomanie *(Satyriasis)*,
Polygynie *(Polyandrie)*,
Fellatio *(Cunnilingus)*?

Wissen Sie eigentlich, wie die Bahnhöfe genannt werden, die nicht **Kopfbahnhöfe** sind? Und wie das männliche Schwein heißt und wie das kastrierte männliche Schaf?

Wer in den Medien das Wort **Offizialdelikt** hört und vergessen hat, wie das Gegenwort dazu lautet, findet es: *Antragsdelikt*.

Wer das Antonymenpaar **Bedecktsamer//Nacktsamer** kennt und wissen möchte, wie die fremdsprachlichen Entsprechungen lauten, der wird bei dem Antonymenpaar durch ↑auch auf *Gymnospermen* verwiesen.

4.3 Haben Sie spezielle Fragen?

Wenn Sie beispielsweise wissen möchten, wie die erste und wie die zweite Zahl beim Subtrahieren/Abziehen genannt wird, zum Beispiel die 5 und die 3 in: 5 − 3, dann können Sie – wenn auch etwas umständlicher – zu einer Auskunft gelangen, indem Sie bei *abziehen* oder *subtrahieren* nachschlagen. Bei *abziehen* finden Sie das Antonymenpaar **abziehen//zuzählen** ↑auch **addieren**. Dann schlagen Sie bei *zuzählen* nach. Dort findet sich als Gegenwort **abziehen** mit dem Hinweis: ↑auch **subtrahieren**. Bei *subtrahieren* gelangen Sie in die Gruppe der verwandten Wörter. Dort finden Sie **Subtrahend//Minuend** mit dem Beispielsatz: *in a − b ist b der Subtrahend, der von a abgezogen wird*. Bei **Minuend//Subtrahend** steht das Beispiel: *in a − b ist a der Minuend, von dem etwas abgezogen wird*.

4.4 Verwechseln Sie gelegentlich fremdsprachliche Antonyme?

Wer zum Beispiel ein Antonymenpaar wie **Stalagmit//Stalaktit** kennt, aber nicht (mehr) weiß, welches von beiden Wörtern die nach unten tropfenden Tropfsteine bezeichnet, wird bei dem Antonymenpaar entsprechend informiert.

Wer weiß, dass es zwei Arten von Cholesterin gibt – ein „gutes" und ein „schlechtes" – und sich näher informieren möchte, der kann die entsprechende Information finden. Er kann bei **Cholesterin** nachschlagen. Dort wird er verwiesen auf HDL-Cholesterin und LDL-Cholesterin, und dort erfährt er, dass das LDL-Cholesterin das „schlechte", – mit der Eselsbrücke das „lausige" – ist.

4.5 Sind Sie an Paaren aus Geschichte, Literatur u. a. interessiert?

Das Wörterbuch enthält auch bekannte Personenpaare. Wem entfallen ist, wie die Geliebte des Abälard hieß, findet Abälard//Heloise. Wer zwar Kain und Abel als Brüderpaar noch in Erinnerung hat, aber nicht mehr genau weiß, wer wen erschlagen hat, der findet die entsprechende Information. Wem Antinoos einfällt, aber nicht der Kaiser, dessen Liebling er war, findet Antinoos//Hadrian.

4.6 Suchen Sie die weibliche Form oder das weibliche Pendant?

Wer weiß, dass der Sohn eines Zaren Zarewitsch heißt, aber noch wissen will, wie denn die Tochter eines Zaren heißt, findet bei *Zarewitsch//Zarewna*.

Der Benutzer erhält auch grammatische Auskünfte. Wer die richtig abgeleitete (movierte) weibliche Form von Kämmerer, Herausforderer und Zauberer wissen will und nicht weiß, ob sie Kämmererin, Herausfordererin, Zaubererin oder Kämmerin, Herausfordern, Zaubern lautet, findet im Sammelartikel „...in (Substantivsuffix zur Kennzeichnung des Weiblichen mit Ausfall des -er von ...erer)//..." die korrekten Formen.

4.7 Sind Sie unsicher, ob es nach USA oder in die USA heißt?

Wer unsicher ist, ob es nach USA oder in die USA, nach der Schweiz oder in die Schweiz lauten muss, erfährt bei den Antonymenpaaren **aus//nach** und **aus//in**, dass bei den geografischen Namen <u>ohne</u> Artikel die Präpositionen für die Richtungen *aus//nach* (aus Polen//nach Polen; aus Berlin//nach Berlin) sind und dass bei geografischen Namen <u>mit</u> Artikel die Präpositionen für die Richtungen *aus//in* (aus der Schweiz//in die Schweiz; aus dem schönen Berlin//ins schöne Berlin) sind.

4.8 Wissen Sie, dass man Antonyme als Synonyme und auch als Hilfe bei der Wortsuche verwenden kann?

Antonyme können manchmal, wenn sie negiert gebraucht werden, auch zur synonymischen Variation benutzt werden:
ungesund//gesund: dieses Essen ist ungesund//nicht gesund; dieses Essen ist gesund//nicht ungesund.
leicht//schwer: das war leicht//nicht schwer//unschwer zu erraten.
Kontradiktorische Gegenwörter – Komplenyme – können durch Hinzufügung einer Negation synonym werden:
ledig//[nicht] **verheiratet, verheiratet**//[nicht] **ledig;**
tot//[nicht] **lebendig, lebendig**//[nicht] **tot.**

Ein Gegenwort kann unter Umständen auch als Ersatz gebraucht werden, wenn einem das andere Gegenwort nicht einfällt – sowohl unter Muttersprachlern als auch im Gespräch mit einem Nichtmuttersprachler. Zum Beispiel: *„Das war ein tolles Essen, ein ? Mahl. Ach, ich komme nicht auf das Fremdwort. Hilf mir mal! Das Essen war nicht frugal, sondern ?" „Meinst du opulent?"* Oder ein Ausländer erzählt: *„Letztes Jahr war ich in Kanada, und zwar im ... ? Ach, wie heißt doch noch das Wort im Deutschen? Das Gegenteil, nicht Frühling, sondern ... ?" „Sie meinen Herbst."*

4.9 Wollen Sie Wörterbuchartikel präziser gliedern und die Bedeutungen differenzierter beschreiben – mit Hilfe der Antonyme?

Die Angabe der Gegenwörter gehört bei vielen Wörterbüchern – sowohl bei einsprachigen Bedeutungswörterbüchern und Schülerwörterbüchern als auch bei Fachwörterbüchern sowie bei zweisprachigen Wörterbüchern – zum Programm der Mikrostruktur, denn oft ist das Gegenwort das Entscheidende für die Wortbedeutung.
In Lehrbüchern für Ausländer finden sich Übungen mit Antonymen.
Mit den Antonymenpaaren können die Lexikografen arbeiten, und zwar im Hinblick auf die Präzisierung der Bedeutungsangabe und in Bezug auf eine genauere Gliederung der Wörterbuchartikel. Ein Beispiel:
abmachen kann man ein Schild von der Haustür, Gardinen, ein Plakat und auch Rost, Schimmel usw. **Anmachen** kann man aber nur ein Schild an die Haustür, Gardinen, ein Plakat, so dass man **abmachen** untergliedern könnte in a) *entfernen;* Rost, Schimmel abmachen und b) *(was angemacht worden ist) wieder entfernen;* Gegenwort: *anmachen:* Gardinen, ein Schild von der Haustür, ein Plakat abmachen.
Nicht selten sind die Gegenwortangaben in den Wörterbüchern unvollkommen, inkorrekt oder ungenügend differenziert. Den Wörterbüchern fehlt allgemein (noch)

ein Konzept für die Präsentation der Antonyme. Die Gegenwortangaben in den Wörterbüchern können verwirrend und wenig hilfreich sein, und zwar dann, wenn das Gegenwort nicht zu allen bei der Bedeutung angeführten Beispielen passt, wenn zum Beispiel beim Adjektiv **spitz** als Gegenwort *stumpf* steht und dann u. a. Beispiele folgen wie *ein spitzer Giebel, Turm; eine spitze Nase; ein Kleid mit spitzem Ausschnitt; die spitz zulaufenden gotischen Bogen*, bei denen üblicherweise *spitz* nicht durch *stumpf* ausgetauscht werden könnte. Oder wenn bei **einsperren** als Gegenwort *aussperren* angegeben wird oder wenn bei *etwas schließt sich* das Gegenwort *etwas öffnet sich* verzeichnet ist und dazu die Beispiele genannt werden: *eine Blüte, eine Wunde*. Für die Wunde trifft dieses Gegenwort aber nicht zu. Oder wenn bei *ausziehen* als Gegenwort *einziehen* genannt wird und dann Beispiele folgen, wie: *er ist ausgezogen, um in der Fremde sein Glück zu suchen; zur Jagd ausziehen* usw.

Die Antonymie als Inhaltsrelation ist für die lexikografische Definition von großer Bedeutung; sie – die Antonymie – ist „wie ein Diamant, durch den wir die Ordnung der Wörter in scharfer Facettierung erblicken können" (Ewald Lang).

4.10 Kennen Sie die antonymischen Wortbildungsmittel und die antonymischen grammatischen Ausdrucksmittel?

Das Gegenwort-Wörterbuch ist aus der Praxis entstanden und soll auch in erster Linie der Praxis, dem Gebrauch dienen; es soll aber auch eine kognitivdokumentarische Funktion erfüllen. Es erschließt gleichzeitig lexikografisches Neuland und gibt Einblicke in den antonymischen Aufbau der Sprache auch an Hand antonymischer Wortbildungsmittel und antonymischer grammatischer Ausdrucksmittel.

Es finden sich antonymische Wortbildungspaare mit Präfixen und Suffixen sowie besondere antonymische Fügungen:
auf...//zu... (aufmachen//zumachen),
ver...//ent... (sich verloben//sich entloben),
er...//er... (mit antonymischen Basiswörtern: erschweren//erleichtern),
...werden//...bleiben (alt werden//jung bleiben; untreu werden//treu bleiben),
...a//...us (Intima//Intimus),
...eur//...euse (Diseur//Diseuse),
ein ...muffel sein//...bewusst sein (ein Modemuffel sein//modebewusst sein),
ge...t (Partizip II)//...end (Partizip I) (geliebt//liebend).

Diese Wortbildungsmittel können zu selbstständigen Bildungen anregen, zum Beispiel dazu, nach dem Muster **ein ...muffel sein//...bewusst sein** *ein -muffel sein// ernährungsbewusst sein* oder zu **ver...//ent...** (nach: sich verloben//sich entloben) das Antonymenpaar *sich verlieben//sich (wieder) entlieben* zu bilden.

4.11 Haben Sie Freude am Raten und am Spielen? Dann versuchen Sie es einmal mit Antonymen.

Mit Antonymen lassen sich Frage-und-Antwort-Spiele arrangieren oder Rätsel zusammenstellen. Fantasie ist gefragt.

4.12 Wollen Sie auf Entdeckungsreise durch das Antonymenwörterbuch gehen und dabei ihr Wissen spielerisch erweitern?

Sie können in dem Buch auch einfach nur blättern und sich dabei die Vielfalt antonymischer Möglichkeiten vor Augen führen lassen. Beim Blättern stoßen Sie vielleicht auf die Gruppe **raufgehen//runterkommen** und erfahren, dass es sich dabei sowohl um Gegensätze handeln kann, die sich auf die Höhe (*die Treppe raufgehen// die Treppe runterkommen*) beziehen, als auch um solche, die sich auf die Fläche beziehen (*auf den Spielplatz raufgehen//vom Spielplatz runterkommen*). Oder Sie finden Wörter wie **Männerseite** und **weiblicher Reim**. Wissen Sie, was das ist? Na, sehen Sie doch mal nach!

Hätten Sie gedacht, dass **hüh** und **hott** Gegensätze sind? Mit diesen Rufen wurden die Zugtiere angetrieben, wenn sie nach links (*hüh*) oder nach rechts (*hott*) gehen sollten.

Ist Ihnen der Unterschied zwischen **draufschauen** und **hinaufschauen** schon bewusst und der Unterschied zwischen **rechtsdrehend** und **rechtdrehend** bekannt gewesen, und wissen Sie, wozu das Gegenwort **linksdrehend** gehört?

Beim Blättern können Sie so manches erfahren: dass der Anfang und das Ende eines Flusses mit **Quelle** und **Mündung** bezeichnet werden und dass die dazugehörigen Verben **entspringen** und **münden** lauten; dass es **Haplografie** genannt wird, wenn von zwei gleichen Buchstaben [versehentlich] nur einer geschrieben wird (Österreich statt Österreich). Und wie lautet das Antonym?

5 Zeichen und Abkürzungen

//	doppelter Schrägstrich: trennt die Antonyme (*kurz//lang*)
○	kleiner Kreis: trennt die Beispiele bzw. Beispiele von der Erklärung
*	vor dem Wort: kennzeichnet ein nur erfundenes Wort zu einem paradoxen Paar
[ ]	eckige Klammern: koppeln unterschiedliche Formen: *Jäger[in], Gejagte[r]*, oder stehen innerhalb einer runden Klammer als weglassbare Erläuterung o. Ä.: z. B. *Störschall (bei Hörgeräten: die nicht gewünschten Nebengeräusche [Straßenlärm, diffuse Geräusche im Restaurant usw.], die man nicht hören will)*
( )	runde Klammern: enthalten Angaben zu Bedeutung, Fachbereich, Stil, landschaftlichem Gebrauch und Erläuterungen; stehen im Zitat der Belege, z. B. (Medizin); (Der Spiegel 7. 4. 2018)
↑	siehe: findet sich bei Verweiswörtern: *einsetzen ↑als Erben einsetzen*
↑auch:	(weist am Schluss eines Antonymenpaares auf Wörter hin, die inhaltlich mit dem zweiten Wort zusammenhängen: *einschalten//ausschalten; ↑auch: abschalten, auslassen, ausmachen; Ehemann//Ehefrau; ↑auch Gattin*)

6 Literatur

Ackermann (1842)
   Paul Ackermann: Dictionnaire des antonymes ou contremots. Paris/Berlin 1842.
Agricola (1977)
   Christiane Agricola/Erhard Agricola: Wörter und Gegenwörter. Antonyme der deutschen Sprache. Leipzig 1977. Zweite durchgesehene Auflage Mannheim 1992.
Agricola (1992)
   Erhard Agricola: Ermittlung und Darstellung der lexikalischen Makrostruktur des Wortschatzes. In: Ursula Brauße/Dieter Viehweger (Hrsg.): Lexikontheorie und Wörterbuch. Wege der Verbindung von lexikologischer Forschung und lexikographischer Praxis. Tübingen 1992, 390–503.
Bierwisch/Lang (1987)
   Grammatische und konzeptuelle Aspekte von Dimensionsadjektiven. Hrsg. von Manfred Bierwisch und Ewald Lang [studia grammatica XXVI + XXVII]. Berlin 1987.
Böhnke (1972)
   Reinhild Böhnke: Versuch einer Begriffsbestimmung der Antonymie. Diss. Leipzig 1972.
Brinkmann (1962)
   Hennig Brinkmann: Die deutsche Sprache. Gestalt und Leistung. Düsseldorf 1962.
Brockhaus Enzyklopädie (1986)
   Brockhaus Enzyklopädie in vierundzwanzig Bänden. Neunzehnte, völlig neu bearbeitete Auflage. Mannheim 1986–1994.
Brockhaus-Wahrig (1980)
   Brockhaus-Wahrig. Deutsches Wörterbuch in sechs Bänden. Stuttgart 1980–1984.
Bucá (1974)
   Marin Bucá/O. Vinţeler: Dicţionar de antonime. Bukarest 1974.
Bulitta (1983)
   Erich und Hildegard Bulitta: Wörterbuch der Synonyme und Antonyme. Frankfurt 1983.
Carnoy (1927)
   A. Carnoy: La science du mot. Löwen 1927.
Chu (1984)
   Run Chu: Die Semanalyse substantivischer Synonyme im Deutschen – dargestellt an den Bezeichnungen für Gebäude und Räume. Shanghai 1984.
Coseriu (1970)
   Eugenio Coseriu: Einführung in die strukturelle Betrachtung des Wortschatzes, Tübinger Beiträge zur Linguistik 14, Tübingen 1970.
Deutsch als Fremdsprache (1984)
   Deutsch als Fremdsprache. Sprachpraxis 4/84, 30 ff.
Dorsch (1959)
   Friedrich Dorsch: Psychologisches Wörterbuch. Sechste, völlig revidierte Auflage unter Mitarbeit von Werner Traxel. Hamburg/Bern 1959.
Duchacek (1965)
   Otto Duchacek: Sur quelques problèmes de l'antonymie. In: Cahiers de lexicologie 6, 1965, 55–66.
Duden (1964)
   Duden. Vergleichendes Synonymwörterbuch. Sinnverwandte Wörter und Wendungen. Bearbeitet von Paul Grebe, Wolfgang Müller und weiteren Mitarbeitern der Dudenredaktion [Der Große Duden, Band 8], Mannheim 1964.

Duden (1982)
: Duden. Fremdwörterbuch. 4., neu bearbeitete und erweiterte Auflage. Bearbeitet von Wolfgang Müller unter Mitwirkung von Rudolf Köster und Marion Trunk und weiteren Mitarbeitern der Dudenredaktion sowie zahlreicher Fachwissenschaftler. [Duden Band 5], Mannheim 1982.

Duden (1985)
: Duden. Bedeutungswörterbuch. 2., völlig neu bearbeitete und erweiterte Auflage. Herausgegeben und bearbeitet von Wolfgang Müller unter Mitwirkung folgender Mitarbeiter der Dudenredaktion: Wolfgang Eckey, Jürgen Folz, Heribert Hartmann, Rudolf Köster, Dieter Mang, Charlotte Schrupp, Marion Trunk-Nußbaumer. [Duden Band 10], Mannheim 1985.

Duden (1986)
: Duden. Sinn- und sachverwandte Wörter. Wörterbuch der treffenden Ausdrücke. 2., neu bearbeitete, erweiterte und aktualisierte Auflage. Herausgegeben und bearbeitet von Wolfgang Müller. [Duden Band 8], Mannheim 1986.

Duden (1993)
: Duden. Das große Wörterbuch der deutschen Sprache in acht Bänden. 2., völlig neu bearbeitete und stark erweiterte Auflage. Herausgegeben vom Wissenschaftlichen Rat und den Mitarbeitern der Dudenredaktion, Mannheim 1993–1995.

Duden (1994)
: Duden. Das Große Fremdwörterbuch. Herausgegeben und bearbeitet vom Wissenschaftlichen Rat der Dudenredaktion, Mannheim 1994.

Duden (1996)
: Duden. Deutsches Universalwörterbuch A–Z. 3., neu bearbeitete Auflage. Auf der Grundlage der neuen amtlichen Rechtschreibregeln, Mannheim 1996.

Fischer (1996)
: Iris Fischer: *Klassische* Germanen versus *moderne* Germanen? Die Gegensatzrelation bei Adjektiven im Langenscheidt Großwörterbuch Deutsch als Fremdsprache. In: Deutsch als Fremdsprache 4/1996, 233–237.

Fleischer (1983)
: Wolfgang Fleischer: Wortbildung der deutschen Gegenwartssprache. Leipzig 1983.

Fleischer/Barz (1992)
: Wolfgang Fleischer/Irmhild Barz: Wortbildung der deutschen Gegenwartssprache. Tübingen 1992.

Fuchs (1978)
: Ottmar Fuchs: Sprechen in Gegensätzen. Meinung und Gegenmeinung in kirchlicher Rede. München 1978.

Geckeler (1979)
: Horst Geckeler: Antonymie und Wortart. In: Integrale Linguistik. Festschrift für Helmut Gipper. Amsterdam 1979, 455–482.

Geckeler (1980)
: Horst Geckeler: Die Antonymie im Lexikon. In: Perspektiven der lexikalischen Semantik. Hrsg. von Dieter Kastovsky. Bonn 1980, 42–69.

Gerigk (o. J.)
: Herbert Gerigk: Fachwörterbuch der Musik. München (o. J.).

Gontscharowa: Antonymische Phraseologismen unter kommunikativem Aspekt. In: Sprachpflege 6/1980, 122.

Gsell (1979)
: Otto Gsell: Gegensatzrelationen im Wortschatz romanischer Sprachen. Tübingen 1979.

Guilbert (1964)
: L. Guilbert: Les Antonymes. Y-a-t'il un système morpho-lexical des antonymes? In: Cahiers de Lexicologie, Volume IV 1964, 29–36.

Hellinger (1975)
: Marlis Hellinger: Das Kreuzworträtsel und die Struktur des deutschen Lexikons. In: Muttersprache 85, 1975, 1–10.

Henrici (1975)
: Gert Henrici: Die Binarismus-Problematik in der neueren Linguistik. Tübingen 1975.

Henzen (1969)
: Walter Henzen: Die Bezeichnungen von Richtung und Gegenrichtung im Deutschen. Tübingen 1969.

Herberg (1992)
: Dieter Herberg: Makrostrukturelle Beziehungen im Wortschatz und in Wörterbucheinträgen. Möglichkeiten und Grenzen des allgemeinen einsprachigen Wörterbuchs. In: Ursula Brauße/ Dieter Viehweger (Hrsg.): Lexikontheorie und Wörterbuch. Wege der Verbindung von lexikologischer Forschung und lexikographischer Praxis. Tübingen 1992, 89–163.

Heringer (1968)
: Hans-Jürgen Heringer: „Tag" und „Nacht". Gedanken zu einer strukturellen Lexikologie. In: Wirkendes Wort 18, 1968, 217–231.

Heyne (1905)
: Moritz Heyne: Deutsches Wörterbuch 2. Auflage. Leipzig 1905–1906.

Heyse (1833)
: Johann Christian Heyse: Handwörterbuch der deutschen Sprache. Magdeburg 1833–1849.

Hyvärinen (1992)
: Irma Hyvärinen: Zur Antonymie in deutsch-finnischer Verbidiomatik. In: Untersuchungen zur Phraseologie des Deutschen und anderer Sprachen: einzelsprachspezifisch – konstrativ – vergleichend. Hrsg. Jarmo Korhonen, Berlin, Bern, New York, Wien 1992, 79–104.

Kaden (1970)
: Walter Kaden: Fremdwortgebrauch und Fremdwortkenntnis. In: Sprachpflege. Zeitschrift für gutes Deutsch. 19. Jg. (1970), Heft 10, 193–197.

Knaurs großes Wörterbuch der deutschen Sprache (1985)
: Ursula Hermann u. a. (Bearbeiter): Knaurs großes Wörterbuch der deutschen Sprache. München 1985.

Kotschetowa (1974)
: T. Kotschetowa: Antonymische Verhältnisse in der verbalen Phraseologie der deutschen Sprache der Gegenwart; Diss. Halle 1974.

Kühn (1989)
: Peter Kühn: Typologie der Wörterbücher nach Benutzungsmöglichkeiten. In: Wörterbücher. Ein internationales Handbuch zur Lexikographie, herausgegeben von Franz Josef Hausmann, Oskar Reichmann, Herbert Ernst Wiegand, Ladislav Zgusta 1989, 111–127.

Kühn (1995)
: Peter Kühn: Mein Schulwörterbuch. Zweite, durchgesehene Auflage. Bonn 1995.

Lang (1994)
: Ewald Lang: Antonymie im Lexikon und im Wörterbuch. In: Theorie des Lexikons Nr. 55; Universität Düsseldorf 1994.

Langenscheidt (1993)
: Langenscheidts Großwörterbuch Deutsch als Fremdsprache. Hrsg. von D. Götz,/G. Haensch/ H. Wellmann, Berlin/München 1993.

Lenz (1996)
: Barbara Lenz: Affix-Negation im Deutschen. In: Deutsche Sprache 1/1996, 54–70.

Liang (1992)
: Min Liang u. a.: Grundstudium Deutsch 1. Lehrbuch. Peking 1992.

Liang (1993)
: Min Liang u. a.: Grundstudium Deutsch 2. Lehrbuch. Peking 1993.

Löbner (1990)
  Sebastian Löbner: Wahr neben Falsch. Duale Operatoren als die Quantoren natürlicher Sprache. Tübingen 1990.
Meyers Enzyklopädisches Lexikon in 25 Bänden. Neunte, völlig neu bearbeitete Auflage. Mannheim 1971–1979.
Müller (1988)
  Heidrun Müller: Übungen zur deutschen Sprache II, Mannheim 1988.
Müller (1963)
  Wolfgang Müller: Über den Gegensatz in der deutschen Sprache. In: Zeitschrift für deutsche Wortforschung 19. 1963, 39–53.
Müller (1968a)
  Wolfgang Müller: Wie sagt man noch? Sinn- und sachverwandte Wörter und Wendungen. [Duden-Taschenbücher, Band 2], Mannheim 1968.
Müller (1968b)
  Wolfgang Müller: Sprachwandel und Spracherfassung. Duden und Dudenredaktion im Dienst der Sprache in Vergangenheit und Gegenwart: Diktatur oder sträfliche Toleranz? In: Die wissenschaftliche Redaktion, Heft 5, Seite 54–88, bes. S. 67 (anti-), Mannheim 1968.
Müller (1973)
  Wolfgang Müller: Leicht verwechselbare Wörter. [Duden-Taschenbücher, Band 17], Mannheim 1973.
Müller (1978)
  Wolfgang Müller: Referat zu: Agricola, Christiane und Erhard: Wörter und Gegenwörter. Antonyme der deutschen Sprache, Leipzig 1977. In: Germanistik 19. Jg. 1978/2, Seite 324, Nummer: 1984.
Müller (1985)
  Wolfgang Müller: Deutsch für Vor- und Nachdenker. Kontraste. In: texten + schreiben 5/1985, 21 f.
Müller (1989)
  Wolfgang Müller: Die Antonyme im allgemeinen einsprachigen Wörterbuch. In: Wörterbücher. Ein internationales Handbuch zur Lexikographie, herausgegeben von Franz Josef Hausmann, Oskar Reichmann, Herbert Ernst Wiegand, Ladislav Zgusta 1989, 628–635.
Müller (1990)
  Wolfgang Müller: Die richtige Wortwahl. Ein vergleichendes Wörterbuch sinnverwandter Ausdrücke. 2., neu bearbeitete, erweiterte und aktualisierte Auflage. Herausgegeben und bearbeitet von Wolfgang Müller. [Schülerduden], Mannheim 1990.
Müller (1996)
  Wolfgang Müller: Antonymien, Gegenwortfeld-Wörterbücher und das Gegenwort-Wörterbuch. Begründung und Konzeption. In: Lexicographica. Series Maior 70, Wörterbücher in der Diskussion II. Vorträge aus dem Heidelberger Kolloquium. Herausgegeben von Herbert Ernst Wiegand. Tübingen 1996, 279–310.
Nellessen (1982)
  Horst Nellessen. Die Antonymie im Bereich des neufranzösischen Verbs. Avec un résumé en français. Tübingen 1982. [Mit ausführlichem weiterführendem Literaturverzeichnis].
Petasch-Molling (o. J.)
  Gudrun Petasch-Molling (Hrsg.): Antonyme. Wörter und Gegenwörter der deutschen Sprache. Erlangen (o. J.).
Rachidi (1989)
  Renate Rachidi: Gegensatzrelationen im Bereich deutscher Adjektive. (Reihe Germanistische Linguistik, 98). Tübingen 1989.
Rösler (1994)
  D. Rösler: Deutsch als Fremdsprache. Stuttgart/Weimar 1994.

Sanders (1873)
: Daniel Sanders: Deutscher Sprachschatz geordnet nach Begriffen. Hamburg 1873–1877.

Sanders (1876)
: Daniel Sanders: Wörterbuch der deutschen Sprache. Leipzig 1876.

Schippan (1975)
: Thea Schippan: Einführung in die Semasiologie. Leipzig 1975.

Schippan (1992)
: Thea Schippan: Lexikologie der deutschen Gegenwartssprache. Tübingen 1992.

Schmidt (1986)
: Hartmut Schmidt: Wörterbuchprobleme. Reihe Germanistische Linguistik 65, Hg. Helmut Henne, Horst Sitta, Herbert Ernst Wiegand 1986.

Schmidt-Hidding (1963)
: Wolfgang Schmidt-Hidding: Deutsche Sprichwörter und Redewendungen. In: Deutschunterricht für Ausländer 13, 1963, 13–26.

Sibilewa-Solotowa (1977)
: A. E. Sibilewa-Solotowa: Die Antonymie als Methode zur Systematisierung der Verben. Diss. Moskau 1977.

Siems (1980)
: Martin Siems: Coming out. Reinbek bei Hamburg 1980.

Silin (1980)
: Wassilij L. Silin: Antonymische Relationen in der Paradigmatik und Syntagmatik. In: Zeitschrift für Phonetik, Sprachwissenschaft und Kommunikationsforschung Bd. 33, 1980, 701–708.

Tarp (1994)
: Sven Tarp: Funktionen in Fachwörterbüchern. In: Burkhard Schaeder/Henning Bergenholtz (Hrsg.): Fachlexikographie. Fachwissen und seine Repräsentation in Wörterbüchern. Tübingen 1994, 229–246.

Ulrich (1992)
: Winfried Ulrich: Systematische Wortschatzarbeit im muttersprachlichen Deutschunterricht. In: Deutschunterricht 45, 1992, 526–536.

Wahrig (1994)
: Gerhard Wahrig: Deutsches Wörterbuch. Gütersloh 1994.

Warczyk (1985)
: Richard Warczyk: Antonymie, négation ou opposition? In: Orbis. Bulletin international de Documentation linguistique 31, 1–2, 1982 [1985], 30–58.

Weiss (1960)
: Walter Weiss: Die Verneinung mit „un-". Ein Beitrag zur Wortverneinung. In: Muttersprache 1960, 335–343.

Wellmann (1995)
: Hans Wellmann: Die Wortbildung. In: Duden Band 4. Duden-Grammatik, 5. Auflage Mannheim, 399–536.

Wiegand (1973)
: Herbert Ernst Wiegand: Lexikalische Strukturen I. In: Funk-Kolleg Sprache. Eine Einführung in die moderne Linguistik. Bd. 2. Frankfurt 1973, 40–69.

Wiegand (1985)
: Herbert Ernst Wiegand: Fragen zur Grammatik in Wörterbuchbenutzungsprotokollen. Ein Beitrag zur empirischen Erforschung der Benutzung einsprachiger Wörterbücher. In: Lexikographie und Grammatik. Hrsg. v. Henning Bergenholtz/Joachim Mugdan, Tübingen 1985, 20–98.

Wiegand (1987)
: Herbert Ernst Wiegand: Zur handlungstheoretischen Grundlegung der Wörterbuchbenutzungsforschung. In: Lexicographica 3, Tübingen 1987, 178–227.

Wiegand/Wolski (1978)
: Arbeitsbibliographie zur Semantik in der Sprachphilosophie, Logik, Linguistik und Psycholinguistik (1963–1973/74), zusammengestellt von Herbert Ernst Wiegand und Werner Wolski. Hildesheim. New York 1978 (Germanistische Linguistik 1–6/75), 93–838 [über 8000 Titel, Sach- und Namenregister].

Wörterbuch der deutschen Gegenwartssprache (1964)
: Ruth Klappenbach/Wolfgang Steinitz (Hgg.): Wörterbuch der deutschen Gegenwartssprache. Berlin 1964–1977.

Zawjalowa (1969)
: W. M. Zawjalowa: Antonyme. Moskau 1969.

I Antonymische Wortbildungsmittel und antonymische grammatische Ausdrucksmittel

...//a... (meist vor fremdsprachlichem Adjektiv)
z. B. *symmetrisch//asymmetrisch*

...//A... (meist vor fremdsprachlichem Substantiv)
z. B. *Symmetrie//Asymmetrie*

...//ab... (Verb)
z. B. *rüsten//abrüsten*

...//an... (vor fremdsprachlichem Adjektiv mit anlautendem Vokal oder h)
z. B. *isometrisch//anisometrisch*

...//An... (vor fremdsprachlichem Substantiv mit anlautendem Vokal oder h)
z. B. *Isometrie//Anisometrie*

...//anti... (Adjektiv)
z. B. *kommunistisch//antikommunistisch*

...//Anti... (Substantiv)
z. B. *Kriegsfilm//Antikriegsfilm*

...//aus... (Verb)
z. B. *packen//auspacken (Koffer)*

...//außer... (Adjektiv)
z. B. *ehelich//außerehelich*

...(Infinitiv)//... (Partizip II) + bekommen
z. B. *liefern//geliefert bekommen*

...//de...; ↑auch en... (vor fremdsprachlichem Verb)
z. B. *kodieren//dekodieren*

...//De...; ↑auch Ent... (vor fremdsprachlichem Substantiv)
z. B. *Motivation//Demotivation*

...//des...; ↑auch ent... (vor vokalisch anlautendem fremdsprachlichem Verb)
z. B. *integrieren//desintegrieren*

...//Des...; ↑auch Ent... (vor vokalisch anlautendem fremdsprachlichem Substantiv)
z. B. *Interesse//Desinteresse*

...//dis... (vor fremdsprachlichem Verb)
z. B. *harmonieren//disharmonieren*

...//dis... (vor fremdsprachlichem Adjektiv)
z. B. *kontinuierlich//diskontinuierlich*

...//Dis... (vor fremdsprachlichem Substantiv)
z. B. *Kontinuität//Diskontinuität*

...//ent...; ↑auch de..., des... (Verb)
z. B. *tabuisieren//enttabuisieren*

...//Ent...; ↑auch Des... (Substantiv)
z. B. *Solidarisierung//Entsolidarisierung*

...//...ess (Substantiv)
z. B. *Steward//Stewardess*

...//extra... ; ↑auch extra...//intra... (Adjektiv)
z. B. *linguistisch//extralinguistisch*

...//Gegen... (Substantiv)
z. B. *Vorschlag//Gegenvorschlag*

...(Aktiv)//[ge]...t werden (Passiv)
z. B. *lieben//geliebt werden; verführen//verführt werden*

...//il... ; ↑auch un...//... (vor fremdsprachlichem Adjektiv mit anlautendem l)
z. B. *loyal//illoyal*

...//Il...; ↑auch Un...//... (vor fremdsprachlichem Substantiv mit anlautendem L)
z. B. *Legalität//Illegalität*

...//im...; ↑auch un...//... (vor fremdsprachlichem Adjektiv mit anlautendem m, p)
z. B. *materiell//immateriell; potent//impotent*

...//Im...; ↑auch Un...//... (vor fremdsprachlichem Substantiv mit anlautendem M, P)
z. B. *Mobilismus//Immobilismus; Parität//Imparität*

...//in...; ↑auch un... (vor fremdsprachlichem Adjektiv)
z. B. *human//inhuman; diskret//indiskret; offiziell//inoffiziell*

...//In... ; ↑auch Un...//... (vor fremdsprachlichem Substantiv)
z. B. *Opportunität//Inopportunität; Stabilität//Instabilität; Toleranz//Intoleranz*

...//...in (Substantiv)
z. B. *Wirt//Wirtin; Hund//Hündin; Arzt//Ärztin; Türke//Türkin; Franzose//Französin; Lehrer//Lehrerin; Herausforderer//Herausforderin*

...//inter... (vor fremdsprachlichem Adjektiv)
z. B. *national//international*

...//ir...; ↑auch un...//... (vor fremdsprachlichem Adjektiv mit anlautendem r)
z. B. *reparabel//irreparabel*

...//Ir...; ↑auch Un...//... (vor fremdsprachlichem Substantiv mit anlautendem R)
z. B. *Realität//Irrealität*

...//miss... (Verb)
z. B. *glücken//missglücken*

...//Miss... (Substantiv)
z. B. *Erfolg//Misserfolg*

...//nicht... (Adjektiv)
z. B. *christlich//nichtchristlich*

...//Nicht... (Substantiv)
z. B. *Raucher//Nichtraucher; Erfüllung//Nichterfüllung (eines Vertrages)*

...//prä... (Adjektiv)
z. B. *historisch//prähistorisch*

...//sich ... lassen
z. B. *jemanden bedienen//sich bedienen lassen*

...//über... (Adjektiv)
z. B. *regional//überregional*

...//un...; ↑auch il...//..., im...//..., in...//...,ir...//... (Adjektiv)
z. B. *günstig//ungünstig; fachgerecht//unfachgerecht*

...//un... (Partizip II) lassen
z. B. *verändern//unverändert lassen*

...//Un... (Substantiv)
z. B. *Recht//Unrecht*

...//...un... (Adjektiv)
z. B. *rechtswirksam//rechtsunwirksam*

...//unter... (Adjektiv)
z. B. *privilegiert//unterprivilegiert*

...(Infinitiv)//... (Partizip II) + werden (Passiv)
z. B. *fressen//gefressen werden, verführen//verführt werden, lieben//geliebt werden*

A

a...//... (meist vor fremdsprachlichem Adjektiv)
(mit der Bedeutung: nicht-, un-) z. B. *amoralisch//moralisch*

a...//er (Substantivsuffix bei fremdsprachlichem Basiswort)
(Endung, die Weibliches kennzeichnet) z. B. *Magistra/Magister*

a...//eu... (vor fremdsprachlicher Basis; Adjektiv)
(mit der Bedeutung: nicht-, un-) z. B. *aphotisch//euphotisch*

...a//...us (Substantivsuffix bei fremdsprachlichem Basiswort)
(Endung, die Weibliches kennzeichnet) z. B. *Intima//Intimus; Anima//Animus*

ab...//... (Verb)
z. B. *abrüsten//rüsten*

ab...//an... (Verben mit gleichem Basiswort)
z. B. *abmachen//anmachen*

ab...//an... (Verben mit nicht gleichem Basiswort)
z. B. *abstoßen//anziehen*

ab...//ange... + kommen (Verb)
z. B. *abreiten//angeritten kommen*

ab...//auf... (Adverb)
z. B. *abwärts//aufwärts*

ab...//auf... (Verben mit gleichem Basiswort)
z. B. *absteigen//aufsteigen*

ab...//auf... (Verben mit nicht gleichem Basiswort)
z. B. *abnehmen//aufsetzen (den Hut)*

ab...//be... (Verb)
z. B. *abdecken//bedecken*

ab...//heran... (Verb)
z. B. *abrudern//heranrudern*

ab...//um... (Verb)
z. B. *abbinden//umbinden (Schürze)*

ab...//zu... (Verben mit gleichem Basiswort)
z. B. *abnehmen//zunehmen*

ab...//zu... (Verben mit nicht gleichem Basiswort)
z. B. *ablehnen//zustimmen*

Ab...//An... (Substantiv)
z. B. *Abtestat//Antestat*

...ab//...an; ↑auch ...aufwärts (Adverb)
z. B. *bergab//bergan*

...ab//...auf; ↑auch ...aufwärts (Adverb)
z. B. *treppab//treppauf*

...abhängig//...unabhängig (Adjektiv)
z. B. *ertragsabhängig//ertragsunabhängig*

abwärts...//aufwärts... (Verb)
z. B. *abwärtsgehen//aufwärtsgehen*

...abwärts//...aufwärts; ↑auch ...an//...ab, ...auf//...ab (Adverb)
z. B. *flussabwärts//flussaufwärts*

Allein...//Mit... (Substantiv)
z. B. *Alleinverantwortung//Mitverantwortung*

Alltags...//Sonntags... (Substantiv)
z. B. *Alltagsanzug//Sonntagsanzug*

Amateur...//Berufs... (Substantiv)
z. B. *Amateurboxer//Berufsboxer*

an...//... (vor fremdsprachlichem Adjektiv)
(mit der Bedeutung: nicht-, un-) z. B. *aneuploid//euploid*

an...//ab... (Verben mit gleichem Basiswort)
z. B. *anmachen//abmachen*

an...//ab... (Verben mit nicht gleichem Basiswort)
z. B. *anziehen//abstoßen*

an + Partizip II von x + kommen//ab + x (Verb)
z. B. *angeschritten kommen//abschreiten*

an...//aus... (Verben mit gleichem Basiswort)
z. B. *anziehen//ausziehen (Kleid)*

an...//aus... (Verben mit nicht gleichem Basiswort)
z. B. *anbehalten//ausziehen*

An...//... (vor fremdsprachlichem Substantiv)
(mit der Bedeutung: Nicht-, Un-) z. B. *Anisometrie//Isometrie*

An...//Ab... (Substantiv)
z. B. *Antestat//Abtestat*

...an//...ab (Adverb)
z. B. *bergan//bergab*

Analog...//Digital... (Substantiv)
(mit der Bedeutung: übereinstimmend)
z. B. *Analogtechnik//Digitaltechnik*

...and//...ant (Substantiv)
(Suffix mit passivischer Bedeutung)
z. B. *Informand//Informant*

...and//...ator (Substantiv)
z. B. *Explorand//Explorator*

...and//...iker (Substantiv)
(Suffix mit passivischer Bedeutung)
z. B. *Analysand//Analytiker*

anders...//gleich... (Adjektiv)
z. B. *andersgeschlechtlich//gleichgeschlechtlich*

...andus//...ator (Substantiv)
(Suffix mit passivischer Bedeutung)
z. B. *Laudandus//Laudator*

ange... + kommen//ab... (Verb)
z. B. *angeritten kommen//abreiten*

...ant//...and (Substantiv)
(Suffix mit aktivischer Bedeutung) z. B. *Informant//Informand*

...ant//...ar (Substantiv)
z. B. *Indossant//Indossatar*

...ant//...at (Substantiv)
(Suffix mit aktivischer Bedeutung) z. B. *Adressant//Adressat*

...ant//...atar (Substantiv)
(Suffix mit aktivischer Bedeutung) z. B. *Indossant//Indossatar*

...ant//...ator (Substantiv)
z. B. *Kommunikant//Kommunikator*

ante...//post... (Verb)
(mit der Bedeutung: vor, vorher) z. B. *antedatieren//postdatieren*

Ante...//Post... (Substantiv)
(mit der Bedeutung: vor, vorher) z. B. *Anteposition//Postposition*

anti...//... (Adjektiv)
(kennzeichnet 1. einen ausschließenden Gegensatz) z. B. *antidemokratisch//demokratisch;* (kennzeichnet 2. einen entgegenwirkenden Gegensatz) z. B. *antiallergisch//allergisch*

anti...//pro...; ↑auch für//gegen (Adjektiv)
(mit der Bedeutung: gegen-) z. B. *antiamerikanisch//proamerikanisch*

Anti...//... (Substantiv)
(1. kennzeichnet einen ausschließenden Gegensatz, z. B. *Antialkoholiker//Alkoholiker;* 2. kennzeichnet einen entgegenwirkenden Gegensatz, z. B. *Antikriegsfilm//Kriegsfilm;* 3. bildet einen komplementären Gegensatz, z. B. *Antirakete//Rakete, Antikritik//Kritik; Antimaterie//Materie;* 4. drückt aus, dass etwas/jemand ganz anders ist, als was man üblicherweise damit verbindet) z. B. *Antiheld//Held, Antifußball* (schlechtes Spiel)*//Fußball, Antimode* (saloppe Kleidung)*//Mode*

Anti...//Phil[o]... (Substantiv)
(mit der Bedeutung: Gegner von etwas) z. B. *Antisemitismus//Philosemitismus*

Anti...//Syn... (Substantiv)
(mit der Bedeutung: entgegen) z. B. *Antiklinorium//Synklinorium*

...ar//...ant (Substantiv)
z. B. *Indossatar//Indossant*

...är//...euse (Substantiv)
z. B. *Konfektionär//Konfektioneuse*

...arm//...reich (Adjektiv)
z. B. *fettarm//fettreich*

...armut//...reichtum (Substantiv)
z. B. *Ideenarmut//Ideenreichtum*

...at//...ant (Substantiv)
z. B. *Adressat//Adressant*

...at[ar]//...ant (Substantiv)
z. B. *Indossat[ar]//Indossant*

...ator//...and[us] (Substantiv)
(bezeichnet den Träger eines Geschehens) z. B. *Laudator//Laudand[us]*

...ator//...ant (Substantiv)
(bezeichnet den Träger eines Geschehens) z. B. *Kommunikator//Kommunikant*

auf...//... (Verb)
z. B. *aufbinden//binden (Schleife)*

auf...//ab... (Adverb)
z. B. *aufwärts//abwärts*

auf...//ab... (Verben mit gleichem Basiswort)
z. B. *aufrüsten//abrüsten*

auf...//ab... (Verben mit nicht gleichem Basiswort)
z. B. *aufbehalten//absetzen*

auf...//auseinander... (Verb)
z. B. *aufrollen//auseinanderrollen*

auf...//ein... (Verben mit nicht gleichem Basiswort)
z. B. *aufwachen//einschlafen*

auf...//ent... (Verb)
z. B. *aufrollen//entrollen*

auf...//unter... (Verb)
z. B. *auftauchen//untertauchen*

auf...//zu... (Verben mit gleichem Basiswort)
z. B. *aufschließen//zuschließen*

auf...//zu... (Verben mit nicht gleichem Basiswort)
z. B. *aufziehen//zuschieben, auflassen//zumachen*

...auf//...ab; ↑auch ...abwärts (Adverb)
z. B. *bergauf//bergab*

aufwärts...//abwärts... (Verb)
z. B. *aufwärtsgehen//abwärtsgehen*

...aufwärts//...abwärts; ↑auch ...ab//...an, ...ab//...auf (Adverb)
z. B. *stromaufwärts//stromabwärts*

aus...//an... (Verben mit gleichem Basiswort)
z. B. *ausziehen//anziehen*

aus...//an... (Verben mit nicht gleichem Basiswort)
z. B. *ausziehen//anbehalten*

aus...//ein... (Verben mit gleichem Basiswort)
z. B. *ausatmen//einatmen*

aus...//ein... (Verben mit nicht gleichem Basiswort)
z. B. *ausstoßen//einziehen (Atem)*

aus...//zusammen... (Verben mit gleichem Basiswort)
z. B. *ausrollen//zusammenrollen (Teppich)*

aus...//zusammen... (Verben mit nicht gleichem Basiswort)
z. B. *ausziehen//zusammenschieben*

...aus//...ein (Adverb)
z. B. *tagaus//tagein*

auseinander...//auf... (Verb)
z. B. *auseinanderrollen//aufrollen*

auseinander...//zusammen... (Verben mit gleichem Basiswort)
z. B. *auseinanderrücken//zusammenrücken*

auseinander...//zusammen... (Verben mit nicht gleichem Basiswort)
z. B. *auseinandernehmen//zusammensetzen*

außen...//innen... (Adjektiv)
z. B. *außenpolitisch//innenpolitisch*

Außen...//Binnen... (Substantiv)
z. B. *Außenhandel//Binnenhandel*

Außen...//Innen... (Substantiv)
z. B. *Außentoilette//Innentoilette*

außer...//... (Adjektiv)
z. B. *außerehelich//ehelich*

außer...//inner... (Adjektiv)
z. B. *außerbetrieblich//innerbetrieblich*

auto...//hetero... (vor fremdsprachlicher Basis; Adjektiv)
(mit der Bedeutung: selbst, eigen) z. B. *autotroph//heterotroph*

Auto...//Hetero... (vor fremdsprachlicher Basis; Substantiv)
(mit der Bedeutung: selbst, eigen) z. B. *Autohypnose//Heterohypnose*

B

be...//ab... (Verb)
z. B. *bedecken//abdecken*

be...//be... (Verben mit antonymischen Basiswörtern)
z. B. *belohnen//bestrafen*

be...//ent... (Verb)
z. B. *jemanden belasten//jemanden entlasten*

be...//ver... (Verben mit antonymischen Basiswörtern)
z. B. *bejahen//verneinen, sich befreunden//sich verfeinden*

Be...//Ent... (Substantiv)
z. B. *Belüftung//Entlüftung*

...bedürftig//...frei (Adjektiv)
z. B. *zustimmungsbedürftig//zustimmungsfrei*

...(Partizip II) + bekommen//... (Infinitiv)
z. B. *geliefert bekommen//liefern*

Berufs...//Amateur... (Substantiv)
z. B. *Berufsboxer//Amateurboxer*

Berufs...//Laien... (Substantiv)
z. B. *Berufskünstler//Laienkünstler*

be...t//...los (Adjektiv)
z. B. *beblättert//blätterlos, behaart//haarlos*

...bewusst sein//ein ...muffel sein
z. B. *modebewusst sein//ein Modemuffel sein*

Binnen...//Außen... (Substantiv)
z. B. *Binnenhandel//Außenhandel*

...bleiben//[un//Nicht]... werden
z. B. *jung bleiben//alt werden; er blieb ihr, ihm treu//wurde ihr, ihm untreu; Raucher bleiben//Nichtraucher werden*

D

de.../... (vor fremdsprachlichem Verb)
(mit der Bedeutung: ent..., von...weg)
z. B. *demilitarisieren//militarisieren*

de...//en...; ↑auch ver... (vor fremdsprachlichem Verb)
(mit der Bedeutung: ent..., von...weg)
z. B. *dekodieren//enkodieren*

De...//... (vor fremdsprachlichem Substantiv)
(mit der Bedeutung: Ent..., von...weg)
z. B. *Dezentralisation//Zentralisation*

des...//...; ↑auch ...//de... (vor vokalisch anlautendem fremdsprachlichem Verb)
(mit der Bedeutung: ent..., von...weg)
z. B. *desintegrieren//integrieren*

Des...//...; ↑auch ...//De... (vor vokalisch anlautendem fremdsprachlichem Substantiv
(mit der Bedeutung: Ent..., von...weg)
z. B. *Desintegration//Integration*

Digital...//Analog... (Substantiv)
(mit der Bedeutung: in Stufen, Schritten sich vollziehend) z. B. *Digitaltechnik//Analogtechnik*

dis...//... (vor fremdsprachlichem Adjektiv)
(mit der Bedeutung: zwischen, auseinander) z. B. *diskontinuierlich//kontinuierlich*

dis...//... (vor fremdsprachlichem Verb)
(mit der Bedeutung: zwischen, auseinander) z. B. *disharmonieren//harmonieren*

Dis...//... (vor fremdsprachlichem Substantiv)
(mit der Bedeutung: zwischen, auseinander) z. B. *Diskontinuität//Kontinuität*

Doppel...//Einzel... (Substantiv)
z. B. *Doppelzimmer//Einzelzimmer*

drauf...//drunter... (Verb)
z. B. *draufstellen//drunterstellen*

drunter...//drauf... (Verb)
z. B. *drunterstellen//draufstellen*

dunkel...//hell... (Adjektiv)
z. B. *dunkelbraun//hellbraun*

...durchlässig//...undurchlässig (Adjektiv)
z. B. *lichtdurchlässig//lichtundurchlässig*

dys...//eu... (vor fremdsprachlicher Basis; Adjektiv)
(mit der Bedeutung: schlecht, schwer, miss-, -widrig) z. B. *dysphorisch//euphorisch*

Dys...//Eu... (vor fremdsprachlicher Basis; Substantiv)
(mit der Bedeutung: schlecht, schwer, miss-, -widrig) z. B. *Dystrophie//Eutrophie*

E

...e//...er (Substantiv)
z. B. *Vertraute//Vertrauter*

eigen...//fremd... (Adjektiv)
z. B. *eigengenutzt//fremdgenutzt*

Eigen...//Fremd... (Substantiv)
z. B. *Eigenkapital//Fremdkapital*

...eigen//...fremd (Adjektiv)
z. B. *betriebseigen//betriebsfremd*

ein...//aus... (Verben mit gleichem Basiswort)
z. B. *einschalten//ausschalten*

ein...//aus... (Verben mit nicht gleichem Basiswort)
z. B. *einziehen//ausstoßen (Atem)*

ein...//ent... (Verben mit nicht gleichem Basiswort)
z. B. *einstellen//entlassen*

...ein//...aus (Adverb)
z. B. *tagein//tagaus*

ein ...muffel sein//...bewusst sein
z. B. *ein Modemuffel sein//modebewusst sein*

Einweg...//Mehrweg... (Substantiv)
z. B. *Einwegflasche//Mehrwegflasche*

einzel...//gesamt... (Adjektiv)
z. B. *einzelwirtschaftlich//gesamtwirtschaftlich*

Einzel...//Doppel... (Substantiv)
z. B. *Einzelzimmer//Doppelzimmer*

Einzel...//Gesamt... (Substantiv)
z. B. *Einzelergebnis//Gesamtergebnis*

Einzel...//Groß... (Substantiv)
z. B. *Einzelhandel//Großhandel*

Einzel...//Gruppen... (Substantiv)
z. B. *Einzelreise//Gruppenreise*

Einzel...//Kollektiv... (Substantiv)
z. B. *Einzelbestrafung//Kollektivbestrafung*

Einzel...//Mannschafts... (Substantiv)
z. B. *Einzelwertung//Mannschaftswertung*

Ekto...//Endo..., Ento... (vor fremdsprachlicher Basis; Substantiv)
(mit der Bedeutung: außen, außerhalb)
z. B. *Ektoparasit//Endoparasit, Entoparasit*

...empfindlich//...unempfindlich (Adjektiv)
z. B. *frostempfindlich//frostunempfindlich*

en...//de...; ↑auch ent... (vor fremdsprachlichem Verb)
(mit der Bedeutung: ein..., hinein...)
z. B. *enkodieren//dekodieren*

...en (Partizip II)//...end (Partizip I)
z. B. *eingeladen//einladend*

...en (Aktiv)//[ge]...[t] werden (Passiv)
z. B. *lieben//geliebt werden, verführen//verführt werden, einladen//eingeladen werden*

End...//Zwischen... (Substantiv)
z. B. *Endergebnis//Zwischenergebnis*

...end (Partizip I)//...en (Partizip II von starkem Verb)
z. B. *einladend//eingeladen*

...end (Partizip I)//[ge]...t (Partizip II von schwachem Verb)
z. B. *liebend//geliebt, definierend//definiert, verführend//verführt*

...end (Partizip I)//[...]zu...end (Gerundivum)
z. B. *ausbildend//auszubildend*

...ende[r]//[Ge]...e[r] (Substantivierung von starkem, dem unregelmäßigen Verb)
z. B. *Schlagende[r]//Geschlagene[r]*

...ende[r]//[Ge]...te[r] (Substantivierung von schwachem, dem regelmäßigen Verb)
z. B. *Liebende[r], Begehrende[r]//Geliebte[r], Begehrte[r], Jagende[r]//Gejagte[r]*

endo...//exo... (vor fremdsprachlicher Basis; Adjektiv)
(mit der Bedeutung: innen, inwendig, innerhalb) z. B. *endozentrisch//exozentrisch*

Endo...//Ekto... (vor fremdsprachlicher Basis; Substantiv)
(mit der Bedeutung: innerhalb) z. B. *Endoparasit//Ektoparasit, Endoprothese//Ektoprothese*

Endo...//Epi... (vor fremdsprachlicher Basis; Substantiv)
(mit der Bedeutung: innen, inwendig, innerhalb) z. B. *Endobiose//Epibiose*

Endo...//Exo... (vor fremdsprachlicher Basis; Substantiv)
(mit der Bedeutung: innerhalb) z. B. *Endophytie//Exophytie*

ent...//... (Verb)
z. B. *enttabuisieren//tabuisieren*

ent...//auf... (Verb)
z. B. *entrollen//aufrollen*

ent...//be... (Verb)
z. B. *jemanden entlasten//jemanden belasten*

ent...//ein... (Verben mit nicht gleichem Basiswort)
z. B. *entlassen//einstellen*

ent...//er... (Verb)
z. B. *entmutigen//ermutigen*

ent...//ver... (Verb)
z. B. *sich entloben//sich verloben*

ent...//zu... (Verb)
z. B. *entlaufen//zulaufen*

Ent...//... (Substantiv)
z. B. *Entsolidarisierung//Solidarisierung*

Ent...//Be... (Substantiv)
z. B. *Entlüftung//Belüftung*

Ento...//Ekto... (vor fremdsprachlicher Basis; Substantiv)
(mit der Bedeutung: innerhalb) z. B. *Entoplasma//Ektoplasma*

epi...//hypo... (vor fremdsprachlicher Basis; Adjektiv)
(mit der Bedeutung: darauf, darüber, an der Oberfläche) z. B. *epigäisch//hypogäisch*

Epi...//Endo... (vor fremdsprachlicher Basis; Substantiv)
(mit der Bedeutung: darauf, darüber, an der Oberfläche) z. B. *Epibiose//Endobiose*

er...//ent... (Verb)
z. B. *ermutigen//entmutigen*

er...//er... (Verben mit antonymischen Basiswörtern)
z. B. *erleichtern//erschweren*

er...//ver... (Verben mit nicht gleichem Basiswort)
z. B. *erlauben//verbieten*

...er//...e (Substantiv)
z. B. *Vertrauter//Vertraute*

...e[r]//...ende[r] (Substantiv)
z. B. *Befreite[r]//Befreiende[r]*

...er//...erin (Substantiv)
z. B. *Lehrer//Lehrerin*

...er//[Ge]...e[r] (Substantivierung von starkem, dem unregelmäßigen Verb)
z. B. *Schläger//Geschlagene[r]*

...er//[Ge]...te[r] (Substantivierung von schwachem, dem regelmäßigen Verb)
z. B. *Befreier//Befreite[r]*

...er//...ling (Substantiv)
z. B. *Prüfer//Prüfling*

...erer//...erin (Substantiv)
z. B. *Förderer//Förderin*

...erin//...er (Substantiv)
z. B. *Lehrerin//Lehrer*

...erin//...erer (Substantiv)
z. B. *Kämmerin//Kämmerer, Förderin//Förderer*

...erin//[Ge]...[t]e[r] (Substantivierung vom starken oder schwachen Verb)
z. B. *Schädigerin//Geschädigte[r]; Jägerin//Gejagte[r]; Ruferin//Gerufene[r]*

...erin//...ling (Substantiv)
z. B. *Prüferin//Prüfling*

...ess//... (Substantiv)
z. B. *Stewardess//Steward*

...ette//... ier (Substantiv)
z. B. *Chansonnette//Chasonnier*

eu...//a... (vor fremdsprachlicher Basis; Adjektiv)
(mit der Bedeutung: wohl, schön, gut)
z. B. *euphotisch//aphotisch*

eu...//dys... (vor fremdsprachlicher Basis; Adjektiv)
(mit der Bedeutung: wohl, schön, gut)
z. B. *euphorisch//dysphorisch*

Eu.../ /Dys... (vor fremdsprachlicher Basis; Substantiv)
(mit der Bedeutung: wohl, schön, gut)
z. B. *Eutrophie//Dystrophie*

Eu.../ /Kako... (vor fremdsprachlicher Basis; Substantiv)
(mit der Bedeutung: wohl, schön, gut)
z. B. *Euphonie//Kakophonie*

...eur//...eurin, ...euse (Substantiv)
z. B. *Friseur//Friseurin, Friseuse*

...eurin//...eur (Substantiv)
z. B. *Friseurin//Friseur*

eur[y].../ /sten[o]... (Adjektiv)
(mit der Bedeutung: breit, weit) z. B. *euryhalin//stenohalin*

...euse//...är (Substantiv)
z. B. *Konfektioneuse//Konfektionär*

...euse//...eur (Substantiv)
z. B. *Friseuse//Friseur*

...euse//...ier (Substantiv)
z. B. *Croupieuse//Croupier*

exo.../ /endo... (vor fremdsprachlicher Basis; Adjektiv)
(mit der Bedeutung: aus, außen, außerhalb) z. B. *exozentrisch//endozentrisch*

Exo.../ /Endo... (vor fremdsprachlicher Basis; Substantiv)
(mit der Bedeutung: aus, außerhalb)
z. B. *Exophytie//Endophytie*

...extern//...intern (Adjektiv)
(mit der Bedeutung: außerhalb) z. B. *sprachextern//sprachintern*

extra.../ /... (Adjektiv)
(mit der Bedeutung: außen, außerhalb)
z. B. *extralinguistisch//linguistisch*

extra.../ /intra... ; ↑auch ...//extra... (vor fremdsprachlichem Adjektiv)
z. B. *extralingual//intralingual*

extra.../ /intro... (vor fremdsprachlicher Basis; Adjektiv)
z. B. *extravertiert//introvertiert*

F

...fähig//...unfähig (Adjektiv)
z. B. *[sie ist] verhandlungsfähig* (aktivisch; kann verhandeln)*//verhandlungsunfähig, vernehmungsfähig* (passivisch; kann vernommen werden)*//vernehmungsunfähig*

fein.../ /grob... (Adjektiv)
z. B. *feingliedrig//grobgliedrig*

Fein.../ /Grob... (Substantiv)
z. B. *Feineinstellung//Grobeinstellung*

...feindlich//...freundlich (Adjektiv)
(mit der Bedeutung: ablehnend dem im Basiswort Genannten gegenüber) z. B. *kinderfeindlich//kinderfreundlich*

...fern//...nah (Adjektiv)
z. B. *praxisfern//praxisnah*

...frei//...bedürftig (Adjektiv)
z. B. *zustimmungsfrei//zustimmungsbedürftig*

...frei//...gebunden (Adjektiv)
z. B. *zweckfrei//zweckgebunden*

...frei//...haltig (Adjektiv), mit ...
z. B. *phosphatfrei//phosphathaltig, mit Phosphat*

...frei//...pflichtig (Adjektiv)
z. B. *portofrei//portopflichtig*

Freiland.../ /Treibhaus... (Substantiv)
z. B. *Freilandgemüse//Treibhausgemüse*

fremd.../ /eigen... (Adjektiv)
z. B. *fremdgenutzt//eigengenutzt*

fremd.../ /selbst... (Adjektiv)
z. B. *fremdbestimmt//selbstbestimmt*

Fremd.../ /Eigen... (Substantiv)
z. B. *Fremdfinanzierung//Eigenfinanzierung*

Fremd.../ /Selbst... (Substantiv)
z. B. *Fremdbestimmung//Selbstbestimmung*

...fremd//...eigen (Adjektiv)
z. B. *betriebsfremd//betriebseigen*

...freudigkeit//...müdigkeit (Substantiv)
z. B. *Impffreudigkeit//Impfmüdigkeit*

...freund//...hasser (Substantiv)
z. B. *Deutschenfreund//Deutschenhasser*

...freundlich//...feindlich (Adjektiv)
(mit der Bedeutung: wohlwollend dem im Basiswort Genannten gegenüber)
z. B. *kinderfreundlich//kinderfeindlich*

...freundlich//...unfreundlich (Adjektiv)
(mit der Bedeutung: dem im Basiswort Genannten gegenüber entgegenkommend) z. B. *leserfreundlich//leserunfreundlich* (in Bezug auf die Schrift u. a.)

früh.../ /spät... (Adjektiv)
z. B. *frühkapitalistisch//spätkapitalistisch*

Früh.../ /Spät... (Substantiv)
z. B. *Frühschicht//Spätschicht*

...fug//...phil (mit fremdsprachlicher Basis; Adjektiv)
(mit der Bedeutung: fliehend, meidend)
z. B. *kalzifug//kalziphil*

G

ganz.../ /halb... (Adverb)
z. B. *ganztags//halbtags*

Ganz.../ /Teil... (Substantiv)
z. B. *Ganzansicht//Teilansicht*

...geber//...nehmer (Substantiv)
z. B. *Arbeitgeber//Arbeitnehmer*

...gebunden//...frei (Adjektiv)
z. B. *zweckgebunden//zweckfrei*

Ge...e[r]//...ende[r] (Substantivierung von starkem, dem unregelmäßigen Verb)
z. B. *Geschlagene[r]//Schlagende[r]*

Gegen .../ /... (Substantiv)
z. B. *Gegenargument//Argument*

Gelegenheits.../ /Gewohnheits... (Substantiv)
z. B. *Gelegenheitsraucher//Gewohnheitsraucher*

Gelegenheits.../ /Quartals... (Substantiv)
z. B. *Gelegenheitstrinker//Quartalstrinker*

...gemäß//...widrig (Adjektiv)
z. B. *ordnungsgemäß//ordnungswidrig*

...gerecht//un... gerecht (Adjektiv)
z. B. *fachgerecht//unfachgerecht*

...gerecht//...widrig (Adjektiv)
z. B. *verkehrsgerecht//verkehrswidrig*

gesamt.../ /einzel... (Adjektiv)
z. B. *gesamtwirtschaftlich//einzelwirtschaftlich*

Gesamt.../ /Einzel... (Substantiv)
z. B. *Gesamtergebnis//Einzelergebnis*

Gesamt.../ /Teil... (Substantiv)
z. B. *Gesamtgebiet//Teilgebiet*

ge...t (Partizip II)//...end (Partizip I)
z. B. *genervt//nervend*

Ge...te[r]//...ende[r] (Substantivierung von schwachem, dem regelmäßigen Verb)
z. B. *Geliebte[r]//Liebende[r]*

Ge...te[r]//...ende[r], ...er[in] (Substantivierung von schwachem, dem regelmäßigen Verb)
z. B. *Gejagte[r]//Jagende[r], Jäger[in]*

ge...t werden (Passiv)//...en (Aktiv)
z. B. *geliebt werden//lieben*

Gewohnheits.../ /Gelegenheits... (Substantiv)
z. B. *Gewohnheitsraucher//Gelegenheitsraucher*

gleich...//anders... (Adjektiv)
z. B. *gleichgeschlechtlich//andersgeschlechtlich*

grob...//fein... (Adjektiv)
z. B. *grobgliedrig//feingliedrig*

Grob...//Fein... (Substantiv)
z. B. *Grobeinstellung//Feineinstellung*

Groß...//Einzel... (Substantiv)
z. B. *Großhandel//Einzelhandel*

Groß...//Klein... (Substantiv)
z. B. *Großaktionär//Kleinaktionär*

Gruppen...//Einzel... (Substantiv)
z. B. *Gruppenreise//Einzelreise*

H

Haben...//Soll... (Substantiv)
z. B. *Habensaldo//Sollsaldo*

...haft//...los (Adjektiv)
z. B. *stimmhaft//stimmlos*

halb...//ganz... (Adverb)
z. B. *halbtags//ganztags*

Halb...//Voll... (Substantiv)
z. B. *Halbwaise//Vollwaise*

...haltig//...frei (Adjektiv)
z. B. *holzhaltig//holzfrei*

...haltig//...los (Adjektiv)
z. B. *merkmalhaltig//merkmallos*

Hard...//Soft... (Substantiv)
z. B. *Hardware//Software*

...hasser//...freund (Substantiv)
z. B. *Deutschenhasser//Deutschenfreund*

haupt...//neben... (Adjektiv)
z. B. *hauptberuflich//nebenberuflich*

Haupt...//Bei... (Substantiv)
z. B. *Hauptfilm//Beifilm*

Haupt...//Neben... (nicht räumlich; Substantiv)
z. B. *Hauptberuf//Nebenberuf*

Haupt...//Neben..., Seiten... (räumlich; Substantiv)
z. B. *Haupteingang//Nebeneingang, Seiteneingang*

Haupt...//Vor... (Substantiv)
z. B. *Hauptvertrag//Vorvertrag*

hell...//dunkel... (Adjektiv)
z. B. *hellbraun//dunkelbraun*

her...//hin... (Verben mit gleichem Basiswort)
(2 Sachverhalte und 1 personenidentische Perspektive, 1 Standort) z. B. *hinströmen//herströmen*

her...//hin... (Verben mit nicht gleichem Basiswort)
(2 Sachverhalte und 1 personenidentische Perspektive, 1 Standort) z. B. *herkommen//hingehen*

her...//weg... (Verb)
z. B. *herbringen//wegbringen*

herab...//herauf... (Verb)
(aus zwei Richtungen auf einen Punkt hin kommend) z. B. *herabklettern//heraufklettern*

herab...//hinab...; ↑auch hinunter... (Verb)
(der gleiche Sachverhalt aus zwei verschiedenen Perspektiven oder 2 Sachverhalte, 1 personenidentische Perspektive, 1 Standort) z. B. *herabsteigen//hinabsteigen*

herab...//hinan..., hinauf... (Verb)
(aus einer Richtung kommend – zum Sprecher hin – und wieder in die gleiche Richtung zurückgehend – vom Sprecher weg) z. B. *herabsteigen//hinansteigen, hinaufsteigen*

heran...//ab... (Verb)
z. B. *heranrudern//abrudern*

heran...//weg... (Verben mit gleichem Basiswort)
z. B. *herangehen an//weggehen von*

heran...//weg... (Verben mit nicht gleichem Basiswort)
z. B. *heranziehen//wegschieben*

herauf...//herab..., herunter... (Verb)
(von 2 entgegengesetzten Richtungen auf 1 Standort hin oder 2 gegensätzliche Sachverhalte aus 1 personenidentischen Perspektive, 2 Standorte) z. B. *heraufsteigen//herabsteigen*

herauf...//hinab..., hinunter... (Verben mit gleichem oder nicht gleichem Basiswort)
(aus einer Richtung kommend – zum Sprecher hin – und wieder in die gleiche Richtung zurückgehend – vom Sprecher weg) z. B. *herauflaufen//hinunterlaufen; heraufkommen//hinabgehen*

herauf...//hinan..., hinauf... (Verb)
(2 Sachverhalte, 1 personenidentische Perspekive, 1 Standort oder 1 Sachverhalt, 2 personenverschiedene Perspektiven, 2 Standorte) z. B. *heraufsteigen//hinansteigen, hinaufsteigen*

heraus...//herein... (Verb)
(auf eine Person zu – mit jeweils unterschiedlichem Standort; 2 Sachverhalte, 1 personenidentische Perspektive, 2 Standorte) z. B. *herauswollen//hereinwollen*

heraus...//hinaus... (Verben mit gleichem Basiswort)
(1 Sachverhalt, 2 personenverschiedene Perspektiven, 2 Standorte) z. B. *herauslaufen//hinauslaufen*

heraus...//hinaus... (Verben mit nicht gleichem Basiswort)
(1 Sachverhalt, 2 personenverschiedene Perspektiven, 2 Standorte) z. B. *herauskommen//hinausgehen*

heraus...//hinein... (Verben mit gleichem Basiswort)
(2 Sachverhalte hin und zurück, 1 personenidentische Perspektive, 1 Standort) z. B. *herauswollen//hineinwollen*

heraus...//hinein... (Verben mit nicht gleichem Basiswort)
(in bezug auf einen Standort hin und zurück: 2 Sachverhalte, 1 personenidentische Perspektive, 1 Standort) z. B. *herausnehmen//hineinlegen*

herein...//heraus... (Verb)
(auf eine Person zu – mit jeweils unterschiedlichem Standort: 2 Sachverhalte, 1 personenidentische Perspektive, 2 Standorte) z. B. *hereinfahren//herausfahren*

herein...//hinaus... (Verben mit gleichem Basiswort)
(2 Sachverhalte hin und zurück, 1 personenidentische Perspektive, 1 Standort) z. B. *hereinbringen//hinausbringen: er bringt das Kind herein zu mir//er bringt das Kind hinaus zu ihr*

herein...//hinaus... (Verben mit nicht gleichem Basiswort)
(2 Sachverhalte, 1 personenidentische Perspektive, 1 Standort) z. B. *hereinkommen//hinausgehen*

herein...//hinein... (Verben mit gleichem Basiswort)
(1 Sachverhalt, 2 personenverschiedene Perspektiven, 2 Standorte) z. B. *hereinlaufen//hineinlaufen: er läuft herein ins Haus zu mir//er läuft hinein ins Haus zu dir*

herein...//hinein... (Verben mit nicht gleichem Basiswort)
(1 Sachverhalt, 2 personenverschiedene Perspektiven, 2 Standorte) z. B. *hereinkommen//hineingehen*

herüber...//hinüber... (Verben mit gleichem Basiswort)
(1 Sachverhalt, 2 personenverschiedene Perspektiven, 2 Standorte oder 2 Sach-

verhalte hin und zurück, 1 personenidentische Perspektive, 1 Standort) z. B. *herüberblicken//hinüberblicken*

herüber...//hinüber... (Verben mit nicht gleichem Basiswort)
(1 Sachverhalt, 2 personenverschiedene Perspektiven, 2 Standorte oder 2 Sachverhalte hin und zurück, 1 personenidentische Perspektive, 1 Standort) z. B. *herüberkommen//hinübergehen (er kommt herüber zu mir X//er geht hinüber zu ihm X oder: er kommt herüber und geht dann wieder hinüber)*

herunter...//herauf... (Verb)
(2 Sachverhalte – aus zwei entgegengesetzten Richtungen auf einen Punkt hin kommend –, 1 personenidentische Perspektive, 1 Standort oder: 2 Sachverhalte, 1 personenidentische Perspektive, 2 Standorte) z. B. *herunterkommen//heraufkommen*

herunter...//hinauf.. (Verben mit gleichem Basiswort)
(2 Sachverhalte hin und zurück, 1 personenidentische Perspektive, 1 Standort) z. B. *heruntersteigen//hinaufsteigen*

herunter...//hinauf... (Verben mit nicht gleichem Basiswort)
(2 Sachverhalte hin und zurück, 1 personenidentische Perspektive, 1 Standort) z. B. *herunterziehen//hinaufschieben*

herunter...//hinunter..., hinab... (Verb)
(1 Sachverhalt, 2 personenverschiedene Perspektiven, 2 Standorte oder: 2 Sachverhalte aus einer Richtung kommend und in die gleiche Richtung weitergehend, 1 personenidentische Perspektive, 1 Standort) z. B. *herunterspringen//hinunterspringen*

herunter...//hoch... (Verben mit nicht gleichem Basiswort)
z. B. *herunterlassen//hochziehen*

hetero...//auto... (vor fremdsprachlicher Basis; Adjektiv)
(mit der Bedeutung: anders, verschieden) z. B. *heterotroph//autotroph*

hetero...//homo... (vor fremdsprachlicher Basis; Adjektiv)
(mit der Bedeutung: anders, verschieden) z. B. *heterosexuell//homosexuell*

hetero...//iso... (vor fremdsprachlicher Basis; Adjektiv)
(mit der Bedeutung: anders, verschieden) z. B. *heteromesisch//isomesisch*

hetero...//ortho... (vor fremdsprachlicher Basis; Adjektiv)
(mit der Bedeutung: anders, verschieden) z. B. *heterodox//orthodox*

Hetero...//Auto... (vor fremdsprachlicher Basis; Substantiv)
(mit der Bedeutung: anders, verschieden) z. B. *Heterohypnose//Autohypnose*

Hetero...//Iso... (vor fremdsprachlicher Basis; Substantiv)
(mit der Bedeutung: anders, verschieden) z. B. *Heterosporie//Isosporie*

Hetero...//Ortho... (vor fremdsprachlicher Basis; Substantiv)
(mit der Bedeutung: anders, verschieden) z. B. *Heterodoxie//Orthodoxie*

hin...//her... (Verben mit gleichem Basiswort)
z. B. *hinströmen//herströmen*

hin...//her...; ↑auch zurück... (Verben mit nicht gleichem Basiswort)
(2 Sachverhalte hin und zurück, 1 personenidentische Perspektive, 1 Standort) z. B. *hingehen//herkommen*

hin...//weg... (Verb)
z. B. *sich hinbewegen//sich wegbewegen*

hin...//zurück...; ↑auch her... (Verb)
z. B. *hinfahren//zurückfahren*

hinab...//herab..., herunter... (Verb)
(1 Sachverhalt, 2 personenverschiedene Perspektiven, 2 Standorte oder: 2 Sachverhalte – aus einer Richtung kommend und in die gleiche weitergehend – , 1 personenidentische

Perspektive, 1 Standort) z. B. *hinabklettern//herabklettern, herunterklettern*

hinab...//herauf... (Verben mit gleichem oder nicht gleichem Basiswort)
(aus einer Richtung kommend – zum Sprecher hin – und wieder in die gleiche Richtung zurückgehend – vom Sprecher weg) z. B. *hinabklettern//heraufklettern; hinabgehen//heraufkommen*

hinab...//hinan..., hinauf... (Verb)
(2 Sachverhalte in entgegengesetzte Richtungen, 1 personenidentische Perspektive, 1 Standort oder: 2 Sachverhalte hin und zurück, 1 personenidentische Perspektive, 2 Standorte) z. B. *hinabklettern//hinanklettern, hinaufklettern*

hinan...//herab...; ↑auch **herunter...** (Verb)
(in eine Richtung gehend – vom Sprecher weg – und wieder zurückgehend – zum Sprecher hin) z. B. *hinansteigen//herabsteigen*

hinan...//herauf... (Verb)
(2 Sachverhalte, 1 personenidentische Perspektive, 1 Standort oder: 1 Sachverhalt, 2 personenverschiedene Perspektiven, 2 Standorte) z. B. *hinansteigen//heraufsteigen*

hinan...//hinab... (Verb)
(von einem Standort weg in zwei entgegengesetzte Richtungen) z. B. *hinanklettern//hinabklettern*

hinauf...//herab..., herunter... (Verb)
(2 Sachverhalte hin und zurück, 1 personenidentische Perspektive, 1 Standort) z. B. *hinaufsteigen//herabsteigen, heruntersteigen*

hinauf...//herauf... (Verb)
(1 Sachverhalt, 2 personenverschiedene Perspektiven, 2 Standorte oder: 2 Sachverhalte in gleicher Richtung weiter, 1 personenidentische Perspektive, 1 Standort) z. B. *hinaufklettern//heraufklettern*

hinauf...//herunter... (Verben mit gleichem Basiswort)
(2 Sachverhalte hin und zurück, 1 personenidentische Perspektive, 1 Standort) z. B. *hinaufsteigen//heruntersteigen*

hinauf...//herunter..., herab... (Verben mit nicht gleichem Basiswort)
(2 Sachverhalte hin und zurück, 1 personenidentische Perspektive, 1 Standort) z. B. *hinaufgehen//herunterkommen*

hinauf...//hinab..., hinunter... (Verb)
(2 Sachverhalte in entgegengesetzter Richtung, 1 personenidentische Perspektive, 1 Standort oder: 2 Sachverhalte, hin und zurück, 1 personenidentische Perspektive, 2 Standorte) z. B. *hinaufsteigen//hinabsteigen, hinuntersteigen*

hinaus...//heraus... (Verben mit gleichem Basiswort)
(1 Sachverhalt, 2 personenverschiedene Perspektiven, 2 Standorte) z. B. *hinausfahren//herausfahren*

hinaus...//heraus... (Verben mit nicht gleichem Basiswort)
(1 Sachverhalt, 2 personenverschiedene Perspektiven, 2 Standorte) z. B. *hinausgehen//herauskommen*

hinaus...//herein... (Verben mit gleichem Basiswort)
(2 Sachverhalte hin//her, 1 personenidentische Perspektive, 1 Standort) z. B. *hinausströmen//hereinströmen*

hinaus...//herein... (Verben mit nicht gleichem Basiswort)
(2 Sachverhalte hin//her, 1 personenidentische Perspektive, 1 Standort) z. B. *hinausgehen//hereinkommen*

hinaus...//hinein...; ↑auch **'nein//'naus** (Verb)
(2 Sachverhalte hin//her, 1 personenidentische Perspektive, 2 Standorte) z. B. *hinausgehen//hineingehen*

hinein...//heraus... (Verben mit gleichem Basiswort)
(2 Sachverhalte hin und zurück, 1 personenidentische Perspektive, 1 Standort) z. B. *hineinspringen//herausspringen*

hinein...//heraus... (Verben mit nicht gleichem Basiswort)
(2 Sachverhalte hin und zurück, 1 personenidentische Perspektive, 1 Standort) z. B. *hineinlegen//herausnehmen*

hinein...//herein...(Verben mit gleichem Basiswort)
(1 Sachverhalt, 2 personenverschiedene Perspektiven, 2 Standorte) z. B. *hineinlaufen//hereinlaufen*

hinein...//herein... (Verben mit nicht gleichem Basiswort)
(1 Sachverhalt, 2 personenverschiedene Perspektiven, 2 Standorte) z. B. *hineingehen//hereinkommen*

hinein...//hinaus...; ↑auch 'naus//'nein (Verb)
(2 Sachverhalte hin und zurück, 1 personenidentische Perspektive, 2 Standorte) z. B. *hineinströmen//hinausströmen*

Hinter...//Vorder... (Substantiv)
z. B. *Hintergrund//Vordergrund*

hinterher...//voraus... (Verb)
z. B. *hinterherfahren//vorausfahren*

hinüber...//herüber... (Verben mit gleichem Basiswort)
(1 Sachverhalt, 2 personenverschiedene Perspektiven, 2 Standorte oder: 2 Sachverhalte hin und zurück, 1 personenidentische Perspektive, 1 Standort) z. B. *hinüberblicken//herüberblicken*

hinüber...//herüber...(Verben mit nicht gleichem Basiswort)
(2 Sachverhalte hin und zurück, 1 personenidentische Perspektive, 1 Standort) z. B. *hinübergehen//herüberkommen*

hinunter...//herauf... (Verb)
(2 Sachverhalte hin und zurück, 1 personenidentische Perspektive, 1 Standort) z. B. *hinunterklettern//heraufklettern*

hinunter...//herunter...(Verb)
(1 Sachverhalt, 2 personenverschiedene Perspektiven, 2 Standorte) z. B. *hinunterspringen//herunterspringen*

hinunter...//hinauf... (Verb)
(2 Sachverhalte in entgegengesetzter Richtung, 1 personenidentische Perspektive, 1 Standort oder: 2 Sachverhalte hin und zurück, 1 personenidentische Perspektive, 2 Standorte) z. B. *hinunterblicken//hinaufblicken*

hoch...//herunter... (Verben mit nicht gleichem Basiswort)
z. B. *hochziehen//herunterlassen*

hoch...//runter... (Verben mit gleichem Basiswort)
z. B. *hochgehen//runtergehen (Preise), hochlaufen//runterlaufen*

hoch...//runter...; ↑auch 'nunter//'nauf (Verben mit nicht gleichem Basiswort)
z. B. *hochkommen//runtergehen*

Hoch...//Tief... (Substantiv)
z. B. *Hochbau//Tiefbau*

Höchst...//Mindest... (Substantiv)
z. B. *Höchststrafe//Mindeststrafe*

höher...//zurück..., rück... (Verb)
z. B. *höherstufen//zurückstufen, rückstufen*

homo...//hetero... (vor fremdsprachlicher Basis; Adjektiv)
(mit der Bedeutung: gleich) z. B. *homosexuell//heterosexuell*

hygro...//xero... (vor fremdsprachlicher Basis; Adjektiv)
(mit der Bedeutung: feucht) z. B. *hygrophil//xerophil*

Hygro...//Xero... (vor fremdsprachlicher Basis; Substantiv)
(mit der Bedeutung: Feuchtigkeits...) z. B. *Hygrophilie//Xerophilie*

hyp[o]...//hyper... (vor fremdsprachlicher Basis; Adjektiv; Ausfall des -o vor Vokalen)
(mit der Bedeutung: unter, sehr wenig) z. B. *hypalgetisch//hyperalgetisch*

Hyp[o]...//Hyper... (vor fremdsprachlicher Basis; Substantiv; Ausfall des -o vor Vokalen)
(mit der Bedeutung: unter) z. B. *Hypästhesie//Hyperästhesie*

hyper...//hyp[o]... (vor fremdsprachlicher Basis; Adjektiv)
(mit der Bedeutung: sehr viel, übermäßig, über...hinaus) z. B. *hypermorph//hypomorph, hyperalgetisch//hypalgetisch*

Hyper...//Hyp[o]... (Substantiv)
(mit der Bedeutung: übermäßig, über...hinaus) z. B. *Hyperfunkion//Hypofunktion, Hyperinose//Hypinose*

hypo...//epi... (vor fremdsprachlicher Basis; Adjektiv)
(mit der Bedeutung: unter) z. B. *hypogäisch//epigäisch*

hypo...//hyper... (vor fremdsprachlicher Basis; Adjektiv)
(mit der Bedeutung: unter, sehr wenig) z. B. *hyposom//hypersom*

Hypo...//Hyper... (Substantiv)
(mit der Bedeutung: unter) z. B. *Hyposomie//Hypersomie*

I

idio...//xeno... (vor fremdsprachlicher Basis; Adjektiv)
(mit der Bedeutung: eigen, selbst) z. B. *idiomorph//xenomorph*

...ier//...ette (Substantiv)
z. B. *Chansonnier//Chansonnette*

...ier//...iere (Substantiv)
z. B. *Cafetier//Cafetiere*

...ier//...ieuse (Substantiv)
z. B. *Croupier//Croupieuse*

...iere//...ier (Substantiv)
z. B. *Cafetiere//Cafetier*

...ieuse//...ier (Substantiv)
z. B. *Croupieuse//Croupier*

...ig//...los (Adjektiv)
z. B. *bärtig//bartlos*

...iker//...and (Substantiv)
(Suffix zur Bildung eines männlichen Substantivs: jemand, der etwas tut)
z. B. *Analytiker//Analysand*

il...(vor fremdsprachlichem Adjektiv mit anlautendem l)//...
(mit der Bedeutung: nicht, un-)
z. B. *illoyal//loyal*

Il...(vor fremdsprachlichem Substantiv mit anlautendem l)//...
(mit der Bedeutung: nicht, un-)
z. B. *Illegalität//Legalität*

im...(vor fremdsprachlichem Adjektiv mit anlautendem m, p)//...
(mit der Bedeutung: nicht, un-)
z. B. *immateriell//materiell*

Im...(vor fremdsprachlichem Substantiv mit anlautendem m, p)//...
(mit der Bedeutung: nicht, un-)
z. B. *Imparität//Parität*

in... (vor fremdsprachlichem Adjektiv)//...
(mit der Bedeutung: nicht, un-)
z. B. *intolerant//tolerant*

In... (vor fremdsprachlichem Substantiv)//...
(mit der Bedeutung: nicht, un-)
z. B. *Inkonsequenz//Konsequenz*

...in (Substantivsuffix zur Kennzeichnung des Weiblichen)//...
z. B. *Lehrerin//Lehrer, Raucherin//Raucher, Vertreterin//Vertreter, Greisin//Greis, Wirtin//Wirt*

...in (Substantivsuffix zur Kennzeichnung des Weiblichen + Umlaut)//...
z. B. *Ärztin//Arzt*

...in (Substantivsuffix zur Kennzeichnung des Weiblichen; mit Wegfall des e)//...
z. B. *Türkin//Türke*

...in (Substantivsuffix zur Kennzeichnung des Weiblichen + Umlaut und Wegfall des e)//...
z. B. *Französin//Franzose*

...in (Substantivsuffix zur Kennzeichnung des Weiblichen mit Ausfall des -er von ...erer)//...
z. B. *Herausforderin//Herausforderer, Auswanderin//Auswanderer, Zauberin//Zauberer*

Individual...//Kollektiv... (Substantiv)
(mit der Bedeutung: das Einzelwesen// den Einzelnen//das Einzelne betreffend) z. B. *Individualbegriff//Kollektivbegriff*

infra...//supra... (vor fremdsprachlicher Basis; Adjektiv)
(mit der Bedeutung: unter[halb]) z. B. *infraglottal//supraglottal*

innen...//außen... (Adjektiv)
z. B. *innenpolitisch//außenpolitisch*

Innen...//Außen... (Substantiv)
z. B. *Innenpolitik//Außenpolitik*

inner...//außer... (Adjektiv)
z. B. *innereuropäisch//außereuropäisch*

inter... (vor fremdsprachlichem Adjektiv)//...
(mit der Bedeutung: zwischen [Gleichartigem bestehend, sich vollziehend]) z. B. *international//national*

inter...//intra... (vor fremdsprachlichem Adjektiv)
(mit der Bedeutung: zwischen) z. B. *interkulturell//intrakulturell*

...intern//...extern (Adjektiv)
(mit der Bedeutung: innerhalb) z. B. *fachintern//fachextern*

intra...//extra...; ↑auch extra...//... (vor fremdsprachlichem Adjektiv)
(mit der Bedeutung: innerhalb) z. B. *intralingual//extralingual*

intra...//inter... (vor fremdsprachlichem Adjektiv)
(in der Bedeutung: innerhalb) z. B. *intrakulturell//interkulturell*

intro...//extra... (vor fremdsprachlicher Basis; Adjektiv)
(mit der Bedeutung: hinein, nach innen) z. B. *introvertiert//extravertiert*

ir... (vor fremdsprachlichem Adjektiv mit anlautendem r)//...
(mit der Bedeutung: nicht, un-) z. B. *irreparabel//reparabel*

Ir...(vor fremdsprachlichem Substantiv mit anlautendem r)//...
(mit der Bedeutung: nicht, un-) z. B. *Irrealität//Realität*

iso...//hetero... (vor fremdsprachlicher Basis; Adjektiv)
(mit der Bedeutung: gleich) z. B. *isomesisch//heteromesisch*

Iso...//Hetero... (mit fremdsprachlicher Basis; Substantiv)
(mit der Bedeutung: gleich) z. B. *Isosporie//Heterosporie*

Ist...//Soll... (Substantiv)
(in der Bedeutung: tatsächlich vorhanden) z. B. *Ist-Stärke//Soll-Stärke*

...itis//...ose (mit fremdsprachlicher Basis; Substantiv)
(bezeichnet eine Entzündungskrankheit, etwas Akutes) z. B. *Arthritis//Arthrose*

K

Kako...//Eu... (mit fremdsprachlicher Basis; Substantiv)
(mit der Bedeutung: schlecht, fehlerhaft)
z. B. *Kakophonie//Euphonie*

Kassen...//Privat... (Substantiv)
z. B. *Kassenpatient//Privatpatient*

Klein...//Groß...; ↑auch Makro..., Riesen...(Substantiv)
z. B. *Kleinaktionär//Großaktionär*

Ko...//Sub... (Substantiv)
(mit der Bedeutung: zusammen mit, gemeinsam) z. B. *Kokonstituente//Subkonstituente*

Kollektiv...//Einzel... (Substantiv)
(mit der Bedeutung: die Gruppe, die Gesamtheit betreffend, gemeinsam)
z. B. *Kollektivschuld//Einzelschuld*

Kollektiv...//Individual... (Substantiv)
(mit der Bedeutung: die Gruppe, die Gesamtheit betreffend, gemeinsam)
z. B. *Kollektivbegriff//Individualbegriff*

Konfektions...//Maß... (Substantiv)
(mit der Bedeutung: serienmäßig hergestellt) z. B. *Konfektionskleidung//Maßkleidung*

Kunst...//Volks... (Substantiv)
z. B. *Kunstmärchen//Volksmärchen*

L

Laien...//Berufs... (Substantiv)
(mit der Bedeutung: nicht berufsmäßig)
z. B. *Laienschauspieler//Berufsschauspieler*

längs...//quer... (Adjektiv)
z. B. *längsgestreift//quergestreift*

Längs...//Quer... (Substantiv)
z. B. *Längsschnitt//Querschnitt*

...lassen//...; ↑auch ... werden
z. B. *unverändert lassen//verändern; sich bedienen lassen//jemanden bedienen*

...ling//...er[in] (Substantiv)
z. B. *Prüfling//Prüfer[in]*

...los//be...t (Adjektiv)
z. B. *haarlos//behaart, blattlos//beblättert*

...los//...haft (Adjektiv)
z. B. *stimmlos//stimmhaft*

...los//...haltig (Adjektiv)
z. B. *merkmallos//merkmalhaltig*

...los//...ig (Adjektiv)
z. B. *bartlos//bärtig*

...los//mit ...
z. B. *schnörkellos//mit Schnörkeln, kinderlos//mit Kindern*

...los//...reich (Adjektiv)
z. B. *erfolglos//erfolgreich*

...los//...voll (Adjektiv)
z. B. *rücksichtslos//rücksichtsvoll*

M

makro...//mikro... (Adjektiv)
(mit der Bedeutung: groß-) z. B. *makrokosmisch//mikrokosmisch*

Makro...//Mikro...; ↑auch Klein... (Substantiv)
(mit der Bedeutung: Groß-) z. B. *Makrokosmos//Mikrokosmos*

...mangel//...schwemme (Substantiv)
z. B. *Lehrermangel//Lehrerschwemme*

...mann//...frau (Substantiv)
z. B. *Fachmann//Fachfrau, Kaufmann//Kauffrau*

...mann//...männin (Substantiv)
z. B. *Amtmann//Amtmännin*

...männchen//...weibchen (Substantiv)
z. B. *Vogelmännchen//Vogelweibchen*

...männin//...mann (Substantiv)
z. B. *Amtmännin//Amtmann*

Mannschafts...//Einzel... (Substantiv)
z. B. *Mannschaftswertung//Einzelwertung*

Maß...//... von der Stange, Konfektions... (Substantiv)
z. B. *Maßanzug//Anzug von der Stange, Konfektionsanzug*

...mäßig//...widrig (Adjektiv)
z. B. *gesetzmäßig//gesetzwidrig*

Maxi...//Mini... (Substantiv)
(mit der Bedeutung: groß) z. B. *Maxierfolg//Minierfolg*

Mehrweg...//Einweg... (Substantiv)
z. B. *Mehrwegflasche//Einwegflasche*

mikro...//makro... (Adjektiv)
(mit der Bedeutung: klein) z. B. *mikrokosmisch//makrokosmisch*

Mikro...//Makro...; ↑auch Groß..., Riesen...(Substantiv)
(mit der Bedeutung: klein) z. B. *Mikrokosmos//Makrokosmos*

Mindest...//Höchst... (Substantiv)
z. B. *Mindeststrafe//Höchststrafe*

Mini...//Maxi... (Substantiv)
(mit der Bedeutung: klein) z. B. *Minierfolg//Maxierfolg*

miss...//... (Verb)
z. B. *missglücken//glücken*

Miss...//... (Substantiv)
z. B. *Misserfolg//Erfolg*

mit ...//ohne ..., ...frei
z. B. *mit Akzent//ohne Akzent, akzentfrei; mit Fehlern//ohne Fehler, fehlerfrei*

mit ...//ohne ..., ...los
z. B. *mit Trägern//ohne Träger, trägerlos; mit Rand//ohne Rand, randlos; mit Fehlern//ohne Fehler, fehlerlos*

Mit...//Allein... (Substantiv)
z. B. *Mitverantwortung//Alleinverantwortung*

Mit...//Selbst... (Substantiv)
z. B. *Mitlaut//Selbstlaut*

mono...//multi... (Adjektiv)
(mit der Bedeutung: einzig, allein, einzeln) z. B. *monofil//multifil*

mono...//poly... (Adjektiv)
(mit der Bedeutung: einzig, allein, einzeln) z. B. *monogam//polygam*

Mono...//Multi... (Substantiv)
(mit der Bedeutung: einzig, allein, einzeln) z. B. *Monokultur//Multikultur*

Mono...//Poly... (Substantiv)
(mit der Bedeutung: einzig, allein, einzeln) z. B. *Monogamie//Polygamie*

...müdigkeit//...freudigkeit (Substantiv)
z. B. *Impfmüdigkeit//Impffreudigkeit*

...muffel sein//...bewusst sein
z. B. *ein Modemuffel sein//modebewusst sein*

multi...//mono... (Adjektiv)
(mit der Bedeutung: viel, zahlreich)
z. B. *multifil//monofil*

Multi...//Mono... (Substantiv)
(mit der Bedeutung: viel, zahlreich)
z. B. *Multikultur//Monokultur*

N

nach...//vor... (Adjektiv); ↑auch prä...
z. B. *nachreformatorisch//vorreformatorisch*

nach...//vor... (Verb)
z. B. *vorsprechen//nachsprechen*

Nach...//Vor... (Substantiv)
z. B. *Nachsaison//Vorsaison*

...nah//...fern (Adjektiv)
z. B. *praxisnah//praxisfern*

neben...//haupt... (Adjektiv)
z. B. *nebenberuflich//hauptberuflich*

Neben...//Haupt... (Substantiv)
z. B. *Nebenfach//Hauptfach, Nebeneingang//Haupteingang*

...nehmer//...geber (Substantiv)
z. B. *Arbeitnehmer//Arbeitgeber*

nicht...//... (Adjektiv)
z. B. *nichtchristlich//christlich*

Nicht...//... (Substantiv)
z. B. *Nichtraucher[in]//Raucher[in]*

Nieder...//Ober... (in geografischen Namen)
z. B. *Niederbayern//Oberbayern*

Nord...//Süd... (Substantiv)
z. B. *Nordhang//Südhang*

O

ober..//nieder... (in geografischer Bedeutung; Adjektiv)
z. B. *oberdeutsch//niederdeutsch*

ober...//unter... (Adjektiv)
z. B. *oberirdisch//unterirdisch*

Ober...//Nieder... (in geografischen Namen)
z. B. *Oberbayern//Niederbayern*

Ober...//Unter... (Substantiv)
z. B. *Oberkiefer//Unterkiefer*

ohne ...//mit ...
z. B. *ohne Akzent//mit Akzent*

ortho...//hetero... (vor fremdsprachlicher Basis; Adjektiv)
(mit der Bedeutung: richtig, recht) z. B. *orthodox//heterodox*

Ortho...//Hetero... (vor fremdsprachlicher Basis; Substantiv)
(mit der Bedeutung: richtig, recht) z. B. *Orthodoxie//Heterodoxie*

...ose//...itis (mit fremdsprachlicher Basis; Substantiv)
(bezeichnet einen krankhaften Zustand; *-ose* bezieht sich meist mit Verschleiß usw., *-itis* mit Entzündung) z. B. *Arthrose/Arthritis*

Ost...//West... (Substantiv)
z. B. *Ostkontakte//Westkontakte*

P

...pflichtig//...frei (Adjektiv)
z. B. *gebührenpflichtig//gebührenfrei*

...phil//...fug (mit fremdsprachlicher Basis; Adjektiv)
(mit der Bedeutung: eine Vorliebe für etwas habend, es liebend) z. B. *kalziphil//kalzifug*

...phil//...phob (mit fremdsprachlicher Basis; Adjektiv)
(mit der Bedeutung: eine Vorliebe für etwas habend, es liebend) z. B. *frankophil//frankophob*

...philie//...phobie (Substantiv)
(mit der Bedeutung: die Vorliebe für etwas, die Liebe zu etwas) z. B. *Frankophilie//Frankophobie*

Phil[o]...//Anti... (Substantiv)
(mit der Bedeutung: Freund, Anhänger von etwas) z. B. *Philosemitismus//Antisemitismus*

...phob//...phil (mit fremdsprachlicher Basis; Adjektiv)
(mit der Bedeutung: Vorbehalte, eine Abneigung gegen etwas habend) z. B. *anglophob//anglophil*

...phobie//...philie (mit fremdsprachlicher Basis; Substantiv)
(mit der Bedeutung: Abneigung gegen etwas; Angst vor etwas) z. B. *Frankophobie//Frankophilie*

poly...//mono... (Adjektiv)
(mit der Bedeutung: viel) z. B. *polygam//monogam*

Poly...//Mono... (Substantiv)
(mit der Bedeutung: mehr, viel) z. B. *Polygamie//Monogamie*

post...//prä...; ↑auch vor...//nach... (fremdsprachliches Adjektiv)
(mit der Bedeutung: nach, hinterher) z. B. *postnatal//pränatal*

Post...//Ante... (fremdsprachliches Substantiv)
(mit der Bedeutung: nach, hinter) z. B. *Postposition//Anteposition*

prä...//... (fremdsprachliches Adjektiv)
(mit der Bedeutung: vor) z. B. *prägenital//genital*

prä...//post...; ↑auch nach...//vor... (Adjektiv)
(mit der Bedeutung: vor) z. B. *pränatal//postnatal*

Primär...//Sekundär... (Substantiv)
(mit der Bedeutung: die Grundlage bildend, zuerst auftretend) z. B. *Primärliteratur//Sekundärliteratur*

Privat...//Kassen... (Substantiv)
z. B. *Privatpatient//Kassenpatient*

pro...//anti...; ↑auch gegen//für (Adjektiv)
(mit der Bedeutung: für eine Sache, sie mögend) z. B. *proamerikanisch//antiamerikanisch*

Q

quer...//längs... (Adjektiv)
z. B. *quergestreift//längsgestreift*

Quer...//Längs... (Substantiv)
z. B. *Querschnitt//Längsschnitt*

R

rauf...//runter...; ↑auch 'nauf //'nunter
(Verben mit gleichem Basiswort)
z. B. *raufgehen//runtergehen*

rauf...//runter...; ↑auch 'nauf //'nunter
(Verben mit nicht gleichem Basiswort)
(Geld auf die Bank bringen//Geld von der Bank holen) z. B. *raufbringen//runterholen*

raus...//rein... **(Verben mit gleichem Basiswort)**
(2 Sachverhalte, 1 personenidentische, passivische Perspektive, 1 Standort oder: 2 Sachverhalte, 1 personenidentische, aktivische Perspektive, 2 Standorte) z. B. *rausrauschen//reinrauschen*

raus...//rein... **(Verben mit nicht gleichem Basiswort)**
(2 Sachverhalte, 1 personenidentische Perspektive, 1 Standort) z. B. *rausziehen//reinstecken, rauskommen//reingehen*

...reich//...arm (Adjektiv)
z. B. *fettreich//fettarm*

...reich//...los (Adjektiv)
z. B. *einflussreich//einflusslos*

...reichtum//...armut (Substantiv)
z. B. *Ideenreichtum//Ideenarmut*

rein...//raus... **(Verben mit gleichem Basiswort)**
(2 Sachverhalte, 1 personenidentische passivische Perspektive, 1 Standort oder: 2 Sachverhalte, 1 personenidentische aktivische Perspektive, 2 Standorte) z. B. *reinrauschen//rausrauschen*

rein...//raus... **(Verben mit nicht gleichem Basiswort)**
(2 Sachverhalte, 1 personenidentische Perspektive, 1 Standort) z. B. *reinstecken//rausziehen, reingehen//rauskommen*

Riesen...//Zwerg...; ↑auch Klein..., Mikro... **(Substantiv)**
z. B. *Riesenbetrieb//Zwergbetrieb*

rück...//höher... (Verb)
z. B. *rückstufen//höherstufen*

rück...//vor... (Verb)
z. B. *rückverweisen//vorverweisen*

Rück...//Vor... (Substantiv)
z. B. *Rückschau//Vorschau*

Rück..//Vorder... (Substantiv)
z. B. *Rückseite//Vorderseite*

runter...//hoch... (Verben mit gleichem Basiswort)
z. B. *runterklappen//hochklappen, runtersteigen//hochsteigen*

runter...//hoch... (Verben mit nicht gleichem Basiswort)
(2 Sachverhalte, 1 personenidentische Perspektive, 1 Standort) z. B. *runterlassen//hochziehen, runterkommen//hochgehen*

runter...//rauf...; ↑auch 'nunter//'nauf
(Verben mit gleichem Basiswort)
(2 Sachverhalte in entgegengesetzter Richtung, 1 personenidentische Perspektive, 1 Standort oder: 2 Sachverhalte, 1 personenidentische Perspektive, 2 Standorte) z. B. *runtergehen//raufgehen*

runter...//rauf...; ↑auch 'nunter//'nauf
(Verben mit nicht gleichem Basiswort)
(2 Sachverhalte hin und zurück, 1 personenidentische Perspektive, 1 Standort) z. B. *runterholen//raufbringen; runterkommen//raufgehen*

S

...schwach//...stark (Adjektiv)
z. B. *willensschwach//willensstark*

...schwemme//...mangel (Substantiv)
z. B. *Lehrerschwemme//Lehrermangel*

Seiten...//Haupt... (Substantiv)
z. B. *Seiteneingang//Haupteingang*

Sekundär...//Primär... (Substantiv)
(mit der Bedeutung: an zweiter Stelle)
z. B. *Sekundärliteratur//Primärliteratur*

selbst...//fremd... (Adjektiv)
z. B. *selbstbestimmt//fremdbestimmt*

Selbst...//Fremd... (Substantiv)
z. B. *Selbsteinschätzung//Fremdeinschätzung*

Selbst...//Mit... (Substantiv)
z. B. *Selbstlaut//Mitlaut*

sich ... lassen//...
z. B. *sich verführen lassen//jemanden verführen*

Soft...//Hard... (Substantiv)
(mit der Bedeutung: weich) z. B. *Software, Hardware*

Soll...//Haben... (Substantiv)
z. B. *Sollsaldo//Habensaldo*

Soll...//Ist... (Substantiv)
z. B. *Soll-Stärke//Ist-Stärke*

Sommer...//Winter... (Substantiv)
z. B. *Sommermantel//Wintermantel*

Sonntags...//Alltags... (Substantiv)
z. B. *Sonntagsanzug//Alltagsanzug*

spät...//früh... (Adjektiv)
z. B. *spätkapitalistisch//frühkapitalistisch*

Spät...//Früh... (Substantiv)
z. B. *Spätschicht//Frühschicht*

...stark//...schwach (Adjektiv)
z. B. *geburtenstark//geburtenschwach*

sten[o]...//eur[y]... (vor fremdsprachlicher Basis; Adjektiv)
(mit der Bedeutung: eng, schmal) z. B. *stenophag//euryphag*

sub...//super... (vor fremdsprachlichem Adjektiv)
(mit der Bedeutung: unter) z. B. *subkrustal//superkrustal*

Sub...//Ko... (vor fremdsprachlichem Substantiv)
(mit der Bedeutung: unter) z. B. *Subkonstituente//Kokonstituente, Subordination//Koordination*

Sub...//Super... (vor fremdsprachlicher Basis; Substantiv)
(mit der Bedeutung: unter) z. B. *Substrat//Superstrat*

Süd...//Nord... (Substantiv)
z. B. *Südhang//Nordhang*

super...//sub... (vor fremdsprachlichem Adjektiv)
(mit der Bedeutung: über, ober) z. B. *superkrustal//subkrustal*

Super...//Sub... (vor fremdsprachlicher Basis; Substantiv)
(mit der Bedeutung: ober, über) z. B. *Superstrat//Substrat*

supra...//infra... (vor fremdsprachlicher Basis; Adjektiv)
(mit der Bedeutung: ober, über) z. B. *supraglottal//infraglottal*

Syn...//Anti... (Substantiv)
(mit der Bedeutung: mit, zusammen)
z. B. *Synklinorium//Antiklinorium*

T

...t (Partizip II)//...end (Partizip I)
z. B. *definiert//definierend*

...tauglich//...untauglich (Adjektiv)
z. B. *diensttauglich//dienstuntauglich*

...tauglichkeit//...untauglichkeit (Substantiv)
z. B. *Fahrtauglichkeit//Fahruntauglichkeit*

...te//...ende[r] (Substantivierung vom schwachen, dem regelmäßigen Verb)
z. B. *Begehrte//Begehrende[r]*

...te//...ter (Substantivierung vom schwachen, dem regelmäßigen Verb)
z. B. *Delegierte//Delegierter*

teil...//voll... (Adjektiv)
z. B. *teilbeschäftigt//vollbeschäftigt*

Teil...//Ganz... (Substantiv)
z. B. *Teiltext//Ganztext*

Teil...//Ganz..., Gesamt..., Total... (Substantiv)
z. B. *Teilansicht//Ganzansicht, Gesamtansicht, Totalansicht*

Teil...//Gesamt... (Substantiv)
z. B. *Teilgebiet//Gesamtgebiet*

Teil...//Voll... (Substantiv)
z. B. *Teilglatze//Vollglatze*

Teilzeit...//Vollzeit... (Substantiv)
z. B. *Teilzeitarbeit//Vollzeitarbeit*

...ter//...ende[r] (Substantivierung von schwachem, dem regelmäßigen Verb)
z. B. *Begehrter//Begehrende[r]*

...ter//...te (Substantivierung von schwachem, dem regelmäßigen Verb)
z. B. *Delegierter//Delegierte*

Tief...//Hoch... (Substantiv)
z. B. *Tiefbau//Hochbau*

Total...//Teil... (Substantiv)
z. B. *Totalansicht//Teilansicht*

Treibhaus...//Freiland... (Substantiv)
z. B. *Treibhausgemüse//Freilandgemüse*

...tüchtig//...untüchtig (Adjektiv)
z. B. *fahrtüchtig//fahruntüchtig*

...tüchtigkeit//...untüchtigkeit (Substantiv)
z. B. *Fahrtüchtigkeit//Fahruntüchtigkeit*

U

über...//... (Adjektiv)
z. B. *überregional//regional*

über...//unter... (Adjektiv)
z. B. *überdurchschnittlich//unterdurchschnittlich*

über...//unter... (Verb)
z. B. *überschätzen//unterschätzen*

Über...//Unter... (Substantiv)
z. B. *Überfunktion//Unterfunktion*

um...//ab... (Verb)
z. B. *umbinden//abbinden (Schürze)*

un...//... (Adjektiv)
z. B. *unvorsichtig//vorsichtig*

Un...//... (Substantiv)
z. B. *Unrecht//Recht*

...unabhängig//... abhängig (Adjektiv)
z. B. *konjunkturunabhängig//konjunkturabhängig*

un... bleiben//... werden
z. B. *unerwähnt bleiben//erwähnt werden*

...undurchlässig//...durchlässig (Adjektiv)
z. B. *lichtundurchlässig//lichtdurchlässig*

...unempfindlich//...empfindlich (Adjektiv)
z. B. *frostunempfindlich//frostempfindlich*

...unfähig//...fähig (Adjektiv)
z. B. *sie ist verhandlungsunfähig (ist nicht fähig zu verhandeln)//verhandlungsfähig*

...unfreundlich//...freundlich (Adjektiv)
(mit der Bedeutung: in seiner Art beeinträchtigend in Bezug auf das im Basiswort Genannte) z. B. *benutzerunfreundlich//benutzerfreundlich*

un... gerecht//... gerecht (Adjektiv)
z. B. *unfachgerecht//fachgerecht*

un... lassen//...
z. B. *unverändert lassen//verändern*

un... (Partizip II) + lassen//... (Infinitiv)
z. B. *unverändert lassen//verändern*

...untauglich//... tauglich (Adjektiv)
z. B. *diensttuntauglich//diensttauglich*

...untauglichkeit//... tauglichkeit (Substantiv)
z. B. *Fahruntauglichkeit//Fahrtauglichkeit*

unter...//... (Adjektiv)
z. B. *unterprivilegiert//privilegiert*

unter...//auf... (Verb)
z. B. *untertauchen//auftauchen*

unter...//ober... (Adjektiv)
z. B. *unterirdisch//oberirdisch*

unter...//über... (Adjektiv)
z. B. *unterdurchschnittlich//überdurchschnittlich*

unter...//über... (Verb)
z. B. *unterbewerten//überbewerten*

Unter...//Ober... (Substantiv)
z. B. *Unterkiefer//Oberkiefer*

Unter...//Über... (Substantiv)
z. B. *Unterfunktion//Überfunktion*

...untüchtig//...tüchtig (Adjektiv)
z. B. *fahruntüchtig//fahrtüchtig*

...untüchtigkeit//...tüchtigkeit (Substantiv)
z. B. *Fahruntüchtigkeit//Fahrtüchtigkeit*

un... werden//... bleiben
z. B. *untreu werden//treu bleiben*

...unwillig//...willig (Adjektiv)
z. B. *zahlungsunwillig//zahlungswillig*

...unwürdig//...würdig (Adjektiv)
z. B. *kreditunwürdig//kreditwürdig*

...us//...a (Substantivsuffix bei fremdsprachlichem Basiswort)
(einen Mann oder eine Zugehörigkeit zu einem Mann kennzeichnende Endung)
z. B. *Intimus, Animus//Intima, Anima*

V

ver...//be... (Verben mit antonymischen Basiswörtern)
z. B. *verneinen//bejahen; sich verfeinden//sich befreunden*

ver...//ent...; ↑auch de... (Verb)
z. B. *sich verloben//sich entloben*

ver...//er... (Verben mit nicht gleicher Basis)
z. B. *verbieten//erlauben*

ver...//ver... (Verben mit antonymischen Basiswörtern)
z. B. *verlängern//verkürzen*

Volks...//Kunst... (Substantiv)
z. B. *Volksmärchen//Kunstmärchen*

voll...//teil... (Adjektiv)
z. B. *vollbeschäftigt//teilbeschäftigt*

Voll...//Halb... (Substantiv)
z. B. *Vollwaise//Halbwaise*

Voll...//Teil... (Substantiv)
z. B. *Vollkasko//Teilkasko*

...voll//...los (Adjektiv)
z. B. *rücksichtsvoll//rücksichtslos*

Vollzeit...//Teilzeit... (Substantiv)
z. B. *Vollzeitschule//Teilzeitschule*

von der Stange//Maß...
z. B. *Anzug von der Stange//Maßanzug*

vor...//nach...; ↑auch post... (Adjektiv)
z. B. *vorweihnachtlich//nachweihnachtlich*

vor...//nach... (Verb)
z. B. *vorgehen//nachgehen (Uhr)*

vor...//rück... (Verb)
z. B. *vorverweisen//rückverweisen*

vor...//zurück... (Verb)
z. B. *sich vorbeugen//sich zurückbeugen*

Vor...//Haupt... (Substantiv)
z. B. *Vorvertrag//Hauptvertrag*

Vor...//Nach... (Substantiv)
z. B. *Vorsaison//Nachsaison*

Vor...//Rück... (Substantiv)
z. B. *Vorschau//Rückschau*

voraus...//hinterher... (Verb)
z. B. *vorausfahren//hinterherfahren*

Vorder...//Hinter... (Substantiv)
z. B. *Vordergrund//Hintergrund*

Vorder...//Rück... (Substantiv)
z. B. *Vorderseite//Rückseite*

W

weg...//her... (Verb)
z. B. *wegbringen//herbringen*

weg...//heran... (Verben mit gleichem Basiswort)
z. B. *weggehen von//herangehen an*

weg...//heran... (Verben mit nicht gleichem Basiswort)
z. B. *wegschieben//heranziehen*

weg...//hin... (Verb)
z. B. *sich wegbewegen//sich hinbewegen*

weg...//zu... (Verb)
z. B. *sich wegbewegen von...//sich zubewegen auf...*

...weibchen//...männchen (Substantiv)
z. B. *Vogelweibchen//Vogelmännchen*

...werden; in Verbindung mit Partizip II = Passiv//... Infinitiv = Aktiv; ↑auch ...// ... lassen
z. B. *verführt werden//verführen; eingeladen werden//einladen*

...werden//... bleiben; ↑auch ... bleiben//un... werden
z. B. *untreu werden//treu bleiben; alt werden//jung bleiben; Nichtraucher werden//Raucher bleiben*

...werden; in Verbindung mit Part. II// un... bleiben
z. B. *erwähnt werden//unerwähnt bleiben*

West...//Ost... (Substantiv)
z. B. *Westkontakte//Ostkontakte*

...widrig//...gemäß (Adjektiv)
z. B. *ordnungswidrig//ordnungsgemäß*

...widrig//...gerecht (Adjektiv)
z. B. *verkehrswidrig//verkehrsgerecht*

...widrig//... mäßig (Adjektiv)
z. B. *gesetzwidrig//gesetzmäßig*

...willig//... unwillig (Adjektiv)
z. B. *zahlungswillig//zahlungsunwillig*

Winter...//Sommer... (Substantiv)
z. B. *Wintermantel//Sommermantel*

...würdig//... unwürdig (Adjektiv)
z. B. *kreditwürdig//kreditunwürdig*

X

xeno.../idio... (vor fremdsprachlicher Basis; Adjektiv)
(mit der Bedeutung: fremd) z. B. *xenomorph//idiomorph*

xero.../hygro... (vor fremdsprachlicher Basis; Adjektiv)
(mit der Bedeutung: trocken) z. B. *xerophil//hygrophil*

Xero.../Hygro... (vor fremdsprachlicher Basis; Substantiv)
z. B. *Xerophilie//Hygrophilie*

Z

zu.../ab... (Verben mit gleichem Basiswort)
z. B. *zunehmen//abnehmen*

zu.../ab... (Verben mit nicht gleichem Basiswort)
z. B. *zustimmen//ablehnen*

zu.../auf... (Verben mit gleichem Basiswort)
z. B. *zuschließen//aufschließen*

zu.../auf... (Verben mit nicht gleichem Basiswort)
z. B. *zuschieben//aufziehen (ein Schubfach)*

zu.../ent... (Verb)
z. B. *zulaufen//entlaufen*

zu.../weg... (Verb)
z. B. *sich zubewegen auf ...//sich wegbewegen von...*

[...]zu...end (Gerundivum)//...end (Partizip I)
z. B. *auszubildend//ausbildend*

zurück.../hin... (Verb)
z. B. *zurückfahren//hinfahren*

zurück.../höher... (Verb)
z. B. *zurückstufen//höherstufen*

zurück.../vor... (Verb)
z. B. *zurückfahren//vorfahren*

zusammen.../aus... (Verben mit gleichem Basiswort)
z. B. *zusammenrollen//ausrollen (Teppich)*

zusammen.../aus... (Verben mit nicht gleichem Basiswort)
z. B. *zusammenschieben//ausziehen*

zusammen.../auseinander... (Verben mit gleichem Basiswort)
z. B. *zusammenklappen//auseinanderklappen*

zusammen.../auseinander... (Verben mit nicht gleichem Basiswort)
z. B. *zusammensetzen//auseinandernehmen*

Zwerg.../Riesen...; ↑auch Groß..., Makro...(Substantiv)
z. B. *ein Zwergbetrieb//Riesenbetrieb*

Zwischen.../End... (Substantiv)
z. B. *Zwischenergebnis//Endergebnis*

II Antonymenpaare von A–Z

A

a...//... (meist vor fremdsprachlichem Adjektiv)
(mit der Bedeutung: nicht-, un-) z. B. *amoralisch/moralisch*

A...//... (meist vor fremdsprachlichem Substantiv)
z. B. *Asymmetrie/Symmetrie*

a...//eu... (vor fremdsprachlicher Basis; Adjektiv)
(mit der Bedeutung: nicht-, un-) z. B. *aphotisch/euphotisch*

...a//...er (Substantivsuffix bei fremdsprachlichem Basiswort)
(Endung, die Weibliches kennzeichnet) z. B. *Magistra/Magister*

...a//...us (Substantivsuffix bei fremdsprachlichem Basiswort)
(Endung, die Weibliches kennzeichnet) z. B. *Intima/Intimus, Anima/Animus*

Aa//Lulu; ↑auch: kleines Geschäft, Pisse, Urin
Aa machen (kindertümlich) ○ *Offenbar niemand von den „Verantwortungsträgern" der ÖBB hat sich je auf kleinere Bahnhöfe begeben und hat ebenda lulu oder aa machen müssen.* (Neue Kronen-Zeitung 17. 2. 2006)

Aa//Pipi; ↑auch: kleines Geschäft, Pisse, Urin
Aa machen (kindertümlich) ○ *Am häufigsten finden sich Reduplikationen noch in der Kindersprache: Aa, Mama, Papa, Pipi, Popo, Töfftöff, Wauwau und vieles mehr.* (Süddeutsche Zeitung 21. 4. 2001)

aasen mit etwas//sparsam umgehen mit etwas
mit den Vorräten aasen ○ *Während die Mitgliedstaaten händeringend um jeden Euro betteln müssen, der beispielsweise für den Kampf gegen die Jugendarbeitslo-*

sigkeit gebraucht wird, aasen andere mit den Millionen. (Mannheimer Morgen 4. 7. 2012)

Aasseite//Haarseite, Narbenseite
(Fleischseite der tierischen Haut ○ Gerberei)

ab//an
ab Berlin um 7.50 Uhr (Eisenbahn) ○ *Eine zehntägige Busreise ab Berlin führt Naturfreunde an die Ostseeküste* (Mannheimer Morgen 2. 4. 2016)

ab//bis
das Angebot gilt ab 1. Oktober ○ *Anmeldungen werden ab sofort, spätestens aber bis 24. Januar, 20 Uhr entgegengenommen.* (Passauer Neue Presse 6. 1. 2018)

ab; ↑ auf und ab

ab...//... (Verb)
z. B. *abrüsten/rüsten*

ab...//an... (Verben mit gleichem Basiswort)
z. B. *abmachen/anmachen*

ab...//an... (Verben mit nicht gleichem Basiswort)
z. B. *abstoßen/anziehen*

ab...//ange... + kommen (Verb)
z. B. *abreiten/angeritten kommen*

ab...//auf... (Adverb)
z. B. *abwärts/aufwärts*

ab...//auf... (Verben mit gleichem Basiswort)
z. B. *absteigen/aufsteigen*

ab...//auf... (Verben mit nicht gleichem Basiswort)
z. B. *abnehmen/aufsetzen (den Hut)*

ab.../be... (Verb)
z. B. *abdecken/bedecken*

ab.../heran... (Verb)
z. B. *abrudern/heranrudern*

ab.../um... (Verb)
z. B. *abbinden/umbinden (die Schürze)*

ab.../zu... (Verben mit gleichem Basiswort)
z. B. *abnehmen/zunehmen*

ab.../zu... (Verben mit nicht gleichem Basiswort)
z. B. *ablehnen/zustimmen*

Ab.../An... (Substantiv)
z. B. *Abtestat/Antestat*

...ab//...an; ↑auch: ...aufwärts (Adverb)
z. B. *bergab/bergan*

...ab//...auf (Adverb)
z. B. *treppab/treppauf*

Abaelard//Heloise
(tragisches Liebespaar, 12. Jh., Petrus Abaelardus war ein französischer Philosoph)

abänderbar//unabänderbar
dieses Abkommen ist abänderbar o „Bei dem Beschluss über die erste Hausordnung kann nämlich vereinbart werden, dass diese durch Mehrheitsbeschluss später auch abänderbar ist" (Hamburger Abendblatt 7. 1. 2017)

a battuta//ad libitum
(im Takt spielen)

Abbau//Aufbau
der Abbau der Baracke, des Zeltes o *der Abbau von Stärke (Ernährung)* o Wenn Ölkonzerne in Großbritannien Geld in die Hand nehmen, dann häufig für den Abbau statt für den Aufbau von Förderanlagen. (Tiroler Tageszeitung 31. 7. 2016)

abbauen//aufbauen
ein Zelt, Gerüst (wieder) abbauen

abbaumen//aufbaumen
(einen Baum verlassen o Jägersprache)

abbäumen//aufbäumen
(das fertige Gewebe vom Kettbaum nehmen o Weberei)

abbehalten//aufbehalten
den Hut abbehalten und nicht aufbehalten

abbehalten//aufsetzen
die Mütze abbehalten und nicht aufsetzen

abbekommen//anbekommen
das Schild nicht abbekommen (nicht abschrauben können)

abberufen//ernennen
das Recht, Minister zu ernennen und abzuberufen o Danach kann Nußbaum künftig Satzungsänderungen vornehmen und Vorstände abberufen oder ernennen sowie ihnen Weisungen erteilen. (Berliner Morgenpost 5. 12. 2011)

abberufen//berufen
Sollte der Vorstand weiter auf seiner Wachstumsstrategie bestehen, kann der Aufsichtsrat den Vorstand abberufen und einen anderen Vorstand berufen. (Frankfurter Rundschau 6. 3. 2015)

Abberufung//Berufung
die Abberufung von einem Posten o Weitere Tagesordnungspunkte sind die Abberufung und Berufung des Ortswehrleiters der Feuerwehr Badeborn sowie die Berufung seines Stellvertreters (Mitteldeutsche Zeitung 27. 6. 2018)

abbestellen//abonnieren
eine Zeitschrift (wieder) abbestellen o Hm ... vielleicht sollte ich die taz abbestellen und dafür die Neon abonnieren? (taz 7. 4. 2014)

abbestellen//bestellen
die Handwerker (wieder) abbestellen o *Das vegetarische Mittagsmenü können Sie gerne abbestellen und stattdessen*

Schnitzel bestellen. (Südkurier 31. 12. 2018)

Abbestellung//Abonnement
die Abbestellung erfolgte zum 30. Juni

abbinden//anbinden
vom Pfahl abbinden ○ Und gebärende Kühe sollten auf jeden Fall abgebunden werden. Es gibt noch viele Kühe, die angebunden ihr Kalb bekommen. (Taunus Zeitung 22. 4. 2016)

abbinden//umbinden
die Schürze, die Krawatte (wieder) abbinden ○ Doch am Ende des Jahres wird der 62-Jährige die Schürze abbinden und die Herrschaft in der Backstube an seinen Sohn Mario weitergeben. (Nordkurier 11. 12. 2004)

Abblende//Aufblende
(Film)

abblenden//aufblenden
den Scheinwerfer abblenden (Auto) ○ bitte abblenden! (Film) ○ Allerdings wird manchmal etwas zu spät abgeblendet oder nicht aufgeblendet, wenn der Sensor einen anderen Gegenstand als ein entgegenkommendes Fahrzeug erfasst. (Nordkurier 16. 10. 2008)

Abblendlicht//Standlicht, Fernlicht
(beim Scheinwerfer eines Kraftfahrzeugs)

Abblendung//Aufblendung
(beim Scheinwerfer, beim Film)

abblitzen lassen//erhören
sie hat den Verehrer abblitzen lassen ○ Das Mädchen habe ihn abblitzen lassen, vermutete der Ankläger. (Der Standard 12. 12. 2008)

abbrausen//anbrausen, angebraust kommen
der Zug braust ab ○ Zum Schluss tanzen entfesselte Oberbayern den Schuhplattler; im krachledernen Chaos entern Cavalier und Co. das Lieblingsauto des Hausherrn und brausen ab nach Österreich. (Der Spiegel 31. 1. 1983)

abbrechen//abschließen
die Lehre, das Studium abbrechen ○ Wegen des Bürgerkriegs mussten sie ihr Studium allerdings abbrechen. Nun möchten sie entweder ihr Studium hier abschließen oder mit einer Arbeit beginnen (Stuttgarter Zeitung 28. 10. 2015)

abbrechen//wiederaufnehmen
Kontakte abbrechen ○ Fekl erklärte, dass die Verhandlungen „klar und endgültig" abgebrochen werden müssten, um „auf einer guten Basis" wiederaufgenommen zu werden. (Der Standard 31. 8. 2016)

ABC-Waffen//konventionelle Waffen
Massenvernichtungswaffen, anderer Begriff für ABC-Waffen; in Abgrenzung dazu werden übrige Sprengsätze häufig als konventionelle Waffen bezeichnet (taz 7. 3. 2003)

Abdampf//Frischdampf
(Dampf, der nach einem Arbeitsvorgang aus einer Dampfmaschine herauskommt)

abdampfen//angedampft kommen
er dampft ab (geht weg ○ umgangssprachlich) ○ Sie können nicht einfach ins Popcorn-Kino abdampfen, sobald sie es mit der ersten Boshaftigkeit zu tun bekommen. (Süddeutsche Zeitung 1. 12. 2015)

abdecken//aufdecken
sie hat schon abgedeckt (das Geschirr vom Tisch abgeräumt)

abdecken//bedecken
etwas (ein Beet) abdecken (etwas, was auf etwas lag, entfernen)

abdecken//decken
das Dach abdecken ○ den Tisch abdecken ○ Das Dach hat er abdecken, isolieren und neu decken lassen. (St. Galler Tagblatt 13. 7. 2017) ○ Aufräumen, Wäsche machen, Kochen, Tisch decken,

Tisch abdecken, Spülmaschine einräumen, später ausräumen und solche Kleinigkeiten. (Rhein-Zeitung 24. 9. 2005)

abdecken//zudecken
ein Frühbeet abdecken (den Schutz wegnehmen) o *Schnell geht das jedes Mal, sagt er, der Rasen wird abgedeckt und wieder zugedeckt* (Süddeutsche Zeitung 6. 12. 1997)

abdingbar//unabdingbar
(Rechtswesen) o *Bei Arbeitern hingegen beträgt die Frist nur vierzehn Tage und ist darüber hinaus auch durch den Arbeitgeber abdingbar.* (Wiener Zeitung 10. 7. 2007) o *Weil aber im Falle einer Vollmitgliedschaft in der EG deren Regeln, Beschlüsse und Ziele unabdingbar sind, ... ist die österreichische Neutralität abdingbar, weil sie aber unabdingbar ist, ist Vollanschluss nicht möglich.* (Der Spiegel 24. 7. 1989)

abdocken//andocken
Ursprünglich sollte die Endeavour am Samstag abdocken und die Sojuskapsel mit ihrem „Passagier" Dennis Tito am Montag andocken. (Frankfurter Neue Presse 28. 4. 2001)

abdocken//aufdocken
Garn abdocken (abwickeln) o *eine Leine abdocken*

ab//dran
Er schraubte viele Dinge ab – aber auch wieder dran, denn er hat ein Faible für bewährte Sachen. (Berliner Zeitung 4. 8. 2018)

abdrehen//andrehen
das Licht, Radio abdrehen o *Alle Geräte, die Strom brauchen, erzeugen auch Wärme. Daher sollte man beispielsweise das Licht abdrehen, wenn es nicht notwendig ist* (NEWS 29. 6. 2018)

abdrehen//den Kurs beibehalten
das Flugzeug drehte ab o *Das Boot dreht ab und nimmt wieder Kurs auf das Hafenbecken.* (Badische Zeitung 28. 7. 2017)

abdressieren//andressieren; ↑auch: **anerziehen**
den Männern wurde durch Erziehung die Zärtlichkeit abdressiert

Abduktion//Adduktion
Abduktion ist das Abspreizen beweglicher Körperteile (Anatomie)

Abduktor//Adduktor
ein Abduktor ist ein Abspreizmuskel (Anatomie)

abecedieren//solmisieren
(Töne mit ihren Buchstabennamen singen o Musik)

Abel//Kain
Kain, der erstgeborene Sohn Adams und Evas, der Bauer war, erschlug im Zorn seinen Bruder Abel, der Hirte war (Bibel, Genesis 4)

aben//aufen
der Weg abet (geht abwärts o veraltet)

Abend//Morgen
Wenn man am Abend auch weint, am Morgen herrscht wieder Jubel." (Rhein-Zeitung 6. 6. 2015)

Abendandacht//Morgenandacht
Der Tag begann mit dem Frühgottesdienst um 6.30 Uhr und endete mit einer Abendandacht, um 20 Uhr wurde das Licht gelöscht. (Der Spiegel 23. 6. 2014)

Abendappell//Morgenappell
(Militär)

Abendausgabe//Morgenausgabe
die Abendausgabe einer Zeitung

Abenddämmerung//Morgendämmerung
In Norddeutschland beginnen Ende Mai wieder die Nächte, in denen es nicht mehr ganz dunkel wird, die Abenddämmerung geht direkt in die Morgendämmerung über. (Berliner Morgenpost 30. 4. 2012)

Abendhimmel//Morgenhimmel
die Sterne am Abendhimmel ○ Venus ist strahlender Abendstern, auch Mars steht am Abendhimmel. Jupiter zeigt sich am Morgenhimmel. (Hannoversche Allgemeine 28. 11. 2016)

Abendkasse; ↑an der Abendkasse

Abendland//(veraltet) Morgenland; ↑auch: Orient
(besonders Europa) ○ *Wir haben Weihnachten – das christliche Abendland verdankt sich dem christlichen Morgenland.* (Hamburger Morgenpost 24. 12. 2016)

abendländisch//(veraltet) morgenländisch
Wenn auch das Spektrum weit gestreut ist und Angehörige aller Weltreligionen zu Wort kommen, so nehmen doch christlich, zumindest aber abendländisch geprägte männliche Autoren den größten Raum ein. (Mannheimer Morgen 9. 1. 2008)

abendlich//morgendlich
abendliche Zusammenkünfte ○ Für das ZDF in abendlich warmen Orange- und Goldtönen, für die ARD in morgendlich frischem, athletischem Blau. (Tagesanzeiger 13. 8. 2004)

Abendpunkt//Morgenpunkt
(Astronomie)

Abendrot//Morgenrot
das Abendrot über den Bergen ○ Abendrot kündigt schönes, Morgenrot schlechtes Wetter an: Stimmt bei Westwind. (Weltwoche 19. 10. 2006)

abends//morgens; ↑auch: a. m.; vormittags
Um 6 Uhr, 8 Uhr abends ○ abends wird er munter ○ Werktags von 19 Uhr abends bis 11 Uhr vormittags und ganztägig sonntags könne die Fußgängerzone für Radfahrer freigegeben werden (Rhein-Zeitung 27. 9. 2016)

Abendschoppen//Frühschoppen
(am Abend getrunkener Schoppen Wein)

Abendseite//Morgenseite (veraltet)
(Seite nach Westen ○ veraltet)

Abendsonne//Morgensonne
Ein minimer Unterschied ist die Tatsache, dass Liechtenstein eher Abendsonne, das Rheintal früher Morgensonne hat. (St. Galler Tagblatt 20. 10. 2016)

Abendspitze//Frühspitze, Morgenspitze
(Stoßzeit im Abendverkehr ○ österreichisch) *Der neue Planungsstadtrat hat vorgeschlagen, zur Morgen- und Abendspitze den Schwerverkehr von den Beton- und Stelzenmonstern fernzuhalten* (Salzburger Nachrichten 8. 6. 2001)

Abendstern//Morgenstern
(der helle Planet Venus ist abends am Westhimmel der Abendstern und morgens am Osthimmel der Morgenstern) ○ *Venus ... zieht aber soweit nördlich am Tagesgestirn vorbei, dass unser innere Nachbarplanet vorübergehend gleichzeitig als «Abendstern» und vor Sonnenaufgang als «Morgenstern» knapp über dem Horizont beobachtet werden kann.* (Die Südostschweiz 9. 3. 2009)

Abendstunde//Morgenstunde
Statt des quirligen Skivolks machen sich zur Abendstunde draußen nur noch Schneeflocken breit. (Nürnberger Nachrichten 5. 12. 2015)

Abendveranstaltung//Vormittagsveranstaltung; ↑auch: Matinee

abendwärts//morgenwärts (veraltet)
(westwärts ○ veraltet)

Abendweite//Morgenweite
(Astronomie)

Abendzeitung//Morgenzeitung
So lobte etwa die Münchner Abendzeitung: „Eine brillante Verfilmung ... " (Oberösterreichische Nachrichten 14. 2. 2014)

aberkennen//zuerkennen
jemandem ein Recht aberkennen (Rechtswesen) ○ *Daraufhin wurde Kermani der*

Preis aberkannt, aber nach einem Gespräch Kermanis mit Lehmann und Steinacker wieder zuerkannt. (Wiener Zeitung 19. 6. 2015)

aberratio ictus//error in objecto
(Verfehlung des Tatziels bei strafbarer Handlung ◦ Rechtswesen)

aberziehen//anerziehen; ↑auch: andressieren
das hat man ihr aberzogen ◦ Kinder nicht zum Weiteressen zwingen. Sie wissen meist selbst, wann sie genug haben, sofern es ihnen nicht aberzogen wird. (Salzburger Nachrichten 18. 10. 2003)

abfädeln//auffädeln
Perlen abfädeln ◦ Die Bohnen abfädeln und 4 bis 6 Minuten in Salzwasser garen. (Neue Vorarlberger Tageszeitung 31. 8. 2001)

abfahren//anfahren
Erde, Sand (vom Bauplatz) abfahren ◦ Kies, Kartoffeln abfahren ◦ Der Zug wird um 22.16 Uhr in Eidelstedt abfahren und alle regulären Haltestellen bis Kaltenkirchen anfahren. (Hamburger Abendblatt 3. 2. 2000)

abfahren//angefahren kommen
auf dem Motorrad abfahren ◦ Er musste mitten in der Nacht abfahren, um rechtzeitig wieder im Stall zu sein. (St. Galler Tagblatt 8. 2. 2018)

abfahren//ankommen; ↑auch: landen
das Schiff, der Zug fährt ab ◦ sie fährt morgens ab, wird aber erst abends am Ziel ankommen ◦ er ist um 7 Uhr angekommen und um 10 Uhr wieder abgefahren

Abfahren, das//das Auffahren
das Abfahren von der Autobahn

Abfahrt//Ankunft; ↑auch: Landung
die Abfahrt des Zuges ◦ Die Abfahrt ist morgens um 6.05 Uhr in Luxemburg, Ankunft in Düsseldorf ist um 10.09 Uhr. (Luxemburger Tageblatt 27. 11. 2017)

Abfahrt//Auffahrt; ↑auch: Almabfahrt
die Abfahrt von der Autobahn (Fahrbahn, auf der man die Autobahn verlässt) ◦ Von Montag, 20. August, bis voraussichtlich Freitag, 5. Oktober, werden an der Anschlussstelle Waren in Fahrtrichtung Rostock die Abfahrt in Richtung Waren sowie die Auffahrt in Richtung Rostock gesperrt. (Nordkurier 18. 8. 2018)

Abfahrt//Zufahrt
die Zu- und Abfahrten zum Parkhaus ◦ Doch bereits ab 10 Uhr wird eine Spur auf Höhe der Abfahrt Waltershof und der Zufahrt Finkenwerder bis circa 14 Uhr gesperrt. (Hamburger Abendblatt 19. 4. 2016)

Abfahrt, Abfahrtslauf//Slalom
(alpiner Skisport) Neben dem Sieg im Gesamtweltcup fuhr sie bei Olympia in Innsbruck zu zwei Triumphen in Abfahrt und Slalom und verdient sich auf immer den Spitznamen Gold-Rosi. (Mannheimer Morgen 9. 2. 2017)

Abfahrtsski//Slalomski

Alpinski//Langlaufski

Abfahrt[s]zeit//Ankunftszeit
die Abfahrtszeit des Zuges

abfallen//ansteigen
die Straße fällt ab ◦ Der Getreidemarkt fällt Richtung Secession stark ab, die Mariahilfer Straße steigt leicht an. (Wiener Zeitung 14. 8. 2008)

abfallende Schultern//gerade Schultern

abfliegen//ankommen; ↑auch: landen
die Tagungsteilnehmer fliegen um 9 Uhr in Berlin ab und kommen um 10 Uhr in Frankfurt an

abfließen//zufließen
hier fließt das Wasser (aus der Wanne) ab

abflitzen//angeflitzt kommen
als sie den Polizisten sahen, flitzten die Jungen ab

Abflug//Ankunft; ↑auch: **Arrival, Landung**
der Abflug des Flugzeugs, der Passagiere ○ *Hamburg hat in Deutschland die längsten Wartezeiten sowohl beim Abflug an der Fluggastkontrolle als auch bei der Ankunft am Gepäckband.* (Hamburger Abendblatt 18. 12. 2012)

Abfuhr//Anfuhr
die Abfuhr von Kohlen, Kartoffeln ○ *die Abfuhr der Erde (von dem Platz)* ○ *Der Hauptzweck der 1900 eröffneten Schmalspurbahn war die Anbindung der Tongruben bei Binsfeld an die Eisenbahn Trier–Köln im Kylltal, um die Abfuhr von Ton und Ziegeleierzeugnissen und die Anfuhr von Brennstoffen zu den Binsfelder Ziegelwerken zu gewährleisten.* (Trierischer Volksfreund 19. 5. 2011)

abführen//stopfen
dieses Medikament, Mittel führt ab (sorgt für Stuhlgang) ○ *„Wenn ein Patient zur Verstopfung neigt, dann gebe ich möglicherweise etwas zum Abführen"* (Hamburger Abendblatt 10. 1. 2015)

Abführung//Anführung
die letzten Striche von „ " sind die Abführung (Orthografie)

Abgabe//Aufnahme
die Abgabe von Wärme ○ *Zum einen änderte sich in der letzten Eiszeit mehrmals die Stärke der globalen Umwälzzirkulation, was die Abgabe oder Aufnahme von CO_2 durch den Ozean beeinflusste.* (Der Tagesspiegel 1. 8. 2016)

Abgabe//Ausgabe
die Abgabe der Bücher in der Bibliothek ○ *Heute um 20 Uhr wichtige Versammlung ... mit Abgabe der Meldepapiere für die Kaninchenzüchter und Ausgabe der Meldepapiere für die Geflügelzüchter* (Mittelbayerische Zeitung 21. 10. 2016)

Abgabe//Ausleihe
wo ist die Abgabe? (Bibliothekswesen) ○ *Nutzer werden gebeten, rechtzeitig an Abgabe, Verlängerung oder Ausleihe von Medien zu denken.* (Süddeutsche Zeitung 18. 6. 2008)

abgabenfrei//abgabenpflichtig
(befreit von Abgaben wie Steuern usw.) ○ *Werden mehrere Mini-Jobs neben einer sozialversicherungspflichtigen Hauptbeschäftigung ausgeübt, dann ist nur der erste steuer- und abgabenfrei. „Jeder weitere ist, unabhängig von der Einkommenshöhe des ersten Mini-Jobs, steuer- und abgabenpflichtig".* (Nürnberger Nachrichten 24. 2. 2007)

abgabenpflichtig//abgabenfrei
(zur Zahlung von Abgaben verpflichtet)

abgaloppieren//angaloppiert kommen
sie galoppierten ab

Abgang//Angang
(das Abgehen von einem Turngerät ○ Sport)

Abgang//Aufgang
(Treppe abwärts) ○ *Jeder und jede bekam beim Abstieg in die Tiefe einen leuchtenden Zettel, hatte ihn beim Aufstieg wieder abzugeben. Passantenzählung. Wer von welchem Abgang zu welchem Aufgang wie oft geht.* (taz 22. 6. 2000)

Abgang//Zugang
heute hatte das Krankenhaus 10 Abgänge (Verringerung der Patientenzahl durch Todesfälle) ○ *Als Sofortmassnahme verlängert die Gemeinde das Geländer beim Abgang vom Parkplatz Zürichstrasse, um den Zugang für Menschen mit eingeschränkter Mobilität zu verbessern.* (Tagesanzeiger 8. 5. 2010) ○ *Während den Grünen also ein prominenter Abgang schadet, dürften sich die Neos mit einem prominenten Zugang retten.* (NEWS 21. 7. 2017)

abgeben//angeben
(die Karten für das letzte Spiel austeilen ○ Kartenspiel)

abgeben//aufnehmen
Sauerstoff aufnehmen und Stickstoff abgeben ○ *Er gibt den Kochlöffel ab. Ein neues Team des Feuerwehrvereins Demmin nimmt seine Arbeit auf.* (Nordkurier 20. 6. 2009)

abgeben//holen
(im Theater) die Garderobe abgeben ○ *Eine unschöne Angelegenheit für Eltern, die ihre Kinder nur schnell im Kindergarten abgeben oder holen möchten.* (Thüringer Allgemeine 28. 4. 2011)

abgebrochen//abgeschlossen
eine abgebrochene Lehre ○ *ein abgebrochenes Studium*

abgehangen//frisch geschlachtet
abgehangenes (durch längeres Hängen zarter gewordenes) *Fleisch* ○ *Es ist entscheidend, das geeignete Fleisch zu kaufen, Fleisch, das gut abgehangen ist und nicht etwa frisch geschlachtet.* (Berliner Zeitung 27. 10. 2012)

abgehärtet//verweichlicht
er ist durch Sport abgehärtet ○ *Die Sitzmuskeln, das ganze Jahr durch im Büro und im Auto abgehärtet, werden verweichlicht und abgeschwächt.* (Die Zeit 26. 8. 1977)

abgehen//auftreten
der Schauspieler geht ab (von der Bühne) ○ *Shylock, der Dulder, geht ab, und ein anderer Jude, der handelt, tritt auf, Jahre später: Barabas.* (Die Zeit 13. 12. 2001)

abgehen//bleiben
von einem Grundsatz abgehen ○ *Rechnet man die Schüler heraus, die in diesem Jahr ihren Abschluss machen und von der OSO abgehen, bleiben noch 114.* (Mannheimer Morgen 27. 4. 2015)

abgehen//hinzukommen
10 Euro gehen (vom Preis) noch ab ○ *15 % Rabatt gehen von der Summe noch ab*

Abgeordnete//Abgeordneter
eine Abgeordnete und ein Abgeordneter stimmten dagegen ○ *die Abgeordnete und der Abgeordnete nahmen daran teil*

Abgeordneter//Abgeordnete

Abgesang//Aufgesang
(beim Minne- und Meistersang letzter Teil ○ Metrik)

abgeschlossen//abgebrochen
eine abgeschlossene Lehre ○ *ein abgeschlossenes Studium*

abgeschlossen//unabgeschlossen
die Wohnung war abgeschlossen ○ *Bis Ende Mai hätten die Außenarbeiten abgeschlossen sein sollen.* (Wiener Zeitung 26. 4. 2018)

abgeschwollen//angeschwollen
das Bein war (wieder) abgeschwollen

abgewöhnen, sich etwas//sich etwas angewöhnen
er hat sich das Rauchen abgewöhnt ○ *Die Ruhe muss man sich schaffen. Ich hatte mir das Frühstücken auch schon abgewöhnt. Dann habe ich es mir wieder angewöhnt.* (Die Zeit 26. 1. 2017)

abgezählt//unabgezählt
abgezählte Exemplare ○ *Besagter Herr wollte zum Frühstück eine genau abgezählte Menge Käsescheiben auf sein Zimmer serviert bekommen.* (Tiroler Tageszeitung 29. 11. 2015)

abgrätschen//aufgrätschen
vom Barren abgrätschen (Turnen)

abgruppieren//aufgruppieren
sie wurde abgruppiert (in die nächsttiefere Gehaltsstufe eingestuft)

abhaben//aufhaben
er hat den Hut ab (abgesetzt ○ umgangssprachlich)

abhaken//anhaken
den Fensterladen abhaken

abhalftern//anhalftern
das Pferd abhalftern (das Halfter abnehmen)

abhalsen//anhalsen
den Hund abhalsen (von der Leine nehmen)

abhängen//anhängen
einen Waggon (vom Zug) abhängen

abhängen//aufhängen
das Bild (wieder) abhängen ○ *Viele andere ... Kantonsräte würden Kreuze «tendenziell eher abhängen statt aufhängen»* (Die Südostschweiz 8. 11. 2013)

abhängig//unabhängig
er ist von den Eltern abhängig ○ *Militärisch bleiben Deutschland und Europa von den USA abhängig, auch unabhängig von der Achsenverschiebung in den internationalen Beziehungen.* (Aachener Zeitung 8. 6. 2018)

abhängig; ↑**ertragsabhängig, kirchenabhängig, konjunkturabhängig**

...abhängig//...unabhängig (Adjektiv)
z. B. ertragsabhängig/ertragsunabhängig

Abhängigkeit//Unabhängigkeit
er leidet unter seiner Abhängigkeit (von den Eltern)

abhauben//aufhauben
den Beizfalken abhauben (die Haube abnehmen ○ Jägersprache)

abheben//auf dem Teppich bleiben
sein Erfolg stieg ihm in den Kopf. Er hob ab

abheben//einzahlen; ↑**auch: raufbringen**
Geld (vom Konto) abheben ○ *Kunden hätten am Schalter kein Geld abheben oder einzahlen können.* (Wiener Zeitung 5. 5. 2004)

abheuern//anheuern; ↑**auch: anmustern**
(entlassen ○ Seemannssprache)

abhocken//aufhocken
(in der Hocke vom Turngerät gehen ○ Turnen)

abholen//bringen
jemanden von der Bahn abholen ○ *jemanden in der Wohnung abholen* ○ *Manche möchten ihr Kind an einem bestimmten Tag früher abholen oder es in die Musikschule, zum Sportverein bringen.* (Oberösterreichische Nachrichten 20. 11. 2012)

A bis Z; ↑**auch: Alpha**
von A bis Z (von Anfang bis Ende, bezogen auf das Alphabet)

Abitur//mittlere Reife, (veraltend) das Einjährige
Volker hat Abitur, Holger nur die mittlere Reife ○ *Bewerbungsvoraussetzungen seien laut Grabs entweder Abitur oder die mittlere Reife* (Schweriner Volkszeitung 6. 10. 2016)

abkappen//aufkappen; ↑**auch: aufhauben**
den Beizfalken abkappen (Jägersprache)

abkehren//zukehren
die dem Wind abgekehrte Seite ○ *Aus dem Lexikon der Segler – Lee: Die dem Wind abgekehrte Seite. Luv: Die dem Wind zugekehrte Seite.* (Tagesanzeiger 1. 10. 2002)

abketten//anketten
den Hofhund abketten

abknöpfen//anknöpfen
die Kapuze abknöpfen

abkommen//bleiben
vom Thema abkommen ○ *Das Tier darf nicht von der Fährte abkommen, die Nase sollte immer auf dem Boden bleiben.* (Braunschweiger Zeitung 29. 9. 2008)

abkömmlich//unabkömmlich
er ist abkömmlich (wird nicht dringend gebraucht und kann woanders eingesetzt werden) ○ *Wenn es eben ... objek-*

tive und subjektive Gründe gibt, weshalb
Hausärzte während der normalen Sprech-
stundentätigkeit nicht abkömmlich sind.
Oder sich für unabkömmlich halten.
(Leipziger Volkszeitung 21. 11. 2013)

abkoppeln//ankoppeln
einen Güterwagen abkoppeln

abkriegen//ankriegen
ich kriege das Schild nicht ab (von der Tür)

abkuppeln//ankuppeln
den Waggon abkuppeln

abkürzen//ausschreiben
den Namen abkürzen ○ Wer statt des nachgestellten „Ph.D." lieber einen „Dr." vor seinen Namen setzen möchte, darf diesen Titel nicht abkürzen, sondern muss ihn als „Doktor" ausschreiben. (Die Presse 8. 6. 2013)

abkürzen; ↑den Weg abkürzen

abladen//aufladen; ↑auch: beladen, einladen, laden
Waren (vom Auto) abladen ○ das Frachtgut (wieder) abladen

ablandig//auflandig
ein ablandiger (seewärts gerichteter) Wind (Seemannssprache)

ablaufen lassen//einlaufen lassen
das Wasser (aus der Badewanne) ablaufen lassen

abläuten//anläuten
eine Runde abläuten (Sport)

ablegen//anlegen
das Schiff legt (vom Hafen) ab

ablegen//annehmen
schlechte Gewohnheiten (wieder) ablegen ○ Ein zwölfjähriges Mädchen aus dem Kanton Thurgau darf seinen tunesischen Familiennamen ablegen und den Ledigennamen seiner Mutter annehmen. (St. Galler Tagblatt 25. 11. 2014)

ablehnen//annehmen
einen Antrag, ein Angebot ablehnen ○ einen Gesetzentwurf ablehnen ○ er hat sich beworben, wurde aber abgelehnt ○ Im Februar wurde das Wahlrecht für Frauen noch einmal abgelehnt. Im Mai dann endlich angenommen. (Berliner Zeitung 18. 8. 2012)

ablehnen//befürworten
sie lehnt dieses Projekt ab ○ 47 Prozent der Stimmbürger wollen die Vorlage sicher oder eher ablehnen, 45 Prozent befürworten sie. (Tagesanzeiger 1. 2. 2017)

ablehnen//genehmigen
ein Gesuch ablehnen ○ Bisher habe man keines der Gesuche abgelehnt und rund 600 genehmigt (Neue Zürcher Zeitung 12. 2. 2018)

ablehnen//zustimmen
einen Vorschlag ablehnen ○ den Schlichterspruch ablehnen oder ihm zustimmen ○ Inhaltlich würde ich den Koalitionsvertrag ablehnen, strategisch gesehen zustimmen. (Hamburger Morgenpost 13. 4. 2015)

Ablehnung//Annahme
die Ablehnung eines Antrags

Ableitung//Zusammensetzung; ↑auch: Komposition
das Adjektiv „menschlich" ist eine Ableitung von „Mensch", und das Substantiv „Machtmensch" ist eine Zusammensetzung mit „Mensch"

ablenken von//lenken auf
die Aufmerksamkeit von etwas ablenken ○ Mit Schutzbehauptungen habe J. L. von seiner nachweisbaren Rolle als Organisator im Hintergrund ablenken und die Hauptschuld für die Vergehen auf J. F. lenken wollen. (Basler Zeitung 31. 1. 2014)

ablesen//frei sprechen
er hat nicht frei gesprochen, sondern nur (den Vortrag) abgelesen ○ Nicht nur,

dass die beiden alten Männer mit dem Stück überfordert waren, sie haben mehr abgelesen als frei gesprochen, ist es eine Frechheit, diesen Inhalt dem Zuschauern als Kabarett zu verkaufen. (Südwest Presse 12. 10. 2007)

Abluft//Frischluft, Zuluft
Abluft ist verbrauchte Luft, die aus Räumen abgeleitet wird (Klimatechnik)

abmachen//anmachen; ↑auch: anschrauben
ein Türschild, ein Plakat (wieder) abmachen ○ das Schild (von der Wand) abmachen

abmarschieren//anmarschiert kommen
in Viererreihen abmarschieren ○ abends marschierten sie alle (wieder) ab

abmelden//anmelden
sie haben ihn abgemeldet ○ Das letztgenannte Kennzeichen wurde mir sogar schon gestohlen. Da musste ich das Fahrzeug zwischenzeitlich abmelden – und wieder anmelden. (Burgenländische Volkszeitung 26. 11. 2008)

abmelden, sich//sich anmelden
sich beim Einwohnermeldeamt abmelden ○ Bei einem Umzug müssen sich die Bürger bald nicht mehr abmelden, sondern nur noch an ihrem neuen Wohnort anmelden. (Mannheimer Morgen 31. 8. 2001)

Abmeldung//Anmeldung
die polizeiliche Abmeldung

abmontieren//anmontieren
ein Schild (von der Wand) abmontieren ○ Wesentlich verdankt das Haus seinen wuchtigen Pomp dem dunkelroten Marmor, den die Sowjetische Militäradministration nach dem Zweiten Weltkrieg aus Hitlers zerstörter Reichskanzlei abmontieren und in der total ausgebrannten Volksbühne wieder anmontieren ließ. (taz 27. 12. 2014)

abmontieren//aufmontieren, montieren auf
den Gepäckträger vom Dach eines Autos (wieder) abmontieren ○ Nummernschilder abmontieren und auf ein gestohlenes, typgleiches Auto montieren – die Masche ist simpel, aber wirksam. (Nordkurier 12. 4. 2014)

abmustern//anmustern; ↑auch: anheuern
den Steuermann abmustern (entlassen ○ Seeannssprache)

Abmusterung//Anmusterung
(Seemannssprache)

Abnahme//Zunahme
eine deutliche Abnahme des Gewichts

abnehmen//anbringen
das (Gerichts)siegel abnehmen

abnehmen//anlegen
einen Verband (wieder) abnehmen ○ Verbände wechseln, Blut abnehmen, Fieber messen, Infusionen anlegen, das ist wichtiger. Auch weil es so wenige Ärzte gibt, müssen die Krankenschwestern mehr arbeiten. (Süddeutsche Zeitung 30. 5. 2008)

abnehmen//aufbehalten
die Brille (zum Lesen) abnehmen ○ den Hut beim Eintritt in die Kirche abnehmen ○ Je besser sie ausgebildet sind, desto besser werden sie sich später als junge Frauen gegen ihre Familie durchsetzen können und das Kopftuch vielleicht abnehmen. Oder aufbehalten, wenn sie sich selbstbewusst dazu entscheiden. (Die Presse 14. 11. 2003)

abnehmen//aufhängen; ↑auch: hängen auf
Gardinen, Wäsche (von der Leine), ein Bild (von der Wand) abnehmen

abnehmen//auflassen
den Hut abnehmen ○ Nach Motorradunfall bewusstlosen Bikern den Helm abnehmen. Helm auflassen oder absetzen? (Lausitzer Rundschau 19. 4. 2014)

abnehmen//auflegen
den Telefonhörer abnehmen ○ das Tischtuch abnehmen ○ sobald die Tücher warm werden, abnehmen, unter dem Wasserhahn ausspülen und erneut in die Schüssel mit Wasser tauchen, auswringen und auflegen. (Berner Zeitung 26. 9. 2011)

abnehmen//aufsetzen
als er den Raum betrat, nahm er den Hut ab, als er den Raum wieder verließ, setzte er den Hut wieder auf ○ Zuvor mussten die drei auf Geheiß von Strohmänner-Vizepräsident Oliver Fahrig ihre Kopfbedeckungen abnehmen und die typischen Strohmänner-Hüte aufsetzen. (Aachener Zeitung 14. 1. 2015)

abnehmen//umbinden
die Armbanduhr (wieder) abnehmen ○ «Du hast ja noch immer die falsche Krawatte an. Willst du die nicht abnehmen – oder dir endlich eine andere umbinden?» (Neue Luzerner Zeitung 4. 1. 2014)

abnehmen//zunehmen
er hat abgenommen ○ die Schmerzen nehmen ab ○ der Lärm nimmt ab ○ Abnehmender Mond ○ Bis zum Jahr 2050 wird der Anteil junger Menschen in Niedersachsen erheblich abnehmen. Gleichzeitig wird die Lebenserwartung der Menschen zunehmen (Braunschweiger Zeitung 30. 3. 2012) *○ Und Zärtlichkeit. Die muss nicht abnehmen, vielleicht sogar zunehmen.* (Der Spiegel 27. 4. 2019)

Abnehmerland//Erzeugerland
ein Abnehmerland für agrarische Produkte

Abneigung//Bewunderung
So groß die Abneigung auf der einen Seite, so grenzenlos die Bewunderung auf der anderen. (Der Spiegel 23. 3. 2019)

Abneigung//Neigung
seine Neigungen und Abneigungen (was man nicht möchte) erkennen ○ Es gibt von offizieller Seite eine krasse Abneigung gegen meine Vorschläge, aber in der Öffentlichkeit eine zunehmende Neigung, auch mal die unbequemen Wahrheiten zu hören. (Süddeutsche Zeitung 6. 9. 2012)

Abneigung//Vorliebe
In seinen zwei Ministerjahren pflegte er mit seiner Abneigung gegen Krawatten und der Vorliebe für gelbe Socken ein unkonventionelles Auftreten (Süddeutsche Zeitung 26. 6. 2013)

Abneigung//Zuneigung; ↑auch: Liebe, Sympathie
er verspürte eine Abneigung (Antipathie) ihm gegenüber ○ Dass es neben gelegentlicher Abneigung aber auch reichlich Zuneigung gibt, zeigt der Blick auf die Statistik: Die Zahl der Deutschen, die in Österreich leben, hat sich seit 2004 mehr als verdoppelt (Salzburger Nachrichten 8. 10. 2016)

Abonnement//Abbestellung
das Abonnement erfolgte am 1. April

Abonnementpreis//Verkaufspreis
(Zeitung) Aufgrund von Kostenerhöhungen, vor allem in den Bereichen Zustellung und Logistik, passt das Hamburger Abendblatt daher zum 1. Februar den Abonnementpreis auf 39,90 Euro im Monat an. (Hamburger Abendblatt 2. 2. 2015)

abonnieren//abbestellen
eine Zeitschrift, ein Magazin abonnieren ○ So können Sie die Push-Benachrichtigungen abonnieren oder abbestellen (Der Spiegel 30. 9. 2013)

aboral//adoral
(vom Mund entfernt liegend ○ Medizin)

abpaddeln//anpaddeln
am 1. Oktober wird abgepaddelt (das letzte Mal im Jahr gepaddelt)

abpfeifen//anpfeifen
das [Fußball]spiel abpfeifen (unterbrechen, beenden) ○ Er wird sich sagen:

„Ich durfte die WM anpfeifen und darf sie abpfeifen. Was für ein Privileg." (Hannoversche Allgemeine 14. 7. 2018)

Abpfiff//Anpfiff
(Pfiff als Zeichen, dass das Spiel beendet ist ○ Sport)

abprallen//eindringen
das Geschoß prallte (von der Wand) ab ○ *Ein Geschoss prallte von seinem Schutzhelm ab, ein weiteres verletzte ihn am Ellenbogen. Das dritte Projektil drang neben der Schutzweste ein und fügte dem Opfer schwere innere Verletzungen zu.* (Nürnberger Nachrichten 20. 10. 2016)

abprallen//Wirkung zeigen
die Vorwürfe prallten an ihm ab ○ *Fast schien es, als würden die tollkühnen Störmanöver der Greenpeace-Aktivisten, … an der Sturheit der Londoner Zentrale abprallen. Doch jetzt zeigte der Protest Wirkung* (Mannheimer Morgen 21. 6. 1995)

abprotzen//aufprotzen
ein Geschütz abprotzen (von der Protze, dem zweirädrigen Wagen) *lösen* (Militär)

abputzen//putzen
den Weihnachtsbaum abputzen (den Schmuck wieder abnehmen) ○ *Kaum ist der letzte Silvesterböller verklungen, da wird man schon gedrängelt und soll den Weihnachtsbaum abputzen.* (Mitteldeutsche Zeitung 2. 1. 2016)

abrädeln//aufrädeln
Zwirn abrädeln bedeutet abspulen

Abraham//Hagar, Sara
(Abraham ist der biblische Stammvater Israels in 1. Buch Mose. Sara ist seine Frau und gilt als Erzmutter oder Stammmutter Israels [Bibel, Jesaia 51,1–2], sie gebar den Sohn Israel. Hagar ist die ägyptische Sklavin Saras, die von Abraham geschwängert wurde und den Sohn Ismael gebar [Bibel, 1 Mose 16])

abrasieren//stehenlassen
Wer modisch ganz vorn dabei sein will, muss den Vollbart wieder abrasieren – aber was dann? Kann sich ein erwachsener Mann … überhaupt noch Barthaare stehen lassen? (FOCUS 28. 2. 2015)

abraten//empfehlen
von einer Geldanlage abraten ○ *Aus ärztlicher Sicht will Fegeler weder vom Babyschwimmen abraten noch es empfehlen.* (Schwäbische Zeitung 2. 9. 2015)

abraten//zuraten
jemandem (von einem Vorhaben) abraten ○ *Würden Sie ihnen abraten? Eppler: Ich könnte nur zuraten, wenn eine Kommune ausreichend Wohnungen für Mieter behält, die auf dem freien Markt nicht unterkommen.* (Süddeutsche Zeitung 31. 10. 2006)

abrauschen//angerauscht kommen
sie rauschte (empört) ab

abregen, sich//sich aufregen
er hat sich (wieder) abgeregt ○ *Da kann sich der Stammtisch übrigens gleich wieder abregen* (Berliner Zeitung 15. 4. 2015)

Abreise//Anreise
Damit wir eine problemlose An- und Abreise ermöglichen können, möchten wir alle Besucher, die ihre Anreise noch nicht angetreten haben, inständig darum bitten, auf eine Anreise am Freitag auszuweichen (Nordbayerischer Kurier 23. 6. 2017)

abreisen//angereist kommen
sie kam mit wenig Gepäck angereist und reiste mit viel Gepäck wieder ab

abreisen//ankommen; ↑auch: landen
wann kommt sie an, und wann reist sie wieder ab? ○ morgen reist sie (wieder) ab

abreisen//anreisen
„Wann werden Sie anreisen und wann wieder abreisen?", fragte die Dame an der Rezeption am Telefon

Abreisetag//Anreisetag
der erste Juli ist ihr Abreisetag

Abreisetermin//Anreisetermin
den Abreisetermin festlegen

abreißen//setzen
Wenn jetzt ein Kunde seinen Ofen abreißen lässt und Mewes die Kacheln schenken möchte, winkt der gleich ab. (Berliner Zeitung 26. 8. 2016)

abreißen//instand setzen
Er will einen Teil des Gebäudes abreißen und die anderen Bereiche instand setzen. (Süddeutsche Zeitung 18. 1. 2015)

abreiten//angeritten kommen
sie ritten ab

abrollen//aufrollen
das Kabel abrollen (von der Trommel) o *Schläuche abrollen und aufrollen, etwas absperren und zusammen mit den anderen antreten.* (Märkische Allgemeine 25. 5. 2009)

abrücken//angerückt kommen
sie rückten um 16 Uhr wieder ab (gingen wieder)

abrücken//heranrücken
mit dem Stuhl (von dem Tisch) *abrücken*

abrückend//anrückend
die abrückenden Feinde

abrudern//anrudern
im Oktober wird abgerudert (das letzte Mal im Jahr gerudert)

abrudern//heranrudern
vom Ufer abrudern

abrufen//speichern, einspeichern
Daten abrufen o *An einer interaktiven Pinnwand können die Besucher gezielt Inhalte suchen und Informationen abrufen oder speichern.* (Neue Zürcher Zeitung 3. 2. 2015) o *Mit Hilfe der Computerdatenbank wollen Fachleute Informationen direkt bei der Prüfung im Gebäude abrufen und umgekehrt neue Erkenntnisse einschließlich Digitalfotos einspeichern.* (Wormser Zeitung 7. 4. 2006)

abrüsten//einrüsten
ein Haus abrüsten (das Gerüst wegnehmen o Bauwesen) o *Aber noch sind die Gelder nicht da, deshalb wird in der kommenden Woche in St. Petri abgerüstet. Der Chorraum ist derzeit aber noch komplett eingerüstet.* (Nordkurier 3. 7. 2013)

abrüsten//aufrüsten; ↑auch: **militarisieren**
die Länder rüsten ab (verringern das Kriegsmaterial)

Abrüstung//[Auf]rüstung
sie trieben die Abrüstung voran o *Ihr sagt Abrüstung und betreibt mit Milliarden Euro Rüstung.* (Mitteldeutsche Zeitung 3. 11. 2017)

Absage//Ansage
die Absage macht Herr Agfa (Rundfunk, Fernsehen)

Absage//Zusage
er hatte ihn eingeladen, bekam von ihm aber eine Absage o *Die Antwort fällt mal wieder typisch aus, Merkel, wie man sie kennengelernt hat: keine Absage, keine Zusage.* (Der Tagesspiegel 30. 8. 2017)

absagen//ansagen
eine Sendung absagen (die Schlussworte sprechen o Funk) o *So ein Fest, wie das 9. Altstadtfest macht auch Arbeit. Bühnen aufbauen, Bühnen abbauen. Gruppen ansagen, Gruppen absagen.* (Thüringer Allgemeine 20. 10. 2001)

absagen//zusagen
wir haben sie eingeladen, aber sie hat abgesagt (wird nicht kommen) o *In der Weihnachtszeit sei er angerufen worden, ... dass die Schweiz die Ausrichtung des Turniers absagen habe müssen. Regensburg hätte nun die Chance, einzuspringen, müsse aber innerhalb weniger Tage*

zusagen. (Mittelbayerische Zeitung 20. 2. 2015)

absatteln//aufsatteln
ein Pferd absatteln (den Sattel abnehmen)

Absatzhonorar//Festhonorar, Pauschalhonorar
(Honorar, das sich nach den verkauften Exemplaren richtet o Buchwesen) o *Absatzhonorar: Das Honorar sollte bei Hardcover zehn Prozent des Nettoladenpreises betragen.* (Wirtschaftsblatt 20. 11. 2004)

Absatzmarkt//Beschaffungsmarkt
(Markt, auf dem die produzierte Ware einer Firma verkauft wird)

absausen//angesaust kommen
die Kinder sausten mit ihren Rädern ab

abschaffen, etwas//sich etwas anschaffen
den Hund abschaffen o das Auto (wieder) abschaffen

abschaffen//einführen
die Todesstrafe, eine Steuer abschaffen o Rechtsextreme sind Menschen, die die Verfassung abschaffen und das Führerprinzip einführen wollen. (Ostthüringer Zeitung 11. 8. 2018)

abschaffen//erlassen
ein Gesetz (wieder) abschaffen o Man kann sie nicht nach Laune abschaffen, man kann keine Gesetze gegen sie erlassen. (Die Zeit 7. 10. 1999)

Abschaffung//Beibehaltung
es ging damals um Abschaffung oder Beibehaltung der Apartheid

Abschaffung//Einführung
die Abschaffung der gleitenden Arbeitszeit

abschalten//anschalten; ↑auch: einschalten
das Radio abschalten o Was man abschalten kann, kann man auch wieder anschalten: Wäre es in ihrem Interesse gelegen, hätten die USA genügend Mittel gehabt, die Internetsperre in Ägypten zu umgehen. (Der Standard 9. 2. 2011)

abschieben//angeschoben kommen
er schiebt mit seiner Freundin ab (geht weg o umgangssprachlich)

abschieben//heranschieben
den Schrank von der Wand abschieben

Abschied//Wiedersehen
sich beim Abschied schon aufs Wiedersehen freuen o Somit war es ein einzigartiger Abschied, der Hoffnung auf ein Wiedersehen macht. (Nordkurier 17. 4. 2018)

abschießen//angeschossen kommen
er schießt ab (läuft sehr schnell davon o umgangssprachlich)

abschirren//anschirren
ein Pferd abschirren (das Geschirr, das Riemenzeug abnehmen)

Abschlag//Aufschlag
ein Abschlag (gesenkter Preis) *von 15%* (Kaufmannssprache)

abschlagen//anschlagen
die Segel abschlagen (von den Spieren, den Stangen lösen o Seemannssprache)

abschlagen//aufschlagen
das Zelt, das Lager abschlagen (abbauen) o *das Getreide schlägt ab* (wird billiger)

abschließen//abbrechen
sie wollte die Lehre, das Studium abschließen und nicht wegen der Schwangerschaft abbrechen o Dann kann man die Bildungsverläufe der Jugendlichen nach Abschluss der Schule nachvollziehen und schauen, ob sie eine Ausbildung erfolgreich abschließen, abbrechen oder wo sie gerade stehen (Der Tagesspiegel 4. 4. 2017)

abschließen//beginnen
eine begonnene Arbeit, eine Untersuchung abschließen o Demnach sollen die

25 Fachgruppen diese Woche ihre Arbeit abschließen, damit die Steuerungsgruppe ab Montag mit der Feinabstimmung beginnen kann. (Die Presse 28. 11. 2017)

abschließen//eröffnen
eine Rede schloss das Fest ab ○ Er will die erste Sondierungsrunde abschließen und erst dann die Personaldebatte in der CSU eröffnen. (Süddeutsche Zeitung 6. 11. 2017)

abschließen//offenlassen
das Tor abends bitte abschließen ○ Man könnte den Container mit einem Schloss abschließen und nur samstags offen lassen. (Stuttgarter Nachrichten 14. 10. 2015)

Abschluss//Beginn
der Abschluss des Studiums, der Laufbahn ○ Der Abschluss der Lehre sei aber erst der Beginn der Karriere, und er ermunterte die jungen Leute, sich weiterzubilden (St. Galler Tagblatt 3. 7. 1997)

abschminken//schminken
das Gesicht (wieder) abschminken ○ Nach Trauung und Apéro geht es dann schnurstracks wieder zurück in den Salon. Alles wieder ausziehen, abschminken, Haare waschen dann wieder neu schminken, neu frisieren, neues (türkisches) Kleid anziehen. (Neue Zürcher Zeitung am Sonntag 16. 1. 2011)

abschnallen//anschnallen
die Skier, sich (vom Sitz) abschnallen ○ Ihr kleiner Sohn würde sich immer selbst abschnallen und sie könne sich nicht anschnallen, weil sie während der Fahrt immer ein Auge auf den Spross werfen müsse. (Saarbrücker Zeitung 26. 10. 2007)

abschnallen//aufschnallen
den Tornister abschnallen ○ Oft genug haben der Alte und seine Frau dieses Schauspiel beobachtet und sich an dem Anblick der Fremden amüsiert, die schließlich erschöpft und durstig ... die schwere Tasche ablegen, den prall gefüllten Rucksack abschnallen und sich ein kaltes Pilsener bestellen. (Braunschweiger Zeitung 27. 12. 2008)

abschnallen//umschnallen
den Gürtel abschnallen ○ An manchen Stellen ist der Weg so eng, dass die Profitaucher ihre Pressluftflaschen abschnallen müssen (Nürnberger Nachrichten 10. 7. 2018)

abschrauben//anschrauben; ↑auch: **anmachen**
das Türschild (von der Wand) abschrauben

abschrauben//aufschrauben
etwas von einem Brett abschrauben

abschreiten//angeschritten kommen
er schritt würdevoll ab

abschwächen//verstärken
der Lärm schwächt sich ab ○ Medikamente könnten über die Proteine die Veränderung der Pilzzellen entweder gezielt abschwächen oder verstärken, um das Immunsystem beim Erkennen und Abtöten zu unterstützen. (Die Presse 9. 9. 2017)

abschwellen//anschwellen
die Füße schwellen ab ○ der Sturm, Lärm schwillt ab ○ Der Fluglärm müsse vor 23 Uhr abschwellen und dürfe nach fünf Uhr erst allmählich wieder anschwellen. (Mannheimer Morgen 7. 4. 2012)

abschwingen, sich//sich aufschwingen
sich vom Pferd abschwingen

Abschwung//Aufschwung
Abschwung am Reck ○ der Abschwung in der Wirtschaft ○ „Es wird keinen Abschwung durch den Brexit geben sondern nur einen bemerkenswerten Aufschwung." (Nürnberger Nachrichten 13. 10. 2016)

Abschwung; ↑**Konjunkturabschwung**

absegeln//ansegeln
nächsten Sonntag wollen sie absegeln (das letzte Mal im Jahr segeln)

absehen von etwas//etwas mit in Betracht ziehen
wenn ich davon absehe, ist der Vorschlag ganz günstig ○ In Schweden wurde bereits darüber diskutiert, besonders hart betroffene Tiere zu erlegen. Vorläufig will man jedoch davon absehen. (Hamburger Abendblatt 22. 3. 2007)

ab sein//an sein
der Knopf ist ab (abgegangen ○ umgangssprachlich) ○ „Die Farbe ist ab, das ist fast schöner", findet die Kosmetikerin. (Nürnberger Nachrichten 14. 4. 2015)

Absender//Adresse; ↑auch: **Empfänger**
er schreibt den Absender (den Namen dessen, der die Post abschickt) *auf die Rückseite des Briefes*

Absender[in]//Empfänger[in]; ↑auch: **Adressat[in]**
wer ist der Absender dieses Briefes und wer der Empfänger? ○ Dort dürften jedoch Absender und Empfänger verwechselt worden sein. (Oberösterreichische Nachrichten 5. 2. 2016)

absent//präsent
(nicht anwesend) ○ In diesem Selbstporträt ist der Maler absent und präsent zugleich. (Süddeutsche Zeitung 8. 2. 2008)

absetzen//ansetzen
den Geigenbogen, das Blasinstrument absetzen ○ das Glas (vom Mund) absetzen

absetzen//aufbehalten, auflassen
die einen setzten ihre Hüte ab, andere behielten sie auf/ließen sie auf ○ Dann will ich, aus Eitelkeitsgründen, meine Brille absetzen. Geht gar nicht! „Wenn Sie ständige Brillenträgerin sind, müssen Sie die Gläser aufbehalten" (Süddeutsche Zeitung 20. 7. 2007) ○ Nur im Freien tragen und immer absetzen, wenn man mit jemandem spricht. Sollte die Sonne ins Gesicht scheinen, den Gesprächspartner fragen, ob man die Brille auflassen darf. (Oberösterreichische Nachrichten 2. 7. 2015)

absetzen//aufnehmen
eine Last, einen Koffer absetzen (vorübergehend hinstellen) ○ *Laut aktueller Regelung dürfen Berliner Taxis Fahrgäste in Brandenburg nur absetzen, aber nicht aufnehmen.* (Berliner Morgenpost 26. 8. 2017)

absetzen//aufsetzen
als sie den Raum betraten, setzten sie ihre Hüte ab ○ als sie den Raum verließen, setzten sie die Hüte wieder auf ○ *Brasses Kommandos sind knapp: „Mütze absetzen, geradeaus schauen, direkt zum Objektiv. Jetzt Mütze aufsetzen. Hier rüberschauen.* (Süddeutsche Zeitung 30. 5. 2009)

absetzen//setzen
vom Programm absetzen ○ In einer Geschäftsordnungsdebatte wollte sie den Antrag von der Tagesordnung absetzen lassen. (taz 16. 9. 2011)

Absicht; ↑mit **Absicht**

absichtlich//unabsichtlich
Er hat ihn absichtlich übergangen ○ *Ob die Hand von TSV-Abwehrchef Ch. A. den aufspringenden Ball nun absichtlich oder unabsichtlich berührt hatte, interpretierte jede Seite naturgemäß zu ihren Gunsten.* (Mannheimer Morgen 23. 4. 2018)

Absichtsurkunde//Zufallsurkunde
eine Absichtsurkunde wird zu Beweiszwecken ausgestellt (Rechtswesen)

absitzen//aufsitzen
der Reiter saß ab (stieg vom Pferd herunter) ○ vom Pferd absitzen ○ *Plötzlich stand eine Dogge vor mir. Ich ließ sofort meinen Hund absitzen* (Saarbrücker Zeitung 3. 8. 2000) ○ *Beim Stuhlrei-*

ten siegen die Reiter, die am schnellsten vom Pferd absitzen und einen Stuhl ergattern konnten. (Süddeutsche Zeitung 14. 3. 2006)

absocken//angesockt kommen
sie sockte ab (ging eilig weg ○ umgangssprachlich)

absolut//relativ
(einzeln betrachtet) ○ Österreich ist weder absolut noch relativ der größte Zahler der EU-Mitglieder, sondern ein mittlerer Financier. (Salzburger Nachrichten 27. 9. 2002)

absolut; ↑absolutes Gehör, absolute Mehrheit, absolute Musik, absolutes Recht, absolutes Verb

Absolutbeobachtung//Anschlussbeobachtung, Relativbeobachung
(Astronomie)

absolute Adresse//relative Adresse
(EDV)

absolute Mehrheit//relative Mehrheit, einfache Mehrheit
(mehr als 50 %)

absolute Musik//Programmusik
(Musikkomposition ohne Bindung an außermusikalische – poetische, malerische – Inhalte) ○ Mit dem Andante taucht man in eine traurige Stimmung ein, Verlorenheit, dann ein kurzes Aufbäumen und anschließend wieder die leise Trauer – unter ihren Händen wird die absolute Musik zu einer nuancenreichen Programmusik. (Westdeutsche Zeitung 7. 2. 2018)

absolutes Gehör//relatives Gehör
(Fähigkeit, die Höhe eines Tones ohne vergleichbare Töne zu erkennen)

absolutes Recht//relatives Recht
das absolute Recht wirkt gegenüber jedermann (Rechtswesen)

absolutes Verb//relatives Verb
(Verb, das kein Objekt und keine Adverbialergänzung erfordert, z. B. in: ich komme)

Absorber//Kompressor
(Kühlschrank mit Absaugverfahren)

Abspann//Vorspann
(am Schluss eines Films Angaben zum Film, z. B. Mitwirkende) ○ Sein Traum: Irgendwann im Vorspann eines Filmes erscheinen – in den Abspann hat er's ja schon mehrfach geschafft. (Mannheimer Morgen 23. 11. 2010)

abspannen//anspannen
das Pferd (vom Wagen) abspannen ○ Der Mann fährt mit seiner Kutsche nach Hause, zu seinem Steinhaus auf dem Land. Dort wird das Pferd abgespannt. (Die Welt 16. 2. 2011)

abspazieren//anspaziert kommen
er spazierte ab

absprachegemäß//absprachewidrig
(entsprechend der Absprache)

absprachewidrig//absprachegemäß
(entgegen der Absprache)

absprechen//zusprechen
jemandem einen Besitz absprechen ○ „Ich möchte weder jemanden was absprechen noch etwas zusprechen. (Niederösterreichische Nachrichten 11. 11. 2016)

absprengen//angesprengt kommen
die Reiter sprengten ab

abspringen//aufspringen
früher konnte man noch – verbotenerweise – von der fahrenden Straßenbahn abspringen ○ Nun gibt es leider Zeitgenossen, denen die feine Choreografie der Müllmänner – abspringen, zur Tonne laufen, sie aufnehmen, einhaken, auskippen, zurückschieben, aufspringen – schlicht und einfach zu lange dauert. (Süddeutsche Zeitung 12. 1. 2013)

abspritzen//angespritzt kommen
als der Aufseher kam, spritzten die Kinder ab (rannten sie schnell davon ○ umgangssprachlich)

Absprung//Aufsprung
der Absprung (von der Straßenbahn) ○ (Skispringen:) Gregor hat eine der saubersten Techniken im gesamten Weltcup. Vor allem seine Balance vom Absprung über die Flugphase bis zum Aufsprung ist einzigartig. (NEWS 21. 12. 2006)

abspulen//aufspulen
einen Faden, Nähgarn abspulen

Abstand//Nähe
Er wünscht Abstand zu den anderen ○ Ein klassischer Fall ist: Einer sucht Abstand, der andere Nähe. (Berliner Morgenpost 11. 1. 2014)

Abstand halten//aufschließen
bitte Abstand halten (vom/zum Vordermann) ○ Zistersdorf wollte mit zumindest einem Unentschieden den Abstand halten, Großengersdorf mit einem vollen Erfolg zum Tabellenführer aufschließen. (Niederösterreichische Nachrichten 18. 10. 2012)

abstecken//anstecken
eine Plakette (wieder) abstecken ○ Reagiert die Maus gar nicht mehr, kann der Treiber abgestürzt sein. Das einfachste Gegenmittel: abstecken und wieder anstecken. (Schwäbische Zeitung 13. 1. 2016)

abstehen//dranstehen
der Stuhl steht (weit) vom Tisch ab

abstehend//anliegend
Sind die Ohren abstehend oder anliegend, die Ohrläppchen frei hängend oder angewachsen? (FOCUS 17. 11. 2003)

absteigen//aufsteigen
vom Rad absteigen ○ sozial absteigen ○ ... aufgrund der Tabellensituation – Montlingen kann weder absteigen noch aufsteigen – bietet sich auch die Chance, junge Talente einzusetzen. (St. Galler Tagblatt 23. 5. 2016)

absteigend//aufsteigend
absteigende (die Nachkommen betreffende) Verwandtenlinie

Absteiger//Aufsteiger
(Sport)

abstellen//anlassen
Er sollte das Radio abstellen, aber er ließ es an ○ den Motor abstellen und nicht länger anlassen

abstellen//anstellen; ↑auch: anmachen, einschalten
das angestellte Radio wieder abstellen ○ das Wasser, die Heizung, das Gas (wieder) abstellen

abstieben//angestoben kommen
die Kinder stoben ab

Abstieg//Aufstieg
der Abstieg vom Berg ○ der Abstieg des Vereins ○ sozialer Abstieg ○ Mit der Arbeitslosigkeit fing mein Abstieg an. (Christ und Welt 12. 1. 2017) ○ Jeder und jede bekam beim Abstieg in die Tiefe einen leuchtenden Zettel, hatte ihn beim Aufstieg wieder abzugeben. Passantenzählung. (taz 22. 6. 2000)

Abstiegsrunde//Aufstiegsrunde
(Sport)

Abstimmungsniederlage//Abstimmungssieg
(Politik)

Abstimmungssieg//Abstimmungsniederlage

abstoßen//anziehen
dieser Mann, seine Art stößt mich ab ○ Hinzu kommt, dass dogmatische, konservative Positionen die einen abstoßen, die anderen anziehen. (Der Spiegel 3. 6. 2017)

abstoßend//anziehend
Er wirkt abstoßend ○ ihr Äußeres ist abstoßend

Abstoßung//Anziehung
magnetische Abstoßung

Abstoßungskraft//Anziehungskraft
(Physik)

abstracto; ↑in abstracto

abstrakt//konkret; ↑auch: gegenständlich
was sie sagt, ist sehr abstrakt (unanschaulich) ○ *Das ist keine abstrakte Gefahr, sondern eine sehr konkrete* (Wiesbadener Tagblatt 1. 4. 2015)

abstrakt; ↑in abstracto; abstrakte Kunst, abstrakte Malerei, abstraktes Rechtsgeschäft

abstrakte Kunst//gegenständliche Kunst
(Kunstrichtung im 20. Jh., die eigene, außerhalb der Wirklichkeit liegende gedankliche Gehalte wiedergeben möchte)

abstrakte Malerei//gegenständliche Malerei, figürliche Malerei
(von der Wirklichkeit losgelöste Malerei mit eigenen Formen usw.)

abstraktes Rechtsgeschäft//kausales Rechtsgeschäft
(Rechtswesen)

Abstraktheit//Konkretheit

Abstraktionsprinzip//Einheitsprinzip
(Rechtswesen)

Abstraktum//Konkretum
„Treue" ist ein Abstraktum, etwas, was nicht gegenständlich, sinnlich nicht wahrnehmbar ist (Sprachwissenschaft)

absträngen//ansträngen
ein Pferd absträngen (abspannen)

abstreichen//anstreichen
der Auerhahn, Specht streicht ab (fliegt weg ○ Jägersprache)

abstreiten//zugeben; ↑auch: bestätigen
Noch überzeugender wäre sie gewesen, hätte er eine zweite Fahrt ohne Führersein nicht noch bei Prozessbeginn abgestritten und erst anhand klarer Indizien zugegeben. (Mannheimer Morgen 23. 2. 2018)

Abstrich//Aufstrich
der Abstrich des Geigenbogens ○ *der Abstrich des geschriebenen „i"*

abströmen//angeströmt kommen
die Menge strömte ab

abströmen//anströmen
abströmende Luftmassen

Absturz//Aufstieg
Wenn einem Marianne Faithfull viel bedeutet, weil man ihre Karriere, die Abstürze und die Aufstiege begleitet ... (Der Spiegel 27. 10. 2018)

Abszisse//Ordinate
(horizontale Achse ○ Mathematik)

Abszissenachse//Ordinatenachse
(Mathematik)

Abt//Äbtissin
(Vorsteher eines Mönchsklosters) ○ *Spirituell steht dem Kloster der Abt oder die Äbtissin vor, wobei sich die Klostervorsteher an die Regel halten und den Rat der Mitglieder einholen müssen.* (Die Südostschweiz 15. 10. 2014)

abtakeln//auftakeln
ein Schiff abtakeln (außer Dienst stellen ○ Seemannssprache)

abtanzen//angetanzt kommen
Um 22 Uhr tanzten sie endlich ab (gingen sie endlich ○ umgangssprachlich)

Abteilwagen//Großraumwagen
(Eisenbahn) ○ *Möchten Sie einen Platz im Großraumwagen oder im Abteilwagen reservieren lassen?* ○ *er saß im Abteilwagen des ICE*

Abtestat//Antestat
(früher: am Ende des Semesters gegebenes, die Teilnahme bestätigendes Testat, Bestätigung durch Unterschrift)

abtestieren//antestieren
(früher: am Ende des Semesters durch Unterschrift des Professors bestätigen, dass an den Vorlesungen teilgenommen worden ist)

Äbtissin//Abt
die Äbtissin des Nonnenklosters ○ So tat es schließlich auch die vorletzte Äbtissin des Klosters, Beatrix von St. Katharinen, die den Abt Jakob Spira des inzwischen evangelisch gewordenen Sponheimer Klosters ehelichte. (Rhein-Zeitung 30. 5. 2018)

abtörnen//antörnen
seine ungewaschenen Füße hatten seine Freundin (wieder) abgetörnt (in Bezug auf die Stimmung und Zuneigung ernüchtert ○ umgangssprachlich)

abtraben//angetrabt kommen
nach dem Essen trabte die Gruppe wieder ab (ging sie weg ○ umgangssprachlich)

abtraben//antraben
die Reiter trabten ab

abtragen//aufschütten
Erde abtragen ○ Die Wiese wurde begradigt, an einigen Abschnitten abgetragen, die Erde an anderer Stelle aufgeschüttet. (taz 8. 9. 2011)

abtragen//auftragen
das Essen abtragen (den Tisch wieder abdecken) ○ Die Arbeiter werden das komplette Gleisbett abtragen, den Untergrund ausbessern und danach neuen Schotter auftragen. (Nordkurier 29. 7. 2015)

abträglich//zuträglich
zu viel Fett ist der Gesundheit abträglich ○ Betrachtet man sich deren Rennräder, so sucht man eine Klingel vergeblich – anscheinend, weil diese der Würde abträglich oder dem Luftwiderstand zuträglich erscheint. (Westdeutsche Zeitung 27. 12. 2014)

Abträglichkeit//Zuträglichkeit
die Abträglichkeit für die Gesundheit

abtrainieren//antrainieren; ↑auch: andressieren, anerziehen
das Schambewusstsein (wieder) abtrainieren ○ Der Körper funktioniert dabei umgekehrt zum Training eines Leistungssportlers: Er ist abtrainiert beziehungsweise gar nicht erst antrainiert. (Sächsische Zeitung 7. 8. 2014)

Abtransport//Antransport
ein schneller Abtransport

abtransportieren//antransportieren
die Möbel abtransportieren lassen

abtreiben//austragen
ein Kind abtreiben ○ Der Student mit Depressionen und die Studentin, die nicht weiss, ob sie ihr Kind abtreiben oder austragen will, dürfen auch noch anrufen, wenn die Bürozeiten längst vorbei sind. (Neue Luzerner Zeitung 27. 3. 2010)

abtreiben//herantreiben
der Wind treibt den Ball vom Ufer ab

abtreiben//auftreiben
das Vieh von der Alm abtreiben

abtreten//auftreten
Es tritt ab der souveräne Familienminister, es tritt auf der Generalsekretär mit dem Hackebeil in der Hand (Die Zeit 20. 9. 1985)

Abtrieb//Auftrieb
der Abtrieb des Viehs (von der Alm)

Abtritt//Auftritt
(Theater)

abtrotten//angetrottet kommen
sie trotteten (wieder) ab

abtun//antun
ein Kleid, die Stiefel abtun (ausziehen ○ landschaftlich)

abturnen//anturnen
(beim Turnen das Wettkampfjahr beenden)

abturnen//anturnen; ↑auch: antörnen
(bewirken, dass jemandes Hochstimmung verfliegt)

Abulie//Hyperbulie
(krankhafte Willenlosigkeit)

Abvers//Anvers
der Abvers ist der zweite Teil der Langzeile (Metrik)

abwackeln//angewackelt kommen
nach einer Stunde wackelte er wieder ab (ging er wieder weg ○ umgangssprachlich)

Abwahl//Zuwahl
die Abwahl von medizinischen Leistungen bei der Krankenversicherung

Abwanderung//Zuwanderung
Abwanderung aus Deutschland ○ Seit der Wende sind eine Million Westdeutsche in den Osten gezogen. Neben der Abwanderung gab es also auch Zuwanderung. (Leipziger Volkszeitung 23. 8. 2010)

abwärts//aufwärts; ↑auch: hinan, hinauf
der Lift zeigte „abwärts" an

abwärts...//aufwärts... (Verb)
z. B. abwärtsgehen/aufwärtsgehen

...abwärts//...aufwärts (Adverb)
z. B. flussabwärts/flussaufwärts

Abwärtsentwicklung//Aufwärtsentwicklung
Abwärtsentwicklung in der Wirtschaft

abwärts fahren//aufwärts fahren
der Lift fährt abwärts ○ Mindestens zweimal pro Woche fragte mich mein Chef, ob ich heute abwärts oder aufwärts fahre. (St. Galler Tagblatt 2. 2. 2013)

abwärtsgehen//aufwärtsgehen
mit dem Geschäft geht es abwärts ○ Naturgemäß geht es abwärts schneller als aufwärts. (Salzburger Nachrichten 21. 9. 1996)

abwärtskompatibel//aufwärtskompatibel
(EDV, Software)

Abwärtstrend//Aufwärtstrend

abwatscheln//angewatschelt kommen
endlich watschelten sie wieder ab (gingen sie wieder weg ○ umgangssprachlich)

Abwehr//Angriff
(Sport)

Abwehrrecht//Mitwirkungsrecht
(Politik)

Abwehrspieler//Angriffsspieler
(Ballspiele, Hockey)

abwenden//zuwenden
Sie hat ihr Gesicht von ihm abgewandt ○ Weil z. B. heißer Dampf zu schweren Hautverletzungen führen kann, sollten Töpfe oder Wasserkocher immer so geöffnet werden, dass der Deckel vom Körper und insbesondere vom Gesicht abgewendet ist. (Westfalen-Blatt 8. 3. 2013)

abwenden, sich von jemandem//sich jemandem zuwenden
sie wendet sich von ihm ab und dem Nachbarn zu ○ Nur weil jemand Theologie studiert, ist er nicht gläubiger. Ob sich deswegen die Menschen aber von der Kirche abwenden oder sich ihr zuwenden, weiß ich nicht. (Passauer Neue Presse 26. 6. 2013)

abwerten//aufwerten
Weder kann der Euro separat für Krisenländer abwerten noch für Überschussländer aufwerten. (Die Presse 28. 2. 2013)

abwertend//aufwertend; ↑auch: meliorativ
„Sekte" ist ein abwertendes Wort geworden

Abwertung//Aufwertung
die Abwertung der Mark ○ die Abwertung der körperlichen Arbeit

abwesend//anwesend
der (zur Zeit) abwesende Chef ○ die abwesenden Vereinsmitglieder ○ Wenn Angehörige abwesend und anwesend

zugleich sind, körperlich nicht mehr greifbar, aber mental anwesend oder umgekehrt (Der Spiegel 5. 4. 2018)

Abwesenheit//Anwesenheit
während seiner Abwesenheit abstimmen

abwetzen//angewetzt kommen
er wetzte ab (ging schnell weg ○ umgangssprachlich)

abwickeln//aufwickeln
das Papier (von der Rolle) abwickeln ○ Das Garn abwickeln, ohne Hast, und zugleich ordentlich und straff aufwickeln auf eine Spule. (Südkurier 19. 1. 2005)

abwiegeln//aufwiegeln
er hat abgewiegelt (hat versucht, die erregte Stimmung zu dämpfen) ○ Welcher Darstellung darf man glauben? Will die Schwester abwiegeln? Hat sie Angst? Oder will der Schwager aufwiegeln? (Die Zeit 21. 6. 2007)

Abwiegelung//Aufwiegelung

Abwind//Aufwind
(abwärts gerichtete Luftströmung ○ Meteorologie)

abyssal//bathyal
die abyssale Region bezeichnet den Bereich der Tiefsee unterhalb 1000 m Tiefe, der sich an die Flachsee anschließt, während die bathyale Region den Bereich küstennaher Gewässer zwischen 200 m und 3000 m Tiefe bezeichnet (Meereskunde)

Abzahlungshypothek//Tilgungshypothek
(Rechtswesen)

abzäumen//aufzäumen
das Pferd abzäumen

abziehen//angezogen kommen
mit Sack und Pack abziehen

abziehen//anrechnen
bei der Berechnung wurde diese Zeit abgezogen ○ Darf ich die Verpflegungskosten abziehen? ... Die Verpflegungskosten dürfen nur jene Steuerzahler anrechnen, die unselbständig erwerbend sind. (Neue Zürcher Zeitung 8. 5. 2018)

abziehen//aufziehen
das Gewitter zieht (wieder) ab ○ die Saiten (der Geige) abziehen ○ Die Kultusbürokratie wolle Teilnehmer der Demo abziehen und eine eigene Gegenveranstaltung aufziehen (Nürnberger Zeitung 22. 1. 2004)

abziehen//beziehen
Früh den Tee kochen für Anke, Betten abziehen, Kopfkissen beziehen, saubere Wäsche zusammenlegen, die Zimmer fegen, die Post holen und austeilen. (Thüringische Landeszeitung 16. 9. 2010)

abziehen//heranziehen, herangezogen kommen, im Anzug sein
die drohenden Wolken ziehen (wieder) ab ○ Ein Gewitter zieht ab und schon lugt die Sonne wieder hinter den Wolken hervor. (Süddeutsche Zeitung 14. 5. 2005)

abziehen//stecken lassen
den Schlüssel abziehen ○ Die Fahrzeugbesitzerin konnte wegen eines technischen Defektes den Schlüssel nicht abziehen und musste ihn im Zündschloss stecken lassen. (Stuttgarter Zeitung 19. 3. 2009)

abziehen//zuzählen, hinzuzählen; ↑auch: addieren
eine Summe von einer anderen abziehen

abzinsen//aufzinsen
(Bankwesen)

Abzinsung//Aufzinsung
(Verminderung eines später fälligen Kapitalbetrags um Zinsen, die sich von Beginn bis zur Zahlung ergeben ○ Bankwesen)

abzischen//angezischt kommen
die Jungen zischten sofort ab (rannten schnell weg ○ umgangssprachlich)

abzittern//angezittert kommen
er zitterte schuldbewusst ab (ging weg ○ umgangssprachlich)

abzockeln//angezockelt kommen
Er zockelte wieder ab (ging langsam weg ○ umgangssprachlich)

abzotteln//angezottelt kommen
Sie zottelten ab (gingen langsam weg ○ umgangssprachlich)

Abzug//Negativ
(von einem Negativ hergestelltes Positiv ○ Fotografie)

abzüglich//zuzüglich; ↑auch: einschließlich
abzüglich des angegebenen Betrags ○ *Grundlage für die Berechnung ist der Gewinn abzüglich der Privatentnahmen und zuzüglich der betriebsnotwendigen Privateinlagen.* (Vorarlberger Nachrichten 29. 1. 2007)

a cappella//mit Orchester
Sie singen a cappella (ohne Begleitung von Instrumenten) ○ *In den vergangenen Jahren war das Programm stets vielfältig, von a capella Musik bis zu einem Mozartprogramm mit Orchester.* (Braunschweiger Zeitung 2. 2. 2013)

Accentus//Concentus
Accentus ist ein liturgischer Sprechgesang

Accompagnato//Secco-Rezitativ
(Musik)

Accordatura//Scordatura
(bei Saiteninstrumenten die normale Stimmung)

Achäne//Karyopse
(Schließfrucht, z. B. *Nuss*, *Beere* ○ Botanik)

a. Chr.[n.]//p. Chr.[n.]; ↑auch: nach Christus, post Christum[natum]
(ante Christum [natum] = vor Christi [Geburt])

achten//verachten
ich achte ihn, seine Gesinnung ○ *Er reiht sich dann vielmehr ein in die Reihe derjenigen, deren Lebenswerk wir vielleicht achten, deren Gier aber verachten.* (Saale-Zeitung 23. 4. 2013)

Achterdeck//Vorderdeck
(das hintere Deck ○ Seemannssprache)

Achterschiff//Vorderschiff
(hinterer Schiffsteil ○ Seemannssprache)

Achtersteven//Vordersteven
(hintere hochgezogene Verlängerung des Kiels – des untersten Längsbalkens – eines Schiffes ○ Seemannssprache)

Ackerbohne//Gartenbohne
eine Ackerbohne ist eine auf dem Feld angebaute Bohne

Ackerfeld//Brachland

Actio//Passio
(das Handeln ○ Philosophie)

Adam//Eva
Adam und Eva sind nach dem Alten Testament das erste Menschenpaar und die Stammeltern aller Menschen

Adamskostüm//Evaskostüm
Er war im Adamskostüm (nackt) ○ *Wer also im Adamskostüm oder auch Evaskostüm unterwegs ist, der ist so wie Gott ihn geschaffen hat.* (Gießener Anzeiger 7. 10. 2017)

adäquat//inadäquat, unadäquat; ↑auch: unangemessen
das ist ein adäquates (einer bestimmten Sache entsprechendes) *Geschenk* ○ *ein adäquates Tauschobjekt* ○ *«Nirgends und überall gehören in die Kategorie der Pfui-Wörter, weil sie verallgemeinernd und drum selten adäquat sind»* (Der Bund 27. 6. 2018) ○ *Insgesamt sind über drei Viertel aller befragten Promovierten adäquat beschäftigt. Je nach Kriterium variiert der Prozentsatz jener, die inadä-*

quat beschäftigt sind, zwischen 3,9 und 22,5 Prozent. (Berner Zeitung 8. 6. 2010)

adäquater Kausalzusammenhang//äquivalenter Kausalzusammenhang
(Rechtswesen)

Adäquatheit//Inadäquatheit

Addend//Augend; ↑auch: Addition
(der zweite Summand einer zweigliedrigen Summe, z. B. die 3 in: 7 + 3)

addieren//subtrahieren; ↑auch: abziehen
die Beträge einer Rechnung addieren (zusammenzählen)

Addition//Subtraktion; ↑auch: Minuend, Subtrahend
(das Zusammenzählen ○ Mathematik)

additiv//subtraktiv
(hinzukommend ○ Mathematik)

additive Gesamtschule//integrierte Gesamtschule
(Gesamtschule mit verschiedenen Schularten in einem gemeinsamen Gebäude)

Adduktion//Abduktion
(das Anziehen beweglicher Körperteile an den Körper ○ Anatomie)

Adduktor//Abduktor
ein Adduktor ist ein heranziehender Muskel (Anatomie)

Adel; ↑Erbadel, Geburtsadel, Verdienstadel

Aderholz//Hirnholz
(parallel zur Faser geschnittenes Holz)

A deux mains//à quatre mains; ↑auch: vierhändig
(zweihändig ○ beim Klavierspiel)

Adhäsion//Kohäsion
(das Aneinanderhaften von zwei Dingen ○ Physik)

adiabatische Expansion//adiabatische Kompressibilität
(Physik)

adiabatische Kompressibilität//adiabatische Expansion
(Physik)

Adiadochokinese//Diadochokinese
(Medizin)

Adiastematie//Diastematie
(Musik)

adiastematisch//diastematisch
(Musik)

Adjektion//Detraktion
(Veränderung des Lautstandes durch Hinzufügen von Lauten ○ Phonetik)

Adjunkt//Konjunkt
(Sprachwissenschaft)

ad libitum//a battuta
(nach Belieben ○ in Bezug auf die Vortragsbezeichnung in der Musik in der Bedeutung „frei im Zeitmaß")

ad libitum//obligat
(nach Belieben ○ bedeutet in Bezug auf Instrumente oder Stimmen, dass diese nach Belieben weggelassen werden können) ○ *Nicht die streng kirchlich-liturgische, sondern eine romantische, erlebnis- und bildhafte Auseinandersetzung mit dem Themenkreis Todes, Trauer und Trost begegnet uns hier in der opulenten Komposition, in der die Orgel nicht obligat, sondern ad libitum hinzugefügt ist.* (Thüringer Allgemeine 11. 11. 2008)

adelig//bürgerlich
Sie war adlig ○ er verlobte sich mit einer Adligen ○ Die war vor der Hochzeit nicht adelig sondern bürgerlich. (Mannheimer Morgen 11. 10. 2016)

Adoptiveltern//leibliche Eltern
(Ehepaar, das ein Kind adoptiert hat) ○ *Dabei wurden die Adoptiveltern als leibliche Eltern eingetragen.* (Neue Kronen-Zeitung 31. 5. 2018)

adoral//aboral
(zum Mund zu gelegen ○ Medizin)

Adressant[in]//Adressat[in]; ↑auch: Empfänger
die Adressantin (Absenderin) *des Briefes ist Editha*

Adressat[in]//Adressant[in]; ↑auch: Absender[in]
der Adressat (Empfänger) *des Briefes ist Tilo*

Adresse//Absender
die Adresse (Anschrift) *steht auf der Vorderseite, der Absender auf der Rückseite des Briefumschlags*

Adsorbens//Adsorptiv
(Chemie, Physik)

Adsorber//Adsorptiv
(Chemie, Physik)

adsorbieren//desorbieren
(anlagern, verdichten ○ Chemie, Physik)

Adsorption//Desorption
(Anlagerung, Verdichtung ○ Chemie, Physik)

Adsorptiv//Adsorbens, Adsorber
(Chemie, Physik)

Advektion//Konvektion
(in Bezug auf Luftmassen eine waagerechte Richtung ○ Meteorologie)

advektiv//konvektiv
(Meteorologie)

Advocatus Dei//Advocatus Diaboli
(Geistlicher, der bei einer Heilig-, Seligsprechung die Gründe dafür darlegt ○ katholische Kirche)

Advocatus Diaboli//Advocatus Dei
(Geistlicher, der bei einer Heilig-, Seligsprechung die Gründe dagegen darlegt ○ katholische Kirche)

AD-Wandler//DA-Wandler
(EDV)

Aeneas; ↑Dido//Aeneas

aerob//anaerob
(in Bezug auf biologische Prozesse, die durch Sauerstoffzutritt entstehen ○ Biologie)

Aerobier//Anaerobier; ↑auch: Anaerobiont
(nur mit Sauerstoff lebender Organismus)

Aerobiont//Anaerobiont; ↑auch: Anaerobier
(nur mit Sauerstoff lebender Organismus)

Aerobios//Benthos
(auf Sauerstoff angewiesene Lebensvorgänge ○ Botanik, Zoologie)

Aerobiose//Anaerobiose

Affekt; ↑im Affekt

Affektsprache//Intellektualsprache
(z. B. Umgangssprache, Pennälersprache Kindersprache)

afferent//efferent
afferente (zu etwas hin führende) *Nerven* (Medizin)

Afferenz//Efferenz
(Impuls, der von der Peripherie zum Zentrum geht ○ Medizin)

Affirmation//Negation; ↑auch: Verneinung
(die positive Form einer Aussage ○ Bejahung ○ Philosophie) ○ *Der strukturellen Linken rät er zu mehr Realpolitik und einem Mittelweg zwischen totaler Affirmation und Negation.* (Süddeutsche Zeitung 2. 7. 2018)

affirmativ//negativ
ein affirmatives (bestätigendes, bejahendes) *Urteil* (Philosophie) ○ *Mandl selbst meint, niemanden wertend, weder positiv noch negativ, weder diffamierend hässlich noch affirmativ schön, sondern nur der Wirklichkeit entsprechend, abbilden zu wollen.* (Der Standard 20. 8. 2011)

Affirmative, die//die Negative
(Bestätigung ○ Philosophie)

affirmieren//negieren
(bekräftigen, bestätigen ○ Philosophie) ○ *Das bedeutet keineswegs, nur Erfreuliches zu affirmieren und Unerfreuliches zu negieren.* (Die Zeit 7. 10. 1999)

affiziertes Objekt//effiziertes Objekt
„Wasser" ist in „Wasser kochen" ein affiziertes Objekt, ein Objekt, an dem sich die Handlung, das Geschehen vollzieht, es ist bereits vorhanden im Unterschied zum effizierten (Kaffee kochen), das erst durch das Geschehen entsteht

a fresco//a secco
(auf die noch feuchte Wand [gemalt] ○ Malerei)

Aftershave//Preshave
(Rasierwasser für nach der Rasur)

Aftershave-Lotion//Preshave-Lotion
(für nach der Rasur bestimmtes Gesichtswasser)

Afterverkehr//Mundverkehr; ↑auch: Oralverkehr
(analer Geschlechtsverkehr)

Agamemnon//Klytämnestra
(König in Mykene ○ griechische Mythologie)

Agens//Patiens
Im Satz der aktive, bewirkende Teil: „er" ist Agens in „er liebt sie/ihn" (Sprachwissenschaft)

Agglomerat//Konglomerat
(nicht feste Ablagerung)

Agglomeration//Deglomeration
(Zusammenballung)

Agglutination//Deglutination
(Verschmelzung ○ Sprachwissenschaft)

agglutinierende Sprache//flektierende Sprache, isolierende Sprache
Finnisch ist eine agglutinierende Sprache, in der die grammatischen Beziehungen – Numerus, Kasus usw. – durch Aneinanderreihung grammatischer Wortelemente am Wort deutlich werden

aggressives Fahren//defensives Fahren
(rücksichtsloses Autofahren) ○ *Nur zwei Tage nach Bekanntmachung einer Initiative gegen aggressives Fahren ist der Wagen des Stadtoberhaupts bei einem halben Dutzend Vergehen gefilmt worden* (Süddeutsche Zeitung 22. 2. 2014)

Agio//Disagio
(Betrag, um den ein Papier o. Ä. höher ist als der Nennwert ○ Bankwesen)

Agnat//Kognat
(männlicher Verwandter der männlichen Linie ○ im antiken Rom)

Agnatha//Gnathostomen
(Bezeichnung für fischähnliche Wirbeltiere ohne Kiefer ○ Paläontologie)

Agrarexport//Agrarimport

Agrargebiet//Industriegebiet
Und das, obwohl das kalifornische Tal vor 70 Jahren noch reines Agrargebiet war. (Die Presse 16. 6. 2006)

Agrargesellschaft//Industriegesellschaft
Am besten kann man sie verstehen als den Übergang von einer alten Welt zu einer neuen Welt, vergleichbar mit der Umwandlung der Agrargesellschaft in die Industriegesellschaft. (Der Spiegel 9. 4. 2011)

Agrarimport//Agrarexport

Agrarstaat//Industriestaat

Ahn//Ahnfrau, Ahnherrin
(Vorfahr ○ veraltet, gehoben)

Ahnengleichheit//Nachfahrengleichheit
(Verkleinerung des Stammbaums durch Verwandtenehe ○ Genealogie)

Ahnentafel//Enkeltafel
(Angaben über die Verwandten in aufsteigender Linie, über die Vorfahren ○ Genealogie)

Ahnfrau//Ahnherr; ↑auch: **Ahn**
(Stammmutter einer Familie ○ veraltet)

Ahnherr//Ahnfrau
(Stammvater einer Familie ○ veraltet)

ähnlich//unähnlich
Sind diese Kinder uns eher ähnlich oder unähnlich? (Kölnische Rundschau 13. 7. 2015)

ahnungslos//ahnungsvoll
ihr Mann betrog sie, doch sie war völlig ahnungslos (ahnte nichts) ○ *Über tausend Seiten hin lässt Murakami seine Königskinder aufeinander zutreiben, ahnungslos zunächst, ahnungsvoll dann, endlich von Panik erfasst* (Die Welt 2. 10. 2010)

ahnungsvoll//ahnungslos
sie war schon ahnungsvoll ○ *sie wartete ahnungsvoll*

Ajourfassung//Chatonfassung
(Fassung für einen Edelstein, die seine Rückseite freilässt)

akademisch//unakademisch
akademisches Benehmen ○ *Sie ... malt aus Trotz oder Verzweiflung Stillleben des Alltäglichen, akademisch im Stil, unakademisch in Motivwahl und Aufbau, uneitle, ernste Selbstporträts* (Freie Presse 27. 10. 2016)

akatalektisch//katalektisch
akatalektischer Vers (Metrik)

akaustisch//kaustisch
akaustisch ist nicht ätzend (Chemie)

Akaustobiolith//Kaustobiolith
(nicht brennbares Sedimentgestein ○ Geologie)

akkurat//inakkurat; ↑auch: **ungenau, unsauber**
akkurat arbeiten ○ *eine akkurate* (sorgfältige) *Kostenaufstellung* ○ *Diese seien keine Fakten und könnten daher nicht als akkurat oder inakkurat beschrieben werden* (Neues Volksblatt 1. 6. 2010)

Akkusativ//Nominativ; ↑auch: **Casus rectus, erster Fall, Werfall**
der Akkusativ ist der vierte Fall: den Mann (Grammatik)

Akme//Epakme
(Höhepunkt der Entwicklung einer Stammesgeschichte)

Akranier//Kraniote
(Zoologie)

Akratopege//Akratotherme
eine Akratopege ist eine kalte Mineralquelle, eine Akratotherme ist eine warme Mineralquelle

Akratotherme//Akratopege

akroamatisch//erotematisch
eine akroamatische Methode, bei der der Lernende nur zuhört

akropetal//basipetal
(in Bezug auf das Wachstum einer Pflanze: aufsteigend ○ Botanik)

Akrotonie//Basitonie
(Botanik)

Aktie; ↑**Inhaberaktie, Namensaktie**

aktionsfähig//aktionsunfähig
er ist aktionsfähig ○ *Es ist doch nicht das Geld, das die Gewerkschaften aktionsfähig macht. ... Nicht allein, aber ohne Geld sind wir aktionsunfähig.* (Der Spiegel 29. 9. 1986)

Aktionsfähigkeit//Aktionsunfähigkeit
seine Aktionsfähigkeit unter Beweis stellen

aktionsunfähig//aktionsfähig
er ist (zur Zeit) aktionsunfähig

Aktionsunfähigkeit//Aktionsfähigkeit

aktiv//inaktiv; ↑auch: **grenzflächeninaktiv**
ein aktiver (aufgeschlossen-tätiger) *Mensch* ○ *ein aktives Vereinsmitglied* (das für den Verein tätig ist) ○ *aktive Wortbildungsmittel* ○ *aktive Vitamine* ○

(Chemie) *aktive Testkörper* ○ *politisch aktiv sein* ○ *die Gehirnzellen sind in jüngeren Jahren aktiver* ○ *Der neue Bundespräsident bewegt sich somit ab Donnerstag in einem Spannungsfeld, das von Skepsis bis zu übergroßen Erwartungen reicht. ... Van der Bellen darf nicht zu aktiv sein, aber auch nicht zu inaktiv.* (Salzburger Nachrichten 23. 1. 2017)

aktiv//passiv
er war aktiv daran beteiligt ○ *Bilder und Szenen passiv träumen oder aktiv phantasieren* ○ *den aktiven (tätigen, gebenden) Part in einer Beziehung übernehmen* ○ *Jeder, der aktiv oder passiv einer freiwilligen, Berufs- oder Werksfeuerwehr angehört, einen Motorradführerschein und Spaß am Fahren in der Gemeinschaft hat, ist bei den Red Knights willkommen.* (Schwäbische Zeitung 18. 6. 2018)

aktiv; ↑aktive Bestechung, aktive Handelsbilanz, aktiver Offizier, aktives Regiment, aktive Truppe, aktives Wahlrecht, aktiver Widerstand, aktiver Wortschatz, grenzflächenaktiv

Aktiv//Passiv; ↑auch: Leideform
in „ich liebe" steht das Verb im Aktiv (Grammatik)

Aktiva//Passiva
(Vermögenswerte)

Aktivator//Inhibitor
(Chemie)

Aktivbürger[in]//Passivbürger[in]
(Bürger[in], der/die wählen und gewählt werden kann ○ Schweiz)

Aktivdienst//Instruktionsdienst
(Militär, schweizerisch)

aktive Bestechung//passive Bestechung
(Verleitung zu einer dienstpflichtverletzenden Handlung durch Geschenke usw.) ○ *Gemäß Bribery Act gilt als Verstoß hier ausnahmsweise nur eine aktive Bestechung. Nach dem Verbandsverantwortlichkeitsgesetz führt auch die passive Bestechung zur Verantwortlichkeit.* (Wirtschaftsblatt 18. 8. 2011)

aktive Handelsbilanz//passive Handelsbilanz
(Handelsbilanz, bei der die Ausfuhren die Einfuhren übersteigen)

aktiver Offizier//Reserveoffizier

aktiver Widerstand//passiver Widerstand
Und noch so aktiver Widerstand hat zumindest seit dem Volksentscheid 2011 keinen Deut mehr am Meinungsklima zu ändern vermocht. (Stuttgarter Nachrichten 16. 9. 2016)

aktiver Wortschatz//passiver Wortschatz
(Gesamtheit der Wörter, über die jemand sprechend/schreibend verfügt)

aktives Regiment//Reserveregiment
(Militär)

aktives Wahlrecht//passives Wahlrecht
(das Recht, bei einer politischen Wahl wählen zu dürfen)

aktive Truppe//Reserve
(Militär) ○ *Anhand zahlreicher Schlaglichter hob der Oberstleutnant der Reserve ... hervor, wie sehr die aktive Truppe heutzutage auf eine gut funktionierende Reserve angewiesen sei.* (Südkurier 21. 9. 2017)

Aktivgeschäft//Passivgeschäft
(Bankwesen)

Aktivhandel//Passivhandel
(Außenhandel von Kaufleuten des eigenen Landes)

aktivieren//deaktivieren
ein Atom, Molekül aktivieren (in einen reaktionsfähigen Zustand bringen ○ Chemie) ○ *eine Registerkarte, Befehle, die Kontrollkästchen neben den Symbolleisten aktivieren* (beim PC)

aktivieren//inaktivieren; ↑auch: **passivieren**
aktivierte Bakterien

aktivieren//passivieren; ↑auch: **inaktivieren**
die Kosten aktivieren (als Aktivposten einsetzen ○ Wirtschaft)

Aktivierung//De[s]aktivierung
(Chemie)

Aktivierung//Passivierung
(Wirtschaft)

aktivisch//passivisch
(Grammatik)

Aktivismus//Passivismus
(Tätigkeitsdrang) ○ *„Den Aktivismus kennt das moderne Selbst zur Genüge, den Passivismus weniger, der aber ebenso einzuüben wäre."* (Saarbrücker Zeitung 28. 5. 2005)

Aktivität//Inaktivität
körperliche Aktivität ○ *jemanden wegen seiner Aktivität loben*

Aktivität//Passivität
Außerdem geht es hier um Gegensätzlichkeiten wie Anspannung und Entspannung, Agieren und Reagieren, Aktivität und Passivität sowie um das Zusammenspiel von Auge und Bewegung. (Mittelbayerische Zeitung 28. 10. 2016)

Aktivkonten//Passivkonten
(Wirtschaft)

Aktivlegitimation//Passivlegitimation
ihm fehlt die Aktivlegitimation (Rechtswesen)

Aktivposten//Passivposten
(Wirtschaft)

Aktivprozess//Passivprozess
(vom Kläger geführter Prozess)

Aktivrauchen//Passivrauchen
Tolerant sein heißt in diesem Fall, damit einverstanden zu sein, dass jedes Jahr in Österreich 14.000 Menschen durchs Aktivrauchen sterben und über 1000 Menschen durchs Passivrauchen umgebracht werden. (Tiroler Tageszeitung 6. 3. 2015)

Aktivraucher//Passivraucher
Neben dem Anteil der Aktivraucher ist der Anteil der Passivraucher in Österreich vergleichsweise hoch. (Oberösterreichische Nachrichten 1. 6. 2018)

Aktivsaldo//Passivsaldo; ↑auch: **Habensaldo**
(Einnahmeüberschuss ○ Bankwesen)

Aktivseite//Passivseite; ↑auch: **Habensaldo**
(Wirtschaft)

Aktivum//Passivum
(Wirtschaft ○ schweizerisch; Aktiv ○ Grammatik)

Aktivurlaub//Faulenzerurlaub
(Urlaub mit sportlichen Aktivitäten wie Wandern, Radfahren usw.) ○ *Wer mich kennt, der weiß, so ein Faulenzerurlaub ist nichts für mich. Ich mache in jedem Fall Aktivurlaub.* (Süddeutsche Zeitung 121. 2. 2007)

Aktivzinsen//Passivzinsen
(Bankwesen)

aktual//potential
aktual vorhandene Sätze (Sprachwissenschaft, Philosophie)

Aktualität//Potentialität
(Philosophie)

aktuell//inaktuell, unaktuell
das Thema ist aktuell ○ *Leider ist er wieder aktuell, wenn er denn überhaupt je unaktuell war.* (Der Tagesspiegel 20. 7. 2015) ○ *„Da ist aktuell nichts dran", sagt Allofs noch einmal. Was das inaktuell – also: mittelfristig – bedeutet, ist damit nicht gesagt.* (Süddeutsche Zeitung 25. 4. 2007)

aktuell//potentiell
die aktuelle und die potentielle (mögliche) *Bedeutung eines Wortes* ○ *das*

potentielle Generieren (im abstrakten Gefüge der Langue) *und das aktuelle Produzieren* (in der konkreten Rede ○ Sprachwissenschaft) ○ *Die Einzigartigkeit der Auserwählten ist jedenfalls ein Mythos, der nicht zuletzt vom Kreis der aktuell und potentiell Begünstigten genährt wird.* (Süddeutsche Zeitung 22. 12. 2007)

Akuität//Chronizität
(akutes Krankheitsbild ○ Medizin)

akustische Gitarre//elektrische Gitarre

akustischer Typ//optischer Typ; ↑auch: visueller Typ
(jemand, dem sich Gehörtes besser einprägt) ○ *Wenn ich aber weder ein optischer noch ein akustischer Typ bin?* (taz 30. 10. 2004)

akut//chronisch
akutes (plötzlich auftretendes) *Leiden* ○ *akute Schmerzen* ○ *Ungesund oder sogar gefährlich sei Fasten lediglich für akut Erkrankte, Diabetiker, Krebskranke, Rekonvaleszente oder andere chronisch Erkrankte* (Nordkurier 13. 2. 2018) ○ *„Wir sollten zur Kenntnis nehmen, dass bei Patienten mit bestimmten akuten und chronischen Erkrankungen Übergewicht und sogar Fettsucht eher schützend als schädlich sein können"* (Der Spiegel 8. 12. 2018)

Akutkranker//Langzeitkranker

Akzeleration//Retardation
(Beschleunigung ○ Psychologie)

Akzelerationsperiode//Dezelerationsperiode
(Medizin)

Akzent; ↑mit Akzent, ohne Akzent

akzentfrei//mit Akzent
sie spricht akzentfreies Deutsch ○ *Aber nicht mehr akzentfrei. Na und? Jeder Zweite in Amerika spricht mit Akzent.* (Stern 21. 10. 2004)

akzentuierende Dichtung//alternierende Dichtung
(Metrik)

akzeptabel//inakzeptabel, unakzeptabel; ↑auch: unannehmbar
akzeptable (annehmbare) *Bedingungen* ○ *Nach einer Umfrage des Senders ABC und der Washington Post glauben 51 Prozent der US-Bürger, die Zahl der amerikanischen Opfer sei „akzeptabel", 44 Prozent halten sie für „unakzeptabel"* (Süddeutsche Zeitung 26. 6. 2003) ○ *Fanden Sie das akzeptabel? Ich fand den Auftritt inakzeptabel.* (Frankfurter Rundschau 3. 2. 2010)

Akzeptanz//Inakzeptanz

Akzeptor//Donator
(Physik, Kybernetik)

Akzidens//Substanz
(das Zufällige ○ Philosophie)

Akzidentalien//Essentialien
(Rechtswesen)

akzident[i]ell//essentiell
akzident[i]elle (zufällige, nicht zum Wesen gehörende) *Bestandteile* ○ *Denn die Küche ist ja nicht akzidentiell, sie ist im Gegenteil essenziell.* (Stern 24. 11. 2011)

à la baisse//à la hausse
(in Bezug auf das Fallen der Börsenkurse)

à la hausse//à la baisse
(in Bezug auf das Steigen der Börsenkurse)

al fresco//a secco
(auf die feuchte Wand [gemalt] ○ Malerei)

Algesie//Analgesie
(Schmerzempfindlichkeit)

aliphatische Verbindungen//aromatische Verbindungen, alizyklische Verbindungen
(Chemie)

aliquant//aliquot
(nur mit Rest teilbar) ○ *fünf ist ein aliquanter Teil von zwölf* (Mathematik)

aliquot//aliquant
fünf ist ein aliquoter Teil von zehn (ohne Rest teilbar, z. B. 2 zur Zahl 6 ○ Mathematik)

alizyklische Verbindungen//aliphatische Verbindungen
(Chemie)

alkalisch//sauer
(pH-Werte über 7)

alkoholarm//alkoholreich
alkoholarme Getränke

alkoholfrei//alkoholhaltig, alkoholisch
Die jungen Leute haben Eintritt ab 16 und dürfen ihre Getränke selbst mitnehmen zum Konsumieren, sei dies nun alkoholfrei oder alkoholhaltig. (Die Südostschweiz 4. 2. 2016) ○ *Demnach dürfen sie in ihrem Laden Kaffee, Wasser, Süßigkeiten, alkoholfreie und alkoholische Getränke verkaufen, es ist aber nicht erlaubt, Alkohol auszuschenken.* (Berliner Zeitung 27. 4. 2016)

alkoholhaltig//alkoholfrei
alkoholhaltige Getränke

Alkoholiker//Antialkoholiker
er ist Alkoholiker (trinkt in krankhafter Weise viel Alkohol) ○ *„Im Training habe ich mal die Alkoholiker meiner Mannschaft gegen die Antialkoholiker spielen lassen. Die Alkoholiker gewannen 7:1."* (Häufig zitierter Satz des Trainers Max Merkel)

alkoholisch//alkoholfrei
alkoholische Getränke

alkoholreich//alkoholarm
alkoholreiche Getränke

alla misura//senza misura
(streng im Takt ○ Musik)

Allaussage//Existentialaussage
(Logik)

alle//keiner
alle haben zugestimmt ○ *Obwohl den prominenten Ex-Politiker alle kannten, wagte es keiner, ihn anzusprechen.* (Kurier 22. 7. 2018)

allegro//lento
allegro bedeutet schnell (Musik)

Allegroform//Lentoform
(durch schnelles Sprechen entstandene Kurzform eines Wortes, z. B.: *gnä' Frau*)

allein//in Begleitung
Er ging allein spazieren und war nicht – wie vermutet – in Begleitung ○ *Dennoch hatte sich der Mann selbst, allein oder in Begleitung, in ein Krankenhaus begeben, wo er operiert wurde.* (Die Presse 2. 5. 2017)

allein//in Gesellschaft
Sie ist gern allein, während er gern in Gesellschaft ist ○ *Vor allem: nicht weiter allein zu sein in dieser großen, eisigen Welt, sondern in Gesellschaft – auch wenn es keine angenehme ist.* (Die Zeit 7. 12. 2017)

allein//zusammen
das Kind allein erziehen (nur von der Mutter oder dem Vater) ○ *sie fährt allein in Urlaub und nicht zusammen mit ihrem Mann* ○ *Mancher lebt zwar allein* (also in einem Singlehaushalt), *ist aber dauernd mit Freunden zusammen* (Der Tagesspiegel 6. 3. 2018)

Allein…//Mit… (Substantiv)
z. B. *Alleinverantwortung/Mitverantwortung*

Alleinbesitz//Mitbesitz
(Rechtswesen)

Alleinbesitzer[in]//Mitbesitzer[in]
(Rechtswesen)

Alleineigentum//Miteigentum
(Rechtswesen)

Alleingewahrsam//Mitgewahrsam
(Rechtswesen)

alleinige//gemeinsame
alleiniges Sorgerecht (bei Kindern geschiedener Eltern)

alleinstehend//verheiratet
Er ist alleinstehend ○ Sie hat die ersten zwölf Jahre ihres Lebens im Heim des Jüdischen Frauenbundes für alleinstehende Mädchen, unverheiratete Schwangere und alleinerziehende Mütter gelebt (Frankfurter Rundschau 21. 11. 2007)

Alleinverantwortung//Mitverantwortung
„Mir entspricht es nun mehr, Alleinverantwortung für ein kleineres, persönlich geführtes als Mitverantwortung für ein großes Unternehmen zu haben." (Die Presse 14. 1. 2016)

allerge Wirtschaft//auterge Wirtschaft
(Wirtschaft, bei der das erzielte Einkommen nicht nur auf eigener Arbeitsleistung beruht, sondern auf der Ausnutzung einer Vorzugsstellung, die dadurch entsteht, dass die Besitzer über sonst knappe Produktionsmittel verfügen)

allermeisten//allerwenigsten
die allermeisten Unfälle ereignen sich zu Hause ○ er ist am allermeisten davon betroffen

allerwenigsten//allermeisten
die allerwenigsten profitieren von dieser Regelung ○ er ist am allerwenigsten davon betroffen

alles//nichts
Er möchte alles haben ○ alles oder nichts ○ Kein Wort über Korruption und Vettern-Wirtschaft, wo einige wenige alles und sehr viele gar nichts bekommen. (Wiener Zeitung 12. 1. 2018)

allgemein//singulär
eine allgemeine Erscheinung ○ Vieles, was später als Baugrammatik das allgemeine Wohnen bereichert, wird zunächst für singuläre Villen erfunden. (Süddeutsche Zeitung 11. 3. 2017)

allgemein//speziell
allgemeines Wissen ○ Einerseits ist das Finanzwissen in Österreich allgemein zu dünn gesät, speziell die Kenntnisse über Investmentfonds. (Der Standard 12. 4. 2018)

allgemein; ↑im Allgemeinen

Allgemeinanästhesie//Lokalanästhesie
(Medizin)

Allgemeine, das//das Besondere
vom Allgemeinen auf das Besondere schließen ○ Das Lokale ist dann wichtig, nicht mehr das Globale, das Allgemeine, nicht mehr das Besondere. (Die Presse 24. 5. 2008)

allgemeiner Krieg//begrenzter Krieg
(Militär)

allgemeine Weisung//Einzelweisung
(Rechtswesen)

Allgemeinmedizin; ↑Arzt für Allgemeinmedizin

Allgemeinmediziner//Facharzt

Allgemeinwissen//Spezialwissen
Es wird zu wenig Allgemeinwissen, dafür aber lebensfernes Spezialwissen vermittelt (Thüringische Landeszeitung 18. 6. 2009)

allochromatisch//idiochromatisch
(in Bezug auf Mineralien: verfärbt durch geringe Beimengungen anderer Stoffe)

allochthon//autochthon
(in fremdem Boden oder an anderer Stelle entstanden ○ Geologie, Biologie)

Allod//Lehen
(lehensfreier Grundbesitz im Mittelalter ○ historisch)

Alloerotismus//Autoerotismus
(sexuelle Betätigung an einem anderen Körper ○ Sigmund Freud)

Allokatalyse//Autokatalyse
(Chemie)

Allometrie//Isometrie
(das zu schnelle oder zu langsame Wachsen von Teilen in Bezug auf das Ganze o Biologie, Medizin)

Allopath//Homöopath
(Arzt, der auf der Grundlage der Allopathie behandelt o Medizin)

Allopathie//Homöopathie; ↑auch: Naturheilkunde
(Heilverfahren, bei dem Mittel angewendet werden, die eine der Krankheitsursache entgegengesetzte Wirkung haben o Medizin)

allopathisch//homöopathisch
(Medizin) o *Nicht immer ist daher – ob allopathisch oder homöopathisch – der Erfolg einer Behandlung sicher abzuschätzen.* (Hamburger Abendblatt 1. 9. 2017)

Allophän//Autophän
(Genetik)

Alloplastik//Autoplastik
(Medizin)

Allopsychose//Autopsychose
(Psychose mit gestörter Orientierung über die Außenwelt o Medizin)

Allorrhizie//Homorrhizie
(Bewurzelungsart o Botanik)

allothigen//authigen
(nicht am Fundort, sondern an anderer Stelle entstanden o Geologie)

allotriomorph//idiomorph
(Mineralogie)

Allphasen[umsatz]steuer//Einphasen[umsatz]steuer
(Steuerwesen)

Allquantor//Existentialquantor
(Logik, Mathematik)

alltäglich//unalltäglich
ein alltäglicher Anblick o *So alltäglich ihr Aussehen, so unalltäglich überhöht ist ihre Sprache.* (Hamburger Morgenpost 28. 1. 2008)

Alltags...//Sonntags... (Substantiv)
z. B. *Alltagsessen/Sonntagsessen*

Alltagsanzug//Sonntagsanzug
früher hatte man noch einen Alltagsanzug (für alle Tage) *und einen Sonntagsanzug*

Alltagskleid//Sonntagskleid
früher hatten die Mädchen noch ein Alltagskleid (für alle Tage) *und ein Sonntagskleid*

allwissender Erzähler//personaler Erzähler
(Literaturwissenschaft)

Almabfahrt//Almauffahrt
(festlicher, mit Brauchtum verbundener Trieb des Viehs von der Alm in den Bauernhof im Herbst) o *Tourismusverband und Gemeinde organisieren dabei gemeinsam mit den örtlichen Bauern die Almabfahrt, wobei die landwirtschaftlichen Produkte an Ort und Stelle gezeigt werden.* (TT 15. 9. 1998)

Almauffahrt//Almabfahrt
(Trieb des Viehs auf die Alm im Frühjahr) o *Um Unglück zu verhindern, verabreichte man dereinst dem Vieh vor seinem ersten Weidegang oder vor seiner Almauffahrt eine Mischung aus geweihten Kräutern und geweihtem Salz.* (Frankfurter Rundschau 13. 8. 1998)

Almabtrieb//Almauftrieb
(festlicher, mit Brauchtum verbundener Trieb des Viehs von der Alm in den Bauernhof im Herbst) o *Der traditionelle Almabtrieb, ..., fand am 3. Oktober statt. Um 10.30 Uhr traf man sich an der Eifelblickhütte, wo am 1. Mai der Almauftrieb endete.* (Rhein-Zeitung 13. 11. 2015)

Almauftrieb//Almabtrieb
(Trieb des Viehs auf die Alm im Frühjahr) o *Flotter Maitanz mit echter Volks-*

musik ... Themen waren die wiedererblühte Natur, die erwachende Liab, das Jagern, die Heuernte und der Almauftrieb. (Salzburger Nachrichten 26. 5. 1995)

Alpabfahrt//Alpauffahrt
(festlicher, mit Brauchtum verbundener Trieb des Viehs von Alm in den Bauernhof im Herbst) o *Das Wetter liess eine frühere Alpauffahrt nicht zu.* (Südostschweiz 15. 6. 2013)

Alpauffahrt//Alpabfahrt
(Trieb des Viehs auf die Alm im Frühjahr) o *Was wir Almabtrieb und -auftrieb nennen, wird im Schweizer Appenzellerland Alpauffahrt und -abfahrt bezeichnet* (Neue Zürcher Zeitung 31. 1. 2014)

Alpha//Omega; ↑auch: A bis Z, Ende//Anfang
(der erste Buchstabe des griechischen Alphabets) o *Die Liebe ist das Alpha und das Omega.* (Der Standard 22. 7. 2017)

Alphabet//Analphabet
Es gibt in diesem Land nur wenige Alphabeten (Menschen, die lesen können)

alphabetisch//systematisch
ein alphabetisches Register

alphabetischer Katalog//Realkatalog
(Bibliothekswesen)

alpin//nordisch
(Skisport) o *Ob alpin oder nordisch – Klein war und ist sein ganzes Leben lang ein aktiver Skiläufer.* (Mannheimer Morgen 17. 9. 2010)

alpinotyp//germanotyp
(der Entstehung der Alpen ähnlich o Geologie)

Alpinski//Langlaufski

als↑auch; ↑sowohl

als Einzelner//in der Masse
als Einzelner ist er ganz unauffällig, aber in der Masse flippt er aus o „*Warum ist der Mensch als Einzelner etwas ganz anderes als in der Masse, wenn er gleichgerichtet wird?*" (Leipziger Volkszeitung 8. 6. 2012)

als Erben einsetzen//enterben
Sie wurde von den Eltern als Erbin eingesetzt o *Sie errichten ein Testament, in dem sie nur eine der beiden Töchter als Erben einsetzen und die andere enterben.* (Berliner Morgenpost 18. 7. 2015)

alt//frisch
alte Butter, Brötchen o *die alten Handtücher in die Wäsche tun* o *alte Wunden* o *Sie sagten mal, alt sei, wer nicht mehr frisch denken könne – bei Ihnen sind wir da recht unbesorgt.* (FOCUS 20. 1. 2014)

alt//jung
ein alter Mann o *alter Wein* o *Und wenn der FC Sion Unterstützung braucht, machen alle mit: Gross und Klein, Dick und Dünn, Alt und Jung. Die rote Brandung schlägt gegen die blau-weisse.* (St. Galler Tagblatt 9. 6. 1997) o *Suppentag für Gross und Klein, Alt und Jung, Reich oder Arm, unabhängig von Konfession oder Glauben* (St. Galler Tagblatt 4. 3. 1998)

(alt)//jung
Der Besuch der jungen Dame (Hör zu 20/1998 o „*Der Besuch der alten Dame*", Theaterstück von Friedrich Dürrenmatt, 1956)

alt//neu
ein alter Anzug o *die Nachricht ist alt* o *das ist noch sein altes Auto* o *ein altes Haus* o *alte Staatsgrenzen* o *alte Kartoffeln* (noch vom letzten Jahr) o *die alten Arbeitskollegen* o *das ist die alte Zeitung von gestern* o *Karsta ist seine alte* (frühere) *Freundin* o *Egal, ob China, Indien oder die Arabischen Emirate, die nationalen Riesen gehen über die Grenzen – das weckt alte und schafft neue Sorgen.* (Die Presse 21. 12. 2016)

alt; ↑die alten Bundesländer; das Alte Testament; die Alte Welt

Alt//Sopran
sie singt Alt (tiefe Singstimme einer Frau)

alt//jetzig
die alte Regierung ○ *Nach 101 Jahren hatte das alte Schulhaus ausgedient, am 11. Oktober 1964 wurde das jetzige Schulgebäude eingeweiht* (Mittelbayerische Zeitung 1. 12. 2014)

altbacken//frischgebacken
altbackenes Brot

Altbau//Neubau
sie wohnen in einem Altbau ○ *Ganz gleich, ob Altbau, Neubau, Landhaus oder Stadtvilla, bei Wintergärten ist ein hoher Individualisierungsgrad möglich* (Tiroler Tageszeitung 29. 9. 2015)

Altbauwohnung//Neubauwohnung
sie wohnt in einer Altbauwohnung ○ *Schließlich ist nicht einzusehen, warum gerade eine von vielen nachgefragte sanierte Altbauwohnung weniger kosten darf als eine Neubauwohnung mit vielleicht schlechteren Energiewerten.* (Wirtschaftsblatt 24. 4. 2014)

Alte//Alter
meine Alte (Ehefrau ○ umgangssprachlich) ○ *meine Alte* (meine Mutter ○ umgangssprachlich) *hat geschimpft*

Alten, die//die Jungen
die Alten und die Jungen waren einer Meinung ○ *Mehrheitlich haben die Alten für den Brexit gestimmt, die Jungen waren mehrheitlich dagegen.* (Leipziger Volkszeitung 21. 4. 2018)

Alter//Alte
mein Alter (Ehemann ○ umgangssprachlich) *ist für drei Wochen verreist* ○ *mein Alter* (mein Vater ○ umgangssprachlich) *hat mein Taschengeld erhöht*

Alter, das//die Jugend
das Alter ist oft recht beschwerlich ○ *im Alter* (wenn man alt ist) ○ *zum Alter* (zu älteren Leuten) *keinen Kontakt haben* ○ *Der Mix von Alter mit Jugend ist in Menden Programm geworden.* (Kölnische Rundschau 27. 1. 2018)

ältere//neuere
ältere Geschichte, Sprachen ○ *Und die ÖBB haben 9108 Brücken mit 13.416 Tragwerken, ältere Brücken müssen alle zwei, neuere alle drei Jahre inspiziert werden.* (Die Presse 5. 3. 2016) ○ *Und schon vor seinem Debüt hat er mit Witz und Experimentierfreude ältere Songs durch fremde, häufig neuere Stile gejagt* (Neue Zürcher Zeitung 5. 7. 2016)

älter//jünger; ↑auch: klein
die ältere Schwester studiert schon ○ *Warum ist es von Vorteil, wenn ältere und jüngere Beschäftigte zusammenarbeiten?* (Der Tagesspiegel 22. 11. 2018)

Älteren, die//die Jüngeren
viele Ältere suchen den Kontakt zu Jüngeren ○ *Redensarten sind Bausteine der Sprache, die die Älteren im Kopf, die Jüngeren aber im Smartphone haben* (Hamburger Abendblatt 28. 11. 2017)

alter Hase//Greenhorn, blutiger Anfänger
er ist (schon) ein alter Hase ○ *Es spielen miteinander: Jugend und Alter, alter Hase und Greenhorn.* (Saarbrücker Zeitung 12. 5. 2010) ○ *„Jeder ist bei uns willkommen, egal ob alter Hase oder blutiger Anfänger."* (Rhein-Zeitung 10. 11. 2012)

Ältermutter//Ältervater
(Urgroßmutter, Urahn)

Alternativhypothese//Nullhypothese
(Hypothese, dass festgestellte Abweichungen von einem Sollwert zufällig sind ○ Mathematik)

alternierende Dichtung//akzentuierende Dichtung
(Metrik)

Altersdichtung//Jugenddichtung
(Literatur, die ein Dichter o. Ä. im Alter geschrieben hat)

Alterskleid//Jugendkleid
(beim Federwild o Jägersprache)

Alterswerk//Jugendwerk
das ist ein Alterswerk des Dichters, Malers

Altertum//Mittelalter, Neuzeit
im Altertum o *die Geschichte des Altertums* o *Gleich zwei Vulkanausbrüche macht Matthew Toohey ... für „das wohl kälteste Jahrzehnt der vergangenen 2000 Jahre" und europaweite Kulturkrisen am Übergang vom Altertum zum Mittelalter verantwortlich.* (Tiroler Tageszeitung 1. 5. 2016) o *Das spielte es nicht einmal im Altertum, in der Neuzeit erst recht nicht.* (Der Standard 17. 3. 2008)

Ältervater//Ältermutter
(Urgroßvater, Urahn)

Ältestenrecht//Jüngstenrecht
(in Bezug auf die Erbfolge o Rechtswesen)

Älteste[r]//Jüngste[r]
unsere Älteste (Tochter) *heiratet* o *unser Ältester* (Sohn) *macht eine Lehre*

Altflug//Jungflug
(Wettflug von einjährigen Brieftauben)

Altflur//Ausbauflur
(Landwirtschaft)

Althegelianer//Junghegelianer
(Philosophie)

Altist//Altistin; ↑auch: Sopran
(Sänger mit Altstimme)

Altistin//Altist
(Sängerin mit Altstimme)

altmodisch//modern
er ist altmodisch angezogen o *altmodische Ansichten* o *Nicht bieder und altmodisch, sondern modern und jung.* (Thüringische Landeszeitung 21. 5. 2009)

Altmoräne//Jungmoräne
(Geografie)

Altphilologe//Neuphilologe; ↑auch: Neusprachler[in]

Altphilologin//Neuphilologin; ↑auch: Neusprachler[in]

Altruismus//Egoismus
(Denkweise, die das Wohl der anderen will) o *er ist ein Altruist* o *Er selbst versuche, mit einer „gesunden Mischung aus Altruismus und Egoismus aus einem naiven Frohsinn heraus einen kleinen Beitrag zu leisten".* (Süddeutsche Zeitung 3. 9. 2013)

Altruist//Egoist

altruistisch//egoistisch; ↑auch: eigennützig
das ist sehr altruistisch (selbstlos, freundlich anderen gegenüber) *gedacht*

Altschnee//Neuschnee
Gefrorener Altschnee ist schnell, die Kristallstruktur von Neuschnee hingegen bremst. (St. Galler Tagblatt 11. 3. 2017)

Altschneider//Borg
(vor der Schlachtung kastriertes männliches Schwein)

Altsprachler[in]//Neusprachler[in]; ↑auch: Neuphilologe altsprachliches Gymnasium//neusprachliches Gymnasium

alt werden//jung bleiben
er ist in den letzten Jahren sehr alt geworden (sieht alt aus) o *Oder anders ausgedrückt: Wir alle wollen zwar alt werden – aber jung bleiben.* (Mannheimer Morgen 18. 4. 2018)

Alumna//Alumnus, Alumne
(Mädchen in einem Alumnat, in einem Schülerheim mit Unterricht)

Alumne//Alumna
(Junge in einem Alumnat, in einem Schülerheim mit Unterricht)

Alumnus//Alumna
(Junge in einem Alumnat, in einem Schülerheim mit Unterricht)

a. m.//p. m.; ↑auch: post meridiem; nachmittags, abends, nachts
(ante meridiem = vor Mittag 12 Uhr): 4 Uhr a. m. (nachts) o 8 Uhr a. m. (morgens) o 9 Uhr a.m. (vormittags)

am allermeisten; ↑allermeisten

am allerwenigsten; ↑allerwenigsten

Amateur//Profi; ↑auch: Fachmann, Berufs...
er ist ein Amateur o *Klitschko boxte eine Bundesliga-Saison als Amateur für den Verein, bevor er nach seinem Olympiasieg 1996 Profi wurde* (Hamburger Abendblatt 18. 4. 2018)

Amateur...//Berufs... (Substantiv)
z. B. *Amateurboxer/Berufsboxer*

Amateurboxen//Berufsboxen
(Sport)

Amateurboxer//Berufsboxer

Amateurfunk//CB-Funk
(privater Funkverkehr, für den eine Lizenz benötigt wird)

Amateursport//Berufssport

Amateursportler//Berufssportler

Amateurtheater//Berufstheater
Steiermarkweit wurden 154 Gruppen der drei Kategorien Amateurtheater, Freies Berufstheater und Theaterklubs eingeladen, sich zu beteiligen. (Kleine Zeitung 3. 12. 1999)

Amboss//Hammer
er will nicht Amboss, sondern Hammer sein o *Dieser Hammer schlägt durch die Schwerkraft auf das Werkstück, welches zwischen Amboss und Hammer liegt.* (Kleine Zeitung 8. 3. 2018)

ambulant//stationär
jemanden ambulant (im Krankenhaus, aber ohne Krankenhausaufenthalt) *behandeln* o *Therapiert werden Essstörungen sowohl ambulant als auch stationär.* (Saale-Zeitung 12. 10. 2013) o *Wir wollen in Nordrhein-Westfalen die Notfallversorgung im ambulanten und stationären Bereich besser vernetzen.* (Der Spiegel 20. 7. 2019)

aminieren//desaminieren
(Chemie)

Amitose//Mitose
(Biologie)

amitotisch//mitotisch
(Biologie)

Amixie//Panmixie
(Biologie)

am meisten//am wenigsten
dieses Auto wird am meisten gekauft

Amnesie//Hypermnesie
(Gedächtnisschwund)

Amnioten//Anamnier
(Biologie)

Amor//Psyche
(Liebespaar 5. und 6. Buch der „Metamorphosen" des Apuleius, 2.Jh.n. Chr.)

amoralisch//moralisch
etwas amoralisch (nicht unter Aspekten der Moral) *betrachten* o *Wessen Umwelt eine soziale ist ..., der verhält sich besser nicht amoralisch wie ein Psychopath, sondern moralisch, sozial.* (Der Tagesspiegel 31. 8. 2008)

amorph//kristallin, kristallisch
(Physik)

am Ort//auswärts; ↑auch: auspendeln, Auspendler
er arbeitet am Ort o *Viele Eltern, die ihre Kinder am Ort in die Schulen schicken, aber auswärts arbeiten, hätten hier eine pädagogisch wertvolle Möglichkeit, ihre Kinder auch nachmittags gut betreut zu wissen.* (Mannheimer Morgen 10. 8. 2012)

Amphibrach//Amphimacer
(Versmaß: Kürze/Länge/Kürze)

Amphigonie//Monogonie
(Biologie)

Amphimacer//Amphibrach
(Versmaß: Länge/Kürze/Länge)

Amplifikativ//Diminutiv
(Vergrößerungswort als Ableitung von einem Substantiv oder Adjektiv, z. B.: *Riesenbedarf* ○ Sprachwissenschaft)

Amplifikativsuffix//Diminutivsuffix
(Vergrößerungssuffix, z. B. *-one* in italienisch *librone* ‚dickes Buch' ○ Sprachwissenschaft)

am Stück ↑**im Stück**
Käse am Stück

am Tag//in der Nacht; ↑auch: **nachts**
am Tage ist er müde ○ *Die Programmierer entwickeln am Tag, und in der Nacht wird automatisch getestet.* (Salzburger Nachrichten 12. 1. 2018)

Amtsbetrieb//Parteibetrieb
(Rechtswesen)

Amtsgrundsatz//Verfügungsgrundsatz
(Rechtswesen)

Amtsnachfolger//Amtsvorgänger
Zu den Trauergästen gehörten neben Roman Herzogs Amtsnachfolger als Bundespräsident, Johannes Rau, auch die Amtsvorgänger Walter Scheel und Richard von Weizsäcker (Der Spiegel 23. 6. 2000)

Amtsübergabe//Amtsübernahme
Dazu diente sicherlich auch die Beratungsrunde der Dezernenten, die die neue Landrätin erstmals leitete, bevor es zur offiziellen Amtsübergabe beziehungsweise Amtsübernahme kam. (Märkische Allgemeine 15. 10. 2013)

Amtsübernahme//Amtsübergabe

Amtsvorgänger//Amtsnachfolger

amusisch//musisch
er ist amusisch (hat keinen Kunstsinn) ○ *Zurecht begeisterter Beifall, denn unsere Region war demzufolge doch nicht so amusisch wie oft hingestellt* (Südkurier 25. 10. 2003)

am wenigsten//am meisten
dieses Auto wird am wenigsten gekauft

an//ab
an Berlin um 14.10 Uhr (Zugverkehr)

an//aus; ↑auch: **off**
(kurz für: angeschaltet) *Licht an!*

an//von
ein Brief an den Vorstand ○ *Eine Leserin schreibt zum Brief an den Jugendweiheausschuss von Dieter Althaus am 9. November 1989* (Thüringische Landeszeitung 18. 11. 2008)

an...//... (vor fremdsprachlichem Adjektiv)
(mit der Bedeutung: nicht-, un-) z. B. *aneuploid/euploid*

an...//ab... (Verben mit gleichem Basiswort)
z. B. *anmachen/abmachen*

an...//ab... (Verben mit nicht gleichem Basiswort)
z. B. *anziehen/abstoßen*

an + Partizip II von x + kommen//ab + x (Verb)
z. B. *angeschritten kommen/abschreiten*

an...//aus... (Verben mit gleichem Basiswort)
z. B. *anziehen/ausziehen (Kleid)*

an...//aus... (Verben mit nicht gleichem Basiswort)
z. B. *anbehalten/ausziehen*

An...//... (vor fremdsprachlichem Substantiv)
(mit der Bedeutung: Nicht-, Un-) z. B. *Anisometrie/Isometrie*

An...//Ab... (Substantiv)
z. B. *Antestat/Abtestat*

...an//...ab (Adverb)
z. B. *bergan/bergab*

anabatisch//katabatisch
(aufsteigend o von Winden)

Anabolismus//Katabolismus
(Gesamtheit der aufbauenden Stoffwechselprozesse o Biologie)

anaerob//aerob
anaerobe (ohne Sauerstoff lebende) *Bakterien* (Biologie)

Anaerobier//Aerobier; ↑auch: **Aerobiont**
(niederes Lebewesen, das auch ohne Sauerstoff leben kann, z. B. Darmbakterien)

Anaerobiont//Aerobiont; ↑auch: **Aerobier**
(Biologie)

Anaerobiose//Aerobiose
(auf Sauerstoff nicht angewiesene Lebensvorgänge)

anal//oral
analer Geschlechtsverkehr (über den After) o *Spätestens ab Anfang des Jahres 2010 bis zum Herbst 2012 soll der Taxifahrer den damals zwölf bis 14 Jahre alten Jungen anal und oral missbraucht haben* (Süddeutsche Zeitung 25. 1. 2016)

anal//vaginal
analer Koitus mit einer Frau o *Unsere Justiz sieht es also schon als Erfolg an, wenn jemand, der es zuließ, dass eine Zehnjährige anal und vaginal vergewaltigt wird, gleich streng bestraft wird wie jemand, der ein paar hunderttausend Euro abgezweigt hat.* (Die Presse 9. 8. 2012)

Analgesie//Algesie
(Aufheben der Schmerzempfindung)

analog//digital
(kontinuierlich, stufenlos o EDV) o *Was früher einmal analog war, ist heute in vielen Bereichen digital, das ist auch bei der Musik nicht anders.* (St. Galler Tagblatt 6. 2. 2018)

Analog...//Digital... (Substantiv)
(mit der Bedeutung: übereinstimmend)
z. B. *Analogtechnik/Digitaltechnik*

Analog-Digital-Konverter//Digital-Analog-Konverter
(Schaltung, bei der analoge Signale in digitale umgesetzt werden)

Analog-Digital-Wandler//Digital-Analog-Wandler
(EDV)

Analoggröße//Digitalgröße
(Bezeichnung aus der Informationstheorie für Größen, die innerhalb gewisser Grenzen beliebige Zwischenwerte annehmen können)

Analogieautomat//digitaler Automat
(EDV)

Analogkamera//Digitalkamera

Analogrechner//Digitalrechner
(EDV)

Analogsignal//Digitalsignal
(EDV)

Analogtechnik//Digitaltechnik
in der Analogtechnik kann eine physikalische Größe, z. B. die Spannung, in einem Zeitbereich beliebig viele Werte annehmen o *Einsatzgebiet ist z. B. die Nachrichtentechnik* (Radio, Fernsehen)

Analoguhr//Digitaluhr
eine Analoguhr (mit Stunden- und Sekundenzeiger)

Analphabet//Alphabet
es gibt gar nicht so wenig Analphabeten (Menschen, die nicht lesen können) *in dem Land*

Analsex//Oralsex; ↑auch: **Mundverkehr, Oralverkehr**
(Geschlechtsverkehr, bei dem der Penis in den After eingeführt wird)

Analverkehr//Oralverkehr; ↑auch: Coitus per os, Cunnilingus, Fellatio, Mundverkehr
(Geschlechtsverkehr, bei dem der Penis in den After eingeführt wird)

Analysand//Analytiker
(jemand, der psychologisch analysiert wird)

Analyse//Synthese
eine Analyse zergliedert ○ *Und da bin ich so dankbar... dafür, dass es in den Redaktionen die Fähigkeit gibt, differenziert zu denken .... Analyse und Synthese – darin besteht für mich das Wesen und die Aufgabe des Journalismus.* (Kölnische Rundschau 5. 12. 2017)

Analytik//Synthetik
(Philosophie)

Analytiker//Analysand
(jemand, der psychologisch analysiert)

analytisch//synthetisch
eine analytische Methode ○ *Die telegrammartig-pointillistische Sprache geizt mit Verben, verfährt dabei aber weder so analytisch wie Joyce noch so synthetisch wie Koeppen.* (Frankfurter Neue Presse 10. 4. 2003)

analytische Sprache//synthetische Sprache
(Sprache, die Syntaktisches mit Hilfe einzelner Wörter wiedergibt, z. B. das Futur durch „werden" oder die erste Person im Singular durch „ich": „ich liebe", dafür lateinisch „amo")

Anamnier//Amnioten
(Biologie)

Anamythion//Epimythion
(vorangestellter moralischer Lehrsatz in der Fabel)

Anapäst//Daktylus; ↑auch: Jambus//Trochäus
(Versmaß: zwei Kürzen und eine Länge:..-)

Anapher//Epipher, Epiphora
(Wiederholung von Wörtern am Anfang aufeinanderfolgender Sätze oder Satzteile ○ Rhetorik, Stilistik)

Anapher//Katapher
(Wort, z. B. ein Pronomen, das sich auf ein vorausgehendes Substantiv bezieht: Tilo ist verreist: Er ist in Ungarn ○ Sprachwissenschaft)

Anaphorikum//Kataphorikum
(Rhetorik, Stilkunst)

anaphorisch//kataphorisch; ↑auch: vorausweisend
(rückweisend, z. B.: Eine Frau ging über die Straße. Sie hatte einen Hund bei sich ○ Rhetorik, Stilkunst)

Anaphrodisiakum//Aphrodisiakum
(Mittel zur Dämpfung des Geschlechtstriebs)

anaxial//axial
(nicht in der Achsenrichtung [angeordnet])

anbehalten//ausziehen
für die Untersuchung musste er alles ausziehen, nur den Slip konnte er anbehalten

anbekommen//abbekommen; ↑auch: abmachen
ich kann das Schild nicht (an das Brett) anbekommen (umgangssprachlich)

anbekommen//ausbekommen
die Stiefel nicht anbekommen (anziehen können ○ umgangssprachlich)

Anbieter//Anwender
die Messe für Klimatechnik ist der Treffpunkt für Anbieter und Anwender

Anbieter//Nachfrager
(Wirtschaft)

anbinden//abbinden
an den Pfahl anbinden ○ *Vielmehr konzentrierten sich die meisten Wortmeldungen auf die Tatsache, dass die Stromber-*

ger Straße nicht an die „Querspange" angebunden werden soll, und dass gleichzeitig auch die Rentruper Straße abgebunden wird und zum Wirtschaftsweg herabgestuft werden soll. (Neue Westfälische 27. 11. 2004)

anbinden//losbinden
den Hund mit der Leine an den Baum anbinden ○ Drei junge Männer hatten seinen Hund, den er an einen Bauzaun angebunden hatte, losgebunden (Badische Zeitung 30. 8. 2004)

anblasen//ausblasen
einen Hochofen anblasen

anbleiben//ausbleiben
das Licht, Radio bleibt an!

an Bord //von Bord
die Passagiere gehen an Bord ○ Liegestellen sind auch zum Besatzungswechsel auf Schiffen wichtig oder um mitgeführte Autos an Bord oder von Bord herunter heben zu können. (Rhein-Zeitung 20. 4. 2018)

anbrauchen//aufbrauchen
die Packung ist angebraucht

anbrausen//abbrausen
der Zug braust an ○ So nennen die Tegernseer Münchner Schickimickis, die aufgebrezelt wie die Pfingstochsen in ihren Porsche-Cabrios anbrausen (Mannheimer Morgen 28. 5. 2016)

anbringen//abnehmen
das [Gerichts]siegel anbringen (an der Tür)

Anchorman//Anchorwoman
(Moderator)

Anchorwoman//Anchorman
(Moderatorin)

...and//...ant (Substantiv)
(Suffix mit passivischer Bedeutung)
z. B. *Informand/Informant*

...and//...ator (Substantiv)
z. B. *Explorand/Explorator*

...and//...iker (Substantiv)
(Suffix mit passivischer Bedeutung)
z. B. *Analysand/Analytiker*

an Deck//unter Deck
alle Mann an Deck ○ Das, was ... keinen Platz an Deck des Kunstgeschichtsdampfers ergattern konnte, sondern als «blinder Passagier» unter Deck mitschipperte. (Tagesanzeiger 3. 2. 2018)

andere; ↑ein[e] andere[r]

an der Abendkasse//im Vorverkauf
Theaterkarten an der Abendkasse kaufen ○ Der Eintritt beträgt jeweils 17 Euro im Vorverkauf und 19 Euro an der Abendkasse. (Die Welt 21. 8. 2015)

**andererteils ; ↑einesteils...
ander[e]nteils**

andererseits; ↑einerseits...andererseits

andernteils; ↑einesteils...andernteils

anders//ebenso, genauso
das hat sie anders gemacht ○ Jede Familie lebt und entscheidet sich anders. Das ist bei Politikern genauso. (FOCUS 16. 9. 2013) ○ Die Neuinszenierung schon ist anders, aber ebenso aufrichtig und entzückend wie das Original. (St. Galler Tagblatt 15. 9. 2015) ○ Bleibt alles anders (Herbert Grönemeyer, 1998)

anders...//gleich... (Adjektiv)
z. B. *andersartig/gleichartig*

andersgeschlechtlich//gleichgeschlechtlich
andersgeschlechtliche Geschwister

anderslautend//gleichlautend
eine anderslautende Information ○ „Ebenso irritierend sind Ihre wenig konkreten Spekulationen über die Notwendigkeit der Schließung von Standorten, zumal Sie sich vor kurzem auch noch anderslautend geäußert haben." (Braunschweiger Zeitung 7. 3. 2009)

andocken//abdocken
Morgen um 15.07 Uhr, so die Berechnung, wird das Sojus-Raumschiff ando-

cken, gut zwei Stunden später öffnet sich die Luke zur Station. (Oberösterreichische Nachrichten 7. 6. 2018)

andrehen//ausdrehen, abdrehen; ↑auch: ausmachen, ausschalten
das Gas, Licht, Radio andrehen

andressieren//abdressieren; ↑auch: aberziehen
den Männern wurde durch Erziehung Härte andressiert ○ Ich spreche zwar die Sprache nicht, aber ich habe mir das Nötige andressiert. (Nürnberger Nachrichten 22. 1. 2010)

Androgamet//Gynogamet
(männliche Keimzelle)

Androgen//Östrogen
(männliches Geschlechtshormon) ○ So können sie auch den Umbau von Androgen in Östrogen blockieren und auf diesem Weg ihre pharmakologische Wirkung entfalten. (Die Presse 16. 4. 2002)

Androgynie//Gynandrie
(weibliche Körperbeschaffenheit bei einer männlichen Person ○ Persönlichkeitsstruktur eines femininen Mannes)

android//gynoid
androider (vermännlichter) Typ (als Frau)

Androloge//Gynäkologe
der Androloge ist ein Arzt für Männerleiden

Andrologie//Gynäkologie
(Männerheilkunde)

andrologisch//gynäkologisch
andrologisch ausgebildeter Arzt

Andromanie//Satyriasis
(Mannstollheit, Nymphomanie)

Andropause//Menopause
(Aufhören der sexuellen Funktionen beim Mann ○ Medizin) ○ Schliesslich ist ja auch schlappen, schon ein wenig ergrauten Männern gesagt worden, sie gingen gerade durch die Andropause, das Pendant der Menopause, und brauchten halt einfach eine Lösung in Form eines Gels, eines Pflasters, einer Spritze. (Neue Zürcher Zeitung Folio 2. 5. 2017)

androtrop//gynäkotrop
(bevorzugt bei Männern auftretend)

...andus//...ator (Substantiv)
(Suffix mit passivischer Bedeutung) z. B. Laudandus/Laudator

anebisch//ephebisch
(noch nicht mannbar)

Anelektrolyt//Elektrolyt
(nicht salzartige Verbindung ○ Chemie)

anerziehen//aberziehen; ↑auch: abdressieren
jemandem eine Gewohnheit anerziehen ○ Was ich meinem Kind vorher nicht habe angedeihen lassen, kann ich dem Kind in der Pubertät nicht mehr anerziehen. (Salzburger Nachrichten 2. 6. 2014)

anerzogen//ererbt
Was heißen soll, dass männliches und weibliches Verhalten nicht anerzogen sei, sondern biologisch ererbt und von der Zeugung an vorbestimmt. (Der Spiegel 21. 2. 1977)

aneuploid//euploid
(in der Anzahl von der Chromosomennorm abweichend ○ Biologie)

anfahren//abfahren
Erde, Holz, Kies, Kartoffeln anfahren ○ Bis zu 120 Busse können pro Stunde an- und abfahren, bis zu 18 Busse gleichzeitig die Bussteige anfahren. (Westdeutsche Zeitung 26. 11. 2018)

Anfang//Ende; ↑auch: Omega//Alpha, A bis Z
Anfang der Woche ○ Anfang Mai ○ er ist Anfang fünfzig ○ der Anfang eines Gedichts

anfangen//aufhören
das Tal fängt hier an ○ *der Sturm fing morgens an* ○ *Mit Trump hört nichts auf, mit Trump fängt nichts an.* (Der Spiegel 21. 7. 2018)

anfangen//beenden
eine Arbeit anfangen ○ *Und er erzählt von der Liebe zu Männern und Frauen und zu den Wörtern und den Sätzen und all dem, was man mit ihnen anfangen und nie beenden kann.* (Die Presse 5. 10. 2013)

anfangen mit etwas//mit etwas aufhören
mit 10 Jahren hat er mit dem Rauchen angefangen ○ *Ich habe mit 16 angefangen und mit 27 aufgehört. Heute bin ich 40.* (Oberösterreichische Nachrichten 3. 7. 2000) ○ *Ein Jahr vor dem Anschlag habe er angefangen zu beten, mit dem Trinken aufgehört und ihr befohlen, einen Gesichtsschleier zu tragen* (Berliner Zeitung 5. 7. 2017)

Anfänger; ↑**blutiger Anfänger**

Anfänger[in]//Fortgeschrittene[r]
ein Kurs für Anfänger ○ *Hier gibt es jede Menge Trails für Anfänger und für Fortgeschrittene.* (Hamburger Morgenpost 22. 7. 2017)

Anfänger//Könner
Ob Anfänger oder Könner, am Sonnenkopf findet jeder sein ganz persönliches Skierlebnis (St. Galler Tagblatt 7. 3. 2019)

anfangsbetont//endbetont
das Wort „Ténor" in der Bedeutung „grundlegender Inhalt" ist anfangsbetont ○ *das Wort „Tenór" in der Bedeutung „Sänger" ist endbetont*

Anfangschor//Schlusschor

Anfangshälfte//Schlusshälfte
(erste Spielzeithälfte ○ Sport)

Anfangskurs//Schlusskurs
(erster Kurs eines Wertpapiers)

Anfangsreim//Endreim
(Dichtkunst)

Anfangsstadium//Endstadium
eine Krankheit im Anfangsstadium ○ *Man sei noch ganz im Anfangsstadium der Forschung, heißt es. Aber auch im Endstadium machte ich mir um die Umsätze der Geschäftsleute keine Sorgen.* (Die Presse 26. 11. 1994)

Anfangstermin//Endtermin
(Rechtswesen)

Anfangsvermögen//Endvermögen
(Rechtswesen)

anfechtbar//unanfechtbar
Ein anfechtbarer Vertrag ○ *Wenn Sie sich aber die Kriterien der Auswahl anschauen, wird das gleichzeitig anfechtbar und unanfechtbar gültig, weil es meine subjektive Auswahl ist.* (Sonntags-Zeitung 1. 10. 2006)

Anflug//Aufschlag
(Baumbestand, der dadurch entstanden ist, dass der Wind den Samen herangeweht hat ○ Forstwesen)

Anfrage; ↑**große Anfrage, kleine Anfrage**

Anfuhr//Abfuhr
die Anfuhr von Holz ○ *Anfuhr der Kohlen per Lastwagen* ○ *Entscheidend für die Holzverladung ist ein Lagerplatz neben den Gleisen. Denn die Anfuhr mit Lastwagen ist langsamer als die Abfuhr mit der Bahn.* (Südkurier 21. 3. 2016)

Anführung//Abführung
von den Zeichen „..." heißen die ersten Anführung

angaloppiert kommen//abgaloppieren
die Reiter kamen angaloppiert

Angang//Abgang
(erster Übungsteil am Turngerät ○ Sport)

ange... + kommen//ab... (Verb)
z. B. *angeritten kommen/abreiten*

angeben//abgeben
(die Karten für das erste Spiel austeilen ○ Kartenspiel)

Angebetete//Angebeteter
Sie ist seine Angebetete

Angebeteter//Angebetete
Er fühlt sich in der Rolle des Angebeteten wohl

angeboren//erworben
Angeborene Eigenschaften ○ angeborene Behinderung ○ Die angeborene Nachtblindheit wird vererbt, die erworbene kann durch Vitamin-A-Mangel oder verschiedene Augenerkrankungen verursacht sein. (Mitteldeutsche Zeitung 25. 3. 2011)

Angebot//Nachfrage; ↑auch: **Monopson**
der Preis richtet sich nach Angebot und Nachfrage ○ Wenn man nach Angebot und Nachfrage auf unserer Tauschbörse geht, ist der wertvollste Sticker momentan das Brasilien-Emblem in Glitzer ... (Der Spiegel 19. 5. 2018)

angebracht//unangebracht
diese Bemerkung war angebracht ○ Auch beim Alkohol ist Zurückhaltung angebracht. Wetttrinken mit den Kollegen oder Partyspiele sind unangebracht. (Hamburger Morgenpost 6. 12. 2006)

angebraust kommen//abbrausen
Sie kamen auf den Motorrädern angebraust ○ Nun kommt über Irland auch noch Sturm Emma angebraust. (Tagesanzeiger 2. 3. 2018)

angedampft kommen//abdampfen
Er kommt angedampft (umgangssprachlich) *○ Knapp zwei Stunden dauerte es, bis eine Diesellok aus Wiesbaden angedampft kam* (Mannheimer Morgen 13. 5. 2004)

angefahren kommen//abfahren
Sie ist (gerade) angefahren gekommen ○ Alle liefen zum Denkmal für die Stadtgründer, ein Auto mit einem Tannenbaum kam angefahren, wir fingen an, die Hymne zu singen (taz 21. 2. 2015)

angeflitzt kommen//abflitzen
Sie kamen auf den Rädern angeflitzt

angeflogen kommen//abfliegen
Er kommt (jetzt) angeflogen

Angegriffene[r]//Angreifer[in], Angreifende[r]

angehen//ausgehen
das Licht geht an ○ Die Tänzer knäulen sich, das Publikum auch, das Saallicht geht an, das Saallicht geht aus, Tumult bricht aus (Mannheimer Morgen 28. 5. 2013)

Angeklagte[r]//Ankläger[in], Kläger[in]

angemeldet //unangemeldet
Er war angemeldet ○ Das gilt bei allen Kontrollen – unabhängig davon, ob diese angemeldet oder unangemeldet stattfinden. (Stuttgarter Nachrichten 12. 8. 2016)

angemessen//unangemessen; ↑auch: **inadäquat**
die Höhe der Strafe ist angemessen ○ Etwas, das in 1000 Städten und Gemeinden in Deutschland angemessen und rechtmäßig ist, kann in München nicht unangemessen und unrechtmäßig sein (Schwäbische Zeitung 1. 6. 2016)

angenehm//unangenehm
eine angenehme Stimme, Nachricht, Überraschung ○ hier ist es angenehm warm ○ In Aschenbrenners Malerei brechen urhafte Elemente auf, die angenehm wie auch unangenehm berühren können. (Tiroler Tageszeitung 28. 5. 2016)

angepasst//unangepasst; ↑auch: **Neinsager, Nonkonformist**
Wer angepasst, gleichzeitig aber auch unangepasst wirken will, kann sich seine Trachtenmode bei „Dirndlpunk" kaufen. (Stuttgarter Zeitung 29. 9. 2007)

angerauscht kommen//abrauschen
sie kam angerauscht (umgangssprachlich)

angereist kommen//abreisen
sie kam mit viel Gepäck angereist

angeritten kommen//abreiten

angerückt kommen//abrücken
sie kamen um 16 Uhr angerückt

angesaust kommen//absausen
die Motorradfahrer kamen angesaust

angeschnittene Ärmel//eingesetzte Ärmel

angeschoben kommen//abschieben
er kommt mit seiner Freundin angeschoben (umgangssprachlich)

angeschossen kommen//abschießen
Er kam angeschossen (mit großem Tempo)

angeschritten kommen//abschreiten
Er kam würdevoll angeschritten

angeschwirrt kommen//abschwirren
die Kinder kamen angeschwirrt

angeschwollen//abgeschwollen
der angeschwollene Knöchel o der Knöchel ist angeschwollen

angesockt kommen//absocken
Sie kam angesockt (kam eilig herbei o umgangssprachlich)

angesprengt kommen//absprengen
die Reiter kamen angesprengt

angespritzt kommen//abspritzen
die Kinder kamen angespritzt (als es Kuchen gab o umgangssprachlich)

Angestellte//Angestellter
Sie ist eine Angestellte der Krankenkasse

Angestellter//Angestellte
ein Angestellter der Krankenkasse gab diese Auskunft o der Angestellte nahm den Antrag entgegen

Angestellter//Arbeiter
(Arbeitnehmer, der in einem Arbeitsverhältnis mit monatlicher Gehaltszahlung steht) o der Betrieb beschäftigt 20 Arbeiter und 10 Angestellte

angestoben kommen//abstieben
die Kinder kamen angestoben

angeströmt kommen//abströmen
die Menge kam angeströmt

angetanzt kommen//abtanzen
Um 17 Uhr kamen alle angetanzt (umgangssprachlich)

angetrabt kommen//abtraben
jetzt kommt er angetrabt

angetrottet kommen//abtrotten
Sie kamen angetrottet

angewackelt kommen//abwackeln
Er kam angewackelt (umgangssprachlich)

angewandte Chemie//reine Chemie

angewandte Kunst//freie Kunst

angewandte Linguistik//theoretische Linguistik
Fachsprachenlinguistik ist angewandte Linguistik

angewandte Mathematik//reine Mathematik

angewatschelt kommen//abwatscheln
die Kleine kam vergnügt angewatschel (umgangssprachlich)

angewetzt kommen//abwetzen
Er kam angewetzt (umgangssprachlich)

angewöhnen, sich etwas//sich etwas abgewöhnen
Ich habe mir das Rauchen extra für die Rolle angewöhnt.Und es mir seither wieder abgewöhnt. (Hamburger Morgenpost 3. 1. 2012)

angezischt kommen//abzischen
die Jungen kamen sofort angezischt (umgangssprachlich)

angezittert kommen//abzittern
Er kam schuldbewusst angezittert (umgangssprachlich)

angezockelt kommen//abzockeln
langsam kamen die drei angezockelt (umgangssprachlich)

angezogen//ausgezogen; ↑auch: unbekleidet
Er ist noch angezogen

angezogen kommen//abziehen
mit Sack und Pack angezogen kommen (umgangssprachlich)

angezottelt kommen//abzotteln
langsam kam sie angezottelt (umgangsprachlich)

Angiospermen//Gymnospermen; ↑auch: Nacktsamer
(Bedecktsamer ○ Botanik)

anglophil//anglophob
er ist anglophil (englandfreundlich)

Anglophilie//Anglophobie
(Englandfreundlichkeit)

anglophob//anglophil
eine anglophobe (England gegenüber unfreundliche) Gesinnung

Anglophobie//Anglophilie
(Englandfeindlichkeit)

angreifbar//unangreifbar
angreifbare Argumente ○ Und in diesem Kampf ist es der angreifbar gewordene Bischof, der insoweit völlig unangreifbar auf der richtigen Seite steht. (Westfalen-Blatt 24. 10. 2013)

angreifen//verteidigen
der Feind greift an ○ eine Stadt angreifen ○ Ich will keine Partei angreifen oder verteidigen. (Tiroler Tageszeitung 10. 6. 2017)

Angreifende[r]//Angegriffene[r]

Angreifer[in]//Angegriffene[r]

Angriff//Abwehr
(Sport)

Angriff//Verteidigung; ↑auch: Defensive
er ist gut im Angriff ○ Welche Strategie fahren seine Anwälte? Nach dem Motto „Angriff ist die beste Verteidigung" haben sie sich auf einen juristischen Feldzug begeben. (Südwest Presse 2. 6. 2014)

Angriffskrieg//Verteidigungskrieg
Der Angriffskrieg wurde zu einem Verteidigungskrieg, der zwei Jahre später in Berlin verloren ging. (Oberösterreichische Nachrichten 1. 2. 2013)

Angriffsspiel//Defensivspiel

Angriffsspieler//Abwehrspieler, Defensivspieler
(Ballspiele, Hockey)

Angstgegner//Wunschgegner
(beim Sport: Gegner, vor dem man sich wegen dessen Stärke fürchtet) ○ „Jan ist mein Angst- und Wunschgegner", sagt Kienle. Angstgegner, weil er eben so schwer zu schlagen ist. (Nürnberger Zeitung 8. 10. 2016)

ängstlich//mutig
Sie haben vermutlich recht, aber sie geben sich damit ängstlich und überlassen es der Gegenseite, als mutig und risikobereit aufzutreten (taz 15. 9. 2014)

anhaben//aushaben
er hat die Schuhe (noch) an ○ er hat das Licht noch an (umgangssprachlich)

anhaken//abhaken
den Fensterladen anhaken

anhalftern//abhalftern
das Pferd anhalftern

anhalsen//abhalsen
den Hund anhalsen (an die Leine nehmen ○ Jägersprache)

anhängen//abhängen
einen Waggon (an den Zug) anhängen

Anhänger//Gegner
Er war weder Anhänger noch Gegner des Regimes o *Welches Lager gewinnt den Machtkampf – die Anhänger oder die Gegner des völkischen Flügels?* (Der Spiegel 6. 7. 2019)

anheben//senken; ↑auch: **herabsetzen**
die Preise anheben o *Dass aber gleichzeitig die einen ihre Prognose anheben und die anderen ihre senken, kommt selten vor.* (Die Welt 21. 12. 2015)

anheuern//abheuern; ↑auch: **abmustern**
Er heuerte (auf dem Schiff nach Übersee) an (Seemannssprache)

Anhydrobase//Anhydrosäure
(Chemie)

Anhydrosäure//Anhydrobase
(Chemie)

Anima//Animus
Anima ist das Seelenbild der Frau im Manne

animalische Funktionen//vegetative Funktionen
(Lebensäußerungen, speziell von Tieren o Zoologie)

Animateur//Animateuse
(männliche Person, die im Auftrag eines Reiseveranstalters Teilnehmern Möglichkeiten zur Gestaltung des Urlaubs – Spiele usw. – anbietet)

Animateuse//Animateur
(weibliche Person, die im Auftrag eines Reiseveranstalters Teilnehmern Möglichkeiten zur Gestaltung des Urlaubs – Spiele usw. – anbietet)

Animismus//Spiritismus
(okkultistische Theorie in Bezug auf ungewöhnliche Fähigkeiten lebender Personen)

Animus//Anima
Animus ist das Seelenbild des Mannes in der Frau

Anion//Kation
(negativ geladenes Teilchen o Chemie)

Anionenkomplex//Kationenkomplex

anisodesmischer Kristall//isodesmischer Kristall
(Chemie)

Anisogamie//Isogamie
(Befruchtungsvorgang mit ungleich gestalteten oder sich ungleich verhaltenden männlichen und weiblichen Keimzellen o Biologie)

Anisometrie//Isometrie
(Metrik)

anisometrisch//isometrisch
(Metrik, Geometrie)

Anisometropie//Isometropie
(Medizin)

anisotonisch//isotonisch
(Physik)

anisotrop//isotrop
(Physik, Chemie)

Anisotropie//Isotropie
(Physik)

Ankathete//Gegenkathete
(im rechtwinkligen Dreieck die Kathete, die einem Winkel als dessen Schenkel anliegt o Geometrie)

Ankauf//Verkauf
Ankauf von Antiquitäten, Wertpapieren o *Kunden bietet die AWG den Ankauf von Altfahrzeugen zur Verwertung, den Verkauf von gebrauchten und neuen Ersatzteilen sowie den An- und Verkauf von Gebrauchtfahrzeugen.* (Westdeutsche Zeitung 22. 4. 2015)

ankaufen//verkaufen
Wertpapiere, Antiquitäten ankaufen o *Antiquitäten ankaufen und verkaufen* o *Reliquien an- und wieder verkaufen*

Ankaufskurs//Verkaufskurs
(Bankwesen)

Anker; ↑den Anker auswerfen, den Anker einholen, den Anker lichten

anketten//abketten
den Hund anketten

Anklage//Verteidigung
hat die Anklage noch Fragen an den Zeugen? (Rechtswesen)

anklagen//verteidigen
jemanden anklagen o Dabei, so die Uni, wollen die Autoren weder anklagen noch verteidigen (Ostthüringer Zeitung 8. 3. 2004)

Ankläger[in]//Angeklagte[r]

ankleiden//auskleiden; ↑auch: ausziehen
die Kinder, einen Kranken ankleiden

ankleiden, sich//sich auskleiden
sie kleiden sich an

anknipsen//ausknipsen; ↑auch: ausmachen
das Licht anknipsen

anknöpfen//abknöpfen
die Kapuze anknöpfen

ankommen//abfahren; ↑auch: starten
er ist um 7 Uhr (mit der Bahn, mit dem Auto) abgefahren und um 10 Uhr angekommen o der Zug, das Schiff kommt an o sie kam (gestern Nacht) an

ankommen//abfliegen; ↑auch: starten
sie kamen um 20 Uhr (auf dem Flughafen) an o er flog um 10 Uhr ab und kam um 13 Uhr an

ankommen//abreisen; ↑auch: starten
gestern ist sie angekommen, und morgen wird sie wieder abreisen

ankoppeln//abkoppeln
einen Güterwagen ankoppeln

ankriegen//abkriegen
kriegst du das Plakat (an die Wand) an? (umgangssprachlich)

ankriegen//auskriegen
die Stiefel nicht ankriegen (anziehen können o umgangssprachlich)

Ankunft//Abfahrt; ↑auch: Departure, Start
die Ankunft des Zuges o Die großen Gefühle der Ankunft in einer Fremde, der Abfahrt aus einer Heimat, des Losgerissen- und Unterwegsseins und banger, hoffnungsvoller Wiederkehr (Die Zeit Christ und Welt 12. 1. 2017)

Ankunft//Abflug; ↑auch: Departure, Start
die Ankunft des Flugzeugs o Zwei von acht Flügen (Ankunft und Abflug) der deutschen Airline ... nach Frankfurt beziehungsweise Köln/Bonn sind am gestrigen Donnerstag, und am heutigen Freitag, annuliert worden. (Schwäbische Zeitung 4. 4. 2014)

Ankunftszeit//Abfahrtszeit
die Ankunftszeit des Zuges

ankuppeln//abkuppeln
den Waggon ankuppeln

Anlagekredit//Betriebskredit
(Wirtschaft)

Anlagepapier//Spekulationspapier
(Wirtschaft)

Anlagerungskomplex//Durchdringungskomplex
(Chemie)

Anlagevermögen//Umlaufvermögen
(Wirtschaft)

anlassen//abstellen
den Motor (eines Autos) anlassen

anlassen//auslassen
das Licht, das Fernsehen anlassen (nicht ausschalten)

anlassen//ausmachen; ↑auch: ausschalten
das Licht, Radio anlassen und nicht ausschalten

anlassen//ausziehen
den Mantel wegen der Kälte anlassen und nicht ausziehen

anlaufen//auslaufen
die Aktion läuft (gerade) an

Anlaut//Auslaut; ↑auch: Inlaut
der Anlaut eines Wortes, einer Silbe (Sprachwissenschaft)

anlauten//auslauten
„Wort" lautet mit w an

anläuten//abläuten
eine Runde anläuten (Sport)

anlegen//ablegen
das Schiff legt (im Hafen) an

anlegen//abnehmen
die Gasmaske anlegen ○ einen Verband anlegen ○ „Dazu gehört beispielsweise einen Tropf anlegen, Blut abnehmen und die Auswertung von Patienten-Kurven" (Nordkurier 19. 11. 2004)

anliegend//abstehend
anliegende Ohren ○ Markisen, die sich wahlweise flach anliegend oder weit abstehend ausfahren lassen, können Blendschutz und freien Ausblick fast ganzjährig kombinieren. (Hannoversche Allgemeine 21. 1. 2009)

anmachen//abmachen; ↑auch: abschrauben
das Türschild anmachen ○ ein Plakat (an der Wand) anmachen

anmachen//auslassen; ↑auch: ausmachen
lass das Licht, den Fernseher aus, mach ihn nicht an!

anmachen//ausmachen; ↑auch: abstellen, ausschalten, zudrehen
das Licht, das Radio anmachen ○ die Heizung morgens anmachen und abends wieder ausmachen

anmarschiert kommen//abmarschieren
morgens kamen sie alle anmarschiert

anmelden//abmelden
das Kind in der Schule anmelden ○ „Eigentlich können wir nur noch Insolvenz anmelden und uns vom Spielbetrieb abmelden" (Süddeutsche Zeitung 19. 2. 2008)

anmelden, sich//sich abmelden
sich bei der Polizei anmelden ○ Du musst dich mit deinem Ausweis anmelden, wenn du zur Arbeit kommst, und dich abmelden, wenn du wieder gehst. (Der Spiegel 18. 1. 2017)

Anmeldung//Abmeldung
die Anmeldung bei der Polizei

anmontieren//abmontieren
die Antenne anmontieren ○ Man muss vielmehr ganze Bautrakte – insbesondere die Flugsteige – abmontieren und an anderer Stelle den veränderten – Verhältnissen angepasst wieder anmontieren können. (Die Zeit 4. 3. 1966)

anmustern//abmustern; ↑auch: abheuern
den Steuermann anmustern (Seemannssprache)

Anmusterung//Abmusterung

Annahme//Ablehnung
die Annahme eines Antrags, des Schlichterspruchs, des Vorschlags

Annahme//Ausgabe
die Annahme des Gepäcks am Bahnhof

annähern//entfremden
Wenn wir uns nicht bewusst annähern, entfremden wir uns auf Dauer (St. Galler Tagblatt 20. 2. 2010)

annehmbar//unannehmbar; ↑auch: inakzeptabel
das Angebot ist annehmbar ○ Unter dem Deckmantel der Produktion erneuerbarer Energie erscheint zuweilen plötzlich wieder annehmbar, was unter anderen Umständen als unannehmbar gilt (Handelszeitung 25. 9. 2014)

annehmen//ablegen
eine Unsitte annehmen ○ *„Das Mandat ist eine verfassungsrechtliche Pflicht. Die kann man annehmen oder ablegen, dazwischen gibt es nichts."* (Der Spiegel 31. 8. 2018)

annehmen//ablehnen
ein Angebot annehmen ○ *einen Gesetzentwurf annehmen* ○ *er hat sich beworben und wurde angenommen* ○ *Ein Gegenvorschlag des Bundesrates, der die zwingende Ausweisung vermeiden wollte, wurde am gleichen Tag, an dem die Initiative angenommen wurde, deutlich abgelehnt.* (Weltwoche 4. 2. 2016)

Anode//Kat[h]ode
(der positive Pol ○ Elektrotechnik)

Anokumene//Okumene
(der nicht bewohnbare Teil der Erdoberfläche ○ Geographie)

anonym//unter seinem, ihrem Namen; ↑auch: autonym, Autonym
er hat das Buch anonym (ohne Namensangabe) veröffentlicht ○ *Er habe weder anonym noch unter seinem Namen Anzeige gegen die Linken-Landtagsabgeordneten erstattet.* (Märkische Allgemeine 2. 11. 2016)

anopisthographisch//opisthographisch
(einseitig bedruckt ○ in Bezug auf Papyrushandschriften)

Anorexie//Bulimie; ↑auch: Fresssucht
(Appetitlosigkeit)

anorganisch//organisch
fossile anorganische Bestandteile

anotherm//katotherm
(je tiefer im Wasser desto kälter werdend)

Anothermie//Katothermie
(Geophysik)

anpaddeln//abpaddeln
am 1. April wird angepaddelt (das erste Mal im neuen Jahr gepaddelt ○ als Beginn der Saison)

anpellen//auspellen; ↑auch: ausziehen
sie musste die Kinder noch anpellen (umgangssprachlich)

anpfeifen//abpfeifen
die zweite Halbzeit anpfeifen (Sport) ○ *„Der Schiedsrichter hat das Spiel wieder angepfiffen und dann korrekt abgepfiffen."* (Nürnberger Zeitung 17. 5. 2012)

Anpfiff//Abpfiff
(Pfiff als Zeichen des Spielbeginns ○ Sport)

anrechnen//abziehen
bei der Berechnung wurde diese Zeit angerechnet ○ *Wenn Anleger jedoch höhere Kapitalerträge hatten ..., können sie sich diese auf die Einkommensteuerschuld anrechnen oder wie Werbungskosten abziehen lassen.* (Berliner Morgenpost 24. 1. 2009)

Anregelzeit//Ausregelzeit
(Kybernetik)

anregend//beruhigend
ein anregender Badezusatz ○ *Je nach Lichtfarbe und -stärke sollen die Lampen morgens anregend und gegen Abend beruhigend wirken und so den Biorhythmus unterstützen.* (Haller Tagblatt 17. 2. 2018)

Anreise//Abreise
Für die An- und Abreise verkehren zwischen dem Festivalgelände und dem Bahnhof Bad Lobenstein Pendelbusse (Mitteldeutsche Zeitung 3. 8. 2017)

anreisen//abreisen
wann reisen Sie an?

Anreisetag//Abreisetag

Anreisetermin//Abreisetermin

anrückend//abrückend
die anrückenden Feinde

anrudern//abrudern
am Sonntag wird angerudert (das erste Mal im neuen Jahr gerudert ○ als Beginn der Saison)

Ansage//Absage
die Ansage macht Herr X (Rundfunk, Fernsehen)

Ansage//Gegenansage
(Kartenspiel)

ansagen//absagen
eine Sendung ansagen (Funk) ○ „Ich kann diesen Neger nicht ansagen", sagte der Sprecher dennoch kurz vor der Aufnahme. Armstrong hätte absagen können. Stattdessen sagte er sich selbst an – ganz ohne Radiosprecher. (Hamburger Abendblatt 31. 5. 2000)

anschaffen, sich etwas//etwas abschaffen
ich habe mir einen Hund, Hühner angeschafft

anschalten//abschalten; ↑auch: ausstellen
In Zukunft könnten derartige Zähler Hausgeräte automatisch anschalten, wenn Strom günstig ist, und abschalten, wenn die Tarife steigen. (Stuttgarter Nachrichten 5. 12. 2009)

anschaulich//unanschaulich
das ist anschaulich geschildert ○ Marc Chagall hat den Verständnishorizont für das Osterfest dadurch offengehalten, dass er nicht anschaulich darzustellen versucht, was am Osterglauben wie in jeder grossen Religion zutiefst unanschaulich ist (Neue Zürcher Zeitung 3. 4. 2010)

anschirren//abschirren
das Pferd anschirren

anschlagen//abschlagen
die Segel anschlagen (Seemannssprache)

Anschlussbeobachtung//Absolutbeobachtung
(Astronomie)

anschnallen//abschnallen
die Skier anschnallen ○ Wintersportfans sollen in Schröcken im Bregenzerwald ihre Skier anschnallen können und diese je nach konditioneller Verfassung bis ins tirolerische Kappl nicht mehr abschnallen müssen (Vorarlberger Nachrichten 29. 12. 2015)

anschrauben//abschrauben; ↑auch: abmachen
das Türschild anschrauben

anschwellen//abschwellen
das Bein, der Knöchel ist angeschwollen ○ der Lärm schwoll an ○ Er braucht dafür mehr Zeit als andere Regisseure, weil er das Stück extrem rhythmisiert, anschwellen und abschwellen lässt (Süddeutsche Zeitung 12. 6. 2006)

ansegeln//absegeln
am Sonntag segeln wir an (beginnen wir im neuen Jahr mit dem Segeln ○ als Beginn der Saison)

an sein//ab sein
der Knopf ist (wieder) an (angenäht ○ umgangssprachlich)

an sein//aus sein
das Licht, das Radio ist an (eingeschaltet ○ umgangssprachlich)

ansetzen//absetzen
das Glas (an den Mund zum Trinken) ansetzen ○ den Geigenbogen, das Blasinstrument ansetzen

anspannen//abspannen, ausspannen
das Pferd (an den Wagen) anspannen ○ Im Laufe des Nachmittags ließ Benjamin Bathurst mehrmals die Pferde anspannen und wieder ausspannen. (Märkische Allgemeine 18. 11. 2009)

anspannen//ausspannen
(sich anstrengen) ○ Wer lieber ausspannen statt anspannen möchte, kann sich in eine gemütliche Biopension auf Gomera oder in einem Olivenhain auf Korfu zurückziehen. (FOCUS 31. 12. 2007)

anspaziert kommen//abspazieren
Er kam anspaziert

anspruchslos//anspruchsvoll
er ist sehr anspruchslos ○ ein anspruchsloser Text, Film

anspruchsvoll//anspruchslos; ↑auch: bescheiden
er ist sehr anspruchsvoll ○ ein anspruchsvolles Buch

Anstand; ↑das verbietet der Anstand, das verlangt der Anstand; verletzen, wahren

anständig//unanständig
sich anständig benehmen ○ eine anständige Gesinnung ○ anständig handeln ○ ein anständiger Witz ○ Es scheint, als seien Seehofer ... die Parameter abhandengekommen, für wichtig und unwichtig, für anständig und unanständig ... (Der Spiegel 14. 7. 2018)

Anständigkeit//Unanständigkeit

anstecken//abstecken; ↑auch: abmachen
den Zopf anstecken ○ Die Aktion „Macht das Tor auf!" wurde gestartet, Anzeigen und Aufruf wurden plaziert, das Brandenburger-Tor-Abzeichen in sechzehn Millionen Exemplaren angesteckt und wieder abgesteckt. (Der Spiegel 6. 9. 1961)

anstecken//ausmachen, auspusten
die Kerzen anstecken

ansteigen//abfallen
die Straße steigt an ○ Bis zum Kilometer 21 steigt die Strecke an, danach fällt sie wieder ab. (Südkurier 8. 8. 2018)

anstellen//abstellen; ↑auch: ausmachen, ausschalten
das Wasser, das Radio anstellen ○ morgens die Heizung anstellen und abends wieder abstellen

anstellen//auslassen
das Radio bitte auslassen und nicht anstellen

Anstieg//Rückgang
der Anstieg der Arbeitslosenzahlen ○ Denn parallel zu den sinkenden Mitgliedzahlen verzeichnen die evangelischen Gemeinden in der Region auch wieder einen leichten Anstieg bei Taufen und Eintritten in die Kirche und einen Rückgang bei den Austritten. (Märkische Allgemeine 5. 8. 2017)

ansträngen//absträngen
ein Pferd ansträngen

anstreichen//abstreichen
der Auerhahn, Specht streicht an (Jägersprache)

anströmen//abströmen
anströmende Luftmassen

...ant//...and (Substantiv)
(Suffix mit aktivischer Bedeutung) z. B. *Informant/Informand*

...ant//...ar (Substantiv)
z. B. *Indossant/Indossatar*

...ant//...at (Substantiv)
(Suffix mit aktivischer Bedeutung) z. B. *Adressant/Adressat*

...ant//...atar (Substantiv)
(Suffix mit aktivischer Bedeutung) z. B. *Indossant/Indossatar*

...ant//...ator (Substantiv)
z. B. *Kommunikant/Kommunikator*

Antarktis//Arktis; ↑auch: Nordpol
die Antarktis ist das Gebiet um den Südpol

antarktisch//arktisch

ante...//post... (Verb)
(mit der Bedeutung: vor, vorher) z. B. *antedatieren/postdatieren*

Ante.../Post... (Substantiv)
(mit der Bedeutung: vor, vorher) z. B. *Anteposition/Postposition*

ante Christum[natum]//post Christum[natum]
(vor Christi [Geburt])

antedatieren//postdatieren
(mit einem späteren Datum versehen ○ mit einem früheren Datum versehen)

Anteklise//Syneklise
(Geologie)

ante meridiem//post meridiem; ↑auch: **p. m.**
(in Bezug auf Zeitangaben von 00.00 Uhr bis 12.00 Uhr, vor 12.00 Uhr mittags)

Antenne; ↑**Außenantenne, Freiantenne, Innenantenne, Zimmerantenne**

Antepirrhem//Epirrhem
(in der attischen Komödie)

Anteposition//Postposition
(Verlagerung eines Organs nach vorn ○ Medizin)

anterior//posterior
(auf den vorderen Teil des Körpers bezogen)

Antestat//Abtestat
mit dem Antestat wird bestätigt, dass eine Vorlesung belegt worden ist (Universität)

antestieren//abtestieren
(früher: zu Beginn des Semesters durch Unterschrift des Professors bestätigen, dass die Vorlesung belegt wird)

Antezedens//Konsequenz
(Logik)

Antezedenz//Epigenese
(Geologie)

anthropomorph//theriomorph
(menschengestaltig)

Anthroponose//Anthropozoonose
(Krankheit, die nur von Menschen auf Menschen übertragen wird)

Anthropozoonose//Anthroponose
(Krankheit, die vom Tier auf den Menschen übertragen wird, z. B. Tollwut*)*

anti//pro; ↑auch: **für**
er ist anti (dagegen) ○ *Ja, ich mag die sozialen Netzwerke. Ich bin nicht anti Technologie, ich bin pro Gespräch.* (Süddeutsche Zeitung 30. 1. 2016)

Anti//Pro
Die Funktion der Religion liegt nicht in erster Linie in einem Anti, sondern in einem Pro, einem Dasein „für" die Menschen! (Neue Zürcher Zeitung am Sonntag 24. 12. 2006)

anti...//... (Adjektiv)
(kennzeichnet 1. einen ausschließenden Gegensatz) z. B. *antidemokratisch/demokratisch* ○ (kennzeichnet 2. einen entgegenwirkenden Gegensatz) z. B. *antiallergisch/allergisch*

anti...//pro...; ↑auch: **für//gegen (Adjektiv)**
(mit der Bedeutung: gegen-) z. B. *antiamerikanisch/proamerikanisch*

Anti...//... (Substantiv)
(kennzeichnet einen ausschließenden Gegensatz) z. B. *Antialkoholiker/Alkoholiker* ○ (kennzeichnet einen entgegenwirkenden Gegensatz) z. B. *Antikriegsfilm/Kriegsfilm* ○ (bildet 3. einen komplementären Gegensatz) z. B. *Antirakete/Rakete, Antikritik/Kritik* ○ *Antimaterie/Materie* ○ (drückt 4. aus, dass etwas/jemand ganz anders ist, als was man üblicherweise damit verbindet) z. B. *Antiheld/Held, Antifußball* (schlechtes Spiel)*/Fußball, Antimode* (Saloppes)*/Mode*

Anti...//Phil[o]... (Substantiv)
(mit der Bedeutung: Gegner von etwas) z. B. *Antisemitismus/Philosemitismus*

Anti...//Syn... (Substantiv)
(mit der Bedeutung: entgegen) z. B. *Antiklinorium/Synklinorium*

Antialkoholiker//Alkoholiker
(Gegner des Alkohols) ○ *Wir sind beide Antialkoholiker und militante Nichtraucher. Aber alle Gäste dürfen Alkohol trinken und rauchen.* (Aachener Nachrichten 1. 3. 2012)

antiamerikanisch//proamerikanisch
(gegen Amerika eingestellt)

antiautoritär//autoritär
eine antiautoritäre (bewusst Zwänge vermeidende) Erziehung ○ Sie gibt sich antiautoritär, ist aber selber autoritär. (Neue Zürcher Zeitung 3. 5. 2016)

Antibiotikum//Probiotikum
(Medikament zur Behandlung bakterieller Infektionen)

antideutsch//prodeutsch; ↑auch: deutschfreundlich, germanophil
(gegen Deutschland eingestellt)

antifaschistisch//faschistisch
Der Schock des Hitler-Stalin-Paktes, der 1939 die Attribute „antifaschistisch" und „faschistisch" aus dem sowjetischen Sprachgebrauch verschwinden ließ. (Berliner Zeitung 23. 3. 2017)

antifeministisch//feministisch
antifeministische Strömungen ○ Es gibt einen schmalen, aber gut begehbaren Grat ... zwischen Kochen als „Versorgungsleistung" zu verherrlichen und es als antifeministisch zu marginalisieren. (Falter 25. 8. 2018)

Antiferromagnetismus//Ferromagnetismus
(Physik)

Antiformant//Formant
(Phonetik)

Antiheld//Held
(Literaturwissenschaft)

antijüdisch//projüdisch
(gegen Juden eingestellt)

antiker Vers//germanischer Vers
(Poetik)

Antiklimax//Klimax
(Übergang zum schwächeren Ausdruck ○ Rhetorik)

Antiklinaltal//Synklinaltal
(Geografie)

Antiklinorium//Synklinorium
(Geologie)

antikommunistisch//kommunistisch
„Spannt diese Leute nicht für antikommunistische Propaganda ein, denn sie sind wahrscheinlich Kommunisten oder kommunistische Sympathisanten." (Die Welt 13. 10. 2001)

Antikriegsfilm//Kriegsfilm
„Das Boot" ist ein Antikriegsfilm, doch blieb Kritik an den Nazis 1981 subtil (Die Presse 22. 1. 2018)

Antikriegsroman//Kriegsroman
Der Autor geriet als Wehrmachtsoffizier im Kessel von Stalingrad in Gefangenschaft. Im Sonderlager Lunjowo schrieb er in den Nachtstunden in nur eineinhalb Jahren seinen Antikriegsroman. (Nordkurier 30. 10. 2017)

Antikritik//Kritik
Der Politiker hat das Recht zur Antikritik. Es gibt die weitverbreitete Meinung unter Journalisten, dass sie das Recht zur Kritik und zur Fragestellung haben, und der andere soll gefälligst brav seine Antworten geben, aber zurückschlagen darf er nicht. (Die Zeit 5. 3. 1998)

Antimaterie//Materie
(hypothetische, auf der Erde nicht existierende Form der Materie) ○ *Noch ist der Strahl schwach, in Zukunft soll er aber das Studium von Antimaterie mit höchster Präzision ermöglichen und damit klären helfen, warum es nur Materie und keine Antimaterie im Universum gibt.* (Der Standard 22. 1. 2014)

Antimilitarist//Militarist
(jemand, der den Militarismus, die Dominanz militärischer Wertvotstellungen usw. ablehnt)

Antinoos//Hadrian
(schöner Jüngling, geboren 110 n. Chr.; Favorit und Lustknabe Kaiser Hadrians; starb in den Wellen des Nils 130 n. Chr.)

Antipapist//Papist
(Gegner des Papsttums)

Antipathie//Sympathie; ↑**auch: Liebe, Zuneigung**
Antipathie (Abneigung) *empfinden* o *Natürlich unterlagen diese Noten einer gerechten Leistungsbewertung, in der weder Antipathie noch Sympathie eine Rolle zu spielen schien.* (Thüringer Allgemeine 25. 6. 2010)

Antiperistaltik//Peristaltik
(z. B. bei Darmverschluss o Medizin)

Antipnigos//Pnigos
(in der attischen Komödie)

Antiproton//Proton
(Kernphysik)

Antipyretikum//Pyretikum
(Medizin)

Antisemit//Philosemit
ein Antisemit ist ein Feind der Juden o *Der Antisemit würgt, der Philosemit umarmt. Und bei beiden bleibt mir die Luft weg.* (Schwäbische Zeitung 16. 11. 2013)

antisemitisch//philosemitisch
(von Judenfeindlichkeit zeugend)

Antisemitismus//Philosemitismus
(Judenfeindlichkeit) o *Der Knackpunkt war in aller Regel die Haltung zu Israel; hier die Forderung nach der Aufarbeitung eines linken Antisemitismus, dort die Unterstellung, man gebe aus purem „Philosemitismus" Grundsätze der Linken wie die Kritik am Wirtschaftsimperialismus der USA auf.* (taz 28. 10. 2015)

Antistrophe//Strophe
(in der altgriechischen Tragödie)

Antithese//These
der These wird eine Antithese entgegengesetzt o *These und Antithese verbinden sich zu einer höheren Einheit in der Synthese* o *Gerade dort, wo die faschistischen/nationalsozialistischen Parteien erfolgreich waren, waren diese Bewegungen immer die Antithese zur These des Kommunismus/Sozialismus.* (Mannheimer Morgen 22. 8. 2016)

antithetisch//synthetisch
(gegen die Krustenbewegung verlaufend o Geologie)

Antitoxin//Toxin
(Gegengift)

antizyklisch//prozyklisch
(einem gegenwärtigen Konjunkturzustand entgegenwirkend)

antonym//synonym
antonyme Wörter sind Wörter mit einem auf das andere Wort bezogenen Gegensinn (groß/klein) o *Virtuell und real sind antonyme, das heißt gegensätzliche Begriffe* (Schwäbische Zeitung 17. 12. 2015)

Antonym//Synonym
(ein Antonym ist ein Gegenwort, das das Gegenteil von einem anderen Wort oder dessen Korrelativ ausdrückt, das eine komplementäre Ergänzung oder die Alternative zu einem anderen ist) o *groß und klein sind Antonyme* (Wörter mit gegensätzlichem Sinn) o *es gibt usuelle (arm/reich) und okkasionelle (arm/betucht, wohlhabend) Antonyme*

Antonymie//Synonymie
(Sprachwissenschaft)

antörnen//abtörnen
das hat mich angetörnt (in Stimmung versetzt)

antraben//abtraben

Antragsdelikt//Offizialdelikt
(Straftat, die nur auf Antrag verfolgt wird o Rechtswesen)

Antragsgegner//Antragsteller
(Rechtswesen)

Antragsteller//Antragsgegner
(Rechtswesen)

antrainieren//abtrainieren; ↑auch:
abdressieren, aberziehen
das Schambewusstsein wurde ihnen antrainiert ○ Nach dem Ende der Fußball-WM ... muss die Plauze, die sie sich während des Daumendrückens für Deutschland mit Grillfleisch, Chips und Bier antrainiert haben, wieder abtrainiert werden (Rheinpfalz 16. 7. 2010)

Antransport//Abtransport
der Antransport der Kartoffeln

antransportieren//abtransportieren
die Möbel antransportieren lassen

antreten//wegtreten
er ließ die Kompanie antreten ○ Rekrutentennis: Antreten – wegtreten, antreten – wegtreten. (Kölner Express 1. 7. 2011)

antriebsschwach//antriebsstark
er ist antriebsschwach

antriebsstark//antriebsschwach
er ist antriebsstark

Antrinket//Austrinket
(Willkommenstrunk beim neuen Wirt ○ schweizerisch)

antun//abtun
ein Kleid, die Stiefel antun (landschaftlich)

anturnen//abturnen
(im Turnen das Wettkampfjahr beginnen)

anturnen//abturnen; ↑auch: **...törnen**
(bewirken, dass jemand in Hochstimmung gerät)

Antwort//Frage
sie gab die Antwort (auf diese Frage) ○ Habe ich eine Antwort auf die Frage «Wer bin ich» gefunden? Die Antwort ist: Ja. (Berner Oberländer 4. 9. 2018)

antworten//fragen
Patienten fragen, Experten antworten ○ er hat (sie) gefragt, und sie hat (ihm) gleich geantwortet

Anvers//Abvers
der Anvers ist der erste Teil der Langzeile (Metrik)

Anwender//Anbieter
die Messe für Klimatechnik ist der Treffpunkt für Anbieter und Anwender

Anwendungssoftware//Systemsoftware
zur Anwendungssoftware gehören z. B. Textverarbeitungs- und Tabellenkalkulationsprogramme

anwesend//abwesend
der anwesende Chef ○ die anwesenden Mitglieder des Vereins ○ Er fordert sie auf, ihn im Klassenbuch als «anwesend» einzutragen statt als «abwesend». (Tagesanzeiger 23. 10. 2018)

anwesend sein//fehlen
er war bei der Sitzung anwesend ○ Auch Hanna Gräb war anwesend, während der ehemalige evangelische Pfarrer ... aus gesundheitlichen Gründen fehlte. (Badische Zeitung 18. 6. 2012)

Anwesenheit//Abwesenheit
während seiner Anwesenheit abstimmen

Anywhere//Somewhere
Der Widerspruch zwischen den Anywheres und den Somewheres ist derjenige zwischen Wahl und Unbedingtheit. (Der Spiegel 7. 7. 2018)

anziehen//abstoßen
dieser Mann, seine Art zieht mich an ○ Es ist ein Beispiel dafür, wie sich Kunst und Politik gleichzeitig anziehen und abstoßen, und es zeigt einen Joseph Beuys, der ähnlich eigensinnig wie sonst über die Pfeiler des politischen Systems spottet. (Berliner Zeitung 18. 5. 2017)

anziehen//ausziehen
der Vater zieht das Kind an

anziehen, sich//sich ausziehen
sie/er zieht sich an

anziehen//lockern
eine Schraube anziehen ○ Wie passt das denn zusammen bei Xi Jinping: in der

Politik die Zügel anziehen, in der Wirtschaft sie lockern? (Tagesanzeiger 5. 3. 2015)

anziehend//abstoßend
sie wirkt anziehend

Anziehung//Abstoßung
magnetische Anziehung

Anziehungskraft//Abstoßungskraft
(Physik)

Anzug; ↑**im Anzug sein**

Anzug von der Stange//Maßanzug
Der Anzug von der Stange hat ausgedient, jetzt ist der Maßanzug gefragt (Nordkurier 19. 2. 2015)

anzünden//ausmachen
die Kerzen anzünden ○ *Ein Tipp gilt generell, wenn man einen Weihnachtsbaum mit echten Kerzen aufgestellt hat: Von oben nach unten anzünden, von unten nach oben die Kerzen wieder ausmachen.* (Süddeutsche Zeitung 23. 12. 2005)

Apastron//Periastron
(bei Doppelsternen Punkt der größten Entfernung ○ Astronomie)

apathogen//pathogen
apathogene (keine Krankheiten hervorrufende) Bakterien (Medizin)

aperiodische Schriften//Periodica, Periodika
(Buchwesen)

Aperitif//Digestif
einen Aperitif (vor dem Essen) trinken

Aphärese//Apokope
(Abfall eines Anlauts oder einer anlautenden Silbe, z. B. bei 'nen für „einen" ○ Sprachwissenschaft)

Aphel//Perihel
(größte Entfernung von der Sonne ○ Astronomie)

aphotisch//euphotisch
(ohne Lichteinfall ○ Gewässerkunde)

Aphrodisiakum//Anaphrodisiakum
Aphrodisiaka regen den Geschlechtstrieb an (Medizin)

apikaler Laut//dorsaler Laut
(Phonetik)

Aplazentalier//Plazentalier
(Embryonalentwicklung ohne Plazenta)

Apodosis//Protasis; ↑**auch: Vordersatz**
(Nachsatz ○ Sprachwissenschaft)

Apogalaktikum//Perigalaktikum
(Astronomie)

Apogäum//Perigäum
(Punkt der größten Entfernung eines Himmelskörpers von der Erde ○ Astronomie)

Apokope//Apharese
(Wegfall des Auslauts, der auslautenden Silbe, z. B.: „ich brauch das nicht" für „brauche" ○ Sprachwissenschaft)

apokryphe Bücher//kanonische Bücher
(Theologie)

Apollo//Hyazinth
Apoll liebte den schönen Jüngling Hyazinth, den er durch einen unglücklichen Diskuswurf tötete (griechische Mythologie ○ „Apollo und Hyacinth" Titel einer Jugendoper von Wolfgang Amadeus Mozart, 1767)

apollinisch//dionysisch; ↑**auch: romantisch//klassisch**
(harmonisch-ruhig ○ bei Nietzsche)

Apollo//Dionysos
(Gott, der das rechte Maß in allen Dingen gewährleistete ○ griechische Mythologie)

apomorpher Typ//pleisiomorpher Typ

Aposelen//Periselen
(Punkt der größten Entfernung vom Mond ○ Astronomie)

a posteriori//a priori; ↑auch: ex ante
(aus der Erfahrung gewonnen ○ nachträglich)

Aposteriori//Apriori
(Erfahrungssatz, aufgestellte Aussage ○ Philosophie)

aposteriorisch//apriorisch
aposteriorische Erkenntnisse (Philosophie)

apothekenpflichtig//nichtapothekenpflichtig
apothekenpflichtiges Medikament

apparent//inapparent
eine apparente (sichtbare, wahrnehmbare) *Krankheit* (Medizin)

appellabel//inappellabel
(veraltet ○ Rechtswesen)

Apperzeption//Perzeption
(begrifflich urteilendes Erfassen ○ Philosophie)

apperzipieren//perzipieren
(wahrnehmen und auch bewusst erfassen) ○ *Punks, deren kunstvoll zerrissene Klamotten, verfärbte und verschnittene Haare, Piercings etc. ich im einzelnen auf die Schnelle gar nicht apperzipieren konnte.* (Frankfurter Rundschau 21. 7. 2001)

Appetit; ↑den Appetit anregen, jemandem den Appetit verderben

appetitlich//unappetitlich
das sieht sehr appetitlich aus ○ *Wie appetitlich muss ein Regime sein, damit man ohne Bedenken mit ihm sprechen kann? Wie unappetitlich darf es sein, damit seine Vertreter als Gesprächspartner noch halbwegs zu ertragen sind?* (Die Welt 25. 9. 2015)

applaudieren//buh rufen
im Theater applaudieren (durch Klatschen sein Gefallen bekunden) ○ *Einige Kommilitonen verließen den Saal, ich beschloss, nicht zu applaudieren, aber auch nicht buh! zu rufen* (Nürnberger Nachrichten 22. 8. 2018)

Apport//Asport
(in Bezug auf das Erscheinen von etwas ○ Parapsychologie)

Apposition//Intussuszeption
(Biologie)

a priori//a posteriori; ↑auch: ex post
(von der Erfahrung unabhängig gewonnen ○ von vornherein) ○ *Ist dies Erstaunen über kleine Kinder dem von Iris Radisch ... formulierten Phänomen geschuldet, dass jeder Kinderwunsch „a priori" besteht, woraus man folgern könnte, dass, was man mit Kindern erlebt, „a posteriori" und damit neu ist?* (Saarbrücker Zeitung 8. 10. 2007)

Apriori//Aposteriori
das Apriori ist ein Vernunftsatz (Philosophie)

apriorisch//aposteriorisch
(durch Denken erschlossen ○ Philosophie)

apsychonom//psychonom
(außerhalb der psychischen Gesetze ablaufend ○ Psychologie)

äqual//inäqual
(gleich, z. B. in Bezug auf die Größe) ○ *Die Furchung ist zunächst total, und kann je nach Dottergehalt äqual oder inäqual ausfallen.* (Wikipedia)

Aquarell; ↑in Aquarell

äquatoriale Bindung//axiale Bindung
(Chemie)

äquatorialer Gegenstrom//Äquatorialstrom
(Geografie)

Äquatorialstrom//äquatorialer Gegenstrom
(Geografie)

à quatre mains//à deux mains; ↑auch: zweihändig
(vierhändig ○ beim Klavierspiel)

äquivalenter Kausalzusammenhang//adäquater Kausalzusammenhang
(Rechtswesen)

...ar//...ant (Substantiv)
z. B. *Indossatar/Indossant*

...är//...euse (Substantiv)
z. B. *Konfektionär/Konfektioneuse*

arabische Ziffer//römische Ziffer
1, 2, 3 usw. sind arabische Ziffern; I, II, III sind römische

Arbeit//Kapital
Klassenkampf zwischen Arbeit und Kapital ○ Der "Hauptwiderspruch" verlief für sie zwischen Kapital und Arbeit, zwischen Bourgeoisie und Proletariat. (Der Spiegel 7. 4. 2018) ○ Leider aber gebe es Anzeichen genug, dass man Kluften zwischen arm und reich, jung und alt, Arbeit und Kapital zulassen werde. (St. Galler Tagblatt 6. 5. 1997)

Arbeit//Vergnügen
erst die Arbeit, dann das Vergnügen ○ Während es junge Familien eher an den See zieht, fahren andere regelmäßig in die Innenstadt, ob nun für Arbeit oder Vergnügen. (Wiener Zeitung 16. 9. 2016)

Arbeit; ↑Büroarbeit, Handarbeit, Kopfarbeit, Maschinenarbeit, Teilzeitarbeit, Telearbeit, Vollzeitarbeit

Arbeiter//Angestellter
(Arbeitnehmer, der überwiegend körperliche Arbeit leistet) ○ *der Betrieb beschäftigt 20 Arbeiter und 10 Angestellte*

Arbeiter; ↑Handarbeiter, Kopfarbeiter

Arbeiterbiene//Drohne
(unfruchtbare weibliche Biene)

Arbeiter der Stirn und der Faust
(NS-Sprache)

arbeiterfeindlich//arbeiterfreundlich
arbeiterfeindliche Maßnahmen

arbeiterfreundlich//arbeiterfeindlich
arbeiterfreundliche Maßnahmen

Arbeitgeber//Arbeitnehmer
der Arbeitgeber ist jemand, der Arbeitskräfte beschäftigt ○ nach sozialistischer Auffassung müssten die Bezeichnungen umgekehrt angewendet werden: der Arbeiter ist der Arbeitgeber, denn er gibt seine Arbeit, seine Arbeitskraft ○ Da Detlef Scheele 62 Jahre alt ist, könnten Arbeitgeber und Arbeitnehmer in naher Zukunft wieder ungestört Personalpakete auskungeln. (Der Spiegel 15. 6. 2019)

Arbeitgeberverband//Arbeitnehmerverband

Arbeit haben//arbeitslos sein, keine Arbeit haben
er hat zum Glück Arbeit und ist nicht arbeitslos ○ M. H. hat Arbeit. Deshalb darf der 22-jährige Kosovo-Flüchtling in Deutschland bleiben. Seine Mutter hat keine Arbeit. Deshalb soll sie abgeschoben werden. (taz 17. 5. 2010) ○ Der Großteil der hier lebenden Rumänen und Bulgaren hat Arbeit, nur sieben Prozent sind arbeitslos. (Hamburger Morgenpost 27. 3. 2014)

Arbeitnehmer//Arbeitgeber
Arbeitnehmer und Arbeitgeber müssen sich an einen Tisch setzen und verhandeln

Arbeitnehmerverband//Arbeitgeberverband

Arbeitsangebot//Arbeitsnachfrage

Arbeitsbeginn//Arbeitsende
Arbeitsbeginn ist um 8 Uhr

Arbeitsbiene//Drohne
(unfruchtbare weibliche Biene)

Arbeitseinkommen//Besitzeinkommen
(aus Arbeit herrührendes Einkommen) ○ *Schließlich seien Besitzeinkommen gegenüber Arbeitseinkommen begünstigt. (Oberösterreichische Nachrichten 29. 8. 2000)*

Arbeitsende//Arbeitsbeginn
Arbeitsende ist um 17 Uhr

arbeitsextensiv//arbeitsintensiv
arbeitsextensive Landwirtschaft (Wirtschaft) ○ *der Getreideanbau ist – relativ gesehen – arbeitsextensiv* (ist mit weniger Arbeitsaufwand verbunden)

arbeitsfähig//arbeitsunfähig
er ist (wieder) arbeitsfähig

Arbeitsfähigkeit//Arbeitsunfähigkeit

arbeitsintensiv//arbeitsextensiv
Dienstleistungsbetriebe sind arbeitsintensiv (erfordern mehr Arbeitsaufwand, mehr menschliche Arbeitskraft) ○ *arbeitsintensive Produktionsabläufe* (Wirtschaft)

arbeitslos sein//Arbeit haben
er ist arbeitslos ○ *Einer der Zwillinge ist arbeitslos, der andere hat Arbeit – nicht ungewöhnlich in Jordanien. Für die soziale Absicherung springt nicht der Staat, sondern die Familie ein.* (taz 26. 3. 2014)

Arbeitslust//Arbeitsunlust

Arbeitsmaschine//Kraftmaschine
der Bagger ist eine Arbeitsmaschine

Arbeitsnachfrage//Arbeitsangebot

Arbeitsparlament//Redeparlament
(Parlament, das seine Arbeit weitgehend in Fachausschüsse verlagert ○ Politik)

arbeitsscheu//arbeitswillig
er ist arbeitsscheu ○ *Durch die neue Knappheit werden Sozialpartner so nebenbei verunglimpft oder Politiker als arbeitsscheu abqualifiziert.* (Tiroler Tageszeitung 13. 1. 2012)

Arbeitsspeicher//externer Speicher
(EDV)

Arbeitsstrom//Ruhestrom
(erst bei Betätigung einer Anlage entnommener Strom ○ Elektrotechnik)

Arbeitstag//Feiertag
der Bußtag ist wieder ein Arbeitstag geworden ○ *Entfällt ein Arbeitstag, weil dieser auf einen Feiertag fällt, gebührt trotzdem das Entgelt, das bezahlt würde, wenn man an diesem Tag gearbeitet hätte.* (Tiroler Tageszeitung 24. 10. 2010)

Arbeitstitel//endgültiger Titel
(vorläufiger Titel für eine Arbeit, die geplant oder im Entstehen ist)

arbeitsunfähig//arbeitsfähig
sie ist arbeitsunfähig

Arbeitsunfähigkeit//Arbeitsfähigkeit

Arbeitsunlust//Arbeitslust

arbeitswillig//arbeitsscheu
er ist arbeitswillig ○ *Wie ist zu gewährleisten, dass nur arbeitswillige und nicht arbeitsscheue Personen in den Genuss dieses Geldes kommen?* (Kleine Zeitung 3. 8. 2007)

Arbeitszeit; ↑feste Arbeitszeit, gleitende Arbeitszeit

Arbeitszeitbeginn//Arbeitszeitende

Arbeitszeitende//Arbeitszeitbeginn

arbiträr//motiviert, durchsichtig
(als Wort an sich keinen Anhaltspunkt für den Wortinhalt bietend, z. B.: *Mann* oder *Haus* – im Unterschied zu: *Männlichkeit* und *häuslich*)

Archaismus//Neologismus
(veraltetes, aus dem Sprachgebrauch ausgeschiedenes Wort, veraltete Bedeutung o. Ä., z. B. *weiland* für „einst, früher")

Architekt//Innenarchitekt
(jemand, der Häuser, Bauwerke entwirft, gestaltet und deren Ausführung einleitet und den Fortgang fachmännisch begleitet) ○ *Ein gewichtiges Wort hatte bei den Planungen von Architekt Dr. K. E. und Innenarchitekt G. W. der*

Denkmalschutz mitzureden. (Mittelbayerische Zeitung 5. 12. 2018)

arco//pizzicato
([wieder] mit dem Bogen, gestrichen zu spielen ○ Musik)

Arealmethode//Quotenmethode
(Meinungsforschung)

Argument//Gegenargument
Argumente und Gegenargumente wurden vorgebracht ○ *Das ist mehr als ein Streit um ein Projekt, bei dem im jahrzehntelangen Streit jedes Argument sein Gegenargument gefunden hat und die Sachlichkeit dabei auf der Strecke geblieben ist.* (Stuttgarter Nachrichten 14. 8. 2010)

arianisch//athanasianisch
(Religion)

Arie//Rezitativ
(Lied für einen einzelnen Sänger, z. B. in der Oper)

Arier//Jude
(NS-Rassenideologie)

arisch//jüdisch
(NS-Rassenideologie)

Arktis//Antarktis; ↑auch: Südpol
die Arktis ist das Nordpolargebiet

arktisch//antarktisch

Arlecchino//Kolombine
(in der Commedia dell'arte der Geliebte von Kolombine)

arm//reich; ↑auch: begütert
arme Leute ○ *ein armes Land* ○ *eine arme Familie* ○ *sie ist arm* ○ *je reicher, desto ärmer* ○ *die Kluft zwischen Arm und Reich wird immer tiefer* ○ *... als ginge ein Riss durch dieses Land. Es hat viele Risse auszuhalten, zwischen Ost und West, zwischen Arm und Reich ...* (Der Spiegel 17. 3. 2018) ○ *Leider aber gebe es Anzeichen genug, dass man Kluften zwischen arm und reich, jung und alt, Arbeit und Kapital zulassen werde.*

(St. Galler Tagblatt 6. 5. 1997) ○ *Schere zwischen Reich und Arm: Eine Reportage über knallhartes Business und hoffnungslose Verlierer in Liverpool.* (St. Galler Tagblatt 23. 4. 1997) ○ *Musik verbindet jung und alt, arm und reich. Sie überwindet Landes- und Sprachgrenzen.* (St. Galler Tagblatt 4. 3. 1998) ○ *Suppentag für Gross und Klein, Alt und Jung, Reich oder Arm, unabhängig von Konfession oder Glauben* (St. Galler Tagblatt 4. 3. 1998)

...arm; ↑baumarm, kontaktarm

...arm//...reich (Adjektiv)
z. B. *fettarm/fettreich*

arm an//reich an
arm an Vitaminen, an Bodenschätzen ○ *Jedenfalls ist dieses Gemüse ... arm an Kalorien und reich an Vitamin A, Kalzium und Eisen.* (Salzburger Nachrichten 12. 4. 2003)

Arme, der//der Reiche
die Reichen werden immer reicher und die Armen immer ärmer ○ *Es gibt mehr Arme als Reiche im Land ...* (Der Spiegel 30. 6. 2018)

Armee//Marine, Luftwaffe
(vorwiegend auf dem Boden kämpfende Truppe)

Ärmel; ↑angeschnittene Ärmel, eingesetzte Ärmel, mit Ärmeln, mit halbem Arm, ohne Ärmel

ärmellos//mit Ärmeln
ein ärmelloses Hemd ○ *Obwohl die meisten Oldfield-Kreationen (ab 2000 Euro) ärmellos sind, steht eines fest: Kate (28) wird am 29. April ein Kleid mit Ärmeln tragen* (Hamburger Morgenpost 12. 12. 2010)

Armut//Reichtum
die Armut dieses Landes, dieser Familie ○ *Dass man aus ihrer Geschichte auch den Trost ziehen kann, nicht für alles selbst verantwortlich zu sein, nicht*

für Glück, nicht für Unglück, nicht für Reichtum, nicht für Armut, nicht für Gesundheit, nicht für Krankheit. (Der Spiegel 10. 3. 2018)

...armut//...reichtum (Substantiv)
z. B. *Ideenarmut/Ideenreichtum*

Armut an//Reichtum an
Armut an Bodenschätzen ○ *Es herrschte eine Armut an Geld, aber ein Reichtum an Lebensfreude* (Märkische Allgemeine 24. 3. 2010)

aromatische Verbindungen//aliphatische Verbindungen
(Chemie)

arpeggio//plaqué
(Anweisung: nach Harfenspielart gebrochener Akkord)

Arrhenogenie//Thelygenie
(Zeugung nur männlicher Nachkommen ○ Medizin)

Arrhenotokie//Thelytokie
(Entstehung nur männlicher Nachkommen ○ Medizin)

arrhenotokisch//thelytokisch
(nur männliche Nachkommen habend ○ Medizin)

Arrival//Departure; ↑auch: Abflug, Abfahrt
(Ankunft ○ Flugwesen)

Ars antiqua//Ars nova
(Mensuralmusik im 13. Jh.)

Arsis//Thesis
„Arsis" ist der unbetonte Taktteil in der antiken Metrik

Ars nova//Ars antiqua
(kontrapunktisch-mehrstimmige Musik im 14. und 15. Jh.)

arteigen//artfremd
Ausserdem schliesse die frühe Ausrichtung auf arteigene Gesichter nicht aus, dass auch Erwachsene noch lernen könn-

ten, artfremde Gesichter zu unterscheiden. (Neue Zürcher Zeitung 29. 3. 2006)

Arterie//Vene
durch die Arterien fließt Blut vom Herzen zu den Organen

arteriell//venös
(Medizin)

artfremd//arteigen

artgleich//artverschieden

Arthritis//Arthrose
(akute Entzündung eines Gelenks)

Arthrose//Arthritis
(degenerative Erkrankung eines Gelenks als chronisches Leiden)

artig//unartig
die Oma sagte, ihr Enkel sei sehr artig gewesen ○ *„Da habe ich mir übers Jahr notiert, wer artig und wer unartig war", sagt der Samichlous.* (Berner Zeitung 6. 12. 2011)

Artikel; ↑mit Artikel, ohne Artikel

artikellos//mit Artikel
artikelloser Gebrauch eines Ländernamens wie z. B. Polen ○ *manche Ländernamen können artikellos und mit Artikel gebraucht werden (Iran/der Iran)* ○ *Briten und Amerikaner verwenden das Wort „Iraq" grundsätzlich artikellos. Beim Übersetzen aus dem Englischen wird der deutsche Artikel bisweilen vergessen, selbst wenn die Redaktion beschlossen hat, „Irak" immer mit Artikel zu nennen.* (Der Spiegel 17. 12. 2003)

artikuliert//unartikuliert
(gut) artikuliert sprechen

artverschieden//artgleich

Arzt//Ärztin; ↑auch: Patient
an der Tagung nahmen viele Ärzte und Ärztinnen teil

Arzt//Patient; ↑auch: Ärztin
der Arzt sprach mit seinem Patienten ○ *Krankenhaus und Arzt entgegnen, die*

Patientin sei umfangreich aufgeklärt worden (Tiroler Tageszeitung 22. 5. 2017) o *Es kostet viel Zeit und Empathie, ein gutes Vertrauensverhältnis zwischen Arzt und Patient aufzubauen.* (Der Spiegel 6. 4. 2019)

Arzt; ↑Androloge, Facharzt, Gynäkologe, Kassenarzt, Privatarzt, praktischer Arzt, Primararzt, Sekundararzt

Arzt für Allgemeinmedizin//Facharzt

Ärztin//Arzt; ↑auch: Patient
viele Ärztinnen und Ärzte nahmen an der Tagung teil o *Wie viele Minuten Behandlungszeit eine Ärztin bzw. ein Arzt pro Patient einplant, obliegt ihrer/seiner eigenverantwortlichen Praxisorganisation.* (Der Tagesspiegel 6. 11. 2017)

Ärztin//Patient
die Ärztin sprach mit ihrem Patienten

aschist//diaschist
(Geologie)

Aschkenasi//Sephardi
(Jiddisch sprechender Jude aus Mittel- oder Osteuropa)

Asebie//Eusebie
Asebie ist Gottesfrevel (Religion)

asebisch//eusebisch
(gottlos)

a secco//a fresco, al fresco
(auf die trockene Wand [gemalt] o Malerei)

aseptisch//septisch
(keimfrei o Medizin)

asexuell//sexuell
das Wort „Scheide" hat eine sexuelle (= Vagina) und eine asexuelle (= Gegenstand, in den eine Hieb- oder Stichwaffe hineingesteckt wird) Bedeutung o *Hydra kann sich sowohl asexuell (durch Knospen) wie sexuell vermehren, und dort wachsen die ersten Tumore* (Die Presse 25. 6. 2014)

Aspasia//Perikles
Aspasia, Geliebte und spätere Gemahlin des Perikles (5. Jh. v. Chr.)

aspiriert//unaspiriert; ↑auch: unbehaucht
im Altgriechischen stehen die aspirierten und die unaspirierten Laute in Opposition

Asport//Apport
(in Bezug auf das Verschwinden von etwas o Parapsychologie)

Assignant//Assignat
der Assignant stellt eine Geldanweisung aus

Assignat//Assignant
der Assignat muss auf eine Geldanweisung hin zahlen

Assimilation//Dissimilation
(Biologie, Soziologie, Pschychologie o Lautangleichung, z. B. von *lamb* zu *Lamm* o Sprachwissenschaft)

assimilieren//dissimilieren
(Sprachwissenschaft, Biologie)

Assoziation//Dissoziation
(Verknüpfung o Psychologie)

Assoziationsgrad//Dissoziationsgrad
(Chemie)

Asterix//Obelix
(die zwei gallischen Comic-Helden von René Goscinny und Albert Uderzo)

asthenisch//sthenisch
(schlankwüchsig, schwach o Medizin)

ästhetisch//unästhetisch
ein ästhetischer Anblick o *Sie setzen das Wort ästhetisch mit schön gleich. … Was nicht schön ist, gilt demnach als unästhetisch.* (Trierischer Volksfreund 17. 5. 2014)

ASVG-Pension//Beamtenpension
(Rente nach der allgemeinen Sozialversicherung, österreichisch) *Aber es muss bei dieser Gelegenheit auch erwähnt wer-*

den, dass die durchschnittliche ASVG-Pension gerade einmal 38 Prozent der durchschnittlichen Beamtenpension beträgt. (Oberösterreichische Nachrichten 3. 3. 2016)

Asymmetrie//Symmetrie
(Ungleichmäßigkeit)

asymmetrisch//symmetrisch
asymmetrisch (nicht gleich auf beiden Seiten) gebaut o *Ihren Kranz schmückt sie also mit roten Kerzen, roten Kugeln und roten Schleifen, „mal sind die Kerzen symmetrisch, mal asymmetrisch angeordnet, dieses Jahr wohl eher symmetrisch"* (Wiesbadener Tagblatt 25. 11. 2016)

asynchron//synchron
(nicht gleichzeitig) o *Er lässt ein Herz, das asynchron ist, wieder synchron schlagen und stärkt dadurch die Pumpkraft des schwachen Herzmuskels* (Westfalen-Blatt 29. 4. 2011)

Asynchronmotor//Synchronmotor
(Elektrotechnik)

asyndetisch//syndetisch; ↑auch: verbunden
(nicht durch eine Konjunktion verbunden o Sprachwissenschaft)

aszendent//deszendent
(aus der Tiefe aufsteigend o Geologie)

Aszendent//Deszendent
(Aufgangspunkt eines Gestirns o Astronomie o Vorfahr)

Aszendenz//Deszendenz
(Aufgang eines Gestirns o Verwandtschaft in aufsteigender Linie)

Aszensionstheorie//Deszensionstheorie
(Geologie)

...at//...ant (Substantiv)
z. B. *Adressat/Adressant*

...at[ar]//...ant (Substantiv)
z. B. *Indossat[ar]/Indossant*

Atalante//Hippomenes
(Paar in der griechischen Mythologie, Atalante ist eine jagende Jungfrau, die durch eine List zur Heirat mit Hippomenes umgestimmt wird)

athanasianisch//arianisch
(Religion)

athematisch//thematisch
(ohne einen Vokal gebildet, der zwischen Verbstamm und Endung eingefügt worden ist, z. B. „sag-t" im Unterschied zu „blut-e-t" o Sprachwissenschaft o ohne Thema o Musik)

atherman//diatherman
(Physik)

Atlant//Karyatide
(gebälktragende kraftvolle Männergestalt, die eine Säule oder einen Pfeiler ersetzt o Architektur)

Atlantiker//Europäer
(Politik) o *Die Engländer seien wegen ihres Sonderpakts mit Amerika mehr Atlantiker als Europäer.* (Rheinische Post 11. 1. 2003)

atmen//ausatmen
tief atmen o *Wieder tief in den Bauch atmen, beim Ausatmen Arme und Kinn senken* (Salzburger Nachrichten 15. 12. 2007)

Atommolekül//Ionenmolekül
(Chemie)

Atomwaffen//konventionelle Waffen

atonal//tonal
atonale (nicht auf dem harmonisch-funktionalen Prinzip beruhende) *Musik* o *In seiner Zweiten feiert er die Oktoberrevolution, atonale und tonale Abschnitte verbindet er in seiner Dritten zum Thema 1. Mai.* (Die Presse 20. 4. 2010)

...ator//...and[us] (Substantiv)
(bezeichnet den Träger eines Geschehens) z. B. *Laudator/Laudand[us]*

... ator//... ant (Substantiv)
(bezeichnet den Träger eines Geschehens) z. B. *Kommunikator/Kommunikant*

atoxisch//toxisch
(ungiftig)

Attacke//Gegenattacke
Bei aller Freundschaft muss immer eine letzte Distanz gewahrt bleiben, weil es sonst zu Attacken und Gegenattacken durch das Immunsystem käme. (Der Spiegel 29. 6. 2019)

Attizismus//Hellenismus
(Sprechweise der Athener)

Attraktion//Repulsion
(Anziehung[skraft] o Technik)

attraktiv//unattraktiv
ein attraktives (reizvolles) *Angebot* o *jemanden attraktiv finden* o *Menschen steigen um, sobald öffentlicher Verkehr attraktiv genug und Autoverkehr zu unattraktiv wird.* (Wiener Zeitung 4. 10. 2017)

Attrition//Kontrition
(Reue, die nur aus der Furcht vor Strafe hervorgerufen wird)

atypisch//typisch
diese Reaktion ist atypisch (von dem Üblichen abweichend) *für ihn* o *ein atypischer Krankheitsverlauf* o *Die Steiermark ist – bei Wahlen – immer sehr nahe am Bundestrend. Wien und das Burgenland sind atypisch – die Steiermark ist typisch.* (Format 30. 9. 2005)

Aubade//Serenade
(ein Morgenlied o Musik)

auditiver Typ//visueller Typ; ↑auch: optischer Typ
ein auditiver Typ (der vom Hören her besser lernt) o *Lerntypengerechte Nachhilfe wird durch einen Lerntypenbestimmtest (visueller Typ, auditiver Typ, kinästhetische Typ) erkannt und mit dem Kind individuell umgesetzt.* (Burgenländische Volkszeitung 22. 3. 2012)

Auerhahn//Auerhenne

Auerhenne//Auerhahn

auf//unter; ↑auch: unter//über
der Brief liegt auf dem Buch o *auf dem Tisch sitzt die Katze* o *Die ganzen Pakete und Briefe auf dem Rücken und unter dem Arm.* (Tagesanzeiger 7. 3. 2015)

auf//von; ↑auch: herunter, hinunter
ich steige auf den Berg hinauf o *er kommt auf den Berg herauf (zu mir)* o *auf den Tisch legen* o *Nirgendwo ist der Blick auf den Berg eindrucksvoller als vom Hügel Tsitsernakaberd, wo das gleichnamige Mahnmal und ein Museum an die Gräuel des Völkermords von 1915 erinnern* (Südkurier 6. 8. 2016)

auf//zu; ↑auch: geschlossen
Fenster auf oder Fenster zu? o *Augen auf und durch* (statt: *Augen zu und durch*, Buchtitel von Michael Laczinsky, 2018 u. a.)

auf...//... (Verb)
z. B. *aufbinden/binden (Schleife)*

auf...//ab... (Adverb)
z. B. *aufwärts/abwärts*

auf...//ab... (Verben mit gleichem Basiswort)
z. B. *aufrüsten/abrüsten*

auf...//ab... (Verben mit nicht gleichem Basiswort)
z. B. *aufbehalten/absetzen*

auf...//auseinander... (Verb)
z. B. *aufrollen/auseinanderrollen*

auf...//ein... (Verben mit nicht gleichem Basiswort)
z. B. *aufwachen/einschlafen*

auf...//ent... (Verb)
z. B. *aufrollen/entrollen*

auf...//unter... (Verb)
z. B. *auftauchen/untertauchen*

auf.../zu... (Verben mit gleichem Basiswort)
z. B. *aufschließen/zuschließen*

auf.../zu... (Verben mit nicht gleichem Basiswort)
z. B. *aufziehen/zuschieben, auflassen/zumachen*

...auf//...ab (Adverb)
z. B. *bergauf/bergab*

Aufbau//Abbau
der Aufbau der Baracke, des Zeltes ○ der Aufbau von Stärke (Ernährung) ○ Das ganze Leben findet im Knochen ein Aufbau und Abbau statt. (Tiroler Tageszeitung 6. 5. 2018)

aufbauen//abbauen
Buden, Zelte aufbauen

aufbauend//zerstörend
eine aufbauende Kritik ○ Auch in den folgenden Zeilen kommt die aufbauende wie zerstörende Macht unserer Worte zum Ausdruck (Hamburger Abendblatt 13. 11. 2009)

aufbaumen//abbaumen
(Jägersprache)

aufbäumen//abbäumen
(Weberei)

aufbegehren//dulden
Ein solch rebellisches Aufbegehren kann König Kronos freilich unmöglich dulden, weshalb er seinen Sohn vorsorglich auffressen will. (Schwäbische Zeitung 23. 4. 2015)

aufbehalten//abbehalten
Piccoli behielt den Hut auf, auch im Badezimmer der Bardot. (Der Tagesspiegel 27. 12. 2000)

aufbehalten//abnehmen, absetzen
den Hut aufbehalten und nicht abnehmen, nicht absetzen ○ Sonnenbrillen sollte man abnehmen, wenn man sich im Schatten niederlässt, um miteinander zu plaudern. Trifft man sich in gleißender Sonne, darf man sie mit einer kleinen Entschuldigung aufbehalten. (Der Tagesspiegel 18. 7. 2014) ○ Die Schmöllner Steinmetzen durften die Mütze beim Mittagessen aufbehalten, die Demitzer mussten sie absetzen (Süddeutsche Zeitung 16. 8. 2016)

aufbehalten//schließen
„Man muss einfach die Augen aufbehalten" (Nordkurier 12. 8. 2015)

aufbekommen//zubekommen
die Tür, den Koffer (nicht) aufbekommen ○ „Wir haben das Gerät aufbekommen und sehen, woran es liegt: Eine Sicherung ist kaputt." (Südkurier 12. 6. 2018)

aufbinden//binden
eine Schleife aufbinden ○ Drei Schleifchen müssen aufgebunden werden, um an die Pflanze zu kommen. (Der Tagesspiegel 26. 5. 2001)

aufbinden//zubinden
die Schürze, den Sack aufbinden

aufbleiben//geschlossen werden
das Fenster blieb auf

aufbleiben//schlafen gehen, zu Bett gehen
ich bleibe (noch) auf ○ Und hinzu kommt noch, dass Kinder es manchmal ungerecht finden, dass Erwachsene länger aufbleiben. Aber ohne ausreichend Schlaf geht es nicht. Denn wenn wir zu Bett gehen und unser Körper still und ruhig ist, laufen im Gehirn sehr komplizierte Prozesse ab. (Rhein-Zeitung 15. 9. 2015) ○ Dann kann ich endlich einmal lange aufbleiben! Normalerweise muss ich immer um acht am Abend schlafen gehen (Neue Kronen-Zeitung 16. 6. 2008)

aufbleiben//zubleiben
das Fenster bleibt auf! ○ die Schranke blieb auf ○ Welcher Knopf bleibt bei einem dreiknöpfigen Sakko auf? Der oberste bleibt auf, der mittlere bleibt zu,

der unterste bleibt wieder auf (Stuttgarter Zeitung 19. 6. 2009)

aufbleiben; ↑noch aufbleiben dürfen

Aufblende//Abblende
(langsamer Übergang zur normalen Belichtung o Film)

aufblenden//abblenden
den Scheinwerfer, eine Filmszene aufblenden o *An Bord befindet sich auch ein weiterentwickeltes Lichtsystem, mit dem sich das Fahrlicht an die Umgebung anpassen kann ... bis hin zum automatischen Auf- und Abblenden.* (Nordkurier 16. 10. 2008)

Aufblendung//Abblendung
(beim Scheinwerfer, beim Film)

aufbringen//zubringen
ich kann die Tür nicht aufbringen (bringe es nicht fertig, die Tür zu öffnen o umgangssprachlich)

Aufbruch//Gesenk
(Bergbau)

aufdecken//abdecken
sie hat schon aufgedeckt (den Tisch)

aufdecken//zudecken
den Schlafenden, ein Grab, einen Brunnen aufdecken o *Denn in einer mangelhaften Demokratie müsse aufgedeckt werden, was „von oben zugedeckt" wird.* (Der Standard 23. 5. 2001)

auf dem Teppich bleiben//abheben
trotz seines Erfolges blieb er auf dem Teppich (der Erfolg stieg ihm nicht in den Kopf, machte ihn nicht überheblich o umgangssprachlich)

auf den Tisch//unter den Teppich
„Alles kommt auf den Tisch, nichts wird unter den Teppich gekehrt." (Der Spiegel 12. 5. 2018)

auf die Bremse treten//Gas geben
Und festinstallierte Blitzer-Anlagen: Sie bringen gar nichts, weil alle auf die Bremse treten und danach wieder Gas geben. (Hamburger Morgenpost 24. 2. 2011)

aufdocken//abdocken
Garn aufdocken o *eine Leine aufdocken*

aufdrehen//zudrehen; ↑auch: ausmachen
den Gashahn, die Heizung aufdrehen o *Dazu alle Sperrventile einmal aufdrehen, durchspülen lassen und wieder zudrehen.* (Saarbrücker Zeitung 13. 8. 2008)

aufeinander zu//voneinander weg
sie bewegten sich aufeinander zu o *Dabei bewegen sie sich aufeinander zu oder voneinander weg, schieben sich übereinander, reiben aneinander.* (Die Presse 12. 3. 2011)

auf einem Formular; ↑Formular

aufen//aben
der Weg aufet (geht aufwärts o veraltet)

aufentern//niederentern
(auf die Masten eines Segelschiffes klettern)

Aufenthaltserlaubnis//Aufenthaltsverbot

Aufenthaltsverbot//Aufenthaltserlaubnis

auffädeln//abfädeln
Perlen auffädeln o *Die Frauen und Mädchen des Dorfes verkaufen nicht nur traditionellen Schmuck an Touristen, den sie im Schatten eines großen Baums vor dem Dorfeingang auffädeln.* (Tiroler Tageszeitung 1. 7. 2018)

Auffahren, das//das Abfahren
das Auffahren auf die Autobahn o *Auf der Hardbrücke werden ab April die Auffahrt und die Abfahrt Hohlstrasse gesperrt sein.* (Tagesanzeiger 30. 1. 2010)

Auffahrt//Abfahrt; ↑Almauffahrt

Auffahrt//Abfahrt, Ausfahrt
die Auffahrt zur Autobahn ○ *Die Auffahrt an der Anschlussstelle Gebersdorf sowie die Auf- und Abfahrt auf die Südwesttangente an der Anschlussstelle Kleinreuth können nicht genutzt werden.* (Nürnberger Zeitung 8. 5. 2018) ○ *Schon auf dem Weg zum Autobahnzubringer schärfte ich mir ununterbrochen ein: ‚Links ist die Auffahrt zur Autobahn für mich, rechts ist die Ausfahrt der Autobahn für die anderen.'* (taz 11. 1. 2013)

auffällig//unauffällig
auffällige Kleidung ○ *Nur wenige Tage später verhaftete die Polizei dann ein rumänisches Pärchen, das auffällig unauffällig um das Haus der Getöteten herumschlich.* (Tiroler Tageszeitung 30. 3. 2013)

auffliegen//zufliegen
das Fenster flog (vom Wind) auf

Aufgang//Abgang
der Aufgang (Treppe aufwärts) *bei der S-Bahn*

Aufgang//Untergang
den Aufgang der Sonne beobachten ○ *Der Monat Ramadan sieht vor, vom Aufgang der Sonne bis zu deren Untergang auf Speis und Trank zu verzichten.* (Südkurier 5. 3. 2014)

aufgeben//beibehalten
eine Sitte aufgeben ○ *Sollen wir die in den 1970er-Jahren eingeführte alljährliche Zeitumstellung ... aufgeben? Wenn ja, sollen wir die Sommer- oder die Winterzeit beibehalten?* (Die Presse 11. 11. 2018)

aufgeben//durchhalten
sie hat aufgegeben (hat vor den Schwierigkeiten kapituliert)

aufgeben//eröffnen
ein Geschäft aufgeben (nicht mehr weiterführen und es schließen) ○ *Der Buchhändler musste aufgeben. Nun soll hier ein Coffee-Shop eröffnen.* (Hamburger Morgenpost 7. 5. 2016)

aufgeben//fortsetzen
den Widerstand aufgehen ○ *Doch die Uni-Leitung möchte ihr Vorzeige-Institut nicht aufgeben, sondern in verkleinerter Form fortsetzen.* (Stuttgarter Nachrichten 11. 10. 2012)

auf Gedeih und Verderb
auf Gedeih und Verderb mit jemandem verbunden sein ○ *Selbst wenn sie sich auf Gedeih und Verderb dem „Fetisch Nulldefizit" verschrieben haben, wie jetzt die Opposition säuerlich bemängelt, müssen sie nicht auf unpopuläre Austeritätsprogramme zurückgreifen, wollen sie ihr Ziel erreichen.* (Die Zeit 28. 3. 2018)

aufgehen//untergehen
die Sonne geht morgens im Osten auf ○ *Die Sonne wird aufgehen, die Sonne wird untergehen, alles wird sein wie zuvor.* (Der Tagesspiegel 15. 4. 2007)

aufgehen//zugehen; ↑auch: schließen, sich
die Tür, das Fenster geht (nicht) auf ○ *„Ich finde es gut, dass es einen Nothammer gibt, wenn die Türen nicht mehr aufgehen. Außerdem finde ich es gut, dass die Türen nicht zugehen, wenn noch jemand dazwischen steht."* (Saarbrücker Zeitung 30. 12. 2003)

aufgeklärt//unaufgeklärt
die Kinder sind (schon) aufgeklärt ○ *Das Christentum sei gut und aufgeklärt, der Islam hingegen schlecht und unaufgeklärt.* (Die Welt 2. 2. 2007)

Aufgeklärtheit//Unaufgeklärtheit

aufgelegt; ↑liegend aufgelegt

aufgeräumt//unaufgeräumt; ↑auch: unordentlich
ein aufgeräumtes Zimmer ○ *Man sagt das ja auch: Leute, die so aufgeräumt sind, die sind innerlich unaufgeräumt.* (Kölner Stadtanzeiger 16. 1. 2007)

Aufgeregtheit//Gelassenheit
es herrschte Aufgeregtheit bei der Wahlvorbereitung ○ Das soll sich ändern zum 1. Juli, wenn Heynckes zurückkehrt nach München, um den Klub nach Jahren schriller Aufgeregtheit in eine Phase von Gelassenheit, Verlässlichkeit und stetigem Erfolg zu führen. (Süddeutsche Zeitung 16. 4. 2011)

Aufgesang//Abgesang
(erster Teil der Meistersangstrophe)

aufgeschnitten//im Stück
Bei Hart- und Schnittkäse sollte man Käse wählen, die noch nicht aufgeschnitten sind, und den Käse nicht in Scheiben, sondern „im Stück" schneiden lassen. (Frankfurter Neue Presse 26. 2. 2002) ○ 5 dag luftgetrockneter Schinkenspeck, aufgeschnitten (Kleine Zeitung 10. 2. 2012)

aufgezeichnet//live
die Fernsehsendung ist aufgezeichnet ○ Werden die Gespräche aufgezeichnet oder sind sie live? (Haller Tagblatt 1. 7. 2017)

aufgrätschen//abgrätschen aufgreifen; ↑wieder aufgreifen
auf den Barren aufgrätschen (Turnen)

aufgruppieren//abgruppieren
sie wurde aufgruppiert (in die nächst höhere Gehaltsstufe eingestuft)

aufhaben//abhaben
er hat den Hut auf

aufhaben//zuhaben; ↑auch: geschlossen
die Augen aufhaben ○ das Geschäft hat heute auf

aufhaken//zuhaken
die Gamaschen aufhaken

aufhaltsam//unaufhaltsam
„Der aufhaltsame Aufstieg des Arturo Ui" (Theaterstück von Bertolt Brecht, uraufgeführt 1958) ○ Der Aufstieg der Diktatoren ist aufhaltsam. Enzensberger glaubt statt dessen an den Teufel: Der „Feind des Menschengeschlechtes" ist unaufhaltsam. (Die Zeit 15. 2. 1991)

aufhängen//abhängen
Bilder aufhängen ○ Also mir sind die Politiker lieber, die die Kreuze aufhängen, als diejenigen, die Kreuze abhängen. (Nürnberger Nachrichten 5. 5. 2018)

aufhängen//abnehmen; ↑auch: nehmen von
die Gardinen, die Wäsche aufhängen

aufhauben//abhauben; ↑auch: abkappen
den Beizfalken aufhauben (Jägersprache)

aufheben//bestätigen
der Bundesgerichtshof kann das Urteil bestätigen oder aufheben ○ An diesem Tag wird das Bundesverwaltungsgericht den seit Jahren geltenden Baustopp mitten in Schleswig-Holstein aufheben oder bestätigen. (taz 24. 11. 2018)

aufheben//erlassen
ein Gesetz aufheben ○ „Wir müssen möglicherweise einige Beschränkungen aufheben, die sie für ihre Truppen dort erlassen haben." (Süddeutsche Zeitung 1. 3. 2008)

aufheben//liegenlassen; ↑auch: wegwerfen
das Papier (vom Fußboden) aufheben ○ «Es lag auf dem Boden, und als ich es aufheben wollte, sagte jemand, ich solle es liegen lassen, es werde weggeworfen.» (Tagesanzeiger 20. 4. 2015)

aufheben//wegwerfen
alte Zeitungen aufheben und nicht wegwerfen ○ In jedem Mensch steckt ein Sammler, denn aufheben ist leichter als wegwerfen. (Wiesbadener Tagblatt 28. 8. 2015)

aufheitern, sich//sich bewölken, sich beziehen
der Himmel heitert sich auf ○ Ein Dutzend Gäste begehrt Einlass und sein

Gesicht heitert sich auf. (Schweriner Volkszeitung 25. 7. 2000)

aufhocken//abhocken
(auf ein Turngerät in der Weise springen, dass man sich dann in Hockstellung befindet ○ Turnen)

aufhören//anfangen, beginnen
das Tal hört hier auf ○ der Sturm hörte abends auf ○ Diese Situation, dass etwas aufhört und noch niemand so recht weiß, was beginnt, hat sehr viel mit unserer Zeit zu tun. (Die Zeit 18. 10. 2018)

aufhören, mit etwas//mit etwas anfangen
mit dem Rauchen aufhören ○ Da er mit dem wettkampfmässigen Einzellaufen aufgehört und mit Eistanz angefangen hat, präsentiert er in Widnau zwei Showprogramme. (St. Galler Tagblatt 21. 11. 2018)

aufhören//weitermachen
mit der Arbeit aufhören und nicht mehr weitermachen ○ Wenn wir aufhören, sollten andere weitermachen. (taz 8. 8. 2014)

aufkappen//abkappen; ↑auch: abhauben
den Beizfalken aufkappen (Jägersprache)

aufklappen//herunterklappen
den Mantelkragen (bei Kälte) aufklappen

aufklappen//runterlassen
das Visier aufklappen

aufklappen//zuklappen
das Buch, den Deckel (einer Kiste) aufklappen ○ Die schmalen Leisten der Schaltflächen gleichen den Rücken von Zeitschriften, die man wie aus einem Regal herausziehen, aufklappen, umblättern, zuklappen und wieder zurückstellen kann. (Süddeutsche Zeitung 23. 1. 2007)

aufknöpfen//zuknöpfen
die Bluse, die Weste aufknöpfen ○ Zähne putzen, Hände waschen, Gesicht auch. Schnürsenkel binden. Hose aufknöpfen, wenn man reinschlüpft, dann wieder zuknöpfen. (Die Zeit 17. 12. 2015)

aufknoten//zuknoten
die Schnürsenkel aufknoten ○ Kaum jemand trug eine Jacke oder musste sich erst die Krawatte aufknoten, um in den Casual-Modus zu wechseln. (Westdeutsche Zeitung 18. 9. 2010)

aufknüpfen//zuknüpfen
den Schifferknoten (wieder) aufknüpfen ○ Wir müssen vielmehr den Gordischen Knoten mangels Alexander-Schwert mühsam aufknüpfen. (Die Presse 31. 12. 2005)

aufkorken//zukorken
die Flasche aufkorken ○ Ab welcher Uhrzeit darf ich denn den Champagner aufkorken? (Berliner Morgenpost 26. 2. 2017)

aufkriegen//zukriegen; ↑auch: zumachen
„Papa, ich kriege die Tür nicht auf!" (Trierischer Volksfreund 27. 8. 2016)

aufladen//abladen
das Gepäck (auf den Anhänger) aufladen ○ das Frachtgut aufladen

aufladen//entladen
eine Batterie wieder aufladen ○ Man muss sie nicht erst vollständig aufladen und dann immer entladen, um den sogenannten Memory-Effekt zu verhindern. (Süddeutsche Zeitung 31. 12. 2014)

aufladen, sich//sich entladen
sich gefühlsmäßig wieder aufladen ○ Hitze und Trockenheit sind ein jährlich wiederkehrendes Phänomen, wenn die Temperaturen über der indischen Landmasse ansteigen, bevor die Winde über der Arabischen See sich mit Feuchtigkeit aufladen und sich in Wolkenbrüchen über dem dürstenden Subkontinent entladen. (Neue Zürcher Zeitung 4. 6. 2003)

Aufladung//Entladung
Aufladung des Stroms, der Batterie

auflagenschwach//auflagenstark
ein auflagenschwaches Buch

auflagenstark//auflagenschwach
ein auflagenstarkes Buch

auflandig//ablandig
Ein auflandiger (landwärts gerichteter) Wind (Seemannssprache)

auflassen//abnehmen, absetzen
den Hut auflassen ○ Brille auflassen oder abnehmen beim Fotografieren? (Stuttgarter Nachrichten 23. 1. 2016) ○ Helm auflassen oder absetzen? Das ist bei Erster Hilfe für verunglückte Motorradfahrer oft die Frage: „Bei einem bewusstlosen Motorradfahrer muss der Helm abgenommen werden" (Kölner Express 25. 7. 2018)

auflassen//schließen, zumachen; ↑auch: zulassen
das Geschäft über Mittag auflassen ○ die Tür auflassen und nicht zumachen ○ Heute werde sie aber länger auflassen müssen, damit sie die Tageseinnahmen ausgleichen kann (Berliner Morgenpost 10. 9. 2017)

auflassen//zulassen; ↑auch: zumachen
die Tür auflassen ○ Man könne kaum ein Fenster auflassen (Rhein-Zeitung 13. 8. 2015)

auflegen//abnehmen
den Telefonhörer, eine Tischdecke auflegen ○ Den Deckel auflegen und das Omelett 5 Min. backen, bis die Eier etwas gestockt sind. Den Deckel abnehmen und die Pfanne für 15 Min. in den Backofen oder unter den Backofengrill schieben (Dolomiten 3. 8. 2018)

auflösbar//unauflösbar
Diese Probleme sind auflösbar ○ 1906 wurden in Deutschland von einem Tag auf den anderen alle evangelisch oder nur standesamtlich geschlossenen Mischehen, die bis dahin ungültig und auflösbar waren, für gültig, sakramental und unauflösbar erklärt. (Der Spiegel 5. 8. 1968)

auflösende Bedingung//aufschiebende Bedingung
(Rechtswesen)

aufmachen//geschlossen lassen, zulassen
die Packung, den Brief aufmachen ○ Denn auf deren Entscheidung (zum Sonntagsverkauf) schielen alle Händler, die sich noch nicht zwischen aufmachen und zulassen entschieden haben. (Stuttgarter Zeitung 6. 5. 2004)

aufmachen//zumachen; ↑auch: schließen; aufbleiben, zuschrauben
das Fenster aufmachen ○ die Augen aufmachen ○ eine Kiste aufmachen ○ das Geschäft aufmachen ○ Man kann die Jacke auch aufmachen, den Gurt anlegen und sie darüber sogar wieder zumachen. (Tiroler Tageszeitung 6. 9. 2015) ○ Oder den Kühlschrank nur kurz aufmachen, etwas rausnehmen und dann gleich wieder zumachen. (Schwäbische Zeitung 18. 4. 2012) ○ Wahrscheinlich würde ich in Säckingen einen Zigarrenladen aufmachen und nach einem Jahr wieder zumachen, weil ich alle Zigarren selbst geraucht habe. (Südkurier 31. 7. 2003)

aufmachen; ↑den Mund aufmachen

aufmerksam//unaufmerksam
ein aufmerksamer Schüler (der dem Unterricht interessiert folgt) ○ ein aufmerksamer (höflich-galanter) Liebhaber ○ Waren die Schüler beim Führen aufmerksam, verhielten sich auch die Tiere so, waren die Kinder unaufmerksam und abgelenkt, machten auch die Lamas, was sie wollten. (Niederösterreichische Nachrichten 6. 12. 2012)

Aufmerksamkeit//Unaufmerksamkeit

aufmontieren//abmontieren
eine Figur (auf etwas) aufmontieren

Aufnahme//Abgabe
die Aufnahme von Wärme ○ Natürliche Baustoffe ... bieten einen optimalen Wärmeschutz. Durch die Aufnahme oder Abgabe von Wärme und Feuchtigkeit sorgen sie für eine gleichmäßige und angenehme Raumtemperatur. (Tiroler Tageszeitung 22. 10. 2016)

Aufnahme//Wiedergabe
Ein Gerät zur Aufnahme und Wiedergabe gesprochener Mitteilungen

Aufnahme; ↑Momentaufnahme, Zeitaufnahme

aufnehmen//abgeben
Sauerstoff aufnehmen und Stickstoff Abgeben ○ Torf nimmt viel Wasser auf, gibt aber wenig ab. Das trocknet den Boden auf Dauer aus. (Nordkurier 29. 7. 2016)

aufnehmen//absetzen
eine Last, einen Koffer (wieder) aufnehmen ○ Per Funk weisen ihn die Kollegen an, wo er Bauteile aufnehmen und absetzen soll. (Berliner Zeitung 1. 6. 2018)

aufnehmen//ausstoßen
jemanden (wieder) in die Familie aufnehmen ○ „Ich bin froh darüber, dass die Kommunen ihre Töchter wieder aufnehmen und nicht ausstoßen." (Die Welt 8. 5. 2015)

aufnehmen; ↑wieder aufnehmen

Aufprojektion//Rückprojektion
(Film)

aufprotzen//abprotzen
ein Geschütz aufprotzen (zum Abfahren mit dem Wagen verbinden ○ Militär)

Aufputschmittel//Beruhigungsmittel
er nimmt Aufputschmittel

aufrädeln//abrädeln
Zwirn aufrädeln

aufrahmen//sedimentieren
(Chemie)

aufregen, sich//sich abregen
er hat sich (darüber) aufgeregt ○ reg dich nicht auf, das bekommt dir nicht ○ Die wenigen Tage, an denen man sich über die Hitze aufgeregt hatte, waren schneller verflogen, als man sich abregen konnte. (Bramscher Nachrichten 7. 9. 2017) ○ „Warum soll ich mich aufregen? Und das wäre mir viel zu anstrengend." (Dalai Lama zugeschrieben)

aufrichten, sich//schlaff werden
der Penis richtet sich auf ○ Dann schmunzelt er und richtet sich in seinem klapprigen Rollstuhl auf, seine Beine hängen schlaff aus dem Gefährt. (Süddeutsche Zeitung 14. 7. 2001)

aufrichtig//unaufrichtig
er ist aufrichtig ○ Erst als der Mensch den aufrechten Gang erlernt hatte, konnte er – frei, also liberal – beides zugleich sein: aufrichtig oder eben unaufrichtig (Die Zeit 16. 9. 2004)

aufrollen//abrollen
das Kabel (auf die Trommel) aufrollen

aufrollen//auseinanderrollen
den Teppich aufrollen (rollend aufnehmen, zusammenlegen)

aufrollen//entrollen
eine Fahne, ein Transparent aufrollen (zu einer Rolle zusammenlegen) ○ «Ursprünglich waren sie aufgerollt und wurden auch so verschickt, zum Lesen mussten sie dann entrollt werden.» (Neue Zürcher Zeitung am Sonntag 9. 12. 2007)

aufrüsten//abrüsten; ↑auch: demilitarisieren
das Land hat aufgerüstet

Aufrüstung//Abrüstung
internationale Aufrüstung

aufrütteln//beschwichtigen

Aufrüttler/Beschwichtiger

aufsatteln//absatteln
ein Pferd aufsatteln

Aufsatz; ↑**Hausaufsatz, Klassenaufsatz**

aufschiebbar//unaufschiebbar
Die formale Rechtslage klingt verzwickt: „Man unterscheidet dann noch zwischen aufschiebbar und unaufschiebbar", so Fahrer. Bei Unaufschiebbarkeit wird auf alle Fälle die zuständige Abschleppzentrale sofort informiert. (Die Presse 16. 11. 2004)

aufschieben//zuschieben
eine Schiebetür aufschieben

aufschiebende Bedingung//auflösende Bedingung
(Rechtswesen)

aufschiebende Einrede//ausschließende Einrede
(Rechtswesen)

Aufschlag//Abschlag
ein Aufschlag (Verteuerung beim Preis) *von 15 %*

Aufschlag//Anflug
(z. B. Eichen, Kastanienbäume, die ohne menschliches Zutun aus den Eicheln, Kastanien gewachsen sind ○ Forstwesen)

aufschlagen//abschlagen
das Zelt aufschlagen ○ *das Getreide schlägt auf* (wird teurer)

aufschlagen//zumachen
das Buch aufschlagen

Aufschläger//Rückschläger
(Spieler, der den Aufschlag ausführt ○ Tennis u. Ä.)

Aufschlagzünder//Zeitzünder
(Zünder einer Granate, der beim Aufschlag explodiert ○ Militär)

aufschließen//Abstand halten
bitte aufschließen (zum Vordermann hin dichter herangehen) ○ *Mit einem Sieg könnten die Aufsteiger aus Donaustauf nicht nur weiter an die Spitzenplätze der Liga aufschließen, sondern auch die Verfolger auf Abstand halten. (Mittelbayerische Zeitung 10. 9. 2016)*

aufschließen//zuschließen; ↑**auch: schließen**
die Tür, den Laden aufschließen ○ *Sie verlässt ihr Büro, geht durch die schmalen grauen Gänge der Anstalt, Türen aufschließen, Türen zuschließen, Treppe runter, Hoftür aufschließen, Hoftür zuschließen. (Haller Tagblatt 25. 9. 2014)*

Aufschluss//Einschluss
(im Gefängnis)

aufschnallen//abschnallen
das Gepäck aufs Autodach aufschnallen ○ *Der junge Mann hatte einen Rucksack aufgeschnallt, in dem sich der Ausweis des ursprünglich aus Kasachstan kommenden Mannes befand. (Braunschweiger Zeitung 26. 2. 2010)*

aufschnallen//zuschnallen
die Schuhe aufschnallen

aufschnüren//zuschnüren
die Schuhe, das Bündel aufschnüren ○ *In Ermangelung von Ideen, den Willen zu Reformen und den Versäumnissen der letzten Jahrzehnte gibt es Pakete, die kann man aufschnüren, zuschnüren, umschnüren, und das ist Politik vom Feinsten, und das nennt man politischen Weitblick (Neue Kronen-Zeitung 26. 4. 2012)*

aufschrauben//abschrauben
eine Platte (auf etwas) aufschrauben

aufschrauben//zuschrauben; ↑**auch: zumachen**
die Flasche aufschrauben

aufschütten//abtragen
Erde aufschütten ○ *Das Gelände für die Trasse sei „sehr bewegt", dafür müssten insgesamt mehr als 400 000 Kubikmeter Erdreich aufgeschüttet oder abgetragen werden. (Nordkurier 22. 5. 2017)*

aufschwingen, sich//sich abschwingen
sich aufs Pferd aufschwingen

Aufschwung//Abschwung
Aufschwung am Reck (das Sich-Hinaufschwingen auf das Turngerät) ○ *die Konjunktur ist im Aufschwung (Wirtschaft)* ○ *So dauert der amerikanische Aufschwung schon recht lange. Der nächste Abschwung kommt und kündigt sich an* (Berliner Zeitung 27. 8. 2016)

Aufschwung; ↑Konjunkturaufschwung

auf sein//im Bett sein
er ist (schon) auf ○ *er ist (immer noch) auf*

auf sein//zu sein; ↑auch: geschlossen
die Tür ist auf

aufsetzen//abbehalten
die Mütze aufsetzen und nicht länger abbehalten

aufsetzen//abnehmen
als er den Raum betrat, nahm er den Hut ab, und als er den Raum wieder verließ, setzte er den Hut wieder auf ○ *Habeler wiederum hat gemeinsam mit seinen Söhnen eine Brillen-Halterung gebastelt, mit der er die Augengläser alleine aufsetzen oder abnehmen kann.* (Kurier 28. 11. 2004)

aufsetzen//absetzen
die Brille, die Mütze aufsetzen ○ *Die Patientin muss etwa 20 Minuten vor Beginn der Chemotherapie die Haube aufsetzen und darf sie erst nach einer Stunde wieder absetzen.* (Der Tagesspiegel 23. 1. 2017)

aufsitzen//absitzen
auf das Pferd aufsitzen ○ *Als sie gegen 14.40 Uhr beim Turnierplatz auf ihr Pferd aufsitzen wollte, schlug dieses mit den Hinterbeinen gegen den Kopf des Mädchens.* (Vorarlberger Nachrichten 30. 7. 2018)

aufspannen//zumachen, zusammenklappen
den Schirm aufspannen

aufsperren//zusperren
das Haus aufsperren ○ *Christbaum-Verkäufer können sogar bis 20 Uhr aufsperren. Für Tankstellen gibt es keine besonderen Auflagen, die meisten werden um 18 Uhr zusperren* (Tiroler Tageszeitung 24. 12. 2013)

aufspringen//abspringen
auf den fahrenden Zug aufspringen ○ *Sie wollte mal hören, warum ich eintrete, und mal abklopfen, ob ich so ein Trittbrettfahrer der Demokratie bin, mal so aufspringen, abstimmen, und dann wieder abspringen.* (Der Spiegel 10. 2. 2018)

Aufsprung//Absprung
der Aufsprung (auf die fahrende Straßenbahn) ○ *(Skispringen:) Auch wenn es mit dem Aufsprung nicht immer ganz so klappte, den Absprung schafften die Springer meist ganz perfekt.* (Kleine Zeitung 17. 2. 1999)

aufspulen//abspulen
einen Faden, Nähgarn aufspulen

aufstehen//sich hinlegen
wann ist er morgens aufgestanden?

aufstehen//sich[hin]setzen
zur Begrüßung stand er auf ○ *sie steht auf (vom Stuhl)* ○ *Sie war unruhig in diesen Stunden, stand auf, setzte sich wieder, der Tod war nah, das spürte sie.* (Stern 3. 4. 2014) ○ *Er stand auf, lief am Spielfeldrand entlang, setzte sich hin, stand wieder auf.* (Stuttgarter Zeitung 28. 1. 2013)

aufstehen//liegenbleiben
sie steht (jetzt) auf ○ *er stürzte und stand gleich wieder auf* ○ *Ein Leser erinnerte an einen amüsanten Satz des Alten Fritz: Wenn er am Jüngsten Tag nicht aufstehen will, soll er liegenbleiben.* (Braunschweiger Zeitung 6. 4. 2013)

aufstehen//schlafen gehen, ins Bett gehen
vom Aufstehen bis zum Schlafengehen ○ *Als Lehrerin aber habe sie jahrzehnte-*

lang dann aufstehen müssen, wenn sie eigentlich erst schlafen gehen wollte. (Passauer Neue Presse 7. 6. 2018) ○ Dass CDU und auch CSU Politik für die Mitte der Gesellschaft machen – für die kleinen Leute, die morgens früh aufstehen, hart arbeiten und abends müde ins Bett gehen. (Kölnische Rundschau 17. 10. 2017)

aufstehen//sitzen bleiben
in der Bahn aufstehen und seinen Platz anbieten ○ „Manchmal muss man eben aus dem Lehnstuhl aufstehen, um weiter im Lehnstuhl sitzen bleiben zu können." (Der Spiegel 10. 10. 2008)

aufsteigen//absteigen
auf das Rad aufsteigen ○ beruflich aufsteigen ○ Diese müssen so weit durchlässig sein, dass Menschen aufgrund ihrer Eigenschaften und Fähigkeiten sozial sowohl aufsteigen als auch absteigen können. (Berliner Morgenpost 1. 7. 2012)

aufsteigen//sitzenbleiben
(Schule) ○ alle Schüler der Klasse dürfen aufsteigen (haben das Klassenziel erreicht) ○ Meinungsumfragen zufolge ist in der Bevölkerung jeder Zweite gegen ein Aufsteigen mit Fünfern. Auch Jugendliche selbst seien stark dafür, das Sitzenbleiben beizubehalten (Die Presse 22. 6. 2011)

aufsteigen//fallen
der Nebel steigt auf ○ Der Geigenton steigt auf, erstrahlt für Momente, fällt in einer eleganten Kaskade, die wird abrupt unterbrochen. (Badische Zeitung 8. 3. 2010)

aufsteigend//absteigend
aufsteigende Verwandtenlinie

Aufsteiger//Absteiger
(Sport)

Aufstieg//Abstieg
der Aufstieg auf den Berg ○ Die Anzahl der Jogger, die den Aufstieg auf den Berg als sportliche Herausforderung bewältigen, ist mindestens ebenso groß wie die Zahl der Pilger, die sich für den Kreuzweg entschieden haben (Mannheimer Morgen 5. 4. 2012) ○ der Aufstieg des Vereins (in die nächste Runde oder Klasse)

Aufstieg//Absturz
Dem rasanten Aufstieg (des Politikers) folgt ein brutaler Absturz (FOCUS 21. 10. 2013)

Aufstieg//Fall
Dresden – Aufstieg und Fall einer Stadt ○ Aufstieg und Fall des Ministerpräsidenten ○ der Aufstieg des Diktators ○ Der Aufstieg und Fall des Martin Schulz (Hamburger Morgenpost 10. 2. 2018) ○ Aufstieg und Fall der Stadt Mahagonny (Theaterstück von Bertolt Brecht, 1929)

Aufstiegsrunde//Abstiegsrunde
(Sport)

aufstöpseln//zustöpseln
die Kanne aufstöpseln ○ In Hausbars spielen Flaschen gekränkt, die seit Aschermittwoch nicht aufgestöpselt worden sind. (Neue Kronen-Zeitung 14. 4. 1995)

Aufstrich//Abstrich
der Aufstrich des Geigenbogens ○ der Aufstrich des geschriebenen „i"

auftakeln//abtakeln
(Seemannssprache)

auftauchen//untertauchen
sie ist wieder aufgetaucht (aus dem Untergrund) ○ Diese grenzüberschreitende Kooperation ist erfolgreich, versichert Widmann: „Wo wir auftauchen, müssen derartige Elemente untertauchen." (Tiroler Tageszeitung 4. 10. 2004)

auftauen//einfrieren
das Essen auftauen ○ Aus dieser Zeit kommt auch noch der Spruch, dass man Fleisch nur ein Mal auftauen und keinesfalls ein zweites Mal einfrieren darf. (Salzburger Nachrichten 4. 2. 2012)

auftragen//abtragen
das Essen auftragen ○ Am Seniorentag selbst ist die 50-jährige Hausfrau zehn Stunden für die gute Sache im Einsatz: Kaffee kochen, Brote schmieren, Kuchen auftragen, Getränke servieren, Geschirr abtragen und spülen und am nächsten Tag die Reinigung des Pfarrheimes vornehmen. (Rhein-Zeitung 12. 12. 2007)

Auftraggeber//Auftragnehmer
Sie vertrat also gleichzeitig Auftraggeber und Auftragnehmer und rutschte so in eine Vermittlerrolle, die bald einen fast offiziellen Charakter annahm. (Neue Zürcher Zeitung am Sonntag 13. 5. 2018)

Auftragnehmer//Auftraggeber

Auftragsfertigung//Marktproduktion, Vorratsproduktion
(Fertigung auf Grund von Kundenaufträgen)

Auftragstaktik//Befehlstaktik
(ohne Festlegung der Durchführung erteilter Auftrag ○ Militär)

auftrennen//zunähen
die Taschen auftrennen ○ Zum Wenden am besten eine Mittelnaht ein Stück weit auftrennen, wenden und die Öffnung mit der Hand zunähen. (Passauer Neue Presse 20. 12. 2014)

auftreten//abgehen
der Schauspieler tritt auf (auf der Bühne) ○ Ein Klarinettist tritt auf, spielt seine traurige Kantilene, geht ab. (St. Galler Tagblatt 14. 2. 2000)

auftreten//abtreten
Priol tritt auf, Merkel tritt ab – davon hast Du schon lange geträumt. (Südwest Presse 10. 12. 2018)

auftreiben//abtreiben
das Vieh auf die Alm auftreiben

Auftrieb//Abtrieb
der Auftrieb des Alpenviehs

Auftritt//Abtritt
(Theater)

auf und ab
er ging an der Straßenecke auf und ab ○ das ständige Auf und Ab im Leben ○ Man muss verstehen, dass es auf und ab gehen wird und auch die Phasen der relativen Ruhe ertragen. (Welt am Sonntag 7. 1. 2018)

auf und nieder
das Getreide wogt auf und nieder ○ Dann zieht der 45-Jährige voll durch. Zieht die Gewichte auf und nieder. Daneben wird auf einer Therapieliege die Nacken- und Schultermuskulatur trainiert. (Kurier 26. 1. 2016)

aufwachen//einschlafen
der Kleine ist (gerade) aufgewacht ○ Babys wachen auf, um zu trinken, und schlafen dann wieder ein. (Vorarlberger Nachrichten 29. 1. 2011)

Aufwand//Ertrag
der finanzielle Aufwand steht in keinem Verhältnis zum Ertrag (Wirtschaft)

aufwärts//abwärts; ↑auch: hinab, hinunter
der Lift zeigt „aufwärts" an

aufwärts...//abwärts... (Verb)
z. B. aufwärtsgehen/abwärtsgehen

...aufwärts//...abwärts (Adverb); ↑auch: ...ab
z. B. stromaufwärts/stromabwärts

Aufwärtsentwicklung//Abwärtsentwicklung

aufwärts fahren//abwärts fahren
der Lift fährt aufwärts (nach oben) ○ Dies geschieht im Pendelverkehr – ein Zug fährt aufwärts, einer abwärts. (Süddeutsche Zeitung 10. 11. 2010)

aufwärtsgehen//abwärtsgehen
mit dem Geschäft geht es aufwärts (es entwickelt sich gut) ○ Es geht aufwärts und abwärts, einmal ist es sonnig und warm, dann wieder schattig und kühl. (Neue Luzerner Zeitung 2. 3. 2007)

aufwärtskompatibel//abwärtskompatibel
(EDV, Software)

Aufwärtstrend//Abwärtstrend

aufwecken//schlafen lassen
er weckte ihn auf ○ *„Und wenn du mich fragst ‚soll ich jenen dort aufwecken oder ihn schlafen lassen, damit er glücklich sei?', so würde ich dir antworten, dass ich nichts über das Glück weiß."* (Rhein-Zeitung 12. 8. 2000, Antoine de Saint-Exupéry)

aufwerten//abwerten
Geld aufwerten ○ *„Jedes Land kann seinen eigenen Euro haben, dann kann man aufwerten oder abwerten."* (NEWS 19. 12. 2013)

aufwertend//abwertend; ↑auch: pejorativ
ein aufwertendes Wort ○ *eine aufwertende Kritik*

Aufwertung//Abwertung
die Aufwertung des Geldes

aufwickeln//abwickeln
Wolle auf ein Knäuel, Stoff (zu einem Ballen) aufwickeln ○ *„Ich kann das in mich aufwickeln wie auf eine Spule und dann wieder abwickeln."* (Der Standard 5. 12. 2009)

aufwiegeln//abwiegeln
er hat bei dem Streit aufgewiegelt (weiter angestachelt) ○ *Der Beitrag über die bettelnden Roma ist gänzlich tendenziös und einseitig; er verstärkt die herrschenden Vorurteile und wiegelt auf statt aufzuklären* (Luxemburger Tageblatt 28. 8. 2015)

Aufwiegelung//Abwiegelung

Aufwind//Abwind
beim Segelfliegen guten Aufwind (Luftstrom nach oben) haben

aufzäumen//abzäumen
das Pferd aufzäumen

Aufzeichnung//Live-Sendung, Direktübertragung, Direktsendung
(Fernsehen) ○ *Die komplette Aufzeichnung der Live-Sendung kann unter www.radio-webwelle.de/Livesendungen nachgehört werden.* (Passauer Neue Presse 30. 12. 2013) ○ *Das Ziel der Regelung ist es, angesichts exklusiver Senderechte an attraktiven Sportereignissen die Berichterstattung für alle Zuschauer zu sichern. Dazu gehört nicht nur die Aufzeichnung von TV-Bildern, sondern auch die kurzzeitige Direktübertragung.* (Hamburger Abendblatt 26. 7. 2001) ○ *Und weil der Abend eine Aufzeichnung und keine Direktsendung war, durfte das Publikum auch erleben, was passiert, wenn ein Monitor den Geist aufgibt.* (Saarbrücker Zeitung 15. 8. 2003)

aufziehen//abziehen
ein Gewitter zieht auf ○ *die Saiten (der Geige) aufziehen* ○ *Hinter uns lag ein Weg mit Schneeketten aufziehen und wieder abziehen.* (Stuttgarter Nachrichten 19. 3. 2012)

aufziehen//niederholen
Aber kaum haben die Kriegsschiffe die Anker gelichtet, da lässt De Quinssy den Union Jack niederholen und Frankreichs Flagge aufziehen. (Die Zeit 24. 10. 2975)

aufziehen//zuschieben
das Schubfach aufziehen

aufziehen//zuziehen
den Vorhang aufziehen ○ *Schnell ist ein Reißverschluss aufgezogen und ein Geldbeutel aus dem Rucksack geangelt.* (Südkurier 21. 8. 2010)

aufzinsen//abzinsen
(Bankwesen)

Aufzinsung//Abzinsung
(Bankwesen)

auf...zu//von...weg
auf das Haus zu gehen

Aufzug; ↑Lastenaufzug, Personenaufzug

Augend//Addend; ↑auch: **Addition**
(der erste Summand einer zweigliedrigen Summe, z. B. die 7 in: 7+ 3)

Augmentation//Diminution
(Verlängerung einer Note ○ Musik)

Augmentativ[um]//Diminutiv[um]
(Vergrößerungswort als Ableitung von einem Substantiv oder Adjektiv, z. B. Riesenbedarf ○ Sprachwissenschaft)

Augmentativsuffix//Diminutivsuffix

aus//an; ↑auch: **on**
Licht aus! ○ der Schalter steht auf „aus" (bedeutet: ausgeschaltet)

aus//ein; ↑**weder ein noch aus**

aus//in (bei Länder- und Städtenamen mit Artikel); ↑auch: **nach//aus**
die Fracht kommt aus der Schweiz ○ sie kommt aus dem schönen Berlin ○ aus dem großen Paris kommen und in das kleine Weimar ziehen

aus//in; ↑auch: **gehen in//kommen aus, steigen in//steigen aus**
aus dem Haus gehen ○ aus dem Auto [aus]steigen ○ den Stuhl aus der Küche holen, tragen ○ aus dem Mund nehmen ○ der Weg aus der Abhängigkeit ○ aus der Schweiz Uhren importieren und in die Schweiz Bananen exportieren ○ Diese hole ich mit einer Zugmaschine aus dem Lager und bringe sie in die einzelnen Bereiche. (Braunschweiger Zeitung 13. 2. 2013)

aus//nach (bei Länder- und Städtenamen ohne Artikel); ↑auch: **in//aus, nach//in**
Waren aus Frankreich einführen ○ aus Polen Gänse importieren und nach Polen Maschinen exportieren ○ er kommt aus Berlin, und sie fährt nach Berlin

aus//zu
Übergang aus der Wortart Substantiv zur Wortart Verb ○ Statt des Geldes holte er eine Gaspistole aus dem Haus, lief zu dem vorm Gebäude warteten Taxi (Neue Kronen-Zeitung 7. 2. 2012)

aus; ↑**bei jemandem aus und ein gehen, nicht//weder ein noch aus wissen**

Aus//Ein
Doch jetzt hört er nur noch auf das Ein und Aus des eigenen Atems und spürt, dass ihm eine Erschöpfung die Glieder und Seele verbleit, die nicht mehr durch Schlaf aufzuheben ist. (taz 20. 5. 2010) ○ *Die Sommerfrischler älteren Semesters, die trotzdem da sind, spazieren durch das Städtchen zum Strand und bewundern als zusätzliche Attraktion das Aus und Ein beim Medienzentrum.* (Der Tagesspiegel 8. 6. 2007)

aus...//an... (Verben mit gleichem Basiswort)
z. B. *ausziehen/anziehen*

aus...//an...(Verben mit nicht gleichem Basiswort)
z. B. *ausziehen/anbehalten*

aus...//ein... (Verben mit gleichem Basiswort)
z. B. *ausatmen/einatmen*

aus...//ein... (Verben mit nicht gleichem Basiswort)
z. B. *ausstoßen/einziehen* (Atem)

aus...//zusammen... (Verben mit gleichem Basiswort)
z. B. *ausrollen/zusammenrollen* (Teppich)

aus...//zusammen... (Verben mit nicht gleichem Basiswort)
z. B. *ausziehen/zusammenschieben*

...aus//...ein (Adverb)
z. B. *tagaus/tagein*

ausatmen//einatmen, atmen
sie atmet aus ○ tief ausatmen ○ „Jedes Land muss atmen. Einatmen und ausatmen. Gerade ist die Ukraine dabei auszuatmen." (Der Spiegel 12. 5. 2014)

Ausatmung//Einatmung; ↑auch: **Inspiration**

Ausbau//Einbau
der Ausbau des Motors

ausbauen//einbauen
den Motor ausbauen

Ausbauflur//Altflur
(Landwirtschaft)

ausbekommen//anbekommen
die Stiefel nicht ausbekommen (nicht ausziehen können ○ umgangssprachlich)

Ausbeuter[in]//Ausgebeutete[r]

ausbildend//auszubildend
die ausbildenden Personen und die auszubildenden Personen

Ausbildende[r]//Auszubildende[r], Azubi
Versäumt der Ausbildende jedoch vor Beginn der Berufsausbildung die Vertragsniederschrift, können Auszubildende dennoch zum vereinbarten Zeitpunkt ihre Berufsausbildung beginnen. (Nürnberger Nachrichten 31. 1. 2015)

ausblasen//anblasen
einen Hochofen ausblasen

ausblasen//anstecken
die Kerzen ausblasen

ausbleiben//anbleiben
das Licht, Radio bleibt aus! ○ die Heizung bleibt heute aus

ausblenden//einblenden
die Musik aus der Sendung ausblenden ○ das Lineal im Menü Ansicht ausblenden ○ die Symbolleiste ausblenden (EDV) ○ *Ihr typischer Stil: Fakten ausblenden, Polemik einblenden.* (Rhein-Zeitung 16. 2. 2006)

Ausblick//Rückblick
Ausblick und Rückblick auf die Beiträge unserer Zeitschrift ○ *So weit der Ausblick für den Winter. Der Rückblick auf den Sommer sei durchwegs erfreulich* (Tiroler Tageszeitung 13. 9. 2018)

ausborgen, etwas//sich etwas ausborgen
er borgt in der Bibliothek das Buch aus ○ *Wer seinen Nachbarn etwas ausborgen möchte, kann die Aufkleber über die Website www.pumpipumpe.ch bestellen.* (Der Spiegel 9. 9. 2014)

ausborgen, sich etwas//etwas ausborgen
du borgst dir das Buch (von ihm) aus? ○ *Dass sich Firmen Geld von Privatpersonen ausborgen, kommt immer häufiger vor. Crowdinvesting wird das genannt* (Die Presse 6. 9. 2018)

ausbringen//einbringen
Wortzwischenräume ausbringen (Typographie) ○ *Der Einbau war spannend, denn die Brauerei musste ja innerhalb kürzester Zeit die Altanlage demontieren, ausbringen, den Füllereiboden, die Wände und Decken sanieren und dann natürlich die neue Anlage einbringen* (Mittelbayerische Zeitung 20. 7. 2016) ○ *Auf den noch nutzbaren Flächen wurde bis Mitte November die Wintersaat ausgebracht, damit die erste Ernte im Frühjahr eingebracht werden kann.* (Neue Zürcher Zeitung 20. 11. 2010)

Ausbuchtung//Einbuchtung
Grundstücke passten sich früher mehr als heute den natürlichen Gegebenheiten an, hatten bei einer Ausbuchtung einen Bausch und bei einer Einbuchtung einen Bogen. (Nürnberger Nachrichten 30. 4. 2010)

ausbuddeln//einbuddeln
das im Garten eingebuddelte Geld (aus dem Banküberfall) wieder ausbuddeln ○ *Erika Kaatsch hat auch schon organisiert, dass die große Hülse für den Maibaum an der Dorfaue ausgebuddelt und auf dem Mühlberg wieder eingebuddelt wird.* (Märkische Allgemeine 31. 3. 2011)

ausbürgern//einbürgern
sie ist aus Deutschland ausgebürgert worden ○ *Nach der Rückkehr aus Afrika fand er sich ausgebürgert in einem Thüringer Aufnahmelager und wurde wieder eingebürgert.* (Leipziger Volkszeitung 22. 11. 2007)

Ausbürgerung//Einbürgerung

ausdehnen, sich//sich zusammenziehen
die Schienen dehnen sich bei Wärme aus ○ *In den Hohlräumen des Tuffsteins mit seinen großen Poren aber habe sich der Stoff je nach Temperatur ausdehnen und zusammenziehen können, was Risse nach sich zog.* (Kölnische Rundschau 15. 6. 2018)

Ausdehnung//Zusammenziehung

aus dem Bett sein//im Bett sein
Ist er schon aus dem Bett?

aus der Haft entlassen//in Haft nehmen
Er ist auch verurteilt worden und war erst im April aus der Haft entlassen worden. Mit 2,6 Promille wurde er wieder in Haft genommen. (Nürnberger Zeitung 7. 5. 2003)

ausdocken//eindocken
(Seemannssprache)

ausdrehen//andrehen; ↑auch: **anmachen, einschalten**
das Gas, Licht ausdrehen

ausdrehen//eindrehen
die Glühbirne (aus der Fassung) ausdrehen ○ *Falls das passiert, lieber den Korkenzieher vorsichtig ausdrehen, mittig neu ansetzen und noch einmal langsam eindrehen.* (Leipziger Volkszeitung 10. 1. 2014)

ausdruckslos//ausdrucksvoll
ein ausdrucksloses Gesicht

Ausdrucksprinzip//Darstellungsprinzip
(unabhängig von einer Absicht Steuerung des Verhaltens durch eine Stimmung ○ Psychologie)

ausdrucksschwach//ausdrucksstark
ausdrucksschwache Farben

Ausdrucksseite//Inhaltsseite; ↑auch: **Signifikat**
die Ausdrucksseite (der Wortkörper) eines Wortes

ausdrucksseitig//inhaltsseitig
(Sprachwissenschaft)

ausdrucksstark//ausdrucksschwach
ausdrucksstarke Farben

ausdrucksvoll//ausdruckslos
ein ausdrucksvolles Gesicht

auseinander//zusammen
(Anweisung beim Tanzen:) *auseinander und (wieder) zusammen* ○ *Wenn das Paar mal auseinander ist und schnell wieder zusammen.* (Der Tagesspiegel 21. 11. 2002)

auseinander...//auf... (Verb)
z. B. *auseinanderrollen/aufrollen*

auseinander...//zusammen... (Verben mit gleichem Basiswort)
z. B. *auseinanderrücken/zusammenrücken*

auseinander...//zusammen... (Verben mit nicht gleichem Basiswort)
z. B. *auseinandernehmen/zusammensetzen*

auseinanderbekommen//zusammenbekommen
den Klappstuhl nicht auseinanderbekommen (ihn nicht aufklappen können) ○ *„Wir werden die Teile auseinanderbekommen, auch wenn sie verklebt oder verölt sind", verspricht er.* (Rhein-Zeitung 22. 9. 2006)

auseinanderbringen//zusammenbringen
den Liegestuhl nicht auseinanderbringen (ihn nicht aufstellen können) ○ *die Freundin hat die beiden auseinandergebracht (hat es erreicht, dass die beiden nicht mehr zusammen sind)* ○ *Bevor wir*

unsere Tochter bekamen, habe ich viel darüber gehört, dass ein Kind ein Paar auseinanderbringen kann. ... Aber wenn man sich manchmal gegenseitig bewundert, wie der andere mit dem Kind umgeht, dann bringt einen das auch wieder gewaltig zusammen. (Hamburger Abendblatt 11. 12. 2017)

auseinanderfalten//zusammenfalten
den Stadtplan, einen Prospekt auseinanderfalten ○ Mit dieser Papier-Deko wird Ihnen jedenfalls ein originelles Ei ins Nest gelegt. Es lässt sich leicht auseinanderfalten und aufhängen – und nach dem Osterfest zusammenfalten. (Neue Westfälische 19. 3. 2018)

auseinandergehen//zusammenbleiben
die beiden sind wegen des Streits auseinandergegangen (haben sich getrennt) ○ Es habe ständig Streit gegeben. Man sei auseinandergegangen und dann doch wieder zusammengekommen. (Mannheimer Morgen 4. 4. 2015)

auseinandergehen//zusammenkommen
die Mitglieder der Gewerkschaft gingen (nach der Sitzung) (wieder) auseinander

auseinanderklappen//zusammenklappen
ein Gestell auseinanderklappen

auseinandernehmen//zusammensetzen
das Fahrrad auseinandernehmen ○ Forscher können diese Genketten auseinandernehmen und wieder neu zusammensetzen und damit die Eigenschaften der Pflanze verändern. (Der Standard 11. 3. 2017)

auseinanderrücken//zusammenrücken
sie rückten auseinander ○ die Stühle auseinanderrücken

auseinanderschrauben//zusammenschrauben
das Gerät auseinanderschrauben

auseinandersetzen//zusammensetzen
die beiden Jungen wurden auseinandergesetzt, weil sie sich gegenseitig störten

auseinanderstreben//zusammenstreben
Die Tagung bestätigte, dass in der Menschenrechtsfrage die internationalen Positionen eher auseinander- als zusammenstreben. (Rhein-Zeitung 9. 5. 1997)

auseinandertreiben//zusammentreiben
Gepanzerte Polizisten eilen heran, schlagen mit Stöcken gegen den Zaun und treiben die aufgebrachten Zuschauer auseinander. (Leipziger Volkszeitung 14. 2. 2009)

ausfädeln//einfädeln
den Faden ausfädeln ○ Das Wort Hoffnung ... könne mit Hoffung wie auch Strick oder Seil übersetzt werden. Das Leben und die Hoffnung werde nicht enttäuscht, es könne unmöglich aus der Rolle ausfädeln. (St. Galler Tagblatt 14. 1. 1998)

ausfädeln, sich//sich einfädeln
sich (als Autofahrer) ausfädeln ○ Autos können sich hier ausfädeln ○ Nach den Starts muss auf die neuen Strecken anders eingefädelt, vor der Landung muss anders ausgefädelt werden als bisher. (Tagesanzeiger 26. 2. 1999)

ausfahren//einfahren
das Fahrwerk (beim Flugzeug) ausfahren ○ aus dem Bergwerk ausfahren ○ Ist der jeweilige Wasserspiegel erreicht, wird das abgrenzende Schleusentor geöffnet, und das Schiff kann aus der Schleusenkammer in den angrenzenden Gewässerabschnitt ausfahren oder aus diesem in die Schleuse einfahren. (St. Galler Tagblatt 26. 9. 2011)

Ausfahrgleis//Einfahrgleis
(Eisenbahn)

Ausfahrgruppe//Einfahrgruppe
(Eisenbahn)

Ausfahrsignal//Einfahrsignal
(Eisenbahn)

Ausfahrt//Auffahrt
die Ausfahrt Würzburg (auf der Autobahn) ○ Ausfahrt (von der Autobahn)

Ausfahrt//Einfahrt
bei Ausfahrt des Zuges aus dem Bahnhof ○ die Ausfahrt eines Schiffes aus dem Hafen ○ bei der Ausfahrt ist er gegen das Garagentor gefahren ○ hier ist die Einfahrt, und dort ist die Ausfahrt (Stelle, an der man hinausfahren kann) ○ Und wo heute die Ein- und Ausfahrt ist, wird künftig nur noch die Ausfahrt sein. (St. Galler Tagblatt 31. 1. 2017)

Ausfahrt[s]gleis//Einfahrt[s]gleis
(Eisenbahn)

Ausfahrt[s]signal//Einfahrt[s]signal
(Eisenbahn)

Ausfallbein//Standbein
(Bein, das nach vorn bewegt wird ○ Fechten)

ausfallen//stattfinden
der Vortrag fällt aus ○ Die Veranstaltungen dürfen nicht ausfallen, sondern müssen stattfinden, auch wenn sich nur 25 Leute angemeldet haben. (Nordkurier 24. 11. 2017)

Ausfallstraße//Einfallstraße
(aus einer Stadt hinausführende Hauptverkehrsstraße ○ Verkehrswesen)

Ausfallswinkel//Einfallswinkel
(Physik)

ausfliegen//einfliegen
die Tauben fliegen (aus dem Schlag) aus ○ Verwundete, Frauen aus dem Kriegsgebiet ausfliegen ○ zwar wurden Dutzende ... nach Täsch im Oberwallis ausgeflogen und bereits neue Gäste eingeflogen, doch die Bahnstrecke blieb trotz Lawinensprengungen weiter geschlossen. (Kurier 11. 1. 2018)

Ausflugschneise//Einflugschneise

Ausfuhr//Einfuhr; ↑auch: Import
die Ausfuhr von Maschinen nach Österreich

ausführbar//unausführbar
dieser Auftrag ist ausführbar ○ Doch neben Teilen, die ausführbar schienen, standen immer auch Teile, die er für unausführbar hielt. (Der Spiegel 22. 2. 1982)

ausführen//einführen; ↑auch: importieren
Waren ausführen ○ Kulturskandale drehen sich darum, ob man ein nationales Kulturgut ausführen und ein anderes, ägyptisches, einführen darf. (Der Standard 17. 3. 2005)

Ausfuhrhafen//Einfuhrhafen

ausführlich//knapp
ausführlich berichten ○ Denn die Texte dürfen nicht zu ausführlich, sondern sollen knapp und prägnant sein. (Neue Württembergische Zeitung 29. 9. 2011)

Ausführung//Inhalt
(Wertungskriterien für Pflicht- und Kürübungen ○ Sport) ○ *Das Preis-Leistungs-Verhältnis sei unschlagbar gewesen, so die Künstler, denen es nicht nur um die gravierende Diskrepanz zwischen Ausführung und Inhalt geht (Süddeutsche Zeitung 25. 10. 2011)*

Ausgabe//Abgabe
die Ausgabe der Bücher erfolgte am ... ○ Sofern es nicht vorgesehen ist, diese Lebensmittel direkt vor der Ausgabe ausreichend zu erhitzen, wird geraten, auf deren Abgabe an besonders empfindliche Personengruppen zu verzichten. (Saale-Zeitung 7. 12. 2018)

Ausgabe//Annahme
die Ausgabe des Gepäcks am Bahnhof

Ausgabe//Eingabe; ↑auch: Input
die Ausgabe der Daten (EDV) ○ Sie soll neben der Ausgabe von Computerdaten nun auch die Eingabe von Befehlen blindenfreundlich ermöglichen. (Leipziger Volkszeitung 19. 3. 2002)

Ausgaben//Einnahmen
die Ausgaben waren höher als die Einnahmen ○ Drastisch steigende Ausgaben

bei ebenso dramatisch sinkenden Einnahmen aus dem Verkehr – das ist die Realität, auf die die Politik eine Antwort finden muss. (Die Zeit 28. 8. 2014)

Ausgabepreis//Rücknahmepreis
(Wertpapiere)

Ausgang//Eingang
der Ausgang ist gesperrt ○ *die Ausgänge (z. B. von Waren) registrieren* ○ *die Ein- und Ausgänge bearbeiten* ○ *Nur wenige Meter liegen zwischen dem Ausgang der Justizanstalt Korneuburg und dem Eingang zum Bezirksgericht – doch genau den kurzen Weg nutzte ein 22-jähriger Rumäne für seine Flucht.* (Neue Kronen-Zeitung 10. 3. 2012)

ausgangs//eingangs
ausgangs der dreißiger Jahre ○ *ausgangs von Hamburg* ○ *Sowohl in Richtung Furka wie auch in Richtung Andermatt wird ausgangs des Dorfs beschleunigt oder eingangs kaum abgebremst.* (Neue Luzerner Zeitung 6. 12. 2003)

Ausgangssprache//Zielsprache, Empfängersprache; ↑auch: Fremdsprache
Jeder Schüler kann unter allen EU-Amtssprachen die Ausgangssprache und die Zielsprache für die Übersetzung frei wählen. (Tiroler Tageszeitung 24. 2. 2015)

Ausgangstür//Eingangstür

ausgeben//einnehmen
Geld ausgeben ○ *Sie besagen vereinfacht, dass Fußballvereine auf Dauer nicht mehr Geld ausgeben dürfen, als sie kommerziell einnehmen.* (Berliner Zeitung 17. 10. 2017)

ausgeben//einziehen
neue Zahlungsmittel ausgeben ○ *Hauptanlaufstellen bleiben die nationalen Notenbanken, die das Geld ausgeben und einziehen* (Süddeutsche Zeitung 18. 7. 2003)

Ausgebeutete[r]//Ausbeuter[in]

ausgebildet//unausgebildet
ausgebildete Arbeitskräfte ○ *Für die Produktion brauchte man ausgebildete oder unausgebildete Arbeitskräfte.* (St. Galler Tagblatt 30. 3. 2009)

ausgefüllt//unausgefüllt
ein ausgefülltes Formular ○ (übertragen:) *ein ausgefülltes Leben* ○ *„Von den über 400 angeschriebenen Grundstückseigentümern haben 130 den Erhebungsbogen ausgefüllt zurückgeschickt"* ... *Einige hätten die Bögen unausgefüllt mit dem Vermerk „keine Angaben" zurückgeschickt.* (Südkurier 5. 11. 2016)

ausgeglichen//unausgeglichen
er ist sehr ausgeglichen ○ *So ausgeglichen das Match in den ersten beiden Sätzen war, so unausgeglichen war es im dritten* (Der Standard 4. 9. 2007)

Ausgeglichenheit//Unausgeglichenheit
mich beeindruckt seine Ausgeglichenheit

ausgehen//angehen
das Licht geht aus ○ *Die Alarmanlage geht aus, die Heizung fährt hoch, die Beleuchtung geht an.* (Mannheimer Morgen 8. 2. 2014)

ausgehen; ↑ein und aus gehen

ausgehend//eingehend
die ein- und ausgehende Post ○ *Eine Telefonminute soll dann maximal 19 Cent für ausgehende und fünf Cent für eingehende Gespräche kosten.* (Neues Volksblatt 29. 3. 2012)

ausgelastet//unausgelastet
er ist ausgelastet ○ *Er ist, kurz gesagt, ein sehr ausgelasteter Mann.* (Berliner Morgenpost 26. 3. 2018)

ausgepackt//unausgepackt
die ausgepackten Geschenke lagen auf dem Tisch

ausgereift//unausgereift
ein ausgereifter Plan ○ *... und mit Abstand erwuchsen doch Zweifel, wie ausgereift oder eben unausgereift das Projekt im fixfertigen Gestaltungsplan dargestellt wurde.* (St. Galler Tagblatt 7. 2. 2009)

ausgeruht//unausgeruht
ausgeruht zur Arbeit gehen ○ *Also hat er sich tagsüber ausgeruht, und nachts hat er gegraben.* (Neue Zürcher Zeitung 23. 3. 2018)

ausgeschlafen//unausgeschlafen
ausgeschlafen zum Dienst kommen ○ *Da muss ich ausgeschlafen und topfit sein. Topfit und wegen der Zeitverschiebung garantiert unausgeschlafen werden dann auch ihre Eltern, Verwandten und Freunde sein, die in Wiehe vor dem Fernseher sitzen* (Thüringer Allgemeine 9. 7. 2008)

ausgeschrieben//unausgeschrieben
„Eine sehr ausgeschriebene Handschrift" diagnostiziert sie diskret, „aber man liest sich ein." (Nordkurier 4. 2. 2011)

Ausgesperrte[r]//Streikende[r]
(jemand, der bei einem Streik durch Aussperrung vonseiten der Arbeitgeber daran gehindert wird, zu arbeiten)

Ausgewanderte[r]//Eingewanderte[r]
Weil auf Madeira alles gedieh, was Ausgewanderte und Eingewanderte von unterwegs mitbrachten, wurde die Insel zum Ziel von Pflanzenpilgern. (Stuttgarter Nachrichten 16. 10. 2015)

ausgewogen//unausgewogen
ein ausgewogenes Fernsehprogramm ○ *Sie will nur vermeiden, dass Verhandlungsergebnisse, die sie als einigermassen ausgewogen akzeptierte, durch das System der direkten Demokratie unausgewogen werden* (Neue Zürcher Zeitung 19. 2. 2014)

Ausgewogenheit//Unausgewogenheit

ausgezogen//angezogen
er ist schon ausgezogen

ausgliedern//eingliedern
Das Ministerium kann auch gegen den Willen einer Ortsgemeinde ... Gebietsteile aus der Ortsgemeinde ausgliedern und in eine andere Ortsgemeinde eingliedern (Rhein-Zeitung 3. 8. 2018)

ausgraben//vergraben
Schmuck, ein Gewehr (wieder) ausgraben ○ *So habe er im September und Oktober 1995 Leichen ausgraben und an andern Orten wieder vergraben lassen.* (Neue Zürcher Zeitung 10. 7. 2003)

ausgrätschen//eingrätschen
(mit einer Grätsche aus einer Position herausgehen ○ Turnen)

aushaben//anhaben
er hat die Schuhe (schon) aus ○ *er hat das Licht schon aus*

aushaken//einhaken
den Haken aushaken ○ *„Ist man unten, muss man die Leiter aushaken, drunter durchkriechen und auf der anderen Seite wieder einhaken"* (Leipziger Volkszeitung 22. 1. 2007)

aushängen//einhängen
die Tür aushängen ○ *Kein Problem, dachte ich: Herdtür aushängen, Scheibe abschrauben, wischen, Scheibe wieder anschrauben, Tür einhängen, fertig.* (Mitteldeutsche Zeitung 14. 6. 2010)

ausheben//einheben
Den Schubhäftlingen blieb Mittwoch der Erfolg versagt. Noch bevor sie die Türe ausheben konnten, mussten sie zum Nachmittagsspaziergang. (Salzburger Nachrichten 22. 8. 1991) ○ *Mit Hilfe eines Kranes mussten die 15 Feuerwehrmänner die Brücke ausheben.* (Burgenländische Volkszeitung 12. 9. 2007)

Ausklammerung//Umklammerung
eine Ausklammerung liegt vor in „sie ist glücklich über den Erfolg" (Sprachwissenschaft)

auskleiden//ankleiden; ↑auch: anziehen
einen Kranken auskleiden

auskleiden, sich//sich ankleiden
sie kleidete sich aus

ausklinken, sich//sich einklinken
sich aus einer Verhandlung ausklinken ○ *Menschen in Parallelgesellschaften klin-*

ken sich aus dem Grundkonsens des Landes aus (Die Presse 31. 1. 2018)

ausknipsen//anknipsen; ↑auch: anmachen
das Licht ausknipsen

ausknöpfen//einknöpfen
das Mantelfutter ausknöpfen

auskriegen//ankriegen
die Stiefel nicht auskriegen (nicht ausziehen können ○ umgangssprachlich)

Auskunft bekommen//Auskunft geben
ich bekomme Auskunft (von ihm)

Auskunft geben//Auskunft bekommen
ich gebe (ihm) Auskunft

auskuppeln//einkuppeln
beim Halten wird ausgekuppelt (Kraftfahrzeugwesen) ○ *Und zwar mit Zwischengas. Aber nicht so: auskuppeln – schalten – wrumm! – einkuppeln.* (Hannoversche Allgemeine 19. 6. 2009)

ausladen//einladen; ↑auch: aufladen, laden
Waren ausladen (abladen) ○ *jemanden (wieder) ausladen* (eine Einladung rückgängig machen) ○ *Nicht, dass man Jean Ziegler von den Salzburger Festspielen ausgeladen hat, war ein Fauxpas, sondern, dass man ihn eingeladen hat.* (Die Presse 14. 4. 2011)

Ausland//Inland
die Waren sind nur für das Ausland bestimmt ○ *Waren im Ausland verkaufen* ○ *Gäste aus dem In- und Ausland* ○ *Mit der Fähigkeit, etwas aufgeben zu können, neue Chancen zu packen, konnte Margrit Chytil verschiedene Stationen durchleben, Erfahrungen im In- und Ausland mit kranken und gesunden, mit armen und reichen Menschen machen* (St. Galler Tagblatt, 25. 06. 1997)

Ausländer//Inländer
das gilt sowohl für Ausländer als auch für Inländer ○ *Dafür verfügt die Republik nun über eine Pkw-Maut, die Ausländer treffen soll, aber auch Inländer betrifft* (Der Spiegel 26. 8. 2017)

Ausländerfeind//Ausländerfreund

ausländerfeindlich//ausländerfreundlich
eine ausländerfeindliche Bevölkerung ○ *Unter den früheren Volksschülern überwiegt die ausländerfeindliche, unter den Deutschen mit Abitur überwiegt die ausländerfreundliche Einstellung.* (Der Spiegel 3. 5. 1982)

Ausländerfreund//Ausländerfeind
Wer linksliberal ist, gilt als Ausländerfreund, wer hingegen rechts ist, als Ausländerfeind. (Der Spiegel 5. 5. 2018)

ausländerfreundlich//ausländerfeindlich
eine ausländerfreundliche Bevölkerung

ausländisch//einheimisch
ausländisches Obst ○ *Aber auch in China gibt es Tendenzen, Märkte abzuschotten und für ausländische Unternehmen andere Spielregeln aufzustellen als für einheimische.* (Leipziger Volkszeitung 18. 2. 2017)

ausländisch//inländisch
ausländische Produkte ○ *die ausländische Presse* ○ *Der Mann habe „eine Mischung zwischen ausländisch und inländisch gesprochen".* (Kurier 31. 3. 2006)

Auslandsabsatz//Inlandsabsatz

Auslandsbrief//Inlandsbrief

Auslandsflug//Inlandsflug

Auslandsmarkt//Binnenmarkt, Inlandsmarkt
Angebote auf dem Auslandsmarkt

Auslandsschulden//Auslandsvermögen
(Wirtschaft)

Auslandsvermögen//Auslandsschulden
(Wirtschaft)

auslassen//anlassen
das Licht, das Fernsehen auslassen (nicht einschalten) ○ *Im Zug nach Hause beginnt sofort ein innerer Kampf: Handy auslassen – oder doch einschalten?* (Neue Zürcher Zeitung 13. 7. 2018)

auslassen//anmachen, anschalten, anstellen, einschalten
das Licht, das Radio, den Fernseher auslassen

auslassen//einfügen
Buchstaben werden vertauscht, ausgelassen oder eingefügt. In der Schule sind Diktate für Betroffene ein Alptraum. (Tagesanzeiger 7. 9. 2006) ○ *Nur nicht dranbleiben, aber überall mitmischen, alles mitbekommen, aber nichts wissen wollen, nichts auslassen, aber sich nicht einlassen, sich überall einschalten, aber bloß nicht wirklich.* (Die Presse 11. 11. 1995)

auslassen//einlassen
Wasser auslassen (aus der Badewanne)

auslassen[sich]//einlassen[sich]
Ich kann diese Gelegenheit nicht auslassen. Ich bin außerdem zum Mut erzogen worden – und konnte irgendwann nicht mehr zurück und wollte mich darauf einlassen. (Neue Vorarlberger Tageszeitung 8. 11. 2009)

Auslassventil//Einlassventil
(beim Auto)

auslaufen//anlaufen
die Aktion läuft (jetzt) aus

auslaufen//einlaufen
(aus der Badewanne) auslaufendes Wasser ○ *(aus dem Hafen) auslaufende Schiffe* ○ *«Nach jedem Match gut auslaufen, vor jedem neuen Spiel gut einlaufen, gut essen und viel schlafen»* (Die Südostschweiz 29. 12. 2008)

auslaufen lassen//einlaufen lassen
Wasser (aus der Wanne) auslaufen lassen ○ *Zuerst musste ich die 2 bis 2,5 Liter Flüssigkeit aus meinem Bauch in den unteren Beutel auslaufen lassen und anschließend aus dem oberen wieder frische Flüssigkeit einlaufen lassen.* (Main-Post 11. 10. 2001)

Auslaut//Anlaut; ↑auch: **Inlaut**
der Auslaut von „Tal" ist „l" (Sprachwissenschaft)

auslauten//anlauten
das Wort „Tat" lautet auf t aus

ausläuten//einläuten
das alte Jahr ausläuten ○ *Wie gerne hätte ich am Silvesterabend die Kirchenglocken gehört, die das alte Jahr ausgeläutet und das neue eingeläutet haben.* (Tagesanzeiger 6. 1. 2007)

auslegen//zurückbekommen
ich habe das Geld (für ihn) ausgelegt ○ *Im Gegenteil, er habe sogar 1300 Euro für den Kumpel ausgelegt, das Geld aber nie zurückbekommen.* (Nürnberger Zeitung 2. 4. 2014)

Ausleihbibliothek//Präsenzbibliothek
(Bibliothekswesen) ○ *Sie hatte mit einer Kollegin die Präsenz- und Ausleihbibliothek der Schule aufgebaut.* (Südkurier 29. 7. 2010)

Ausleihe//Abgabe
wo ist bitte die Ausleihe? (Bibliothekswesen) ○ *Die kostenlose Ausleihe der unterschiedlichen Medien ist genauso möglich wie die Abgabe von Bestellungen* (Wormser Zeitung 7. 11. 2017)

ausleihen, etwas//sich etwas ausleihen
er leiht das Buch aus (an sie) ○ *Vor allem kleinere Geldinstitute und kommunale Kreditgeber ... sollen mehr Geld ausleihen und damit die Wirtschaft ankurbeln.* (Luxemburger Tageblatt 24. 5. 2018)

ausleihen, sich etwas//etwas ausleihen
du leihst dir das Buch aus (von ihr) ○ *Interessierte können sich gegen Gebühr die teuren Geräte ausleihen, um die neue*

Technik auszuprobieren. (Hannoversche Allgemeine 27. 10. 2007)

ausmachen//anlassen
das Licht, Radio ausmachen und nicht länger anlassen

ausmachen//anmachen; ↑auch: anstellen, einschalten
das Licht, die Heizung ausmachen ○ schon morgens macht sie das Radio an, und erst am Abend macht sie es wieder aus

ausmachen//anstecken, anzünden
die Kerzen ausmachen ○ Wenn andere das Elektrische ausmachen und die schwarze Wetterkerze anzünden, packt Tobias Beck die Kamera und hält damit das Gewitter fest. (Mittelbayerische Zeitung 13. 6. 2015)

Ausmarsch//Einmarsch
der Ausmarsch der Karnevalsvereine ○ Auf den Ausmarsch der Husaren folgte der Einmarsch des gewählten Prinzenpaares und seines Gefolges. (Westdeutsche Zeitung 28. 11. 2017)

ausmieten//einmieten
Kartoffeln ausmieten (aus einer Miete, einer mit Stroh abgedeckten Grube, herausnehmen) ○ Zeitungsberichte von Leuten, die ihre Wohnung z. B. vor einem Jahr noch für 750 Euro pro Nacht und Schlafzimmer ausmieten konnten, schürten hohe Erwartungen. (Mannheimer Morgen 22. 1. 2010)

ausmontieren//einmontieren
Einzelteile (aus etwas) ausmontieren ○ Die alten Bauteile wurden ausmontiert und teils zu neuen Geräten zusammengebaut. (Luxemburger Tageblatt 5. 4. 2016)

Ausnahme//Regel, Norm
das ist die Ausnahme von der Regel ○ Im Kosmos der Comic-Superhelden sind weiße und männliche Idole ... die berühmte Regel und schon Frauen wie Wonder Woman die spektakuläre Ausnahme. (Der Spiegel 10. 2. 2018) ○ Doch die kürzere Schulzeit soll zur Ausnahme und das neunjährige Gymnasium zur Norm werden. (Nürnberger Nachrichten 14. 1. 2017)

auspacken//einpacken; ↑auch: einwickeln
ein Geschenk auspacken ○ Kleider (aus dem Koffer) auspacken ○ Da packt auch die Tiroler die Reiselust. Und während die Gäste ihre Koffer auspacken, packen sie ein. (Tiroler Tageszeitung 17. 7. 2013)

auspacken//packen
den Koffer, den Rucksack, ein Paket auspacken ○ 286 Nächte verbrachte er im vergangenen Jahr in Hotels. Das heißt: Koffer packen, auspacken, wieder packen, wieder auspacken – und alles von vorn. (Stuttgarter Zeitung 26. 3. 2011)

ausparken//einparken
das Auto ausparken (aus einer Reihe parkender Autos herausfahren) ○ Als der eine Pkw ausparken wollte, stieß er mit dem zusammen, der neben ihm einparken wollte. (Mitteldeutsche Zeitung 26. 5. 2008)

auspellen//anpellen; ↑auch: anziehen
die Kinder (wieder) auspellen (umständlich ausziehen)

auspendeln//einpendeln
(als Berufspendler aus der Stadt, in der man wohnt, hinaus zur Arbeit in einen anderen Ort fahren)

Auspendler//Einpendler
Personen, die zwischen ihrem Wohnort und ihrem Arbeitsort „pendeln" (Berufspendler), sind aus der Sicht ihrer Wohngemeinde Auspendler und aus der Sicht der Gemeinde, in der ihre Arbeitsstelle liegt, Einpendler

Auspuffturbine//Kondensationsturbine
(Dampfturbine, deren Dampf ungenutzt ins Freie abgelassen wird ○ Technik)

Auspuffturbine//Stauturbine
(Gasturbine ○ Technik)

auspusten//anstecken
die Kerzen auspusten

ausrahmen//einrahmen
Weder ein Unternehmen noch ein Privater muss ein Bild ausrahmen, um herauszufinden, ob es wirklich intakt ist. (Die Presse 28. 1. 2016)

ausrasten//einrasten
der Hebel rastete (aus der Halterung) aus

ausräumen//einräumen
den Schrank, die Bücher ausräumen ○ Kartons ausräumen, Schulmaterial entstauben, Fensterbilder malen, Bücher einräumen – die Vorbereitungswoche in der Grundschule Gräfenroda ist mit keiner vorangegangenen vergleichbar (Thüringer Allgemeine 18. 8. 2011)

ausreden lassen//unterbrochen werden
sie konnte nicht ausreden ○ Vorbei die Zeiten, als man einander noch zuhörte, ausreden ließ. Heutzutage wird ge- und überbrüllt und unterbrochen, dass dem Zuschauer die Ohren gellen. (Leipziger Volks-Zeitung 17. 8. 2005)

Ausregelzeit//Anregelzeit
(Kybernetik)

Ausreise//Einreise
die Ausreise aus der Schweiz

ausreisen//einreisen
sie reist aus der Schweiz, aus den USA, aus Polen aus ○ Der 28-Jährige, über dessen Namen und Nationalität aufgrund fehlender Papiere Unklarheit herrscht, muss nach seiner Haftstrafe ausreisen und darf frühestens 2017 wieder nach Schweden einreisen. (Stuttgarter Nachrichten 24. 10. 2012)

ausrenken//einrenken
bei dem Handgemenge wurde ihm der Arm ausgerenkt ○ Der grosse Zeh ist ausgerenkt. Das war gleichzeitig eine schlechte Nachricht, denn was ausgerenkt ist, muss wieder eingerenkt werden. Einrenken heisst in diesem Fall: Jemand zieht kräftig am Zeh. (Neue Luzerner Zeitung 2. 9. 2017)

ausrollen//einrollen
die Fahnen ausrollen ○ Blätterteig ausrollen, mit der Masse bestreichen und einrollen. (Neue Kronen-Zeitung 8. 6. 2018)

ausrollen//zusammenrollen
den Teppich ausrollen

ausrücken//einrücken
aus der Kaserne ausrücken (hinausmarschieren ○ Militär) ○ Mittels Donner und Sirene wurde der Brand simuliert, so dass der Löschzug 00 ausrücken beziehungsweise in den Saal einrücken musste. (Passauer Neue Presse 16. 1. 2017)

ausschalen//einschalen
die Obergeschoßdecke ausschalen (Bauwesen) ○ Ein Arbeiter wollte auf einer Baustelle gerade eine Mauer ausschalen, als er das Gleichgewicht verlor und viereinhalb in die Tiefe stürzte. (Kurier 23. 10. 2011)

ausschalten//einschalten; ↑auch: anmachen, anschalten
das Licht, den Strom, eine Maschine ausschalten

ausscheren//einscheren
nach links zum Überholen ausscheren ○ Als das Einsatzfahrzeug plötzlich ausscheren musste, kollidierte es leicht mit dem Wagen der Autofahrerin. (Berliner Zeitung 27. 8. 2011)

ausschießen//einschießen
Papier ausschießen ○ Brot ausschießen (aus dem Backofen ziehen ○ landschaftlich)

ausschiffen//einschiffen
Truppen, Waren ausschiffen ○ Alle verbringen vier Stunden in der Stadt, können sich in Ruhe umsehen und die Umge-

bung auf eigene Faust erkunden, bevor sie wieder ausschiffen und eine weitere Nacht an Bord verbringen. (Westdeutsche Zeitung 15. 2. 2018)

ausschirren//einschirren
ein Pferd ausschirren ○ *Nachdem sie ihn ausgeschirrt hat, tätschelt sie ihm den Hals, flüstert ihm Danke für deinen Einsatz und gute Nacht, mein Guter ins Ohr.* (Rhein-Zeitung 29. 7. 2013)

ausschleichen//einschleichen
eine ausschleichende Therapie (bei der die Medikamentendosis allmählich verringert wird ○ Medizin)

ausschließen//einschließen; ↑auch: inkludieren
der Glaube schließt solche Handlungen aus ○ *ich schließe mich von diesem Vorwurf nicht aus* ○ *Obama hatte Waffenhilfe für die Rebellen in seine politischen Pläne für Libyen „nicht ausschließen und nicht einschließen" wollen.* (Braunschweiger Zeitung 31. 3. 2011)

ausschließende Einrede//aufschiebende Einrede
(Rechtswesen)

ausschließlich//einschließlich; ↑auch: zuzüglich
Preis ausschließlich Porto ○ *ausschließlich des Nebenverdienstes*

ausschließliche Gesetzgebung//konkurrierende Gesetzgebung
(Rechtswesen)

Ausschlupf//Einschlupf
der Ausschlupf für die Tauben auf dem Dach ○ *Ihre beiden Kälber liefen verstört und voller Panik am Zaun entlang und fanden keinen Ausschlupf.* (Rhein-Zeitung 1. 7. 2004)

ausschrauben//einschrauben; ↑auch: reinschrauben
eine Glühbirne (aus der Fassung) ausschrauben ○ *... Montagekoffer für die Handwerker, um alle alten Mess-Einsätze welcher Firma auch immer ausschrauben und die auf alle Gewinde passenden Wassergeräte-Einsätze einschrauben zu können.* (Schwäbische Zeitung 5. 7. 2013)

ausschreiben//abkürzen
ein Wort ausschreiben ○ *seinen Vornamen ausschreiben und nicht mit einem einzigen Buchstaben abkürzen*

ausschulen//einschulen
einen Schüler wegen schlechter Leistungen (wieder) ausschulen ○ *Es könnte kein Kind als Analphabet oder ohne Kenntnis der Grundrechnungsarten am Ende der Pflichtschule ausgeschult werden.* (Die Presse 29. 5. 2010)

ausschultern//einschultern
(Turnen)

Ausschuss//Einschuss
die Stelle des Ausschusses (im Körper)

Ausschuss//Qualität
das ist Ausschuss ○ *Aber dann hätte ich um die 40 Prozent Ausschuss und könnte nicht die Qualität erzeugen, wie ich sie anbieten möchte* (Süddeutsche Zeitung 18. 6. 2016)

ausschwingen//einschwingen
der Raubvogel schwingt aus (fliegt von einem Baum ab ○ Jägersprache)

aussein//ansein
das Licht ist aus

außen//innen; ↑auch: drinnen, nach außen
die Schale ist außen vergoldet ○ *außen hart und innen weich* ○ *Das Moorbadehaus steht sowohl außen wie innen unter Denkmalschutz.* (Wiesbadener Tagblatt 12. 4. 2018)

Außen//Innen
das Außen entspricht nicht dem Innen ○ *Die fehlenden Quadratmeter im Inneren werden durch großzügig gesetzte Fenster bzw. Türen in den Garten kompensiert, um auf diese Weise Außen und Innen vir-*

tuell zu verschmelzen. (Tiroler Tageszeitung 11. 3. 2018)

außen...//innen... (Adjektiv)
z. B. *außenpolitisch/innenpolitisch*

Außen...//Binnen... (Substantiv)
z. B. *Außenhandel/Binnenhandel*

Außen...//Innen... (Substantiv)
z. B. *Außentoilette/Innentoilette*

Außenanstrich//Innenanstrich

Außenantenne//Innenantenne, Zimmerantenne

Außenarbeiten//Innenarbeiten
Es folgen parallel zu den Außenarbeiten die Innenarbeiten. (Schwäbische Zeitung 28. 7. 2018)

Außenaufnahme//Innenaufnahme
(Filmwesen)

Außenbahn//Innenbahn
(Sport)

Außenbeleuchtung//Innenbeleuchtung

Außenbezirk//Innenbezirk
die Außenbezirke der Stadt ○ *Die Außenbezirke diskutierten intensiv die Performance der Ressorts Gesundheit, Integration und Finanzen. Also die Performance von ... den Vertreterinnen der Innenbezirke.* (Die Presse 22. 1. 2017)

Außenblöße//Innenblöße
(Fechten)

Außenbordmotor//Einbaumotor; Innenbordmotor
(Bootsbau)

außenbords//binnenbords
der Motor befindet sich außenbords (Seemannssprache)

Außendeich//Binnendeich

Außendienst//Innendienst
er ist im Außendienst beschäftigt ○ *Rund 55 Prozent unserer Mitarbeiter – egal ob Außendienst oder Innendienst – sind weiblich.* (Frankfurter Rundschau 6. 2. 2015)

Außenglied//Innenglied
(Mathematik)

Außenhafen//Binnenhafen

Außenhandel//Binnenhandel

Außenhof//Innenhof
der Außenhof der Burg

Außenkante//Innenkante
die Außenkante des Schuhs

Außenkurve//Innenkurve

Außenluft//Innenluft
(Klimatechnik)

Außenminister//Innenminister

Außenministerium//Innenministerium

Außenperspektive//Innenperspektive
(Literaturwissenschaft)

Außenpolitik//Innenpolitik
er hatte die Außenpolitik vernachlässigt

außenpolitisch//innenpolitisch
außenpolitische Ursachen ○ *Das mag daran liegen, dass er bei dem im Kongress herrschenden Patt außenpolitisch die Konservativen und innenpolitisch die Mitte zufrieden stellen muss.* (Salzburger Nachrichten 18. 4. 2001)

Außenquersitz//Innenquersitz
(am Barren ○ Turnen)

Außenraum//Innenraum
Ein Kunstparcours führte an künstlerische Aktionsorte sowohl im öffentlichen Außenraum als auch im privaten Innenraum. (Märkische Allgemeine 19. 12. 2017)

Außenseite//Innenseite

Außenseiter//Favorit
nicht der Favorit, sondern der Außenseiter hat gewonnen ○ *Wieder hatte der krasse Außenseiter geführt, wieder hatte*

am Ende der Favorit triumphiert. (FOCUS 22. 5. 2018)

Außenspann//Innenspann
(Außenseite des Fußes)

Außenstände//Schulden
er hat große Außenstände (andere schulden ihm viel Geld)

Außenstürmer//Innenstürmer
(Fußball)

Außentasche//Innentasche

Außentemperatur//Zimmertemperatur, Innentemperatur
Nicht mehr als zwei oder vier Grad unter der Außentemperatur sollte die Zimmertemperatur liegen. (Luxemburger Tageblatt 15. 10. 2012); *Das Oberlandesgericht ... legte in einem Fall fest, dass bei einer Außentemperatur bis zu 32 Grad Celsius die Innentemperatur im Mietobjekt 26 Grad nicht übersteigen dürfe.* (Berliner Morgenpost 27. 6. 2009)

Außentoilette//Innentoilette
Die Außentoilette wird derzeit als Lagerraum des Jugendclubs genutzt. ... Die Innentoilette solle im gleichen Zug nur noch zur Benutzung durch behinderte Menschen freigegeben werden. (Saarbrücker Zeitung 18. 1. 2001)

Außentür//Innentür

Außenverteidiger//Innenverteidiger
(Sport)

Außenwand//Innenwand
Zudem stellt jede an die Außenwand angrenzende Innenwand, Geschossdecke oder Bodenplatte eine Wärmebrücke dar (Wiesbadener Kurier 12. 5. 2018)

Außenwanderung//Binnenwanderung
(Geografie)

Außenwelt//Innenwelt
(Psychologie) ○ *Millás setzt dabei der Außenwelt eines Jungen dessen Innenwelt entgegen* (FOCUS 30. 11. 2009)

Außenwirkung//Binnenwirkung
Sozialpartnerschaft im Inneren und Neutralität im Äußeren, wobei Neutralität nicht nur eine völkerrechtlich anerkannte Außenwirkung, sondern auch eine Binnenwirkung entfaltete. (Falter 27. 10. 2005)

Außenwirtschaft//Binnenwirtschaft

Außenzoll//Binnenzoll

außer//in; ↑auch: **außer Sicht[weite]**
er ist jetzt außer Hörweite (man hört ihn nicht mehr)

außer...//... (Adjektiv)
z. B. *außerehelich/ehelich*

außer...//inner... (Adjektiv)
z. B. *außerbetrieblich/innerbetrieblich*

äußere//innere
die äußere Sicherheit ○ *äußere Verletzungen* ○ *äußere Geschlechtsorgane*

außerberuflich//beruflich
außerberufliche Schwierigkeiten ○ *Für Politiker werde die außerberufliche Immunität abgeschafft, die berufliche wird stark eingeschränkt.* (Der Standard 22. 6. 2011)

außer Betrieb//in Betrieb
diese Anlage, Fabrik ist außer Betrieb ○ *Auch Gasleitungen seien zwei vorgefunden worden – eine außer Betrieb und eine in Betrieb.* (Süddeutsche Zeitung 5. 12. 2018)

außerbetrieblich//innerbetrieblich
außerbetriebliche Ausbildung ○ *Die Freibeträge für die außerbetriebliche Aus- und Weiterbildung sollten künftig auch für entsprechende innerbetriebliche Maßnahmen gelten.* (Wiener Zeitung 5. 6. 2002)

außerehelich//ehelich
ein außereheliches (außerhalb der Ehe gezeugtes) *Kind*

außereinzelsprachlich//[inner]einzelsprachlich; ↑auch: Faux frères
außereinzelsprachliche Interferenz, z. B. orthografisch: deutsch: Galerie/englisch: gallery (mit ll)

Äußeres//Inneres
Inneres ist wichtiger als Äußeres ○ das Innere stimmt mit dem Äußeren nicht überein ○ Die Entscheidung für den passenden Architekten, der dem Bestandsgebäude ein attraktives Äußeres und ein helles, offenes Inneres geben kann, war entsprechend einfacher. (Tiroler Tageszeitung 28. 1. 2017)

außereuropäisch//europäisch
die außereuropäischen Länder ○ Wir wissen viel darüber und fast nichts von der Seeschlacht 1905 vor Tsushima, die für Sie und Ihre Gedanken so große Bedeutung haben, weil erstmals eine außereuropäische Macht eine europäische besiegte. (Rheinische Post 14. 3. 2014)

außereuropäisch//innereuropäisch
das sind außereuropäische Probleme

außerfahrplanmäßig//fahrplanmäßig
der Zug fährt außerfahrplanmäßig (wird zusätzlich eingesetzt)

außergerichtlich//gerichtlich
eine außergerichtliche Klärung anstreben ○ Dieser sollte dann außergerichtlich und notwendigenfalls auch gerichtlich die fehlenden Zustimmungen einholen. (Berliner Morgenpost 24. 3. 2018)

außergerichtlicher Vergleich//Prozessvergleich

außerhalb//in (örtlich und zeitlich)
außerhalb der Sitzung, außerhalb der Ehe ○ das Attentat auf den französischen Präsidenten erfolgte außerhalb Frankreichs

außerhalb//innerhalb, in
(örtlich/räumlich:) das Leben außerhalb der Stadt ○ die Änderungen außerhalb von uns wahrnehmen ○ außerhalb des Verbundes. ○ (zeitlich:) außerhalb der Dienstzeit ○ Man mag auch außerhalb der Theaterzeiten wiederkommen, um Alte Meister zu sehen. Dann mit weniger Gedränge. (Falter 21. 3. 2018)

außerirdisch//irdisch
außerirdische Wesen ○ Standing ovations für einen Mann, der uns mit „E. T." außerirdisch träumen ließ, der uns mit „Schindlers Liste" durchaus irdisch aufrüttelte (Welt am Sonntag 14. 2. 1999)

außer Kraft//in Kraft

Außerkraftsetzung//Inkraftsetzung
die Außerkraftsetzung von Gesetzen ○ In einem Parallelverfahren, das heißt bei gleichzeitiger Außerkraftsetzung der alten und Inkraftsetzung einer neuen Satzung soll dadurch eine neue Außenbereichssatzung für Breitfeld geschaffen werden (Straubiner Tagblatt 27. 9. 2018)

Außerkrafttreten//Inkrafttreten
das Außerkrafttreten einer Verordnung ○ Mit dem selektiven Zugang erteilte die Regierungschefin der Forderung von „Hardlinern" eine Absage, die ein vollkommenes Außerkrafttreten aller EU-Bestimmungen in Großbritannien fordern. (Die Presse 3. 10. 2016)

äußerlich//innerlich
äußerlich ruhig, aber innerlich voller Spannung ○ sich äußerliche Verletzungen zuziehen ○ Von da an war sie für ihr Leben äußerlich und innerlich gezeichnet. (Oberösterreichische Nachrichten 4. 3. 2017)

außerlinguistisch//linguistisch

außerordentlich//ordentlich
ein außerordentlicher Professor, Lehrstuhl ○ ein außerordentliches Mitglied der Akademie ○ Ab 1964 war er außerordentlicher und ab 1983 ordentlicher Professor an der TU Wien. (Die Presse 18. 7. 2014) ○ Der Antrag der SP-Fraktionen, außerordentliches und ordentliches Budget getrennt abzustimmen, wurde

von der Volkspartei abgelehnt. (Niederösterreichische Nachrichten 18. 12. 2014) ○ *Die Teilnahme an der Generalversammlung steht allen Mitgliedern (außerordentliche und ordentliche) des Vereins zu.* (Tiroler Tageszeitung 27. 3. 2010)

außerparlamentarisch//parlamentarisch
außerparlamentarische Opposition ○ *außerparlamentarische Aktivitäten* ○ *Die Kinderkommission des Bundestages hat sich zum Ziel gesetzt, eine Lobby für Kinder zu sein und die Interessen von Kindern sowohl parlamentarisch als auch außerparlamentarisch zu vertreten.* (Braunschweiger Zeitung 22. 2. 2010)

außerparteilich//innerparteilich
Zu groß ist der inner- und außerparteiliche Widerstand, zu klein die innerparteiliche Unterstützung, als dass man sich auf einen solchen Zermürbungskrieg mit der Opposition und eigenen Widersachern einlassen würde. (Börsen-Zeitung 10. 2. 2000)

außerplanmäßig//planmäßig
der Zug verkehrt außerplanmäßig ○ *Es ging gestern in Frankfurt außerplanmäßig um Beckenbauers Vorhaltungen und planmäßig um die Nachfolge von Niersbach.* (Frankfurter Rundschau 21. 11. 2015)

außerschulisch//[inner]schulisch
außerschulische Aufgaben, Beschäftigungen

außer Sicht//in Sicht
sie ist jetzt außer Sicht (wird nicht mehr gesehen, kann nicht mehr gesehen werden) ○ *Länderehe auch weiterhin außer Sicht ... Ein neuer Anlauf für die Länderfusion Berlins und Brandenburgs ist weiter nicht in Sicht.* (Nordkurier 24. 11. 2005)

außer Sichtweite//in Sichtweite
Dann gaben sie wieder Gas und waren bald darauf außer Sichtweite. (Berliner Morgenpost 30. 3. 2016)

außersprachlich//[inner]sprachlich
außersprachliche Faktoren ○ *Kinder sind im Alltag häufig überfordert, wenn es darum geht, außersprachliche und sprachliche Reize zu verarbeiten.* (Westfalen-Blatt 24. 3. 2011)

äußerste//früheste
der äußerste Termin ist Ende des Jahres

außerstande sein//imstande sein
er ist außerstande, das zu tun ○ „*Eingesperrt von den Hemmungen, die Du kennst, kann ich mich nicht rühren, ich bin gänzlich, gänzlich außerstande, die innern Hindernisse niederzudrücken, das einzige was ich gerade noch imstande bin, ist grenzenlos unglücklich darüber zu sein.*" (Kafka, Briefe an Felice, 15. September 1913)

außertariflich//tariflich
außertarifliche Bezahlung ○ *In der Privatwirtschaft wird viel öfter außertariflich bezahlt, im öffentlichen Dienst ist nahezu jeder tariflich gebunden* (Die Zeit 1. 3. 2018)

außeruniversitär//universitär
außeruniversitäre Tätigkeiten ○ *Bald wurde ich, aus Liebe zur Region, außeruniversitär aktiv* (Badische Zeitung 11. 6. 2010)

aussichtslos//aussichtsreich
ihre Bewerbung ist aussichtslos ○ *ein aussichtsloser Versuch* ○ *Zuerst nehmen junge Menschen jahrelang die harte Ausbildung zum Übersetzer auf sich, ... und müssen dann feststellen, dass ihre Berufschancen mehr aussichtslos als aussichtsreich sind.* (Süddeutsche Zeitung 12. 5. 1999)

aussichtsreich//aussichtslos
ihre Bewerbung ist aussichtsreich ○ *ein aussichtsreicher Versuch*

ausspannen//anspannen, einspannen
ein Pferd ausspannen ○ *Was so richtige Arbeitstiere sind, dürfen die in den schönsten Wochen des Jahres ... mal aus-*

spannen. Man kann aber Arbeitstiere auch einspannen. (Allgemeine Zeitung 17. 7. 2004) o Der englische Gesandte soll sich in großer Aufregung befunden haben, er ließ die Pferde ausspannen und gleich darauf wieder anspannen. (Märkische Allgemeine 11. 7. 2009)

ausspannen//anspannen
(sich entspannen) o So richtig ausspannen und auch anspannen können sich Frischluft-Fans vielerorts bei sportlicher Betätigung am Strand. (Ostsee-Zeitung 12. 10. 2018)

ausspannen//einspannen
das Werkstück (aus dem Schraubstock) ausspannen

aussperren//streiken
die Arbeitgeber sperren aus, weil die Arbeitnehmer streiken o Arbeitgeber dürfen dabei auch arbeitswillige Beschäftigte aussperren, die nicht streiken. (Wiesbadener Tagblatt 3. 4. 2013)

Aussperrung//Streik
Zu den denkbaren Möglichkeiten im Arbeitskampf gehört, dass der Arbeitgeber mit einer Aussperrung auf den Streik reagiert. (Süddeutsche Zeitung 20. 5. 2015)

Ausstand//Einstand
ein Umtrunk zum Ausstand (wenn jemand aus einem Betrieb o. Ä. ausscheidet) o Eigentümer E. A. übergibt das Campingstübchen an die neue Wirtin .... Der Ausstand und Einstand wurde gebührend gefeiert (Rhein-Zeitung 6. 10. 2014)

ausstehen//einstehen
(aus dem Dienst ausscheiden o süddeutsch, österreichisch)

aussteigen//einsteigen; ↑auch: steigen in
sie stieg am Theater aus o aus dem Bus aussteigen o aus einem Geschäft aussteigen o Eines haben sie den Chinesen weit voraus: Sie lassen die Leute erst aussteigen, bevor sie selbst einsteigen. (Neue Zürcher Zeitung 7. 5. 2015) o Ein Jahr aussteigen und einsteigen ins Engagement für die Umwelt – das bietet das Freiwillige Ökologische Jahr (Rhein-Zeitung 4. 4. 2006)

aussteigen//drinbleiben
Sie will nicht wie die Griechen herumfilibustern oder wie die Briten aus der EU aussteigen. Die Italiener wollen drinbleiben, aber sich nicht an die Regeln halten. (Hannoversche Allgemeine 23. 5. 2018)

Ausstieg//Einstieg
der Ausstieg im Bus ist hinten o Ausstieg aus der Atomproduktion

ausstoßen//aufnehmen
jemanden aus der Familie ausstoßen o ein Blatt meldete gar, die G 8 wollten Italien aus ihrem Kreis ausstoßen und dafür das verlässlichere, wirtschaftlich stärkere Spanien aufnehmen. (Kölner Stadtanzeiger 11. 7. 2009)

ausstoßen//einziehen; ↑auch: einatmen
die Luft (wieder) ausstoßen o Die allesamt das Wesentliche übersahen: die pneumatische Körperkunst des Hauptdarstellers, der hochtourige Motor aller de-Funès-Vehikel. „Nein!" (Luft ausstoßen), „Doch!" (Luft einziehen), „Ohh!" (die ganze Luft rauslassen). (Kölner Stadtanzeiger 31. 7. 2014)

ausstreichen//stehen lassen
den Satz (wieder) ausstreichen o „Ihr müsst bloß das Datum ausstreichen." (Stuttgarter Zeitung 15. 6. 2001)

austeilen//einsammeln
die Hefte (in der Klasse) austeilen o Die könnten am letzten Schultag die Zeugnisse austeilen und die Bücher einsammeln. (Schwäbische Zeitung 30. 7. 2014)

austeilen//einstecken
wer austeilt (in der Kritik), muss auch einstecken können o Ich bin bis heute

eine große Bewunderin Heiner Geißlers, der eine intellektuelle Schärfe hatte, der austeilen konnte und einstecken. (Der Spiegel 26. 5. 2018)

austragen//abtreiben
ein Kind austragen (bis zu seiner Geburt) o Das Wissen um rechtzeitige Verhütung kann Frauen davor bewahren, entscheiden zu müssen, ob sie eine ungewollte Schwangerschaft austragen oder angesichts ihrer Lebenssituation abtreiben sollen. (Rheinpfalz 30. 1. 2018)

austragen//eintragen
einen Namen (aus der Liste) austragen o Die betroffenen Gläubigen müssen sich dazu aus der Wählerliste der zuständigen Pfarrei austragen und in die Wählerliste der „Wahlpfarrei" eintragen lassen. (Saarbrücker Zeitung 4. 10. 2003)

austreten//bleiben
er wollte aus der Kirche austreten, sie aber wollte in der Kirche bleiben o Im Gegenteil könnten Schottland, Gibraltar und Nordirland aus dem Vereinigten Königreich austreten, um in der EU bleiben zu können. (NEWS 2. 7. 2016)

austreten//eintreten
aus der Kirche, Partei austreten o Am Charity-Pokertisch heißt es gar, man wolle aus der Landespartei austreten und in einem anderen Bundesland eintreten (Der Standard 15. 1. 2018)

Austrieb//Eintrieb
(vom Vieh) o Anders als ihre Kollegen in der Feldwirtschaft haben die Tierwirte keine Saison, von Arbeitsspitzen beim Austrieb Ende April, Anfang Mai und beim Eintrieb im Herbst abgesehen. (Ostthüringer Zeitung 18. 10. 2003)

Austrinket//Antrinket
(Festlichkeit, mit der sich ein Gastwirt bei Schließung seiner Wirtschaft von seinen Gästen verabschiedet o schweizerisch)

Austritt//Eintritt
der Austritt aus der Partei

aus- und einfahren
die aus- und einfahrenden Autos

aus und ein gehen
Minister gehen dort aus und ein (sind dort häufig Gast, verkehren bei jemandem)

aus Versehen//mit Absicht
das hat er aus Versehen gemacht o Ob aus Versehen oder von den Männern mit Absicht festgehalten, ist noch unklar. (Vorarlberger Nachrichten 18. 7. 2013)

Auswanderer//Einwanderer; ↑auch: Immigrant
die Auswanderer aus Europa

auswandern//einwandern; ↑auch: immigrieren
aus einem Land auswandern o Paradox ist, dass man jährlich 150000 qualifizierte bis hoch qualifizierte Deutsche auswandern und sehr viele Unqualifizierte einwandern lässt. (FOCUS 16. 4. 2007)

Auswanderung//Einwanderung; ↑auch: Immigration
die Auswanderung aus Europa

Auswanderungsbeschränkung//Einwanderungsbeschränkung

Auswanderungserlaubnis//Einwanderungserlaubnis

Auswanderungsgesetz//Einwanderungsgesetz

Auswanderungsverbot//Einwanderungsverbot

auswärts//am Ort
er arbeitet auswärts o Um täglich essen zu können, müssen sie ihr Geld auswärts ausgeben, denn es gibt kein Geschäft mehr am Ort. (Rhein-Zeitung 4. 8. 2005)

auswärts//einwärts
die Füße nach auswärts setzen o nach auswärts gebogener Stab o Die Eisläuferinnen mussten z. B. einen Slalom auf einem Bein, Schwungbögen vorwärts

auswärts und einwärts und eine Rückwärtsspirale beherrschen. (Passauer Neue Presse 4. 3. 2014)

auswärts//zuhause, daheim
auswärts essen, schlafen o *Die Pekinger haben immer auswärts gefrühstückt, Schätzungen zufolge bleibt dazu nur jeder Dritte zuhause.* (Süddeutsche Zeitung 16. 2. 2002) o *Die holländische Philosophie heißt, versuchen zu gewinnen, und nicht Angst haben, zu verlieren. Egal ob auswärts oder daheim.* (NEWS 10. 7. 2008)

Auswärtsniederlage//Heimniederlage
(Niederlage beim Auswärtsspiel) o *Noch mal zur Erinnerung für alle anderen: Die Auswärtsniederlage gegen die Bayern, zehn Minuten vor Schluss besiegelt, die Heimniederlage gegen Mönchengladbach, da fehlten nur fünf Minuten zum Unentschieden.* (Berliner Zeitung 9. 5. 2015)

auswärtsschwach//heimschwach
Darmstadt ist bisher auswärtsschwach, Mainz ist heimschwach. (Main-Taunus-Kurier 14. 10. 2016)

Auswärtsschwäche//Heimschwäche

Auswärtssieg//Heimsieg
natürlich ist es jetzt unser Ziel, den Auswärtssieg mit einem Heimsieg zu vergolden. (Passauer Neue Presse 24. 10. 2014)

Auswärtsspiel//Heimspiel
(Spiel auf einem für die Mannschaft fremden Platz) o *Konkret sind die Ice Tigers vor dem Auswärtsspiel am Dienstag in Krefeld und dem Heimspiel am Donnerstag gegen Ingolstadt ... mal wieder Zweiter.* (Nürnberger Nachrichten 20. 11. 2017)

auswärtsstark//heimstark
Da fällt ein Tipp des Spielausgangs der auswärtsstarken Viktorianer gegen die heimstarken Deslocher nicht leicht. (Allgemeine Zeitung 13. 9. 2002)

Auswärtsstärke//Heimstärke

auswendig; ↑in- und auswendig

auswerfen//einziehen, einholen
die Fischer werfen ihre Netze aus o *Sie werfen ihren Köder weit hinaus und holen ihn gleich wieder ein. Immer wieder: auswerfen, einholen.* (Passauer Neue Presse 12. 1. 2017) o *Mit lässigem Schwung den Haken auswerfen, die Angel tief halten und mit der Kurbel wieder einziehen.* (St. Galler Tagblatt 29. 7. 2011)

auswerfen; ↑den Anker auswerfen

auswickeln//einwickeln; ↑auch: einpacken
ein Geschenk (aus dem Papier) auswickeln o *Das Buch ist dick, preiswert und schick. Und sie wird es sich jetzt auswickeln lassen, und später einwickeln.* (Thüringer Allgemeine 28. 12. 2002)

auszahlen//einzahlen; ↑auch: raufbringen
ausgezahlte Beträge

Auszahlung//Einzahlung

Auszahlungskasse//Einzahlungskasse
(Bankwesen)

Auszahlungsschalter//Einzahlungsschalter
(Bankwesen)

ausziehen//anbehalten
die Schuhe ausziehen o *die Handschuhe bei der Begrüßung ausziehen und nicht anbehalten* o *für die Untersuchung musste er alles ausziehen, nur den Slip durfte er anbehalten*

ausziehen//anlassen
den Mantel wegen der Kälte anlassen (angezogen lassen) und nicht ausziehen

ausziehen//anziehen
den Mantel, die Badehose ausziehen o *das Kind ausziehen*

ausziehen, sich//sich anziehen
er, sie zieht sich aus

ausziehen//einziehen
die Mieter ziehen (aus der Wohnung) aus ○ *„Ich hab gehört, dass ich ja erst ausziehen könnte und dann später in das neue Gebäude wieder einziehen."* (Aachener Zeitung 16. 12. 2014)

ausziehen//zusammenschieben
den Tisch ausziehen

auszubildend//ausbildend
die ausbildenden Personen und die auszubildenden Personen

Auszubildende, der//die Auszubildende; ↑auch: Lehrling, Lehrmädchen, Lehrtochter

Auszubildende[r]//Ausbildende[r]

Auszug//Einzug
beim Auszug (aus der Wohnung)

auterge Wirtschaft//allerge Wirtschaft
(Wirtschaft, bei der sich alle Einkommen aus eigener Leistung herleiten)

authigen//allothigen
authigenes (am Fundort selbst entstandenes) Gestein (Geologie)

auto...//hetero... (vor fremdsprachlicher Basis; Adjektiv)
(mit der Bedeutung: selbst, eigen) z. B. *autotroph/heterotroph*

Auto...//Hetero... (vor fremdsprachlicher Basis; Substantiv)
(mit der Bedeutung: selbst, eigen) z. B. *Autohypnose/Heterohypnose*

autochthon//allochthon
(dort, wo es auftritt, auch entstanden ○ Geologie, Biologie)

Autoerotismus//Alloerotismus
(Trieb- und Lustbefriedigung ohne einen Partner, durch sich selbst, am eigenen Körper)

Autofahrer//Fußgänger, Radfahrer
Allerdings war die Luftqualität für Autofahrer, Fußgänger und für Nutzer öffentlicher Verkehrsmittel auch nicht viel besser. (FOCUS 4. 2. 2017) ○ *„Sie spielen die Berliner gegeneinander aus ... Innenstadt gegen Außenbezirke, Autofahrer gegen Radfahrer."* (Berliner Morgenpost 7. 4. 2017)

Autohypnose//Heterohypnose
(Hypnose ohne Einwirkung von außen)

Autokatalyse//Allokatalyse
(Chemie)

Autokratie//Nomokratie
(Ausübung der Herrschaft, die in der Hand eines einzelnen liegt und von dem bestimmt wird ○ Geschichte, Politik)

Automat; ↑digitaler Automat

Automatikaufzug//Handaufzug
(bei der Armbanduhr)

Automatikgurt//Statikgurt
(Sicherheitsgurt mit Aufrollmechanik)

automatisch//manuell
die Einstellung der Belichtung erfolgt automatisch ○ *In die angeschlossene Fördertechnik wurden vier Arbeitsstationen integriert. Zwei arbeiten automatisch, die beiden anderen werden manuell bedient.* (Handelszeitung 5. 6. 2014)

autonom//heteronom
eine autonome (eigenständige, von fremden Einflüssen unabhängige) Politik ○ *Denn beim »autonomen Fahren« fährt man doch gerade nicht mehr autonom, sondern heteronom; man fährt nicht, sondern wird gefahren.* (Der Spiegel 24. 11. 2018)

Autonomie//Heteronomie
(Philosophie)

autonym//pseudonym; ↑auch: anonym
(unter dem eigenen Namen [veröffentlicht])

Autonym//Pseudonym; ↑auch: anonym
sein Pseudonym war Rudolf Rodt, das Autonym Ludwig Eichrodt

Autoökologie//Synökologie

Autophän//Allophän
(Genetik)

Autoplastik//Alloplastik; ↑auch: **Heteroplastik**
(Verpflanzung von Gewebe auf denselben Körper ○ Medizin)

Autopsychose//Allopsychose
(Psychose mit Verlust des Ichbewusstseins ○ Medizin)

Autorenkatalog//Realkatalog, Sachkatalog
(Bibliothekswesen)

Autorenkino//Produzentenkino
(Kinofilm, bei dem der Regisseur zugleich der Verfasser des Drehbuchs ist) ○ *Was im Wettbewerb fehlte, war persönlich gehaltenes Autorenkino.* (Der Standard 29. 5. 2017)

autoritär//unautoritär, antiautoritär
eine autoritäre Erziehung (die die Selbstbestimmung des Kindes einschränkt) ○ *Auch wenn der Puppenspieler Friedrich Arndt ... 1977 zur Rehabilitation des Kaspers schrieb, er zeige sich zwar nicht antiautoritär, „wie vielleicht erwünscht", aber „auch nicht autoritär, sondern einfach unautoritär".* (Frankfurter Rundschau 8. 11. 2002) ○ *Man kann beobachten, wie all die komplett falsch, weil zu autoritär, zu antiautoritär, zu helikopterig oder zu vernachlässigt, zu dings oder zu dangs aufgewachsenen Kinder sich zu völlig normalen Teenagern entwickeln, als sei es wurscht, was wir da über ein Jahrzehnt lang pädagogisch vorgehüpft haben* (Die Presse 2. 10. 2016)

Autosemantikon//Synsemantikon
„Tisch" ist ein Autosemantikon (ein Wort mit eigener, klar erkennbarer Bedeutung)

autosemantisch//synsemantisch
(Sprachwissenschaft)

Autosom//Geschlechtschromosom
(nicht an das Geschlecht gebundenes Chromosom ○ Genetik)

Autostereotyp//Heterostereotyp
(Psychologie)

autotroph//heterotroph
(sich von anorganischen Stoffen ernährend ○ Botanik)

Autotrophie//Heterotrophie
(Botanik)

Autotypie//Strichätzung
(Typographie)

autözische Parasiten//heterözische Parasiten
(Biologie)

Auxiliarverb//Vollverb
„wird" ist in dem Satz „sie wird kandidieren" ein Auxiliarverb, in dem Satz „sie wird Ärztin" ein Vollverb

Avers//Revers; ↑auch: **Kopf oder Zahl**
der Avers ist die Vorderseite einer Münze (mit dem Kopf) ○ *Löser zeigte an Münzbeispielen wie dem Bild der Kaiserin auf dem Avers deren durch die Gottheiten personifizierte Tugenden auf dem Revers zugeordnet wurden.* (Rhein-Zeitung 22. 7. 2013)

avirulent//virulent
(nicht ansteckend ○ Medizin) ○ *Sie blieben „avirulent", so dass sie von den Abwehrkräften des Menschen leichter beseitigt werden könnten.* (Die Welt 3. 4. 1999)

axial//anaxial
(in der Achsenrichtung [angeordnet])

axiale Bindung//äquatoriale Bindung
(Chemie)

Axialstraße//Lateralstraße
(Ost-West-Hauptstraße in Europa ○ Militär)

Azidoid//Basoid
(Chemie)

Azubi//Ausbildende[r]
die Azubis – die Auszubildenden – sind mit dem Ausbildenden zufrieden

B

b//Kreuz
(Erniedrigungszeichen – um einen halben Ton erniedrigtes – h ○ Musik)

Bache//Eber, Keiler; ↑auch: Borg
(weibliches Wildschwein) ○ *Die Bache, die führt, der Eber, der aufpasst – bei den Wildschweinen herrscht das Matriarchat.* (Neue Kronen-Zeitung 3. 8. 2005) ○ *Eine Gefahr für die Hunde sieht der Jäger auch: Wenn der Hund auf eine Bache oder einen Keiler trifft, hat er keine Chance.* (Rhein-Zeitung 18. 3. 2017)

Backbord//Steuerbord
Backbord ist die linke Seite eines Schiffes

backbords//steuerbords
backbords ist links auf dem Schiff (Seemannssprache) ○ *Zwei backbords und steuerbords vom Heck bis zum Steven parallel verlaufende Rundbögen geben dem Rumpf aus der Seitenansicht die Form eines riesigen parabelartigen Tropfens.* (Berliner Morgenpost 18. 7. 2009)

Backenzahn//Schneidezahn

Bäckerbrot//Bauernbrot, Landbrot
Im Einkaufsbeutel hatte sie Gemüse, Gewürze und frisches Bäckerbrot. (Leipziger Volkszeitung 27. 8. 2001)

Backhand//Forehand; ↑auch: Vorhand
(Rückhand ○ Tennis, Hockey)

Bad; ↑Freibad, Hallenbad

Bad guy//Good guy
(Verhandler, der den Gegenspieler arrogant unter Druck setzen will ○ schlechter Mensch) ○ *Ich hasse die einfachen bad guy, good guy-Dramen. Die haben mit der Wahrheit nichts zu tun.* (Die Zeit 11. 3. 2010) ○ *Das einzige wirksame Mittel gegen eine Waffe in der Hand eines «bad guy» sei eine Waffe in der Hand eines «good guy»* (Neue Zürcher Zeitung 22. 12. 2012)

Bahnfahrer//Straßenfahrer
(Radsport)

Bahngehen//Straßengehen
(Sportart, bei der der Geher auf einer angelegten Bahn geht)

Bahnhof; ↑Durchgangsbahnhof, Kopfbahnhof

Bahnradfahrer//Straßenrennfahrer
(Radsport)

Bahnrennen//Straßenrennen
ein Bahnrennen wird auf einer Radrennbahn durchgeführt (Radsport)

Bahnrennsport//Straßenrennsport
(Radsport)

Bahre; ↑von der Wiege bis zur Bahre

baisse; ↑à la baisse

Baisse//Hausse
(niedriger Aktienstand ○ Börsenwesen)

Baissier//Haussier; ↑auch: Bull
(jemand, der auf Baisse spekuliert ○ Börsenwesen)

Balance//Disbalance

Ball; ↑Hohlball, Vollball

Ballabgabe//Ballannahme
(Sport)

Ballannahme//Ballabgabe
(Sport)

Balletteuse//Balletttänzer

Balletttänzer//Balletteuse

Ballon; ↑Fesselballon, Freiballon

Bandpass//Bandsperre
(Elektrotechnik)

Bandsperre//Bandpass
(Elektrotechnik)

bangen//hoffen
Krebs ist tückisch. Er lässt Menschen bangen, verzweifeln, aber auch hoffen. (Berliner Zeitung 13. 1. 2017)

Bankkauffrau//Bankkaufmann

Bankkaufmann//Bankkauffrau

Bär//Bulle
(jemand, der auf fallende Kurse spekuliert ○ Börse)

bar//in Raten
zahlen Sie bar oder in Raten? ○ Autokäufer bezahlen ihren neuen Wagen meistens bar oder in Raten. (Leipziger Volkszeitung 21. 11. 2015)

bar//mit Kreditkarte, mit Scheck
er zahlt nicht bar, sondern mit Kreditkarte/mit Scheck ○ Ein Großteil der Kunden bezahlt jedoch nicht mit Kreditkarte, sondern bar bei Lieferung. (Wirtschaftsblatt 23. 8. 2012) ○ *Die Ware kommt bei Bestellung bis 18 Uhr noch am selben Tag, sonnabends bei Eingang bis 15 Uhr. Zahlung bar oder mit Scheck.* (Hamburger Abendblatt 3. 3. 2000)

bar//unbar
bar (in Scheinen oder Münzen) *zahlen oder unbar* (durch Überweisung, mit einem Scheck o. Ä.) ○ *Kunden können bar mit Münzen oder unbar mit ihrer Kredit- oder EC-Karte zahlen.* (Rheinische Post 17. 3. 2016)

barfuß//mit Schuhen
barfuß die Kirche betreten ○ Ob barfuß oder mit Schuhen ist jedem selbst überlassen. (Berliner Morgenpost 25. 8. 2016)

Bargeld//elektronisches Geld, E-Geld, Cybermoney
Und der Wille, Bargeld durch elektronisches Geld zu ersetzen, ist in manchen Ländern schon ziemlich ausgeprägt. (Oberösterreichische Nachrichten 9. 2. 2016) ○ *Stimmt, Bargeld ist altmodisch. Bezahlen mit Plastikkärtchen oder Cybermoney ist in.* (Format 5. 2. 2016)

Barockgarten//Landschaftsgarten
14 Themengärten werden auf einer Größe von rund 4,5 Hektar errichtet, geplant sind ein historischer Barockgarten, ein englischer Landschaftsgarten und ein japanischer Felsengarten. (Wormser Zeitung 17. 9. 2015)

baroklin//barotrop
(Meteorologie)

barotrop//baroklin
(Meteorologie)

Barscheck//Verrechnungsscheck

Bart//Damenbart
(bei Männern)

Bart; ↑**mit Bart**

bärtig//bartlos
ein bärtiger Mann ○ Die Fearleaders tragen Bärte, die meisten jedenfalls. Von den Candy-Andis ist einer bärtig und einer bartlos. (Der Standard 20. 2. 2016)

bartlos//bärtig
ein bartloser Mann ○ Sklaven waren bartlos. Die meisten US-Präsidenten bis Teddy Roosevelt waren bärtig. (Der Tagesspiegel 13. 11. 2005)

Baryon//Lepton
(Kernphysik)

Barzahlung//Ratenzahlung
Deutlich günstiger fährt der Autokäufer mit Barzahlung. Doch auch die Ratenzahlung beim Hersteller und die Finanzierung über die Hausbank erweisen sich als günstiger. (Neue Westfälische 14. 8. 2010)

Barzahlungspreis//Teilzahlungspreis
(Rechtswesen)

Base//Oheim; ↑auch: **Onkel**
(veraltet für: Tante)

Base//Säure
Basen werden von Gemüse, Karotten, frischem Obst gebildet ○ auf Lackmus färben sich Säuren rot und Basen blau

Base//Vetter; ↑auch: **Cousin**
(veraltet für: Kusine) ○ *„Ich will mich anbucken", flüsterte Base Wilhelmine ihrem weitläufigen Vetter Friedrich, einem Gendarm, zu.* (Braunschweiger Zeitung 17. 4. 2013)

basipetal//akropetal
(in Bezug auf das Wachstum einer Pflanze: absteigend ○ Botanik)

Basis//Exponent; ↑auch: **Hochzahl**

Basis//Überbau
(Politische Ökonomie)

basisch//sauer
das Milieu im Magen ist basisch

Basismorphem//Formationsmorphem
miet- ist das Basismorphem von „Mieter"

Basitonie//Akrotonie
(Botanik)

Basoid//Azidoid
(Chemie)

Basrelief//Hautrelief
ein Basrelief ist ein flaches Relief

Bass//Diskant, Tenor
(tiefe Männerstimme ○ Sänger mit tiefster Stimmlage)

Basselisse//Hautelisse
(Teppich in besonderer Webart – mit Querfäden)

Basselissestuhl//Hautelissestuhl
(Weberei)

Bassschlüssel//Violinschlüssel
(F-Schlüssel auf der 4. Notenlinie ○ Notenschlüssel, der die Basspartien eines Musikstückes anzeigt)

Bastard//Ehekind
(uneheliches Kind ○ veraltet)

bathochrom//hypsochrom
(in Bezug auf Farbe: dunkler machend)

bathyal//abyssal
(Meereskunde)

Battement//Batterie
(Ballett)

Batterie//Battement
(Ballett)

Batterie//Netzanschluss
ein Radiogerät für Batterie und Netzanschluss

Batteriegerät//Netzanschlussgerät

Bauch//Kopf
eine Entscheidung aus dem Bauch (vom Gefühl her) ○ Über den Kopf funktioniert es nicht, also probieren sie es über den Bauch. (Der Spiegel 21. 4. 2018)

Bauch//Hände
Verschlemmen soll nicht der faule Bauch, was fleißige Hände erwarben (Heinrich Heine: Ein Wintermärchen, 1844)

Baucis; ↑**Philemon**

Bauer//Kleinhäusler
(selbstständiger Besitzer im Vergleich mit Kleinbauern) ○ *Der Müller aber ist nicht nur Müller von Beruf, sondern ein Kleinhäusler, der in einer Keuschen nahebei wohnt und den Bauern der Gemeinde für diese Wochen und Tage die Arbeit tut.* (profil 26. 9. 2016)

Bauernbrot//Bäckerbrot
So manche Bauernbratwurst könnte ja auch als Metzgerbratwurst gut schmecken. Und Bauernbrot ist als Bäckerbrot auch nicht zu verachten. (Wormser Zeitung 15. 3. 2010)

Bauersfrau//Bauersmann
(veraltet)

Bauersmann//Bauersfrau
(veraltet)

Bauhauptgewerbe//Bauhilfsgewerbe
(Wirtschaft)

Bauhilfsgewerbe//Bauhauptgewerbe
(Wirtschaft)

Baukis; ↑Philemon

Baum; ↑Kronenbaum, Laubbaum, Nadelbaum, Schopfbaum

baumarm//baumreich
eine baumarme Gegend

baumreich//baumarm
eine baumreiche Gegend

Baustoffwechsel//Energiestoffwechsel
(Physiologie)

be...//ab... (Verb)
z. B. *bedecken/abdecken*

be...//be... (Verben mit antonymischen Basiswörtern)
z. B. *belohnen/bestrafen*

be...//ent... (Verb)
z. B. *jemanden belasten/jemanden entlasten*

be...//ver... (Verben mit antonymischen Basiswörtern)
z. B. *bejahen/verneinen, sich befreunden/ sich verfeinden*

Be...//Ent... (Substantiv)
z. B. *Belüftung/Entlüftung*

beabsichtigt//unbeabsichtigt; ↑auch: gezwungen
eine beabsichtigte Wirkung ○ H&M glaube stark daran, dass Rassismus und Vorurteile, ob beabsichtigt oder unbeabsichtigt, inakzeptabel seien – das betonte die Modekette nun erneut. (Märkische Allgemeine 15. 1. 2018)

beachten//ignorieren
sie wurde in der Gesellschaft beachtet ○ Versuche mit Klangattrappen haben gezeigt, dass Weibchen, die ja bei den meisten Vogelarten nicht singen, stark auf den eigenen Dialekt reagieren, fremde Dialekte beachten sie dagegen weniger oder ignorieren sie. (Die Zeit Wissen 15. 3. 2011)

beachten//missachten
Vorschriften beachten ○ ... also ist dieser Grundsatz laut Bundesverfassung zu beachten und nicht zu missachten. (Die Südostschweiz 20. 12. 2005)

beachtet//unbeachtet
von der Fachwelt beachtete Forschungsergebnisse ○ sie und ihre Leistungen wurden beachtet ○ ... wenn ich in der Nähe bin, während ein Kind geboren wird, dann verstehe ich, dass alles einen ihm selbst innewohnenden Wert hat, egal ob beachtet oder unbeachtet. (Leipziger Volkszeitung 10. 6. 2017)

Beamtenpension//ASVG-Pension
Damit ich meine Beamtenpension nicht verliere, muss ich diese neben der ASVG-Pension eigens einzahlen. (Der Standard 12. 1. 2012)

Beamter im Dienststand//Beamter im Ruhestand
(aktiver Beamter, österreichische Amtssprache)

Beamter im Ruhestand//Beamter im Dienststand
(Beamter in Pension, österreichische Amtssprache)

beantwortet//unbeantwortet
beantwortet werden ○ (schon) beantwortete Fragen der Philosophie ○ Fragen, die mittels Erklärungen teilweise beantwortet werden, aber absichtlich auch unbeantwortet bleiben. (Oberösterreichische Nachrichten 27. 5. 2010)

Bear//Bull; ↑auch: **Haussier;** auch: **Bär**
(jemand, der auf das Fallen der Börsenschaftkurse spekuliert)

bearbeitet//unbearbeitet
der Antrag ist (schon) bearbeitet ○ Fotografien können sowohl bearbeitet als

auch unbearbeitet eingereicht werden. (Mittelbayerische Zeitung 3. 9. 2015)

Beat//Off-Beat
(Musik) ○ *Sein letztes Stück ... führt auf den «Rhythmiker» zurück, als den er sich zeitlebens verstand, auf die Kreuzungen von Beat und Off-Beat und ihre lebensbejahenden Energien.* (Neue Zürcher Zeitung 11. 9. 2010)

bebaut//unbebaut
ein bebautes Grundstück ○ *Darin werden Verkauf und Erwerb von Immobilien aller Art aufgelistet – ob bebaut, unbebaut oder landwirtschaftlich genutzt.* (Tiroler Tageszeitung 28. 5. 2015)

bebaut sein//brachliegen
dieses Feld ist (mit Gemüse) bebaut ○ *Gut die Hälfte des Gesamtgeländes ist mit landwirtschaftlichen Gebäuden bebaut, die andere Hälfte liegt brach.* (Mannheimer Morgen 9. 6. 2001)

beblättert//blattlos, blätterlos
beblätterte Zweige ○ *In den blau-weißen Kübeln stehen stielgerade die kleinen Orangenbäumchen, noch ohne frische Früchtchen, dafür dicht grün beblättert und der Blüte nahe* (Süddeutsche Zeitung 15. 5. 2018)

Bedarfswirtschaft//Profitwirtschaft

bedauern//begrüßen
wir bedauern diesen Beschluss des Vorstands ○ *Eine Reihe von Vorhaben sind 2013 sichtbar wenig oder gar nicht nähergerückt, was die einen bedauern, andere begrüßen werden: Kraftwerksprojekte, neue Skigebiete, Natura-2000-Schutz für die Isel.* (Tiroler Tageszeitung 3. 1. 2014)

bedecken//abdecken
etwas (z. B. ein Beet, ein Feld) bedecken (mit etwas, z. B. mit Folie) ○ *Nun photographiert Anna Teile ihres Körpers, um dann mit den Bildern Brüste und Scham zu bedecken, nun lässt sie Teile abdecken und bemalt ihren Leib mit Ölkreide.* (Neue Zürcher Zeitung 4. 4. 2003)

bedeckt//wolkenlos
der Himmel ist bedeckt ○ *War der Himmel am ersten Tag leicht bedeckt, zeigte er sich in den folgenden Tagen wolkenlos.* (Passauer Neue Presse 30. 5. 2005)

Bedecktsamer//Nacktsamer; ↑auch: Gymnospermen
(Botanik)

bedecktsamig//nacktsamig
(Botanik)

bedenklich//unbedenklich
dieses Unternehmen halte ich für bedenklich ○ *Wie bedenklich oder unbedenklich ist das eigene Konsummuster?* (Süddeutsche Zeitung 15. 10. 2016)

bedeutend//unbedeutend
eine bedeutende Summe ○ *seine Arbeiten sind bedeutend* ○ *ein bedeutender Maler* ○ *Wichtig und unwichtig, bedeutend und unbedeutend gibt es nicht. Alles wird gleich behandelt.* (Neue Zürcher Zeitung 5. 10. 2016)

Bedeutung; ↑ohne Bedeutung, von Bedeutung

Bedeutungserweiterung//Bedeutungsverengung
(Sprachwissenschaft)

Bedeutungslehre//Bezeichnungslehre; ↑auch: Onomasiologie
(die Lehre von den Bedeutungen der Wörter und dem Bedeutungswandel ○ Sprachwissenschaft)

bedeutungslos//bedeutungsvoll, von Bedeutung
das scheint mir bedeutungslos ○ *Ursprünglich bestand es aus 14 Paragrafen, von denen die Mehrzahl mittlerweile aufgehoben worden oder bedeutungslos geworden sind. Heute noch von Bedeutung und Grund für den aktuellen Streit vor dem Europäischen Gerichtshof (EuGH) ist vor allem eine Regelung* (Braunschweiger Zeitung 13. 3. 2013) ○ *Dinge wie Autos oder Wohnungen, die*

Errungenschaften der Zivilisation, hält das Paar für bedeutungslos. Die richtige Ernährung dagegen für sehr bedeutungsvoll. (Weltwoche 18. 11. 2010)

Bedeutungsverbesserung//Bedeutungsverschlechterung
(Sprachwissenschaft)

Bedeutungsverengung//Bedeutungserweiterung
(Sprachwissenschaft)

Bedeutungsverschlechterung//Bedeutungsverbesserung
(Sprachwissenschaft)

bedeutungsvoll//bedeutungslos
das scheint mir bedeutungsvoll ○ Heimat – ein ... Wort, so bedeutungsvoll und so bedeutungslos zugleich. (Rhein-Zeitung 27. 12. 2014)

Bedeutungswandel//Bezeichnungswandel
(Sprachwissenschaft)

bedienen//bedienen lassen
Bis auf die Grünen haben sich alle Parteien (inkl. Gewerkschaft) bedient oder bedienen lassen. (Neue Zürcher Zeitung 12. 9. 2013)

bedienen lassen//bedienen

bedingt//befristet
(von einem zukünftigen ungewissen Ereignis abhängig ○ Rechtswesen)

Bedingung//Befristung
(Rechtswesen)

bedruckt//unbedruckt
bedruckte Seiten ○ Sie wurde dort im Dezember produziert und wird in Zorbau zu Wellpappe weiterverarbeitet und bedruckt oder unbedruckt an Kunden ausgeliefert. (Mitteldeutsche Zeitung 21. 12. 2006)

...bedürftig//...frei (Adjektiv)
z. B. zustimmungsbedürftig/zustimmungsfrei

beeindruckt//unbeeindruckt
sie war von diesem Bericht sehr beeindruckt ○ beeindruckt von dieser sichtbaren Not, nahm er sich vor, zur Verbesserung der Situation beizutragen ○ Investoren und Behördenvertreter zeigten sich beeindruckt von dem rasanten Baufortschritt und unbeeindruckt von drohenden Klagen einiger Nachbarstädte. (Neue Westfälische 2. 6. 2011)

beeinflusst//unbeeinflusst
er ist in seinem Urteil beeinflusst ○ Schülersprecher ... werden von Schülern gewählt – so ist es möglich, einen eigenen Standpunkt zu vertreten, ohne von Schulleitung ... beeinflusst zu werden. Auch die Notengebung bleibt vom Amt Schülersprecher unbeeinflusst. (Main-Post 12. 4. 2007)

beenden//beginnen, anfangen
eine Arbeit beenden ○ Es könnte Israel motivieren, die Siedlungspolitik zu beenden und endlich ernsthafte Friedensgespräche zu beginnen. (Luxemburger Tageblatt 24. 12. 2016) ○ *Wir müssen das Jahr 2014 gut beenden und das Jahr 2015 gut anfangen.* (Nürnberger Zeitung 4. 12. 2014)

Beendigung//Vollendung
die Beendigung einer Straftat (Rechtswesen)

beerdigen//verbrennen
er wurde beerdigt und nicht verbrannt ○ Jeder Verstorbene ist einem Sarg zu beerdigen oder zu verbrennen. (Braunschweiger Zeitung 15. 2. 2012)

Beerdigung//Verbrennung
die Beerdigung eines Toten ○ Bei der anschließenden Beerdigung und Verbrennung des „Herrn Kirb" war man sich einig, dass die Fest wieder ein voller Erfolg war und auf jeden Fall weiter stattfinden muss. (Rhein-Zeitung 16. 9. 2016)

befahrbar//unbefahrbar
eine (gut) befahrbare Straße ○ Die meisten größeren Straßen waren bundesweit

gestern wieder befahrbar. In Rheinland-Pfalz waren jedoch noch zig Verkehrswege unbefahrbar. (Nürnberger Zeitung 2. 3. 2010)

befahren//unbefahren
eine sehr befahrene Straße ○ Die Straße kenne ich noch befahren und unbefahren. (Südkurier 8. 8. 2017)

befangen//unbefangen
sie war bei der Begegnung sehr befangen ○ Er wird in Deutschland ebenso klug und dumm, befangen und unbefangen, verschämt und unverschämt vorgetragen wie in Italien, Frankreich, Spanien oder England. (Der Tagesspiegel 30. 3. 2002)

Befehl//Gegenbefehl
Die bedeutet bei Wettkämpfen ... nur anzubellen, ihn auf Befehl anzugreifen und sofort wieder loszulassen, wenn der Gegenbefehl kommt. (Thüringer Allgemeine 27. 7. 2005)

befehlen//gehorchen
der Offizier befiehlt, und der Soldat muss gehorchen (Art der Auftragserteilung, bei der die Ausführung eines Auftrags genau vorgeschrieben ist ○ Militär) ○ Wer befehlen will, muss gehorchen (Saarbrücker Zeitung 28. 7. 2012)

Befehlstaktik//Auftragstaktik

befestigt//unbefestigt
eine befestigte Burg ○ Angegeben wird außerdem, ob es beidseitig der Straße einen Radweg gibt, ob er in beide oder nur in eine Richtung genutzt werden darf und auch, ob er befestigt oder unbefestigt ist. (Schwäbische Zeitung 11. 9. 2015)

befloren//entfloren
Fahnen befloren (mit einem Trauerflor versehen ○ veraltet)

befördern//degradieren
er wurde (wegen seiner guten Leistungen) befördert (zum Hauptmann) ○ Er befördert und degradiert, heuert und feuert. (Die Zeit 7. 7. 2011)

befördern//bremsen
Werden, sein, vergehen – das ist hübsch, und es ist unsere Aufgabe, steuernd einzugreifen, also die eigenen Tauben zu befördern und die Konkurrenztauben zu bremsen (Süddeutsche Zeitung 1. 9. 2001)

Befragte[r]//Frager[in]

Befreiende[r]//Befreite[r]

befreiende Schuldübernahme//Schuldmitübernahme
(Rechtswesen)

Befreier[in]//Befreite[r]
Neben Politikern aus Deutschland und anderen Ländern waren Befreite und Befreier angereist, um an einem grauen Regentag der Befreiung des Konzentrationslagers vor 70 Jahren zu gedenken. (Süddeutsche Zeitung 4. 5. 2015)

Befreite[r]//Befreiende[r], Befreier[in]
die Befreiten jubelten den Befreiern zu

befreunden, sich//sich verfeinden
Auch die Kinder der beiden Ehepaare haben sich befreundet und so trifft man sich bei allen wichtigen Anlässen (Südkurier 17. 8. 2013)

befreundet//verfeindet
die befreundeten Familien ○ mit jemandem befreundet sein ○ Beide waren zunächst befreundet, dann verfeindet. Was hat zum Bruch geführt? (Die Südostschweiz 7. 11. 2013)

befriedigend//unbefriedigend
eine befriedigende Lösung des Problems ○ Ein klares Votum fällten SVZ-Leser auch beim medizinischen Angebot. Jeder Zweite stuft es als befriedigend ein, jeder Zehnte als unbefriedigend. (Schweriner Volkszeitung 15. 3. 2016)

befristet//bedingt
(von einem zukünftigen gewiss eintretenden Ereignis abhängig ○ Rechtswesen)

befristet//unbefristet
eine befristete Aufenthaltsgenehmigung ○ Sein Dienstvertrag war bis Ende 2006 befristet, im Jänner 2006 wurde auf unbefristet umgestellt (Der Standard 20. 4. 2017)

Befristung//Bedingung, Betagung
(Rechtswesen)

befruchtet//unbefruchtet
eine befruchtete Eizelle, Blüte ○ 25 Eier waren befruchtet, zwei Eier waren unbefruchtet und bei drei Eiern waren sich die Schüler nicht so sicher. (Wiesbadener Kurier 26. 6. 2009)

befürworten//ablehnen
sie befürwortet dieses Projekt ○ Eine Umfrage ... hat diese Woche ergeben, dass nur noch 48 Prozent der Bevölkerung den sportlichen Grossanlass im eigenen Land befürworten, während ihn 41 Prozent ablehnen. (Tagesanzeiger 12. 4. 2014)

Befürworter//Gegner
Befürworter und Gegner der Rechtschreibreform ○ ein Befürworter des Antrags, des Projekts ○ Befürworter der Todesstrafe ○ Zum Pflichtteil der Medien gehört es, Befürworter und Gegner gleichermassen anzuhören. (Weltwoche 22. 2. 2018) ○ Bernhard Zand reiste durch das Delta und sprach mit Befürwortern dieses Vorhabens und Gegnern (Der Spiegel 20. 7. 2019)

begabt//unbegabt; ↑auch: talentlos, untalentiert
ein begabter Schüler ○ künstlerisch begabt ○ Das ist ein Kollege, egal ob der erst vier Jahre jung ist und egal ob er begabt oder unbegabt ist. (Stuttgarter Nachrichten 5. 9. 2015)

Begarde//Begine
(Angehöriger einer mönchisch lebenden Männergemeinschaft)

Begehrende[r]//Begehrte[r]
er ist der Begehrende und sie die Begehrte

Begehrte[r]//Begehrende[r]
sie ist die Begehrte und er der Begehrende

Begehungsdelikt//Unterlassungsdelikt
(Rechtswesen)

Beherrschte[r]//Herrschende[r]
Mit dem politischen Schema von rechts und links hat das nichts zu tun, wohl aber mit dem Paradigma des Bürgerkriegs: Beherrschte gegen Herrschende oder eben „Volk" gegen Elite. (Der Spiegel 29. 4. 2017)

Beghine; ↑Begine

Begierde//Ekel
Begierde ist Wunsch nach Berührung und Ekel Angst vor Berührung

Begine//Begarde
(Angehörige einer klösterlich lebenden Frauenvereinigung)

Beginn//Abschluss
der Beginn des Studiums, der Laufbahn ○ Von Beginn des Studiums bis zum Abschluss nach dem 7. Semester gibt es eine finanzielle Unterstützung von 550 Euro im Monat. (Nürnberger Nachrichten 10. 3. 2017)

Beginn//Ende
der Beginn des Schuljahres, einer Veranstaltung ○ das war der Beginn seiner Karriere ○ zu Beginn der Veranstaltung ○ Die alten Bäume ... waren vielleicht einmal der Beginn oder das Ende einer Allee gewesen ... (Rothmann, Der Gott jenes Sommers, Roman, 2018, S. 98)

beginnen//aufhören
der Regen begann morgens ○ hier beginnt die Fußgängerzone ○ Wo beginnt man zu erzählen, wo hört man auf? (Berliner Zeitung 9. 12. 2017)

beginnen//beenden, abschließen
eine Arbeit beginnen ○ Schon zu Beginn des türkischen Einmarsches ... hatten viele Beobachter gewarnt, dass eine solche Militärintervention wesentlich einfa-

cher zu beginnen als zu beenden sei. (Die Presse 8. 7. 2018) ○ *Wir wollen in den Semesterferien im Februar mit den Arbeiten beginnen und sie bis September 2017 abschließen* (Niederösterreichische Nachrichten 6. 1. 2017)

beginnen//enden
hier beginnt die Reise ○ *der Betriebsausflug begann mit einer Wanderung und endete mit Tanz im Freien* ○ *Aber Sätze, die mit dem Wort eigentlich beginnen, enden selten gut.* (Aachener Zeitung 29. 11. 2018)

beginnen//zu Ende gehen
Eines Tages musste Tom Mix ... sprechen lernen, denn der Stummfilm ging zu Ende, der Tonfilm begann (Der Spiegel 4. 5. 1998)

beglaubigt//unbeglaubigt
eine beglaubigte (amtlich als echt bestätigte) *Kopie* ○ *Wobei Firmenbuchauszüge auch bei Notaren (beglaubigt) und bei Rechtsanwälten (unbeglaubigt) erhältlich sind.* (Kurier 6. 9. 2003)

Begleitung; ↑in Begleitung

begreiflich//unbegreiflich
seine Unruhe ist begreiflich ○ *Dass eine Erneuerung höchst notwendig war, ist begreiflich. Aber dass man jetzt daran geht, wo am meisten Touristen da sind, ist unbegreiflich.* (Dolomiten 12. 8. 2009)

begrenzt//unbegrenzt, grenzenlos
die Möglichkeiten sind begrenzt ○ *Während* (das menschliche Gehirn) *in seinen Kapazitäten begrenzt ist, können Computerkapazitäten schier unbegrenzt ausgebaut werden.* (Luxemburger Tageblatt 17. 7. 2017) ○ *Im Spiel war ihr Talent begrenzt, ihr Wille aber schien grenzenlos.* (Neue Zürcher Zeitung 8. 4. 2013)

begrenzter Krieg//allgemeiner Krieg
(Militär)

Begriff; ↑Individualbegriff, Kollektivbegriff

Begriffsjurisprudenz//Interessenjurisprudenz
(Rechtswesen)

Begriffsklarheit//Begriffsunklarheit

Begriffsschrift//Buchstabenschrift
die chinesische Schrift ist eine Begriffsschrift (Sprachwissenschaft)

Begriffsunklarheit//Begriffsklarheit

Begriffswort//Funktionswort
(Sprachwissenschaft)

Begriffszeichen//Buchstabenzeichen
Begriffszeichen sind Zeichen einer Begriffsschrift, in der es zu jedem Begriff ein besonderes Zeichen gibt (Sprachwissenschaft)

begründet//unbegründet
der Verdacht ist begründet ○ *„Es gibt, begründet oder unbegründet, Ängste in der Bevölkerung"* (Die Presse 12. 2. 2015)

begrüßen//bedauern
er hat diesen Beschluss begrüßt ○ *Die Sozialdemokraten begrüßen das Zusammenfinden einer Lobby zum Erhalt der Südbahn, bedauern aber, dass diese viel zu spät gegründet wurde.* (Schweriner Volkszeitung 7. 7. 2015)

begrüßen//verabschieden
die Besucher wurden bei ihrer Ankunft vom Chef begrüßt ○ *„Wir werden uns freundlich begrüßen, freundlich verabschieden – und zwischendurch gehen wir uns 90 Minuten auf die Nerven."* (Nürnberger Zeitung 7. 4. 2016)

begünstigen//benachteiligen
das Testament begünstigte die Tochter (gegenüber dem Sohn)

begütert//unbegütert; ↑auch: arm
sie ist begütert ○ *Ist der Single begütert, kommt vielleicht eine Haushaltshilfe, die ihm das Putzen abnimmt.* (Ostthüringer Zeitung 25. 2. 2012)

behaart//unbehaart, haarlos
ein behaarter Männerkörper ○ *Jeder, ob behaart, unbehaart, Mann, Frau, dick,*

dünn, jung oder alt, ist willkommen (Saarbrücker Zeitung 9. 6. 2012) ○ *Bienen sind „Pelzträgerinnen": ihr Körper ist behaart, der Wespenkörper dagegen sehr glatt und haarlos.* (Schwäbische Zeitung 7. 8. 2015)

behaglich//unbehaglich
eine behagliche Umgebung ○ *Wir sagen dann, dass wir uns wohl oder unwohl, behaglich oder unbehaglich fühlen.* (Die Presse 7. 8. 2010)

behalten//vergessen
seinen Namen behalten haben ○ *er behält jede Telefonnummer* ○ *Um richtig zu funktionieren, muss das menschliche Gehirn Informationen nicht nur behalten, sondern sie auch wieder vergessen können.* (Wiener Zeitung 15. 3. 2014)

behandelt//unbehandelt
(mit Chemie) behandeltes Obst ○ *Die „besondere ‚Krankheit' der Atombombe, ungeheilt, weil sie nicht behandelt wird, unbehandelt, weil sie nicht diagnostiziert wird, schnappt hier immer mehr Leben weg"* (Süddeutsche Zeitung 6. 8. 2007)

behaucht//unbehaucht
(Phonetik)

Behauptung//Gegenbehauptung

Behaviorismus//Mentalismus
(in der Sprachwissenschaft – nach Bloomfield – die behavioristische Richtung, die davon ausgeht, dass Sprache im Wesentlichen ein erlerntes Verhalten sei, das auf Erfahrungen und Gewohnheiten, nicht aber auf angeborenen Fähigkeiten basiere)

beheizbar//unbeheizbar
beheizbare Räume ○ *Die vor 2004 gültige Berechnungsverordnung kannte die Unterscheidung in beheizbar und unbeheizbar nicht.* (Süddeutsche Zeitung 23. 5. 2014)

beheizt//unbeheizt
beheizte Räume ○ *Der Unterschied zwischen beheizt und unbeheizt beträgt nicht einmal zwei Prozent der Gesamtkosten – aber es ist ein entscheidender Unterschied in der Frage pro und contra Freibad* (Mannheimer Morgen 21. 9. 2010)

beherrschbar//unbeherrschbar
eine beherrschbare Entwicklung ○ *Klimaforscher seien sich einig, dass die Erderwärmung beherrschbar bleiben muss, damit die Folgen des Klimawandels nicht unbeherrschbar werden.* (Braunschweiger Zeitung 7. 9. 2012)

Beherrschende[r]//Beherrschte[r]

beherrscht//herrschend
Folgt man der Analyse des Elitentheoretikers Gaetano Mosca (1858–1941), so wird es immer eine herrschende und eine beherrschte Klasse geben. (taz 12. 1. 2012)

beherrscht//unbeherrscht
er ist immer sehr beherrscht (hat sich unter Kontrolle in Bezug auf Emotionen usw.) ○ *Mickey ist stets bescheiden, keusch, hirngesteuert, asexuell, beherrscht und bei allen beliebt; Donald Duck dagegen gibt sich stets unbeherrscht, gefühlsbetont, sexuell und ist irgendwie unfassbar.* (Thüringische Landeszeitung 21. 11. 2001)

Beherrschte[r]//Herrscher[in], Beherrschende[r], Herrschende[r]

Beherrschtheit//Unbeherrschtheit
sie bewunderte seine Beherrschtheit (Selbstdisziplin) *im Streit*

Bei...//Haupt... (Substantiv)
z. B. *Beifilm/Hauptfilm*

beibehalten//aufgeben
eine Sitte beibehalten ○ *Wir sollten unsere christliche Ausrichtung beibehalten, sonst würden wir alles aufgeben, für das wir stehen.* (Rhein-Zeitung 9. 2. 2017)

beibehalten; ↑**den Kurs beibehalten**

Beibehaltung//Abschaffung
Abschaffung oder Beibehaltung der Apartheid

bei Bewusstsein//bewusstlos
„Er ist mal bei Bewusstsein, mal bewusstlos und verweigert die Nahrungsaufnahme." (Süddeutsche Zeitung 12. 6. 2012)

Beichtkind//Beichtvater
(jemand, der beichtet)

Beichtvater//Beichtkind
(Priester, der die Beichte abnimmt)

beidarmig//einarmig
beidarmig spielen (können) (mit beiden Armen gleich gut o Sport) o *Mit Handständen beeindruckte er die – beidarmig, einarmig und dabei noch mit den Beinen einen Spagat vollführend.* (Braunschweiger Zeitung 14. 11. 2012)

beidbeinig//einbeinig
beidbeinig spielen können (gleich gut mit beiden Beinen spielen, Tore schießen können o Sport)

beiderseitig; ↑**beidseitig**

beidfüßig//einfüßig
beidfüßig spielen können (gleich gut mit beiden Füßen spielen, Tore schießen können o Sport) o *Heute wird aber mehr darauf geachtet, dass die Torhüter beidfüßig und bessere Fußballer sind.* (Mannheimer Morgen 14. 11. 2018)

beidseitig//einseitig
einen Bogen Papier beidseitig (auf beiden Seiten, vorn und hinten) *beschreiben* o *Auch Gehwege und Straßenbeleuchtung werden erneuert, im ersten Teil beidseitig, im zweiten Abschnitt nur einseitig.* (Nordkurier 14. 12. 2011)

beidseitiges Handelsgeschäft//einseitiges Handelsgeschäft
(Wirtschaft)

Beifahrer//Fahrer
Weil ein alkoholisierter Beifahrer auf den Fahrer kippte, fuhr ein Auto gegen eine Böschung. (Die Presse 22. 11. 2010)

Beifahrersitz//Fahrersitz
(Sitz neben dem Fahrer)

Beifilm//Hauptfilm
Jakov Linds Außenseiterfilm ist 50 Minuten lang geraten – mithin nach geltendem Kinobrauch als Beifilm zu lang und als Hauptfilm zu kurz. (Der Spiegel 29. 1. 1964)

Beihirsch//Platzhirsch
(der schwächere, nicht dominierende Hirsch o Weidmannssprache) o *Bei uns fragen sich ja ebenfalls viele: Wann werde ich endlich vom Beihirsch zum Platzhirsch aufsteigen?* (Wiesbadener Kurier 17. 10. 2013)

Bein//(Arm)
Besser arm dran als Bein ab (Redensart)

Bein; ↑**Landebein, Spielbein, Sprungbein, Standbein**

beiordnend//unterordnend
beiordnendes Bindewort, z. B. „und" (Grammatik)

Beiprogramm//Hauptprogramm
im Beiprogramm wurde ein Kulturfilm gezeigt o *Nach und nach sei aus dem Beiprogramm ein Hauptprogramm geworden.* (Kölner Stadtanzeiger 20. 9. 2005)

beistehen//im Stich lassen
er hat ihm immer beigestanden o *Einem Lehrer, der sich zermartert, wird die ganze Schuld aufgebürdet. Hat man ihm beigestanden? Er ist verzweifelt, fühlt sich im Stich gelassen.* (Der Spiegel 2. 11. 1998)

bei Tage//nachts
er wurde bei Tage überfallen o *Und die Einrichtung ist es erst recht ein meterlanges, bequemes Sofa bei Tage, dass sich nachts in ein ausladendes Doppelbett verwandeln lässt.* (Neue Zürcher Zeitung 17. 4. 2014)

beitragsfrei//beitragspflichtig
beitragsfreie Personen o *Das Geld müsste nämlich für alle Kinder fließen,*

egal ob sie derzeit beitragsfrei in der gesetzlichen oder beitragspflichtig in einer privaten Kasse versichert sind. (taz 29. 4. 2006)

beitragspflichtig//beitragsfrei
beitragspflichtige Personen

Beiwagen//Triebwagen
(bei Straßenbahn und U-Bahn: Anhänger ohne eigenen Antrieb)

Beiwagenklasse//Soloklasse
(Klasse der Motorräder mit Seiten-, Beiwagen)

Beiwagenrennen//Solorennen
(Motorradsport)

bejahen//verneinen
eine Frage bejahen ○ *Würde Jesus bejahen, wären seine Anhänger sauer auf ihn, würde er verneinen, würde die Besatzungsmacht ihn verfolgen.* (Mitteldeutsche Zeitung 24. 1. 2015)

Bejahung//Verneinung; ↑auch: **Negation**
eine Geste der Bejahung (das Nicken mit dem Kopf)

bekannt//fremd
er ist hier bekannt ○ *sie hörte eine bekannte Stimme* ○ *Man darf nicht vergessen, ich bin in Deutschland zwar bekannt, aber manchen auch etwas fremd.* (Oberösterreichische Nachrichten 10. 12. 2014)

bekannt//unbekannt
diese Gegend ist ihm bekannt ○ *Die Schüler mussten dabei jeweils Texte vortragen, von denen der eine selbstgewählt und bekannt, der andere unbekannt und von den Lehrkräften ausgewählt war.* (Mittelbayerische Zeitung 17. 1. 2015)

Bekannte//Bekannter
das ist eine Bekannte von mir

Bekannter//Bekannte
ein guter Bekannter von mir gab mir den Tip

Bekannte[r]//Fremde[r]
auf der Party waren viele Bekannte ○ *Der Mensch unterscheidet: Freunde und Bekannte dürfen näher heran, Fremde dagegen müssen Abstand bewahren.* (Wiesbadener Tagblatt 17. 5. 2018)

bekannt werden//unbekannt bleiben
er ist als Komponist bekannt geworden. und seine komponierende Frau ist weithin unbekannt geblieben ○ *Elf Fälle sind in den vergangenen Jahren bekannt geworden. Die Zahl der fehlerhaften Diagnosen, die unbekannt geblieben sind, wird weit darüber liegen.* (Süddeutsche Zeitung 13. 1. 2015)

Bekenntnisschule//Gemeinschaftsschule, Simultanschule
(Schule, in der Lehrer und Schüler der gleichen Religion, Konfession angehören)

Beklagte[r]//Kläger[in]
(jemand, gegen den eine zivilrechtliche Klage erhoben worden ist)

bekleiden//entkleiden
Wobei die Meter, die ich in der Wohnung hin und her laufe, um das Kind 1.) einzufangen, 2.) zu bekleiden und 3.) wieder zu entkleiden, weil es doch noch aufs Klo muss, eventuell als alternatives Powerwalking durchgehen könnten. (Die Presse 21. 6. 2014)

bekleidet//unbekleidet; ↑auch: **ausgezogen ... (Partizip II) + bekommen//... (Infinitiv)**
er lag bekleidet auf dem Bett z. B. *geliefert bekommen/liefern* ○ *Ob bekleidet oder unbekleidet, ob in Ton oder Bronze, ..., die Figuren von Isolde Frepoli strahlen Würde und Anmut aus.* (Rhein-Zeitung 20. 1. 2017)

bekommen//geben
er hat von mir das Buch bekommen ○ *einen Tritt bekommen* ○ *Alle müssen die Chancen bekommen, die wir ihnen auch geben können.* (Leipziger Volkszeitung 2. 12. 2016)

bekommen; ↑Auskunft bekommen, gemacht bekommen

bekömmlich//unbekömmlich
ein (gut) bekömmliches Essen ○ *Jedermann weiß, dass alles in Maßen genossen bekömmlich ist. Wer dieses Maß nicht kennt, merkt selber, dass aus bekömmlich unbekömmlich wird.* (Schwäbische Zeitung 29. 8. 2015)

beladen//entladen; ↑auch: abladen, ausladen
den Wagen beladen ○ *Die Charterer bestimmen, wo wir unsere Schiffe beladen und entladen sollen.* (Wiener Zeitung 28. 3. 2009)

Belagerer//Belagerte
die Belagerer der Burg

Belagerte//Belagerer
bei den Belagerten gingen die Vorräte allmählich aus

Belang; ↑von Belang

belanglos//belangvoll; ↑auch: von Belang
Fragen, die für die Lösung des Problems belanglos sind ○ *Ein Mann jedoch, der sich ... zu dem Verdikt hinreissen liess, die Mehrzahl der Bilder sei belanglos, muss sich danach fragen lassen, wie belangvoll manche Bereiche seiner eigenen künstlerischen Praxis sind.* (Neue Zürcher Zeitung 31. 12. 2008)

belangvoll//belanglos, ↑auch: ohne Belang
Fragen, die für die Lösung des Problems belangvoll sind

belasten//entlasten
diese Aussage hat ihn belastet ○ *belastendes Material beibringen* ○ *Auch deshalb sollen Staatsanwälte nicht nur nach Belastendem, sondern ebenso nach Entlastendem suchen.* (Der Spiegel 4. 8. 2018)

belastet//unbelastet
belastete (Schadstoffe enthaltende) *Böden* ○ *15 Prozent aller Pflichtschullehrer fühlen sich überlastet, 32 Prozent belastet und 43 Prozent unbelastet.* (Der Standard 4. 10. 2014)

belästigt //unbelästigt
sie wurde (von dem Betrunkenen) belästigt ○ *Niemand belästigt mich, wenn ich einkaufen gehe oder Freunde treffe. Eine Art „positiver Ruhm" sozusagen. Bekannt, aber unbelästigt.* (Salzburger Nachrichten 7. 4. 2007)

Belastung//Entlastung
die Belastung des Angeklagten

Belastung//Gutschrift
(Eintrag auf der Sollseite – der Ausgabenseite – des Kontos ○ Wirtschaft, Bankwesen)

belebt//unbelebt
eine belebte Straße ○ *belebte Natur* ○ *belebte Materie*

beleggestützt//kompetenzgestützt
eine beleggestützte (auf Belegen beruhende) *sprachliche Untersuchung*

belegt//erschlossen
belegte Wortformen (die man in der Literatur nachweisen kann)

belegt//frei
das Zimmer ist belegt ○ *Vor allem die ersten zwei Ferienwochen sind gut belegt, in den restlichen Wochen sind noch Plätze frei.* (Haller Tagblatt 12. 7. 2016)

belegtes Brot//trockenes Brot
Trudy isst ein belegtes Brot nach dem anderen. (Tagesanzeiger 26. 10. 2016)

belegtes Brötchen//trockenes Brötchen
Selbst am Tag seines Todes fährt sie nach dem Dienst noch bei ihm vorbei, bringt ihm ein belegtes Brötchen von der Tanke mit, insgeheim will sie nur nach dem Rechten schauen. (Nordkurier 24. 8. 2018)

belehrbar//unbelehrbar

belesen//unbelesen
sie ist sehr belesen (besitzt gute Kenntnisse auf Grund vielen Lesens) ○ *Der*

grauhaarige Sir aus dem südlichsten Bundesstaat Rio Grande do Sul ist belesen, weltmännisch und glänzt mit seiner geschliffenen Rhetorik. (Vorarlberger Nachrichten 9. 6. 2018)

Beleuchtung; ↑direkte Beleuchtung, indirekte Beleuchtung

belichtet//unbelichtet
der Film ist belichtet ○ … so zeichnet die Tätigkeit des Photographierens aus, dass Teile des Negativs beziehungsweise des Fotopapiers belichtet werden, während andere unbelichtet bleiben. (Neue Zürcher Zeitung 3. 5. 2003)

beliebt//unbeliebt; ↑auch: unpopulär
er ist bei den Kollegen beliebt ○ er hat sich beliebt gemacht ○ In Russland ist er so beliebt, wie er im Westen unbeliebt ist. (Weltwoche 28. 6. 2018)

Belletristik//Fachliteratur
(unterhaltende, schöngeistige Literatur)

Bellizist//Pazifist
(Befürworter des Krieges) ○ *Damals trat beinahe durchgehend an die Stelle der Reflexion die codierte Selbstzuordnung als „Bellizist" oder „Pazifist".* (Der Tagesspiegel 22. 3. 2000)

belohnen//bestrafen
er wurde für seine Tat belohnt ○ „Die Wähler belohnen Verlässlichkeit und Einigkeit, und sie bestrafen das Gegenteil." (Südkurier 15. 9. 2014)

Belohnung//Bestrafung
die Belohnung für etwas

belüften//entlüften
(Klimatechnik) *Das Einfamilienhaus wird passiv belüftet, Küche und Bad werden aktiv entlüftet.* (Frankfurter Rundschau 11. 11. 2002)

Belüftung//Entlüftung

Belüftungstechnik//Entlüftungstechnik

bemannt//beweibt
(scherzhaft) ○ *sie ist noch nicht bemannt*

bemannt//unbemannt
bemannter Weltraumflug (mit einer oder mehr Personen) ○ *Das derzeit größte Problem ist aber, dass Fluggeräte – egal ob bemannt oder unbemannt – stets unter der Verantwortung eines Piloten stehen müssen.* (Süddeutsche Zeitung 17. 11. 2012)

bemerkt//unbemerkt
ein nicht bemerkter Herzinfarkt ○ mancher Fehler wurde bemerkt, aber viele blieben auch unbemerkt ○ Bluthochdruck (Hypertonie) wird auch als der stille Killer bezeichnet, weil man ihn oft sehr lange nicht bemerkt und Organe sowie Gefäße nahezu unbemerkt geschädigt werden. (Dolomiten 26. 10. 2016)

bemittelt//unbemittelt
er ist bemittelt (verfügt über genügend Geld) ○ *Richtig ist aber, dass das Gros der Sowjetbevölkerung aus einer uniformen Schicht bestand, in der – je nach Perspektive – alle gleich bemittelt oder unbemittelt waren.* (Neue Zürcher Zeitung 19. 19. 2003)

benachteiligen//begünstigen
das Testament benachteiligte die Tochter (gegenüber dem Sohn)

benachteiligen//bevorzugen
er wurde bei der Vergabe des Auftrags benachteiligt ○ Brüssel wirft der Firma vor, bei Suchanzeigen Wettbewerber sowie Preis- oder Reisesuchmaschinen zu benachteiligen und eigene Dienste zu bevorzugen. (Westdeutsche Zeitung 6. 2. 2014)

Benachteiligung//Bevorzugung

benedeien//vermaledeien
(segnen) ○ *Die Schöpfung und alles Leben in ihr sind gottgewollt und daher von IHM im Ursinn des Wortes „gesegnet", von IHM benedeit.* (Neue Kronen-Zeitung 22. 1. 2003)

Benefaktiv//Detrimentiv
(bezeichnet den Nutznießer, z. B. „ihr" in „er schenkte ihr den Ring" ○ Sprachwissenschaft)

benigne//maligne; ↑auch: bösartig
eine benigne (gutartige) Geschwulst ○ Er kann meist mit Sicherheit sagen, ob der Tumor gutartig (benigne) oder bösartig (maligne) ist. (Trierischer Volksfreund 14. 1. 2006)

Benignität//Malignität; ↑auch: Bösartigkeit
die Benignität (Gutartigkeit) einer Geschwulst

Benthos//Aerobios
(Botanik, Zoologie)

benutzbar//unbenutzbar
der Raum ist (wieder) benutzbar ○ WC nicht benutzbar: Zug muss anhalten! In ÖBB- Garnituren sind manchmal die Toiletten unbenutzbar (Neue Kronen-Zeitung 7. 9. 2013)

benutzerfreundlich//benutzerunfreundlich
ein benutzerfreundliches Wörterbuch ohne viele Abkürzungen und mit den Genusangaben „der, die, das" statt m, f, n.

benutzerunfreundlich//benutzerfreundlich
ein benutzerunfreundliches Wörterbuch mit vielen Symbolen

benutzt//unbenutzt
ein (schon) benutztes Handtuch ○ Ein deutliches Beispiel sind Hundekotbeutel, die benutzt und unbenutzt(!) gerade um die ausgewiesenen Freilaufflächen herumliegen. (Frankfurter Rundschau 14. 9. 2015)

bepichen//entpichen
(mit Pech überziehen ○ Brauerei)

bequem//unbequem
ein bequemer Stuhl ○ Wie bequem oder unbequem sind die „Helden von Bern" bei der Fußballweltmeisterschaft 1954 gereist? (Passauer Neue Presse 25. 6. 2007)

berechtigt//unberechtigt
diese Vorwürfe sind berechtigt ○ Insgesamt wurden im Vorjahr 87 Prozent der Fälle als berechtigt und 13 als unberechtigt erledigt. (Tiroler Tageszeitung 3. 4. 2007)

bereits//erst
er zahlt die Miete bereits am 1. jeden Monats ○ Die Schlagerband existiert bereits seit vierzig Jahren – erst vor kurzem ist ihr aber der Durchbruch in Deutschland gelungen. (Weltwoche 16. 2. 2017)

Berg//Tal
das Haus liegt auf dem Berg ○ ich gehe auf den Berg ○ Während auf dem Berg Schnee liegt, rückt im Tal die Erdbeerernte näher. (Basler Zeitung 1. 6. 2016)

bergab//bergauf, bergan
sie gingen bergab ○ es geht bergab und bergauf bei der Wanderung ○ Dort ging es für die Läufer nochmals in einer großen Schlaufe bergab, um dann wieder bergan das Ziel zu erreichen. (Westfalen-Blatt 5. 10. 2018) ○ (übertragen:) *es geht mit ihm, mit der Wirtschaft, mit dem Geschäft bergab*

bergabwärts//bergaufwärts
Offensichtlich achtete er lediglich auf den bergabwärts führenden Verkehr und bemerkte deshalb ein bergaufwärts fahrendes Fahrzeug nicht. (Schwäbische Zeitung 22. 12. 2011)

bergan//bergab
es geht bergan

bergauf//bergab
sie gingen bergauf ○ es geht bergauf und bergab bei der Wanderung ○ (übertragen:) *es geht mit ihm, mit der Wirtschaft, mit dem Geschäft (wieder) bergauf* (es wird besser)

bergaufwärts//bergabwärts

Bergfahrt//Talfahrt
(die Fahrt flussaufwärts mit dem Schiff ○ die Fahrt bergauf mit der Bergbahn) ○

Laimgrubers Vorstellung ist, die Lkw doppelt zu nutzen. Baumaterial bei der Bergfahrt, Abbruchmaterial bei der Talfahrt. (Tiroler Tageszeitung 19. 6. 2007)

bergig//eben
ein bergiges Gelände ○ *Wenn das Regierungspräsidium einen Golfplatz genehmigen will, dann bitte in Gebieten, wo ... es auch vom Gelände her eher bergig ist und nicht so eben wie auf dieser guten Filderebene.* (Stuttgarter Nachrichten 16. 7. 2005)

Bergski//Talski
(der bergseits laufende, obere Ski) ○ *Auf die alpine Grundstellung kommt es an: den Bergski leicht vor dem Talski, Hüfte und Knie leicht gebeugt* (Hamburger Abendblatt 7. 2. 2015)

Bergstation//Talstation
(bei Bergbahn oder Skilift: auf dem Berg liegende Station) ○ *Nur eine einzige Stütze hält sie zwischen der Bergstation und der Talstation.* (Saale-Zeitung 8. 12. 2017)

Berg- und Talfahrt
(das Rauf und Runter)

bergwärts//talwärts
(flussaufwärts ○ bergauf) ○ *die neue Alm lädt die Besucher gleichermaßen bergwärts wie talwärts kommend zum Verweilen ein.* (Tiroler Tageszeitung 17. 5. 2014)

beritten//unberitten
eine unberittene Truppe ○ *Etwa 120 davon trafen sich am Samstag beritten oder unberitten zu einem sportlich kameradschaftlichen Anlass.* (St. Galler Tagblatt 30. 10. 2000)

berücksichtigt//unberücksichtigt
die (vom Finanzamt) berücksichtigten Ausgaben ○ *Hintergrund ist, dass die Wissenschaftler in ihrer Untersuchung ein entscheidendes Detail berücksichtigt haben, das bei amtlichen Erhebungen oft unberücksichtigt bleibt* (Schweriner Volkszeitung 18. 3. 2015)

berufen//abberufen
Peymann ist bisher alleiniger Gesellschafter des privatisierten Theaters und kann damit den Intendanten berufen oder abberufen. (Salzburger Nachrichten 18. 4. 2008)

beruflich//außerberuflich
er hat berufliche Schwierigkeiten ○ *Die individuelle Dimension erfordert einen Beitrag der Berufsausbildung zur Entwicklung von Kompetenzen, mit deren Hilfe der Einzelne berufliche wie außerberufliche Herausforderungen bewältigen kann.* (Der Standard 20. 2. 2010)

beruflich//privat
er ist beruflich auf Reisen ○ *Ich selbst war beruflich und auch privat in vielen Ländern und pflegte guten Kontakt zu einem kleinen Teil der einheimischen Bevölkerung.* (Mannheimer Morgen 25. 2. 2017)

Berufs...//Amateur... (Substantiv)
z. B. *Berufsboxer/Amateurboxer*

Berufs...//Laien... (Substantiv)
z. B. *Berufskünstler/Laienkünstler*

Berufsarmee//Wehrpflicht
Frankreich hat sich für eine Berufsarmee entschieden ○ *Obwohl die Slowakei eine Berufsarmee hat, gibt es weiterhin auch eine Wehrpflicht. Im Falle einer allgemeinen Mobilisierung im Kriegszustand müssten Männer ab 19 Jahren zum sogenannten außerordentlichen Wehrdienst einrücken.* (Wiener Zeitung 28. 2. 2015)

Berufsboxen//Amateurboxen

Berufsboxer//Amateurboxer

Berufschor//Laienchor

Berufsfeuerwehr//freiwillige Feuerwehr

Berufskünstler//Laienkünstler

Berufsleben//Privatleben
im Berufsleben ○ *Ihr Berufsleben verläuft vielleicht eher ruhig – in Ihrem Privatleben aber erwartet Sie geradezu ein Feuerwerk!* (Niederösterreichische Nachrichten 31. 1. 2013)

Berufsleben; ↑**im Berufsleben stehen**

Berufsrichter//ehrenamtlicher Richter

Berufssoldat//Zeitsoldat

Berufssport//Amateursport

Berufssportler//Amateursportler

berufstätig//nichtberufstätig
eine berufstätige Mutter ○ *Da meine Mutter berufstätig und mein Vater im Ausland war, verbrachte ich die meiste Zeit mit meinem Großvater.* (Wiener Zeitung 19. 10. 2013)

Berufstheater//Liebhabertheater, Laienbühne, Amateurtheater
Und abends lockt das Theater St. Gallen, ältestes bespieltes Berufstheater des Landes und einziges Ostschweizer Dreispartentheater. (Neue Zürcher Zeitung 6. 11. 2009)

Berufung//Abberufung
die Berufung auf einen Posten ○ *Auf der Tagesordnung stehen unter anderem die Berufung und Abberufung von Kameraden der Freiwilligen Feuerwehr der Stadt Zahna-Elster.* (Mitteldeutsche Zeitung 13. 2. 2012)

beruhigen//beunruhigen
diese Mitteilung hat mich beruhigt ○ *Man darf den Stresstest nicht überbewerten. Das wird die Situation weder beruhigen, noch dramatisch beunruhigen.* (Salzburger Nachrichten 14. 7. 2011)

beruhigend//anregend
ein beruhigender Badezusatz ○ *„Das beruhigt, nimmt Spannung weg, hellt auf, ist für den Kopf beruhigend und für den Körper leicht anregend."* (Salzburger Nachrichten 15. 9. 2016)

beruhigend//beunruhigend
Manche Wörter klingen beruhigend, andere beunruhigend. Zum Beispiel das Wort Präkanzerose. (Der Spiegel 15. 6. 2019)

beruhigter Stahl//unberuhigter Stahl
(Fachsprache, Technik)

Beruhigungsmittel//Aufputschmittel

berührt werden//unberührt bleiben
vom Geschehen berührt werden ○ *Das mit dem abgeschlossenen Planfeststellungsverfahren vorliegende Baurecht für die Umgehungsstraße wird durch den Bürgerentscheid nicht berührt. Auch die Möglichkeit der Übernahme der Bauträgerschaft durch den Freistaat Bayern in fernerer Zukunft bleibt durch den Bürgerentscheid unberührt.* (Mittelbayerische Zeitung 25. 9. 2017)

Besan[mast]//Fockmast
(hinterster Mast ○ Seemannssprache)

beschädigt//unbeschädigt
das Paket kam beschädigt an ○ *Der Dachstuhl wurde dabei schwer beschädigt. Das Wohnhaus blieb unbeschädigt.* (Tiroler Tageszeitung 29. 4. 2013)

Beschaffungsmarkt//Absatzmarkt
(Wirtschaft)

beschäftigt//unbeschäftigt
die Kinder sind beschäftigt ○ *In der Alsdorfer Filiale der Schnellrestaurant-Kette Burger King sind 33 Mitarbeiter – in Voll-, Teilzeit oder geringfügig – beschäftigt, beziehungsweise im Moment unbeschäftigt.* (Aachener Zeitung 25. 11. 2014)

bescheiden//unbescheiden; ↑**auch: anspruchsvoll**
sie war in ihren Forderungen sehr bescheiden ○ *so bescheiden Ginn in seinem Auftreten rüberkommt, so unbescheiden sind seine Erwartungen* (Neue Zürcher Zeitung 21. 3. 2018)

Bescheidenheit//Unbescheidenheit

Beschenkende[r]//Beschenkte[r]

Beschenkte[r]//Schenker[in], Beschenkende[r], Schenkende[r]

beschenkt werden//schenken
er wurde (von ihnen) beschenkt ○ Ein Jeder, der gern beschenkt wird, schenkt auch gerne (Ostthüringer Zeitung 30. 11. 2018)

beschleunigen//verlangsamen
seine Schritte, die Fahrt beschleunigen ○ einen Prozess beschleunigen ○ Und der Trend wird sich eher noch beschleunigen als verlangsamen. (Süddeutsche Zeitung 30. 6. 2018)

beschlussfähig//beschlussunfähig
das Gremium war beschlussfähig ○ Bleibt die einberufene Mitgliederversammlung beschlussunfähig, so ist eine neue einzuberufen, die ohne Rücksicht auf die Zahl der erschienenen Mitglieder beschlussfähig ist. (Main-Post 4. 6. 2013)

beschlussunfähig//beschlussfähig
das Gremium war beschlussunfähig

beschnitten//unbeschnitten
ein beschnittener Mann ○ ein beschnittener Penis ○ eine beschnittene Klitoris ○ „Es kommt nicht darauf an, beschnitten oder unbeschnitten zu sein, sondern darauf, die Gebote Gottes zu halten." (Bibel, 1. Korinther 7,19)

beschrankt//unbeschrankt
ein beschrankter Bahnübergang ○ Es muss immer geschaut werden, egal, ob der Bahnübergang beschrankt oder unbeschrankt ist (Main-Post 30. 9. 2004)

beschränkt//unbeschränkt
nur beschränkter Kartenverkauf ○ beschränkte Vollmachten ○ Danke Landrat, dass der Bonus für umweltfreundliche Motorfahrzeuge auf drei Jahre beschränkt wurde, der Malus aber unbeschränkt gilt! (Die Nordwestschweiz 19. 11. 2014)

beschränkte persönliche Dienstbarkeit//Grunddienstbarkeit
(Rechtswesen)

beschrieben//unbeschrieben
eine (schon) beschriebene Seite des Heftes ○ Ein Mann sitzt alleine inmitten einem Haufen Zettel – beschrieben, unbeschrieben, weiß, farbig, allesamt zerknüllt. (Stuttgarter Zeitung 18. 1. 2013)

Beschützer[in]//Schützling
Wo die Welt aus den Fugen gerät, sich die Vorzeichen verkehren, wo der Beschützer zum Schützling wird und umgekehrt – da müssen wir unsere Sichtweise ändern. (Die Presse 1. 8. 2015)

beschwichtigen//aufrütteln

Beschwichtiger//Aufrüttler
Im Westen gibt es drei klassische Lager gegenüber Russland, die Falken, die Moderaten und die „Appeaser", die Beschwichtiger. (Die Zeit 12. 4. 2018)

beseelt//unbeseelt
beseelte Natur ○ Denn Bücher sind ... nicht zuletzt auch Sehnsuchtsräume, beseelte oder unbeseelte, schöne, traurige, melancholische, verzweifelte. (Kleine Zeitung 5. 10. 2003)

besetzt//frei
der Sitzplatz ist (bereits) besetzt (z. B. im Zug) ○ In dem siebenköpfigen Gremium sind nur vier Posten besetzt, ein weiterer wird ab September frei. Jeder Fall muss aber von drei Richtern gehört werden. (Salzburger Nachrichten 8. 3. 2018)

besetzt//unbesetzt
der Posten ist (schon) besetzt ○ Jährlich bleiben 11.000 Stellen, die eigentlich mit Behinderten besetzt werden müssten, in der Hansestadt unbesetzt. (Hamburger Abendblatt 6. 5. 2017)

Besetztzeichen//Freizeichen
(akustisches Signal, wenn die Telefonleitung von einem anderen Teilnehmer bereits besetzt ist)

besiedelt//unbesiedelt
die Gegend ist besiedelt ○ Deutlich schwächer besiedelt sind die Schwäbische Alb und der oberschwäbische Raum. Der Schwarzwald selbst war nahezu unbesiedelt. (Stuttgarter Nachrichten 12. 7. 2005)

besiegen//besiegt werden
sie haben ihn besiegt ○ Allein mit Bomben aus der Luft wird sie sich nicht besiegen lassen. Kann der IS militärisch besiegt werden? (Kölnische Rundschau 19. 11. 2015)

besiegt//unbesiegt
der besiegte Gegner ○ Der Ballspielverein Borussia Dortmund ist in dieser Saison die am seltensten besiegte Mannschaft der Bundesliga (Süddeutsche Zeitung 20. 4. 2009)

Besiegte[r]//Sieger[in]; ↑auch: Gewinner[in]
am Ende gab es weder Sieger noch Besiegte ○ Seit der Bundestagswahl wissen wir, dass es trotz zuvor härtester Auseinandersetzungen Sieger ohne Besiegte gibt – wirklich wahrhafte Sieger also. (Hamburger Abendblatt 26. 9. 2005)

besiegt werden//besiegen
er ist von ihnen besiegt worden

Besitzbürger//Bildungsbürger
Nicht als „Besitzbürger", wohl aber als Bildungsbürger sah er sich, der Herr Rühmkorf. (Frankfurter Rundschau 10. 6. 2008)

Besitzeinkommen//Arbeitseinkommen
(z. B. Zinsen, Rente) ○ Diese Bevorzugung von Besitzeinkommen gegenüber Arbeitseinkommen ist äußerst ungerecht (Falter 16. 1. 2008)

besitzend//besitzlos
die besitzende Klasse ○ Sie redet sich ins Feuer, wenn sie die heutige Gesellschaftsform kritisiert: ... das Auseinanderbrechen der westlichen Welt in eine besitzende und eine besitzlose Hälfte, die Minderbewertung der Frau gegenüber dem Mann. (St. Galler Tagblatt 20. 3. 1998)

Besitzende[r]//Besitzlose[r]
die Angst der Besitzenden vor dem Neid der Besitzlosen

Besitzgesellschaft//Betriebsgesellschaft
(Handelsgesellschaft ○ Wirtschaft)

besitzlos//besitzend
die besitzlose Klasse

Besitzlose[r]//Besitzende[r]
die Angst der Besitzenden vor dem Neid der Besitzlosen

besondere; ↑im besonderen

Besondere, das//das Allgemeine
vom Allgemeinen auf das Besondere schließen ○ Hegel lässt das Besondere nur durch das Allgemeine aufheben. (Neue Zürcher Zeitung 18. 1. 2018)

besonders//weniger
diese Farbe ist besonders (sehr stark) lichtempfindlich ○ Welche Theorie besonders breit rezipiert wird, ist weniger eine Frage der Plausibilität als geschickten Marketings. (Tiroler Tageszeitung 3. 1. 1998)

besonnen//unbesonnen
Insbesondere treibe den Markt die Frage um, wie besonnen oder unbesonnen die USA reagieren würden. (Börsen-Zeitung 12. 9. 2001)

Besonnenheit//Unbesonnenheit

bespielbar//unbespielbar
der Fußballplatz war (nach dem Regen wieder) bespielbar ○ Daher kann das, was gestern noch bespielbar schien, heute schon unbespielbar sein. (Mitteldeutsche Zeitung 4. 12. 2010)

Bespitzelte[r]//Spitzel
der Bespitzelte hatte den Spitzel in seiner Umgebung nicht bemerkt ○ Zahlrei-

che DDR-Bürger dürften folglich Bespitzelte und Spitzel zugleich gewesen sein. (Der Tagesspiegel 11. 1. 2010)

besser//schlechter
es geht ihm wieder besser o seine Leistungen sind besser geworden o Wenig ist besser geworden, vieles schlechter. (Der Spiegel 9. 6. 2018)

bessern, sich//sich verschlechtern
sein Befinden hat sich gebessert o seine finanziellen Verhältnisse haben sich gebessert o „Der Arbeitsmarkt erlebt zwar immer wieder kurze Erholungen, aber ich denke, dass sich die Situation nicht bessern wird. Auf lange Sicht wird sich der Arbeitsmarkt eher verschlechtern." (Niederösterreichische Nachrichten 10. 7. 2014)

Bestandgeber//Bestandnehmer
(Vermieter, Verpächter o österreichisch) Der Bestandnehmer würde sich einer völlig unabschätzbaren künftigen Kostenlast ... aussetzen, während dem Bestandgeber der Bestandzins und die Befreiung von jeglichem Erhaltungsaufwand für sein gesamtes Eigentum zugute käme (Presse 28. 1. 2013)

beständig//unbeständig
das Wetter ist beständig o Die Bielefelder Amateure agieren weiter beständig unbeständig. (Neue Westfälische 30. 10. 2007)

Beständigkeit//Unbeständigkeit
die Frage nach Beständigkeit oder Unbeständigkeit der Liebe

Bestandnehmer//Bestandgeber
(Mieter, Pächter o österreichisch) Der Bestandnehmer ist verpflichtet, innerhalb von sechs Monaten nach Beendigung des Vertragsverhältnisses die Flächen völlig zu räumen (Tiroler Tageszeitung 18. 2. 1999)

Bestandskonto//Erfolgskonto
(z. B. ein Bankkonto o Wirtschaft)

bestätigen//aufheben
der Bundesgerichtshof kann das Urteil bestätigen oder aufheben o Geschieht letzteres, würde die Causa an den EuGH weitergereicht, dieser könnte die Pflichtmitgliedschaft bestätigen oder aufheben. (Die Presse 5. 9. 2008)

bestätigen//dementieren; ↑auch: abstreiten
eine Meldung, ein Gerücht bestätigen o der Sohn wollte die Berichte über die Krankheit seines Vaters weder dementieren noch bestätigen o Informationen der „Bild"-Zeitung ... wollten die Ermittler „aus ermittlungstaktischen Gründen" weder bestätigen noch dementieren. (Mannheimer Morgen 6. 3. 2018)

bestechlich//unbestechlich
ein bestechlicher Beamter o Was die Faszination des Monarchen ausmacht, ist vermutlich: Das Volk, die Menge überhaupt ist bestechlich. Der eine, einzelne gilt dagegen als unbestechlich. (St. Galler Tagblatt 23. 4. 2011)

Bestechung; ↑aktive Bestechung, passive Bestechung

bestehen//durchfallen
sie hat die Prüfung bestanden o Wer zusammen mit den Vornoten aus der Primarschule eine 4,5 erreicht, hat die Prüfung bestanden, wer darunter liegt, ist durchgefallen. (Tagesanzeiger 13. 3. 2013)

bestellen//abbestellen
ein Hotelzimmer bestellen o die Handwerker bestellen o Deren Politiker glaubten noch, fremde Arbeitskraft nach Bedarf bestellen und abbestellen zu können. (Süddeutsche Zeitung 17. 1. 2014)

bestellen//brach[liegen] lassen
das Land bestellen o Auch in diesem Jahr konnte die Agrar GmbH Oldisleben erst drei Wochen später bestellen und muss manche Flächen, die nicht trocken werden, brach lassen. (Thüringer Allgemeine 11. 5. 2010)

bestenfalls//schlimmstenfalls
er ist bestenfalls schon morgen hier ○ Das ist bestenfalls Täuschung der Verbraucher. Schlimmstenfalls kann es schädlich sein. (Hamburger Abendblatt 13. 3. 2018)

bestimmt//unbestimmt; ↑auch: **indefinit**
„der, die, das" sind bestimmte Artikel ○ für eine bestimmte Zeit ins Ausland müssen ○ Wie bestimmt und unbestimmt ist unser Wissen über die Welt? (Falter 14. 3. 2018)

bestimmt//vielleicht
sie hat gesagt, dass sie das Buch in der nächsten Woche bestimmt bringen kann ○ „Kommst du morgen (wirklich)?" „Bestimmt!" ○ Die nächste Verlockung zum Kauf kommt bestimmt, vielleicht früher als später. (Die Presse 5. 3. 2018)

Bestimmungsbahnhof//Versandbahnhof
(Bahnhof, der Ziel des Zuges, des Gepäcks ist)

Bestimmungswort//Grundwort
„Haus" ist in „Haustür" Bestimmungswort ○ die Anschlusspräposition muss sich bei Komposita auf das Grundwort und nicht auf das Bestimmungswort beziehen, daher ist „die Abschiebepraxis nach Bosnien" inkorrekt

bestrafen//belohnen
sie wurde (für diese Tat) bestraft ○ Er frage sich, wie „das eigentlich einer Partei der Arbeit passieren konnte, dass wir Arbeit bestrafen und leistungsloses Einkommen durch Kapitalerträge belohnen?" (Stuttgarter Zeitung 10. 5. 2016)

Bestrafung//Belohnung

Besuchende[r]//Besuchte[r]

Besucher[in]//Besuchte[r]

Besuchte[r]//Besucher[in], Besuchende[r]

be...t//...los (Adjektiv)
z. B. beblättert/blätterlos, behaart/haarlos

Betagung//Befristung
(Rechtswesen)

beteiligt//unbeteiligt
die beteiligten Personen ○ er war an dem Putsch beteiligt ○ Nur noch wenige Experten haben den Überblick darüber, welches Land sich an welchem Sektor beteiligt und in welchem Feld unbeteiligt geblieben ist. (Neue Zürcher Zeitung 14. 6. 2017)

betont//unbetont; ↑auch: **Senkung**
die betonte zweite Silbe in Tenor (Sänger)

Betracht; ↑**in Betracht ziehen**

beträchtlich//unbeträchtlich
eine beträchtliche Menge ging verloren ○ Die Viehzucht ist wegen des guten Wiesenwuchses nicht nur in Eisleben, sondern auch in dem übrigen Teile der Grafschaft beträchtlich, der Weinbau hingegen unbeträchtlich." (Mitteldeutsche Zeitung 28. 2. 2013)

betreten//verlassen
sie betrat das Geschäft um 9 Uhr und verließ es um 13 Uhr ○ Sie können aus Sicherheitsgründen für jeweils 15 Tage die Bürger daran hindern, bestimmte Orte zu betreten oder zu verlassen. (Süddeutsche Zeitung 19. 7. 2018)

Betrieb; ↑**außer Betrieb, in Betrieb[nehmen]**

betrieblich//überbetrieblich
etwas hat nur betriebliche Geltung ○ Gerade in einer längerfristigen Krise muss diese Form der Solidarität, betrieblich und überbetrieblich, höchste Priorität bekommen. (Die Presse 28. 4. 2009)

betriebseigen//betriebsfremd
betriebseigenes Kapital ○ betriebseigene Autos dürfen hier parken ○ Auch Zutrittsregelungen für betriebseigene und

betriebsfremde Personen (Techniker, Besucher usw.) sind zu definieren. (Handelszeitung 16. 4. 2008)

betriebsfremd//betriebseigen
betriebsfremdes Kapital ○ betriebsfremde Autos dürfen hier nicht parken

Betriebsgesellschaft//Besitzgesellschaft
(Handelsgesellschaft, die das Anlagevermögen einer anderen Handelsgesellschaft – einer Besitzgesellschaft – gepachtet hat ○ Wirtschaft)

Betriebskredit//Anlagekredit
(Wirtschaft)

Betrogene[r]//Betrüger[in]
Deshalb ist es ein Grundsatz des Rechtsstaats, dass nicht Betroffene Recht sprechen ..., nicht der Betrogene über den Betrüger. (Stuttgarter Nachrichten 21. 6. 2014)

betrübt; ↑zum Tode betrübt

Betrüger[in]//Betrogene[r]

betrunken//nüchtern
als er das sagte, war er (schon) betrunken ○ Nur eines war mir sofort klar ich wäre eh entweder zu betrunken oder zu nüchtern gewesen, um zu erklären, weshalb doppeltes Unrecht kein Recht ergab. (Rhein-Zeitung 3. 1. 2017)

Bett; ↑aus dem Bett sein, im Bett sein, ins Bett gehen[müssen], ↑zu Bett gehen

beugbar//unbeugbar; ↑auch: indeklinabel
„hübsch" ist ein beugbares Adjektiv (ein hübscher Junge, ein hübsches Mädchen)

Beugemuskel//Streckmuskel; ↑auch: Extensor, Strecker

beugen//strecken
den Arm beugen ○ Doch wer sich dauernd über den Herd beugen oder sich zu den Regalen strecken muss, riskiert Rückenschmerzen. (FOCUS 10. 11. 2014)

Beuger//Strecker; ↑auch: Extensor, Streckmuskel, Trizep
(Muskel zum Beugen ○ Anatomie)

beunruhigen//beruhigen
diese Mitteilung hat mich beunruhigt ○ Wem es aber wirklich Ernst ist mit dem Kampf gegen den Terror, der muss nicht Olivgrün ins Stadtbild einrücken oder vor gefährdete Gebäude aufmarschieren lassen – was ohnehin eher beunruhigen als beruhigen würde. (Main-Post 30. 7. 2005)

beunruhigend//beruhigend
Aus der Sicht der T-Aktionäre erscheint die Einzelbewertung der Telekom-Grundstücke beunruhigend und beruhigend zugleich. Beunruhigend deshalb, weil die erneute Bewertungskorrektur das ohnehin miserable Jahresergebnis 2001 weiter verschlechtern wird und das Vertrauen der Anleger deshalb nicht gerade beflügeln dürfte. Beruhigend deshalb, weil nun nach Lage der Dinge das Ende der Fahnenstange in dieser von Emotionen aufgewühlten Debatte um das Thema Bilanzfälschung in Sicht zu sein scheint. (Süddeutsche Zeitung 20. 12. 2001)

bevölkert//unbevölkert
Dabei sind ihre Themen, die Gegenstände ihre Malerei durch traditionell: Der menschliche Körper, das Gesicht, Blumen, Früchte und Insekten, Landschaften, Planetensysteme, bevölkerte und unbevölkerte Welten. (Südkurier 13. 7. 2007)

Bevölkerungsabnahme//Bevölkerungszunahme
Dies bedeutet unter anderem statistisch ausgedrückt für Arnstein eine Bevölkerungszunahme von 0,6 Prozent, für Gemünden am Main eine Bevölkerungsabnahme von 1,7 Prozent. (Main-Post 2. 5. 2009)

Bevölkerungszunahme//Bevölkerungsabnahme

bevor//nachdem; ↑auch: nachher
er hatte es gekauft, bevor er mit ihr gesprochen hatte ○ Kurz bevor die

Schule beginnt oder nachdem der Unterricht beendet ist, satteln sie ihre Velos, nehmen Geh- und Radwege ein. (St. Galler Tagblatt 12. 6. 2018)

bevorstehen//hinter sich haben
die Prüfung steht ihm noch bevor ○ Wie auch anderen osteuropäischen Flüssen steht der Donau damit ein Programm bevor, wie es der Rhein schon lange hinter sich hat. (Neue Zürcher Zeitung am Sonntag 31. 12. 2006)

bevorzugen//benachteiligen
er wurde bei der Vergabe bevorzugt ○ Aus Sicht der Kinder bevorzugen und benachteiligen Eltern immer wieder. (Tiroler Tageszeitung 21. 4. 2012)

Bevorzugung//Benachteiligung

bewachsen//unbewachsen
ein (mit Gras) bewachsener Hügel ○ Zweidimensionale Automaten bestehen aus einem Gitter, in dem jeder Gitterpunkt bestimmte definierte Zustände hat – z. B. „bewachsen" und „unbewachsen". (Der Spiegel 21. 1. 2004)

bewacht//unbewacht
ein bewachter Parkplatz ○ Werden diese Abstellplätze bewacht oder sind sie unbewacht? (Die Südostschweiz 15. 2. 2007)

bewaffnen, sich//entwaffnet werden
sie hatten sich bewaffnet ○ Schließlich wird ihr erlaubt, sich bewaffnet – und in Männerkleidung – zum Heer zu begeben. (Die Presse 18. 11. 2017)

bewaffnet//unbewaffnet
die Einbrecher waren bewaffnet ○ Sie ist tot, unschuldig gestorben, wie so viele Kinder, die, ob selbst bewaffnet oder unbewaffnet, den politischen Konflikten Brasiliens zum Opfer gefallen sind. (taz 12. 4. 2014)

bewältigen//verdrängen
die schlimmen Erlebnisse der Vergangenheit bewältigen ○ „Eine Verfremdung des Denkmals in Form des Vorschlages von Herz zeigt den Willen der Stadt und ihrer Bürger, Vergangenheit zu bewältigen, nicht nur zu verdrängen." (Süddeutsche Zeitung 9. 6. 2017)

bewältigt//unbewältigt
bewältigte Vergangenheit ○ innerlich bewältigte Erlebnisse ○ Oskar Helmer, Leopold Kunschak: Beispiele für bewältigte oder unbewältigte Vergangenheit? (Die Presse 7. 5. 2012)

beweglich//unbeweglich
bewegliche Güter ○ geistig beweglich ○ bewegliche Feiertage, z. B. Ostern ○ Zunächst splitteten die Politiker mehrheitlich das Vermögen in beweglich (beispielsweise alle Ausstattungsgegenstände) und unbeweglich (Häuser, Straßen etc.) – und schoben der Verwaltungsdenke anschließend einen Riegel vor. (Nordkurier 18. 11. 2016)

bewegliche Habe//Haus- und Grundbesitz

bewegliche Verteidigung//starre Verteidigung
(Militär)

Beweglichkeit//Trägheit
(Technik)

bewegt//unbewegt
tief bewegt hörte er den Bericht ○ Viele Bilder, bewegt und unbewegt, viele Sendeminuten. (Rheinische Post 10. 9. 2010)

bewegte Bilder//Standbilder
(Fernsehen)

Bewegungsenergie//Lageenergie
(Mechanik)

Bewegungskrieg//Stellungskrieg
Die deutsche Offensive in Frankreich wird aufgehalten, aus dem Bewegungskrieg wird mehr und mehr ein Stellungskrieg. (Salzburger Nachrichten 10. 9. 2014)

bewehrt//unbewehrt
(mit etwas als Waffe ausgerüstet)

beweibt//bemannt
(scherzhaft) ○ *die beweibten Männer und die bemannten Frauen*

beweibt//unbeweibt
(scherzhaft) ○ *er ist (schon) beweibt* ○ *Wir reden über die „Bereitschaft, sich auf Paarsituationen einzulassen", die ihm fehle. Obwohl er einige Male „schon beweibt" gewesen sei.* (Hamburger Abendblatt 4. 12. 2009)

beweisbar//unbeweisbar
eine beweisbare Behauptung ○ *„Das P-NP-Problem ist beweisbar unbeweisbar"* (Kölnische Rundschau 31. 8. 2017)

beweisen//widerlegen
ich beweise dir das ○ *Die in dem Papier aufgestellten Behauptungen sind nicht zu beweisen, aber auch nicht zu widerlegen.* (Der Standard 14. 1. 2017)

bewiesen//unbewiesen
das ist bewiesen ○ *Was nicht eindeutig bewiesen werden kann, gilt als unbewiesen.* (Basler Zeitung 27. 2. 2003)

bewohnbar//unbewohnbar
bewohnbare Räume ○ *Des Menschen Beitrag zum Werk der Schöpfung ist ein paradoxer: er hat die Welt an vielen Stellen angenehm bewohnbar und gleichzeitig furchtbar unbewohnbar gemacht.* (Basler Zeitung 31. 12. 2016)

bewohnt//unbewohnt
dieses Haus ist bewohnt ○ *Vor beinahe jeder Ruine – ob bewohnt oder unbewohnt – steht ein „Zu verkaufen"-Schild.* (Welt am Sonntag 11. 4. 2010)

bewohnt sein//leer stehen
dieses Haus ist bewohnt ○ *Ein Teil der Kaserne ist bewohnt, ein Teil steht leer.* (Nordkurier 10. 11. 2016)

bewölken, sich//sich aufheitern
Heute bewölkt sich der Himmel erneut und es regnet wieder. (Rhein-Zeitung 31. 10. 1998) ○ *Der Himmel ist zunächst bewölkt. Stellenweise ist es neblig, dann heitert es aber auf.* (Mitteldeutsche Zeitung 2. 11. 2005)

bewölkt//wolkenlos
ein bewölkter Himmel ○ *So wird sich morgen der Himmel nur leicht bewölkt oder wolkenlos präsentieren.* (Mitteldeutsche Zeitung 10. 8. 2012)

Bewunderung//Abneigung
Ob man ihrer voll Bewunderung oder voll Abneigung gedenkt, Margaret Thatcher ist in jedem Fall ein Beweis dafür, dass Persönlichkeiten mit Leadership das Geschehen gestalten können. (Die Presse 15. 4. 2013)

bewusst//unbewusst
bewusste Manipulation des Lesers ○ *Wer dieser Tage die Fussball-WM verfolgt, hat die Bandenwerbung bereits bewusst oder unbewusst gesehen.* (Der Bund 20. 6. 2018)

bewusstlos//bei Bewusstsein
er war bewusstlos ○ *Sie war bis vor kurzem bewusstlos, jetzt hat sie die Augen wieder geöffnet und ist bei Bewusstsein.* (Süddeutsche Zeitung 22. 6. 2001)

...bewusst sein//ein ...muffel sein
z. B. *modebewusst sein/ein Modemuffel sein*

Bewusstsein//Unterbewusstsein

Bewusstsein; ↑**bei Bewusstsein**

bezahlbar//unbezahlbar
diese Miete ist (noch) bezahlbar ○ *Wenn 3000 Euro bezahlbar ist, wann beginnt dann unbezahlbar?* (Kölner Stadtanzeiger 28. 2. 2017)

bezahlt//unbezahlt
eine bezahlte Rechnung ○ *bezahlter Urlaub* ○ *Und Frauen arbeiten deutlich mehr Stunden insgesamt – also bezahlte und unbezahlte Arbeitsstunden – als Männer.* (Basler Zeitung 2. 5. 2003)

bezähmbar//unbezähmbar
bezähmbare Triebe ○ *Anfang März, da ist der Drang, den Frühling mit allen*

Tricks anzulocken, durch keinerlei Vernunft bezähmbar. (Die Welt 17. 3. 2012)

Bezeichnendes//Bezeichnetes; ↑auch: Definiendum, Inhaltsseite, Signifié, Signifikat
(Sprachwissenschaft)

Bezeichnetes//Bezeichnendes; ↑auch: Ausdrucksseite, Definiens, Signifiant, Signifikant
(Sprachwissenschaft)

Bezeichnungslehre//Bedeutungslehre; ↑auch: Semasiologie
(Wissenschaft, die untersucht, wie Dinge, Geschehnisse usw. bezeichnet werden, dabei geht es um mehrere Benennungen für ein und dasselbe, z. B.: *einschalten/anstellen/anmachen/anknipsen*)

Bezeichnungswandel//Bedeutungswandel
(Sprachwissenschaft)

beziehen//abziehen
die Betten beziehen ○ *Gestern wie heute: Die Betten beziehen und abziehen muss nach wie vor jeder selbst, in allen Juhes.* (Sonntag Aktuell 3. 8. 2009)

beziehen, sich//sich aufheitern
Der Himmel bezieht sich, Regentropfen fallen aufs Holzdach. (Hamburger Abendblatt 10. 3. 2007)

bezwingbar//unbezwingbar
ein bezwingbarer Gegner ○ *Zwar gibt es Steigungen, die jedoch für Radler bezwingbar sind.* (Kölnische Rundschau 14. 11. 2012)

Bibliophile//Bibliophobe
Stefan ist ein Bibliophile (jemand, der alte, schöne, kostbare Bücher schätzt)

Bibliophilie//Bibliophobie
(Bücherliebhaberei)

Bibliophobe//Bibliophile
(jemand, der für Bücher keinen Sinn hat, sie missachtet)

Bibliophobie//Bibliophilie
(Abneigung gegen Bücher)

Bida//Sunna
(Bezeichnung für Gebräuche usw., die nicht auf Mohammed zurückgehen ○ Islam)

biegbar//unbiegbar
ein biegbares (beugbares) *Adjektiv* (veraltet)

Biene; ↑Arbeiterbiene, Arbeitsbiene, Drohne

Bienenhonig//Kunsthonig

bieten//suchen
Tauschangebot: ich biete Radio, suche Video ○ *China sei ein Faszinosum, das jedem biete, was er suche* (VDI Nachrichten 29. 6. 2007)

Big Band//Small Band
(großes Tanz-, Jazzorchester)

Big Business//Small Business

bikonkav//bikonvex
bikonkav (beiderseits hohl) *geschliffene Linse*

bikonvex//bikonkav
(auf beiden Seiten gewölbt geschliffen)

Bilanzänderung//Bilanzberichtigung
(Wirtschaft)

Bilanzberichtigung//Bilanzänderung
(Wirtschaft)

Bilanzgewinn//Bilanzverlust
(Wirtschaft)

Bilanzverlust//Bilanzgewinn
(Wirtschaft)

bilateral//multilateral
bilaterale (zwei Partner betreffende) *Verträge*

bilateraler Konsonant//unilateraler Konsonant
(Laut, bei dem an beiden Seiten Atemluft entweicht, z. B.: l ○ Phonetik)

Bilateralismus//Multilateralismus
(Politik)

Bild//Ton
die Qualität von Bild und Ton war nicht gut (Fernsehen)

Bild; ↑**bewegte Bilder, Laufbild, Standbild, Stehbild**

Bildseele//Vitalseele
(Völkerkunde)

Bildung//Unbildung
sein Verhalten zeugt von Bildung ○ *Er hat den Studierenden etwas von Erziehung und Bildung zu vermitteln und nicht deren unerzogene Unbildung zu respektieren.* (Süddeutsche Zeitung 6. 9. 2017)

Bildungsbürger//Besitzbürger
(Soziologie) ○ *Der Bildungsbürger war meist Besitzbürger – kein Wunder, dass er dazu neigte, seinen ideellen Schatz nach dem Muster seiner realen Schätze zu begreifen.* (Frankfurter Rundschau 16. 11. 2004)

bilineal//unilineal; ↑**auch: matrilineal//patrilineal**
(die Reihe beider Elternteile betreffend)

Billeteur//Billeteuse
(österreichisch: Platzanweiser ○ schweizerisch: Kartenausgeber)

Billeteuse//Billeteur
(Platzanweiserin ○ österreichisch)

billig//teuer
ist das Telefonieren nun billiger oder teurer? ○ *das Kleid war sehr billig* ○ *„Heute werden in den USA Geräte entwickelt, die in China billig produziert und bei uns teuer verkauft werden."* (Der Tagesspiegel 20. 11. 2015)

billig//unbillig
dein Wunsch ist nicht mehr als billig ○ *ein billiges Verlangen* (veraltet) ○ *Es ist nicht billig, sondern unbillig, Gäfgen ein Schmerzensgeld zuzusprechen.* (Süddeutsche Zeitung 5. 8. 2011)

billigen//missbilligen
er hat ihr Vorgehen gebilligt ○ *Man kann flegelhaftes Benehmen billigen oder missbilligen.* (Süddeutsche Zeitung 4. 12. 2001)

Billigung//Missbilligung
sein Vorgehen fand Billigung ○ *Die generelle Gerechtigkeit entsteht durch ethische Werte, Verhaltensweisen, soziale Billigung oder Missbilligung von Verhalten.* (Der Standard 25. 2. 2012)

binaural//monaural
(zweikanalig ○ in Bezug auf die Tonaufnahme und -wiedergabe)

binden//aufbinden
eine Schleife binden ○ *Er stellte Walker Gnade in Aussicht – falls der einen Knoten knüpfe, den der knotenkundige Richter weder binden noch aufbinden könne.* (GEO 19. 8. 2011)

Binder//Läufer
(Mauerstein, der mit der Schmalseite nach außen liegt ○ Bauwesen)

bindungsfähig//bindungsunfähig
ein bindungsfähiger Mensch

bindungsunfähig//bindungsfähig
ein bindungsunfähiger Mensch

Binnen...//Außen... (Substantiv)
z. B. *Binnenhandel/Außenhandel*

binnenbords//außenbords
(im Schiff ○ Seemannssprache)

Binnendeich//Außendeich

Binnendüne//Küstendüne

Binnenerzählung//Rahmenerzählung

Binnenhafen//Außenhafen, Seehafen

Binnenhandel//Außenhandel

Binnenmarkt//Auslandsmarkt
Angebote auf dem Binnenmarkt

Binnenwanderung//Außenwanderung
(Geografie)

Binnenwirkung//Außenwirkung
Es gibt einen Unterschied zwischen der Binnenwirkung dieses Vorgangs und der Außenwirkung. (Die Zeit 15. 3. 2012)

Binnenwirtschaft//Außenwirtschaft

Binnenzoll//Außenzoll

bioabbaubar//biostabil
Solche Gewebe können aus nahezu allen Polymeren, ob wasserlöslich oder wasserunlöslich, bioabbaubar oder biostabil, hoch oder niedrig schmelzend hergestellt werden. (Berliner Morgenpost 30. 5. 2013)

biologische Kongruenz//grammatische Kongruenz
eine biologische Kongruenz liegt vor in „das Mädchen/der Star und ihre Freundinnen" (Sprachwissenschaft)

biomorph//soziomorph, technomorph
(vom natürlichen Leben geprägt, geformt) o Nach dem Muster handwerklich-künstlerischen Herstellens (technomorph), nach biologischen Lebensvorgängen (biomorph) oder gesellschaftlichen Handelns (soziomorph) gebildete Vorstellungen werden in Naturabläufe projiziert (Die Zeit 14. 3. 1980)

biozentrisch//logozentrisch
(das Leben in den Mittelpunkt aller Überlegungen stellend)

bipolar//monopolar
eine bipolare Einstellung (Psychologie)

biostabil//bioabbaubar

bis//ab
das Angebot gilt bis 30. September o Training für Kinder von 18 bis 19 Uhr und ab 19 Uhr Erwachsene in der Sporthalle. (Passauer Neue Presse 9. 1. 2018)

bis//von
von heute bis morgen o Noch bis morgen findet deshalb von 11 bis 17 Uhr ein großer Flohmarkt statt. (Neue Kronen-Zeitung 19. 1. 2018)

bisherig//neu
der bisherige Arbeitsstil o Gleichzeitig bestand Gelegenheit, unter die Lupe zu nehmen, was an der «Krone» bisherig und was vor allem neu ist. (St. Galler Tagblatt 3. 9. 1999)

bis jetzt//von jetzt an
bis jetzt hat er Geduld gehabt, doch von jetzt an wird es anders

bitte//danke
„Bitte, bedienen Sie sich!" „Danke!"

bitter//süß
bittere Mandeln o Jahrelang haben die Athleten mit Gewichten jenseits der Schmerzgrenze trainiert, um diesen Moment, sei er bitter oder süß, auskosten zu können. (Tiroler Tageszeitung 11. 11. 2011)

bittere Schokolade//Vollmilchschokolade

Bittgebet//Dankgebet
(Religion)

Bittgottesdienst//Dankgottesdienst
(Religion)

bivalent//monovalent
(zweiwertig)

Bizeps//Trizeps; ↑auch: Strecker
(Beugemuskel o Anatomie)

blasen//saugen
(den Atem durch fast geschlossene Lippen in eine bestimmte Richtung ausstoßen) o Dann blasen oder saugen die Brandschützer zuerst den Qualm aus dem Gebäude. (Süddeutsche Zeitung 17. 6. 2017)

Blasen//Lecken; ↑auch: Cunnilingus, Oralverkehr
(an einem Mann vorgenommener Oralsex, bei dem der Penis mit Mund, Zunge und Zähnen erregt wird)

Blasorchester//Streichorchester

blass//braun
du bist (noch) blass, während er (schon) braun ist ○ *Egal ob blass oder braun gebrannt, das Make-up zum Blond-Look ist natürlich gehalten.* (Salzburger Nachrichten 17. 3. 2007)

blass//rote
Die Kinder und Jugendlichen gaben sich am Konzert so gelassen wie möglich, doch blasse oder rote Gesichter zeugten von innerlicher Anspannung. (Die Nordwestschweiz 7. 12. 2001)

Blässe//Bräune
die vornehme Blässe und die sportliche Bräune

blätterlos//beblättert
(ohne Blätter) ○ *In ihrer Gier verschonten sie aber kaum einen Baum, blätterlos gingen diese zugrunde.* (Der Standard 7. 6. 2014)

blattlos//beblättert
(ohne Blätter) ○ *Roloff hat beobachtet, dass viele von ihnen im Juli und August schon komplett blattlos waren.* (Süddeutsche Zeitung 6. 10. 2015)

Blatttee//Broken-Tea

Blaukragen//Weißkragen
(körperlich Arbeitende, Arbeiter, Handwerker) ○ *Blaukragen und Weißkragen sitzen einträchtig nebeneinander, hemdsärmelig, wenn es das Wetter erlaubt.* (Hamburger Abendblatt 7. 6. 2001)

Blech; ↑Feinblech, Grobblech

Blechbläser//Holzbläser
(jemand, der ein Blechblasinstrument spielt, z. B.: Horn, Trompete, Tuba)

bleiben//abgehen
bei einem Grundsatz bleiben ○ *Die andere will verschleiert bleiben, aber von der Schule abgehen.* (Hamburger Morgenpost 10. 5. 2006)

bleiben//abkommen
beim Thema bleiben ○ *Da kann es schon vorkommen, dass Passanten mit offenen Mündern stehen bleiben oder staunende Autofahrer fast von der Straße abkommen.* (Mannheimer Morgen 25. 5. 2002)

bleiben//austreten
in der Kirche bleiben ○ *57 Prozent der Befragten wollen demnach in der EU bleiben, 23 Prozent austreten.* (Die Presse 13. 5. 2014)

bleiben//gehen
wollen wir (noch) bleiben oder (schon) gehen? ○ *Am Ende gibt es nur zwei Möglichkeiten für uns: zu bleiben oder zu gehen!* (Der Spiegel 4. 8. 2018)

bleibt wie es ist//wird anders
„Die wollen, dass alles so bleibt, wie es ist." (Hamburger Morgenpost 13. 5. 2013) ○ *Bleibt alles anders* (Herbert Grönemeyer, 1998)

... bleiben//[un//Nicht]... werden
z. B. *jung bleiben/alt werden* ○ *er blieb ihr, ihm treu/wurde ihr, ihm untreu* ○ *Raucher bleiben/Nichtraucher werden*

bleifrei//bleihaltig; ↑auch: verbleit
bleifreies Benzin ○ *Wobei es zwischen bleifrei und bleihaltig keinen Preisunterschied gibt und zum Diesel nur einen minimalen.* (Braunschweiger Zeitung 18. 6. 2010)

bleihaltig//bleifrei; ↑auch: unverbleit
bleihaltiges Benzin

blicken; ↑nach vorn blicken

blindes Tor//offenes Tor
(Slalomtor senkrecht zur Fahrtrichtung) ○ *Zahlreichen Fahrerinnen wurde ein blindes Tor zum Verhängnis.* (Die Südostschweiz 5. 2. 2018)

Blindschreiben//Tippen
Blindschreiben bis ca. 1930 das perfekte Maschineschreiben ○ *In der Schule, für den Beruf oder im privaten Bereich bie-*

tet das sog. Blindschreiben viele Vorteile. (Rhein-Zeitung 7. 7. 2018)

blind sein//sehen können
er war blind ○ Die Protagonisten sind Hamm und sein Diener Clov. Der eine ist blind und kann nicht laufen, der andere kann sehen, aber nicht sitzen. (Südkurier 6. 10. 2016)

Blitz//Donner
der Donner erfolgte gleich kurz nach dem Blitz ○ Im Aufstieg setzt Graupel ein, plötzlich ist ein Blitz zu sehen, der Donner bestätigt das Wintergewitter. (Tagesanzeiger 26. 1. 2018)

blitzen//donnern
erst blitzte es, dann donnerte es heftig (beim Gewitter)

blockieren//deblockieren
(Druckwesen)

Blocksatz//Flattersatz
(Druckwesen)

blond//schwarz
blonde Haare ○ Zwei Frauen, eine blond, eine schwarz, steigen aus dem Wagen, betreten das Gütersloher Parkhotel. (Westfalen-Blatt 24. 3. 2011)

Blüte; ↑heterozyklische Blüten, isozyklische Blüten

blutig//durch[gebraten], medium
(nicht stark gebraten ○ vom Fleisch) ○ *Ganz durch, medium oder doch blutig?* (Niederösterreichische Nachrichten 17. 5. 2012)

blutig//unblutig
die Flugzeugentführung fand ein blutiges Ende ○ Ein bisschen blutig, invasiv, also in den Körper hinein? Oder mittels Bildgebung unblutig und schmerzfrei? (Die Presse 8. 2. 2011)

blutiger Anfänger//alter Hase
Egal ob blutiger Anfänger oder „alter Hase", ob Café-Haus-Betreiber oder Eventmanager – jeder, der dazu beitra- *gen möchte die Kleinkunstszene hierzulande zu beleben und zu vernetzen, möge sich ab sofort ... melden* (Burgenländische Volkszeitung 14. 11. 2013)

Blutkörperchen; ↑rote Blutkörperchen, weiße Blutkörperchen

Bock; ↑Geißbock, Rehbock, Schafbock, Ziegenbock

Bock auf etwas haben//null Bock auf etwas haben
(etwas gern wollen, Lust darauf haben ○ umgangssprachlich) ○ *Wer kreativ arbeiten will, muss auch seine rechte Hirnhälfte aktivieren. Aber das funktioniert nur, wenn man auch Bock auf seinen Job hat.* (taz 19. 4. 2016)

Bockhand//Griffhand
(Hand zum Halten der Spitze des Queues ○ Billard)

Bockkalb//Geißkalb
(Jägersprache)

Bockkitz//Geißkitz
(männliches Kitz, Jungtier ○ Jägersprache)

Boden//Decke
auf dem Boden liegen ○ etwas ist von der Decke auf den Boden gefallen ○ auf den Boden schauen ○ das Esszimmer ist vom Boden bis unter die Decke dunkel getäfert. (Basler Zeitung 24. 7. 2018)

Boden//Keller
die Kiste befindet sich auf dem Boden unter dem Dach und nicht im Keller ○ „Wo sind die Marken aufbewahrt worden – auf dem Boden oder im Keller?" (Braunschweiger Zeitung 8. 11. 2011)

Bodenakrobat//Seilakrobat

bodeneng//bodenweit
(sich dem Boden nähernd ○ von Beinpaaren bei Pferden)

Bodengefecht//Luftgefecht
(Militär)

Bodenpersonal//Bordpersonal, fliegendes Personal, Flugpersonal
(bei Fluggesellschaften)

bodenweit//bodeneng
(von Beinpaaren bei Pferden)

Bogenhand//Zughand
(Hand, die den Bogen beim Schießen hält)

Bokmål//Nynorsk; ↑auch: Landsmål
(vom Dänischen beeinflusste norwegische Schriftsprache ○ früher: Riksmal)

Bolschewik//Menschewik
(jemand, der der revolutionären Richtung in der russischen Sozialdemokratie zugehört ○ historisch) ○ *Vielleicht ist das so, seit die Bolschewiken die Menschewiken 1903 zum Teufel gejagt hatten; die Mehrheitler die Minderheitler, obwohl sie eigentlich innerhalb der russischen Sozialdemokratischen Arbeiterpartei eine radikale Minderheit stellten* (Weltwoche 30. 7. 2015)

Bolschewismus//Menschewismus

Boltzmann-Statistik//Bose-Einstein-Statistik
(Physik)

bona fide//mala fide
(guten Glaubens) ○ *Barlach habe ‚als Neueinsteiger in unseren Verlag, in unser Haus, von Anfang an keinen guten Willen gezeigt, und nicht nur war er bar jeden guten Willens, oder meinetwegen jeder bona fide, vielmehr voll, prall, aufgeblasen prall des bösen Willens, oder der mala fide, …'.* (Wiener Zeitung 19. 12. 2012)

Bonus//Malus; ↑auch: Minus, Nachteil
(Sondervergütung ○ Vorteil) ○ *Manager aber können auch dann noch mit einem Bonus rechnen, wenn sie ihr Unternehmen in Grund und Boden gewirtschaftet haben. Wo es einen Bonus gibt, dort sollte es auch einen Malus geben* (Die Presse 19. 2. 2013)

Boot; ↑Klinkerboot, Kraweelboot

Bord; ↑an Bord gehen//von Bord gehen

Bordpersonal//Bodenpersonal
(Flugwesen)

Boreout//Burn-out
(Psychologie) ○ *Er leide an einem «Boreout». Die Symptome sind dieselben wie bei einem Burnout, nur die Ursache ist eine andere: Langeweile statt Überforderung.* (Die Südostschweiz 23. 9. 2017)

Borg//Altschneider
(bereits als Ferkel kastriertes männliches Schwein)

Borg//Eber
(kastriertes männliches Schwein)

Borg//Nonne; ↑auch: Bache, Sau
(männliches kastriertes Schwein)

borgen, jemandem etwas//sich etwas borgen
sie hat ihm den Kugelschreiber geborgt/er hat sich den Kugelschreiber (von ihr) geborgt

borgen, sich etwas//jemandem etwas borgen, etwas verborgen
ich habe mir den Kugelschreiber (von ihm) geborgt ○ *Die USA borgen sich also ihr Wachstum aus der Zukunft und nehmen dafür ein geringeres künftiges Wachstum in Kauf.* (Luxemburger Tageblatt 23. 2. 2018)

bösartig//gutartig; ↑auch: benigne
eine bösartige Geschwulst ○ *Die Darmtumoren waren bösartig, die Wucherungen an den Eierstöcken schienen hingegen gutartig zu sein.* (Stern 18. 6. 2014)

Bösartigkeit//Gutartigkeit; ↑auch: Benignität
die Bösartigkeit der Geschwulst ist nachgewiesen

böse//gut
ein böser Mensch (in Bezug auf niederträchtiges o. ä. Handeln) ○ *Es geht doch*

im Gottesverständnis gerade um die Unterscheidung zwischen Gut und Böse. (Der Spiegel 5. 5. 2018) ○ *Es geht nicht um Gut gegen Böse, es geht nicht um Modern gegen Traditionell ... Es geht allein um Macht.* (Der Spiegel 14. 4. 2018)

*böse//gut
Wie das Gute in die Welt kam (Die Presse 19. 8. 2017, Spectrum I, zu „Wie das Böse in die Welt kam")

Böse, das//das Gute
das Böse im Menschen ○ *Ein Teil von jener Kraft, die stets das Böse will und stets das Gute schafft* (Goethe: Faust, der Tagödie erster Teil, Studierzimmer)

Bose-Einstein-Statistik//Boltzmann-Statistik
(Physik)

böser Glaube//guter Glaube
(Rechtswesen)

bösgläubig//gutgläubig
(Rechtswesen)

Bosheitssünde//Schwachheitssünde
(veraltet)

Botanik//Zoologie; ↑auch: Fauna

Bottom//Top; ↑auch: Dominus, Meister
(im sadomasochistischen Jargon der masochistische Partner)

Bourgeois//Proletarier
(Marxismus)

Bourgeoisie//Proletariat
(Marxismus) ○ *Der "Hauptwiderspruch" verlief für sie zwischen Kapital und Arbeit, zwischen Bourgeoisie und Proletariat.* (Der Spiegel 7. 4. 2018)

Boy//Girl; ↑auch: Mädchen
Aber ich finde, das Leben ist so viel reicher als nur „Boy meets Girl". (Main-Post 4. 7. 2017)

Brachland//Ackerfeld
(unbestelltes Ackerland)

brachliegen//bebaut sein
das Feld liegt brach ○ *Das Gelände liegt brach, wartet darauf, zum Wohle der Bürger bebaut zu werden.* (Mannheimer Morgen 7. 3. 1001)

brach[liegen] lassen//bestellen
das Land brach liegenlassen ○ *Damit dürfen die Bauern rund zehn Prozent der EU-Ackerfläche, die derzeit brach liegen, wieder bestellen.* (Saarbrücker Zeitung 27. 9. 2007)

brachykephal//dolichokephal
(mit rundem Kopf ○ Medizin)

Brachykephale, der//der Dolichokephale
(jemand, der einen runden Kopf hat ○ Medizin)

Brachykephalie//Dolichokephalie
(Medizin)

Bradykardie//Tachykardie
(Medizin)

branchenfremd//branchenkundig
er ist branchenfremd ○ *Wir beobachten den Trend, dass gerade in der Gastronomie sehr viele Gründer branchenfremd sind.* (Hamburger Abendblatt 15. 8. 2014)

branchenkundig//branchenfremd
Damals hatte sich niemand, der einigermaßen branchenkundig war, getraut, dieses riesengroße Kaffeehaus, das zwar nie gesperrt, aber kaum mehr Gäste hatte, zu übernehmen (Wiener Zeitung 25. 2. 2016)

brauchbar//unbrauchbar
brauchbares Material ○ *brauchbare Vorschläge* ○ *Dabei werden die Klamotten durchwühlt und sortiert in die Kategorien „brauchbar" und „unbrauchbar".* (Kölner Stadtanzeiger 11. 11. 2010)

braun//blass
du bist (schon) braun, doch sie ist (noch) blass ○ *Wir überlegten uns im Vorfeld, ob die Darsteller von der Sonne*

braun gebrannt sind oder eher blass, weil sie versuchen, die Sonne zu vermeiden. (Allgemeine Zeitung 27. 4. 2012)

Bräune//Blässe
die sportliche Bräune und die vornehme Blässe

Braut//Bräutigam
Die Braut oder der Bräutigam sollte diskret, diplomatisch und sich des Protokolls bewusst sein. (Tiroler Tageszeitung 27. 8. 2018)

Bräutigam//Braut

Brautmutter//Brautvater
Brautmutter und Brautvater zu sein, das ist schon etwas ganz Besonderes. Die Aufregung in den Wochen vor der Hochzeit des ersten Kindes ist enorm. (Süddeutsche Zeitung 26. 7. 2003)

Brautvater//Brautmutter

bravo//buh
Neugierig sein, schauen, denken – dann bravo oder buh rufen! Das ist Theater. (Rhein-Zeitung 24. 5. 1997)

Bravoruf//Buhruf
am Schluss der Vorstellung hörte man Bravorufe

BRD//DDR; ↑auch: die neuen Bundesländer

brechen//halten
der Damm bricht ○ *einen Eid, ein Versprechen brechen* ○ *«Man sollte erwarten dürfen, dass Behörden Gesetze nicht brechen und sich an Urteile halten.»* (St. Galler Tagblatt 14. 1. 2017)

breit//lang
der Stoff ist 80 cm breit (quer gemessen) *und 120 cm lang* ○ *Der Flur ist kein Aufbewahrungsraum, erläutert sie. Wenn er nur 1,10 Meter breit, aber 5 Meter lang ist, sollte man keine Möbel aufstellen.* (Tiroler Tageszeitung 8. 2. 2014)

breit//schmal
breite Hüften, Schultern ○ *breite Stufen* ○ *eine breite Straße, ein breiter Fluss* ○ *ein breiter Streifen* ○ *ein Mannsbild von 1929. Schultern: breit. Hüfte: schmal.* (Leipziger Volkszeitung 19. 2. 2016)

Breitbahn//Schmalbahn
(beim Papier)

breitbrüstig//schmalbrüstig
ein breitbrüstiger Mann ○ *Jehova sei ja, wie die Zeuginnen Jehovas längst aus den Quellen bewiesen hätten, im Ursprung durch und durch weiblich, eine vulkanische Vulva, breitbrüstig und daher herrlich anzuschauen!* (Die Presse 13. 6. 2012)

Breite//Länge
die Breite des Brettes

Breitengrad//Längengrad
auf dem 30. Breitengrad (der nördlichen oder südlichen Entfernung vom Äquator)

Breitenkreis//Längenkreis
(Geografie)

Breitensport//[Hoch]leistungssport, Spitzensport
(Sport für viele) ○ *Die SPORTUNION steht für Sport in seiner Vielfalt: von Gesundheits- und Breitensport über den Leistungssport bis zum Spitzensport* (Salzburger Nachrichten 11. 4. 2018)

Breitenwachstum//Längenwachstum

Breitspur//Normalspur; ↑auch: Schmalspur
(Eisenbahn) ○ *Die russische Breitspur ist mit 1520 mm nur um 85 mm breiter als die Normalspur und hat ihr gegenüber keine technischen Vorteile.* (Der Standard 9. 6. 2017)

Bremse; ↑auf die Bremse treten

bremsen//befördern
Und so kommt es, dass die Große Koalition den Aufstieg der AfD derzeit nicht bremst, sondern befördert. (Der Spiegel 21. 7. 2018)

bremsen//Gas geben
der Autofahrer bremste ○ *Das neue System Active Drive Assist könne selbstständig bremsen, Gas geben und lenken* (Mannheimer Morgen 6. 9. 2018)

Bremsstrahlung//Eigenstrahlung
(Atomphysik)

brennbar//unbrennbar
brennbare Stoffe ○ *Weil Ziegel als nicht brennbar gelten, werden sie in die Brandschutzklasse A1 eingestuft, unbrennbar.* (Hannoversche Allgemeine 27. 9. 2008)

Brennholz//Nutzholz
Brennholz zum Heizen

Brief; ↑**Geschäftsbrief, Privatbrief**

Briefgrundschuld//Buchgrundschuld
(Rechtswesen)

Briefhypothek//Buchhypothek
(Rechtswesen)

Briefkastenonkel//Briefkastentante
Anfragen beantwortet der Briefkastenonkel

Briefkastentante//Briefkastenonkel
Anfragen beantwortet die Briefkastentante Irene

Briefkurs//Geldkurs
(Börse)

Briefumschlag; ↑**einfacher Briefumschlag, gefütterter Briefumschlag**

bringen//abholen
jemanden zur Bahn, in die Wohnung bringen ○ *So könne es sein, dass man Kinder in die Schule bringen oder wieder abholen muss oder nahe Angehörige zu pflegen hat.* (Tiroler Tageszeitung 19. 9. 2018)

bringen//holen
ich bringe das Buch zu ihm ○ *den Wein in den Keller bringen* ○ *Sie sah Menschen, die diese Lebensmittel bringen, und Menschen, die sie holen.* (Stuttgarter Nachrichten 31. 8. 2016)

Bringschuld//Holschuld
(Rechtswesen) ○ *Das stimmt so nicht, denn natürlich kann Integration nur als Geben und Nehmen gelingen, als ein Wechselspiel von Bringschuld und Holschuld.* (Die Zeit 19. 7. 2018)

Broken-Tea//Blatttee
Broken-Tea ist zerkleinerter Tee

Broker//Jobber
(Aufträge erledigender Wertpapierhändler)

broschiert//gebunden
ein broschiertes Buch ○ *Die 232 Seiten starke broschierte Ausgabe kostet 8,90 Euro, die gebundene Ausgabe ist für 10,90 Euro zu bekommen.* (Südkurier 29. 12. 2010)

Brotbäcker//Feinbäcker, Kuchenbäcker
1850 arbeiteten in Rostock 48 Brotbäcker und neun Kuchenbäcker (Schweriner Volkszeitung 21. 12. 2007) ○ *Damit wir morgens frisches Brot genießen können, gehen in der Großbäckerei 60 Brotbäcker abends um 20 Uhr an die Arbeit. Die Feinbäcker, die für die süßen Sachen und Kuchen zuständig sind, legen ab 2 Uhr nachts los.* (Nürnberger Nachrichten 27. 10. 2011)

Brötchen; ↑**belegtes Brötchen, trockenes Brötchen**

Bruch[zahl]//ganze Zahl
¼ ist eine Bruchzahl (Mathematik)

Brücke//Unterführung, Tunnel
eine Brücke führt über die Straße ○ *der Zug fährt über die Brücke* ○ *Der Bau der erweiterten Brücke, die nun in der Unterführung Platz für eine zweispurige Fahrbahn mit Fußweg bietet, habe sich zwar etwas hingezogen, aber man liege im Plan.* (Thüringische Landeszeitung 22. 2. 2017) ○ *Die Anwohner plädieren für eine Schranke – Deutliche Absage an Brücke und Tunnel* (Dolomiten 30. 11. 2002)

Bruder//Schwester
mein älterer, größerer Bruder ○ Tilo ist Heidruns Bruder

Brust//Rücken
eine Narbe auf der Brust ○ Die Frau war am Dienstag mit Stichen in Brust und Rücken gefunden worden. (Neues Volksblatt 30. 3. 2018)

Brust; ↑**Heldenbrust, Hühnerbrust**

Brustkind//Flaschenkind
(Säugling, der von der Mutter gestillt wird) ○ Eine Frau kommt mit einem Baby zum Kinderarzt. Nachdem er das Baby untersucht hat, fragt er: „Brust- oder Flaschenkind?" „Brustkind", antwortet sie. (Die Zeit 18. 9. 1970)

Brustresonanz//Kopfresonanz
(Musik)

Brustschwimmen//Rückenschwimmen

Bruststimme//Kopfstimme
(Musik)

Brustteil//Rückenteil

Brutfürsorge//Brutpflege
(Verhaltensforschung)

Brutpflege//Brutfürsorge
(Verhaltensforschung)

brutto//netto; ↑**auch: Realeinkommen**
er verdient 3000 Mark brutto (= Abzüge noch nicht abgerechnet) ○ Maria, die Friseurin, schneidet, kämmt, bürstet und färbt Haare erst seit wenigen Wochen für brutto gleich netto – und zwar bei dem Kunden zu Hause. (Süddeutsche Zeitung 22. 11. 2016)

Bruttobetrag//Nettobetrag
Versehentlich wurden 19 Prozent aus dem Bruttobetrag genommen, statt aus dem Nettobetrag. (Südkurier 28. 11. 2005)

Bruttoeinkommen//Nettoeinkommen; ↑**auch: Realeinkommen**
das Bruttoeinkommen (ohne Abzug von Steuern) beträgt 1500,00 Euro

Bruttoeinnahmen//Nettoeinnahmen
Das sind aber Bruttoeinnahmen, keine Nettoeinnahmen. (Hamburger Abendblatt 12. 7. 2000)

Bruttoertrag//Nettoertrag
Frauen legen ihr Geld stärker in festverzinslichen Wertpapieren und weniger in Aktien an. Dadurch gehen sie ein geringeres Risiko ein, erzielen langfristig aber auch einen geringeren Bruttoertrag. (Tiroler Tageszeitung 30. 6. 2007)

Bruttogehalt//Nettogehalt
Nach Abzug von Sozialversicherung und Steuern bleibt den Managern vom Bruttogehalt allerdings ein deutlich geringeres Nettogehalt. (Wirtschaftsblatt 22. 4. 2015)

Bruttogewicht//Nettogewicht
das Bruttogewicht (das Gewicht einschließlich Verpackung) ist angegeben ○ Offiziell ist das Taragewicht die Differenz zwischen dem Bruttogewicht (Verpackung mitgerechnet) und Nettogewicht (nur Ware) einer Ladung. (Wiesbadener Kurier 19. 5. 2018)

Bruttogewinn//Nettogewinn
Die Bilanzsumme der Credit Europe (Suisse) beläuft sich per Ende 2006 auf knapp 600 Mio Fr, der Bruttogewinn liegt bei 9,4 Mio Fr, der Nettogewinn bei 2,8 Mio. (Handelszeitung 10. 10. 2007)

Bruttolohn//Nettolohn
Bruttolohn ist die Lohnsumme vor den Abzügen ○ Somit müssen die Besteuerung von Arbeit möglichst niedrig sein und die Lohnnebenkosten gesenkt werden ○ nicht der Bruttolohn, sondern der Nettolohn ist für den Lebensunterhalt maßgeblich. (Vorarlberger Nachrichten 23. 10. 2013)

Bruttopreis//Nettopreis
der Bruttopreis ist Preis vor Abzug des Rabatts ○ Bleibt der Bruttopreis trotz Senkung der Mehrwertsteuer gleich, steigt der Nettopreis, der wiederum für

Unternehmen als Zahlungsgrundlage gilt. (Ostthüringer Zeitung 7. 1. 2010)

Bruttoraumgehalt//Nettoraumgehalt
(Schifffahrt)

Bruttoregistertonne//Nettoregistertonne
(Schiffsbau)

Bruttosozialprodukt//Nettosozialprodukt
(Gesamtheit aller Güter, die eine Volkswirtschaft in einem bestimmten Zeitraum erzeugt – ohne Abschreibungen)

Bruttoverdienst//Nettoverdienst
So würden bei einem Bruttoverdienst von 2.100 Euro monatlich 900 Euro mehr pro Jahr im Börsel bleiben. (Burgenländische Volkszeitung 26. 3. 2015)

Bruttoverkauf//Nettoverkauf
Bruttoverkauf ist ohne Abzüge

Bruttozins//Nettozins
Bruttozins ist der Zins zuzüglich der Nebenkosten

Bub//Mädchen, Mädel; ↑auch: Girl
in der Schule sind sowohl Buben als auch Mädchen ○ *Ob Bub oder Mädchen spielt keine Rolle.* (Saarbrücker Zeitung 11. 11. 2015) ○ *Anfang Juni wird sie erstmals Mami –, strotzt voller Tatendrang. Bub oder Mädel?– „Keine Ahnung...* (Neue Kronen-Zeitung 4. 2. 2000)

Bubenart//Mädchenart
... ein höllisch den Saal erfüllendes Lärmen, mit dem er ganz nach Bubenart die Geschwindigkeit eines Autos hörbar werden lässt. (Stuttgarter Zeitung 2. 11. 2013)

Bubenname//Mädchenname
Jonas war 2010 der beliebteste Bubenname und Julian in den letzten Jahren schon einige Male Zweiter. (Niederösterreichische Nachrichten 5. 2. 2015) ○ *Bubenname, Mädchenname – was gehört zu Bouquet und Mirepoix?* (Neue Zürcher Zeitung 28. 7. 2017)

Bubenschule//Mädchenschule
Bei der Mierendorff-Schule sind beide Schulgebäude – die frühere Bubenschule und die Mädchenschule – eingezeichnet. (Rhein-Zeitung 25. 7. 2008)

Buchgrundschuld//Briefgrundschuld
(Rechtswesen)

Buchhypothek//Briefhypothek
(Rechtswesen)

Buchstabe//Geist
Der Buchstabe tötet, der Geist aber macht lebendig (Bibel, 2. Korinther 3,6)

Buchstabe; ↑Großbuchstabe, Kleinbuchstabe

Buchstabenschrift//Begriffsschrift
(Sprachwissenschaft)

Buchstabenzeichen//Begriffszeichen
(Sprachwissenschaft)

Buchstabiermethode//Ganzheitsmethode
(Pädagogik)

Büfettier//Büfettiere
(Bierzapfer am Buffet)

Büfettiere//Büfettier
(Bierzapferin am Buffet)

Bug//Heck
der Bug (vorderster Teil) des Schiffes ○ *Dann nähern wir uns mit unserem Bug dem Heck des anderen Bootes, halten losen Kontakt, so, dass wir nicht geentert werden können.* (Berliner Zeitung 29. 10. 2016)

buh//bravo
Z. B. vom Buh-Rufer aus dem zweiten Rang, ein Opernenthusiast, der sein Buh oder Bravo auch als Moment seines Auftritts begreift, ein öffentliches Sichtbarwerden mit der eigenen Meinung. (taz 13. 6. 2014)

Buhruf//Bravoruf
am Schluss der Vorstellung hörte man Buhrufe ○ *Von den Kitschunverträglichen*

im Publikum gab es dafür Buhrufe. Applaus und Bravorufe ernten hingegen Sebastian Holecek als Igor und Sorin Coliban (Die Presse 21. 3. 2016)

buh rufen//applaudieren
im Theater buh rufen (als Zeichen der Unzufriedenheit)

Bulimie//Anorexie; ↑auch: **Magersucht**
(krankhafte Heißhungeranfälle ○ Medizin)

Bull//Bear; ↑auch: **Baissier;** auch **Bär**
(jemand, der auf steigende Kurse spekuliert ○ Börse)

Bulle//Bär
(jemand, der auf steigende Kurse spekuliert ○ Börse)

Bulle//Kuh
der Bulle ist ein geschlechtsreifes männliches Rind, die Kuh ein weibliches ○ *Dann allerdings muss der (Nashorn-)Bulle eine regelrechte Hetzjagd hinter der Kuh bewältigen, bis diese paarungswillig stehen bleibt.* (Tiroler Tageszeitung 27. 2. 2011)

Bulle//Ochse
der Bulle ist im Gegensatz zum Ochsen ein nicht kastriertes männliches Rind ○ *Ein Bulle, der ein Ochse war, hatte beim Entladen die Gunst der Stunde genutzt, über ein Gatter gemacht und sein Heil in der Flucht gesucht.* (Schweriner Volkszeitung 18. 8. 2006)

Bummelfritze//Bummelliese
(männliche Person, die langsam ist) ○ *Mit Necknamen wie Bummelfritze, Struwwelpeter und Zappelphilipp, ... könnte man das zarte Kind hänseln* (Die Welt 27. 11. 2002)

Bummelliese//Bummelfritze
(weibliche Person, die langsam ist) ○ *Das hat sich die „Bummelliese", wie Sascha Wakeford seine Tochter liebevoll nennt, auch für die Zukunft vorgenommen: „Ich muss halt früh genug losgehen", sagt sie.* (Mannheimer Morgen 15. 8. 2012)

Bund//Länder
Darin fordern sie Bund und Länder auf, die Kommunen mit ausreichend Geld auszustatten. (Wormser Zeitung 22. 3. 2017)

Bundesländer; ↑**die alten Bundesländer, die neuen Bundesländer**

Bundeslehrer//Landeslehrer
(Lehrer an höheren Schulen, sind vom Staat angestellt, österreichisch) ○ *Erstens stehen ein Großteil der Bundeslehrer und sehr viele Landeslehrer nicht unter Kündigungsschutz.* (profil 16. 3. 2009)

Bundesrat//Bundestag; ↑auch: **Repräsentantenhaus, Unterhaus**

Bundesstaat//Staatenbund
(Staat, in dem mehrere Länder, Gliedstaaten vereinigt sind ○ Politik) ○ *Die Debatte über die Frage, wohin Europa sich entwickeln, ob die EU ein Bundesstaat werden oder bloß ein Staatenbund bleiben solle, wirkte wie der abgehobene Luxus einer geschwätzigen politischen Elite.* (Die Presse 21. 5. 2010)

Bundestag//Bundesrat; ↑auch: **Oberhaus, Senat**

Bungeejumping//Rocket-Bungee
(das Springen von einer Brücke o.ä., wobei der Springer an einem Seil aus Gummi hängt, das kurz vor dem Aufprall zurückfedert)

bunt//einfarbig
ein buntes Kleid ○ *Ich habe große und kleine (Kerzen), bunte und einfarbige, welche mit Vanillegeruch, andere riechen nach Kirsche.* (Mitteldeutsche Zeitung 9. 12. 2015)

bunt//unbunt
Welches bunte oder auch unbunte Blatt stillt unsere Neugier? (Süddeutsche Zeitung 8. 3. 2004)

Buntwäsche//Weißwäsche, weiße Wäsche
Buntwäsche dann besser nur bei 30°, weiße Wäsche bei 60° zu waschen. (Märkische Allgemeine 21. 2. 2007) ○ 40 Grad reichen dabei bei Buntwäsche, 60 Grad bei Weißwäsche oft schon aus (Neue Westfälische 1. 5. 2004)

Bürger//Künstler
die Polarität Bürger – Künstler, Leben – Geist ist das beherrschende Thema bei Thomas Mann, z. B. in Tonio Kröger

bürgerfern//bürgernah
ein bürgerferner Petitionsausschuss ○ Wieso die heutige Partei- und Fraktionsspitze eher bürgerfern als bürgernah zu sein scheint? (Aachener Zeitung 1. 9. 2009)

bürgerlich//adelig
von bürgerlicher Herkunft sein ○ „Außen wirkt es recht bürgerlich, innen adelig", beschreibt Hein das Anwesen. (Main-Post 19. 3. 2004)

bürgerlich//unbürgerlich
ein bürgerliches Leben führen ○ Kategorien wie bürgerlich und unbürgerlich finde ich aber völlig irrelevant. (Wiener Zeitung 13. 5. 2015)

bürgerlich; ↑großbürgerlich, kleinbürgerlich

bürgernah//bürgerfern
sich einen bürgernahen Petitionsausschuss im Bundestag wünschen ○ Auf keinen Fall wolle man aber, dass Weilroder Bürger für Verwaltungsgänge nach Usingen oder Neu-Anspach fahren müssten, das sei nicht bürgernah sondern bürgerfern. (Frankfurter Neue Presse 20. 9. 2006)

Bürgersfrau//Bürgersmann
(veraltet)

Bürgersmann//Bürgersfrau
(veraltet)

Bürger[s]sohn//Bürgerstochter
([junger] Mann, der aus dem Bürgerstand kommt)

Bürgersteig//Fahrbahn, Damm (nordostdeutsch)
der Radfahrer ist auf dem Bürgersteig gefahren ○ Dazu müsste der Bürgersteig um je drei Meter auf beiden Seiten der Fahrbahn verbreitert werden. (Hamburger Morgenpost 30. 9. 2017) ○ Offen sei noch, ob das Rohr in der Neuen Straße unter den Bürgersteig oder den Damm kommt. (Nordkurier 25. 7. 2007)

Bürgerstochter//Bürger[s]sohn
([junge] Frau, die aus dem Bürgerstand kommt)

Buridans Esel//Scylla und Charybdis
er befindet sich in einer Situation wie Buridans Esel, der zwischen zwei gleichen Heubündeln eine Entscheidung treffen musste, doch verhungerte, weil er sich weder für das eine – Positive – noch für das andere – Positive – entscheiden konnte (Buridan war ein französischer Philosoph, geb. um 1295, gest. um 1358)

Burn-out//Boreout
(Medizin) ○ *Und so gibt es den Burnout als Überforderung und den Boreout als Unterforderung und beide machen auf gegensätzliche Weise mit gleichen Symptomen krank. (Mannheimer Morgen 8. 11. 2018)*

Büroarbeit//Telearbeit
(Arbeit, die am Arbeitsplatz im Büro geleistet wird) ○ *In meiner Abteilung arbeiten 600 Menschen ... – natürlich kann man dort Büroarbeit in Telearbeit und Teilzeitarbeit leisten. (Saarbrücker Zeitung 11. 12. 2017)*

bürokratisch//unbürokratisch
es geht dort sehr bürokratisch zu ○ Das klingt bürokratisch, stellt sich aber in der Praxis meist recht unbürokratisch dar (Schwäbische Zeitung 15. 12. 2012)

bürokratisieren//entbürokratisieren
man hat die Verwaltung bürokratisiert und muss sie nun wieder entbürokratisieren ○ *Anstatt zu deregulieren, werde weiter bürokratisiert.* (Mannheimer Morgen 11. 2. 1999)

Business[class]//Economy[class]
(Flugwesen) ○ *Ein Teil der Stadtdelegation flog Businessclass, ein Teil Economyclass* (Tagesanzeiger 8. 6. 2010) ○ *In der Wirtschaftskrise lohnen sich für Airlines vermehrt Investitionen in die Nischenklasse zwischen Business und Economy* (Neue Zürcher Zeitung 3. 4. 2009)

bußfertig//unbußfertig
ein bußfertiger (Reue zeigender und zur Buße bereiter) *Sünder* ○ *Mit dem öffentlichen Bekenntnisritual setzt man nämlich diejenigen unter Druck, die weniger bußfertig sind.* (FOCUS 5. 9. 2011)

Butch//Femme
(eine „männliche" Lesbierin)

Butter//Margarine
Zudem ist bei uns viel Butter in den Franzbrötchen. Viele Bäcker würden Margarine nehmen. (Hamburger Morgenpost 23. 11. 2015)

Byblis//Kaunos
(Geschwisterpaar in der griechischen Mythologie, Byblis ist in ihren Bruder verliebt und scheitert an diesem verbotenen Verlangen)

C

Cabrio[let]//Limousine
(Personenkraftwagen mit zurückklappbarem Verdeck und versenkbaren Seitenfenstern)

Caesar; ↑**Cäsar**

Call//Put
(Börsenwesen) o *Kaufoption*

Callboy//Callgirl; ↑**auch: Strichmädchen**
(junger, sich prostituierender Mann, der auf telefonischen Anruf hin [homo]sexuelle Wünsche zu Hause, im Hotel usw. erfüllt)

Callgirl//Callboy; ↑**auch: Strichjunge**
(Prostituierte, die auf telefonischen Anrufhin Besuche macht oder empfängt)

Cantica//Diverbia
(gesungene Teile im altrömischen Drama)

Cantus figuralis//Cantus planus
(Musik)

Cantus floridus//Cantus planus
(Musik)

Cantus planus//Cantus figuralis, Cantus floridus
(Musik)

Carrier//Charterer
(Unternehmen, das Personen oder Güter zu Wasser, auf dem Landweg und in der Luft befördert o Vermieter – Vertragspartner bei Charterverträgen)

Cäsar//Kleopatra
(römischer Feldherr und Staatsmann – von 100 bis 44 vor Christus –, der in den ägyptischen Thronstreit zugunsten der Königin Kleopatra eingriff, mit der zusammen er einen Sohn hatte)

Castor//Pollux; ↑**auch: Kastor//Polydeukes**
(die lateinischen Namen für die aus der griechischen Mythologie bekannten Zwillingsbrüder, die Dioskuren Kastor und Polydeukes, die Söhne des Zeus)

Casus obliquus//Casus rectus; ↑**auch: Nominativ**
ein Casus obliquus, ein abhängiger Fall, ist z. B. der Genitiv (Grammatik)

Casus rectus//Casus obliquus; ↑**auch: Akkusativ**
der Nominativ ist ein Casus rectus, ein nicht abhängiger Fall (Grammatik)

Causeur//Causeuse
(munterer Plauderer) o *Am 19. Februar schiesst der blitzgescheite Causeur Thomas C. Breuer humorvoll-brillant seine satirischen Pfeile auf das Land der Eidgenossen.* (St. Galler Tagblatt 13. 7. 2010)

Causeuse//Causeur
(muntere Plauderin) o *Mit ihrer eher tiefen Stimme und einem wunderbaren Timbre gestaltete sie die unterschiedlichsten Lieder ..., über die sie als geistreiche und charmante Causeuse zwischen den Stücken plauderte.* (Neue Zürcher Zeitung 11. 3. 2002)

CB-Funk//Amateurfunk
(Sprechfunkverkehr, für den man keine Lizenz braucht)

CD-Player//CD-Recorder
(Kompaktschallplattenspieler)

CD-Recorder//CD-Player
(Gerät zur elektromagnetischen Speicherung und Wiedergabe)

Celsius//Fahrenheit
(Gradeinheit für Temperaturen: zwischen Gefrierpunkt und Siedepunkt 100 gleiche Teile)

Challenge//Response
(EDV)

Chancengleichheit//Chancenungleichheit
Gute frühkindliche Bildung schafft die Grundlagen für Chancengleichheit. „Das heißt aber auch: Schlechte frühkindliche Bildung schafft Chancenungleichheit" (Die Zeit 3. 5. 2018)

Chancenungleichheit//Chancengleichheit

Chanson[n]ette//Chansonnier
(Chansonsängerin)

Chansonnier//Chansonnière, Chanson[n]ette
(Chansonsänger)

Chansonnière//Chansonnier
(Chansonsängerin)

Chaos//Ordnung
Wie oft erlebe ich es, dass er das Chaos, sie die Ordnung liebt, er das Hotel, sie den Campingplatz, er die Kälte, sie die Hitze, oder umgekehrt (Kurier 5. 8. 2018)

Charakter haben//charakterlos sein
er hat Charakter o *Jeder hat die Botschaft begriffen: Oetker hat Charakter, die Politiker, die ihn bedrängten, die ihn anbettelten, hält er für charakterlos* (Der Spiegel 6. 5. 1991)

charakteristisch//uncharakteristisch
das ist für sie charakteristisch o *Als schützenswert wurden zudem so genannte charakteristische Gebäude im Ortskern festgelegt.* (Tiroler Tageszeitung 30. 5. 2007)

charakterlos sein//Charakter haben
er ist charakterlos

charakterschwach//charakterstark

Charakterschwäche//Charakterstärke

charakterstark//charakterschwach
Wie der Westen ist James Bond charakterstark insofern, als er ungern brutal wird, und charakterschwach darin, dass er so verführbar ist. (Die Zeit 28. 11. 2002)

Charakterstärke//Charakterschwäche

charmant//uncharmant
das hat er sehr charmant gesagt

Charterer//Carrier
(jemand, der etwas (z. B.: Flugzeug, Schiff) chartert o Mieter – Vertragspartner bei Charterverträgen)

Charterflug//Linienflug
(Luftfahrt)

Charterflugzeug//Linienflugzeug
er flog mit einem Charterflugzeug

Chartermaschine//Linienmaschine
er flog mit einer Chartermaschine

Charterverkehr//Linienverkehr
(nur bei Gelegenheiten betriebene Beförderung von Personen oder Gütern auf einem Schiff usw.)

Charybdis//Scylla
(in der griechischen Mythologie Felsenschaftschlund mit Meeresstrudel) o *zwischen Scylla und Charybdis* (ausweglose Lage, in der man zwischen zwei Übeln zu wählen hat)

chasmogam//kleistogam
(der Fremdbestäubung zugänglich o Botanik)

Chasmogamie//Kleistogamie
(Fremdbestäubung o Botanik)

Chassis//Karosserie
(Teil des Autos, an dem die Achskonstruktion mit den Laufrädern und die Antriebselemente festgemacht und auf dem die Aufbauten angebracht sind*)* o *Chassis und Karosserie sind so gestaltet, dass mögliche Reparaturkosten überschaubar bleiben.* (Aachener Zeitung 8. 9. 2018)

Chatonfassung//Ajourfassung
(Kastenfassung für Edelsteine)

Chemie; ↑angewandte Chemie, reine Chemie

Chemiefaser//Naturfaser

Chemonastie//Chemotropismus
(Biochemie)

Chemotropismus//Chemonastie
(Biochemie)

Chiasmus//Parallelismus
(kreuzweise syntaktische Stellung, z. B. schön war der Anfang, das Ende war schlecht; Ihr Leben ist dein Tod! Ihr Tod dein Leben! (Schiller, Maria Stuart II/3))

chiffrieren//dechiffrieren; ↑auch: entschlüsseln
eine Mitteilung chiffrieren

Cholesterin; ↑HDL-Cholesterin, LDL-Cholesterin

Chondroblast//Chondroklast
(Anatomie)

Chondroklast//Chondroblast
(Anatomie)

Choral; ↑Gregorianischer Choral

Choralnotation//Mensuralnotation
(Notenschrift, die nur die relativen Tonhöhenunterschiede angibt o Mittelalter)

Chorgesang//Sologesang

choripetal//sympetal
(mit nicht miteinander verwachsenen Blütenblättern o Botanik)

Chorist[in]//Solist[in]
(jemand, der mit anderen zusammen im Chor, nicht allein singt)

Chorsänger[in]//Solist[in]
(jemand, der mit anderen zusammen im Chor, nicht allein singt)

Christ//Heide; ↑auch: Ungläubige, der
Toleranz nicht nur gegenüber den Christen, sondern auch gegenüber den Heiden o Man kann also auch vermuten, dass er, ehe er Drachentöter und Martyrer wurde, kein Christ war, sondern Heide (Süddeutsche Zeitung 5. 8. 2014)

Christ//Jude
ob Jude oder Christ, das kümmerte hier niemanden o Sind Christ und Jude eher Christ und Jude / Als Mensch? (Lessing: Nathan der Weise II/5)

christlich//jüdisch
christliche und jüdische Gebete

christlich//nichtchristlich
christliche Religionen o In Bonn sind 80 Prozent der Bevölkerung christlich orientiert, 20 Prozent nichtchristlich. In Berlin ist es umgekehrt. (Frankfurter Rundschau 23. 4. 1999)

christlich//unchristlich
sich christlich verhalten o christliche Toleranz o eine christliche Asylpolitik o Ich vermisse klare Aussagen eines Kardinal Schönborn oder auch evangelischer Würdenträger, was christlich und vor allem unchristlich ist! (Die Presse 2. 11. 2015)

Chromatik//Diatonik
(Musik)

chromatisch//diatonisch
(Musik)

Chromosom; ↑X-Chromosom, Y-Chromosom

chronisch//akut
chronisches (andauerndes) Leiden o chronische Schmerzen o Sie kann sich chronisch über Monate bis Jahre entwickeln oder akut innerhalb von ein paar Stunden auftreten. (Neue Zürcher Zeitung am Sonntag 10. 12. 2017)

Chronizität//Akuität
(chronischer Verlauf einer Krankheit)

Cinderella-Syndrom//Peter-Pan-Syndrom
(wenn Frauen nicht erwachsen werden wollen)

cisalpin[isch]//transalpin[isch]
(südlich der Alpen o von Rom aus: diesseits der Alpen, westlich des Rheins o von Gallien – römischer Name für Frankreich – aus: diesseits des Rheins)

cisrhenanisch//transrhenanisch;
↑auch: rechtsrheinisch

Clarino//Prinzipal
ein Clarino ist eine hohe Trompete

Closed Loop//Open Loop
(EDV)

Closed Shop//Open Shop
(EDV)

Code; ↑elaborierter Code, restringierter Code

codieren//decodieren; ↑auch: entschlüsseln

Coiffeur//Coiffeuse; ↑auch: Friseurin
(bes. schweizerisch)

Coiffeuse//Coiffeur; ↑auch: Friseur
(bes. schweizerisch)

Coitus per anum//Coitus per os;
↑auch: Oralverkehr
(Geschlechtsverkehr, bei dem der Penis in den After eindringt)

Coitus per os//Coitus per anum;
↑auch: Analverkehr
(sexueller Kontakt, bei dem der Penis oral – mit dem Mund – stimuliert wird)

coll arco//pizzicato
(gestrichen o Musik)

Collage//Decollage
(Kunst) o *Bei diesem hier werden Bilder zu Klängen und Klänge zu Bildern. Bei Grigorian sind Zufall und poetische Gegenstandslosigkeit eins, und Collage wird Decollage.* (Berliner Zeitung 10. 2. 2018)

Colombina; ↑Kolombine

COMECON//OECD
(früher: Rat für gegenseitige Wirtschaftshilfe o im Ostblock)

Concentus//Accentus
(melodischer liturgischer Gesang)

Concertato//Ripieno
(Gesamtheit der Solostimmen)

Concertino//Concerto grosso
(Gruppe von Solisten im Gesamtorchester)

Concerto grosso//Concertino concreto;
↑in concreto
(Gesamtorchester)

con sordino//senza sordino, via il sordino
(mit Dämpfer o bei Streichinstrumenten)

contra//pro; ↑auch: für
er ist contra eingestellt o *Kunstarbeit ist immer pro und contra.* (Der Spiegel 21. 4. 2018)

contra legem//intra legem
(gegen das Gesetz o Rechtswesen)

Convenience-goods//Shopping-goods
(alltägliche Waren wie Brot und Gemüse, die man in der Nachbarschaft einkauft)

cool//uncool
([auch in aufregenden o. ä. Situationen] sachlich-nüchtern und emotionslos o umgangssprachlich) o *Und die waren cool, während ABBA eindeutig uncool war.* (Hamburger Morgenpost 13. 7. 2018)

Cordeliers//Feuillants
(radikale Vereinigung am Anfang der französischen Revolution)

Corpus//Tunica
(zentraler Strang o Botanik)

Cousin//Cousine, Kusine
sie sind Cousin und Cousine (Sohn bzw. Tochter von dem Bruder oder der Schwester eines Elternteils)

Cousine//Cousin, Vetter
das ist meine Cousine (Tochter vom Bruder oder von der Schwester eines Eltern-

teils) ○ *So heiratete etwa Kaiser Franz Joseph seine Cousine Sissi, und Elsa Einstein ihren Vetter Albert.* (Süddeutsche Zeitung 2. 9. 2013) ○ *Ratlos zurück liess indes viele, dass Lehmann auch die Liegenschaft verkaufte und zwar an Cousine Katharina und Cousin Albert Lehmann.* (St. Galler Tagblatt 9. 1. 2018)

Coverboy//Covergirl
(attraktiver junger Mann auf dem Titelblatt einer Illustrierten)

Covergirl//Coverboy
(attraktives junges Mädchen auf dem Titelblatt einer Illustrierten)

crescendo//decrescendo
(lauter werdend ○ Musik)

Crescendo//Decrescendo
(Zunahme der Tonstärke ○ Musik)

Croupier//Croupieuse
(Bankhalter ○ Angestellter einer Spielbank)

Croupieuse//Croupier
(Bankhalterin ○ Angestellte einer Spielbank)

c. t.//s.t.; ↑auch: sine tempore
cum tempore ○ *der Vortrag beginnt 20.00 Uhr c. t.* (= um 20.15 Uhr)

cum tempore//sine tempore; ↑auch: ↑t.
(mit akademischem Viertel, also eine Viertelstunde später als angegeben: z. B. statt 20.00 Uhr um 20.15 Uhr)

Cunnilingus//Fellatio; ↑auch: Oralverkehr, Blasen
(Stimulierung des weiblichen Geschlechtsorgans mit der Zunge)

Cunnus succedanus//Dildo
(Gegenstand in Nachbildung der weiblichen Scheide, der Männern zur Selbstbefriedigung dient ○ „Seemannsliebchen")

Cyber money//Bargeld
Denn sollten Cybermoney und Chipkarten in größerem Umfang das Bargeld verdrängen oder gar massiv Einlagen aus dem Kreditgewerbe abziehen, würden die Notenbanken in ihren Kontrollmöglichkeiten erheblich eingeschränkt. (Die Zeit 1. 12. 1995)

D

da//hier
er wohnt da, ich wohne hier ○ Sie teilt die Welt ein in Gut und Böse, wir und die anderen, die da oben und die hier unten. (Neue Zürcher Zeitung 1. 9. 2018)

da//dort
er wohnt da (=hier), ich wohne dort (österreichisch) ○ Die beiden Amselherren schreien, da bin ich mir ganz sicher, die Grenzen ihres Reviers aus. Ich bin da und du bleib dort, pfeifen sie. (Salzburger Nachrichten 11. 8. 2018)

dableiben//fortgehen, weggehen
bleib da! ○ Die, die dableiben, würden keine Familien gründen, die, die weggehen, würden anderswo Kinder bekommen und großziehen. (Thüringer Allgemeine 14. 6. 2007) ○ Es stehe immer die Frage im Raum: dableiben oder fortgehen? (Passauer Neue Presse 26. 7. 2017)

Dach//Sohle
(überhängendes Gestein ○ Bergbau)

Dachboden//Keller
die Kisten stehen auf dem Dachboden ○ Da gab es verstaubtes Zeugs aus aufgelassenen Haushalten, Krimskrams von Großmutters Dachboden, Kramuri aus Uropas Keller und vieles mehr. (Falter 12. 2. 2014)

Dachfläche//Sohlfläche
(Geologie)

Dad//Mum; ↑Mama, Mutter
(Vater ○ englisch familiär)

dadrüber//dadrunter; ↑auch: unterhalb
die Ablage findet sich dadrüber ○ Die Entscheidung dadrüber wurde nach umfangreicher Diskussion am Dienstag vertagt. (Westfalen-Blatt 10. 11. 2011)

dadrunter//dadrüber; ↑auch: oberhalb
die Ablage findet sich dadrunter ○ Demnächst werden die Metallplatten entfernt, um zu schauen, wie das Holz dadrunter aussieht. (Süddeutsche Zeitung 14. 6. 2014)

dafür//dagegen; ↑auch: kontra
sie hat sich dafür ausgesprochen ○ 495 Abgeordnete votierten dafür, 88 dagegen. (Hannoversche Allgemeine 17. 12. 2011)

dagegen//dafür; ↑auch: pro
sie hat sich dagegen ausgesprochen ○ Dafür und gleichzeitig dagegen zu sein, ist eine Kunst, die man bei den Grünen meisterlich beherrscht ... (Der Spiegel 2. 6. 2018)

daheim//auswärts
daheim essen ○ Bis jetzt habe ich nur daheim gegen Irland und auswärts gegen Deutschland im Sturm gespielt. (Tiroler Tageszeitung 29. 5. 2014)

dahin//dorthin
geh dahin, nicht dorthin! ○ „Wenn Helmut Schmidt mich anruft und mir sagt, du musst dahin oder dorthin fliegen, da gibt es etwas in Ordnung zu bringen, dann packe ich meinen Koffer und fliege." (Hamburger Abendblatt 28. 3. 2015)

dahin//hierher
schau dahin, nicht hierher! ○ ... aber auch beim Schauspiel müsse kein Wiesbadener nach Berlin zum Theatertreffen fahren, weil auch diesmal wieder eine dahin eingeladene Produktion hierher komme. (Wiesbadener Tagblatt 19. 2. 2009)

dahinter//davor; ↑auch: vor (örtlich)
sie stand vor dem Vorhang und er dahinter ○ Insgesamt sind 30 Aktive des Ver-

eins als Darsteller auf der Bühne oder als Helfer dahinter und davor im Einsatz (Mannheimer Morgen 24. 10. 2017)

Daktylus//Anapäst; ↑auch: **Trochäus//Jambus**
(Versmaß ○ eine Länge, zwei Kürzen: – ◡ ◡)

dalassen//mitnehmen
das Gepäck dalassen ○ *Über drei Zubringer ... soll Kundschaft herbeiströmen, ... Geld für Kleidung und Schuhe dalassen und im Merkur Markt die Lebensmittel für die nächste Woche mitnehmen.* (Die Presse 22. 8. 2011)

Dalila ↑**Samson//Dalila**

damalig//jetzig
der damalige Zustand ○ *mein damaliger Freund* ○ *Die damalige Leiterin des Familienzentrums und jetzige Seniorenbeauftragte ... habe diesen Wunsch ebenfalls geäußert.* (Südkurier 23. 3. 2018)

damals//heute, jetzt
damals – zu Zeiten der DDR – hieß der Platz in Berlin Marx-Engels-Platz, heute/jetzt heißt er wieder Lustgarten ○ *damals habe ich das anders gesehen als heute* ○ *Das Opfer erklärte, es habe damals Todesangst gehabt und leide jetzt noch unter den psychischen Folgen der Tat.* (Kölnische Rundschau 30. 11. 2018) ○ *Armut hatte damals natürlich andere Ursachen als heute.* (Passauer Neue Presse 20. 2. 2018)

Dame//Herr; ↑auch: **Mann, Yang**
die Dame des Hauses ○ *Frau X ist eine bessere Dame* (gehört der gehobeneren Schicht an) ○ *Frisör für die Dame* ○ *meine Damen und Herren* ○ *was wünschen Sie, meine Dame?*

Damenbart//Bart
(bartähnlicher Haarwuchs auf der Oberlippe der Frau)

Damenbekanntschaft//Herrenbekanntschaft
(veraltend) ○ *Er hat viele Damenbekanntschaften*

Damenbekleidung//Herrenbekleidung

Damenbesuch//Herrenbesuch
er empfing Damenbesuch ○ *Damenbesuch dulde ich nicht. Das geht in Ordnung, meint der neue Mieter, aber haben Sie auch etwas gegen Herrenbesuch?* (Ostthüringer Zeitung 12. 1. 2001)

Damenfriseur//Herrenfriseur

Damenfußball//Fußball
(von Frauenmannschaften gespielter Fußball) ○ *Trotz der sehr erfolgreichen Nationalmannschaft im Damenfußball ist Fußball als Sportart für Mädchen kaum verbreitet.* (Passauer Neue Presse 23. 2. 2008)

Damenhandschuh//Herrenhandschuh

Damenkonfektion//Herrenkonfektion

Damenmode//Herrenmode

Damenoberbekleidung//Herrenoberbekleidung

Damenrad//Herrenrad

Damensattel//Herrensattel
(Sattel für Damen, wobei sich beide Beine auf der linken Seite des Pferdes befinden)

Damenschirm//Herrenschirm

Damenschneider//Herrenschneider

Damenschuh//Herrenschuh

Damensitz//Herrensitz
(der Sitz im Damensattel)

Damentoilette//Herrentoilette
wo ist hier die Damentoilette?

Damenunterwäsche//Herrenunterwäsche

Damm//Bürgersteig, Gehweg, Gehsteig
(nordostdeutsch) ○ *Dachteile des AOK-Gebäudes am Mariendorfer Damm fielen auf den Bürgersteig.* (Berliner Morgenpost 20. 1. 2007) ○ *Am vergangenen*

Dienstag war die Seniorin auf dem Mariendorfer Damm mit einem Fußgänger auf dem Gehweg zusammengestoßen. (Berliner Zeitung 8. 8. 2016) o *Sie gehören zum Gartencenter Spandauer Damm: Gelbe, violette und hellblaue Blumen haben den Gehsteig erobert.* (Berliner Morgenpost 11. 3. 2005)

Damm; ↑nicht auf dem Damm sein, wieder auf den Damm kommen

Dämmerschoppen//Frühschoppen
(geselliges Trinken am Abend)

Dampfsauna//Trockensauna
Eine Dampfsauna, Trockensauna, einem Entspannungsbecken mit Lichtanimation und Unterwassermusik sowie ein Kneipp-Gang und ein Trinkbecken warten auf Sie. (Westfalen-Blatt 3. 4. 2014)

danach//davor; ↑auch: vorher (zeitlich)
wie fühlt man sich danach? o *danach war nichts mehr wie davor* o *am Tag danach* o *vor der Prüfung war er sehr aufgeregt, danach fühlte er sich erleichtert* o *Auf die Zigarette danach also lieber verzichten – damit das Davor nicht irgendwann ausfällt.* (Apotheken Umschau B 05/47, 2015)

Dank//Undank
mit Dank kann man nie rechnen o *Dank und Undank liegen in der Politik bisweilen dicht beieinander – und manches gerät in Vergessenheit* (Rhein-Zeitung 14. 6. 2014)

dankbar//undankbar
dankbare Kinder o *eine dankbare (sich lohnende, Freude mit sich bringende) Aufgabe* o *Ich bin weder dankbar noch undankbar. Ich bin einfach da.* (Weltwoche 27. 4. 2006)

Dankbarkeit//Undankbarkeit

danke//bitte
„Ich wünsche dir alles Gute!" „Danke" o *„Über deine Hilfe habe ich mich sehr gefreut. Danke!" „Bitte!"*

Dankgebet//Bittgebet
(Religion)

Dankgottesdienst//Bittgottesdienst
(Religion)

dann//erst
erst war es Spass, dann wurde es Ernst o *Informationen fließen dann nicht selten erst kurz vor der Sitzung.* (Mannheimer Morgen 4. 12. 2015)

dannen; ↑von dannen

darauf//darunter; ↑auch: dadrunter, unterhalb
sie saß am Tisch. Darauf stand eine Vase o *„Flutlichtanlage Garmisch-Partenkirchen" hatte er darauf notiert, darunter seinen Namen gesetzt.* (Mannheimer Morgen 30. 7. 2018)

daraus//darein
daraus (aus der Lostrommel) hat er das Los genommen o *Die Frage, ob es das kulturelle Gedächtnis noch gibt oder nicht, ist falsch gestellt. Denn es gibt und gab es immer nur in dem Masse, in dem sich Menschen dazu bekennen, darauf berufen, daraus schöpfen, darein investieren.* (Neue Zürcher Zeitung 6. 11. 2001)

darein//daraus
darein (in die Lostrommel) hat er das Losgelegt

Darlehensgeber//Darlehensnehmer
(Bankwesen)

Darlehensnehmer//Darlehensgeber
(Bankwesen)

Darstellungsprinzip//Ausdrucksprinzip
(von Klages formuliertes Deuteprinzip für Erscheinungen des Ausdrucks, z. B. bei der Handschrift, wonach jede spontane Bewegung von unbewussten Erwartungen mitgestaltet wird o Psychologie)

darüber//darunter; ↑auch: dadrunter, untendrunter, unterhalb
ich wohne im ersten Stock. Sie darüber

darunter//darauf; ↑auch: **darüber, dadrüber, oberhalb**
sie saß am Tisch. Darunter stand eine Fußbank ○ *Eine Asphaltschicht liegt darunter, dann sind die Schalungen gesetzt und darauf der Beton gegossen worden.* (Rhein-Zeitung 26. 7. 2012)

darunter//darüber; ↑auch: **darauf, obendrauf**
sie wohnt im zweiten Stock. Ich darunter ○ *Dies ist der Medianwert – die eine Hälfte der Löhne liegt darunter, die andere darüber.* (Die Südostschweiz 12. 12. 2006)

das Alte Testament//das Neue Testament
(Religion)

da sein//weg sein
sie ist (noch) da, doch er ist (schon) weg

Dasein//Sosein
(Philosophie)

das Einst//das Jetzt
so entspann sich rasch ein Gespräch über das Einst, das in vielerlei Hinsicht besser war als das Jetzt. (Weltwoche 13. 1. 2011)

das Einzelne//das Ganze
das Einzelne ist schöner als das Ganze ○ *Sowohl dem wissenschaftlichen als auch dem künstlerischen menschlichen Blick ist es unmöglich, das Einzelne und das Ganze zugleich wahrzunehmen.* (Neue Zürcher Zeitung 21. 4. 2015)

das Für und Wider
man muss das Für und Wider bei dieser Entscheidung abwägen ○ *Demnach geht es gar nicht um das Für und Wider der Impfung ...* (Der Spiegel 7. 7. 2018)

das Ganze//das Einzelne
das Einzelne ist schöner als das Ganze ○ *Für das Ganze ist mein Vater natürlich unentschuldbar verantwortlich, für das Einzelne in den Lagern nicht.* (Süddeutsche Zeitung 19. 6. 2004)

das Ganze//die Hälfte
er bekommt das Ganze ○ *120 000 Euro kostete das Ganze, die Hälfte davon haben die Funken aus eigenen Mitteln gestemmt.* (Westdeutsche Zeitung 4. 7. 2016)

das Ganze//ein Teil
er bekam nicht das Ganze, sondern nur einen Teil ○ *Ich könnte mich gar nicht von Graz trennen, selbst wenn ich wollte. Graz ist das Ganze, ich bin ein Teil.* (Kleine Zeitung 4. 7. 1999)

das Gesicht verlieren//das Gesicht wahren
(Ansehen, Glaubwürdigkeit u. a., was man hatte, – auf Grund bestimmter Vorgänge – einbüßen) ○ *Das Gesicht verlieren möchte niemand. Lieber das Gesicht wahren. Und wenn schon, dann gute Miene zum bösen Spiel machen.* (Tagesanzeiger 14. 8. 2013)

das Gesicht wahren//das Gesicht verlieren
(bestrebt sein, Ansehen, Glaubwürdigkeit u. a., was man hat, trotz bestimmter gegenläufiger Geschehnisse nicht einzubüßen)

das ist die Wahrheit//das ist gelogen
„*Was ich gesagt habe, das ist die Wahrheit.*" „*Nein, das ist gelogen!*" ○ *Was ist die Wahrheit, was ist gelogen?* (Tiroler Tageszeitung 1. 3. 2003)

das ist gelogen//das ist die Wahrheit
„*Was ich gesagt habe, das ist die Wahrheit.*" „*Nein, das ist gelogen!*"

das Jetzt//das Einst
In seinem neuen Buch „Der Fortführer" verknüpft Botho Strauß das Jetzt und das Einst, die Realität und den Traum. (Die Zeit 28. 3. 2018)

das Leben noch vor sich haben//das Leben schon hinter sich haben
Der Täter hat sein Leben noch vor sich und das Opfer ist tot! (Hamburger Morgenpost 2. 12. 2014)

das Leben schon hinter sich haben//das Leben noch vor sich haben
Er redet gern mit Leuten, die das meiste vom Leben schon hinter sich haben. (Stern 29. 12. 2016)

das Neue Testament//das Alte Testament
(Religion)

das schwache Geschlecht//das starke Geschlecht; ↑auch: Mann
(die Frauen) o *Die machiavellistische Meisterleistung der Frauen besteht darin, dass sie den Männern in den letzten 35 000 Jahren erfolgreich eingeredet haben, sie, die Frauen, seien das schwache Geschlecht. Tatsächlich sind die Frauen das starke Geschlecht.* (Weltwoche 11. 4. 2011)

das starke Geschlecht//das schwache Geschlecht; ↑auch: Frau
(die Männer) o *Männerkrankheiten – Die schwachen Seiten des starken Geschlechts* (Apotheken Umschau B 6/1999)

das verbietet der Anstand//das verlangt, erfordert der Anstand
(so etwas macht man nicht, das gehört sich nicht) o *Einfach gehen kann ich auch nicht. Das verbietet der Anstand.* (Stern 17. 1. 2016)

das verlangt, erfordert der Anstand//das verbietet der Anstand
(sich so höflich, ordentlich o. ä. zu benehmen, sich so zu verhalten – das gehört sich eben) o *Wenn jemand auf mich zukommt, werde ich mich mit ihm unterhalten, das verlangt der Anstand.* (Süddeutsche Zeitung 10. 5. 2005)

das Wort erteilen// das Wort entziehen
Sie darf AfD-Mitgliedern das Wort erteilen oder entziehen, die Abgeordneten zur Ordnung mahnen, wenn sie zu laut werden. (Der Spiegel 28. 7. 2018)

Datenausgabe//Dateneingabe

Dateneingabe//Datenausgabe

Dauerausstellung//Wanderausstellung
Ebenso wie bereits die Dauerausstellung soll auch die Wanderausstellung von einem Buch in den genannten fünf Sprachen begleitet werden. (Ostthüringer Zeitung 16. 9. 2006)

Dauerbeschäftigung//Zeitvertrag
handelt es sich um eine Dauerbeschäftigung oder um einen Zeitvertrag? o *Daten der Kontrollbehörden zeigten, dass Zehntausende der mehr als 190.000 als Entsendung oder Überlassung deklarierten Arbeitseinsätze in Wahrheit einer Dauerbeschäftigung in Österreich gleichkämen.* (Salzburger Nachrichten 26. 4. 2017)

Dauerdelikt//Zustandsdelikt
(z. B.: Freiheitsberaubung)

Dauerei//Sommerei; ↑auch: Subitanei
(befruchtetes, zum Überdauern ungünstiger klimatischer Bedingungen geeignetes Ei von in periodischen Gewässern existierenden kleineren Tierchen wie Blattfußkrebse, Rädertierchen)

Dauerfeldbau//Jahreszeitenfeldbau
(ununterbrochener Anbau o Landwirtschaft)

Dauerfeuer//Einzelfeuer
bei einer Waffe auf Dauerfeuer stellen

Dauerlaut//Momentanlaut
(z. B.: a, m, n o Phonetik)

dauernd//vorübergehend
hierbei handelt es sich um eine dauernde Einschränkung o *Und doch nehmen wir in Anspruch als arm zu gelten, wenn wir uns Luxus wie Schnickschnack-Handy, Urlaub mit dem Flugzeug, dauernd oder nur vorübergehend nicht leisten können.* (Vorarlberger Nachrichten 5. 1. 2011)

dauernd//einmal
Es hat sie fertiggemacht und verstört, aber es war auch gut für sie, das, mit dem sie sich dauernd auseinandersetzen, einmal abgekoppelt von sich zu sehen. (Die Presse 10. 3. 2017)

Dauerparker//Kurzparker
(jemand, der sehr lange parkt) ○ *Während der Umbauphase ist das Parken nur für Dauerparker gestattet, Kurzparker haben ... keine Parkmöglichkeit.* (Vorarlberger Nachrichten 6. 2. 2014)

Dauerwette//Einzelwette
(Lotterie)

Dauerzelle//Embryonalzelle
(Körperzelle, die nicht mehr teilungsfähig ist ○ Biologie)

Daumen hoch//Daumen runter; ↑auch: gegen, pereant, pereat
Und wenn wir erst ein paar Tausend Gesichter und Kurzbiografien kennen und dann bei den einen Daumen hoch sagen und bei den anderen Daumen runter, dann werden wir begreifen, dass wir das Spiel der römische Imperatoren spielen. (Berliner Zeitung 17. 6. 2016)

Daumen runter//Daumen hoch; ↑auch: für, vivant, vivat

David//Goliath; ↑auch: Riese
(biblische Gestalt, israelitischer König, tötet Goliath, 1 Samuel 17)

David//Jonat[h]an
(biblisches Freundespaar) ○ *Jonathan und David schworen sich unverbrüchliche Freundschaft* (1 Samuel 18)

davonbrausen//heranbrausen
mit dem Motorrad davonbrausen

davor//dahinter; ↑auch: hinter (örtlich)
sie stand hinter der Säule und er davor ○ *Bei den meisten Bussen ist der Tank über der Vorderachse oder sogar davor eingebaut, weil der Platz dahinter als Gepäckraum gebraucht wird.* (Berliner Zeitung 14. 11. 2018)

davor//danach; ↑auch: nachher (zeitlich)
wie fühlt man sich davor? ○ *danach war nichts mehr wie davor* ○ *am Tag davor (vor der Hochzeit)* ○ *unmittelbar davor (vor dem Unfall) habe ich ihn noch gesprochen* ○ *kurz davor (vor dem Beginn der Tagung) ist das passiert* ○ *Was haben die Menschen dieser Jahrgänge Besonderes geleistet, was die davor und danach nicht geschafft haben?* (FOCUS 26. 5. 2014)

DA-Wandler//AD-Wandler
(EDV)

DDR//BRD; ↑auch: die alten Bundesländer
(historisch)

de...//... (vor fremdsprachlichem Verb)
(mit der Bedeutung: ent..., von...weg) z. B. *demilitarisieren/militarisieren*

de...//en...; ↑auch: ver... (vor fremdsprachlichem Verb)
(mit der Bedeutung: ent..., von...weg) z. B. *dekodieren/enkodieren*

De...//... (vor fremdsprachlichem Substantiv)
(mit der Bedeutung: Ent..., von...weg) z. B. *Dezentralisation/Zentralisation*

deaktivieren//aktivieren
deaktivierte Menüeinträge (EDV) ○ *die Kontrollkästchen neben den Symbolleisten deaktivieren* (EDV) ○ *eine Option, Befehle deaktivieren* (ihre Funktion ausschalten ○ EDV) ○ *ein Molekül deaktivieren* (in einen nicht aktiven Zustand versetzen ○ Chemie)

Deaktivierung//Aktivierung
die Deaktivierung einer Option (EDV) ○ *die Deaktivierung eines Atoms* (Chemie)

Debet//Kredit; ↑auch: Haben
(die Sollseite eines Kontos: das, was man schuldet ○ Bankwesen)

Debetsaldo//Habensaldo

Debilitativum//Intensivum
(Verb mit abschwächender Form, z. B. *köcheln* zu *kochen*, *lächeln* zu *lachen* ○ Sprachwissenschaft)

Debitor//Kreditor; ↑auch: Gläubiger
(Schuldner, der Waren auf Kredit bekommen hat ○ Wirtschaft)

deblockieren//blockieren
(Druckwesen)

dechiffrieren//chiffrieren; ↑auch: verschlüsseln
ein Fernschreiben dechiffrieren ○ *eine Mitteilung (wieder) dechiffrieren* (entschlüsseln)

Deck; ↑an Deck, unter Deck

Decke//[Fuß]boden
sie guckte an die Decke (des Zimmers) ○ *etwas (z. B. der Stuck) fällt von der Decke auf den [Fuß]boden* ○ *Kabel hängen von der Decke, überall sind Abdeckplanen auf dem Fußboden verteilt und es riecht nach frischer Farbe.* (Frankfurter Neue Presse 30. 7. 2018)

Deckel//Topf
den Deckel auf den Topf legen ○ *„Das passt wie der Deckel auf den Topf."* (Berliner Morgenpost 19. 10. 2018)

decken//abdecken
das Dach decken ○ *den Tisch decken* (Tischdecke auflegen und Geschirr usw. hinstellen) ○ *Aufräumen, Wäsche machen, Kochen, Tisch decken, Tisch abdecken, Spülmaschine einräumen, später ausräumen und solche Kleinigkeiten.* (Rhein-Zeitung 24. 9. 2005)

Deckfarbe//Lasurfarbe
(Farbe, die den Untergrund nicht durchscheinen lässt)

Deckglas//Objektträger
(Glasplättchen, das auf den zu untersuchenden Gegenstand gelegt wird ○ Mikroskopie)

Deckknochen//Ersatzknochen
(Anatomie)

Deckungsverhältnis//Valutaverhältnis
(Rechtswesen)

Decoder//Encoder
(Entschlüsseler)

decodieren//codieren, encodieren; ↑auch: verschlüsseln
(entschlüsseln) ○ *Der deutsche Islamexperte Olaf Farschid rief dazu auf, die Propaganda der Islamisten zu decodieren.* (Kleine Zeitung 15. 10. 2014)

Decoding//Encoding; ↑auch: Verschlüsselung
(Entschlüsselung)

Decollage//Collage
(Kunst) ○ *Fast schon monochrom wirken ihre Bilder, mit ein wenig Struktur, sowie der Farbauftrag, pastos bis lasierend, sind von Prozessen der Collage und Decollage geprägt.* (Niederösterreichische Nachrichten 2. 6. 2017)

decrescendo//crescendo
(leiser werdend ○ Musik)

Decrescendo//Crescendo
(Abnahme der Tonstärke ○ Musik)

Deduktion//Induktion
(Ableitung vom Allgemeinen ○ Philosophie)

deduktiv//induktiv
eine deduktive Methode erschließt das Besondere aus dem Allgemeinen ○ *Das Denken bringt das Nächstliegende hervor, da es Schritt für Schritt und deduktiv sich vorantastet* ○ *die Phantasie schöpft nicht aus dem Nichts, aber fast ansatzlos die Überraschung, weil sie sprunghaft und induktiv ins Leere und Offene gelangt.* (Neue Zürcher Zeitung 8. 11. 2016)

deduzieren//induzieren
(das Besondere aus dem Allgemeinen herleiten ○ Philosophie)

Deemphasis//Preemphasis
(Entzerrung in Bezug auf die Vorverzerrung ○ Funkwesen)

Deeskalation//Eskalation
(Abschwächung)

deeskalieren//eskalieren
einen Konflikt deeskalieren (ihm allmählich die Schärfe nehmen, ihn abschwächen) o *Unsere Aufgabe ist es zu deeskalieren, nicht zu eskalieren.* (Mannheimer Morgen 12. 12. 2016)

de facto//de jure
etwas ist de facto (als in der Praxis schon bestehend) *sanktioniert* o *seine Rechte sind zwar noch nicht de jure* (rechtlich abgesichert), *aber de facto* (durch die alltägliche Praxis) *schon anerkannt*

De-facto-Anerkennung//De-jure- Anerkennung
(eine nicht offizielle, rechtlich (noch) nicht verankerte, aber auf Grund von bestehenden Gewohnheiten, Sachverhalten, Gegebenheiten praktisch existierende Anerkennung)

defäkieren//urinieren
(Kot ausscheiden) o *Im Folgenden schildert der Chronist zutiefst erschüttert, wie auf dem Pult uriniert, defäkiert und masturbiert wurde unter Absingen der Bundeshymne.* (Die Presse 7. 4. 2018)

Defektur//Rezeptur
(Herstellung von Arzneimitteln, die in größerer Menge vorrätig gehalten werden sollen)

defensiv//offensiv; ↑auch: aggressives Fahren
ein defensives (der Verteidigung dienendes) *Bündnis* o *defensiv spielen* o *Gesetzt in der Abwehr ist indes Martin Hinteregger, der bisher in der WM-Qualifikation sowohl defensiv als auch offensiv ... überzeugen konnte.* (Wiener Zeitung 30. 8. 2017)

Defensive//Offensive; ↑auch: Angriff
aus der Defensive spielen o *Er hat ein sehr gutes Kopfballspiel – sowohl in der Defensive als auch in der Offensive.* (Hamburger Morgenpost 2. 6. 2018)

defensives Fahren//aggressives Fahren
(auf Sicherheit bedachtes Autofahren) o *Rücksichtnahme, Mitmenschlichkeit, defensives Fahren und Fahrsicherheit gelten für alle Generationen.* (Rhein-Zeitung 12. 7. 2018)

Defensivspiel//Offensivspiel, Angriffsspiel
(Sport) o *Die Gastgeber wurden für ihr engagiertes Defensivspiel mit drei Punkten belohnt. Unser Offensivspiel war zudem nicht zwingend.* (Burgenländische Volkszeitung 18. 6. 2015)

Defensivspieler//Angriffsspieler
(Sport)

Definiendum//Definiens; ↑auch: Bezeichnendes
(etwas, was bestimmt werden soll o ein zu Bestimmendes o z. B. könnte „subtrahieren" Definiendum sein, das durch das Definiens „abziehen" erklärt wird o Sprachwissenschaft)

Definiens//Definiendum; ↑auch: Bezeichnetes
(Begriff, der einen anderen Begriff bestimmt, der das Definiendum definiert, der dessen Bedeutung angibt, z. B. könnte „abziehen" das Definiens – die synonyme Bedeutungserklärung – zum Definiendum „subtrahieren" sein o Sprachwissenschaft)

definiert//undefiniert
definierte Begriffe

definit//indefinit; ↑auch: unbestimmt
(bestimmt)

Definition; ↑Nominaldefinition, Realdefinition

Definitivum//Provisorium
(endgültiger Zustand) o *Beim Stadtmuseum handle es sich zwar nicht um ein Definitivum, sondern um ein Provisorium* (St. Galler Tagblatt 10. 10. 2001) o *Territorial ein Definitivum, doch legitimatorisch ein Provisorium* (Die Zeit 7. 9. 1990)

Defizit//Guthaben; ↑auch: **Haben**
das Defizit (fehlender Geldbetrag) auf der Bank

Deflation//Inflation
(Verminderung des Geldumlaufs)

deflationär//inflationär
(die Deflation, die Verminderung des Geldumlaufs betreffend o Wirtschaft) o Wirkt ultralockere Geldpolitik deflationär statt inflationär? (Neue Zürcher Zeitung 21. 11. 2014)

deflationistisch//inflationistisch
(Wirtschaft)

deflatorisch//inflatorisch
(Wirtschaft)

defragmentieren//fragmentieren
(auf einer Festplatte verstreut liegende Daten zu größeren Einheiten zusammenfassen o EDV)

Degeneration//Regeneration
(Verfall, Abbau o Biologie)

degenerieren//regenerieren
(Biologie)

Degenhand//Zügelhand
(die rechte Hand des Reiters)

Deglomeration//Agglomeration
(aufgelockerte Form, z. B. eines Wohnkomplexes)

Deglutination//Agglutination
(Abtrennung o Sprachwissenschaft)

degradieren//befördern
der Offizier wurde (wegen seines Vergehens) zum einfachen Soldaten degradiert o Entgegen Ihrem Anklang ist sie durch den Wechsel nicht degradiert, sondern eher befördert worden. (Der Spiegel 26. 1. 2009)

dehalogenieren//halogenieren
(Chemie)

deiktisch//intrinsisch
(hinweisend) o wenn der Fahrschüler auf die Anweisung, vor dem nächsten Baum zu halten, von ihm aus hinter dem Baum – danach – hält, ist das eine deiktische Ausführung

Dein//Mein
er kann Mein und Dein nicht unterscheiden (er neigt zum Stehlen) o Erst einer größeren Anzahl hiesiger Einwohner gelang es, aber nur mit Gewalt, die Zigeuner vom Platz zu bringen, nachdem man ihnen zuvor handgreiflich den Unterschied zwischen Dein und Mein klargemacht hatte. (Braunschweiger Zeitung 24. 8. 2006)

deinstallieren//installieren
(ein Computerprogramm wieder entfernen) o Und er hat noch weitere Tipps: unbenutzte Apps am besten deinstallieren (taz 22. 3. 2014)

de jure//de facto
de facto hat sie die Abteilung geleitet, war aber de jure (formaljuristisch) nie Leiterin

De-jure-Anerkennung//De-facto-Anerkennung
(Anerkennung, die auf rechtlicher Grundlage beruht)

deklaratorische Wirkung//konstitutive Wirkung
(in Bezug auf Klarstellung, Feststellung der rechtlichen Verhältnisse o Rechtswesen)

deklinabel//indeklinabel; ↑auch: **unbeugbar**
„gut" ist ein deklinables Adjektiv (ein gute<u>s</u> Buch o aber: ein <u>rosa</u> Buch)

Deklination//Konjugation
die Deklination der Substantive (z. B.: der Baum/des Baumes/dem Baum/den Baum)

deklinierbar//undeklinierbar
die meisten Adjektive sind deklinierbar (z. B.: ein neue<u>s</u> Kleid)

deklinieren//konjugieren
ein Substantiv, Adjektiv deklinieren

dekodieren//[en]kodieren; ↑auch: verschlüsseln
einen Funkspruch dekodieren (entschlüsseln) ○ *Dank der Daten könnte der Code des Glücks bald geknackt werden, dabei wird Glück dekodiert und immer wieder neu kodiert.* (Wiener Zeitung 7. 4. 2018)

Dekodierung//[En]kodierung; ↑auch: Verschlüsselung

Dekolonisation//Kolonisation
(Entlassung einer Kolonie aus der Abhängigkeit)

dekolonisieren//kolonisieren
(die Abhängigkeit einer Kolonie vom Mutterland aufheben)

Dekolonisierung//Kolonisierung
Schließlich ist Ihr großes Thema das Schicksal der Menschen in den ehemaligen Kolonialländern in der Ära der Dekolonisierung. ... Ich wollte z. B. herausfinden, wie sich Kolonisierung auf das menschliche Denken auswirkt. (Der Spiegel 10. 12. 2001)

Dekomposition//Komposition
(Auflösung, Zerlegung in Bestandteile) ○ *Richter und Karg harmonieren aufs Schönste miteinander und gestalten das Liebesduett in seiner ganzen ekstatischen Schönheit, die mehr auf Dekomposition denn auf emotionale Maximierung zielt* (Die Presse 14. 10. 2017) ○ *Ständig wird mit Vergleichen ... operiert, der konjunktivisch skandierte Redefluss korrigiert ein ums andere Mal das, was einigermassen abgesichert zu sein scheint. Man hat es mit einer Art Dekomposition innerhalb der Komposition zu tun.* (Neue Zürcher Zeitung 31. 5. 2005)

Dekontamination//Kontamination
(Entgiftung von atomar o. ä. Verseuchtem)

dekontaminieren//kontaminieren
(atomare o. ä. Verseuchung beseitigen) ○ *Er verspricht, dass als Nächstes Schulwege dekontaminiert werden sollen. Den Eltern reicht die Dekontaminierung der Schulhöfe nicht. Das Schlimme sei, dass die Umgebung ja weiterhin kontaminiert sei.* (Neue Zürcher Zeitung 7. 10. 2011)

Dekonzentration//Konzentration
Dekonzentration (Aufteilung auf verschiedene Stellen) *der Industrie* ○ *die Dekonzentration* (Entflechtung) *eines Unternehmens*

dekonzentrieren//konzentrieren
die Verwaltungsbehörden dekonzentrieren ○ *Die meisten Menschen sind ... durch die Nöte, mit denen sie sich jeden Tag herumschlagen, durch Ablenkung, die sie sich davon verschaffen, dekonzentriert.* (Lausitzer Rundschau 19. 6. 2007)

Dekrement//Inkrement
(Mathematik)

dekrementieren//inkrementieren
(EDV)

Dekrescendo//Krescendo
(das Schwächerwerden der Tonstärke ○ Musik)

dekryptieren//kryptieren
(EDV)

delabialisieren//labialisieren
Vokale delabialisieren (nicht mehr mit gerundeten Lippen sprechen, z. B. wenn ü zu i wird ○ Phonetik)

Delation//Relation
(Rechtswesen)

Delegierte//Delegierter
eine Delegierte und ein Delegierter nahmen an der Sitzung teil

Delegierter//Delegierte
eine Delegierte und ein Delegierter nahmen an der Tagung teil

Deliberativstimme//Dezisivstimme
(nicht abstimmungsberechtigte, nur beratende Stimme ○ Rechtswesen)

delikat//indelikat
das Problem wurde recht delikat gelöst ○ *Dass ausgerechnet ein Österreicher mit griechischer Ehefrau EU-Botschafter in Ankara wurde, ist delikat.* (Oberösterreichische Nachrichten 15. 2. 2017)

Delikt; ↑**Antragsdelikt, Begehungsdelikt, Offizialdelikt, Unterlassungsdelikt**

Delila; ↑**Samson//Dalila**

de Luxe//einfach
Ausführung de Luxe (mit allem Komfort, luxuriös, mit dem Besten ausgestattet) ○ *Vom Glück, sich entscheiden zu können – „Freiheit de Luxe" begleitet literarische Rundgänge zum Auftakt der Festspiele Oppenheim* (Allgemeine Zeitung 18. 8. 2008)

demaskieren, sich//sich maskieren
er hat sich am Schluss des Festes demaskiert (seine Maske abgenommen) ○ *Denn darin ist er einzigartig: sich zu maskieren, um Wichtigtuer spielerisch zu demaskieren, indem er unverschämt direkte Fragen stellt* (Westfalen-Blatt 1. 3. 2014)

Dematerialisation//Materialisation
(Physik)

Dematerialisation//Rematerialisation
(das Verschwinden einer angeblich stofflichen Erscheinung ○ Parapsychologie)

dementieren//bestätigen; ↑**auch: zugeben**
die Meldung wurde weder dementiert noch bestätigt ○ *Informationen der „Bild"-Zeitung ... wollten die Ermittler „aus ermittlungstaktischen Gründen" weder bestätigen noch dementieren.* (Mannheimer Morgen 6. 3. 2018)

demilitarisieren//militarisieren
(die Streitkräfte abbauen, abziehen)

Demobilisation//Mobilisation
(das Aufheben der Kriegsbereitschaft)

demobilisieren//mobilisieren
das Heer (wieder) demobilisieren (nicht mehr in Kriegsbereitschaft halten ○ vom Kriegszustand in den Friedenszustand zurückführen ○ entmobilisieren) ○ *Die Absicht: Die potenziellen Wähler des politischen Gegners zu demobilisieren.* (Berliner Morgenpost 20. 8. 2015)

Demobilisierung//Mobilisierung
(Militär)

Demokraten//Republikaner
(in den USA) ○ *Die USA sind schon jetzt ein gespaltenes Land. Demokraten und Republikaner betrachten die Welt immer stärker durch eine Brille, die nur Freund und Feind kennt.* (Der Spiegel 20. 7. 2019)

Demokratie//Diktatur
Für Hans Kelsen, den Vater der Verfassung, war es immer klar, dass Demokratie niemals zur einer Diktatur der Mehrheit verkommen darf. (Tiroler Tageszeitung 23. 2. 2018)

demokratisch//undemokratisch
eine demokratische Entscheidung ○ *Die Fraktion der CDU frage sich, welches Demokratieverständis ein Verein habe, wenn er eine einstimmige Entscheidung des demokratisch gewählten Gremiums als undemokratisch bezeichne.* (Schwäbische Zeitung 18. 1. 2013)

Demontage//Montage
die Demontage (der Abbau) *einer Maschine* ○ *Nachdem das Recycling-Unternehmen bei der Demontage Vorreiter ist, lag auch die Montage der Container nahe.* (Niederösterreichische Nachrichten 18. 12. 2014)

demontieren//montieren
wir demontieren ihre alten Fenster, entsorgen fachgerecht und montieren ihre neuen Fenster! (Burgenländische Volkszeitung 24. 5. 2012)

Demotivation//Motivation
(das Nichtmehrmotiviertsein) ○ *Aus Frustration entstehende Demotivation ist das eigentliche Motivationsproblem, nicht mangelnde Motivation.* (Der Standard 10. 2. 2018)

demotivieren//motivieren
die Kritik des Lehrers hat ihn demotiviert (bewirkt, dass sein Interesse, sein Engagement aufgehört, nachgelassen hat) ○ *Statistisch bewiesen sei, dass man viermal so schnell demotivieren als motivieren könne.* (Der Standard 31. 12. 2011)

demotiviert//motiviert
durch Tadel demotivierte Schüler ○ *Wenn Sie zu sehr die tägliche Arbeit Ihres Kindes kontrollieren und unter Umständen auch kritisieren, wird es eher demotiviert als motiviert sein.* (Braunschweiger Zeitung 9. 12. 2008)

Demotivierung//Motivierung

Demulgator//Emulgator
(Chemie)

demulgieren//emulgieren
(Chemie)

Demut//Überheblichkeit
Ein bisschen Demut für die angebotene Rolle und weniger Überheblichkeit würde ihm gut tun. (Mannheim Morgen 19. 4. 2012)

den Anker auswerfen//den Anker einholen
Man muss die Strömungs- und Fahrwasserverhältnisse kennen. Wach- und Sicherheitsdienst verrichten, den Anker auswerfen und einholen. (Lausitzer Rundschau 3. 5. 2006)

den Anker einholen//den Anker auswerfen

den Anker lichten//den Anker auswerfen
(den Anker hochziehen [um wegfahren zu können]) ○ *Dann heißt es wieder „Leinen los", Anker lichten und Segel setzen,* für einen weiteren Törn in der Inselwelt der Ägäis (Salzburger Nachrichten 14. 7. 1992)

den Appetit anregen//jemandem den Appetit verderben
das leckere Buffet hat den Appetit angeregt ○ *Film, Food, Kultur und Ökologie sollte die Sektion verbinden, der Festivalchef präsentierte „Filme, die den Appetit anregen", aber auch solche „die den Appetit verderben, weil sie über die oft katastrophalen Zustände bei der Erzeugung von Lebensmitteln berichten"* (Mannheimer Morgen 5. 6. 2012)

Denaturalisation//Naturalisation

denaturalisieren//naturalisieren
jemanden denaturalisieren (ihm die Staatsbürgerschaft entziehen ○ Staatsrecht)

Denaturalisierung//Naturalisierung
1915 war Frankreich der erste Staat, der die Denaturalisierung, das heißt Ausbürgerung von Staatsangehörigen, möglich machte. (Wikipedia)

denkbar//undenkbar
diese Entwicklung ist denkbar ○ *Eine Rückkehr ins Bankgeschäft ist also denkbar? Sie ist jedenfalls nicht so undenkbar wie noch vor drei Monaten.* (Die Presse 24. 4. 2017)

denken an, daran//vergessen
an die Verabredung denken ○ *Man sollte auf jeden Fall überhaupt nie daran denken, dass man den Text vergessen könnte.* (Südkurier 7. 8. 2017)

denkfähig//denkunfähig
Die Tendenz – weg von der EU und hin zum Nationalstaat – ist eine Modeerscheinung, die denkfähige Europäer nicht lang mitmachen werden. (Die Presse 3. 12. 2016)

denkunfähig//denkfähig
Wer sich nicht auf diese Weise einfangen ließ, gilt nun ausgerechnet in deutscher

Lesart als irrational, wenn nicht denkunfähig (Die Zeit 30. 6. 2016)

den Kurs beibehalten//abdrehen
den Kurs beim Fliegen beibehalten ○ *Er weiß genau, dass das Flugzeug, das unter seinem Kommando steht, noch genau eine Dreiviertelstunde seinen Kurs beibehalten kann. Dann muss es abdrehen, in einer scharfen Linkskurve.* (Süddeutsche Zeitung 22. 9. 2011)

den Mund aufmachen//den Mund halten
man hält besser den Mund und setzt sich dem Verdacht aus, ein Dummkopf zu sein, als den Mund aufzumachen und damit jeden Zweifel zu beseitigen

den Mund halten//den Mund aufmachen

den Mut nehmen//Mut machen
durch seine kritische Bemerkung hat er ihr den Mut genommen ○ *Und die uns manchmal auch den Mut nehmen. Die Jahreslosung für dieses Jahr will uns jedoch Mut machen, auf Gott zu vertrauen, unser Leben in seine Hände zu legen.* (Thüringer Allgemeine 3. 1. 2009)

Denobilitation//Nobilitation
(Entzug des Adelsprädikats)

Denotat//Konnotat
(begrifflicher Inhalt eines Wortes im Unterschied zum emotionalen ○ Sprachwissenschaft)

Denotation//Konnotation
(Sprachwissenschaft)

denotativ//konnotativ
(nur den begrifflichen Kern eines Wortes betreffend, nicht die mit ihm möglicherweise verbundenen Nebenvorstellungen ○ Sprachwissenschaft)

den Weg abkürzen//einen Umweg machen
Brücken sollen einfach den Weg abkürzen, Zeit sparen. (Stern 27. 3. 2014)

deontisch//epistemisch
(Philosophie)

Departure//Arrival; ↑auch: Ankunft
(Abflug ○ Flugwesen)

Dependenz//Independenz
(Abhängigkeit ○ Sprachwissenschaft)

Dependenzgrammatik//Phrasenstrukturgrammatik, kategoriale Grammatik

Depolymerisation//Polymerisation
(Chemie)

depolymerisieren//polymerisieren
(Chemie)

Deport//Report
(Kursabzug ○ Börsenwesen)

Depositenbank//Effektenbank
(Bank, die sich vorwiegend durch die Hereinnahme von Kundeneinlagen finanziert)

Depression//Euphorie
(seelische Bedrücktheit)

Depression//Prosperität
(Niedergangs-, abflauende Phase ○ Wirtschaft)

depressiv//euphorisch
(sich in gedrückt-trauriger Gemütsverfassung befindend) ○ *Jörg Haider war ein harter Rechter, aber auch Spieler und Exzentriker, mal depressiv, mal euphorisch.* (taz 13. 10. 2008)

dequalifizieren//qualifizieren
dequalifizierte (nicht genügend ausgebildete) *Arbeitskräfte* ○ *Aber kaum ein anderes Land hat sich den Irrsinn geleistet, gebildete Einwanderer zu dequalifizieren* (die Qualifikation herabzusetzen, nicht anzuerkennen): *Bildungsabschlüsse aus der Türkei, den Staaten des ehemaligen Jugoslawiens oder auch aus afrikanischen Ländern wurden und werden weiterhin zumeist nicht anerkannt.* (Der Spiegel 5. 12. 2007)

der//die
der war das! ○ *der steht im Stall und die daneben* (Redewendung als Kritik am Gebrauch des personenbezogenen Demonstrativpronomens) ○ *der Abgeordnete* (Artikel)

deregulieren//regulieren
(regelnde Maßnahmen wieder aufheben) ○ *Ja, wir müssen deregulieren und sicher nicht das Internet regulieren.* (Die Nordwestschweiz 5. 3. 2018)

Derewnja//Selo
(kleineres russisches Dorf ohne Kirche)

der Ferne Osten//der Nahe Osten
(Ostasien)

der Geist ist willig, aber das Fleisch ist schwach
(wenn auch der gute Vorsatz vorhanden ist, so scheitert seine Realisierung schließlich doch an der persönlichen menschlichen Schwäche) ○ *„Wacht und betet, damit Ihr nicht in Versuchung geratet. Der Geist ist willig, aber das Fleisch ist schwach."* (Bibel, Matthäus 26,41)

Derivat; ↑Derivativum

Derivation//Komposition; ↑auch: Zusammensetzung
(Ableitung, ableitende Wortbildung ○ Sprachwissenschaft)

Derivativ[um]//Kompositum
(abgeleitetes Wort, z. B. „mütterlich" von „Mutter")

der Nahe Osten//der Ferne Osten
(Vorderasien und Israel)

des...//...; ↑auch: ...//de... (vor vokalisch anlautendem fremdsprachlichem Verb)
(mit der Bedeutung: ent..., von,..weg) z. B. *desintegrieren/integrieren*

Des...//...; ↑auch: ...//De... (vor vokalisch anlautendem fremdsprachlichem Substantiv)
(mit der Bedeutung: Ent..., von...weg) z. B. *Desintegration/Integration*

Desaktivierung//Aktivierung
(Chemie)

desaminieren//aminieren
eine organische Verbindung desaminieren (Chemie)

Desdemona//Othello
(Ehefrau des Othello, der sie aus – unbegründeter – Eifersucht tötet ○ in der Tragödie „Othello, der Mohr von Venedig" von Shakespeare)

desensibilisieren//sensibilisieren
das Fernsehen desensibilisiert die Menschen (macht sie unsensibel, stumpft sie ab) ○ *Tatsächlich werden die Zoobesucher den Tieren gegenüber nicht sensibilisiert, sondern systematisch desensibilisiert.* (Tagesanzeiger 14. 12. 2016)

Desensibilisierung//Sensibilisierung

Designat//Designator; ↑auch: Signifikant
(der Sinn und Inhalt eines Wortes ○ das Bezeichnete, das Signifikat ○ Sprachwissenschaft)

Designator//Designat; ↑auch: Signifikat
(Lautkörper eines Wortes ○ das Bezeichnende, der Signifikant ○ Sprachwissenschaft)

Desinformation//Information
(bewusst falsche Information, um andere zu täuschen, irrezuleiten) ○ *Die 39 Fachleute raten, den Begriff Fake News zu vermeiden und stattdessen klar von Desinformation zu sprechen. Diese wird als falsche, fehlerhafte oder irreführende Information definiert.* (Wiener Zeitung 13. 3. 2018)

Desintegration//Integration
(Auflösung der Integration, eines Zusammenbestehens ○ Soziologie) ○ *Für eine vermeintlich große Gefahr braucht man starke Gegner. Am einfachsten ist es, wenn man beides hat: sichtbare Desintegration und erfolgreiche Integration.*

Der Islam liefert im Augenblick beides in krasser Weise (taz 15. 9. 2018)

desintegrieren//integrieren
durch diese Maßnahmen wurden Ausländer desintegriert (abgespalten) ○ *«Ein Kind kann in einer Regelklasse desintegriert und in einer Sonderklasse integriert sein.»* (St. Galler Tagblatt 15. 4. 2008)

desintegrierter Typus//integrierter Typus
(Persönlichkeit, bei der die psychischen Vorgänge nicht zusammenhängend ablaufen ○ Psychologie)

Desintegrierung//Integrierung
(Soziologie)

Desinteresse//Interesse
sein Desinteresse (fehlendes Interesse) *an etwas deutlich zeigen* ○ *Ich teile die Auffassung des Bundespräsidenten, dass die verantwortlichen Politiker die Verpflichtung haben, der Bevölkerung die Notwendigkeit dieses Bundeswehreinsatzes zu erklären, damit sich aus dem bisherigen Desinteresse ein sorgenvolles Interesse entwickelt.* (Mitteldeutsche Zeitung 7. 9. 2009)

desinteressiert//interessiert
er ist politisch desinteressiert

Desinvestition//Investition
(Wirtschaft)

desistieren//insistieren
(nicht [mehr] auf etwas bestehen ○ veraltet) ○ *Sich zurückhalten, also zu desistieren, ist die Sache von Monika Gintersdorfer eher nicht. Die Theaterfrau wirkt eher mit Kontrast und Konfrontation.* (Der Tagesspiegel 13. 3. 2012)

Desk-Research//Field-Research
(Auswertung statistischen Materials in der Marktforschung)

deskriptiv//präskriptiv
eine deskriptive (den tatsächlichen Gebrauch beschreibende) *Grammatik*

Desmoenzym//Lyoenzym
(strukturgebundenes Enzym)

desorbieren//adsorbieren
(von der Oberfläche entfernen ○ Chemie, Physik)

Desorption//Adsorption
(Chemie, Physik)

Desoxydation//Oxydation
(Entzug von Sauerstoff ○ Chemie)

desoxydieren//oxydieren
(Sauerstoff entziehen ○ Chemie)

Dessous-Bewegung//Dessus-Bewegung
(Spielbein unterm Standbein ○ Ballett)

Dessus-Bewegung//Dessous-Bewegung
(Spielbein überm Standbein ○ Ballett)

destabilisieren//stabilisieren
die Lage wird destabilisiert (wird instabil) ○ *Es ist wesentlich einfacher für Russland, die Ukraine zu destabilisieren, als für die EU, sie zu stabilisieren.* (Neue Zürcher Zeitung am Sonntag 8. 2. 2015)

Destabilisierung//Stabilisierung

destruktiv//konstruktiv
eine destruktive (negative, keine fördernde) *Kritik* ○ *Die Vorgehensweise stelle sie „immer wieder vor vollendete Tatsachen, schafft destruktive Diskussionen, statt konstruktive Lösungen."* (Der Spiegel 31. 8. 2012)

destruktives Misstrauensvotum//konstruktives Misstrauensvotum
(Misstrauensvotum, bei dem das Vertrauen entzogen wird, ohne dass über eine regierungsfähige Mehrheit verfügt wird ○ Politik)

Destruktivität//Konstruktivität

deszendent//aszendent
deszendentes (versickerndes) *Wasser* (Geologie)

Deszendent//Aszendent
(Astronomie, Genealogie)

Deszendenz//Aszendenz
(Untergang eines Gestirns o Verwandtschaft in absteigender Linie)

Deszensionstheorie//Aszensionstheorie
(Geologie)

Detacheur//Detacheuse
(Experte bei der Fleckenentfernung)

Detacheuse//Detacheur
(Expertin bei der Fleckenentfernung)

détail; ↑en détail

Detailhandel//Engroshandel; ↑auch: Großhandel
(Einzelhandel o veraltet, Kaufmannssprache)

detailliert//pauschal
einen Vorgang sehr detailliert (in Einzelheiten) beschreiben o *Aldi Süd will sich den schriftlichen Fragen nicht detailliert stellen, sondern antwortet pauschal* (Stuttgarter Zeitung 30. 12. 2006)

Determinans//Determinatus
(bestimmender Teil, z. B. das Adjektiv „schön" in „schönes Haus" oder „Haus" in „Hausschlüssel" o Sprachwissenschaft)

Determinativ//Formans
(wurzelerweiterndes sprachliches Element, z. B. „m" in „Helm" o Sprachwissenschaft)

Determinatus//Determinans
(bestimmter Teil, z. B. „Haus" in „schönes Haus" oder „-schlüssel" in „Hausschlüssel" o Sprachwissenschaft)

determiniert//indeterminiert; ↑auch: unbestimmt
das Leben ist determiniert (bestimmt, festgelegt o Philosophie) o *Doch Meinungen sind eben nicht vollständig und oft nicht einmal überwiegend genetisch determiniert. Sie sind nicht einmal sonderlich stabil.* (Neue Zürcher Zeitung Folio 4. 6. 2018)

determinierter Automat//stochastischer Automat
(EDV)

Determinismus//Indeterminismus
(Anschauung von der Unfreiheit des Willens o Ethik)

Determinist//Indeterminist
(jemand, der die Willensfreiheit bestreitet o Philosophie)

deterministisch//indeterministisch
(Philosophie)

Detraktion//Adjektion
(das Weglassen von einzelnen Lauten o Phonetik)

Detrimentiv//Benefaktiv
(in Bezug auf die Bezeichnung des durch eine Handlung Benachteiligten, z. B. „ihr" in „er entriss ihr die Handtasche" o Sprachwissenschaft)

Detumeszenz//Intumeszenz, Tumeszenz
(Abschwellung)

Deukalion//Pyrrha
(Ehepaar aus der griechischen Mythologie, das aus der Sintflut gerettet wurde, z. B. in den „Metamorphosen" des Ovid)

Deuteragonist//Protagonist
(im altgriechischen Theater)

deutlich//undeutlich
deutlich sprechen, schreiben o *Struktur und Linien sind deutlich, undeutlich wird die Szenerie schließlich in ihrer Binnenzeichnung.* (taz 15. 7. 2017)

Deutlichkeit//Undeutlichkeit

deutsch//nichtdeutsch
Ergebnisse der deutschen Forschung o *Seit 2002 wird bei der Jugendgruppengewalt neben den üblichen Kriterien „deutsch" und „nichtdeutsch" auch der Anteil „Deutscher nichtdeutscher Herkunft" erfasst.* (Der Tagesspiegel 5. 1. 2009)

deutsch//undeutsch
eine deutsche Eigenschaft ○ *Sie sagten, Siemens sei „zu weiß, zu deutsch, zu männlich". Ist der Konzern bunt, undeutsch, weiblich genug?* (Süddeutsche Zeitung 5. 12. 2011)

deutsch; ↑**großdeutsche Lösung, kleindeutsche Lösung**

Deutsche//Deutscher
sie ist eine Deutsche, und er ist ein Deutscher

deutschenfeindlich//deutschenfreundlich; ↑**auch: deutschfreundlich, prodeutsch**
er ist deutschenfeindlich (veraltet)

Deutschenfreund//Deutschenhasser
er ist ein Deutschenfreund

deutschenfreundlich//deutschenfeindlich; ↑**auch: deutschfeindlich**
er ist deutschenfreundlich (veraltet)

Deutschenhasser//Deutschenfreund
er ist ein Deutschenhasser

Deutscher//Deutsche
sie ist eine Deutsche, und er ist ein Deutscher

deutsches Wort//Fremdwort

deutschfeindlich//deutschfreundlich; ↑**auch: deutschenfreundlich, prodeutsch**
deutschfeindliches Verhalten

deutschfreundlich//deutschfeindlich; ↑**auch: antideutsch, deutschenfeindlich**
deutschfreundliches Verhalten

deutsch traben//leicht traben
(Bewegungen dem Pferd anpassen ○ Pferdesport)

Deutschtraben//Englischtraben
(das rhythmische Sichanpassen des Reiters beim Traben an die Bewegungen des Pferdes ○ Pferdesport)

Devestition//Investition
(Wirtschaft)

dextrogyr//lävogyr; ↑**auch: linksdrehend**
(nach rechts drehend ○ Physik)

Dezelerationsperiode//Akzelerationsperiode
(Verlangsamungsperiode ○ Medizin)

dezent//indezent
eine dezente (taktvoll-zurückhaltende) *Bemerkung* ○ *Was der dezente Brite unter „wardrobe malfunction" einordnen würde (was zirka unserem „Toilettenfehler" entspricht), nennt der indezente Brite „nipple slip".* (Die Presse 20. 9. 2012)

dezentral//zentral
eine dezentrale (vom Mittelpunkt einer Gegend entfernte) *Lage* ○ *die Asylanten wurden dezentral untergebracht* ○ *Für Energieerzeugung wie für die Netze habe zu gelten: So dezentral wie möglich, so zentral wie nötig.* (Ostthüringer Zeitung 3. 3. 2017)

Dezentralisation//Zentralisation
(Verteilung auf verschiedene Stellen)

dezentralisieren//zentralisieren
die Verwaltung dezentralisieren ○ *Klaus Radny, Sprecher der CDU-Fraktion, plädierte dafür, die Verwaltung zu dezentralisieren statt zu zentralisieren.* (Rheinische Post 17. 11. 2016)

Dezentralisierung//Zentralisierung
die Dezentralisierung der Verwaltung

Dezenz//Indezenz
(taktvolles Verhalten)

Dezisivstimme//Deliberativstimme
(abstimmungsberechtigte Stimme ○ Rechtswesen)

diachron//synchron
eine diachrone (historische, die zeitliche Entwicklung einbeziehende) *Betrachtung des Themas*

Diachronie//Synchronie
(Sprachwissenschaft)

diachronisch//synchronisch
eine diachronische (die Geschichte einbeziehende) Darstellung ○ Der diachronische und synchronische Wettbewerb zwischen den Sprachen stellt sicher, dass die Sprachen die Oberhand gewinnen, in die am häufigsten übersetzt werden. (taz 8. 2. 2013)

Diadochokinese//Adiadochokinese
(Medizin)

Diaklase//Paraklase
(Geologie)

Diakon//Diakonisse, Diakonissin; ↑auch: Gemeindeschwester
(kirchlicher Amtsträger, der für bestimmte karitative, liturgische und seelsorgerische Dienste in einer Kirchengemeinde tätig ist ○ Pfarrhelfer, Krankenpfleger ○ evangelische Kirche) ○ *1910 arbeiten hier ein Diakon und eine Diakonissin.* (Lausitzer Rundschau 26. 6. 2008)

Diakonisse//Diakon; ↑auch: Gemeindehelfer
(evangelische Kirche) ○ *Als wachse Gemeinschaft, wenn die Diakonisse aus München auf den Jugendreferenten aus Bietigheim und den Diakon aus Rostock trifft.* (Stuttgarter Zeitung 22. 5. 2009)

Diakonissin//Diakon; ↑auch: Gemeindehelfer
(evangelische Kirche)

Diakrise//Synkrise
(Philosophie)

diakritisch//synkritisch
(unterscheidend ○ Philosophie)

Dialekt ↑Mundart

dialektisch//undialektisch
(in Gegensätzen – These und Antithese – denkend ○ Philosophie)

Dialektrenaissance//Dialektverfall

Dialektverfall//Dialektrenaissance
500 Sprachwissenschaftler erörtern, ob es einen „Dialektverfall oder eine Mundartrenaissance" gibt. (Mannheimer Morgen 13. 3. 2006)

Dialog//Monolog
(Gespräch, das zwei Personen führen ○ Zwiegespräch)

dialogisch//monologisch
Einige Songs wechseln die Sprecherposition und verändern so die Optik des gerade Gehörten. Es sind Songs, die dialogisch weiterdenken, was der Band monologisch vorgeworfen wird. (Tagesanzeiger 3. 5. 2006)

Diarrhö//Obstipation; ↑auch: Verstopfung
(Durchfall ○ Medizin)

diaschist//aschist
(Geologie)

Diastematie//Adiastematie
(Musik)

diastematisch//adiastematisch
(Musik)

Diastole//Systole
(rhythmische Erweiterung des Herzens ○ Medizin)

diastolisch//systolisch
(die Diastole betreffend ○ Medizin)

diatakt//symmikt
(Geologie)

diatherman//atherman
(durchlässig für Wärmestrahlen ○ Physik)

Diatonik//Chromatik
(Musik)

diatonisch//chromatisch
(Musik)

Dichogamie//Homogamie
(zeitlich getrenntes Reifwerden ○ Botanik)

dicht//dünn; ↑auch: schütter
dichtes Haar ○ dicht besiedelt ○ dicht behaart ○ Der meist dicht bewaldete Schwarzwald ist eine dünn besiedelte Region. (Stuttgarter Zeitung 20. 10. 2007)

dicht//undicht
das Dach, Fenster ist (wieder) dicht ○ „Alle Leitungen, die jetzt dicht sind, werden dann garantiert undicht." (Berliner Morgenpost 15. 7. 2010)

dichtbehaart//dünnbehaart
eine dichtbehaarte Brust

dichtbesiedelt//dünnbesiedelt
eine dichtbesiedelte Gegend

dichteabhängig//dichteunabhängig
(von der Populationsdichte abhängig ○ Ökologie)

dichteunabhängig//dichteabhängig
(nicht von der Populationsdichte abhängig wie Qualität der Nahrung, Klima u. a. ○ Ökologie)

Dichtung//Wahrheit
was war Dichtung und was Wahrheit in seinem Bericht? ○ seine Erzählung war eine Mischung aus Dichtung und Wahrheit ○ „Aus meinem Leben. Dichtung und Wahrheit" (Autobiographie von Goethe, 1808 bis 1831)

dick//dünn
ein dicker Mann ○ ein dicker Ast ○ dicke Schenkel ○ ein dickes Buch ○ durch dick und dünn mit jemandem gehen (alles mit ihm teilen, zu ihm stehen) ○ Und wenn der FC Sion Unterstützung braucht, machen alle mit; Gross und Klein, Dick und Dünn, Alt und Jung. Die rote Brandung schlägt gegen die blau-weisse. (St. Galler Tagblatt 9. 6. 1997)

dick//schlank
diese Ernährung macht dick ○ Schlechte Laune, ständig Hunger und letztendlich das Kapitulieren vor den strengen Regeln machen auf Dauer eher dick als schlank. (Kleine Zeitung 6. 1. 2018)

dick//schmal
eine dicke Brieftasche haben (über viel Geld verfügen) ○ Bei manchen ist der Kopf etwas dick, der Bauch schmal, der Arm zu lang. Das macht jedes mit Rosinen gepunkteten Männchen einzigartig. (Rheinpfalz 29. 11. 2011)

Dicke//Dünne
die Dicke des Bretts

Dicke[r]//Dünne[r]
Ein Langer, ein Dicker und ein Dünner machen Theater (Nordkurier 11. 6. 2010)

dickflüssig//dünnflüssig

dickhäutig//dünnhäutig
So dickhäutig der Ludwigshafener oft erschien, so dünnhäutig reagierte er auf Angriffe. (Mannheimer Morgen 7. 10. 2014)

Dick//Doof
(deutsche Bezeichnung für das Komikerpaar Stan Laurel und Oliver Hardy)

dickwandig//dünnwandig

Dido//Aeneas
(Liebespaar in der römischen Mythologie; Dido ist die Königin von Karthago, wohin es Aeneas auf der Flucht aus Troja verschlägt ○ Auch eine Oper von Henry Purcell, 1688/89)

die//der
die war das! ○ der steht im Stall und die daneben (Redewendung als Kritik am Gebrauch des personenbezogenen Demonstrativpronomens) ○ die Abgeordnete (Artikel)

die alten Bundesländer//die neuen Bundesländer; ↑auch: DDR, Ostdeutschland

die Alte Welt//die Neue Welt
Europa ist die Alte Welt

die anderen //die einen
Heimatgefühle sind sehr unterschiedlich: Für die einen ist es der Geruch der guten

Stube, in der schon die Grosseltern sassen. Für die anderen sind es die Wellen hinterm Deich. Für die einen ein Ort und für die anderen die Menschen darin. (St. Galler Tagblatt 4. 10. 2018)

die [da] oben
Dieser als Populismus diskreditierte Zugang ist erstens etwas, was den Menschen zusteht, und zweitens der einzige Weg, die gefährliche Distanz zwischen „denen da oben und denen da unten" zu einem Miteinander zu machen. (Die Presse 3. 6. 2015) o *Das kommt, weil die oben viel zu viel durchgehen lassen.* (Peter Henisch, „Der Mai ist vorbei", 1978)

die [da] unten
Das Amt ist so etwas wie die institutionelle Entsprechung zu seinem Lebensthema: zum Einsatz für die unten und gegen die oben. (Tagesanzeiger 10. 3. 2011)

die einen//die anderen
Waren Architekten auch daran schuld? Ja, sagen heute die einen. Nein, sagen heute die anderen. (Der Spiegel 8. 6. 2019)

die Hälfte//das Ganze
er bekommt die Hälfte o *Geflüchtete Kinder und Jugendliche sollen rund die Hälfte der Teilnehmer ausmachen, sodass das Ganze auch der Integration junger Flüchtlinge dienen soll.* (Hamburger Abendblatt 24. 1. 2017)

die hohe Jagd//die niedere Jagd; ↑auch: Niederjagd
(Jagd auf Hochwild)

die Hosen anhaben//unter dem Pantoffel stehen
sie hat die Hosen an (sie hat das Sagen, ist bestimmend) o *Wer als Figur mit oder gegen wen agiert, wer die Hosen an hat oder unter dem Pantoffel lebt, ..., klärte sich erst im Spielverlauf der simplen Geschichte* (Thüringer Allgemeine 4. 11. 2002)

die Maske abnehmen//sich maskieren
um 24 Uhr nahm er die Maske ab (auf dem Maskenball)

Diener//Herr
der Diener auf dem Schloss o „Ein treuer Diener seines Herrn" (Drama von Franz Grillparzer, 1830)

Diener//Knicks
Jungen mussten früher bei der Begrüßung einen Diener machen (den Kopf nach vorn neigen), *die Mädchen einen Knicks*

Dienerin//Herrin
In einer Union nach polnischem Geschmack wäre Brüssel «die Dienerin der Nationen, nicht ihre Herrin». (Neue Zürcher Zeitung 11. 10. 2018)

die neuen Bundesländer//die alten Bundesländer; ↑auch: BRD, Westdeutschland

die Neue Welt//die Alte Welt
(Amerika)

die niedere Jagd//die hohe Jagd; ↑auch: Hochjagd
(Jagd auf niederes Wild wie Fuchs, Hase)

Dienst//dienstfrei; ↑auch: im Dienst
Sechs Tage lang leiste ich Dienst und bin dann an drei Tagen dienstfrei. (St. Galler Tagblatt 21. 3. 2013)

Dienstbeginn//Dienstschluss
Das hieß: Dienstbeginn um 5.30 Uhr. Nach Dienstschluss musste der ganze Zug gewaschen werden, mit Stange und Waschbürste, Feierabend 20 Uhr" (Nordkurier 18. 4. 2009)

Dienstbote//Dienstherrschaft
(veraltet)

dienstfähig//dienstunfähig
er ist (wieder) dienstfähig o *Ab dem 21. Schichtdienstjahr nimmt das Risiko, eingeschränkt dienstfähig oder völlig dienst-*

unfähig zu werden, exponentiell zu. (Der Spiegel 13. 4. 2011)

Dienstfahrt//Privatfahrt
Der Fahrer klicke am Ende der Fahrt an, ob es sich um eine Dienstfahrt oder eine Privatfahrt handle. (Salzburger Nachrichten 30. 3. 2015)

dienstfrei//Dienst
er hat heute dienstfrei ○ Diese 600 Personen sind bei fast vollen Bezügen dienstfrei gestellt und können in Spitzenzeiten in den Dienst geholt werden. (Burgenländische Volkszeitung 8. 7. 2009)

Dienstgeber//Dienstnehmer
(österreichisch)

Dienstgespräch//Privatgespräch
war das ein Dienstgespräch (beim Telefonieren)? Aus dem Dienstgespräch sei dann zwar ein Privatgespräch geworden, um sexuelle Themen sei es aber nie gegangen. (Main-Post 11. 6. 2004)

Dienstherrschaft//Dienstbote
(veraltet)

Dienstleistungsbetrieb//Produktionsbetrieb

dienstlich//privat
er ist dienstlich unterwegs ○ dienstliche Belange ○ Ob er das Burgenland vermissen werde? Nein, denn er werde ja weiterhin immer wieder hier sein, sowohl dienstlich als auch privat. (Burgenländische Volkszeitung 25. 3. 2010)

Dienstnehmer//Dienstgeber
(österreichisch)

Dienstnummer//Privatnummer
(beim Telefon)

Dienstreise//Privatreise

Dienststand//Ruhestand
(die Stellung der im aktiven Dienst stehenden Beamten, österreichische Amtssprache) ○ Wollen diese Professoren bereits früher aus dem aktiven Dienststand ausscheiden, haben sie nicht die Möglichkeit der Emeritierung, sondern nur die Möglichkeit, in den Ruhestand versetzt zu werden. (Wikipedia)

Dienstschluss//Dienstbeginn
Bei Schönwetter hat Macho einen 13-Stunden-Tag. Bei Regen ist um 15 Uhr Dienstschluss. Dienstbeginn ist oft schon um sieben Uhr. (Die Presse 29. 8. 2008)

diensttauglich//dienstuntauglich
jemand ist (als Soldat) diensttauglich

dienstunfähig//dienstfähig
er ist (noch) dienstunfähig ○ Wegen einer psychischen Störung wurde er erst für dienstunfähig befunden – später aber wieder für dienstfähig erklärt. (Rhein-Zeitung 2. 3. 2016)

dienstuntauglich//diensttauglich
jemand ist (als Soldat) dienstuntauglich

Dienstwagen//Privatwagen

Dienstwohnung//Privatwohnung

diese[r]//jene[r]
weder dieses Buch noch jenes ○ So kommt es, dass Aussagen von mir einmal dieser und ein anderes Mal jener Partei näherstehen. (Oberösterreichische Nachrichten 30. 3. 2018)

diese//vorige, nächste
diese Woche ist sie verreist

die Segel einholen//die Segel setzen
Doch die Seebären aus Bad Kreuznach ernteten vom Kapitän des Segelschiffes viel Lob für die hervorragende Umsetzung der Kommandos: Segel setzen, wenden, Segel einholen, Knoten knüpfen, zurren ... (Rhein-Zeitung 3. 8. 1999)

die Segel setzen//die Segel einholen

diesseitig//jenseitig
das diesseitige Ufer ○ Ist das Erlösungsversprechen diesseitig oder jenseitig zu interpretieren? (Der Tagesspiegel 13. 5. 2018)

diesseits//jenseits
diesseits der Straße ○ *Wie die Professorin ihre Arbeit dies- und jenseits des Atlantiks miteinander in Einklang bringen will, ist noch nicht abschließend geklärt.* (Der Spiegel 7. 7. 2018)

Diesseits//Jenseits
die Freuden des Diesseits (in dieser Welt) ○ *Eine besondere motivische Rolle in Hain spielen auch die Vögel, die seit jeher als Todesboten, als Mittler zwischen dem Diesseits und Jenseits gelten* (Wiener Zeitung 10. 3. 2018) ○ *... denn an diesem Ort loteten Gelehrte vor mehr als hundert Jahren die Grenze zwischen Diesseits und Jenseits aus.* (Der Spiegel 8. 6. 2019)

die Wahrheit sagen//lügen
er hat die Wahrheit gesagt ○ *Der Zeuge hätte im April die Wahrheit sagen müssen, durfte nun als Angeklagter aber lügen, während es bei seinem Kumpel umgekehrt war.* (Frankfurter Neue Presse 9. 3. 2009)

Differenzgeschäft//Effektivgeschäft
(Wirtschaft)

differenziert//undifferenziert
differenzierte Kritik ○ *differenzierte Angaben* ○ *Ob sich die Kirche differenziert oder undifferenziert äußert – es bleibt dabei: Gut, dass sie sich einmischt.* (Trierischer Volksfreund 9. 10. 2004)

differieren//gleich sein
die Angaben differieren ○ *Denn auch wenn Rumpf und Anhänge (Kiel, Trimm-Klappe und Ruder) stark differieren, können die Schiffe gleich schnell sein.* (Neue Zürcher Zeitung 2. 4. 2007)

Diffluenz//Konfluenz
(Aufspaltung eines Gletschers in zwei Teilströme ○ Geologie)

Diffluenzstufe//Konfluenzstufe
(Geologie)

Diffusor//Düse
(Technik)

Digestif//Aperitif
einen Digestif nach dem Essen trinken

digital//analog
digital gespeicherte Fernsehaufnahme ○ *Bis heute gibt es kein legales Portal, auf dem wirklich die meisten Buchtitel digital erhältlich wären, die es auch analog im Handel gibt.* (Die Zeit 8. 5. 2014)

Digital...//Analog... (Substantiv)
(mit der Bedeutung: in Stufen, Schritten sich vollziehend) z. B. *Digitaltechnik/Analogtechnik*

Digital-Analog-Konverter//Analog-Digital-Konverter
(Schaltung, bei der digitale Signale in analoge umgesetzt werden)

Digital-Analog-Wandler//Analog-Digital-Wandler

digitaler Automat//Analogieautomat

Digitalgröße//Analoggröße
(EDV)

Digitalkamera//Analogkamera

Digitalrechner//Analogrechner
(EDV)

Digitalsignal//Analogsignal
(EDV)

Digitaltechnik//Analogtechnik
(EDV)

Digitaluhr//Analoguhr
(Uhr, die die Uhrzeit nicht mit einem Zeiger, sondern durch eine Zahl angibt)

diklin//monoklin
dikline (nur Staubblätter oder nur Fruchtblätter enthaltende) *Blüten* (Botanik)

dikotyl//monokotyl
(Botanik)

Dikotyle//Monokotyle
(Botanik)

Dikotyledone//Monokotyledone
(Botanik)

Diktatur//Demokratie
Jahrzehnte der Diktatur hinterlassen ihre Spuren, und es gab keinen Leitfaden, wie man eine kommunistische Diktatur in eine freie Demokratie verwandeln kann. (Oberösterreichische Nachrichten 5. 10. 2015)

dilatant//strukturviskos
(Chemie)

Dilatanz//Strukturviskosität
(Chemie)

dilatorische Einrede//peremptorische Einrede
(aufschiebende o Rechtswesen)

Dildo//Cunnus succedanus
(künstlicher erigierter Penis)

dimer//polymer, monomer
(zweiteilig o Chemie)

Diminution//Augmentation
(im Kontrapunkt die Wiederholung eines Themas in kürzeren Notenwerten o Musik)

Diminutiv//Augmentativ, Amplifikativ
(eine Verkleinerung eines Substantivs ausdrückende Ableitung[sform], z. B.: *Kätzchen, Reförmchen*)

Diminutivsuffix//Augmentativsuffix, Amplifikativsuffix
„...chen" ist ein Diminutivsuffix, eine Verkleinerungsendsilbe (Sprachwissenschaft)

Diminutivum//Augmentativum
„Kätzchen", „Pfeifchen" sind Diminutiva, sind Verkleinerungsformen

dingliches Recht//persönliches Recht
(Rechtswesen)

Dingwort//Tuwort; ↑auch: **Verb**
(Substantiv/Verb)

Dionäer//Uranier; ↑auch: **Homosexueller**
(von Ulrichs 1864 geprägtes Wort für einen Mann, der das andere Geschlecht – die Frauen – liebt)

Dioning//Urning; ↑auch: **Homosexueller**
(von Ulrichs 1864 geprägtes Wort für einen Mann, der das andere Geschlecht – die Frauen – liebt)

dionysisch//apollinisch; ↑auch: **klassisch**
(rauschhaft-wild o bei Nietzsche)

Dionysos//Apollo
(Gott der griechischen Mythologie, verbunden mit der Vorstellung rauschhaften Kultes)

Diözesanpriester//Ordenspriester
(katholische Kirche) o *Vom Rückgang betroffen sind sowohl Diözesan- als auch Ordenspriester: In den 50er Jahren hatte es über 3300 Weltpriester in Österreich gegeben.* (Tiroler Tageszeitung 15. 4. 2006)

Diözie//Monözie
(Botanik)

diözisch//monözisch
(Botanik)

Diphthong//Monophthong
„au" ist ein Diphthong, ein Doppellaut

Diphthong; ↑**fallender Diphthong, steigender Diphthong**

diphthongieren//monophthongieren
einen Vokal diphthongieren (zu einem Doppellaut machen, z. B. î zu ei o sprachhistorisch „zît" zu „Zeit")

Diphthongierung//Monophthongierung
(Sprachwissenschaft, z. B. die Veränderung von *mîn niuwes hûs* zu *mein neues Haus*)

diphthongisch//monophthongisch
(Sprachwissenschaft)

diploid//haploid
(mit doppeltem – normalem – Chromosomensatz o Biologie)

diplomatisch//undiplomatisch
das war sehr geschickt und diplomatisch von ihm o *Sie sollten versuchen, ... diplomatisch vorzugehen. Sie verhalten sich in der letzten Zeit zu undiplomatisch.* (Saale-Zeitung 2. 1. 2012)

Diplomingenieur//Schmalspuringenieur
(Ingenieur, der den Titel durch einen Universitätsabschluss erworben hat, österreichisch)

Diplomkauffrau//Diplomkaufmann

Diplomkaufmann//Diplomkauffrau

Diplomprüfung//Staatsprüfung
(Rechtswesen)

Dipodie//Monopodie
(Metrik)

direkt//indirekt; ↑auch: mittelbar
direkte Einflussnahme o *Russland versucht daher, direkt und indirekt, Einfluss zu nehmen.* (Der Spiegel 9. 6. 2018)

direkt//versteckt; ↑auch: indirekt
Zucker ist ungesund: Er wird nicht nur direkt im Kaffee usw. zu sich genommen, sondern auch versteckt in Kuchen usw.

direkte Beleuchtung//indirekte Beleuchtung
direkte Beleuchtung ist z. B. eine Stehlampe, deren Licht unmittelbar auftrifft

direkte Rede//indirekte Rede; ↑auch: Oratio obliqua
bei der direkten Rede wird eine Äußerung unmittelbar wiedergegeben (Er sagte: „Ich werde das machen")

direkter Freistoß//indirekter Freistoß
(Freistoß ohne Einschaltung eines Mitspielers)

direkte Steuer//indirekte Steuer
(z. B. Lohnsteuer, die direkt an den Staat gezahlt wird)

direkte Wahl//indirekte Wahl
(Wahl eines Kandidaten ohne Mittelsmann)

Direktinvestition//Portfolioinvestition
(Wirtschaft)

Direktkandidat//Listenkandidat
(Politik) o *Wer antreten will, muss als Direktkandidat oder Listenkandidat für die Bundestagswahl aufgestellt worden sein* (Der Tagesspiegel 10. 9. 2016)

Direktmandat//Listenplatz
sie hat ein Direktmandat (kann also persönlich gewählt werden, nicht über eine Wahlliste) o *Es muss das Direktmandat sein, denn einen Listenplatz hat Meyer nicht. Sein Versuch, mindestens auf Platz 15 der Landesliste zu kommen, scheiterte.* (Stuttgarter Nachrichten 16. 8. 2013)

Direktsendung//Aufzeichnung
(Fernsehen) o *Am Ende war von einer Direktsendung überhaupt nicht mehr die Rede, bestenfalls von einer nächtlichen Aufzeichnung im Programm 3sat.* (Nürnberger Nachrichten 20. 6. 1995)

Direktstudent//Fernstudent
(früher DDR)

Direktstudium//Fernstudium
(früher DDR)

Direktübertragung//Aufzeichnung
(Fernsehen) o *Der Gastgeber Libanon hatte zuvor die Direktübertragung der Ansprache Arafats abgelehnt und eine Aufzeichnung der Rede verlangt.* (Tagesanzeiger 28. 3. 2002)

dis...//... (vor fremdsprachlichem Adjektiv)
(mit der Bedeutung: zwischen, auseinander) z. B. *diskontinuierlich/kontinuierlich*

dis...//... (vor fremdsprachlichem Verb)
(mit der Bedeutung: zwischen, auseinander) z. B. *disharmonieren/harmonieren*

Dis...//... (vor fremdsprachlichem Substantiv)
(mit der Bedeutung: zwischen, auseinander) z. B. *Diskontinuität/Kontinuität*

Disagio//Agio
(der unter dem Nennwert, z. B. eines Wertpapiers, liegende Kurs, Betrag o Bankwesen)

Disbalance//Balance
(Kreuzschmerzen durch muskuläre Disbalance)

Diseur//Diseuse
(Vortragskünstler, besonders beim Kabarett)

Diseuse//Diseur
(Vortragskünstlerin o besonders beim Kabarett)

disgruent//kongruent
disgruente (nicht übereinstimmende, voneinander abweichende) *Ansichten, Meinungen*

Disharmonie//Harmonie
durch Kinesiologie Disharmonie in Harmonie verwandeln

disharmonieren//harmonieren
disharmonierende Farben o *So spricht er makellos in gepflegtem Hochdeutsch, der «Sprache der Gebildeten», was seinen Äußerungen einen intellektuellen Touch verleiht, gleichzeitig aber mit den gewöhnungsbedürftigen Inhalten disharmoniert.* (St. Galler Tagblatt 25. 11. 2008)

disharmonisch//harmonisch
disharmonischer Akkord o *eine disharmonische Sitzung*

Disjunktion//Konjunktion
(alternative Aussageverbindung, z. B. a oder b o entweder a oder b o Philosophie)

disjunktiv//konjunktiv
(trennend o Philosophie)

disjunktive Konjunktion//junktive Konjunktion
„oder" ist eine disjunktive (ausschließende) *Konjunktion* (Grammatik)

Diskant//Bass
(hohe Stimme)

Diskette; ↑Quelldiskette, Zieldiskette

diskontinuierlich//kontinuierlich
eine diskontinuierliche (nicht einheitlich zusammenhängende) *Entwicklung* o *„Wenn in der Arbeitswelt alles diskontinuierlich und obendrein wirtschaftlich riskant wird, dann kann es unmöglich sein, dass das, was jeder Mensch kontinuierlich und garantiert braucht, nämlich ein Einkommen zur Sicherung seiner Grundbedürfnisse, auch allein aus Arbeit stammt."* (Badische Zeitung 7. 1. 2009)

Diskontinuität//Kontinuität
(das Unterbrochensein in Bezug auf einen Vorgang, Ablauf o Zusammenhanglosigkeit, „Unzusammenhang")

Diskontinuum//Kontinuum

diskordant//konkordant
(nicht übereinstimmend) o *eine diskordante Transplantation* (mit wesensunähnlichen Organen, z. B. vom Schwein auf den Menschen)

Diskordanz//Konkordanz
(Ungleichmäßigkeit)

diskret//indiskret
eine diskrete (taktvoll-schonend vorgebrachte) *Frage* o *Die Festspielleitung ... wird sich intensiv um Sponsoren bemühen müssen, doch sollte darauf geachtet werden, wie diskret oder indiskret sie im Festspielgeschehen in Erscheinung treten.* (Salzburger Nachrichten 28. 12. 1999)

diskret//kontinuierlich
(vereinzelt o Mathematik)

diskret//stetig
(Mathematik)

Diskretheit//Indiskretheit

Diskretion//Indiskretion
(taktvolles Verhalten, schonende Zurückhaltung)

diskursiv//intuitiv
diskursives (logisch fortschreitendes) *Denken* (Philosophie) ○ *Daran ist eine diskursiv vitale Öffentlichkeit beteiligt. Das kann man sich intuitiv an dem Unterschied klarmachen, der zwischen konkurrierenden „öffentlichen Meinungen" und der Veröffentlichung demoskopisch erfasster Meinungsverteilungen besteht.* (Süddeutsche Zeitung 16. 5. 2007)

diskutabel//indiskutabel
dieser Vorschlag ist diskutabel ○ *Andere Thesen hingegen sind diskutabel und in den Augen vieler gar indiskutabel.* (Neue Zürcher Zeitung 1. 12. 2001)

Disparität//Parität
(Ungleichheit)

disperses Publikum//Präsenzpublikum
(alle, die an derselben Sache – Radiosendung, Zeitungslektüre – teilnehmen, aber an verschiedenen Orten) ○ *Die massenmediale Kommunikation wird nach wie vor da sein, um ein breites, disperses Publikum zu erreichen.* (Die Presse 16. 8. 2007)

disponibel//indisponibel
disponible (verfügbare) *Gelder*

disponiert//indisponiert
Jerusalem, nach eigenen Angaben nicht bestens disponiert, sang zu Beginn Lieder von Franz Schubert nach Gedichten von Heinrich Heine. Von indisponiert war nichts zu bemerken (Oberösterreichische Nachrichten 9. 7. 1996)

Disposition//Exposition
(Medizin)

Disproportion//richtige Proportion
es besteht eine Disproportion zwischen Körper und Armen ○ *Ausgehend von diesem Thema, spielt Monika Schödel-Müller gezielt mit Proportion und Disproportion, mit Historischem und Neuem, mit Tier und Mensch, mit Jung und Alt.* (Rhein-Zeitung 9. 10. 2012)

Disproportionalität//Proportionalität
(Missverhältnis)

disproportionieren//komproportionieren
(Chemie)

disproportioniert//proportioniert
sie ist disproportioniert (weist nicht ausgewogene Proportionen des Körpers auf) ○ *Wieso denn war die allgemeine Auffassung in Europa, dass Israels Antwort auf die Provokationen der Hisbollah disproportioniert sei?* (Weltwoche 8. 2. 2007)

disputabel//indisputabel
(strittig) ○ *Auf ähnliche Weise disputabel sind die Angaben über 500.000 tote irakische Kinder durch die Folgen des Krieges* (Der Standard 21. 3. 2003)

disqualifizieren//qualifizieren
([aus einem Wettbewerb] ausschließen) ○ *Dreadlocks und Drogenerfahrung taugen weder dazu, jemanden für die christliche Arbeit mit Jugendlichen zu disqualifizieren noch dazu, ihn zu qualifizieren* (Märkische Allgemeine 20. 7. 2012) ○ *Der VfB setzte in der Vorrunde nicht spielberechtigte Kicker ein und wurde deshalb disqualifiziert. ... Die beiden Gruppensieger qualifizieren sich für das Finale* (Saarbrücker Zeitung 28. 12. 2006)

Dissens//Konsens; ↑auch: **Konvergenz**
es besteht noch Dissens (Meinungsverschiedenheit) *in dieser Frage* ○ *Wenn Bundeskanzlerin Angela Merkel andere EU-Staatschefs besucht, gibt es beim Thema Migration oft mehr Dissens als Konsens.* (Neue Zürcher Zeitung 13. 8. 2018)

Dissimilation//Assimilation
(Änderung eines von zwei gleichen Lauten in einem Wort ○ z. B. „t" zu „k" in

„Kartoffel" aus „Tartüffel" o Sprachwissenschaft o energieliefernder Abbau körpereigener Substanz o Biologie)

dissimilieren//assimilieren
(Sprachwissenschaft o Biologie)

dissonant//konsonant
dissonante (unharmonische) *Klänge* o *Was die Babys ärgert, beschreibt auch die Musikwissenschaft als dissonant. Auf andere Kombinationen von Noten, die in der Musik als konsonant gelten, reagieren Säuglinge dagegen mit einem strahlenden Gesicht.* (Die Zeit 10. 4. 2001)

Dissonanz//Konsonanz
(Missklang o Musik)

Dissoziation//Assoziation
(Zerfall, Trennung, Auflösung o Psychologie)

Dissoziationsgrad//Assoziationsgrad
(Chemie)

Disstress//Eustress
(anhaltender, gesundheitsschädlicher Stress) o *Schon Hans Selye hat zwischen dem negativen, zerstörerischen Stress („Disstress") und dem guten, fordernden und fördernden Stress („Eustress") unterschieden.* (Süddeutsche Zeitung 18. 1. 2014)

distal//proximal
(Medizin)

Distanz//Nähe
er wünscht Distanz (Abstand von anderen) o *sie will nicht Nähe, sondern Distanz* o *sein Schwanken zwischen Distanz und Nähe* o *Wenn er von Depressionen, unkontrollierter Wut und einem klassischen Muster der Psychotraumatologie spricht: "Nähe und Distanz, Nähe und Distanz. Und anderen dabei wehtun."* (Der Spiegel 19. 5. 2018)

Distanzboxer//Nahkämpfer
(gerade Stöße bevorzugender Boxer) o *"Beide Brüder waren Distanzboxer, haben das Risiko minimiert – was sie bei manchen Fans ein bisschen unpopulär gemacht hat, weil sie eben nicht sinnlos herumgedroschen haben."* (Deutschlandfunk Kultur 3. 8. 2017)

Distanzgeschäft//Lokogeschäft
(Wirtschaft)

Distanztier//Kontakttier
(distanzhaltendes Tier, z. B. der Specht o Zoologie)

Distanzwechsel//Platzwechsel
(Wirtschaft)

distichisch//monostichisch
(metrisch ungleich o Metrik)

distinktive Synonymik//kumulative Synonymik
(Synonymik mit Herausarbeitung der inhaltlichen u. a. Unterschiede zwischen den einzelnen synonymen Wörtern)

Distress//Eustress; ↑auch: Disstress
Stress ist nicht gleich Stress. Positiver Stress wird als Eustress, negativer Stress als Distress bezeichnet. Jeder Mensch benötigt von Zeit zu Zeit Herausforderungen. Mit Erfolg gekrönte Anstrengungen im Berufsleben oder in anderen Bereichen machen sich als Eustress bemerkbar. (Berliner Zeitung 28. 7. 2012)

disvestieren//investieren
([einen Geistlichen] seines Amtes entheben)

diszipliniert//undiszipliniert
eine disziplinierte Truppe o *sich diszipliniert verhalten* o *So diszipliniert ich bei den Proben sein kann, so undiszipliniert bin ich im Leben auch.* (Oberösterreichische Nachrichten 24. 3. 2012)

Diszipliniertheit//Undiszipliniertheit

Dittographie//Haplographie
(versehentliche Wiederholung von Buchstaben usw. in Texten, z. B. *Barracke* statt korrekt *Baracke*)

Diverbia//Cantica
(Pluralformen ○ Wechselgespräche in der altrömischen Komödie)

divergent//konvergent
divergente (nicht übereinstimmende) *Meinungen* ○ *Die Forscher untersuchten das sogenannte divergente und konvergente Denken.* (Westdeutsche Zeitung 13. 12. 2013)

Divergenz//Konvergenz; ↑auch: **Konsens**
die Divergenz der Meinungen

divergieren//konvergieren
ihre Meinungen divergieren (stimmen nicht überein) ○ *innerhalb dieser ökonomisch starken Region seien divergierende und konvergierende Tendenzen zu verzeichnen, etwa auf dem Arbeitsmarkt.* (Trierischer Volksfreund 28. 4. 2006)

Dividend//Divisor; ↑auch: **Nenner**
bei der Rechnung 10 : 5 ist 10 der Dividend

dividieren//multiplizieren; ↑auch: **malnehmen**
wenn man 10 durch 5 dividiert, erhält man 2

divisibel//indivisibel
(teilbar)

Division//Multiplikation
(das Teilen ○ Mathematik)

Divisor//Dividend; ↑auch: **Zähler**
bei der Rechnung 10 : 5 ist 5 der Divisor

dizygot//monozygot
(zweieiig)

doch//nein; ↑auch: **nein//ja**
„Ist sie nicht verreist?" „Doch" ○ *„Hast du heute keinen Termin?" „Doch."* (bei verneinten Sätzen)

dogmatisch//undogmatisch
er ist in seinen Anschauungen sehr dogmatisch ○ *Der Kampf um die besten Ideen geschieht in der kleinsten Stadt im Landkreis Ludwigsburg gewissermaßen dogmatisch undogmatisch. Parteien finden sich im Gemeinderat nicht.* (Stuttgarter Nachrichten 15. 4. 2014)

Doktorand[in]//Doktorvater
die Doktorandin sprach mit ihrem Doktorvater (mit dem Universitätsprofessor, der ihre Dissertation betreut und diese schließlich zu beurteilen hat) *über ihre Arbeit an der Dissertation*

Doktorvater//Doktorand[in]
Hingegen zeigte sich Kreidls Doktorvater Jürgen Schwarz beeindruckt von den vielen Recherchen, die sein Doktorand anstellte. (Süddeutsche Zeitung 28. 3. 2013)

Dokumentarfilm//Spielfilm
(Film mit tatsächlichen Begebenheiten) ○ *Wir als Filmemacher sind undogmatisch, wir wollen uns nicht von irgendwelchen Grenzen einzwängen lassen und sagen, das ist jetzt Dokumentarfilm und das ist Spielfilm.* (Tiroler Tageszeitung 8. 4. 2014)

dolichokephal//brachykephal
(langköpfig ○ Medizin)

Dolichokephale, der//der Brachykephale
(Medizin)

Dolichokephalie//Brachykephalie
(Medizin)

Dolmetschen; ↑**konsekutives Dolmetschen, simultanes Dolmetschen**

Dolmetscher; ↑**Konsekutivdolmetscher, Simultandolmetscher**

dominant//rezessiv
dominante (vorherrschende) *Erbfaktoren* ○ *Dabei ist eines der beiden Merkmale vorherrschend, also dominant, das andere hingegen zurücktretend, also rezessiv.* (Nürnberger Nachrichten 7. 2. 2015)

Dominanz//Rezessivität
(Biologie)

Dompteur//Dompteuse
ein Dompteur dressiert wilde Tiere

Dompteuse//Dompteur
eine Dompteuse dressiert wilde Tiere

Don//Doña
(höfliche Anrede vor dem Vornamen eines Mannes in Spanien) ○ *Don Pelayo* (Figur in „Der seidene Schuh" von Paul Claudel)

Doña//Don
(höfliche Anrede vor dem Vornamen einer Frau in Spanien) ? *Doña Proëza* (Figur in „Der seidene Schuh" von Paul Claudel)

Donatist//Legist
(im Mittelalter: fortgeschrittener, sich schon mit der Grammatik beschäftigender Schüler einer Lateinschule)

Donator//Akzeptor
(Kybernetik)

Don Camillo//Peppone
Hochwürden und sein Lieblingsfeind, der kommunistische Bürgermeister Peppone ○ (in den Romanen von Giovanni Guareschi und den Filmen mit Fernandel und Gino Cervi)

Donner//Blitz
der Donner erfolgte kurz nach dem Blitz ○ *Plötzlich brach draußen ein Gewitter mit Donner und Blitz los.* (FOCUS 22. 5. 2010)

donnern//blitzen
erst hat es geblitzt und gleich danach gedonnert (beim Gewitter)

Don Quijotte//Sancho Pansa
(Don Quijote, Titelheld des Romans „Don Quijote von der Mancha" von Cervantes, 1605/1615, und sein Diener Sancho Pansa)

Doof; ↑Dick//Doof

Doping//Stopping
(im Sport: Einnahme von leistungssteigernden Mitteln)

Doppel//Einzel
([Tennis]spiel mit zwei Spielern gegen zwei andere)

Doppel...//Einzel... (Substantiv)
z. B. *Doppelzimmer/Einzelzimmer*

Doppelbett//Einzelbett
ein Zimmer mit Doppelbett

Doppeldecker//(veraltet) Eindecker
(Flugwesen)

doppeldeutig//eindeutig
diese Bemerkung ist doppeldeutig ○ *was in schelmischen Köpfen doppeldeutig klingen könnte, ist ganz eindeutig gemeint* (Südkurier 18. 8. 2017)

Doppeldeutigkeit//Eindeutigkeit

Doppelfenster//einfaches Fenster

Doppelpaddel//Stechpaddel

doppelseitig//einseitig
ein doppelseitig beschriebenes Blatt Papier ○ *Um die Papierflut einzudämmen, forderten die Protestierenden, dass doppelseitige Kopien günstiger sein sollten als einseitige.* (Mannheimer Morgen 10. 6. 2010)

doppelt//einfach
ein doppelter Knoten ○ *Die Wertung aus Tennis (doppelt) und Motorik (einfach) ergeben dann den Gesamtsieger.* (Rheinische Post 18. 6. 2012)

doppelte Buchführung//einfache Buchführung
(Wirtschaft)

doppelter Knoten//einfacher Knoten

Doppelzimmer//Einbettzimmer, Einzelzimmer
ein Doppelzimmer (für zwei Personen) *im Hotel bestellen*

Dorf//Stadt
die Unterschiede zwischen Dorf und Stadt ○ *auf dem Dorf* ○ *Treuchtlingen erlebte vor gut 100 Jahren einen enor-*

men Aufschwung vom Dorf zur Stadt dank Eisenbahnknotenpunkt. (Nürnberger Nachrichten 4. 1. 2017)

Dorfarmut//Stadtarmut
Leibeigene und die Dorfarmut boten zur Zarenzeit keinen Stoff für Literatur schlechthin. (Thüringer Allgemeine 21. 11. 2018)

Dorfausgang//Dorfeingang
das Ortsschild am Dorfausgang ○ *Auch viele Bäume, vor allem am Dorfeingang und Dorfausgang, werden gefällt und dafür neue gepflanzt.* (Nordkurier 3. 5. 2014)

Dorfeingang//Dorfausgang
das Ortsschild am Dorfeingang

Dörfler//Städter
„Wir machen das zusammen, Dörfler und Städter – das ist Integration." (Rhein-Zeitung 24. 11. 2014)

dorsaler Laut//apikaler Laut
(mit dem Zungenrücken gebildeter Laut, z. B. das „ch" in „mich" ○ Phonetik)

dort//hier
die dort oben, wir hier unten ○ *er steht dort an der linken Seite* ○ *Ich denke, dass die Zuständigen dort darüber informiert sind, was hier die vergangenen Monate passiert ist* (Luxemburger Tageblatt 21. 9. 2018)

dort//da
er wohnt da (=hier), ich wohne dort (österreichisch) ○ *das Haus dort oben, die Straße da herunten*

dorthin//dahin
geh dorthin, nicht dahin! ○ *Sie schwimmen einmal dorthin, dann wieder dahin.* (Der Standard 16. 4. 2005)

dorthin//hierher
geh erst dorthin, und komm dann wieder hierher ○ *Lauf dorthin, komm hierher, schau nach vorn, hol dir den Ball* (Leipziger Volkszeitung 18. 9. 2010)

dorthin//hierhin
hängen Sie das Bild bitte nicht hierhin, sondern dorthin! ○ *... wenn die Dorfbewohner in Steuersachen dorthin, in schulischen Angelegenheiten hierhin, in Fragen, die das Zivilstandsamt betreffen, an einen dritten Ort verwiesen werden ...* (Die Nordwestschweiz 29. 12. 2001)

dortige//hiesige
die dortigen Behörden ○ *Auf dortige Geschäfte hätten hiesige „Irritationen" keinen negativen Einfluss.* (Mitteldeutsche Zeitung 12. 3. 2010)

dortzulande//hierzulande
dortzulande ist das Leben viel einfacher ○ *Es besteht der leise Verdacht, dass der Besuch einer FPÖ-Delegation in Moskau dortzulande nicht ganz so viel Aufsehen erregt wie hierzulande.* (Salzburger Nachrichten 20. 12. 2016)

Dose//Stecker
den Stecker in die Dose stecken ○ *Deutlich aufwendiger, dafür aber komfortabler sind Kinderschutzsteckdosen unter Putz, bei denen sich die Löcher der Dose automatisch verschließen, sobald der Stecker herausgezogen wird.* (Berliner Morgenpost 13. 3. 2010)

Dotter//Eiweiß
(das Gelbe im Ei) ○ *Das ist in diesem Fall nicht ganz einfach, weil Währungspolitik und Wirtschaftspolitik sich nicht trennen lassen wie der Dotter und das Eiweiß.* (Süddeutsche Zeitung 16. 8. 2017)

down//high
er war ganz down (niedergeschlagen) ○ *Ich bin so down, but I feel so high, heißt es da unter anderem.* (Ostthüringer Zeitung 8. 10. 2003)

Download//Upload
(EDV)

downloaden//uploaden
(eine Datei von einem Server auf einen Computer herunterladen)

downsizing//upsizing
(EDV)

Downtown//Uptown
(Stadtzentrum, bes. in den USA)

Drag King//Drag Queen
(einen Mann darstellende Frau – mit Schnurrbart usw.)

Drag Queen//Drag King
(eine Frau darstellender Mann in Kleidern usw.)

dramatisch//undramatisch
das Treffen verlief dramatisch (voll negativer Emotionen) ○ *„Bereits nach einer knappen halben Stunde war allen … klar, dass die Partie ab nun dramatisch undramatisch werden sollte."* (Der Tagesspiegel 25. 8. 2002)

dramatisieren//entdramatisieren
diese Äußerungen haben die Situation dramatisiert ○ *er versuchte, die Situation (wieder) zu entdramatisieren* ○ *Können sich kleinere Zeitungen überhaupt entziehen, wenn Leitmedien wie der „Der Spiegel" ein Thema dramatisieren? Durchaus … sie können den Diskurs beeinflussen und entdramatisieren.* (taz 10. 11. 2003)

dran//ab
Besser arm dran als Bein ab (Redensart)

dran denken//vergessen
er hat dran gedacht (z. B. an den Hochzeitstag) ○ *Nach 25 Jahren halte ich es nach dem Spruch „nicht dran denken ist besser, als vergessen", wenn ich an die Zeit vor dem Mauerfall denke.* (Schweriner Volkszeitung 14. 11. 2014)

dran stehen//abstehen
der Stuhl steht (nahe) am Tisch dran

drauf//hinauf
(von oben nach unten) ○ *Setzt sich drauf, fährt locker die Treppen hinauf in den Hof, sucht sich den nächstbesten Hügel und schanzt drüber.* (Reutlinger General-Anzeiger 3. 8. 2012)

drauf…//drunter… (Verb)
z. B. *draufstellen/drunterstellen*

draufschauen//hinaufschauen
ich schaue auf den Berg (vom Flugzeug aus) drauf

draufstellen//drunterstellen
auf den Tisch draufstellen

draußen//drin[nen]; ↑auch: herinnen, innen
er ist draußen ○ *wir essen draußen (auf der Terrasse)* ○ *bleibt draußen (im Garten)!* ○ *draußen ist es kalt* ○ *Wenn es draußen kalt ist und drinnen geheizt wird, kommt in mancher Wohnung der Schimmel.* (Der Standard 15. 12. 2018) ○ *Die da draußen gegen die da drinnen* (Der Spiegel 29. 12. 2018)

draußen bleiben//hereinkommen
der Polizist soll (dort) draußen bleiben und nicht hereinkommen

draußen bleiben//hineingehen
der Polizist soll (hier) draußen bleiben und nicht hineingehen ○ *in die Bar hineingehen oder draußen bleiben*

Drehflügelflugzeug//Starrflügelflugzeug
ein Hubschrauber ist ein Drehflügelflugzeug

Drehflügler//Starrflügler

Drehkolbenmotor//Hubkolbenmotor
(Technik)

Dressman//Mannequin
(junger Mann, der Herrenkleidung vorführt) ○ *Wegen seines einstigen Studentenjobs als Dressman muss sich der Ingenieur als „Mannequin Jugoslawiens" hänseln lassen.* (Süddeutsche Zeitung 22. 9. 1997)

drin//draußen
er ist, sitzt drin (im Zimmer) ○ *Wir mischen uns unter die Wartenden drin und draußen vor der Tür.* (Saarbrücker Zeitung 13. 4. 2018)

drinbleiben//herauskommen
sie blieb (dort) drin (bei ihr) und kam nicht heraus (zu mir)

drinbleiben//hinausgehen
sie blieb (hier) drin (bei mir) und ging nicht hinaus (zu ihm)

drinbleiben//aussteigen
wie die Genossen es mit der Großen Koalition halten: drinbleiben oder aussteigen? (Der Spiegel 19. 1. 2019)

drinlassen//rausziehen
den Nagel (in der Wand) drinlassen

drinnen//draußen; ↑auch: außen, heraußen
er ist drinnen (im Zimmer) ○ er wartet drinnen ○ Alles, was uns hier drinnen stört, ist draußen in der Natur etwas Gutes (Wiesbadener Tagblatt 28. 11. 2018) ○ Die Mauer trennt und verbindet drinnen und draußen, das Private und das Öffentliche (Der Spiegel 8. 6. 2019) ○ Gerade stehen das ist für die da drinnen und die da draußen etwas ganz Unterschiedliches. (Süddeutsche Zeitung 23. 12. 2017)

drinnen//heraußen
Während drinnen die Regierung bei einem Ministerrat ihre Demissionierung beschloss, standen heraußen also bereits alle Zeichen auf Erneuerung. (Wiener Zeitung 4. 10. 2006)

droben//drunten; ↑auch: Unten
droben auf dem Berg ○ Erstaunlich das hörens- und sehenswerte Können junger Musiker droben auf der Empore und drunten bei den Kirchenbesuchern. (Südkurier 21. 7. 2004)

Drohne//Arbeiterbiene, Arbeitsbiene
(männliche Honigbiene, die die Königin begattet und für deren Nahrung die Arbeitsbienen sorgen)

Drohung//Gegendrohung
Es sei notwendig, „den Antagonismus von Provokation und Gegenprovokation ... Drohung und Gegendrohung, von Sanktionen und Gegensanktionen zu durchbrechen" ... (Der Spiegel 5. 5. 2018)

Dromedar//Trampeltier
das Dromedar – auch Mehari oder Mahrikamel – ist ein einhöckriges Kamel, das Trampeltier ein zweihöckriges

drüben//hüben
Während drüben nach wie vor geturnt wird, ist hüben eine Mensa entstanden, die alles andere als provisorisch wirkt. (Südwest Presse 30. 9. 2015)

drüber//drunter
er hat nichts drüber (über dem Hemd) ○ Modisch wird es ab 14 Uhr, wenn bei einer Modenschau Klamotten für drüber und drunter präsentiert werden. (Ostthüringer Zeitung 26. 2. 2008)

drüber; ↑drunter und drüber

drüberschreiben//drunterschreiben
einen Titel drüberschreiben (über das Bild)

drüberziehen//drunterziehen
einen Pullover (über das Hemd) drüberziehen

Druck//Gegendruck
Wenn der Druck zu hoch wird, muss man Gegendruck erzeugen. (Der Standard 16. 5. 2014)

Druckabfall//Druckanstieg
(Physik)

Druckanstieg//Druckabfall
(Physik)

druckempfindlich//druckunempfindlich
druckempfindliche Stoffe, Obstsorten

drücken//ziehen; ↑auch: pull, tirez
(an Türen)

Druckluftförderanlage//Saugluftanlage
(Technik)

Druckphase//Zugphase
(Schwimmen)

Druckpumpe//Saugpumpe
(Technik)

Druckschrift//Schreibschrift
(Schrift, bei der jeder Buchstabe eines Wortes getrennt und wie gedruckt geschrieben ist)

druckunempfindlich//druckempfindlich
druckunempfindliche Stoffe, Obstsorten

drunten//droben; ↑auch: oben
drunten im Tal o *Der warme Frühling drunten wird droben von tiefem Winter abgelöst.* (Süddeutsche Zeitung 27. 6. 2015)

Drumenlieger//Obenauflieger; ↑auch: Incubus, MOT
(Dämon – Succubus – in Gestalt einer Frau, die mit einem Mann koitiert o im Mittelalter und bei den Hexenprozessen)

drunter//drüber
hast du noch etwas drunter (unter der Bluse)? o *Hier gibt's alles, was Frau, Mann und Kind drunter und drüber anziehen* (Thüringische Landeszeitung 14. 9. 2000)

drunter...//drauf... (Verb)
z. B. *drunterstellen/draufstellen*

drunterschreiben//drüberschreiben
einen Titel drunterschreiben (unter das Bild)

drunterstellen//draufstellen
etwas unter den Tisch drunterstellen

drunter und drüber
es geht drunter und drüber (es ist chaotisch) o *In der 3600-Einwohner-Gemeinde Molln ging es wieder einmal drunter und drüber. Grund war im April der Streit um den Hort.* (Oberösterreichische Nachrichten 27. 12. 2018)

drunterziehen//drüberziehen
ein Angorafell (unter das Oberhemd) drunterziehen

Du//Ich
Niemand wundert es, dass für einen polyamoristischen Leichtmatrosen der Hafen der Ehe zu schwer ist, zu deren Kultur es gehört, das Du öfter vor das Ich zu setzen und beide in einem familienfreundlichen Wir zu kultivieren (Sonntag Aktuell 25. 3. 2007)

Du//Sie
wir sprechen uns mit „Du" an o *Wenn einen da jemand mit Du gegrüßt hat und man mit Sie zurückgegrüßt hätte, wäre derjenige beleidigt gewesen.* (Tiroler Tageszeitung 21. 4. 2008)

Dualismus//Monismus
(philosophische Lehre, die von zwei Grundprinzipien ausgeht, z. B. von Gut und Böse)

Duca//Duchessa
(männlicher italienischer Adelstitel)

Duchessa//Duca
(weiblicher italienischer Adelstitel)

dulden//aufbegehren
Man kann tun was man will, weglaufen, dulden, aufbegehren, es nützt nichts. (Wiener Zeitung 22. 9. 2006)

duldsam//unduldsam
Dieser Friedrich Rückert hat einmal am Schluss eines Gedichtes gesagt: „Minder duldsam sind die unter Christi Fahnen als die für unduldsam verschrieenen Muselmanen" (Main-Post 16.2002)

Duldsamkeit//Unduldsamkeit; ↑auch: Intoleranz
sie war von einer bewundernswerten Duldsamkeit

dumm//klug, gescheit
es war dumm von ihm, sich in den Streit einzumischen o *Ich will nichts mehr hörn von den boshaften Leuten, / Verachte die Dummen und fliehe die Gscheiten.*

(Ferdinand Raimund: Der Alpenkönig und der Menschenfeind I/17)

dumm//schlau
er ist der Schlaue (hat die Vorteile genutzt), *und du bist der Dumme* (der die Nachteile hat) ○ *Ziegen seien eben nicht dumm, sondern ziemlich schlau. Sie merken sich schnell, wo sie ein Leckerli finden können* (Thüringische Landeszeitung 8. 6. 2018)

Dummheit//Klugheit
das hat er seiner Dummheit zu verdanken (zuzuschreiben) ○ *Menschliche Dummheit und Klugheit geben sich letztlich die Waage.* (Neue Württembergische Zeitung 20. 11. 2017)

Dünger; ↑Kunstdünger, Naturdünger

dunkel//hell
draußen ist es (noch) dunkel ○ *dunkle Farbe* ○ *ein dunkles Bier* ○ *dunkle Töne* ○ *... geht es hier ... doch um den Kampf gegen die „Gutmenschen" ... oder eben um den zwischen dem hellen und dem dunklen Deutschland.* (Der Spiegel 17. 3. 2018)

Dunkel//Licht
Dunkel und Licht auf dem Gemälde ○ *der Weg führte ins Dunkel* ○ *Die Welt dreht ins Dunkel, ein Licht soll sie erhellen.* (Tagesanzeiger 4. 11. 2016)

dunkel...//hell... (Adjektiv)
z. B. *dunkelbraun/hellbraun*

dunkelblau//hellblau
dunkelblauer Hintergrund ○ *Das Ergebnis ähnelt einem Raster bunter Bienenwaben, von dunkelblau über hellblau, grau, hellrosa bis leuchtend rot.* (Der Spiegel 3. 11. 2018)

dunkelblond//hellblond
ein dunkelblonder Junge ○ *Nochmals zwei Stunden dauert es, bis es die Friseurinnen geschafft haben, dunkelblonde, hellbraune und auch, als Highlights, hellblonde Strähnen mit dem Eigenhaar fachmännisch zu verschweißen.* (Burgenländische Volkszeitung 11. 6. 2008)

dunkelbraun//hellbraun
dunkelbraune Haare, Augen ○ *Danach ist der Toast auf einer Seite perfekt dunkelbraun und auf der anderen perfekt hellbraun.* (Süddeutsche Zeitung 6. 2. 2016)

Dunkeldeutschland//helles Deutschland
Die Attacken Rechtsradikaler auf Flüchtlingsunterkünfte klassifizierte er als „Dunkeldeutschland". Die Ehrenamtlichen zeigten, dass es ein helles Deutschland gebe, sagte das Staatsoberhaupt. (Nürnberger Zeitung 27. 8. 2015) ○ *Im Land Brandenburg, angeblich Dunkeldeutschland, wurde Karim bürokratisch bestens versorgt.* (Mannheimer Morgen 3. 6. 2017)

Dunkelfeld//Hellfeld
(dunkler Hintergrund bei der Mikroskopie)

Dunkelheit//Licht
Eine Marionette ... Sie bewegt sich souverän zwischen der Dunkelheit und dem Licht. (Der Spiegel 18. 5. 2019)

Dunkelheit//Helligkeit
erst bei Dunkelheit nach Hause kommen

Dunkelkeimer//Lichtkeimer
(Botanik)

dunkelrot//hellrot
eine dunkelrote Tapete ○ *Rindfleisch muss dunkelrot sein, Lammfleisch hellrot bis rot mit leichter Fettmarmorierung* (taz 30. 1. 2010)

Dunkles//Helles
er trinkt gern Dunkles ○ *bitte ein Dunkles, Herr Ober!* ○ *Zwei sehr traditionelle Bierstile, die sich aktuell bei unseren Nachbarn wieder im Aufwind befinden, sind Amber und Blonde, also Dunkles und Helles.* (taz 2. 6. 2018)

dünn//dicht
dünnes Haar ○ *dünn besiedelt* ○ *Gevatter Wolf: In der EU leben etwa 18.000*

Exemplare in dünn wie in dicht besiedelten Regionen. (Salzburger Nachrichten 28. 11. 2013) o „Wer dünn sät, erntet dicht." (Redensart)

dünn//dick
er ist dünn o ein dünnes Brett o dünner Stoff o durch dick und dünn mit jemandem gehen (alles mit ihm teilen, zu ihm stehen) o *Und wenn der FC Sion Unterstützung braucht, machen alle mit: Gross und Klein, Dick und Dünn, Alt und Jung.* (St. Galler Tagblatt 9. 6. 1997)

dünnbehaart//dichtbehaart
dünnbehaarter Körper

dünnbesiedelt//dichtbesiedelt
eine dünnbesiedelte Gegend

Dünne//Dicke
wegen der Dünne des Materials

Dünne[r]//Dicke[r]
Andererseits würde so ein grosser Dünner allenfalls wie ein kleiner Dicker behandelt. (Neue Zürcher Zeitung am Sonntag 8. 1. 2017)

dünnflüssig//dickflüssig
ein dünnflüssiges Öl

dünnhäutig//dickhäutig
er ist sehr dünnhäutig (sensibel) o *Wer einen Schwerpunkt im Element Metall hat, ist sehr wahrscheinlich ein sensibler, dünnhäutiger Mensch. Manchmal fehlt das dicke Fell, um Belastungen an sich abprallen lassen zu können.* (FOCUS 16. 4. 2016)

dünnwandig//dickwandig
eine dünnwandige Wohnung

Duplex-Verbindung//Simplex-Verbindung
(Telefon)

Duplikat//Original
das Duplikat einer schriftlichen Erklärung

Dur//Moll; ↑auch: mineur, minor
(Tonart mit als härter klingend empfundener großer Terz) o *Singen – ob in Dur oder Moll – die Musik von Wolfgang Amadeus Mozart beeindruckt auch junge Zuhörer.* (Südkurier 26. 5. 2010)

durcharbeiten//Pause machen
er hat durchgearbeitet und keine Pause gemacht o Im Moment erkenne ich eine Tendenz in die Richtung, dass Lehrer und Schüler gemeinsam entscheiden, ob sie durcharbeiten und wann sie eine Pause machen. (Schweriner Volkszeitung 12. 8. 2005)

durchaus//keineswegs
ich bin durchaus dafür o *Bei einigen Stücken hatte ich das Gefühl, ... dass die Anforderung an die Handwerker durchaus anspruchsvoll und keineswegs einfach war.* (Kurier 6. 7. 2013)

durch dick und dünn; ↑**dick**

Durchdringungskomplex//Anlagerungskomplex
(Chemie)

Durchfall//Verstopfung; ↑**auch: Obstipation**
er hat Durchfall o *Auch wir Menschen nehmen verschiedene Mikroorganismen-Mischungen zu uns: in probiotischen Produkten von Lactobacillus-Joghurts über Nahrungsergänzungsmitteln „für die optimale Darmflora" bis zu Medikamenten gegen Durchfall oder Verstopfung.* (Die Presse 22. 10. 2016)

durchfallen//bestehen
er hat die Prüfung nicht bestanden, er ist durchgefallen o *In dem SMS hatte es geheißen, die Schülerin sei durchgefallen, tatsächlich hatte sie die Prüfung aber bestanden.* (Die Presse 25. 5. 2004)

durchführbar//undurchführbar
dieses Projekt ist durchführbar o *Vorgesehene Insiderregelung ist kaum durchführbar. Gut gemeint aber undurchführbar* (Süddeutsche Zeitung 7. 10. 1994)

Durchführbarkeit//Undurchführbarkeit
von der Durchführbarkeit des Planes war sie überzeugt

Durchgangsbahnhof//Kopfbahnhof

durchgebraten//blutig
(ganz durch gebraten o well done o vom Fleisch) o *Seit kurzem gehört es jedoch wieder zum guten Ton, sich ein saftiges Rumpsteak oder T-Bone-Steak kommen zu lassen. Am besten halb durchgebraten oder noch blutig.* (Mannheimer Morgen 6. 10. 2007)

durch[gebraten]//medium
möchten Sie das Steak durchgebraten oder medium (halb durchgebraten)? Auch klassisches Steak – für mich aber nicht ganz durchgebraten, sondern „medium". (Niederösterreichische Nachrichten 30. 11. 2010) o *Gut durch oder lieber medium?* (Rhein-Zeitung 13. 3. 1998)

durchhalten//aufgeben
sie hat durchgehalten o *Man kann im Leben alles erreichen, was man will, aber man muss durchhalten und darf nie aufgeben.* (Tagesanzeiger 21. 8. 2017)

durchlässig//undurchlässig
durchlässiges Gestein o *Dabei handelt es sich um eine konzentrische Anordnung von Ringen, die abwechselnd durchlässig bzw. undurchlässig sind.* (Neue Zürcher Zeitung 5. 1. 2000)

...durchlässig//...undurchlässig (Adjektiv)
z. B. *lichtdurchlässig/lichtundurchlässig*

Durchlauferhitzer//Heißwasserspeicher
(Gerät, bei dem das Wasser während der Wasserentnahme erhitzt wird)

durchschaubar//undurchschaubar
ein durchschaubarer Plan o *„Immer galt meine Sympathie den Texten, die Widerstand leisten, schwer durchschaubar oder undurchschaubar sind, indem sie etwas noch nicht Gehörtes, nicht Bestehendes anvisieren..."* (Tagesanzeiger 12. 1. 1966)

Durchschlag//Original
der Durchschlag (eine Kopie, die beim Schreiben auf einem zweiten Blatt entsteht) *eines Briefes*

durchsichtig//arbiträr
ein durchsichtiges Wort ist ein Wort, dessen Wortkörper Rückschlüsse auf seine Bedeutung zulässt, z. B.: wonnig von Wonne (Sprachwissenschaft)

durchsichtig//undurchsichtig; ↑auch: opak
durchsichtiges Glas

Durchsichtigkeit//Undurchsichtigkeit

dürfen//sollen
wenn man etwas „darf", dann ist man selbstbestimmt: er darf Klavier spielen o *Vor allem aber dürfen und sollen sie Fragen stellen, wie sie nur Kinder stellen können.* (Stern 16. 8. 2018)

Dürrfutter//Grünfutter
Dürrfutter wie Heu, Stroh (Landwirtschaft)

Durst//Hunger
ich habe großen Durst o *Durst quält mehr als Hunger*

dürsten//hungern
sie mussten dursten o *Die Gäste beim Künstlerfest müssen jedoch nicht dürsten und hungern.* (Westdeutsche Zeitung 18. 6. 2015)

durstig//hungrig
durstige Wanderer o *ich bin durstig*

durstig//schmöll
er ist (noch) durstig

Düse//Diffusor
(Technik)

duzen//siezen
er duzt seine Kollegin o *sie duzen sich* (sprechen sich mit „Du" an)

Dynamik//Energie
(Philosophie)

Dynamik//Statik
(Physik)

dynamisch//statisch
(sich auf die von Kräften erzeugte Bewegung beziehend) o *Die Regeln des EU-*

Binnenmarkts entwickeln sich dynamisch weiter, die bilateralen Marktzugangsabkommen der Schweiz hingegen sind statisch. (Neue Zürcher Zeitung 31. 1. 2018)

dynamischer Akzent//musikalischer Akzent
(Phonetik)

Dyophysit//Monophysit
(Vertreter des Dyophysitismus o Religion)

Dyophysitismus//Monophysitismus
(Lehre, nach der Christus wahrer Gott und wahrer Mensch zugleich ist o Religion)

dys...//eu... (vor fremdsprachlicher Basis; Adjektiv)
(mit der Bedeutung: schlecht, schwer, miss-, -widrig) z. B. *Dysphorisch/euphorisch*

Dys...//Eu... (vor fremdsprachlicher Basis; Substantiv)
(mit der Bedeutung: schlecht, schwer, miss-, -widrig) z. B. *Dystrophie/Eutrophie*

Dyskolie//Eukolie
(trübsinnige Gemütsverfassung o Psychologie)

Dyskrasie//Eukrasie
(Medizin)

Dysphemismus//Euphemismus
die Redewendung „sich das Rohr verbogen haben" für „geschlechtskrank sein" ist ein Dysphemismus (Wort, das die bezeichnete Sache negativ, in schlechter Weise benennt o Sprachwissenschaft)

Dysphorie//Euphorie
(übellaunige Stimmungslage o Medizin, Psychologie)

dysphorisch//euphorisch
(übellaunig o Medizin, Psychologie) o „Am besten konnte gegen PMS-Beschwerden wie Stimmungsschwankungen, dysphorische Verstimmung, Blähbauchgefühl und Ödeme vorgegangen werden" (Salzburger Nachrichten 14. 11. 2001)

dysphotisch//euphotisch
(lichtarm o in Bezug auf Gewässer)

Dyspnoe//Eupnoe
(Atemnot)

Dysteleologie//Teleologie
(philosophische Lehre von der Unzweckmäßigkeit, Ziellosigkeit der Naturkräfte)

dysteleologisch//teleologisch
(zweckwidrig)

Dystokie//Eutokie
(erschwerte Entbindung o Medizin)

Dystonie//Eutonie
(Störung des normalen Spannungszustandes der Muskeln und Gefäße o Medizin)

Dystopie//Eutopie
(Fehllagerung von Organen o Medizin)

Dystopie//Utopie
(in der Zukunft spielende Erzählung o. Ä. mit negativem Ausgang) o *Eine Dystopie ist das negative Gegenbild zu einer hoffnungsvollen Utopie. Die Dystopie entwirft ein zukunftspessimistisches Szenario von einer Gesellschaft, die sich zum Negativen entwickelt.* (Die Presse 25. 5. 2018)

Dystrophie//Eutrophie
(Ernährungsstörung o Medizin)

E

...e//...er (Substantiv)
z. B. *Vertraute/Vertrauter*

Ebbe//Flut; ↑auch: Hochwasser
bei Ebbe nicht baden ○ *Mitreißend und wechselhaft wie Ebbe und Flut* (Mannheimer Morgen 20. 4. 2018)

eben//bergig, hügelig
ein ebenes Gelände ○ *Alles ist grün ringsum, eben und ein bisschen hügelig, mittendrin blinkt ein See.* (Berliner Zeitung 8. 8. 2014) ○ *Nur die Umgebung des Flughafens ist eben, die Region ist bergig.* (Die Zeit 1. 11. 2007)

eben//uneben (Adjektiv)
Die Füße merken z. B., wie eben oder uneben der Boden ist. (Schweriner Volkszeitung 16. 6. 2011)

ebenbürtig//unebenbürtig
er ist ihr geistig ebenbürtig ○ *Wo Private zumindest ebenbürtig oder sogar besser sind, soll ihnen die Initiative überlassen werden.* (NEWS 7. 7. 2017)

ebenmäßig//unebenmäßig
Sie müssen von hoher Qualität und ebenmäßig sein, damit sie nach dem Lackieren schön aussehen. (Mittelbayerische Zeitung 29. 3. 2018)

ebenso//anders
das hätte sie ebenso gemacht ○ *Es geht schief, weil alles auch ebenso gut hätte anders laufen können.* (taz 21. 7. 2007)

Eber//Bache, Sau; ↑auch: Nonne//Borg
ein Eber ist ein männliches [Haus]schwein ○ *Ob sich Eber und Sau verstehen, soll nun am Wochenende getestet werden.* (Mitteldeutsche Zeitung 24. 9. 2015) ○ *So zerlegten ein in Panik geratener Eber und eine Bache, die sich offenbar verirrt hatten, kürzlich in Heide (Dithmarschen) ein Geschäft und verletzten mehrere Menschen.* (Nordwest-Zeitung 29. 1. 2018)

Eber//Borg
(nicht kastriertes männliches Schwein)

echt//falsch
echte Haare, Zähne, Banknoten ○ *echte Gefühle* ○ *echte Freunde* ○ *echte Polizisten fahren in Streifenwagen, falsche nicht* ○ *Was ist echt, was falsch? Wie funktioniert Wahrnehmung?* (Aachener Zeitung 1. 7. 2015)

echt//gefälscht
die Unterschrift ist echt ○ *Während es bei Bildern viele Programme gibt, die veränderte oder gefälschte Bilder identifizieren, müssen bei Videos einige Mosaiksteinchen zusammengetragen werden, um einen Nachweis über echt oder gefälscht zu führen.* (Nürnberger Nachrichten 8. 9. 2018)

echt//imitiert
dieser Schrank ist echtes Barock ○ *Äusserlich ein wenig spektakulärer Backsteinbau, gibt das Haus seinen Reichtum erst im Innern preis: echte und aus Pappmaché imitierte Stuckdecken ...* (Neue Zürcher Zeitung 13. 9. 2013)

echt//künstlich
echte Blumen ○ *Sieht echt aus, ist aber künstlich* (Kölner Stadtanzeiger 3. 3. 2017)

echt//unecht
dieser Schmuck ist echt ○ *Schön zu wissen, wenn das, was man sieht, echt ist. Noch schöner, wenn sich die Grenzen zwischen echt und unecht in Luft auflösen.* (Süddeutsche Zeitung 18. 5. 2017) ○ *ein echter Bruch* (der Zähler ist größer als der Nenner)

echte Perle//Zuchtperle
Seit zehn Jahren sind echte Perlen wieder im Kommen. ... Gleichzeitig sind die Preise

bei den Zuchtperlen ... stark eingebrochen. (St. Galler Tagblatt 30. 10. 2009)

Echthaar//Kunsthaar
Heißt sie Sylvie van der Vaart, nimmt sie Echthaar, heißt sie Lotte Normalverbraucherin, nimmt sie Kunsthaar. (Braunschweiger Zeitung 9. 7. 2010)

eckig//rund
ein eckiger Tisch o *ein eckiges Gesicht* o *Jedenfalls ist es besser, ein eckiges Etwas zu sein als ein rundes Nichts* (Friedrich Hebbel zugeschrieben)

Economy[class]//Business[class]
(billigere Flugklasse) o *„Meine Kinder fliegen Economy, auch wenn ich Business fliege."* (Berliner Zeitung 28. 9. 2017) o *Ein Upgrade von der Economyclass in die Businessclass für einen einfachen Transatlantikflug kostet bei der Star Alliance ... beispielsweise 30 000 Meilen.* (Neue Zürcher Zeitung 1. 11. 2012)

Eduard II.//Piers Gaveston
(König von England (1284–1327) und sein Lieblingsfreund Piers Gaveston)

Edukt//Produkt
(aus Rohstoffen abgeschiedener Stoff, z. B. Öl aus Sonnenblumenkernen)

Effektenbank//Depositenbank
(Spezialbank für das Effektengeschäft, Wertpapiere)

effektiv//ineffektiv, uneffektiv
eine effektive (wirkungsvolle, den Einsatz lohnende) *Arbeit* o *eine effektive Methode* o *Nicht schön, aber effektiv gespielt. Ebenfalls nicht schön, jedoch uneffektiv ... verliefen die Partien von Werder Bremen und Schalke 04.* (Ostthüringer Zeitung 18. 4. 2006) o *Es ist unfair zu sagen: Schaut, wie effektiv diese Regierung ist und wie ineffektiv die EU ist!* (Ostthüringer Zeitung 16. 11. 2007)

effektive Leistung//indizierte Leistung
(nutzbare Leistung einer Maschine)

Effektivgeschäft//Differenzgeschäft
(Wirtschaft)

Effektivhandel//Spekulativhandel
(Wirtschaft)

Effektivverzinsung//Nominalverzinsung
(Wirtschaft)

efferent//afferent
efferente (von einem Organ herkommende) *Nervenbahnen* (Medizin)

Efferenz//Afferenz
(Impuls, der vom Zentrum zur Peripherie geht o Medizin)

effizient//ineffizient, uneffizient
eine effiziente (wirksame) *Methode* o *In beiden Systemen lässt es sich effizient oder auch uneffizient arbeiten.* (Basler Zeitung 4. 5. 2001) o *Bauherrn, Käufer und Vermieter sehen auf einen Blick, wie effizient oder ineffizient die Immobilie hinsichtlich dieses Verbrauchs ist.* (Kurier 8. 2. 2008)

Effizienz//Ineffizienz, Uneffizienz
er sprach von der Effizienz der Unternehmung o *... dann müssten wir ... ‚unsere eingeschliffenen Vorstellungen über die Effizienz von industrieller Arbeit und die Ineffizienz von Eigenarbeit sicher über den Haufen werfen'* (Salzburger Nachrichten 10. 9. 2012)

effiziertes Objekt//affiziertes Objekt
„Tee" ist in „Tee kochen" ein effiziertes Objekt, ein Objekt, das durch die im Verb ausgedrückte Tätigkeit hervorgerufen wird, entsteht

E-Geld//Bargeld
Notenbanken prüfen Ausgabe von E-Geld. Die großen Zentralbanken bereiten sich auf eine Welt ohne Bargeld vor. (Die Zeit 28. 4. 2016)

Egoismus//Altruismus
(Selbstsucht) o *Falken stehen in der Geschichte für extremen Egoismus, Tau-*

ben für Altruismus. (Die Presse 13. 8. 2016)

Egoist//Altruist
(jemand, der selbstsüchtig, ichbezogen ist)

egoistisch//altruistisch
das ist sehr egoistisch (auf das eigene Wohl zielend) *gedacht*

egressiv//ingressiv
(beim Verb das Ende eines Vorgangs bezeichnend, z. B. *verblühen*)

Ehefrau//Ehemann; ↑auch: Gatte
Mit Tränen in den Augen umarmte Ehefrau und Königin Hildegard ihren Ehemann. (Rheinische Post 5. 4. 2017)

Ehekind//Bastard; ↑auch: natürlicher Sohn, natürliche Tochter
(veraltet)

ehelich//unehelich, nichtehelich, außerehelich, vorehelich
eheliche (in der Ehe geborene) *Kinder* ○ *Hier war zu erkennen, dass Kinder – gleich ob ehelich oder nichtehelich – eine starke Stellung einnehmen.* (Mittelbayerische Zeitung 26. 9. 2016) ○ *Schon der Besitz des Papiers soll zu Sexualverkehr befähigen – ‚sowohl ehelich wie auch außerehelich und vorehelich mit jeweils 1 Person in allen nur denkbaren Stellungen und an allen geeigneten Plätzen'* (Stern 28. 1. 1999) ○ *Davor bestimmte sich der Familienname des Kindes in erster Linie danach, ob es ehelich oder unehelich geboren wurde.* (Neue Kronen-Zeitung 26. 2. 2017)

Ehemann//Ehefrau; ↑auch: Gattin

Ehenichtigkeit//Nichtehe
(Rechtswesen)

ehetauglich//eheuntauglich
Nach vier Ehen erklären Sie, nicht ehetauglich zu sein? Wann sind Sie da draufgekommen? (NEWS 10. 2. 2011)

eheuntauglich//ehetauglich
Sie ist ihrer Meinung nach eheuntauglich, und hat auch nicht geheiratet. Sie wollte keine Kinder und bekam auch keine. (Nürnberger Zeitung 29. 11. 2014)

Ehe zur linken Hand//Ehe zur rechten Hand
(Ehe zwischen einer „Bürgerlichen" und einem Adligen, in der die Frau ihren Mädchennamen behält)

Ehe zur rechten Hand//Ehe zur linken Hand
(Ehe zwischen Ranggleichen)

Ehre//Schande
Die Ehre ist das Gegenteil der Schande. Spricht man jemandem das eine ab, rückt man ihn also in die Nähe des anderen. (Der Standard 18. 11. 2017)

ehrenamtlicher Richter//Berufsrichter

ehrenhaft//unehrenhaft
ehrenhaft aus dem Heer ausscheiden ○ *In einem Land, in dem insbesondere Mädchen und junge Frauen vor der Ehe keinen Sex haben dürfen, werde die Ehe so zum Reglement für legitimierten Sex und entscheide darüber, welche Frau als ehrenhaft und welche als unehrenhaft angesehen werde* (Aachener Zeitung 3. 10. 2016)

ehrerbietig//unehrerbietig
Und während Gabriele dreimal ehrerbietig aufstand, als Gänswein den Gerichtssaal betrat und ihn wieder verließ, wurde er selbst von dem Monsignore nur eines einzigen, ernsten Blickes gewürdigt. (Die Presse 3. 10. 2012)

Ehrgeiz; ↑ohne Ehrgeiz

ehrgeizig//ohne Ehrgeiz
er ist ehrgeizig ○ *Doch Czaba ist ehrgeizig. Und ohne Ehrgeiz, kein Erfolg* (Kölnische Rundschau 29. 5. 2004)

ehrlich//unehrlich
ehrlich sein ○ *ehrliche Absichten haben* ○ *Und zwar darüber, wie ehrlich*

oder eben unehrlich es in der Wirtschaft zugeht. (Basler Zeitung 19. 10. 2007)

Ehrlichkeit//Unehrlichkeit

eidesfähig//eidesunfähig
(Rechtswesen)

Eidesfähigkeit//Eidesunfähigkeit
(Rechtswesen)

eidesunfähig//eidesfähig
(Rechtswesen)

Eidesunfähigkeit//Eidesfähigkeit
(Rechtswesen)

eidgenössisch//kantonal
(schweizerisch) ○ *Heute umfasst der Schweizer Seilbahnpark 659 grössere, eidgenössisch konzessionierte Anlagen und 1090 kantonal bewilligte kleinere Betriebe.* (Neue Zürcher Zeitung 1. 12. 2012)

eidlich//uneidlich
eine eidliche Falschaussage ○ *Es war in Israel zur Zeit Jesu üblich, bei fast jeder Gelegenheit eine Aussage eidlich zu bekräftigen* (Tiroler Tageszeitung 3. 11. 2013)

Eidos//Idee
(Platon)

Eidos//Materie
(Aristoteles)

Eidotter//Eiklar; ↑auch: **Eiweiß, Weißei**
(das Gelbe im Ei) ○ *Für die Nockerln die Eier in Eidotter und Eiklar trennen.* (Burgenländische Volkszeitung 26. 5. 2011)

eierlegend//lebendgebärend; ↑auch: **vivipar**
(in Bezug auf die Art der Fortpflanzung)

Eigelb//Eiweiß; ↑auch: **Eiklar, Weißei**
Im Eigelb ist mehr Eiweiß vorhanden als im Weißei. (Süddeutsche Zeitung 20. 3. 2009)

eigen//fremd
eigene Geldmittel ○ *das sind eigene Ideen* ○ *in eigener Sprache* ○ *Bluttransfusion mit eigenem Blut* ○ *Man macht sich ein Bild von der Welt, teilt sie ein in eigen und fremd, gut und böse und schreibt Menschen bestimmte Eigenschaften zu.* (Tiroler Tageszeitung 26. 5. 2013)

eigen...//fremd... (Adjektiv)
z. B. *eigengenutzt/fremdgenutzt*

eigen...//Gegen...
ein Fehler der eigenen Spieler ○ *die eigene Partei, nicht die Gegenpartei hat einen Fehler beim Spiel gemacht*

eigen//geliehen
das ist nicht mein eigenes, sondern ein geliehenes Fahrrad ○ *Der Bau boomt, die Leute investieren ihr eigenes oder geliehenes Geld gern in solides Eigentum* (Passauer Neue Presse 1. 4. 2016)

Eigen...//Fremd... (Substantiv)
z. B. *Eigenkapital/Fremdkapital*

...eigen//...fremd (Adjektiv)
z. B. *betriebseigen/betriebsfremd*

Eigenbesitz//Fremdbesitz
(Rechtswesen)

Eigenbetrieb//Eigengesellschaft
(Rechtswesen)

Eigenblut//Fremdblut
für eine Operation Eigenblut verwenden

eigener Wechsel//gezogener Wechsel
(Wirtschaft)

Eigenfinanzierung//Fremdfinanzierung
(Wirtschaft)

eigengenutzt//fremdgenutzt
eine eigengenutzte Wohnung

Eigengesellschaft//Eigenbetrieb
(Rechtswesen)

Eigengruppe//Fremdgruppe; ↑auch: **Ingroup**
(Soziologie)

Eigenkapital//Fremdkapital
(Wirtschaft)

Eigenmittel//Fremdmittel
(Finanzwesen)

Eigenname//Gattungsname
Eigennamen sind beispielsweise „Brecht", „Goethe"

Eigennutz//Gemeinnutz
Gemeinnutz geht vor Eigennutz ○ Unternehmerischer Eigennutz kollidiert mit gesellschaftlichem Gemeinnutz. (Neue Zürcher Zeitung 11. 2. 2014)

eigennützig//uneigennützig; ↑auch: altruistisch
eigennützig handeln ○ eigennützige Zwecke ○ „Dieselben Leute, die auf den Märkten eigennützig auftreten, können im politischen Leben kaum uneigennützig handeln" (Frankfurter Rundschau 11. 1. 2013)

Eigenreflex//Fremdreflex
(Medizin)

Eigenstrahlung//Bremsstrahlung
(Atomphysik)

eigentlich//uneigentlich
eigentliche und uneigentliche Bedeutungen eines Wortes ○ eigentliches und uneigentliches – metaphorisches – Sprechen ○ Es gibt zwar elektrisches Licht und eigentlich funktioniert es auch, aber uneigentlich auch immer mal wieder nicht. (Neue Westfälische 9. 2. 2015)

Eigentum; ↑Gemeineigentum, Privateigentum

Eigentumswohnung//Mietwohnung
Wenn es Streit um die Ehewohnung gibt, dann muss sie demjenigen von Ihnen zugewiesen werden, der stärker auf die Wohnung angewiesen ist. Das ist bei einer Eigentumswohnung genauso wie bei einer Mietwohnung. (Berliner Morgenpost 31. 3. 2011)

Eigenumsatz//Kundenumsatz
(Wirtschaft)

Eigenverschulden//Fremdverschulden
„Wir halten Eigenverschulden ebenso für möglich wie Fremdverschulden." (Rhein-Zeitung 3. 2. 2000)

Eigenverwaltung//Fremdverwaltung
(Rechtswesen)

Eiklar//[Ei]dotter; ↑auch: Eigelb, Gelbei
Eier trennen, Eiklar mit Salz zu Schnee schlagen, Dotter mit Zucker und Rum aufschlagen, bis sich der Zucker aufgelöst hat. (Die Presse 28. 11. 2014) ○ Eier trennen und das Eiklar zu Schnee schlagen. Eidotter mit Zucker, Vanillezucker schaumig rühren. (Niederösterreichische Nachrichten 14. 10. 2010)

ein; ↑bei jemandem aus//ein gehen, nicht//weder ein noch aus wissen

ein; weder ein noch aus wissen; ↑weder ein noch aus

Ein//Aus
Wir standen als Kinder alle um ihr Bett und beobachteten gespannt den kurzen flachen Atem. Diese Frau hatte das Ein und Aus eine Zeit lang im Griff. Sie wollte noch nicht gehen. (Stern 16. 3. 2000)

ein...//aus... (Verben mit gleichem Basiswort)
z. B. einschalten/ausschalten

ein...//aus... (Verben mit nicht gleichem Basiswort)
z. B. einziehen/ausstoßen (Atem)

ein...//ent... (Verben mit nicht gleichem Basiswort)
z. B. einstellen/entlassen

...ein//...aus (Adverb)
z. B. tagein/tagaus

einarmig//beidarmig
(nur) einarmig spielen (können) (Sport) ○ Beim Gewichtheben war einarmig das halbe und beidarmig das ganze

Körpergewicht zu stemmen. (Mannheimer Morgen 24. 11. 2004)

einatmen//ausatmen
tief einatmen

Einatmung//Ausatmung; ↑auch: **Exspiration**

Einbau//Ausbau
der Einbau des Motors

einbauen//ausbauen
den Motor (in das Auto) einbauen

Einbaumotor//Außenbordmotor
(Bootsbau)

einbeinig//beidbeinig
ein einbeiniger Sprung (Sport)

Einbettzimmer//Doppelzimmer, Zweibettzimmer

einblenden//ausblenden
Musik in die Sendung einblenden ○ *Wenn Sie darauf klicken, können Sie für erwünschte Symbole die Einstellung auf «Immer einblenden» ändern. Bei entbehrlichen Symbolen setzen Sie «Immer ausblenden».* (Tagesanzeiger 18. 5. 2009)

einbringen//ausbringen
Wortzwischenräume einbringen (Typographie) ○ *Diese Leistungen gingen von Rasen mähen, Fahrdienstleistungen, Ernte einbringen, ... Säen und Gülle ausbringen.* (Schwäbische Zeitung 9. 1. 2012)

Einbruchscaldera//Explosionscaldera
(Geologie)

Einbuchtung//Ausbuchtung
Die Fahrer ... fahren die neue Haltestelle an, die direkt vor seinem Haus gerade gestaltet wird. Doch sie hat keine Einbuchtung, sondern im Gegenteil eine Ausbuchtung. (Rhein-Zeitung 28. 10. 2003)

einbuddeln//ausbuddeln
ein Gewehr, eine Flasche einbuddeln ○ *Die Sparkassen-Tanne wurde am Dienstag wieder ausgebuddelt und gestern Morgen von Bauhof-Mitarbeitern auf einer Wiese im Stadtpark eingebuddelt.* (Bergische Morgenpost 16. 1. 2014)

einbürgern//ausbürgern
sie ist in die Schweiz eingebürgert worden ○ *Kommen Klagen ..., kann nur er helfen, ebenso auch, wenn ein Ungar eingebürgert werden will oder ein Sänger ausgebürgert werden soll.* (Mitteldeutsche Zeitung 25. 8. 2012)

Einbürgerung//Ausbürgerung
die Einbürgerung erfolgte in diesem Jahr

Eindecker//Doppeldecker
(veraltet ○ Flugwesen)

eindeutig//doppeldeutig
diese Aussage ist eindeutig ○ *... mal direkt und eindeutig, mal umschreibend und doppeldeutig wurden in den zahlreichen Gedichten die Spielarten der Erotik präsentiert* (Main-Post 18. 4. 2005)

eindeutige Funktion//mehrdeutige Funktion
(Mathematik)

Eindeutigkeit//Doppeldeutigkeit

eindocken//ausdocken
ein Schiff eindocken (ins Dock, Becken bringen ○ Seemannssprache)

eindrehen//ausdrehen
eine Glühlampe (in die Fassung) eindrehen ○ *An vier Mittwochabenden ... heißt es unter der Anleitung des ADTV-Tanzlehrers eindrehen, ausdrehen und immer schön im Takt bleiben.* (Aachener Zeitung 17. 1. 2004)

eindringen//abprallen
das Geschoß drang ein ○ *Die Klinge drang in die linke Brust ein, prallte an einer Rippe ab und verletzte zum Glück keine inneren Organe.* (Main-Post 17. 2. 2005)

ein[e] andere[r]//selbst
das hat er nicht selbst, das hat ein anderer gemacht

Einehe//Vielehe, Mehrehe; ↑auch: **Polygamie**
Wie immer bei Fällen, die vor Verwaltungsgerichten verhandelt werden, handelte es sich um eine extrem trockene Materie, die allein durch den Umstand pikant aufgewürzt wurde, dass es um die rechtliche Bewertung von Einehe und Mehrehe vor dem Hintergrund kultureller Differenzen und abendländischer Normen ging. (Der Spiegel 6. 4. 2004) o *Von den Möglichkeiten der Einehe und der Vielehe überwiegt unter den Kulturen die Vielehe (Der Spiegel 30. 3. 1970)*

eineiig//zweieiig
eineiige Zwillinge

einen Umweg machen//den Weg abkürzen
Allerdings müssen Radfahrer und Personen, die mit Kinderwagen zum Bahnhof wollen, momentan noch einen Umweg machen. (Niederösterreichische Nachrichten 11. 5. 2018)

eine Ohrfeige bekommen//eine Ohrfeige geben
er bekam eine Ohrfeige (von ihm) o *Das Gefühl, viel gearbeitet und zum Wohlstand im Land beigetragen zu haben – und als Dank eine Ohrfeige bekommen zu haben. (St. Galler Tagblatt 21. 9. 2016)*

eine Ohrfeige geben//eine Ohrfeige bekommen
er gab ihm eine Ohrfeige o *Es habe dann eine Auseinandersetzung gegeben, während der er dem Barmann lediglich eine Ohrfeige gegeben habe. (St. Galler Tagblatt 12. 4. 2018)*

einer Meinung sein//geteilter, verschiedener Meinung sein
Ich kenne keinen Menschen, mit dem ich immer einer Meinung bin. Wenn wir verschiedener Meinung sind, versuche ich zu verstehen, wie der andere zu seiner Meinung kommt. (Mitteldeutsche Zeitung 7. 3. 2015)

einerseits ..., andererseits
einerseits möchte er reisen, andererseits reizt ihn der Urlaub im Garten o *Dieser Satz bleibt ein Teil von Burgers Song. Das ist das Einerseits. Das Andererseits ist: Vor jedem Konzert ... kontrolliert der Sicherheitsdienst beim Einlass die Zuschauer auf rechtsextreme Zeichen und Symbole. (Der Spiegel 19. 5. 2018)*

einesteils ..., ander[e]nteils
Da erklang das Märchen von der schönen Melusine ... einesteils als zart durchpulste Wassermusik, andernteils als charakteristisch rhythmisierte Rittermusik. (Die Südostschweiz 17. 10. 2016)

einfach//de Luxe
Ausführung: einfach (bei Gegenständen) o *Der Spitzenmanager in der Globalisierungsfalle mit 50 einfach weg rationalisiert. Top Dogs, das sind Arbeitslose de Luxe, die Millionenverdiener aus der Old und New Economy. (Südkurier 7. 10. 2000)*

einfach//doppelt
ein einfacher Knoten o *Warum einfach, wenn's auch doppelt geht? (Leipziger Volkszeitung 20. 6. 2015)*

einfach//gefüllt
einfache Blüten, Nelken

einfach//hin und zurück
eine Fahrkarte nach Berlin einfach o *Meistens nimmt er einen 7,5-Tonner ... und ab geht es nach Temesvar, 1300 Kilometer, einfach, 2600 Kilometer hin- und zurück. (Frankfurter Rundschau 19. 10. 2013)*

einfach//kompliziert
das ist ein einfaches System o *Die Darts-Regeln sind so einfach, wie Cricket- und Snooker-Regeln kompliziert sind (Frankfurter Rundschau 8. 6. 2015)* o *„Einfach kompliziert" (Theaterstück von Thomas Bernhard, 1986)*

einfach//mehrfach
einfach ungesättigte Fettsäure im Olivenöl o *Musikalisch begleitet wurde sie*

von den Saarpfalz-Rythmikern, einer Gruppe einfach und mehrfach behinderter junger Musiker. (Saarbrücker Zeitung 4. 4. 2001)

einfach//zusammengesetzt
eine einfache Form des Verbs ist z. B. „trank" ○ *Heimat – das ist eigentlich ein kurzes, einfaches Wort.* (Mittelbayerische Zeitung 28. 3. 2018)

einfache Buchführung//doppelte Buchführung
(Wirtschaft)

einfache Mehrheit//absolute Mehrheit
(Mehrheit, bei der man mehr Stimmen als die einzelnen anderen, aber nicht als alle zusammen hat)

einfacher Briefumschlag//gefütterter Briefumschlag

einfacher Knoten//doppelter Knoten

einfacher Satz//komplexer Satz
(Grammatik)

einfaches Fenster//Doppelfenster

einfaches Komma//paariges Komma

einfädeln//ausfädeln
einen Faden einfädeln ○ *Die Kinder können damit hoch und noch höher stapeln, sie können ein- und ausfädeln und sich die fantasievollsten Gebilde ausdenken.* (Süddeutsche Zeitung 6. 12. 2014)

einfädeln, sich//sich ausfädeln
sich (als Autofahrer) rechtzeitig einfädeln ○ *Das wäre einer der gigantischen Verkehrskreisel geworden, in dem sich die Autos ohne feste Spuren spiralförmig einfädeln, Kreise drehen und wieder ausfädeln.* (Ostthüringer Zeitung 11. 3. 2010)

einfahren//ausfahren
das Flugzeug fährt die Landeklappen ein ○ *in das Bergwerk einfahren* ○ *Seit der Sanierung der Schrankenanlage kann man ... auch einfach mit der Bankomat- oder Kreditkarte in die Garage einfahren und dann auch wieder ausfahren.* (Niederösterreichische Nachrichten 15. 11. 2012)

einfahren//herausfahren, hinausfahren, rausfahren
der Zug fährt (in die Halle) ein (zu mir)

einfahren; ↑**aus- und einfahren**

Einfahrgleis//Ausfahrgleis
(Eisenbahn)

Einfahrgruppe//Ausfahrgruppe
(Eisenbahn)

Einfahrsignal//Ausfahrsignal
(Eisenbahn)

Einfahrt//Ausfahrt
die Einfahrt in den Hafen ○ *keine Einfahrt haben* ○ *die Einfahrt freihalten!* ○ *„Denn in der betreffenden Röhre wird weiterhin geblitzt"* – *nur nicht mehr hinter der Einfahrt, sondern nur noch vor der Ausfahrt.* (Berliner Zeitung 18. 10. 2010)

Einfahrt[s]gleis//Ausfahrt[s]gleis
(Eisenbahn)

Einfahrt[s]signal//Ausfahrt[s]signal
(Eisenbahn)

einfallslos//einfallsreich
eine einfallslose Architektur ○ *Mann und Frau schenken beide einfallslos. Bei Mitbringseln sind Paare nicht besonders einfallsreich.* (Berliner Morgenpost 6. 1. 2008)

Einfallslosigkeit//Einfallsreichtum

einfallsreich//einfallslos
eine einfallsreiche Architektur

Einfallsreichtum//Einfallslosigkeit

Einfallstraße//Ausfallstraße
(Verkehrswesen)

Einfallswinkel//Ausfallswinkel

Einfamilienhaus//Mehrfamilienhaus
Überspitzt ausgedrückt reicht die Liste vom Einfamilienhaus über das Mehrfamilienhaus mit preisgünstigem Wohnraum bis hin zur Obdachlosenunterkunft. (Stuttgarter Zeitung 30. 12. 2014)

einfarbig//bunt
ein einfarbiges Kleid ○ Es gibt sie in Groß und in Klein, einfarbig, bunt oder durchsichtig – bei dem regnerischen Wetter in den vergangenen Tagen ist ein Regenschirm wohl ... unverzichtbarer Alltagsgegenstand. (Kölnische Rundschau 4. 8. 2016)

einfliegen//ausfliegen
die Tauben fliegen (in den Schlag) ein ○ Lebensmittel, Soldaten (in die Stadt) einfliegen ○ Nun scheint er ... dem Politikbetrieb eine Verschnaufpause von seinem Hubschrauberprinzip zu gewähren: einfliegen, Staub aufwirbeln, wieder ausfliegen. (Hamburger Abendblatt 21. 1. 2012)

Einflugschneise//Ausflugschneise
(Flugwesen)

einflusslos//einflussreich
Moderne Gesellschaften weisen häufig eine Auseinanderentwicklung von arm und reich, einflusslos und einflussreich, räumlicher Konzentration und Ausgrenzung auf. (Kölnische Rundschau 13. 6. 2012)

einflussreich//einflusslos

einfrieren//auftauen
das Essen einfrieren ○ Vor ein paar Monaten hat die 34-Jährige Eizellen von sich einfrieren lassen. ... Die Eizellen lassen sich jederzeit auftauen, künstlich befruchten und dann in die Gebärmutter einsetzen. (Leipziger Volkszeitung 17. 10. 2014)

Einfuhr//Ausfuhr; ↑auch: Export
Einfuhr von Waren

einfügen//auslassen
einen Satz einfügen und dafür einen anderen auslassen ○ Seit der Titel im Jahr 1000 erstmals belegt ist, ist „Alf layla wa-lala", ..., ein work in progress, an dem jede und jeder Bearbeiter und Fortsetzer herumgeschrieben, eingefügt, ausgelassen, umgestellt hat. (Süddeutsche Zeitung 14. 5. 2016)

einführen//abschaffen
die Todesstrafe, eine Steuer einführen ○ Diese ... Gruppe will übrigens eine EU-Armee einführen und das Bundesheer abschaffen. (Tiroler Tageszeitung 23. 5. 2014)

einführen//ausführen; ↑auch: exportieren
Waren (aus Übersee) einführen ○ Industrie braucht offene Grenzen, um Rohstoffe aus dem Ausland einführen und fertige Waren dorthin ausführen zu können (Wirtschaftsblatt 3. 4. 2013)

Einfuhrhafen//Ausfuhrhafen

Einführung//Abschaffung
die Einführung der gleitenden Arbeitszeit

einfüßig//beidfüßig
einfüßig spielen ○ Der Muskelmann in der Latzhose wirft die weiße Elfe wie eine Feder durch die Luft, bis sie – einfüßig und auf Spitze – auf seiner Schulter steht. (Märkische Allgemeine 28. 4. 2018)

Eingabe//Ausgabe; ↑auch: Output
die Eingabe der Daten (EDV) ○ Access bietet professionelle Möglichkeiten für die Eingabe, Suche und Filterung sowie für die übersichtliche Ausgabe von Daten. (Märkische Allgemeine 22. 3. 2008)

Eingang//Ausgang
den Eingang freihalten ○ den Eingang der Briefpost bestätigen ○ Dabei wird über zwei Messpunkte am Eingang und am Ausgang des Tunnels die durchschnittliche Geschwindigkeit ermittelt. (Kölnische Rundschau 1. 2. 2017)

eingangs//ausgangs
eingangs des letzten Jahrhunderts ○ eingangs Hamburgs ○ Weiterhin stehen kos-

tenlose Werbeflächen im öffentlichen Raum eingangs und ausgangs des Steinwegs zur Verfügung (Mitteldeutsche Zeitung 29. 2. 2008)

Eingangschor//Schlusschor
Dass die Zürcher Sängerknaben nur beim Eingangschor und nicht auch beim Schlusschor des ersten Teils der Passion mitmachten, bedürfte einer Erklärung. (Neue Zürcher Zeitung 29. 3. 2016)

Eingangstür//Ausgangstür

eingedenk//uneingedenk
eingedenk seines Versprechens, seiner Warnung (sich daran erinnernd) ○ Wohl eingedenk der langen Tradition, die Kitzbühel als Sommerfrische hat, gibt Gaudens Pedit seiner sommerlichen Ausstellung diesen Namen. (Tiroler Tageszeitung 24. 7. 2013)

ein Geheimnis hüten//ein Geheimnis lüften
Bilder dürfen ein Geheimnis hüten und der Betrachter darf versuchen, es zu lüften (Frankfurter Rundschau 21. 8. 2009)

ein Geheimnis lüften//ein Geheimnis hüten
Es war ein gut gehütetes Geheimnis, aber seit Freitag ist es gelüftet (Salzburger Nachrichten 8. 6. 2013)

eingehen; ↑aus- und eingehen

eingehend//ausgehend
die ein- und ausgehende Post ○ Ob im Verein oder privat, ein Kassenbuch brauchen viele Menschen die regelmäßig über eingehende und ausgehende Geldbeträge Buch führen müssen (Neue Westfälische 16. 1. 2008)

eingeladen//einladend
die eingeladenen Personen (Gäste) ○ Liturgie wird schräg, wenn sich mehr ausgeladen als eingeladen fühlen. Die Liturgie sollte daher einladend sein für alle und Zugang bieten für Menschen mit unterschiedlicher Spiritualität. (Rheinische Post 25. 7. 2016)

eingeladen//uneingeladen
eingeladene Personen (auf einem Fest) ○ Also nicht die Partys als solche, sondern die Partys, auf die man nicht eingeladen ist. ... Sich uneingeladen auf eine Buchmesseparty zu schnorren, ist großer Sport, und wenn es gelingt, ein großes Vergnügen. (taz 18. 10. 2016)

eingelöst//uneingelöst
eingelöste Versprechen ○ Viele Gutscheine werden nicht eingelöst ... Bei Gutscheinen über 100 Euro bleiben 15 bis 30 Prozent uneingelöst (Oberösterreichische Nachrichten 21. 10. 2015)

eingeschränkt//uneingeschränkt
eingeschränkte Vollmacht ○ eingeschränkt schuldfähig ○ Das Selbstverständliche – Mitleid – wird eingeschränkt empfunden, obschon es uneingeschränkt herrschen sollte. (taz 19. 3. 2013)

eingeseift werden//jemanden einseifen
Oder sollen die 05er vor dem vor Spannung knisternden Abstiegskampfduell am Sonntag am Bruchweg etwas eingenebelt, mit Lobeshymnen eingeseift, insgesamt etwas eingelullt werden? (Rhein-Zeitung 29. 10. 2005) ○ Endlich unter einer Dusche und gerade eingeseift, ging das Wasser aus. (Rhein-Zeitung 25. 1. 2007)

eingesetzte Ärmel//angeschnittene Ärmel
(Schneiderei)

Eingewanderte[r]//Ausgewanderte[r]
Immer wieder hat das Wallis markante Persönlichkeiten hervorgebracht. Seien das Eingewanderte, wie Gianni Infantino, Ausgewanderte, wie der Hotelier César Ritz (Neue Zürcher Zeitung am Sonntag 6. 3. 2016)

eingeweiht//uneingeweiht
er ist eingeweiht (in den Plan) ○ Der nicht eingeweihte Beobachter verliert mehr und mehr die Hoffnung, mithilfe der Zeichnung das sakrale Geheimnis

des Abends lüften zu können. (Die Presse 3. 3. 2018)

eingewickelt//uneingewickelt
eingewickelte Waren ○ Schon im alten Asien wurden in Bambusstäbchen eingewickelte Nadeln zur dekorativen Verschönerung angewandt (Tiroler Tageszeitung 10. 9. 2010)

eingleisig//zweigleisig
diese Strecke ist eingleisig ○ Alternativ dazu wird auch geprüft, ob die beiden Linien teilweise nur eingleisig – statt wie bisher geplant: überwiegend zweigleisig – ausgebaut werden. (taz 3. 12. 2011)

eingliedern//ausgliedern
Gebiete in die Verwaltung eingliedern ○ Es gäbe zwei Möglichkeiten: Entweder das Standesamt komplett in Neureichenau eingliedern ... oder aber nur gewisse Arbeiten ausgliedern (Passauer Neue Presse 6. 8. 2010)

eingrätschen//ausgrätschen
(in eine andere Position mit einer Grätsche wechseln ○ Turnen)

Eingriffskondiktion//Leistungskondiktion
(Rechtswesen)

Eingriffsverwaltung//Leistungsverwaltung
(Rechtswesen)

ein gutes Gedächtnis haben//vergesslich sein
Er macht gerne Späße, er hat ein gutes Gedächtnis und steht mitten im Leben. (Frankfurter Neue Presse 16. 8. 2012)

einhaken//aushaken
eine Kette einhaken ○ Das Seil durch den Abseilachter führen und in den Karabiner einhaken. Selbstsicherung aushaken (Handelsblatt 22. 9. 2000)

einhängen//aushängen
eine Tür (wieder) einhängen ○ Die Aufgabe an sich ist nicht schwer: aushängen, einhängen, aushängen, einhängen. ... Durchgehendes Sichern und fortwährende Suche nach dem besten Tritt erfordern höchste Konzentration. (Salzburger Nachrichten 31. 5. 2014)

einhäusig//zweihäusig
einhäusige Pflanzen

Einhäusigkeit//Zweihäusigkeit
(Botanik)

einheben//ausheben
eine Tür einheben ○ Der Kran wird diese Brückenträger dann voraussichtlich bis zum Sonntagnachmittag einheben. (Mannheimer Morgen 25. 6. 2018)

einheimisch//ausländisch
einheimische Produkte ○ «Keine Bank, ob klein oder gross, einheimisch oder ausländisch, steht über dem Gesetz.» (Tagesanzeiger 11. 8. 2012)

Einheimische[r]//Fremde[r]
auf dem Fest waren viele Einheimische und einige Fremde ○ Engagierte Einheimische, die Fremde willkommen heißen und ihnen – ganz ohne Bezahlung – ihre Lieblingsplätze zeigen (Tiroler Tageszeitung 7. 5. 2016)

einheitlich//uneinheitlich
einheitliche Kleidung ○ eine einheitliche Auffassung des Textes ○ Rückläufiger Bundestrend setzt sich im Saarland nicht einheitlich fort. Das Spendenaufkommen im Land ist uneinheitlich. (Saarbrücker Zeitung 17. 12. 2009)

Einheitlichkeit//Uneinheitlichkeit

Einheitsgewerkschaft//Richtungsgewerkschaft
(religiös, politisch neutrale Gewerkschaft)

Einheitskurs//freischwankender Kurs
(Börse)

Einheitsprinzip//Abstraktionsprinzip
(Rechtswesen)

Einheitswert//Verkehrswert
(bei Immobilien)

einhöckrig//zweihöckrig
ein einhöckriges Kamel ○ ein Dromedar ist ein einhöckriges Kamel, ein Trampeltier ist ein zweihöckriges Kamel

einholen//auswerfen
die Fischer holen ihre Netze (wieder) ein ○ Stundenlang macht man nichts als die Leine auswerfen, kurz warten, ruckartig einholen, wieder auswerfen. (Rheinische Post 17. 3. 2012)

einholen//hissen
die Fahne (wieder) einholen ○ Sie holen nämlich nachts die Nazi-Flagge ein und hissen dafür die Ratte. (Braunschweiger Zeitung 11. 10. 2012)

einholen; ↑den Anker einholen, die Segel einholen

einig//uneinig
einig über etwas sein ○ In der Sache einig – im Vorgehen allerdings uneinig war der Marktgemeinderat bei einem Antrag ... zum Thema „Barrierefreiheit" im Ortskernbereich. (Mittelbayerische Zeitung 30. 4. 2018)

Einigkeit//Uneinigkeit
es bestand Einigkeit in der Frage

einjährig//mehrjährig
einjährige Pflanzen ○ Sie können einjährig oder mehrjährig sein, ihre Blüten sind meist traubenförmig. (Mittelbayerische Zeitung 12. 5. 2017)

Einjährige, das//Abitur
(veraltet: Schulabschluss nach erfolgreichem Besuch der letzten Klasse an einer Realschule oder der 10. Klasse an einem Gymnasium)

Einkammersystem//Zweikammersystem
(Rechtswesen)

Einkaufspreis//Verkaufspreis
Der ACE schätzt, dass die Differenz zwischen Einkaufspreis und Verkaufspreis und damit der Rohertrag bei den Markentankstellen derzeit weit mehr als zehn Prozent beträgt. (Thüringische Landeszeitung 25. 2. 2012)

einklinken, sich//sich ausklinken
sich (wieder) in die Gesellschaft einklinken ○ Die Ideologie wird bekannt, und Spinner klinken sich ein. (Stern 27. 10. 2016) *○ Der Unterricht ist offen, immer wieder geht die Tür auf, Nachzügler klinken sich ein.* (Die Zeit 14. 3. 2013)

einknöpfen//ausknöpfen
das Mantelfutter (wieder) einknöpfen

Einkommen; ↑Arbeitseinkommen, Besitzeinkommen, Bruttoeinkommen, Nettoeinkommen, Nominaleinkommen, Realeinkommen

einkommensschwach//einkommensstark
einkommensschwache Familien ○ einkommensschwache Schichten der Bevölkerung ○ Singlehaushalte, ältere Personen und einkommensschwache Haushalte werden dieses Jahr eher vom Kauf eines Weihnachtsbaumes absehen als Mehrpersonenhaushalte und einkommensstarke Haushalte. (Braunschweiger Zeitung 24. 12. 2012)

einkommensstark//einkommensschwach
einkommensstarke Familien ○ einkommensstarke Schichten der Bevölkerung

einkuppeln//auskuppeln
den Motor (wieder) einkuppeln ○ Also hieß es: Auskuppeln, Gang rausnehmen, wieder einkuppeln, dosiert Gas geben, nochmal auskuppeln und die nächstniedere Fahrstufe einlegen. (Süddeutsche Zeitung 5. 4. 2008)

einladen//ausladen; ↑auch: abladen, entladen
jemanden einladen ○ Waren einladen ○ Carp hatte die Band erst eingeladen, dann ausgeladen und schließlich wieder eingeladen (Berliner Zeitung 9. 8. 2018) *○ Pakete einladen, Pakete ausladen, bis sieben Uhr morgens, das ist*

sein Hauptberuf. (Süddeutsche Zeitung 28. 12. 2013)

einladend//eingeladen
die einladenden Personen (Gastgeber) ○ *Wirklich einladend wirkt sie aktuell aber eher nicht. Jedenfalls nicht zum Liegen. Eher fühlten sich Maulwürfe eingeladen, hier ihre Hügel zu errichten.* (Nordkurier 3. 2. 2012)

einlassen//auslassen
Wasser (in die Badewanne) einlassen

einlassen[sich]//auslassen[sich]
Es wird also Verletzte geben, wenn die „Diener der göttlichen Pointe" sich auf aktuelle Themen einlassen und sich live darüber auslassen (Rhein-Zeitung 27. 3. 2007)

Einlassventil//Auslassventil
(beim Auto)

einlaufen//auslaufen
Wasser läuft (in die Wanne) ein ○ *Schiffe laufen (in den Hafen) ein* ○ *... zuerst 20 Minuten einlaufen, dann drei Mal schnelle Fünf-Minuten-Dauerläufe und dann 15 Minuten auslaufen* (Burgenländische Volkszeitung 12. 9. 2007)

einlaufen lassen//auslaufen lassen
das Wasser (in die Badewanne) einlaufen lassen ○ *Die Anpassung der Fahrrinne werde aber „auf jeden Fall ausreichen, um Schiffe mit mehr Ladung einlaufen oder auslaufen lassen zu können"* (Der Spiegel 6. 5. 2015)

einläuten//ausläuten
das neue Jahr einläuten ○ *Dazu gibt es moderne Musikrhythmen, die Szenen einläuten und ausläuten.* (Braunschweiger Zeitung 22. 2. 2007)

einlegen//herausnehmen
Wasser aufkochen, die Kalbsfilets einlegen und auf kleiner Stufe acht Minuten ziehen lassen, dann herausnehmen und 15 Minuten rasten lassen. (NEWS 9. 10. 2014)

einmal//mehrmals
sie war einmal in den USA ○ *Der Bedürftige besucht einmal oder mehrmals pro Woche eine Tagespflege-Einrichtung.* (Saarbrücker Zeitung 23. 10. 2017)

einmal//dauernd
Oder der Häcksler wird nur einmal aus dem Keller zu den Gehölzen getragen und nicht dauernd hin und her. (Mannheimer Morgen 20. 7. 2013)

Einmarsch//Ausmarsch
der Einmarsch der Sportler ins Stadion ○ *Beim Einzug des Hexenrates sowie beim Einmarsch und Ausmarsch des Protokollers werde traditionsgemäß der Narrhallamarsch gespielt.* (Wiesbadener Tagblatt 23. 1. 2013)

einmieten//ausmieten
Kartoffeln, Rüben einmieten (in einer Miete, einer mit Stroh abgedeckten Grube, lagern) ○ *Gegen die 20 Ferienwohnungen wollen die Grünen jedenfalls vorgehen. Sie haben sich selbst ein paar Tage dort eingemietet.* (Die Presse 9. 8. 2018)

einmischen, sich//sich heraushalten
er mischt sich (in den Streit) ein ○ *die Regierung solle sich nicht die Kirchenfragen einmischen und die Kirche solle sich aus der Politik heraushalten.* (Die Zeit 27. 3. 2014)

ein Modemuffel sein//modebewusst sein
Männer sind überhaupt keine Modemuffel. Und die harten Kerle, die American Footballer also, sind sogar sehr wählerisch und modebewusst. (Mitteldeutsche Zeitung 20. 4. 2017)

einmontieren//ausmontieren
Einzelteile (in etwas) einmontieren ○ *Die lebensgroßen Porträts sind einmontiert in alte Fototafeln vom Interieur einer großbürgerlichen Villa.* (Die Zeit 23. 2. 2017)

ein ...muffel sein//...bewusst sein
z. B. *ein Modemuffel sein/modebewusst sein*

Einnahmen//Ausgaben
die Einnahmen betrugen 1000 Mark ○ *Viele, die in unsere Beratung kommen, haben ihren Bedarf aber noch nicht so genau kalkuliert und Einnahmen und Ausgaben gegenübergestellt.* (Die Zeit Campus 15. 3. 2016)

einnehmen//ausgeben
Geld einnehmen ○ *Weil in der Kantonsrechnung ein Loch von jährlich rund 90 Millionen Franken klafft, wird der Regierungsrat noch in diesem Sommer festlegen, wie er mehr Geld einnehmen und weniger ausgeben will.* (Neue Zürcher Zeitung am Sonntag 30. 6. 2013)

ein Paar//einzeln ...
ein Paar Schuhe ○ *Im Staub unter dem Chorgestühl verbarg sich nicht nur eine mumifizierte Maus, sondern auch ein Paar Herrenschuhe Größe 28,5 und ein einzelner löchriger Hausschuh.* (Thüringer Allgemeine 19. 3. 2004)

einpacken//auspacken; ↑auch: auswickeln
ein Geschenk einpacken ○ *Auch den Umzug stellt man sich als IT-Laie sehr viel einfacher vor: einpacken, transportieren, auspacken und hinstellen.* (Schwäbische Zeitung 27. 6. 2017)

einparken//ausparken
das Auto einparken ○ *Als Güttler einparken wollte, wollte ein anderer gerade sein Auto ausparken.* (Süddeutsche Zeitung 23. 7. 2015)

einpendeln//auspendeln
(als Berufspendler: in den Ort, in dem man arbeitet, hineinfahren) ○ *Dies führe dazu, dass mehr Menschen zum Arbeiten in die Stadt einpendeln als auspendeln.* (Main-Post 13. 3. 2017)

Einpendler//Auspendler
morgens sind viele Einpendler unterwegs ○ *Berufspendler sind aus der Sicht ihrer Wohngemeinde Auspendler und aus der Sicht ihrer Gemeinde, in der sie arbeiten, Einpendler*

Einphasen[umsatz]steuer//Allphasen[umsatz]steuer
(Steuerwesen)

einrahmen//ausrahmen
Bilder einrahmen ○ *Es ist kein Resümee, das man sich einrahmen und an die Wand hängen würde.* (Die Presse 29. 8. 2016)

einrasten//ausrasten
der Hebel rastete ein ○ *Und scheinbar banal, aber dennoch oft missachtet: der Ratschlag, auch bei kurzen Abwesenheiten die Tür nicht nur einrasten zu lassen, sondern abzuschließen* (Tiroler Tageszeitung 5. 7. 2015)

einräumen//ausräumen
den Schrank, das Zimmer einräumen ○ *Gegenstände in das Fach einräumen* ○ *Dann kommen auch noch so normale Dinge wie Waschmaschine einräumen, ausräumen, einkaufen gehen* (Schweriner Volkszeitung 13. 10. 2018)

einreihig//zweireihig
Ob lang, kurz, mit Gürtel, ohne, einreihig oder zweireihig – einen passenden Schnitt dürfte fast jede Frau finden. (Passauer Neue Presse 5. 3. 2005)

Einreiher//Zweireiher
(Schneiderei) ○ *Für das Sakko gibt es zwei Grundformen: den Einreiher und den Zweireiher. Der Einreiher ist mit zwei oder drei Verschlussknöpfen zu haben.* (Stuttgarter Nachrichten 8. 2. 2010)

Einreise//Ausreise
die Einreise in die Schweiz

einreisen//ausreisen
in ein Land, in die Schweiz, in die USA, nach Polen einreisen ○ *Außerdem dürfen am Brenner immer nur so viele Transitfahrzeuge (Pkw wie Lkw) einreisen, wie*

bei Kufstein nach Deutschland ... ausreisen. (Tiroler Tageszeitung 7. 12. 2016)

einrenken//ausrenken
ihm wurde der Arm wieder eingerenkt ○ *Hat sich das denn wieder eingerenkt? ... Es hat sich nie ausgerenkt!* (Neue Westfälische 30. 11. 2004)

einrollen//ausrollen
die Fahnen einrollen ○ *Die Masse in einen Strudelteig einrollen und die Rolle mit Ei bestreichen. Wer einen fertigen Strudelteig verwendet, sollte diesen mit einem Nudelholz noch etwas ausrollen* (Kölnische Rundschau 1. 8. 2012)

einrücken//ausrücken
die Feuerwehr rückt (wieder) ein ○ *Gegen 5.50 Uhr waren alle acht Brände gelöscht, und die Feuerwehr konnte ... wieder einrücken. Allerdings mussten sie um 7.30 Uhr noch einmal ... ausrücken, da sich die dort bereits gelöschte Papiertonne wieder entzündet hatte.* (Rheinische Post 6. 10. 2008)

einrüsten//abrüsten
ein Haus einrüsten (Bauwesen) ○ *Noch ist der Alte Turm bis zur Höhe von 38 Metern, etwas mehr als der Hälfte, eingerüstet. Sollte der Winter nicht allzu hart werden, kann im kommenden Frühjahr komplett abgerüstet werden* (Berliner Morgenpost 15. 10. 2013)

eins//uneins
sie sind sich in der Einschätzung der Lage eins ○ *Europa – eins und uneins: der Lieblingsstreit der Leipziger Buchmesse* (Der Tagesspiegel 29. 3. 2004)

einsammeln//austeilen
(in der Klasse) die Hefte (wieder) einsammeln ○ *Die Passformalitäten sind umständlich, aber problemlos: Pässe einsammeln, Pässe abstempeln, Pässe austeilen, Pässe vorzeigen mit Gesichtskontrolle.* (Hamburger Abendblatt 18. 6. 2005)

Einsatzverband//Unterstützungsverband
(Militär)

einschalen//ausschalen
Wände einschalen (Bauwesen) ○ *Abdichten, bewehren, einschalen, betonieren, aushärten, ausschalen ... Doch was sich so einfach anhört, erfordert präzise zeitliche Abstimmung und hochmodernes bautechnisches Know-how.* (Rhein-Zeitung 29. 1. 2002)

einschalten//auslassen
das Radio auslassen und nicht wieder einschalten ○ *Bei diesigen Lichtverhältnissen sollten Autofahrer deshalb lieber gleich von Hand das Abblendlicht einschalten. Tagfahrlicht ist für schwierige Lichtverhältnisse nicht hell genug. Andere nicht gefährden und das Fernlicht auslassen* (Rhein-Zeitung 17. 3. 2018)

einschalten//ausschalten; ↑auch: **abschalten, auslassen, ausmachen**
morgens das Radio einschalten und mittags wieder ausschalten ○ *den Apparat, das Licht einschalten* ○ *Die App kann auf Nachrichten und SMS zugreifen, den Standort des Nutzers verfolgen oder sogar das Mikrofon heimlich einschalten und ausschalten.* (Die Presse 9. 9. 2013)

einscheren//ausscheren
das Auto scherte (nach rechts) ein ○ *Der flüchtige Fahrer hatte dabei ein entgegenkommendes Fahrzeug übersehen und musste unmittelbar vor dem Trecker einscheren.* (Braunschweiger Zeitung 17. 10. 2012)

einschießen//ausschießen
Brot einschießen (in den Backofen schieben ○ Bäckerei)

einschiffen//ausschiffen
Truppen, Waren einschiffen ○ *Wer Schatzkiste und „Cap San Diego" nach Bremen begleiten will, kann sich auf dem Frachter einschiffen – 500 Passagiere können bis Cuxhaven mitfahren, zwölf weiter bis Bremen.* (Hamburger Abendblatt 12. 6. 2008)

einschirren//ausschirren
ein Pferd einschirren ○ *Zum letzten Mal wird dabei Lothar Bachmaier sein Gespann einschirren. Er beendet seine Karriere.* (Mannheimer Morgen 15. 9. 2012)

einschlafen//aufwachen
er ist um 24 Uhr eingeschlafen und um 06.00 Uhr aufgewacht ○ *Entspannt einschlafen und umso erholter wieder aufwachen: Das Schlafzimmer ist die Energietankstelle* (Tiroler Tageszeitung 27. 9. 2016)

einschlagen//herausziehen, rausziehen
einen Nagel (in die Wand) einschlagen ○ *Sie können bei uns nicht Pflöcke einschlagen, die der Oberbürgermeister nicht anschließend wieder herausziehen könnte.* (Rheinische Post 30. 6. 2008)

einschleichen//ausschleichen
eine einschleichende (langsam sich steigernde) Therapie (Medizin)

einschließen//ausschließen; ↑**auch: exkludieren**
das eine schließt das andere ein ○ *Lachen kann Menschen einschließen oder ausschließen* (Rhein-Zeitung 9. 8. 2017)

einschließlich//ausschließlich; ↑**auch: abzüglich**
einschließlich Berlins ○ *einschließlich Porto*

Einschlupf//Ausschlupf
der Einschlupf für die Tauben auf dem Dach ○ *Wie beide berichteten, wurde durch Baumaßnahmen den Falken die Möglichkeit genommen, Einschlupf und Nistgelegenheiten zu finden.* (Rhein-Zeitung 28. 9. 2013)

Einschluss//Aufschluss
(im Gefängnis)

einschmuggeln//hinausschmuggeln; ↑**auch: rausschmuggeln**
Waffen in das Land einschmuggeln (hereinschmuggeln) ○ *Dass sie Drogen (ins Gefängnis) einschmuggeln, ist zwar selten, aber schon vorgekommen.* (Aachener Zeitung 22. 8. 2018)

einschränken//steigern
die Produktion einschränken ○ *Das Modell basiert auf ... der Annahme, dass die Bürger ihren Konsum nicht nur nicht einschränken, sondern sogar steigern.* (Berliner Morgenpost 21. 11. 2006)

einschrauben//ausschrauben; ↑**auch: rausschrauben**
die Glühbirne (in die Fassung) einschrauben ○ *„Den Zündpapierhalter ausschrauben und zusammen mit Zündfix-Röllchen wieder einschrauben."* (Südkurier 18. 5. 2010)

einschulen//ausschulen
ein Kind (in eine Schule) einschulen ○ *Vor 50 Jahren wurden sie in Rehna eingeschult, vor 40 Jahren ausgeschult.* (Schweriner Volkszeitung 17. 9. 2012)

einschultern//ausschultern
(Turnen)

Einschuss//Ausschuss
die Stelle des Einschusses (im Körper)

einschwingen//ausschwingen
Raubvögel schwingen ein (setzen sich auf einen Baum ○ *Jägersprache)*

einseifen, jemanden//eingeseift werden
Hin und wieder wird geduscht und darum gebeten, jemandem den Rücken einseifen zu dürfen oder selbst den Rücken eingeseift zu bekommen. (Der Spiegel 2. 10. 2016)

einseitig//doppelseitig, beid[er]seitig
ein einseitig beschriebenes Blatt Papier ○ *Es gab einseitig und doppelseitig bedruckte Versionen* (Der Spiegel 19. 10. 2011) ○ *Die Gewalt kann einseitig oder beidseitig angewendet werden, sie kann körperlich, psychisch sein oder beides.* (Tagesanzeiger 20. 11. 2015)

einseitig//vielseitig
er ist (sehr) einseitig (z. B. in Bezug auf Interessen) ○ *Ihre Thesen wirken einseitig, sie argumentiert jedoch vielseitig* (Süddeutsche Zeitung 10. 12. 2014)

einseitiges Handelsgeschäft//beidseitiges Handelsgeschäft

einseitiges Rechtsgeschäft//zweiseitiges Rechtsgeschäft

einsetzen//entheben
jemanden in ein Amt einsetzen ○ *Die Freilassung einiger Geiseln ... verstanden die Farc als Geste gegenüber dem venezolanischen Präsidenten Chávez, der im letzten Jahr von Uribe als Vermittler eingesetzt, einige Zeit später aber dieser Aufgabe abrupt enthoben worden war.* (Neue Zürcher Zeitung 29. 3. 2008)

einsetzen; ↑als Erben einsetzen

einsichtig//uneinsichtig
er ist einsichtig ○ *120 Seiten ist der Papa uneinsichtig, und das Kind nimmt Drogen. Und auf Seite 124 wird der Papa einsichtig, und das Kind ist clean?* (Die Presse 7. 10. 2006)

einspaltig//zweispaltig, mehrspaltig
einspaltiger Druck, Satz (Typographie) ○ *In der wichtigen deutschen Tageszeitung FAZ fand der Brand nur einspaltig auf der Seite sieben Platz* (taz 7. 2. 2008) ○ *Eine Anzeige, 40 Millimeter hoch, einspaltig, kostet 19 Euro, eine Anzeige, 40 Millimeter hoch, zweispaltig, kostet 32 Euro.* (Rhein-Zeitung 8. 4. 2015)

einspannen//ausspannen
ein Werkstück (in den Schraubstock) einspannen ○ *ein Pferd einspannen* ○ *Nach zwölf Wochen Fahrkurs, Theorie pauken, einspannen, ausspannen und stundenlangem Fahrtraining stand beim Reit- und Fahrverein Trochtelfingen endlich die lang ersehnte Prüfung an.* (Reutlinger General-Anzeiger 7. 1. 2016)

Einspänner//Mehrspänner
(Kutsche mit nur einem Pferd) ○ *Die mittelschweren Prüfungen beginnen dabei ab 12 Uhr. Einspänner und Mehrspänner werden sich dabei miteinander messen.* (Nordkurier 26. 11. 2010)

einspeichern//abrufen
(EDV) ○ *Flüchtlinge können ihre Habe gegen Coins umsetzen, sie unbehelligt in die Cloud einspeichern und an jedem beliebigen Ort von dort wieder abrufen.* (Der Standard 8. 1. 2018)

einsprachig//zweisprachig, mehrsprachig
einsprachige Wörterbücher ○ *Die meisten Bildungsvideos seien einsprachig, nur elf Prozent mehrsprachig.* (Mannheimer Morgen 11. 9. 2017)

Einspruchsgesetz//Zustimmungsgesetz
(Rechtswesen)

einspurig//mehrspurig
ein Moped ist ein einspuriges Fahrzeug ○ *Das Tempo dieses Passierens der Engstelle hängt ... lediglich davon, wie breit sodann die Engstelle ist: ein- oder mehrspurig.* (Tiroler Tageszeitung 11. 3. 2017)

einspurig//zweispurig
eine einspurige Bahnstrecke ○ *Durch die elektronisch gesteuerte Spurbreitenveränderung werden zwei unterschiedliche Fahrzustände möglich: einspurig, um sich weit in die Kurven zu neigen, und zweispurig für mehr Stabilität und Sicherheit.* (Der Standard 25. 8. 2012)

einst//jetzt
Mode einst und jetzt ○ *Was ich einst von außen als Klagen wahrgenommen hatte, kann ich jetzt gut nachvollziehen* (Die Zeit 15. 3. 2018)

Einst; ↑das Einst

Einstand//Ausstand
wann feiert denn der neue Leiter seinen Einstand? ○ *Wobei im Fall des Chilenen vom FCZ nicht einmal sicher ist, ob sein Einstand nicht auch gleich sein Ausstand war.* (Tagesanzeiger 16. 2. 2009)

einstecken//austeilen
wer (Schläge) austeilt, muss auch (Schläge) einstecken können ○ *Ich bin bis heute eine große Bewunderin Heiner Geißlers, der eine intellektuelle Schärfe hatte, der austeilen konnte und einstecken.* (Der Spiegel 6. 5. 2018)

einstehen//ausstehen
ich bin (zu Jahresbeginn) eingestanden (habe eine Stellung angenommen ○ süddeutsch, österreichisch)

einsteigen//aussteigen; ↑auch: steigen aus
in den Bus einsteigen ○ *in das Geschäft, das Unternehmen einsteigen* ○ *Die junge Generation will einsteigen, nicht aussteigen. Und mag keine Partei des Kulturpessimismus.* (Mannheimer Morgen 19. 5. 2000) ○ *Jedes Ein- und Aussteigen ist ein Kraftakt.* (Der Spiegel 22. 6. 2019)

einstellen//entlassen
der Betrieb hat 10 Arbeiter eingestellt ○ *Den Begriff gebrauchen Unternehmen gern, wenn es darum geht, möglichst schnell Mitarbeiter einstellen und entlassen zu können.* (Berliner Zeitung 30. 4. 2016)

einstellen//wieder aufnehmen
die Produktion einstellen ○ *Vielmehr müssen alle Seiten die Kampfhandlungen sofort einstellen und den Dialog wieder aufnehmen.* (Vorarlberger Nachrichten 9. 8. 2008)

Einstellung//Entlassung
die Einstellung von Mitarbeitern

Einstellung; ↑Feineinstellung, Grobeinstellung

Einstieg//Ausstieg
der Einstieg (beim Bus) ist vorn ○ *Einstieg in die Atomproduktion*

einstimmig//mehrstimmig
(Musik) ○ *Gesungen wurde nämlich nicht nur einstimmig, sondern anspruchsvoll mehrstimmig.* (Gießener Anzeiger 8. 7. 2016)

ein Teil//das Ganze
er bekam nicht das Ganze, sondern nur einen Teil ○ *„Berlin ist hier nur pars pro toto" – ein Teil für das Ganze* (Berliner Morgenpost 5. 2. 2016)

einteilig//zweiteilig
einteiliger Badeanzug ○ *Die Kleider sind inspiriert von fremdländischen Einflüssen, einteilig, zweiteilig, mit Blumenmustern, lang oder kurz oder mit Zipfelrock-Varianten und leichten Raffungen.* (Passauer Neue Presse 27. 3. 2003)

Eintracht//Zwietracht
in Eintracht leben ○ *Statt Eintracht kommt Zwietracht auf.* (Tiroler Tageszeitung 4. 3. 2016)

eintragen//austragen
Alle Besucher müssen sich beim Eintritt in eine Liste eintragen und beim Verlassen wieder austragen. (Trierischer Volksfreund 31. 5. 2018)

eintreten//austreten
in die Kirche, Partei eintreten ○ *Da und dort gibt es Leute, die für das Patenamt wieder eintreten. Manche würden danach zwar wieder austreten, andere überlegen sich genau, warum sie früher die Kirche verlassen haben* (Tiroler Tageszeitung 23. 12. 2018)

Eintrieb//Austrieb
der Eintrieb (des Viehs) in die Winterstallungen ○ *Der Eintrieb der Herde zu Barthlmä war auch heuer der Höhepunkt im Rittner Almsommer.* (Dolomiten 25. 8. 2011)

Eintritt//Austritt
der Eintritt in die Partei

einfahren//ausfahren
die ein- und ausfahrenden Autos ○ *Autos können über die Straße Am Bahnhof in die Kantstraße einfahren und über die Gutenbergstraße ausfahren.* (Süddeutsche Zeitung 11. 5. 2016)

ein und aus gehen
bei jemandem ein und aus gehen ○ *Die Clanmitglieder gehen bei ihm dennoch*

ein und aus und holen sich Rat. (Die Welt 16. 4. 2018)

Einwanderer//Auswanderer; ↑auch: Emigrant

einwandern//auswandern; ↑auch: emigrieren
in ein Land einwandern ○ *Die Volksinitiative forderte, dass nicht mehr Menschen in die Schweiz einwandern dürfen als auswandern.* (Neue Zürcher Zeitung 6. 2. 2013)

Einwanderung//Auswanderung; ↑auch: Emigration

Einwanderungsbeschränkung//Auswanderungsbeschränkung

Einwanderungserlaubnis//Auswanderungserlaubnis

Einwanderungsgesetz//Auswanderungsgesetz

Einwanderungsverbot//Auswanderungsverbot

einwärts//auswärts
die Füße nach einwärts setzen ○ *ein nach einwärts gebogener Stab* ○ *Damit die Muskeln rund um das Gelenk lang und geschmeidig bleiben, müsste man seine Arme öfter nach vorne und nach hinten sowie zur Seite einwärts und auswärts nach oben heben.* (Frankfurter Neue Presse 7. 3. 2014)

Einweg...//Mehrweg... (Substantiv)
z. B. *Einwegverpackung/Mehrwegverpackung*

Einwegbecher//Mehrwegbecher
Wenn es einmal ein Einwegbecher sein muss (weil man den eigenen Mehrwegbecher gerade nicht bei sich hat), dann möglichst ohne Kunststoffdeckel. (Neue Zürcher Zeitung 25. 5. 2019)

Einwegflasche//Mehrwegflasche
Das Pfand für die Einwegflasche ist höher als das Pfand für die Mehrwegflasche (Stuttgarter Zeitung 13. 6. 2003)

Einwegspritze//Mehrwegspritze
Wie das Medizintechnik-Unternehmen Rösch AG in Berlin mitteilte, hat es nach der Mehrwegspritze ohne Nadel nun auch eine entsprechende Einwegspritze zum Patent angemeldet. (Der Tagesspiegel 19. 3. 2000)

einwickeln//auswickeln; ↑auch: auspacken
ein Geschenk einwickeln ○ *Dieser Schal ist ein Skandal, wenn ich nicht so ein netter Mensch wäre, würde ich meine Oma darin einwickeln und erst im Frühjahr wieder auswickeln.* (Vorarlberger Nachrichten 16. 11. 2013)

Einzahl//Mehrzahl; ↑auch: Plural
ein Substantiv in der Einzahl (z. B.: der Baum) ○ *„das Kind" ist Einzahl, „die Kinder" ist Mehrzahl* (Grammatik)

einzahlen//abheben; ↑auch: runterholen
Geld (auf das Konto, bei der Bank) einzahlen

einzahlen//auszahlen
die eingezahlten Beiträge wurden nach einem Jahr wieder ausgezahlt ○ *Früher gab es Bankberater, bei denen wir Bargeld einzahlen und abheben konnten, die für uns Überweisungen erledigt und Aktien gekauft haben.* (Der Standard 4. 5. 2016)

Einzahlung//Auszahlung

Einzahlungskasse//Auszahlungskasse
(Bankwesen)

Einzahlungsschalter//Auszahlungsschalter
(Bankwesen)

Einzel//Doppel
([Tennis]spiel, bei dem sich zwei Spieler gegenüberstehen)

einzel...//gesamt... (Adjektiv)
z. B. *einzelwirtschaftlich/gesamtwirtschaftlich*

Einzel.../ /Doppel... (Substantiv)
z. B. *Einzelzimmer/Doppelzimmer*

Einzel.../ /Gesamt... (Substantiv)
z. B. *Einzelergebnis/Gesamtergebnis*

Einzel.../ /Groß... (Substantiv)
z. B. *Einzelhandel/Großhandel*

Einzel.../ /Gruppen... (Substantiv)
z. B. *Einzelreise/Gruppenreise*

Einzel.../ /Kollektiv... (Substantiv)
z. B. *Einzelbestrafung/Kollektivbestrafung*

Einzel.../ /Mannschafts... (Substantiv)
z. B. *Einzelwertung/Mannschaftswertung*

Einzelarbeit//Gruppenarbeit

Einzelausgabe//Gesamtausgabe
(Bibliothekswesen)

Einzelbauer//Genossenschaftsbauer
(DDR, früher)

Einzelbestrafung//Kollektivbestrafung

Einzelbett//Doppelbett

Einzelergebnis//Gesamtergebnis

Einzelfahrkarte//Sammelfahrkarte

Einzelfeuer//Dauerfeuer
bei einer Waffe auf Einzelfeuer stellen

Einzelführung//Gruppenführung

Einzelgespräch//Gruppengespräch
psychologische Einzelgespräche

Einzelhaft//Gemeinschaftshaft

Einzelhandel//Großhandel
der Einzelhandel ist mit dem Umsatz zufrieden

Einzelhandelspreis//Großhandelspreis

Einzelhandelsverband//Großhandelsverband

Einzelhändler//Großhändler

Einzelkampf//Mannschaftskampf
(Sport)

Einzelklassement//Gesamtklassement
(Sport)

Einzelkosten//Gemeinkosten
(Wirtschaft)

Einzellauf//Paarlauf
(Eiskunstlauf)

Einzeller//Vielzeller
(Biologie)

einzellig//vielzellig
(Biologie)

einzeln//gemeinsam
die Fahrkarten bestellen wir einzeln ○ Es geht nicht um blutrünstige Szenen, sondern um Strategien, wie man einzeln oder gemeinsam mit dem Schrecklichen umgeht. (Weltwoche 2. 3. 2017)

einzeln//geschlossen
wir, die Schüler gehen einzeln ins Museum ○ Wie der Name schon sagt, sperrt der Einzelhandel nur einzeln und nicht geschlossen auf. (Oberösterreichische Nachrichten 2. 12. 2016)

einzeln//in Gruppen
sie wurden einzeln durch die Ausstellung geführt ○ Wir arbeiten mit den Frauen in Gruppen, aber auch einzeln und sehr persönlich an den Fragen: Was sind meine Ressourcen, meine Stärken? (Frankfurter Rundschau 25. 4. 2009)

einzeln//zusammen
man sieht sie, die Eheleute immer nur einzeln ○ Der Komponist Ernst Krenek sagte einmal, es sei beim ensemble XX. Jahrhundert „mehr als ein Vergnügen, jedem einzeln und allen zusammen zuzuhören". (Der Standard 25. 5. 2011)

einzeln; ↑das einzelne

einzelne//ein Paar
ein einzelner Schuh ○ In den letzten drei Frühjahren flog nur noch ein einzelner

Weißstorch seinen Horst an. Seit April nistet dort wieder ein Paar. (Süddeutsche Zeitung 30. 5. 2009)

Einzelne, der//das Kollektiv

einzelner; ↑**als einzelner**

Einzelprokura//Gesamtprokura

Einzelrechtsnachfolge//Gesamtrechtsnachfolge

Einzelreise//Gruppenreise
Preise für Einzelreisen

Einzelschein//Monatsschein
(Lotterie)

Einzelschuld//Kollektivschuld
Erstmals ist in einer Klage eines Ex-Zöglings nicht von einer Einzelschuld einer Heimeinrichtung, sondern einem ganzen Unrechtssystem die Rede. (Tiroler Tageszeitung 27. 11. 2011)

Einzelsieg//Gesamtsieg
(Sieg in einer einzelnen Disziplin)

Einzelsieger//Gesamtsieger
(Sieger, der in einer einzelnen Disziplin gesiegt hat)

Einzelsport//Massensport
Auch wenn der alpine Skisport vornehmlich ein Einzelsport sei, habe man in diesen Stunden gesehen, was Teamgeist heiße. (Tiroler Tageszeitung 27. 10. 2012)

einzelsprachlich//außereinzelsprachlich

einzelsprachlich//übereinzelsprachlich
einzelsprachliche Entsprechung zu einem übereinzelsprachlichen Begriff ○ *die weitaus meisten Leute bräuchten nun einmal den räumlich und einzelsprachlich begrenzten Rückhalt dessen, was sie kennen* (Süddeutsche Zeitung 21. 9. 2009)

Einzelspringen//Mannschaftsspringen
(Pferdesport)

Einzelstart//Gruppenstart, Mannschaftsstart, Massenstart
(Sport) ○ *morgen folgt um 10 Uhr der Startschuss für den Einzelstart, und am Sonntag geht um 9.30 Uhr der Massenstart in der klassischen Technik im Biathlonstadion Hochfilzen über die Bühne.* (Tiroler Tageszeitung 18. 12. 2015) ○ *Bereits um 9 Uhr am Sonntag, 17. Juli, erfolgt der Gruppenstart für die Einsteiger, eine Stunde später greifen dann die Einzelstarter ins Geschehen ein.* (Thüringische Landeszeitung 20. 10. 2011) ○ *Beim Mannschaftsstart wird jeder Start automatisch auch als Ergebnis für die Einzelwettbewerbe gewertet.* (Mittelbayerische Zeitung 6. 7. 2015)

Einzelstrafe//Gesamtstrafe
(Rechtswesen)

Einzeltherapie//Familientherapie
bei psychisch kranken Jugendlichen kann eine Einzeltherapie oder eine Familientherapie in Betracht gezogen werden

Einzeltherapie//Gruppentherapie

Einzelunterricht//Gruppenunterricht
sie hatte Einzelunterricht im Flötenspiel

Einzelurkunde//Sammelurkunde
Jeder Teilnehmer erhielt noch eine Einzelurkunde von der Sparkasse. (Rhein-Zeitung 30. 6. 2017)

Einzelverfolgungsfahren//Mannschaftsverfolgungsfahren
(Radsport)

Einzelverkauf//Großverkauf
(Verkauf im kleinen)

Einzelverpflichtung//Kollektivverpflichtung
(DDR, früher)

Einzelvertretung//Gesamtvertretung
(Rechtswesen)

Einzelvollmacht//Gesamtvollmacht
(Rechtswesen)

Einzelweisung//allgemeine Weisung
(Rechtswesen)

Einzelwertung//Gesamtwertung, Mannschaftswertung
(Wertung der einzelnen Sportler) ○ *Sebastian erreichte den zweiten Platz in der Einzelwertung und belegte in der Mannschaftswertung ... ebenfalls den zweiten Platz.* (Mannheimer Morgen 28. 8. 2017)

Einzelwette//Dauerwette
(Lotterie)

einzelwirtschaftlich//gesamtwirtschaftlich
Um zu den richtigen Schlussfolgerungen zu kommen, muss man zunächst begreifen, dass das, was einzelwirtschaftlich vernünftig aussah, gesamtwirtschaftlich vollkommen falsch war. (Süddeutsche Zeitung 10. 12. 2008)

Einzelwurf//Reihenwurf
(in Bezug auf das Abwerfen von Bomben)

Einzelzelle//Gemeinschaftszelle
(Strafvollzug)

Einzelzimmer//Doppelzimmer; ↑auch: Zweibettzimmer
ein Einzelzimmer im Hotel bestellen

einziehen//ausgeben
Zahlungsmittel einziehen ○ *Die zurückgekauften Aktien ... kann Siemens nach einem Beschluss der Hauptversammlung im vergangenen Jahr ebenfalls einziehen, an Mitarbeiter oder Vorstände ausgeben oder nutzen, um Wandel- sowie Optionsanleihen zu bedienen.* (Börsen-Zeitung 3. 2. 2016)

einziehen//ausstoßen; ↑auch: ausatmen
die Luft einziehen ○ *... ich liebe dich / so dass jedes einziehen der luft durch die nase / sich deckt mit diesem satz / jedes ausstoßen der luft durch die nase / und das ruhige sich heben / und senken der brust* (Ernst Jandl: bescheibung eines gedichtes, poetische werke Bd. 8, 176)

einziehen//auswerfen
die Fischer ziehen ihre Netze (wieder) ein ○ *Dann kann es losgehen, die ersten Standorte werden angefahren, die Angeln ausgeworfen, wieder eingezogen, wieder ausgeworfen* (Die Südostschweiz 21. 8. 2008)

einziehen//ausziehen
die (neuen) Mieter ziehen (in die Wohnung) ein ○ *Das will ich nun nicht mehr, da mein Enkel in die Wohnung einziehen wird. Was kann ich jetzt schon tun, damit der Mieter bei Vertragsende ausziehen muss?* (Kurier 13. 2. 2016)

einziehen//rausstrecken
Heute sollten Sie wieder 3 Mal jeweils 3 Minuten Bauchschnellen. Also: Bauch einziehen, rausstrecken, einziehen, rausstrecken ... (Abendzeitung 8. 1. 2008)

Einzug//Auszug
beim Einzug in die Wohnung

Eiszeit//Warmzeit
Das ist nicht mehr vergleichbar mit dem historischen Wandel von Eiszeit zu Warmzeit – wir beamen uns gerade in eine Heisszeit. (Tagesanzeiger 2. 6. 2018)

eitel//uneitel
er ist sehr eitel ○ *wer eitel ist, will anderen und sich selbst gefallen* ○ *Das ist eitel und uneitel zugleich.* (Die Welt 23. 3. 2016)

Eiweiß//Eigelb, [Ei]dotter
Biskuitboden: Eiweiß (100 g) mit Zucker (70 g) aufschlagen, drei Eigelb und Öl (20 g) einrühren. (NEWS 29. 9. 2011) ○ *Eiweiß mit Feinkristallzucker zu Schnee schlagen. Eidotter und Kuvertüre-Butter-Mischung unter den Schnee heben.* (Niederösterreichische Nachrichten 25. 4. 2013) ○ *Die Salzburger Nockerln werden zubereitet, indem man zu Schnee geschlagenes Eiweiß mit Zucker ausschlägt und danach Dotter, Vanillezu-*

cker und wenig Mehl vorsichtig einrührt. (Mannheimer Morgen 25. 1. 2014)

eiweißarm//eiweißreich
eiweißarme Kost

eiweißreich//eiweißarm
eiweißreiche Kost ○ *Soll man sich eiweißreich oder doch lieber eiweißarm ernähren?* (Der Spiegel 18. 8. 1980)

Eizelle; ↑**weibliche Eizelle**

Ejaculatio praecox//Ejaculatio retardata
(zu früh, vorzeitig erfolgender Samenerguss / sehr, zu spät erfolgender Samenerguss)

Ejaculatio retardata//Ejaculatio praecox

Ejakularche//Menarche; ↑**auch: erste Monatsblutung**
(erster Samenerguss, bei einem heranwachsenden Jungen) ○ *Gemäß dieser Definition wird durch dieses Ereignis zugleich auch der Beginn der Geschlechtsreife angezeigt, und so kann der Begriff Ejakularche hier durchaus als „männliches Äquivalent" zur Menarche aufgefasst werden* (Wikipedia)

Ejakulation//Lubrikation
(Absonderung von Samenflüssigkeit bei sexueller Erregung)

Ejektiv//Injektiv
(Verschlusslaut, bei dem Luft aus dem Mund ausgestoßen wird ○ Phonetik)

Ekel//Begierde
Ekel als Angst vor Berührung ○ *Ist Ekel eine verdrängte Begierde, wie die Psychologen meinen?*

ekkrin//endokrin
(Medizin)

Ekto...//Endo..., Ento... (vor fremdsprachlicher Basis; Substantiv)
(mit der Bedeutung: außen, außerhalb) z. B. Ektoparasit/Endoparasit, Entoparasit

Ektoderm//Entoderm
(Biologie, Medizin)

ektodermal//entodermal
(Biologie, Medizin)

Ektomie//Resektion
(operative Entfernung eines Organs ○ Medizin)

Ektoparasit//Endoparasit, Entoparasit
(auf der Körperoberfläche lebender Parasit)

ektophytisch//endophytisch
(Medizin)

Ektoplasma//Endoplasma, Entoplasma
(Biologie)

Ektoskelett//Endoskelett
(Außenskelett)

Ektotoxin//Endotoxin
(Biologie, Medizin)

ektotroph//endotroph
(Botanik)

Ektropium//Entropium
(Umstülpung des Augenlids nach außen)

Ektypus//Protoyp
(Nachbildung ○ Fachsprache)

elaborierter Code//restringierter Code
(besonders vielfältige Ausdrucksfähigkeit in Wortschatz, Satzbau usw. ○ Sprachwissenschaft)

elastisch//unelastisch
Je nach angewandter Technik wird das Garn dauerhaft elastisch oder unelastisch (St. Galler Tagblatt 10. 12. 2009)

Elchbulle//Elchkuh

Elchkuh//Elchbulle

elegant//unelegant
elegante Bewegungen ○ (übertragen:) *eine elegante Lösung* ○ *Und hat uns so viel Freude bereitet, als sie noch elegant*

um die Tore kurvte, statt unelegant um die Töne. (Berner Zeitung 24. 11. 2012)

Elektrakomplex//Ödipuskomplex
(in der Psychologie nach C. G. Jung der verdrängte Wunsch der Tochter mit dem Vater eine enge Beziehung einzugehen) o *Der ganze Bereich, der mit Sexualität zu tun hat, Elektrakomplex, Ödipuskomplex, das ist wirklich ureigenste, freudianische Theorie.* (Die Zeit 27. 4. 2006)

elektrische Gitarre//akustische Gitarre

Elektrolyt//Anelektrolyt
(Physik, Chemie)

Elektronenaffinität//Ionisierungsenergie
(Physik)

Elektronenakzeptor//Elektronendonator
(Physik, Chemie)

Elektronendonator//Elektronenakzeptor
(Physik, Chemie)

Elektronik; ↑Leistungselektronik, Unterhaltungselektronik

elektronisch//pneumatisch
(Regeltechnik)

elektronische Medien//Printmedien
(z. B. Fernsehen) o *Was die Kunden allerdings etwas störe, sei die Tatsache, dass elektronische Medien maximal drei Wochen lang ausgeliehen werden können. Bei Printmedien sei eine kurzfristige Verlängerung hingegen meist unproblematisch.* (Kölnische Rundschau 4. 5. 2016)

elektronisches Geld//Bargeld
Die größte Sorge hinsichtlich der technologischen Entwicklung ist, dass elektronisches Geld das Bargeld völlig ablösen könnte (Der Standard 7. 5. 2016)

elektronisches Musikinstrument//Elektrophon

elektrophil//elektrophob
(elektronensuchend, zur Aufnahme von Elektronen neigend o Chemie)

elektrophob//elektrophil
(nicht elektronensuchend, nicht zur Aufnahme von Elektronen neigend o Chemie)

Elektrophon//elektronisches Musikinstrument
(elektrisches Musikinstrument)

Elend; ↑Glanz und Elend

Eliteuniversität//Massenuniversität
Ich bin durchaus für die Eliteuniversität, die auf der „Massenuniversität" aufbaut und über ihr steht. (Die Zeit 29. 8. 1980)

Ellipse; ↑Postellipse, Präellipse

Eltern//Kind[er]
Denn solange die Eltern leben, bleibt man ihr Kind. (Berliner Morgenpost 8. 4. 2018) o *Seither ist es Eltern in Österreich erlaubt, ihre Kinder vom Schulbetrieb abzumelden, um sie daheim zu unterrichten.* (Salzburger Nachrichten 2. 2. 2017)

Eltern; ↑Adoptiveltern, leibliche Eltern

Emanatismus//Evolutionismus
(Philosophie)

Embryonalzelle//Dauerzelle
(Biologie)

Emerita//Emeritus
(im Ruhestand befindliche Hochschulprofessorin)

Emeritus//Emerita
(im Ruhestand befindlicher Hochschulprofessor)

emers//submers
(über der Wasseroberfläche o Zoologie, Botanik)

Emigrant//Immigrant; ↑auch: Einwanderer
(Auswanderer)

Emigration//Immigration; ↑auch: **Einwanderung**
(Auswanderung) ○ *Das Museum macht sich lustig über die Suche nach dem Urschweizer: Den gab es nie, Emigration und Immigration haben den Schweizer immer wieder geschaffen und umgeschaffen.* (Frankfurter Rundschau 27. 11. 2010)

emigrieren//immigrieren; ↑auch: **einwandern**
(auswandern)

emisch//etisch
Morpheme sind emische (bedeutungsunterscheidende) *Einheiten* (Sprachwissenschaft)

Emission//Immission
(Ausstoß von Teilchen, Stoffen, (Schall)wellen oder Strahlung in die Umwelt)

Emissionstheorie//Undulationstheorie
(Physik)

Empfang//Sendung
der Empfang der Sendung war gut (Radio, Fernsehen) ○ *Denn gerade in der Stadt oder im Gebirge ... komme es ab und zu vor, dass nicht der nächste Handymast für Empfang und Sendung herangezogen wird.* (Tiroler Tageszeitung 27. 11. 2016)

empfangen//senden
einen Funkspruch empfangen ○ *Die wesentliche Funktion besteht darin, mobil E-Mails empfangen und senden zu können.* (Stuttgarter Nachrichten 211. 9. 2013)

Empfänger//Sender
(Rundfunk, Sprachwissenschaft, Post) ○ *Eine Studie ... hat herausgefunden, dass auch bei unserer neuesten Kommunikationstechnik nicht immer alles so beim Empfänger ankommt, wie es der Sender gemeint hat.* (Wiener Zeitung 30. 4. 2016)

Empfänger//Spender; ↑auch: **Organspender[in]**
der Empfänger des Blutes ○ *Daher müssten für einen Empfänger stets zwei Spender mit passenden Blutgruppen gefunden werden.* (Mannheimer Morgen 13. 9. 2012)

Empfänger[in]//Absender[in]
wer ist der Absender des Briefes und wer der Empfänger? ○ *Wird das Einschreiben vom Empfänger nicht abgeholt, sendet es die Post an den Absender mit dem entsprechenden Vermerk zurück.* (Thüringer Allgemeine 28. 7. 2017)

Empfängerland//Geberland
Während die Empfängerländer auf den Ausgleich ihrer geringeren Einnahmen unter Verweis auf das Grundgesetz beharren, kritisieren Geberländer in der Regel zu geringe Eigenanstrengungen. (Allgemeine Zeitung 25. 11. 2009)

Empfängersprache//Ausgangssprache; ↑auch: **Muttersprache**

empfänglich//unempfänglich
für etwas empfänglich sein ○ *Sie haben den Deutschen vorgehalten, „in besonderer Weise für Pathos und Führung empfänglich und unempfänglich für nüchterne Skepsis, geistigen Leicht-Sinn und common sense" zu sein* (Der Spiegel 20. 10. 1969)

Empfangsstaat//Sendestaat
(diplomatische Vertreter eines anderen Staates, akkreditierender Staat ○ Politik)

empfehlen//abraten
jemandem eine Geldanlage empfehlen ○ *Er möchte wissen, ob man angehenden Musikerinnen und Musikern die Mitwirkung an Projekten von Kuhn empfehlen könne oder ob man davon abraten müsse.* (Der Standard 28. 2. 2018)

empfindlich//unempfindlich
eine empfindliche Haut ○ *empfindlich gegen Sonne* ○ *empfindliche Tapeten*

...empfindlich//...unempfindlich (Adjektiv)
z. B. *frostempfindlich/frostunempfindlich*

empfindsam//unempfindsam

Empirie//Theorie
Ich empfehle dem Herrn Professor ein bisschen mehr Empirie und weniger Theorie. (Tagesanzeiger 26. 8. 2008)

Empirismus//Nativismus
(durch Erfahrung Erworbenes ○ Psychologie) ○ *Piaget wehrte sich nur gegen Vorstellungen einer einfachen Assoziationspsychologie, die er mit dem Empirismus gleichsetzte, und ebenso gegen einen rationalistischen Nativismus, der angeborene Erkenntnisfähigkeiten unterstellt.* (Wikipedia)

Empirismus//Rationalismus
(philosophische Richtung, die für die Erkenntnis die Erfahrung in den Mittelpunkt stellt)

Emulgator//Demulgator
(Chemie)

emulgieren//demulgieren
(Chemie)

E-Musik//U-Musik; ↑auch: Unterhaltungsmusik
(ernste, klassische Musik) ○ *In seinen irrwitzigen Programmen zeigt er keine Ehrfurcht vor der E-Musik und keine Skrupel vor der U-Musik und zeigt auf verblüffende Art und Weise die Parallelen zwischen Klassik und Pop.* (Rhein-Zeitung 21. 9. 2012)

en...//de...; ↑auch: ent... (vor fremdsprachlichem Verb)
(mit der Bedeutung: ein..., hinein...)
z. B. enkodieren/dekodieren

...en (Partizip II)//...end (Partizip I)
z. B. eingeladen/einladend

...en (Aktiv)//[ge]...[t] werden (Passiv)
z. B. lieben/geliebt werden, verführen/verführt werden, einladen/eingeladen werden

E-Nahrung//K-Nahrung
(Vitamin-E-haltige Lebensmittel)

Encoder//Decoder
(EDV)

encodieren//decodieren; ↑auch: entschlüsseln
(verschlüsseln) ○ *Nach Meinung von Apple agiere Microsoft gegen einen einheitlichen Standard für digitale Medien: «Windows Media soll encodieren, Windows Media soll decodieren – sie dulden niemanden in ihrer Nahrungskette»* (Tagesanzeiger 16. 9. 2002)

Encoding//Decoding; ↑auch: Entschlüsselung
(Verschlüsselung)

End... //Zwischen... (Substantiv)
z. B. Endergebnis/Zwischenergebnis

...end (Partizip I)//...en (Partizip II von starkem Verb)
z. B. einladend/eingeladen

...end (Partizip I)//[ge]...t (Partizip II von schwachem Verb)
z. B. liebend/geliebt, definierend/definiert, verführend/verführt

...end (Partizip I)//[...]zu...end (Gerundivum)
z. B. ausbildend/auszubildend

Endband//Startband
(beim Filmstreifen)

endbetont//anfangsbetont
das Wort „Tenor" (= Sänger) ist endbetont

Ende//Anfang; ↑auch: Alpha, Beginn, Start
Ende April ○ sie ist Ende fünfzig ○ das war das Ende seiner Laufbahn ○ der Anfang vom Ende ○ Überhaupt ... vermischen sich in der Neufassung „die Ebenen zwischen Leben und Tod, Wunsch und Wirklichkeit, Ende und Unendlichkeit". (Der Spiegel 10. 2. 2018)

Ende//Beginn; ↑auch: Anfang
das Ende einer Veranstaltung ○ das war das Ende seiner Karriere ○ am Ende der

Veranstaltung o *Das ist das Ende der Geschichte unter der Erde von Copiapó. Und der Beginn einer ganz anderen darüber.* (Stern 21. 10. 2010)

Ende//Spitze
am Ende des Zuges o *Von der Ladefläche des Pritschenwagens ragte das Ende einer Baustahlmatte. Und deren Spitze rammte sich die Frau in das rechte Auge.* (Neue Kärntner Tageszeitung 26. 2. 2008)

Endemie//Epidemie; ↑auch: Pandemie
(örtlich begrenztes Auftreten einer Infektionskrankheit, z. B. Malaria o Medizin)

endemisch//epidemisch
(in Bezug auf örtlich begrenzte Infektionskrankheiten, z. B. Malaria)

enden//beginnen
die Fahrt endete in Berlin o *die Frühschicht endet heute später* o *der Tag endete mit einer Freude* o *Da tritt jemand medial völlig unverpackt und sichtlich unvermarktbar auf, in einem Alter, wo Gesangskarrieren eher enden als beginnen.* (Die Welt 3. 2. 2009)

*endenwollend//nicht endenwollend
(Umkehrung der Phrase *der Beifall war nicht endenwollend*) o *Der Beifall war endenwollend* (Friedrich Torberg)

...ende[r]//[Ge]...e[r] (Substantivierung von starkem, dem unregelmäßigen Verb)
z. B. *Schlagende[r]/Geschlagene[r]*

...ende[r]//[Ge]...te[r] (Substantivierung von schwachem, dem regelmäßigen Verb)
z. B. *Liebende[r], Begehrende[r]/Geliebte[r], Begehrte[r], Jagende[r]/Gejagte[r]*

Endergebnis//Zwischenergebnis
„Ich kann noch kein Endergebnis verkünden, auch noch kein konkretes Zwischenergebnis." (Saarbrücker Zeitung 30. 3. 2012)

endergonisch//exergonisch
(Energie verbrauchend)

en détail//en gros; ↑auch: im Großen
er verkauft en détail (im Kleinen, im Einzelnen)

Endetailhandel//Engroshandel

endgültig//vorläufig
das endgültige Wahlergebnis o *das endgültige Tagungsprogramm* o *Bislang baut Vattenfall mit einer vorläufigen Baugenehmigung des alten CDU-Senats – und wie endgültig dieses „vorläufig" sein mag, werden wohl die Richter entscheiden müssen.* (taz 24. 4. 2008)

endgültiger Titel//Arbeitstitel
das ist der endgültige Titel des Buches

Endlagerung//Zwischenlagerung
(von Atommüll, Abfallstoffen)

endlich//unendlich
eine unendliche Menge von Sätzen aus einer endlichen Menge von Kernsätzen o *das Leben ist endlich, aber manche leben so, als sei es unendlich*

endo...//exo... (vor fremdsprachlicher Basis; Adjektiv)
(mit der Bedeutung: innen, inwendig, innerhalb) z. B. *endozentrisch/exozentrisch*

Endo...//Ekto... (vor fremdsprachlicher Basis; Substantiv)
(mit der Bedeutung: innerhalb) z. B. *Endoparasit/Ektoparasit*

Endo...//Epi... (vor fremdsprachlicher Basis; Substantiv)
(mit der Bedeutung: innen, inwendig, innerhalb) z. B. *Endobiose/Epibiose*

Endo...//Exo... (vor fremdsprachlicher Basis; Substantiv)
(mit der Bedeutung: innerhalb) z. B. *Endophytie/Exophytie*

Endobiont//Epibiont
(Lebewesen, das <u>in</u> einem anderen lebt)

Endobiose//Epibiose
(z. B. Bakterien im Darm ○ Biologie)

Endogamie//Exogamie
(Heirat nur innerhalb eines sozialen Gefüges ○ Völkerkunde)

endogen//exogen
endogene (innen, im Körper selbst entstehende) *Depression* ○ *endogene Harnsäure*

Endokannibalismus//Exokannibalismus
(das Verzehren von Stammesangehörigen ○ Völkerkunde)

Endokarp//Exokarp, Mesokarp
(innerste Fruchtschale ○ Botanik)

endokrin//exokrin, ekkrin
endokrine (nach innen absondernde) *Drüse* (Medizin)

endomorph//exomorph
(Geologie)

Endomorphose//Exomorphose
(Geologie)

Endoparasit//Ektoparasit
(im Körperinneren lebender Parasit)

Endophytie//Exophytie
(Medizin)

endophytisch//ektophytisch, exophytisch
endophytischer (nach innen wachsender) *Tumor*

Endoplasma//Ektoplasma
(Biologie)

Endoskelett//Ektoskelett
(Innenskelett ○ bei Wirbeltieren)

endotherm//exotherm
(Wärme von außen aufnehmend ○ Physik, Chemie)

Endotoxin//Ektotoxin
(Biologie, Medizin)

endotroph//ektotroph
(Botanik)

endozentrisch//exozentrisch
„weiße Milch" ist eine *endozentrische Konstruktion* (die Konstruktion gehört derselben Kategorie an wie eines ihrer Glieder ○ nach Bloomfield, Sprachwissenschaft) ○ *„Holzhaus" ist ein endozentrisches Kompositum*

Endreim//Anfangsreim, Stabreim
(Dichtkunst)

Endrumpf//Primärrumpf
(Geologie)

Endrunde//Vorrunde
(Sport) ○ *Die U19 war in diesem Jahr für die EM gar nicht qualifiziert, für die U17 war bei der kontinentalen Endrunde bereits in der Vorrunde Endstation.* (Nordkurier 23. 8. 2018)

Endstadium//Anfangsstadium
eine Krankheit im Endstadium ○ *„Anfangsstadium – Mittleres Stadium – Endstadium": David Shenk erklärt in drei Kapiteln den Verlauf der Krankheit* (Süddeutsche Zeitung 15. 3. 2005)

Endtermin//Anfangstermin
(Rechtswesen)

Endurteil//Zwischenurteil
(Rechtswesen)

Endvermögen//Anfangsvermögen
(Rechtswesen)

Energie//Dynamik
(Philosophie)

energiearm//energiereich
energiearme Länder ○ *Das energiearme Europa ... könne das energiereiche Russland kaum ignorieren.* (Neue Zürcher Zeitung am Sonntag 12. 2. 2006)

energieerzeugend//energieverbrauchend
Die Aufrüstung des Gebäudes auf Plus-Energie-Standard wird durch energieer-

zeugende Aktivelemente wie thermische Kollektoren, Fotovoltaik und eine Netzintegration für Strom und Wärme als Speicher- und Verteilfunktion ermöglicht. (Kurier 24. 6. 2016)

energiereich//energiearm
energiereiche Länder

Energiestoffwechsel//Baustoffwechsel
(Physiologie)

energieverbrauchend//energieerzeugend
Zudem müssten Bahnfahrer energieverbrauchende Umwege in Kauf nehmen. (Frankfurter Neue Presse 15. 10. 2007)

en face//en profil
jemanden en face (von vorn) darstellen o Die meisten Personen des Neuen Testaments sind ohne Umraum auf weißen Hintergrund gesetzt, en face oder en profil werden die Figuren herausgearbeitet (Passauer Neue Presse 18. 10. 2011)

eng//weit
ein enger Rock o ein enges Kleid o ein enger Pulli o enge Hosen o Nestroy als Gaudi-Sparringspartner für ein Suff- und Sangesspiel, eng am Text, weit an seinem Gehalt vorbei inszeniert. (Neue Zürcher Zeitung 6. 8. 2013)

Engel//Teufel
sie/er ist ein Engel o sie ist Engel und Teufel zugleich o Und das Mädchen ... sieht sich plötzlich im Mittelpunkt eines Streitgespräches, das ein Engel und ein Teufel führen. (Westfalen-Blatt 22. 7. 2011)

enge Lage//weite Lage
(Musik)

engherzig//weitherzig
eine engherzige Auslegung des Paragraphen o Das symbolisiert Kraft, Virilität, Anderssein – ein Schlag ins Gesicht der angepassten Gröscherl-Zähler, die sich die Sparzwänge ebenso engherzig um den Hals legen wie die Schlipse. (Salzburger Nachrichten 24. 2. 2015)

Englischtraben//Deutschtraben
(Pferdesport)

engmaschig//weitmaschig
ein engmaschiges Netz o (übertragen:) eine engmaschige Fahndung o Die Forscher berücksichtigten zudem, ob das Netz engmaschig mit vielen „Knotenpunkten" (also vielen Bekannten, die einander ebenfalls kennen) ist oder weitmaschig (ob die Bekannten einander also in den meisten Fällen nicht kennen). (Berliner Morgenpost 29. 1. 2009)

en gros//en détail; ↑auch: im Kleinen
er verkauft en gros (im Großen)

Engroshandel//[En]detailhandel
(veraltet o Kaufmannssprache)

Enkel//Großvater; ↑auch: Enkelin
der Großvater ließ sich vom Enkel den Computer erklären o Der Enkel lernte seinen Großvater nicht kennen, aber so vieles von ihm und dieser Tat lebt in unserer Familie weiter. (FOCUS 28. 4. 2008)

Enkelin//Großmutter; ↑auch: Enkel
die Enkelin zeigte der Großmutter ihr neues Fahrrad o Da müssen vier Frauen, von der Enkelin bis zur Großmutter, in der Endphase des 30-jährigen Krieges im Bregenzerwald ihren Mann stehen. (Die Presse 25. 3. 2015)

Enkelsohn//Enkeltochter
seine Enkelsöhne heißen Christian, Philipp und Thiemo o Bei dieser Variante des Trickbetruges geben sich die unbekannten Anrufer als Enkelsohn oder Enkeltochter aus. (Braunschweiger Zeitung 3. 8. 2012)

Enkeltafel//Ahnentafel
(Aufstellung der Nachkommen o Genealogie)

Enkeltochter//Enkelsohn
unsere Enkeltochter heisst Paula, und der Enkelsohn heisst Lorenz

Enkidu//Gilgamesch
(Enkidu ist der Freund von Gilgamesch im Gilgamesch-Epos, bis zum 24. Jh.

v. Chr. nachweisbar, aus dem babylonischen Raum, Enkidu ist der Naturmensch, Gilgamesch der Zivilisationsmensch)

Enklave//Exklave
(Gebiet eines anderen Staates, das ganz vom eigenen eingeschlossen ist)

Enklise//Proklise
(Verschmelzung eines unbetonten Wortes mit einem vorangehenden betonten, z. B.: willste = willst du? o Sprachwissenschaft)

Enklitikon//Proklitikon
(unbetontes Wort, das sich als Verkürzung an das vorhergehende anhängt, z. B. e in: tuste [= tust du] mir den Gefallen?)

enklitisch//proklitisch
eine enklitische (rückgeneigte) Silbe

enkodieren//dekodieren; ↑auch: entschlüsseln
einen Funkspruch enkodieren (verschlüsseln) o Nach dem Dreh müssen die Studierenden das Rohmaterial schneiden, Sprechertexte einspielen, Beiträge ins Sendeformat einpassen und für verschiedene Endgeräte enkodieren. (VDI Nachrichten 20. 4. 2007)

Enkodierung//Dekodierung
(Verschlüsselung)

en profil//en face
jemanden en profil (von der Seite) darstellen o Lächelnde Mörder(innen) mit eingespanntem Kopf en profil und en face. (Neue Kronen-Zeitung 30. 5. 2008)

ent...//... (Verb)
z. B. *enttabuisieren/tabuisieren*

ent...//auf... (Verb)
z. B. *entrollen/aufrollen*

ent...//be... (Verb)
z. B. *jemanden entlasten/jemanden belasten*

ent...//ein... (Verben mit nicht gleichem Basiswort)
z. B. *entlassen/einstellen*

ent...//er... (Verb)
z. B. *entmutigen/ermutigen*

ent...//ver... (Verb)
z. B. *sich entloben/sich verloben*

ent...//zu... (Verb)
z. B. *entlaufen/zulaufen*

Ent...//... (Substantiv)
z. B. *Entsolidarisierung/Solidarisierung*

Ent...//Be... (Substantiv)
z. B. *Entlüftung/Belüftung*

entbehrlich//unentbehrlich
entbehrliche Zutaten o er ist entbehrlich (wird nicht gebraucht) o Die Entscheidung, welche Aufgaben entbehrlich und welche unentbehrlich sind, ist ganz klar eine politische Entscheidung und demnach von Politikern zu treffen. (Der Standard 30. 8. 2010)

entbürokratisieren//bürokratisieren
man muss die Verwaltung (wieder) entbürokratisieren o Die Verkehrsbetriebe gehören entbürokratisiert, die sind bürokratisiert wie die Karikatur eines Ministeriums. (Salzburger Nachrichten 17. 10. 1991)

entdeckt werden//unentdeckt bleiben
der Schwindel wurde entdeckt o Nicht mal ein Fünftel aller einsatzbezogenen psychischen Störungen war entdeckt und wurde auch behandelt. Die weit überwiegende Zahl blieb unentdeckt oder ohne Therapie. (Süddeutsche Zeitung 27. 11. 2013)

entdramatisieren//dramatisieren
Das ist unverantwortlich, weil ich weiß, dass es Ängste und Misstrauen in der Bevölkerung gibt. Politik muss entdramatisieren. Es gibt auch nichts zu dramatisieren. (Berliner Morgenpost 21. 3. 2010)

entdunkeln//verdunkeln
die Fenster (wieder) entdunkeln (die Verdunkelung entfernen, im Krieg) ○ *Am 31. Januar 1945 durfte früh um 7.15 Uhr wieder entdunkelt werden.* (Süddeutsche Zeitung 30. 1. 2005)

Ente//Erpel, Enterich
die Ente brütet die Jungen aus ○ *Bei den Pekingenten gäbe es hingegen ... keine merkbaren Unterschiede zwischen Ente und Erpel.* (Die Presse 11. 11. 2018) ○ *Frau Ente und Herr Enterich hatten wohl gerade einen Ausflug gemacht.* (Nordkurier 25. 5. 2016)

enterben//als Erben einsetzen
er hat seine Kinder enterbt ○ *Und auch ein Abc des Erbens zusammengestellt, in dem unter anderem nachzulesen ist, ... ob man die undankbaren Kinder enterben und das Haustier als Erben einsetzen kann.* (Neue Zürcher Zeitung Folio 6. 10. 2003)

Enterich//Ente
(männliche Ente)

entern//niederentern
(in die Takelage eines Schiffes hinaufklettern ○ Seemannssprache)

entfernen, sich//sich nähern
die Menschen entfernen sich (wieder) ○ *Je weiter wir uns vom realen Jahr 1984 entfernen, desto mehr nähern wir uns den Horrorvisionen von George Orwells Roman «1984» an.* (St. Galler Tagblatt 18. 1. 2010)

entfernt//nah
das ist ein entfernter Verwandter von ihm ○ *Rund 300 Kilometer ist die Burgenland-Tochter von der Zentrale entfernt. Das sei aber nah genug, um gut zusammenzuarbeiten.* (Die Presse 17. 11. 2016)

entflogen//zugeflogen
der entflogene Vogel ○ *Ist jemandem ein Vogel entflogen oder zugeflogen, kann er die Ringnummer bei dem jeweiligen Verband melden.* (Trierischer Volksfreund 28. 9. 2001)

entfloren//befloren
(veraltet: den Flor abnehmen)

entfremden//annähern
Von Staaten wie Ägypten oder Saudi-Arabien hat sich die Türkei eher entfremdet als sich ihnen angenähert. (Der Spiegel 16. 6. 2018)

entgegen dem Uhrzeigersinn//im Uhrzeigersinn
(nach linksherum) ○ *Auf der Nordhalbkugel der Erde dreht sich der Wirbelsturm nämlich entgegen dem Uhrzeigersinn, auf der Südhalbkugel im Uhrzeigersinn.* (Kölner Stadtanzeiger 29. 8. 2017)

Entgelt; ↑**gegen Entgelt**

entheben//einsetzen
jemanden eines Amtes entheben ○ *Der Finanzminister hätte auf Basis dieses Berichts den Vorstand entheben und einen Staatskommissär einsetzen müssen.* (Die Presse 30. 3. 2006)

Enthefter//Hefter
(Gerät zum Entfernen von Heftklammern)

enthüllen//verhüllen
der von Christo verhüllte Reichstag wurde wieder enthüllt ○ *„Wir brauchen ja auch noch ein Band zum Durchschneiden und Scheren, ach ja und Klebeband, denn wenn wir unser neues Ortsschild enthüllen wollen, müssen wir es ja erst verhüllen"* (Rhein-Zeitung 4. 7. 2014)

enthüllt//unenthüllt
der Bürgermeister enthüllte die Büste des Dichters ○ *Ein gestern enthülltes Grossplakat wirbt am Standort für den Wirtschaftspark.* (Berner Oberländer 1. 12. 2007)

entideologisieren//ideologisieren
Damit hat sich die Debatte ein Stück weit entideologisiert. (Neue Zürcher Zeitung 10. 7. 2018)

Entität//Quiddität
(das Da-Sein von etwas Seiendem im Unterschied zum Wesen)

entkalkt werden//verkalkt sein
der Boiler wird entkalkt ○ *Wasserhähne können selbst entkalkt werden. Spritzt das Wasser in alle Richtungen, wenn es aus dem Hahn kommt, ist meist der Luftsprudler verkalkt.* (Berliner Morgenpost 31. 3. 2012)

entkleiden, sich//sich bekleiden; ↑auch: anziehen, sich
Es zeigt wohl auch den ersten Blick auf ein Motiv, das Liebermann dann ... vor wechselnden Landschaften wiederholte: eine Gruppe von Knaben, die sich vor oder nach dem Bad entkleiden oder bekleiden. (Süddeutsche Zeitung 2. 12. 2013)

entkorken//verkorken; ↑auch: zukorken
die Flasche entkorken ○ *Sterilisieren, entkorken, auffüllen, schwefeln, neu verkorken, verkapseln: notwendig wird dieses aufwändige Prozedere alle zehn Jahre.* (Schwäbische Zeitung 2. 9. 2014)

entkrampfen, sich//sich verkrampfen
du hast dich ganz verkrampft, du musst dich entkrampfen ○ *Es gelte die Situation auf dem Wohnungsmarkt zu entkrampfen und nicht zusätzlich zu verkrampfen.* (Luxemburger Tageblatt 23. 8. 2011)

entkriminalisieren//kriminalisieren
Allerdings habe man mit der Einführung des Ordnungsbussenverfahrens im Jahr 2002 nicht die Absicht gehabt, das Kiffen zu entkriminalisieren (St. Galler Tagblatt 8. 11. 2012)

entkuppeln//zusammenkuppeln
(beim ICE) ○ *Wenn es die Strecke erlaubt, etwa bergab, wird künftig der Motor nicht nur entkuppelt, sondern ganz ausgeschaltet.* (Süddeutsche Zeitung 26. 1. 2012)

entladen//aufladen
die Batterie hat sich entladen ○ *Den Akku möglichst völlig entladen und ihn dann in einem Rutsch aufladen.* (Nürnberger Nachrichten 10. 1. 2009)

entladen, sich//sich aufladen
sich gefühlsmäßig (wieder) entladen ○ *Wie Messungen der Feuerwehr ergaben, haben sich dabei 180 bis 200 Volt entladen. Wie sich das Gitter elektrisch aufladen konnte, müssen die Ermittler erst klären.* (Tiroler Tageszeitung 2. 8. 2002)

entladen//beladen; ↑auch: einladen
das Schiff, Auto entladen ○ *Ramp Agents seien die Leute, die mit ihren Teams die Flugzeuge nach deren Ankunft entladen, beladen, tanken..., kurzum: die Maschine wieder startklar machen.* (Hamburger Abendblatt 12. 7. 2018)

entladen//laden
sie entladen die Kohle ○ *eine Batterie entladen* ○ *das Gewehr entladen* ○ *Typischerweise halten Zellen etwa 1000 Zyklen, also 1000 Mal voll aufladen, entladen und wieder voll laden.* (Süddeutsche Zeitung 23. 9. 2017)

Entladung//Aufladung
Die Gewitter gingen mit der Entladung Tausender Blitze einher, wie der Wetterdienst Meteonews meldete. (St. Galler Tagblatt 7. 8. 2019)

entlassen//einstellen
der Betrieb hat 10 Arbeiter entlassen ○ *Lehrer wurden entlassen* ○ *So muss Chefredakteur Dean Baque ... trotz des Online-Booms viele Redakteure entlassen, um mehr Investigativ-Reporter einstellen zu können.* (Berliner Zeitung 6. 11. 2018)

Entlassung//Einstellung
die Entlassung von Mitarbeitern

entlasten//belasten
er hat den Angeklagten entlastet ○ *entlastende Aussagen* ○ *Zum neuen Jahr treten allerlei neue Gesetze in Kraft, die vor*

allem den Geldbeutel der Bürger betreffen – einige entlasten ihn, die meisten belasten ihn. (Hamburger Morgenpost 29. 12. 2006)

Entlastung//Belastung

entlaufen//zulaufen
der entlaufene Hund ○ eine entlaufene Katze ○ Zutraulicher Terrier entlaufen ... Wo ist eine kleine Terrier-Hündin zugelaufen? (Rhein-Zeitung 26. 7. 2001)

entlehnt//indigen
„Fenster" ist ein aus dem Lateinischen entlehntes Wort

entlieben, sich//sich verlieben
Menschen werden sich wieder verlieben, um sich dann wieder zu entlieben und einen Scheidungsanwalt aufzusuchen, in den man sich potenziell verlieben könnte. (Süddeutsche Zeitung 22. 9. 2016)

entloben, sich//sich verloben
sie haben sich (wieder) entlobt ○ Dann haben die Stars und Sternchen es nachgemacht, um mit dem auf diese Art künstlich gedehnten Narrativ von Kinder bekommen, Kinder adoptieren, verloben und entloben, wieder verloben, heiraten und scheiden lassen die immer dankbar gefräßige Branche zu füttern, die früher Klatsch-Presse hieß. (Süddeutsche Zeitung 17. 4. 2012)

Entlobung//Verlobung
Entlobung auf Albanisch ... Die Auflösung einer Verlobung zwischen Albanern hat gestern in Mainz in einer handfesten Prügelei geendet. (Wiesbadner Kurier 28. 5. 2005)

entlüften//belüften
Anschließend wurde der Kellerraum entlüftet und die Wohnräume belüftet. (Südkurier 30. 1. 2015)

Entlüftung//Belüftung
(Klimatechnik)

Entlüftungstechnik//Belüftungstechnik

entmagnetisieren//magnetisieren
eine Nadel entmagnetisieren ○ Der Uhrmacher muss sie dann fachmännisch entmagnetisieren oder, im schlechtesten Fall, sogar vollständig zerlegen und die verschiedenen Bauteile einzeln entmagnetisieren. (Die Presse 25. 1. 2013)

entmaterialisieren//rematerialisieren
Materie entmaterialisieren und dann wieder rematerialisieren

entmieten//vermieten
der Hauswirt hat sein Haus entmietet (Mieter zum Auszug veranlasst, um das Haus modernisieren zu lassen) ○ *... an welcher Ecke in ihrem Kiez Wohnungen entmietet wurden, ein Abriss eines Hauses geplant ist, wo neu gebaut wird und Wohnungen an Urlauber vermietet werden.* (Berliner Morgenpost 28. 2. 2018)

entmilitarisieren//militarisieren;
↑auch: rüsten

entminen//verminen
das verminte Gebiet wieder entminen ○ Hundert russische Pioniere sind mit Spürhunden und Suchrobotern bereits auf dem Weg nach Palmyra, um die historische Stätte zu entminen. (Tiroler Tageszeitung 31. 3. 2016)

Entmobilisierung//Mobilisierung

entmutigen//ermutigen
diese Kritik hat ihn entmutigt ○ Für die Angehörigen ist wichtig, dass sie die alten Menschen nicht entmutigen, sondern ermutigen, möglichst aktiv zu bleiben. (Vorarlberger Nachrichten 3. 5. 2008)

entmystifizieren//mystifizieren
die Erinnerung an jemanden entmystifizieren ○ Der Verein möchte die Stolpersteine „entmystifizieren" und eine „seriöse Alternative zu diesem Gedenk-Irrweg" präsentieren. (Hamburger Abendblatt 25. 5. 2016)

entmythisieren//mythisieren
Diese Edition soll „Mein Kampf" entmythisieren und daher umso eher greifbar sein. (Wiener Zeitung 16. 1. 2016)

Ento...//Ekto... (vor fremdsprachlicher Basis; Substantiv)
(mit der Bedeutung: innerhalb) z. B. Entoplasma/Ektoplasma

Entoderm//Ektoderm
(Biologie, Medizin)

entodermal//ektodermal
(Biologie, Medizin)

Entoparasit//Ektoparasit
(Biologie, Medizin)

Entoplasma//Ektoplasma
(Biologie)

entpichen//bepichen
(das Pech entfernen ○ Brauerei)

entpolitisieren//politisieren
Einerseits will man die Finanzentscheidungen der Mitgliedsstaaten entpolitisieren, um den Euro zu sichern – andererseits will man die Kommission durch europaweite Wahlen politisieren, um die Euro-Rettung legitim zu machen. (Süddeutsche Zeitung 10. 11. 2012)

Entpolitisierung//Politisierung
Angesichts der Entpolitisierung, die die Politik seit einem Jahrzehnt mit uns betreibt, müssen wir Journalisten eine Politisierung dagegen setzen. (Süddeutsche Zeitung 9. 10. 2004)

entprivatisieren//privatisieren
(machen, dass etwas, was Privatbesitz ist, nicht länger Privatbesitz bleibt) *Banken entprivatisieren ○ Clinton ist der Prototyp des Politikers, der sich selbst entprivatisiert und die Politik privatisiert.* (Der Spiegel 7. 12. 1998)

entriegeln//verriegeln
die Tür entriegeln ○ Für Menschen, die keine Treppen steigen könnten, gebe es auch für Draußen die Möglichkeit, ... die Tür per Knopfdruck einer Fernbedienung entriegeln, öffnen, schließen und wieder verriegeln zu lassen. (Gießener Anzeiger 13. 4. 2007)

entrollen//aufrollen
eine Fahne, ein Transparent entrollen ○ Bei der Denaturierung werden Eiweißmoleküle gleichsam „entrollt". Normalerweise sind Eiweißmoleküle wie auf einem Wollknäuel aufgerollt. (Die Presse 14. 2. 2005)

Entropium//Ektropium
(Umstülpung des Augenlids nach innen)

Entscheidungsfrage//Ergänzungsfrage
auf Entscheidungsfragen kann man mit „ja" oder „nein" antworten

entschlossen//unentschlossen
sie ist entschlossen (das zu tun) ○ So entschlossen wie sich die Amerikanerin bei ihren Personalentscheidungen gab, so unentschlossen ist sie nach eigenem Bekunden bei der Planung ihrer Zukunft. (Saarbrücker Zeitung 20. 2. 2002)

entschlüsseln//verschlüsseln;
↑auch:[en]kodieren
einen Funkspruch entschlüsseln ○ Sende- und Empfangsapparaturen können die Nachrichten entschlüsseln und wieder verschlüsseln. (Märkische Allgemeine 9. 10. 2010)

Entschlüsselung//Verschlüsselung;
↑auch: Encoding, Kodierung

entschlussfähig//entschlussunfähig
eine entschlussfähige Regierung ○ Nachmittags arbeite ich an den Themen, abends bin ich nicht sonderlich leistungs- und entschlussfähig. (Süddeutsche Zeitung 11. 10. 2010)

Entschlussfähigkeit//Entschlussunfähigkeit
Und schliesslich liegt es auch an den Frauen, Entschlussfähigkeit und Ausdauer zu beweisen, sich zu trauen, Stolz, Ehrgeiz und Mut zu zeigen. (St. Galler Tagblatt 27. 9. 2012)

entschlussunfähig//entschlussfähig
eine entschlussunfähige Regierung ○ Auch ist Westerwelle immer sehr entschlussunfähig gewesen. (Nürnberger Zeitung 24. 9. 2002)

Entschlussunfähigkeit//Entschlussfähigkeit
Vor allem Lokalpolitiker und hohe Beamte werden für ihre Entschlussunfähigkeit angeprangert (Die Südostschweiz 5. 6. 2012)

entschuldbar//unentschuldbar
dieser Lapsus ist entschuldbar ○ Dummheit ist entschuldbar, Arroganz weniger, fehlendes Fingerspitzengefühl ist Vorsatz, Gier unentschuldbar. (Wiener Zeitung 13. 6. 2012)

entschuldigt//unentschuldigt
er fehlt unentschuldigt ○ Die Übrigen fehlen – entschuldigt oder unentschuldigt. (Wormser Zeitung 23. 3. 2012)

entsichern//sichern
das geladene Gewehr entsichern ○ Er beginnt, den Lauf zurückzuziehen, die Waffe zu entsichern und wieder zu sichern. (Wiener Zeitung 13. 5. 2014)

entsichert//unentsichert
das Gewehr stand entsichert im Schrank (es konnte gleich damit geschossen werden)

entsiegeln//versiegeln
die von der Polizei versiegelte Tür wurde (wieder) entsiegelt ○ Hier wäre die Fläche sofort bebaubar, man müsste also keine Gebäude abreißen, keine Flächen gegebenenfalls entsiegeln und wieder versiegeln. (Schwäbische Zeitung 8. 10. 2011)

Entsolidarisierung//Solidarisierung

entspannen//spannen
das Gewehr entspannen ○ Es handelt sich dabei um Pergament, welches die Eigenschaft hat, sich bei Feuchtigkeit zu entspannen, und sich bei Trockenheit wieder zu spannen (Niederösterreichische Nachrichten 4. 7. 2013)

entsperren//sperren
die Konten wurden (wieder) entsperrt ○ Wer seine Girokarte nicht mehr findet, sollte sie sofort sperren lassen. ... Doch was, wenn die Karte wieder auftaucht? Kann die Karte wieder entsperrt werden? (Schweriner Volkszeitung 23. 9. 2017)

entspringen//münden; ↑auch: Mündung
die Donau entspringt im südlichen Schwarzwald und mündet im Schwarzen Meer

entstaatlichen//verstaatlichen
einen Wirtschaftszweig (wieder) entstaatlichen ○ Der Telekommunikationsmarkt wurde nicht darum liberalisiert und zunehmend entstaatlicht, um nach ein paar Jahren wieder verstaatlicht zu werden (Neue Zürcher Zeitung 24. 2. 2007)

entstempeln//stempeln
ein Autokennzeichen (wieder) entstempeln ○ Er war ... mit einem Auto unterwegs, dessen Kennzeichen bereits entstempelt waren. (Mittelbayerische Zeitung 30. 10. 2014)

enttabuisieren//tabuisieren
den Tod, die Sexualität enttabuisieren ○ Wir können aber nicht Sexualität enttabuisieren und gleichzeitig den Operationssaal tabuisieren. (Die Zeit 7. 6. 1991)

enttarnt werden//sich tarnen
er ist enttarnt worden ○ Ihr Anführer ... wurde erst 1963 enttarnt. Der Deutsch-Russe Richard Sorge arbeitete getarnt als deutscher Zeitungskorrespondent (Weltwoche 30. 3. 2017)

enttätowieren//tätowieren

entwaffnet werden//sich bewaffnen
die bewaffneten Aufständischen wurden entwaffnet ○ Die regierungstreuen Polizisten und Wachleute in der Umgebung wurden entwaffnet und gefangen genommen. (Die Presse 19. 7. 2014)

entweder – oder
ich komme entweder heute oder morgen

Entwicklungsland//Industrieland
Indien war ein Entwicklungsland ○ *Denken Sie an eine Mutter aus einem Entwicklungsland, die in ein Industrieland zieht und dort für wohlhabende Familien kocht und putzt.* (Die Zeit Campus 18. 10. 2011)

entzaubern//verzaubern
die verzauberten Kinder wurden (im Märchen) wieder entzaubert ○ *sein Aussehen hat ihn verzaubert, aber sein Benehmen hat ihn wieder entzaubert* ○ *„Ich möchte die Welt nicht entzaubern, sondern verzaubern"* (Mannheimer Morgen 24. 10. 2005)

entzerren//verzerren
eine aus Gründen der Geheimhaltung verzerrte Funksendung wieder entzerren ○ *Erst als es seinen Spezialisten gelang, das im Internet digital verzerrte Bild des verdächtigen Kinderschänders zu entzerren und kentlich zu machen* (Berliner Morgenpost 20. 10. 2007) ○ *„Hier wird nicht entzerrt, sondern verzerrt", betonte der Sprecher der Geschäftsführung* (Nürnberger Nachrichten 15. 11. 2008)

entziehen; ↑jemandem das Wort entziehen

entzwei//ganz
der Stuhl ist (noch) entzwei

entzwei gehen//ganz werden
Dem Assistent von Referee Felix Brych war seine Fahne entzwei gegangen. (Hannoversche Allgemeine 25. 4. 2018)

Enzootie//Epizootie
(Veterinärmedizin)

Epakme//Akme, Parakme
(der Beginn der Entwicklung einer Stammesgeschichte ○ Biologie, Zoologie)

ephebisch//anebisch
(wehrfähig)

ephebophil//gerontophil
(sich zu jungen Männern sexuell hingezogen fühlend ○ in Bezug auf Homosexualität)

Ephebophilie//Gerontophilie
(homosexuelle Neigung zu Knaben oder ganz jungen Männern ○ ein von Magnus Hirschfeld geprägter Begriff)

epi…//hypo… (vor fremdsprachlicher Basis; Adjektiv)
(mit der Bedeutung: darauf, darüber, an der Oberfläche) z. B. *epigäisch/hypogäisch*

Epi…//Endo… (vor fremdsprachlicher Basis; Substantiv)
(mit der Bedeutung: darauf, darüber, an der Oberfläche) z. B. *Epibiose/Endobiose*

Epibiont//Endobiont
(Lebewesen, das auf einem anderen lebt ○ Biologie)

Epibiose//Endobiose
(z. B. Wachstum von Bakterien auf der Haut ○ Biologie)

Epidemie//Endemie
(sich zeitlich und örtlich besonders stark ausbreitende Infektionskrankheit)

Epidemie//Pandemie
(ganze Länder umfassende Epidemie großen Ausmaßes)

epidemisch//endemisch
(in Bezug auf örtlich und zeitlich in starkem Maße auftretende Infektionskrankheiten, z. B. Grippe)

Epifauna//Infauna
(Gesamtheit der Wassertiere, die sich auf etwas befinden)

epigäisch//hypogäisch
(Botanik)

epigastrisch//hypogastrisch
(Medizin)

Epigastrium//Hypogastrium
(Medizin)

Epigenese//Antezedenz
(Geologie)

epigenetisch//syngenetisch
(später entstanden ○ Geologie)

epigyn//hypogyn
(über dem Fruchtknoten ○ Botanik)

Epilimnion//Hypolimnion
(obere Wasserschicht eines Sees)

Epilog//Prolog; ↑**auch: Vorwort**
(Nachwort) ○ *Mehr als 70 Rollen sieht Tieck vor, der Epilog steht am Anfang, der Prolog am Schluss des Stückes. Die Grenze zwischen Schauspielern und Publikum hat Tieck kurzerhand aufgehoben.* (Mitteldeutsche Zeitung 21. 4. 2010)

Epimetheus//Prometheus
(griechische Mythologie) ○ *Epimetheus denkt erst nach dem Handeln*

Epimythion//Anamythion
(in einer Fabel der moralische Schlussvers)

Epinastie//Hyponastie
(verstärktes Wachstum der Blattoberseite)

Epipher//Anapher
(siehe: Epiphora)

Epiphora//Anapher
(Wiederholung von Wörtern am Ende aufeinanderfolgender Sätze oder Satzteile ○ Rhetorik, Stilistik)

Epirrhem//Antepirrhem
(Ansprache an die Zuschauer in der attischen Komödie)

episch//lyrisch
epische Dichtung

Episkopalismus//Kurialismus, Papalismus
(Kirchenrecht)

Episkopalsystem//Papalsystem
(katholische Kirche)

Epistelseite//Evangelienseite
(rechte Seite des Altars ○ katholische Liturgie)

epistemisch//deontisch
(Philosophie)

Epithesis//Prothesis
(Phonetik)

Epizootie//Enzootie
(Veterinärmedizin)

Epochalunterricht//Stundenunterricht
(während eines längeren Zeitraums Unterricht nur in einem Fach ○ Pädagogik)

EQ//IQ
(emotionale Intelligenz ○ nach Goleman)

Er//Sie
Er sucht Sie (eine Frau)/*Ihn* (einen Mann) (Kontaktanzeige) ○ *Ist das ein Er* (ein männliches Tier) *oder eine Sie?*

er...//ent... (Verb)
z. B. *ermutigen/entmutigen*

er...//er... (Verben mit antonymischen Basiswörtern)
z. B. *erleichtern/erschweren*

er...//ver... (Verben mit nicht gleichem Basiswort)
z. B. *erlauben/verbieten*

...er//...e (Substantiv)
z. B. *Vertrauter/Vertraute*

...e[r]//...ende[r] (Substantiv)
z. B. *Befreite[r]/Befreiende[r]*

...er//...erin (Substantiv)
z. B. *Lehrer/Lehrerin*

...er//[Ge]...e[r] (Substantivierung von starkem, dem unregelmäßigen Verb)
z. B. *Schläger/Geschlagene[r]*

...er//[Ge]...te[r] (Substantivierung von schwachem, dem regelmäßigen Verb)
z. B. *Befreier/Befreite[r]*

...er//...ling (Substantiv)
z. B. *Prüfer/Prüfling*

Erbadel//Verdienstadel
(erblicher Adel) ○ *Deutsche Historiker hatten bis dahin dessen eminente politi-*

sche Bedeutung unter den Teppich gekehrt – und das, obwohl Bismarck sich dafür einsetzte, ihn als ersten nicht konvertierten Juden in den deutschen Erbadel einzuführen. (Die Presse 19. 5. 2016)

Erbe//Erblasser
vom Erblasser wurde er als Erbe eingesetzt o Je höher das Erbe und je weiter familiär entfernt der Erbe vom Erblasser ist, desto stärker greift der Fiskus zu. (Süddeutsche Zeitung 3. 1. 2014)

Erbe; ↑als Erben einsetzen

erben//vererben
das habe ich (von ihr) geerbt o das hat er von mir geerbt o Denn richtig erben und vererben will gelernt sein. (Stuttgarter Nachrichten 30. 5. 2015)

erbfähig//erbunfähig
(Rechtswesen)

erbgesund//erbkrank
(Medizin)

Erbkönigtum//Wahlkönigtum
(Geschichte)

erbkrank//erbgesund
(Medizin)

erblassen//erröten
vor Wut erblassen und vor Scham erröten o Unsere Haut zeigt Gefühle: Wir erblassen vor Schreck oder erröten vor Scham, bei Ärger kriegen wir Pickel. (Abendzeitung 12. 2. 2011)

Erblasser//Erbe
Unerheblich sei es auch, ob und gegebenenfalls in welchem Umfang der Erblasser die spätere Erbin noch zu seinen Lebzeiten bedacht hatte. (Börsen-Zeitung 31. 7. 2009)

Erbonkel//Erbtante
Ernst ist mein Erbonkel o Und Erbonkel sowie Erbtante anzuschnorren, ist unökonomisch. Dort kriegt man vielleicht 5000 Euro zur Überbrückung, verliert aber ihre Achtung, fällt aus dem Testament und verliert am Ende eine Erbschaft von 1 Million. (Kleine Zeitung 24. 11. 2013)

Erbtante//Erbonkel
Gertrud ist meine Erbtante

erbunfähig//erbfähig
(Rechtswesen)

Erdbestattung//Feuerbestattung
Der seit einigen Jahren anhaltende Trend weg von der der Erdbestattung, hin zur Feuerbestattung und entsprechenden Urnengräbern hält unvermindert an. (St. Galler Tagblatt 22. 9. 2017)

Erde//Himmel
zwischen Himmel und Erde o Bäume sind Gedichte, die die Erde in den Himmel schreibt (Westdeutsche Zeitung 31. 5. 2017, Sinnspruch von dem libanesichen Dichter Khalil Gibran)

Erdenferne//Erdennähe
Seine Musik führt in Erdenferne und ist doch immer geerdet. (St. Galler Tagblatt 13. 8. 2018)

Erdennähe//Erdenferne
Vergleichsweise angenehm, dass das um Sylvia Greenberg gruppierte Damenquartett in vokaler Erdennähe verharrte. (Berliner Morgenpost 3. 5. 2004)

erdfern//erdnah

Erdferne//Erdnähe
Mit 404 320 Kilometer Entfernung befindet sich der Mond am 6. in Erdferne. In Erdnähe kommt er am 18. mit 367 100 Kilometer Distanz. (Wiesbadener Kurier 29. 4. 2014)

Erdleitung//Hochleitung

erdnah//erdfern

Erdnähe//Erdferne

erdverlegte Leitung//freiverlegte Leitung

ereignisarm//ereignisreich
ein ereignisarmer Alltag

ereignisreich//ereignisarm
ein ereignisreicher Alltag ○ So ereignisreich wie die erste Hälfte aufgehört hatte, so ereignisarm startete die zweite. (Schwäbische Zeitung 16. 8. 2015)

Eremit//Zönobit
(Einsiedler)

...erer//...erin (Substantiv)
z. B. Förderer/Förderin

ererbt//anerzogen
Falsches Essverhalten ist nicht ererbt, sondern anerzogen! (Neue Kronen-Zeitung 3. 4. 2004)

erfahren//mitteilen
Stefan erfuhr es von Katrin ○ Allenfalls ein paar Stunden vorher hat Kardinal Sodano erfahren, was Benedikt mitteilen würde (Süddeutsche Zeitung 12. 2. 2013)

erfahren//unerfahren
er ist auf dem Gebiet erfahren ○ in der Liebe (schon) erfahren ○ „Ob erfahren oder unerfahren: Sehr oft ist es Selbstüberschätzung, oder man hat nicht genug auf das Wetter und die Verhältnisse geachtet." (Die Presse 15. 8. 2010)

Erfolg//Misserfolg
seine Arbeit war von Erfolg begleitet ○ Erfolg und Misserfolg, Glück und Pech liegen nahe beieinander. (Weltwoche 2. 2. 2017)

erfolglos//erfolgreich
ein erfolgloser Geschäftsmann ○ erfolglose Versuche ○ seine Bemühungen waren erfolglos ○ Einst halb burgenlandkroatisch, wurde Kittsee unter ungarischer Herrschaft erfolglos magyarisiert, nach etwa 400 Jahren erfolgreich germanisiert. (Die Presse 13. 6. 2016)

erfolgreich//erfolglos
ein erfolgreicher Geschäftsmann ○ erfolgreiche Versuche ○ er hat erfolgreich verhandelt

Erfolgsdelikt//Handlungsdelikt, Tätigkeitsdelikt
(Straftat, die auch zum angestrebten Erfolg geführt hat, z. B.: Totschlag)

Erfolgskonto//Bestandskonto
(Wirtschaft)

erfordern; ↑das erfordert der Anstand

Er-Form//Ich-Form
ein Roman in Er-Form

erforscht//unerforscht
erforschte Gebiete ○ Wenn wir die Gedenkstätte als historischen Lernort ausbauen wollen, müssen wir die Frage angehen, welche historischen Felder sind bisher erforscht und was ist unerforscht. (Ostthüringer Zeitung 7. 5. 2009)

erfreulich//unerfreulich
eine erfreuliche Entwicklung ○ Was sie zu sehen bekamen, war zunächst wenig erfreulich, in einem Fall ganz und gar unerfreulich. (Stuttgarter Nachrichten 10. 10. 2015)

erfüllbar//unerfüllbar
erfüllbare Wünsche ○ Diese reichten von erfüllbar „Wir wollen Sie öfter lächeln sehen" bis unerfüllbar: „Wir wollen unseren Hobbywald wieder haben!" (Rhein-Zeitung 27. 12. 2005)

erfüllt//unerfüllt
erfüllte Wünsche ○ Manche der Erwartungen – ob erfüllt oder unerfüllt – führen dann zu kreativen Ideen. (Die Presse 20. 3. 2016)

Erfüllung//Nichterfüllung
die Erfüllung eines Vertrages

Erfüllungsgeschäft//Verpflichtungsgeschäft
(Rechtswesen)

Erfüllungsinteresse//Vertrauensschaden
(Rechtswesen)

Erg//Felswüste
(Sandwüste)

Ergänzungsfrage//Entscheidungsfrage
eine Frage z. B. mit „warum?" ist eine Ergänzungsfrage (Grammatik)

Ergänzungshaushalt//Nachtragshaushalt
(Politik)

Ergänzungsschule//Ersatzschule
eine Dolmetscherschule ist eine Ergänzungsschule

ergiebig//unergiebig
diese Nachforschungen waren ergiebig ○ *Am Samstag erlebte Leno nun, dass sein Job auch ergiebig und unergiebig zugleich sein kann.* (Süddeutsche Zeitung 10. 3. 2014)

Erhaltungsaufwand//Herstellungsaufwand
(Wirtschaft)

erheblich//unerheblich
erhebliche Verluste ○ *Zudem wird der Reinigungsaufwand erheblich gesenkt und die Sturzgefahr, die mit feuchtem Schuhwerk nicht unerheblich ist, vermindert.* (St. Galler Tagblatt 14. 12. 2017)

Erhebung//Vertiefung
(Stelle, die höher liegt als die sie umgebende Fläche) ○ *Bei jeder Erhebung und Vertiefung – für die winzige Spitze wie eine Berg-und-Talfahrt – zeichnen Sensoren Punkt für Punkt auf.* (Salzburger Nachrichten 3. 5. 2012)

erhöhen//erniedrigen
C zu Cis erhöhen (Musik)

erhöhen[sich]//[sich] erniedrigen
Denn wer sich selbst erhöht, der wird erniedrigt; und wer sich selbst erniedrigt, der wird erhöht. (Bibel, Matthäus 23,12)

Erhöhungszeichen//Erniedrigungszeichen
die mit Erhöhungszeichen bezeichneten Töne (Musik)

erhören//abblitzen lassen
sie hat ihn erhört ○ *Da er fürchtet, dass sie ihn aufgrund seines Makels nicht erhören könnte, verbirgt er aber seine wahren Gefühle.* (Mittelbayerische Zeitung 11. 9. 2018)

erigiert//unerigiert; ↑auch: schlaff
ein erigierter Penis

...erin//...er (Substantiv)
z. B. *Lehrerin/Lehrer*

...erin//...erer (Substantiv)
z. B. *Kämmerin/Kämmerer, Förderin/Förderer*

...erin//[Ge]...[t]e[r] (Substantivierung vom starken oder schwachen Verb)
z. B. *Schädigerin/Geschädigte[r]* ○ *Jägerin/Gejagte[r]* ○ *Ruferin/Gerufene[r]*

...erin//...ling (Substantiv)
z. B. *Prüferin/Prüfling*

erinnern an, sich //vergessen
er kann sich an dieses Erlebnis noch lebhaft erinnern und hat es noch nicht vergessen ○ *Die daheim geprügelte Martha ... nimmt mit ihrem Handy auf, woran sie sich erinnern und was sie vergessen möchte.* (Oberösterreichische Nachrichten 4. 10. 2010)

Erinnerung; ↑in Erinnerung bleiben

Erkenntnisverfahren//Vollstreckungsverfahren
(Rechtswesen)

erklärbar//unerklärbar
ein erklärbares Phänomen (das erklärt werden kann) ○ *Mit einer kleinen Personage spielt sie auf der gesamten Klaviatur menschlicher Emotionen, die vor den größten Grausamkeiten nicht zurückschrecken, gleichermaßen erklärbar wie unerklärbar sind.* (Wiesbadener Tagblatt 15. 10. 2002)

erklärlich//unerklärlich
seine Reaktion ist erklärlich (ist verständlich, kann man nachempfinden)

Erklärungsirrtum//Inhaltsirrtum
(Rechtswesen)

erkranken//gesunden
wenn die Wirtschaft erkrankt o Doch mehr noch: Die Tochter erkrankt an Brustkrebs, scheint gesundet, erleidet einen Rückfall und stirbt. (Braunschweiger Zeitung 13. 1. 2007)

erlassen//abschaffen, aufheben
ein Gesetz erlassen o Wenn etwa der Umweltminister ein neues Gesetz erlassen will, muss er gleichzeitig ein anderes abschaffen. (Nürnberger Nachrichten 26. 5. 2011) o Gesetze erlassen kann der VfGH nicht, aber er darf Gesetze aufheben – und so indirekt Recht schaffen. (Die Presse 10. 11. 2018)

Erlassvergleich//Treuhandvergleich
(Rechtswesen)

erlauben//verbieten; ↑auch: verboten
er hat ihm das Rauchen erlaubt o in Frankreich ist alles erlaubt, selbst wenn es verboten ist o Der Verfassungsartikel von 1992 erlaubt zwar grundsätzlich die medizinisch unterstützte Fortpflanzung, verbietet aber Leihmutterschaft und Embryonenspende. (St. Galler Tagblatt 26. 04. 1997) o Auf deutschen Straßen ist einmaliges Übernachten grundsätzlich erlaubt, sofern es nicht ausdrücklich verboten wird. (Die Zeit 8. 9. 2016)

erlaubt//verboten
... was am Lebensende wann wem erlaubt oder verboten ist ... (Der Spiegel 31. 3. 2018) o In vielen Ländern ist Hanf als Medizin erlaubt. In Österreich sind Besitz und Konsum von Marihuana verboten. (Die Presse 18. 12. 2016)

Erlaubnis//Verbot
eine schriftliche Erlaubnis vorlegen o Das BfArM prüft den Antrag des Herstellers ... und erteilt je nach Bewertung die Erlaubnis oder das Verbot. (Der Spiegel 25. 3. 2014)

Erlaubnis; ↑Aufenthaltserlaubnis

erlaubt//unerlaubt
erlaubte Steuertricks o ein erlaubtes Hilfsmittel bei einer Klausur o sich erlaubt von der Truppe entfernen o Das heißt, dass alle Aufbauten, ob erlaubt oder unerlaubt, verschwinden müssen. (Neue Westfälische 15. 11. 2017)

erlaubt//verboten; ↑auch: verbieten
in England ist alles erlaubt, was nicht verboten ist

erlebnisarm//erlebnisreich
ein erlebnisarmer Urlaub o Er hilft Daheimgebliebenen über die erlebnisarme Ferienzeit hinweg. (Mannheimer Morgen 16. 7. 2016)

erlebnisreich//erlebnisarm
ein erlebnisreicher Urlaub o Vertreter aus dem industriell-gewerblichen Bereich erachten die Messe als eine Möglichkeit, den Beruf möglichst erlebnisreich vorzustellen. (St. Galler Tagblatt 28. 4. 2018)

erledigen//liegenlassen
er hat die Post (gleich) erledigt o Er habe dann ganz schön viel zu tun, würde aber Aufgaben, die er später erledigen könne, bewusst liegen lassen. (Mannheimer Morgen 19. 4. 2014)

erledigt//unerledigt
erledigte Post o dieser Auftrag ist schon erledigt o In den letzten Tagen des alten Jahres und in den ersten Tagen des neuen Jahres beschreibt die WZ deshalb, was erledigt ist und was unerledigt ist. (Wormser Zeitung 4. 1. 2017)

erleichtern//erschweren
die Zulassung erleichtern o die neuen Vorschriften erleichtern das Handeln o Einerseits würde sie der Polizei die Observation des Betreffenden erleichtern und ihm Treffen mit Kontaktleuten stark erschweren. (Süddeutsche Zeitung 10. 1. 2017)

erleiden//verüben
Männer sterben früher als Frauen, erleiden öfter Herzanfälle, verüben öfter

Selbstmord, bilden öfter Magengeschwüre aus, verfallen öfter und massiver dem Alkohol. (Die Presse 19. 5. 2008)

erlitten//verübt
eine erlittene Vergewaltigung ○ Zwei afroamerikanische Soldaten schildern ihre Geschichte. Der eine blickt zurück auf erlittene und verübte Massaker, der andere entwirft eine Utopie von einem Amerika, in dem Schwarze wählen dürfen. (Neue Osnabrücker Zeitung 24. 1. 2013)

Ermittlungsverfahren//Hauptverfahren
(Rechtswesen)

ermutigen//entmutigen
diese Kritik hat ihn ermutigt ○ „Ich lasse mich von der Presse weder ermutigen noch entmutigen." (Südwest Presse 2. 7. 2016)

ernennen//abberufen
Demnach kann der Justizminister Gerichtspräsidenten auf unteren Ebenen ernennen oder abberufen. (Neue Zürcher Zeitung 31. 7. 2017)

Erneuerung//Verfall
Verfall und Erneuerung der Städte ○ Die Kapelle bedurfte einer vollständigen Erneuerung und wäre ohne diese vom Verfall bedroht. (Saarbrücker Zeitung 22. 2. 2016)

erniedrigen//erhöhen
a zu as erniedrigen (Musik)

erniedrigen[sich]//[sich] erhöhen
„Sie hat nur ein Ziel: andere zu erniedrigen, um sich selber zu erhöhen!" (Die Presse 17. 2. 2014)

Erniedrigungszeichen//Erhöhungszeichen
(Musik)

ernst//heiter
ernste Lieder ○ Ernst ist das Leben, heiter die Kunst (Friedrich Schiller, Prolog zu „Wallensteins Lager")

Ernst//Scherz
aus Scherz wird leicht Ernst ○ das war halb Scherz, halb Ernst ○ „Das ist eine seltsame Mischung aus Ernst und Scherz, Kunst und Humor." (Wiener Zeitung 28. 3. 2015)

ernst bleiben//lachen
sie blieb ernst ○ er konnte nicht länger ernst bleiben und musste lachen ○ „Wir wollen durch unsere Beteiligung am Fasnachtszug zeigen, dass wir ein wichtiger Partner der Stadtkultur sind, aber nicht immer nur ganz ernst bleiben, sondern auch lachen können" (Mannheimer Morgen 9. 2. 2013)

ernste Musik//Unterhaltungsmusik;
↑auch: U-Musik
Das unterhaltsame Blechbläser-Quintett präsentiert einen Abend von Bach bis Blues, wo ernste Musik plötzlich einen hohen Unterhaltungswert beschert und Unterhaltungsmusik mit einer fröhlichen Ernsthaftigkeit dargeboten wird. (Rhein-Zeitung 1. 7. 2008)

Ernte//Saat
Glückliche Ernte will zeitige Saat. (Sprichwort)

ernten//säen
Laut dem deutschen Gartentherapeuten genesen psychisch Kranke rascher, wenn sie regelmäßig ernten, säen und hegen (Tiroler Tageszeitung 21. 7. 2013) ○ Kinder sind die rohen Diamanten der Zukunft. Sie ernten, was wir säen. (Vorarlberger Nachrichten 16. 4. 2018)

eröffnen//abschließen
eine Rede eröffnete das Fest ○ Nun habe Dakar bewiesen, meint die Neue Zürcher Zeitung, „dass auch afrikanische Staaten solche komplizierten Verfahren eröffnen und abschließen können" (Berliner Zeitung 2. 6. 2016)

eröffnen//aufgeben
ein Geschäft eröffnen ○ Der zur Rewe-Gruppe gehörende Discounter ... will in diesem Jahr 150 Läden eröffnen und

etwa 100 Standorte aufgeben. (Süddeutsche Zeitung 5. 3. 2007)

eröffnen//schließen
die Diskussion eröffnen ○ *Letztlich entscheidet der Fürstenpalast, wer ein Geschäft eröffnen darf und wer seines schließen muss.* (Die Zeit 7. 7. 2011)

Eros//Thanatos
(Psychologie) ○ *Sigmund Freud ... hat in seinen psychoanalytischen Schriften von „Eros" und Thanatos" geschrieben, vom Lebens- und vom Todestrieb ...* (Der Spiegel 31. 3. 2018)

erotematisch//akroamatisch
(auf Fragen des Lehrers beruhend ○ als Unterrichtsform ○ Pädagogik)

erotisch//unerotisch
ein erotisches Aussehen ○ *Als „erotisch" angekündigte Filme erweisen sich meist als völlig unerotisch, während einige der aufregendsten Sexszenen der Kinogeschichte in ganz genrefremdem Material auftauchen.* (taz 10. 7. 2003)

Erpel//Ente
(männliche Ente) ○ *Der Erpel schwimmt dann auf die Ente drauf, drückt diese fast völlig unter Wasser und beisst ihr in den Nacken.* (Tagesanzeiger 17. 1. 2013)

erreichbar//unerreichbar
dieses Ziel ist mit einer gewissen Anstrengung erreichbar ○ *Wie die Anklagebehörde mitteilte, war ihre Website gestern „schwer erreichbar und während kurzer Zeit vollständig unerreichbar" gewesen.* (Westdeutsche Zeitung 11. 12. 2010)

error in objecto//aberratio ictus
(Irrtum des Straftäters in Bezug auf die Identität des Tatobjekts)

erröten//erblassen
vor Scham erröten und vor Neid erblassen ○ *Selbst in der Kommunikation kann die Haut eine – oft nicht gerade willkommene – Rolle spielen: Wenn wir vor Scham erröten oder vor Schrecken erblassen.* (Berner Zeitung 16. 2. 2009)

Ersatzkasse//Privat[kranken]kasse

Ersatzknochen//Deckknochen
(Anatomie)

Ersatzschule//Ergänzungsschule
(Privatschule)

erscheinen//verschwinden
auf dem Bildschirm erscheinen ○ *In der vernebelten Bühne und mit der grandiosen Lichtregie von Jim French lässt sie die Tänzer paarweise, einzeln, zu mehreren erscheinen und verschwinden.* (Wiesbadener Kurier 26. 5. 2015)

erschlossen//belegt
erschlossene Wortformen

erschlossen//unerschlossen
ein erschlossenes Gebiet ○ *erschlossene Quellen der Geschichte* ○ *Wir haben fast 300 Berggipfel. Wenn davon jetzt 30 verbaut oder seilbahntechnisch erschlossen sind, dann gibt es noch über 250, die ich unerschlossen erreichen kann.* (Vorarlberger Nachrichten 9. 7. 2011)

erschweren//erleichtern
die Zulassung zum Studium erschweren ○ *die neuen Vorschriften erschweren das Handeln* ○ *Daher kann die Kenntnis der Biografie den Zugang zu den Werken eines Autors ebenso erschweren wie erleichtern.* (Tagesanzeiger 22. 9. 2017)

erschwinglich//unerschwinglich
ein Auto ist für mich erschwinglich ○ *Wohnen muss erschwinglich bleiben – Ist Wohnen in Passau bald unerschwinglich?* (Passauer Neue Presse 25. 7. 2013)

ersetzbar//unersetzbar
das, was du verloren hast, ist ersetzbar ○ *Sich einzugestehen, ersetzbar zu sein, sei der erste Schritt sich unersetzbar zu machen.* (Hannoversche Allgemeine 9. 8. 2008)

ersprießlich//unersprießlich
eine recht ersprießliche Tätigkeit ○ *Als schiere Lektüre ist das überaus kurzwei-*

lig und ersprießlich. (Süddeutsche Zeitung 22. 8. 2013)

erst//bereits
er zahlte die Miete erst am 5. des Monats o Der jüngste Teilnehmer war erst fünf Jahre, der älteste bereits 89. (St. Galler Tagblatt 22. 1. 2018)

erst//dann
erst war es Spaß, dann wurde es Ernst o Ernst Molden und sein Sohn Fritz gründeten 1946 Die Presse neu, erst als Wochenzeitung, dann mit US-amerikanischem Kredit als Tageszeitung (Falter 4. 4. 2018)

erst//noch
sie kommt erst im nächsten Jahr/sie kommt noch in diesem Jahr o Das neue Leben in der Opposition ist dagegen erst zwei Wochen alt. Kein Wunder, wenn es noch Anlaufschwierigkeiten gibt. (Die Presse 8. 1. 2018)

erst//schon
er ist erst spät aufgestanden o sie ist jetzt erst aufgestanden o er kommt erst morgen und nicht schon heute o sie kam erst abends o er kommt erst im nächsten Jahr, nicht schon in diesem o Die Leipziger Buchmesse beginnt erst am Donnerstag, aber schon jetzt ist klar, dass es dabei erneut um Rechte gehen wird. (Nordkurier 12. 3. 2018)

erste//letzte
das erste Kapitel o er war der erste Patient o Doch blieb die erste FDP-Bundesrätin die letzte (Berner Oberländer 26. 9. 2018)

Erste, der//der Letzte
die Ersten werden die Letzten sein o Besser der Erste im Dorfe als der Letzte in der Stadt (Redensart)

erste Monatsblutung//erster Samenerguss; ↑auch: Ejakularche

Ersterer//Letzterer
Für die Ersatzwahl haben Andreas Wanzenried und Arnold Näf ... ihre Bewer-

bung eingereicht. Ersterer ist aktueller Vize-Ammann, Letzterer seit drei Jahren Gemeinderat. (Die Nordwestschweiz 20. 10. 2016)

erster Fall//vierter Fall; ↑auch: Akkusativ, Wenfall (Nominativ, Werfall)

erster Samenerguss//erste Monatsblutung; ↑auch: Menarche

Erstgebärende//Mehrgebärende

erstgeboren//letztgeboren
Das Lieblingskind der Mutter ist mit höchster Wahrscheinlichkeit der erstgeborene Sohn und das des Vaters die letztgeborene Tochter. (Stern 29. 3. 2012)

erstgenannt//letztgenannt
der erstgenannte Autor o Der erstgenannte Neckargartacher gewann Bronze im Barrenfinale, der letztgenannte Heilbronner am Pauschenpferd. (Heilbronner Stimme 25. 5. 2013)

Erstkommunion//Konfirmation
(das erstmalige Empfangen des Altarsakraments o katholische Kirche) o Viele Kinder feiern in diesen Tagen ihre Erstkommunion oder Konfirmation. (Saarbrücker Zeitung 12. 4. 2018)

erstmalig//letztmalig
wir zeigen den Film erstmalig in der nächsten Woche o „Diese Art der Veranstaltung war erstmalig in Bad Neuenahr-Ahrweiler, aber sicherlich nicht letztmalig" (Rhein-Zeitung 8. 6. 2012)

erstrangig//zweitrangig
eine erstrangige Besetzung o „Schenke mir Fingerspitzengefühl, um herauszufinden, was erstrangig und zweitrangig ist". (Mitteldeutsche Zeitung 14. 4. 2003)

Erstrisikoversicherung//Vollwertversicherung
(Versicherungswesen)

Erstschlag//Vergeltungsschlag
(Militär) o Käme die Nato dadurch nicht in die Lage, einen Erstschlag gegen ein

Land zu führen, ohne einen Vergeltungsschlag befürchten zu müssen? (Die Presse 1. 9. 2007)

Erststimme//Zweitstimme
ihre Erststimme gab sie den Grünen (bei der Wahl)

Ersttäter//Wiederholungstäter
Für einen Raub drohen dem Ersttäter mindestens acht Monate, dem Wiederholungstäter mindestens ein Jahr. (Tagesanzeiger 1. 2. 2008)

erteilen//verweigern
Der Iran will US-Bürgern keine Visa erteilen, solange die Vereinigten Staaten Iranern die Einreise verweigern. (Die Presse 8. 3. 2017)

erteilen; ↑jemandem das Wort erteilen

Ertrag//Aufwand
(Wirtschaft)

erträglich//unerträglich
der Schmerz, die Hitze ist (noch) erträglich o Die Torheit mache die Existenz möglich und erträglich. Sie mache sie ihrer Doppelnatur entsprechend aber auch unerträglich und unmöglich. (Neue Zürcher Zeitung 8. 6. 2016)

ertragsabhängig//ertragsunabhängig
Die Gewinnsteuer ist ertragsabhängig und fällt entsprechend der Höhe des erwirtschafteten Gewinns an. Die Kapitalsteuer dagegen sei ertragsunabhängig und belaste die unternehmerische Substanz. (Neue Luzerner Zeitung 7. 5. 2010)

ertragsarm//ertrag[s]reich
ein ertragsarmes Jahr o Zur Sicherung des öffentlichen Personennahverkehrs hat der Landkreis Altenkirchen ein „Linienbündelungskonzept" beschlossen, bei dem ertragsreiche und ertragsarme Linien zusammengefasst werden. (Rhein-Zeitung 1. 12. 2016)

ertrag[s]reich//ertragsarm
ein ertragreiches Jahr o Sommerhalden deuten auf ertragreiche Anbauflächen

hin, Winterhalden hingegen auf ertragsarme, der Sonne abgewandte Gebiete. (Tagesanzeiger 23. 6. 2007)

Ertragsminderung//Ertragssteigerung
Ertragsminderung in der Landwirtschaft

Ertragssteigerung//Ertragsminderung
Ertragssteigerung in der Landwirtschaft

ertragsunabhängig//ertragsabhängig

erwachsen; ↑schon erwachsen sein

Erwachsener//Kind
es machte allen Spaß, den Kindern genauso wie den Erwachsenen o Aber es kommt auch vor, dass ein Erwachsener ein Kind auf eine Weise anfasst, dass es ihm unangenehm ist. (Leipziger Volkszeitung 9. 6. 2017)

Erwachsener; ↑nur für Erwachsene

erwähnt//unerwähnt
Dank gebührt den erwähnten und den unerwähnten Helfern o Auch dass Gauguin an Syphilis statt, wie im Film erwähnt, bloß an Diabetes litt, bleibt unerwähnt. (Neue Westfälische 4. 11. 2017)

erweitern//verengen
erweiterte Blutgefäße o Die Blutgefäße der Hautoberfläche erweitern sich bei Hitze, und in Abkühlphasen verengen sie sich wieder. (Schwäbische Zeitung 21. 3. 2017)

erwerbsfähig//erwerbsunfähig
sie wurde für erwerbsfähig erklärt o Demnach sollen erwerbsfähige Arbeitslose, die in die Notstandshilfe fallen, weiterhin beim AMS vorstellig werden. Für erwerbsunfähige Notstands- oder Sozialhilfeempfänger sollen die Länder zuständig sein (Salzburger Nachrichten 20. 8. 2003)

Erwerbsfähige[r]//Erwerbsunfähige[r]

Erwerbsfähigkeit//Erwerbsunfähigkeit

erwerbsunfähig//erwerbsfähig

Erwerbsunfähige[r]//Erwerbsfähige[r]

Erwerbsunfähigkeit//Erwerbsfähigkeit

Erwerbswirtschaft//Gemeinwirtschaft
(Wirtschaft)

erworben//angeboren
erworbene Krankheit, Behinderung ○ *Auch bestimmte Grundkrankheiten wie erworbene oder angeborene Immunschwäche, Asthma... bedeuten erhöhtes Risiko.* (Neue Kronen-Zeitung 24. 10. 2008)

erwünscht//unerwünscht
er ist (hier) erwünscht ○ *Es geht darum, dem Hund verständlich klar zu machen, welches Verhalten erwünscht, welches unerwünscht ist.* (Nordwest-Zeitung 10. 7. 2017)

Erythrozyt//Leukozyt; ↑auch: **weißes Blutkörperchen**

Erzähler; ↑allwissender Erzähler, personaler Erzähler

Erzählerbericht//Personenrede
(Literaturwissenschaft)

erzählte Zeit//Erzählzeit
(Literaturwissenschaft)

Erzählzeit//erzählte Zeit
(Literaturwissenschaft)

erzarm//erzreich
eine erzarme Gegend

Erzeuger//Verbraucher; ↑auch: **Konsument**
(jemand, der Waren zum Verkauf herstellt) ○ *Ein deutlicher Trend ist, dass die klare Zuordnung von Erzeugung und Verbrauch nicht mehr gegeben ist, da ein Gebäude sowohl Erzeuger als auch Verbraucher sein kann.* (Handelszeitung 10. 11. 2011)

Erzeugerland//Abnehmerland

erziehbar//unerziehbar
Der Begriff erziehbar – ob schwer oder nicht – macht junge Menschen zum Objekt. (taz 24. 10. 2017)

erzreich//erzarm
eine erzreiche Gegend

Es, das//Über-Ich
(Psychologie)

Eselhengst//Eselin

Eselin//Eselhengst

Eskalation//Deeskalation

eskalieren//deeskalieren
sie wollten den Konflikt eskalieren ○ *Man kann mit Gesprächen eskalieren. Man kann aber auch deeskalieren.* (Salzburger Nachrichten 25. 4. 2004)

Esoteriker//Exoteriker
(in eine Geheimlehre Eingeweihter)

esoterisch//exoterisch
(nur für Eingeweihte verständlich) ○ *Sie habe nur dem unmittelbaren Gebrauch in den frühen christlichen Gemeinden gedient* ○ *sie sei rein esoterisch, nach innen hin orientiert gewesen, nicht aber exoterisch, d. h. gedacht für ein grösseres Publikum ausserhalb der Gemeinde, etwa die Gebildeten unter den Juden, Griechen, Römern.* (Neue Zürcher Zeitung 5. 3. 2011)

...ess//... (Substantiv)
z. B. *Stewardess/Steward*

essbar//giftig
essbare Beeren, Pilze ○ *Sie sind nicht essbar, weil giftig, aber wunderschön anzusehen* (Salzburger Nachrichten 15. 3. 2007)

essen//fressen
Menschen essen, Tiere fressen ○ *Wir gärtnern zusammen, wir ernten zusammen, wir essen zusammen ... Schafe fressen den Feldsalat weg* (Mannheimer Morgen 23. 5. 2018)

essen//trinken; ↑auch: **durstig, saufen**
Wird er nicht vielmehr zu ihm sagen: Mach mir etwas zu essen, gürte dich, und bediene mich (Bibel, Lukas 17,8) ○ *wenn ich gegessen und getrunken habe,*

kannst auch du essen und trinken.
(Neues Volksblatt 5. 10. 2013)

essen; ↑schon gegessen haben

Essentia//Existentia
(das Wesen ○ Philosophie)

Essentialien//Akzidentalien
(Rechtswesen)

essentiell//akzident[i]ell
essentielle (zum Wesen gehörende) Bestandteile ○ *... zu erkennen, was an ihr essenziell und was bloß akzidentiell ist, was fest und was veränderlich.* (Die Presse 27. 3. 2000)

Etappe//Front
die Soldaten in der Etappe ○ *aus der Etappe an die Front kommen*

Etappenhengst//Frontschwein
(Soldat, der sich in der Etappe, nicht an der Front befindet)

Etazismus//Itazismus
(Aussprache altgriechischer E-Laute wie langes e ○ Sprachwissenschaft)

Ethikotheologie//Physikotheologie
(Schluss von den Grundlagen sittlichen Verhaltens der Menschen auf die Existenz Gottes ○ Philosophie)

ethisch//unethisch
Künstliche Lebensverlängerung kann für ihn ethisch geboten wie auch „unethisch" sein. (Die Presse 5. 3. 2011)

etisch//emisch
Allophone sind etische (nicht bedeutungsunterscheidende) Einheiten (Sprachwissenschaft)

...ette//...ier (Substantiv)
z. B. *Chansonnette/Chansonnier*

etwa//genau
er kam etwa um 10 Uhr ○ *es kostete etwa 50 Mark* ○ *Alles für etwa 70 Franken – genau weiss ich es nicht mehr, es hat die Quittung verweht.* (Tagesanzeiger 9. 11. 2018)

etwas//ganz
einen ganz gewöhnlichen Geburtstag auf etwas ungewöhnliche Weise feiern ○ *Deshalb können Sie jetzt auch ganz entspannt alles etwas lockerer angehen.* (Salzburger Nachrichten 28. 12. 2018)

etwas, was//nichts
hast du etwas gesehen? ○ *das will (schon) etwas heißen* ○ *aus ihm wird etwas* ○ *Jedenfalls ist es besser, ein eckiges Etwas als ein rundes Nichts zu sein* (Friedrich Hebbel zugeschrieben) ○ *Wir sehen, was wegfällt, wir erkennen aber kaum, was Neues entsteht. Hanna Arendt ahnte nichts vom Silicon Valley und vom Handy.* (Süddeutsche Zeitung 11. 1. 2017)

eu...//a... (vor fremdsprachlicher Basis; Adjektiv)
(mit der Bedeutung: wohl, schön, gut)
z. B. *euphotisch/aphotisch*

eu...//dys... (vor fremdsprachlicher Basis; Adjektiv)
(mit der Bedeutung: wohl, schön, gut)
z. B. *euphorisch/dysphorisch*

Eu...//Dys... (vor fremdsprachlicher Basis; Substantiv)
(mit der Bedeutung: wohl, schön, gut)
z. B. *Eutrophie/Dystrophie*

Eu...//Kako... (vor fremdsprachlicher Basis; Substantiv)
(mit der Bedeutung: wohl, schön, gut)
z. B. *Euphonie/Kakophonie*

Eukaryonten//Prokaryonten
(Biologie)

euklidische Geometrie//nichteuklidische Geometrie
(Geometrie nach dem griechischen Mathematiker Euklid von Alexandria)

Eukolie//Dyskolie
(heitere Gemütsstimmung ○ Psychologie)

Eukrasie//Dyskrasie
(Medizin)

Eulen//Lerchen
(Langschläfer) ○ *Bisher haben Forscher angenommen, dass der Abend für Sportler die beste Zeit für optimale Leistungen ist. Doch auch unter Athleten gibt es Eulen und Lerchen, Nachtschwärmer und Frühaufsteher.* (Süddeutsche Zeitung 30. 1. 2015)

Euphemismus//Dysphemismus, Kakophemismus
(Ausdruck, der etwas weniger Angenehmes als schön, gut, in beschönigender Weise darstellt, z. B.: scheiden für: sterben; nicht mehr der Jüngste sein für: alt sein)

euphemistisch//kakophemistisch

Euphonie//Kakophonie
(wohlklingende Folge von Lauten) ○ *Der Brite beherrscht sein Handwerk, doch bei aller Finesse verliert sich die minimalistische Musik in manchen Momenten ein wenig in oberflächlicher Euphonie.* (Neue Zürcher Zeitung 22. 6. 2018)

euphonisch//kakophonisch
(Musik, Sprachwissenschaft)

Euphorie//Depression, Dysphorie
sie befindet sich in einer Euphorie (in seelischer Hochstimmung)

euphorisch//depressiv
(sich in hochgemuter Gemütsverfassung befindend) ○ *Die Stimmung ist weder euphorisch noch depressiv, sondern eher gedämpft angesichts der gesunkenen Umfragewerte des Kanzlerkandidaten.* (Schwäbische Zeitung 22. 5. 2017)

euphorisch//dysphorisch
(in Hochstimmung) ○ *Ein Vergleich mit der Mondlandung ist insofern berechtigt, als beide technische Großprojekte euphorische Hoffnungen weckten, ebenso wie dysphorische Sorgen.* (Die Zeit 14. 2. 2001)

euphotisch//aphotisch, dysphotisch
(in Bezug auf guten Lichteinfall bei Gewässern)

euploid//aneuploid
(vollständig in Bezug auf die Chromosomen ○ Biologie)

Eupnoe//Dyspnoe
(regelmäßige, ruhige Atmung)

...eur//...eurin, ...euse (Substantiv)
z. B. *Friseur/Friseurin, Friseuse*

...eurin//...eur (Substantiv)
z. B. *Friseurin/Friseur*

Europäer//Atlantiker
(Politik) ○ *Während Juppé sich als Europäer und Atlantiker bekennt, propagiert Fillon, der einst gegen den Maastricht-Vertrag zum EU-Binnenmarkt stimmte, ein Europa der Staaten.* (Salzburger Nachrichten 26. 11. 2016)

europäisch//außereuropäisch
die europäischen Länder ○ *Der Gegenwartsjazz greift heute auf die gesamte europäische und außereuropäische Musikgeschichte zurück und kombiniert unterschiedlichste Fundstücke zu einem neuen Sound* (Neue Kronen-Zeitung 8. 10. 2017)

eur[y]...//sten[o]... (Adjektiv)
(mit der Bedeutung: breit, weit) z. B. *euryhalin/stenohalin*

eurybath//stenobath
(Biologie)

euryhalin//stenohalin
(Biologie)

euryök//stenök
(Biologie)

Euryökie//Stenökie
(Biologie)

euryphag//stenophag
(auf bestimmte Nahrung nicht angewiesen)

euryphot//stenophot
(Biologie)

eurytherm//stenotherm
(Biologie)

Eurythermie//Stenothermie
(Fähigkeit, unabhängig von Temperaturschwankungen zu leben)

...euse//...är (Substantiv)
z. B. *Konfektioneuse/Konfektionär*

...euse//...eur (Substantiv)
z. B. *Friseuse/Friseur*

...euse//...ier (Substantiv)
z. B. *Croupieuse/Croupier*

Eusebie//Asebie
(Gottesfurcht)

eusebisch//asebisch
(fromm)

Eustress//Disstress, Distress, Stress
Eustress ist positiver, anregender Stress ○ *Seit der österreichisch-kanadische Mediziner Hans Selye in den Siebzigerjahren erstmals den positiven „Eustress" vom negativen „Disstress" unterschied, ist das Bild der Forscher differenzierter geworden.* (Der Spiegel 21. 7. 2018) ○ *Stress ist nicht gleich Stress. Positiver Stress wird als Eustress, negativer Stress als Distress bezeichnet.* (Berliner Zeitung 28. 7. 2012) ○ *Mit Erfolg gekrönte Anstrengungen im Berufsleben oder in anderen Bereichen machen sich als Eustress bemerkbar.* (Berliner Zeitung 28. 7. 2012)

Eutokie//Dystokie
(normal verlaufende Entbindung ○ Medizin)

Eutonie//Dystonie
(normaler Spannungszustand von Muskeln ○ Medizin)

Eutopie//Dystopie
(normale Lage von Organen ○ Medizin)

eutroph//oligotroph
(nährstoffreich ○ Biologie, Landwirtschaft)

Eutrophie//Dystrophie
(guter Ernährungszustand ○ Medizin)

Eva//Adam; ↑Adam//Eva

Evangelienseite//Epistelseite
(linke Seite des Altars ○ katholische Liturgie)

evangelisch//katholisch
sind Sie evangelisch oder katholisch? ○ *Ob evangelisch oder katholisch – etwa zwei Drittel der Baden-Württemberger bekennen sich zu einer der großen Kirchen.* (Die Welt 25. 12. 2018)

Evaskostüm//Adamskostüm
sie stand im Evaskostüm (nackt) im Aufzug ○ *Im Adamskostüm ließ sich der Bregenzer am Bregenzer Molo von einer Frau im Evaskostüm per Oralverkehr ‚verwöhnen'* (Vorarlberger Nachrichten 12. 8. 2013)

Evertebraten//Vertebraten; ↑auch: Wirbeltiere
(wirbellose Tiere ○ Zoologie)

evident//latent
Ellipse mit evidentem Kasusunterschied: mit [ihm] und ohne ihn ○ *Die Tücke des Objekts wird durch die (teils evidente, teils latente) Tücke seiner Sprache erfasst.* (Die Zeit 11. 10. 1974)

Evolution//Revolution
(allmähliche Entwicklung) ○ *Leider lässt sich ein Eisenbahnnetz hierzulande nicht auf der grünen Wiese neu aufbauen. Und so ist Evolution, nicht Revolution, bei der Bahn der Weg der Erneuerung.* (Tagesanzeiger 24. 1. 2014)

Evolutionismus//Emanatismus
(Philosophie)

ewig//kurz
Ihre Beziehung: Kurz. Ihre Kunst: Ewig (Die Presse 1. 2. 2019; über die Beziehung Maria Lassnig und Arnulf Rainer)

Ewigkeit; ↑Zeit und Ewigkeit

exakt//unexakt, inexakt
eine exakte Wiedergabe ○ *Für jedes Brett gibt es eine exakte Anzahl Schrauben* (Die Zeit Campus 4. 10. 2016) ○ *Unter den exakt zwei Singlemännern, unexakt 4327 Singlemädchen und Paaren diverser Kurz- und Langzeitabstufungen befindet sich ein heiratswilliges.* (Nürnberger Nachrichten 30. 3. 2015)

ex ante//ex post; ↑auch: aposteriori, im Nachhinein
(im Voraus ○ Wirtschaft) ○ *Das Verfahren soll ex ante und ex post angewendet werden können und auch einen Vergleich dieser Zeitpunkte ermöglichen.* (Wiener Zeitung 23. 6. 2009)

Exekutive//Legislative
(die ausführende Gewalt ○ Politik)

exemter Bischof//Suffragan[bischof]
(katholische Kirche ○ nicht von einer übergeordneten Diözese abhängiger Bischof)

exergonisch//endergonisch
(Energie freisetzend ○ Physik)

Exerziermunition//Gefechtsmunition
Experten zufolge handelte es sich allerdings um sogenannte „Exerziermunition", von der keine Gefahr ausgeht. (taz 18. 9. 2013)

Exine//Intine
(Botanik)

existent//inexistent
existente (bestehende) *Phänomene*

Existentia//Essentia
(das Sein ○ Philosophie)

Existentialaussage//Allaussage
(Logik)

Existentialquantor//Allquantor
(Logik, Mathematik)

Exkardination//Inkardination
(katholische Kirche)

Exklave//Enklave
(Gebiet eines Staates, das außerhalb der eigenen Staatsgrenzen liegt)

exkludieren//inkludieren; ↑auch: einschließen
(ausschließen) ○ *Muss man jetzt die Alternative für Deutschland (AfD) exkludieren oder inkludieren?* (Der Tagesspiegel 21. 9. 2014)

Exklusion//Inklusion
(Ausschließung ○ Soziologie) ○ *Die Gruppe hat sich mit der Thematik der gesellschaftlichen Entwicklung der letzten Jahrhunderte im Umgang mit beeinträchtigten oder ausgegrenzten Menschen beschäftigt und versucht, ihrem Publikum den Weg von der Exklusion bis zur Inklusion szenisch näherzubringen.* (Rhein-Zeitung 14. 10. 2013)

exklusive//inklusive; ↑auch: zuzüglich

Exmatrikulation//Immatrikulation
(das Austragen aus der Matrikel einer Hochschule)

exmatrikulieren//immatrikulieren
der Student wurde exmatrikuliert ○ *151 junge Frauen und Männer sind nach ihrem dreijährigen dualen Studium ... feierlich exmatrikuliert worden. Nun kommen die Neuen. Sie werden heute feierlich immatrikuliert.* (Freie Presse 4. 10. 2017)

ex nunc//ex tunc
(mit Wirkung für die Zukunft ○ Rechtswesen) ○ *Dann allerdings gilt das Verbot jeder (weiteren) Beteiligung ex nunc, als von dann an, und nicht etwa schon ex tunc, also von Anfang an.* (Die Zeit 9. 3. 2006)

exo.../endo... (vor fremdsprachlicher Basis; Adjektiv)
(mit der Bedeutung: aus, außen, außerhalb) z. B. *exozentrisch/endozentrisch*

Exo.../Endo... (vor fremdsprachlicher Basis; Substantiv)
(mit der Bedeutung: aus, außerhalb) z. B. *Exophytie/Endophytie*

Exodos//Parodos
(Schlussteil im altgriechischen Drama)

Exogamie//Endogamie
(Heirat nur außerhalb des eigenen sozialen Gefüges)

exogen//endogen
exogene (durch äußere Einwirkung und Erlebnisse bedingte) *Depressionen* ○ *exogene Harnsäure*

Exokannibalismus//Endokannibalismus
(das Verzehren von Fremdstämmigen ○ Völkerkunde)

Exokarp//Endokarp, Mesokarp
(Botanik)

exokrin//endokrin
exokrine (nach außen abscheidende) *Drüsen* (Medizin)

exomorph//endomorph
(Geologie)

Exomorphose//Endomorphose
(Geologie)

Exon//Intron
(Genetik)

Exophytie//Endophytie
(Medizin)

exophytisch//endophytisch
(nach außen wachsend ○ Medizin)

Exoteriker//Esoteriker
(in Geheimes usw. nicht Eingeweihter)

exoterisch//esoterisch
(für alle, nicht nur für Eingeweihte bestimmt, verständlich) ○ *Ihre Texte, heisst dies, weisen verschiedene «Oberflächen» und verschiedene «Tiefen» auf, sie haben exoterische und esoterische Seiten.* (Neue Zürcher Zeitung 22. 2. 2014)

exotherm//endotherm
(Physik, Chemie)

exozentrisch//endozentrisch
„sie verkauft Milch" ist eine exozentrische Konstruktion ○ *„Langbein"* ist ein *exozentrisches Kompositum* (das Bezeichnete liegt außerhalb der Zusammensetzung ○ Sprachwissenschaft, nach Bloomfield)

Expansion; ↑adiabatische Expansion

Expansionstheorie//Kontraktionstheorie
(Geologie)

Experimentalphysik//theoretische Physik

experimentell//theoretisch
Ein Team französischer Forscher hat nun experimentell nachgewiesen, dass dies zumindest theoretisch gar nicht unwahrscheinlich ist (Die Presse 18. 4. 2016)

Explantation//Implantation

explicit//incipit
„explicit" heisst „es ist vollzogen" (Druckwesen)

explizit//implizit
diese Aussage ist im Text explizit (ausdrücklich formuliert) *enthalten* ○ *explizite Ableitungen sind z. B. „Beantwortung"* (von Antwort, beantworten), *„Entschließung"* (von entschließen) ○ *Je nach Schilderung wurde die Vereinbarung der einstigen Konkurrenten explizit oder implizit getroffen.* (Der Spiegel 13. 4. 2019)

explizit//inexplizit
Im Unterschied zur Hebräischen Bibel (Altes Testament) erwähnt der Koran Jerusalem explizit kein einziges Mal. (Aachener Zeitung 11. 1. 2018)

explodieren//implodieren
der Heizkessel ist explodiert (durch Druck von innen geplatzt und in Teilen nach außen geflogen)

Explorand//Explorator
(jemand, der im Rahmen einer Untersuchung befragt wird)

Explorator//Explorand
(jemand, der im Rahmen einer Untersuchung o. Ä. jemanden befragt)

explosibel//inexplosibel
(leicht explodierbar)

Explosion//Implosion
Für einen Außenstehenden kann dies dennoch wie eine Explosion aussehen, da die Glasscherben der Bildröhre bei der Implosion mit solcher Wucht gegeneinander stoßen, dass sie gleich wieder nach außen geschleudert werden. (Saarbrücker Zeitung 13. 8. 2008)

Explosionscaldera//Einbruchscaldera
(Geologie)

explosiv//inexplosiv
(leicht explodierbar)

Exponent//Basis; ↑auch: Grundzahl
(Mathematik)

Export//Import; ↑auch: Einfuhr
der Export von Obst ○ *Gemäss diesem Abkommen sind Export und Import solcher Jagdtrophäen ... zulässig.* (St. Galler Tagblatt 17. 1. 2018)

Exporteur//Importeur

exportieren//importieren; ↑auch: einführen
Waren, Maschinen exportieren ○ *das Unternehmen importiert nach eigenen Angaben aus 15 Ländern und exportiert in 37.* (Der Spiegel 7. 4. 2018)

Exportland//Importland

exportschwach//exportstark
exportschwache Länder

exportstark//exportschwach
exportstarke Länder

Exposition//Disposition
(Medizin)

ex post//ex ante; ↑auch: a priori
(im Nachhinein ○ Wirtschaft) ○ *Auch wenn es ex post immer einfacher ist, Zusammenhänge aufzudecken und daraus Schlüsse zu ziehen, als ex ante.* (Der Standard 26. 7. 2001)

Exspiration//Inspiration; ↑auch: Einatmung
(Ausatmung ○ Medizin)

exspiratorisch//inspiratorisch
(die Ausatmung betreffend ○ Medizin)

Extension//Intension
(Umfang eines Begriffs, z. B. „Obst" umfasst Äpfel und Birnen)

extensional//intensional
(Sprachwissenschaft, Logik)

Extensität//Intensität

extensiv//intensiv
extensive Nutzung ○ *Bewertet werden die ökologischen Leistungen eines Betriebs. Dabei geht es um extensive Nutzung statt intensive Ausbeutung.* (Niederösterreichische Nachrichten 8. 12. 2009)

extensiv//restriktiv
extensive (erweiternde) Auslegung eines Gesetzes ○ *Es versteht sich von selbst, dass der Fiskus ... dazu neigt, den Begriff Vermögensertrag bei der Steuereintreibung möglichst extensiv und den Terminus Kapitalgewinn möglichst restriktiv auszulegen.* (Neue Zürcher Zeitung 3. 6. 2006)

extensivieren//intensivieren
eine Tätigkeit extensivieren ○ *«Sollen wir extensivieren und Direktzahlungen abholen oder intensivieren, um bereit zu sein, wenn die Lebensmittel knapp werden?»* (St. Galler Tagblatt 2. 3. 2013)

Extensor//Flexor; ↑auch: Beugemuskel, Beuger

Exterieur//Interieur
(das Äußere) ○ *Der neue Offroader versteht es wie kein anderer im i-Segment vortreffliche Allradtechnologie mit praktischem Exterieur, funktionalem Interieur und kompromissloser Leistung zu vereinen.* (Neue Kronen-Zeitung 19. 10. 2018)

Exteriorisation//Interiorisation
(Psychologie)

extern//intern
externer Schriftverkehr ○ *Offen ist auch noch die Frage, warum die Betrügereien seit 2009 weder extern noch intern aufgefallen waren.* (Mannheimer Morgen 1. 9. 2017)

...extern//...intern (Adjektiv)
(mit der Bedeutung: außerhalb) z. B. *sprachextern/sprachintern*

externalisieren//internalisieren
(Psychologie) ○ *Das ist richtig, dass Männer eher externalisieren mit ihrer Wut, ihrer Aggression und Frauen eher internalisieren.* (Südkurier 232. 9. 2010)

Externat//Internat
(Lehranstalt, deren Schüler außerhalb der Lehranstalt wohnen) ○ *Allerdings war ich im Externat und nicht im Internat; da war man doch etwas freier.* (Neue Zürcher Zeitung am Sonntag 13. 4. 2003)

Externe[r]//Interne[r]
(nicht im Internat Wohnende[r] ○ Außenstehender) *„Manchmal ist es sehr sinnvoll, einen Externen auf die Verhältnisse draufgucken zu lassen."* Aber auch *die Internen haben gute Dienste geleistet.* (Schweriner Volkszeitung 9. 8. 2012)

externer Speicher//Arbeitsspeicher
(EDV)

Externist//Internist
(Facharzt für äußere Krankheiten)

Externist//Interne[r]; ↑auch Externe[r]
(außerhalb des Internats Wohnender ○ österreichisch) ○ *Seine Matura legt er als Externist erst im zweiten Anlauf ab.* (Die Presse 17. 12. 2017)

Externspeicher//Internspeicher
(EDV)

Externum//Internum
(Arznei für äußere Anwendung)

exterozeptiv//propriozeptiv
(in Bezug auf Reize von außerhalb – über Auge, Ohr)

extra...//... (Adjektiv)
(mit der Bedeutung: außen, außerhalb) z. B. *extralinguistisch/linguistisch*

extra...//intra... ; ↑auch: ...//extra... (vor fremdsprachlichem Adjektiv)
z. B. *extralingual/intralingual*

extra...//intro... (vor fremdsprachlicher Basis; Adjektiv)
z. B. *extravertiert/introvertiert*

extralingual//intralingual
(außersprachlich)

extralinguistisch//[intra]linguistisch
(Sprachwissenschaft)

extramundan//intramundan
(außerweltlich ○ Philosophie)

Extrapolation//Interpolation
(Mathematik)

extrapolieren//interpolieren
(Mathematik)

extrauterin//intrauterin
(außerhalb der Gebärmutter ○ Medizin)

Extraversion//Introversion
(nach außen gerichtetes Interesse ○ Psychologie)

extravertiert//introvertiert
sie ist extravertiert (der Welt, den Menschen zugewandt) ○ *Dabei wird z. B. berücksichtigt, ob man eher extravertiert oder introvertiert ist, ob man eine Entscheidung eher analytisch oder an moralischen und persönlichen Werten orientiert trifft.* (Süddeutsche Zeitung 19. 2. 2015)

Extravertiertheit//Introvertiertheit

extremistisch; ↑linksextremistisch, rechtsextremistisch

extrinsisch//intrinsisch
eine extrinsische (fremdbestimmte) *Motivation entsteht aus der Erwartung von Lob, Strafe usw.* (Pädagogik, Psychologie) ○ *Beide erfüllen Tätigkeiten für bestimmte Zielgruppen oder gesellschaftliche Anliegen. Beide sind sowohl extrin-*

sisch als auch intrinsisch motiviert. (Wiener Zeitung 4. 10. 2017)

extrors//intrors
(nach außen gewendet ○ Botanik)

extrospektiv//introspektiv
(Psychologie)

extrovertiert//introvertiert
eine extrovertierte Frau ○ Ist mein Kind extrovertiert oder eher introvertiert? (Saarbrücker Zeitung 23. 3. 2017)

ex tunc//ex nunc
(rückwirkend ○ Rechtswesen) ○ *Eine Rolle spiele dabei allerdings, ob die Annullierung rückwirkend (ex tunc) oder auf den Moment der Beschlussfassung (ex nunc) erfolge* (Neue Zürcher Zeitung 22. 3. 2002)

F

fabrikmäßig//manuell
fabrikmäßig hergestellt ○ *Schon Ende der vierziger Jahre begann man damit, Matratzen und Couchen fabrikmäßig zu erzeugen.* (Niederösterreichische Nachrichten 8. 9. 2018)

Fabrikpreis//Ladenpreis
(Preis ohne Aufschlag von Seiten eines Händlers) ○ *„Wir haben gestaunt, was die Preisspanne zwischen Fabrikpreis und Ladenpreis betrifft."* (Wirtschaftsblatt 24. 9. 2010)

Fach; ↑Pflichtfach, Wahlfach

Facharzt//praktischer Arzt, Arzt für Allgemeinmedizin, Allgemeinmediziner
Fachärzte sind z. B. Internisten, HNO-Ärzte ○ *Im Alltag würde das so aussehen, dass sich ein Erkrankter an diese neue Stelle mit der Frage wenden könnte, ob sich ein Facharzt, ein Spital oder doch besser ein praktischer Arzt seines Problems annehmen sollte.* (Wiener Zeitung 27. 6. 2013)

Fachaufsicht//Rechtsaufsicht
(Rechtswesen)

fachextern//fachintern
(außerhalb eines bestimmten Fachgebietes [liegend]) ○ *Tatsächlich werden aber auch oft fachexterne Themen getestet.* (Tagesanzeiger 16. 1. 2012)

Fachfrau//Fachmann
viele Fachfrauen und Fachmänner hatten sich eingefunden ○ *Selbst die beste Fachfrau und der beste Fachmann kann nicht alle kennen.* (taz 15. 10. 2016)

fachgerecht//unfachgerecht
etwas fachgerecht erledigen ○ *Darin zu lesen ist zudem, dass das Dach der Reitschule «fachgerecht» gegen «unbefugtes Begehen» geschützt werden soll.* (Der Bund 24. 5. 2016)

fachintern//fachextern
(innerhalb eines bestimmten Fachgebietes [liegend]) ○ *Die eigentliche Aufgabe wissenschaftlicher Journale wäre es freilich, der jeweiligen Disziplin ein Forum für die fachinterne Diskussion neuer, oft provisorischer Ideen zu bieten, bei der sich die Spreu vom Weizen trennt.* (Weltwoche 5. 1. 2006)

Fachliteratur//Belletristik

Fachmann//Fachfrau
viele Fachfrauen und Fachmänner hatten sich eingefunden

Fachmann//Laie, Nichtfachmann
er ist Fachmann auf dem Gebiet ○ *Die scheinbar klare Dichotomie zwischen Fachmann und Nichtfachmann droht mit jeder unvorhergesehenen Wendung, die ein Gespräch nehmen kann, zu kollabieren.* (Der Standard 29. 9. 2007) ○ *Schuld am Babyformat seien die Cocktailtomaten, die damit angefangen haben, weiß der Fachmann. Und der Laie wundert sich: 40 Prozent der privat verkauften Tomaten seien kleine Sorten* (Hamburger Abendblatt 16. 2. 2018)

fachmännisch//unfachmännisch
fachmännische Ausführung der Reparatur ○ *Bei uns wurden an 15 Autos die Blinkerschalen gestohlen – teilweise wurden sie fachmännisch, teilweise aber auch unfachmännisch ausgebaut* (Mitteldeutsche Zeitung 3. 6. 2009)

fächerübergreifend//fachspezifisch
Nicht nur fächerübergreifend, auch fachspezifisch legt die Schulleitung Wert auf Austausch und Kooperation. (Südkurier 20. 10. 2006)

fachspezifisch//fachübergreifend
fachspezifischer (speziell auf ein Fach bezogener) Unterricht ○ *Ab der sechsten Klasse begleitet ein Methodenraster fachspezifisch und fachübergreifend den normalen Stundenplan.* (Main-Post 8. 12. 2003)

fächerübergreifend
Nach einer Inputphase erhielten die Lehrkräfte Gelegenheit, den Didaktischen Jahresplan sowohl fachspezifisch als auch fächerübergreifend anzupassen (Passauer Neue Presse 5. 4. 2017)

fachübergreifend//fachspezifisch
fachübergreifender Unterricht ○ *Die Studiengänge gliedern sich in zwei Semester (fachübergreifend und fachspezifisch).* (Rhein-Zeitung 12. 12. 2001)

facto; ↑**de facto**

Fähe//Fuchs
(weiblicher Fuchs)

fähig//unfähig
ein fähiger Mitarbeiter ○ *Es heißt, die Franzosen seien fähig zur Revolution, aber unfähig zur Reform.* (Leipziger Volkszeitung 19. 6. 2012)

...fähig//...unfähig (Adjektiv)
z. B. *[sie ist] verhandlungsfähig (aktivisch* ○ *kann verhandeln)/verhandlungsunfähig, vernehmungsfähig (passivisch* ○ *kann vernommen werden)/vernehmungsunfähig*

Fähigkeit//Unfähigkeit
die Fähigkeit, Entscheidungen zu treffen

Fahnenwort//Feindwort
Fahnenwörter sind Wörter mit einer positiven Wertung wie Freiheit, Demokratie, Menschenrechte

Fahrbahn//Gehweg, Bürgersteig, Gehsteig
die Autos parkten am Rande der Fahrbahn ○ *In der Moreau-Straße wird die Fahrbahn auf ein Mindestmaß reduziert, indem der Gehsteig verbreitert und eine Grünfläche errichtet wird.* (Burgenländische Volkszeitung 22. 5. 2014) ○ *Immerhin, die Stadt hat ihr das Aufstellen einer Sitzgruppe erlaubt, zwischen Fahrbahn und Bürgersteig.* (Braunschweiger Zeitung 9. 2. 2009) ○ *Die Gemeinde Meilen lässt die Tragschicht, den Deckbelag und die Randabschlüsse von Fahrbahn und Gehweg der Alten Landstrasse komplett sanieren.* (Tagesanzeiger 10. 3. 2012)

fahren//laufen, [zu Fuß] gehen
fährst du oder läufst du zum Bahnhof? ○ *Besser gut gefahren als schlecht gelaufen* (Straßenbahnwerbung) ○ *Die Ergebnisse zeigen, dass Menschen, die mit dem Rad zur Arbeit fahren oder zu Fuß gehen, im Durchschnitt ein Drittel weniger Krankheitstage vorweisen.* (Hamburger Abendblatt 27. 1. 2018) ○ *Eindeutiger ist die Rechtslage bei den elektrischen Rollstühlen. Diese können sowohl die Fahrbahn als auch unter Einhaltung der Schrittgeschwindigkeit den Gehweg benutzen.* (Hamburger Morgenpost 31. 8. 2012)

Fahren; ↑**aggressives Fahren, defensives Fahren**

fahrende Güter//liegende Güter
(bewegliche Güter)

Fahrenheit//Celsius
0 Grad Celsius ist + 32 Fahrenheit

Fahrer//Beifahrer
Die Polizisten nahmen den 36-jährigen Fahrer und seinen 35-jährigen Beifahrer vorläufig fest und stellten das gestohlene Fahrzeug sicher. (Berliner Morgenpost 17. 4. 2018)

Fahrer//Fahrgast
nicht mit dem Fahrer sprechen (z. B. im Autobus) ○ *Fahrer und Fahrgast reden über das Leben und werden dabei schon mal privat.* (Süddeutsche Zeitung 23. 8. 2014)

Fahrersitz//Beifahrersitz
(Sitz für den, der das Auto fährt)

Fahrerweltmeister//Markenweltmeister
(Motorsport) ○ *Team- und Fahrerweltmeister 2010 – dasselbe ist 2011 zum Greifen nahe.* (Tiroler Tageszeitung 21. 9. 2011)

Fahrgast//Fahrer
die Fahrgäste werden gebeten, beim Aussteigen den hinteren Ausgang zu benutzen (z. B. im Autobus) ○ *Denn verletzt sich ein Fahrgast beim Aussteigen, haften Fahrer oder Busunternehmen unter Umständen.* (Hannoversche Allgemeine 27. 8. 2016)

Fahrlässigkeit; ↑grobe, leichte Fahrlässigkeit

fahrplanmäßig//außerfahrplanmäßig
der Zug fährt fahrplanmäßig

Fahrspur//Standspur
(Teil der Fahrbahn für den Verkehr in einer Richtung)

Fahrt; ↑Hinfahrt, Rückfahrt

fahrtauglich//fahruntauglich
der Mann ist noch fahrtauglich ○ *ein fahrtaugliches Auto* ○ *Autofahrer unter Drogeneinfluss kann als fahrtauglich gelten – Autofahrer, die unter Drogeneinfluss am Steuer erwischt werden, müssen nicht unbedingt fahruntauglich sein.* (Main-Post 17. 6. 2003)

Fahrtauglichkeit//Fahruntauglichkeit

Fährte; ↑Hinfährte, Rückfährte

Fahrtensegeln//Regattasegeln
(Wassersport)

fahrtüchtig//fahruntüchtig
er war noch fahrtüchtig ○ *Glaube auch, dass ich selbst in der Lage bin einzuschätzen, ob ich fahrtüchtig oder fahruntüchtig bin.* (Mannheimer Morgen 1. 2. 2016)

fahruntauglich//fahrtauglich
der alte Mann ist fahruntauglich ○ *ein fahruntaugliches Auto*

Fahruntauglichkeit//Fahrtauglichkeit

fahruntüchtig//fahrtüchtig
er war betrunken und fahruntüchtig

fair//unfair
ein faires Spiel ○ *ein faires Urteil* ○ *faire Konkurrenz* ○ *Ist das Ihrer Meinung nach fair? Das ist total unfair, weil sie eine volkswirtschaftliche Leistung vollbringen.* (Die Presse 14. 12. 2010)

Fake News//Wirklichkeit
Jedes Mal, wenn ein Politiker und Meinungsbildner Fake News sagt, wo es eigentlich um unterschiedliche Interpretationen der Wirklichkeit geht, stirbt ein kleines Stück Glaubwürdigkeit aller Parteien. (Wiener Zeitung 7. 7. 2017)

Faktizität//Logizität
(Philosophie)

fakultativ//obligatorisch
diese Vorlesung ist fakultativ (gehört nicht zum Pflichtprogramm) ○ *Der Beschluss soll fakultativ, nicht aber obligatorisch zur Volksabstimmung gelangen.* (Neue Zürcher Zeitung 29. 9. 2011)

Falke//Taube
Falken vertreten den harten politischen Kurs ○ *Derzeit sieht es so aus, dass der Falke Jazenjuk und die Taube Poroschenko mit der russischen Bedrohung im Nacken wohl nicht anders können, als konstruktiv zusammenzuarbeiten.* (Wiener Zeitung 28. 10. 2014)

Fall//Aufstieg
Aufstieg und Fall der Stadt Mahagonny (Theaterstück von Bertolt Brecht, 1930) ○ *Seine Komödie «An ideal husband» handelt von Fall und Aufstieg des englischen Parlamentariers Sir Robert Chiltern* (Neue Zürcher Zeitung 12. 12. 2011)

Fall; ↑Akkusativ, Casus obliquus, Casus rectus, erster Fall, Nominativ, vierter Fall, Wenfall, Werfall

fallen//aufsteigen
der Nebel fällt ○ *Sanft fällt das Licht über hohe Bäume und grüne Hügel. Es*

ist Morgen. Oder Abend. Egal. Leiser Nebel steigt auf. (Berliner Morgenpost 4. 10. 2007)

fallen//steigen
das Wasser fällt ○ die Temperatur fällt ○ die Aktien fallen ○ Die Kurse der Bundesanleihen fallen, und im Gegenzug steigen die Renditen. (Hamburger Abendblatt 16. 5. 2015)

fallender Diphthong//steigender Diphthong
(Diphthong, bei dem auf dem ersten Bestandteil die Klangfülle liegt, z. B. in „dein")

fallender Ton//steigender Ton
(Phonetik)

fallenlassen//wieder aufgreifen
ein Thema fallenlassen ○ „Wir werden dieses Vorhaben aber nicht gänzlich fallen lassen. Wenn es Finanzierungsmöglichkeiten gibt, werden wir es sofort wieder aufgreifen." (Mitteldeutsche Zeitung 17. 4. 2002)

Fälligkeitsgrundschuld//Kündigungsgrundschuld
(Rechtswesen)

falsch//echt
falsche Zähne, Banknoten, Haare, Gefühle, Freunde ○ Und hier mussten viele mit Erstaunen feststellen, dass selbst nach diesen Einweisungen noch so mancher 200-Euro-Schein von den Teilnehmern mal für falsch, mal für echt befunden wurde. (Frankfurter Neue Presse 22. 5. 2010)

falsch//richtig
eine falsche Antwort ○ das Ergebnis ist falsch ○ etwas falsch schreiben, verstehen ○ die falsche Richtung ○ die falsche Einstellung zu etwas haben ○ Was lief richtig und was falsch bei der Aufnahme der Flüchtlinge? (Der Spiegel 2. 6. 2018)

falsch//wahr
diese Schilderung ist nicht falsch, sie ist wahr ○ Keine der beiden Erzählungen von Schuld und Unschuld ist komplett falsch oder wahr. (Süddeutsche Zeitung 7. 4. 2014)

Fälschung//Original
dieses Bild ist eine Fälschung ○ Denn diesmal sieht die Fälschung eindeutig nicht echter aus als das Original. (St. Galler Tagblatt 12. 2. 2018)

Falsifikation//Verifikation
(Widerlegung einer Theorie oder einer Hypothese)

falsifizieren//verifizieren
eine Hypothese falsifizieren (widerlegen) ○ Eine Theorie zu falsifizieren ist einfacher und lohnender, als sie zu verifizieren. (Stuttgarter Zeitung 18. 5. 2007)

Falsifizierung//Verifizierung
die Falsifizierung (Widerlegung) einer Theorie

faltenlos//faltig
eine faltenlose [Gesichts]haut

faltig//faltenlos
eine faltige [Gesichts]haut

Familie; ↑Großfamilie, Kleinfamilie

familienfeindlich//familienfreundlich
familienfeindliche Politik ○ Es wurde endlich bemerkt, dass die nicht familienfeindlich, sondern familienfreundlich ist. (Neue Vorarlberger Tageszeitung 17. 2. 2005)

familienfreundlich//familienfeindlich
familienfreundliche Politik

Familienname//Vorname
ihr Familienname ist „Batzke", ihr Vorname „Charlotte"

Familienname//Vulgoname
Darin sind Bauparzellen, Familiennamen, Vulgonamen und Berufe erfasst, eine wertvolle Datenbank für die Suche nach Informationen über Familien. (Oberösterreichische Nachrichten 3. 4. 2018)

Familientherapie//Einzeltherapie
Cannabissüchtigen Jugendlichen wird mit einer Familientherapie besser geholfen als in einer Einzeltherapie. (taz 3. 11. 2008)

Fan//Idol
die Fans kreischten, als ihr Idol die Bühne betrat ○ *Schließlich waren die Rolling Stones nie Flower-Power-Kinder, und das Verhältnis von Fan zu Idol hatte bei ihnen schon früh Formen angenommen, die die Umstände beim Begräbnis eines Rudolfo Valentino als Kaffeekränzchen erscheinen lassen. (Die Zeit 24. 9. 1971)*

Fangjagd//Schießjagd
(z. B. mit Fallen)

Fangpartei//Schlagpartei
(Ballspiele)

fangsicher//fangunsicher
(sicher im Fangen von Bällen) ○ *ein fangsicherer Torhüter*

fangunsicher//fangsicher
(unsicher im Fangen von Bällen)

Fan-in//Fan-out
(Mikroelektronik)

Fan-out//Fan-in
(Mikroelektronik)

Fantasie//Wirklichkeit
Denn keine Fantasie vermag mit der Wirklichkeit Schritt zu halten. (Weltwoche 27. 9. 2012)

Farbe; ↑Deckfarbe, gebrochene Farben, Grundfarben, in Farbe, Komplementärfarben, Lasurfarbe, Primärfarbe, reine Farben, Sekundärfarbe

Farbfernseher//Schwarzweißfernseher
(früher)

Farbfilm//Schwarzweißfilm
(Fotografie)

farbig//schwarzweiß
farbig fotografieren ○ *Vor dem Ersten Weltkrieg werden die Aufnahmen farbig als Photochromien oder schwarzweiß als Lichtdrucke reproduziert (Wiener Zeitung 11. 10. 2014)*

farbig//weiß
die farbige Bevölkerung ○ *Was „farbig" genau ist, wissen sie nicht. Die Hautfarbe eines als „farbig" eingestuften Südafrikaners kann von weiß bis schwarz rangieren. (Der Spiegel 2. 10. 2012)*

Farbige[r]//Weiße[r]
Farbige und Weiße leben friedlich zusammen ○ *Kössel verglich die rassistisch motivierte Ausgrenzung ... mit dem offenen Rassismus in früheren Zeiten in Südafrika oder in den USA, wo Farbige sich im Bus nicht auf die Sitzplätze für Weiße setzen durften. (Berliner Zeitung 7. 9. 2018)*

Fas//Nefas
(was von den Göttern erlaubt war ○ antike Religion)

faschistisch//antifaschistisch
Meine Familie war nicht faschistisch, sie war auch nicht antifaschistisch – wie so viele im italienischen Kleinbürgertum nahm sie die Diktatur wie ein meteorologisches Ereignis hin (Süddeutsche Zeitung 27. 1. 2004)

Faser; ↑Kunstfaser, Naturfaser

Fassbier//Flaschenbier
Mangels Wettbewerbs im Großhandel sei ein Liter Fassbier bis zu 70 Prozent teurer als ein Liter Flaschenbier gleicher Qualität aus dem Einzelhandel. (Die Presse 4. 6. 2011)

Fassgärung//Flaschengärung)
(Brauerei)

Fast Food//Slow Food
(Essen, das schnell verzehrt wird) ○ *Als Gegenbewegung zum Fast Food Trend wurde Slow Food 1986 in Italien als Vereinigung für Genießer gegründet. Ihre Mitglieder setzen sich weltweit für eine Änderung des Lebensmittelsystems eint. (Rhein-Zeitung 14. 11. 2016)*

faul//fleißig
ein fauler Schüler ○ im Märchen von Frau Holle ist die Pechmarie hässlich und faul ○ Verschlemmen soll nicht der faule Bauch, was fleißige Hände erwarben (Heinrich Heine: Ein Wintermärchen, 1844)

Faulenzerurlaub//Aktivurlaub
Jeweils 47 Prozent schätzten sowohl den Faulenzerurlaub an Strand und Pool als auch den Aktivurlaub mit viel Bewegung und Sport. (Rhein-Zeitung 11. 8. 2018)

Faulheit//Fleiß
wegen seiner Faulheit wurde er getadelt

Fauna//Flora; ↑auch: Pflanzenwelt; ↑auch: Botanik
(das Tierreich ○ Biologie)

Faust//Gretchen
Gretchen stellt Faust die [Gretchen]frage: „Nun sag, wie hast du's mit der Religion?" (Goethes „Faust. Der Tragödie erster Teil")

Faust//Helena
(Faust wirbt um Helena, den Inbegriff der klassischen Antike, und zeugt mit ihr den Sohn Euphorion; Goethes „Faust. Der Tragödie zweiter Teil")

Faust//Mephisto
Faust schloss einen Pakt mit Mephisto (Goethes „Faust")

Faust; ↑Arbeiter der Faust und der Stirn

Fausthandschuh//Fingerhandschuh

Faux amis//Faux frères
(„Faux amis" sind in zwei oder mehr Sprachen vorkommende, äußerlich ähnliche oder identische [Fremd]wörter, die in Inhalt/Form aber nicht übereinstimmen und daher falsch gebraucht oder falsch übersetzt werden) z. B. frz. *collaborateur*/dt. *Kollaborateur*

Faux frères//Faux amis
(„Faux frères" sind innereinzelsprachliche Interferenzen, Wortverwechslungen innerhalb einer Sprache auf Grund äußerer Ähnlichkeit) z. B. *Erotik/Eroika, Dividend/Divisor, fraglich/fragwürdig*

Favorit//Außenseiter
der Favorit wurde von diesem Außenseiter geschlagen (Sport) ○ *Lange Zeit war er Favorit. Dann sah es so aus, als ob ein Außenseiter ihn knapp überholen könnte.* (Der Spiegel 27. 1. 2018)

Federwild//Haarwild
als Federwild bezeichnet man jagdbare Vögel

fehlbar//unfehlbar
jeder Mensch ist fehlbar ○ *Mit dieser Massenintervention im ersten Halbjahr erweist sich die Schweizerische Nationalbank vermutlich als fehlbar. Dass sie nicht unfehlbar ist, hat sie bereits zweimal mit falschen Entscheiden grosser Tragweite bewiesen.* (Neue Zürcher Zeitung am Sonntag 20. 6. 2010)

fehlen//anwesend sein
er fehlte (bei der Sitzung) ○ Der Kasseler fehlte jedoch, nur sein Verteidiger ... war anwesend. (Neue Westfälische 21. 8. 2015)

fehlen//vorhanden sein
das nötige Geld dafür fehlt ○ Was in einer Hinsicht fehlt, ist in der anderen über die Maßen vorhanden. (Die Presse 5. 6. 2011)

fehlerfrei//fehlerhaft
fehlerfreie Ware ○ fehlerfreie Aussprache eines Wortes

fehlerhaft//fehlerfrei
fehlerhafte Ware ○ eine fehlerhafte Aussprache eines Wortes

Feiertag//Arbeitstag, Werktag, Wochentag
der Zug verkehrt nicht an Feiertagen ○ Der Dreikönigstag ist in der ganzen Schweiz kein Feiertag, sondern gewöhnlicher Werktag. (Südkurier 7. 1. 2017) ○ *Somit gelte die Beschränkung auch, wenn ein Feiertag auf einen Wochentag falle,*

rechtfertigt sich das Landratsamt. (Süddeutsche Zeitung 20. 12. 2011) ○ *Seinen 30. Jahrestag als Inhaber der Sandstrahlerei ist für ihn allerdings kein Feiertag, sondern ein ganz normaler Arbeitstag.* (Wiesbadener Tagblatt 4. 10. 2017)

feige//mutig
zu schweigen war feige

Feigheit//Mut
seine Feigheit, sein Versagen einzugestehen ○ *„Manchmal bedeutet Feigheit auch Mut", lautet das Motto eines Infoabends über Lawinen als „weiße Gefahr"* (Vorarlberger Nachrichten 3. 2. 2010)

fein//grob
feines Mehl ○ *feines Leinen* ○ *feines Gewebe* ○ *ein feines Sieb* ○ *feine Gesichtszüge* ○ *feine Tricks* ○ *Das Mahlergebnis ist dafür exakt – von pulverig fein bis grob gemörsert.* (Der Standard 22. 1. 2016)

fein//unfein
feine Manieren ○ *Das Wort Stiftung klingt fein. Aber Stiftungen liechtensteinischen Rechts waren oft unfein, weil sie der Steuerhinterziehung dienten.* (Süddeutsche Zeitung 3. 7. 2017)

fein...//grob... (Adjektiv)
z. B. *feingliedrig/grobgliedrig*

Fein...//Grob... (Substantiv)
z. B. *Feineinstellung/Grobeinstellung*

Feinansprache//Grobansprache
(genaue Kennzeichnung eines militärischen Zieles)

Feinbäcker//Brotbäcker
(Bäcker für feinere Backwaren, Konditor) ○ *Durch die Aktion ... durften acht Leserinnen und Leser den Konditoren bei der Arbeit über die Schulter schauen und sich selbst als Feinbäcker versuchen.* (Südkurier 2. 3. 2012)

Feinblech//Grobblech
(dünnes Blech)

Feinchemikalie//Schwerchemikalie
(sorgfältig gereinigte Chemikalie)

Feind//Freund
politische Feinde ○ *aus einem Freund wurde ein Feind* ○ *... in einer Zeit, ... in der sich die Gewissheit, wer Feind und wer Freund war, beängstigend schnell in Luft auflöste.* (Die Welt 13. 8. 2018)

Feindin//Freundin
aus Feindinnen sind Freundinnen geworden ○ *Merkel könne natürlich einen Tag Feindin und am nächsten Tag Freundin sein.* (Die Welt 17. 9. 2018)

feindlich//freundlich
es herrschte eine feindliche Atmosphäre ○ *Das ist keine feindliche, sondern eine freundliche Übernahme.* (Kleine Zeitung 4. 5. 2013)

feindlich; ↑**umweltfeindlich**

...feindlich//...freundlich (Adjektiv)
(mit der Bedeutung: ablehnend dem im Basiswort Genannten gegenüber) z. B. *kinderfeindlich/kinderfreundlich*

Feindschaft//Freundschaft
fortan lebten sie in Feindschaft ○ *Das Kino wird für beide zum geheimen Lebensmittelpunkt, aus der anfänglichen Feindschaft wird Freundschaft – und später Liebe.* (Tiroler Tageszeitung 14. 4. 2017)

Feindwort//Fahnenwort
Feindwörter sind Wörter mit einer negativen Wertung wie Sekte, Chaot, Terrorist

Feineinstellung//Grobeinstellung
genaue Einstellung eines Gerätes in Bezug auf Bildschärfe, Lautstärke, eines Senders (Technik)

feinfaserig//grobfaserig
ein feinfaseriges Gewebe

feingemahlen//grobgemahlen
feingemahlenes Mehl

feingesponnen//grobgesponnen
feingesponnenes Garn

feingestreift//grobgestreift
ein feingestreifter Anzug

Feingliederung//Grobgliederung
(genaue Gliederung eines Textes)

feingliedrig//grobgliedrig
feingliedriger Körperbau

Feinkeramik//Grobkeramik
(z. B. Geschirr)

Feinkies//Grobkies
(Bauwesen)

Feinkorn//Grobkorn
(Schießsport, Metallurgie, Fotografie)

feinkörnig//grobkörnig
(Fotografie) o *Von dunkelgrau über hellgrau, weiß und gelblich bis bräunlich, feinkörnig oder grobkörnig sind alle Farb- und Kornvariationen lieferbar.* (Bayerische Staatszeitung 17. 5. 2015)

Feinkörnigkeit//Grobkörnigkeit
(Fotografie)

feinmaschig//grobmaschig
ein feinmaschiges Netz o «*Die Sicherung erfolgt durch das Einbringen von Felsnägeln seitlich, oberhalb und unterhalb der abbruchgefährdeten Felsbereiche. Anschliessend werden ein feinmaschiges Maccaferri-Netz und ein grobmaschiges Drahtseilnetz mit Verspannung der Netzränder angebracht*» (St. Galler Tagblatt 3. 3. 2010)

feinnarbig//grobnarbig
feinnarbiges Leder

feinporig//grobporig
feinporige Haut

feinröhrig//grobröhrig
eine feinröhrige Schnittlauchsorte

Feinsand//Grobsand
Es gibt drei Kategorien von Sand: Grobsand, Mittelsand und Feinsand. Feinsand ist definiert durch die Korngrösse von 0,063 bis 0,2 Millimeter. (Sonntags-Zeitung 7. 6. 2009)

Feinschliff//Grobschliff
Giehl möchte sich den „Feinschliff" im Studium holen. „Den Grobschliff habe ich bereits an der Berufsoberschule erhalten." (Rhein-Zeitung 20. 4. 2007)

Feinschnitt//Grobschnitt
(feingeschnittener Pfeifentabak)

Feinstruktur//Grobstruktur
(Physik)

Feinton//Grobton
(in Bezug auf Gesteinsmaterial o Geologie)

Feinwäsche//Kochwäsche
(nur mäßig warm zu waschende Wäsche) o *Eine Hausfrau aus Idstein musste feststellen, dass unbekannte Täter ihr die in einem hausinternen Waschraum befindliche Waschmaschine von Feinwäsche auf Kochwäsche verstellt hatten.* (Wiesbadener Kurier 7. 3. 2000)

Feinzucker//Grobzucker
(feingestoßener Zucker)

Feldbau; ↑**Dauerfeldbau, Jahreszeitenfeldbau**

Feldblume//Gartenblume
(auf Feldern blühende Blume)

Feldgemüsebau//gärtnerischer Gemüsebau

Feldhandball//Hallenhandball
(im Freien o Sport)

Feldhase//Setzhase
(männliches Tier)

Feldheer//Territorialheer
(Militär)

Feldhockey//Hallenhockey
(im Freien o Sport)

Feldspiel//Hallenspiel
(im Freien ausgetragenes Spiel o Sport)

Feldüberlegenheit//Feldunterlegenheit
(spielerische Überlegenheit einer Mannschaft o Sport) o *Doch wer seine Feldüberlegenheit nicht nutzt und beste Torchancen vergibt, hat ein Weiterkommen*

(nicht) *verdient.* (Hamburger Abendblatt 18. 8. 2018)

Feldunterlegenheit//Feldüberlegenheit
(spielerische Unterlegenheit einer Mannschaft ○ Sport) ○ *Vor zwei Wochen empfing Rauschwalde den Pokalgegner und konnte trotz klarer Feldunterlegenheit mit 1:0 gewinnen.* (Süddeutsche Zeitung 9. 9. 2005)

Fellatio//Cunnilingus; ↑auch: Lecken, Oralverkehr
(oraler Sex am Mann)

Felswüste//Erg

Femelbetrieb//Kahlschlag
(Forstwesen)

Femidom//Kondom
(Kondom für die Frau)

feminin//männlich; ↑auch: maskulin
Zwischen klassisch feminin und brutal männlich: Warum auf den Mailänder Herren-Schauen alte und neue Rollenbilder aufeinanderprallen (Süddeutsche Zeitung 27. 6. 2015)

feminin//maskulin; ↑auch: männlich; ↑auch: android
eine sehr feminine (ausgesprochen weiblich wirkende) *Frau* ○ *er wirkt feminin* (unmännlich) ○ *Die Franzosen wollten Glauser allerdings nicht als männliche Frau, sondern als femininen Mann.* (Tagesanzeiger 16. 2. 2017)

feministisch//antifeministisch
feministische Tendenzen ○ *Ihre Literatur sei, meint sie, weder politisch noch unpolitisch, weder modern noch postmodern, weder feministisch noch antifeministisch.* (Berliner Morgenpost 16. 10. 2005)

Femininum//Maskulinum
der Artikel der Feminina ist „die" ○ *„Sonne" ist ein Femininum* (Grammatik)

femisch//salisch
(reich an Eisen, Magnesium ○ Mineralogie)

Femme//Butch, kesser Vater; ↑auch: Lesbierin
(Jargon) ○ *sie ist die Femme* (der weibliche Part in einer lesbischen Beziehung)

Fenster; ↑Doppelfenster, einfaches Fenster

fensterfern//fensternah
ein fensterferner Arbeitsplatz

fensternah//fensterfern
ein fensternaher Arbeitsplatz

fern//nah[e] (Adjektiv)
ein fernes Ziel ○ *der Tag der Befreiung ist noch fern* ○ *in ferner Zukunft wird das stattfinden* ○ *du bist fern – und doch so nah!*

fern//nahe (Präposition)
fern dem Leben der Großstadt ○ *Ja, Didier Cuche wuchs in einem echten Idyll auf, fern der Städte, aber nahe bei Gott.* (Neue Zürcher Zeitung 14. 3. 2012)

...fern//...nah (Adjektiv)
z. B. *praxisfern/praxisnah*

Fernbeben//Nahbeben
Man hält es nicht für ausgeschlossen, dass Düsseldorfer Erdstöße Fernbeben in Berlin auslösen. (Süddeutsche Zeitung 22. 5. 2000)

Fernbereich//Nahbereich
(Fotografie)

Fernbrille//Nahbrille
Es werden sämtliche Standardprodukte eines Optikergeschäftes mit entsprechender Beratung angeboten wie Fernbrillen, Nahbrille, Gleitsichtbrille, Kinderbrillen usw. (Niederösterreichische Nachrichten 5. 3. 2007)

Ferne//Nähe
aus der Ferne betrachtet ○ *eine Brille für die Ferne* ○ *Erst mussten sie aus der Ferne betrachtet werden, dann aus der Nähe, schließlich mussten die Testpersonen sie mit Stöckchen berühren bzw. im*

Gefäß herumdirigieren. (Die Presse 25. 2. 2012)

Ferner Osten; ↑der Ferne Osten

Ferngespräch//Ortsgespräch
ein Ferngespräch führen, anmelden (Telefon)

Fernkongruenz//Nahkongruenz
(Grammatik) ○ *Fernkongruenz in Bezug auf das natürliche Geschlecht liegt vor in „das Mädchen ging mit seinem Vater spazieren. Plötzlich blieb sie stehen"*

Fernleihe//Ortsleihe
(Bibliothekswesen)

Fernlicht//Abblendlicht
(weitscheinendes Licht beim Auto ○ Verkehrswesen)

Fernstudent//Direktstudent
(früher DDR)

Fernstudium//Direktstudium
(mit Hilfe von Unterrichtsbriefen usw.)

Fernverbindung//Ortsverbindung
(Telefon)

Fernverkehr//Nahverkehr
(Eisenbahn) *Die ÖBB melden, 2010 die Pünktlichkeit ihrer Züge im Fernverkehr auf 75,7 und jene im Nahverkehr auf 95,2 Prozent gesteigert zu haben.* (Die Presse 16. 3. 2011)

Fernverkehrsmittel//Nahverkehrsmittel
(z. B. Eisenbahn) *Die Bahn ist in Indien das wichtigste Fernverkehrsmittel.* (Oberösterreichische Nachrichten 8. 7. 2011)

Fern[verkehrs]zug//Nahverkehrszug
(Zug für den Fernverkehr) ○ *Im Konfliktfall sind die Bedürfnisse des Nahverkehrs einfach wichtiger als der Anschluss an einen Fernverkehrszug. Ferner gibt es nach wie vor eine günstige Anschlussverbindung vom ersten Nahverkehrszug aus Bad Schandau nach Prag, auch wenn diese mit Umsteigen verbunden ist.* (Süddeutsche Zeitung 14. 12. 2006) ○ *Jeder siebte Fernzug, aber nur jeder 19. Nahverkehrszug war betroffen.* (Hamburger Abendblatt 15. 1. 2008)

Fernweh//Heimweh
(Sehnsucht nach fernen Ländern) ○ *«Und sie alle sind im Spannungsfeld zwischen Fernweh und Heimweh gestanden»*, *sagte Gilgien, in einem Spannungsfeld, das offensichtlich viel kreatives Potenzial berge.* (Berner Oberländer 23. 1. 2012)

Fernziel//Nahziel
etwas (eine Unternehmung, eine Qualifikation usw.) als Fernziel ansteuern ○ *Fernziel mag Olympia sein, Pyeongchang 2018, Nahziel: der Teamwettkampf heute* (Schwäbische Zeitung 4. 3. 2016)

Ferromagnetismus//Antiferromagnetismus
(Physik)

Fertigerzeugnis//Halberzeugnis
(Wirtschaft)

Fertigprodukt//Halbfabrikat, Rohstoff
Bereits bei der Rohstoffgewinnung fallen Transportkosten an, die sich fortsetzen: Rohstoff – Rohmaterial – Halbfabrikat – Fertigteil – Fertigprodukt – Grosshandel – Detailhandel – Endverkauf. (Handelszeitung 3. 5. 2000)

Fertigzigarette//Steckzigarette

fertil//infertil, steril; ↑auch: impotent, unfruchtbar, zeugungsunfähig
(fortpflanzungsfähig)

Fertilität//Infertilität, Sterilität; ↑auch: Impotenz, Unfruchtbarkeit, Zeugungsunfähigkeit
(Fähigkeit, Nachkommen zu zeugen, zu gebären)

Fesselballon//Freiballon
(an Drahtseilen befestigter Ballon, der über einem Ort gehalten wird)

fest//flüssig; ↑auch: gasförmig
der feste Aggregatzustand ○ feste Nahrung ○ *Es sei aber interessant zu sehen,*

dass die Natur offenbar Zustände der Materie erlaube, die sich mit den Begriffen fest, flüssig und gasförmig nur unzureichend charakterisieren liessen. (Neue Zürcher Zeitung 3. 3. 2017)

fest//freibleibend
eine feste (verbindliche) *Bestellung* (Kaufmannssprache)

fest//locker
die Schraube ist fest ○ eine feste Beziehung ○ Man hält die Dolde mit der einen Hand am dickeren Ende fest und streift mit der anderen Hand locker die Beeren herunter. (Falter 1. 7. 2015)

fest//unfest
feste Vorsilben sind z. B. be-, ent-, ver-: sie entlobt sich, sie verkauft das Haus ○ er bestreitet das (im Unterschied zu:) *er streitet das ab* (Grammatik) *○ Er muss seine Antwort überlegen* (fest, Präfix), aber: *Er will sich eine Decke überlegen* (unfest, Partikel) (Berliner Morgenpost 25. 4. 2017)

fest//weich
eine feste Unterlage ○ Sie sind ein wahres Wunder der Natur – die menschlichen Knochen. Einerseits robust und fest – andererseits weich und elastisch. (Mittelbayerische Zeitung 10. 6. 2016)

Festangestellter//Freiberufler, freier Mitarbeiter, Selbständiger

festbleiben//nachgeben; ↑auch: nachgiebig
sie ist festgeblieben und hat nicht nachgegeben ○ Wir müssen um jeden Preis festbleiben und uns einig zeigen. (Der Spiegel 9. 9. 1964)

feste Arbeitszeit//gleitende Arbeitszeit, Gleitzeit
Hauptarbeitszeitmodelle sind beim LAA die feste Arbeitszeit, die Gleitzeit und Teilarbeitszeit. (Computer Zeitung 18. 6. 1998)

fester Rücken//hohler Rücken
(Buchbinderei)

festhalten//loslassen
das Seil festhalten ○ seine Kinder festhalten und nicht loslassen [können] ○ Ich bin ... ein Geländer, an dem man sich festhalten oder auch wieder loslassen kann, ganz so, wie es erforderlich ist. Ich möchte Orientierung geben. (Frankfurter Neue Presse 31. 7. 2015)

Festhonorar//Absatzhonorar
(festgelegtes Honorar unabängig vom Absatz) *○ Die Schriftsteller würden ein Festhonorar oder ein Absatzhonorar bekommen.* (Süddeutsche Zeitung 21. 1. 2014)

festkochend//mehligkochend
festkochende Kartoffeln für Salate ○ Noch bis 10. August werden die Frühkartoffeln geerntet und die verschiedenen Sorten eingefahren: festkochend, vorwiegend festkochend und mehligkochend. (Mannheimer Morgen 7. 8. 2012)

Festkomma//Gleitkomma, Fließkomma
(EDV)

Festland//Insel
diese griechische Stadt liegt auf dem Festland ○ Das Leben war schwierig, viele Familien zogen aufs Festland. Zugleich entdeckten Erholungssuchende die Insel als Ferienziel. (Der Tagesspiegel 1. 6. 2016)

Festland//Meer
auf dem Festland fühlt er sich wohler als auf dem Meer ○ Gestern Morgen hatte Maria vom Festland wieder in Richtung Meer abgedreht. (Tagesanzeiger 22. 9. 2017)

Festmeter//Raummeter
(Raummaß für 1 m³ fester Holzmasse)

festnehmen//freilassen
er wurde festgenommen und nach drei Tagen wieder freigelassen ○ Die Polizei konnte den Verdächtigen noch während einer Sofortfahndung festnehmen, musste ihn aber mangels Haftgrund wie-

der freilassen. (Hamburger Abendblatt 7. 8. 2014)

Festnetztelefon//Mobiltelefon
Aufwendungen für das Festnetztelefon oder das Mobiltelefon können mit 20 Prozent des Rechnungsbetrags, maximal aber 20 Euro je Monat, als Werbungskosten abgezogen werden. (FOCUS 13. 5. 2017)

Festpreis//Richtpreis
(festgelegter Preis ○ Handel)

fest stehen//wackeln
die Leiter steht fest ○ *Spätestens bis zur Hauptversammlung Anfang Juni soll sein Nachfolger feststehen. Der Aufsichtsrat steht unter immensem Zeitdruck – und die potenziellen Kandidaten wackeln.* (FOCUS 30. 3. 2002)

Feststellungswirkung//Tatbestandswirkung
(Rechtswesen)

Festtreibstoff//Flüssigtreibstoff
(Technik)

fett//mager
fettes Fleisch ○ *Die Kriterien der Metzger sind streng: Nicht zu fett, aber auch nicht zu mager soll es sein* (Mittelbayerische Zeitung 8. 4. 2017) ○ (übertragen:) *fette Jahre* (mit großem Wohlstand)

fettarm//fettreich
fettarme Kost ○ *Was jeder Fisch liefert, egal ob fettarm oder fettreich, sind leicht verdauliches Protein, Selen und Vitamin D.* (Trierischer Volksfreund 13. 8. 2016)

Fettbaum//Stärkebaum
(fettes Öl speichernder weichholziger Baum, z. B. die Linde)

Fettglasur//Wasserglasur

fettig//trocken
fettiges Haar ○ *Jede Haut – ob fettig, trocken oder normal – braucht ab und zu eine Tiefenreinigung.* (Hamburger Abendblatt 23. 1. 2010)

fettlos//fettreich
eine fettlose Creme

fettlöslich//wasserlöslich
die Vitamine A, D, E, V sind fettlöslich ○ *fettlösliche Gleitcreme*

fettreich//fettarm
fettreiche Kost ○ *Gesunde Schlemmereien aus dem Wasser: Ob fettreich oder fettarm – bei Fisch sollte etwa einmal in der Woche zugelangt werden.* (Vorarlberger Nachrichten 22. 1. 2014)

fettreich//fettlos
fettreiche Creme ○ *Der ältere Nachwuchs (beim Känguru) bekommt fettreiche, nahrhafte Milch. Der Embryo hingegen trinkt eine fettlose Milch.* (Rheinische Post 15. 8. 2012)

feucht//trocken
feuchte Luft, Wärme, Hitze ○ *die Wäsche ist (noch) feucht* ○ *Yin und Yang stehen für Gegensätze wie trocken und feucht, kalt und warm, Leere und Fülle – erst zusammen bilden sie ein vollkommenes Ganzes.* (Apotheken Umschau B 5/1999)

Feuer; ↑wie Feuer und Wasser

Feuerbestattung//Erdbestattung
(durch Verbrennen der Leiche) ○ *Nur 20 Prozent entscheiden sich für eine Feuerbestattung, 80 Prozent bevorzugen die Erdbestattung.* (Die Presse 27. 10. 2008)

Feuerwehr; ↑Berufsfeuerwehr, freiwillige Feuerwehr

Feuillants//Cordeliers
(gemäßigte Richtung in der französischen Revolution)

fiat justitia pereat mundus//summum ius summa iniuria
(Ausspruch, der Gerechtigkeitsfanatismus zum Inhalt hat ○ Philosophie, „Recht muss geschehen, auch wenn die Welt zugrunde geht/höchstes Recht ist zugleich höchstes Unrecht")

Fiction//Non-fiction
(Romane usw.)

Fideismus//Szientismus
(auf Glauben basierende Einstellung)

Field-Research//Desk-Research
(persönliche Befragung in der Marktforschung)

Figuralmusik//Gregorianischer Choral
(in Bezug auf mehrstimmige mittelalterliche Kirchenmusik)

figürliche Malerei//abstrakte Malerei

fiktiv//real
eine fiktive (nur angenommene, nicht wirkliche) *Begebenheit* ○ *Mit „Never say anything" folgt nun ein Polit-Thriller, dessen Inhalt zwar fiktiv ist, aber sehr real wirkt.* (Saarbrücker Zeitung 13. 5. 2016)

Fiktion//Wirklichkeit
Eine humorvolle Lektion über das Verhältnis von Fiktion und Wirklichkeit. (Der Spiegel 10. 2. 2018)

Filiale//Zentrale; ↑auch: Haupt...
die Filiale der Bank ○ *Wir waren mehrmals in der Filiale Wien-Landstraße und in der Zentrale am Rennweg* (Wiener Zeitung 2. 1. 2010)

Film; ↑Dokumentarfilm, Spielfilm, Stummfilm, Tonfilm

Filzseite//Siebseite
(in der Papierindustrie)

Finalismus//Kausalismus
(philosophische Meinung, dass alles Geschehen zweckbestimmt ist)

Finalität//Kausalität; ↑auch: Ursache
(Zweckbestimmtheit)

Finanzkonzern//Sachkonzern
(Wirtschaft)

finanzschwach//finanzstark
finanzschwache Länder ○ *Ein Nein kann nicht im Interesse der Gemeinden sein, egal ob sie finanzschwach oder finanzstark sind.* (Die Südostschweiz 18. 5. 2006)

finanzstark//finanzschwach
finanzstarke Länder

finden//suchen
das gesuchte Buch finden ○ *einen Partner suchen und finden* ○ *„Doch wir finden nichts, weil wir zu suchen aufgehört haben."* (FOCUS 28. 1. 2013)

finden//verlieren
er hat den verlorenen Schlüssel wieder gefunden ○ *Den Anschluss an den Rest Europas habe Spanien, wenn es ihn denn jemals gefunden habe, mittlerweile wieder verloren.* (Neue Zürcher Zeitung 12. 10. 2013)

Finger//Zeh[e]
fünf Finger an jeder Hand ○ *In hektischen Zeiten schneidet man sich in den kleinen Finger, bricht sich die kleine Zehe und hat große blaue Flecken am Knie.* (Oberösterreichische Nachrichten 21. 11. 2011)

Fingerhandschuh//Fausthandschuh

Finissage//Vernissage
(Veranstaltung, mit der eine Kunstausstellung beendet wird) ○ *Nach einer Finissage folgt in aller Regel bald eine Vernissage. So auch in der Galerie Besserstraße.* (Schweriner Volkszeitung 18. 9. 2013)

finite Form//infinite Form
in „ich gehe" ist „gehe" eine finite Form (Grammatik)

Firmenkern//Firmenzusatz
(Wirtschaft)

Firmenzusatz//Firmenkern
(Wirtschaft)

Firmung//Konfirmation
(katholisches Sakrament) ○ *Dafür benötigten die Freigeister eine Alternative und schufen so die Jugendweihe. Sie steht wie Firmung oder Konfirmation an der Schwelle zum Erwachsenwerden.* (Südkurier 28. 5. 2016)

Fisch; ↑**Flussfisch, Friedfisch, Meeresfisch, Raubfisch, Seefisch, weder Fisch noch Fleisch**

fischarm//fischreich
fischarme Gewässer ○ *Viele kleinere Gewässer in unserer Region sind hingegen aus unterschiedlichen Gründen sehr fischarm und werden deshalb gezielt mit Elbfisch besetzt.* (Süddeutsche Zeitung 9. 8. 2011)

Fischerei; ↑**Hochseefischerei, Küstenfischerei**

fischreich//fischarm
fischreiche Flüsse ○ *Die Gewässer sind fischreich und unter dem Meer werden Rohstoffe vermutet.* (Tiroler Tageszeitung 26. 11. 2013)

Fischrogen//Milch
(vom weiblichen Fisch)

fixe Kosten//variable Kosten
(Wirtschaft)

fixiert//unfixiert
(Fotografie)

Fixismus//Mobilismus
(Geologie)

Fixstern//Planet, Wandelstern
(selbstleuchtender Himmelskörper, z. B. die Sonne) ○ *Es ist kein Fixstern, sondern der Planet Mars, der sich gerade im Aufgang befindet.* (Neues Volksblatt 1. 9. 2005)

FKK-Strand//Textilstrand
(Nacktbadestrand, Strand für Freikörperkultur) ○ *Der FKK-Strand soll optisch vom Textilstrand abgetrennt sein.* (Süddeutsche Zeitung 27. 6. 2013)

flach//hoch
ein Schuh mit flachen Absätzen ○ *Tiki-Taka, das: Längst nicht mehr ganz taufrische Bezeichnung für die uralte Fußball-Weisheit „flach spielen, hoch gewinnen".* (Hamburger Abendblatt 11. 8. 2018)

flach//tief
ein flacher Teller ○ *eine flache Stelle im See* ○ *nur flach atmen* ○ *Nicht zu flach, nicht zu tief darf das Edelgemüse gestochen werden.* (Märkische Allgemeine 18. 4. 2013)

Flachbettmaschine//Freiarm[näh]maschine
(besondere Nähmaschine)

Flächenstaat//Personenverbandsstaat, Stadtstaat
Tatsächlich schaukelt der größte Flächenstaat Europas nicht nur zwischen den Mentalitäten seines traditionell proeuropäischen Westens und seines ebenso traditionell russophilen Ostens. (Salzburger Nachrichten 24. 8. 2016) ○ *Rom sei ein riesiges Reich gewesen, habe sich aber lange Zeit nicht als Flächenstaat, sondern als Stadtstaat, als Polis, verstanden.* (Salzburger Nachrichten 26. 5. 2015)

Flachküste//Steilküste
(ebene Meeresküste ○ Geografie)

Flachland//Gebirge
im Flachland ○ *Schön gelegene Rastplätze entlang der vielen Wanderwege durch Flachland und Gebirge laden zum Verweilen ein.* (Neue Kronen-Zeitung 8. 11. 2015)

Flachmoor//Hochmoor
(Geografie)

Flachrelief//Hochrelief
(Plastik, bei der die Figuren nur wenig aus der Materialfläche hervortreten)

Flachrennen//Hindernisrennen
(Schnelligkeit und Ausdauer werden auf flacher Bahn gewertet ○ Pferdesport)

Flachwirkmaschine//Rundwirkmaschine
(Textil)

Flachwurzler//Tiefwurzler
(Pflanze mit flachen Wurzeln)

Flame//Wallone
(flämisch sprechender Einwohner Belgiens) ○ *Jedes Länderspiel ist ausverkauft, das ist magisch. Flamen wie Wallonen sind im Stadion vereint.* (Der Standard 21. 6. 2014)

flämisch//wallonisch

Flandern//Wallonien
(Nordbelgien)

Flasche; ↑**Einwegflasche, Pfandflasche, Wegwerfflasche**

Flaschenbier//Fassbier
Das Meister-Bier ist das Flaschenbier, das am nähesten überhaupt am frischen Fassbier dran ist. (Nürnberger Zeitung 11. 5. 2013)

Flaschengärung//Fassgärung
(Wein)

Flaschenkind//Brustkind
(Säugling, der Milch aus der Flasche bekommt und nicht an der Brust der Mutter gestillt wird) ○ *Das Flaschenkind werde also faktisch dazu erzogen, mehr zu essen, als nötig sei.* (Vorarlberger Nachrichten 26. 7. 2003)

Flaschenmilch//offene Milch

Flaschenwein//offener Wein
(auf der Getränkekarte)

flat//sharp
(Erniedrigung eines Tones um einen halben Ton ○ Musik)

Flattersatz//Blocksatz
(Druckwesen)

Fleisch; ↑**der Geist ist willig, weder Fisch noch Fleisch**

fleischfressend//nicht fleischfressend
fleischfressende Tiere, Pflanzen ○ *25 000 Pflanzen wachsen hier. Einige davon sind fleischfressend.* (Süddeutsche Zeitung 9. 12. 2017)

Fleischfresser//Pflanzenfresser
(Tier, bes. Löwe, Tiger, dessen Nahrung vorwiegend aus Fleisch besteht)

Fleischseite//Narbenseite
(Innenseite ○ Gerberei)

Fleischspeise//Mehlspeise
Ist etwas Zeit, dann lädt sie Musikerkollegen zum gemeinsamen Kochen von deftigen Fleischspeisen in ihre WG ein. (Presse 4. 1. 2015)

Fleiß//Faulheit
er wurde wegen seines Fleißes gelobt

fleißig//faul
fleißig sein ○ *ein fleißiger Schüler* ○ *im Märchen von Frau Holle ist die Goldmarie schön und fleißig* ○ *Es gibt fleißige und faule 21-Jährige, es gibt fleißige und faule 27-Jährige. Das Alter darf kein Grund sein, jemanden anders zu behandeln.* (Berliner Zeitung 12. 5. 2018)

flektierbar//unflektierbar
ein flektierbares Wort (Grammatik)

flektierende Sprache//agglutinierende Sprache, isolierende Sprache
flektierende Sprachen haben die Tendenz, die syntaktischen Beziehungen durch stammverändernde Elemente (Affixe, Umlaut, Ablaut) auszudrücken (nach W. von Humboldt)

flektiert//unflektiert
„Kindes" ist eine flektierte Form, „Kind" ist unflektiert (Grammatik)

flexibel//inflexibel, unflexibel
flexibel reagieren ○ *ein flexibles Währungssystem* ○ *Wegen der bestehenden Regeln sei es schwer, flexibel auf Auftragsänderungen zu reagieren. So unflexibel ist das Arbeitsrecht nicht.* (Wiener Zeitung 31. 12. 2016)

Flexibilität//Inflexibilität, Unflexibilität
geistige Flexibilität

Flexionsmorphem/Stammmorphem
in der Form „des Tages" ist „-es" das Flexionsmorphem (Sprachwissenschaft)

Flexor//Extensor; ↑auch: Strecker, Streckmuskel
(Beugemuskel)

fliegender Start//Start aus dem Stand
(Motorsport)

fliegendes Personal//Bodenpersonal
(Flugwesen)

Flieger//Steher
(Rennpferd für kürzere Strecken ○ Radrennfahrer für kurze Strecken)

Fliegerrennen//Steherrennen
(Pferdesport, Radsport)

Fliehburg//Herrenburg
(im Mittelalter Befestigungsanlage, in die bei Gefahr die Menschen fliehen konnten)

fliehendes Kinn//vorspringendes Kinn
(ein schräg nach hinten verlaufendes Kinn) ○ *Männer können ihr fliehendes Kinn unter einem zarten Oberlippen- und einem kräftigen Kinnbart verbergen.* (FOCUS 28. 2. 2015)

fließend//gebrochen
sie sprach fließend Französisch ○ *Der Mann sprach fließend Spanisch und gebrochen Deutsch sowie Englisch.* (Tiroler Tageszeitung 30. 9. 2015)

fließender Verkehr//ruhender Verkehr
(Verkehrswesen) ○ *In Mannheim wird der fließende Verkehr und in Ulm der ruhende Verkehr überwacht, es werden aber keine Strafen verhängt.* (Mannheimer Morgen 24. 6. 2011)

fließendes Gewässer //stehendes Gewässer
Von ihm Wasser abzuleiten ist jedoch wasserrechtlich problematisch – weil ein Bach per Definition ein fließendes Gewässer ist, und kein vom Grundwasser gespeistes, stehendes Gewässer (Stuttgarter Zeitung 7. 2. 2007)

Fließheck//Stufenheck
(flach abfallendes Heck ○ Auto)

Fließkomma//Festkomma
(EDV)

Flora//Fauna; ↑auch: Tierwelt, Zoologie
(Pflanzenarten)

Flöte; ↑Längsflöte, Querflöte

Flotte; ↑Handelsflotte, Kriegsflotte

Fluch//Segen
der Liebe Fluch, der Liebe Segen ○ *Technik: Fluch oder Segen?* ○ *darauf liegt ein Fluch, darum kann daraus nichts werden* ○ *... ob der Brexit für die Insel ein Fluch ist – oder womöglich ein Segen* (Der Spiegel 7. 4. 2018) ○ *Die Berichterstattung über ihn war aus Sicht der Diplomaten im Auswärtigen Amt Fluch und Segen zugleich ...* (Der Spiegel 24. 2. 2018)

Flug; ↑Charterflug, Linienflug

flugfähig//flugunfähig
flugfähige Tiere

Flughafen; ↑Satellitenflughafen, Zentralflughafen

Flugpersonal//Bodenpersonal
(Flugwesen)

flugunfähig//flugfähig
flugunfähige Tiere

Flugzeug; ↑Charterflugzeug, Linienflugzeug, Motorflugzeug, Segelflugzeug

flussab//flussauf
Abwechselnd werden Ausflüge flussab oder flussauf angeboten (Mitteldeutsche Zeitung 5. 8. 2010)

flussabwärts//flussaufwärts
flussabwärts (mit der Strömung) paddeln ○ *Während die Jungfische die Wehre auf dem Weg flussabwärts passieren können, hätte ein zwei Meter langer Stör, der flussaufwärts unterwegs ist, keine Chance, die Wehranlagen zu überwinden.* (Märkische Allgemeine 18. 10. 2014)

flussauf//flussab

flussaufwärts//flussabwärts
flussaufwärts (gegen die Strömung) *paddeln*

Flussfisch//Meeresfisch, Seefisch
In Frankreich hießen Händler, welche Flussfische verkauften, „poissoniers", also Fischhändler, diejenigen aber, welche Meeresfische anboten „harengères", Heringshändler. (Südkurier 18. 8. 2007)

Flusshafen//Seehafen

flüssig//fest; ↑auch: gasförmig
der flüssige Aggregatzustand ○ *flüssige Nahrung zu sich nehmen* ○ *Immerhin 99 % der Materie im Kosmos sind nicht flüssig, gasförmig oder fest, sondern existieren als Plasma.* (VDI Nachrichten 16. 11. 2007)

flüssig//nichtflüssig
flüssige Stoffe

Flüssigkeit; ↑Ejakulation, Lubrikation

Flüssigtreibstoff//Festtreibstoff
(Technik)

flüstern//schreien
sie flüsterte, und er schrie ○ *jemandem etwas Liebes ins Ohr flüstern* ○ *Nicht zuletzt mussten sie ganz leise flüstern oder eben ganz laut schreien.* (Leipziger Volkszeitung 17. 1. 2014)

Flut//Ebbe; ↑auch: Niedrigwasser
bei Flut im Meer, in der See schwimmen ○ *Mitreißend und wechselhaft wie Ebbe und Flut* (Mannheimer Morgen 20. 4. 2018)

Fockmast//Besan[mast]
(Vordermast ○ Seemannssprache)

Föderalismus//Unitarismus, Zentralismus
(Streben nach einem Staatenbund oder einem Bundesstaat)

Fohe//Fuchs
(weiblicher Fuchs)

Föhe//Fuchs
(weiblicher Fuchs)

Folgegeschlecht//Vorgeschlecht
(veraltet)

folgen//sich widersetzen
er folgte ihren Anweisungen ○ *Wie hätte man selbst unter diesem Zeit- und Handlungsdruck gehandelt: der Order von oben folgen? Sich dem Vorgesetzten widersetzen?* (Frankfurter Rundschau 24. 9. 2012)

folgend//vorausgehend
im folgenden Text ○ *In allen folgenden Altersgruppen ist die Wahlbeteiligung höher als in der jeweils vorausgehenden* (Rhein-Zeitung 20. 4. 2001)

folgenlos//folgenreich
dieses Versehen blieb folgenlos ○ *Spurensuche auf dem Terrain des Vergangenen und ins Leere laufende Wiederbegegnungen mit folgenlos oder folgenreich angehimmelten weiblichen Wesen kehren leitmotivisch wieder.* (Süddeutsche Zeitung 15. 1. 2011)

folgenreich//folgenlos
dieses Versehen war folgenreich

folgerichtig//folgewidrig
Somit ist es nur folgerichtig, wenn journalistische Arbeit sowohl rechtlich als auch finanziell, etwa durch Presseförderung oder Rundfunkgebühren, abgesichert und unterstützt wird. (Tiroler Tageszeitung 9. 3. 2018)

folgewidrig//folgerichtig
Den Brieftaubenzüchtern, die sich um diese verirrten und erschöpften Tiere kümmern, die Verantwortung für die Stadttauben zu übertragen, ist absurd und folgewidrig. (Saarbrücker Zeitung 24. 2. 2000)

Folterer//Gefolterte[r]

Forehand//Backhand; ↑auch: Rückhand
(Tennis, Hockey)

Form//Inhalt
Form und Inhalt stimmen überein ○ Manches ist etwas heterogen in dem Buch, Form und Inhalt kommen nicht immer ganz zur Deckung. (Neue Luzerner Zeitung 15. 11. 2018)

Form; ↑finite Form, infinite Form

formal//informal
formale und informale Normen ○ Dabei kennzeichnet moralisches Handeln vereinbarte Regeln, ob formal oder informal, welche das Management ausrichten im Hinblick auf eine verbesserte Kooperation im Unternehmen. (Süddeutsche Zeitung 30. 4. 2009)

formal//inhaltlich
er machte formale Gründe geltend ○ er hat den Brief formal beanstandet ○ es gibt formale und inhaltliche Gründe, dagegen zu sein ○ das Buch ist inhaltlich und formal ansprechend

Formans//Determinativ
(gebundenes sprachliches Element, z. B. -lich in gastlich ○ Sprachwissenschaft)

Formant//Antiformant
(Phonetik)

Format; ↑Hochformat, Querformat

Formationsmorphem//Basismorphem
in dem Wort Mieter ist „-er" das Formationsmorphem

formelfreier Rennwagen//Formelrennwagen
(Motorsport)

formell//informell
eine formelle (förmlich-offizielle) Mitteilung ○ Politik in Luxemburg funktioniert laut Heuschling jedoch immer noch nach dem Prinzip „so formell wie nötig, so informell wie möglich". (Luxemburger Tageblatt 28. 9. 2018)

formelle Rechtskraft//materielle Rechtskraft
(Rechtswesen)

Formelrennwagen//formelfreier Rennwagen
(Motorsport)

formgerecht//formwidrig
Doch am Ende des ersten Verhandlungstages ist noch nicht klar, ob die Anklage überhaupt formgerecht in den Prozess eingebracht wurde. (Stuttgarter Nachrichten 5. 5. 2011)

formgerecht//fristgerecht
Der Antrag auf eine Baugenehmigung sei von Kurt Eicher formgerecht und fristgerecht zum 30. April 2009 eingereicht worden (Südkurier 22. 12. 2009)

formlos//(auf einem, mit usw.) Formular
etwas formlos beantragen ○ Kann ich den Antrag formlos stellen oder brauche ich ein Formular? (Saarbrücker Zeitung 3. 9. 2011) ○ *Mit Formular beim Bürgerservice oder formlos per E-Mail* (Niederösterreichische Nachrichten 20. 6. 2013)

formwidrig//formgerecht
Der Umschüler verlangte seine Weiterbeschäftigung mit dem Argument, es habe keine mündliche Beendigung gegeben, außerdem wäre eine solche formwidrig und daher nichtig. (Wiesbadener Tagblatt 27. 7. 2006)

forte//piano
(laut ○ Musik)

fortgehen//dableiben
Möchtest Du fortgehen und dennoch dableiben? Packt Dich manchmal das Fernweh oder die Lust auf das Nahste? (St. Galler Tagblatt 28. 11. 2006

Fortgeschrittene[r]//Anfänger[in]
ein Kurs für Fortgeschrittene ○ Zwei Stunden lang unterhielten Fortgeschrittene und Anfänger im Umgang mit dem Akkordeon sowie Kinder, die Melodika spielen, die vielen Zuhörer im Ahorn Seehotel Templin. (Nordkurier 2. 12. 2016)

Fortis//Lenis
die stimmlosen Laute p, t, k sind Fortes, das sind intensiv aspiratorisch gesprochene Konsonanten

fortpflanzungsfähig//fortpflanzungsunfähig
Aus Sicht der Evolution ist es sinnvoll, wenn solche Organismen mit ihren stabilen Körpern lange jung und fortpflanzungsfähig bleiben. (Tagesanzeiger 22. 2. 2018)

Fortpflanzungsfähigkeit//Fortpflanzungsunfähigkeit

Fortpflanzungsfamilie//Geburtsfamilie
(durch Ehe und Kinder gegründete Familie ○ Völkerkunde)

fortpflanzungsunfähig//fortpflanzungsfähig
Es wird schlimmstenfalls notwendig, zuchtungeeignete Tiere zu gegebener Zeit fortpflanzungsunfähig zu machen (taz 25. 10. 2017)

Fortpflanzungsunfähigkeit//Fortpflanzungsfähigkeit

Fortschritt//Rückschritt
das ist ein Fortschritt ○ dieser Rückschritt war ein Fortschritt ○ Alles geschieht mit hoher Geschwindigkeit, der Fortschritt, selbst der Rückschritt. (Der Spiegel 5. 5. 2018)

fortschrittlich//rückschrittlich
sie ist sehr fortschrittlich ○ Es kommt schon auf die konkrete Änderung an, ob sie fortschrittlich oder rückschrittlich ist. (Neue Luzerner Zeitung 29. 1. 2009)

fortschrittsfeindlich//fortschrittsfreundlich
«Es heisst, wir Bauern seien fortschrittsfeindlich und rückständig» (Tagesanzeiger 11. 1. 2011)

fortschrittsfreundlich//fortschrittsfeindlich
die Stadt galt als fortschrittsfreundlich und vergleichsweise tolerant (Süddeutsche Zeitung 29. 11. 2018)

fortsetzen//aufgeben
den Widerstand fortsetzen ○ Hartnäckig, ideenreich und selbstbewusst setzen die Ägypter ihren Protest fort. Klar ist: Sie geben nicht auf, bis Präsident Mubarak sein Amt niederlegt. (Südwest Presse 5. 2. 2011)

fossil//rezent
(urzeitlich ○ Biologie)

Fotokopie//Original
die Fotokopie eines Briefes

Fotze//Schwanz; ↑auch: Glied, Penis

Frage//Antwort; ↑auch: Auskunft geben
er stellte eine Frage und bekam auch eine Antwort ○ Er gibt sich als einer, der auf jede Frage eine Antwort weiß und der die Volksnähe pflegt. (Salzburger Nachrichten 21. 12. 2018)

Frage; ↑Entscheidungsfrage, Ergänzungsfrage

fragen//antworten
er hat sie gefragt, und sie hat gleich geantwortet ○ Patienten fragen, Experten antworten ○ Bürger fragen, Politiker antworten (nicht)

Fragende//Frager

Fragender//Fragerin

Frager//Fragende

Frager[in]//Befragte[r]

Fragerin//Fragender

fragmentieren//defragmentieren
(EDV)

Francesca//Paolo
(Liebespaar in Dantes „Göttlicher Komödie": Francesca di Rimini und Paolo Malatesta)

frankiert//unfrankiert
der Brief ist schon frankiert ○ Es spiele in der Transportkette auch keine Rolle,

ob ein Brief frankiert oder unfrankiert sei. (Saarbrücker Zeitung 7. 3. 2001)

frankophil//frankophob; ↑auch: gallophob
eine frankophile (frankreichfreundliche) Gesinnung ○ *Da Weiss in der Schweiz wohne, mit einer Engländerin verheiratet sei, zur Hälfte in Italien lebe und sehr frankophil veranlagt sei, decke er wichtige Sprachräume der Kulinarik auf einmal ab.* (Tagesanzeiger 11. 2. 2017)

Frankophilie//Frankophobie; ↑auch: Gallophobie

frankophob//frankophil; ↑auch: gallophil
eine frankophobe (gegenüber Frankreich ablehnende) Gesinnung ○ *„Er war überwiegend evangelisch, antisemitisch, frankophob und anglophil."* (Mannheimer Morgen 29. 10. 2010)

Frankophobie//Frankophilie; ↑auch: Gallophilie

franzosenfeindlich//franzosenfreundlich; ↑auch: frankophil
eine franzosenfeindliche Einstellung

franzosenfreundlich//franzosenfeindlich; ↑auch: frankophob
eine franzosenfreundliche Einstellung

Frau//Fräulein
(früher) ○ *das junge Mädchen wurde gefragt, ob sie mit „Frau Schwabe" oder „Fräulein Schwabe" angesprochen werden will*

Frau//Herr; ↑auch: Mister (in Verbindung mit dem Namen)
Herr und Frau Hoffmann ○ *Frau Krause hat geschrieben*

Frau//Mädchen
sie ist (schon) eine Frau ○ *vom Mädchen zur Frau werden* ○ *Thylane Lena Rose Blondeau ... ist keine Frau, sondern ein Mädchen von knapp 13 Jahren.* (Tagesanzeiger 31. 3. 2014)

Frau//Mann; ↑auch: das starke Geschlecht, Gatte, Herr, Yang
Frauen im Widerstand ○ *Berufe für Frauen* ○ *eine tüchtige, liebe Frau* ○ *alle Männer und Frauen* ○ *die Frauen auf dem Lande* ○ *mit einer guten Frau verheiratet sein* ○ *seine Frau ist verreist* ○ *sind Frauen die besseren Männer?* ○ *„Die Penetration ist immer eine Niederlage für die Frau und ein Sieg für den Mann", so lautet einer der Aphorismen, die Engdahl, Sohn eines Offiziers, als Buch veröffentlicht hat.* (Der Spiegel 12. 5. 2018) ○ *Eine Frau rechnet mit ihrem Mann ab. Denn ein reiner Tisch tut gut* (Die Zeit Christ und Welt 5. 11. 2015)

Frau mit Eigenschaften//Mann ohne Eigenschaften
Die Frau mit Eigenschaften (Buchtitel von Traude Kogoj, 2018 ○ Blog von Kristina Ballova, und weitere Belege)

Frau mit Vergangenheit//Frau mit Zukunft
Seit April führt bei den SBB eine Frau mit Vergangenheit in der Telekommunikation den grossen Geschäftsbereich Personenverkehr. (Neue Zürcher Zeitung 23. 11. 2011) ○ *Für die Franzosen ist die Schauspielerin Marie Trintignant eine Frau mit Vergangenheit, die ihre Gegenwart im Griff hat* (Stern 11. 2. 2004)

Frau mit Zukunft//Frau mit Vergangenheit
Als Frau mit Zukunft wird immer wieder die Ingolstädterin Christine Haderthauer, 44, genannt. (Süddeutsche Zeitung 16. 11. 2006) ○ *Jetzt gilt sie in ihrer Partei als Frau mit Zukunft, von der man Siegen lernen kann.* (Die Zeit 16. 12. 2012)

...frau//...mann (Substantiv)
z. B. *Fachfrau/Fachmann*

Frauchen//Herrchen
der Hund wartet auf sein Frauchen ○ *wo ist denn das Frauchen (die weibliche Person als Besitzerin, z. B. eines Hundes)?*

Frauenberuf//Männerberuf
Im typischen Frauenberuf Erzieherin wird durchaus ähnlich verdient wie im typischen Männerberuf Kfz-Mechatroniker. (Nürnberger Nachrichten 17. 11. 2015)

frauenfeindlich//frauenfreundlich
eine frauenfeindliche Politik ○ *In diesem Kulturstreit, der die Türkei trennt in alt und neu, in frauenfeindlich und frauenfreundlich, haben sie sich auf die fortschrittliche Seite gekämpft: dank ihrer Herkunft, dank ihrer Bildung, dank ihrer Leistung.* (Der Spiegel 27. 6. 2005)

frauenfeindlich//männerfreundlich
Er macht Witze, die frauenfeindlich anfangen und männerfreundlich enden. (Rhein-Zeitung 10. 9. 2001)

frauenfreundlich//frauenfeindlich
frauenfreundliche Gesetze

frauenfreundlich//männerfeindlich
eine frauenfreundliche und männerfeindliche Zeitschrift ○ *Eine derart simple Kausalkette ist nicht nur zutiefst frauenfeindlich, sondern auch äußerst männerfeindlich, weil sie dieser Spezies pauschal das Kontrollvermögen eines Zuchtbullen attestiert.* (Süddeutsche Zeitung 13. 1. 2018)

Frauenfußball//Fußball
… es sei schon eine Nichtgleichberechtigung, dass Frauenfußball so betont wird und es nicht einfach Fußball heißt (Falter 2. 8. 2017)

Frauenhass//Männerhass; ↑auch: **Misandrie**
Mal wurde ihr Frauenhass vorgeworfen, mal Männerhass. Die einen fanden ihr Frauenbild zu biologisch geprägt und zu deterministisch. (taz 31. 12. 2013)

Frauenhaus//Männerhaus
(Haus, in das Frauen aufgenommen werden, die von ihren Männern geschlagen werden) ○ *Es ist noch heute nicht leicht zu sagen: Ich arbeite für das Frauenhaus!" „Die erste Reaktion, die ich auf das Frauenhaus bekommen hab, war die Forderung nach einem Männerhaus"* (Niederösterreichische Nachrichten 15. 3. 2012)

Frauenkrankheit//Männerkrankheit
Magersucht gilt als typische Frauenkrankheit. Doch auch Männer können ihr verfallen. (Mannheimer Morgen 10. 5. 2012)

Frauenseite//Männerseite; ↑auch: **Südseite; rechts**
die Frauenseite ist die Nordseite, die linke Seite im Kircheninneren ○ *Oskar machte uns aufmerksam auf die freigelegten Fresken an der Westseite, auf die unterschiedlichen Möblierungen, nämlich auf der Frauenseite nur Sitzbalken und auf der Männerseite natürlich Armstützen zum Knien.* (Vorarlberger Nachrichten 10. 4. 2014)

Fräulein//Frau
(früher) ○ *das junge Mädchen wurde gefragt, ob es mit „Frau" oder „Fräulein" angeredet werden wolle* ○ *sind Sie noch Fräulein (unverheiratet) oder schon Frau (verheiratet)?*

Fräulein//[Herr] Ober
(im Restaurant an die weibliche Bedienung) ○ *Fräulein, bitte die Speisekarte!* ○ *Fräulein, ich möchte bitte zahlen!* ○ *Wenn man nun statt „Fräulein" oder „Herr Ober" das universelle „Hallo" ruft, kann es passieren, das sich 20 Leute umdrehen.* (Süddeutsche Zeitung 15. 1. 2011)

fraulich//unfraulich
In „Dick" spielt Sandra mit dem Macho-Dasein, „weil ich, seit ich 18 bin, etwas getan habe, das für viele nicht unbedingt fraulich war". Was war denn nun unfraulich? „In einer Rockband zu sein – und so viel zu schreien." (Oberösterreichische Nachrichten 4. 2. 2003)

frei//belegt
das Zimmer ist frei ○ *Dort sind 60 Plätze frei. Sie können nicht belegt werden, weil*

Umbauarbeiten notwendig sind. (Salzburger Nachrichten 20. 8. 2015)

frei//besetzt
der Platz, die Kabine, die Toilette ist frei ○ *Viele Veranstaltungen hatten arge Kahlstellen im Publikum, in manchen waren mehr Plätze frei als besetzt.* (Salzburger Nachrichten 25. 8. 2012)

frei//gebunden
freie (nicht metrisch geregelte) Rede

frei//gefangen
er ist (wieder) frei ○ *Der Existenzialist Albert Camus ... analysiert, wie frei oder gefangen Menschen in ihrer Selbstbestimmung sein können.* (Salzburger Nachrichten 23. 2. 2017)

frei//unfrei
er fühlt sich frei ○ *der Mensch ist frei geboren* ○ *'Wann hast du dich zum letzten Mal frei oder unfrei gefühlt?'* (Der Standard 23. 5. 2012)

frei; ↑jugendfrei

...frei//...bedürftig (Adjektiv)
z. B. *zustimmungsfrei/zustimmungsbedürftig*

...frei//...gebunden (Adjektiv)
z. B. *zweckfrei/zweckgebunden*

...frei//...haltig (Adjektiv), mit ...
z. B. *phosphatfrei/phosphathaltig, mit Phosphat*

...frei//...pflichtig (Adjektiv)
z. B. *portofrei/portopflichtig*

Freiantenne//Innenantenne, Zimmerantenne

Freiarm[näh]maschine//Flachbettmaschine

Freibad//Hallenbad

Freiballon//Fesselballon
(bemannter Ballon, der frei fliegen kann)

Freiberufler//Festangestellter
(jemand, der in einem freien Beruf tätig ist, z. B. Architekt, Arzt)

Freibeuter//der Kaper
(Seeräuber ○ historisch)

Freibeweis//Strengbeweis
(Rechtswesen)

freibleibend//fest
(nicht bindend ○ Kaufmannssprache)

freie Kunst//angewandte Kunst
(nicht durch praktische Verwertbarkeit bestimmte Kunst)

freier Mitarbeiter//Festangestellter

freies Mandat//imperatives Mandat
(Mandat, bei dem der Abgeordnete nicht an Aufträge oder Weisungen seiner Partei oder seiner Wähler gebunden und nicht abrufbar ist ○ Politik)

freies Morphem//gebundenes Morphem
(Sprachwissenschaft)

freifinanzierter Wohnungsbau//sozialer Wohnungsbau

Freifrau//Freiherr
(weiblicher Titel für eine Angehörige des niederen Adels)

freihändig; ↑stehend freihändig

Freiheit//Gefangenschaft
das Leben in Freiheit ○ *Als sei das Unrecht, das ihm geschah, jetzt in Freiheit schwerer auszuhalten als in den 25 Jahren seiner irrtümlichen Gefangenschaft.* (Die Zeit 18. 9. 2008)

Freiheit//Notwendigkeit
Wer mit der Geste des Philosophenkönigs von Hegels „Freiheit als Einsicht in die Notwendigkeit" spricht, sollte gleich sagen, wer die Macht haben soll, die Notwendigkeit zu definieren. (Hannoversche Allgemeine 7. 11. 2009)

Freiheit//Unfreiheit
zwischen Freiheit und Unfreiheit wählen müssen

Freiheitskämpfer//Terrorgruppe
Die IRA ... je nach Sichtweise Terrorgruppe oder Freiheitskämpfer ... (Der Spiegel 7. 4. 2018)

Freiherr//Freifrau, Freiherrin, Freiin
(männlicher Titel für einen Angehörigen des niederen Adels)

Freiherrin//Freiherr

Freiin//Freiherr

Freiland//Treibhaus
Gemüse aus dem Freiland hat weniger Nitrat o *Ich erkläre den Leuten, dass diese bei uns noch nicht im Freiland wachsen, sondern vorwiegend aus dem Treibhaus kommen.* (Rheinische Post 30. 5. 2011)

Freiland...//Treibhaus... (Substantiv)
z. B. *Freilandversuch/Laborversuch*

Freilandgemüse//Treibhausgemüse

Freilandhaltung//Käfighaltung
Eier aus Freilandhaltung o *Zudem habe Freilandhaltung zu Bedingungen der Bodenhaltung und Bodenhaltung zu Bedingungen der Käfighaltung stattgefunden.* (taz 23. 3. 2018)

Freilandkultur//Treibhauskultur

freilassen//festnehmen
er wurde festgenommen und nach drei Tagen wieder freigelassen o *Die Regierung will nun Hunderte Aktivisten freilassen, die Zardari festnehmen ließ.* (Stuttgarter Zeitung 17. 3. 2009)

freischwankender Kurs//Einheitskurs
(Börse)

frei sprechen//ablesen
er hatte gar kein Manuskript, er hat frei gesprochen o *Sie haben frei gesprochen und nicht einfach vorformulierte Antworten abgelesen, wie das in Deutschland üblich ist.* (Süddeutsche Zeitung 7. 3. 2008)

freisprechen//verurteilen
er wurde freigesprochen o *Das Gericht kann ihn freisprechen oder verurteilen.* (Badische Zeitung 10. 5. 2007)

Freispruch//Schuldspruch, Verurteilung
(Rechtswesen)

Freistoß; ↑direkter Freistoß, indirekter Freistoß

freiverlegte Leitung//erdverlegte Leitung

freiwillig//gezwungen
etwas freiwillig tun o *Einige seien nicht freiwillig ausgewandert, sondern dazu gezwungen gewesen, ihre Angehörigen und Freunde zu verlassen* (Der Standard 18. 7. 2017)

freiwillig//unfreiwillig
Fast alle engen Mitarbeiter ... haben ihren Posten mittlerweile aufgegeben – freiwillig oder unfreiwillig. (Der Spiegel 3. 3. 2018)

freiwillige Erziehungshilfe//Fürsorgeerziehung

freiwillige Feuerwehr//Berufsfeuerwehr

freiwillige Gerichtsbarkeit//streitige Gerichtsbarkeit
(Rechtswesen)

freiwillig versichert//pflichtversichert
er ist freiwillig versichert (in der Krankenkasse)

Freizeichen//Besetztzeichen
(Telefon)

Freizeit; ↑in der Freizeit

fremd//bekannt
er ist hier fremd o *ich hörte eine fremde Stimme* o *Dabei geht es gemütlich zu, alt und jung, fremd und bekannt, ganz*

egal – einfach jeder darf mitspielen (Stuttgarter Nachrichten 30. 5. 2014)

fremd//eigen
fremder Grund und Boden ○ *fremde Geldmittel* ○ *Bluttransfusion mit fremdem Blut* ○ *Das Eigene wird fremd, das Fremde eigen.* (Der Tagesspiegel 12. 4. 2013)

fremd//heimisch
fremde Pflanzen ○ *Seit sieben Jahren zeigen wir mit Bildern aus Vorarlberg wie fremd heimisch und heimisch fremd wird.* (Vorarlberger Nachrichten 12. 10. 2018)

fremd//indigen
Beide freuen sich auf das fremde Land, von dem sie wissen, dass ... viele arme und viele indigene Gruppen zusammenleben. (Südwest Presse 3. 7. 2018)

fremd//indigen
ein fremdes Sprachelement ○ *Die Brutalität, mit der die indigene Bevölkerung unter fremde Herrschaft gezwungen wurde, erreichte einen traurigen Höhepunkt.* (Wiener Zeitung 5. 9. 2014)

fremd//vertraut
in fremder Umgebung ○ *Fotos aus der Vergangenheit, auf feine Stoffbahnen projiziert, führen zu Beginn des Stücks in eine Welt, die ebenso fremd wie vertraut erscheint.* (Vorarlberger Nachrichten 29. 6. 2017)

fremd...//eigen... (Adjektiv)
z. B. *fremdgenutzt/'eigengenutzt*

fremd...//selbst... (Adjektiv)
z. B. *fremdbestimmt/selbstbestimmt*

Fremd...//Eigen... (Substantiv)
z. B. *Fremdfinanzierung/Eigenfinanzierung*

Fremd...//Selbst... (Substantiv)
z. B. *Fremdbestimmung/Selbstbestimmung*

...fremd//...eigen (Adjektiv)
z. B. *betriebsfremd/betriebseigen*

Fremdbesitz//Eigenbesitz
(Rechtswesen)

fremdbestäubend//selbstbestäubend
(Botanik)

fremdbestimmt//selbstbestimmt
fremdbestimmtes Handeln ○ *Wem das Wasser bis zum Hals steht, dem vergeht der Sinn nach Freiheit. Er möchte lieber fremdbestimmt gerettet werden, als selbstbestimmt zu ertrinken.* (Die Zeit 16. 12. 2010)

Fremdbestimmung//Selbstbestimmung

Fremdbeurteilung//Selbstbeurteilung

Fremdbild//Selbstbild
nationale Fremdbilder (die andere von den Betreffenden haben)

Fremdblut//Eigenblut
eine Operation mit Fremdblut

Fremde//Heimat
in der Fremde leben ○ *Anhand einiger Gedanken und Sinnsprüche zum Thema Heimat zeigte der Landrat ganz individuelle Sichtweisen auf. Theodor Fontane: „Erst die Fremde lehrt uns, was wir an der Heimat haben" und Herbert Grönemeyer meinte: „Heimat ist kein Ort, Heimat ist ein Gefühl"* (Saale-Zeitung 19. 9. 2018)

Fremdeinschätzung//Selbsteinschätzung
Aktivierung der Schüler zur Fremdeinschätzung

fremdenfeindlich//fremdenfreundlich; ↑auch: xenophil
Nein, ich bin nicht fremdenfeindlich – aber: Ich bin auch nicht mehr fremdenfreundlich. (Saarbrücker Zeitung 29. 3. 2018)

Fremdenfeindlichkeit//Fremdenfreundlichkeit; ↑auch: Xenophilie

fremdenfreundlich//fremdenfeindlich; ↑auch: xenophob

Fremdenfreundlichkeit//Fremdenfeindlichkeit; ↑auch: Xenophobie

Fremde[r]//Bekannte[r]
auf der Party waren viele Fremde und nur wenig Bekannte ○ Fremde und Bekannte kommen vorbei, um Hallo zu sagen. (Süddeutsche Zeitung 18. 8. 2018)

Fremde[r]//Einheimische[r]
Fremde und Einheimische leben problemlos miteinander ○ Da sieht man über den eigenen Tellerrand; vor allen Dingen, dass Wehr für Interessierte auch noch anderes zu bieten hat als Blasmusik, Sommerfeste, was ja eventuell für Fremde und Einheimische die Stadt auch attraktiv machen könnte. (Südkurier 4. 9. 2017)

Fremdfinanzierung//Eigenfinanzierung
(Finanzwesen)

Fremdgefährdung//Selbstgefährdung

fremdgenutzt//eigengenutzt
fremdgenutzte Wohnräume

Fremdruppe//Eigengruppe; ↑auch: Outgroup
(Soziologie)

Fremdkapital//Eigenkapital
(Wirtschaft)

Fremdmittel//Eigenmittel
(Finanzwesen)

Fremdreflex//Eigenreflex
(Physiologie)

Fremdschädigung//Selbstschädigung
Ziel der Initiative sei es, die Fremdschädigung von Gästen und Angestellten einzudämmen, nicht die Selbstschädigung der Raucher. (Neue Zürcher Zeitung 25. 1. 2006)

Fremdsprache//Muttersprache; ↑auch: Ausgangssprache
(Sprachwissenschaft) ○ „Deutsch ist eine Fremdsprache, unsere Muttersprache ist die Gebärdensprache" (Der Standard 23. 3. 2010)

fremdsprachig//muttersprachig; ↑auch: indigen
fremdsprachiger (in fremder Sprache erfolgender) Unterricht ○ Dort fiel der Mann auf, weil er wirr und fremdsprachig redete. (Tiroler Tageszeitung 28. 10. 2011)

fremdsprachlich//muttersprachlich
fremdsprachlicher Unterricht (über die fremde Sprache) ○ Beeindruckend war auch seine Betrachtung zum Thema Muttersprache – die durch Anglizismen immer mehr fremdsprachlich wird. (Vorarlberger Nachrichten 5. 10. 2017)

Fremdverschulden//Eigenverschulden
Ob Fremdverschulden vorlag, konnten die Ärzte nicht eindeutig beantworten. Wenn es Eigenverschulden war, so musste Kaspar mit der linken Hand zugestochen haben, und tatsächlich verrichtete Kaspar schwierige Aufgaben mit der Linken. (Nürnberger Zeitung 29. 3. 2010)

Fremdverwaltung//Eigenverwaltung
(Rechtswesen)

Fremdwort//deutsches Wort, indigenes Wort

fresco; ↑auch: a fresco

Freskomalerei//Seccomalerei
(Wandmalerei auf feuchtem Putz)

fressen//essen
Tiere fressen, Menschen essen ○ Haus- und Wanderratten können nicht nur alles fressen, was Menschen essen, sondern noch zusätzliche Stoffe wie Pelze, Seife, Papier ... (Niederösterreichische Nachrichten 31. 7. 2014)

fressen//saufen; ↑auch: trinken
Das ganze Reich soll Gemeingut werden, und Geld wird abgeschafft; alle solln fressen und saufen auf meine Kosten. (Salzburger Nachrichten 3. 11. 2018)

Fresssucht//Magersucht; ↑auch: **Anorexie**
Neue Suchtkrankheiten entstanden, so Fresssucht, Magersucht, Kaufsucht, Spielsucht oder Sexualsucht. (Rhein-Zeitung 3. 5. 2004)

Freud[e]//Leid
Freud und Leid liegen nahe beieinander ○ Freude und Leid miteinander teilen ○ „Ich wollte etwas machen, das eher die Freude betont als das Leid." (Berliner Zeitung 13. 1. 2011)

Freude//Trauer
Freude erfüllte ihn bei dem Anblick ○ Noch nie zuvor haben die Menschen ... so rasch und so unmittelbar an Glück und Unglück, Freude und Trauer ihrer Mitmenschen teilnehmen können. (Neue Zürcher Zeitung 24. 6. 2017)

freudenarm//freudenreich
ein freudenarmes Dasein

Freudenhaus//Trauerhaus
(Haus, in dem Freude herrscht ○ veraltet) ○ *Beim 2:2 gegen Wolfsburg wurde der Tivoli binnen Minuten vom Freudenhaus zum Trauerhaus.* (Rhein-Zeitung 14. 5. 2007)

freudenreich//freudenarm

Freudentag//Trauertag
heute ist ein Freudentag! ○ Ein Freudentag für die Schüler, ein Trauertag für Lehrer und Schulrat. (St. Galler Tagblatt 5. 7. 2008)

...freudig; ↑**kontaktfreudig**

...freudigkeit//...müdigkeit (Substantiv)
z. B. *Impffreudigkeit/Impfmüdigkeit*

...freudigkeit; ↑**Kontaktfreudigkeit**

freudlos//freudvoll
eine freudlose Kindheit

freudvoll//freudlos
eine freudvolle Kindheit

freudvoll//leidvoll
Freudvoll und leidvoll, gedankenvoll sein (Klärchen in Goethes „Egmont", III. Aufzug, 1788, vertont von Schubert und Beethoven)

Freund//Feind
politische Freunde ○ er hat viele Freunde (wohlgesinnte Menschen) ○ *wer solche Freunde hat, braucht keine Feinde mehr ○ Kriege wurden ohne Rücksicht auf Freund und Feind geführt.* (Kurier 14. 1. 2018) ○ *Demokraten und Republikaner betrachten die Welt immer stärker durch eine Brille, die nur Freund und Feind kennt.* (Der Spiegel 20. 7. 2019) ○ *Die Freunde im Darm (Keime) waren geschwächt, die Feinde in der Übermacht.* (Der Spiegel 29. 6. 2019)

...freund//...hasser (Substantiv)
z. B. *Deutschenfreund/Deutschenhasser*

...freund//...gegner
Natürlich werden die deutschen Fans mehr Putin-Freunden begegnen als Putin-Gegnern. (Der Spiegel 9. 6. 2018)

Freundin//Feindin
ihre Freundin ist schließlich ihre Feindin geworden ○ Beste Freundin oder doch die größte Feindin? (Kölner Stadtanzeiger 12. 4. 2007)

freundlich//feindlich
es herrschte eine freundliche Atmosphäre ○ Spätestens dann wird auch klar sein, ob es sich bei Piepers um eine so genannt feindliche oder doch um eine freundliche Übernahme handelt. (Berner Zeitung 18. 1. 2011)

freundlich//unfreundlich
ein freundlicher Pförtner ○ Adenauer lenkte ein, behandelte Meyers zwar betont unfreundlich, die anderen Herren aber ... betont freundlich. (Der Spiegel 3. 8. 1960)

...freundlich//...feindlich (Adjektiv)
(mit der Bedeutung: wohlwollend dem im Basiswort Genannten gegenüber)
z. B. *kinderfreundlich/kinderfeindlich*

...freundlich//...unfreundlich (Adjektiv)
(mit der Bedeutung: dem im Basiswort Genannten gegenüber entgegenkommend) z. B. *leserfreundlich/leserunfreundlich* (in Bezug auf die Schrift u. a.)

Freundlichkeit//Unfreundlichkeit
ihre Freundlichkeit war wohltuend

Freundschaft//Feindschaft
aus Freundschaft ist schließlich Feindschaft geworden ○ *Insgesamt 18 Briefe zeigen auf, wie aus einer Freundschaft Feindschaft wurde* (Mittelbayerische Zeitung 12. 11. 2015)

Freundschaftsspiel//Punktspiel
(Ballspiele)

Frieden//Krieg
nach einem langen Krieg ist nun endlich Frieden ○ *„Das Leben ist hart, wenn es groß sein soll. Es lässt nur die Wahl zwischen Sieg und Niederlage, nicht zwischen Krieg und Frieden."* (Der Spiegel 7. 4. 2018)

Frieden//Unfrieden
der Frieden und Unfrieden in uns ○ *sie schieden in Frieden* ○ *Wer Frieden will und Unfrieden sät, ist hier falsch am Platz.* (Hamburger Abendblatt 6. 2. 2016)

Friedensfuß//Kriegsfuß
(veraltet) ○ *das Heer auf den Friedensfuß setzen* ○ *Nach dem Zweiten Pariser Frieden vom 20. November 1815 wurden alle Linien-Regimenter wieder auf Friedensfuß gestellt und die Landwehr-Regimenter in die Reserve entlassen.* (Rhein-Zeitung 19. 6. 2015)

Friedenswirtschaft//Kriegswirtschaft
Wie sich die Friedenswirtschaft relativ leicht auf eine Kriegswirtschaft umstellen kann, ist nicht zuletzt einer der faszinierendsten Forschungsgegenstände der Wirtschaftshistorie. (Salzburger Nachrichten 3. 6. 1995)

Friedfisch//Raubfisch
Friedfische ernähren sich vorwiegend von Pflanzlichem

friedlich//kriegerisch
ein friedliches Volk ○ *Es entwickelte sich ein enges nachbarschaftliches Verhältnis, das sowohl friedlich als auch kriegerisch sein konnte.* (Mitteldeutsche Zeitung 19. 9. 2018)

frieren//schwitzen
bei der Kälte haben wir sehr gefroren ○ *Von innen wird der Bau selbstverständlich gut und bauphysikalisch richtig gedämmt, so dass man darin weder frieren noch schwitzen wird.* (Braunschweiger Zeitung 7. 9. 2012)

frieren//tauen
bei unter Null Grad friert es ○ *„Wenn der Boden friert und dann wieder taut, entsteht Bewegung im Boden"* (Saarbrücker Zeitung 4. 10. 2014)

frisch//alt
frische Brötchen ○ *das Brot ist ganz frisch* ○ *frische Wunden* ○ *Die Spur ist sehr frisch, fünf bis zehn Minuten alt. Üblicherweise halten Bären um diese Zeit Winterschlaf.* (Die Presse 3. 1. 2015)

Frischdampf//Abdampf
(eben erst erzeugter Dampf ○ Technik)

frische Luft//verbrauchte Luft
Und so wird es in jedem Raum eine eigene Anlage geben, die frische Luft hineinbläst beziehungsweise verbrauchte Luft hinaus (Schwäbische Zeitung 21. 8. 2017)

Frischfeige//Trockenfeige

Frischgemüse//Trockengemüse

frischgebacken//altbacken
frischgebackenes Brot

Frischluft//Abluft
(Klimatechnik)

frisch geschlachtet//abgehangen
(Fleisch) ○ *Alles stammt von unseren Rindern, ist frisch geschlachtet und dann*

etwa eine Woche lang abgehangen worden (Märkische Allgemeine 11. 3. 2011)

Friseur//Friseuse; ↑auch: **Coiffeuse**

Friseuse//Friseur; ↑auch: **Coiffeur**

frisiert//unfrisiert
sie ist schon fisiert ○ frisiertes Haar ○ Ob frisiert oder unfrisiert, ist Annett Poppe egal: Die Studentin und freie Fotografin aus Plagwitz fotografiert seit gut zwei Monaten Leipziger Gesichter (Leipziger Volkszeitung 9. 3. 2010)

Frisör; ↑**Friseur**

Frisöse; ↑**Friseuse**

fristgerecht//formgerecht
Da nützte es wenig, dass sie ihren Antrag frist- und formgerecht eingereicht hat. (Stuttgarter Zeitung 13. 7. 2002)

fröhlich//traurig
ein fröhliches Lied ○ eine fröhliche Stimmung ○ Die Wogen Ihrer Gefühlswelt können heute einerseits übertrieben fröhlich, aber ebenso traurig über Sie hereinbrechen. (Salzburger Nachrichten 28. 4. 2011)

Fröhlichkeit//Traurigkeit

Front//Etappe
die Soldaten an der Front ○ von der Front in die Etappe kommen

frontal//von hinten
Fast frontal sei der Lkw des Ukrainers von hinten auf (das) Polizeiauto geprallt (Westdeutsche Zeitung 18. 6. 2018)

Frontschwein//Etappenhengst
die Soldaten wurden als Frontschweine beschimpft

Froschperspektive//Vogelperspektive
aus der Froschperspektive (von unten) ○ Das ist der Blick aus der Froschperspektive, nicht aus der Vogelperspektive. Die grosse Herausforderung wird es sein, diese beiden Flughöhen in eine gemeinsame Perspektive zu vereinen. (Die Südostschweiz 23. 11. 2016)

frostempfindlich//frostunempfindlich
frostempfindliche Pflanzen

frostunempfindlich//frostempfindlich
frostunempfindliche Pflanzen

fruchtbar//unfruchtbar; ↑auch: **impotent, infertil, steril**
fruchtbarer Boden ○ eine fruchtbare Diskussion ○ die fruchtbaren Tage der Frau ○ Es ist ein auffallender Beweis, dass teils die Ehen sehr fruchtbar, teils der Boden sehr unfruchtbar sein muss, dass die Zahl der Abwesenden über ein Fünftel der Bevölkerung beträgt.» (Die Nordwestschweiz 2. 5. 2003)

Fruchtbarkeit//Unfruchtbarkeit; ↑auch: **Infertilität**

frugal//opulent
eine frugale (einfache) Mahlzeit ○ Vita austera – das ist frugales Leben im härenen Gewand. (Der Tagesspiegel 23. 2. 2016)

Frugalität//Opulenz
Doch nach Luhrmans Opulenz-Feuerwerk war man doppelt empfänglich für cinéastische Frugalität. (Stuttgarter Zeitung 18. 5. 2013) ○ Mögen die einen nun zwar auf 20-Dollar-Hamburger und den persönlichen Fitnesstrainer verzichten, so treiben es andere mit ihrer Frugalität zu absurden Extremen. (Der Standard 25. 3. 2009)

früh//nachmittags; ↑auch: **p. m.**
um 5 Uhr früh ○ Jeden Tag von sechs Uhr früh bis zwei Uhr nachmittags ist er im Büro (Die Presse 17. 9. 2017)

früh//spät
am frühen Morgen ○ früh aufstehen ○ sie kam früh ○ ein frühes Werk Mozarts ○ Wer will, kann von früh bis spät durch Kochsendungen zappen. (Süddeutsche Zeitung 5. 5. 2018)

früh...//spät... (Adjektiv)
z. B. frühkapitalistisch/spätkapitalistisch

Früh.../ /Spät... (Substantiv)
z. B. *Frühschicht/Spätschicht*

Frühaufsteher//Langschläfer
er ist ein Frühaufsteher, schon um 6 Uhr ist er im Garten ○ *Die Welt ist geteilt in Frühaufsteher und Langschläfer.* (Neue Zürcher Zeitung 13. 1. 2017)

Frühblüher//Spätblüher
(Botanik)

Frühdienst//Spätdienst
er hat Frühdienst ○ *Die acht Angestellten ... besetzen ... einen Platz mit Früh- und Spätdienst werktags.* (Mannheimer Morgen 18. 4. 2018)

früher//heutzutage
früher reiste man nicht soviel wie heutzutage

früher//jetzt (Adverb); ↑auch: heute
früher war er Friseur, jetzt ist er bei der Stadtverwaltung

früher//später (Komparativ)
sie kam früher als er

früher//jetzig
der frühere Direktor ○ *der frühere Preis* ○ *Die Laudatio hält der frühere Leiter des Keramikmuseums ... und jetzige Leiter der städtischen Museen Jena* (Ostthüringer Zeitung 7. 6. 2018)

frühest.../ /äußerst...
der früheste Termin ist der 1. April

frühestens//spätestens
er kommt frühestens morgen ○ *Die Abfälle sind frühestens am Vorabend des Sammeltages und bis spätestens 7 Uhr am Sammeltag bereitzustellen.* (Neue Luzerner Zeitung 30. 6. 2009)

frühestmöglich//spätestmöglich
Der frühestmögliche Aschermittwochstermin ist der 4. Februar, der spätestmögliche ist der 10. März. (Rhein-Zeitung 8. 1. 2016)

Frühgebärende//Spätgebärende
Frühgebärende haben meist einen etwas älteren Partner als sie selbst ○ *So gibt es zu wenig Plätze für Frühgebärende, und auch die Suche nach einer Hebamme ist schwierig.* (Mannheimer Morgen 12. 11. 2018)

Frühgeburt//Spätgeburt
(Kind, das vor Ablauf der neun Monate geboren worden ist) ○ *Aber ob es eine Frühgeburt oder eine Spätgeburt wird, kann man meistens nicht auf den Tag genau vorhersagen.* (Süddeutsche Zeitung 31. 7. 2001)

Frühgotik//Spätgotik

Frühgottesdienst//Hauptgottesdienst

Frühholz//Spätholz
(Botanik)

Frühjahr//Herbst
das Feld im Frühjahr bestellen ○ *So wie das Frühjahr von Tod und Schuld überschattet wird, vollzieht sich im Herbst des Lebens die Erleuchtung.* (Mannheimer Morgen 18. 3. 2004)

Frühjahrsaussaat//Herbstaussaat

Frühjahrsbestellung//Herbstbestellung

Frühjahrsmesse//Herbstmesse
Die Frühjahrsmesse in Leipzig (März) und die Herbstmesse in Frankfurt (Oktober) sind entscheidende Fixtermine der Branche (Falter 27. 1. 2010)

Frühkapitalismus//Spätkapitalismus

frühkapitalistisch//spätkapitalistisch

Frühkartoffeln//Spätkartoffeln
Frühkartoffeln sind dünnhäutig

Frühling//Herbst
im Frühling erwacht die Natur ○ *Frühling und Liebe* ○ *Nach einer alten Tradition werden im Frühling die Sonne und im Herbst der Mond geehrt.* (Berliner Morgenpost 22. 9. 2018)

Frühlingsanfang//Herbstanfang
am 21. März ist Frühlingsanfang ○ *Statt der Sonne scheint der Mond durchs Mar-*

tinsloch ... auf die Kirche des Dorfes. Das geschieht jeweils acht Tage vor dem astronomischen Frühlingsanfang und acht Tage nach dem Herbstanfang (Tagesanzeiger 2. 10. 2001)

Frühlingsstürme//Herbststürme
Die Frühlingsstürme am Wochenende haben vergleichsweise wenig Schäden in Berlin und Brandenburg angerichtet. (Berliner Zeitung 18. 3. 2014)

Frühschicht//Spätschicht; ↑auch: Nachtschicht
er hat heute Frühschicht in der Fabrik ○ Die Beschäftigten ... treten heute in den Warnstreik. Dieser beginnt mit der Frühschicht und dauert bis zum Ende der Spätschicht. (Nordkurier 6. 4. 2017)

Frühschoppen//Abendschoppen, Dämmerschoppen
(geselligesTrinken am Vormittag)

Frühsommer//Spätsommer

Frühspitze//Abendspitze
(Stoßzeit im Morgenverkehr) ○ Auch bei den Intervallen versuchen die Wiener Linien, dem schlechten Ruf entgegenzuarbeiten: Durch fünf neue Züge soll das Intervall in der Frühspitze auf 2,5 Minuten verkürzt werden. (Die Presse 6. 10. 2014)

Frühstadium//Spätstadium
Wird der Tumor im Frühstadium entdeckt, ist er zu 95 Prozent heilbar. Im Spätstadium verläuft er fast immer tödlich. (Neue Zürcher Zeitung am Sonntag 18. 6. 2017)

Frühzündung//Spätzündung
(Technik)

Fuchs//Füchsin, Fohe, Föhe, Fähe
(das männliche Tier)

Füchsin//Fuchs
(weiblicher Fuchs)

...fug//...phil (mit fremdsprachlicher Basis; Adjektiv)
(mit der Bedeutung: fliehend, meidend) z. B. *kalzifug/kalziphil*

führen//geführt werden
wer den Sachverstand seiner Fachleute nicht beurteilen kann, wird von seinen Mitarbeitern manipuliert und benutzt ○ er führt nicht, er wird geführt

Führende[r]//Geführte[r]

Führer//Geführter

Führhand//Schlaghand
(Boxen)

Fülle//Leere
Yin und Yang stehen für Gegensätze wie trocken und feucht, kalt und warm, Leere und Fülle – erst zusammen bilden sie ein vollkommenes Ganzes. (Apotheken Umschau B 5/1999)

füllen, sich//sich leeren
das Stadion füllt sich allmählich ○ Die Analyse der Daten wird unter anderem ergeben, wie hoch die Auslastung des Parkplatzes an der Bahnhofnordseite ist und zu welchen Zeiten er sich füllt und leert. (Rhein-Zeitung 21. 3. 2013)

Fummeltrine//Lederkerl
(femininer Homosexueller ○ Jargon)

Fundamentalist//Realpolitiker
(die Richtungen bei grünen Parteien)

Fundi//Realo
Die Kämpfe zwischen Fundis und Realos seien passe ... (Der Spiegel 29. 9. 2018)

fünf vor zwölf//fünf nach zwölf
(es ist höchste Zeit) ○ Müssen die Urlauber künftig ihre Abfälle in der Plastiktüte wieder mit nach Hause nehmen? „Es ist nicht fünf Minuten vor zwölf, auch nicht fünf nach zwölf. Es ist schon Viertel nach zwölf" (Berliner Morgenpost 15. 5. 1998)

fünf nach zwölf//fünf vor zwölf
(es ist eigentlich schon zu spät ○ Umkehrung von 5 vor 12) ○ *Der Zug ist noch nicht abgefahren. Es ist zwar fünf vor zwölf – aber noch nicht fünf nach zwölf.* (St. Galler Tagblatt 8. 6. 2016) ○

Es sei „nicht fünf vor zwölf, sondern fünf nach zwölf". (Die Presse 22. 11. 2018)

Fundi//Realo
(ideologisch kompromissloser Grüner ○ Politik)

funktionell//organisch
Denn dann besteht die Gefahr, dass funktionelle Stimmstörungen in organische übergehen. (Braunschweiger Zeitung 26. 9. 2007)

funktionelle Krankheiten//organische Krankheiten
Völlegefühl, Schmerzen im Oberbauch: „Dyspepsie", eine reine funktionelle Krankheit. (Die Presse 14. 5. 2002)

funktionsfähig//funktionsunfähig
funktionsfähig bleiben

funktionsunfähig//funktionsfähig
funktionsunfähig werden

Funktionswort//Begriffswort
Funktionswörter sind z. B. Präpositionen, Konjunktionen, Pronomen

für//gegen; ↑auch: contra, Daumen runter, kontra, pereat
sie stimmte für den Antrag ○ Zugleich war Barnum ... eine widersprüchliche Figur des öffentlichen Lebens, die am Anfang ihrer Karriere mit rassistischen Menschenshows Kasse machte, aber später für Abraham Lincoln und gegen Sklaverei eintrat. (Die Presse 5. 1. 2018) ○ Ausgerechnet Johnson, der sich lange nicht mal entscheiden konnte, ob er für oder gegen den EU-Austritt sein würde, der ... zwei Zeitungskolumnen vorbereitet hatte, eine fürs Gehen und eine fürs Bleiben ... (Der Spiegel 20. 7. 2019)

Für; ↑das Für und Wider

Furcht//Hoffnung
ihre Furcht, die Prüfung nicht zu bestehen ○ sie lebt zwischen Furcht und Hoffnung ○ „In Afghanistan scheint immer mehr Angst und Furcht statt Hoffnung die Devise zu sein" (Saale-Zeitung 19. 10. 2011)

für immer//zeitweilig
er ist (nun) für immer in Berlin ○ Das sind Menschen, die aufgrund von geistigen, körperlichen oder seelischen Einschränkungen für immer oder zeitweilig nicht in der Lage sind, Entscheidungen über ihr Leben zu treffen (Mitteldeutsche Zeitung 18. 1. 2003)

Fürsorgeerziehung//freiwillige Erziehungshilfe
(angeordnete öffentliche Erziehung geschädigter Jugendlicher ○ Pädagogik)

Fürsprecher//Gegner
Es gab, wie bei jedem Text, den wir dort besprochen haben, Fürsprecher und Gegner (Der Spiegel 25. 5. 2019)

Fürst//Untertan
Im Gegenzug hat der Fürst für den Untertan zu sorgen. (Süddeutsche Zeitung 7. 11. 2012)

Fuß//Gipfel
am Fuße des Berges ○ Er misst vom Fuß bis zum Gipfel stolze 10 203 Meter. (Passauer Neue Presse 1. 4. 2017)

Fuß//Hand
wenn man so etwas anfangen will, dann muss das auch Hand und Fuß haben ○ Ein falscher Schritt, und Fuß oder Hand eines gegnerischen Spielers sind geprellt. (Saarbrücker Zeitung 20. 12. 2006)

Fuß//Kopf
eine Theorie vom Kopf auf die Füße stellen ○ Werner zeigte die gesamte Palette seiner herausragenden Anlagen: enormes Tempo, Spielwitz, Abschlussstärke mit Fuß und Kopf (Salzburger Nachrichten 6. 9. 2017)

Fuß; ↑Hohlfuß, Plattfuß, zu Fuß gehen

Fußball//Damenfußball, Frauenfußball
Doch die Herangehensweise betoniert den Eindruck, dass es sich beim Frauenfußball um Fußball zweiter Klasse handelt. (Der Spiegel 24. 1. 2018) ○ 345 Mit-

glieder zählt der Verein. Diese treiben ihren Sport in der Fußball-, Damenfußball-, Gymnastik-, Tischtennis- und in der Selbstverteidigungsabteilung. (Mannheimer Morgen 15. 1. 2010)

Fußballamateur//Fußballprofi

Fußballprofi//Fußballamateur

Fußband//Kopfband
(in Fachwerkhäusern ○ Architektur)

Fußboden//Decke
sie guckte auf den Fußboden (des Zimmers) ○ *Ganz oben im Haus befindet sich ein Leseraum mit einem spektakulär schönen Fußboden aus Walnussholz und einer großzügigen, bis zu 3,70 Meter hohen Decke.* (Kurier 10. 10. 2017)

Fußende//Kopfende
die Katze liegt am Fußende des Bettes

Fußgänger//Radfahrer, Autofahrer
Das Licht fährt nur hoch, wenn Fußgänger oder Radfahrer hier nachts aufkreuzen. (FOCUS 13. 10. 2014) ○ *Fußgänger haben schnelle, rücksichtslose Autofahrer als Feind, fühlen sich im Straßenverkehr dennoch sicher.* (Falter 4. 2. 2009)

Fußleiste//Kopfleiste
(EDV)

Fußtext//Kopftext
(EDV)

Futter; ↑Dürrfutter, Grünfutter

G

galant//ungalant
er benahm sich ihr gegenüber sehr galant ○ *Detailreich schreibt er, lebendig, galant, gewürzt mit kleinen Spritzern Gift. Er konnte aber auch grob und ungalant sein.* (Saarbrücker Zeitung 16. 11. 2002)

gallophil//gallophob; ↑auch: frankophob
(Französisches liebend)

Gallophilie//Gallophobie; ↑auch: Frankophobie
(besondere Neigung, Sympathie für alles Französische)

gallophob//gallophil; ↑auch: frankophil
(Französisches ablehnend)

Gallophobie//Gallophilie; ↑auch: Frankophilie
(besonders ausgeprägte Abneigung gegen alles Französische)

Galopp//Schritt
im Galopp

Gametophyt//Sporophyt
(Botanik)

Gans//Gänserich, Ganter
(weibliches Tier)

Gänseblümchensex/SM-Sex
(üblicher Sex)

Gänserich//Gans
(männliche Gans)

Ganter//Gans
(männliche Gans)

Ganymed//Jupiter; ↑Jupiter

ganz//entzwei, kaputt
der Tisch ist (wieder) ganz ○ *Kaum einer, der wenigen noch vorhandenen Grabsteine ist noch ganz. Die meisten sind umgekippt, zerkratzt oder kaputt geschlagen* (Süddeutsche Zeitung 24. 8. 2004)

ganz//etwas
er war ganz verändert ○ *einen ganz gewöhnlichen Geburtstag auf etwas ungewöhnliche Weise feiern* ○ *Zwei Frauen und ein Klavier, wunderbare Lieder und gnadenlos lustiges Kabarett, ... ganz viel Glamour und etwas Spelunke.* (Westdeutsche Zeitung 12. 9. 2018)

ganz//gemahlen
Anis ganz (in Körnern)

ganz//halb
ein ganzes Brot ○ *das Glas ist ganz gefüllt* ○ *die ganze Wahrheit* ○ *sie hat jetzt (im Betrieb) eine ganze Stelle* ○ *Hier kommen Menschen aus ganz Deutschland und halb Europa her* (Nordkurier 17. 2. 2017)

ganz//teilweise, zum Teil; ↑auch: partiell
das Haus wurde ganz zerstört ○ *die Straße wurde ganz gesperrt* ○ *Das Angebot sei an die Bedingung geknüpft, dass die Republik die AUA ganz oder zumindest teilweise entschulde.* (Die Presse 3. 11. 2008)

ganz; ↑das Ganze, im Ganzen

ganz...//halb... (Adverb)
z. B. *ganztags/halbtags*

Ganz...//Teil... (Substantiv)
z. B. *Ganzansicht/Teilansicht*

Ganzansicht//Teilansicht
Die knöchelhohen, streng wirkenden Stiefelchen kommen in Ganzansicht optimal zur Geltung. (Hamburger Morgenpost 3. 12. 2006)

Ganze; ↑das Ganze

Ganzes//Teil
das Ganze besteht aus 5 Teilen ○ Das Ganze war Teil des Programms zum 125-jährigen Bestehen der Kirche. (Saarbrücker Zeitung 19. 5. 2015)

ganze Zahl//Bruch[zahl]
4, 5, 6 usw. sind ganze Zahlen (Mathematik)

Ganzheitsmethode//Buchstabiermethode, Lautiermethode, synthetische Leselehrmethode
(Pädagogik)

ganztags//halbtags
ganztags arbeiten ○ Die Betreuungszeiten können flexibel gewählt werden. Nach individuellem Bedarf ganztags, halbtags oder auch nur tageweise. (Mittelbayerische Zeitung 6. 2. 2018)

Ganztagsarbeit//Halbtagsarbeit

Ganztagskraft//Halbtagskraft
So hat jede Ganztagskraft täglich einen gesetzlich verankerten Anspruch auf eine Stillstunde, jede Halbtagskraft auf eine halbe Stunde. (Frankfurter Rundschau 17. 1. 1998)

Ganztext//Teiltext

ganz werden//entzwei gehen
Nachdem Berlin, das zerissene, wieder ganz geworden ist, wird auch in der Linienstraße scheinbar Abgestorbenes belebt. Berliner Morgenpost 31. 3. 2002)

gar//ungar
der Boden ist gar (hat die besten Voraussetzungen für den Anbau ○ Landwirtschaft) ○ *Wie konnte so ein halb gares Buch in Produktion gehen? Wurde da nicht richtig gelesen?* (Leipziger Volkszeitung 9. 9. 2014)

Garage//Stellplatz
gehört zur Wohnung eine Garage oder ein Stellplatz?

Garten; ↑Lustgarten, Nutzgarten, Ziergarten

Gartenblume//Feldblume

Gartenbohne//Ackerbohne

gärtnerischer Gemüsebau//Feldgemüsebau

Gas geben//bremsen, auf die Bremse treten
der Autofahrer gab Gas ○ Das Lenken übernimmt das System, der Fahrer muss nur noch Gas geben und bremsen (Mannheimer Morgen 17. 3. 2018) ○ *Wer dann nicht zu den Verlierern gehören will, muss jetzt Gas geben und dann rechtzeitig auf die Bremse treten.* (Die Südostschweiz 31. 1. 2010)

gasförmig//fest, flüssig
der gasförmige Aggregatzustand ○ Es entsteht unter hohem Druck und ist nicht mehr gasförmig, sondern flüssig. (Die Presse 29. 3. 2010) ○ *Ebenso entgeht den Sensoren im Versuchsstall keine Ausscheidung der Tiere, ob gasförmig, flüssig oder fest.* (Süddeutsche Zeitung 4. 6. 2011)

Gast//Gastgeber
die Gäste wurden in der Halle vom Gastgeber begrüßt ○ Wir wollten nicht, dass sich ein Tresen zwischen Gast und Gastgeber schiebt und beide sich dann wieder sehr formell gegenüberstehen. (Die Zeit 12. 12. 2015)

Gast//Wirt
der Wirt begrüßte die Gäste in seinem Lokal ○ Betrunkener Gast ging auf Wirt los (Tiroler Tageszeitung 15. 5. 2004)

Gastgeber//Gast
der Gastgeber begrüßte seine Gäste

gastlich//ungastlich
ein gastliches Haus ○ Fifa-Restaurant „Sonnenberg" – gastlich oder ungastlich? (Tagesanzeiger 5. 6. 1997)

Gastmannschaft//Heimmannschaft, Platzmannschaft
(Mannschaft, die auf einem fremden Platz spielt) ○ *Schappach erzielte das zwischenzeitliche 2:7 für die Gastmannschaft. ... Der Tabellenletzte hätte den Sieg verdient gehabt, die Platzmannschaft vergab aber eine Großchance* (Saarbrücker Zeitung 29. 5. 2006) ○ *Es gibt Fußballplätze, auf denen keine Gastmannschaft gerne antritt, auch wenn ihr spielerisches Potenzial eigentlich wesentlich weiter oben anzusiedeln ist als das der Heimmannschaft* (Rhein-Zeitung 23. 4. 2014)

Gastpflanze//Wirtspflanze
(schmarotzende Pflanze ○ Botanik)

Gastspiel//Heimspiel
(Spiel auf einem fremden Platz; Auswärtsspiel ○ Ballspiele) ○ *In der ehemaligen EM-Arena ... verwandelten 11.500 Sturm-Fans das Gastspiel am Wörthersee wieder zu einem Heimspiel.* (Neue Kronen-Zeitung 14. 7. 2011)

Gasttier//Wirtstier
(auf einem anderen tierischen Organismus schmarotzendes Tier ○ Zoologie)

Gatte//Gattin; ↑auch: Ehefrau, Frau, Gemahlin
bestellen Sie bitte einen Gruß an Ihren Gatten

Gattin//Gatte; ↑auch: Ehemann, Gemahl, Mann
bestellen Sie bitte einen Gruß an Ihre Gattin ○ *Die Partner sind nicht mehr so sehr ökonomisch aneinander gebunden wie früher Bauer und Bäuerin, oder Gattin und Gatte in jener klassischen bürgerlichen Ehe* (Der Spiegel 9. 2. 2004)

Gattungskauf//Spezieskauf, Stückkauf
(Rechtswesen)

Gattungsname//Eigenname
(Substantiv, das sowohl die Gattung von Dingen oder Lebewesen als auch das einzelne dieser Gattung selbst bezeichnet, z. B.: Mann, Frau, Tisch, Blume, Tier ○ Sprachwissenschaft)

Gattungsschuld//Speziesschuld, Stückschuld
(Rechtswesen)

Gattungsvermächtnis//Stückvermächtnis
(Rechtswesen)

Gaveston, Piers; ↑Eduard II.

gay//straight; ↑auch: heterosexuell
(homosexuell)

Gay//Straight; ↑auch: Heterosexueller
(Homosexueller)

gebadet//ungebadet
gebadet ins Bett gehen ○ *Da steht doch tatsächlich, frisch gebadet im Bergsee, Danjela, seine Schulliebe, vor ihm.* (Leipziger Volkszeitung 13. 2. 2015)

gebahnt//ungebahnt
gebahnte Wege ○ *Momentan erzählt sie vor allem solche über den Winter, wählt aber je nach Anlass aus: etwa Märchen über Musik, über „gebahnte und ungebahnte Wege" oder ... über Geld.* (Berliner Morgenpost 23. 12. 2002)

gebären//geboren werden
die Mutter gebar das Kind ○ *Sie soll seinen Nachfolger gebären. Als im Laufe der Jahre zwei Töchter geboren werden, interessiert sich der kalte Machtmann nur noch für seine Hunde* (Leipziger Volkszeitung 28. 6. 2012)

gebären//zeugen
Ein Mann kann z. B. keine Kinder gebären, und eine Frau kann keine Kinder zeugen (Niederösterreichische Nachrichten 4. 7. 2013)

Gebärende; ↑Erstgebärende, Mehrgebärende, Multipara, Nullipara, Primipara, Sekundipara

geben//bekommen
die Mutter gab ihm Geld ○ *Liebe geben* ○ *jemandem einen Tritt, einen Kuss geben* ○

Damit geben sie den beschäftigten Gärtnern Planungssicherheit und bekommen einen Anteil an den ökologisch produzierten Lebensmitteln (Rheinische Post 10. 2. 2018)

geben//nehmen
er gibt gern ○ *er gibt ihr das Geld, und sie nimmt es* ○ *Geben ist seliger als nehmen* (Bibel, Apostelgeschichte 20,35) ○ *Politik, das hatte Gauland schon in der CDU beobachtet, ist ein Geben und Nehmen* (Der Spiegel 7. 4. 2018) ○ *Fotografieren war für ihn ein Prozess, definiert durch das Miteinander von Künstler und Porträtiertem, ein Geben und Nehmen, immer von Neugier und Respekt geprägt.* (Der Spiegel 10. 2. 2018)

geben; ↑**Auskunft geben**

Gebende[r]//Nehmende[r]
sie ist Gebende und Nehmende zugleich ○ *Wir wissen aber auch, von welchen Rollenverteilungen sie getragen war: Liszt war der Gebende, Wagner der Nehmende.* (Neue Zürcher Zeitung 22. 10. 2011)

Geber//Nehmer
Jemand hätte auch sagen können, dass in der Regel weder der Geber noch der Nehmer Interesse am Bekanntwerden einer Parteispende (gehabt) hat. (Die Presse 11. 9. 2013)

...geber//...nehmer (Substantiv)
z. B. Arbeitgeber/Arbeitnehmer

Geberland//Empfängerland
Die Geberländer hätten kein Interesse, ihr Steueraufkommen zu steigern, weil sie Zuwächse großenteils abgeben müssten. Umgekehrt fehle der Anreiz für die Empfängerländer für mehr Steuereinnahmen aus eigener Kraft zu sorgen (Main-Taunus-Kurier 5. 1. 2011)

Geberland//Nehmerland
Beim letzten Mal zog sich das Gefeilsche zwischen Geber- und Nehmerländern ... über 29 Monate. (Der Spiegel 31. 3. 2018)

Gebersprache//Nehmersprache
die Gebersprache ist die Herkunftssprache (Sprachwissenschaft) ○ *Ein Lehnwort ist das Ergebnis einer sprachlichen Entlehnung, bei der ein Wort aus einer Sprache (Gebersprache, Quellsprache) in eine andere Sprache (Nehmersprache, Zielsprache) übernommen wird.* (Wikipedia)

gebeugt//ungebeugt
„gibt" ist eine gebeugte Form (Grammatik) ○ *Mochte der 72-jährige Dirigent auch vom Alter gebeugt sein (er dirigiert im Sitzen), sein Willen ist ungebeugt.* (Hannoversche Allgemeine 3. 9. 2007)

Gebietshoheit//Personalhoheit
(Rechtswesen)

Gebietskörperschaft//Personalkörperschaft
(Rechtswesen)

gebildet//ungebildet
ein gebildeter Mensch ○ *Auch Muslime tun Dinge, weil sie arm oder reich, gebildet oder ungebildet, mächtig oder unterdrückt sind, in der Stadt oder auf dem Land leben, weil ihre Eltern Akademiker, Arbeiter oder Bauern sind.* (Neue Zürcher Zeitung 6. 10. 2016)

Gebirge//Flachland
im Gebirge ○ *Grundsätzlich sind schwere Gewitter und Hagel im ganzen Land möglich. Etwas häufiger sind sie dort, wo das Gebirge ins Flachland übergeht* (Salzburger Nachrichten 7. 7. 2016)

Gebirgsstauchung//Gebirgsstreckung
(Bergbau)

Gebirgsstreckung//Gebirgsstauchung
(Bergbau)

geboren//ungeboren
auch das geborene, nicht nur das ungeborene Leben schützen ○ *Aber ist es christlich, geborene gegen ungeborene*

Kinder auszuspielen? (Die Zeit Christ und Welt 3. 6. 2015)

geboren werden//gebären
das Kind wurde geboren o Es geht um Kinder, die nicht geboren werden, und um Frauen, die nicht mehr gebären wollen. (Stuttgarter Nachrichten 4. 11. 2006)

geboren werden//sterben
Bertha wurde am 12. November 1898 geboren und starb am 4. Juni 1977 o in diesem Monat wurden 50 Kinder geboren, und 24 Menschen starben in der gleichen Zeit o ... einmal habe ich sogar in einem richtigen Großraum-OP operiert, da wurde geboren, gestorben, alles ging durcheinander ... (Wiesbadener Tagblatt 11. 11. 2017)

Gebot//Verbot
(Verkehrswesen) o Auch im Wahlkampf gibt es weder ein Gebot der Unvernunft noch ein Verbot des Lernens aus Fehlern. (Nürnberger Zeitung 5. 7. 2017)

Gebotsschild//Verbotsschild
(Verkehrswesen) o Aus Sicht des Bünder Rollstuhlfahrers könnte es etwas bringen, wenn aus dem Gebotsschild ein Verbotsschild gemacht wird, das auch für private Fläche verbindlich sei (Neue Westfälische 5. 8. 2010)

Gebotstafel//Verbotstafel
Ein bereits eingereichtes touristisches Folgeprojekt wird Markierungen und Gebotstafeln für Wanderer im Kerngebiet schaffen (Kleine Zeitung 17. 6. 2011)

Gebotszeichen//Verbotszeichen
(Verkehrswesen) o Zwei Anonymverfügungen erhielt ... ein Kärntner: 500 Schilling, weil er ... ein Gebotszeichen „Vorgeschriebene Fahrtrichtung rechts" nicht beachtet, sondern geradeaus gefahren sei. Weitere 800 Schilling, weil er zur selben Zeit das Verbotszeichen „Einfahrt verboten" nicht beachtet habe. (Kleine Zeitung 10. 10. 1996)

gebräuchlich//ungebräuchlich
ein gebräuchliches Wort o Da traditionell „TS" aber auch für „Turbine Steamer" steht, ist die Bezeichnung „TS" für die modernen Kreuzfahrtschiffe ... nicht gebräuchlich. Korrekt, aber im Alltag ebenfalls ziemlich ungebräuchlich, ist „GTS" für „Gas Turbine Ship". (Der Tagesspiegel 4. 3. 2012)

Gebrauchsgut//Verbrauchsgut
(Gegenstand mit längerer oder dauernder Nutzung, z. B. Spülmaschine o Wirtschaft)

Gebrauchsnorm//Lehrbuchnorm
(von der Lehrbuchnorm abweichende grammatikalische Norm in der Sprache des Alltags, z. B. der Gebrauch der Präpositionen pro, per mit dem Dativ statt mit dem Akkusativ: pro verkauftem Theaterplatz, per einstweiliger Verfügung)

gebraucht//neu
ein gebrauchtes Auto kaufen o gebrauchtes Spielzeug auf dem Flohmarkt kaufen o Und es war nicht mal gebraucht, sondern noch eingepackt und neu. (Westdeutsche Zeitung 6. 6. 2018)

gebraucht//ungebraucht
schon gebraucht o Auf einer Preisliste der Firma wird der Wert einer Fünf-Franken-Note aus dem Jahr 1914 z. B. gebraucht mit 100 Franken, wenig gebraucht mit 150 Franken und ungebraucht mit 300 Franken beziffert. (Basler Zeitung 13. 4. 2000)

Gebrauchtwagen//Neuwagen
Frauen legten für einen Gebrauchtwagen 2011 im Schnitt 7470 Euro und für einen Neuwagen 19 700 Euro auf den Tisch. (Mannheimer Morgen 19. 4. 2012)

gebrochen//fließend
sie sprach (nur) gebrochen Französisch o Während Garcia erst angefangen hat und nur gebrochen deutsch spricht, redet Katherin Oaiza bereits fließend. (Mittelbayerische Zeitung 22. 11. 2016)

gebrochene Farben//reine Farben
(Malerei)

gebrochener Rücken//gerader Rücken
beim gebrochenen Rücken bleibt der Buchdeckel beweglich (Buchbinderei)

gebührenfrei//gebührenpflichtig
gebührenfreie Zustellung ○ Der Sperrnotruf ist ständig erreichbar und innerhalb von Deutschland gebührenfrei, aus dem Ausland unter ++49 116 116 gebührenpflichtig. (Thüringische Landeszeitung 13. 7. 2006)

gebührenpflichtig//gebührenfrei
gebührenpflichtige Zustellung

gebunden//broschiert
ein gebundenes Buch ○ Was neudeutsch „Content" heißt, wird auch künftig das Buch ausmachen. Ob es nun gebunden vorliegt, broschiert, elektronisch – oder eben anders. (Stuttgarter Zeitung 22. 3. 2000)

gebunden//frei
gebundene (metrisch geregelte) Rede, Sprache

gebunden//ungebunden
er ist (noch) gebunden (an eine feste Partnerin) ○ Gegen diese Regelung klagte der Feuerwehrmann, scheiterte aber vor Gericht. Denn in der Bereitschaftszeit sei der Kläger zwar örtlich gebunden, ansonsten aber ungebunden in seiner Freizeitgestaltung (Westdeutsche Zeitung 23. 9. 2017)

...gebunden//...frei (Adjektiv)
z. B. zweckgebunden/zweckfrei

gebundenes Morphem//freies Morphem
(Sprachwissenschaft)

Geburt//Tod; ↑auch: von der Wiege bis zur Bahre
von der Geburt bis zum Tod ○ Geburt und Tod werden als Gegensätze wahrgenommen, und doch gehört beides zum Leben. (FOCUS 9. 12. 2017) ○ Die Bewegungen der Himmelskörper bestimmen das Dasein – von der Geburt bis zum Tod. (Der Spiegel 20. 7. 2019) ○ Cave sieht sein eigenes Leben als eine Art Roman, eingefasst zwischen zwei Buchdeckeln: Geburt und Tod. (Der Spiegel 29. 6. 2019)

Geburt//Todesfall
eine Geburt anmelden ○ „Von der Geburt bis zum Todesfall im Rettungswagen habe ich schon alles mitgemacht". (Nordkurier 10. 1. 2003)

Geburt; ↑Hausgeburt, Klinikgeburt

geburtenschwach//geburtenstark
In der Größe der Konfirmationsgruppe spiegeln sich geburtenschwache und geburtenstarke Jahrgänge (Gießener Anzeiger 28. 5. 2011)

geburtenstark//geburtenschwach

Geburtsadel//Verdienstadel
Aus der Seniorenredaktion Gedanken über Adelsgeschichten von Geldadel, Geistesadel und Geburtsadel (Thüringer Allgemeine 9. 5. 2018)

Geburtsfamilie//Fortpflanzungsfamilie
(Familie, in die man hineingeboren worden ist ○ Völkerkunde)

Geburtshelfer//Hebamme
(männliche Person, die bei einer Geburt hilft) ○ Bei der Entbindung sollten der Geburtshelfer als auch die Hebamme Personen des Vertrauens sein. (Schwäbische Zeitung 15. 5. 2012)

Geburtsort//Sterbeort
der Geburtsort von Tizian ist Pieve di Cadore ○ Eichstätt war der Geburtsort des Jesuitenpaters (1642–1704), Ellwangen der Sterbeort. (Schwäbische Zeitung 24. 10. 2016)

Geburtstag//Todestag, Sterbetag
sein Geburtstag war der 9. Mai 1880 ○ Sein Geburtstag ist arbeitsfrei, ebenso der Geburtstag seiner Mutter, der Todestag seines Vaters und auch der Tag sei-

ner Krönung. (Mannheimer Morgen 30. 4. 2018) ○ *Meine Kinder vergessen keinen Geburtstag oder Sterbetag. Wir haben kein Grab, trotzdem ist der Verstorbene oft unter uns.* (Braunschweiger Zeitung 25. 11. 2008)

Geburtszimmer//Sterbezimmer
das Geburtszimmer von Mozart ○ *Die Wohnräume samt Ausstattung sind noch sehr gut erhalten, darunter auch das Geburtszimmer von König Ludwig II.* (Mittelbayerische Zeitung 29. 6. 2017)

Gedächtnis; ↑**ein gutes Gedächtnis haben, Kurzzeitgedächtnis, Langzeitgedächtnis**

gedankenarm//gedankenreich
„Total Recall" ist natürlich keine Literatur im eigentlichen Sinne, eher ein Bodybildungsroman, anekdotenreich und gedankenarm, ein Vollgas-Drama in fünf Gängen. (Weltwoche 25. 10. 2012)

Gedankenarmut//Gedankenreichtum

gedankenreich//gedankenarm
Lenier erzählt aus seinem Leben spannend, locker, gedankenreich. (Nürnberger Zeitung 1. 11. 2018)

Gedankenreichtum//Gedankenarmut

gedankenvoll//tatenarm
tatenarm, aber gedankenvoll ○ *Herausragend gedankenvoll sind wir Deutschen nicht mehr, aber tatenarm – das sind wir wieder geworden.* (Hannoversche Allgemeine 10. 5. 2008)

gedeckt//ungedeckt
ein gedeckter Scheck ○ *es werden bestenfalls die Einkaufspreise der Veranstaltungen gedeckt. Personal-, Raum-, Werbe- und andere Kosten und Ausgaben bleiben ungedeckt.* (Kölner Stadtanzeiger 26. 1. 2007)

Gedeih; ↑**auf Gedeih und Verderb**

gedient//ungedient
(im Wehrdienst ausgebildet ○ Militär) ○ *In der wilhelminischen Gesellschaft, die den Mann nach „gedient" und „ungedient" unterschied, musste ein braver Bürger manchmal ausladend einherstolzierenden Offizieren in die Gosse ausweichen.* (Frankfurter Rundschau 3. 1. 2004)

Gedienter//Ungedienter
(jemand, der beim Militär gedient hat)

gedruckt//handschriftlich
der Aufsatz liegt gedruckt vor ○ *Er versammelt Porträtaufnahmen, Familienfotos, gedruckte und handschriftliche Texte, Briefe, Postkarten, Presseartikel.* (Neue Zürcher Zeitung 24. 5. 2014)

Geduld//Ungeduld
seine Geduld war groß ○ *In einem einigermaßen ausgefalteten Leben ist beides notwendig: Geduld und Ungeduld.* (Neue Kronen-Zeitung 14. 12. 2014)

geduldig//ungeduldig
geduldig sein ○ *geduldig warten* ○ *„Wer geduldig ist, der ist weise; wer aber ungeduldig ist, offenbart seine Torheit"* (Bibel, Sprüche Salomos 14,29)

geeignet//ungeeignet
zur Zucht geeignet ○ *geeignete Maßnahmen* ○ *er ist für diesen Posten geeignet*

Ge...e[r]//...ende[r]
z. B. *Geschlagene[r]/Schlagende[r]*

Geest//Marsch
(hoch gelegenes, trockenes Küstenland) ○ *Die heimische Flora ist artenreich, weil die Stadtfläche sehr unterschiedliche Lebensräume bietet: feuchte und trockene Wälder, sandige Geest und nährstoffreiche Marsch* (Hamburger Abendblatt 30. 1. 2014)

gefährlich//ungefährlich
ein gefährliches Unternehmen ○ *Fische können gefährliche Menschen von ungefährlichen unterscheiden ...* (Der Spiegel 7. 7. 2018)

Gefälle//Steigung
(bei einer Straße) ○ *Der neue Rundkurs hat 26 Prozent Gefälle und 21 Prozent Steigung.* (Rhein-Zeitung 4. 6. 2013)

gefallen//missfallen
ihre Äußerungen haben ihm gefallen ○ *der Vorschlag gefiel ihm* ○ *Die Freiheit der taz besteht auch darin, dass wir nicht jedem gefallen. Journalismus muss missfallen.* (taz 3. 6. 2017)

Gefallen, das//Missfallen
sein Gefallen zu erkennen geben ○ *Bei den Fotos der Stars bleibt sie hängen und tut ihr Gefallen oder Missfallen mit Kopfschütteln oder Nicken kund.* (Nürnberger Nachrichten 10. 3. 2018)

gefällig//ungefällig
sie ist sehr gefällig und hilft gern ○ *Hesses 'Stufen': gefällig in der Gestalt, in einem anmutigen Kostüm aus Rhythmus und Reim, doch sehr ungefällig und unbequem in der Unerbittlichkeit des Denkens.* (Stuttgarter Zeitung 9. 8. 2012)

gefälscht//echt
eine gefälschte Unterschrift ○ *Das eine ist berühmt, dürfte aber gefälscht sein. Das andere ist unbekannt, dafür echt.* (Tagesanzeiger 25. 2. 2017)

gefangen//frei
er ist noch immer gefangen ○ *Er blieb drei Jahre dort gefangen. Im Januar 1945 kam er aus nicht geklärten Gründen frei und wurde zum Kampf an der Front eingesetzt* (Neue Westfälische 29. 7. 2016)

Gefangenschaft//Freiheit
das Leben in Gefangenschaft ○ *Er meint, Krähen werden in Gefangenschaft älter als in Freiheit – 30 bis 40 Jahre – und würden als Paar fast monogam leben.* (taz 27. 8. 2016)

Gefängnisstrafe//Geldstrafe
er hat eine Geldstrafe, aber keine Gefängnisstrafe bekommen ○ *Sturm droht eine Gefängnisstrafe von bis zu drei Jahren oder eine Geldstrafe.* (Berliner Morgenpost 8. 9. 2016)

gefärbt//ungefärbt
die Bonbons sind gefärbt ○ *Vom gewebten Leinenstoff, gefärbt und ungefärbt, wurden Kleider, Hemden und Hosen zugeschnitten und genäht.* (Schweriner Volkszeitung 17. 6. 2011)

gefäßerweiternd//gefäßverengend
gefäßerweiternde Mittel (Medizin)

gefäßverengend//gefäßerweiternd
gefäßverengende Mittel (Medizin)

Gefechtseinheit//Versorgungseinheit
(Militär)

Gefechtsmunition//Exerziermunition, Manövermunition
Die Maschinengewehre werden mit Gefechtsmunition geladen. (Stuttgarter Nachrichten 15. 9. 2012)

gefestigt//ungefestigt
eine gefestigte Persönlichkeit ○ *„Wir sind noch nicht so gefestigt", sagt Kramer. Das ist natürlich fein, wenn man ungefestigt eine solche Bilanz erreicht.* (Süddeutsche Zeitung 19. 8. 2013)

Gefolterte[r]//Folterer

geformt//ungeformt
Auch das eines meiner liebsten Bücher, jenes grosse und vielleicht unförmige Gefäss, in dem alles, was Leben ist, geformt oder ungeformt, Platz hat (Neue Zürcher Zeitung 2. 11. 2002)

gefreut//ungefreut
eine gefreute (angenehme) Sache (schweizerisch) ○ *Der traditionelle Wandertag war eine gefreute Sache.* (St. Galler Tagblatt 25. 9. 2012)

Gefrierpunkt//Siedepunkt
der Gefrierpunkt von Wasser liegt bei 0 Grad Celsius

gefrühstückt; ↑[schon] gefrühstückt haben

Gefühlsmensch//Verstandesmensch
er ist ein Gefühlsmensch ○ Der Willy sei halt „ein Gefühlsmensch, kein Verstandesmensch" gewesen und hätte bei „den Anlagen, die er besaß, genauso gut Künstler werden können". (Der Spiegel 18. 8. 2008)

Gefühlsmoral//Reflexionsmoral
(Philosophie)

gefühlt//real, tatsächlich
die gefühlte Temperatur ○ „Nicht nur, dass die gefühlte und die reale Gefahr immer weiter auseinandergehen" ... (Der Spiegel 5. 5. 2018) ○ Muss eine gefühlte Gefahr genauso ernst genommen werden wie eine tatsächliche? (Der Spiegel 26. 1. 2019)

Geführte[r]//Führer[in], Führende[r]

geführt werden//führen
wer den Sachverstand seiner Fachleute nicht beurteilen kann, wird von seinen Mitarbeitern manipuliert und benutzt ○ er führt nicht, er wird geführt

gefüllt//einfach
gefüllte Blüten, Nelken

gefüllt//ungefüllt
gefüllte Ostereier ○ Die Blüten können gefüllt oder ungefüllt, flach oder kugelig sein, wobei die ungefüllten Blüten frosthärter sind. (Braunschweiger Zeitung 13. 10. 2011)

gefütterter Briefumschlag//einfacher Briefumschlag

gegeben//gesucht
eine gegebene Größe (Mathematik)

gegen//für; ↑auch: Daumen hoch, pro
sie stimmte gegen den Antrag ○ Sie protestieren gegen die korrupte Regierung und für einen EU-Beitritt (FOCUS 1. 12. 2018)

gegen//mit
gegen die Strömung schwimmen ○ gegen den Wind ○ Die Heinz-Sielmann-Stiftung folgt bei der Umsetzung des Projektes ihrem Ansatz, Naturschutz nicht gegen, sondern mit den Menschen zu planen und zu betreiben. (Thüringische Landeszeitung 7. 12. 2010)

Gegen...//... (Substantiv)
z. B. Gegenargument/Argument

Gegen...//eigen...
ein Fehler der Gegenspieler ○ die Gegenpartei und nicht die eigene Partei war daran schuld

Gegenansage//Ansage
(Kartenspiel)

Gegenargument//Argument
Argumente und Gegenargumente wurden vorgebracht ○ Das ... als Gegenargument ins Treffen geführte Argument der steuernden Wirkung sei ohnedies nicht schlagkräftig (Der Standard 5. 8. 2015)

Gegenattacke//Attacke

Gegenbefehl//Befehl
Als der russische Zar ... die Mobilmachung befahl, zerstörte der Generalstabschef daraufhin sein Telefon. Damit wollte er erreichen, dass ihn ein eventueller Gegenbefehl nicht so schnell erreichte und es keinen Ausweg mehr gab. (Tiroler Tageszeitung 13. 2. 2014)

Gegenbehauptung//Behauptung

Gegenbeweis//Hauptbeweis
(Rechtswesen)

Gegendrohung//Drohung
Es sei notwendig, „den Antagonismus von Provokation und Gegenprovokation ... Drohung und Gegendrohung, von Sanktionen und Gegensanktionen zu durchbrechen" ... (Der Spiegel 5. 5. 2018)

Gegensanktion//Sanktion
Die Wirtschaftssanktionen des Westens gegen Russland – und Russlands Gegensanktionen – bestehen gleichzeitig weiter. Insgesamt fügen diese Sanktionen

der russischen Wirtschaft kaum Schaden zu. (Berliner Zeitung 13. 10. 2017)

Gegendruck//Druck
»Druck erzeugt Gegendruck und auf Druck geht beim Esel nix.« (Westfalen-Blatt 19. 5. 2010)

gegen Entgelt//unentgeltlich
diese Formulare bekommen Sie nur gegen Entgelt ○ Das gilt unabhängig davon, ob die Helfer kurz- oder langfristig, gegen Entgelt oder unentgeltlich beschäftigt werden. (Westdeutsche Zeitung 24. 3. 2018)

gegengeschlechtlich//gleichgeschlechtlich; ↑auch: homosexuell
gegengeschlechtliche Kontakte

Gegengift//Gift; ↑auch: Toxin
Dennoch ist genau dieses kommentierte, wissenschaftlich auf hohem Niveau edierte Buch wirklich eher ein Gegengift und nicht das Gift selbst. (Süddeutsche Zeitung 30. 4. 2016)

Gegenkandidat//Kandidat
Bürgermeister ohne Gegenkandidat? ... Amtsinhaber Mario Loskill ist möglicherweise einziger Kandidat bei der Bürgermeisterwahl im Mai. (Kölnische Rundschau 30. 1. 2014)

Gegenkathete//Ankathete
(im rechtwinkligen Dreieck die Kathete, die einem spitzen Winkel gegenüberliegt ○ Geometrie)

Gegenkönig//König
(König, der von der Gegenpartei eingesetzt worden ist) ○ Zehn Jahre dauerte die Auseinandersetzung von König Lothar III. mit den staufischen Brüdern Friedrich II. von Schwaben und Konrad, der sich sogar zum Gegenkönig erheben ließ und in Monza die Erhebung zum italienischen König erreichte. (Braunschweiger Zeitung 9. 6. 2009)

Gegenkultur//Kultur
(Kultur, die sich bewusst gegen manche Erscheinungen der üblichen Kultur stellt und eigene Vorstellungen verwirklicht) ○ Das Verstummen der Gegenkultur hat System. Berlusconi kontrolliert, seis als Politiker, seis als Unternehmer, Medien und Kultur vollends. (Berner Zeitung 27. 9. 2003)

Gegenmaßnahme//Maßnahme
Gegenmaßnahmen ergreifen ○ „Welche Gegenmaßnahme ist geplant? Die Maßnahme zur Behebung des Problems besteht darin, ein präzise gefertigtes Distanzstück in das Bauteil einzusetzen. (Niederösterreichische Nachrichten 9. 2. 2010)

Gegenpapst//Papst
(Papst, der von der Gegenpartei eingesetzt worden ist) ○ Niemand wusste, welcher der rechtmäßige und welcher der Gegenpapst war. Jeder Papst ernannte und bestätigte seine Leute (Westfalen-Blatt 9. 10. 2010)

Gegenprovokation//Provokation
In seinen Augen dürfte der jüngste Bombentest auch eine Gegenprovokation auf das Muskelspiel der US-Armee entlang der innerkoreanischen Grenze sein. Und so wird es weitergehen: im Patt von Provokation und Gegenprovokation. (Tagesanzeiger 7. 1. 2016)

Gegenreaktion//Reaktion
auf seine Reaktion erfolgte die Gegenreaktion ○ Ist das auch eine Gegenreaktion auf die Globalisierung? Ich denke, es ist eher eine Reaktion auf Alltagserfahrungen. (Süddeutsche Zeitung 8. 9. 2018)

Gegenrede//Rede
(Rede, die den in einer anderen Rede geäußerten Ansichten widerspricht) ○ Jean Ziegler ...wird am 27. Juli keine 'Gegenrede' zur offiziellen Rede von Joachim Gauck halten. (Kleine Zeitung 1. 7. 2011)

Gegenrevolution//Revolution

gegenständlich//ungegenständlich; ↑auch: abstrakt
sie malt gegenständlich ○ „Ich bringe es fertig, ... gänzlich gegenständlich und

doch ungegenständlich zu malen" (Nürnberger Nachrichten 13. 10. 2014)

gegenständliche Kunst//abstrakte Kunst

gegenständliche Malerei//abstrakte Malerei

Gegenterror//Terror
Terror erzeugt Gegenterror erzeugt Terror ... (Der Tagesspiegel 28. 8. 2001)

Gegenübertragung//Übertragung
(Psychologie)

Gegenvorschlag//Vorschlag
einen Gegenvorschlag machen ○ Wie die griechische Regierung ausstreut, besteht diese Lösung aus einem Gegenvorschlag Griechenlands zum Vorschlag der Gläubigerinstitutionen. (Die Presse 22. 6. 2015)

Gegenwart//Vergangenheit
von der Gegenwart einen Blick zurück in die Vergangenheit und dann einen Blick nach vorn in die Zukunft ○ Wer sich in der Gegenwart verloren fühlt, sucht Trost in der Vergangenheit. (St. Galler Tagblatt 20. 8. 2019)

Gegenwart//Zukunft
Das sollte uns Zuversicht und Selbstbewusstsein in Gegenwart wie Zukunft geben. (FOCUS 2. 10. 2015)

gegenwärtig//künftig, zukünftig
die gegenwärtigen Verhältnisse ○ Und das was gegenwärtig passiert, sorgt zukünftig dafür, dass diese Kirche noch lange Jahre Menschen eben eine Heimat sein kann. (Schweriner Volkszeitung 8. 2. 2012)

gegenwartsorientiert//zukunftsorientiert
Dabei kann Zeitgeschichte gegenwartsorientiert sein und fragen, welche Erfahrungswerte und Perspektiven sie bietet. (Die Presse 10. 1. 2006)

Gegenwind//Rückenwind
bei Gegenwind fährt es sich schwer auf dem Rad ○ „Es gelang uns, den Gegenwind in einen Rückenwind umzuwandeln" (Der Standard 9. 12. 2013)

gegerbt//ungegerbt
gegerbtes Leder

gegessen; ↑schon gegessen haben

Gegner//Anhänger
er war weder Anhänger noch Gegner des Regimes ○ Auf der Straße sind sowohl rigorose Gegner des Mullah-Regimes als auch Anhänger des gemäßigten Präsidenten (Hamburger Morgenpost 2. 1. 2018)

Gegner//Befürworter
es gibt Befürworter und Gegner der Reform ○ Wie versuchen Gegner und Befürworter einander noch zu überzeugen? (Die Zeit 1. 3. 2018)

...gegner//...freund
Von dort rief er im Vorjahr zum Sturz von Putin auf und arbeitete mit dem vergifteten Putin-Gegner Alexander Litwinenko zusammen. Derselbe Beresowski hat Putin-Freund Abramowitsch im Jahr 1992 „hoch" gebracht. (Die Presse 13. 10. 2007)

Gegner//Fürsprecher
Die Befürworter, die vor allem aus den Reihen der regierenden ÖVP kommen, und die Gegner, die in der oppositionellen SPÖ einen Fürsprecher fanden, sind vom Wahlausgang gleichermaßen überrascht. (Niederösterreichische Nachrichten 3. 1. 2013)

Gegner; ↑Angstgegner, Wunschgegner

geheim//offen
sie haben geheim darüber abgestimmt ○ Eine Rolle dürfte spielen, ob die Abstimmung geheim ist oder offen. (Tagesanzeiger 23. 5. 2018)

Geheimnis; ↑ein Geheimnis hüten, ein Geheimnis lüften

Geheimtext//Klartext
In der langen Geschichte der Kryptologie sei nie jemand auf die Idee gekommen,

dass der Schlüssel, mit dem der Klartext in Geheimtext umgewandelt wird, etwas anderes sein könne als der Schlüssel, mit dem aus dem Geheimtext wieder der Klartext hergestellt wird. (Neue Zürcher Zeitung 3. 10. 2003)

geheizt//ungeheizt
ein geheiztes Zimmer ○ *In der Stadt bleiben die Werktätigen so lange wie möglich an ihrem Arbeitsplatz – falls dieser geheizt ist. Oft bleiben auch Fabriken und Büros ungeheizt.* (Neue Zürcher Zeitung am Sonntag 12. 11. 2006)

gehen//bleiben
geht er (schon), oder bleibt er (noch)? ○ *Ausgerechnet Johnson, der sich lange nicht mal entscheiden konnte, ob er für oder gegen den EU-Austritt sein würde, der ... zwei Zeitungskolumnen vorbereitet hatte, eine fürs Gehen und eine fürs Bleiben ...* (Der Spiegel 20. 7. 2019)

gehen//fahren
das Stückchen zum Bahnhof kannst du gehen, du brauchst nicht (mit dem Taxi) zu fahren ○ *Gemeinsam gehen sie wieder zur S-Bahn, fahren ein paar Stationen.* (Der Tagesspiegel 9. 11. 2016)

gehen//kommen
sie ist um 20 Uhr gegangen ○ *wohin gehst du?* ○ *als Erster kommen und als Letzter gehen* ○ *Im Dorf ging man ihm jetzt aus dem Weg. Stattdessen kam öfter die Polizei.* (Berliner Morgenpost 31. 7. 2019) ○ *Krisen kommen, Krisen gehen.* (Der Spiegel 12. 5. 2018)

gehen//laufen
(zu Fuß gehen) ○ *Du kannst doch (langsam) gehen, du musst nicht laufen* (bes. österreichisch)

gehen//stehen[bleiben]
Die Paradigmen des Uhrmacherhandwerks scheren mich keinen Deut. Hauptsache, die Uhr geht wieder. (Salzburger Nachrichten 21. 6. 2994)

gehen; ↑**an Bord gehen, bei jemandem aus und ein gehen, von Bord gehen, zu Fuß gehen**

Gehen; ↑**Kommen und Gehen**

gehen in//kommen aus
in das Haus gehen ○ *er geht in den Keller* ○ *er geht in die Schweiz* (zieht dorthin um) ○ *Mehr als jeder zehnte Güterwaggon geht in den Hafen oder kommt aus ihm.* (Hamburger Abendblatt 21. 12. 2006)

gehenlassen, sich//sich zusammennehmen
er lässt sich gehen ○ *Und man sollte für den Partner attraktiv bleiben, sich nicht gehenlassen.* (Südkurier 16. 4. 2018)

gehen nach//kommen aus
er geht nach Deutschland (wird dorthin übersiedeln) ○ *Der eine geht nach Rheinland-Pfalz, der andere kommt aus Rheinland-Pfalz: Die evangelische Kirchengemeinde in Lorsbach hat derzeit regen Austausch mit dem Nachbar-Bundesland.* (Wiesbadener Kurier 3. 2. 2001)

gehen zu//kommen von
er geht zu ihr ○ *Kinderbilder sind einmalig, berührend und bunt. Sie gehen zu Herzen, denn sie kommen von Herzen.* (Hamburger Abendblatt 20. 10. 2018)

Gehör; ↑**absolutes Gehör, relatives Gehör**

gehorchen//befehlen
er befahl, und die anderen mussten gehorchen ○ *„Wir werden lernen müssen zu gehorchen, wo wir zu befehlen gewohnt waren"* (Oberösterreichische Nachrichten 20. 6. 2011)

gehörlos//hörend
In seine Klasse gehen zehn Schüler, zwei sind hörend, fünf gehörgeschädigt und drei gehörlos. (Nürnberger Nachrichten 3. 8. 2018)

gehorsam//ungehorsam
gehorsame Kinder ○ *„Wir sind Gott und unserem Gewissen gehorsam. Wir sind*

*ungehorsam gegenüber einer Kirchenordnung, die in einer ganzen Reihe von Punkten geändert gehört." (Die Presse 6. 4. 2012)

Gehorsam//Ungehorsam
Gehorsam wird gefordert ○ *Neben dem Soldatenalltag geht es um Fragen von Frieden und Militarisierung, von Gehorsam und Ungehorsam, von Rübermachen oder Dableiben.* (Rhein-Zeitung 28. 10. 2014)

gehört//gelesen
eine gehörte Äußerung ○ *Schneidet man bei der OP in jene Bereiche, die für die Aufmerksamkeit zuständig sind, könnte das etwa bedeuten, dass ein Patient danach zwar gehörte Sprache verarbeiten kann, gelesene aber nicht mehr.* (Die Presse 9. 3. 2014)

Gehweg//Fahrbahn, Damm (nordostdeutsch)
der Radfahrer fuhr auf dem Gehweg ○ *Er war vom Gehweg aus auf die Fahrbahn gefahren, um die Straße zu überqueren.* (Berliner Zeitung 25. 7. 2018) ○ *Sandwege oder ständig wechselndes Pflaster auf dem Gehweg, alte Baustraßenplatten auf dem Damm – weder für Fußgänger noch für Autos gibt es ebene Bahnen auf dieser Strecke.* (Nordkurier 10. 3. 2011)

Gehsteig//Fahrbahn
Der Rollstuhlfahrer sei, da es keinen Gehsteig gab, auch berechtigt gewesen, die Fahrbahn zu nehmen (Die Presse 9. 4. 2018)

geil//ungeil
geile (besonders gut aussehende und gefallende) *Kleidung* (Jugendsprache) ○ *„Die Idee ist zwar geil, aber die Plakate sind ungeil", kommentiert er.* (Die Presse 3. 3. 2006)

Geisel//Geiselnehmer
die Geiselnehmer behandelten ihre Geiseln korrekt ○ *Am Morgen des 18. Oktober 1977 erstürmt die GSG 9 die Maschine: Keine Geisel wird verletzt,*

drei Geiselnehmer sterben (Nordkurier 16. 2. 2017)

Geiselnehmer//Geisel
die Geiselnehmer behandelten ihre Geiseln korrekt

Geiß//Geißbock
(weibliche Ziege ○ süddeutsch, schweizerisch, österreichisch) ○ *Die Überraschung war vollends gelungen, als die Freunde ... mit einer trächtigen Geiß und einem ausgewachsenen Geißbock aus dem Zillertal als Geburtstagsgeschenk, aufmarschierten.* (Neue Kronen-Zeitung 13. 2. 2011)

Geiß//Rehbock
(weibliches Reh ○ Jägersprache) ○ *Hört man hingegen ein Fiepen, also einen eher schrillen Ton, so lässt dies darauf schließen, dass z. B. eine Geiß einen Rehbock anlockt.* (Neues Volksblatt 28. 8. 2018)

Geißbock//Geiß
(männliche Ziege)

Geißkalb//Bockkalb
(junges weibliches Tier)

Geißkitz//Bockkitz
(junges weibliches Reh ○ junge weibliche Ziege)

Geist//Buchstabe
nach dem Geist und nicht nach dem Buchstaben ○ *Es heißt ja zu Recht: Der Geist ist es, der lebendig macht, der Buchstabe hingegen tötet.* (Salzburger Nachrichten 21. 7. 2018)

Geist//Körper
Geist und Körper bilden eine Einheit ○ *Das Training ist vorwiegend auf die Schulung von Geist und Körper ausgerichtet.* (Mannheimer Morgen 7. 11. 2018)

Geist//Kultur
Genau das trifft den Geist des Festivals und die Kultur unserer Stadt. (Kölner Stadtanzeiger 11. 5. 2013)

Geist//Leben
Narziß und Goldmund verkörpern die Konfrontation zwischen Geist und Leben ○ Mit dieser Aktion wolle man dazu beitragen, dass ... die Wurzeln des Christentums neu entdeckt und der Geist des Christentums neu zum Leben erweckt werden (Rheinische Post 31. 1. 2013)

Geist//Materie
Wenn das Ich als chemisch reguliertes Wesen begriffen werden kann, stellt das die Frage nach dem Verhältnis von Geist und Materie in neuer Weise. (Der Standard 19. 3. 2014)

Geist//Natur
Der menschliche Geist hat die Natur stets angefeindet, fast bekriegt. (Der Standard 8. 1. 2008)

Geist//Seele
der Geist als Widersacher der Seele (Klages) ○ Doch die Geschichte liegt dem modernen Menschen nicht nur auf der Zunge. Sie hat sich in seinen Geist und seine Seele eingeprägt; sie bestimmt sein Denken und Handeln. (Neue Zürcher Zeitung 30. 1. 2018)

Geist; ↑**der Geist ist willig**

Geisteswissenschaft//Naturwissenschaft
(z. B. Germanistik)

geisteswissenschaftlich//naturwissenschaftlich
Nietzsche war es offenkundig egal, ob man eine geisteswissenschaftlich „verstehende" oder eine naturwissenschaftlich „erklärende" Methode wählt. (Berliner Morgenpost 25. 8. 2000)

geistig//körperlich
sie ist geistig und körperlich fit ○ der Unterschied zwischen geistiger und körperlicher Arbeit ○ Denn das Stricken und Häkeln hält nicht nur geistig und körperlich fit, es sorgt außerdem für viel Gesprächsstoff. (Märkische Allgemeine 22. 1. 2018)

geistig//materiell
geistige Interessen ○ Das, was das Digitale besser machen könnte, nämlich geistig zu wachsen, aber materiell zu schrumpfen ... – unsere wachsenden Ansprüche und das stetige Wachstum machen diese technologischen Fortschritte wieder zunichte. (Der Standard 27. 6. 2015)

geistlich//weltlich
ein geistliches Amt ○ geistlicher Besitz ○ geistliche Lyrik ○ geistliche Lieder ○ Und schon um das Jahr 500 behauptete Papst Gelasius I., die geistliche Macht sei der weltlichen übergeordnet. (Der Spiegel 19. 5. 2018)

Geistlicher//Laie
(Kirche) ○ Solange kein Urteil vorliegt, sollte kein Mensch, ob Geistlicher oder Laie, vorverurteilt werden. (Saarbrücker Zeitung 25. 8. 2012)

Geistlichkeit//Laienstand
(Kirche) ○ Das Belgrader Patriarchat hatte der makedonischen Kirchenführung ein bereits abgelaufenes Ultimatum gestellt, die Abspaltung zu beenden, anderenfalls Sanktionen wie die Amtsenthebung der makedonischen Geistlichkeit und ihre Rückversetzung in den Laienstand unvermeidlich seien. (Salzburger Nachrichten 29. 10. 1994)

geistlos//geistreich, geistvoll
geistlose Bemerkungen ○ Ich brauche es gegen das geistlose Gebrüll des Kasernenhofs und das geistreiche Geschwätz der Mitläufer. (Westfalen-Blatt 9. 3. 2013) ○ Aber irgendwie ist doch alles geistlos. Wie müsste es denn sein, um geistvoll zu sein, erkundigte ich mich. (Süddeutsche Zeitung 10. 5. 2008)

geistreich//geistlos
eine geistreiche Bemerkung ○ Widmer-Schlumpf beschenkte Maurer überdies mit einem Exemplar des Werkes «Geld

und Geist» von Jeremias Gotthelf, auf dass er sich als Finanzminister stets bewusst sei, dass «geistreich und mittellos» ebenso wenig wünschenswert sei wie «steinreich und geistlos». (Neue Zürcher Zeitung 24. 12. 2015)

geistvoll//geistlos
geistvolle Bemerkungen

Geizhals//Verschwender
Geizhälse und Verschwender (Hörzu 38/1998)

Gejagte[r]//Jagende[r], Jäger[in]
Als Gejagter und Jagender, der jetzt selbst Vergeltung sucht, gerät er zum eigentlichen Star des Abschiedsfilms. (Stuttgarter Zeitung 6. 9. 2010) ○ *Als auf Schritt und Tritt von Fans, Autogrammjägern und Paparazzi Gejagter hat er den Spieß umgedreht – und die Jäger kurzerhand mit den eigenen Waffen geschlagen.* (Tiroler Tageszeitung 11. 8. 2015)

geklärt//ungeklärt
geklärte Fälle ○ *wie es zu dem Unfall kam, ist bereits geklärt* ○ *Schon der Terminus Aufklärung legt nahe, dass jetzt geklärt ist, was vorher ungeklärt in der Gesellschaft nistete und sein Unwesen trieb.* (Die Presse 6. 11. 2010)

gekocht//roh
gekochtes Gemüse ○ *gekochter Schinken* ○ *Fenchel kann sowohl gekocht, gedünstet oder roh genossen werden.* (St. Galler Tagblatt 5. 8. 2017)

gekrönt//ungekrönt
gekrönte Häupter ○ *Auch Weinmajestäten und Winzer des Jahres 2030 nahmen am Festumzug teil, zu dem sich gekrönte und ungekrönte Prominenz traf.* (Rhein-Zeitung 1. 9. 2015)

gekündigt werden//kündigen
mir ist nicht gekündigt worden, ich habe selbst gekündigt ○ *Nach 33 Jahren bei derselben Firma war ihr gekündigt worden* (Die Zeit 30. 7. 2015)

gekünstelt//ungekünstelt
sie spricht gekünstelt ○ *Ágota Kristófs diskreter Tod in Neuchâtel ... beschließt ein Leben, das so wenig gekünstelt war wie ihre Texte. Ágota Kristóf war so ungekünstelt wie ihr Werk.* (Süddeutsche Zeitung 29. 7. 2011)

gekürzt//ungekürzt
eine gekürzte Ausgabe des Romans in Reader's Auswahlbüchern ○ *Wie fast alle Verlage bietet der Audio Verlag seine Hörbücher auch zum mp3-Download an, gekürzt und ungekürzt* (taz 6. 12. 2014)

geladen//ungeladen
ein geladenes Gewehr ○ *geladene Gäste* ○ *«Eine Waffe gilt als geladen, bis man sich davon überzeugt, dass sie ungeladen ist.» Dies pauke er den Jungen in den Vereinen immer und immer wieder ein.* (St. Galler Tagblatt 8. 12. 2011)

Gelassenheit//Aufgeregtheit
ihre Gelassenheit hat ihm imponiert

Gelbei//Weißei; ↑auch: Eiklar, Eiweiß
Das Gelbei können Sie Ihrem Hund füttern, es ist nicht gesund für die Menschen. (Berliner Morgenpost 2. 5. 2007)

Gelbgold//Weißgold
(Juwelier)

Geld; ↑Bargeld, Cyber money, elektronisches Geld, großes Geld, Hartgeld, Kleingeld, Papiergeld

Geldbuße//Geldentschädigung
Den meisten Medizinern konnte die Beihilfe jedoch nicht nachgewiesen werden; einige kamen mit einer Geldbuße davon. (Die Zeit 7. 9. 2017)

Geldeinkommen//Naturaleinkommen
(Wirtschaft)

Geldeinlage//Sacheinlage
(Wirtschaft)

Geldempfänger//Geldgeber
Genau so eine Aussage hat der Münchner Staatsanwaltschaft noch gefehlt, um

nach dem Ex-Staatsbanker, dem Geldempfänger, nun auch den Formel-1-Chef, den Geldgeber, vor Gericht zu bringen. (Süddeutsche Zeitung 26. 9. 2012)

Geldentschädigung//Geldbuße
Wer aus Platzgründen nicht an Bord eines Flugzeuges kommt, bekommt eine saftige Geldentschädigung. (Die Presse 17. 12. 2007)

Geldgewinn//Sachgewinn
es werden Geldgewinne und Sachgewinne verlost

Geldgeber//Geldempfänger
„ ... ein Symbol für die weltweite Entwicklungshilfe, die zwar oft Geldgeber und -empfänger zufriedenstellt, aber sonst wirkungslos ist." (Der Spiegel 27. 10. 2018)

Geldkapital//Realkapital

Geldkurs//Briefkurs
(Börse)

Geldpreis//Sachpreis
(Gewinn – bei einem Spiel o. Ä. –, der in einer Geldsumme besteht)

Geldschein//Geldstück, Münze
im Portemonnaie sind zwei Fächer für Geldscheine o sein Abbild war auf jedem Geldschein, auf jeder Münze und Marke zu finden (Die Presse 16. 1. 2016) o Dazu kommt, dass der Kunde auch über die gefragten Geldscheine oder Geldstücke verfügen muss. Der Service vom Schalterangestellten zum Kunden ist durch nichts zu ersetzen. (Westdeutsche Zeitung 12. 7. 2014)

Geldstrafe//Gefängnisstrafe, Haftstrafe
er hat eine Geldstrafe bekommen o Bei einer Verurteilung wegen Untreue nach § 266 Strafgesetzbuch droht den Betroffenen eine empfindliche Geldstrafe oder eine Haftstrafe von bis zu fünf Jahren. (Hamburger Morgenpost 7. 4. 2018) o «Eine Geldstrafe oder eine bedingte Gefängnisstrafe dürfte die wenigsten Pädosexuellen davon abhalten, erneut Kinder zu kontaktieren» (Tagesanzeiger 8. 4. 2014)

Geldstück//[Geld]schein; ↑auch: Papiergeld
Viele Menschen haben sich zur Erinnerung die alten Geldstücke und Geldscheine aufgehoben. (Thüringische Landeszeitung 4. 11. 2010)

Geldwirtschaft//Naturalwirtschaft

gelebt werden//leben
sie wird gelebt, lebt gar nicht selbst o Der Glaube kann nicht theoretisch, sondern nur praktisch gelebt werden. Wie leben Sie Ihren Glauben? (Neue Westfälische 13. 10. 2016)

gelegen//ungelegen
der Vorschlag kam (ihm) gelegen o Der Churer Bischof steht in der Brandung und verkündet das Wort – sei es gelegen oder ungelegen. (Tagesanzeiger 8. 8. 2015)

Gelegenheits...//Gewohnheits... (Substantiv)
z. B. Gelegenheitsraucher/Gewohnheitsraucher

Gelegenheitsraucher//Gewohnheitsraucher
Insbesondere Gelegenheitsraucher werden abgeschreckt, während sich Gewohnheitsraucher weniger beeindrucken lassen. (Frankfurter Rundschau 21. 5. 2016)

Gelehrte//Gelehrter
sie ist keine weltfremde Gelehrte

Gelehrter//Gelehrte
er ist ein über die Grenzen Europas bekannter Gelehrter

gelenkig//ungelenkig
er ist sehr gelenkig o Die Methode kann helfen, Rückenleiden und Gelenkschmerzen zu lindern, und hält den Körper auch ohne schmerzhafte Dehnungsübungen gelenkig. (FOCUS 5. 5. 2018)

Gelenkkette//Gliederkette
(Technik)

gelernt//ungelernt
ein gelernter Arbeiter, Verkäufer ○ Hafezi stellt aber klar: „Mitmachen kann jeder, gelernt oder ungelernt." (Mannheimer Morgen 31. 5. 2014)

gelesen//gehört
eine gelesene Äußerung ○ Es dürfen neue, schon gelesene oder auch gehörte Bücher aller Genres zum Tausch oder zum Kauf angeboten werden. (Nordkurier 20. 6. 2017)

geliebt//liebend
der geliebte Mann und die liebende Frau ○ „Ich werde wiederkommen, denn ich liebe es, bei euch zu sein, geliebt und liebend." (Main-Post 4. 12. 2009)

geliebt//ungeliebt
eine geliebte Beschäftigung ○ Eine Geschichte über geliebte und ungeliebte Ausländer und ein Land, das unterschätzt wird (Süddeutsche Zeitung 13. 7. 2017)

Geliebte//Liebhaber[in]
sie ist seine/ihre Geliebte ○ An seinem Grab streiten sich die Ehefrau, die Geliebte und der Liebhaber. (Süddeutsche Zeitung 30. 5. 2009)

Geliebter//Geliebte

Geliebte[r]//Liebende[r]
sie ist Geliebte und Liebende zugleich

geliebt werden//lieben
in ihrem Alter – glaubt sie – kann man noch lieben, aber nicht mehr geliebt werden ○ geliebt werden – welch ein Glück! ○ Sie lieben Vater und Mutter. Sie wollen von beiden geliebt werden, aber auch beide lieben dürfen. (Passauer Neue Presse 10. 7. 2014)

geliehen//eigen
das ist ein geliehenes Fahrrad ○ Damals war es noch ein geliehenes E-Mobil. Bald will die Gemeinde ein eigenes kaufen. (Haller Tagblatt 25. 10. 2013)

gelingen//misslingen; ↑auch: missraten
der Plan, der Versuch ist gelungen ○ Viele von ihnen sind staatenlos, und ob ihre Integration entweder einmal gelingen oder weiterhin misslingen wird, davon hängt auch das künftige Schicksal des Landes und seiner Hauptstadt ab. (Süddeutsche Zeitung 24. 2. 2004)

gelingen//scheitern
wir sind mehrmals gescheitert, doch letztlich ist der Ansturm auf den Gipfel gelungen

gelogen; ↑das ist gelogen

gelöst//ungelöst
gelöste Probleme ○ Großer Phantasie bedarf es nicht, um dahinter die Angela Merkel zu entdecken, die über Niederlagen genauso wenig reden mag wie über Konflikte, gelöst oder ungelöst. (Süddeutsche Zeitung 18. 2. 2009)

gelten//verfallen
die Fahrkarte gilt (noch) ○ Kino-Gutscheine, die nicht für einen bestimmten Film gelten, verfallen dagegen ... nicht vor Ablauf von zwei Jahren (Thüringische Landeszeitung 2. 1. 2009)

gemacht bekommen//selber machen
das Bett gemacht bekommen ○ Meine Mutter fragte ihn, ob er ein Brot gemacht bekommen möchte (Berliner Morgenpost 24. 5. 2006)

gemahlen//ganz
Anis gemahlen (nicht mehr in Körnern, als Gewürz)

gemahlen//ungemahlen
gemahlener Kaffee ○ Der Kaffee ist gemahlen und ungemahlen zu bekommen, Schonkaffee genauso wie Espresso. (Wiesbadener Tagblatt 3. 11. 2003)

gemäß; ↑verfassungsgemäß

...gemäß//...widrig (Adjektiv)
z. B. *ordnungsgemäß/ordnungswidrig*

Gemeindehelfer//Gemeindeschwester;
↑auch: **Diakonissin**

Gemeindeschwester//Gemeindehelfer;
↑auch: **Diakon**

Gemeine, der//Versal; ↑auch: **Großbuchstabe, Majuskel**
(Buchdruck)

Gemeineigentum//Privateigentum
Ist das Meer Gemeineigentum der Menschheit oder ist es Privateigentum einzelner Länder? (Südkurier 21. 11. 2016)

gemeines Recht//partikulares Recht
(allgemein geltendes Recht ○ Rechtswesen)

Gemeingebrauch//Sondernutzung
(Rechtswesen)

Gemeinjahr//Schaltjahr
(übliches Jahr mit 365 Tagen)

Gemeinkosten//Einzelkosten
(Abschreibungen u. a. ○ Wirtschaft)

Gemeinnutz//Eigennutz
„Gemeinnutz geht vor Eigennutz" (Rechtsgrundsatz, urspr. von Montesquieu in „Vom Geist der Gesetze" 1748, später auch bes. von den Nationalsozialisten verwendet)

gemeinsam//einzeln
wir werden gemeinsam dorthin gehen ○ Wenn Tiere beispielsweise gemeinsam für ihren Nachwuchs sorgen, können die Mütter einzeln auf Futtersuche gehen. (Die Zeit 31. 12. 2009)

gemeinsam//getrennt
gemeinsam spielen und getrennt lernen ○ Darin zeichnet er das Heranwachsen des sechsjährigen Mason nach, gemeinsam mit Schwester, Mutter und getrennt lebendem Vater. (FOCUS 2. 6. 2014)

gemeinsam//alleinig
gemeinsames Sorgerecht (bei Kindern geschiedener Eltern)

Gemeinsamkeiten//Unterschiede
Gemeinsamkeiten zwischen zwei Sprachen ○ Neben den Gemeinsamkeiten gibt es freilich auch Unterschiede. (Neue Zürcher Zeitung am Sonntag 20. 10. 2013)

Gemeinschaftsbeichte//Ohrenbeichte
(katholische Kirche)

Gemeinschaftshaft//Einzelhaft

Gemeinschaftsschule//Bekenntnisschule, Konfessionsschule

Gemeinschaftszelle//Einzelzelle
(mehrere Gefangene in einem Raum)

Gemeinwirtschaft//Erwerbswirtschaft
(nur auf Bedarfsdeckung, nicht auf Gewinn gerichtete Wirtschaft)

gemischtgeschlechtig//getrenntgeschlechtig
(mit männlichen und weiblichen Blüten ○ Botanik)

gemischtperiodischer Dezimalbruch//reinperiodischer Dezimalbruch
(Mathematik)

gemischtquadratische Gleichung//reinquadratische Gleichung
(Mathematik)

gemütlich//ungemütlich
ein gemütlicher Raum ○ Dresden war auf Obrigkeit ausgerichtet, das Bürgertum wollte es gemütlich. Demokratie ist ungemütlich. (Der Spiegel 31. 1. 2015)

genannt//ungenannt
die auf dem Titelblatt genannten Mitarbeiter ○ Wir möchten all den genannten und ungenannten Menschen, die uns an diesem denkwürdigen 18. Mai zur Seite gestanden haben, Danke sagen. (Nordkurier 21. 5. 2016)

genannt werden//ungenannt bleiben
die einen sind genannt worden, andere blieben ungenannt ○ In einer Habermas'-

schen Fußnote genannt zu werden, käme einer Nobilitierung gleich, ungenannt zu bleiben hingegen sei ein vernichtendes Urteil. (taz 18. 6. 2009)

genau//etwa
er kam genau um 10 Uhr ○ es kostete genau 50 Mark ○ Gemeint ist der ... aufmerksame Coach und Mentor, der genau erkennt, wann etwa eine Fortbildung neue Horizonte öffnet und neue Kräfte freisetzt. (Die Zeit 5. 5. 2011)

genau//ungenau; ↑auch: **unpräzise**
er hat genau gemessen ○ Haben Sie Ihre Laufbahn von Anfang an genau vor sich gesehen? Weder genau noch ungenau. (Neue Zürcher Zeitung 11. 3. 2017)

Genauigkeit//Ungenauigkeit

genauso//anders
ich mache das genauso wie du ○ Es existieren mindestens genauso viele Studien, die es anders sehen. (Nordkurier 8. 2. 2018)

genehmigen//ablehnen
einen Antrag genehmigen ○ Die Kantone St. Gallen und Glarus haben das Hochwasserschutzprojekt Linth- und Escherkanal genehmigt und die verbliebenen Einsprachen abgelehnt. (Tagesanzeiger 21. 6. 2007)

Generalisation//Individualisation
(Verallgemeinerung)

generalisieren//individualisieren
(verallgemeinern) ○ Jede Stadt gehorche ihren Regeln; statt zu „generalisieren", müsse man deshalb eben gerade „individualisieren". (Neue Zürcher Zeitung 13. 9. 2002)

Generalist//Spezialist
(jemand, der in Bezug auf Wissen usw. nicht auf ein Gebiet festgelegt ist, der ganz allgemein in einem begrenzten Rahmen Bescheid weiß) ○ „Ich erkenne beim Nachwuchs eine Geringschätzung des Generalisten gegenüber dem Spezialisten." (Der Spiegel 16. 6. 2018)

Generalprävention//Spezialprävention
(bei einer Strafe, die bei vergleichbaren Straftaten zur Abschreckung für die Allgemeinheit dienen soll ○ Rechtswesen)

Generalstabsabteilung//Spezialstabsabteilung
(Militär)

Generalunternehmer//Hauptunternehmer
(Wirtschaft)

Generalvollmacht//Spezialvollmacht
(Rechtswesen)

generell//singulär
generelle (verallgemeinernde) Aussagen (z. B. Hunde bellen) ○ Doch die können ihrem Wesen nach nur Standards setzen und generelle Lösungen oder Handlungsräume definieren. ... Wer versucht, singuläre Erscheinungen ... zum Ausgangspunkt für rechtliche Standards zu machen, missbraucht die Gesetzgebung. (Die Zeit 12. 12. 2013)

generell//speziell
ein generelles Problem ○ Erstens sei das Sicherheitsbedürfnis der Bürger offensichtlich gestiegen – generell und speziell nach den Anschlägen von Paris im November 2015 und den Übergriffen junger muslimischer Männer auf Frauen in der Kölner Silvesternacht vor gut einem Jahr. (Der Tagesspiegel 22. 1. 2017)

genervt//nervend
sie ist (von ihm) genervt ○ Dazu ertönt, weniger beschwichtigend als vielmehr genervt und jedenfalls nervend, ein ständiges „O. k., o. k., o. k., o. k." (Der Spiegel 24. 6. 1991)

genießbar//ungenießbar
das Essen ist (noch) genießbar ○ Sie kennt den Unterschied zwischen genießbar, ungenießbar, giftig und tödlich. (Der Tagesspiegel 17. 10. 2015)

genital//prägenital
vor der genitalen Phase liegt die prägenitale (in der sexuellen Entwicklung des

Kindes), *in der die Lustgewinnung noch vorwiegend im Bereich von Mund und After liegt*

Genitivus obiectivus//Genitivus subiectivus
ein Genitivus obiectivus liegt vor in „die Ehrung des Dichters" = man ehrt den Dichter (Objekt)

Genitivus subiectivus//Genitivus obiectivus
ein Genitivus subiectivus liegt vor in „die Ausdehnung des Konzerns" = der Konzern (Subjekt) *dehnt sich aus*

genormt//ungenormt
Die Handwerkskammer Koblenz weist darauf hin, dass genormte und ungenormte Produkte nun doch länger parallel zum Einsatz kommen können (Rhein-Zeitung 28. 1. 2009)

Genosse//Genossin
liebe Genossen und Genossinnen

Genossenschaftsbauer//Einzelbauer
(DDR, früher)

Genossin//Genosse
Die Genossinnen und Genossen beim West-Berliner SDS hätten „sehr skeptisch" reagiert ... (Der Spiegel 7. 4. 2018)

genotypisch//phänotypisch
(Biologie)

Genotyp[us]//Phänotyp[us]
(Gesamtheit der Erbfaktoren eines Lebewesens o Biologie)

Gentry//Nobility
(niederer englischer Adel)

genug; ↑nicht ... genug//zu ...

Genus//Sexus
Genus ist das grammatische Geschlecht (das Mädchen und seine Mutter)

Genußmittel//Nahrungsmittel
(z. B. Kaffee, Tabak) o *Auslöser können ... Genussmittel wie Alkohol und Nikotin oder bestimmte Nahrungsmittel, etwa Käse oder Schokolade, sein.* (Braunschweiger Zeitung 30. 1. 2007)

genutzt//ungenutzt
genutztes Material o *Synergien könnten genutzt werden, die beim «freiwilligen Zusammenarbeiten» zwischen Provinzen oft ungenutzt blieben.* (St. Galler Tagblatt 10. 1. 2015)

geobiont//geophil
(ganz im Erdboden lebend o Ökologie)

geöffnet//geschlossen; ↑auch: zuhaben
die Tür, das Geschäft ist geöffnet o *Sechs Tage in der Woche ist das Zentrum geöffnet, nur sonntags bleibt es geschlossen.* (Die Zeit 29. 11. 2018)

geöffnet//ungeöffnet
ein geöffneter Brief o *das Kuvert war (schon) geöffnet* o *Kunden könnten die betroffene Ware geöffnet oder ungeöffnet in die Geschäfte zurückbringen und bekämen den Kaufpreis erstattet.* (Mannheimer Morgen 9. 7. 2016)

***geöffnet//geschlossen**
Augen weit geschlossen (statt: *geöffnet*, Filmtitel, engl. Eyes Wide Shut, 1999, nach Arthur Schnitzlers „Traumnovelle")

Geokratie//Thalattokratie
(Geologie)

Geometrie; ↑euklidische Geometrie

geophil//geobiont
(nur einen Teil der Lebenszeit im Erdboden lebend o Ökologie)

geordnet//ungeordnet
geordnete Verhältnisse o *Aus diesen spannungsreichen Komponenten entstehen ihre Arbeiten, geordnete, exakte Bilder aber auch ungeordnete, wilde Bilder* (Südkurier 9. 9. 2010)

geozentrisch//heliozentrisch
(bezogen auf die Erde als Mittelpunkt) o *Da hatte Nikolaus Kopernikus ... längst das geozentrische Weltbild*

durch das heliozentrische ersetzt (Nürnberger Nachrichten 21. 4. 2009)

gepflastert//ungepflastert
eine gepflasterte Straße ○ Auch der Weg zwischen Park und Hebelschule soll ... noch neu gepflastert werden. Der Weg quer durch die Grünfläche bleibt ungepflastert. (Südkurier 28. 10. 2016)

gepflegt//ungepflegt
gepflegt aussehen ○ Während die Außenanlagen der beiden dort ansässigen Vereine ... gepflegt sind, sieht es vor der gemeindeeigenen Halle ungepflegt aus. (Südkurier 23. 6. 2016)

geplant//ungeplant
das vierte Kind war geplant ○ Zunächst muss man unterscheiden, ob die Unternehmensnachfolge geplant oder ungeplant ist. (Stuttgarter Zeitung 12. 12. 2008)

geprüft//ungeprüft
geprüfte Rechnungen ○ Zudem gibt es immer mehr binäre Empfangsgeräte, die einerseits das lineare und geprüfte Fernsehsignal empfangen, gleichzeitig aber auch das digitale und ungeprüfte des Internets. (Neue Osnabrücker Zeitung 5. 8. 2014)

Geprüfte[r]//Prüfende[r], Prüfer[in]

gerade//krumm
gerade (aufrecht) gehen ○ eine gerade Linie ○ eine gerade Nase ○ gerade Beine ○ Was unten war, kehrt sich nach oben. Was gerade schien, ist krumm. (Die Zeit 13. 12. 2012)

gerade//schief
das Bild hängt (jetzt wieder) gerade ○ Der Baum stand nicht einmal gerade und auch der Haussegen hing jetzt nahezu komplett schief. (Leipziger Volkszeitung 24. 12. 2013)

gerade//ungerade; ↑auch: unteilbar
6 ist eine gerade Zahl ○ die geraden Jahre

Gerade//Kurve
Hier fährst du die lange Gerade nach Kurve eins bergauf – und dann schaut jeder kurz auf die Berge. (Kleine Zeitung 16. 5. 2012)

Geradeausempfänger//Superheterodynempfänger
(Elektrotechnik)

gerader Rücken//gebrochener Rücken
(Buchbinderei)

gerade Schultern//abfallende Schultern

geraten//missraten; ↑auch: misslingen
der Braten ist (gut) geraten ○ Die Kinder der Familie ... würden irgendwie geraten und missraten. (Westfalen-Blatt 27. 1. 2011)

geräuschempfindlich//geräuschunempfindlich
sie ist sehr geräuschempfindlich ○ Wer so extrem geräuschempfindlich ist, muss in die Einöde, noch besser ins australische Outback ziehen! (Hamburger Morgenpost 13. 1. 2018)

Geräuschempfindlichkeit//Geräuschunempfindlichkeit

geräuschunempfindlich//geräuschempfindlich
Traditionell sind die Chinesen völlig geräuschunempfindlich. Das beweisen sie jedes Jahr wieder anlässlich der Feierlichkeiten zum Chinesischen Neuen Jahr. (taz 17. 2. 2011)

Geräuschunempfindlichkeit//Geräuschempfindlichkeit

gerecht//ungerecht
ein gerechtes Urteil ○ lieber ein ungerechter Friede als ein gerechter Krieg ○ Mich hat der Gedanke begleitet, ob ich gerecht bin oder ungerecht. (Der Spiegel 23. 6. 2018)

...gerechte//un...gerechte (Adjektiv)
z. B. fachgerecht/unfachgerecht

...gerecht//...widrig (Adjektiv)
z. B. *verkehrsgerecht/verkehrswidrig*

Gerechte//Ungerechte
Er lässt regnen über Gerechte und Ungerechte (Bibel, Matthäus 5,45)

gerechtfertigt//ungerechtfertigt
diese Klage ist gerechtfertigt ○ *Wie ist es möglich, mit solch einer Entscheidung – gerechtfertigt oder ungerechtfertigt – zu leben?* (FOCUS 26. 8. 2013)

Gerechtigkeit//Ungerechtigkeit
für Gerechtigkeit und gegen Ungerechtigkeit ○ *Die Frage von Gerechtigkeit oder Ungerechtigkeit im Bildungswesen stellt sich an ganz anderer Stelle: vor allem in Kindertagesstätten und Grundschulen.* (Braunschweiger Zeitung 14. 1. 2013)

geregelt//ungeregelt
eine geregelte Arbeitszeit ○ *Sowieso würden innerhalb Europas jetzt schon Dinge geregelt, die ungeregelt bleiben könnten.* (Braunschweiger Zeitung 2. 11. 2011)

gereimt//ungereimt
gereimte Verse ○ *Mit „lauter Einfällen, Anekdoten, Gedichten und wahren Geschichten, gereimt und ungereimt" geht sie in nahezu 200 Artikeln auf Sitten und Gebräuche von der Aar und auch aus Bimbesland ein.* (Rhein-Zeitung 15. 8. 2015)

gerichtlich//außergerichtlich
Insgesamt haben Bayer zufolge bis Mitte April etwa 14.500 Frauen gerichtlich und außergerichtlich Ansprüche gestellt (taz 26. 4. 2013)

gering//hoch
geringe Anforderungen ○ *geringes Einkommen* ○ *Sein Lohn ist gering, sein Ansehen hoch.* (Berliner Zeitung 8. 9. 2016)

germanischer Vers//antiker Vers
(Poetik)

germanophil//germanophob; ↑auch: antideutsch, deutschfeindlich
(deutschfreundlich)

Germanophilie//Germanophobie
(besondere Neigung, Sympathie für das Deutsche)

germanophob//germanophil
(deutschfeindlich)

Germanophobie//Germanophilie
(Deutschfeindlichkeit)

germanotyp//alpinotyp
(typisch mitteldeutsche Art der Gebirgsbildung, die zu Bruchbildung führt ○ Geologie)

gern//ungern
eine Arbeit gern übernehmen ○ *Es gibt diesen Mitmenschen, der sehr gern nimmt, aber sehr ungern gibt.* (Tagesanzeiger 13. 2. 2017)

gerontophil//ephebophil
(besondere [homo]sexuelle Neigung zu Älteren habend)

Gerontophilie//Ephebophilie
(homosexuelle Neigung zu älteren Männern ○ ein von Magnus Hirschfeld geprägter Begriff)

geruchlos sein//riechen
das Gas ist geruchlos ○ *Dabei ist Schweiß zunächst geruchlos, weil er zu rund 99 Prozent aus Wasser besteht. Doch das restliche Prozent bestimmt, wonach wir riechen* (Die Presse 21. 7. 2018)

gerührt//ungerührt
er war gerührt ○ *»Geschüttelt, nicht gerührt.« Die beiden Damen blieben ungerührt, schüttelten sich aber vor Lachen.* (Westfalen-Blatt 14. 10. 2013)

gerundet//ungerundet
gerundete (labialisierte, mit vorgestülpten Lippen artikulierte) Vokale wie o, u, ö, ü (Tür) im Unterschied zu den ungerundeten wie e, i (Tier)

gesalzen//ungesalzen
die Butter ist gesalzen ○ *Die Rede ist natürlich von Milch und Milchprodukten:*

Joghurt, Quark, Butter gesalzen und ungesalzen, Buttermilch – und natürlich: Käse. (Süddeutsche Zeitung 5. 7. 2013)

gesamt…//einzel… (Adjektiv)
z. B. *gesamtwirtschaftlich/einzelwirtschaftlich*

Gesamt…//Einzel… (Substantiv)
z. B. *Gesamtergebnis/Einzelergebnis*

Gesamt…//Teil… (Substantiv)
z. B. *Gesamtgebiet/Teilgebiet*

Gesamtansicht//Teilansicht
Gesamtansicht des Hauses ○ Unsere Bilder zeigen eine Gesamtansicht des wunderbaren Bildstockes. In einer Teilansicht kann man auch die wundervoll aus dem Sandstein heraus gearbeiteten Figuren bewundern. (Main-Post 22. 12. 2000)

Gesamtausgabe//Einzelausgabe
(Bibliothekswesen)

Gesamtbetrag//Teilbetrag
Erfahrungsgemäß wird der Gesamtbetrag dann in einer Summe bezahlt oder ein größerer Teilbetrag angezahlt und für den Rest Raten vereinbart (Saarbrücker Zeitung 29. 9. 2011)

Gesamtergebnis//Einzelergebnis, Teilergebnis
Bezeichnete der Vorsitzende schon das erzielte Gesamtergebnis vom vorigen Jahr als schlecht, dürfte er mit dem Teilergebnis im sächsischen Bereich der Heide erst recht nicht zufrieden sein. (Leipziger Volkszeitung 7. 3. 2012) ○ *Das gute Gesamtergebnis wurde besonders durch das hervorragende Einzelergebnis von Matthias Graf geprägt.* (Leipziger Volkszeitung 7. 5. 2009)

Gesamtforderung//Mitforderung, Teilforderung
(Rechtswesen)

Gesamtgebiet//Teilgebiet
Das Gesetz garantiere keinem Bürger eine demokratische Teilhabe sowohl im Gesamtgebiet der Gemeinde als auch in einem Teilgebiet (Rhein-Zeitung 30. 11. 2001)

Gesamtklassement//Einzelklassement
(Sport)

Gesamtprokura//Einzelprokura

Gesamtrechtsnachfolge//Einzelrechtsnachfolge
(Rechtswesen)

Gesamtschuld//Teilschuld
(Rechtswesen)

Gesamtschule; ↑additive Gesamtschule, integrierte Gesamtschule

Gesamtsieg//Einzelsieg
(Sport)

Gesamtsieger//Einzelsieger
(Sport)

Gesamtstrafe//Einzelstrafe
(Rechtswesen)

Gesamtstrecke//Teilstrecke
Die Gesamtstrecke beträgt ca. 14 Kilometer. Es gibt für jede Teilstrecke einen geistlichen Impuls. (Aachener Zeitung 6. 8. 2009)

Gesamtsumme//Teilsumme
(Mathematik) ○ *Die fehlenden 30 Prozent der Gesamtsumme wurden im Haushaltsplan 2016 … mit Eigenmitteln gedeckt. Zum Einsatz kommt die erste Teilsumme für die Fortschreibung des Masterplans* (Aachener Zeitung 27. 10. 2016)

Gesamtverkauf//Teilverkauf
Gesamtverkauf der Aktien

Gesamtvertretung//Einzelvertretung
(Rechtswesen)

Gesamtvollmacht//Einzelvollmacht
(Rechtswesen)

Gesamtwertung//Einzelwertung
(Sport)

gesamtwirtschaftlich//einzelwirtschaftlich
Die Konsequenzen des ruinösen Vernichtungswettbewerbes sind gesamtwirtschaftlich katastrophal und einzelwirtschaftlich gefährlich. (Nürnberger Nachrichten 31. 10. 1997)

Gesandte//Gesandter
eine Gesandte der deutschen Botschaft

Gesandter//Gesandte
er ist Gesandter der deutschen Botschaft ○ *der Gesandte empfing die Gäste*

gesättigt//ungesättigt
gesättigte Fettsäure (in tierischen Lebensmitteln) ○ *Je nachdem wie lang oder kurz, gesättigt oder ungesättigt die Fettsäuren sind, ist ein Fett flüssig, cremig oder fest.* (Rhein-Zeitung 25. 3. 2003)

gesättigt//hungrig
Halt, kühner Geist, solcher Entschluss ziemt den Gesättigten, der Hungrige führt ihn nicht aus. (Johann Nestroy, Der Talisman I,7)

Geschädigte[r]//Schädiger[in]

Geschäft; ↑großes Geschäft, kleines Geschäft

geschäftlich//privat
geschäftliche Interessen ○ *geschäftlich unterwegs sein* ○ *Das Internet ist keine schlechte Sache. Ich benutze es geschäftlich für Bestellungen, aber auch privat, um mich zu informieren.* (Nordkurier 2. 8. 2011)

Geschäftsbeginn//Geschäftsschluss
So soll er zusammen mit mehreren ... Komplizen frühmorgens vor Geschäftsbeginn oder abends nach Geschäftsschluss in die Geschäfte oder Banken eingedrungen sein (Westdeutsche Zeitung 19. 3. 2015)

Geschäftsbrief//Privatbrief

geschäftsfähig//geschäftsunfähig
(Rechtswesen)

Geschäftsfähigkeit//Geschäftsunfähigkeit
(Rechtswesen)

Geschäftsfrau//Geschäftsmann
eine tüchtige Geschäftsfrau ○ *Ungeliebter Notdienst: Keine Geschäftsfrau und kein Geschäftsmann würde nachts öffnen, wenn sich das nicht lohnt.* (Süddeutsche Zeitung 1. 3. 2017)

Geschäftshaus//Wohnhaus
hier gibt es nur Geschäftshäuser

Geschäftskunde//Privatkunde
Geschäftskunden der Telekom

Geschäftsmann//Geschäftsfrau
ein tüchtiger Geschäftsmann

Geschäftsräume//Wohnräume
die Wohnräume liegen gleich neben den Geschäftsräumen ○ *Das Mietverhältnis kann für Geschäftsräume um höchstens sechs, für Wohnräume um höchstens vier Jahre erstreckt werden* (St. Galler Tagblatt 3. 1. 2011)

Geschäftsschluss//Geschäftsbeginn
In dieser engen Zeitspanne zwischen Geschäftsschluss in den USA und Geschäftsbeginn in Asien ist es möglich, ohne große Kollateralschäden ein Institut vom Markt zu nehmen. (Süddeutsche Zeitung 22. 2. 2014)

Geschäftsübergabe//Geschäftsübernahme
Kurt Schwartz betonte bei der Geschäftsübergabe, dass er den beiden jungen Meistern die Chance der Geschäftsübernahme ganz bewusst eingeräumt habe (Saarbrücker Zeitung 6. 8. 2001)

Geschäftsübernahme//Geschäftsübergabe

geschäftsunfähig//geschäftsfähig
(Rechtswesen)

Geschäftsunfähigkeit//Geschäftsfähigkeit
(Rechtswesen)

Geschäftsviertel//Wohnviertel
Stattdessen veränderte sich die Gegend durch die Errichtung der Edel-Plattenbausiedlung Battery Park von einem reinen Geschäftsviertel zu einem Wohnviertel. (taz 28. 2. 2003)

geschält//ungeschält
Die meisten weissen Sorten werden nämlich geschält und poliert – schwarzer Reis dagegen wird ungeschält zubereitet und schmeckt leicht nussig. (Tagesanzeiger 17. 11. 2017)

gescheit//dumm
Ich will nichts mehr hörn von den boshaften Leuten, / Verachte die Dummen und fliehe die Gscheiten. (Ferdinand Raimund: Der Alpenkönig und der Menschenfeind I/17)

Geschick//Ungeschick
sein Geschick im Handwerklichen fiel auf ○ Es war ein Spiel, in dem Geschick und Ungeschick oft nur sehr unweit voneinander entfernt waren. (Tiroler Tageszeitung 24. 11. 2008)

Geschicklichkeit//Ungeschicklichkeit
Hier können auf Balancierbalken, Holzblöcken und Trittsteinen Geschicklichkeit und Ungeschicklichkeit getestet werden. (Frankfurter Neue Presse 7. 4. 2012)

geschickt//ungeschickt
er ist geschickt ○ geschickt verhandeln ○ Ich sehe es ... nicht als Konkurrenzsituation, wenn es geschickt angegangen wird. Und wenn es ungeschickt angegangen wird? (Kleine Zeitung 2. 3. 2007)

geschieden: ↑auch: glücklich geschieden

Geschirr; ↑Seriengeschirr, Service

geschlagen//siegreich
die geschlagene Armee kehrte heim ○ Bloss mit besserer Ausbildung und Ausrüstung verwandelt sich eine geschlagene und schlecht geführte Truppe nicht in eine siegreiche Armee. (St. Galler Tagblatt 20. 11. 2012)

geschlagen//ungeschlagen
eine geschlagene Mannschaft ○ Die Aachener mussten sich lediglich in Frechen geschlagen geben. Die West-Kölner sind noch ungeschlagen (Aachener Zeitung 19. 2. 2015)

Geschlagene[r]//Schläger[in]
Nachdem der Geschlagene bewusstlos auf dem Boden lag, sollen der Schläger und seine Freundin den Tatort mit einem Bus verlassen haben. (Rhein-Zeitung 30. 6. 2014)

Geschlecht; ↑das schwache Geschlecht, das starke Geschlecht

geschlechtlich//ungeschlechtlich
geschlechtliche Vermehrung ○ Es gibt Algen, die sich klonen, die sich geschlechtlich und ungeschlechtlich vermehren (Die Zeit 9. 10. 2014)

Geschlechtschromosom//Autosom
(Genetik)

Geschlechtsmerkmale; ↑primäre Geschlechtsmerkmale, sekundäre Geschlechtsmerkmale

Geschlechtsverkehr; ↑geschützter Geschlechtsverkehr, ungeschützter Geschlechtsverkehr

geschliffen//ungeschliffen
ein geschliffener Diamant ○ Muehlbek mag Steine mit Charakter, Steine, die farbliche Übergänge und ein Eigenleben zeigen, geschliffen ebenso wie ungeschliffen. (Der Standard 7. 4. 2018)

geschlossen//einzeln
wir gehen geschlossen (als Gruppe) ins Museum ○ ... weitere Profis setzten sich nicht geschlossen an einen Tisch, sondern verteilten sich einzeln an verschiedenen Tafeln, um die Nähe zu den Menschen zu suchen (Schweriner Volkszeitung 3. 12. 2007)

geschlossen//geöffnet; ↑auch: auf, offen
das geschlossene Fenster ○ das Geschäft ist geschlossen ○ Der Flughafen in Seattle

wurde vorübergehend geschlossen, nach dem Absturz aber wieder geöffnet. (Nürnberger Zeitung 13. 8. 2018)

geschlossen//*geöffnet
Ich muss, Augen weit geschlossen, auf einem dünnen Seil ein Meer der Erinnerungen überqueren (statt: geöffnet; Süddeutsche Zeitung 24. 11. 2007)

geschlossen//offen
eine geschlossene Anstalt o ein geschlossener Wagen o ein geschlossenes o o Vorbei an Krankenzimmern – einige Türen sind geschlossen, zwei offen, ein Sichtschutz steht dicht am Türrahmen. (St. Galler Tagblatt 7. 2. 2012)

geschlossen//öffentlich
eine geschlossene Veranstaltung o Showcases müssten deshalb geschlossene Veranstaltungen sein, um öffentliche Konzerte nicht zu konkurrenzieren (Neue Zürcher Zeitung 11. 9. 2014)

geschlossener Vokal//offener Vokal
beim geschlossenen Vokal wird der Mund nur wenig geöffnet, z. B. „o" in „Motte" (Phonetik)

geschlossenes Spiel//offenes Spiel
(Schach)

geschlossen lassen//aufmachen
den Brief geschlossen lassen und noch nicht aufmachen

geschlossen werden//aufbleiben
das eine Fenster wurde geschlossen, das andere blieb auf

geschmacklos//geschmackvoll
eine geschmacklose Dekoration o geschmacklos gekleidet, eingerichtet o Nur alt und geschmacklos dürfen die Witze nicht sein, denn „wir sind jung und geschmackvoll". (Der Spiegel 4. 3. 2016)

geschmackvoll//geschmacklos
eine geschmackvolle Dekoration o geschmackvoll eingerichtet, gekleidet

geschminkt//ungeschminkt
ein geschminktes Gesicht o Letztlich geht es also – ob geschminkt oder ungeschminkt – immer noch um das Geschäft und die Vermarktung der eigenen Persönlichkeit. (Die Presse 8. 11. 2015)

Geschöpf//Schöpfer
Die Tradition siegte. Das Geschöpf fraß seinen Schöpfer. (Süddeutsche Zeitung 20. 11. 2017)

geschrieben//gesprochen; ↑auch: oral
geschriebene Texte o geschriebene Sprache o Dabei erzählt sie von ihrer Kindheit, ihrer Begegnung mit Cés Kaiser und ihrer lebenslangen Faszination für das geschriebene und gesprochene Wort. (Tagesanzeiger 1. 9. 2007)

geschrieben//ungeschrieben
geschriebene Briefe und ungeschriebene Briefe o Das so genannte Gesetz sei ihm nicht bekannt, „weder geschrieben noch ungeschrieben" (Thüringer Allgemeine 16. 7. 2002)

geschult//ungeschult
geschulte Arbeitskräfte o Was geschulte und ungeschulte Hundefreundinnen und -freunde schon geahnt haben, ist jetzt im kontrollierten Versuch nachgewiesen (Basler Zeitung 6. 8. 2008)

geschützter Geschlechtsverkehr//ungeschützter Geschlechtsverkehr
(Geschlechtsverkehr mit Kondom) o Neben ausreichender Intimhygiene ist und bleibt der wichtigste Faktor bei der Vermeidung von Geschlechtskrankheiten geschützter Geschlechtsverkehr. (Oberösterreichische Nachrichten 5. 7. 2017)

Geschwindigkeitsabfall//Geschwindigkeitszunahme

Geschwindigkeitszunahme//Geschwindigkeitsabfall

gesehen werden//sehen
sehen und gesehen werden – das ist für viele beim Theaterbesuch ausschlagge-

bend ○ Wir sehnen uns nach Ansehen, nach gesehen werden. Aber sehen die mich wirklich, die meine Posts liken? (Mitteldeutsche Zeitung 27. 5. 2017)

Geselle//Meister
Damit fördert der Staat die berufliche Aufstiegsfortbildung – z. B. wenn ein Geselle zum Meister wird. (Braunschweiger Zeitung 24. 7. 2010)

gesellig//ungesellig
ein geselliger Mensch ○ Dann ordneten sie den Affendamen drei verschiedene Persönlichkeitstypen zu: nett und gesellig, zurückhaltend und weniger gesellig und einzelgängerisch und total ungesellig. (taz 2. 10. 2012)

Gesellschaft; ↑Klassengesellschaft, klassenlose Gesellschaft; in Gesellschaft

gesellschaftlich//privat
Es geht nicht an, dass in diesem zentralen gesellschaftlich Bereich seit Jahrhunderten privat herumdilettiert wird. (Salzburger Nachrichten 11. 5. 2010)

gesellschaftlich...//Privat...
gesellschaftliches Eigentum ○ Die Rechtslage ist verworren, weil die Mine nach dem Zweiten Weltkrieg gesellschaftliches Eigentum war, also weder Staats- noch Privateigentum. (Reutlinger General-Anzeiger 19. 1. 2015)

Gesenk//Aufbruch
(Bergbau)

Gesetzesanalogie//Rechtsanalogie
(Rechtswesen)

gesetzlich//gewillkürt
(gesetzliche Erbfolge ○ Rechtswesen) ○ *Die Vortragsreihe ist auf drei Einzelveranstaltungen ausgelegt, dabei geht es um Grundbegriffe des Erbrechts, gesetzliche Erbfolge und gewillkürte Erbfolge. (Saarbrücker Zeitung 4. 6. 2004)*

gesetzlich//kirchlich
gesetzliche Feiertage, z. B. Tag der deutschen Einheit am 3. Oktober, Weihnachten ○ Bei uns ist der Muttertag nicht gesetzlich oder kirchlich verankert (Westfalen-Blatt 10. 5. 2014)

gesetzlich//ungesetzlich
diese Maßnahmen sind gesetzlich ○ Was war geschehen, dass sich mitten im großstädtischen Buenos Aires plötzlich die Ansicht verschob, was gesetzlich und was ungesetzlich ist. (Die Zeit 7. 10. 2010)

gesetzliche Krankenkasse//private Krankenkasse

gesetzliche Krankenversicherung//private Krankenversicherung

gesetzliche Vermutung//unwiderlegliche Vermutung
(Rechtswesen)

gesetzmäßig//gesetzwidrig
gesetzmäßig handeln ○ In der Begründung heißt es unter anderem, dass alles dafür spreche, dass das Bürgerbegehren gesetzmäßig sei. (Rhein-Zeitung 9. 10. 2018)

gesetzwidrig//gesetzmäßig
gesetzwidrig handeln ○ Die Parzelle und mindestens ein Teil der ehemaligen Hühnerställe wird weiterhin gesetzwidrig bewirtschaftet (St. Galler Tagblatt 27. 12. 2018)

gesichert//ungesichert
gesicherte Forschungsergebnisse ○ Fenster, vor allem Kellerfenster müssen gesichert werden, aber auch Dachflächenfenster und Lichtkuppeln leisten dem Profi ungesichert keinen nennenswerten Widerstand. (Braunschweiger Zeitung 1. 8. 2009)

Gesicht; ↑das Gesicht verlieren, das Gesicht wahren

Gesinnungsethik//Verantwortungsethik
Unter Rückgriff auf Max Webers grundlegende Unterscheidung zwischen Gesin-

nungs- und Verantwortungsethik ... (Der Spiegel 7. 7. 2018)

gesittet//ungesittet
sich gesittet benehmen ○ *„Auf dem Sportplatz muss es gesittet zugehen."* (Ostthüringer Zeitung 15. 3. 2012)

Gespräch; ↑Ferngespräch, Ortsgespräch

gespritzt//ungespritzt
das Obst ist gespritzt (chemisch behandelt) ○ *Gefragt sind Nüsse, getrocknete Früchte, Clementinen, Apfelsinen, gespritzt oder ungespritzt, wie immer es die Kunden wünschen.* (Mitteldeutsche Zeitung 6. 12. 2001)

gesprochen//geschrieben; ↑auch: literat
gesprochene Texte ○ *gesprochene Sprache* ○ *Schulmeister gehörte zu jenen konservativen öffentlichen Intellektuellen, die durch das gesprochene und geschriebene Wort wirken wollten* (Die Presse 27. 3. 2016)

Gestaltpsychologie//Mosaikauffassung
(Annahme, dass sich das Seelische nicht aus einzelnen Elementen zusammensetzt, sondern sich ursprünglich als Gestalt vorfindet)

Gestaltungsleistung//Regelleistung; ↑auch: Pflichtleistung
(bei Krankenversicherungen)

gestärkt//ungestärkt
gestärkte Oberhemdenkragen ○ *Unsere Demokratie braucht eine gestärkte Partnerschaft zwischen privaten Medien und Service-public-Anbietern.* (Neue Zürcher Zeitung am Sonntag 11. 3. 2018)

gestempelt//ungestempelt
gestempelte Briefmarken ○ *Der Wert einer Briefmarke hänge beispielsweise davon ab, ob sie gestempelt oder ungestempelt ist.* (Mannheimer Morgen 26. 5. 2000)

gestern//heute
gestern ist er (schon) abgereist ○ *das Konzert fand gestern statt* ○ *die totalen Verbote von gestern und die uneingeschränkte Freiheit von heute* ○ *Derzeit im Trend: Sparen war gestern, heute wird investiert.* (Wiesbadener Tagblatt 14. 12. 2018)

gestern//morgen
Was wir gestern noch hässlich fanden, kann uns morgen schon schön vorkommen. (Der Spiegel 9. 6. 2018)

gestört//intakt
eine gestörte Familie ○ *Es gehe in der aktuellen Situation nicht um Schuldzuweisungen, und auch nicht darum, „wie gestört oder intakt mein Verhältnis zum Trainer ist"* (Der Standard 11. 3. 2011)

gestoßener Zimt//Stangenzimt
(pulverisierter Zimt)

gestreckt//rein
gestrecktes Rauschgift ○ *Am gestrigen Prozess warf ihm die Staatsanwaltschaft Graubünden vor, mindestens 2120 Gramm gestrecktes, respektive 318 Gramm reines Heroin ... befördert zu haben* (Die Südostschweiz 12. 12. 2009)

gestrige//heutige, morgige
am gestrigen Tag ○ *das gestrige Konzert* ○ *Die grosszügige Datumsscheibe bei 9 Uhr zeigt zusätzlich zum aktuellen das gestrige und das morgige Datum* (Handelszeitung 2. 4. 2008) ○ *Der Pflegestreit überschattet(e) die gestrige und die heutige Bundesratssitzung* (Vorarlberger Nachrichten 20. 12. 2007)

gesucht//gegeben
eine gesuchte Größe (Mathematik)

gesund//krank
sie ist (wieder) gesund ○ *ein gesundes Kind zur Welt bringen* ○ *Gesunde Mitarbeiter sind zufriedener, leistungsbereiter und können stärker zum Erfolg eines Betriebs beitragen als kranke.* (Braunschweiger Zeitung, 20. 2. 2010) ○ *Jeder*

Bewohner, ob gesund, ob krank, gilt als Mieter, mit dem ein Miet- und Betreuungsvertrag abgeschlossen wird. (St. Galler Tagblatt 10. 6. 1997)

Gesundheit//Krankheit
Dass man aus ihrer Geschichte auch den Trost ziehen kann, nicht für alles selbst verantwortlich zu sein, nicht für Glück, nicht für Unglück, nicht für Reichtum, nicht für Armut, nicht für Gesundheit, nicht für Krankheit. (Der Spiegel 10. 3. 2018)

gesund//krankhaft
gesunder Ehrgeiz ○ Ob diese Zellen gesund oder krankhaft sind, kann angeblich festgestellt werden. (Kleine Zeitung 12. 10. 2011)

gesund//ungesund
gesunde Ernährung, Lebensweise ○ eine gesunde wirtschaftliche Entwicklung ○ Kein anderes Sternzeichen kann nämlich so gut unterscheiden zwischen dem, was nützlich und unnütz, gesund und ungesund, wertvoll oder schädlich ist. Die Jungfrau ist die Meisterin der Alltagsbewältigung. (St. Galler Tagblatt 26. 08. 1997)

gesund bleiben//krank werden
sie ist gesund geblieben, doch er ist krank geworden ○ Letztlich entscheiden also immer wir, ob wir gesund bleiben oder krank werden (Dolomiten 5. 4. 2014)

gesunden//erkranken
wenn die Wirtschaft (wieder) gesundet ○ Und auch Richi S. ist wieder gesundet. Der Rechtsfuß war an Pfeifferschem Drüsenfieber erkrankt. (Burgenländische Volkszeitung 17. 1. 2013)

Gesunde[r]//Kranke[r]
Eine Chance, mit anderen Generationen, mit Gesunden und Kranken gemeinsam die Cafeteria benützen zu können. (St. Galler Tagblatt 25. 11. 1998)

gesundheitsfördernd//gesundheitsschädigend
Deshalb ist vernünftiger Genuss von Wein eher gesundheitsfördernd als gesundheitsschädigend. (St. Galler Tagblatt 18. 4. 2011)

gesundheitsschädigend//gesundheitsfördernd

gesundheitsschädlich//gesundheitsunschädlich
eine gesundheitsschädliche Arbeit

gesundheitsunschädlich//gesundheitsschädlich
diese Arbeit ist gesundheitsunschädlich

gesüßt//ungesüßt
gesüßter Kaffee ○ Kaffeespezialitäten. Ob mit Milch oder ohne, gesüßt und ungesüßt oder mit Schuss (Kurier 16. 10. 2016)

ge...t (Partizip II)//...end (Partizip I)
z. B. *genervt/nervend*

geteilter Meinung sein//einer Meinung sein
sie waren geteilter Meinung (hatten unterschiedliche Ansichten über etwas) ○ *Urbanistikkommission ist geteilter Meinung ... – Alles andere als einer Meinung war die Urbanistikkommission bei der Begutachtung der Bauleitplanänderung für das geplante Bergmuseum auf Schloss Sigmundskron.* (Dolomiten 20. 2. 2002)

Ge...te[r]//...ende[r] (Substantivierung von schwachem, dem regelmäßigen Verb)
z. B. *Geliebte[r]/Liebende[r]*

Ge...te[r]//...ende[r], ...er[in] (Substantivierung von schwachem, dem regelmäßigen Verb)
z. B. *Gejagte[r]/Jagende[r], Jäger[in]*

getragen//neu
der Anzug ist (schon) getragen

getrennt//gemeinsam
getrennt lernen und gemeinsam spielen ○ ... indem sie von einem Hospiz in

Jerusalem berichtete, in dem Juden, Araber und Christen ihre letzten Tage verbringen, nicht getrennt voneinander, sondern gemeinsam untergebracht. (Mannheimer Morgen 16. 10. 2018)

getrennt//zusammen
getrennt oder zusammen? (im Restaurant: Frage der Bedienung beim Bezahlen der Rechnung, ob jeder seine eigene Rechnung bezahlt oder einer die Gesamtsumme zahlt) ○ *Schön getrennt und doch zusammen wohnen* (Tiroler Tageszeitung 21. 4. 2012)

getrenntgeschlechtig//gemischtgeschlechtig
(Botanik)

getrennt schreiben//zusammenschreiben
wann schreibt man zusammen und wann getrennt?

Getrenntschreibung//Zusammenschreibung

getreten werden//treten
wir leben in einer Welt des Tretens und Getretenwerdens

getrübt//ungetrübt
die Freude war getrübt ○ *Das Verhältnis zwischen der Schweiz und Deutschland ist ... zurzeit getrübt. .... Die Beziehungen zu Polen sind ungetrübt und gut.* (Die Südostschweiz 22. 3. 2009)

ge...t werden (Passiv)//...en (Aktiv)
z. B. geliebt werden/lieben

Gewählte[r]//Wählende[r]

gewaltfrei//mit Gewalt
seine Ziele gewaltfrei durchsetzen

gewaltsamer Tod//natürlicher Tod
er starb eines gewaltsamen Todes (z. B. durch Mord) ○ *Du weißt vielleicht, wie ein gewaltsamer Tod aussieht, aber deshalb bist du noch lange kein Experte für den natürlichen Tod. Wer sagt dir, dass es kein natürlicher Tod war?* (Schwäbische Zeitung 28. 4. 2012)

gewartet//ungewartet
gewartete Klimaanlage ○ *Die Angebote umfassen professionell gewartete und fast neue Fahrzeuge mit geringer Kilometerleistung.* (Hamburger Abendblatt 9. 3. 2013)

Gewässer; ↑fließendes Gewässer, stehendes Gewässer

Gewerkschaft; ↑Einheitsgewerkschaft, Richtungsgewerkschaft

gewerkschaftsfeindlich//gewerkschaftsfreundlich

gewerkschaftsfreundlich//gewerkschaftsfeindlich

Gewichtsprozent//Volum[en/s]prozent
(Fachsprache)

Gewichtszoll//Wertzoll
(Zoll, der nach dem Gewicht der Ware berechnet wird)

gewillkürt//gesetzlich
eine gewillkürte Erbfolge ○ *Die Unionschristen nörgelten, die Zahl der Parlamentsmitglieder ... sei „gewillkürt" ... und „nicht aufgrund der norddeutschen Wählerschaft zusammengesetzt"* (Der Spiegel 22. 3. 1971)

Gewinn//Niete
er hat beim Loskauf einen Gewinn gezogen ○ *„Lassen Sie sich nicht von fragwürdigen Versprechen blenden", rät sie, „denn der angekündigte Gewinn entpuppt sich meist als Niete."* (Mannheimer Morgen 16. 12. 2003)

Gewinn//Verlust; ↑auch: Niederlage
mit Gewinn arbeiten, verkaufen ○ *Denn ein Kaufmann richtet sein Produktportfolio nach Gewinn und Verlust aus.* (Main-Post 3. 5. 2012)

Gewinn; ↑Geldgewinn, Sachgewinn

gewinnen//verlieren
im Spiel gewinnen ○ *den Kampf, den Krieg, die Wette gewinnen* ○ *einen Pro-*

zess gewinnen ○ einen Wettkampf gewinnen ○ Vertrauen gewinnen ○ Einfluss gewinnen ○ *Ein echter Scoop für das Unternehmen, das zwar keine Umsatzprobleme hat, aber ebenfalls jüngere Kunden gewinnen will, ohne alte zu verlieren.* (FOCUS 3. 8. 2019)

Gewinner[in]//Verlierer[in]; ↑**auch: Besiegte[r]**
es gab weder Gewinner noch Verlierer ○ *er ist der Verlierer und sie die Gewinnerin* ○ *Es gibt nur Gewinner und Verlierer ...* (Der Spiegel 16. 6. 2018) ○ *In der Krise ... ist Laschet einer der wenigen Gewinner. Dabei sah er vor Kurzem wie ein Verlierer aus ...* (Der Spiegel 22. 6. 2019)

Gewinnschuldverschreibung//Wandelschuldverschreibung
(Wirtschaft)

gewiss//ungewiss
dass er kommt, ist gewiss ○ *Des Menschen ganzes Glück besteht in zweierlei: dass ihm gewiss und ungewiss die Zukunft sei.* (Friedrich Rückert, aus: Die Weisheit des Brahmanen)

Gewissen; ↑**reines Gewissen, schlechtes Gewissen**

Gewissensfreiheit//Gewissenszwang
Gewissensfreiheit und Gewissenszwang stehen somit in einem zwangsläufigen Spannungsverhältnis zueinander. (Süddeutsche Zeitung 16. 2. 2009)

Gewissenszwang//Gewissensfreiheit

Gewissheit//Ungewissheit
ich will Gewissheit haben

Gewohnheits...//Gelegenheits... (Substantiv)
z. B. *Gewohnheitsraucher/Gelegenheitsraucher*

Gewohnheitsraucher//Gelegenheitsraucher

gewöhnlich//ungewöhnlich
eine ganz gewöhnliche (übliche) Geschichte ○ *Ich wusste ja nicht, was richtig oder falsch, gewöhnlich oder ungewöhnlich war.* (Falter 15. 6. 2016)

gewohnt//ungewohnt
in gewohnter Umgebung ○ *anfangs mag das für Erwachsene, die sonst eher trockene Führungen gewohnt sind, ungewohnt sein und etwas kindisch wirken* (Die Presse 15. 1. 2017)

gewollt//ungewollt
sie war gewollt schwanger ○ *das Kind ist gewollt* ○ *ein gewolltes Kind* ○ *Thea Dorn schlägt wegen der damit verbundenen gewollten und ungewollten Missverständnisse vor, sich dem Begriff der „Leitzivilität" anzunähern* (Der Spiegel 5. 5. 2018)

gezähnt//ungezähnt
gezähnte Briefmarken ○ *Gestempelt oder ungestempelt, gezähnt oder ungezähnt, bunt oder einfarbig – der Philatelisten-Club Swissair füllt ganze Alben damit.* (Tagesanzeiger 8. 8. 2007)

gezogener Wechsel//eigener Wechsel
(Wirtschaft)

gezüchtet//wild
gezüchtete Erdbeeren ○ *Spannend wird die Sache, weil Wildkulturfische zwar auch gezüchtet werden, aber trotzdem „wild" sind: Jeder ist direkter Nachkomme von frei lebenden Fischen.* (Oberösterreichische Nachrichten 22. 9. 2011)

gezuckert//ungezuckert
gezuckerte Erdbeeren ○ *Die ausgesprochen Vitamin-C-reichen Früchte schmecken gezuckert oder ungezuckert* (Schweriner Volkszeitung 5. 9. 2006)

gezwungen//freiwillig; ↑**auch: beabsichtigt**
etwas gezwungen tun ○ *Niemand werde gezwungen, ein Wechsel könne nur freiwillig geschehen.* (Tiroler Tageszeitung 14. 2. 2015)

Ghibelline; ↑**Gibelline**

Gibelline//Guelfe
(Anhänger der staufischen Kaiser und Gegner der papsttreuen Guelfen ○ Geschichte)

Giebelhaus//Traufenhaus
(Architektur)

Gift//Gegengift; ↑auch: Antitoxin
Gottman bezeichnet Betrug in allen Formen als Gift in Beziehungen. Aber er hat auch ein Gegengift identifiziert: Vertrauen. (Die Presse 6. 7. 2014)

giftig//essbar
giftige Beeren, Pilze ○ Die grünblättrigen Schwefelköpfe sind stark giftig und nicht essbar (Mitteldeutsche Zeitung 11. 10. 2017)

giftig//ungiftig
eine giftige Dampfwolke ist ausgetreten ○ Was alles im Park wächst, ob es giftig oder ungiftig oder vielleicht sogar essbar ist, all das erfahren die Teilnehmer der Exkursion. (Westdeutsche Zeitung 26. 5. 2016)

Gilgamesch//Enkidu; ↑Enkidu

Gipfel//Fuß
auf dem Gipfel des Berges ○ Bei Graz wird die erste Postrakete der Welt gezündet, sie befördert 102 Poststücke vom Gipfel zum Fuß eines Berges. (Salzburger Nachrichten 2. 2. 2016)

Girl//Boy; ↑auch: Bub, Junge
Mit diesem Girl und diesem Boy (der auch „Bravo" liest) kann man sich schon identifizieren. (Salzburger Nachrichten 1. 10. 2007)

Glanz und Elend
Glanz und Elend der 20er Jahre ○ Das Ritz spiegelt Glanz und Elend des 20. Jahrhunderts wider. (Salzburger Nachrichten 12. 4. 2018)

glänzend//matt
die Fotos glänzend abziehen ○ So kommen die verschiedenen Stile zustande: Apples Design ist glänzend und schattiert, Googles matt und mit einheitlichen Farben. (Schweriner Volkszeitung 7. 7. 2016)

Glanzkohle//Mattkohle
(Mineralogie)

Glanzlack//Mattlack
Bei einem Glanzlack können Sie einen Lackfehler ausbessern, bei einem Mattlack ist das fast unmöglich (Südkurier 15. 4. 15)

glatt//rau
glatte Haut ○ glattes Papier ○ Kastler habe die Figur so bearbeitet, dass sie teils glatt und teils rau sei. (Mannheimer Morgen 5. 4. 2017)

glatt//stumpf
das Parkett ist glatt ○ Der Boden darf nicht zu glatt sein, sodass die Tänzer hinfallen. Aber auch nicht zu stumpf, damit sie darüber rutschen können. (Süddeutsche Zeitung 1. 12. 2015)

glatte Masche//verkehrte Masche
(beim Stricken: rechte Masche)

glatt//kraus
Schnittlauch und Petersilie – glatt und kraus – sind unabdingbar, da man sie nicht getrocknet anwenden kann. (Neue Zürcher Zeitung 13. 5. 2017) ○ *Sie sind ganz jung oder schon älter, haben helle oder dunklere Haut, tragen das Haar glatt oder kraus.* (St. Galler Tagblatt 3. 2. 2017)

glatt//lockig
Ob glattes oder lockiges Haar – manchmal teilt sich ein Pärchen auch die Pflege-Produkte. (NEWS 14. 8. 2015)

glatt//wellig
Nicht nur lockige Haare sind ein Blickfang, sondern auch glattes Haar schaut schick aus. (Neue Kronen-Zeitung 3. 2. 2016)

Glaube//Unglaube
So mag der Leser entscheiden, was ihm plausibler erscheint: der Glaube oder der Unglaube, die kleine Welt des rein

Irdischen oder die Öffnung auf eine ganz andere Dimension des Seins. (Wiener Zeitung 19. 11. 2013)

Glaube; ↑böser Glaube, guter Glaube

glauben//wissen
das glaubst du, aber du weißt es nicht ○ Und ich glaube, ich weiß, warum. (Tiroler Tageszeitung 8. 2. 2015)

glaubhaft//unglaubhaft
eine glaubhafte Darstellung ○ das klingt glaubhaft ○ Sie erhalten durch einen Informationsdienst eine Nachricht. Was macht diese für Sie glaubhaft oder unglaubhaft? (Neue Luzerner Zeitung 5. 5. 2003)

Glaubhaftigkeit//Unglaubhaftigkeit

gläubig//nichtgläubig
gläubige Menschen ○ Aber er war auf eine so persönliche wie traditionelle Art religiös, gläubig, verankert. (Vorarlberger Nachrichten 13. 12. 2014)

gläubig//ungläubig
alles gläubig hinnehmen, was einer sagt ○ Wer gläubig und wer ungläubig ist, bestimmen sie. (Die Presse 9. 9. 2015)

Gläubige, der, die//der, die Ungläubige; ↑auch: Heide, Kafir
er sprach zu den Gläubigen ○ Ebenso wichtig ist es, dass sie aufhören, die Welt in Gläubige und Ungläubige zu unterteilen. (Salzburger Nachrichten 15. 11. 2011)

Gläubiger//Schuldner; ↑auch: Debitor
der Gläubiger forderte sein Geld ○ Eine altorientalische Weisheit ... besagt, dass auch der Gläubiger Verantwortung trägt, wenn der Schuldner seinen Verpflichtungen nicht mehr nachkommen kann. (Format 6. 2. 2015)

Gläubigeranfechtung//Konkursanfechtung
(Rechtswesen)

glaubwürdig//unglaubwürdig
er ist glaubwürdig ○ Mal wird er als glaubwürdig eingestuft, mal als unglaubwürdig. (Süddeutsche Zeitung 18. 1. 2011)

gleich//später, nachher
Es gibt diesen Moment des Zögerns. Soll ich's gleich sagen? Oder lieber später? (Falter 13. 3. 2019) ○ Wenn man aus Unfähigkeit zum Genussaufschub nach der Matura nicht gleich den Führerschein gemacht und nachher nie mehr Zeit und Geld dafür gehabt hat, ist das auch kein Problem. (Die Presse 25. 11. 2016)

gleich//ungleich
die Bretter sind gleich lang ○ gleiche Ausgangspositionen ○ Es geht darum, Gleiches gleich und Ungleiches nach Massgabe seiner Ungleichheit ungleich zu behandeln. (Neue Zürcher Zeitung 15. 1. 2018)

gleich//unterschiedlich
gleiche Interessen haben ○ Atomarten eines chemischen Elements, deren Atomkerne gleich viele Protonen, aber unterschiedlich viele Neutronen enthalten, heißen Isotope. (Salzburger Nachrichten 30. 7. 2018)

gleich//verschieden
gleicher Meinung sein ○ gleich große Schuhe ○ Die Religionen sind alle gleich, nur die Feiertage sind verschieden (Salzburger Nachrichten 4. 6. 2018)

gleich... //anders... (Adjektiv)
z. B. gleichgeschlechtlich/andersgeschlechtlich

gleichartig//ungleichartig
gleichartige Formen ○ Die Häuser sahen gleichartig aus, mit dem Giebel zur Gasse und zwei Fenstern. (Burgenländische Volkszeitung 22. 5. 2014)

gleichartig//verschiedenartig
gleichartige Geschenke ○ Grundsätzlich ist zu sagen, ... dass Mann und Frau

natürlich gleichwertig sind, aber nicht gleichartig, sondern verschiedenartig. (Frankfurter Neue Presse 27. 2. 2013)

Gleichartigkeit//Verschiedenartigkeit

Gleichbehandlung//Ungleichbehandlung
Gleichbehandlung vor dem Gesetz ○ *Es gelte, der Bevölkerung aufzuzeigen, dass die SVP-Initiative zwar die Gleichbehandlung aller Familienmodelle verspreche, aber faktisch zu einer Ungleichbehandlung führe.* (Tagesanzeiger 22. 10. 2013)

gleichgeschlechtlich//andersgeschlechtlich
gleichgeschlechtliche Geschwister (z. B.: Schwestern) ○ *ein gleichgeschlechtlicher Partner*

gleichgeschlechtlich//gegengeschlechtlich; ↑auch: heterosexuell
gleichgeschlechtliche (auf eine Person des gleichen Geschlechts gerichtete) Gefühle, Liebe

Gleichgewicht//Ungleichgewicht
„Das Gefühl, wieder ein Gleichgewicht herstellen zu können in einer von Ungleichgewicht und Ungerechtigkeit geprägten Gesellschaft." (Nürnberger Nachrichten 22. 3. 2014)

Gleichheit//Ungleichheit
es geht um Gleichheit oder Ungleichheit vor dem Gesetz ○ *Diese Gleichheit, die nicht einer Ungleichheit gegenübersteht, sondern die Vielfalt menschlichen Lebens grundiert, die sollte dann Grundlage eines Verfassungsdenkens sein.* (Die Presse 9. 6. 2018)

Gleichheit//Verschiedenheit
die Gleichheit der Anlagen ○ *Denn bei der Beschränkung auf demokratische Gleichheit geht es eben auch um den Schutz von Verschiedenheiten: Verschiedenheit des Reichtums, der Lebenschancen oder der Generationenzugehörigkeit.* (Neue Zürcher Zeitung 12. 6. 2012)

gleichlautend//anderslautend
gleichlautende Verlautbarungen ○ *Andrea Gesell teilt auf Nachfrage mit, dass es einige gleichlautende, aber auch zumindest eine anderslautende Ablehnung gegeben habe.* (General-Anzeiger 18. 2. 2014)

gleichmäßig//ungleichmäßig
in gleichmäßigen Abständen ○ *ein gleichmäßiger Puls* ○ *Weil der Regen in der Regel nicht gleichmäßig auf eine Fassade fällt, perlt das Wasser auch ungleichmäßig von den Außenwänden der Häuser ab.* (Mitteldeutsche Zeitung 3. 12. 2016)

Gleichmäßigkeit//Ungleichmäßigkeit

Gleichordnungskonzern//Unterordnungskonzern
(Rechtswesen)

gleich sein//differieren
Das ist in allen sechs Ländern, die in die Studie einbezogen wurden, gleich. In anderen Punkten differiert die Web-Leidenschaft erheblich. (Nürnberger Nachrichten 14. 7. 2001)

gleichseitig//ungleichseitig
ein gleichseitiges Dreieck (Geometrie)

gleichsporig//verschiedensporig
(Botanik)

Gleichsporigkeit//Verschiedensporigkeit
(Botanik)

Gleichstrom//Wechselstrom
(Elektrizität)

gleichzeitig//nacheinander
sie kamen gleichzeitig an ○ *In der Regel sind mehrere Organsysteme gleichzeitig oder nacheinander betroffen.* (Nordkurier 20. 6. 2018)

gleitende Arbeitszeit//feste Arbeitszeit
In der Zentralverwaltung galt die gleitende Arbeitszeit mit Zeiterfassung, in den übrigen Bereichen gab es feste individuelle Arbeitszeiten. (Tagesanzeiger

5. 12. 1996) ○ *Für Mitarbeiterinnen und Mitarbeiter ohne feste Arbeitszeit wird es Sonderregelungen geben.* (Mannheimer Morgen 17. 12. 2011)

Gleithang//Prallhang
(Geografie)

Gleitkomma//Festkomma
(EDV)

Gleitlager//Kugellager
(Technik)

Gleitwachs//Steigwachs
(Skilauf)

Gleitzeit//Kern[arbeits]zeit, feste Arbeitszeit
Gleitzeit: 7 bis 9 und 15 bis 18 Uhr ○ *Schon lange gibt es auch Gleitzeit – jenseits einer Kernarbeitszeit können die Beschäftigten wählen, wann sie arbeiten.* (Mannheimer Morgen 30. 3. 2016) ○ *Bei Microsoft gibt es weder Gleitzeit noch Kernzeit oder irgendeine andere Anwesenheitspflicht, sondern „das Vertrauen, dass Dinge gemacht werden"* (Falter 30. 5. 2012)

Glied//Scheide; ↑**auch: Vagina, Vulva**
Glied – äußeres männliches Geschlechtsorgan – und Scheide – inneres weibliches Geschlechtsorgan – sind die komplementären Kopulationsorgane

Gliederkette//Gelenkkette
(Technik)

Gliedsatz//Hauptsatz
(Nebensatz ○ Grammatik)

Glimmkathode//Glühkathode
(Elektrotechnik)

Glück//Pech
sie hat Glück im Spiel und Pech in der Liebe ○ *er hat Glück gehabt und wurde nicht erwischt* ○ *Ist es Glück, wenn es klappt? Pech, wenn es schiefgeht?* (Der Spiegel 7. 7. 2018)

Glück//Unglück
Glück im Unglück ○ *im Glück und im Unglück zusammenstehen* ○ *das kann ihm zum Glück oder auch zum Unglück gereichen* ○ *im Glück hat man viele Freunde* ○ *das Glück und Unglück einer Liebenden* ○ *Dass man aus ihrer Geschichte auch den Trost ziehen kann, nicht für alles selbst verantwortlich zu sein, nicht für Glück, nicht für Unglück, nicht für Reichtum, nicht für Armut, nicht für Gesundheit, nicht für Krankheit.* (Der Spiegel 10. 3. 2018)

glücken//missglücken
der Kuchen, Start glückte ○ *das Experiment ist geglückt* ○ *Erleben sie die deutsche Einheit als geglückt oder missglückt?* (Südkurier 2. 10. 2004)

glücklich//unglücklich
sie ist glücklich ○ *jemanden glücklich machen* ○ *ein glücklicher Verlauf, ein glücklicher Zufall* ○ *die Liebe machte ihn glücklich und unglücklich zugleich* ○ *eine glücklich-unglückliche Liebe* ○ *Nach einer Bertelsmann-Studie schätzen sich nur fünf Prozent als total glücklich ein, fünf Prozent als sehr unglücklich.* (Salzburger Nachrichten 2. 1. 2010)

Glückliche, der, die//der, die Unglückliche
„Der Glückliche bedarf des Glaubens, um nicht übermütig zu werden, der Nichtglückliche aber als Halt und der Unglückliche, um nicht zu erliegen" (W. v. Humboldt, Briefe an eine Freundin, 28. 1. 1827)

glücklicherweise//unglücklicherweise
glücklicherweise fiel er auf die Seite und nicht auf den Kopf ○ *„Meine Visionen sind glücklicherweise Utopie geblieben, aber die von Mandela und Tutu unglücklicherweise auch."* (FOCUS 8. 2. 2010)

*glücklich geschieden//glücklich verheiratet
Glücklich geschieden (Hörzu 9/1998 ○ zu: jemand ist glücklich verheiratet)

glücklich verheiratet /*glücklich geschieden
War „drei Mal glücklich verheiratet und drei Mal glücklich geschieden". (Hamburger Morgenpost 22. 11. 2008)

Glücksfreund//Notfreund
(veraltet für: Freund, der nur in Zeiten des Glücks zu einem hält)

Glückspilz//Pechvogel; ↑auch: **Loser**
er ist ein Glückspilz ○ *Ein deutscher Pensionist ist Glückspilz und Pechvogel zugleich* (Salzburger Nachrichten 17. 10. 2013)

Glücksstrahne//Pechsträhne
er hatte gerade seine Glücksstrahne: Alles gelang ihm ○ *Aber genauso wie jede Glücksstrahne enden kann, hat auch jede Pechsträhne irgendwann ein Ende.* (Neue Vorarlberger Tageszeitung 25. 2. 2015)

Glückstag//Unglückstag
heute habe ich einen Glückstag ○ *Aber ich habe beobachtet, dass viele Leute an diesem Tag Lotto spielen. Für die einen Glückstag, für die anderen Unglückstag.* (Luxemburger Tageblatt 14. 3. 2015)

Glühkathode//Glimmkathode
(Elektrotechnik)

Gnade//Ungnade
Dem gegenüber stand das panische Entsetzen, nun das Heiligste, das Vaterland vernichtet zu sehen, ausgeliefert dem bösen Feind auf Gnade oder Ungnade." (Neue Westfälische 25. 10. 2005)

gnadenlos//gnädig
gnadenlos (schonungslos) mit jemandem umgehen ○ *Es ist nicht einfach, für Richard von Weizsäcker zu arbeiten ..., aber so gnadenlos er Leistung einfordern konnte, so gnädig war er zumeist, wenn er wenigstens ehrliches Bemühen spürte.* (Süddeutsche Zeitung 22. 3. 2010)

gnadenunwürdig//gnadenwürdig
RAF-Häftlinge sind nicht grundsätzlich gnadenunwürdig. (Süddeutsche Zeitung 14. 4. 1992)

gnadenwürdig//gnadenunwürdig
Dabei hat der Nürnberger ein kritisches Verhältnis zu Gnadenhöfen: „Ich musste in München zwei Mal erleben, dass Tiere dort nicht gnadenwürdig leben." (Nürnberger Nachrichten 3. 10. 2011)

gnädig//gnadenlos
gnädig (schonungsvoll) mit jemandem umgehen

gnädig//ungnädig
er war heute sehr gnädig (gönnerisch-wohlwollend) ○ *Wie gnädig oder ungnädig Steinbrück mit der großen Koalition und der SPD umgehen wird, hat in diesen Wochen manchen in seiner Partei umgetrieben.* (Welt am Sonntag 8. 3. 2015)

Gnathostomen//Agnatha
(Bezeichnung für alle Wirbeltiere mit einem Kiefer)

Göd//Goden
(Pate, bairisch, mundartlich) ○ *Mein Göd war Fassbinder und Bauer, ein weiser Mann* (Die Presse 11. 3. 2006)

Goden//Göd
(Patin, bairisch, mundartlich) ○ *Sie waren das Geschenk der Goden an ihre Godenkinder, deren ... die alte, kinderlose Unterholzerbräuerin sehr viele hatte.* (Salzburger Nachrichten 29. 11. 1991)

Go-go-Boy//Go-go-Girl; ↑auch: **Tänzerin**
(Vortänzer bei Beatveranstaltungen)

Go-go-Girl//Go-go-Boy; ↑auch: **Tänzer**
(Vortänzenn bei Beatveranstaltungen)

Goldmarie//Pechmarie
(Gestalten aus dem Märchen „Frau Holle")

Goldmund; ↑**Narziss//Goldmund**

Goliath//David; ↑auch: **Zwerg**
(biblische Gestalt; durch seine Größe auffallender Krieger der Philister, der von David getötet wurde ○ 1 Samuel 17)

gönnen//missgönnen
sie gönnt ihr diesen Erfolg ○ *Seinen Mitarbeitenden hat er immer mehr gegönnt als sich selber.* (Handelszeitung 5. 6. 2014)

Good guy//Bad guy
(Verhandler, der auf den Gegenspieler sympathisch wirken will und so Zugeständnisse erreichen will ○ guter Mensch) ○ *Geisteskrank ist Trump nicht, aber Good guy, bad guy* (News 4. 3. 2017) ○ *Die Zwillinge (Präsident Lech Kaczynski und Premier Jaroslaw Kaczynski, Anm.) könnten „good guy, bad guy" gespielt haben.* (Presse 25. 6. 2007)

Gott//Satan, Teufel
Ich war bei Gott, ich war beim Teufel, sie kämpften um mich, Gott hat gewonnen. (Vorarlberger Nachrichten 14. 10. 2010) ○ *Doch dereinst, nach der letzten Auseinandersetzung zwischen Gott und Satan, in der Satan unterliegt, so lehrt die Bibel weiter, wird der Mensch wieder im Paradies leben.* (Wiener Zeitung 9. 1. 2013) ○ *in der ausländischen Presse sind Sie Gott, in der brasilianischen Presse sind Sie der Teufel.* (Der Spiegel 25. 5. 2019)

Gott sei Dank//leider
er ist Gott sei Dank (wieder) gesund ○ *Er sollte erkennen, dass seine Amtszeit vorbei ist, egal, ob Gott sei Dank oder leider, sie ist definitiv vorbei.* (Neue Kronen-Zeitung 8. 1. 2018)

Grab; ↑**Reihengrab, Wahlgrab**

Gradualsystem//Parentelsystem
(Erbfolge nach dem Verwandtschaftsgrad, die bei den Urgroßeltern beginnt)

Grammatik; ↑**Dependenzgrammatik, kategoriale Grammatik, Phrasenstrukturgrammatik**

Grammatikalität//Ungrammatikalität

grammatisch//natürlich
das grammatische Geschlecht von „Mädchen" ist Neutrum

grammatisch//ungrammatisch
Halten Sie diesen Satz für grammatisch?

grammatische Kongruenz//biologische Kongruenz
(eine grammatische Kongruenz liegt vor in „das Mädchen/der Star und seine Freundinnen" ○ Sprachwissenschaft)

gratulieren//kondolieren
zum Geburtstag gratulieren ○ *Ein Karrieresprung für den bereits seit zehn Jahren im Vorstand sitzenden Vorstand, bei (dem) man nicht sicher ist, ob man gratulieren oder doch eher kondolieren sollte* (Tiroler Tageszeitung 19. 1. 2016)

graue Substanz//weiße Substanz
(Anatomie)

graziös//ungraziös
graziöse Bewegungen ○ *Matadore fahren nicht Auto, sie tänzeln graziös durch die Arena.* (Der Tagesspiegel 30. 10. 2017)

Greenhorn//alter Hase
er ist (noch) ein Greenhorn ○ *Denn wie er selbst bekannte, ist er nur als Schulleiter ein „Greenhorn". Ansonsten ein „alter Hase".* (Rhein-Zeitung 9. 6. 2005)

Gregorianischer Choral//Figuralmusik
(in Bezug auf einstimmigen liturgischen Gesang)

Greis//Jüngling
sein Werdegang vom Jüngling zum Greis ○ *er ist schon ein Greis* ○ *Oder die drei Magier: Sie werden als Greis, Mann und Jüngling gezeigt. Der Greis steht für Europa, den aus damaliger Sicht ältesten Kontinent, der Mann für den Orient oder China. Und der Jüngling repräsentiert Afrika, den jüngsten Kontinent.* (Hamburger Abendblatt 24. 12. 2001)

Grenze; ↑**Obergrenze, Untergrenze**

grenzenlos//begrenzt
die Möglichkeiten scheinen grenzenlos zu sein ○ *Selbstverständlich sind Menschlichkeit und Barmherzigkeit grenzenlos. Aber jeder Raum ist begrenzt.* (Süddeutsche Zeitung 19. 12. 2015)

grenzflächenaktiv//grenzflächeninaktiv
ein grenzflächenaktiver Stoff (Chemie)

grenzflächeninaktiv//grenzflächenaktiv
ein grenzflächeninaktiver Stoff (Chemie)

Gretchen//Faust; ↑Faust

Gretel; ↑Hänsel

Griffhand//Bockhand
(Hand zum Halten des Queueendes o Billard)

Griffigkeit//Schlüpfrigkeit
(Verkehrswesen)

grob//fein
grob gemahlen o grobes Mehl o grobes Leinen o grobes Tuch o grobes Gewebe o Um die Reinigung zu erleichtern, sind die Oberflächen von Spülbecken, Arbeitsplatten und Waschbecken außerdem meist nicht grob offenporig, sondern geschliffen und fein poliert (Tiroler Tageszeitung 26. 5. 2015)

grob//sanft
er ist sehr grob o er fasste sie grob an o ... aus modernen Kompositionen entstehen erdige Grooves, manchmal grob und rau, dann wieder sanft und zerbrechlich. (Neue Kronen-Zeitung 31. 3. 2016)

grob...//fein... (Adjektiv)
z. B. *grobgliedrig/feingliedrig*

Grob...//Fein...(Substantiv)
z. B. *Grobeinstellung/Feineinstellung*

Grobansprache//Feinansprache
(Militär)

Grobblech//Feinblech

grobe Fahrlässigkeit//leichte Fahrlässigkeit
(Rechtswesen)

Grobeinstellung//Feineinstellung
(nicht genau abgestimmte Einstellung eines Gerätes o Technik)

grobfaserig//feinfaserig

grobgemahlen//feingemahlen
grobgemahlenes Mehl

grobgesponnen//feingesponnen
grobgesponnenes Garn

grobgestreift//feingestreift
ein grobgestreifter Anzug

Grobgliederung//Feingliederung
(provisorische, überblicksartige Gliederung eines Textes)

grobgliedrig//feingliedrig
grobgliedriger Körperbau

Grobkeramik//Feinkeramik
(z. B. Ziegel)

Grobkies//Feinkies

Grobkorn//Feinkorn
(Schießsport, Metallurgie, Fotografie)

grobkörnig//feinkörnig
grobkörniges Salz o grobkörniger Film o Pflastersteine mit sechs verschiedenen Farbmustern und Körnungen sollen in Bahnhofstraße und Pfleggasse verlegt werden. Von grobkörnig bis feinkörnig. Von gelblich über rötlich bis grau. (Passauer Neue Presse 28. 3. 2001)

Grobkörnigkeit//Feinkörnigkeit
(Foto)

grobmaschig//feinmaschig
ein grobmaschiges Netz o Die Umstellung von grobmaschiges auf feinmaschiges Drahtgeflecht soll den Vögeln Schutz vor kleinen Raubtieren geben. (Darmstädter Echo 17. 4. 2001)

grobnarbig//feinnarbig
ein grobnarbiges Leder

grobporig//feinporig
grobporige Haut

grobröhrig//feinröhrig
eine grobröhrige Schnittlauchsorte

Grobsand//Feinsand
Es gibt drei Kategorien von Sand: Grobsand, Mittelsand und Feinsand. Feinsand ist definiert durch die Korngrösse

von 0,063 bis 0,2 Millimeter. (Sonntags-Zeitung 7. 6. 2009)

Grobschliff//Feinschliff
„*Wir haben hier nur den Grobschliff gemacht, das Leben da draußen macht den Feinschliff.*" (Der Spiegel 22. 6. 2019)

Grobschnitt//Feinschnitt
(Tabak)

Grobstruktur//Feinstruktur
(Physik)

Grobton//Feinton
(Geologie)

Grobzucker//Feinzucker

gros; ↑en gros

groß//klein; ↑**auch: jünger...**
ein großes Haus ○ *ein großer Mann* ○ *ein großer Irrtum* ○ *ein großer Gewinn* ○ *ein großes Fest* ○ *groß schreiben* ○ *große Ferien* (im Sommer einige Wochen) ○ *er ist schon groß* (erwachsen) ○ *die große* (ältere) *Schwester* ○ *der große Zeiger der Uhr zeigt die Minuten an* ○ *Sie haben große Ansprüche, Fielman hat kleine Preise* (Werbung) ○ *Großer Auftritt für kleine Karnevalisten* (Nordwest Zeitung 27. 2. 2017) ○ *Und wenn der FC Sion Unterstützung braucht, machen alle mit; Gross und Klein, Dick und Dünn, Alt und Jung. Die rote Brandung schlägt gegen die blau-weisse.* (St. Galler Tagblatt 9. 6. 1997) ○ *Suppentag für Gross und Klein, Alt und Jung, Reich oder Arm, unabhängig von Konfession oder Glauben* (St. Galler Tagblatt 4. 3. 1998)

*groß//klein
„*Das große ‚Ich bin ich'*". (Die Presse 19. 8. 2017, zu „Das kleine Ich bin ich", Buchtitel von Mira Lobe)

groß; ↑**im Großen, zu groß sein**

Groß...//Einzel... (Substantiv)
z. B. *Großhandel/Einzelhandel*

Groß...//Klein...; ↑**auch: Mikro... (Substantiv)**
z. B. *Großaktionär/Kleinaktionär*

Großaktionär//Kleinaktionär
(Aktionär, der einen wesentlichen Teil des Grundkapitals besitzt)

Großbauer//Kleinbauer

großbäuerlich//kleinbäuerlich
Im Nordwesten und in Bayern vorwiegend großbäuerliche, im Südwesten kleinbäuerliche Betriebe. (Die Zeit 4. 12. 1964)

Großbetrieb//Kleinbetrieb

Großbild//Kleinbild
(Fotografie)

Großbildkamera//Kleinbildkamera
(Fotografie)

Großbuchstabe//Kleinbuchstabe; ↑**auch: Gemeine, der; Minuskel**
(großgeschriebener Buchstabe, zum Beispiel S, T, E)

großbürgerlich//kleinbürgerlich
(zur oberen Schicht des Bürgertums gehörend) ○ *Die großbürgerliche Küche knüpfte an die höfische Küche an und die kleinbürgerliche an die Konservenindustrie, die 1850 einsetzt.* (Süddeutsche Zeitung 21. 7. 2007)

großdeutsche Lösung//kleindeutsche Lösung
(deutscher Bundesstaat mit Österreich ○ politische Bestrebung im 19. Jh.)

Großdeutscher//Kleindeutscher
(Anhänger eines „großen" Deutschlands ○ historisch)

große Anfrage//kleine Anfrage
(von mindestens 30 Abgeordneten eingereichte Anfrage an die Regierung ○ Rechtswesen)

größer//kleiner
Stefan ist größer als Klaus ○ *die größeren Gehälter* ○ *Die Projekte wurden zuletzt stetig größer, die Wohneinheiten werden immer kleiner.* (Der Standard 17. 2. 2018)

große Schamlippen//kleine Schamlippen; ↑auch: Labium minus pudendi

großes Geld//Kleingeld
der Kassierer hatte nur großes Geld (Scheine mit höheren Werten) *und konnte nicht herausgeben* ○ *„Nein", antworte ich, „ich habe nur großes Geld und für euch hätte ich nicht mal Kleingeld übrig, eher einen Job, den ihr nicht wollt."* (Kölner Express 6. 9. 2008)

großes Geschäft//kleines Geschäft
(Kot)

Großfamilie//Kleinfamilie
(Familie, die neben der Kernfamilie auch noch verheiratete Kinder und Seitenverwandte umfasst ○ Soziologie) ○ *„Der Strukturwandel von der Großfamilie zur Kleinfamilie ist vollzogen."* (Burgenländische Volkszeitung 7. 8. 2014)

Großfeldhandball//Kleinfeldhandball
(auf großen Plätzen mit elf Spielern)

großgemustert//kleingemustert
Unifarbene Vorhänge mit unterschiedlichen Oberflächenstrukturen können mit transparenten Stoffen, die großgemustert oder frech-farbig bedruckt sind, kombiniert werden. (Schweriner Volkszeitung 13. 10. 2007)

Großhandel//Einzelhandel, Kleinhandel
der Großhandel ist mit dem Umsatz zufrieden ○ *Im City-Center gibt es zwar kleine Boutiquen, doch sind auch diese in der Hand großer Ketten – der Großhandel tritt gern verkleidet als Kleinhandel auf.* (Stuttgarter Zeitung 23. 11. 2011)

Großhandelspreis//Einzelhandelspreis

Großhandelsverband//Einzelhandelsverband

Großhändler//Einzelhändler

Großhirn//Kleinhirn
(vorderster Teil des Gehirns)

großjährig//minderjährig; ↑auch: **minorenn**
(veraltend für: volljährig)

Großjährigkeit//Minderjährigkeit; ↑auch: **Minorennität**
(veraltend für: Volljährigkeit)

großkalibrig//kleinkalibrig

großkariert//kleinkariert
großkarierter Stoff ○ *Ihr Hunger und Durst nach neuen Märkten, die Gewinn bringen, ist ebenso großkariert wie das Polit-Spiel in Brüssel kleinkariert ist.* (Neue Kronen-Zeitung 30. 10. 2004)

Großklima//Kleinklima
(auf ein größeres Gebiet bezogen)

Großkredit//Kleinkredit
(Finanzwesen)

Großkreis//Kleinkreis
(Geometrie)

großmaschig//kleinmaschig
ein großmaschiges Netz ○ *„Das Gitter ist nun so großmaschig, dass es den Wind durchlässt und so kleinmaschig, dass es ein Durchgreifen verhindert"* (Niederösterreichische Nachrichten 28. 11. 2013)

Großmutter//Enkelin
die Großmutter las der Enkelin ein Märchen vor ○ *Erst Jahre später erfuhr er von dem Dialog zwischen Großmutter und Enkelin, der stattfand, als er wieder aus der Tür war.* (Die Zeit 10. 1. 2013)

Großmutter//Großvater; ↑auch: **Opa, Opi**
Anna Tilgner war seine Großmutter und Gustav Tilgner sein Großvater ○ *Großmutter oder Großvater wird man im Schnitt mit knapp 53 Jahren.* (Berliner Zeitung 13. 10. 2018)

Großpflaster//Kleinpflaster
(Straßenbau)

Großplastik//Kleinplastik
(bildende Kunst)

großräumig//kleinräumig
Ein vernünftiger Staat widmet sich nicht der kindischen Diskussion „föderal oder

zentral". Sondern er entwickelt die Kunst, großräumig Standards vorzugeben, kleinräumig aber Spielräume zu lassen. (Salzburger Nachrichten 22. 7. 2009)

Großraumwagen//Abteilwagen
(Eisenbahn)

großschreiben//kleinschreiben
„Mann" mit zwei „n" und großgeschrieben ist etwas anderes wie „man" mit einem „n" und kleingeschrieben! Man/frau sollte sich bemühen, die Sprache nicht unnötig zu verkomplizieren. (Die Presse 20. 3. 2014) o (übertragener Gebrauch:) *Pünktlichkeit wird bei ihm großgeschrieben* (er ist immer sehr pünktlich und erwartet Pünktlichkeit)

Großschreibung//Kleinschreibung
sie wollten die Großschreibung abschaffen

Großstadt//Kleinstadt
er lebt in einer Großstadt o *Dabei hat der südlichste Ortsteil des Bezirks Neukölln weitaus mehr zu bieten, verbindet er doch urbane Nähe zur Großstadt mit der Beschaulichkeit einer Kleinstadt.* (Berliner Morgenpost 29. 6. 2016)

Größtmaß//Kleinstmaß
(bei einem Werkstück o Technik)

Größtspiel//Kleinstspiel
(Spielraum zwischen dem Größtmaß des Außenteils und dem Kleinstmaß des Innenteils o Technik)

Großvater//Enkel
der Großvater liest seinem Enkel aus dem Märchenbuch vor o *Wenn in 50 Jahren ein Großvater seinem Enkel eine Geschichte erzählen will, die für den Knirps wirklich unglaublich klingen soll, dann könnte sich das so anhören* (Süddeutsche Zeitung 18. 12. 2018)

Großvater//Großmutter; ↑auch: Oma, Omi
Gustav Tilgner war sein Großvater und Anna Tilgner seine Großmutter o *Interessiert es nun wirklich noch die Nachgeborenen, was der Großvater 1946 der Großmutter, der Vater der Mutter sagen wollte?* (FOCUS 4. 7. 2015)

Großverkauf//Einzelverkauf
(Verkauf in größeren Mengen)

Großvieh//Kleinvieh
(z. B. Pferde)

Großwuchs//Kleinwuchs; ↑auch: Hyposomie, Mikrosomie, Zwergwuchs
(Medizin)

großwüchsig//kleinwüchsig
Sechs großwüchsige Bäume, eine Hecke als Grundstücksgrenze und etliche kleinwüchsige Sträucher wurden ins nasse Erdreich eingesetzt. (Passauer Neue Presse 18. 10. 2004)

großzügig//kleinlich
beim Trinkgeld ist er immer sehr großzügig (gibt reichlich) o *Früher waren die Krankenkassen großzügig, heute sind sie Behinderten gegenüber kleinlich und lehnen trotz Milliardenüberschuss ab, was sie ablehnen können.* (Neue Westfälische 22. 10. 2013)

grün//rot
die Ampel ist (jetzt) grün o *wenn die Ampel grün ist, kann man gehen* o *Es wäre eine Missachtung ... nicht nur jener Wähler, die diesmal statt grün rot gewählt haben, im Vertrauen, eine Kraft gegen rechts zu stärken.* (Der Standard 26. 5. 2017)

Grün//Rot
die Ampel steht auf Grün o *Grün und Rot wollen sich deswegen allerdings nicht geschlagen geben.* (Vorarlberger Nachrichten 31. 7. 2012)

Grunddienstbarkeit//beschränkte persönliche Dienstbarkeit
(Rechtswesen)

Grundfarben//Komplementärfarben
Gelb, Rot und Blau sind die Grundfarben

Grundkurs//Leistungskurs
(Schule)

Grundlast//Spitzenlast
(Elektrotechnik)

Grundschuld//Hypothek
(Rechtswesen)

Grundschule//Oberschule
70 Prozent wechseln nach der Grundschule auf die Oberschule (Saarbrücker Zeitung 11. 2. 2015)

Grundstrich//Haarstrich
(betonter Strich nach unten ○ Schriftwesen)

Grundwort//Bestimmungswort
in „Männerliebe" ist „...liebe" das Grundwort

Grundzahl//Hochzahl; ↑auch: **Exponent**
Grundzahl einer Potenz oder eines Logarithmus

Grundzahl//Ordnungszahl; ↑auch: **Ordinalzahl**
Zahlen wie 1, 2, 3, 4 usw. sind Grundzahlen

grüne Weihnachten//weiße Weihnachten
grüne Weihnachten (ohne Schnee) ○ Johannes hatte auf grüne Weihnachten und Jörg auf weiße Weihnachten getippt (Thüringer Allgemeine 21. 1. 2010)

Grünfutter//Dürrfutter

Gruppe; ↑**in Gruppen**

Gruppen...//Einzel... (Substantiv)
z. B. Gruppenreise/Einzelreise

Gruppenarbeit//Einzelarbeit

Gruppenführung//Einzelführung

Gruppengespräch//Einzelgespräch
psychologische Gruppengespräche

Gruppenprophylaxe//Individualprophylaxe
zahnärztliche Gruppenprophylaxe (in der Schule)

Gruppenreise//Einzelreise
Preise für Gruppenreisen

Gruppenstart//Einzelstart
(gleichzeitiger Start aller Teilnehmer, z. B. beim Autorennen) ○ die insgesamt 50 Teilnehmer gingen zuerst an den Gruppenstart. Davon absolvierten etwa anderthalb Stunden später 45 Sportler ab Altersklasse U16 den Einzelstart über dieselbe Distanz (Thüringische Landeszeitung 3. 10. 2017)

Gruppentherapie//Einzeltherapie

Gruppentotemismus//Individualtotemismus
(Völkerkunde)

Gruppenuniversität//Ordinarienuniversität
(Politik) ○ Gruppenuniversität bedeutete, dass die Gruppen der Dienstkräfte, Studenten und Assistenten zusammen über eine knappe Mehrheit verfügten und damit erstmals in der deutschen Universitätsgeschichte die Professoren überstimmen konnten. (Der Tagesspiegel 10. 5. 2007)

Gruppenunterricht//Einzelunterricht
sie hatte Gruppenunterricht im Flötenspiel

Guckispiel//Handspiel
(Skat)

Guelfe//Gibelline
(im Mittelalter: Anhänger des Papstes und Gegner der deutschen Kaiser)

gu-Kern//ug-Kern
(Atomphysik)

gültig//ungültig
ein gültiger Fahrausweis ○ die Fahrkarte ist (noch) gültig ○ Ob ein Stimmzettel gültig oder ungültig ist, entscheiden letztlich die Wahlbehörden. (Vorarlberger Nachrichten 14. 10. 2017)

Gültigkeit//Ungültigkeit

Gunst//Ungunst
die Gunst der Stunde ○ Damit endete in Bützow ein Unternehmen, das durch Gunst

und Ungunst der Zeitläufe von drei Generationen Kröplin-Stier getragen war. (Schweriner Volkszeitung 20. 9. 2014)

günstig//ungünstig
unter günstigen Bedingungen arbeiten ○ Welche Strategien im Umgang mit den Schmerzen sind günstig, welche ungünstig? (Schwäbische Zeitung 19. 9. 2012)

Gusseisen//Schmiedeeisen
(Eisen, das nur durch Gießen geformt werden kann)

gut//böse
er ist ein guter Mensch, kein böser (der anderen zu schaden bemüht ist) ○ gute Absichten haben ○ Gute Mädchen kommen in den Himmel, böse überall hin (Buchtitel von Ute Ehrhard) ○ Es geht doch im Gottesverständnis gerade um die Unterscheidung zwischen Gut und Böse. (Der Spiegel 5. 5. 2018) ○ Es geht nicht um Gut gegen Böse, es geht nicht um Modern gegen Traditionell ... Es geht allein um Macht. (Der Spiegel 13. 4. 2018) ○ In Disney-Filmen gibt es gute und böse Tiere (Der Spiegel 13. 7. 2019)

gut//*böse
Wie das Gute in die Welt kam (Die Presse 19. 8. 2017; zu „Wie das Böse in die Welt kam")

gut//knapp
der eine Kandidat erhielt gut (reichlich) 48 % der Stimmen, der andere knapp (gerade noch mit Mühe) 52 % ○ gut die Hälfte war gekommen ○ der Vortrag hat eine gute/gut eine Stunde gedauert ○ das sind gut 10 Kilometer bis dahin ○ Bei einer Baurechtsfläche von gut 212 000 Quadratmetern ergibt sich ein Landwert von knapp 170 Millionen Franken. (Berner Oberländer 5. 7. 2018)

gut//schlecht
er ist ein guter Mensch, kein schlechter (in Bezug auf seinen Charakter) ○ gut informiert sein ○ gute Nachrichten ○ gut geschlafen haben ○ gute Augen, Ohren haben (gut sehen, gut hören können) ○ sie hat gut Klavier gespielt ○ ein gutes Gewissen haben ○ Besser gut gefahren als schlecht gelaufen (Straßenbahnwerbung) ○ Man kann mit künstlicher Intelligenz ... Gutes und Schlechtes tun. (Der Spiegel 13. 4. 2018) ○ Die einfachen Leute hätten einen „wachen Instinkt" dafür, welche Politik gut oder schlecht fürs Land sei. (Der Spiegel 7. 4. 2018) ○ Sind die Zeiten für Frauenrechtlerinnen gerade gut oder schlecht? (Der Spiegel 24. 3. 2018) ○ Weil wir Stress, den guten wie den schlechten, nie ganz vermeiden können, fordern Forscher wie Adli, ihn zu einer gesundheitspolitischen Aufgabe zu machen. (Der Spiegel 21. 7. 2018)

(gut)//schlecht
Und als wäre das nicht schon zu viel des Schlechten (Woche 31. 1. 1997; zu „zu viel des Guten")

gutartig//bösartig; ↑auch: maligne
eine gutartige Geschwulst ○ Ein benigner Tumor ist gutartig, ein maligner hingegen bösartig. (Rhein-Zeitung 4. 5. 2018)

Gutartigkeit//Bösartigkeit; ↑auch: Malignität
die Gutartigkeit der Geschwulst ist nachgewiesen

Gute, das//das Böse
Gutes mit Bösem vergelten

Gute, das//das Schlechte
Ihre Brille wäre diesmal das Zeichen, dass sie die Gesamtlage sieht, sowohl das Gute als auch das Schlechte ... (Der Spiegel 9. 6. 2018) ○ Die Erfahrung der vergangenen 40 Jahre lehrt sie, dass die meisten Vorhersagen ihrer Regierung sich erfüllen, im Guten wie im Schlechten (Der Spiegel 9. 6. 2018)

gute Butter//Margarine
Fette waren immer gut, weil lecker, und auch Butter war immer „gute Butter", weil: Es hätte ja auch Margarine sein können. (Stern 11. 1. 2018)

Güter; ↑zivile Güter

Güterfernverkehr//Güternahverkehr

Gütergemeinschaft//Gütertrennung
(eheliches Güterrecht)

guter Glaube//böser Glaube
(Rechtswesen)

Güternahverkehr//Güterfernverkehr

Gütertrennung//Gütergemeinschaft, Zugewinngemeinschaft
(eheliches Güterrecht)

Güterverkehr//Personenverkehr
(z. B. bei der Bahn)

Güterwagen//Personenwagen
(bei der Bahn)

Güterzug//Personenzug
Ein außer Kontrolle geratener Güterzug rast auf einen stehenden Personenzug mit 400 Menschen. (Kölnische Rundschau 29. 10. 2014)

gut gehend//schlecht gehend
gut gehende Waren ○ *Der gut gehende Imbiss wurde erweitert und zur Gaststätte ausgebaut.* (Märkische Allgemeine 1. 11. 2014)

gut gelaunt//schlecht gelaunt
ein gut gelaunter Vorstand ○ *Zum anberaumten Stadtgespräch in Sangerhausen … kam am Donnerstagabend nicht ein einziger Sangerhäuser Bürger in die Aula der Goethegrundschule – kein gut gelaunter, auch kein schlecht gelaunter. Keiner* (Mitteldeutsche Zeitung 17. 11. 2012)

gutgläubig//bösgläubig
(Rechtswesen)

Guthaben//Defizit; ↑auch: Soll

gut und böse//gut und schlecht
Rechtsaußen trennt nicht zwischen Gut und Böse, sondern zwischen Gut und Schlecht. (Der Spiegel 7. 4. 2018)

gut und schlecht//gut und böse

Gutschrift//Belastung, Lastschrift; ↑auch: Soll
(Geldbetrag, der auf ein Konto gezahlt wird) ○ *Je Buchung kostet sie eine Gutschrift oder Lastschrift demnächst 30 statt bisher 20 Cent.* (Rheinische Post 3. 2. 2016)

Gymnasium//Lyzeum
(früher: höhere Schule nur für Jungen) ○ *Das spätere Gymnasium geht auf ein 1909 gegründet Lyzeum für Mädchen zurück.* (Rhein-Zeitung 14. 9. 2016)

Gymnasium; ↑altsprachliches Gymnasium, neusprachliches Gymnasium

Gymnospermen//Angiospermen; ↑auch: Bedecktsamer
(nacktsamige Pflanzen ○ Pflanzen, deren Samen nicht von einem Fruchtknoten umschlossen ist)

Gynäkologe//Androloge
der Gynäkologe ist ein Arzt für Frauenleiden

Gynäkologie//Andrologie
(Frauenheilkunde)

gynäkologisch//andrologisch
gynäkologisch ausgebildeter Arzt

gynäkotrop//androtrop
(bevorzugt bei Frauen auftretend, z. B. bestimmte Krankheiten)

Gynandrie//Androgynie
(männliche Körperbeschaffenheit bei einer Frau ○ Persönlichkeitsstruktur einer männlichen Frau, einer männlichen Lesbierin)

Gynogamet//Androgamet
(weibliche Keimzelle, Eizelle ○ Biologie)

gynoid//android
gynoider (verweiblichter) Typ (als Mann)

H

Haar; ↑Echthaar; glattes, krauses Haar, Kunsthaar; lockiges, welliges Haar

haarlos//behaart
Es gibt die Rasse haarlos und behaart, entscheidend ist das Gen für Haarlosigkeit. (Badische Zeitung 12. 3. 2013)

Haarseite//Aasseite
(die haarige Seite der Tierhaut ○ Gerberei)

Haarstrich//Grundstrich
(feiner Aufwärtsstrich beim Schreiben)

Haarwild//Federwild
Haarwild ist Wild, das ein Fell hat

Habe; ↑bewegliche Habe

Haben//Sein
„*Haben oder Sein. Die seelischen Grundlagen einer neuen Gesellschaft*" (Buchtitel von Erich Fromm, 1976) ○ *Die andere überwiegt jedoch, nämlich, dass Männer evolutionsbedingt ihr Haben und ihr Sein ununterbrochen mit dem des oder der anderen vergleichen und bewerten müssen* (Hamburger Abendblatt 12. 1. 2018)

Haben//Soll; ↑auch: Debet, Defizit
(der Plusbetrag auf einem Konto)

Haben...//Soll... (Substantiv)
z. B. *Habensaldo/Sollsaldo*

Habensaldo//Sollsaldo, Debetsaldo; ↑auch: Aktivseite

Habenseite//Sollseite
auf der Habenseite (Bankwesen)

Habenzins//Sollzins
(Zinsen für die Einlagen)

Hadrian; ↑Antinoos

Hafen; ↑Flusshafen, Handelshafen, Kriegshafen, Seehafen

Häfen//Schmalz
(Gefängnis, Knast ○ österreichisch gaunersprachlich) ○ *Der Ältere bat um eine weitere Chance: „Ich bin jetzt schon zu alt, bald 30. Ich habe so viel Schmalz gehabt, jetzt habe ich genug vom Häfen."* (Burgenländische Volkszeitung 7. 11. 2007)

Hafenausfahrt//Hafeneinfahrt

Hafeneinfahrt//Hafenausfahrt

Haft; ↑aus der Haft entlassen, in Haft nehmen

...haft//...los (Adjektiv)
z. B. *stimmhaft/stimmlos*

haftfähig//haftunfähig
er wurde für haftfähig befunden ○ *„Es ist davon auszugehen, dass er haftfähig ist", sagt Nemetz. Wäre er haftunfähig, dann hätten das die Ärzte sicher festgestellt.* (Der Spiegel 4. 8. 2009)

Haftstrafe//Geldstrafe
Ein Berufungsgericht in der Stadt Chudschand milderte am Mittwoch eine zwölfjährige Haftstrafe zu einer Geldstrafe und Sozialarbeit ab. (Berliner Zeitung 23. 8. 2018)

haftunfähig//haftfähig
er wurde für haftunfähig befunden

Hagar//Abraham; ↑Abraham

Hahn//Henne, Huhn
der Hahn besteigt die Henne ○ *Hühner gackern, Hähne krähen* ○ *Darauf erkundigte sich der Präsident, ob der Hahn denn immer mit derselben Henne kopuliere.* (Weltwoche 10. 8. 2017) ○ *Noch schöner ist der zweite Teil der Regel:*

„Kräht der Hahn auf dem Huhn, hat's mit dem Wetter nichts zu tun." (Berliner Zeitung 11. 4. 2017)

Hahn//Kapaun
(nicht verschnittenes, nicht kastriertes männliches Huhn) ○ *Der Staat ist nicht mehr ein drahtiger Hahn, der kämpfen kann, sondern ein fetter Kapaun geworden.* (Die Zeit 4. 4. 1997)

Haken//Öse
Ein Geschicklichkeitsspiel für kleine Angler, in dem es galt, den Haken durch die Öse zu fummeln und so den Plastikfisch an Land zu ziehen. (Südwest Presse 25. 5. 2009)

Hakenstil//Zeilenstil
(mit inhaltlichem, syntaktischem Einschnitt in der Versmitte der Langzeile ○ Metrik)

halb//ganz
ein halbes Brot ○ *dies ist (nur) die halbe Wahrheit* ○ *sie hat im Betrieb eine halbe Stelle* ○ *Um ihn herum syrische Flüchtlinge, bärtige Männer in Schlappen, Frauen in Schwarz, manche halb, manche ganz verhüllt.* (Die Zeit 14. 6. 2017)

halb//voll
die Kirchturmuhr schlägt die halben und die vollen Stunden ○ *Jetzt ist die Frage, ob das Glas halb voll oder halb leer ist.* (Hamburger Morgenpost 13. 6. 2010) ○ *Wer wann teilzeit oder halbtags, halbzeit oder teiltags, mit halber oder voller Kraft auf welchen 0,51 Arbeitsplätzen steht, liegt oder sitzt, das weiß auch der Kämmerer nicht mehr so genau.* (Nürnberger Nachrichten 13. 10. 2007)

halb; ↑mit halbem Arm

halb...//ganz... (Adverb)
z. B. *halbtags/ganztags*

Halb...//Voll... (Substantiv)
z. B. *Halbwaise/Vollwaise*

halbautomatisch//vollautomatisch
eine halbautomatische Waffe ○ *Was früher manuell und dann halbautomatisch ausgeführt wurde, geht seit rund zehn Jahren vollautomatisch.* (Rhein-Zeitung 27. 11. 2002)

Halbblut//Vollblut
(Pferd, das in der Ahnenreihe mindestens 20 % Vollblutpferde haben muss)

Halberzeugnis//Fertigerzeugnis
(Wirtschaft)

Halbfabrikat//Fertigprodukt
In der globalen Wirtschaft fliegen Hemden, Hosen, Schuhe, Autokarosserien und andere Waren während ihrer Produktion vom Rohstoff, Halbfabrikat bis zum Fertigprodukt zweimal um die Erde, ehe sie verkauft werden. (Kleine Zeitung 10. 3. 2007)

halbmast//vollmast
(auf) halbmast flaggen (die Fahne auf die halbe Höhe des Mastes zum Zeichen der Trauer setzen) ○ *Zur gleichen Zeit wurden die Fahnen im ganzen Land von halbmast wieder auf vollmast gesetzt.* (Neue Zürcher Zeitung 9. 5. 2008)

Halbmond//Vollmond

Halbpension//Vollpension
Im Preis enthalten sind: Busfahrt, dreimal Halbpension und einmal Vollpension, freie Nutzung des hauseigenen Hallenbades und der Sauna (Saarbrücker Zeitung 23. 4. 2018)

Halbpräfix//Halbsuffix; ↑auch: Suffixoid
in „Traumfrau" ist „Traum-" ein Halbpräfix in der Bedeutung „wie man sie sich erträumt"

Halbreim; ↑konsonantischer Halbreim, vokalischer Halbreim

Halbschatten//Kernschatten
(Astronomie)

Halbschuh//hoher Schuh, Stiefel
Nächster Schritt ist das Modellieren des Schaftes, nach Gegebenheit vom Halbschuh bis zum Stiefel. (Schweriner Volks-

zeitung 12. 5. 2012) ○ *Es gibt sie als Halbschuhe, knöchelhohe oder ganz hohe Schuhe, in allen Farben und aus verschiedenen Materialien zusammengesetzt.* (Süddeutsche Zeitung 26. 5. 2000)

Halbsuffix//Halbpräfix; ↑auch: Präfixoid
in „altengerecht" ist „-gerecht" ein Halbsuffix in der Bedeutung „angemessen"

halbtags//ganztags
halbtags arbeiten ○ *Die Kosten für den Kindergarten betragen halbtags 8,50 Euro pro Woche, ganztags 14,75 Euro.* (Tiroler Tageszeitung 18. 8. 2016)

Halbtagsarbeit//Ganztagsarbeit

Halbtagskraft//Ganztagskraft
Lindenthal hat uns eine Halbtagskraft für montags bis donnerstags ausgeliehen und Nippes eine Ganztagskraft für die ganze Woche. (Kölner Stadtanzeiger 13. 7. 2001)

Halbtonvorlage//Strichvorlage
(Grafik)

Halbwaise//Vollwaise
er ist eine Halbwaise (ihm fehlt ein Elternteil – Vater oder Mutter) ○ *Ab 1903 Halbwaise mit einer Rente nach dem beamteten Vater, ab 1907 schließlich Vollwaise, bezog er als „Kunststudent" eine Rente von 25 Kronen monatlich bis 1913.* (Neue Vorarlberger Tageszeitung 7. 5. 2015)

Hälfte; ↑die Hälfte

Hallenbad//Freibad

Hallenhandball//Feldhandball
(Sport)

Hallenhockey//Feldhockey
(Sport)

Hallenspiel//Feldspiel
(Sport)

Halluzination; ↑hypnagogische Halluzination

halogenieren//dehalogenieren
(Chemie)

Halse//Wende
(zum Wechseln der Windseite ○ Seemannssprache)

halsen//wenden
(ein segelndes Schiff vor dem von schräg hinten einfallenden Wind wegdrehen)

halsfern//halsnah
ein halsferner Kragen

halsnah//halsfern
ein halsnaher Kragen

Hals und Hand//Haut und Haar
(mittelalterliches Rechtswesen ○ bei schweren Vergehen Todes- oder Verstümmelungsstrafe)

haltbar//unhaltbar
dieser Ball war (für den Torwart) haltbar ○ *Behauptungen, man habe die illegale Herkunft von Hunderttausenden Tonnen Holz, nicht erkannt, seien nicht haltbar: ... Zu behaupten, man könne die Herkunft des Holzes nicht überprüfen, ist völlig unhaltbar."* (Kurier 22. 10. 2015)

halten//brechen
der Damm hält ○ *einen Eid halten* ○ *Diese Schüler haben sich daran gewöhnt, dass sie sich an nichts zu halten haben. Sie brechen immer wieder Regeln.* (Tagesanzeiger 10. 1. 2011)

halten; ↑den Mund halten

Halt finden//Halt suchen
bei jemandem Halt suchen und auch Halt finden ○ *Halt suchen, Halt geben, Halt finden: Diese Erfahrung konnten die über 60 Firmlinge ... ganz persönlich erleben.* (Saale-Zeitung 12. 4. 2017)

...haltig//...frei (Adjektiv)
z. B. *holzhaltig/holzfrei*

...haltig//...los (Adjektiv)
z. B. *merkmalhaltig/merkmallos*

Halt suchen//Halt finden

Hammel//Schaf
(männliches, aber verschnittenes – kastriertes – Schaf)

Hammel//Widder, [Schaf]bock
(kastriertes männliches Schaf)

Hammer//Amboss
er will Hammer und nicht Amboss sein ○ *Mit den Worten vom damaligen Landeshauptmann Josef Krainer sen.: Ihr sollt Hammer nicht Amboss sein, wurde die Landjugend in der Steiermark gegründet.* (Kleine Zeitung 2. 2. 2018)

Hand//Fuß
alles muss Hand und Fuß haben (muss gut durchdacht sein) ○ *der Kleine läuft auf Händen und Füßen* ○ *Das wäre einmal eine Steuerreform, die Hand und Fuß hat.* (Hamburger Abendblatt 29. 12. 2018)

Hand; ↑**Ehe zur linken Hand, Ehe zur rechten Hand, mit der Hand**

Hände//Bauch
Einige zeigten typische Symptome, ... Bauchschmerzen, Kopfschmerzen, schwitzige Hände, diffuse Angst im Bauch. (Braunschweiger Zeitung 28. 2. 2012)

Hand...//Maschine... (Substantiv)
z. B. *Handsetzer/Maschinensetzer*

Handarbeit//Maschinenarbeit
das ist noch gute Handarbeit ○ *Sie war eine Attraktion, als Mitte der 1980er-Jahre dort der Umbruch der Landwirtschaft von der Handarbeit zur Maschinenarbeit in den 50er-Jahren gezeigt worden ist.* (Braunschweiger Zeitung 15. 12. 2010)

Handaufzug//Automatikaufzug
(an der Armbanduhr)

Handball; ↑**Großfeldhandball, Kleinfeldhandball**

Handbremse//Rücktritt
(beim Fahrrad: mit der Hand zu bedienende Bremse)

Handbremse//Motorbremse
(beim Auto) ○ mit der Hand zu bedienende Bremse ○ *Eine Handbremse am Fahrersitz funktioniert wie die Pedalbremse beim Auto und macht sie langsamer. Eine Motorbremse begrenzt die Geschwindigkeit und eine Feststellbremse verhindert das Wegrollen.* (Mannheimer Morgen 26. 1. 2011)

Handeinband//Maschineneinband
(beim Buch)

handeln//reden
Das Thema in Angriff zu nehmen, ist kompliziert, aber wir müssen handeln, nicht nur reden (Dolomiten 14. 5. 2013)

Handelsabschlag//Handelsaufschlag
(Handelsspanne zwischen Einkaufs- und Verkaufspreis, ausgedrückt in Prozent vom Verkaufspreis)

Handelsaufschlag//Handelsabschlag
(Handelsspanne zwischen Einkaufs- und Verkaufspreis, ausgedrückt in Prozent vom Einkaufspreis)

Handelsbilanz; ↑**aktive Handelsbilanz, passive Handelsbilanz**

Handelsflotte//Kriegsflotte

Handelsgeschäft; ↑**beidseitiges Handelsgeschäft**

Handelshafen//Kriegshafen

Handelsmarine//Kriegsmarine

Handfläche//Handrücken
(der Handteller, die Unterseite der Hand) ○ *Sie rät, die Handfläche des gestreckten Arms nach oben zu halten und die Finger zum Körper hinzuziehen. Oder die Handfläche umdrehen und den Handrücken sanft in Richtung Körper drücken.* (Westfalen-Blatt 3. 11. 2018)

handgeschrieben//maschine[n]geschrieben
ein handgeschriebener Brief ○ *Er findet seine Koffer vor der Tür und einen Zettel,*

auf dem handgeschrieben steht: „Das war's! Und tschüss!" (Hamburger Morgenpost 30. 6. 2013)

handlich//unhandlich
dieses Gerät ist sehr handlich ○ ein handliches Buch ○ Der Wendekreis von 11,70 Metern macht den Passat nicht gerade handlich, aber eben auch nicht besonders unhandlich. (Rhein-Zeitung 6. 6. 2015)

handlungsarm//handlungsreich
eine handlungsarme Erzählung ○ Für die Leinwand ist sein über weite Strecken handlungsarmes, monologisch angelegtes Werk nur bedingt geeignet. (Der Spiegel 12. 8. 2008)

Handlungsdelikt//Erfolgsdelikt
(Straftat, die mit der Handlung des Täters beendet ist ○ Rechtswesen)

handlungsfähig//handlungsunfähig
„Wir wollen eine stabile und handlungsfähige Regierung bilden, die das Richtige tut." Offenbar wurde auch die Alternative zumindest „angedacht" – eine instabile und handlungsunfähige Regierung, die das Falsche tut. (Weltwoche 18. 1. 2018)

Handlungsfähigkeit//Handlungsunfähigkeit

Handlungshaftung//Zustandshaftung
(Handlung einer Person, die das polizeiliche Eingreifen nötig macht ○ Rechtswesen)

handlungsreich//handlungsarm
eine handlungsreiche Erzählung ○ Wie die klassischen russischen Romane ist auch Bulgakows Opus Magnum ein ausuferndes, ebenso figuren- wie handlungsreiches, vielfach lesbares Geflecht aus Bezügen und Bildern (Berliner Zeitung 5. 11. 2015)

handlungsunfähig//handlungsfähig
eine handlungsunfähige Regierung

Handlungsunfähigkeit//Handlungsfähigkeit

Handpferd//Sattelpferd
(das rechte Pferd beim Zweigespann)

Handrücken//Handfläche, Handteller
(obere Seite der Hand) ○ *Beim Niesen oder Husten den Handrücken und nicht die Handfläche vor das Gesicht halten.* (Süddeutsche Zeitung 7. 2. 2013) ○ *Auf einem strapazierfähigen Golfhandschuh hat Patterson zehn Sensoren befestigt: an den Fingerspitzen und zwischen den Fingern, am Handgelenk, auf Handrücken und Handteller.* (Frankfurter Neue Presse 21. 8. 2001)

Handsatz//Maschinensatz
(Druckerei)

handschriftlich//gedruckt
der Aufsatz liegt (nur) handschriftlich vor ○ Mehr als 1000 handschriftliche und gedruckte Quellen von Franz Schubert haben Forscher der Österreichischen Akademie der Wissenschaften nun digitalisiert (Die Presse 28. 11. 2015)

handschriftlich//maschine[n]geschrieben
ein handschriftlicher Lebenslauf ○ Polizisten müssen Protokolle handschriftlich anfertigen. (Neue Zürcher Zeitung am Sonntag 1. 4. 2018)

Handspiel//Guckispiel
(Skat)

Handteller//Handrücken
(Handfläche, untere, innere Seite der Hand) ○ *Die Spinne krabbelt über Ninas Handteller, ihren Handrücken, ihre Beine bewegen sich schnell und scheinen genau zu wissen, wohin sie wollen.* (Falter 13. 8. 2008)

Hangaußenlage//Innenlage
(Skisport)

hängen an//nehmen von
das Bild von der Kommode nehmen und an die Wand hängen ○ den Mantel vom Kopf nehmen und an den Haken hängen

hängen auf//nehmen von; ↑auch: **abnehmen**
die Hemden auf die Wäscheleine hängen/von der Leine nehmen

Hangende, das//Liegende, das
(Bergmannssprache)

Hänsel//Gretel
(Geschwisterpaar in Grimms Märchen „Hänsel und Gretel")

hapaxanth//pollakanth
(nur einmal blühend und dann absterbend ○ Botanik)

Haplographie//Dittographie
(fehlerhafte Schreibung, wenn einer von zwei Buchstaben oder Silben nicht geschrieben wird, z. B.: Östereich statt Österreich ○ Miterand statt Mitterrand)

haploid//diploid
(Biologie)

haptisch//optisch
(den Tastsinn betreffend) ○ *Unter dem Strich gebührt diesem knapp 200 Seiten starken, in Glanzfolienprägung gefertigten Band höchstes Lob. Es ist zudem haptisch und optisch mit seinem ausgestanzten Cover ein Genuss.* (Rhein-Zeitung 3. 1. 2017)

Hard...//Soft... (Substantiv)
z. B. *Hardware/Software*

Hardcopy//Softcopy
(EDV)

Hardcover//Paperback
(Buch mit festem Einband) ○ *Ein willkommener Anlass also, um das Buch wiederzulesen, das immer noch als Hardcover und Paperback erhältlich ist.* (Die Presse 3. 1. 2010)

Hard Drink//Soft Drink
(hochprozentiges Getränk, z. B. Schnaps)

Hard drug//Soft drug
(starkes, süchtigmachendes Rauschgift, z. B. Heroin)

Hard fail//Soft fail
(Versagen auf Grund eines Fehlers im System ○ EDV)

Hardliner//Moderater
Einen Konflikt zwischen Moderaten und Hardlinern gibt es auch in Iran ... (Der Spiegel 12. 5. 2018)

Hardware//Software
zur Hardware gehören die physikalischen Bestandteile, was man sehen und anfassen kann, z. B. der Monitor ○ *Der Bogen unterscheidet bei einer Frau zwischen „Hardware" und „Software", dem Äußeren und dem Charakter.* (Der Spiegel 28. 7. 2018)

Harmonie//Disharmonie
(angenehme Übereinstimmung) ○ *er meinte, Harmonie sei Kitsch, erst Disharmonie bringe Leben*

harmonieren//disharmonieren
die Farben harmonieren ○ *Ob Huppert und Chammah in «Copacabana» deshalb so prächtig harmonieren und auf so herrlich komische Weise disharmonieren, weil sie auch «in echt» Mutter und Tochter sind, ... sei dahingestellt.* (Berner Oberländer 8. 9. 2010)

harmonisch//disharmonisch, unharmonisch
die Geburtstagsfeier verlief sehr harmonisch ○ *Nun kostet man nacheinander alle Kombinationen und fragt sich, wie harmonisch oder unharmonisch sie erscheinen und ob überhaupt eine Wechselwirkung feststellbar ist.* (St. Galler Tagblatt 18. 12. 2016) ○ *Auch Liebe und Hass sind bekanntlich perspektivisch geprägt – und werden in der Musik oft als Gegensatzpaar harmonisch und disharmonisch aufgelöst.* (taz 15. 2. 2018)

harmonische Molltonleiter//melodische Molltonleiter

hart//sanft
das Flugzeug setzte hart auf ○ *Er ist hart in der Sache, aber sanft im Ton.* (Hannoversche Allgemeine 20. 1. 2018)

hart//weich
ein hart gekochtes Ei ○ *ein harter Bleistift* ○ (übertragen:) *ein harter Akzent* ○ *eine harte Droge (z. B. Heroin)* ○ *hart bleiben* (nicht nachgeben, nicht weich werden) ○ *Wie stark diese Wirkung ist, hängt nur davon ab, wie hart oder weich das Material ist.* (Der Standard 20. 2. 1014)

hartes Wasser//weiches Wasser
(sehr kalkhaltiges Wasser)

harte Währung//weiche Währung
(stabile Währung)

Hartfutter//Weichfutter
(Tierfutter, das vor allem aus Körnern besteht) ○ *Zum Weichfutter zählen Haferflocken oder Apfelstücke, Sonnenblumenkerne und Körnermischungen zum Hartfutter.* (Rhein-Zeitung 31. 12. 1996)

Hartgeld//Papiergeld
(Münzen) ○ *Als der Postbeamte nur Hartgeld hergab, ergänzte der Räuber: „Papiergeld will ich."* (Oberösterreichische Nachrichten 9. 12. 2000)

Hartgummi//Weichgummi
Sie vermieten Whirlpools aus Hartgummi für den luxuriösen Badespaß zu Hause oder im Garten. (Main-Post 3. 1. 2013)

Hartholz//Weichholz
zu den Harthölzern gehören auch Buche und Eiche ○ *Trockenes Hartholz ist dabei teurer als frisch geschlagenes und somit feuchtes Weichholz.* (Mitteldeutsche Zeitung 8. 12. 2014)

hartlöten//weichlöten
(das Löten bei über 450 Grad) ○ *Dabei kann man das Heizungslabor besichtigen, Kupferleitungen hartlöten oder Kunststoffrohre schweißen.* (Mittelbayerische Zeitung 20. 4. 2016)

Hartpackung//Weichpackung
Marktführer Philip Morris vergünstigte das Softpack seiner bekanntesten Marke Marlboro auf 4,50 Euro. Die entsprechende Hartpackung kostet 4,90 Euro. (Tiroler Tageszeitung 23. 5. 2014)

Hartporzellan//Weichporzellan
Bei Hartporzellan überwiegt der Anteil an Kaolin, bei Weichporzellan ist besonders viel Quarz beigemischt. (Stuttgarter Zeitung 27. 3. 2009)

Hase//Häsin
(männliches Tier)

Hase//Igel
(Grimms Märchen: Der Hase und der Igel)

Hase; ↑**alter Hase**

Hasenpfote//Katzenpfote
(nicht gewünschte Form der Pfote bei der Hundezucht)

Häsin//Rammler
(weiblicher Hase) ○ *Wir prämieren die beste Zuchtgruppe, das beste Einzeltier, die beste Häsin und den besten Rammler* (Leipziger Volkszeitung 5. 11. 2018)

Hass//Liebe; ↑**auch: Sympathie, Zuneigung**
aus Liebe ist Hass geworden ○ *alles, was die Liebe übersehen hat, lässt der Hass als Lächerlichkeit erscheinen*

Hass; ↑**Frauenhass, Männerhass**

hassen//lieben
er hasst ihn/sie ○ *sie hasst diese Schmeicheleien* (mag sie nicht) ○ *Schließlich werden Schlager seit jeher geliebt und gehasst.* (Mannheimer Morgen 13. 4. 2018) ○ *Doch, so wie's im Menschenleben / Bös und gut Gesinnte gibt, / Jener hasst und dieser liebt: / So ists auch in Geistersphären* (Ferdinand Raimund: Der Alpenkönig und der Menschenfeind I/3)

...hasser//...freund (Substantiv)
z. B. *Deutschenhasser/Deutschenfreund*

hässlich//hübsch, schön
sie/er ist hässlich ○ *ein hässliches Gesicht* ○ *Was wir gestern noch hässlich*

fanden, kann uns morgen schon schön vorkommen. (Der Spiegel 9. 6. 2018)

Hässlichkeit//Schönheit

häufig//selten
ein häufiger Fehler o *sie kam häufig zu spät* o *Das Metall Titan kommt in der Natur häufig vor, allerdings selten allein.* (Ostthüringer Zeitung 5. 7. 2017)

haupt...//neben... (Adjektiv)
z. B. *hauptberuflich/nebenberuflich*

Haupt...//Bei... (Substantiv)
z. B. *Hauptfilm/Beifilm*

Haupt...//Neben... (nicht räumlich; Substantiv)
z. B. *Hauptberuf/Nebenberuf*

Haupt...//Neben..., Seiten... (räumlich; Substantiv)
z. B. *Haupteingang/Nebeneingang, Seiteneingang*

Haupt...//Vor... (Substantiv)
z. B. *Hauptvertrag/Vorvertrag*

Hauptakzent//Nebenakzent
Die Grünen und die SP setzen den Hauptakzent auf die Verbesserung der Chancengerechtigkeit im Rahmen der Tagesschule. (Neue Zürcher Zeitung 11. 6. 2018)

Hauptakzent//Nebenakzent (Sprachwissenschaft)
Neben dem Hauptakzent kann es noch einen Nebenakzent geben

Hauptaltar//Nebenaltar, Seitenaltar
Der Hauptaltar ist Spätbarock, der Nebenaltar wird der Renaissancezeit zugeordnet. (Mittelbayerische Zeitung 12. 9. 2016)

hauptamtlich//nebenamtlich
eine hauptamtliche Tätigkeit o *er übt die Tätigkeit hauptamtlich aus* o *Viele Westdeutsche reden 20 Jahre nach 1989 über die Ostdeutschen immer noch so, als sei die eine Hälfte von ihnen hauptamtlich bei der Stasi gewesen und die andere Hälfte nebenamtlich.* (Süddeutsche Zeitung 7. 11. 2009)

Hauptangeklagte[r]//Nebenangeklagte[r]
Hauptangeklagter sollte Aliyev sein, der frühere Schwiegersohn des autoritären kasachischen Präsidenten Nursultan Nasarbajew. (Tiroler Tageszeitung 11. 7. 2015)

Hauptanschluss//Nebenanschluss
(beim Telefon, Internet) o *Mit etwas Arbeit lassen sich so auch mehrere IP-Telefonanschlüsse mit eigener Nummer betreiben, so dass man sich nicht den Hauptanschluss teilen muss.* (Mannheimer Morgen 16. 1. 2018)

Hauptantrag//Hilfsantrag
(Rechtswesen)

Hauptausgang//Nebenausgang, Seitenausgang
Dann liess man die Leute grüppchenweise nach draussen, aber nicht durch den Hauptausgang auf die Fussgängerzone, sondern durch einen Nebenausgang. (St. Galler Tagblatt 24. 7. 2016)

Hauptbedeutung//Nebenbedeutung
in dem Satz „er schläft schon" wird „schlafen" in seiner Hauptbedeutung (in der wichtigsten, bekanntesten Bedeutung) gebraucht

Hauptberuf//Nebenberuf
Richter ist sein Hauptberuf o *Im Hauptberuf ist er Umweltingenieur am Flughafen Lübeck, im Nebenberuf Imker am Flughafen Fuhlsbüttel.* (Stern 24. 7. 2008)

hauptberuflich//nebenberuflich
er ist hauptberuflich Verkäufer, Sterndeuter o *Für ihn – hauptberuflich Lehrer, nebenberuflich Kabarettist – scheint Salcher die Verkörperung dessen zu sein, was die Schule (und die Lehrer) am meisten plagt: das ständige Bekritteln und Herumdoktern* (Die Presse 25. 9. 2013)

Hauptbeschäftigung//Nebenbeschäftigung
Liegt neben einer Hauptbeschäftigung nur eine einzige Nebenbeschäftigung vor, erfolgt keine Zusammenrechnung. (Mannheimer Morgen 23. 5. 2009)

Hauptbeweis//Gegenbeweis
(Rechtswesen)

Hauptbühne//Nebenbühne
(Theater, Konzert) ○ Wie im vergangenen Jahr legen wieder 43 Bands los – auf der Hauptbühne sowie auf der Nebenbühne in der Festhalle Rieden. (Mittelbayerische Zeitung 10. 7. 2017)

Haupteingang//Nebeneingang, Seiteneingang
der Haupteingang der Kirche ○ Vor dem Haupteingang stehen die Umweltschützer und reimen: Hopp, hopp, hopp Kohle stopp!. Am Nebeneingang verteilen die Freunde der Braunkohle Pralinen. (Süddeutsche Zeitung 27. 6. 2018)

Hauptfach//Nebenfach
sie studierte Geschichte als Hauptfach ○ Demnach halten Eltern die Hauptfächer für die Zukunft ihrer Kinder für am wichtigsten, Nebenfächer werden als verzichtbar gesehen. (Die Presse 25. 5. 2018)

Hauptfilm//Beifilm
(früher) ○ Umgehen kann man dies aber, wenn zum Hauptfilm ein Beifilm mit Prädikat läuft. (Der Spiegel 29. 1. 1964)

Hauptfrau//Nebenfrau
(in einer polygamen Gesellschaft die an erster Stelle stehende Frau) ○ ein weiblicher Hauptmann ist eine Hauptmännin, denn bei einer Hauptfrau denkt man an einen polygamen Mann mit mindestens einer Nebenfrau. (Die Presse 3. 9. 2012)

Hauptgebäude//Nebengebäude
diese Abteilung befindet sich im Hauptgebäude ○ An Infrastruktur sind ein Hauptgebäude inklusive Gastronomie, ein Nebengebäude (Baseball) inklusive Tribüne und Gastronomie ... vorhanden. (Oberösterreichische Nachrichten 8. 7. 2016)

Hauptgespräch//Vorgespräch
Schafft erklärt, dass das Hauptgespräch, in dem es um die Frage nach den Investoren gehen soll, tatsächlich erst im September stattfinde. (Schwäbische Zeitung 20. 8. 2016)

Hauptgottesdienst//Frühgottesdienst

Hauptmieter//Untermieter
der Student ist nur Untermieter bei ihm, dem Hauptmieter ○ Damit verstiess die Frau gegen die Rechtspraxis, die besagt, dass der Hauptmieter vom Untermieter keinen übersetzten Zins verlangen darf. (Tagesanzeiger 29. 7. 2016)

Hauptprogramm//Beiprogramm
An allen Stationen gibt es neben dem Hauptprogramm auch jeweils ein Beiprogramm für Kinder und ein lukullisches Angebot. (Kölner Stadtanzeiger 21. 9. 2010)

Hauptrolle//Nebenrolle
(Theater, Film) ○ Heute wird in Zürich der Oscar für die beste Hauptrolle vergeben, den für die Nebenrolle bekommt der einzige Außenseiter mit Stimme. (Tiroler Tageszeitung 26. 2. 2016)

Hauptsache//Nebensache
In Wahrheit ist Fußball Hauptsache. Wenn der Jugoslawienkrieg im Zagreber Stadion beginnt, kann das keine Nebensache sein. (Der Standard 7. 6. 2014)

Hauptsaison//Nebensaison; ↑auch: Nachsaison, Vorsaison
Das Rezept sollte sein: in der Hauptsaison mit Preisen gegensteuern, in der Nebensaison dagegen passende Angebote für Kurzurlauber konzipieren. (Tiroler Tageszeitung 15. 4. 2014)

Hauptsatz//Nebensatz, Gliedsatz; ↑auch: Konstituentensatz
(Grammatik) ○ in dem Satz „er konnte nicht sprechen, weil er heiser war" ist

"er konnte nicht sprechen" der Hauptsatz

Hauptstraße//Nebenstraße
Auch sei es möglich, dass neue Straßen gebaut werden und "auf einmal befindet sich das Geschäftslokal statt an der Hauptstraße in einer Nebenstraße ..." (Niederösterreichische Nachrichten 13. 2. 2014)

Haupttitel//Untertitel

Hauptton//Nebenton
(bei der Betonung eines Wortes)

Hauptunternehmer//Generalunternehmer
(Wirtschaft)

Hauptverfahren//Ermittlungsverfahren
(Rechtswesen)

Hauptvertrag//Vorvertrag

Hauptwirt//Nebenwirt
(Biologie)

Haus; ↑**Einfamilienhaus, Mehrfamilienhaus, zu Hause**

Hausarbeit//Klassenarbeit
(schriftliche Arbeit des Schülers, die er zu Hause erledigen, schreiben muss)

Hausaufsatz//Klassenaufsatz
(Schulaufsatz, der zu Hause geschrieben wird)

Hausfrau//Hausmann
sie hat ihren Beruf aufgegeben und ist jetzt Hausfrau ○ *Die Heizung läuft, das Licht brennt, waschen, kochen, Lebensmittel lagern muss die geneigte Hausfrau oder der Hausmann irgendwie auch. All das verbraucht Energie* (Aachener Zeitung 16. 1. 2015)

Hausgeburt//Klinikgeburt

Haushaltsdefizit//Haushaltsüberschuss
(Betrag eines Haushaltes, der von den Einnahmen nicht ausgeglichen wird)

Haushaltsüberschuss//Haushaltsdefizit
(Betrag eines Haushaltes, der die Ausgaben übersteigt)

häusliche Pflege//stationäre Pflege
In Wirklichkeit ist die häusliche Pflege nämlich teurer als die stationäre Pflege. (Kölnische Rundschau 23. 10. 2017)

Hausmann//Hausfrau
er ist Hausmann (hat an Stelle seiner Frau die Hausarbeiten übernommen) ○ *Hausmann oder Hausfrau zu sein bedeutet nicht, sein Leben aufzugeben.* (Basler Zeitung 26. 8. 2017)

Hausschuh//Straßenschuh
Vorher ziehen sie ihre Hausschuhe aus, Straßenschuhe an. Vor der Tür der Aula Straßenschuhe aus, Hausschuhe wieder an. (Wiesbadener Kurier 4. 10. 2011)

hausse; ↑**à la hausse**

Hausse//Baisse
(hoher Kursstand an der Börse)

Haussier//Baissier; ↑**auch: Bear**
(jemand, der auf hohe Börsenkurse spekuliert)

Haustierkrebs//Raubtierkrebs
(Krebs, der latent bleibt ○ nach Hackethal)

Hausübung//Schulübung
(österreichisch) ○ zu Hause zu erledigende Übung; Hausaufgabe

Haus- und Grundbesitz//bewegliche Habe

Haute Couture//Prêt-à-porter
(für die Mode tonangebende Schneiderkunst) ○ *Die Designer wollten den ganz großen Auftritt mit Haute Couture und Prêt-à-porter.* (Berliner Morgenpost 16. 8. 2011)

Hautelisse//Basselisse
(Teppich, der mit senkrechter Kette, mit Längsfäden gewebt ist)

Hautelissestuhl//Basselissestuhl
(Weberei)

Hautrelief//Basrelief
(Hochrelief o Plastik)

Haut und Haar//Hals und Hand
(im mittelalterlichen Rechtswesen „mildere" Strafe – z. B. Auspeitschen, Scheren – bei einem leichteren Vergehen)

HDL-Cholesterin//LDL-Cholesterin
LDL-Cholesterin befördert Cholesterin zu den Zellen, das „gute" HDL-Cholesterin (High-Density-Lipoproteins) übernimmt die Rolle des Entsorgers; es kommt zu „Entsorgungsstaus", wenn das LDL-Cholesterin in seiner Eigenschaft als Lieferant die Oberhand gewinnt

Hebamme//Geburtshelfer
die Hebamme hilft, die Kinder zur Welt zu bringen o *Wilfried Vettori ist so etwas wie eine Hebamme – ein männlicher Geburtshelfer für die Skispringer und nordischen Kombinierer in Tirol.* (Tiroler Tageszeitung 11. 10. 2013)

heben//senken
den Kopf heben o *den Blick heben* o *die Stimme heben* o *Bei den Kapitalmarkt-Akteuren, die den Daumen heben oder senken über die Finanzkraft eines Landes, verfing der Bluff nicht* (Die Welt 1. 4. 2010)

heben, sich//sich senken
der Vorhang hebt sich o *der Brustkorb hebt sich* o *die Flanken heben und senken sich* o *Wie von einem Lufthauch getragen heben sich die schimmernden, glänzenden Schleier, senken sich und umhüllen ihre Trägerinnen.* (Frankfurter Neue Presse 17. 9. 2010)

Hebung//Senkung; ↑auch: **unbetont**
(Metrik: betonte Silbe im Vers o Geologie: gegenüber dem Meeresspiegel höher gelegene Teile der Erdkruste)

Heck//Bug
(hinterster Teil, z. B. eines Schiffes) o *Der Frontmann äugt vom Achterdeck und schnappt die dicken Fische weg, derweil die Anchor-Frau vom Spriet nach Heck und Bug und Anker sieht.* (taz 4. 1. 2007)

Hefter//Enthefter
(Gerät zum Heften mehrerer Blätter mit einer Klammer)

Hegezeit//Jagdzeit
(Schonzeit in Bezug auf das Jagen)

Heide//Christ; ↑auch: **Gläubige, der**
er ist ein Heide o *Und zitiert dabei Paul Veyne: „Ein Heide war zufrieden mit seinen Göttern, wenn sie seine Gebete und Gelübde erhörten und ihm Hilfe gewährten; ein Christ hingegen war eher darum bemüht, dass sein Gott mit ihm zufrieden war."* (Falter 4. 4. 2012)

Heidenchrist//Judenchrist
(im frühen Christentum: Christ, der vor der Taufe nicht dem Judentum angehörte)

Heidenchristentum//Judenchristentum
(Zugehörigkeit zum Christentum, nachdem man vorher Heide, nicht Jude gewesen ist)

Heil//Unheil
Gentechnik – Heil oder Unheil für die Menschen? o *Von seinen Anfängen ... bis zu seinem Spätwerk sind Gericht und Gnade, Sünde und Erlösung, Heil und Unheil, Himmel und Hölle Dylans zentrale Stoffe.* (Die Zeit Christ und Welt 19. 5. 2016)

heilbar//unheilbar
eine heilbare Krankheit o *„Infektionen mit resistenten Bakterien sind oft schwer heilbar, manchmal sogar unheilbar, und ihre Zahl steigt"* (Berliner Morgenpost 16. 11. 2017)

heilig//profan
heilige Texte o *Die Architektur dieser Kirche ist Ausdruck eines Kirchenverständnisses, in dem die vermeintlichen Gegensätze von Himmel und Erde, von heilig*

und profan, von innen und außen aufgehoben sind. (Westdeutsche Zeitung 12. 5. 2018)

heilig//unheilig
„In der Geschichte des Vatikan gibt es Großartiges und Erbärmliches, Heiliges und Unheiliges – und das alles unter dem einen Dach" (Der Spiegel 19. 5. 2018)

Heilige//Hexe
ist sie eine Heilige oder eine Hexe? ○ Von der Heiligen zur Hexe (Mannheimer Morgen 30. 9. 2017)

Heilige//Hure
der Mann will eine Frau, die Heilige und Hure zugleich ist ○ Diese verhetzten Männer kennen nur noch Heilige und Huren. Die Heilige ist zu Hause eingesperrt und möglichst verschleiert – die Hure bewegt sich im öffentlichen Raum. (Der Spiegel 13. 8. 2016)

Heimat//Fremde
er lebt (wieder) in der Heimat ○ Der Verlust der Identität und die Suche nach einer neuen Heimat in der Fremde: Millionen Menschen, die vor Krieg, Verfolgung oder den Auswirkungen des Klimawandels fliehen müssen. (Tiroler Tageszeitung 11. 12. 2017)

heimisch//fremd
heimische Pflanzen ○ dort wie da fühlte er sich gleichzeitig heimisch und fremd. (Der Standard 7. 8. 2017)

heimische Kohle//Importkohle

heimlich//offen
er macht das heimlich ○ Daran, dass sie nirgendwo hingehen kann, ohne heimlich beäugt zu werden oder gar offen angeglotzt. (Hamburger Abendblatt 24. 1. 2015)

Heimmannschaft//Gastmannschaft
(die auf dem eigenen Platz spielende Mannschaft) ○ Das letzte Doppel ging dann „ungespielt" an die Heimmannschaft, da die Spieler der Gastmannschaft nicht anwesend waren. (Niederösterreichische Nachrichten 3. 6. 2016)

Heimniederlage//Auswärtsniederlage
(Spielniederlage auf dem eigenen Platz) ○ So verbuchte der VfR darin einen Heimsieg, eine Heimniederlage, einen Auswärtssieg und eine Auswärtsniederlage. (Braunschweiger Zeitung 28. 3. 2008)

Heimniederlage//Heimsieg
sie hatten mit einem Heimsieg, nicht mit einer Heimniederlage gerechnet

heimschwach//heimstark
(auf dem eigenen Platz mit wenig Erfolg spielend)

heimschwach//auswärtsschwach
In Anbetracht der bisherigen Leistungen (heimschwach trifft auf auswärtsschwach) scheint aber auch eine Punkteteilung nicht undenkbar. (Süddeutsche Zeitunge 28. 11. 2008)

Heimschwäche//Heimstärke
(Erfolglosigkeit bei Spielen auf dem eigenen Platz)

Heimsieg//Heimniederlage
sie hatten mit einem Heimsieg, nicht mit einer Heimniederlage gerechnet ○ Um die Russen noch von Platz 2 zu verdrängen, benötigt Schweden am Montag einen Heimsieg über Montenegro und eine russische Heimniederlage gegen Montenegro. (Die Südostschweiz 10. 10. 215)

Heimspiel//Auswärtsspiel, Gastspiel
(Spiel auf dem eigenen Platz) ○ Für die Österreicherinnen geht es nun erst Ende November mit dem Heimspiel gegen Israel (23. 11.) und dem Auswärtsspiel bei Gruppenfavorit Spanien (28. 11.) weiter. (Salzburger Nachrichten 20. 9. 2017) ○ Mit dem Tabellenachten Köln auswärts, dem Heimspiel gegen den Vierten Frechen und dem Gastspiel beim Zehnten Bonn kommen jetzt drei

ganz wichtige Spiele im Kampf um den Klassenerhalt (Kölnische Rundschau 3. 3. 2018)

heimstark//heimschwach
(auf dem eigenen Platz erfolgreich spielend) ○ *Doch die Freiburger, ausgesprochen heimstark und auswärtsschwach, haben schon mehr erreicht, als ihnen nach miserablem Start in die Saison zugetraut werden konnte.* (Tagesanzeiger 25. 2. 1997)

Heimstärke//Heimschwäche
(häufiger Erfolg beim Spielen auf dem eigenen Platz)

Heimweh//Fernweh
(beim Aufenthalt in der Fremde Sehnsucht nach der Heimat) ○ *Heimweh ereilt einen, zu Fernweh entschließt man sich. Darum ist Heimweh Leiden, Fernweh Lust.* (Rheinische Post 20. 7. 2016)

Heirat; ↑Endogamie, Exogamie, Hypergamie, Hypogamie, Liebesheirat, Vernunftheirat

heiraten//ledig bleiben
die Frage ist: heiraten oder ledig bleiben? ○ *In meiner Familie z. B. können Frauen zur Uni gehen, heiraten oder ledig bleiben, auch wenn das selten passiert.* (Berliner Zeitung 9. 3. 2013)

heiraten//sich (wieder) scheiden lassen
vor drei Jahren haben sie geheiratet, und jetzt wollen sie sich wieder scheiden lassen ○ *So muss niemand beispielsweise eine bestimmte Person heiraten oder sich von ihr scheiden lassen, um Alleinerbe zu werden.* (Kölnische Rundschau 19. 1. 2018)

heiraten; ↑auch verheiratet

heiß//kalt
heiße und kalte Getränke ○ *Das Helmtragen ist Pflicht, ebenso wie lange Hosen – egal, ob es heiß oder kalt ist.* (Aachener Zeitung 20. 9. 2018)

heiß//Kälte...
Kältewelle bescherte einen heißen Schlussverkauf

heißblütig//kühl
Denn für den zwar oft heißblütig auftretenden, aber sehr kühl analysierenden und kalkulierenden Gysi ist klar: ... (Berliner Zeitung 13. 1. 2010)

heißer Krieg//kalter Krieg
(Krieg mit Einsatz von Waffen) ○ *Der heiße Krieg war zu Ende, da ging der kalte Krieg los* (Leipziger Volkszeitung 5. 9. 2008)

Heißräucherung//Kalträucherung
(bei der Fischverarbeitung)

Heißwasserspeicher//Durchlauferhitzer
(Gerät, in dem heißes Wasser gespeichert wird)

heiter//ernst
ein heiterer Film ○ *Denn das Leben ist heiter und ernst zugleich, komisch und doch immer blutig.* (Der Standard 29. 3. 2012)

Heiti, das//die Kenning
(in altgermanischer Dichtung eingliedrige bildliche Umschreibung, synonymes Ersatzwort eines Begriffs, z. B. für „Ross" „Kenner" im Unterschied zu mehrgliedrigem Phraseologismus)

(heizen)//kalt
die Heizkosten lassen keinen kalt

Held//Antiheld
(Hauptgestalt und Handlungsträger in Romanen usw., der bestimmte Ideale o. Ä. vertritt ○ Literaturwissenschaft)

Heldenbrust//Hühnerbrust
ein Mann mit einer Heldenbrust (mit einem breiten, kräftigen Brustkorb)

Helena; ↑Paris//Helena

Helena; ↑Faust//Helena

helfen aus//helfen in
Will ich meiner Mutter nur aus dem Mantel helfen, donnert sie: „ Loat datt siern, ick bin kein old Wief!" (taz 24. 1. 2018)

helfen in//helfen aus
jemandem in den Mantel helfen ○ *Immerhin muss ich noch nicht eines dieser Wägelchen vor mir herschieben, wie andere Alte. Auch muss mir noch niemand ins Auto helfen.* (Tagesanzeiger 7. 11. 2006)

heliophil//heliophob
(die Sonne liebend ○ Botanik, Zoologie)

Heliophilie//Heliophobie
(Biologie)

heliophob//heliophil
(die Sonne meidend ○ Biologie, Zoologie)

Heliophobie//Heliophilie
(Biologie)

heliozentrisch//geozentrisch
(auf die Sonne hin bezogen ○ Astronomie) ○ *Der Regisseur zeigt eine Welt, in der verschiedenste Einflüsse um die Vorherrschaft ringen und das heliozentrische Weltbild das geozentrische abzulösen droht.* (Berliner Zeitung 11. 3. 2010)

hell//dunkel
draußen ist es (schon) hell ○ *ein helles Bier* ○ *helle Farben* ○ *helle Töne* ○ *... geht es hier ... doch um den Kampf gegen die „Gutmenschen" ... oder eben um den zwischen dem hellen und dem dunklen Deutschland.* (Der Spiegel 17. 3. 2018)

hell...//dunkel... (Adjektiv)
z. B. *hellbraun/dunkelbraun*

hellblau//dunkelblau
Aber auch von denen färben sich in den vergangenen Tagen immer mehr hellblau, manche inzwischen sogar dunkelblau. (Süddeutsche Zeitung 21. 10. 2016)

hellblau//rosa
Die Wendejacken der Männer werden bei Eröffnungs- und Schlussfeier sowie bei Botschafterempfängen auf hellblau getragen, die Frauen tragen rosa. (Süddeutsche Zeitung 23. 7. 2012)

hellblond//dunkelblond
ein hellblonder Junge ○ *„Wir haben für die Show männliche und weibliche Blondinen gecastet, von hellblond bis dunkelblond, die alles andere als dumm sind."* (Berliner Morgenpost 19. 3. 2011)

hellbraun//dunkelbraun
So verharrt der hellbraun gefiederte und dunkelbraun und schwarz gesprenkelte Vogel scheinbar eine Ewigkeit am Ufer (Tagesanzeiger 11. 1. 2010)

Hellenismus//Attizismus
(die griechische nachklassische Sprechweise)

Helles//Dunkles
er trinkt gern Helles ○ *bitte ein Helles, Herr Ober!* ○ *2 000 Liter braue ich pro Woche, Helles und Dunkles für unsere Kneipen.* (Berliner Zeitung 29. 8. 2015)

helles Deutschland//dunkles Deutschland, Dunkeldeutschland
Wir teilen so gern ein in Täter und Opfer, in helles Deutschland und Dunkeldeutschland, in Ostler ... in Westler, die als Kolonialherren auftraten ... (Der Spiegel 22. 9. 2018) ○ *Eine Frau hält ihm vor, mit seinen Äußerungen über ein helles und ein dunkles Deutschland das Land nicht zu versöhnen, wie es seine Aufgabe wäre, sondern zu spalten.* (Berliner Zeitung 10. 1. 2017)

Hellfeld//Dunkelfeld
(heller Hintergrund bei der Mikroskopie)

hellhörig//schalldicht
eine hellhörige Wohnung ○ *Von der Expertenseite her hat man der Regierung sehr abgeraten, dieses Projekt durchzuführen, aber da war die Regierung nicht hellhörig genug.* (Wiener Zeitung 20. 7. 2013)

Helligkeit//Dunkelheit
noch bei Helligkeit nach Hause kommen

hellrot//dunkelrot
Dieses Drama ist ein Drama der Farbe, in dem das rote Blut nicht aufhört zu fließen und in allen Schattierungen schillert, von hellrot bis dunkelrot. (Süddeutsche Zeitung 10. 7. 2017)

Heloise; ↑**Abaelard**

hemerophile Tiere, Pflanzen//hemerophobe Tiere, Pflanzen
(„Kulturfolger")

hemerophobe Tiere, Pflanzen//hemerophile Tiere, Pflanzen
(„Kulturflüchter")

Hemiparese//Paraparese
(halbseitige Lähmung)

Hengst//Stute
der Hengst (männliches Pferd) *beschält die Stute* ○ *Der sogenannte Natursprung, bei dem der Hengst die Stute direkt deckt, muss mitunter bis zu zehnmal wiederholt werden.* (Rhein-Zeitung 6. 5. 2010)

Hengst//Wallach
der Hengst ist im Gegensatz zum Wallach ein nicht kastriertes männliches Pferd

Henne//Hahn
die Henne legt die Eier ○ *der Hahn besteigt die Henne* ○ *Dementsprechend paart sich eine Henne am liebsten mit einem Hahn, der oft zum Essen ruft.* (Süddeutsche Zeitung 11. 6. 2016)

her//hin
her zu mir! ○ *vom Meer her* ○ *hin und her und her und hin ging das Pendel der Uhr*

her//weg
her mit den Sachen! ○ *Bierbauch: Wo kommt er her, wie geht er weg* (Neue Vorarlberger Tageszeitung 28. 1. 2005)

Her; ↑**nach langem Hin und Her**

her…//hin…
(Verben mit gleichem Basiswort; 2 Sachverhalte und 1 personenidentische Perspektive, 1 Standort) z. B. *hinströmen/herströmen*

her…//hin…
(Verben mit nicht gleichem Basiswort; 2 Sachverhalte und 1 personenidentische Perspektive, 1 Standort) z. B. *herkommen/hingehen*

her…//weg… (Verb)
z. B. *herbringen/wegbringen*

herab//herauf; ↑**auch: aufwärts**
von oben herab zu mir/von unten herauf zu mir!

herab//hinab
(aus einer Richtung kommend und in eine andere Richtung gehend – zwei Sachverhalte – bei einem Standort und einer Person oder der gleiche Sachverhalt aus zwei verschiedenen Perspektiven) z. B. *von oben herab zu mir/nach unten hinab zu dir*

herab//hinan, hinauf; ↑**auch: aufwärts**
(aus einer Richtung kommend und wieder in die gleiche Richtung gehend bei einem Standort; zwei gegensätzliche Sachverhalte aus einer Perspektive) z. B. *herab zu mir und dann wieder hinauf zu ihm!*

herab…//herauf… (Verb)
(aus zwei Richtungen auf einen Punkt hin kommend) z. B. *herabklettern/heraufklettern*

herab…//hinab…; ↑**auch: hinunter… (Verb)**
(der gleiche Sachverhalt aus zwei verschiedenen Perspektiven oder 2 Sachverhalte, 1 personenidentische Perspektive, 1 Standort) z. B. *herabsteigen/hinabsteigen*

herab…//hinan…, hinauf… (Verb)
(aus einer Richtung kommend – zum Sprecher hin – und wieder in die glei-

che Richtung zurückgehend – vom Sprecher weg) z. B. *herabsteigen/hinansteigen*

herabklettern//heraufklettern
(2 Sachverhalte, aus zwei gegensätzlichen Richtungen zu einem Punkt hin kommend, eine personenidentische Perspektive)

herabklettern//hinabklettern
(2 Sachverhalte, aus einer Richtung auf einen Punkt hin kommend und von diesem weg weiter in die gleiche Richtung, eine personenidentische Perspektive oder 1 Sachverhalt und 2 verschiedene Perspektiven) z. B. *2 Sachverhalte: er klettert zu mir herab und klettert dann von mir weiter hinab* ○ *1 Sachverhalt: er klettert zu mir hier unten herab/er klettert von hier oben zu dir hinab*

herabklettern//hinaufklettern
er klettert die Treppe herab zu mir und dann wieder hinauf zu ihr

herabschauen//hinaufschauen
„Europa schaut auf uns herab, aber wir schauen zu euch hinauf", sagt er. (Der Spiegel 2. 6. 2018)

herabsetzen//heraufsetzen; ↑auch: anheben
die Preise herabsetzen ○ *In Schönfeld war dieser Wert überschritten worden, so dass der Gemeinderat die Gebühren herabsetzen musste.* (Süddeutsche Zeitung 30. 8. 2012)

herabsteigen//heraufsteigen
er steigt (von oben) herab zu mir, und sie steigt (von unten) herauf zu mir

herabsteigen//hinabsteigen

herabsteigen//hinansteigen

herabsteigen//hinaufsteigen
er steigt herab – von oben nach hier unten – zu mir –, und sie steigt hinauf – von hier unten nach oben, von mir weg

herabziehen//heraufziehen
der Philosoph zieht das Niedere zu sich herauf und das Höhere zu sich herab

Herakles//Hylas
Hylas war der Liebling des Herakles (griechische Mythologie)

heran.../ab... (Verb)
z. B. *heranrudern/abrudern*

heran.../weg... (Verben mit gleichem Basiswort)
z. B. *herangehen an/weggehen von*

heran.../weg... (Verben mit nicht gleichem Basiswort)
z. B. *heranziehen/wegschieben*

heranbrausen//davonbrausen
mit dem Motorrad heranbrausen

herangehen an//weggehen von
an den Zaun herangehen

herangezogen kommen//abziehen
drohende Wolken kommen herangezogen

heranrücken//abrücken
mit dem Stuhl (an den Tisch) heranrücken

heranrudern//abrudern
ans Ufer heranrudern

heranschieben//abschieben, wegschieben
den Schrank an die Wand heranschieben

herantreiben//abtreiben
der Wind treibt das Brett an das Ufer heran

heranziehen//abziehen
die Feinde, drohende Wolken ziehen heran

heranziehen//wegschieben
den Stuhl heranziehen

herauf//herab, herunter; ↑auch: abwärts
vom Tal bis zu uns herauf auf den Berg/vom Berg bis zu uns herunter ins Tal ○ *Was für Mordszenen, in gruseligem, dunklem Licht, bei denen es heiß hergeht und imaginäre Treppen, die dutzendmal herauf und herab beschritten*

werden. (Braunschweiger Zeitung 12. 1. 2012)

herauf//hinab, hinunter; ↑**auch: abwärts**
erst herauf zu mir, und dann wieder hinab ○ *Immer neue Massen paradieren herauf und hinab* (Berliner Morgenpost 18. 11. 2012)

herauf//hinan, hinauf
herauf zu mir/hinauf zu dir ○ *Von Neuruppin herauf bis hinauf nach Greifswald scheine es aus bisher nicht geklärten Gründen eine Zone zu geben, „wo es öfter mal kracht"* (Nordkurier 9. 2. 2007)

herauf//hinunter; ↑**auch: abwärts**
die einen herauf (zu mir), die anderen hinunter (zu den anderen) ○ *Abends ging es zurück nach Hause, jeden Tag, ohne Gangschaltung, Hügel herauf und hinunter, über Stock und Stein.* (Berliner Zeitung 25. 6. 2012)

herauf...//herab..., herunter... (Verb)
(von zwei entgegengesetzten Richtungen auf einen Standort hin oder 2 gegensätzliche Sachverhalte aus einer personenidentischen Perspektive, 2 Standorte), z. B. *heraufsteigen/herabsteigen*

herauf...//hinab..., hinunter...
(Verben mit gleichem oder nicht gleichem Basiswort) (aus einer Richtung kommend – zum Sprecher hin – und wieder in die gleiche Richtung zurückgehend – vom Sprecher weg) z. B. *herauflaufen/hinunterlaufen* ○ *heraufkommen/hinabgehen*

herauf...//hinan..., hinauf... (Verb)
(2 Sachverhalte, 1 personenidentische Perspektive, 1 Standort oder 1 Sachverhalt, 2 personenverschiedene Perspektiven, 2 Standorte) z. B. *herauf steigen! hinansteigen, hinaufsteigen*

herauffahren//herunterfahren
Diese Stressreaktionen können problemlos mehrmals am Tag herauf- und wieder heruntergefahren werden. (Der Spiegel 21. 7. 2018)

herauf führen//hinunterführen
er führte ihn die Treppe herauf (zu mir) und dann wieder hinunter zu ihr

heraufholen//herunterbringen
(2 Sachverhalte, 1 personenidentische Perspektive, 2 Standorte) z. B. *zu mir heraufholen/zu mir herunterbringen*

heraufholen//hinunterbringen
etwas aus dem Keller heraufholen und dann wieder in den Keller hinunterbringen

heraufklettern//herabklettern
(2 Sachverhalte, 1 personenidentische Perspektive, 2 Standorte)

heraufklettern//hinabklettern, hinunterklettern
er klettert herauf zu mir/er klettert hinab zu dir

heraufklettern//hinaufklettern
er klettert herauf zu mir, und dann klettert er weiter hinauf zu dir

heraufkommen//herunterkommen; ↑**auch: runterkommen**
(2 Sachverhalte, eine personenidentische Perspektive, 1 Standort) z. B. *komm doch herauf (rauf) in die Wohnung* ○ *er kommt von unten zu mir herauf, und sie kommt von oben zu mir herunter*

heraufkommen//hinabgehen
er kommt herauf zu mir/er geht hinab zu dir

heraufkommen//hinuntergehen; ↑**auch: runtergehen**
er kommt herauf zu mir/er geht hinunter zu dir

herauflaufen//hinunterlaufen
er läuft die Treppe herauf und dann wieder hinunter

heraufsetzen//herabsetzen, heruntersetzen; ↑auch: senken
die Preise heraufsetzen ○ Viele Gemeinden dürften eine Reihe von Gebühren heraufsetzen – Elektrizität, Wasser, Gas, Verkehrsmittel. (Die Zeit 8. 12. 1967)

heraufsteigen//herabsteigen, heruntersteigen
er steigt von unten herauf zu mir, und sie steigt von oben herab zu mir

heraufsteigen//hinaufsteigen, hinansteigen
er steigt herauf zu mir und steigt dann weiter hinauf zu dir

heraufsteigen//hinuntersteigen
er steigt herauf zu mir und steigt dann wieder hinunter zu dir

heraufziehen//herabziehen
der Philosoph zieht das Niedere zu sich herauf und das Höhere zu sich herab

heraufziehen//hinunterlassen; ↑auch: runterlassen
den Eimer (aus dem Brunnen) heraufziehen

heraus//herein
aus dem Haus heraus zu mir/in das Haus herein zu mir (2 Sachverhalte, 2 Standorte, 1 personenidentische Perspektive) ○ „Lebt sich der Mensch von innen heraus oder von außen herein?" Sagt der Rabbi: „Weiß ich?" (NEWS 11. 2. 2017)

heraus//hinaus
aus dem Haus heraus zu mir/aus dem Haus hinaus zu dir (1 Sachverhalt, 2 personenverschiedene Perspektiven, 2 Standorte) ○ Das Volk zwängt und drängt heraus aus den Grüften und Hallen voller Gleise hinauf und hinaus auf die Strassen. (St. Galler Tagblatt 22. 8. 2018)

heraus//hinein
heraus aus dem Haus zu mir/hinein in das Haus zu dir (2 Sachverhalte, 1 personenidentische Perspektive, 1 Standort) ○ Der österreichische Regisseur führt seine Heldin nicht aus der Gegenwart heraus, sondern abgrundtief in sie hinein. (Die Zeit 13. 9. 2018)

heraus.../herein... (Verb)
(auf eine Person zu – mit jeweils unterschiedlichem Standort, 2 Sachverhalte, 1 personenidentische Perspektive, 2 Standorte), z. B. herauswollen/hereinwollen

heraus.../hinaus... (Verben mit gleichem Basiswort)
(1 Sachverhalt, 2 personenverschiedene Perspektiven, 2 Standorte), z. B. herauslaufen/hinauslaufen

heraus.../hinaus... (Verben mit nicht gleichem Basiswort)
(1 Sachverhalt, 2 personenverschiedene Perspektiven, 2 Standorte), z. B. herauskommen/hinausgehen

heraus.../hinein... (Verben mit gleichem Basiswort)
(2 Sachverhalte hin und zurück, 1 personenidentische Perspektive, 1 Standort), z. B. herauswollen/hineinwollen

heraus.../hinein... (Verben mit nicht gleichem Basiswort)
(in Bezug auf einen Standort hin und zurück: 2 Sachverhalte, 1 personenidentische Perspektive, 1 Standort), z. B. herausnehmen/hineinlegen

herausbekommen//hineinbekommen
den Korken (schlecht) herausbekommen

herausbitten//hereinbitten
(2 Sachverhalte, 1 personenidentische Perspektive, 2 Standorte), z. B. ich bitte ihn heraus auf die Straße/ich bitte ihn herein ins Haus

herausbringen//hineintragen
eine Kiste herausbringen in den Garten (zu mir)

herausdringen//hereindringen
(2 Sachverhalte, 1 personenidentische Perspektive, 2 Standorte), z. B. Lärm

dringt heraus aus dem Haus/Lärm dringt herein in das Haus

herausdringen//hineindringen
(2 Sachverhalte, 1 personenidentische Perspektive, 1 Standort), z. B. *der Dampf dringt heraus aus dem Haus/der Dampf dringt hinein in das Haus*

herausfahren//einfahren
der Zug fährt (aus der Halle) heraus (zu mir)

herausfahren//hereinfahren
(2 Sachverhalte, 1 personenidentische Perspektive, 2 Standorte), z. B. *der Zug fährt heraus aus der Halle/der Zug fährt herein in die Halle*

herausfahren//hinausfahren
(1 Sachverhalt, 2 personenverschiedene Perspektiven, 2 Standorte), z. B. *der Zug fährt heraus aus der Halle/der Zug fährt hinaus aus der Halle*

herausfahren//hineinfahren; ↑auch: reinfahren
(2 Sachverhalte hin und zurück, 1 personenidentische Perspektive, 1 Standort), z. B. *der Zug fährt heraus aus der Halle/der Zug fährt hinein in die Halle*

herausfliegen//hineinfliegen
(2 Sachverhalte hin und zurück, 1 personenidentische Perspektive, 1 Standort), z. B. *die Schwalbe flog aus dem Stall heraus/die Schwalbe flog in den Stall hinein*

herausfließen//hereinfließen
(2 Sachverhalte, 1 personenidentische Perspektive, 2 Standorte), z. B. *Wasser fließt heraus/Wasser fließt herein*

herausfließen//hinausfließen
(1 Sachverhalt, 2 personenverschiedene Perspektiven, 2 Standorte), z. B. *das Wasser fließt heraus/das Wasser fließt hinaus*

herausfließen//hineinfließen
(2 Sachverhalte hin und zurück, 1 personenidentische Perspektive, 1 Standort), z. B. *das Wasser fließt heraus/das Wasser fließt hinein*

herausgehen//hineingehen
dieser Korken geht leicht heraus ○ *Bei Weingartner ist die Bewegung andersrum als bei Truffaut, es geht heraus aus der Gesellschaft, hinein in den Wald* (Süddeutsche Zeitung 2. 2. 2012)

heraushalten, sich//sich einmischen
sich aus der Politik heraushalten ○ *Nein, sie soll sich nicht heraushalten, sie muss sich vielmehr einmischen, und sei es um den Preis der Ablehnung und des Skandals.* (Nürnberger Zeitung 26. 1. 2006)

herausheben//hineinlegen
ein Baby aus dem Wagen herausheben

herausholen//hineinbringen
Stühle aus dem Zimmer herausholen

herausholen//hineinstecken
etwas aus der Handtasche herausholen ○ (übertragen:) *wieder herausholen, was man (in ein Projekt) hineingesteckt hat*

herauskommen//drinbleiben
sie kam (hier) heraus (zu mir)

herauskommen//hereinkommen
(2 Sachverhalte, 1 personenidentische Perspektive, 2 Standorte), z. B. *er kommt aus dem Zimmer (zu mir) heraus/er kommt zu mir in das Zimmer herein*

herauskommen//hinausgehen
(1 Sachverhalt, 2 personenverschiedene Perspektiven, 2 Standorte), z. B. *komm aus dem Park heraus!* ○ *du kommst heraus zu mir/du gehst hinaus zu ihm*

herauskommen//hineinfahren
der Zug kam aus dem Tunnel heraus

herauskommen//hineingehen
(2 Sachverhalte, 1 personenidentische Perspektive, 1 Standort), z. B. *als sie weinend herauskommt, geht er hinein* ○ *er*

kommt aus dem Haus heraus zu mir/er geht in das Haus hinein zu ihr

herauskriechen//hineinkriechen
(2 Sachverhalte, 1 personenidentische Perspektive, 1 Standort), z. B. *aus dem Zelt herauskriechen zu mir/in das Zelt hineinkriechen zu dir*

herauslassen//hereinlassen
(2 Sachverhalte, 1 personenidentische Perspektive, 2 Standorte), z. B. *aus dem Zimmer herauslassen/in das Zimmer hereinlassen*

herauslassen//hinauslassen
(1 Sachverhalt, 2 personenverschiedene Perspektiven, 2 Standorte), z. B. *aus dem Zimmer herauslassen/aus dem Zimmer hinauslassen*

herauslassen//hineinlassen
(2 Sachverhalte hin und zurück, 1 personenidentische Perspektive, 1 Standort), z. B. *er drückt von außen gegen die Tür und lässt ihn nicht heraus (zu uns)* ○ *den Hund aus dem Haus herauslassen/den Hund in das Haus hineinlassen*

herauslaufen//hereinlaufen
(2 Sachverhalte, 1 personenidentische Perspektive, 2 Standorte), z. B. *aus dem Zimmer herauslaufen/in das Zimmer hereinlaufen*

herauslaufen//hinauslaufen
(1 Sachverhalt, 2 personenverschiedene Perspektiven, 2 Standorte) z. B. *er läuft aus dem Zimmer heraus, (zu mir)/er läuft aus dem Zimmer hinaus (zu ihm)*

herauslaufen//hineinlaufen
(2 Sachverhalte hin und zurück, 1 personenidentische Perspektive, 1 Standort), z. B. *er ist herausgelaufen zu mir/er ist hineingelaufen zu ihr*

herausmarschieren//hineinmarschieren
(2 Sachverhalte hin und zurück, 1 personenidentische Perspektive, 1 Standort)

herausnehmen//einlegen
Jeden Montag hieß es in der ersten Pause die Leiter holen, die Papierstreifen mit den aufgezeichneten Messwerten einer Woche aus den Geräten herausnehmen und neue Streifen einlegen. (Nordkurier 13. 9. 2001)

herausnehmen//hineinhängen
den Mantel aus dem Schrank herausnehmen

herausnehmen//hineinlegen; ↑auch: **legen in**
die Wäsche aus dem Schrank herausnehmen

herausnehmen//hineinstellen; ↑auch: **stellen in**
die Bücher aus dem Regal herausnehmen

herausrauschen//hineinrauschen
(2 Sachverhalte hin und zurück, 1 personenidentische Perspektive, 1 Standort), z. B. *sie rauschte aus dem Zimmer heraus/sie rauschte in das Zimmer hinein*

herausreichen//hineinreichen
(2 Sachverhalte hin und zurück, 1 personenidentische Perspektive, 1 Standort), z. B. *er reicht den Ausweis aus dem Fenster heraus, und ich reiche ihn wieder hinein*

herausrufen//hereinrufen
jemanden aus dem Zimmer zu sich herausrufen

herausschicken//hineinschicken
Dann werden alle Daten, die aus einem Land heraus- oder in ein Land hineingeschickt werden, nicht weitertransportiert. (Der Spiegel 26. 1. 2019)

herausschlüpfen//hereinschlüpfen
(2 Sachverhalte, 1 personenidentische Perspektive, 2 Standorte), z. B. *er schlüpft heraus zu mir/er schlüpft herein zu mir*

herausschlüpfen//hineinschlüpfen
(2 Sachverhalte hin und zurück, 1 personenidentische Perspektive, 1 Standort),
z. B. *die Maus schlüpft aus dem Loch heraus und dann wieder in das Loch hinein*

herausschmuggeln//hereinschmuggeln
(2 Sachverhalte, 1 personenidentische Perspektive, 2 Standorte), z. B. *Geld aus dem Land herausschmuggeln/Geld in das Land hereinschmuggeln*

herausschmuggeln//hineinschmuggeln
(2 Sachverhalte hin und zurück, 1 personenidentische Perspektive, 1 Standort),
z. B. *Geld aus dem Land herausschmuggeln/Geld in das Land hineinschmuggeln*

heraußen//herinnen
(hier draußen ○ süddeutsch, österreichisch)

heraußen//drinnen
„Die Leute heraußen sollen endlich erfahren, was sich drinnen in der Regierung abspielt." (Der Standard 23. 1. 2004)

herausströmen//hereinströmen
(2 Sachverhalte, 1 personenidentische Perspektive, 2 Standorte), z. B. *sie strömten zu uns auf den Platz heraus/sie strömten zu uns in den Saal herein*

herausströmen//hineinströmen
(2 Sachverhalte hin und zurück, 1 personenidentische Perspektive, 1 Standort),
z. B. *aus dem Stadion herausströmende Massen/in das Stadion hineinströmende Massen*

heraustragen//hereintragen
zu mir nach hier draußen heraustragen/zu mir nach hier drinnen hereintragen

heraustragen//hinaustragen
zu mir heraustragen/zu ihm hinaustragen

heraustragen//hineintragen; ↑**auch: reintragen**
(2 Sachverhalte hin und zurück, 1 personenidentische Perspektive, 1 Standort),
z. B. *die Möbel aus dem Haus heraustragen/die Möbel in das Haus hineintragen*

herauswollen//hereinwollen
(2 Sachverhalte, 1 personenidentische Perspektive, 2 Standorte)

herauswollen//hineinwollen
(2 Sachverhalte hin und zurück, 1 personenidentische Perspektive, 1 Standort),
z. B. *die einen wollten aus dem Haus heraus, die anderen wollten in das Haus hinein*

herausziehen//einschlagen
einen Nagel (wieder) herausziehen ○ *Und weil der Hals der (Vogel)Scheuche zu kurz geworden ist, muss er sie noch einmal herausziehen und neu einschlagen.* (Haller Tagblatt 14. 8. 2013)

herausziehen//hereinziehen
(2 Sachverhalte, 1 personenidentische Perspektive, 2 Standorte), z. B. *ich habe sie aus dem Auto herausgezogen/ich habe sie in das Auto hereingezogen*

herausziehen//hineinschieben
das Kuchenblech aus dem Ofen herausziehen

herausziehen//hineinstecken; ↑**auch: reinstecken**
das Taschentuch aus der Tasche herausziehen

herausziehen//hineinziehen
(2 Sachverhalte hin und zurück, 1 personenidentische Perspektive, 1 Standort),
z. B. *jemanden aus dem Zimmer herausziehen! in das Zimmer hineinziehen*

herb//lieblich
ein herber Wein ○ *Männer mögen es herb, Frauen eher lieblich – das passt zu den Erwartungen.* (Tagesanzeiger 4. 4. 2013)

herbringen//hinbringen
bring das her zu mir/bring das hin zu ihr! ○ *„Und alsbald schickte der König den Henker hin und hieß sein Haupt herbringen. Der ging hin und enthauptete*

ihn im Gefängnis." (Bibel, Markus 6, 27–28)

herbringen//wegbringen
er bringt das her (von einem anderen Ort zum Sprecher) ○ *Die Sachen müssen hergebracht und weggebracht werden* (Schweriner Volkszeitung 7. 3. 2016)

Herbst//Frühjahr, Frühling
die Felder wurden im Frühjahr und im Herbst bestellt ○ *im Herbst fallen die Blätter* ○ *Im Herbst des Lebens noch mal richtig Radau machen. Ein bisschen so wie Frühling aus zweiter Hand.* (taz 4. 4. 2006) ○ *Die solcherart Beschenkte überzeugte dann auch den letzten Zweifler davon, dass der Herbst des Lebens auch zu einem Frühjahr werden kann.* (Nordkurier 11. 1. 2000)

Herbstanfang//Frühlingsanfang
am 23. September ist Herbstanfang ○ *Direkt am Nordpol erhebt sich das Tagesgestirn vom Herbstanfang bis zum Frühlingsanfang gar nicht über den Horizont.* (Hannoversche Allgemeine 27. 11. 2009)

Herbstaussaat//Frühjahrsaussaat

Herbstbestellung//Frühjahrsbestellung

Herbstmesse//Frühjahrsmesse
Künftig sollen sich dort während der Herbstmesse die Karussells drehen. Die Streichung des Rummelplatzes während der Frühjahrsmesse stößt auf Proteste. (Die Presse 3. 3. 2004)

Herbststürme//Frühlingsstürme
Ob sommerliche Gewitterböen, Herbststürme, schneidend kalter Winterwind oder die lauen Frühlingsstürme – das Wetter gibt in diesen Tagen schon einen Vorgeschmack (Rhein-Zeitung 3. 2. 2004)

Herde//Hirte
der Hirt mit seiner Herde ○ *Er weidet seine Herde, ein guter Hirte* (Duett aus Händels Oratorium „Der Messias")

Herdenmoral//Herrenmoral
(siehe: Sklavenmoral)

herein//heraus
in das Haus herein zu uns/aus dem Haus heraus zu uns ○ *Das Grauen bricht über New York herein. Schnell stellt sich heraus: Es war ein Anschlag.* (FOCUS 20. 1. 2014)

herein//hinaus
herein zu mir! ... niemand durfte während dieser Zeit herein oder hinaus (Die Zeit 19. 4. 2018)

herein//hinein
Wenn du den Peter aufforderst, in unsere Stube zu treten, dann bittest du ihn herein, nicht hinein. (Der Spiegel 23. 2. 2005)

herein...//heraus... (Verb)
(auf eine Person zu – mit jeweils unterschiedlichem Standort: 2 Sachverhalte, 1 personenidentische Perspektive, 2 Standorte), z. B. *hereinfahren/herausfahren*

herein...//hinaus... (Verben mit gleichem Basiswort)
(2 Sachverhalte hin und zurück, 1 personenidentische Perspektive, 1 Standort), z. B. *hereinbringen/hinausbringen: er bringt das Kind herein zu mir/er bringt das Kind hinaus zu ihr*

herein...//hinaus... (Verben mit nicht gleichem Basiswort)
(2 Sachverhalte, 1 personenidentische Perspektive, 1 Standort), z. B. *hereinkommen/hinausgehen*

herein...//hinein... (Verben mit gleichem Basiswort)
(1 Sachverhalt, 2 personenverschiedene Perspektiven, 2 Standorte), z. B. *hereinlaufen/hineinlaufen: er läuft herein ins Haus zu mir/er läuft hinein ins Haus zu dir*

herein...//hinein... (Verben mit nicht gleichem Basiswort)
(1 Sachverhalt, 2 personenverschiedene Perspektiven, 2 Standorte), z. B. *hereinkommen/hineingehen*

hereinbitten//herausbitten
(2 Sachverhalte, 1 personenidentische Perspektive, 2 Standorte), z. B. *jemanden zu sich in das Haus hereinbitten/jemanden aus dem Haus, in den Garten zu sich herausbitten*

hereinbringen//hinausbringen
(2 Sachverhalte hin und zurück, 1 personenidentische Perspektive, 1 Standort), z. B. *den Tisch vom Balkon ins Zimmer hereinbringen/den Tisch auf den Balkon hinausbringen*

hereindringen//herausdringen
(2 Sachverhalte, 1 personenidentische Perspektive, 2 Standorte), z. B. *Geruch dringt herein/Geruch dringt heraus*

hereindringen//hinausdringen
(2 Sachverhalte – hin/her, 1 personenidentische Perspektive, 1 Standort), z. B. *der Bratengeruch drang hinaus aus dem Fenster, und die frische Luft drang herein zu mir in die Küche*

hereinfahren//herausfahren
(2 Sachverhalte, 1 personenidentische Perspektive, 2 Standorte), z. B. *in die Garage zu mir hereinfahren/aus der Garage zu mir herausfahren*

hereinfahren//hinausfahren; ↑auch: **rausfahren**
(2 Sachverhalte hin und zurück, 1 personenidentische Perspektive, 1 Standort), z. B. *in die Garage hereinfahren zu mir/aus der Garage hinausfahren*

hereinfahren//hineinfahren
(1 Sachverhalt, 2 personenverschiedene Perspektiven, 2 Standorte oder 2 Sachverhalte, 1 personenidentische Perspektive, 1 Standort), z. B. *du fährst herein zu mir/er fährt hinein zu ihm*

hereinfliegen//hinausfliegen
(2 Sachverhalte hin und zurück, 1 personenidentische Perspektive, 1 Standort), z. B. *die Schwalbe flog in den Stall herein (zu mir) und dann wieder aus dem Stall hinaus*

hereinfließen//herausfließen
(2 Sachverhalte, 1 personenidentische Perspektive, 2 Standorte, z. B. *das Wasser fließt herein*)

hereinfließen//hinausfließen
(2 Sachverhalte hin und zurück, 1 personenidentische Perspektive, 1 Standort), z. B. *das Wasser floß erst herein und dann wieder hinaus*

hereinkommen//draußen bleiben
er soll (hier) hereinkommen (zu mir)

hereinkommen//herauskommen
(2 Sachverhalte, 1 personenidentische Perspektive, 2 Standorte), z. B. *er kam zu mir herein/er kam zu mir heraus*

hereinkommen//hinausgehen
(2 Sachverhalte hin und zurück, 1 personenidentische Perspektive, 1 Standort), z. B. *sie kam herein und ging dann wieder hinaus*

hereinkommen//hineingehen
(1 Sachverhalt, 2 personenverschiedene Perspektiven, 2 Standorte oder 2 Sachverhalte hin/her, 1 personenidentische Perspektive, 1 Standort), z. B. *er kommt herein zu mir/er geht hinein zu ihm*

hereinkriechen//hinauskriechen
(2 Sachverhalte hin und zurück, 1 personenidentische Perspektive, 1 Standort), z. B. *er kriecht ins Bett herein zu mir/er kriecht aus dem Bett hinaus*

hereinlassen//herauslassen
(2 Sachverhalte, 1 personenidentische Perspektive, 2 Standorte)

hereinlassen//hinauslassen
(2 Sachverhalte hin und zurück, 1 personenidentische Perspektive, 1 Standort), z. B. *ich stemme mich von innen gegen die Tür und lasse ihn nicht herein*

hereinlassen//hineinlassen
(1 Sachverhalt, 2 personenverschiedene Perspektiven, 2 Standorte oder 2 Sachverhalte hin und zurück, 1 personenidentische Perspektive, 1 Standort),

z. B. *ich lasse ihn herein zu mir/er lässt ihn hinein zu sich*

hereinlaufen//herauslaufen
(2 Sachverhalte, 1 personenidentische Perspektive, 2 Standorte), z. B. *er ist hereingelaufen/er ist herausgelaufen*

hereinlaufen//hineinlaufen
(1 Sachverhalt, 2 personenverschiedene Perspektiven, 2 Standorte oder 2 Sachverhalte hin und zurück, 1 personenidentische Perspektive, 1 Standort), z. B. *er läuft zu mir herein/er ist zu ihm hineingelaufen*

hereinrauschen//hineinrauschen
(1 Sachverhalt, 2 personenverschiedene Perspektiven, 2 Standorte oder 2 Sachverhalte hin und zurück, 1 personenidentische Perspektive, 1 Standort), z. B. *sie rauscht zu mir herein/sie ist zu ihm hineingerauscht)*

hereinrufen//herausrufen
jemanden ins Zimmer zu sich hereinrufen

hereinschlüpfen//herausschlüpfen
(2 Sachverhalte, 1 personenidentische Perspektive, 2 Standorte), z. B. *er schlüpft herein zu mir/er schlüpft heraus zu mir*

hereinschlüpfen//hinausschlüpfen
(2 Sachverhalte hin und zurück, 1 personenidentische Perspektive, 1 Standort), z. B. *ins Bett hereinschlüpfen und wieder hinausschlüpfen*

hereinschlüpfen//hineinschlüpfen
(1 Sachverhalt, 2 personenverschiedene Perspektiven, 2 Standorte oder 2 Sachverhalte hin/her, 1 personenidentische Perspektive 1 Standort), z. B. *sie schlüpft ins Bett herein zu mir/sie schlüpft ins Bett hinein zu ihm*

hereinschmuggeln//herausschmuggeln
(2 Sachverhalte, 1 personenidentische Perspektive, 2 Standorte), z. B. *Geld ins Land hereinschmuggeln/Geld aus dem Land herausschmuggeln*

hereinschmuggeln//hinausschmuggeln
(2 Sachverhalte hin und zurück, 1 personenidentische Perspektive, 1 Standort), z. B. *Geld ins Land hereinschmuggeln/Geld aus dem Land hinausschmuggeln*

hereinströmen//herausströmen
Menschenmassen strömten herein/Menschenmassen strömten heraus (2 Sachverhalte, 1 personenidentische Perspektive, 2 Standorte)

hereinströmen//hinausströmen
Menschenmassen strömten herein/Menschenmassen strömten hinaus (2 Sachverhalte hin und zurück, 1 personenidentische Perspektive, 1 Standort)

hereintragen//heraustragen
zu mir nach hier drinnen hereintragen/zu mir nach hier draußen heraustragen

hereintragen//hinaustragen; ↑auch: raustragen
einen Stuhl hereintragen und wieder hinaustragen (2 Sachverhalte, 1 personenidentische Perspektive, 1 Standort)

hereinwollen//herauswollen
(2 Sachverhalte, 1 personenidentische Perspektive, 2 Standorte)

hereinwollen//hinauswollen
(2 Sachverhalte hin und zurück, 1 personenidentische Perspektive, 1 Standort)

hereinwollen//hineinwollen
willst du herein?/ja, ich will hinein
(1 Sachverhalt, 2 personenverschiedene Perspektiven, 2 Standorte oder 2 Sachverhalte, 1 personenidentische Perspektive, 1 Standort)

hereinziehen//herausziehen
jemanden ins Auto hereinziehen/jemanden aus dem Auto herausziehen (2 Sachverhalte, 1 personenidentische Perspektive, 2 Standorte)

hereinziehen//hinausziehen
ich ziehe ihn ins Auto herein, und er zieht ihn wieder aus dem Auto hinaus

(2 Sachverhalte, 1 personenidentische Perspektive, 1 Standort)

herinnen//heraußen
(hier drinnen ○ süddeutsch, österreichisch)

herinnen//draußen
Durch die wandhohen Fenster verschwindet die Grenze zwischen herinnen und draußen (Der Standard 18. 8. 2007)

herkommen//hinfahren
kommt er her, oder muss ich zu ihm hinfahren?

herkommen//hingehen
er kommt her zu mir/er geht hin zu ihm (1 Sachverhalt, 2 personenverschiedene Perspektiven, 2 Standorte oder 2 Sachverhalte hin/her, 1 personenidentische Perspektive, 1 Standort) ○ *Wo kommt der Mensch her – und wo geht er hin?* (Der Spiegel 8. 6. 2019)

herkommen//weggehen
er kommt her (zum Sprecher) ○ *„Ich bin hergekommen und nicht mehr weggegangen."* (Tiroler Tageszeitung 14. 6. 2000)

herkömmlich//nachhaltig
In der Schweiz müssten indes auch herkömmlich erzeugte Lebensmittel hohen Standards genügen und ökologisch nachhaltig produziert werden. (Neue Zürcher Zeitung 19. 9. 2009)

Herkules//Hylas; ↑auch Herakles
(Hylas war der Liebling des Herkules)

heroben//droben
„Wir heroben haben eine schöne Aussicht." „Ja, ihr droben habt es schön."

heroben//drunten
(hier oben ○ süddeutsch, österreichisch) ○ *„Bei uns heroben ist Sonne pur, aber drunten im Tal eine Nebelsupp`n, von Ebensee sieht man nur ein paar Fleckerl"* (Oberösterreichische Nachrichten 4. 11. 2015)

heroben//herunten
„Schön ist es hier heroben." „Aber bei uns herunten ist es wärmer."

heroisch//unheroisch
ein heroisches Ende ○ *Der Jurist habe das Gebot der Nächstenliebe heroisch praktiziert, so die Begründung.* (Nürnberger Nachrichten 5. 2. 2018)

Hero//Leander
(Liebespaar in der griechischen Mythologie, in der Dichtung mehrmals bearbeitet, z. B. von Ovid in den „Heroides" und Franz Grillparzer in „Des Meeres und dere Liebe Wellen")

Herr//Dame; ↑auch: Frau, Yin
ein besserer Herr ○ *ein Herr kam zu Besuch* ○ *ein Frisör für Herren* ○ *meine Damen und Herren* ○ *der Herr des Hauses* ○ *mein Herr, was wünschen Sie?*

Herr//Diener
der Diener seines Herrn ○ *Der Herr hatte Mitleid mit dem Diener, ließ ihn gehen und schenkte ihm die Schuld.* (Bibel, Matthäus 18,27)

Herr//Frau; ↑auch: Dame, Mistress (in Verbindung mit dem Namen)
guten Abend, Herr Scholze ○ *Herr Kirse ist Apotheker in spe* ○ *Herr und Frau Balzer* ○ *Herr Schmidt hat geschrieben*

Herr//Knecht
der Mensch ist Herr und Knecht zugleich ○ *„Herr Puntila und sein Knecht Matti"* (Theaterstück von Bertolt Brecht, uraufgeführt 1948)

Herr//Sklave
(im Altertum) ○ *Paulus hatte einen entscheidenden Geistesblitz: Vor Gott gibt es Unterschiede wie Mann oder Frau, Jude oder Heide, Herr oder Sklave nicht mehr. Die Apostelgeschichte illustriert diese Einsicht mit der idealen Gemeinde in Jerusalem.* (Tiroler Tageszeitung 23. 11. 2018) ○ (in einer sadomasochistischen Partnerschaft derjenige, der den sadistischen Part innehat)

Herrchen//Frauchen
wo ist denn das Herrchen (die männliche Person als Besitzer, z. B. eines Hundes)?

Herrenbekanntschaft//Damenbekanntschaft
(veraltend) ○ *sie hat viele Herrenbekanntschaften*

Herrenbekleidung//Damenbekleidung

Herrenbesuch//Damenbesuch
sie empfing Herrenbesuch ○ *Achtzig Prozent der Studentinnen durften im vergangenen Semester keinen Herrenbesuch empfangen, fünfzig Prozent der Studenten keinen Damenbesuch.* (Die Zeit 18. 5. 1962)

Herrenburg//Fliehburg
(im Mittelalter Befestigung, wo der Herr mit seinen Angehörigen wohnte)

Herrenfriseur//Damenfriseur

Herrenhandschuh//Damenhandschuh

Herrenkonfektion//Damenkonfektion

Herrenmensch//Untermensch
(NS-Sprache) ○ *Mit dazu beigetragen habe die Einteilung in „Herrenmensch" und „Untermensch".* (Süddeutsche Zeitung 15. 5. 2009)

Herrenmode//Damenmode

Herrenmoral//Herdenmoral, Sklavenmoral
(nach Nietzsche: Moral, die Ängstlichkeit, Mitleid usw. verachtet)

Herrenoberbekleidung//Damenoberbekleidung

Herrenrad//Damenrad

Herrensattel//Damensattel
(Sattel, bei dem der Reiter zu beiden Seiten des Pferdes die Beine in die Steigbügel bringen kann)

Herrenschirm//Damenschirm

Herrenschneider//Damenschneider

Herrenschuh//Damenschuh

Herrensitz//Damensitz
(Sitz beim Reiten auf dem Pferd, wobei die Beine zu beiden Seiten des Pferdes in die Steigbügel treten können)

Herrentoilette//Damentoilette

Herrenunterwäsche//Damenunterwäsche

Herrin//Dienerin
In Gestalt des Samurai übernimmt der Mann das Regiment. Die vormalige Herrin wird Dienerin, Sklavin sogar. (Neue Zürcher Zeitung 1. 10. 2011) ○ (↑Domina ○ SM-Jargon)

Herrin/Sklave
(die weibliche Person, die in einer sadomasochistischen Beziehung die sadistischen Praktiken übernimmt ○ Jargon)

Herrin//Zofe
Die eine gibt die Herrin, die andere die Zofe, die sich endlich dazu durchringt, der Gnädigen ihre Niedertracht vorzuhalten. (Die Südostschweiz 5. 4. 2013)

Herr Ober//Fräulein; ↑auch: Kellnerin
(im Restaurant:) *Herr Ober, ich möchte zahlen!*

herrschend/beherrscht
die herrschende Klasse (Marxismus) ○ *Der herrschende und von der AKP beherrschte Teil des Landes wird dagegen mehr und mehr zu einer Mischung aus Turkmenistan und Katar.* (taz 27. 7. 2018)

Herrschende[r]//Beherrschte[r]
Die Grenze zwischen „Herrschenden" und „Beherrschten" ... lässt sich nicht ohne Weiteres mit der zwischen „Gut" und „Böse" gleichsetzen. (Der Spiegel 19. 1. 2019) ○ *Er will wissen, wie es gewesen ist in der „alkoholzentrierten Gesellschaft", wie es zuging in dem Land, in dem Alkohol für Herrschende wie*

Beherrschte zentral, für Politik, Wirtschaft und Bevölkerung ein Leitthema war. (Süddeutsche Zeitung 15. 3. 2011)

Herrscher[in]//Beherrschte[r]

herstellender Buchhandel//verbreitender Buchhandel

Hersteller//Verbraucher; ↑auch: Konsument

Herstellungsaufwand//Erhaltungsaufwand
(Wirtschaft)

Herstellungspreis//Verbraucherpreis, Verkaufspreis
Den relativ hohen Differenzbetrag zwischen dem sehr niedrigen Herstellungspreis und dem vergleichsweise hohen Verkaufspreis stecken die Hersteller ein. (Der Standard 19. 9. 2012)

herströmen//hinströmen
die Menschenmassen strömten her (zu uns ins Stadion)

herüber//hinüber
(1 Sachverhalt, 2 Perspektiven – nur hin – oder: über den Zaun zu mir X herüber/über den Zaun zu ihm Y hinüber: 2 Sachverhalte, 1 personenidentische Perspektive, 1 Standort – hin und zurück) z. B. über den Zaun zu mir X herüber/über den Zaun zu ihm X hinüber ○ Das schallte so hell und lieblich zu ihnen herüber, dass sie unwillkürlich aufblickten und zur Kirche hinüber sahen. (Berliner Morgenpost 14. 12. 2008)

herüber...//hinüber... (Verben mit gleichem Basiswort)
(1 Sachverhalt, 2 personenverschiedene Perspektiven, 2 Standorte oder 2 Sachverhalte hin und zurück, 1 personenidentische Perspektive, 1 Standort), z. B. herüberblicken/hinüberblicken

herüber...//hinüber... (Verben mit nicht gleichem Basiswort)
(1 Sachverhalt, 2 personenverschiedene Perspektiven, 2 Standorte oder 2 Sachverhalte hin und zurück, 1 personenidentische Perspektive, 1 Standort), z. B. herüberkommen/hinübergehen (er kommt herüber zu mir X/er geht hinüber zu ihm X oder: er kommt herüber und geht dann wieder hinüber)

herüberblicken//hinüberblicken
er blickt zu mir herüber

herübergrüßen//hinübergrüßen
er grüßte zu mir herüber, ich grüßte zu ihm hinüber

herüberkommen//hinübergehen
er kommt zu mir herüber, oder ich gehe zu ihm hinüber

herübersehen//hinübersehen
unsere Blicke begegneten sich: er sah herüber, und ich sah hinüber

Herübersetzung//Hinübersetzung; ↑auch: Textproduktion
(z. B. für einen Engländer aus dem Deutschen ins Englische)

herüberwechseln//hinüberwechseln
der Fuchs wechselte herüber

herüberwerfen//hinüberwerfen
(1 Sachverhalt, 2 personenverschiedene Perspektiven, 2 Standorte), z. B. er wirft es herüber zu mir/er wirft es hinüber zu ihm ○ (2 Sachverhalte, 1 personenidentische Perspektive, 1 Standort), z. B. wenn du mir meins herüberwirfst, werde ich dir deins hinüberwerfen

herunten//heroben
(hier unten ○ süddeutsch, österreichisch)

herunten//drunten
„Oben auf dem Berg siehst erst, wie klein alles herunten ist. Und drunten im Tal machst dir das Leben mit solchen Kleinigkeiten so schwer." (Neue Vorarlberger Tageszeitung 11. 8. 2002)

herunter//herauf; ↑auch: aufwärts
(2 Sachverhalte, 1 personenidentische Perspektive, 2 Standorte oder 2 Sachver-

halte aus gegensätzlichen Richtungen auf einen Punkt hin, 1 personenidentische Perspektive, 1 Standort), z. B. *vom Berg bis zu uns herunter ins Tal/vom Tal bis zu uns herauf auf den Berg* ○ *Sicher hat die Medienkonkurrenz die Lage verändert. Derzeit konkurrieren sie sich im Niveau in der Regel eher herunter als herauf.* (Die Zeit 14. 5. 1993)

herunter//hinauf; ↑auch: auf//von, aufwärts
(2 Sachverhalte hin und zurück, 1 personenidentische Perspektive, 1 Standort), z. B. *vom Berg zu uns herunter ins Tal/vom Tal bis zu ihnen hinauf auf den Berg* ○ *Die Amerikaner sind mit den Zinsen herunter, die Europäer hinauf, und die Inflation ist fast gleich.* (Die Presse 6. 8. 2008)

herunter//hinunter; ↑auch: abwärts
(1 Sachverhalt, 2 personenverschiedene Perspektiven, 2 Standorte oder 2 Sachverhalte – aus einer Richtung kommend und in eine entgegengesetzte Richtung gehend –, 1 personenidentische Perspektive, 1 Standort), z. B. *herunter zu mir/hinunter zu ihm* ○ *Dann rasch die Felle herunter und im Eiltempo wieder hinunter zur Mittelstation.* (Neue Kronen-Zeitung 8. 3. 2009)

herunter...//herauf... (Verb)
(2 Sachverhalte – aus zwei entgegengesetzten Richtungen auf einen Punkt hin kommend –, 1 personenidentische Perspektive, 1 Standort oder: 2 Sachverhalte, 1 personenidentische Perspektive, 2 Standorte), z. B. *herunterkommen/heraufkommen*

herunter...//hinauf.. (Verben mit gleichem Basiswort)
(2 Sachverhalte in und zurück, 1 personenidentische Perspektive, 1 Standort), z. B. *heruntersteigen/hinaufsteigen*

herunter...//hinauf... (Verben mit nicht gleichem Basiswort)
(2 Sachverhalte hin und zurück, 1 personenidentische Perspektive, 1 Standort), z. B. *herunterziehen/hinaufschieben*

herunter...//hinunter..., hinab... (Verb)
(1 Sachverhalt, 2 personenverschiedene Perspektiven, 2 Standorte oder: 2 Sachverhalte aus einer Richtung kommend und in die gleiche Richtung weiter gehend, 1 personenidentische Perspektive, 1 Standort), z. B. *herunterspringen/hinunterspringen*

herunter...//hoch... (Verben mit nicht gleichem Basiswort)
z. B. *herunterlassen/hochziehen*

herunterblicken//hinaufblicken
er blickte zu mir herunter und ich zu ihm hinauf

herunterbringen//heraufholen
(2 Sachverhalte, 1 personenidentische Perspektive, 2 Standorte), z. B. *er bringt den Kasten Bier herunter zu mir/er holt den Kasten Bier herauf zu mir*

herunterbringen//hinaufbringen
(2 Sachverhalte hin und zurück, 1 personenidentische Perspektive, 1 Standort), z. B. *erst hat er den Kasten Bier zu mir heruntergebracht in den Keller, dann hat er ihn wieder hinaufgebracht auf den Balkon*

herunterdrücken//hochdrücken
den Hebel herunterdrücken

herunterfahren//herauffahren
Der Bankomat dürfte beim Sprengversuch sein System herunterfahren und sich neu gestartet haben. (Niederösterreichische Nachrichten 19. 5. 2017)

heruntergehen//herunterkommen
die Straße heruntergehen (vom Sprecher weg)

heruntergehen//hinaufgehen
mit den Preisen heruntergehen ○ *Wenn das Ziel der europäischen Steuerharmonisierung ... erreicht werden soll, müssen die Franzosen mit der Mehrwertsteuer heruntergehen, und wir müssen hinaufgehen.* (Die Zeit 18. 6. 1976)

heruntergehen//hochgehen
Mal geht der Schlagbaum hoch, ein Dromedar trottet vorüber, dann geht der Schlagbaum wieder herunter. (Der Spiegel 7. 7. 2018)

herunterholen//hinaufbringen
(2 Sachverhalte hin und zurück, 1 personenidentische Perspektive, 1 Standort), z. B. ich hole den Kasten in den Keller herunter und bringe ihn dann wieder hinauf

herunterklappen//aufklappen, hochklappen
den hochgeklappten Kragen (am Mantel) wieder herunterklappen

herunterklettern//hinabklettern
er klettert zu mir herunter/ich klettere zu ihm hinab

herunterklettern//hinaufklettern
(2 Sachverhalte hin und zurück, 1 personenidentische Perspektive, 1 Standort), z. B. sie klettert zu mir herunter und dann klettert sie wieder zu ihr hinauf

herunterklettern//hinunterklettern
(2 Sachverhalte – aus einer Richtung kommend und von dort aus weiter, 1 personenidentische Perspektive, 1 Standort oder 1 Sachverhalt, 2 personenverschiedene Perspektiven, 2 Standorte), z. B. er klettert herunter zu mir, dann klettert er weiter hinunter zu ihm

herunterkommen//heraufkommen; ↑auch: raufkommen
sie kam von oben zu mir herunter, und er kam von unten herauf zu mir

herunterkommen//heruntergehen
die Straße herunterkommen (zum Sprecher hin)

herunterkommen//hinaufgehen
sie kam die Treppe herunter, und er ging die Treppe hinauf (2 Sachverhalte, 1 personenidentische Perspektive, 1 Standort)

herunterkrempeln//hochkrempeln; ↑auch: raufkrempeln
die Ärmel, die Hosenbeine (wieder) herunterkrempeln

herunterkurbeln//hinaufkurbeln, hochkurbeln; ↑auch: raufkurbeln
das Autofenster herunterkurbeln

herunterladen//heraufladen
Über ihre Festnetzanschlüsse luden die Deutschen im vergangenen Jahr insgesamt 3,2 Milliarden Gigabyte Daten aus dem Internet herunter oder ins Internet herauf (Der Spiegel 6. 4. 2011)

herunterlassen//hochziehen
die Jalousien herunterlassen ○ *die Hosen herunterlassen*

herunterlaufen//hinauflaufen
er läuft die Treppe herunter/er läuft die Treppe hinauf (2 Sachverhalte hin und zurück, 1 personenidentische Perspektive, 1 Standort)

heruntersetzen//heraufsetzen
die Preise heruntersetzen

herunterspielen//hochspielen
einen Konflikt herunterspielen (seine Bedeutung als geringer, als sie wirklich ist, darstellen) ○ *Dahinter steckt noch immer der Vorwurf der Republikaner, der Anschlag in Benghazi sei bewusst heruntergespielt worden. ... Diese Anschuldigungen an die UNO-Botschafterin dürften noch einige Zeit hochgespielt werden* (Tagesanzeiger 17. 11. 2012)

herunterspringen//hinunterspringen
(1 Sachverhalt, 2 personenverschiedene Perspektiven, 2 Standorte oder 2 Sachverhalte – aus einer Richtung kommend und in gleicher Richtung weiter, 1 personenidentische Perspektive, 1 Standort), z. B. er springt herunter zu mir/er springt hinunter zu ihm

heruntersteigen//heraufsteigen
(2 Sachverhalte – aus zwei gegensätzlichen Richtungen kommend – 1 perso-

nenidentische Perspektive, 1 Standort), z. B. *er steigt vom Berg herunter (zu mir)/sie steigt aus dem Tal herauf zu mir*

heruntersteigen//hinaufsteigen
(2 Sachverhalte hin und zurück, 1 personenidentische Perspektive, 1 Standort), z. B. *er steigt den Abhang herunter (zu mir)/er steigt hinauf*

herunterwerfen//hinaufwerfen
(2 Sachverhalte hin und zurück, 1 personenidentische Perspektive, 1 Standort), z. B. *von oben herunterwerfen/nach oben hinaufwerfen*

herunterziehen//hinaufschieben, hochschieben
die Wandtafel herunterziehen

hervortretend//tiefliegend
Die Augen sind weit, mandelförmig eingesetzt, nicht hervortretend und nicht tiefliegend. (Wikipedia)

Herwörterbuch//Hinwörterbuch; ↑auch: Hinübersetzung
ein Herwörterbuch zum Übersetzen aus einer fremden Sprache

herziehen//wegziehen
die Familie Krause ist kürzlich hergezogen ○ *Damals sind viele Jungfamilien hier hergezogen, die Kinder sind weggezogen und die Eltern sind geblieben* (Wiener Zeitung 9. 11. 2017)

hérzu//hínzu
(beide können primär benutzt werden: 2 Sachverhalte, 1 personenidentische Perspektive, 1 Standort), z. B. *herzu (von dort hierher) hat er mit dem Auto nur eine Stunde gebraucht*

Hetera//Hetero
(Jargon) ○ *das sind alles Heteras* (heterosexuelle Frauen) *und Heteros*

hetero//homo; ↑auch: gay, homosexuell, schwul
der ist hetero ○ *Gefühlt war die ganze Stadt da, ob hetero, homo oder in welchen Konstellationen auch immer, das bunte Feiervolk hatte Spaß.* (Passauer Neue Presse 7. 3. 2016)

Hetero//Hetera
(Jargon) ○ *das sind alles Heteros* (heterosexuelle Männer) *und Heteras*

Hetero//Homo; ↑auch: Gay, Homosexueller
ein Hetero (Heterosexueller) *unter vielen Homos*

hetero... //auto... (vor fremdsprachlicher Basis; Adjektiv)
(mit der Bedeutung: anders, verschieden), z. B. *heterotroph/autotroph*

hetero...//homo... (vor fremdsprachlicher Basis; Adjektiv)
(mit der Bedeutung: anders, verschieden), z. B. *heterosexuell/homosexuell*

hetero...//iso... (vor fremdsprachlicher Basis; Adjektiv)
(mit der Bedeutung: anders, verschieden), z. B. *heteromesisch/isomesisch*

hetero...//ortho... (vor fremdsprachlicher Basis; Adjektiv)
(mit der Bedeutung: anders, verschieden), z. B. *heterodox/orthodox*

Hetero...//Auto... (vor fremdsprachlicher Basis; Substantiv)
(mit der Bedeutung: anders, verschieden), z. B. *Heterohypnose/Autohypnose*

Hetero...//Iso... (vor fremdsprachlicher Basis; Substantiv)
(mit der Bedeutung: anders, verschieden), z. B. *Heterosporie/Isosporie*

Hetero...//Ortho... (vor fremdsprachlicher Basis; Substantiv)
(mit der Bedeutung: anders, verschieden), z. B. *Heterodoxie/Orthodoxie*

heterochlamydeisch//homöochlamydeisch
(Botanik)

heterodont//homodont
(mit nicht gleichartigen Zähnen)

Heterodontie//Homodontie
(Verschiedengestaltigkeit in Bezug auf die Zähne, z. B. beim Menschen: Schneide-, Eck-, Mahlzähne)

heterodox//orthodox
(von der herrschenden Kirchenlehre abweichend) o *Islands „heterodoxe" (andere Lehre) Methode der Krisenbewältigung (die Banken pleitegehen zu lassen) habe über Irlands „orthodoxe" (richtige Lehre -sie mit Staatsgeld aufzufangen) gesiegt...* (Wirtschaftsblatt 3. 12. 2010)

Heterodoxie//Orthodoxie
(Abweichung in Bezug auf die kirchliche Lehre o von der traditionellen Meinung abweichend) o *„Heterodoxie funktioniert um Häuser besser als Orthodoxie."* (Wirtschaftsblatt 3. 12. 2010)

Heterodynamie//Homodynamie
(Ungleichheit der Anlagen)

heterodynamisch//homodynamisch
(in Bezug auf die Anlagen nicht gleichwertig) (Biologie)

heterogametisch//homogametisch

Heterogamie//Homogamie
(Ungleichartigkeit der Partner o Soziologie)

Heterogamie//Isogamie
(Befruchtungsvorgang mit ungleich gestalteten oder sich ungleich verhaltenden männlichen und weiblichen Keimzellen o Biologie)

heterogen//homogen
eine heterogene (ungleichartige) Gesellschaft o *... wie ist es dann möglich, dass das Bismarck-Reich als Reich heterogen war und sich gleichzeitig als Volk, also homogen, definierte?* (Rheinische Post 11. 12. 2013)

Heterogenität//Homogenität

Heterogonie//Homogonie
(Philosophie)

heterograd//homograd
(auf Quantität gerichtet o Statistik)

Heterohypnose//Autohypnose
(Hypnose durch eine andere Person)

Heterokotylie//Synkotylie
(Botanik)

heterolog//homolog
(artungleich)

heterologe Insemination//homologe Insemination
(künstliche Befruchtung mit Samen, der nicht vom Ehemann stammt)

Heterolyse//Homolyse
(Chemie)

heteromer//isomer
(verschieden gegliedert o von Blüten)

heteromesisch//isomesisch
(Geologie)

heteronom//autonom
(von fremden Gesetzen abhängend) o *Wer meint, den verlorenen Posten mit hohen Kosten halten zu müssen, unterschätzt die Tatsache, dass die Verantwortung für die eigene Gesundheit nicht heteronom aufgezwungen, sondern nur autonom übernommen werden kann.* (Frankfurter Rundschau 21. 3. 1998)

heteronom//homonom
(ungleichartig in Bezug auf einzelne Körperabschnitte o Zoologie)

Heteronomie//Autonomie
(Philosophie)

Heteronomie//Homonomie
(Biologie)

Heteronym//Homonym
(unterschiedliche Wörter mit gleichem Inhalt, sind Wörter, die das Gleiche bedeuten wie anderslautende in einer anderen Landschaft oder in einer anderen Sprache, z. B. Sonnabend/Samstag o Fahrrad, schweizerisch: Velo)

heterophag//homophag
(auf verschiedenen Wirtstieren oder -pflanzen schmarotzend ○ Biologie)

Heterophonie//Unisono
(Musik)

heteropisch//isopisch
(Geologie)

Heteroplastik//Homöoplastik, Homoplastik
(Überpflanzung artfremden, z. B. tierischen Gewebes auf den Menschen ○ Chirurgie)

heteropolar//homöopolar
(entgegengesetzt elektrisch geladen)

Heteropolysäure//Isopolysäure
(Chemie)

heterosensorielle Reproduktionen//homosensorielle Reproduktionen
(Psychologie)

Heterosexualität//Homosexualität
(geschlechtliche Hinneigung zum anderen Geschlecht)

heterosexuell//homosexuell; ↑auch: gay, gleichgeschlechtlich
heterosexuelle (Liebe zum anderen Geschlecht empfindende) *Männer, Frauen*

Heterosexueller//Homosexueller; ↑auch: Gay, Homo, Schwuler, Urning
(männliche Person, die Liebe zum anderen Geschlecht empfindet)

Heteroskedastizität//Homoskedastizität
(signifikante Ungleichheit ○ Statistik)

Heterosphäre//Homosphäre
(Atmosphäre oberhalb 100 km)

Heterosporen//Homosporen, Isosporen
(Botanik)

Heterosporie//Homosporie, Isosporie
(Botanik)

Heterostereotyp//Autostereotyp
Heterostereotype (Vorstellungen, Vorurteile) *machen sich andere von anderen* (Psychologie)

heterostyl//homostyl
(Botanik)

Heterostylie//Homostylie
(Botanik)

heterosyllabisch//homosyllabisch
(zu unterschiedlichen Silben gehörend)

heterotopisch//isotopisch
(Geologie)

Heterotransplantation//Homotransplantation
(Chirurgie)

heterotroph//autotroph
(sich von organischen, von anderen Lebewesen stammenden Stoffen ernährend)

Heterotrophie//Autotrophie
(Botanik)

heterözische Parasiten//autözische Parasiten
(Biologie)

heterozygot//homozygot; ↑auch: reinerbig
(unterschiedliche Erbanlagen habend ○ Biologie)

Heterozygotie//Homozygotie
(Biologie)

heterozyklische Blüten//isozyklische Blüten
(Botanik)

heterozyklische Verbindung//isozyklische Verbindung
(Chemie)

Heulpeter//Heulsuse
(Junge, der leicht weint)

Heulsuse//Heulpeter
(Mädchen, das leicht weint) ○ *Ein Bub, der weint, ist eine Heulsuse, kein Heulpe-*

ter, das ist ja bezeichnend. (St. Galler Tagblatt 22. 11. 2001)

heute//damals
heute heisst der Platz anders als damals (vor 50 Jahren) ○ *Vor 65 Jahren, mitten im Krieg, hatte die heute 91-Jährige ihren damals 28 Jahre alten Bräutigam in Berlin geheiratet.* (Hamburger Abendblatt 7. 2. 2008)

heute//gestern
heute reist er ab ○ *Was heute schön ist, war gestern hässlich und kann morgen unerträglich sein* (Wiener Zeitung 22. 12. 2017)

heute//morgen
Die Schutzzone von heute kann die Schusszone von morgen sein. (Die Presse 4. 1. 2016)

heutige//gestrige, morgige
das heutige Konzert ○ *Der Nachwelt soll möglichst viel über die heutige und gestrige Zeit hinterlassen werden.* (Saarbrücker Zeitung 11. 7. 2015) ○ *Die Wetterprognosen für das heutige Qualifying und das morgige Rennen sind aber gut.* (Tiroler Tageszeitung 11. 8. 2018)

heutzutage//früher
heutzutage reist man mehr als früher

Hexe//Heilige
ist sie eine Hexe oder eine Heilige? ○ *Von der Heiligen zur Hexe* (Mannheimer Morgen 30. 9. 2017)

Hexe//Hexer, Hexerich
In Nigeria werden viele Kinder zu Hexen und Hexern erklärt ... (Der Spiegel 5. 5. 2018)

Hexer, Hexerich//Hexe
(Mann, von dem man glaubt, dass er hexen kann) ○ *Kürzlich enthaupteten IS-Henker einen Mann, der als Hexer gebrandmarkt worden war.* (Stern 4. 5. 2016) ○ *Dass er parallel zu seiner Entwicklung als solider Handwerker zum „Hexerich" wurde ..., erstaunt ihn mitun-*

ter heute noch. (Neue Zürcher Zeitung 19. 7. 2005)

hier//dort, da
er steht hier an der rechten Seite ○ *ich wohne hier* ○ *er wohnt da/dort* ○ *Habeck zieht also seine Bahn, trinkt hier ein Schnäpschen und da ein Bier.* (Berliner Zeitung 25. 1. 2018) ○ *Diese Leute besitzen kein Haus. Sie leben ganz bewusst mal hier, mal dort.* (Tagesanzeiger 9. 6. 2018)

hierher//dahin, dorthin
komm hierher (von dort an diese Stelle hier)! ○ *„Die, die uns den Dreck hierher gekarrt haben, sollen ihn dahin bringen, wo er herkommt"* (Rheinische Post 10. 2. 2007) ○ *So kam der Name hierher. Eigentlich auch überall dorthin, wo die Franken verbreitet waren.* (Rheinische Post 5. 12. 2012)

hierhin//dorthin
stell dich hierhin! ○ *hängen Sie das Bild bitte hierhin (an diese Stelle) und nicht dorthin!* ○ *So schweift er hierhin, dorthin und schnell wird klar, dass er stundenlang weiter erzählen könnte.* (Kölnische Rundschau 21. 12. 2004)

hierlassen//mitnehmen
er ließ alles hier und nahm nichts mit ○ *Ich wollte sie lieber hierlassen und dafür meine Lego-Ninjago-Drachengrube mitnehmen, aber das durfte ich nicht.* (Hannoversche Allgemeine 14. 7. 2018)

hierzulande//dortzulande
hierzulande ist das nicht möglich ○ *Die Fahrprüfung kann hierzulande jedoch nur ablegen, wer hierzulande auch arbeitet oder zur Schule geht – und dortzulande umgekehrt.* (Oberösterreichische Nachrichten 11. 7. 1996)

hiesige//dortige
die hiesigen Verhältnisse ○ *Lamac stellte fest, dass die slowakische Jugend nicht ganz so verwöhnt ist wie die hiesige. Die dortige traditionelle Erziehung beinhalte unter anderem den Respekt der Jugend*

vor den Älteren. (Leipziger Volkszeitung 9. 6. 2004)

hie und da
hie und da (an einigen wenigen Stellen) *wuchs Unkraut* ○ *hie und da* (gelegentlich einmal) *halfen sie ihr in der Küche*

hie ...[und] da
hie die Theoretiker und da die Praktiker und Empiriker ○ *für einen Augenblick also standen die Politiker hie, die Presse da* (Märkische Allgemeine 30. 7. 2008)

high//down
er war ganz high (glücklich ○ auch: unter Drogen) ○ *„Wenn meine Mutter high ist, bin ich down"* (Südkurier 11. 7. 2016)

high-end//low-end
(in höchster Perfektion ○ EDV)

Hilfsantrag//Hauptantrag
(Rechtswesen)

Hilfsverb//Vollverb
„ist" ist ein Hilfsverb in „er ist gekommen" (Grammatik)

Himmel//Erde
zwischen Himmel und Erde ○ *am Himmel sieht man Wolken* ○ *die Zeit mit ihr – das war der Himmel auf Erden* ○ *... da berühren sich Himmel und Erde, dass Frieden werde unter uns* (Lied von Thomas Laubach) ○ *Es gibt mehr Ding' im Himmel und auf Erden, als Eure Schulweisheit sich träumt* (Shakespeare: Hamlet I/5)

Himmel//Hölle
gute Menschen kommen in den Himmel ○ *nach dem Tod in den Himmel kommen* (Religion) ○ *... in den Himmel oder in die Hölle.* (Der Spiegel 2. 6. 2018) ○ *Für die Statistiker ist das gleichzeitig Himmel und Hölle: Sie haben zwar mehr Daten zur Verfügung als je zuvor, aber viel weniger Kontrolle über sie.* (Neue Zürcher Zeitung Folio 3. 5. 2010) ○ *Himmel und Hölle am Meer – Die Karibikinsel St. Lucia ...* (Mannheimer Morgen 7. 4. 2018)

himmlisch//irdisch
himmlische Engel und irdische Teufel ○ *„Das dona nobis pacem ist himmlisch und irdisch zugleich und ein großes Gebet für den Frieden"* (Kölner Stadtanzeiger 7. 11. 2018)

himmlisch//höllisch
Immer aber sind es Geschichten um eine himmlisch romantische Liebe, die leider höllisch tragisch endet. (Berliner Morgenpost 5. 2. 2000)

hin//her
hin zu ihr, her zu mir ○ *zum Meer hin, vom Meer her*

hin//zurück; ↑auch: hin und zurück
hin sind wir gefahren und zurück gelaufen ○ *Warum fährt der täglich je eine Stunde hin und zurück?* (Stern 26. 4. 2018)

Hin//Her; ↑nach langem Hin und Her

hin...//her... (Verben mit gleichem Basiswort)
z. B. *hinströmen/her strömen*

hin...//her...; ↑auch: zurück... (Verben mit nicht gleichem Basiswort)
(2 Sachverhalte hin und zurück, 1 personenidentische Perspektive, 1 Standort), z. B. *hingehen/herkommen*

hin...//weg... (Verb)
z. B. *sich hinbewegen/sich wegbewegen*

hin...//zurück...; ↑auch: her... (Verb)
z. B. *hinfahren/zurückfahren*

hinab//herab
(1 Sachverhalt, 2 personenverschiedene Perspektiven, 2 Standorte oder 2 Sachverhalte – in gleicher Richtung weiter –, 1 personenidentische Perspektive, 1 Standort*)* ○ *Es tropft in Freiberg, hinab in die Bücherei, herab vom Hallenbaddach.* (Stuttgarter Zeitung 30. 12. 2011)

hinab//herauf; ↑auch: aufwärts
(2 Sachverhalte hin und zurück, 1 personenidentische Perspektive, 1 Standort),

z. B. *den Rhein hinab fährt ein Schiff* ○ *Sogar die zwei Treppen hinab auf die Straße oder herauf zur Wohnung schafft sich allein.* (Thüringische Landeszeitung 15. 4. 2009)

hinab//hinauf, hinan; ↑auch: aufwärts
(2 Sachverhalte in entgegengesetzte Richtungen, 1 personenidentische Perspektive, 1 Standort oder: 2 Sachverhalte hin und zurück, 1 personenidentische Perspektive, 2 Standorte), z. B. *ein Blick hinab* (in das Tal) *und hinauf auf den Berg* ○ *Mein Nettovermögen variiert, es geht hinauf und hinab ...*(Der Spiegel 7. 4. 2018)

hinab...//herab..., herunter... (Verb)
(1 Sachverhalt, 2 personenverschiedene Perspektiven, 2 Standorte oder: 2 Sachverhalte – aus einer Richtung kommend und in die gleiche weitergehend –, 1 personenidentische Perspektive, 1 Standort), z. B. *hinabklettern/herabklettern, herunterklettern*

hinab...//herauf...
(aus einer Richtung kommend – zum Sprecher hin – und wieder in die gleiche Richtung zurückgehend – vom Sprecher weg), z. B. *hinabklettern/heraufklettern* ○ *hinabgehen/heraufkommen*

hinab...//hinan..., hinauf... (Verb)
(2 Sachverhalts in entgegengesetzte Richtungen, 1 personenidentische Perspektive, 1 Standort oder: 2 Sachverhalte hin und zurück, 1 personenidentische Perspektive, 2 Standorte), z. B. *hinabklettern/hinanklettern, hinaufklettern*

hinabblicken//hinaufblicken
(2 Sachverhalte entgegengesetzt, 1 personenidentische Perspektive, 1 Standort, oder 2 Sachverhalte hin und zurück, 1 personenidentische Perspektive, 2 Standorte), z. B. *ins Tal hinabblicken/in den Himmel hinaufblicken* ○ *die Reihen hinaufund hinabblicken*

hinabgehen//heraufkommen
(2 Sachverhalte hin/her, 1 personenidentische Perspektive, 1 Standort), z. B. *sie geht hinab ins Tal zu ihm, und er kommt herauf auf den Berg zu mir*

hinabgehen//hinaufgehen
(2 Sachverhalte hin und zurück, 1 personenidentische Perspektive, 2 Standorte oder: 2 Sachverhalte in entgegengesetzte Richtungen, 1 personenidentische Perspektive, 1 Standort), z. B. *erst hinabgehen, dann wieder hinauf* ○ *gehe ich hinauf oder hinab?*

hinabklettern//herabklettern, herunterklettern
ich klettere hinab/er klettert zu mir herab, herunter

hinabklettern//heraufklettern
(2 Sachverhalte hin und zurück, 1 personenidentische Perspektive, 1 Standort), *er klettert die Treppe hinab zu ihm*

hinabklettern//hinanklettern, hinaufklettern
(2 Sachverhalte, 1 personenidentische Perspektive, 2 Standorte oder: 2 Sachverhalte in entgegengesetzter Richtung, 1 personenidentische Perspektive, 1 Standort)

hinabschauen//hinaufschauen
er stand auf dem Funkturm und schaute auf die Stadt hinab und in den Himmel hinauf

hinabsteigen//herabsteigen
ich steige hinab/er steigt zu mir herab

hinabsteigen//hinaufsteigen
(2 Sachverhalte hin und zurück, 1 personenidentische Perspektive, 2 Standorte oder: 2 Sachverhalte in entgegengesetzter Richtung, 1 personenidentische Perspektive, 1 Standort), z. B. *erst steige ich hinab, dann wieder hinauf* ○ *sie steigt hinab, er hinauf*

hinan//herab; ↑auch: abwärts, herunter
(2 Sachverhalte hin und zurück, 1 personenidentische Perspektive, 1 Standort)

hinan//herauf
(2 Sachverhalte hin und zurück, 1 personenidentische Perspektive, 1 Standort; in gleicher Richtung)

hinan//hinab; ↑auch: hinunter
(2 Sachverhalte in entgegengesetzter Richtung, 1 personenidentische Perspektive, 1 Standort; oder: 2 Sachverhalte hin und zurück, 1 personenidentische Perspektive, 2 Standorte)

hinan...//herab...; ↑auch: herunter... (Verb)
(in eine Richtung gehend – vom Sprecher weg – und wieder zurückgehend – zum Sprecher hin), z. B. *hinansteigen/herabsteigen*

hinan...//herauf... (Verb)
(2 Sachverhalte, 1 personenidentische Perspektive, 1 Standort oder: 1 Sachverhalt, 2 personenverschiedene Perspektiven, 2 Standorte), z. B. *hinansteigen/heraufsteigen*

hinan...//hinab...(Verb)
(von einem Standort weg in zwei entgegengesetzte Richtungen), z. B. *hinanklettern/hinabklettern*

hinanklettern//hinabklettern
(2 Sachverhalte in entgegengesetzter Richtung, 1 personenidentische Perspektive, 1 Standort oder: 2 Sachverhalte hin und zurück, 1 personenidentische Perspektive, 2 Standorte)

hinansteigen//herabsteigen
ich steige hinan/sie steigt zu mir herab

hinansteigen//heraufsteigen
ich steige hinan zu ihm/er steigt herauf zu mir

hinauf//drauf
(von unten nach oben) ○ *Ein straffer kurzer Anstieg, den Hang zwischen zwei Häusern hinauf, und man ist drauf.* (Süddeutsche Zeitung 21. 5. 2011)

hinauf//herab, herunter; ↑auch: abwärts, von//auf
los, hinauf auf den Berg! ○ *Zwischen ihnen hebt sich die Milchstraße herauf, zieht weiter hinauf durch den Schwan und herab über die Kassiopeia und Perseus.* (Wiener Zeitung 1. 6. 2018)

hinauf//herauf; ↑auch: aufwärts
du hinauf (von hier nach oben) *zu ihm, und sie herauf* (von dort unten) *zu mir!* ○ *Vor dem Haus standen sie und sahen zum nächtlichen Himmel hinauf. Aus dem Tal herauf kam die Luft heiß wie aus einem Backofen.* (Straubinger Tagblatt 22. 9. 2016)

hinauf//herunter
vom Tal bis zu ihnen hinauf auf den Berg/vom Berg bis zu uns herunter ins Tal ○ *An Birkengang- und Eschweilerstraße gibt es zwar Haltestellen, aber Steinfurt hinauf oder herunter fährt kein Bus.* (Aachener Zeitung 5. 5. 2018) ○ *Ich liebe es, dieses Affentheater an der Börse, hinauf auf die Bäume und wieder herunter, Hausse und Baisse.* (Neue Luzerner Zeitung 9. 8. 2002)

hinauf//hinab, hinunter; ↑auch: abwärts; von//auf
(2 Sachverhalte in entgegengesetzter Richtung, 1 personenidentische Perspektive, 1 Standort oder: 2 Sachverhalte hin und zurück, 1 personenidentische Perspektive, 2 Standorte), z. B. *Mein Nettovermögen variiert, es geht hinauf und hinab ...* (Der Spiegel 7. 4. 2018)

hinauf//hinunter; ↑auch: abwärts, von//auf
(vom Tal bis zu ihnen hinauf auf den Berg/vom Berg bis zu ihnen hinunter ins Tal ○ die Straße hinauf und hinunter sehen, in beide Richtungen) ○ *Hilfreich ist der Treppenassistent eines norwegischen Unternehmens, der den sicheren Gang hinauf und hinunter ermöglicht.* (Aachener Zeitung 6. 11. 2018)

hinauf.../herab..., herunter... (Verb)
(2 Sachverhalte hin und zurück, 1 personenidentische Perspektive, 1 Standort),

z. B. *hinaufsteigen/herabsteigen, heruntersteigen*

hinauf.../herauf... (Verb)
(1 Sachverhalt, 2 personenverschiedene Perspektiven, 2 Standorte oder: 2 Sachverhalte in glei cher Richtung weiter, 1 personenidentische Perspektive, 1 Standort), z. B. *hinaufklettern/heraufklettern*

hinauf.../herunter... (Verben mit gleichem Basiswort)
(2 Sachverhalte hin und zurück, 1 personenidentische Perspektive, 1 Standort), z. B. *hinaufsteigen/heruntersteigen*

hinauf.../herunter..., herab... (Verben mit nicht gleichem Basiswort)
(2 Sachverhalte hin und zurück, 1 personenidentische Perspektive, 1 Standort), z. B. *hinaufgehen/herunterkommen*

hinauf.../hinab..., hinunter... (Verb)
(2 Sachverhalte in entgegengesetzter Richtung, 1 personenidentische Perspektive, 1 Standort oder: 2 Sachverhalte, hin und zurück, 1 personenidentische Perspektive, 2 Standorte), z. B. *hinaufsteigen/hinabsteigen*

hinaufbegeben, sich//sich hinunterbegeben
sich die Treppe hinaufbegeben

hinaufblicken//herunterblicken
ich blicke (zu ihm) hinauf und er zu mir herunter

hinaufblicken//hinabblicken, hinunterblicken
er blickt hinauf, sie blickt hinab/hinunter ○ *ich habe erst auf die Berge hinaufgeblickt und dann ins Tal hinunter* ○ *die Reihen hinauf- und hinabblicken*

hinaufbringen//herunterbringen
sie bringt den Korb hinauf (zu ihm), und er bringt den Korb wieder herunter zu mir in den Keller

hinaufbringen//herunterholen
bringe bitte die Koffer hinauf (ins Zimmer)

hinauffahren//hinunterfahren
die einen fahren hinauf auf den Berg und die anderen hinunter ins Tal

hinaufgehen//heruntergehen
mit den Preisen hinaufgehen

hinaufgehen//herunterkommen; ↑auch: runterkommen
sie ging die Treppe hinauf, und du kamst die Treppe herunter zu mir

hinaufgehen//hinabgehen, hinuntergehen; ↑auch: runtergehen
(2 Sachverhalte hin und zurück, 1 personenidentische Perspektive, 2 Standorte), z. B. *ich gehe hinauf (rauf) auf den Berg zu ihm, und er geht hinab ins Tal* ○ *erst ging ich die Treppe hinauf (rauf) und dann wieder hinunter (runter)* ○ *Die Haltung sei ihr wichtig: Wandern sei viel mehr als ‚hinaufgehen, oben sein, heruntergehen'* (Falter 10. 8. 2011)

hinaufgleiten//hinuntergleiten
mit den Fingern den Arm hinaufgleiten

hinaufklettern//herabklettern
er klettert die Treppe hinauf von mir zu ihm, und sie klettert herab zu mir

hinaufklettern//heraufklettern
(1 Sachverhalt, 2 personenverschiedene Perspektiven, 2 Standorte oder: 2 Sachverhalte in gleicher Richtung weiter, 1 personenidentische Perspektive, 1 Standort), z. B. *hinaufklettern zu ihm/heraufklettern zu mir*

hinaufklettern//herunterklettern
(2 Sachverhalte hin und zurück, 1 personenidentische Perspektive, 1 Standort), z. B. *von mir zu ihm hinaufklettern*

hinaufklettern//hinabklettern
(2 Sachverhalte in entgegengesetzter Richtung, 1 personenidentische Perspektive, 1 Standort oder: 2 Sachverhalte hin und zurück, 1 personenidentische Perspektive, 2 Standorte), z. B. *ich klettere die Treppe erst hinauf und dann wieder hinab*

hinaufkurbeln//herunterkurbeln;
↑ **auch: runterkurbeln**
das Autofenster hinaufkurbeln

hinauflaufen//herunterlaufen
er läuft die Treppe hinauf, und sie läuft die Treppe herunter

hinaufschalten//zurückschalten
Dort, wo man mit einem „normalen" Motorrad bremst, kann man mit der Husqvarna getrost noch einen Gang hinaufschalten (Tiroler Tageszeitung 12. 9. 2010)

hinaufschauen//draufschauen
ich schaue (von hier unten) auf den Berg hinauf

hinaufschauen//hinabschauen
er stand auf dem Funkturm und schaute auf die Stadt hinab und in den Himmel hinauf

hinaufschauen//herabschauen//
„Europa schaut auf uns herab, aber wir schauen zu euch hinauf", sagt er. (Der Spiegel 2. 6. 2018)

hinaufschieben//herunterziehen
die Wandtafel hinaufschieben

hinaufsteigen//herabsteigen, heruntersteigen
er steigt zu ihm hinauf und sie zu mir

hinaufsteigen//heraufsteigen
herab zu ihm hinauf steigen/zu mir heraufsteigen

hinaufsteigen//hinabsteigen, hinuntersteigen
(2 Sachverhalte in entgegengesetzter Richtung, 1 personenidentische Perspektive, 1 Standort oder: 2 Sachverhalte hin und zurück, 1 personenidentische Perspektive, 2 Standorte), z. B. *er steigt hinauf auf den Berg, sie steigt ins Tal hinab*

hinaufwerfen//herunterwerfen
ich warf die Schlüssel hinauf, und er warf mir den Ausweis herunter

hinaus//heraus
(1 Sachverhalt, 2 personenverschiedene Perspektiven, 2 Standorte), z. B. *zu dir hinaus, zu mir heraus* o *Thomas Lang wird die Seelen fahrend erheben, mit dem Roadster hinaus in eine kurze Freiheit, heraus aus den Trümmern einer faden Restliebe.* (Saarbrücker Zeitung 11. 8. 2007)

hinaus//herein
(2 Sachverhalte hin/her, 1 personenidentische Perspektive, 1 Standort), z. B. *sie will hinaus, er will herein* o *hinaus zu ihm!* o *Wenn einer eine Reise aus Vorarlberg hinaus oder ins Land herein tut, dann erlebt er seine blauen Wunder.* (Vorarlberger Nachrichten 25. 10. 2014)

hinaus//hinein
(2 Sachverhalte hin/her, 1 personenidentische Perspektive, 2 Standorte), z. B. *aus dem Haus hinaus zu ihnen/ in das Haus hinein zu ihnen* o *Um ein Gespräch zu führen, bittet Piening seinen Gast hinaus aus seiner Werkstätte und hinein in sein Wohnzimmer.* (Hamburger Abendblatt 10. 8. 2018)

hinaus...//heraus... (Verben mit gleichem Basiswort)
(1 Sachverhalt, 2 personenverschiedene Perspektiven, 2 Standorte), z. B. *hinausfahren/herausfahren*

hinaus...//heraus... (Verben mit nicht gleichem Basiswort)
(1 Sachverhalt, 2 personenverschiedene Perspektiven, 2 Standorte), z. B. *hinausgehen/herauskommen*

hinaus...//herein... (Verben mit gleichem Basiswort)
(2 Sachverhalte hin/her, 1 personenidentische Perspektive, 1 Standort), z. B. *hinausströmen/hereinströmen*

hinaus...//herein... (Verben mit nicht gleichem Basiswort)
(2 Sachverhalte hin/her, 1 personenidentische Perspektive, 1 Standort), z. B. *hinausgehen/hereinkommen*

**hinaus...//hinein...; ↑auch:
'nein//'naus (Verb)**
(2 Sachverhalte hin/her, 1 personenidentische Perspektive, 2 Standorte), z. B. *hinausgehen/hineingehen*

hinausbringen//hereinbringen
den Tisch morgens zu ihr auf den Balkon hinausbringen und abends wieder zu mir hereinbringen

hinausdringen//hereindringen
(2 Sachverhalte – hin/her –, 1 personenidentische Perspektive, 1 Standort), z. B. *der Dampf drang hinaus aus dem Küchenfenster/die frische Luft drang herein in die Küche zu mir*

hinausfahren//einfahren
der Zug fährt aus der Halle hinaus (von mir weg)

hinausfahren//herausfahren
er steht auf dem Bahnsteig und sieht den Zug hinausfahren ○ *sie steht am Fenster und sieht den Zug aus dem Bahnhof herausfahren*

hinausfahren//hereinfahren
sie fährt aus der Garage hinaus, und du fährst in die Garage herein

hinausfahren//hineinfahren
(2 Sachverhalte, 1 personenidentische Perspektive, 2 Standorte), z. B. *ich fahre hinaus, du fährst hinein*

hinausfliegen//hereinfliegen
die Schwalbe flog aus dem Stall hinaus (von mir weg) und dann wieder zu mir herein

hinausfließen//herausfließen
(1 Sachverhalt, 2 personenverschiedene Perspektiven, 2 Standorte), z. B. *das Wasser fließt hinaus in die Umgebung*

hinausfließen//hereinfließen
(2 Sachverhalte hin/her, 1 personenidentische Perspektive, 1 Standort)

hinausgehen//drinbleiben
sie ging hinaus, und ich blieb drin

hinausgehen//herauskommen
(1 Sachverhalt, 2 personenverschiedene Perspektiven, 2 Standorte), z. B. *geh aus dem Park hinaus!/komm aus dem Park heraus!*

hinausgehen//hereinkommen
(2 Sachverhalte hin und zurück, 1 personenidentische Perspektive, 1 Standort), z. B. *er ging hinaus und kam dann wieder herein*

hinausgehen//hineingehen
(2 Sachverhalte hin und zurück, 1 personenidentische Perspektive, 2 Standorte), z. B. *ich ging aus dem Haus hinaus, dann wieder hinein*

hinauskriechen//hereinkriechen
sie kroch aus dem Bett hinaus (von mir weg)

hinauslassen//herauslassen
(1 Sachverhalt, 2 personenverschiedene Perspektiven, 2 Standorte), z. B. *ich lasse ihn hinaus (zu dir in den Garten)*

hinauslassen//hereinlassen
(2 Sachverhalte hin und zurück, 1 personenidentische Perspektive, 1 Standort), z. B. *ich lasse dich hinaus (in den Garten)*

hinauslaufen//herauslaufen
(1 Sachverhalt, 2 personenverschiedene Perspektiven, 2 Standorte)

hinausmarschieren//hineinmarschieren
(2 Sachverhalte hin und zurück, 1 personenidentische Perspektive, 2 Standorte), z. B. *hinausmarschieren aus der Stadt*

hinausrauschen//hineinrauschen
sie rauschte aus dem Zimmer hinaus und dann wieder hinein

hinausschlüpfen//hereinschlüpfen
sie schlüpfte (von mir aus dem Zelt) hinaus

**hinausschmuggeln//einschmuggeln;
↑auch: reinschmuggeln**
Waffen hinausschmuggeln

hinausschmuggeln//hereinschmuggeln
(2 Sachverhalte hin/her, 1 personenidentische Perspektive, 1 Standort), z. B. *Geld hinausschmuggeln und Tabak hereinschmuggeln*

hinausschmuggeln//hineinschmuggeln
(2 Sachverhalte, 1 personenidentische Perspektive, 2 Standorte), z. B. *er schmuggelt von drinnen Geld hinaus, und sie schmuggelt von draußen Tabak hinein* ○ *Die „Welt" druckt einen Brief ab, den der 29-Jährige im Gefängnis geschrieben hat und von seiner schwangeren Frau hinausschmuggeln ließ* (Berliner Morgenpost 5. 11. 2011)

hinaussehen//hineinsehen
(2 Sachverhalte hin/her, 1 personenidentische Perspektive, 2 Standorte), z. B. *(durch das Fenster) aus dem Zimmer hinaussehen*

hinausströmen//hereinströmen
(2 Sachverhalte hin und zurück, 1 personenidentische Perspektive, 1 Standort), z. B. *die Menge strömte aus dem Stadion hinaus (von mir weg)*

hinausströmen//hineinströmen
(2 Sachverhalte, 1 personenidentische Perspektive, 2 Standorte), z. B. *wir strömten aus der Halle hinaus und die anderen strömten in die Halle hinein*

hinaustragen//heraustragen
zu ihm hinaustragen/zu mir heraustragen

hinaustragen//hereintragen; ↑auch: reintragen
(2 Sachverhalte hin und zurück, 1 personenidentische Perspektive, 1 Standort), z. B. *die Möbel aus dem Haus hinaustragen*

hinaustransportieren//hineintransportieren
Dann wird extrem viel Schutt aus den Alpen hinaustransportiert, der die Flüsse völlig überlädt und den diese in Richtung Mündung transportieren. (Die Presse 22. 4. 2017)

hinauswollen//hereinwollen
(2 Sachverhalte hin und zurück, 1 personenidentische Perspektive, 1 Standort)

hinauswollen//hineinwollen
(2 Sachverhalte hin und zurück, 1 personenidentische Perspektive, 2 Standorte), z. B. *aus dem Haus hinauswollen*

hinausziehen//hereinziehen
(2 Sachverhalte, 1 personenidentische Perspektive, 1 Standort), z. B. *er zieht ihn aus dem Auto hinaus, ich ziehe ihn wieder ins Auto herein*

hinbewegen, sich//sich wegbewegen
Paris bewegt sich hin zu London und weg von Berlin. (Die Südostschweiz 27. 3. 2008)

hinbringen//herbringen
bring das hin zu ihm/bring das her zu mir!

Hindernisrennen//Flachrennen
(Pferdesport)

hinein//heraus
(2 Sachverhalte hin und zurück, 1 personenidentische Perspektive, 1 Standort), z. B. *in das Haus hinein zu ihnen/aus dem Haus heraus zu uns* ○ *Besonders Frauen finden einen Weg in den Arbeitsmarkt hinein und aus der Armut heraus signifikant häufiger als Männer.* (Basler Zeitung 16. 11. 2018)

hinein//herein
(1 Sachverhalt, 2 personenverschiedene Perspektiven, 2 Standorte), z. B. *hinein zu ihm!/herein zu mir!* ○ *Darf man hinein? «Aber natürlich, kommen Sie herein»* (Der Bund 17. 9. 2016)

hinein//hinaus
(2 Sachverhalte, 1 personenidentische Perspektive, 2 Standorte) ○ *Es gibt keinen Weg hinein oder hinaus, so dass die*

Menschen dem Tod überlassen sind. (Die Welt 8. 1. 2016)

hinein...//heraus... (Verben mit gleichem Basiswort)
(2 Sachverhalte hin und zurück, 1 personenidentische Perspektive, 1 Standort), z. B. *hineinspringen/herausspringen*

hinein...//heraus... (Verben mit nicht gleichem Basiswort)
(2 Sachverhalte hin und zurück, 1 personenidentische Perspektive, 1 Standort), z. B. *hineinlegen/herausnehmen*

hinein...//herein... (Verben mit gleichem Basiswort)
(1 Sachverhalt, 2 personenverschiedene Perspektiven, 2 Standorte), z. B. *hineinlaufen/hereinlaufen*

hinein...//herein... (Verben mit nicht gleichem Basiswort)
(1 Sachverhalt, 2 personenverschiedene Perspektiven, 2 Standorte), z. B. *hineingehen/hereinkommen*

hinein...//hinaus...; ↑auch: 'naus//'nein (Verb)
(2 Sachverhalte hin und zurück, 1 personenidentische Perspektive, 2 Standorte), z. B. *hineinströmen/hinausströmen*

hineinbekommen//herausbekommen
den Korken (schlecht) hineinbekommen

hineinbringen//herausholen
Stühle in das Zimmer hineinbringen

hineindringen//herausdringen
Menschen drangen ins Rathaus hinein

hineinfahren//herausfahren
in die Garage hineinfahren

hineinfahren//herauskommen
der Zug fuhr dort in den Tunnel hinein und kam hier aus dem Tunnel wieder heraus

hineinfahren//hereinfahren
(1 Sachverhalt, 2 personenverschiedene Perspektiven, 2 Standorte), *er fährt in die Halle hinein*

hineinfahren//hinausfahren
(2 Sachverhalte, 1 personenidentische Perspektive, 2 Standorte), z. B. *ich fahre hinein und wieder hinaus*

hineinfliegen//herausfliegen
die Schwalbe flog in den Stall hinein (von mir weg) und wieder (zu mir) heraus

hineinfließen//herausfließen
(2 Sachverhalte, 1 personenidentische Perspektive, 1 Standort), z. B. *das Wasser fließt hinein*

hineingehen//draußen bleiben
die einen gingen ins Geschäft hinein, die anderen blieben draußen und warteten ○ Was genau passiert in einem Museum? Wer geht hinein und wer bleibt draußen und warum? (taz 14. 7. 2007)

hineingehen//herausgehen
dieser Korken geht leicht hinein

hineingehen//herauskommen
als sie weinend herauskam, ging er hinein ○ ich gehe hinein, und er kommt heraus ○ Das blaue Eisentor Hausnummer 258 bleibt verschlossen, keiner geht hinein, niemand kommt heraus. (taz 2. 8. 2011)

hineingehen//hereinkommen
(1 Sachverhalt, 2 personenverschiedene Perspektiven, 2 Standorte), z. B. *er geht (zu ihm) hinein/er kommt (zu mir) herein*

hineingehen//hinausgehen
(2 Sachverhalte hin und zurück, 1 personenidentische Perspektive, 2 Standorte), z. B. *ich ging um 13 Uhr in das Haus hinein und ging um 15 Uhr aus dem Haus wieder hinaus*

hineinhängen//herausnehmen
den Mantel in den Schrank hineinhängen

hineinkriechen//herauskriechen
in das Zelt hineinkriechen (von außen nach innen)

hineinlassen//herauslassen
(2 Sachverhalte hin und zurück, 1 personenidentische Perspektive, 1 Standort), z. B. *den Hund in das Haus hineinlassen/ den Hund aus dem Haus herauslassen*

hineinlassen//hereinlassen
(1 Sachverhalt, 2 personenverschiedene Perspektiven, 2 Standorte), z. B. *den Hund in das Haus hineinlassen/den Hund in das Haus hereinlassen*

hineinlaufen//herauslaufen
(2 Sachverhalte, 1 personenidentische Perspektive, 1 Standort), z. B. *das Wasser ist hineingelaufen (in die Wanne)/das Wasser ist herausgelaufen (aus der Wanne)*

hineinlaufen//hereinlaufen
(1 Sachverhalt, 2 personenverschiedene Perspektiven, 2 Standorte), z. B. *er läuft zu ihm hinein*

hineinlegen//herausheben
ein Baby in den Wagen hineinlegen

hineinlegen//herausnehmen; ↑auch: **nehmen aus**
das Brot (in den Brotkasten) hineinlegen

hineinmarschieren//herausmarschieren
(2 Sachverhalte hin und zurück, 1 personenidentische Perspektive, 1 Standort)

hineinmarschieren//hinausmarschieren
(2 Sachverhalte hin und zurück, 1 personenidentische Perspektive, 2 Standorte), z. B. *die Soldaten marschierten in die Stadt hinein*

hineinrauschen//herausrauschen
sie rauschte in das Zimmer (zu ihm) hinein und rauschte bald wieder aus dem Zimmer (zu mir) heraus

hineinrauschen//hereinrauschen
(1 Sachverhalt, 2 personenverschiedene Perspektiven, 2 Standorte), z. B. *sie rauschte in das Zimmer (zu ihm) hinein/sie rauschte in das Zimmer (zu mir) herein*

hineinrauschen//hinausrauschen
(2 Sachverhalte hin und zurück, 1 personenidentische Perspektive, 2 Standorte), z. B. *ich rauschte in das Zimmer hinein und bald wieder hinaus*

hineinreichen//herausreichen
er reicht den Ausweis aus dem Fenster heraus, und ich reiche ihn wieder hinein

hineinschicken//herausschicken
Er habe gewusst, dass es im Lager eine Gaskammer gab: ‚Ich höre, dass sie Leute hineinschicken, und das ist es. Sie kamen nicht mehr heraus, das habe ich gehört' (profil 19. 10. 2009)

hineinschieben//herausziehen
den Kuchen in den Ofen hineinschieben

hineinschlüpfen//herausschlüpfen
(2 Sachverhalte hin und zurück, 1 personenidentische Perspektive, 1 Standort), z. B. *die Maus schlüpft in das Loch hinein*

hineinschlüpfen//hereinschlüpfen
(1 Sachverhalt, 2 personenverschiedene Perspektiven, 2 Standorte)

hineinschmuggeln//herausschmuggeln
(2 Sachverhalte hin und zurück, 1 personenidentische Perspektive, 1 Standort), z. B. *Tabak hineinschmuggeln und Geld herausschmuggeln*

hineinschmuggeln//hinausschmuggeln
(2 Sachverhalte hin und zurück, 1 personenidentische Perspektive, 2 Standorte)

hineinsehen//hinaussehen
(2 Sachverhalte hin und zurück, 1 personenidentische Perspektive, 2 Standorte), z. B. *(durch das Fenster) in das Zimmer hineinsehen*

hineinstecken//herausholen
etwas in die Handtasche hineinstecken ○ (übertragen:) *wieder herausholen, was man (in ein Projekt) hineingesteckt hat*

hineinstecken//herausziehen; ↑auch:
rausziehen
den Schlüssel ins Schlüsselloch hineinstecken und wieder herausziehen

hineinstellen//herausnehmen; ↑auch:
nehmen aus
die Bücher in das Regal hineinstellen

hineinströmen//herausströmen
(2 Sachverhalte hin und zurück, 1 personenidentische Perspektive, 1 Standort), z. B. *die einen strömten ins Stadion hinein und die anderen heraus*

hineinströmen//hinausströmen
(2 Sachverhalte hin und zurück, 1 personenidentische Perspektive, 2 Standorte), z. B. *sie strömten morgens in die Halle hinein und abends wieder hinaus*

hineintragen//herausbringen
eine Kiste hineintragen (zu jemandem hin)

hineintragen//heraustragen; ↑auch:
raustragen
die Möbel in das Haus (vom Sprecher weg) *hineintragen*

hineintransportieren//hinaustransportieren
Ein hämoglobinähnliches Molekül, das Sauerstoff ins Gewebe hinein- und Kohlendioxid wieder hinaustransportieren kann. (Der Spiegel 20. 4. 2019)

hineinwollen//herauswollen
(2 Sachverhalte, 1 personenidentische Perspektive, 1 Standort)

hineinwollen//hereinwollen
(1 Sachverhalt, 2 personenverschiedene Perspektiven, 2 Standorte)

hineinwollen//hinauswollen
(2 Sachverhalte hin und zurück, 1 personenidentische Perspektive, 2 Standorte), z. B. *ich will hinein in das Haus/er will hinaus aus dem Haus*

hineinziehen//herausziehen
(2 Sachverhalte hin und zurück, 1 personenidentische Perspektive, 1 Standort)

hinfahren//herkommen
soll ich zu ihm hinfahren, oder kommt er her

hinfahren//zurückfahren
wir sind mit dem Auto hingefahren und mit dem Zug zurückgefahren ○ *Man kann mit dem Taxi hinfahren, im Hafen spazieren gehen, viele Yachten und dreißig Hochhäuser sehen und wieder mit dem Taxi zurückfahren.* (Der Standard 24. 1. 2015)

Hinfahrt//Rückfahrt
auf der Hinfahrt war der Zug leer, auf der Rückfahrt jedoch voll ○ *Für alle älteren Mitglieder oder diejenigen, die nicht mehr so gut zu Fuß sind, steht ein kostenloser Fahrdienst für Hinfahrt und/oder Rückfahrt zur Verfügung.* (Main-Post 4. 1. 2012)

Hinfährte//Rückfährte
(Fährte, die vom Wald zum Feld führt ○ Jägersprache)

Hinflug//Rückflug
auf dem Hinflug wurde ihr schlecht ○ *Welcher Wochentag ist der günstigste für den Hinflug – und welcher für den Rückflug?* (Der Spiegel 28. 1. 2015)

Hinfracht//Rückfracht
(Wirtschaft)

hingehen//herkommen; ↑**hin//her**
er geht hin zu ihm, und sie kommt her zu mir

hingehen zu//weggehen von; ↑auch:
gehen
er geht zu ihm hin ○ *Und wenn da ein gutes Foto gelingen soll, kann man nicht einfach hingehen, Auslöser drücken, wieder weggehen.* (Der Standard 8. 4. 2006)

hinhören//weghören
er hört nur hin, wenn er etwas bekommen soll ○ *Die Schwierigkeit sei, herauszufiltern, welche Kommandos für wen bestimmt seien, ob man sofort hinhören oder besser weghören müsse* (Tagesanzeiger 8. 1. 2012)

hinlegen, sich//aufstehen
er hat sich hingelegt

hinnen; ↑von hinnen

Hinreise//Rückreise
auf der Hinreise ○ So eine Fahrt nach Kroatien mit insgesamt etwa 2200 Kilometern bewältigt er in fünf Tagen Hinreise und sieben Tagen Rückreise. (Haller Tagblatt 7. 9. 2017)

hinreisen//zurückreisen
ich bin am ersten Juli hingereist

Hinrunde//Rückrunde
(erste Hälfte einer Spielsaison, in der jede Mannschaft einmal gegen jede andere spielt)

hinschauen//wegschauen
bei solchen Bildern schaut er hin ○ Dabei habe man nicht an die Durchführung eines einzelnen Projektes gedacht, sondern daran, die Haltung aller im Schulsystem Beteiligten in Richtung „hinschauen statt wegschauen, hinhören statt weghören", zu entwickeln. (Niederösterreichische Nachrichten 25. 11. 2008)

hinsehen//wegsehen
bei solchen Bildern sieht er hin ○ Kevin mochte gar nicht hinsehen, aber wegsehen mochte er noch weniger. (Die Presse 6. 6. 2010)

hinsetzen, sich//aufstehen
zur Begrüßung stand er auf, nach der Begrüßung setzte er sich wieder hin ○ Jasmin setzt sich hin, steht auf, holt den Puppenwagen, will etwas zu trinken. (Süddeutsche Zeitung 13. 2. 2001)

Hinspiel//Rückspiel
(Sport)

hinströmen//herströmen
die Menschenmassen strömten hin (zum Stadion)

hinten//vorn
das Kleid ist vorn länger als hinten ○ nach hinten sehen ○ der Wind kam von hinten ○ er befindet sich hinten im Zimmer ○ hinten (in der letzten Reihe) sitzen ○ der dritte von hinten ○ das reicht hinten und vorn nicht ○ Das Geld fehlt hinten und vorn, denn wer die Milliarden zahlen soll, ist völlig unklar. (Nürnberger Nachrichten 6. 1. 2017)

hinten; ↑von hinten

hintenüber//vornüber
er ist hintenüber gefallen ○ Köpfe kippen vornüber, hintenüber. (Die Presse 27. 2. 2003)

hinter//vor; ↑auch: davor
hinter der Mauer ○ er steht hinter ihm ○ die Erfahrung liegt (schon) hinter mir ○ Monaco bleibt fünf Punkte hinter dem PSG, aber sechs vor dem nächsten Verfolger ungefährdet auf dem zweiten Tabellenplatz. (Neue Zürcher Zeitung 11. 2. 2014)

hinter...//vorder...
der hintere Eingang ○ die hinteren Räder ○ er saß im hinteren Wagen ○ die hinteren Plätze im Theater

Hinter...//Vorder... (Substantiv)
z. B. Hintergrund/Vordergrund

Hinterachse//Vorderachse

Hinteransicht//Vorderansicht
die Hinteransicht des Hauses ○ Denn durch die Umgehungsstraße sei die Hinteransicht Bad Brückenaus zur Vorderansicht geworden. (Main-Post 24. 6. 2002)

Hinterausgang//Vorderausgang

Hinterbein//Vorderbein
der Hund hat krumme Hinterbeine ○ Vorgeschrieben sind zwei Ketten, „eine am Hinterbein und eine am entgegengesetzten Vorderbein oder am Hals" (Haller Tagblatt 15. 6. 2015)

Hinterbrücke//Vorderbrücke
(Turnen)

Hinterbrust//Vorderbrust
(Zoologie)

Hinterdeck//Vordeck, Vorderdeck
(beim Schiff)

Hintereck//Vordereck
(Kegeln)

Hintereckkegel//Vordereckkegel
(Kegeln)

hintereinander//nebeneinander
die Schüler stehen hintereinander und fassen dem Vordermann auf die Schulter ○ *Das sogenannte picketing ist eine in den USA häufig benutzte Demonstrationsform, bei der Teilnehmer mit Plakaten und Tafeln ausgestattet hintereinander marschieren – oder einfach aufgereiht nebeneinander stehen.* (Süddeutsche Zeitung 25. 1. 2014)

Hintereingang//Vordereingang

Hinterfront//Vorderfront
die Hinterfront des Hauses

Hinterfuß//Vorderfuß

Hintergassenkegel//Vordergassenkegel
(Kegeln)

Hintergaumen//Vordergaumen

Hintergebäude//Vordergebäude
Neben der flächenmäßigen Begrenzung der Bebauungsweisen wurden ... Höhe und Abstand der Hintergebäude und Flügelbauten bei geschlossener Bebauung sowie die seitlichen Abstände der Vordergebäude zur Grenze ... vorgeschrieben. (Leipziger Volkszeitung 8. 4. 2002)

Hintergrund//Vordergrund
auf dem Bild sieht man im Hintergrund ein Haus

Hinterhand//Vorderhand, Vorhand
(Kartenspiel, Reitsport)

Hinterhaus//Vorderhaus
sie wohnt in Berlin im Hinterhaus

hinterher//vorher
vorher war sie begeistert, hinterher war sie enttäuscht ○ *Zu meiner Schande musste ich mir, hinterher, gestehen, dass ich schon vorher klug genug hätte sein können.* (Die Presse 18. 6. 2017)

hinterher...//voraus... (Verb)
z. B. *hinterherfahren/voraus fahren*

hinterherfahren//vorausfahren

Hinterkegel//Vorderkegel
(Kegelsport)

Hinterkiemer//Vorderkiemer
(Zoologie)

Hinterlader//Vorderlader
(Gewehr, das vom hinteren Ende des Laufs geladen wird)

hinterlastig//vorderlastig; ↑auch: kopflastig
(hinten mehr belastet als vorn ○ bei Schiffen, Flugzeugen)

Hinterlinse//Vorderlinse
(beim Fotoapparat)

Hintermann//Vordermann
Karl ist mein Hintermann (der hinter mir steht) ○ *Mehr als die Hälfte ist außerdem genervt, wenn der Hintermann zu nah aufrückt – und dem Vordermann seinen Einkaufswagen in die Hacken schiebt.* (Leipziger Volkszeitung 26. 8. 2016)

Hintermast//Vordermast
der Hintermast eines Schiffes

Hinterpausche//Vorderpausche
(rechter Haltegriff am Pferd, das in Querrichtung steht ○ Turnen)

Hinterperron//Vorderperron
(hinterer Teil des Bahnsteigs ○ veraltet)

Hinterpfote//Vorderpfote

Hinterpranke//Vorderpranke
Ein spezielles Gerät soll Bären die Lust auf Honig vermiesen. Zum zweiten Mal wurden die Bienenstöcke in Feistritz geplündert: Ein Abdruck der Hinter-

pranke (Neue Kronen-Zeitung 24. 5. 2011)

Hinterrad//Vorderrad
die Hinterräder am Auto ○ das Hinterrad am Fahrrad

Hinterradachse//Vorderradachse

Hinterradantrieb//Vorderradantrieb

Hinterreifen//Vorderreifen
die Hinterreifen am Auto

Hinterschiff//Vorderschiff
(hinterer Teil eines Schiffes)

Hinterschinken//Vorderschinken
(Hinterkeule beim Schlachtvieh)

Hinterschlitten//Vorderschlitten
(Technik)

hinter seiner Zeit sein//seiner Zeit weit voraus sein
Er ... halte dieses Bild für bedeutender als „Adele I", bei dem Klimt „wie beim ‚Kuss' eigentlich schon hinter seiner Zeit" gewesen sei. (Die Presse 11. 2. 2017)

Hinterseite//Vorderseite
Die Fenster an der Hinterseite des „Raiffeisenhauses" sind schon zum Großteil fertig, die der Vorderseite müssen noch mit dem Denkmalschutz ausgesucht werden. (Passauer Neue Presse 18. 5. 2013)

hinter sich haben//bevorstehen
die Prüfung habe ich schon hinter mir ○ *Der eine hat die Karriere bereits hinter sich, dem anderen steht sie noch bevor.* (NEWS 6. 6. 2013)

Hintersitz//Vordersitz
sie sitzt auf dem Hintersitz

Hinterspieler//Vorderspieler
(Faustball)

Hintersteven//Vordersteven
(das Bauteil, das ein Schiff nach hinten begrenzt ○ Seemannssprache)

Hinterstübchen//Vorderstübchen
Und so findet sich im Hinterstübchen des Kinosaals seit einigen Jahren nicht nur ein Spulenturm und eine Tellermaschine, sondern auch moderne digitale Geräte. (Der Standard 3. 10. 2012)

Hintertreppe//Vordertreppe
Und doch gelangt man über die Hintertreppe zum gleichen Ziel wie über die Vordertreppe: zu den Leuten, die oben wohnen (Die Welt 2. 12. 2005)

Hintertür//Vordertür
Er werde „dieses Gefängnis nicht durch eine Hintertür verlassen, sondern durch jene Vordertür, durch die ich es betreten habe" (Die Welt 17. 2. 2018)

hinter uns die Sintflut; ↑nach uns die Sintflut

Hinterzimmer//Vorderzimmer
(nach hinten hinaus liegendes Zimmer) ○ *Ich habe mir Hinterzimmer irgendwie anders vorgestellt. Versteckter. Auf meiner schnellen Tour durch drei Bezirke mit hohem Migrantenanteil wirken die Hinterzimmer wie Vorderzimmer.* (Die Presse 20. 2. 2017)

Hinterzungenvokal//Vorderzungenvokal
(velarer, dunkler, hinterer Vokal, z. B.: a, o, u)

Hintransport//Rücktransport

hinüber//herüber
(1 Sachverhalt, 2 Perspektiven – nur hin, oder: 2 Sachverhalte, 1 personenidentische Perspektive, 1 Standort – hin und zurück), z. B. *über den Zaun zu mir X herüber/über den Zaun zu ihm Y hinüber* oder: *über den Zaun zu mir X herüber/über den Zaun zu ihm X hinüber* ○ *„Wie weit es hinüber, herüber ist, wissen wir nicht."* (Südkurier 27. 12. 2010)

hinüber...//herüber... (Verben mit gleichem Basiswort)
(1 Sachverhalt, 2 personenverschiedene Perspektiven, 2 Standorte oder: 2 Sach-

verhalte hin und zurück, 1 personenidentische Perspektive, 1 Standort), z. B. *hinüberblicken/herüberblicken*

hinüber...//herüber... (Verben mit nicht gleichem Basiswort)
(2 Sachverhalte hin und zurück, 1 personenidentische Perspektive, 1 Standort), z. B. *hinübergehen/herüberkommen*

hinüberblicken//herüberblicken
zu ihr hinüberblicken

hinübergehen//herüberkommen
ich gehe zu ihm hinüber

hinübergrüßen//herübergrüßen
ich grüßte zu ihm hinüber

hinübersehen//herübersehen
unsere Blicke trafen sich: ich sah hinüber, und sie sah herüber

Hinübersetzung//Herübersetzung; ↑auch: Textrezeption
(z. B. für einen Engländer vom Englischen ins Deutsche)

hinüberwechseln//herüberwechseln
ich wollte auf die Überholspur hinüberwechseln

hinüberwerfen//herüberwerfen
ich werfe dir deins hinüber, wenn du mir dafur meins herüberwirfst ○ Und in den Schützengräben, da hoben sie ihre kleinen Christbäumchen hoch und ließen sie hinüberleuchten in die nur wenig entfernten Schützengräben der Franzosen und warfen Geschenke hinüber und herüber. (Die Zeit Geschichte 25. 2. 2014)

hin und zurück//einfach
eine Fahrkarte nach Berlin hin und zurück ○ Die Busfahrt hin und zurück kostet sieben Euro, einfach sechs Euro. (Passauer Neue Presse 28. 4. 2012)

hinunter//herauf; ↑auch: auf//von, aufwärts
hinunter zu ihm! ○ vom Berg zu ihnen hinunter ins Tal/vom Tal zu uns herauf auf den Berg ○ Um 14 Uhr machte sich der Festzug mit elf liebevoll gestalteten Wägen auf den Weg durch den Markt hinunter und wieder herauf. (Passauer Neue Presse 6. 10. 2015)

hinunter//herunter; ↑auch: abwärts
hinunter zu ihm!/herunter zu mir! ○ Fährt man einen Computer herunter oder fährt man ihn hinunter? (Schwäbische Zeitung 29. 7. 2016)

hinunter//hinauf; ↑auch: auf//von, aufwärts
los, hinunter! ○ vom Berg zu ihnen hinunter ins Tal/vom Tal zu ihnen hinauf auf den Berg ○ die Straße hinauf und hinunter sehen (in beide Richtungen) ○ Der Tourentipp führt diesmal über die Wechner Scharte hinunter ins Längental. Von dort hinauf zur Niederreichscharte und durch das Längental wieder zurück zum Auto. (Tiroler Tageszeitung 7. 4. 2017)

hinunter...//herauf... (Verb)
(2 Sachverhalte hin und zurück, 1 personenidentische Perspektive, 1 Standort), z. B. *hinunterklettern/heraufklettern*

hinunter...//herunter...(Verb)
(1 Sachverhalt, 2 personenverschiedene Perspektiven, 2 Standorte), z. B. *hinunterspringen/herunterspringen*

hinunter...//hinauf... (Verb)
(2 Sachverhalte in entgegengesetzter Richtung, 1 personenidentische Perspektive, 1 Standort oder: 2 Sachverhalte hin und zurück, 1 personenidentische Perspektive, 2 Standorte), z. B. *hinunterblicken/hinaufblicken*

hinunterbegeben, sich//sich hinaufbegeben
ich begebe mich die Treppe hinunter, und er begibt sich die Treppe hinauf ○ ich begebe mich erst die Treppe hinunter und dann wieder hinauf

hinunterblicken//hinaufblicken
erst in das Tal hinunterblicken und dann auf den Berg hinaufblicken ○ der eine steinerne Löwe auf der Brücke blickte

die Straße hinauf, der andere hinunter (nach der anderen Seite hin)

hinunterbringen//heraufholen
Weinflaschen in den Keller hinunterbringen/Weinflaschen aus dem Keller heraufholen

hinunterfahren//hinauffahren
die einen fahren hinunter ins Tal, die andern hinauf auf den Berg

hinunterführen//heraufführen
er führte ihn die Treppe hinunter (zu ihm), und sie führt ihn die Treppe herauf zu mir

hinuntergehen//heraufkommen
er geht die Treppe hinunter, sie kommt die Treppe herauf

hinuntergehen//hinaufgehen; ↑auch: raufgehen
erst ging ich hinunter (runter) und dann wieder hinauf (rauf) ○ *die einen gingen hinunter (runter), aber die anderen hinauf (rauf)*

hinuntergleiten//hinaufgleiten
den Arm streichelnd hinuntergleiten

hinunterklettern//heraufklettern
ich klettere zu ihm hinunter/er klettert zu mir herauf

hinunterklettern//herunterklettern
sie klettert von hier oben zu dir hinunter/er klettert von dort oben zu mir herunter

hinunterlassen//heraufziehen; ↑auch: raufziehen
den Eimer (in den Brunnen) hinunterlassen

hinunterlaufen//herauflaufen
er läuft die Treppe hinunter, und sie läuft die Treppe herauf zu mir

hinunterspringen//herunterspringen
ich springe von hier oben hinunter zu dir/du springst von dort oben herunter zu mir

hinuntersteigen//heraufsteigen
er steigt von hier oben hinunter (zu ihm)/sie steigt von dort unten herauf zu mir

hinuntersteigen//hinaufsteigen
(2 Sachverhalte in entgegengesetzter Richtung, 1 personenidentische Perspektive, 1 Standort oder: 2 Sachverhalte hin und zurück, 1 personenidentische Perspektive, 2 Standorte), z. B. *die einen steigen hinauf, die anderen hinunter* ○ *den Berg hinauf- und hinuntersteigen*

Hinweg//Rückweg
auf dem Hinweg werde ich das erledigen

Hinwörterbuch//Herwörterbuch; ↑auch: Herübersetzung
ein Hinwörterbuch zum Übersetzen in eine fremde Sprache

hínzu//hérzu
(beide können primär benutzt werden: 2 Sachverhalte, 1 personenidentische Perspektive, 1 Standort), z. B. *hinzu (von hier nach dorthin) hat er mit dem Auto mehr als eine Stunde gebraucht*

hin zu//weg von
hin zu der Unfallstelle ○ *In der Schullandschaft setzt sich der deutliche Trend hin zu den Gymnasien und Gesamtschulen und weg von den Haupt- und Realschulen fort.* (Aachener Nachrichten 4. 5. 2018)

hinzukommen//abgehen
10 Euro kommen (zu dem Preis) noch hinzu

hinzuzählen//abziehen
10 Euro hinzuzählen

Hippomenes; ↑Atalante//Hippomenes

Hirnholz//Aderholz, Langholz
(Holz, das senkrecht zur Faser geschnitten ist)

Hirsch//Hirschkuh
(männliches Tier)

Hirschkuh//Hirsch
(weiblicher Hirsch)

Hirte//Herde
der Hirt mit seiner Herde ○ Er sah sich als Hirte seiner Herde, der verantwortlich war, dass keines seiner Schafe verloren ging. (Rhein-Zeitung 27. 9. 2017)

hissen//niederholen, einholen
die Fahne hissen (sie öffentlich anbringen, wehen lassen) ○ Beides sind Stofftücher, die an einer Seite befestigt sind und sich hissen und einholen lassen. (Braunschweiger Zeitung 12. 8. 2008)

Historiker//Nichthistoriker
ein sowohl für Historiker als auch für Nichthistoriker interessantes Buch ○ Sind die Historiker auf das Saubermann-Bild der Nazis hereingefallen? Die Lücke schließen will der Nichthistoriker Norman Ohler mit seinem neuen Buch „Der totale Rausch – Drogen im Dritten Reich". (Nürnberger Zeitung 29. 9. 2015)

Historiker[in]//Hobbyhistoriker[in]
sie ist eine studierte Historikerin, er ist aber nur ein Hobbyhistoriker

historisch//prähistorisch
aus historischer Zeit ○ Bilzingsleben im Landkreis Sömmerda ist einer von zahlreichen historisch bedeutsamen Orten in Thüringen – oder besser: prähistorisch. (Thüringer Allgemeine 6. 5. 2011)

historisch//unhistorisch
diese Geschichte ist historisch ○ Daraus geht hervor, ob ein Baum historisch ist, einen historischen ersetzt oder unhistorisch ist (Frankfurter Neue Presse 18. 7. 2007)

Hitze//Kälte
Kälte verträgt sie besser als Hitze ○ Die sehenswerte, bildgewaltige BBC-Dokureihe erzählt heute von Regionen, die es ihren Bewohnern zwischen den Extremen von Hitze und Kälte nicht leicht machen. (Kleine Zeitung 26. 6. 2018)

hitzebeständig//kältebeständig
Zu ihrer persönlichen Ausrüstung gehören künftig auch hitzebeständige und rutschfeste Schuhe mit Vorderstahlkappe (Berner Zeitung 9. 2. 2007)

Hitzebeständigkeit//Kältebeständigkeit

Hobbyhistoriker//Historiker
sie ist eine studierte Historikerin, er ist aber nur ein Hobbyhistoriker

hoch//flach
ein Schuh mit hohen Absätzen ○ Das dunkelblaue Kostüm ist maßgeschneidert, die Bluse blütenweiß und der Absatz der Pumps weder zu hoch noch zu flach. (Schweriner Volkszeitung 19. 9. 2015) ○ Der Rasen sollte drei bis fünf Millimeter hoch sein. „Wenn er zu flach ist, reißen beim Grätschen die Wurzeln raus" (Süddeutsche Zeitung 16. 8. 2006)

hoch//gering
hohe Anforderungen ○ Arbeit werde zu hoch besteuert und Vermögen zu gering. (Die Zeit 16. 10. 2014)

hoch//niedrig; ↑auch: nieder...
eine hohe Mauer ○ hohe Räume ○ ein hoher Tisch ○ hoher Blutdruck ○ hohe Temperatur ○ hohe Löhne, Preise ○ die Gehälter sind hoch ○ eine hohe elektrische Spannung ○ von hoher Herkunft ○ (übertragen:) Hoch und Niedrig waren auf dem Jahrmarkt ○ Intelligenztests haben einen elitären Ruf, aber das Gute an ihnen ist, dass sie nicht unterscheiden zwischen Arm und Reich, Mann und Frau, zwischen hoher und niedriger Kaste (Der Spiegel 19. 5. 2018)

hoch//tief
das Flugzeug fliegt hoch ○ die Sonne steht hoch (am Himmel) ○ die Schwalben fliegen hoch ○ eine hohe Stimme ○ hoher Vokal (z. B. i) ○ Wer hoch hinaus will, kann tief fallen; Wer hoch steigt, fällt auch tief (Redensarten) ○ Menschen, die jetzt im Spätsommer oder im Frühherbst wieder aufs Rad steigen, rät das Duo, den Sattel hoch zu stellen, den

Lenker tief. (Mitteldeutsche Zeitung 24. 8. 2017)

hoch; ↑**Daumen hoch, hoh...; klassenhöher**

Hoch//Tief
ein Hoch (Hochdruckgebiet) *liegt über Deutschland*

hoch.../herunter... (Verben mit nicht gleichem Basiswort)
z. B. *hochziehen/herunterlassen*

hoch...//runter... (Verben mit gleichem Basiswort)
z. B. *hochgehen/runtergehen* (Preise), *hochlaufen/runterlaufen*

hoch...//runter...; ↑**auch: 'nunter//'nauf (Verben mit nicht gleichem Basiswort)**
z. B. *hochkommen/runtergehen*

Hoch...//Tief... (Substantiv)
z. B. *Hochbau/Tiefbau*

Hochalm//Niederalm
(höchstgelegene Almzone, ca. über 1500 m Seehöhe) ○ *Unter anderem wird es Wanderungen zur Niederalm und zur Hochalm geben* (Tiroler Tageszeitung 6. 4. 2013)

Hochangriff//Tiefangriff
(Militär)

Hochbau//Tiefbau
(das Bauen über der Erde)

hochbeglückt//tief betrübt
sie ist darüber hochbeglückt ○ *Die Käufer zogen hochbeglückt und schwer beladen mit den Schätzen aus zweiter Hand von dannen* (Mannheimer Morgen 30. 1. 2006)

hochbringen//runterbringen
die Kiste (aus dem Keller) hochbringen

Hochdecker//Tiefdecker
(Flugzeug mit einfachen Tragflächen über dem Rumpf ○ Flugwesen)

hochdeutsch//niederdeutsch
(sprachgeschichtlich: oberdeutsch und mitteldeutsch)

Hochdeutsch//Mundart, Umgangssprache
die Kinder sprachen Hochdeutsch, nicht Mundart ○ *Seit mehr als 60 Jahren schreibt sie und hat schon eine beträchtliche Sammlung von mehr als 250 Gedichten in Hochdeutsch und Mundart vorzuweisen.* (Thüringische Landeszeitung 9. 6. 2007) ○ *Dazu lässt er dem Kiberer eine ins Hochdeutsch gehende Umgangssprache angedeihen, die tieferem Schmäh den Boden entzieht.* (Der Standard 19. 11. 2016)

Hochdeutsche, das//das Niederdeutsche
(sprachgeschichtlich: das Oberdeutsche und das Mitteldeutsche)

Hochdruck//Niederdruck
(hoher Gas- und Dampfdruck ○ Technik)

Hochdruck//Tiefdruck
(Meteorologie, Druckwesen)

hochdrücken//herunterdrücken, runterdrücken
einen Hebel hochdrücken

Hochdruckgebiet//Tiefdruckgebiet
(Meteorologie) ○ *Zusammen mit dem bekannten Wettermann Jörg Kachelmann kämpfte sie gegen die Tradition, Hochdruckgebiete immer nach Männern und Tiefdruckgebiete nach Frauen zu benennen.* (Der Spiegel 17. 2. 2018)

Hochebene//Tiefebene
auf der Hochebene

Hochformat//Querformat
(Format, bei dem die Höhe – von Büchern o. Ä. – größer ist als die Breite)

Hochfrequenz//Niederfrequenz
(Physik)

Hochgarage//Tiefgarage
Nach zähem Ringen gab der Bauausschuss schließlich grünes Licht für die neuartige Hochgarage, die angeblich nicht teurer sein soll als eine Tiefgarage. (FOCUS 29. 9. 2008)

hochgehen//runtergehen
(2 Sachverhalte, 1 personenidentische Perspektive, 2 Standorte), z. B. *die Preise gehen hoch* ○ *ich gehe erst (die Treppe) hoch, und dann gehe ich wieder runter*

hochgehen//heruntergehen
Mal geht der Schlagbaum hoch, ein Dromedar trottet vorüber, dann geht der Schlagbaum wieder herunter. (Der Spiegel 7. 7. 2018)

hochgehen//runterkommen
(2 Sachverhalte, 1 personenidentische Perspektive, 1 Standort), z. B. *sie geht die Treppe hoch, und er kommt die Treppe runter*

Hochgericht//Niedergericht
im Mittelalter urteilte das Hochgericht über Kapitalverbrechen

Hochjagd//Niederjagd
(Jagd auf Bär, Wolf, Rot-, Dam-, Schwarz- u. a. Wild) ○ *Wir haben 5500 Jäger auf der Hochjagd und 1600 Jäger auf der Niederjagd* (St. Galler Tagblatt 27. 9. 2014)

hochklappen//herunterklappen, runterklappen
den Kragen (am Mantel) hochklappen

hochkommen//runtergehen
sie kommt die Treppe hoch, und er geht die Treppe runter (hinunter)

hochkrempeln//herunterkrempeln, runterkrempeln
die Ärmel hochkrempeln

hochkurbeln//herunterkurbeln; ↑**auch: runterkurbeln**
das Autofenster hochkurbeln

Hochland//Tiefland
(ausgedehnte Landfläche in größerer Höhe über dem Meeresspiegel)

hochlaufen//runterlaufen
die Treppe hochlaufen

Hochleistungssport//Breitensport
(auf Rekorde, Erfolge gerichteter Sport)

Hochleitung//Erdleitung
(elektrische Leitung, die über Masten geht)

Hochlochziegel//Langlochziegel
(Ziegel, der senkrecht zur Lage durchlocht ist)

Hochmoor//Flachmoor
(Geografie)

Hochrelief//Flachrelief
(Architektur)

Hochrufe//Niederrufe
jemanden mit Hochrufen empfangen ○ *Es wird nicht mehr beraten. Die Mitwirkung des Publikums beschränkt sich auf Hoch- oder Niederrufe.* (Die Zeit 24. 9. 1965)

Hochsaison//Nachsaison, Vorsaison
in der Hochsaison waren alle Ferienwohnungen ausgebucht

hochschalten//zurückschalten
in den vierten Gang hochschalten

hochschieben//herunterziehen
die Wandtafel hochschieben

Hochseefischerei//Küstenfischerei
(Fischerei auf der hohen See, dem offenen Meer, mitten im Meer)

Hochseeschifffahrt//Küstenschifffahrt
(Schifffahrt zu allen Welthäfen)

Hochspannung//Niederspannung
(Elektrizität)

hochspielen//herunterspielen, runterspielen
eine Sache hochspielen (ihre Bedeutung als höher, als sie in Wirklichkeit ist, dar-

stellen) ○ *Derzeit ist es so, dass die Fachhochschulen in der öffentlichen Meinung eher hochgespielt werden und die Rolle der Universitäten heruntergespielt.* (Salzburger Nachrichten 19. 9. 2001)

Hochsprache//Dialekt, Mundart, Umgangssprache
(Standardsprache ○ Sprache ohne mundartliche oder umgangssprachliche Merkmale) ○ *Mit dem Niedergang der Textilindustrie und der Modernisierung der Landwirtschaft sind Hunderte von Wörtern aus der Hochsprache, der Umgangssprache und Mundart verschwunden.* (Süddeutsche Zeitung 21. 2. 2014)

höchst...//mindest...
das ist das Höchste, was man erwarten kann

höchste//niedrigste
das höchste Gehalt ○ *Das Dorffestkomitee lud auch in diesem Jahr wieder besondere Persönlichkeiten zum Fassanstich ein – diesmal die Ortsvorsteher des höchst gelegenen und des niedrigst gelegenen Ortsteils.* (Südkurier 14. 7. 2008)

höchste//tiefste
die höchste Freude und das tiefste Leid ○ *Cathy-Di Zhangs schlanker Sopran erklimmt ebenso mühelos höchste Höhen wie später tiefste Tiefen* (Der Tagesspiegel 22. 7. 2018)

Höchst...//Mindest... (Substantiv)
z. B. *Höchststrafe/Mindeststrafe*

Höchstalter//Mindestalter
Höchstalter für diesen Posten: nicht über ○ *Mit der Änderung des Kommunalwahlgesetzes solle das Höchstalter der Wählbarkeit ab 2020 auf 67 Jahre erhöht werden. Das Mindestalter für die Wählbarkeit soll bereits ab 2014 von 21 auf 18 Jahre gesenkt werden.* (Passauer Neue Presse 9. 9. 2011)

hochstapeln//tiefstapeln; ↑auch: untertreiben
(durch Worte usw. den Eindruck zu erwecken versuchen, dass man mehr ist oder mehr hat, als in Wirklichkeit vorhanden) ○ *Hochheben statt hochstapeln* (Süddeutsche Zeitung 24. 9. 2015)

Hochstart//Tiefstart
(Leichtathletik)

Höchstdosis//Mindestdosis

hochsteigen//runtersteigen
die Leiter hochsteigen

höchstens//mindestens, wenigstens
er ist höchstens 1.90 Meter groß ○ *er verdient höchstens 4000 Euro* ○ *Das Gesetz schreibt z. B. vor, dass nur dort eine Fahrradstraße entstehen darf, wo täglich höchstens 5000 Autos und mindestens 500 Radler unterwegs sind.* (Nürnberger Zeitung 21. 6. 2018) ○ *Das wäre dann höchstens eine Siedlung. Aber wenigstens eine mit eigenem Bahnhof und zwei direkten S-Bahn-Linien ins Bundeshauptdörfchen Bern.* (Süddeutsche Zeitung 15. 11. 2013)

Höchstgeschwindigkeit//Mindestgeschwindigkeit
... dass der durchschnittliche Autofahrer die Höchstgeschwindigkeit 130 Stundenkilometer eher als eine Mindestgeschwindigkeit auffasst. (Tiroler Tageszeitung 25 .3. 2005)

Höchstgewicht//Mindestgewicht

Höchstmaß//Mindestmaß
ein Höchstmaß an Geduld ○ *Ein Höchstmaß an Zufriedenheit mit einem Mindestmaß an Ressourcenverbrauch zu erreichen – das sollte das Ziel sein.* (taz 5. 12. 2009)

Höchststrafe//Mindeststrafe
Bei Vergewaltigung haben wir eine Höchststrafe von zehn Jahren, die Mindeststrafe liegt bei sechs Monaten. (Die Presse 3. 12. 2012)

Höchstwert//Niederstwert
(Rechtswesen)

Höchstwert//Tiefstwert
Höchstwerte der Temperatur ○ Der Durchschnittspreis pro Festmeter Holz lag bei 73,06 Euro, zwar unter dem Höchstwert von 2014 (79,43 Euro), aber deutlich über dem Tiefstwert von 2004 (51,17 Euro). (Oberösterreichische Nachrichten 24. 5. 2017)

Hochton//Tiefton
(Hauptbetonung bei den Silben eines Wortes oder im Satz ○ Phonetik)

hochtourig//niedertourig
(mit hoher Drehzahl laufend ○ Technik)

hochtragen//runtertragen
den Koffer hochtragen

Hochwald//Niederwald
(alter, aus Samen und Setzlingen erwachsener Wald) ○ *Entlang der Straßen wird der Hochwald beseitigt und durch Niederwald ersetzt. (Rhein-Zeitung 29. 3. 2014)*

Hochwasser//Niedrigwasser; ↑auch: Ebbe
bei Hochwasser baden ○ Bei Niedrigwasser erhebt er sich knapp über den Meeresspiegel, bei Hochwasser verschwindet er in den Fluten. (Wiener Zeitung 23. 6. 2017)

hochwertig//minderwertig
hochwertige Ware ○ hochwertige Angebote ○ Besonders kleine Kinder können noch nicht zwischen „wichtigen" und „unwichtigen" Wünschen oder zwischen „hochwertig" und „minderwertig" unterscheiden. (Passauer Neue Presse 1. 12. 2003)

Hochwild//Niederwild
Hochwild wie Elch, Rot-, Damhirsch ○ Zum Hochwild zählen früher den „hohen Herren" vorbehaltene jagdbare Tiere wie Rothirsch, Adler oder Auerhahn. Zum Niederwild zählen unter anderem Reh, Hase, Fasan, Rebhühner und viele weitere Arten. (Mittelbayerische Zeitung 28. 7. 2015)

Hochzahl//Grundzahl; ↑auch: Basis
ein hochgestelltes n nach a ist die Hochzahl

Hochzeitsmutter//Hochzeitsvater
(Mutter der Braut)

Hochzeitsvater//Hochzeitsmutter
(Vater der Braut)

hochziehen//herunterlassen, runterlassen
die Jalousien hochziehen ○ die Hosen hochziehen

hochziehen//runterrutschen
die Strümpfe rutschten runter ○ er musste sie immer wieder hochziehen

hoffen//bangen
nach dieser Nachricht lebt er zwischen Hoffen und Bangen ○ Wir alle hoffen und bangen, dass die 44 am Leben sind. (taz 25. 11. 2017)

Hoffnung//Furcht
ihre Hoffnung, die Prüfung zu bestehen, war groß ○ Bereits Aristoteles wusste, dass neben dem Erregen von Mitleid auch das Hervorrufen von Angst ein Erfolgsgeheimnis der Tragödie ist, ebenso das wohlkalkulierte Miteinander von Hoffnung und Furcht. (Süddeutsche Zeitung 17. 7. 2012)

höflich//unhöflich
er ist sehr höflich ○ eine höfliche Auskunft ○ Nach jeder Sitzung fragten die Forscher nach, wie höflich oder unhöflich die Probanden den jeweiligen Verhandlungspartner wahrgenommen hatten. (Stuttgarter Zeitung 28. 5. 2016)

Höflichkeit//Unhöflichkeit

hohe...//niedere...; ↑auch: niedrig
hoher Adel (Hochadel) ○ *hohe Jagd* (Hochjagd) ○ *hoher Klerus ○ hohe Geistlichkeit ○ hoher Beamter*

hohe...; ↑die hohe Jagd, hoher Schuh, hohere Pflanzen

Höhe//Tiefe
die Höhen und Tiefen im Laufe des Lebens ○ *Martin Schulz im Wahlkampf: erst durch Höhen, dann durch Tiefen.* (Der Spiegel 13. 4. 2018) ○ *die Höhe eines Tones* (Musik)

Höhepunkt//Tiefpunkt
die Höhepunkte in seiner Laufbahn ○ *Die Partie war der dramatische Höhepunkt des Turniers, sportlich gesehen jedoch ein Tiefpunkt.* (Tagesanzeiger 2. 4. 2016)

höhere//niedere; ↑auch: niedrig
die höheren Weihen

höhere//untere
die höheren Dienstgrade ○ *Vergewaltigung wird häufig als ‚Strafe' von Männern der höheren Kasten für Frauen der unteren Kasten eingesetzt* (Wiener Zeitung 4. 9. 2013)

höher...//zurück..., rück... (Verb)
z. B. *höherstufen/zurückstufen, rückstufen*

höhere Pflanzen//niedere Pflanzen
(Samenpflanzen)

hoher Schuh/Halbschuh

höherstufen//zurückstufen, rückstufen
jemanden höherstufen (in Bezug auf das Gehalt) ○ *Es gibt noch einige Projekte im Land, die wir höherstufen wollen.* (Stuttgarter Nachrichten 27. 10. 2016)

hohl//voll
hohle Wangen ○ *Im Unterschied zu den meisten anderen Plastikgegenständen waren die Exponate aber nicht hohl, sondern voll* (Wiener Zeitung 29. 3. 2014)

Hohlball//Vollball
(Ball, der mit Luft gefüllt ist)

hohler Rücken//fester Rücken
(Buchbinderei)

Hohlform//Vollform
(Oberflächenform, die konkav nach innen einfällt)

Hohlfuß//Plattfuß
(überstarke Wölbung des Fußes) ○ *Zeigen sich nur Ballen und Ferse, tendiert der Fuß eher zu einem Hohlfuß, ist der Bogen zwischen Ballen und Ferse wenig ausgeprägt und der Abdruck flächig, neigt man eher zum umgangssprachlichen Plattfuß.* (Saarbrücker Zeitung 30. 1. 2015)

Hohlglas//Tafelglas
(Technik)

holen//abgeben
(im Theater) die Garderobe holen ○ *Der finanzielle Spielraum ist gleich null, also können wir nur neue Spieler holen, wenn wir weitere abgeben.* (Süddeutsche Zeitung 8. 1. 2014)

holen//bringen
die Weinflaschen aus dem Keller holen ○ *ich habe die Zeitung geholt* ○ *er holt das Geld* ○ *Wenn dann etwas gebraucht wurde, sei sie oft geschickt worden, um aus den Kisten die Unterlagen zu holen und ins Rathaus zu bringen.* (Mittelbayerische Zeitung 13. 12. 2018)

holen aus//werfen in
etwas aus der Tonne holen ○ *Denn das gesamte Geld, das die Spieler in den Dartautomaten versenkten, wurde nach der Veranstaltung wieder herausgeholt und in den großen Spendentopf geworfen.* (Mannheimer Morgen 13. 3. 2013)

Hölle//Himmel
als schlechter Mensch nach dem Tod in die Hölle kommen (Religion) ○ *„Es ist besser, in der Hölle zu herrschen, als im Himmel zu dienen."* (John Milton)

Hölle//Paradies
Die europäische Hölle ist besser als das afrikanische Paradies (Der Spiegel 2. 6. 2018)

höllisch//himmlisch
... die Bassisten, die höllisch grooten und himmlisch schwelgten (Die Presse 31. 12. 2009)

holokrin//merokrin
holokrine Drüsen (z. B. Talgdrüsen o Medizin)

Holschuld//Bringschuld, Schickschuld
(Leistungsverpflichtung, bei der der Gläubiger die Schuld bei Fälligkeit beim Schuldner abzuholen hat o Rechtswesen)

Holzbläser//Blechbläser
(jemand, der ein Holzblasinstrument – z. B.: Oboe, Fagott, Klarinette, Flöte – spielt)

holzfrei//holzhaltig
holzfreies (keine Holzfasern enthaltendes) *Papier*

holzhaltig//holzfrei
holzhaltiges (Holzfasern enthaltendes) *Papier*

homo//hetero; ↑auch: heterosexuell, straight
der ist homo (homosexuell) o *Sie machen keinen Unterschied zwischen homo und hetero, zwischen offenherzig und verklemmt* (Mannheimer Morgen 26. 6. 2018)

Homo//Hetero; ↑auch: Heterosexueller, Straight
das ist die Meinung der Homos (der Homosexuellen)

homo...//hetero... (vor fremdsprachlicher Basis; Adjektiv)
(mit der Bedeutung: gleich) z. B. *homosexuell/heterosexuell, homogen/heterogen*

Homöarkton//Homöoteleuton
(Stilfigur, bei der die Anlautsilben aufeinanderfolgender Wörter gleich sind, z. B.: hundert Hunde, per vitem ad vitam o Rhetorik)

homochlamydeisch; ↑homöochlamydeisch

homodont//heterodont
(in Bezug auf gleichartige Zähne bei Tieren)

Homodontie//Heterodontie
(Gleichgestaltigkeit in Bezug auf die Zähne)

Homodynatnie//Heterodynamie
(Genetik)

homodynamisch//heterodynamisch
(Genetik)

homogametisch//heterogametisch
(Biologie)

Homogamie//Dichogamie
(gleichzeitige Reife o Botanik)

Homogamie//Heterogamie
(Bevorzugung gleicher oder ähnlicher Partner in Bezug auf Alter, Konfession, Bildung usw. bei der Partnerwahl o Soziologie)

homogen//heterogen
eine homogene Gruppe o *homogene* (gleichartige) *und heterogene* (ungleichartige) *Strukturen* o *Vom oft als vorbildlich genannten Finnland könne man in diesem Fall nichts lernen, da die Gesellschaftsstruktur dort sehr homogen sei, in Deutschland hingegen durch den großen Migrationshintergrund sehr heterogen.* (Passauer Neue Presse 23. 5. 2011)

homogen//inhomogen
in diesem Buch ist der Stil homogen zum Stoff (er entspricht dem Stoff), *in dem anderen Buch dagegen ist der Stil inhomogen zum Stoff* (er entspricht nicht dem Stoff) o *ein homogenes Feld* (Physik)

Homogenität//Heterogenität
auf Homogenität der Teilnehmer wurde Wert gelegt

Homogenität//Vielfalt
Das Duell zwischen Homogenität und Vielfalt (Der Spiegel 7. 7. 2018)

Homogenität//Inhomogenität
die Homogenität des Stils zum Stoff

Homogonie//Heterogonie
(Philosophie)

homograd//heterograd
(qualitative Unterschiede betreffend ○ Statistik)

Homoiarkton; ↑**Homöarkton**

Homoioplastik; ↑**Homoplastik**

homoiosmotisch; ↑**homöosmotisch**

Homoioteleuton; ↑**Homöoteleuton**

homoiotherm; ↑**homöotherm**

homolog//heterolog
(artgleich)

homologe Insemination//heterologe Insemination
(künstliche Befruchtung mit dem Samen des Ehemannes)

Homolyse//Heterolyse
(Chemie)

homonom//heteronom
(Zoologie)

Homonomie//Heteronomie
(Gleichartigkeit, z. B. im Körperbau ○ Biologie)

Homonym//Heteronym
(Homonyme sind äußerlich identische Wörter, die aber inhaltlich verschieden sind und die sich auch grammatisch – z. B. im Genus, Plural – unterscheiden), z. B. *die Banken/die Bänke*

Homöoarkton; ↑**Homöarkton**

homöochlamydeisch//heterochlamydeisch
(in Bezug auf Blütenhüllen, bei denen sich – wie bei der Tulpe – die Kelchblätter von den Kronblättern nicht unterscheiden ○ Botanik)

Homöopath//Allopath
(homöopathisch behandelnder Arzt)

Homöopathie//Allopathie; ↑**auch: Schulmedizin**
(1796 von dem Arzt Samuel Hahnemann begründetes Heilverfahren, bei dem bestimmte Mittel in hoher Verdünnung angewendet werden)

homöopathisch//allopathisch
(Medizin) ○ *Ich behandle, wo immer es geht, rein homöopathisch, aber manchmal auch kombiniert oder auch rein allopathisch.* (Der Tagesspiegel 4. 5. 2005)

Homöoplastik; ↑**Homoplastik**

homöopolar//heteropolar
(Chemie)

homöosmotisches Tier//poikilosmotisches Tier
(Meerestier wie Krebs, Weichtier in Bezug auf die Salzkonzentration)

Homöoteleuton//Homöoarkton
(Stilfigur, bei der die Endungen der aufeinanderfolgenden Wörter gleich sind, z. B.: m<u>ach</u> mich w<u>ach</u>! ○ Rhetorik)

homöotherm//poikilotherm
(gleichbleibend warmblütig)

homophag//heterophag
(in Bezug auf Parasiten: auf nur einem Wirtsorganismus schmarotzend ○ Biologie)

homophon//polyphon
(gleichstimmig ○ Musik)

Homophonie//Polyphonie
(in der Musik, wenn die Melodiestimme dominiert)

Homoplastik//Heteroplastik; ↑**auch: Alloplastik**
(das Einsetzen von arteigenem Gewebe, z. B. von Mensch zu Mensch ○ Chirurgie)

Homorrhizie//Allorrhizie
(Botanik)

homosensorielle Reproduktionen//heterosensorielle Reproduktionen
(Reproduktionen aus dem gleichen Sinnesgebiet ○ Psychologie)

Homosexualität//Heterosexualität
(auf das eigene Geschlecht gerichtetes sexuelles Empfinden)

homosexuell//heterosexuell; ↑auch: straight
homosexuelle Männer, Frauen (deren sexuelles Empfinden auf das gleiche Geschlecht gerichtet ist o von Karl Maria Kertbeny 1868 geprägtes Wort)

Homosexueller//Heterosexueller; ↑auch: Dioning, Hetero, Straight
(Mann, der – anders als der Heterosexuelle – nicht Frauen, sondern Männer liebt)

Homosexueller//Lesbierin; ↑auch: lesbisch
(Mann, der Männer liebt wie eine Lesbierin, die Frauen liebt o Homosexuelle und Lesbierinnen sind Menschen, deren sexuelles Empfinden sich auf Menschen des gleichen Geschlechts richtet)

Homoskedastizität//Heteroskedastizität
(nicht signifikante Ungleichheit o Statistik)

Homosphäre//Heterosphäre
(Atmosphäre unterhalb 100 km)

Homosporen//Heterosporen
(Botanik)

Homosporie//Heterosporie
(Botanik)

homostyl//heterostyl
(von Blüten o Botanik)

Homostylie//Heterostylie
(Botanik)

homosyllabisch//heterosyllabisch
(zur gleichen Silbe gehörend)

Homotransplantation//Heterotransplantation
(Chirurgie)

homozygot//heterozygot; ↑auch: mischerbig
(gleiche Erbanlagen habend im Unterschied zum Bastard o Biologie)

Homozygotie//Heterozygotie
(Biologie)

Honig; ↑Bienenhonig, Kunsthonig

Honorar; ↑Absatzhonorar, Bogenhonorar, Pauschalhonorar

hörbar//unhörbar
ein hörbarer Ton o *Sein Obertongesang im Prolog, der aus dem Nebenraum hörbar wurde, wechselte unhörbar in den ersten tänzerischen Auftritt des Luzifers.* (Thüringer Allgemeine 25. 7. 2017)

hören//lesen
er hat den Vortrag (von ihm) gehört o *Das entsprach – nach allem, was man seither hören und lesen konnte – nicht ganz den Tatsachen.* (Aachener Zeitung 3. 2. 2017)

hören//reden
rede! Ich höre o *Es ist wichtig, zu hören, was die Leute im Umfeld eines Kunden so reden.* (Salzburger Nachrichten 17. 1. 2014)

hören//sprechen
er hört, was sie spricht o *das gesprochene und das gehörte Wort gräbt sich ins Gedächtnis ein* o *Nicht-Ahmadis glauben, dass Gott sie zwar sehen und hören, aber nicht zu ihnen sprechen kann.* (taz 22. 3. 2013)

hörend//gehörlos
hörende Eltern, gehörlose Kinder

Hörer//Leser
die Hörer des Textes haben es schwerer als die Leser o *Aber weil man den hiesigen Dialekt als Hörer besser versteht wie als Leser, sind die weiteren Zitate in dieser Geschichte ins Hochdeutsche übersetzt.* (Stuttgarter Nachrichten 17. 8. 2016)

Hörerleser//Sprecherschreiber
die Hörerleser sind die Rezeptiven, die Sprecherschreiber die Produktiven

horizontal//vertikal; ↑auch: senkrecht
eine horizontale Linie ○ *horizontale Bildlaufleiste* (EDV) ○ *„Der Tango ist der vertikale Ausdruck eines horizontalen Verlangens" – so soll es der irische Schriftsteller George Bernard Shaw formuliert haben.* (Der Spiegel 10. 2. 2018)

Horizontale//Vertikale

Horizontalkonzern//Vertikalkonzern
(Konzern mit Unternehmen der gleichen Produktionsstufe)

Horizontalseismometer//Vertikalseismometer
(Technik)

Hörmuschel//Sprechmuschel
(Telefon)

Hörndlbauer//Körndlbauer
(viehzüchtender Bauer ○ österreichisch)

Hose; ↑die Hosen anhaben

Hosenrolle//Rockrolle
(von einer Schauspielerin, Sängerin in der Oper verkörperte Männerrolle)

hosianna//kreuziget ihn; ↑auch: pereat
(Huldigungsruf zu jemandes Lob und Ehre ○ ursprünglich beim Einzug Jesu in Jerusalem) ○ *Er hätte wohl bedeuten sollen, dass in der Politik der Freudenruf „Hosianna" und die Forderung „kreuziget ihn!" manchmal nahe beieinander liegen.* (Hannoversche Allgemeine 16. 4. 2018)

Hospites//Indigene
(biotopfremde Arten ○ Ökologie)

Hotelgäste//Hotelpersonal
die Hotelgäste waren mit dem Hotelpersonal recht zufrieden

Hotelkauffrau//Hotelkaufmann

Hotelkaufmann//Hotelkauffrau

Hotelpersonal//Hotelgäste
die Hotelgäste waren mit dem Hotelpersonal recht zufrieden

Hot Jazz//Sweet Music

hott//hü[h], (landschaftlich) hüst; ↑auch: links
der Kutscher rief „hott!" (Ruf, mit dem Zugtiere angetrieben werden, nach rechts zu gehen)

hü; ↑hüh

hüben//drüben
das ist hüben wie drüben (auf beiden Seiten) *gleich* ○ *Es gab Chancen hüben wie drüben.* (Tiroler Tageszeitung 28. 1. 2013) ○ *Hier könnt ihr anhand witziger Buntstiftzeichnungen sehen, was los war, als eure Eltern Kinder oder Jugendliche waren – hüben oder drüben.* (Hamburger Abendblatt 8. 12. 2018)

Hubkolbenmotor//Drehkolbenmotor
(Technik)

hübsch//hässlich
sie/er ist hübsch ○ *ein hübsches Gesicht* ○ *dieser Bunker ist kein hübscher Anblick* ○ *Wenn Sie unterdurchschnittlich hübsch oder gar hässlich wären, was wäre dann?* (Berliner Zeitung 25. 3. 2017)

hügelab//hügelauf
(den Hügel abwärts, hinab)

hügelauf//hügelab
(den Hügel aufwärts, hinauf)

hügelig//eben
ein hügeliges Gelände ○ *Neulich lief eine schöne Reportage über das Recknitztal. Es ist hügelig da, wo sonst alles eben ist.* (Nordkurier 20. 11. 2017)

hüh//hott; ↑auch: rechts
(Ruf, mit dem Zugtiere angetrieben werden, nach links zu gehen)

Huhn//Hahn
Henne und Huhn sind die Namen für das weibliche Tier ○ Hühner gackern, Hähne krähen ○ Das verrückte Huhn und der zornige Hahn oder das im Profil porträtierte alternde Hühnerpaar könnten fabelhafterweise genauso gut für ihre verwandten Vorbilder unter den Menschen stehen (Rhein-Zeitung 31. 1. 2017)

Hühnerbrust//Heldenbrust
(abwertend: schwach entwickelter Brustkorb)

hui//pfui
vorne hui (schön, sauber) *und hinten pfui* (hässlich, schmutzig)

human//inhuman; ↑auch: unmenschlich
eintreten für eine humane Drogenpolitik ○ eine humane Denkweise ○ humane Ansichten ○ eine humane Behandlung der Gefangenen

Humaniora//Realien
(schöne Künste und Wissenschaften ○ Pädagogik)

Humanität//Inhumanität
Er ist einer der wenigen Vorzeigepersonen, die für Humanität inmitten einer ... verbreiteten Inhumanität der NS-Zeit steht. (Rheinische Post 16. 1. 2015)

Humanmedizin//Veterinärmedizin
(Medizin, die sich mit dem Menschen befasst) ○ *In beiden Fächern stieg der Anteil jener Studienanfänger, die über die AHS an die Universität kamen – in der Humanmedizin weniger stark, in der Veterinärmedizin stärker.* (Die Presse 17. 6. 2015)

humorlos//humorvoll
eine humorlose Frau

humorvoll//humorlos
er hat humorvoll und angstfrei über Sexualität gesprochen

Hund//Hündin

Hund; ↑wie Hund und Katze

Hündin//Hund, Rüde
(weiblicher Hund)

Hunger//Durst; ↑auch: dursten
Hunger habe ich nicht, aber Durst

Hunger haben//satt sein
hast du noch Hunger? Nein danke, ich bin satt ○ Und auch an den Feiertagen sollten Sie nur essen, wenn Sie Hunger haben und aufhören, wenn Sie satt sind. (Braunschweiger Zeitung 19. 12. 2006)

hungern//dürsten; ↑auch: Durst, durstig
sie mussten hungern ○ es hungert ihn ○ Selig, die hungern und dürsten nach der Gerechtigkeit, denn sie werden satt werden. (Bibel, Matthäus 5,6)

hungrig//durstig; ↑auch: Durst
ich bin hungrig

hungrig//satt, gesättigt
„Die Hungrigen und die Satten" (Roman von Timur Vernes, 2018) ○ *Wer hungrig durch die Zolliker Chilbi streift, wird garantiert gesättigt das Festgelände wieder verlassen.* (Tagesanzeiger 20. 8. 2007)

hungrig sein//satt sein
er ist (noch) hungrig, doch sie ist (schon) satt ○ wenn einer zwei Bratwürste isst, der andere aber keine, hat jeder durchschnittlich eine Bratwurst gegessen, obwohl der eine hungrig ist und der andere satt. (Süddeutsche Zeitung 8. 4. 2010)

Hure//Heilige
Der Mann (gibt es den heute überhaupt noch?) zeigt die Frau in der Kunst entweder als Hure oder als Heilige. (Weltwoche 19. 2. 2015)

Hurenkind//Schusterjunge
(letzte, nicht ganz ausgefüllte Zeile eines Absatzes, die als erste Zeile auf die nächste Seite oder Spalte käme ○ Druckwesen)

hüst; ↑hüh

Hütte//Palast
„Friede den Hütten, Krieg den Palästen" (Georg Büchners Motto im „Hessischen Landboten", 1834) ○ *In Hütten und Palästen* (Buchtitel von Rolf Seelmann-Eggebert, 2019)

Hutu//Tutsi
(mit den Tutsi in Konflikt lebende ackerbautreibende Bevölkerung in Ostafrika, die sich – historisch gesehen – in einer Art Vasallenschaft zu den Tutsi befindet)

Hyazinth; ↑**Apollo//Hyazinth**

Hydrodynamik//Hydrostatik
(Physik)

hydrodynamisch//hydrostatisch
(Physik)

hydrophil//hydrophob
(wasserliebend, wasseranziehend, im Wasser lebend, Wasser aufnehmend) ○ *Essig ist hydrophil und Öl ist hydrophob.* (Gießener Anzeiger 30. 1. 2010)

Hydrophilie//Hydrophobie
(Chemie)

hydrophob//hydrophil
(wassermeidend, wasserabstoßend, Wasser als Lebensraum meidend) ○ *Im Josef-Ressel-Zentrum an der FH Vorarlberg werden etwa Oberflächen mit Lasern so bearbeitet, dass sie hydrophob (wasserabweisend) oder hydrophil (wasseranziehend) werden.* (Vorarlberger Nachrichten 6. 9. 2017)

Hydrophobie//Hydrophilie
(Chemie)

Hydrostatik//Hydrodynamik
(Physik)

hydrostatisch//hydrodynamisch
(Physik)

hygienisch//unhygienisch
alles ist sehr hygienisch ○ *Der Text Albert Schweitzers und anderer Kolonialautoren bedeutet den Beginn der Einteilung unseres Weltbildes in eine hygienische und eine unhygienische, eine entwickelte und eine unentwickelte Zone.* (Süddeutsche Zeitung 9. 7. 1993)

hygro...//xero... (vor fremdsprachlicher Basis; Adjektiv)
(mit der Bedeutung: feucht) z. B. *hygrophil/xerophil*

Hygro...//Xero... (vor fremdsprachlicher Basis; Substantiv)
(mit der Bedeutung: Feuchtigkeits...) z. B. *Hygrophilie/Xerophilie*

hygrophil//xerophil
(von Pflanzen, Tieren ○ einen feuchten Standort liebend)

Hygrophilie//Xerophilie
(Vorliebe von bestimmten Pflanzen, Tieren für einen feuchten Standort)

Hygrophyt//Xerophyt
(Botanik)

Hylas//Herakles, Herkules
(Liebling des Herakles, der auf der Argonautenfahrt von den Quellnymphen wegen seiner Schönheit geraubt wurde)

hyp...//hyper... (vor fremdsprachlicher Basis; Adjektiv)
(mit der Bedeutung: unter, sehr wenig) z. B. *hypalgetisch/hyperalgetisch*

Hyp...//Hyper... (vor fremdsprachlicher Basis; Substantiv)
(mit der Bedeutung: unter) z. B. *Hypästhesie/Hyperästhesie*

Hypalbuminämie//Hyperalbuminämie
(Medizin)

hypalgetisch//hyperalgetisch
(weniger schmerzempfindlich)

Hypästhesie//Hyperästhesie
(geringere Empfindlichkeit)

hypästhetisch//hyperästhetisch
(von geringerer Empfindlichkeit)

hyper.../ /hyp[o]... (Adjektiv)
(mit der Bedeutung: sehr viel, übermäßig, über...hinaus) z. B. *hypermorph/hypomorph, hyperalgetisch/hypalgetisch*

Hyper.../ /Hyp[o]... (Substantiv)
(mit der Bedeutung: übermäßig, über...hinaus) z. B. *Hyperfunkion/Hypofunktion, Hyperinose/ Hypinose*

Hyperalbuminämie//Hypalbuminämie
(Medizin)

hyperalgetisch//hypalgetisch
(überaus schmerzempfindlich)

Hyperästhesie//Hypästhesie
(Überempfindlichkeit)

hyperästhetisch//hypästhetisch
(überempfindlich)

Hyperbel//Litotes; ↑auch: Untertreibung
(Übertreibung im sprachlichen Ausdruck, im Bild), z. B.: *meilenweit, Schneckentempo*

Hyperbole, die//Litotes
(Übertreibung im sprachlichen Ausdruck, im Bild), z. B.: *meilenweit, Schneckentempo*)

Hyperboliker//Hypoboliker
(jemand, der sich übertrieben ausdrückt)

Hyperbulie//Abulie
(krankhafte Willenssteigerung)

Hyperchlorämie//Hypochlorämie
(Medizin)

Hypercholesterinämie//Hypocholesterinämie
(Medizin)

Hypercholie//Hypocholie
(Medizin)

hyperchrom//hypochrom
(zuviel Blutfarbstoff besitzend o Medizin)

Hyperchromie//Hypochromie
(Medizin)

Hyperdaktylie//Hypodaktylie
(das Angeborensein von mehr als fünf Fingern oder Zehen)

Hyperfunktion//Hypofunktion; ↑auch: Unterfunktion
(Überfunktion)

Hypergalaktie//Hypogalaktie
(Überschuss an Milch bei einer stillenden Frau)

Hypergamie//Hypogamie
(als Frau Heirat in eine höhere Schicht o Soziologie)

Hypergenitalismus//Hypogenitalismus
(vorzeitige oder besonders starke Entwicklung der Geschlechtsmerkmale)

Hypergeusie//Hypogeusie
(Überempfindlichkeit des Geschmackssinns)

Hyperglykämie//Hypoglykämie
(erhöhter Blutzuckergehalt)

Hyperhidrose//Hyphidrose
(starke Schweißabsonderung)

Hyperinose//Hypinose
(Medizin)

Hyperinsulinismus//Hypoinsulinismus
(Medizin)

Hyperjodämie//Hypojodämie
(Medizin)

Hyperkalämie//Hypokalämie
(Medizin)

Hyperkaliämie//Hypokaliämie
(erhöhter Kaliumspiegel)

Hyperkalzämie//Hypokalzämie
(erhöhter Kalziumspiegel)

Hyperkapnie//Hypokapnie
(Medizin)

Hyperkinese//Hypokinese
(Muskelzuckungen usw. ○ Medizin)

Hyperkortizismus//Hypokortizismus
(Überfunktion bei Erkrankung der Nebenniere)

Hyperleukozytose//Hypoleukozytose
(Medizin)

Hypermenorrhö//Hypomenorrhö
(starke Regelblutung)

Hypermetropie//Myopie; ↑auch: **Kurzsichtigkeit**
(Weitsichtigkeit)

hypermetropisch//myop; ↑auch: **kurzsichtig**
(weitsichtig)

Hypermnesie//Amnesie
(abnorm gesteigerte Gedächtnisfähigkeit)

hypermorph//hypomorph
(verstärkt ○ Biologie)

Hypernatriämie//Hyponatriämie
(Medizin)

Hyperodontie//Hypodontie
(Überzahl an Zähnen)

Hyperonym//Hyponym; ↑auch: **Unterbegriff**
(übergeordnetes, allgemeineres Wort, z. B. Medikament [= Hyperonym] zu Pille, Tablette [= Hyponyme])

Hyperonymie//Hyponymie
(Sprachwissenschaft)

Hyperosmie//Hyposmie
(Medizin)

Hyperparathyreoidismus//Hypoparathyreoidismus
(Medizin)

Hyperphorie//Hypophorie
(Medizin)

Hyperpituitarismus//Hypopituitarismus
(Medizin)

Hyperplasie//Hypoplasie
(Medizin)

Hyperprosexie//Hypoprosexie
(Medizin)

Hyperproteinämie//Hypoproteinämie
(Medizin)

hypersom//hyposom
(von sehr großem Wuchs ○ Medizin)

Hypersomie//Hyposomie; ↑auch: **Kleinwuchs, Mikrosomie, Zwergwuchs**
(Riesenwuchs ○ Medizin)

Hypersonie//Hyposonie
(Medizin)

Hyperspermie//Hypospermie
(vermehrte Samenbildung ○ Medizin)

Hypersthenurie//Hyposthenurie
(Medizin)

Hypertension//Hypotension
(Medizin)

Hyperthymie//Hypothymie
(ungewöhnlich gehobene seelische Stimmung ○ Psychologie)

Hyperthymiker//Hypothymiker
(reizbarer, explosiver Psychopath)

Hyperthyreose//Hypothyreose; ↑auch: **Unterfunktion**
(Überfunktion der Schilddrüse)

Hypertonie//Hypotonie
(erhöhter Blutdruck ○ gesteigerte Muskelspannung)

Hypertoniker//Hypotoniker
(jemand, der zu hohen Blutdruck hat ○ Medizin)

hypertonisch//hypotonisch
(Medizin)

Hypertonus//Hypotonus
(kurzfristig hoher Blutdruck ○ Medizin)

Hypertrichose//Hypotrichose
(übermäßige Behaarung am Körper)

Hypertrophie//Hypotrophie
(übermäßige Vergrößerung)

Hyperventilation//Hypoventilation
(Medizin)

Hypervitaminose//Hypovitaminose
(Schädigung auf Grund zu reichlicher Vitaminzufuhr)

Hypervolämie//Hypovolämie
(Medizin)

Hyphidrose//Hyperhidrose
(verminderte Schweißabsonderung)

Hypinose//Hyperinose
(Medizin)

hypnagogische Halluzinationen//hypnopompische Visionen
(lebhafte optische Vorstellungen, die vor dem Einschlafen auftreten o Psychologie)

hypnopompische Visionen//hypnagogische Halluzinationen
(Visionen, die kurz vor dem Aufwachen auftreten o Psychologie)

hypo.../epi... (vor fremdsprachlicher Basis; Adjektiv)
(mit der Bedeutung: unter) z. B. *hypogäisch/epigäisch*

hypo.../hyper... (Adjektiv)
(mit der Bedeutung: unter, sehr wenig) z. B. *hyposom/hypersom*

Hypo.../Hyper... (Substantiv)
(mit der Bedeutung: unter) z. B. *Hyposomie/Hypersomie*

Hypoboliker//Hyperboliker
(jemand, der sich knapp ausdrückt)

Hypobulie//Hyperbulie
(Willensschwäche)

Hypochlorämie//Hyperchlorämie
(Medizin)

Hypocholesterinämie//Hypercholesterinämie
(Medizin)

Hypocholie//Hypercholie
(Medizin)

hypochrom//hyperchrom
(zu wenig Blutfarbstoff besitzend o Medizin)

Hypochromie//Hyperchromie
(Medizin)

Hypodaktylie//Hyperdaktylie
(angeborenes Fehlen von Fingern oder Zehen)

Hypodontie//Hyperodontie
(eine zu geringe Anzahl an Zähnen; angeboren)

Hypofunktion//Hyperfunktion; ↑auch: Überfunktion
(Unterfunktion)

hypogäisch//epigäisch
(Botanik)

Hypogalaktie//Hypergalaktie
(bei einer stillenden Frau Milchmangel)

Hypogamie//Hypergamie
(als Frau Heirat in eine niedere Schicht o Soziologie)

hypogastrisch//epigastrisch
(Medizin)

Hypogastrium//Epigastrium
(Medizin)

Hypogenitalismus//Hypergenitalismus
(Unterentwicklung der Geschlechtsorgane)

Hypogeusie//Hypergeusie
(verminderte Geschmacksempfindung)

Hypoglykämie//Hyperglykämie
(verminderter Blutzuckergehalt)

hypogyn//epigyn
(unter dem Fruchtknoten o Botanik)

Hypoinsulinismus//Hyperinsulinismus
(Medizin)

Hypojodämie//Hyperjodämie
(Medizin)

Hypokalämie//Hyperkalämie
(Medizin)

Hypokaliämie//Hyperkaliämie
(verminderter Kaliumspiegel)

Hypokalzämie//Hyperkalzämie
(verminderter Kalziumspiegel)

Hypokapnie//Hyperkapnie
(Medizin)

Hypokinese//Hyperkinese
(vermindere Bewegungsfähigkeit o Medizin)

Hypokortizismus//Hyperkortizismus
(Medizin)

Hypoleukozytose//Hyperleukozytose
(Medizin)

Hypolimnion//Epilimnion
(Tiefschicht eines Sees)

Hypomenorrhö//Hypermenorrhö
(zu schwache Regelblutung)

hypomorph/hypermorph
(schwächer o Biologie)

Hyponastie//Epinastie
(Krümmungsbewegung durch verstärktes Wachstum der Blattunterseite gegenüber der Blattoberseite bei Pflanzen)

Hyponatriämie//Hypernatriämie
(Medizin)

Hyponym//Hyperonym; ↑auch: **Oberbegriff**
(untergeordnetes, spezielleres Wort, z. B. Pille [= Hyponym] zu Medikament [= Hyperonym])

Hyponymie//Hyperonymie
(Sprachwissenschaft)

Hypoparathyreoidismus//Hyperparathyreoidismus
(Medizin)

Hypophorie//Hyperphorie
(Medizin)

Hypopituitarismus//Hyperpituitarismus
(Medizin)

Hypoplasie//Hyperplasie
(Medizin)

Hypoprosexie//Hyperprosexie
(Medizin)

Hypoproteinämie//Hyperproteinämie
(Medizin)

Hyposmie//Hyperosmie
(Medizin)

hyposom/hypersom
(kleinwüchsig o Medizin)

Hyposomie//Hypersomie; ↑auch: **Großwuchs, Makrosomie, Riesenwuchs**
(Kleinwuchs o Medizin)

Hyposonie//Hypersonie
(Medizin)

Hypospermie//Hyperspermie
(geringere Samenbildung o Medizin)

Hyposthenurie//Hypersthenurie
(Medizin)

hypotaktisch/parataktisch; ↑auch: **nebenordnend**
(in dem Satz „Sie kam nicht, weil sie krank war" ist „weil sie krank war" der hypotaktische, der untergeordnete Satz o Grammatik)

Hypotaxe//Parataxe; ↑auch: **Koordination, Nebenordnung**
(syntaktische Unterordnung o in dem Satz „sie sagte, dass sie verliebt sei" handelt es sich bei „dass sie verliebt sei" um den untergeordneten Satz)

Hypotension//Hypertension
(Medizin)

Hypotenuse//Kathete
(Seite in einem rechtwinkligen Dreieck, die dem rechten Winkel gegenüberliegt)

Hypothek//Grundschuld
(Rechtswesen)

Hypothese; ↑**Alternativhypothese, Nullhypothese**

hypothetisch//kategorisch
(Philosophie)

Hypothymie//Hyperthymie
(Medizin)

Hypothymiker//Hyperthymiker
(jemand, der ängstlich verstimmt oder gemütsarm ist)

Hypothyreose//Hyperthyreose; ↑**auch: Überfunktion**
(Unterfunktion der Schilddrüse)

Hypotonie//Hypertonie
(zu niedriger Blutdruck o herabgesetzte Muskelspannung)

Hypotoniker//Hypertoniker
(Medizin)

hypotonisch//hypertonisch
(Medizin)

Hypotonus//Hypertonus
(Blutdruckverminderung)

Hypotrichose//Hypertrichose
(geringe Behaarung am Körper)

Hypotrophie//Hypertrophie
(unterdurchschnittliche Größe)

Hypoventilation//Hyperventilation
(Medizin)

Hypovitaminose//Hypervitaminose
(Schädigung durch zu wenig Vitamine)

Hypovolämie//Hypervolämie
(Medizin)

hypsochrom//bathochrom
(in Bezug auf Farbe heller machend)

I

Ich-Form//Er-Form
ein Roman in Ich-Form

Ich//Du
Und dass weniger das Ich, sondern das Du mehr in den Vordergrund gestellt wird. (Vorarlberger Nachrichten 24. 12. 2014)

Ich//Wir
Wie kommt man vom Ich zum Wir? (Rheinische Post 9. 5. 2014)

ideal//real
solche Zustände wären ideal, aber die realen Zustände sind eben anders ○ *Das Bild von Familie, das einem vom Marketing als ideal vorgestellt wird, ist real kaum einlösbar.* (Wiener Zeitung 19. 4. 2008)

Idealismus//Materialismus
(durch sittlich-geistige Werte bestimmte Weltanschauung)

Idealist[in]//Materialist[in]
(jemand, dessen Denken und Handeln von sittlich-geistigen Werten bestimmt ist, der nicht an Materiellem – Gewinn, Geld usw. – interessiert ist) ○ *Es war der Idealist wie Hegel und der Materialist wie Marx, die dem Orient keine Fähigkeit zubilligten, selbst Geschichte zu machen.* (Neue Zürcher Zeitung 2. 3. 2012)

Idealist[in]//Realist[in]
(jemand, der schwärmerisch, wirklichkeitsfremd ist und die hemmenden Realitäten nicht sieht, sehen will) ○ *er ist ein Idealist, der die Welt verbessern will* ○ *Mein Mann war mehr Idealist, ich war klarer Realist.* (Thüringer Allgemeine 9. 11. 2018)

idealistisch//materialistisch
eine idealistische Philosophie ○ *Gleichermaßen idealistisch wie materialistisch züchten sie Tomaten auf dem Balkon und trinken teure Cocktails.* (Wiesbadener Tagblatt 12. 4. 2017)

idealistisch//realistisch
eine idealistische (von Idealen geprägte, die Wirklichkeit nicht berücksichtigende) Einstellung ○ *Dieser plädiert für den Bau der Flutlichtanlage, im Idealfall in den nächsten zwei oder drei Jahren. ... Für idealistisch hält er 2019, für realistisch 2020.* (Mannheimer Morgen 30. 7. 2018)

Idealität//Realität
(Philosophie)

Idealkristall//Realkristall
(idealisierter regelmäßiger Kristall ○ Fachsprache)

Idealverein//wirtschaftlicher Verein
(Rechtswesen)

Idee//Eidos
(Platon)

ideell//materiell
ideelle (vom Geistigen bestimmte) Werte ○ *der ideelle Wert eines Familienschmucks* ○ *eine Idee ideell fördern* ○ *Die Freunde wollen die Galerie ideell, aber auch materiell unterstützen* (Saarbrücker Zeitung 4. 3. 2017)

ideenarm//ideenreich
eine ideenarme Erzählung

Ideenarmut//Ideenreichtum
seine Ideenarmut ist erschreckend ○ *Doch wir riskieren, diese Gelegenheit zu vergeuden – mangels Ideenreichtum. Nichts ist alarmierender in der Debatte über die Finanzkrise als Ideenarmut.* (Berner Zeitung 4. 7. 2009)

ideenreich//ideenarm
eine ideenreiche Erzählung

Ideenreichtum//Ideenarmut
sein Ideenreichtum ist faszinierend ○ *Nicht Ideenreichtum ist deshalb der eigentliche Ansporn für eine Verfertigung von Gedanken beim Schreiben, sondern Ideenarmut.* (Die Presse 6. 12. 2014)

ideologisieren//entideologisieren
Die Leute glauben offenbar im Ernst, junge Leute ließen sich heute von einem Minister ideologisieren oder entideologisieren. (Der Spiegel 13. 9. 1971)

idio...//xeno... (vor fremdsprachlicher Basis; Adjektiv)
(mit der Bedeutung: eigen, selbst), z. B. *idiomorph/xenomorph*

Idioblast//Xenoblast
(Mineralogie)

idioblastisch//xenoblastisch
(Mineralogie)

idiochromatisch//allochromatisch
(die eigene Farbe habend ○ Mineralogie)

idiographisch//nomothetisch
(das Eigentümliche, Einmalige, Singuläre darstellend ○ Fachsprache)

Idiolekt//Soziolekt
(individueller Sprachgebrauch ○ Sprachwissenschaft)

idiomorph//allotriomorph
(Mineralogie)

idiomorph//xenomorph
(Geologie)

idiopathisch//traumatisch
(von sich aus entstanden ○ Medizin)

Idol//Fan
das Idol wurde von seinen Fans umringt ○ *Doch mit einem Leben ohne sein Idol kann und will sich sein Fan einfach nicht abfinden.* (Neue Zürcher Zeitung 16. 8. 2007)

...ier//...ette (Substantiv)
z. B. *Chansonnier/Chansonnette*

...ier//...iere (Substantiv)
z. B. *Cafetier/Cafetiere*

...ier//...ieuse (Substantiv)
z. B. *Croupier/Croupieuse*

...iere//...ier (Substantiv)
z. B. *Cafetiere/Cafetier*

...ieuse//...ier (Substantiv)
z. B. *Croupieuse/Croupier*

...ig//...los (Adjektiv)
z. B. *bärtig/bartlos*

Igel//Hase
(nach dem Grimmschen Märchen „Der Hase und der Igel")

ignorieren//beachten
jemanden ignorieren ○ *die Vorschrift ignorieren* ○ *Sie sollen Verbote nicht ignorieren, sondern beachten, denn Verbote sind keine Schikane, sondern dienen ausschließlich der Verkehrssicherheit.* (Rhein-Zeitung 28. 10. 2002)

...iker//...and (Substantiv)
(Suffix zur Bildung eines männlichen Substantivs: jemand, der etwas tut) z. B. *Analytiker/Analysand*

il... (vor fremdsprachlichem Adjektiv mit anlautendem l-)//...
(mit der Bedeutung: nicht, un-) z. B. *illoyal/loyal*

Il... (vor fremdsprachlichem Substantiv mit anlautendem L-)//...
(mit der Bedeutung: nicht, un-) z. B. *Illegalität/Legalität*

illegal//legal
illegaler (gesetzwidriger, nicht dem geltenden Gesetz entsprechender) Geldumtausch ○ *illegale Einwanderung* ○ *illegal einreisen* ○ *sich etwas auf illegale Weise beschaffen* ○ *Der Pakt sei eine rechtlich nicht bindende Absichtserklärung, um illegale Migration zu verhindern und legale Migration zu ordnen.* (Kölnische Rundschau 19. 11. 2018)

Illegalität//Legalität

illegitim//legitim
dieses Vorgehen ist illegitim (unrechtmäßig, dem Rechtsgefühl widersprechend) ○ *Aus französischer Sicht war der Krieg illegitim, also ist auch die Besatzung illegitim und der Kampf gegen sie ist legitim.* (Rheinische Post 6. 12. 2012)

Illegitimität//Legitimität

illiberal//liberal
illiberale (die freie Entfaltung hemmende, verhindernde) *Politik* ○ *Selbst Historiker, die ihn als illiberal brandmarken, gestehen ein, dass er liberal und pragmatisch angewendet worden ist.* (Weltwoche 16. 3. 2017)

Illiberalität//Liberalität

illiquid//liquid; ↑auch: solvent, zahlungsfähig
eine illiquide (nicht zahlungsfähige) *Firma* ○ *Firmen sind oft illiquid: 72 Prozent der gewerblichen Schuldner kommen ihren Verpflichtungen nicht nach, weil sie nicht liquid sind.* (Wirtschaftsblatt 22. 9. 2004)

Illiquidität//Liquidität

Illokution//Perlokution
(Sprechhandlung im Hinblick auf die kommunikative Funktion wie Warnung, Zweifel, Behauptung ○ Sprachwissenschaft)

illokutionär//perlokutionär
(Sprachwissenschaft)

illokutiv//lokutiv, perlokutiv
(Sprachwissenschaft)

illoyal//loyal
er verhält sich illoyal zur Regierung (sie und ihre Politik nicht respektierend) ○ *Bin ich illoyal? Ich war lange genug loyal. Ich habe der Firma viele Innovationen und Ideen geschenkt.* (NEWS 4. 8. 2017)

Illoyalität//Loyalität

Illusion//Realität, Wirklichkeit
das ist eine Illusion, aber nicht die Wirklichkeit, nicht die Realität ○ *Für ihn war das alles nicht Illusion, sondern pure Wirklichkeit, Realität* (Tiroler Tageszeitung 1. 2. 2018)

im... (vor fremdsprachlichem Adjektiv mit anlautendem m, p)//...
(mit der Bedeutung: nicht, un-) z. B. *immateriell/materiell*

Im... (vor fremdsprachlichem Substantiv mit anlautendem m, p)//...
(mit der Bedeutung: nicht, un-) z. B. *Imparität/Parität*

im Affekt//vorsätzlich
er hat im Affekt gemordet ○ *Dieser wohl berühmteste Mörder der Musikgeschichte hat seine Frau und ihren Liebhaber umgebracht – ob im Affekt und eigenhändig oder vorsätzlich und mittels gedungener Täter, liegt im Dunklen.* (Die Presse 6. 4. 2010)

imaginäre Zahlen//reelle Zahlen
(Mathematik)

im Allgemeinen//im Besonderen
das betrifft die Familie im Allgemeinen und die Kinder im Besonderen ○ *Arnold Stadler war schon immer ein Spezialist in der Beobachtung zwischenmenschlicher Beziehungen im Allgemeinen und missglückter Paarbeziehungen im Besonderen.* (Weltwoche 18. 10. 2018)

im Anzug sein//abziehen
ein Gewitter ist im Anzug ○ *Eine Erkältung ist im Anzug, und ehe man richtig Notiz davon nimmt, hat sie sich meist schon festgesetzt.* (Süddeutsche Zeitung 6. 1. 2006)

im Berufsleben stehen//Rentner sein
er steht noch im Berufsleben ○ *„Dabei brauchen uns die Menschen, die im Berufsleben stehen, mehr als der Rentner".* (Braunschweiger Zeitung 1. 4. 2010)

im Besonderen//im Allgemeinen
das betrifft die Familie im Allgemeinen und die Kinder im Besonderen ○ Sie hatte, trotz des Ratgebers, einen Hass auf Rachels Vater im Besonderen und auf die Männer im Allgemeinen. (Berliner Morgenpost 7. 9. 2018)

im Bett sein//auf sein, aus dem Bett sein
er ist (noch) im Bett ○ Sieben Monate blieb Margrith im Bett. Eine Patientin erteilte aus dem Bett heraus Schulunterricht in der Bibliothek (St. Galler Tagblatt 27. 3. 2017)

im Dienst//in der Freizeit
im Dienst raucht er nicht, nur in der Freizeit ○ Dabei trifft es nicht nur Beamte im Dienst, sondern auch in der Freizeit, etwa weil sie während eines Überfalls als Polizisten erkannt werden. (Neue Zürcher Zeitung 19. 8. 2017)

im Ganzen//stückweise
etwas im Ganzen abgeben ○ Nur, wo etwas Gutes in Topf oder Pfanne hinein kommt, kann auch etwas Gutes heraus kommen und zwar im Ganzen, nicht stückweise. (Thüringische Landeszeitung 11. 11. 2017)

im Großen//im Kleinen
etwas im Großen und im Kleinen betreiben ○ Es gab in diesem Jahr 1938 viele Erlasse und Vorschriften, die sich im Großen und im Kleinen auf das Leben der Betroffenen auswirkten (Berliner Zeitung 21. 2. 2018)

im Guten//im Schlechten
Ja, das Elternhaus entscheidet noch zu häufig über den Bildungsweg von Kindern. Im Guten wie im Schlechten. (Hamburger Morgenpost 6. 4. 2018)

Imitation//Original
das ist (nur) eine Imitation, nicht das Original ○ Eine Imitation ist selten besser als das Original. (Tagesanzeiger 30. 10. 2010)

imitiert//echt
imitiertes Leder ○ Nussbaum imitiert ○ Und stattdessen gäbe es nur noch falsch imitierte Zwölftonmusik. Nicht die echte von Schönberg (Der Spiegel 6. 3. 2006)

im Kleinen//im Großen
die Gemeinde ist ein Staat im Kleinen ○ „Es ist wichtiger, etwas im Kleinen zu tun, als im Großen darüber zu reden." (Berliner Morgenpost 29. 4. 2018)

immanent//transzendent
(innerhalb möglicher Erfahrung liegend ○ Philosophie) ○ Meine Philosophie redet nie von Wolkenkuckucksheim, sondern von dieser Welt, d. h. sie ist immanent, nicht transzendent. (Thüringer Allgemeine 21. 9. 2010)

Immanenz//Transzendenz
(Philosophie)

immateriell//materiell
immaterieller (unstofflicher) Schaden (Gesundheit, Freiheit, seelisches Trauma beim Unfall) ○ immaterielle Werte ○ immaterielles Kapital, das die Kulturarbeit im Ausland angesammelt hat ○ Viele der an der Kunst Zürich vertretenen Galerien stehen in kontinuierlichem Austausch mit den von ihnen vertretenen Kreativen, unterstützen sie immateriell wie durch Verkäufe auch materiell. (Handelszeitung 1. 11. 2012)

Immatrikulation//Exmatrikulation
(die Eintragung in die Matrikel einer Hochschule)

immatrikulieren//exmatrikulieren
der Student wurde immatrikuliert (als Student eingeschrieben) ○ Studierende, die die Beitragszahlung verweigerten, könnten nicht immatrikuliert werden beziehungsweise würden exmatrikuliert. (Darmstädter Echo 1. 6. 2007)

immediat//mediat
(unmittelbar) ○ Noch bis tief in die 1960er Jahre galten Schweizer Eltern die Machenschaften von Donald Duck,

Mickey Mouse und anderem animiertem amerikanischem Getier als immediat jugendgefährdend. (Neue Zürcher Zeitung 21. 10. 2006)

immediatisieren//mediatisieren
(reichsunmittelbar machen ○ Geschichte) ○ *ein Territorium immediatisieren*

immensurabel//mensurabel
(unmessbar) ○ *Hier ist es für die Ratsherren immensurabel schwer, Geld zum Abbau von Schulden zu verwenden.* (Westfalen-Blatt 9. 9. 2011)

immer//nie
sie hilft immer ○ *Sie hat immer den Kopf oben behalten, nie wirklich resigniert.* (Aachener Zeitung 23. 1. 2018)

immer; ↑**für immer**

immergrün//sommergrün
immergrüne Pflanzen, z. B. Efeu ○ *Während Rhododendren immergrün sind, ist das Laub mancher Azaleen sommergrün.* (Luxemburger Tageblatt 16. 4. 2012)

immer noch//schon wieder
er ist immer noch krank ○ *Saskia ist immer noch da, doch Thiemo ist schon wieder weg* ○ *Dennoch scheint es so, als ob zeitgenössische Musik immer noch, oder schon wieder, den einen oder anderen Musikfreund leicht verschreckt.* (Mannheimer Morgen 26. 2. 2016)

Immigrant//Emigrant; ↑**auch: Auswanderer**
(Einwanderer)

Immigration//Emigration; ↑**auch: Auswanderung**
(Einwanderung) ○ *Der Import und Export von Fremdem erfolgte auch über Immigration und Emigration.* (Salzburger Nachrichten 25. 4. 2016)

immigrieren//emigrieren; ↑**auch: auswandern**
(einwandern)

Immission//Emission
(Einwirken von Lärm, Schmutz, Strahlung und weiterer Emissionen auf die Umwelt)

immobil//mobil
immobile (nicht wegbewegbare) Werte, z. B. ein Haus ○ *eine immobile Funkstation* ○ *ohne Auto ist man immobil (ist man in seiner Mobilität eingeschränkt, in Bezug auf spontane Unternehmungen in die Umgebung usw.)* ○ *Grundstücke sind immobil. Ihre Nutzer aber sind mobil – nicht nur die Mieter, auch die Investoren.* (taz 23. 7. 2008)

Immobilien//Mobilien
(unbewegliches Vermögen wie Grundbesitz, Haus) ○ *Banken finanzieren zwar Immobilien, aber Hausboote sind keine, sondern Mobilien, die Besitzer könnten ja einfach wegschippern.* (Hamburger Morgenpost 23. 4. 2013)

Immobilismus//Mobilismus
(Unbeweglichkeit, auch gedankliche)

Immoralität//Moralität
(Gleichgültigkeit gegenüber moralischen Werten) ○ *Höchste Moralität kann schnell in höchste Immoralität umschlagen.* (Stuttgarter Zeitung 29. 3. 2001)

Immortalität//Mortalität; ↑**auch: Sterblichkeit**
(Unsterblichkeit) ○ *Die Unsterblichkeit sollte für den Sowjetmenschen real existieren. Bei Kommunisten tönt ein solcher Traum von Immortalität allerdings wie Blasphemie.* (Neue Zürcher Zeitung 20. 3. 2018)

im Nachhinein//im Vorhinein; ↑**auch: ex ante**
im Nachhinein kann man das leicht sagen ○ *Also trachtet der Mensch danach, seine Unzulänglichkeiten zu beheben, entweder im Nachhinein, durch allerlei technische Eingriffe wie Schönheitsoperationen oder Ersatzteilchirurgie, oder im Vorhinein durch genetische*

Veränderungen. (Salzburger Nachrichten 3. 9. 2012)

impair//pair
ungerade (von Zahlen beim Roulett)

Imparität//Parität
(Ungleichheit) ○ *Der „latente Antiborussismus" und „das Gefühl der Imparität und Inferiorität des (rheinischen) Katholizismus gegenüber den preußisch-protestantischen Eliten" reichten bei Weitem nicht aus, eine einheitliche und langfristig wirkungsmächtige Separatismusbewegung hervorzubringen.* (Der Tagesspiegel 3. 12. 2007)

imperatives Mandat//freies Mandat
(in der Politik ein Mandat, das den Mandatsträger an Aufträge der Gruppe bindet, die ihn als Vertreter gewählt hat)

imperfektiv//perfektiv
„wachen" ist ein imperfektives (zeitlich nicht begrenztes) Verb (Sprachwissenschaft)

Imperfektiv//Perfektiv
(grammatischer Aspekt)

imperforabel//perforabel
(nicht durchbohrbar)

impermeabel//permeabel
(undurchlässig ○ Medizin)

Impersonale//Personale
(unpersönliches, nur in der dritten Person gebrauchtes Verb, z. B. es regnet)

imperzeptibel//perzeptibel
(Psychologie)

Impfende[r]//Impfling
(jemand, der impft)

Impffreudigkeit//Impfmüdigkeit
die Impffreudigkeit in Bezug auf Kinderlähmung ist verflogen, sie ist der Impfmüdigkeit gewichen

Impfling//Impfende[r]
(jemand, der geimpft wird oder geimpft worden ist) ○ *Kann der Arzt dem Impfling versichern, dass sich daraus keine gesundheitlichen Früh- oder Spätschäden zeitigen.* (Passauer Neue Presse 23. 9. 2009)

Impfmüdigkeit//Impffreudigkeit
es ist eine Impfmüdigkeit in Bezug auf Kinderlähmung festzustellen (immer weniger lassen sich impfen)

Implantation//Explantation
(Medizin)

implausibel//plausibel
(nicht einleuchtend) ○ *Doch warum es mir implausibel erschien, kann ich nicht wirklich sagen.* (Wiener Zeitung 12. 10. 2013)

implizit//explizit
diese Aussage ist im Text implizit enthalten ○ *implizite Ableitungen sind z. B. „Verhungerter"* (von verhungern), *„Trunk"* (von trinken) (Sprachwissenschaft) ○ *Gloria Moure hat Werke von 35 internationalen Künstlern zusammengetragen, die sich implizit oder explizit auf die Welt Franz von Assisis beziehen.* (Neue Zürcher Zeitung 23. 8. 2014)

implodieren//explodieren
der Fernsehapparat ist implodiert (ist durch äußeren Überdruck zerstört)

Implosion//Explosion
Es gibt zwei seelische Reaktionsmuster auf Traumatisierung durch erlebtes Kriegsgeschehen: mentale Implosion in Form von Selbstzerstörung oder mentale Explosion in Form von Aggression, was man gerade bei Gotteskriegern beobachten kann. (Wiener Zeitung 8. 11. 2014)

imponderabel//ponderabel
(unwägbar ○ nicht einschätzbar in der Wirkung) ○ *Du trinkst dieses Bockbier und hast mehr Alkohol drin, als im Bockbier drin is'. Arithmetisch is' des unmöglich, ich sag's dir, unmöglich, imponderabel is' des! Aber es ist so!* (Frankfurter Rundschau 19. 12. 2002)

Imponderabilien//Ponderabilien
(Unwägbarkeiten) ○ *Pausieren muss auch die Ausschreibung in Innsbruck, wo man angesichts der Imponderabilien mit der Vergabe noch zuwartet.* (Der Standard 24. 3. 2005)

Import//Export; ↑auch: Ausfuhr
der Import (die Einfuhr*) von Obst* ○ *Mit Kanada halten sich Im- und Exporte sogar die Waage.* (Der Spiegel 16. 6. 2018)

Importeur//Exporteur

importieren//exportieren; ↑auch: ausführen
Zitronen importieren (in ein Land einführen) ○ *das Unternehmen importiert nach eigenen Angaben aus 15 Ländern und exportiert in 37.* (Der Spiegel 7. 4. 2018)

Importkohle//heimische Kohle

Importland//Exportland

importun//opportun
(ungeeignet, unpassend)

impotent//potent; ↑auch: fertil, fruchtbar, zeugungsfähig
er ist impotent (a: unfähig zum Geschlechtsverkehr ○ b: unfähig, Kinder zu bekommen) ○ *impotente* (nicht über genügend Geld verfügende) *Kaufinteressenten*

Impotenz//Potenz; ↑auch: Zeugungsfähigkeit, Fertilität
(Medizin) ○ *Philipp macht Karriere, indem er seine soziale Impotenz in berufliche Potenz transformiert.* (Falter 28. 11. 2001)

impraktikabel//praktikabel
eine impraktikable (unpraktische) *Anordnung* ○ *ein impraktikabler* (undurchführbarer) *Vorschlag* ○ *Das Klonen erwachsener Mäuse wäre dann möglich, aber impraktikabel. ... Halten Sie es bei Rind und Schaf für praktikabel?* (Die Zeit 29. 1. 1998)

im Profil//von vorn
ein Foto von ihr im Profil (von der Seite) ○ *Ein Gesicht von Picasso, zugleich im Profil und von vorn zu sehen, zeigt sich erst heute in seiner ganzen Modernität.* (Neue Zürcher Zeitung 5. 2. 2016)

im Schlechten//im Guten
Über Jahrzehnte hatten sich die Menschen an einen bis in jeden Winkel präsentierten Staat gewöhnt. Im Schlechten, aber auch im Guten (Der Spiegel 19. 5. 2018)

imstande sein//außerstande sein
er ist imstande, diese Arbeit auszuführen ○ *Wer kaum zum Lesen und Schreiben imstande ist, und wer eine Fremdsprache zu lernen außerstande ist, der sollte nicht in die Fremde ziehen, auch wenn dort die Löhne höher sind.* (Der Spiegel 2. 11. 1970)

im Stich lassen//beistehen
jemanden in der Not im Stich lassen ○ *„In allem hast du, Herr, dein Volk groß gemacht und verherrlicht, du hast es nicht im Stich gelassen, sondern bist ihm immer und überall beigestanden."* (Bibel, Buch der Weisheit 19,22)

im Stück//in Scheiben, aufgeschnitten
Käse im Stück kaufen (nicht in Scheiben geschnitten) ○ *Heute gehen in der Fleischerei Lippmann – als Wurst im Darm, im Stück oder säuberlich in Scheiben gelegt – pro Woche drei Tonnen Fleisch über die Theke.* (Süddeutsche Zeitung 27. 7. 2007) ○ *Das Fleisch wird im Stück serviert und dann von der Tischgemeinschaft selber aufgeschnitten* (Der Tagesspiegel 14. 1. 2018) ○ *1 kg gepökelte deutsche Putenbrust (im Stück oder aufgeschnitten, beim Fleischer vorbestellen, am besten Bio)* (Brigitte 14. 12. 2011)

im Uhrzeigersinn//entgegen dem Uhrzeigersinn
(nach rechtsherum) ○ *«Der Zeiger hat sich zuerst neunzig Grad im Uhrzeigersinn gedreht, dann einhundertfünfzig*

Grad entgegen dem Uhrzeigersinn, danach sechzig Grad entgegen dem Uhrzeigersinn und dann noch einmal zweihundertvierzig Grad im Uhrzeigersinn!» (Basler Zeitung 7. 2. 2009)

im Vorhinein//im Nachhinein
er hat das schon im Vorhinein vermutet ○ *Wie immer gilt: Beratung im Vorhinein ist besser als ärgern im Nachhinein.* (Neue Kronen-Zeitung 11. 1. 2013)

im Vorverkauf//an der Abendkasse
Theaterkarten im Vorverkauf kaufen ○ *Die Karten im Vorverkauf für die beiden Konzerte im Resonanzraum sind bereits ausverkauft, aber 50 Prozent der Eintrittskarten sind an der Abendkasse erhältlich.* (Welt am Sonntag 18. 6. 2017)

in//aus; ↑auch: kommen aus//gehen in; steigen aus//steigen in
den Stuhl in die Küche bringen, tragen ○ *in das Haus gehen* ○ *jemandem in den Mantel helfen* ○ *der Weg in die Abhängigkeit* ○ *ich steige ins Auto* ○ *in den Bus einsteigen* ○ *Er trage die Wünsche der Migranten in die Sozialdemokratie und hole die Muslime so aus ihrer gesellschaftlichen Isolation* (Falter 18. 7. 2007)

in//aus (bei Länder- und Städtenamen mit Artikel); ↑auch: aus//nach
in die Schweiz/aus der Schweiz ○ *in das schöne Berlin/aus dem schönen Berlin*

in//außer; ↑auch: in Sicht[weite]
er ist in Hörweite (man kann ihn hören)

in//außerhalb (örtlich und zeitlich)
das Leben in der Stadt ○ *im Haus bleiben* ○ *das Attentat auf den Präsidenten ereignete sich in Frankreich* ○ *die Änderungen in uns wahrnehmen* ○ *in der Ehe* ○ *in der Dienstzeit* ○ *Sowohl in als auch außerhalb der Kita besteht dringender Handlungsbedarf.* (Rhein-Zeitung 6. 4. 2017)

in (bei Länder- und Städtenamen mit Artikel)//nach (bei Länder- und Städtenamen ohne Artikel); in Bezug auf eine Richtung: hinein; ↑auch: nach//aus
er reist in die Schweiz/in den Iran, sie nach Schweden/nach Indien ○ *die Flucht in die Bundesrepublik/die Flucht nach Frankreich*

in//über
das Oberhemd in der Hose tragen ○ *Schwimmen dürfen Besucher in dem See zwar nicht, dafür aber Tret- oder Ruderboote ausleihen ... und über den See schippern.* (Trierischer Volksfreund 30. 8. 2003)

in//vor
in einer Stunde kommt er an ○ *in zwei Wochen werde ich ihn sehen* ○ *vor einer Woche ist er angekommen, und in einer Woche wird er wieder wegfahren* ○ *Stark verändert hat sich auch der Zeitfaktor, heute können Aufträge in zwei Tagen erledigt werden, während vor zwei Jahrzehnten noch ein Monat Zeit zur Verfügung stand.* (St. Galler Tagblatt 29. 6. 2017)

in; ↑in sein

in... (vor fremdsprachlichem Adjektiv)//...
(mit der Bedeutung: nicht, un-) z. B. *intolerant/tolerant*

In... (vor fremdsprachlichem Substantiv)//...
(mit der Bedeutung: nicht, un-) z. B. *Inkonsequenz/Konsequenz*

...in (Substantivsuffix zur Kennzeichnung des Weiblichen)//...
z. B. *Lehrerin/Lehrer, Raucherin/Raucher, Vertreterin/Vertreter, Greisin/Greis, Wirtin/Wirt*

...in (Substantivsuffix zur Kennzeichnung des Weiblichen + Umlaut)//...
z. B. *Ärztin/Arzt*

...in (Substantivsuffix zur Kennzeichnung des Weiblichen; mit Wegfall des e)//...
z. B. *Türkin/Türke*

...in (Substantivsuffix zur Kennzeichnung des Weiblichen + Umlaut und Wegfall des e)//...
z. B. *Französin/Franzose*

...in (Substantivsuffix zur Kennzeichnung des Weiblichen mit Ausfall des -er von ...erer)//...
z. B. *Herausforderin/Herausforderer, Auswanderin/Auswanderer, Zauberin/Zauberer*

in abstracto//in concreto
(vom nur Gedachten ausgehend, die Wirklichkeit dabei außer Acht lassend)

inadäquat//adäquat; ↑auch: angemessen
das ist ein inadäquates (einem Vergleichbaren nicht entsprechendes) *Geschenk* ○ *Und die sind angesichts der aktuellen Entwicklung des Themas plötzlich so nichtig, so inadäquat. Die „Brooklyn Memoiren" von Neil Simon, die stattdessen am 22. April Premiere haben werden, sind adäquat?* (Kurier 15. 2. 2016)

Inadäquatheit//Adäquatheit

inakkurat//akkurat
inakkurat (unsorgfältig) *arbeiten* ○ *Dieses verzerrte Bild der menschlichen Natur ist der fatale Fehler, der unser Denken über die Wirtschaft unvollständig und inakkurat macht.* (Rheinische Post 15. 10. 2011)

inaktiv//aktiv; ↑auch: grenzflächenaktiv
ein inaktives Vereinsmitglied ○ *politisch inaktiv* (obgleich dazu die Möglichkeit besteht, selbst nicht tätig) *sein* ○ *inaktive Vorstufe eines Vitamins* ○ *inaktive chemische Substanzen* ○ *die Gehirnzellen sind im Alter inaktiver* (weniger aktiv, aber nicht passiv) ○ *In Österreich sind 60 Prozent der Kinder und Jugendlichen sportlich inaktiv, in Finnland ... hingegen 80 Prozent aktiv.* (Neues Volksblatt 27. 1. 2005)

inaktivieren//aktivieren
Senföle inaktivieren Bakterien ○ *schädliche Substanzen inaktivieren*

Inaktivität//Aktivität
körperliche Inaktivität (Untätigkeit) ○ *er bedauerte ihre/seine sexuelle Inaktivität*

inaktuell//aktuell
das Thema ist inaktuell ○ *Der bildungshungrige Vater gibt gerne sein Wissen zum Besten, aber sein Bildungshorizont ist inaktuell.* (Die Presse 14. 10. 2017)

inakzeptabel//akzeptabel; ↑auch: annehmbar
dieser Vorschlag ist inakzeptabel (nicht annehmbar) ○ *Sie würde auch ein nicht so gutes Ergebnis wegstecken, wenn sie nur im ersten Wahlgang gewählt würde. Völlig inakzeptabel wäre, wenn es dafür nicht reichte. Schwer akzeptabel wäre, wenn ihr sehr viele Stimmen vorenthalten würden.* (Salzburger Nachrichten 22. 11. 2005)

Inakzeptanz//Akzeptanz

inapparent//apparent
eine inapparente (nicht sichtbare) *Krankheit, Infektion*

inappellabel//appellabel
(Rechtswesen)

inäqual//äqual
(nicht gleich) ○ *Die nachfolgende Zellteilung ist stark inäqual, d. h. die beiden Tochterzellen sind verschieden groß.* (Wikipedia)

in Aquarell//in Öl
in Aquarell (mit Wasserfarben) *malen* ○ *Die abstrakte Umsetzung des Genres 'Porträt' gelingt ihr beim Bild 'Venezia' in Aquarell genauso wie beim realistisch wiedergegebenen Frauengesicht 'Erdbeermund' in Öl.* (Frankfurter Neue Presse 28. 7. 2010)

in Begleitung//allein
ich habe ihn gesehen. Er war in Begleitung ○ *Auch eine andere Hausbewohne-*

rin berichtet, die Frau sei immer in Begleitung und nie allein zu sehen gewesen. (Berliner Morgenpost 11. 6. 2011)

in Betracht ziehen//absehen von
wenn ich dieses Faktum mit in Betracht ziehe ... o Wenn es sich um einen langen, intensiven Schmerz handelt, der auf Behandlungen nicht anspricht, wird man eine Operation in Betracht ziehen. (Oberösterreichische Nachrichten 21. 11. 2018)

in Betrieb//außer Betrieb
dieser Wasserturm ist (noch) in Betrieb o Der Skilift ist von 11 bis 17 Uhr in Betrieb. Der Schlittenlift ist außer Betrieb. (Trierischer Volksfreund 21. 2. 2009)

in Betrieb nehmen//stilllegen
die Fabrik in Betrieb nehmen o Auf dem Kraftwerksgelände war 1984 noch ein Druckwasserreaktor in Betrieb genommen worden; er soll 2019 stillgelegt werden. (Stuttgarter Zeitung 12. 1. 2012)

Inborder//Outborder
(Einbaumotorboot)

incipit//explicit
„incipit" heißt „es beginnt" (am Anfang von Druckschriften)

in concreto//in abstracto
in Wirklichkeit (so vorhanden)

Incubus; ↑**Inkubus**

indefinit//definit; ↑**auch: bestimmt**
„jemand" ist ein indefinites (unbestimmtes) Pronomen

indeklinabel//deklinabel; ↑**auch: beugbar**
„rosa" ist ein indeklinables Adjektiv (ein rosa Hemd, aber: ein grünes Hemd)

indelikat//delikat
das Problem wurde recht indelikat (wenig fein) gelöst o Zusätzlichen Ärger beschert ihm die britische Zeitung „The Daily Mail", die so indelikat war, nebst einem Nacktfoto seiner Verlobten auch ein Interview mit Carla Bruni auszugraben (Der Tagesspiegel 23. 1. 2008)

Independenz//Dependenz
(Unabhängigkeit)

in der Freizeit//im Dienst
er raucht nur in der Freizeit, nicht im Dienst o Schunkeln in der Freizeit, strammstehen im Dienst. (Falter 12. 2. 2014)

in der Luft//zu Wasser
(Militär) o So waren die alliierten Offensiven gegen Deutschland, Italien und Japan in der Luft wie zu Wasser und zu Lande von der Vermeidung eigener Opfer geprägt. (Der Tagesspiegel 2. 8. 2010)

in der Masse//als Einzelner
in der Masse ist er aggressiv o Alte Inszenierungen waren Praktiken zur Herstellung ... jenes Gefühls eines Aufgehens in der Masse. Heutige Inszenierungen hingegen ... sind Darstellungen des Einzelnen als Einzelner (taz 18. 10. 2014)

in der Nacht//am Tag; ↑**auch: tagsüber**
in der Nacht wird er munter o Alle diese Maßnahmen gelten sowohl in der Nacht als auch am Tag. (Salzburger Nachrichten 28. 11. 2017)

indeterminiert//determiniert; ↑**auch: bestimmt**
(unbestimmt) o Welche Saiten auf diese Weise in Perkussionsinstrumente verwandelt werden, ist nicht zufällig, nicht indeterminiert, nein, Cage hat das exakt vorgeschrieben. (Die Presse 2. 10. 2012)

Indeterminismus//Determinismus
(Anschauung von der Freiheit des Willens o Ethik)

Indeterminist//Determinist
(Philosophie)

indeterministisch//deterministisch

indezent//dezent
eine indezente (nicht sehr feinfühlige) Bemerkung o Was in anderen Inszenie-

rungen dezente Übertitelungen leisten, besorgen hier indezente Sprechblasen, die ohne Unterlass vom Schnürboden gleiten. (Stuttgarter Zeitung 2. 2. 2015)

Indezenz//Dezenz
(taktloses Verhalten)

indigen//fremd, entlehnt; ↑auch: fremdsprachig
„Kopf" ist ein indigenes (einheimisches) Wort

indigen//fremd
indigene Bevölkerung o Tiere, die hier mal lebten, wieder ansiedeln, indigene Pflanzen fördern, fremde Gewächse roden. (Süddeutsche Zeitung 31. 12. 2009)

Indigene//Hospites
(biotopeigene Arten)

indigenes Wort//Fremdwort
„Kern" ist ein indigenes Wort, „Atom" ein Fremdwort

Indikation//Kontraindikation
(Heilanzeige, die die Anwendung bestimmter medizinischer Maßnahmen sinnvoll und erforderlich erscheinen lässt o Medizin)

Indikativ//Konjunktiv; ↑auch: Möglichkeitsform
„er kommt" ist eine Form im Indikativ (Grammatik)

indikativisch//konjunktivisch
(Grammatik)

indirekt//direkt; ↑auch: unmittelbar
indirekte Einflussnahme o Nur, wer zahlt diese? Wir alle, indirekt mit unsern Altersvorsorgegeldern und direkt als Heiminsassen. (St. Galler Tagblatt 20. 10. 2014)

indirekte Beleuchtung//direkte Beleuchtung
bei der indirekten Beleuchtung ist die Lichtquelle – die Glühbirnen usw. – selbst nicht zu sehen

indirekte Rede//direkte Rede; ↑auch: Oratio recta
bei der indirekten Rede wird eine Äußerung mittelbar wiedergegeben (Er sagte, er werde das machen)

indirekter Freistoß//direkter Freistoß
(Freistoß, bei dem nicht direkt ein Tor erzielt werden kann o Fußball)

indirekte Steuer//direkte Steuer
die Umsatzsteuer gehört zu den indirekten Steuern

indirekte Wahl//direkte Wahl

indiskret//diskret
er fragte sehr indiskret (unverblümt und direkt) o Mit allen Mitteln der Recherche und der Interpretation rückt er seinem Liebling zuleibe, ist indiskret, wenn es die legitime Neugier gebietet, und diskret, wenn Respekt geboten ist. (Die Zeit 17. 10. 2013)

Indiskretheit//Diskretheit

Indiskretion//Diskretion
(„Unverschwiegenheit" in Bezug auf eine Mitteilung o. Ä., die aus Gründen des Takts, des Vertrauens nicht hätte gemacht werden sollen)

indiskutabel//diskutabel
ein indiskutabler Vorschlag (über den man gar nicht erst zu reden braucht) o Nach jahrelanger Hinhaltetaktik und medial wirksamen Wahlversprechen wurde, ohne den Tierschutz einzubinden, ein indiskutabler Entwurf erstellt. (Die Presse 16. 3. 2004)

indisponibel//disponibel
indisponible (nicht verfügbare) Gelder

indisponiert//disponiert
die Sängerin ist indisponiert (in nicht guter Verfassung) o Hoffentlich war der Sänger „nur" indisponiert. Bestens disponiert zeigten sich dagegen die Sopranistin Camilla Nylund (Kurier 9. 9. 2011)

indisputabel//disputabel
(unstrittig) ∘ *Für Debré war der Vorrang Frankreichs eine indisputable Selbstverständlichkeit* (Die Zeit 1. 5. 1987)

Individual...//Kollektiv... (Substantiv)
(mit der Bedeutung: das Einzelwesen/den Einzelnen/das Einzelne betreffend) z. B. *Individualbegriff/Kollektivbegriff*

Individualarbeitsrecht//Kollektivarbeitsrecht
(Rechtswesen)

Individualbegriff//Kollektivbegriff
(Philosophie)

Individualethik//Sozialethik
(Philosophie)

Individualisation//Generalisation

individualisieren//generalisieren
(das Individuelle hervorheben, herausstellen ∘ auf den einzelnen abstimmen) ∘ *Der Verfassungsschutz muss individualisieren, nicht generalisieren.* (Süddeutsche Zeitung 22. 7. 2010)

Individualprophylaxe//Gruppenprophylaxe
zahnärztliche Individualprophylaxe z. B. durch professionelle Zahnreinigung

Individualpsychologie//Kollektivpsychologie

Individualtotemismus//Gruppentotemismus
(Völkerkunde)

Individualtourismus//Pauschaltourismus
Der Trend, dass der Individualtourismus zunimmt und der Pauschaltourismus zurückgeht, ist seit Längerem zu beobachten. (Wiener Zeitung 7. 4. 2012)

Individualverkehr//öffentlicher Verkehr
(Verkehr, der aus privaten Personenwagen und Lastkraftwagen besteht ∘ Verkehrswesen) ∘ *Wir wollen einen starken öffentlichen Nahverkehr und weniger Individualverkehr* (Schweriner Volkszeitung 17. 9. 2014)

Individuation//Sozialisation
(Prozess der Selbstwerdung eines Menschen ∘ Psychologie)

individuell//kollektiv
eine individuelle Leistung ∘ individuelle Trauer ∘ Weil sich die Frage nach dem „guten Leben" nicht rein individuell stellt. Wir müssen sie kollektiv angehen. (Berliner Zeitung 30. 3. 2013)

individuell//überindividuell
individueller Stiltyp ∘ Das Entlegene, das, was nicht im Netz zu finden ist, wird ebenso zu einem Qualitätsmerkmal werden wie ein individueller Stil, der nicht den normierten Formen akademischen Schreibens gehorcht. (Salzburger Nachrichten 22. 3. 2011)

individuell; ↑interindividuell, intraindividuell, überindividuell

indivisibel//divisibel
(unteilbar)

indiziert//kontraindiziert
(Medizin)

indizierte Leistung//effektive Leistung
(Technik)

indoor//outdoor
(innen)

Indossant//Indossat[ar]
(Wirtschaft)

Indossat[ar]//Indossant
(Wirtschaft)

Induktion//Deduktion
(Ableitung vom Einzelfall)

induktiv//deduktiv
eine induktive (vom Einzelfall verallgemeinernde) Methode ∘ Silver und sein Team denken induktiv, indem sie große Datenberge sammeln und aus ihnen

Erkenntnisse pressen, statt eine große Theorie deduktiv auf jedes noch so unterschiedliche Ereignis zu stülpen (Die Presse 19. 3. 2014)

industriefeindlich//industriefreundlich
Der Kandidat für die Leitung der mächtigen Behörde ... durfte nicht zu industriefeindlich sein; das hätte das republikanische Establishment erregt. Er durfte aber auch nicht zu industriefreundlich sein, denn das hätte dem linken Senator Ted Kennedy missfallen (Süddeutsche Zeitung 31. 10. 2002)

industriefern//industrienah
ein Haus in industrieferner Lage ○ *Bei unserem gebirgsnahen, sowie landwirtschafts- und industriefern gelegenem Verband kommt dazu, dass auch unser Aufbereitungsaufwand recht überschaubar bleibt.* (Thüringer Allgemeine 3. 9. 2009)

industriefreundlich//industriefeindlich
Je nach Resultat gelten wir als industriefreundlich oder als industriefeindlich. (Tagesanzeiger 6. 9. 2012)

Industriegebiet//Agrargebiet
In erster Linie wird das sächsisch-thüringische Industriegebiet mit Frühkartoffeln beliefert. (Berliner Zeitung 7. 7. 2018)

Industriegesellschaft//Agrargesellschaft
Der Sachzwang moderner Ökonomie könnte dazu führen, dass hier sozialistische Industriegesellschaften entstehen, die schließlich mehr Ähnlichkeit mit einer westlichen Industriegesellschaft haben als mit einer kommunistischen Agrargesellschaft. (Die Zeit 27. 10. 1967)

Industriekauffrau//Industriekaufmann
sie ist Industriekauffrau

Industriekaufmann//Industriekauffrau
er ist Industriekaufmann

Industrieland//Entwicklungsland
Dabei könnte es zu Doppelzählungen kommen, weil es im Pariser Klimaabkommen keinen Mechanismus gibt, um zu verhindern, dass sowohl das zahlende Industrieland als auch das durchführende Entwicklungsland sich die Klimaschutzmaßnahme anrechnen lassen. (Die Presse 17. 12. 2018)

industrienah//industriefern
ein Haus in industrienaher Lage ○ *Die ÖIAG ist heute eine industrienah und politikfern agierende Holding* (Tiroler Tageszeitung 13. 7. 2009)

Industrieproletariat//Landproletariat

Industriestaat//Agrarstaat

induzieren//deduzieren
(vom besonderen Einzelfall auf das Allgemeine schließen)

ineffektiv//effektiv
eine ineffektive (nicht ergiebige) *Arbeitsweise* ○ *74 Prozent der Deutschen empfinden die Arbeit der großen Koalition als ziellos und ineffektiv. Nur 22 Prozent sind der Meinung, sie arbeite effektiv und zielorientiert.* (taz 16. 12. 2006)

ineffizient//effizient
eine ineffiziente (nicht lohnende, unwirksame) *Methode* ○ *Das neue Energielabel bringt es an den Tag, wie effizient oder ineffizient der alte Heizkessel im Keller arbeitet.* (Rhein-Zeitung 10. 9. 2016)

Ineffizienz//Effizienz
er sprach von der Ineffizienz (Unwirtschaftlichkeit) *der Unternehmung*

in Erinnerung bleiben//vergessen
dieses Erlebnis ist mir in Erinnerung geblieben ○ *Wurde nicht doch ein wichtiges Ereignis, das in Erinnerung bleiben sollte, unterbewertet oder vergessen?* (Saarbrücker Zeitung 31. 12. 2016)

inexakt//exakt
eine inexakte Berechnung ○ *Die Beurteilung durch S&P sei „bedenklich und inexakt"* (Die Welt 9. 11. 2013)

inexistent//existent
(nicht bestehend)

inexplizit//explizit
Erstaunlich ist allerdings, wie akademisch und inexplizit über Pornografie gesprochen werden kann – trotz des Buchtitels „Explizit!" (taz 3. 6. 2014)

inexplosibel//explosibel
(nicht explodierend)

inexplosiv//explosiv
(nicht explodierend)

in extenso//in nuce
(ausführlich)

Infanterie//Kavallerie
(früher: die zu Fuß kämpfende Truppe ○ Militär)

Infanterist//Kavallerist
(früher: jemand, der bei der Infanterie ist)

in Farbe//schwarzweiß
der Film war in Farbe im Fernsehen zu sehen

Infauna//Epifauna
(Gesamtheit der Wassertiere, die sich in etwas eingraben ○ Ökologie)

Inferiorität//Superiorität
(Untergeordnetheit ○ Unterlegenheit)

infertil//fertil; ↑auch: fruchtbar
(nicht zeugungsfähig)

Infertilität//Fertilität; ↑auch: Fruchtbarkeit, Potenz, Zeugungsfähigkeit

Infibulation//Keuschheitsgürtel
(das Vernähen, Verheften oder Verspangen der Vorhaut, um Beischlaf oder Masturbation zu verhindern)

infinite Form//finite Form
„gehend" ist eine *infinite* (unbestimmte, keine Zahl oder Person bezeichnende) *Form* (Grammatik)

Inflation//Deflation
(Vermehrung des Geldumlaufs)

inflationär//deflationär
(Wirtschaft) ○ *Auf diese Weise konnten sie je nach Belieben oder vorherrschender Ideologie eine Politik betreiben, die inflationär oder deflationär war* (Die Presse 19. 10. 2014)

inflationistisch//deflationistisch
(Wirtschaft)

inflatorisch//deflatorisch
(Wirtschaft)

inflexibel//flexibel
ein inflexibles (nicht anpassungsfähiges) *Währungssystem* ○ *Solange die Löhne und Preise inflexibel sind, wird sich daran nicht viel ändern* (Tiroler Tageszeitung 15. 6. 2017)

Inflexibilität//Flexibilität
geistige Inflexibilität

informal//formal
informale Sanktionsinstanz, die Öffentlichkeit ○ *Informal bedeutet dunklen Anzug. Formal ist in Diplomatenkreisen nur der Smoking.* (Neue Zürcher Zeitung Folio 1. 9. 2003)

Informand//Informant
der Informand wird informiert ○ *Wie ernst es Rabinow mit dem Bild des Anthropologen meint, der als kantianischer Held sein Feld im Dialog mit Informanden erfindet, zeigt seine eindrucksvolle Auseinandersetzung mit Tom White, dem Molekularbiologen, Manager, Informanten und zeitweiligen Weggefährten ...* (Die Zeit 25. 3. 2004)

Informant//Informand
der Informant informiert

Information//Desinformation
Es ist ein ständiges Duell zwischen Information und Desinformation, das umso härter wird, je mehr gelogen wird. (Der Standard 17. 2. 2018)

Informationsarmut//Informationsreichtum
Künstliche Informationsarmut verschlechtert die Qualität der Entscheidun-

gen am Markt – wir kaufen dann das Falsche und bezahlen zu viel dafür. (Die Presse 28. 6. 2018)

Informationsreichtum//Informationsarmut
Die Popkultur operiert immer mit schweren Zeichen, denn sie ist eine kalte Kultur, die anstelle von Informationsreichtum mit emblematischen Symbolen arbeitet, die sehr leicht identifizierbar sind. (Die Presse 7. 12. 2009)

informell//formell
ein informelles (ohne Formalitäten stattfindendes) *Treffen* ○ *Das Land wird ewig von einer Großen Koalition regiert, manchmal informell, manchmal formell.* (Der Spiegel 29. 7. 2017)

infra...//supra... (vor fremdsprachlicher Basis; Adjektiv)
(mit der Bedeutung: unter[halb]) z. B. *infraglottal/supraglottal*

infraglottal//supraglottal
(unterhalb der Zunge ○ Phonetik)

infrakrustal//suprakrustal
(unterhalb der Erdkruste ○ Geologie)

Infraschall//Ultraschall
(Schall unter 16 Hertz ○ für den Menschen nicht hörbar)

in Frieden //in Unfrieden; ↑auch Frieden
sie schieden in Frieden

in Gesellschaft//allein
sie ist gern in Gesellschaft ○ *Bier in Gesellschaft ist anders, als allein zu Hause zu trinken.* (Berliner Zeitung 9. 10. 2015)

ingressiv//egressiv
(beim Verb den Beginn eines Vorgangs bezeichnend), z. B. *erblühen*

in großer Zahl//vereinzelt
solche Pannen kommen in großer Zahl vor ○ *Nein – es gibt sie eben nicht in großer Zahl, allenfalls ganz vereinzelt.* (Rheinische Post 29. 6. 2006)

Ingroup//Outgroup; ↑auch: Fremdgruppe
(Wir-Gruppe; Gruppe, zu der man gehört ○ Soziologie) ○ *Ähnlich beim Schema „Ingroup" und „Outgroup", das zu einer Präferenz der Eigengruppe und zu einer Abwertung der Fremdgruppe führe.* (Südkurier 28. 9. 2010)

in Gruppen//einzeln
sie wurden in Gruppen durch die Ausstellung geführt ○ *Unterricht ist in Gruppen oder einzeln buchbar.* (Leipziger Volkszeitung 20. 1. 2018)

Inhaberaktie//Namensaktie
(Wirtschaft ○ auf den berechtigten Inhaber, nicht auf eine bestimmte Person ausgestellte Aktie)

Inhaberpapier//Namenspapier, Orderpapier, Rektapapier
(Wertpapier, bei dem kein Nachweis der Verfügungsberechtigung nötig ist, z. B. Pfandbrief, Obligation, Inhaberaktie, Lotterielos)

Inhaberzeichen//Legitimationszeichen
(Rechtswesen)

in Haft nehmen//aus der Haft entlassen
er wurde wegen Steuerhinterziehung in Haft genommen ○ *Die französische Polizei hat einen Mann, den sie ... in Paris in Haft genommen hatte, am Wochenende wieder auf freien Fuß gesetzt. Der Architekt sei am Samstagabend aus der Haft entlassen worden* (Der Tagesspiegel 10. 12. 2007)

Inhalt//Ausführung
Wenn Ihr überhaupt ein Buch davon verkauft, dann nur deshalb, weil es einen Inhalt hat, sicher nicht wegen der Ausführung (Süddeutsche Zeitung 29. 12. 2006)

Inhalt//Form
Inhalt und Form eines Aufsatzes ○ *Der nächste ARGE Poetry Slam findet übri-*

gens am 9. April statt. ... Es zählen Inhalt und die Form des Vortrags. (Salzburger Nachrichten 23. 3. 2016)

Inhalt//Verpackung
die Verpackung ist teurer als der Inhalt des Pakets o Inhalt und Verpackung stimmen dort nicht mehr überein. (St. Galler Tagblatt 6. 2. 2015)

inhaltlich//formal
das Buch ist inhaltlich und formal ansprechend o es gibt inhaltliche und formale Gründe, dagegen zu sein

Inhaltsirrtum//Erklärungsirrtum
(Rechtswesen)

Inhaltsseite//Ausdrucksseite; ↑auch: **Signifikant**
die Inhaltsseite (der Inhalt) eines Wortes (Sprachwissenschaft)

inhaltsseitig//ausdrucksseitig

Inhibitor//Aktivator
(Chemie)

inhomogen//homogen
der Stil ist inhomogen (nicht von gleicher Art) zum Stoff o ein inhomogenes Feld (Physik)

Inhomogenität//Homogenität

inhuman//human; ↑auch: **menschlich**
eine inhumane Drogenpolitik o eine inhumane (menschenunfreundliche) Denkweise o die Gefangenen wurden inhuman behandelt o diese Mentalität führt zu einer inhumanen Gesellschaft

Inhumanität//Humanität
Es macht ein Theater, das immer auch Politik ist, ein Theater also, das Inhumanität beseitigen und Humanität fördern möchte. (Frankfurter Rundschau 21. 6. 2016)

inintelligibel//intelligibel
(Philosophie)

Injektiv//Ejektiv
(Verschlusslaut, bei dem Luft in den Mund eingezogen wird o Phonetik)

Inkardination//Exkardination
(Eingliederung eines katholischen Geistlichen in eine bestimmte Diözese)

inkludieren//exkludieren; ↑auch: **ausschließen**
(einschließen, mit beinhalten o Fachsprache) o Welche Ratio treibt uns an, bestimmte Migrantentypen zu inkludieren und andere zu exkludieren? (Frankfurter Rundschau 14. 11. 2014)

Inklusion//Exklusion
(Einschluss o Soziologie) o Wir müssen wieder lernen, den anderen und die andere zu respektieren, müssen mehr Wert auf Bildung, auf Inklusion statt Exklusion legen (taz 20. 8. 2015)

inklusive//exklusive; ↑auch: **abzüglich**
Preis inklusive Frühstück (das Frühstück ist in den Preis eingeschlossen)

inkohärent//kohärent
(unzusammenhängend) o Komplett inkohärent, urteilt der Physiker David Deutsch, aber perfekt gemacht. Filme mit Zeitreisen sind nie kohärent (Süddeutsche Zeitung 27. 8. 2004)

Inkohärenz//Kohärenz
(fehlender Zusammenhang)

inkommensurabel//kommensurabel
inkommensurable (nicht messbare, nicht vergleichbare) Größen

Inkommensurabilität//Kommensurabilität
(Mathematik, Physik)

inkomparabel//komparabel
(nicht vergleichbar)

inkompatibel//kompatibel; ↑auch: **verträglich**
(unvereinbar mit etwas anderem) o Sind aber Themen wie Nachhaltigkeit, Ethik und offenbar exponentielles Wachstum nicht inkompatibel? ... Wir sehen diese Dinge als vollständig kompatibel. (Der Standard 8. 11. 2014)

Inkompatibilität//Kompatibilität;
↑auch: **Verträglichkeit**
(Unvereinbarkeit in Bezug auf Anderes)

inkompetent//kompetent
er ist inkompetent und kann das nicht beurteilen. ○ *Gerade sehr erfolgreiche Menschen wissen, wie inkompetent sie eigentlich sind.* (Mittelbayerische Zeitung 23. 2. 2018)

Inkompetenz//Kompetenz

inkomplett//komplett; ↑auch: **vollständig**
eine inkomplette (unvollständige) *Sammlung* ○ *Es hängt davon ab, ob einzelne Muskelfasern oder ein Muskel inkomplett oder komplett reisst.* (Neue Luzerner Zeitung 31. 1. 2002)

inkomprehensibel//komprehensibel
(unbegreiflich)

inkompressibel//kompressibel
(nicht zusammenpressbar, nicht verdichtbar ○ Physik)

Inkompressibilität//Kompressibilität
(Physik)

inkongruent//kongruent
inkongruente (nicht übereinstimmende, nicht deckungsgleiche) *geometrische Figuren* ○ *inkongruente Zahlen*

Inkongruenz//Kongruenz
(Nichtübereinstimmung)

inkonsequent//konsequent
inkonsequent sein, handeln (nicht bei seinen Vorsätzen usw. bleiben, sie nicht uneingeschränkt verfolgen) ○ *sich inkonsequent verhalten* ○ *„Dass die Idee der Konsequenz so erfolgreich ist, hat mit einem Missverständnis zu tun. ... Ich kann nicht als Mensch inkonsequent sein und dann die Mutterrolle spielen und sagen, jetzt muss ich aber konsequent sein."* (Der Tagesspiegel 24. 3. 2016)

Inkonsequenz//Konsequenz
seine Inkonsequenz wurde getadelt

inkonsistent//konsistent
eine inkonsistente (nicht haltbare) *Masse* ○ *Wenn er einmal dies und ein anderes Mal das sagt, erscheint er inkonsistent, opportunistisch und unehrlich. Wer sich jedoch permanent konsistent verhalten muss, der entwickelt ... ein öffentliches Verhalten, das überall irgendwie passt* (Die Presse 5. 4. 2014)

Inkonsistenz//Konsistenz

inkonstant//konstant
inkonstante (nicht gleichbleibende) *Temperaturverhältnisse* ○ *die Kosten sind inkonstant* ○ *Die Gäste ... zeigten sich in der Liga aber bislang zu inkonstant. „Wir müssen es endlich schaffen, über 90 Minuten eine konstant gute Leistung abzurufen."* (Rhein-Zeitung 7. 10. 2016)

Inkonstanz//Konstanz

inkontinent//kontinent
Eine Prostataentnahme mache nicht auf jeden Fall inkontinent und impotent. Heutzutage könne man so genau operieren, dass die Männer in 95 Prozent aller Fälle kontinent blieben (Die Zeit 30. 4. 2009)

Inkontinenz//Kontinenz
(Unfähigkeit, Urin/Stuhl zurückzuhalten)

inkonvenabel//konvenabel
(unschicklich) ○ *Ein „konservativer" Pfarrer Eckert, der den römischen Ritus – wie es seit Papst Benedikt XVI. kirchenrechtlich völlig legal ist – gern auch in seiner außerordentlichen Form zelebriert, muss da wohl eher inkonvenabel erscheinen.* (Trierischer Volksfreund 30. 8. 2014)

Inkonvenienz//Konvenienz
(das gesellschaftlich Unschickliche) ○ *Der Massstab für den Lohn ist eben nicht nur die persönliche Leistung, schon gar nicht die Anstrengung, die Belastung oder die Inkonvenienz.* (Basler Zeitung 16. 5. 2013)

inkonvertibel//konvertibel
(nicht wandelbar ○ Wirtschaft) ○ *Natürlich weiß jeder, dass die Sowjetunion ... immer noch eine inkonvertible Währung hat. Aber irgendwie kommt niemandem der Gedanke, dass auch das Leben in der Sowjetunion inkonvertibel sein könnte.* (Süddeutsche Zeitung 24. 12. 1992)

inkonziliant//konziliant
(wenig umgänglich, nicht entgegenkommend) ○ *Zweifellos sieht sich die Wissenschaft, und deshalb reagiert sie so inkonziliant, ausgerechnet bei dem Urvater Homer mit der Einschränkung ihrer Deutungshoheit konfrontiert.* (Frankfurter Rundschau 17. 3. 2008)

inkonzinn//konzinn
(ungleichmäßig im Satzbau ○ Rhetorik)

Inkonzinnität//Konzinnität

inkorrekt//korrekt
er hat sich inkorrekt (nicht angemessen) *verhalten* ○ *diese Stelle ist inkorrekt* (nicht richtig) *zitiert* ○ *Was früher politisch inkorrekt war, ist heute absolut korrekt.* (Die Südostschweiz 23. 10. 2012)

Inkorrektheit//Korrektheit
Inkorrektheit im Verhalten

inkorrigibel//korrigibel
diese Äußerung ist inkorrigibel (lässt sich nicht wieder rückgängig machen, nicht korrigieren)

in Kraft//außer Kraft
ein Gesetz ist in Kraft

Inkraftsetzung//Außerkraftsetzung
„Wir bedauern zutiefst die erneute Inkraftsetzung von Sanktionen durch die USA" (Berliner Zeitung 5. 11. 2018)

Inkrafttreten//Außerkrafttreten
Bald nach der Wiedererlangung ihrer vollen Freiheit und Souveränität durch das Inkrafttreten des Staatsvertrages vom 15. Mai 1955 und das gleichzeitige Außerkrafttreten des Zweiten Kontrollabkommens 1946 trat die Republik Österreich am 16. April 1956 dem ... Europarat bei. (Salzburger Nachrichten 13. 4. 1996)

Inkrement//Dekrement
(Mathematik)

inkrementieren//dekrementieren
(EDV)

Inkubus//Sukkubus; ↑auch: Druntenlieger
(Obenauflieger ○ in der Volkskunde und in mittelalterlichen Hexenprozessen: Bezeichnung für einen Dämon oder Teufel, der einer Hexe als Beischläfer dient)

inkulant//kulant
eine inkulante (nicht in verbindlicher Weise entgegenkommende) *Firma* ○ *„Diejenigen, die sich inkulant aus Kundensicht verhalten, werden langfristig verlieren"* (Main-Post 20. 7. 2018)

Inkulanz//Kulanz

Inland//Ausland
Gäste aus dem In- und Ausland ○ *Waren im Inland verkaufen* ○ *Von der Abstimmung ... solle eine Botschaft an Kritiker im In- und Ausland ausgehen* (Der Spiegel 16. 6. 2018)

Inländer//Ausländer
bei einer Straftat werden Inländer und Ausländer gleichermaßen behandelt ○ *Was wären In- ohne Ausländer?* (Der Spiegel 5. 5. 2018) ○ *Mit der Fähigkeit, etwas aufgeben zu können, neue Chancen zu packen, konnte Margrit Chytil verschiedene Stationen durchleben, Erfahrungen im In- und Ausland mit kranken und gesunden, mit armen und reichen Menschen machen* (St. Galler Tagblatt 25. 06. 1997)

inländisch//ausländisch
inländische Waren ○ *die inländische Presse* ○ *Mit Stilmitteln, die in der deutschsprachigen Gegenwartsliteratur kaum vorkommen, beschreibt er vital,*

was es heisst, als Farbiger in der Schweiz zu leben, «inländisch zu fühlen, aber ausländisch auszusehen.» (Berner Zeitung 12. 2. 2003)

Inlandsabsatz//Auslandsabsatz

Inlandsanleihe//Auslandsanleihe

Inlandsbrief//Auslandsbrief

Inlandsflug//Auslandsflug

Inlandsmarkt//Auslandsmarkt

Inlaut//Anlaut, Auslaut
„t" als Inlaut in „Rute" (Sprachwissenschaft)

innen//außen; ↑auch: draußen
innen weich und außen hart ○ innen vergoldet ○ Nun wurde das Gebäude innen und außen kräftig umgestaltet (Oberösterreichische Nachrichten 13. 4. 2018)

Innen//Außen
Gleichzeitig verwischen die Grenzen zwischen Innen und Außen (Oberösterreichische Nachrichten 30. 1. 2016)

innen...//außen... (Adjektiv)
z. B. innenpolitisch/außenpolitisch

Innen...//Außen... (Substantiv)
z. B. Innenpolitik/Außenpolitik

Innenanstrich//Außenanstrich

Innenantenne//Außenantenne, Freiantenne

Innenarbeiten//Außenarbeiten
Gefördert von Bund und Land erfolgen in diesem Jahr die Innenarbeiten, die Außenarbeiten sind für 2005 geplant. (Süddeutsche Zeitung 27. 7. 2004)

Innenarchitekt//Architekt
Nach dem Zweiten Weltkrieg war er als Innenarchitekt und Möbelplaner, später dann vor allem als Architekt tätig. Er plante vor allem sozialen Wohnbau. (Der Standard 14. 2. 2015)

Innenaufnahme//Außenaufnahme
(Filmwesen)

Innenbahn//Außenbahn
(Sport)

Innenbeleuchtung//Außenbeleuchtung

Innenbezirk//Außenbezirk
die Innenbezirke der Stadt ○ Ludwig hat sowohl den Intellekt, um Bewohner der Innenbezirke anzusprechen, als auch das Gespür für die Sorgen der Menschen der Außenbezirke (Neue Kronen-Zeitung 16. 11. 2017)

Innenblöße//Außenblöße
(Blöße auf der linken Waffenseite beim Fechten)

Innenbordmotor//Außenbordmotor
(Bootsbau)

Innendienst//Außendienst
er arbeitet im Innendienst ○ Eine Mitarbeiterin, die im Innendienst war, muss einen Wechsel in den Außendienst nicht hinnehmen. (Leipziger Volkszeitung 20. 10. 2018)

Innenglied//Außenglied
(Mathematik)

Innenhof//Außenhof
der Innenhof der Burg

Innenkante//Außenkante
die Innenkante des Schuhs

Innenkurve//Außenkurve

Innenlage//Hangaußenlage
(mit dem Körper zum Hang ○ Skisport)

Innenluft//Außenluft
(Klimatechnik)

Innenminister//Außenminister

Innenministerium//Außenministerium

Innenperspektive//Außenperspektive
(Perspektive des Erzählers, wenn er Bewusstseinsinhalte einer Person wiedergibt ○ Literaturwissenschaft)

Innenpolitik//Außenpolitik

innenpolitisch//außenpolitisch
innenpolitische Ursachen ○ Wenn Merkel innenpolitisch weniger unter Druck ist, hat sie außenpolitisch mehr Spielraum. (Salzburger Nachrichten 12. 3. 2016)

Innenquersitz//Außenquersitz
(beim Barrenturnen mit dem Körper zwischen den Holmen und quer zur Holmgasse)

Innenraum//Außenraum
An der Nord-und Südseite befindet sich jeweils eine sechs Meter lange Schiebeverglasung, die sich zur Gänze öffnen lässt und den Innenraum mit dem Außenraum verbindet. (Salzburger Nachrichten 15. 5. 2014)

Innenseite//Außenseite

Innenspann//Außenspann
(Innenseite von Fuß oder Schuh ○ beim Fußball)

Innenstürmer//Außenstürmer
(Fußball)

Innentasche//Außentasche
die Innentaschen des Jacketts

Innentemperatur//Außentemperatur

Innentoilette//Außentoilette
Auch eine Innentoilette wird es erstmals geben. Lasker begnügte sich offenbar früher mit einer Außentoilette und einem Schöpfbrunnen. (Berliner Morgenpost 25. 1. 2002)

Innentür//Außentür

Innenverteidiger//Außenverteidiger
(Sport)

Innenwand//Außenwand
Unterschiedliche Bodenhöhen in den Räumen, scheinbar sinnlose Schießscharten, Putzreste an den Wänden und Fenster, die offenbaren, dass eine heutige Innenwand früher wohl eine Außenwand war. (Saale-Zeitung 23. 9. 2015)

Innenwelt//Außenwelt
geistige Innenwelt ○ „Die Innenwelt der Außenwelt der Innenwelt" (Buchtitel von Peter Handke, 1969)

inner...//außer... (Adjektiv)
z. B. innereuropäisch/außereuropäisch

inner...//äußer...
innere Verletzungen ○ innere Geschlechtsorgane ○ innere Linie (Militär)

innerbetrieblich//außerbetrieblich
innerbetriebliche Ausbildung ○ So erreichen wir sehr gut ausgebildete Fachkräfte, die sowohl innerbetrieblich als auch außerbetrieblich Kompetenz und Sicherheit ausstrahlen. (Rhein-Zeitung 23. 3. 2016)

innereinzelsprachlich//außereinzelsprachlich; ↑auch: Faux amis
innereinzelsprachliche Interferenz ○ innereinzelsprachlich ähnliche Wörter wie trocknen/abtrocknen/eintrocknen (etwas trocknet, trocknet ab, trocknet ein)

Inneres//Äußeres
Inneres und Äußeres stimmen oft nicht überein ○ zwischen dem Inneren und dem Äußeren besteht eine Diskrepanz ○ Oda selbst wird Tänzerin, eine Frau, die sich über den Körper ausdrückt, die den Tanz als Ventil und Sprache nutzt, um ihr Inneres und ihr Äußeres halbwegs deckungsgleich zu bekommen. (Hamburger Abendblatt 10. 7. 2015)

innereuropäisch//außereuropäisch
innereuropäische Probleme

innerhalb//außerhalb (örtlich und zeitlich)
(räumlich/örtlich:) innerhalb des Hauses bleiben ○ Es ist erstaunlich, wie unterschiedlich innerhalb und außerhalb der Botschaftsmauern die Sicht auf die derzeitige Weltlage ist. (Der Spiegel 19. 5. 2018) ○ (zeitlich:) innerhalb der Dienstzeit ○ Offenkundig strafbare Inhalte sollen innerhalb von 24 Stunden,

rechtswidrige in sieben Tagen gelöscht werden. (Weltwoche 18. 1. 2018)

innerlich//äußerlich
Medikamente für den innerlichen Gebrauch ○ ich war innerlich aufgeregt, wirkte aber äußerlich ruhig ○ Aufgrund der schweren Herz- und Arterienverletzungen sei die Frau innerhalb von zwei Minuten innerlich und äußerlich verblutet. (Tiroler Tageszeitung 21. 9. 2008)

innerparteilich//außerparteilich
Auf die Frage, was diese politischen Mittel wären, sagt er: Den Radau, den wir innerparteilich und außerparteilich machen können. (Wiener Zeitung 7. 5. 2014)

innerschulisch//außerschulisch

innersprachlich//außersprachlich
innersprachliche Einwirkungen ○ Doch es muss noch andere, innersprachliche Gründe für diese Vorherrschaft geben, Gründe, die das Englische – eher als, sagen wir, Arabisch oder Esperanto – zu dieser hegemonialen Rolle vorherbestimmten (Neue Zürcher Zeitung 31. 5. 2008)

in nuce//in extenso
(in Kürze, in knapper Form)

inoffensiv//offensiv
ein inoffensives (nicht angriffslustiges) Verhalten ○ Präsident Putin verhält sich nach außen inoffensiv ... Doch wenn man ihm nicht Einhalt gebietet, könnte sich Putin recht schnell zu einem höchst offensiven, höchst gefährlichen Diktator mausern. (Die Presse 15. 6. 2000)

inoffiziell//offiziell
ein inoffizielles Treffen ○ ein inoffizieller (nicht amtlicher) Besuch ○ etwas inoffiziell (vertraulich) mitteilen ○ In den Reihen der Polizei reagiert man unterschiedlich – inoffiziell, denn offiziell darf gar nichts gesagt werden (Kurier 8. 2. 2008)

in Öl//in Aquarell
in Öl malen ○ Wo Roth Historiengemälde in Öl malte, pinselt Genazino ein trübes Präsens in Aquarell. (Die Welt 13. 8. 2011)

inoperabel//operabel
der Krebs ist in diesem Stadium inoperabel ○ Es mag vorkommen, dass Krebse zunächst für inoperabel erklärt werden, die sich dann als operabel erweisen. (Der Spiegel 3. 7. 1963)

Inoperabilität//Operabilität

inopportun//opportun
das ist jetzt inopportun (unangebracht) ○ Die Zeit, in der es politisch inopportun war, sich mit dem Kreml-Chef blicken zu lassen, scheint vorbei zu sein (Wiener Zeitung 5. 6. 2018)

Inopportunität//Opportunität
Wenn die Kritik heute auf die politische Inopportunität der Äußerungen hinweist, so schiene es mir wichtiger, eine Politik zu betreiben, die nicht beschwichtigt, sondern gleichberechtigt geführt wird. (Süddeutsche Zeitung 6. 9. 2014)

in Pacht geben//in Pacht nehmen
eine Parzelle in Pacht geben ○ Es geht um rund 112 Hektar Weideland und etwa neun Hektar Ackerland, die die Stadt Linnich zurzeit in Pacht gegeben hat. (Aachener Nachrichten 19. 11. 2013)

in Pacht nehmen//in Pacht geben
eine Parzelle in Pacht nehmen ○ Die ortsansässigen Landwirte wollten zusätzliches Acker- und Weideland zu ihren Höfen in Pacht nehmen. (Frankfurter Neue Presse 8. 11. 2010)

in Prosa//in Versen
er hat das in Prosa geschrieben

Input//Output; ↑auch: Ausgabe
(der mengenmäßige Einsatz von Produktionsfaktoren im Produktionsprozess ○ Wirtschaft)

in Raten//bar
in Raten bezahlen ○ Auch zahle er sein Auto heute in Raten ab, Barzahlungen seien selten, von 1000 Käufen werde viel-

leicht noch ein Wagen in bar bezahlt. (Frankfurter Neue Presse 28. 4. 2008)

ins Bett gehen//aufstehen
sie ist spät ins Bett gegangen und früh wieder aufgestanden o *Ich arbeite oft, wenn andere ins Bett gehen, oder komme erst dann zum Schlafen, wenn viele wieder aufstehen.* (Neue Luzerner Zeitung 20. 3. 2018)

in Scheiben//im Stück
Käse in Scheiben kaufen o *Hartkäse lässt sich sowohl im Stück als auch in Scheiben geschnitten oder gerieben einfrieren.* (Frankfurter Neue Presse 29. 9. 2015)

in sein//out sein; ↑auch: unmodern
Vollwertkost ist derzeit in o *diese Mode, Musik ist jetzt in* (liegt im Trend) o *Wer ist in, wer ist out? Wer gehört dazu, wer nicht, wer steigt auf, wer steigt ab in der Gunst?* (Der Spiegel 11. 6. 2012)

Insel//Festland
diese griechische Stadt liegt auf einer Insel o *Hannah Gadsby wuchs auf der kleinen Insel Tasmania vor dem Festland Australiens auf* (Der Standard 6. 7. 2018)

Insemination; ↑heterologe Insemination, homologe Insemination

insensibel//sensibel
(gefühllos, nicht sensibel) o *Diese Regierungsverlautbarung war denkbar insensibel.* (Vorarlberger Nachrichten 22. 1. 2015)

insequenter Fluss//konsequenter Fluss
(Fluss, der sich nicht nach dem geologischen Unterbau richtet)

in Sicht//außer Sicht
das Schiff ist jetzt in Sicht o *Beim Duellmodus wird im Wechsel von sieben Sekunden außer Sicht und drei Sekunden in Sicht geschossen.* (Mitteldeutsche Zeitung 5. 11. 2012)

in Sichtweite//außer Sichtweite
Hieß es noch Anfang Februar 2001 in der Rhein-Zeitung „Umgehung ist in Sichtweite", so gilt nun eher, die Umgehung Betzdorf ist noch außer Sichtweite. (Rhein-Zeitung 20. 6. 2002)

Insider//Outsider
Es geht um ein Insider/Outsider-Problem. Die Insider haben stetige, gesicherte Einkommen, die Outsider müssen um ihr Leiberl rennen. (Die Presse 17. 1. 2011)

insignifikant//signifikant
insignifikante (unwesentliche) *Unterschiede* o *Das sei statistisch komplett insignifikant.* (Wiener Zeitung 13. 6. 2015)

insistieren//desistieren (veraltet)
(auf etwas bestehen) o *Wiederholt haben islamische Gelehrte darauf insistiert, dass westliche Frauen mit ihrer Kleidung zur Vergewaltigung geradezu einlüden.* (FOCUS 3. 11. 2014)

insolubel//solubel
(unlöslich o Chemie)

insolvent//solvent; ↑auch: liquid, zahlungsfähig
das Unternehmen ist insolvent (kann nicht zahlen)

Insolvenz//Solvenz
(Zahlungsunfähigkeit)

Inspiration//Exspiration; ↑auch: Ausatmung
(Einatmung o Medizin)

inspiratorisch//exspiratorisch
(das Einatmen betreffend o Medizin)

instabil//stabil
ein instabiler Gesundheitszustand o *die stabile Währung darf nicht instabil werden* o *eine instabile Wirtschaft* o *stabil bleiben und nicht instabil werden* o *ein instabiler [Atom]kern* o *instabile Verhältnisse* (Technik, Physik usw.) o *Und wer einen Blick in Nachbarstaaten ... werfe, die eher instabil denn stabil wirkten, dem müsse glasklar sein, in welcher Ver-*

antwortung sich diese Koalition bewege. (Süddeutsche Zeitung 15. 6. 2010)

Instabilität//Stabilität
eine Phase der Instabilität ○ *Dann gab es eine Phase der Instabilität auf der Suche nach Demokratie. Und jetzt herrscht wieder Stabilität mit einem anderen Diktator.* (Neue Zürcher Zeitung 31. 7. 2017)

installieren//deinstallieren
(eine technische Vorrichtung, ein Computerprogramm einrichten) ○ *Ab dem 1. Juli müssen Computerhersteller auf in China verkauften PC ein vom Staat geliefertes Programm installieren, das angeblich die Jugend vor nicht jugendfreien Informationen im Internet schützen soll.* (Neue Zürcher Zeitung 25. 6. 2009)

instandbesetzen//kaputtbesitzen
(Politischer Jargon) ○ *Statt eines langen Marsches durch die Institutionen, ... wählten rebellische Jugendliche und Mieterinitiativen in den beiden folgenden Jahrzehnten lieber den kurzen Marsch in ein leerstehendes Haus. Das Motto hieß „Lieber instandbesetzen als kaputtbesitzen"* (Mannheimer Morgen 22. 6. 2017)

Instandbesetzer//Kaputtbesitzer

instand halten//verkommen lassen
er hat das Haus instand gehalten ○ *„Wir können nicht den Bürgern in den Ohren liegen, dass sie ihre Häuser instand halten sollen und gleichzeitig den Besitz der Gemeinde verkommen lassen."* (Main-Post 15. 3. 2016)

instand setzen//abreißen
„Wir standen vor der Entscheidung: instand setzen oder abreißen." (Süddeutsche Zeitung 12. 1. 2007)

instantan//säkular
instantane (ruckartige) Bodensenkung (Geologie)

Instruktionsdienst//Aktivdienst
(Militär ○ schweizerisch)

instrumental//vokal
(durch Musikinstrumente ausgeführt) ○ *Die Pfisters singen stilvoll, flott und kitschresistent wie eh und je, instrumental und vokal gestützt vom messerscharf präzisen und aufmerksamen Jo Roloff Trio.* (Neue Zürcher Zeitung 14. 4. 2009)

Instrumentalist//Vokalist
(jemand, der ein Musikinstrument spielt) ○ *Prinzipiell ist jeder willkommen, an den unvorhersehbaren ad-hoc-Kompositionen als Instrumentalist, Vokalist, Tänzer, als seine eigenen inneren Bilder schaffender Hörer oder wie auch immer mitzuwirken.* (Wiesbadener Tagblatt 1. 9. 2016)

Instrumentalmusik//Vokalmusik
(Musik, die nur von Instrumenten ausgeführt wird)

insuffizient//suffizient
(Ungenügen empfindend) ○ *Es ist aber absurd, wie vollkommen insuffizient das Disziplinarrecht noch immer ist und wie unerträglich lange es dauert, Übergriffe zu ahnden.* (Falter 30. 7. 2014)

Insuffizienz//Suffizienz
(Schwäche, Unzulänglichkeit, Ungenügen, Unvermögen)

intakt//gestört, kaputt
eine intakte Familie ○ *Das wirtschaftliche Leben in der Kommune Illingen etwa sei noch intakt, ... „aber diese Struktur will man jetzt kaputt machen".* (Saarbrücker Zeitung 10. 2. 2017) ○ *Es sei wie beim Computer, bei dem die Bauteile (Hardware) ganz intakt seien, die Funktionsabläufe (Software) gleichwohl massiv gestört sein könnten.* (Süddeutsche Zeitung 24. 7. 2003)

Integration//Desintegration
erst Integration (zusammenfassende Einbeziehung), dann Desintegration (Aufhebung, Auflösung eines Ganzen) ○ *Er entdeckt, trotz der Dramen von Integration und Desintegration, von Nationalismus*

und Internationalismus, sein Traumland. (Die Presse 23. 4. 2016)

Integration//Segregation
Integration (Eingliederung) oder Segregation (Absonderung, Trennung)? ○ *Das Ergebnis daraus ist dann eine immer weniger feststellbare Integration und immer stärker auftretende Segregation, die das Entstehen von nicht mehr untereinander kommunizierenden, teils sogar verfeindeten Parallelgesellschaften fördert.* (Neue Kronen-Zeitung 20. 11. 2018)

integrieren//desintegrieren
Ausländer integrieren (einbeziehen) ○ *Eingliedern und ausgliedern, integrieren und desintegrieren ist also ein dialektischer Urvorgang aller Bildung von Sozialität und Kulturalität.* (Wiener Zeitung 24. 6. 2006)

integrierte Gesamtschule//additive Gesamtschule

integrierter Typus//desintegrierter Typus
(Psychologie)

Integrierung//Desintegrierung

Intellektualsprache//Affektsprache
(kulturell, geistig hochstehende Sprache)

intelligent//unintelligent
etwas intelligent machen ○ *eine intelligente Lösung* ○ *„Reagiere auch dann intelligent, wenn du unintelligent behandelt wirst."* (Mannheimer Morgen 14. 10. 2009)

intelligibel//inintelligibel
(Philosophie)

Intension//Extension
(Sinn, Gesamtinhalt eines Begriffs)

intensional//extensional
(den Sinn, Inhalt einer Aussage betreffend ○ Sprachwissenschaft)

Intensität//Extensität

intensiv//extensiv
(auf kleinen Flächen mit großem Aufwand betrieben ○ Landwirtschaft) ○ *Geprüft werden muss zunächst die Tragfähigkeit der Dachkonstruktion, um zu entscheiden, ob eine intensive oder eine extensive Begrünung möglich ist.* (Süddeutsche Zeitung 27. 5. 2017)

intensivieren//extensivieren
Hinsichtlich der Wirtschaftlichkeit müsse man entweder maximal intensivieren oder maximal extensivieren. Den entscheidenden Unterschied machten am Ende lediglich die Folgen für die Umwelt (Südkurier 4. 4. 2018)

Intensivum//Debilitativum
(Sprachwissenschaft)

intentionales Lernen//inzidentelles Lernen
(zweckgerichtetes Lernen ○ Pädagogik)

inter... (vor fremdsprachlichem Adjektiv//...
(mit der Bedeutung: zwischen [Gleichartigem bestehend, sich vollziehend]) z. B. *international/national*

inter.../intra... (vor fremdsprachlichem Adjektiv)
(mit der Bedeutung: zwischen) z. B. *interkulturell/intrakulturell*

interessant//uninteressant
das Projekt ist für ihn interessant ○ *„Das ist für die Medien interessant. Für mich ist es völlig uninteressant."* (Frankfurter Neue Presse 7. 4. 2018)

Interesse//Desinteresse
sein Interesse konnte man ihm ansehen ○ *Und auch Wählen mit 16 habe in den vergangenen Jahren eine kleine Steigerung an politischem Interesse bei der Jugend gebracht. Das große Desinteresse an der klassischen Parteienpolitik bedeutet aber nicht, dass den Jungen egal ist, wie es mit unserer Gesellschaft weitergeht.* (Salzburger Nachrichten 8. 5. 2014)

Interessenjurisprudenz//Begriffsjurisprudenz
(Rechtswesen)

interessiert//desinteressiert, uninteressiert
sie ist politisch interessiert ○ *Im ... Berliner Tiergarten sprachen Moderator Peter Kloeppel und die Kanzlerin gut 20 Minuten miteinander, während viele Gäste interessiert zuschauten und im Hintergrund Enten uninteressiert vorbeischwammen.* (Main-Post 15. 7. 2006) ○ *Mir fiel auf, dass über Kurz weder interessiert noch desinteressiert geredet wurde, schon gar nicht gestritten.* (Neue Kronen-Zeitung 23. 7. 2017)

intergruppal//intragruppal
(Soziologie)

Interieur//Exterieur
(das Innere) ○ *Mit attraktiven Komponenten lassen sich Interieur und Exterieur ganz nach Kundengeschmack aufwerten und farblich akzentuieren.* (Die Nordwestschweiz 16. 2. 2017)

interindividuell//intraindividuell;
↑auch: intrasubjektiv
(verschiedene Individuen betreffend) ○ *Alle Rhythmen können interindividuell variieren, was bedeutet, dass jeder Mensch anders tickt.* (Tiroler Tageszeitung 31. 10. 2010)

Interiorisation//Exteriorisation
(Psychologie)

interkrustal//superkrustal
(Geologie)

interkulturell//intrakulturell
(mehreren Kulturen gemeinsam) ○ *Einige andere Gruppen arbeiten nicht nur interkulturell, sondern auch generationsübergreifend* (Hamburger Abendblatt 24. 10. 2018)

interlingual//intralingual
interlinguale (mehrere Sprachen betreffende) *Wortverwechslungen, Interferenzen, z. B.: dt. Kollaborateur = Landesverräter/frz. collaborateur = Mitarbeiter*

intermittierend//perennierend
(mit Unterbrechungen erfolgend) ○ *intermittierende* (zeitweise nicht sprudelnde, aussetzende) *Quelle* ○ *intermittierender* (zeitweilig nicht wasserführender) *Fluss*

intern//extern
interne Bauelemente ○ *Überwiegt die interne Logik die externe Logik?* (Der Spiegel 9. 6. 2018)

...intern//...extern (Adjektiv)
(mit der Bedeutung: innerhalb) z. B. *fachintern/fachextern*

internalisieren//externalisieren
Konflikte internalisieren (im Inneren verarbeiten) ○ *Die einen internalisieren Fehler – sie fühlen sich schuldig, zweifeln ständig an ihrem Können. ... Die anderen externalisieren – sie machen äußere Umstände verantwortlich* (Tiroler Tageszeitung 26. 8. 2012)

Internat//Externat
(Internatsschule ○ schulische Einrichtung, in der Schüler wohnen und verpflegt werden) ○ *Die Angebote der Trägerschaft haben das Ziel, Kindern und Jugendlichen, die besonderer Erziehung und Schulung bedürfen, ein angepasstes Lernumfeld in einem Internat, in einem Externat und in Sonderschulen zu bieten.* (St. Galler Tagblatt 28. 12. 2018)

international//national
internationale Probleme ○ *auf nationalen und internationalen Märkten* ○ *Denn wie im Sport sind auch in der Wissenschaft die wichtigsten Rankings eben international, nicht national.* (Neue Zürcher Zeitung am Sonntag 23. 2. 2014)

Interne[r]//Externe[r], Externist
(im Internat Wohnende[r]) ○ *Die Internen kennen die Probleme des Unternehmens, die Externen haben die nötige Distanz* (Der Standard 24. 6. 2000)

Internet//Intranet
(EDV)

Internist//Externist
(Facharzt für innere Krankheiten ○ selten)

Internspeicher//Externspeicher
(EDV)

Internum//Externum
(Arznei zum Einnehmen)

Interpolation//Extrapolation
(Mathematik)

interpolieren//extrapolieren
(Mathematik)

interspezifisch//intraspezifisch
(Individuen verschiedener Art betreffend ○ Biologie)

interstruktural//intrastruktural
(Sprachwissenschaft)

intersubjektiv//intrasubjektiv; ↑auch: intraindividuell
intersubjektive (auf mehrere Personen bezogene) *Erlebnisse*

intersubjektiv//subjektiv
intersubjektiv nachprufbar ○ *Sie ... sollte Hierarchisierungen und Kategorisierungen vermeiden, nicht objektiv sein und weder intersubjektiv noch subjektiv.* (Der Standard 7. 2. 2013)

Interviewer[in]//Interviewte[r]
der Interviewte drehte den Spieß um und stellte Fragen an den Interviewer

Interviewte[r]//Interviewer[in]
Alle, Interviewte wie Interviewer, wollen mit der Broschüre das, was gerade in der 1940er-Jahren geschah, für die Nachwelt festhalten (Schweriner Volkszeitung 7. 11. 2018)

Intima//Intimus
(enge Freundin, Vertraute)

Intimus//Intima
(enger Freund, Vertrauter) ○ *Der Kanzler und sein Intimus, oder besser seine Intima, das ist ein alter Topos.* (Süddeutsche Zeitung 11. 6. 2007)

Intine//Exine
(Botanik)

intolerant//tolerant
intolerant gegenüber Andersdenkenden ○ *Daher kann Religion geistig intolerant, praktisch-politisch aber durchaus tolerant sein. Ich denke, das Christentum hat das in exemplarischer Weise in Europa geschafft.* (Saale-Zeitung 31. 12. 2015)

Intoleranz//Toleranz; ↑auch: Duldsamkeit
sie kämpfte gegen Intoleranz und Ausländerfeindlichkeit ○ *Das ist die Intoleranz der anderen Seite, die Toleranz immer predigt, außer wenn jemand eine andere Meinung hat.* (Mittelbayerische Zeitung 30. 5. 2018)

intra...//extra...; ↑auch: extra...//... (vor fremdsprachlichem Adjektiv)
(mit der Bedeutung: innerhalb) z. B. *intralingual/extralingual*

intra...//inter... (vor fremdsprachlichem Adjektiv)
(in der Bedeutung: innerhalb) z. B. *intrakulturell/interkulturell*

intragruppal//intergruppal
(Soziologie)

intraindividuell//interindividuell; ↑auch: intersubjektiv
(innerhalb eines Individuums bestehend) ○ *Ein Medikament kann inter- aber auch intraindividuell unterschiedlichste Hypersensitivitätsreaktionen auslösen* (Deutsches Ärzteblatt 16. 2. 2018)

intrakulturell//interkulturell
(innerhalb einer Kultur) ○ *Zudem seien diese Delikte intrakulturell, Täter und Opfer kommen also aus dem selben kulturellen und/oder sozialen Kreis.* (Wiener Zeitung 4. 3. 2017)

intra legem//contra legem
(im gesetzlichen Rahmen)

intralingual//extralingual
(innersprachlich ○ Sprachwissenschaft)

intralingual//interlingual
intralinguale (die gleiche Sprache betreffende) *Wortverwechslungen, z. B. löslich/lösbar* ○ *intralinguale* (innerhalb einer Sprache bestehende) *Interferenzen*

intralinguistisch//extralinguistisch

intramundan//extramundan
(innerweltlich ○ Philosophie)

Intranet//Internet
(EDV)

intransitiv//transitiv; ↑auch: zielendes Verb
ein intransitives Verb hat kein Akkusativobjekt, das ins Passiv gesetzt werden kann, z. B. „er kommt" oder in dem Satz „er liebt voll Leidenschaft" ist „lieben" intransitiv (Grammatik)

Intransitiv[um]//Transitiv[um]
(ein intransitives Verb)

intransitivieren//transitivieren
(ein transitives Verb intransitiv gebrauchen) z. B. *der Fußballer hat verwandelt*

Intransitivität//Transitivität

Intransitivum//Transitiv[um]
(ein intransitives Verb, z. B.: kommen)

intraspezifisch//interspezifisch
(Individuen der gleichen Art betreffend ○ charakteristisch innerhalb der gleichen Art ○ Biologie)

intrastrukturell//interstrukturell
(Sprachwissenschaft)

intrasubjektiv//intersubjektiv; ↑auch: interindividuell
intrasubjektive (innerhalb einer Person sich vollziehende) *Erlebnisse*

intrauterin//extrauterin
(innerhalb der Gebärmutter)

intrinsisch//deiktisch
(von innen her) ○ *wenn der Fahrschüler auf die Anweisung, vor dem nächsten Baum zu halten, von ihm aus vor dem Baum – davor – hält, dann ist das eine intrinsische Ausführung*

intrinsisch//extrinsisch
(von innen heraus motiviert) ○ *Die Forderung nach Gerechtigkeit ist intrinsisch begründet, ergibt sich also aus sich selbst heraus – und ist nicht etwa extrinsisch motiviert, etwa aus der Angst vor Terror.* (Der Tagesspiegel 21. 9. 2001)

intro...//extra... (vor fremdsprachlicher Basis; Adjektiv)
(mit der Bedeutung: hinein, nach innen) z. B. *introvertiert/extravertiert*

Intron//Exon
(Genetik)

intrors//extrors
(nach innen gewendet ○ Botanik)

introspektiv//extrospektiv
(Psychologie)

Introversion//Extraversion
(Konzentration auf Innerseelisches ○ Psychologie)

introvertiert//extravertiert, extrovertiert
(nach innen gerichtet ○ Psychologie) ○ *Der eine ist eher introvertiert und sensibel, der andere eher extravertiert und gerade in Auseinandersetzungen sehr stark.* (Südkurier 14. 4. 2014) ○ *Jeder sei natürlich einzigartig, aber er habe doch erkannt, dass Archivare ... tendenziell eher introvertiert als extrovertiert sind.* (Stuttgarter Nachrichten 24. 2. 2016)

Introvertiertheit//Extravertiertheit
(Psychologie)

intuitiv//diskursiv
(einer Eingebung folgend, nicht auf Reflexion beruhend ○ Philosophie) ○ *Arbeiten, die man intuitiv begreift, die einen intuitiv einnehmen. Unmittelbarkeit entsteht hier, wo sich ähnlich diskursiv verortete Ausstellungen gerne an Ableitungen abmühen.* (taz 1. 7. 2013)

Intumeszenz//Detumeszenz
(physiologische Verdickung, z. B. eines Organs ○ Medizin)

Intussuszeption//Apposition
(Biologie)

in Unfrieden //in Frieden; ↑auch: Unfrieden
sie schieden in Unfrieden

in Uniform//in Zivil
er kam in Uniform ○ Polizisten in Uniform oder in Zivil können sich auch in ihrer Freizeit jederzeit in den Dienst versetzen, wenn sie Verbrechen oder andere Ereignisse bemerken und eingreifen müssen. (Ostthüringer Zeitung 26. 10. 2018)

invariabel//variabel
(unveränderlich) ○ *Die Vorstellung einer Elite von Intelligenten und hoch Bildungsfähigen und einer breiten Masse von handwerklich Begabten zeigt doch antiquiertes Klassen- und Standesdenken: als sei eine feste Masse von Intelligenz in der Bevölkerung vorhanden, die mehr oder weniger invariabel ist.* (Neue Zürcher Zeitung am Sonntag 4. 11. 2012)

invariant//variant
invariante (unveränderliche) *Merkmale* ○ (Mathematik)

Invarianz//Varianz

Inventar; ↑lebendes Inventar, totes Inventar

in Versen//in Prosa
er hat das in Versen geschrieben

Invertebraten//Vertebraten; ↑auch: Wirbeltiere

investieren//disvestieren
([einen Geistlichen] in ein Amt einsetzen)

Investition//Desinvestition, Devestition
(Wirtschaft)

Investitionsgüter//Konsumgüter

investiv//konsumtiv
(Investitionen betreffend) ○ *Was ich zur Bildung gesagt habe, gilt auch für die Gesundheit und viele andere Bereiche, in denen der Staat sowohl investiv als auch konsumptiv auftritt.* (Der Spiegel 26. 6. 2006)

in vitro//in vivo
(im Reagenzglas [durchgeführt]) ○ *„Das, was wir in vitro erschaffen, ist in vivo oft nicht lebensfähig"* (Berliner Zeitung 9. 1. 2016)

in vivo//in vitro
(am lebenden Objekt [durchgeführt])

in Wahrheit//scheinbar
der Wert der Münze ist scheinbar groß, aber in Wahrheit klein ○ *Spätestens mit der Finanzkrise kam es aber zu teilweise hohen Verlusten für die Kommunen, da sich in Wahrheit hochspekulative Geschäfte hinter den scheinbar sicheren Swap-Geschäften verbargen.* (Kölnische Rundschau 20. 12. 2014)

inwendig; ↑in- und auswendig

in Worten//in Zahlen
die Summe in Worten auf den Scheck schreiben ○ *Die Qualität einer Beurteilung – sei das eine solche in Worten oder in Zahlen – hängt einerseits von der beurteilenden Person und anderseits vom angewendeten Bewertungsmassstab ab.* (St. Galler Tagblatt 12. 5. 2009)

in Zahlen//in Worten
die Summe in Zahlen und in Worten auf den Scheck schreiben

inzidentelles Lernen//intentionales Lernen
(Pädagogik)

in Zivil//in Uniform
er kam in Zivil ○ *Er verweist aber darauf, dass die Beamten ohnedies viel auf der Straße unterwegs sind, in Zivil wie in Uniform.* (Tiroler Tageszeitung 30. 3. 2018)

Ionenmolekül//Atommolekül
(Chemie)

Ionisierungsenergie//Elektronenaffinität
(Physik, Chemie)

IQ//EQ
(Intelligenzquotient)

ir... (vor fremdsprachlichem Adjektiv mit anlautendem r)//...
(mit der Bedeutung: nicht, un-) z. B. *irreparabel/reparabel*

Ir... (vor fremdsprachlichem Substantiv mit anlautendem r)//...
(mit der Bedeutung: nicht, un-) z. B. *Irrealität/Realität*

irdisch//außerirdisch
irdische Wesen ○ *Diese Tracheen-Atmung ist zwar vergleichsweise bis zu hundertmal effizienter, begrenzt aber die maximale Köpergröße des „Ungeziefers" – ob irdisch oder außerirdisch – auf wenige Dezimeter.* (Main-Post 24. 3. 2007) ○ *In einer einzigen Aktion des Real-Regisseurs liegt der Unterschied zwischen irdisch und außerirdisch.* (Kölner Stadtanzeiger 16. 5. 2002) ○ *Außenseiter, ob irdisch oder außerirdisch. Sie haben in Filmen, die auf dem Fantasy Filmfest ... laufen, ihren festen Platz.* (Abendzeitung 25. 1. 2018)

irdisch//himmlisch
irdischer Lohn ○ *irdische und himmlische Liebe* ○ *Engel seien mehr irdisch als himmlisch, findet sie.Und das sei auch richtig so; schliesslich brauche man die Engel als Begleiter und Beschützer hier auf der Erde.* (Berner Zeitung 11. 12. 2004)

irdisch//überirdisch
der Mensch als irdisches Wesen ○ *Die Münchner Philharmoniker sind eher irdisch als überirdisch im Klang, ja ihr erdiger Streicherton tut Bruckner gut.* (Frankfurter Rundschau 12. 2. 2011)

irdisch//unirdisch
sehr irdische Wünsche ○ *Er bewegt sich zwischen den Göttern und Menschen, irdisch und unirdisch zugleich – erst der weise Kentaur Cheiron verleiht ihm endgültig die Gabe der Unsterblichkeit.* (Der Standard 13. 10. 2001)

irgendwo//nirgendwo
irgendwo hättest du das finden können ○ *Wer bin ich, wenn ich irgendwo im Nirgendwo, nirgendwo im Irgendwo bin?* (St. Galler Tagblatt 1. 12. 2010)

irrational//rational
irrationale (nicht vernunftbestimmte*) Motive* ○ *Geschichte verläuft manchmal eben irrational. Manchmal aber auch rational.* (Main-Post 11. 8. 2018)

Irrationalismus//Rationalismus
(vom Gefühl und nicht von der Vernunft geleitetes Denken usw.)

irreal//real
irreale (den Gegebenheiten nicht entsprechende) *Gehaltsforderungen* ○ *irreale Vorstellungen* ○ *Er bezeichnet die Vorwürfe als irreal – doch gestern fand er sich sehr real hinter Schloss und Riegel* (Stuttgarter Zeitung 29. 5. 2008)

Irrealität//Realität
Ich nenne diese Art der Irrealität totalitär. Das Leugnen der Realität war von jeher die Spezialität des totalitären Denkens. (Märkische Allgemeine 30. 10. 2010)

irreduzibel//reduzibel
eine irreduzible (nicht ableitbare) *Gleichung*

irregulär//regulär; ↑auch: regelmäßig
etwas auf irreguläre Weise bekommen ○ *Aus irregulär wird regulär, weil der Schiedsrichter eine Entscheidung getroffen hat.* (Mitteldeutsche Zeitung 29. 10. 2013)

Irregularität//Regularität

irrelevant//relevant
irrelevante (unwesentliche) *Unterschiede* ○ *Kyoto kann wissenschaftlich irrelevant, politisch aber hoch relevant sein.* (Berner Zeitung 27. 8. 2005)

Irrelevanz//Relevanz

irreligiös//religiös
(nicht religiös) ○ *Denn es galt die Oper des »Revoluzzers« ... bei Hofe als »schlecht und irreligiös«.* (Wiener Zeitung 1. 2. 2013)

Irreligiosität//Religiosität
(Nichtreligiosität)

irren sich//recht haben
Lieber ein Optimist, der sich mal irrt, als ein Pessimist, der dauernd recht hat. (Peter Hohl, Kalenderspruch)

irreparabel//reparabel
dieser Schaden ist irreparabel (kann nicht repariert werden) ○ *Knochenbau, Gehirn und Zähne haben bereits irreparabel gelitten. Mit Gebäuden verhält es sich ähnlich. Zwar sind ihre Schäden meist reparabel, aber die Substanz kann derart leiden ...* (Der Tagesspiegel 3. 11. 2015)

irreponibel//reponibel
der Leistenbruch ist irreponibel (kann nicht zurückgedrückt werden)

irresolut//resolut
ein irresoluter Mensch (nicht entschlusskräftiger, nicht entschlossen genug auftretender ○ veraltet)

irreversibel//reversibel
er ist ein irresoluter Charakter ○ *ein irreversibler* (nicht änderbarer, nicht umkehrbarer) *Schaden* ○ *Diskutiert wird aber, ob die hervorgerufenen Mikroschädigungen irreversibel oder reversibel sind.* (Die Presse 21. 4. 2008)

Irreversibilität//Reversibilität

irrevisibel//revisibel
(mit Rechtsmitteln nicht anzufechten ○ in Bezug auf Rechtsurteile)

Irrgläubigkeit//Rechtgläubigkeit
Damals stand der Ausdruck (Fundamentalismus) *für eine im Kern positivistische Lebensart, die sich gegen angebliche Verderbtheit und Irrgläubigkeit wandte.* (Neue Zürcher Zeitung 8. 3. 2007)

Isis//Osiris
(ägyptische Göttin, Schwester und Gemahlin des Osiris, den sie nach seiner Ermordung zu neuem Leben erweckt) ○ *O Isis und Osiris, schenket der Weisheit Geist dem neuen Paar!* (Arie aus der Oper „Die Zauberflöte" von Wolfang Amadeus Mozart)

iso...//hetero... (vor fremdsprachlicher Basis; Adjektiv)
(mit der Bedeutung: gleich) z. B. *isomesisch/heteromesisch*

Iso.../Hetero... (mit fremdsprachlicher Basis; Substantiv)
(mit der Bedeutung: gleich) z. B. *Isosporie/Heterosporie*

isodesmischer Kristall//anisodesmischer Kristall
(mit allseitig gleichartig gebundenen Gitterbausteinen ○ Chemie)

Isogamie//Anisogamie, Heterogamie
(Vereinigung gleich gestalteter Geschlechtszellen ○ Biologie)

Isolde; ↑Tristan
(Geliebte des Tristan)

isolierende Sprache//agglutinierende Sprache, flektierende Sprache
(Sprache mit endungslosen Wörtern, z. B. das Chinesische, das die Beziehungen der Wörter im Satz nur durch die Wortstellung anzeigt)

isomer//heteromer
(gleich gegliedert ○ von Blüten)

isomesisch//heteromesisch
isomesische Ablagerungen (Geologie)

Isometrie//Allometrie
(gleichmäßig verlaufendes Wachstum ○ Medizin, Biologie)

Isometrie//Anisometrie
(Gleichheit in der Silbenzahl ○ Metrik)

isometrisch//anisometrisch
(Metrik)

isometrische Kontraktion//isotonische Kontraktion
(Muskelspannung ohne Veränderung der Muskelfaserlänge, die bei der isotonischen Kontraktion stattfindet ○ Physiologie)

isometrisches Training//isotonisches Training
(Sport)

Isometropie//Anisometropie
(auf beiden Augen gleiche Sehkraft ○ Medizin)

isopisch//heteropisch
(Geologie)

Isopolysäure//Heteropolysäure
(Chemie)

Isosporen//Heterosporen
(Botanik)

Isosporie//Heterosporie
(Gleichsporigkeit ○ Botanik)

isotonisch//anisotonisch
(Physik)

isotonische Kontraktion//isometrische Kontraktion
die isotonische Kontraktion verkürzt den Muskel bei gleichbleibender Spannung (Physiologie)

isotonisches Training//isometrisches Training
(Sport)

isotopisch//heterotopisch
(Geologie)

isotrop//anisotrop
(Physik, Chemie)

Isotropie//Anisotropie
(Physik)

isozyklische Blüten//heterozyklische Blüten
(Botanik)

isozyklische Verbindung//heterozyklische Verbindung
(Chemie)

Israeli//Jude; ↑auch: **Palästinenser**
(Einwohner Israels ohne enge Bindung an jüdische Religion und Tradition)

Israel//Palästina
Unser Lehrer trimmte uns zur Sorgfalt im Umgang mit Quellen und Fakten, vor allem bei den historischen Konflikten: ob Katholiken/Protestanten, Ost/West, Israel/Palästina. (Der Spiegel 31. 3. 2018)

Israeli//Israelit
(Bürger des Staates Israel) ○ *Diese Aussage ist ernst zu nehmen, begegnen wir ihr doch sozusagen täglich in der Verwechslung der Begriffe Israeli und Israelit* (Tagesanzeiger 29. 3. 2000)

Israelit//Israeli
(Jude im Alten Testament) ○ *Das Meinungsspektrum der Israeliten in der Diaspora ist ebenso breit wie das der Israeli im jüdischen Staat.* (Neue Zürcher Zeitung 20. 8. 2014)

Ist...//Soll... (Substantiv)
(in der Bedeutung: tatsächlich vorhanden) z. B. *Ist-Stärke/Soll-Stärke*

Ist-Stärke//Soll-Stärke
(die tatsächlich vorhandene Stärke, z. B. von Soldaten)

Ist-Wert//Soll-Wert
(Physik)

Ist-Zustand//Soll-Zustand
Mittels Sensoren wird der Ist-Zustand bei der Bearbeitung ständig erfasst und mit dem vom Programm gegebenen Soll-Zustand verglichen. (Neue Zürcher Zeitung 17. 9. 2016)

Itazismus//Etazismus
(Aussprache altgriechischer E-Laute wie langes i ○ Sprachwissenschaft)

...itis//...ose (mit fremdsprachlicher Basis; Substantiv)
(bezeichnet eine Entzündungskrankheit, etwas Akutes) z. B. *Arthritis/Arthrose*

ius sanguinis//ius soli
(das Recht des Blutes)

ius soli//ius sanguinis
(das Recht des Bodens)

J

ja//nein
Kommst du mit? Ja!

Ja//Nein
das Ja zum Umzug nach Berlin ○ Natürlich sind wir für das Ja. Aber jedes Ja muss durch das Nein gehen. (Die Presse 2. 8. 2010)

Ja und Amen//*Nein und Amen
Ich schaue mir das einmal an, was die Regierenden so machen, werde aber keinesfalls zu allem Ja und Amen sagen (Niederösterreichische Nachrichten 19. 2. 2015)

Jagd; ↑die hohe Jagd, die niedere Jagd

Jagdzeit//Schonzeit, Hegezeit

Jagende[r]//Gejagte[r]
Eine Ausstellung in der die Hinterlassenschaften Jagender und Gejagter mit Künstlerischen verquickt wird (Burgenländische Volkszeitung 14. 5. 2008)

Jäger[in]//Gejagte[r]
wer ist der Jäger und wer der Gejagte? ○ Und so wird aus dem Jäger bald ein Gejagter und werden die Straßen von Wien zum blutgetränkten Rachepflaster. (Tiroler Tageszeitung 7. 1. 2017)

Jahr; ↑Gemeinjahr, Schaltjahr

jahraus//jahrein
jahraus, jahrein die gleichen Versprechungen und guten Vorsätze ○ „Der Naturpark-Tag wird getragen durch die gut 25 Aktionsgruppen, von denen sich viele jahraus jahrein für den Erhalt und die Pflege dieser einzigartigen Kulturlandschaft engagieren." (Hamburger Abendblatt 5. 11. 2018)

jahrein//jahraus

Jahreszeitenfeldbau//Dauerfeldbau
(an Jahreszeiten gebundener Feldbau ○ Landwirtschaft)

Jambus//Trochäus; ↑auch: Anapäst//Daktylus
der Jambus und der Trochäus haben einsilbige Senkungen: der Jambus beginnt mit der Senkung (. – . – . –), der Trochäus beginnt mit der Hebung (– . – . – .)

Jasager[in]//Neinsager[in]; ↑auch: Nonkonformist
Außerdem umgibt er sich, je länger er im Amt ist, mit weniger Nein- und mehr Jasagern, die so denken und so klingen wie er selbst. (Der Spiegel 12. 5. 2018) ○ *„Der Jasager" und „Der Neinsager"* (Theaterstücke von Bertolt Brecht, 1930)

Jastimme//Neinstimme
Das Resultat ist eindeutig: drei Jastimmen gegen zwölf Neinstimmen. (Weltwoche 10. 3. 2016)

jemand//niemand
für diese Arbeit wird sich schon jemand finden ○ Wie lange wird es wohl dauern, bis jemand kommt und ihn entfernt? Fünf Minuten vielleicht? Oder eine Viertelstunde? Oder kommt am Ende womöglich niemand? (Westdeutsche Zeitung 28. 6. 2014) ○ *Doch wenn jemand nur friedlich an diesem schönen Platz sitze und etwas trinke, dürfe niemand etwas dagegen haben.* (Tiroler Tageszeitung 8. 6. 2014)

jene[r]//diese[r]
weder dieser noch jener wird genommen ○ Aus jener Zeit stammt aber dieser alte Brauch (Westdeutsche Zeitung 31. 3. 2018)

jenseitig//diesseitig
das jenseitige Ufer ○ Griechische Religion war nicht jenseitig, sondern diessei-

tig orientiert, und sie definierte sich nicht über Glaubenssätze, sondern über gemeinsame Teilnahme am Kult.* (Der Tagesspiegel 27. 8. 2004)

jenseits//diesseits
jenseits des Flusses ○ *Wie lebten die Menschen jenseits und diesseits des Zaunes?* (Braunschweiger Zeitung 4. 5. 2012)

Jenseits//Diesseits
im Jenseits (nach dem Tode) ○ *Ohne das Jenseits muss das Diesseits alles ein- und erlösen.* (Wiener Zeitung 14. 5. 2016)

jetzig//alt, damalig, früher
der jetzige Zustand ○ *mein jetziger Freund* ○ *Sofia ist die jetzige Hauptstadt Bulgariens. Es gibt auch eine alte Hauptstadt, mit der Residenz der Bulgarischen Zaren* (Mittelbayerische Zeitung 31. 8. 2015) ○ *Da die jetzige Baubehörde ... dies anders als die damalige Baubehörde sieht, hat die Neue Heimat Tirol um nachträgliche Bewilligung der damals getätigten Umbaumaßnahmen angesucht* (Tiroler Tageszeitung 21. 9. 2017) ○ *Er betont die großen personellen Kontakte, denn etliche jetzige und frühere Mitarbeiter der Kreisverwaltung engagieren sich ehrenamtlich bei der Lebenshilfe.* (Wiesbadener Tagblatt 10. 7. 2017)

jetzt//damals, einst, früher
jetzt hast du eine ganz andere Meinung als damals ○ *Anders als jetzt hatte sich das Ereignis damals zumindest leise angekündigt* (Berner Oberländer 10. 10. 2018) ○ *Doch dort, wo jetzt endlose Zuckerrohrfelder stehen, konnten einst Generationen von Kleinbauern sich und ihre Umgebung mit Nahrung versorgen.* (Salzburger Nachrichten 17. 9. 2015) ○ *Dort, wo jetzt die Straße verläuft, war früher die Piste.* (Passauer Neue Presse 2. 3. 2018)

Jetzt; ↑**das Jetzt**

Jetztzeitform//Vorzeitform
(Geologie)

Jobber//Broker
(Wertpapierhändler, der nur für eigene Rechnung kaufen oder verkaufen darf ○ Börsenwesen)

Jonat[h]an; ↑**David**

Josef; ↑**Maria**
(der Mann Marias)

Joseph; ↑**Maria**

Jude//Arier
(NS-Rassenideologie)

Jude//Christ
ob Jude oder Christ, das kümmerte hier niemanden ○ *Da wird klar: Dieser Jesus war bis zum Ende Jude und nicht der erste Christ, den Juden umbringen ließen.* (Salzburger Nachrichten 17. 5. 2010)

Jude//Israeli
(Einwohner Israels mit fester Bindung an jüdische Religion und Tradition)

Jude//Nichtjude
Juden und Nichtjuden nahmen an der Kundgebung teil ○ *Ist er ein liberaler Jude oder ein besonders unangenehm-prinzipienfester Nichtjude?* (taz 14. 11. 2016)

Jude; ↑**Aschkenasi, Sephardi**

Judenchrist//Heidenchrist
(im frühen Christentum: Christ, der vor der Taufe dem Judentum angehörte)

Judenchristentum//Heidenchristentum
(im frühen Christentum: Gesamtheit der Christen jüdischer Herkunft)

jüdisch//arisch
(NS-Rassenideologie)

jüdisch//christlich
(Religion)

Jugend, die//das Alter
in der Jugend (wenn man jung ist) ○ *die Jugend lässt dem Alter den Vortritt* ○ *Die Idealisierung von Jugend und Jugendlichkeit hat als hässlichen Zwillingsbruder*

die Verachtung von Alter und die Leugnung würdigen Sterbens zur Folge. (Frankfurter Rundschau 16. 1. 2007)

Jugenddichtung//Altersdichtung
die Jugenddichtung Goethes

jugendfrei//nur für Erwachsene
dieser Film ist jugendfrei ○ Nicht jugendfrei! Eigentlich waren Grimms Märchen nur für Erwachsene gedacht. (Süddeutsche Zeitung 19. 1. 2012)

Jugendkleid//Alterskleid
(die Federn der jungen Vögel ○ Jägersprache)

Jugendwerk//Alterswerk
das ist ein Jugendwerk des Dichters, Malers

Julia; ↑Romeo//Julia

jung//alt
eine junge Frau ○ ein junger Mann ○ Man muss weder besonders jung noch besonders alt sein, um das alles ziemlich beunruhigend zu finden. (Der Spiegel 1. 6. 2019) ○ Leider aber gebe es Anzeichen genug, dass man Kluften zwischen arm und reich, jung und alt, Arbeit und Kapital zulassen werde. (St. Galler Tagblatt 6. 5. 1997) ○ Musik verbindet jung und alt, arm und reich. Sie überwindet Landes- und Sprachgrenzen. (St. Galler Tagblatt 4. 3. 1998)

*jung//alt
Der Besuch der jungen Dame (Hör zu 20/1998, zu „Der Besuch der alten Dame", Theaterstück von Friedrich Dürrenmatt, 1956)

jung bleiben//alt werden
er ist jung geblieben ○ Man muss jung bleiben, um alt werden zu können! Mehr Bewegung – auch im Alter – ist der Schlüssel dazu. (Salzburger Nachrichten 22. 1. 2004)

Junge//Mädchen; ↑auch: **Girl**
das erste Kind ist ein Junge, das zweite ein Mädchen ○ Neapel wurde als ... als Hölle auf Erden geschildert, in der Jungen und Mädchen von ihren Eltern prostituiert wurden, um die eigene Haut zu retten. (Der Spiegel 21. 4. 2018)

Junge//Mann
vom Jungen zum Mann werden ○ er ist (noch) ein Junge und noch kein Mann ○ „Er war einst ein Junge, der wie ein Mann spielte. Jetzt ist er ein Mann, der wie ein Junge spielt". (Berliner Morgenpost 26. 4. 2011)

Jungen, die//die Alten
die Jungen und die Alten waren an dem Projekt beteiligt ○ Wo die Jungen kneifen, müssen die Alten noch mal ran. (Märkische Allgemeine 17. 3. 2018) ○ die Geschichte als Abfolge von Generationen zu erfassen, als einen sich immer neu aufladenden Konflikt der Jungen gegen die Alten. (Der Spiegel 1. 6. 2019)

Jungenart//Mädchenart
Dort bracht sie ihre „Mode à la garçonne" (Mode nach Jungenart) an betuchte Kundinnen. (Stuttgarter Nachrichten 20. 6. 2011)

Jungenname//Mädchenname
Stefan ist ein Jungenname

Jungenschule//Mädchenschule
Die Gäste, drei Lehrer einer Jungenschule und zwei Leiterinnen einer Mädchenschule, waren begeistert vom hohen Anspruchsniveau der pädagogischen Einrichtungen im Kreis. (Ostthüringer Zeitung 10. 10. 2006)

jünger//älter; ↑auch: **groß**
die jüngere Schwester ○ die jüngere Generation ○ Öffentlich-rechtliche Medien müssen das gesamte Publikum erreichen, das jüngere genauso wie das ältere. (Der Standard 6. 9. 2017)

Jüngeren die//die Älteren
die Jüngeren waren in ihren Leistungen auch nicht besser als die Älteren ○ Mir sind die Jüngeren genauso lieb wie die Älteren. (Wiener Zeitung 19. 1. 2018)

Jungflug//Altflug
(Wettfliegen von noch nicht einjährigen Brieftauben)

Junghegelianer//Althegelianer
(Philosophie)

Jüngling//Greis
vom Jüngling zum Greis o *Mozart sei „jung wie ein Jüngling und weise wie ein Greis" hat ihm sein später Kollege Ferruccio Busoni bescheinigt.* (Trierischer Volksfreund 27. 11. 2012)

Jungmoräne//Altmoräne
(Geografie)

Jüngstenrecht//Ältestenrecht
(in Bezug auf die Erbfolge o Rechtswesen)

Jüngste[r]//Älteste[r]
unsere Jüngste (Tochter) o *unser Jüngster* (Sohn) *heiratet morgen*

junior//senior
Müller junior (der Jüngere, der Sohn)

Junior//Senior
Senior (der Vater) *und Junior* (der Sohn) *führen das Geschäft gemeinsam*

Juniorat//Seniorat
(Vorrecht des Jüngsten auf das Erbe ohne Rücksicht auf den Grad der Verwandtschaft)

Junioren//Senioren
(beim Sport o die Jüngeren von 18 bis 23 Jahre)

Juniorenachter//Seniorenachter
(Bootssport)

junktive Konjunktion//disjunktive Konjunktion
(Gleichrangigkeit ausdrückende Konjunktion, z. B. „und" o Grammatik)

Jupiter//Ganymed
(Gestalten der griechischen Mythologie o Ganymed ist Geliebter von Zeus)

juristische Person//natürliche Person
(z. B. eine Körperschaft, Stiftung)

Jus[s]uf//Suleika
(in der persischen Literatur Liebespaar – Joseph und Potiphars Frau)

juvenil//senil
(jugendlich) o *Noch juvenil und schon senil – sind die denn alle frühvergreist?* (Blick 28. 8. 2018)

juveniles Magma//palingenes Magma
(Geologie)

juveniles Wasser//vadoses Wasser
(Geologie)

K

Kaffee//Tee
trinken Sie Kaffee oder Tee? ○ In Asien liegt Konsum von Kaffee bereits vor Tee (Wiener Zeitung 6. 9. 2017)

Kaffeekränzchen//Stammtisch
die Frauen trafen sich zum Kaffeekränzchen, die Männer hatten ihren Stammtisch ○ Kaffeekränzchen ist die weibliche Antwort auf den Stammtisch. Sie isst Schwarzwälder Kirsch, er trinkt ihn (Stern 30. 10. 2008)

Käfighaltung//Freilandhaltung
Eier aus Käfighaltung ○ Als Hubmann den elterlichen Betrieb 1987 übernahm, schaffte er die Käfighaltung ab und stellte auf Freilandhaltung um. (Die Presse 15. 9. 2013)

Kafir//Moslem; ↑auch: Gläubige, der
(abwertend aus der Sicht der Moslems: jemand, der nicht dem islamischen Glauben anhängt ○ Ungläubiger) ○ *Und sie sehen es als legitim an, Andersgläubige, die sie als „Kafir" bezeichnen, zu schädigen.* (Der Standard 18. 1. 2008)

Kahlschlag//Femelbetrieb
(Forstwesen)

Kain//Abel; ↑Abel

Kako...//Eu... (mit fremdsprachlicher Basis; Substantiv)
(mit der Bedeutung: schlecht, fehlerhaft) z. B. *Kakophonie/Euphonie*

Kakophemismus//Euphemismus
(Ausdruck, der das Hässliche, Schlechte von etwas herausstellt)

kakophemistisch//euphemistisch

Kakophonie//Euphonie
(nicht wohlklingende Folge von Lauten) ○ *Laut war auch das Melodiespiel der Bläser, das zwischen Kakophonie und Euphonie hin und her schwankte.* (Südkurier 26. 1. 2009)

kakophonisch//euphonisch
(misstönend, schlecht klingend)

kalkfliehend//kalkliebend; ↑auch: kalziphil
kalkfliehende (kalkhaltigen Boden meidende) *Pflanzen*

kalkliebend//kalkfliehend; ↑auch: kalzifug
kalkliebende (auf kalkhaltigem Boden wachsende) *Pflanzen*

kalkulierbar//unkalkulierbar
ein kalkulierbares Risiko ○ Man geht es aber gern ein, wenn es kalkulierbar ist. Wenn es wirklich unkalkulierbar ist, dann kommt man zu Unsicherheit und vielleicht auch zu Untätigkeit. (Welt am Sonntag 21. 11. 2004)

kalorienarm//kalorienreich
kalorienarme Kost ○ Viele Menschen mit Gewichtsproblemen ... nehmen Lebensmittel zu sich, von denen sie glauben, sie seien kalorienarm, und meiden dafür andere, die sie für kalorienreich halten. (Welt am Sonntag 6. 7. 2003)

kalorienreich//kalorienarm
kalorienreiche Kost

kalt//heiß
heiße und kalte Getränke ○ es läuft mir heiß und kalt den Rücken hinunter, wenn ich das sehe ○ Und im neuen Frankfurter Stadtteil Riedberg steht ein nach Passivhausstandard gebautes Gymnasium, in dem es im Winter zu kalt und im Sommer zu heiß ist. (Welt am Sonntag 9. 9. 2018)

kalt//warm
Zimmer mit fließend kaltem und warmem Wasser o *kalte Nächte* o *kalte Hände* o *mir ist kalt* o *die kalte Jahreszeit* o *kalte Miete* (ohne Heizung) o *das Essen ist ja ganz kalt* (nicht mehr warm) o *kaltes Buffet* o *Yin und Yang stehen für Gegensätze wie trocken und feucht, kalt und warm, Leere und Fülle – erst zusammen bilden sie ein vollkommenes Ganzes.* (Apotheken Umschau B 5/1999)

Kaltblut//Warmblut
(Pferd mit ruhiger Art, das als Zug- oder Arbeitstier eingesetzt wird)

Kaltblüter//Warmblüter
Fische sind Kaltblüter

Kaltbrüter//Warmbrüter
(Tier, das in den gemäßigten Breiten auch in der kalten Jahreszeit brütet, z. B. Seeadler, Waldkauz)

Kälte...//heiß
Kältewelle bescherte einen heißen Schlussverkauf

Kälte//Hitze
Kälte verträgt sie besser als Hitze o *bei dieser Kälte bleibe ich lieber zu Hause* o *Wir Erdenbürger denken doch bei einem starken Sturm eher an Kälte als an Hitze.* (Die Welt 3. 8. 2016)

Kälte//Wärme
5 Grad Kälte o (übertragen:) *die Kälte ihrer Stimme ließ ihn erschauern* o *„Nicht auf die Kälte des Wetters, auf die Wärme des Herzens kommt es an."* (Oberösterreichische Nachrichten 24. 4. 2012)

kältebeständig//hitzebeständig
„Im Eis muss das Aroma kältebeständig sein, im Keks hitzebeständig" (Die Welt 21. 12. 2013)

Kältebeständigkeit//Hitzebeständigkeit

Kältegrad//Wärmegrad
(Grad unter dem Gefrierpunkt)

Kältepol//Wärmepol
(Ort mit der niedrigst gemessenen Temperatur) o *Der Funtensee gilt als Deutschlands Kältepol.* (Mannheimer Morgen 27. 12. 2016)

Kältepunkt//Wärmepunkt
(auf der Haut)

kälter//wärmer
kältere Zonen o *heute ist es kälter als gestern* o *Sie wird wie in der bisherigen Erdgeschichte das Wetter so entwickeln, wie es ihr passt – es war schon viel kälter und viel wärmer auf Erden, auch ohne den Einfluss von Menschen.* (Die Presse 23. 3. 2007)

Kälterezeptor//Wärmerezeptor
(auf der Haut)

kalter Krieg//heißer Krieg
(feindselige politische Auseinandersetzungen, aber ohne Anwendung von Waffen) o *Wenn sich das verfestigt, wird ein neuer kalter Krieg entstehen. Doch ein heißer Krieg um die Krim muss verhindert werden.* (Lausitzer Rundschau 3. 3. 2014)

Kältesinn//Wärmesinn
(Physiologie)

Kaltfront//Warmfront
(Meteorologie)

Kaltluft//Warmluft
(Meteorologie)

Kalträucherung//Heißräucherung
(bei der Fischverarbeitung)

Kaltstart//Warmstart
(EDV) o (Start mit kaltem Motor o Kfz)

Kaltwasser//Warmwasser
Bei der zentralen Warmwasserversorgung gibt es zwei Leitungsnetze im Haus .... Eines ist für Kaltwasser und eines für Warmwasser. (Tiroler Tageszeitung 20. 7. 2013)

Kaltwasserhahn//Warmwasserhahn

Kaltzeit//Warmzeit
(Geologie) ○ *Tatsächlich hat es im Übergang von einer erdgeschichtlichen Kaltzeit hin zur Warmzeit eine Erwärmung von fünf Grad Celsius gegeben* (Stern 17. 8. 2017)

kalzifug//kalziphil
(als Pflanze kalkhaltigen Boden meidend)

kalziphil//kalzifug
(als Pflanze kalkhaltigen Boden bevorzugend)

kameradschaftlich//unkameradschaftlich
sich kameradschaftlich verhalten ○ *Wir wollen kameradschaftlich zu einer Lösung kommen.* (Der Standard 1. 9. 2015)

kampffähig//kampfunfähig
kampffähig sein ○ *Die Taliban wollten damit unter Beweis stellen, dass sie entgegen mancher Behauptungen kampffähig seien.* (Tiroler Tageszeitung 16. 4. 2012)

kampfunfähig//kampffähig
er ist kampfunfähig ○ *Obwohl kampfunfähig, war der Vogel jedoch noch so vital, dass er zu Fuß vor den Beamten fliehen konnte.* (Mittelbayerische Zeitung 31. 10. 2018)

Kandidat//Gegenkandidat
Kandidat und Gegenkandidat trafen sich zu einer öffentlichen Diskussion ○ *Mal abgesehen davon, dass Gauck nicht der Kandidat von Rot-Grün, sondern deren Gegenkandidat zum CDU-Kandidaten war* (Der Standard 6. 7. 2010)

Kaninchen//Rammler
(das weibliche Tier) ○ *Vier Kühe, fünf Kaninchen, drei Rammler, 15 Jungtiere, drei Katzen, 18 Tauben, vier Hühner und ein Hahn können bestaunt werden.* (Mitteldeutsche Zeitung 30. 3. 2002)

Kann-Bestimmung//Muss-Bestimmung
Soweit dies technisch möglich sei, solle aus der Kann-Bestimmung eine Muss-Bestimmung werden. (Salzburger Nachrichten 31. 10. 2005)

Kannkaufmann//Musskaufmann
(Rechtswesen)

Kannvorschrift//Mussvorschrift

Kanonikus//Kanonissin; ↑auch: Stiftsdame

kanonische Bücher//apokryphe Bücher
(als echt anerkannte Bücher ○ Theologie)

Kanonissin//Kanonikus; ↑auch: Stiftsherr

Kanonisten//Legisten
(im Mittelalter: Wissenschaftler, die sich mit dem Kirchenrecht beschäftigten)

kantonal//eidgenössisch
(schweizerisch) ○ *Das Ärztediplom war nicht mehr kantonal, sondern eidgenössisch.* (Die Südostschweiz 8. 3. 2009)

Kapaun//Hahn
(kastrierter Hahn) ○ *Der Kapaun, ein verschnittener Hahn, ist schließlich der Ochs der Geflügelwelt.* (NEWS 14. 6. 2007)

Kaper, der//Freibeuter
(historisch: Schiff, das im Handelskrieg auf Grund eines Kaperbriefes feindliche Handelsschiffe erbeuten durfte)

kapillaraktiv//kapillarinaktiv
(Chemie, Physik)

Kapillaraszension//Kapillardepression
(das Aufsteigen einer Flüssigkeit in einem Glasröhrchen)

Kapillardepression//Kapillaraszension
(das Hinausdrücken einer Flüssigkeit – Quecksilber – aus einem Glasröhrchen)

kapillarinaktiv//kapillaraktiv
(Chemie, Physik)

Kapital//Arbeit
Klassenkampf zwischen Arbeit und Kapital (Marxismus) ○ *Der "Hauptwider-*

spruch" verlief für sie zwischen Kapital und Arbeit, zwischen Bourgeoisie und Proletariat. (Der Spiegel 7. 4. 2018) o Leider aber gebe es Anzeichen genug, dass man Kluften zwischen arm und reich, jung und alt, Arbeit und Kapital zulassen werde. (St. Galler Tagblatt 6. 5. 1997)

Kapitalerhöhung//Kapitalherabsetzung
(Wirtschaft)

Kapitalgesellschaft//Personengesellschaft
(Wirtschaft)

Kapitalherabsetzung//Kapitalerhöhung
(Wirtschaft)

Kapitalismus//Sozialismus, Kommunismus

Kapitalist//Lohnarbeiter
(Marxismus)

kapitalistisch//sozialistisch
das kapitalistische Wirtschaftssystem o *Seine größte wissenschaftliche Leistung war jedoch der Entwurf einer Wirtschaftsordnung, die als ein „Dritter Weg" marktwirtschaftlich, aber nicht kapitalistisch, sozial fair, aber nicht sozialistisch sein sollte.* (Schwäbische Zeitung 24. 5. 2018)

kaputt//ganz
der Tisch ist kaputt o *das Spielzeug ist (schon) kaputt* o *Vielleicht hoffen alle heimlich, dass die Wirtschaft die Welt rettet? Die hat sie schließlich kaputt gemacht. Die muss sie auch wieder ganz machen!* (Berner Zeitung 16. 11. 2017)

kaputt//intakt
eine kaputte Ehe o *Dadurch komme es allzu häufig zur Diagnose »komplett kaputt«, obwohl die Hard- und Software des PC noch voll intakt seien* (Westfalen-Blatt 31. 1. 2015)

kaputtbesitzen//instandbesetzen
(Politischer Jargon) o *Die Belagerung, die mit dem Transparent «Instandbesetzen statt kaputtbesitzen» bekräftigt wor-* den war, dauerte bloss wenige Tage. (Berner Zeitung 15. 11. 2013)

Kaputtbesitzer//Instandbesetzer

Kardinaleigenschaft//Sekundäreigenschaft
(Psychologie)

Kardinalzahl//Ordinalzahl; ↑auch: Ordnungszahl
2 (zwei), 10 (zehn) usw. sind Kardinalzahlen

Karoline//Kasimir
(Liebespaar, „Kasimir und Karoline", Theaterstück von Ödön von Horváth, 1932)

Karosserie//Chassis
(formbestimmender Aufbau eines Autos) o *Große Teile der Karosserie und vor allem des Chassis' sind weitgehend maschinell aus Kohlenstoff produziert.* (Dolomiten 16. 3. 2011)

Kartentelefon//Münztelefon
(Telefonanlage, die nur mit einer Telefonkarte benutzt werden kann)

Kartoffel; ↑festkochend, mehligkochend

Karyatide//Atlant
(auf dem Kopf oder auf ausgestreckten Armen gebälktragende Frauengestalt o Architektur)

Karyopse//Achäne
(Botanik)

Käse; ↑Labkäse, Sauermilchkäse

Kasimir//Karoline
(Liebespaar, „Kasimir und Karoline" Theaterstück von Ödön von Horváth, 1932)

Kassageschäft//Termingeschäft
(kurzfristig zu erledigendes Wertpapiergeschäft an der Börse)

Kassamarkt//Terminmarkt
(Börse)

Kassen.../ /Privat... (Substantiv)
z. B. *Kassenpatient/Privatpatient*

Kassenarzt//Privatarzt
Außerdem hatte er seine Zulassung als Kassenarzt zurückgegeben. Er wollte nur noch als Privatarzt arbeiten. (Rhein-Zeitung 12. 11. 1999)

Kassenarzt//Wahlarzt
„*Ein kompliziertes Computersystem, niedrige Tarife und unbegrenzte Wochenarbeitszeiten sind nur einige Kriterien, bei denen sich ein Arzt sehr genau überlegt, ob er Kassenarzt oder Wahlarzt wird*" (Niederösterreichische Nachrichten 11. 3. 2016)

Kassenpatient[in]//Privatpatient[in]
er ist Kassenpatient, und sie ist Privatpatientin ○ *In diesem Fall haben weder Kassenpatient noch Privatpatient die Chance eines zeitnahen Sprechstundentermins.* (Süddeutsche Zeitung 25. 4. 2008)

Kassenskonto//netto Kasse
(ein Abzug in bestimmter Prozenthöhe vom Rechnungsbetrag bei Barzahlung und somit ein geringerer Kaufpreis)

Kastor//Polydeukes, ↑auch Castor//Pollux
(in der griechischen Mythologie: Zwillingsbrüder, von denen Kastor – der Rossebändiger – der sterbliche und Polydeukes – der Faustkämpfer – der unsterbliche ist)

katabatisch//anabatisch
(abfallend ○ von Winden)

Katabolismus//Anabolismus
(Abbau durch den Stoffwechsel)

Kataklase//Protoklase
(Geologie)

katalektisch//akatalektisch
katalektischer (verkürzter) *Vers, z. B. der Hexameter* (Metrik)

Katalog; ↑alphabetischer Katalog, Autorenkatalog, Nominalkatalog, Realkatalog

Katapher//Anapher
(Wort, z. B. ein Pronomen, das sich auf ein folgendes Substantiv bezieht: *sie ist immer sehr hilfsbereit, unsere Tochter Heidrun* ○ Rhetorik, Stilistik)

Kataphorikum//Anaphorikum
(Rhetorik, Stilkunst)

kataphorisch//anaphorisch; ↑auch: rückweisend
(vorausweisend, z. B.: *Folgendes ist zu bedenken: Bei Regen kann diese Vorstellung nicht auf der Seebühne stattfinden* ○ Rhetorik, Stilistik)

kategoriale Grammatik//Dependenzgrammatik

kategorisch//hypothetisch
eine kategorische (allgemein gültige, nicht an Bedingungen geknüpfte) *Aussage* (Philosophie)

Kater//Katze
Ist dieses Kätzchen ein Kater oder eine Katze?

Katharobie//Saprobie
(Organismus, der in sauberem Wasser lebt)

Kathete//Hypotenuse
(eine der beiden Seiten, die den Schenkel des rechten Winkels eines Dreiecks bilden)

Kathode//Anode
(eine mit dem negativen Pol verbundene Elektrode)

Katholik//Protestant
Unser Lehrer trimmte uns zur Sorgfalt im Umgang mit Quellen und Fakten, vor allem bei den historischen Konflikten: ob Katholiken/Protestanten, Ost/West, Israel/Palästina. (Der Spiegel 31. 3. 2018)

katholisch//evangelisch
einige Schüler gehören der katholischen, andere der evangelischen Konfession an ○ sind Sie katholisch oder evangelisch? ○ Meine Mutter war katholisch, mein Vater evangelisch, so besuchte ich regelmäßig evangelische wie katholische Gottesdienste (Kleine Zeitung 13. 10. 2018)

Katholizismus//Protestantismus

Katholizismus//Orthodoxie
(Religion) ○ *So geht es ihm etwa heute, angesichts des Ukrainekonflikts, nicht etwa um den Gegensatz von Kommunismus und liberaler Demokratie, sondern noch immer um den Gegensatz von „westlichem" Katholizismus und „östlicher" Orthodoxie, wenn man so will von Rom und Byzanz.* (taz 15. 9. 2015)

Kation//Anion
(positiv geladenes Teilchen ○ Chemie)

Kationenkomplex//Anionenkomplex
(Chemie)

Katode; ↑**Kathode**

katotherm//anotherm
(mit der Tiefe des Wassers immer wärmer werdend)

Katothermie//Anothermie
(Zunahme der Wassertemperatur mit der Tiefe des Wassers)

Katze; ↑**wie Hund und Katze**

Katze//Kater
Ist dieses Kätzchen eine Katze (ein weibliches Tier) *oder ein Kater?*

Katze//Maus
mit jemandem Katze und Maus spielen (ihn hinhalten, ihm nicht seine wahren Absichten zu erkennen geben) ○ *Und die Katze bekommt ihre Maus, den ewigen Feind zum Mordspiel* (Vorarlberger Nachrichten 11. 8. 2016)

Katzenpfote//Hasenpfote
(die vom Züchter gewünschte Pfote eines Hundes mit eng zusammenstehenden Zehen)

Kauf//Verkauf
der Kauf eines Grundstücks ○ Der Kauf und Verkauf von Optionsscheinen brachte jedoch die Ermittler auf die Spur des 28-Jährigen. (Tiroler Tageszeitung 9. 1. 2018)

kaufen//verkaufen; ↑**auch: vermieten, verpachten**
ein Haus kaufen ○ er hat das Grundstück von dem Makler gekauft

Käufer[in]//Verkäufer[in]
der Käufer des Hauses, des Autos ○ Am Ende sollten Käuferin und Verkäuferin zufrieden sein. (Westdeutsche Zeitung 17. 7. 2017)

Käufermarkt//Verkäufermarkt
(für die Käufer günstiger Markt, bei dem das Angebot größer als die Nachfrage ist) ○ *„Wir hatten nicht bemerkt, dass der Käufermarkt in einen Verkäufermarkt gedreht hatte."* (Süddeutsche Zeitung 2. 7. 2008)

Kauffrau//Kaufmann
ihr Beruf ist Kauffrau ○ Ziel der Umschulung ist der IHK-Abschluss zur Kauffrau für Büromanagement beziehungsweise zum Kaufmann für Büromanagement. (Der Tagesspiegel 21. 7. 2018)

kauflustig//kaufunlustig
Viele Firmen melden volle Auftragsbücher, der Arbeitsmarkt zeigt sich robust, der Verbraucher kauflustig. (Nürnberger Nachrichten 10. 2. 2018)

Kaufmann//Kauffrau
er ist Kaufmann von Beruf

Kaufmann//Kunde
der Kaufmann und seine Kunden ○ wichtiger werden vertrauensvolle Beziehungen zwischen Menschen: zwischen Arzt und Patient, Kaufmann und Kunde, Feld-

herr und Soldat. (Neue Zürcher Zeitung am Sonntag 10. 11. 2013)

kaufunlustig//kauflustig
Die Chinesen, die in den vergangenen Jahren ihre Freude an edlen Bordeaux und Burgundern entdeckt hatten, sind kaufunlustig geworden. (Die Presse 15. 10. 2012)

Kaunos; ↑Byblis//Kaunos

Kausalbehandlung//symptomatische Behandlung
(Behandlung der Ursache einer Krankheit)

kausales Rechtsgeschäft//abstraktes Rechtsgeschäft

Kausalismus//Finalismus
(Philosophie)

Kausalität//Finalität
(Philosophie)

Kausalität//Schicksal
Der Gegensatz von Stadt und Land, von Kausalität und Schicksal ... (Der Spiegel 7. 4. 2018)

Kausalzusammenhang; ↑adäquater Kausalzusammenhang, äquivalenter Kausalzusammenhang

kaustisch//akaustisch
kaustisch ist ätzend (Chemie)

Kaustobiolith//Akaustobiolith
(Geologie)

Kavallerie//Infanterie
(berittene Truppe o Militär)

Kavallerist//Infanterist
der Kavallerist ist beritten

Keiler//Bache; ↑auch: Nonne//Borg, Sau
ein Keiler ist ein männliches Wildschwein, eine Bache ein weibliches o *Einen Keiler mit Bache und sieben bis acht Frischlingen habe ich hier gerade wieder gesehen* (Mannheimer Morgen 9. 4. 2018)

keine Arbeit haben//Arbeit haben
er hat seit einem Jahr schon keine Arbeit (ist arbeitslos) o *„Das hier ist der ärmste Ort in den Niederlanden, ... viele haben keine Arbeit." ... Und auch wer Arbeit hat, verdient nicht viel.* (taz 17. 5. 2010)

keiner//alle
keiner hat darunter gelitten o *keiner war daran interessiert* o *keiner war mit dem Ergebnis zufrieden* o *Wenn der dienstbare Maschinengeist die Weltwirtschaft so ankurbelt, dass für jeden ein bedingungsloses Grundeinkommen rausspringt, müsste keiner mehr hungern, alle lebten auf menschwürdigem Standard* (Die Welt 23. 4. 2018)

keineswegs//durchaus
ich bin keineswegs dafür o *Die Strukturen im Land sind kompliziert, die Diktatur keineswegs allmächtig. Wahlen können hier durchaus etwas bewirken.* (Welt am Sonntag 5. 7. 2015)

Keller//[Dach]boden, Speicher
die Kiste befindet sich im Keller o *Das ins Auge gefasste Haus sollte man von außen nach innen und vom Keller bis zum Speicher besichtigen* (Mannheimer Morgen 18. 2. 2011) o *Manches wird dann, um Platz zu schaffen, zuerst einmal im Keller oder auf dem Dachboden verstaut.* (St. Galler Tagblatt 16. 4. 2018) o *Wie viele Schlüssel muss der Vermieter aushändigen? In der Regel sind es mindestens zwei, die der Mieter jeweils für Wohnungstür, Haustür, Briefkasten, Keller und Boden erhält.* (Süddeutsche Zeitung 20. 7. 2007)

Kenning, die//das Heiti
(in altgermanischer Dichtung mehrgliedrige bildliche Umschreibung eines Begriffs – für „Kampf" „Tosen der Pfeile")

Kentumsprache//Satemsprache
(Sprache – z. B. Germanisch, Italisch, Keltisch –, in der sich bestimmte pala-

tale Verschlusslaute (g, k) gehalten haben im Unterschied zu den Satemsprachen, in denen die Palatale zu Zisch- oder Reibelauten geworden sind)

Kern//Schale
eine raue Schale, aber ein weicher Kern o *Avocado längs halbieren, vom Kern befreien und Schale abziehen.* (Tagesanzeiger 14. 1. 2014)

Kernarbeitszeit//Gleitzeit
Kernarbeitszeit ist in dem Betrieb von 9 Uhr bis 15 Uhr o *„Wir haben keine Kernarbeitszeit, mit der Gleitzeit fangen die Betroffenen dann eben etwas später an"* (Nürnberger Nachrichten 3. 7. 2007)

Kernsatz//Spannsatz
(mit dem finiten Verb an zweiter Stelle o z. B.: *er kommt morgen zu Besuch* o Grammatik)

Kernschatten//Halbschatten
(Astronomie)

Kernseife//Schmierseife

Kernzeit//Gleitzeit
(die Zeit, in der alle Betriebsangehörigen anwesend sein müssen im Unterschied zur Gleitzeit) o *Kernzeit mit Gleitzeit ist vor allem im traditionellen Büro- und Verwaltungsbereich ein populäres Flexibilisierungsinstrument.* (Mannheimer Morgen 15. 11. 2005)

kesser Vater//Femme; ↑auch: Lesbierin
(Jargon) o *sie ist der kesse Vater* (hat die männliche Rolle in einer lesbischen Beziehung), *und ihre Freundin ist die Femme*

Kette//Schuss
(Weberei)

Kettenware//Kulierware
(Textilwaren)

Ketzer[in]//der, die Rechtgläubige
Die Fronten verlaufen ähnlich: hier ein islamischer Aufklärer, ein Ketzer – da fanatisierte Rechtgläubige (Die Zeit 10. 12. 1998)

keusch//unkeusch
keusch leben o *Im Gegensatz zu heute kannten damals die Buben und Mädchen die Bedeutung der Wörter „keusch" und „unkeusch" nämlich noch aus dem Beichtspiegel.* (Passauer Neue Presse 16. 10. 2010)

Keuschheitsgürtel//Infibulation
was der Keuschheitsgürtel früher für die Frau war, war die Infibulation – das Vernähen der Vorhaut zur Verhinderung von Geschlechtsverkehr – für den Mann

Kielboot//Schwertboot
(Boot mit flossenartigem Kiel o Schiffsbau)

Kimme//Korn
Kimme und Korn müssen beim Zielen eine Linie bilden

Kind(er)//Eltern
sowohl das Kind als auch seine Eltern o *Wer sich als Kind frühzeitig von den Eltern löst, nimmt den Schmerz der Trennung vorweg.* (Weltwoche 14. 6. 2018) o *Die Zahl jener Kinder, die von ihren Eltern zum häuslichen Unterricht angemeldet werden, steigt.* (Salzburger Nachrichten 29. 5. 2018)

Kind//Erwachsener
die Eintrittspreise für Kinder und Erwachsene sind nicht gleich o *er ist ja noch ein Kind und kein Erwachsener* o *ein Spiel für Kinder und Erwachsene* o *Pubertät – das ... umschreibt einen Prozess, an dessen Ende aus einem Kind ein Erwachsener geworden ist.* (Die Zeit 27. 10. 2016)

Kind; ↑leibliches Kind, noch ein Kind sein, Stiefkind

kinderarm//kinderreich
ein kinderarmes Land o *Während Schweizer eher kinderarm sind, sind Ausländer tendenziell kinderreich.* (Berner Zeitung 23. 5. 2007)

kinderfeindlich//kinderfreundlich
ein kinderfeindliches Land

kinderfreundlich//kinderfeindlich
ein kinderfreundliches Reiseland ○ Vor der Frage „Wie kinderfreundlich, falsch: kinderfeindlich ist Österreich?" fürchten sich Politiker aller Couleurs. (Die Presse 22. 1. 2007)

kinderlos//mit Kindern
ein kinderloses Ehepaar ○ Eine Variante ist der Patchwork-Vater, der kinderlos eine Frau mit Kindern kennenlernt. (Westfalen-Blatt 5. 6. 2010)

kinderreich//kinderarm
ein kinderreiches Land

Kinn; ↑fliehendes Kinn, vorspringendes Kinn

kirchenabhängig//kirchenunabhängig
eine kirchenabhängige Einrichtung ○ Auch wenn die Plattform „Betroffene kirchlicher Gewalt" in ersten Reaktionen die Kommission als kirchenabhängig ablehnt und lieber Klagen vor weltlichen Gerichten vorbereitet. (Kurier 4. 4. 2010)

kirchenfeindlich//kirchenfreundlich
eine kirchenfeindliche Politik ○ Demnach verhalten sich nur wenige Vertreter der Linkspartei „ausgesprochen kirchenkritisch beziehungsweise kirchenfeindlich". (Der Tagesspiegel 8. 9. 2011)

kirchenfreundlich//kirchenfeindlich
eine kirchenfreundliche Politik ○ Meine Großmutter „pflegte" viel in die Kirche zu gehen. ... Nicht, weil sie besonders fromm gewesen wäre, schon gar nicht bigott und kirchenfreundlich. Nein, es war die gesellschaftlich anerkannte, tolerierte Form, sich eine „Auszeit" zu nehmen. (Tiroler Tageszeitung 16. 12. 2012)

Kirchenstaatstum//Staatskirchentum
(Unterordnung des Staates unter die Kirche ○ Politik)

kirchenunabhängig//kirchenabhängig
eine kirchenunabhängige Einrichtung ○ Nun werden die Anteile in eine Stiftung ausgelagert, die kirchenunabhängig operieren soll. (Neue Zürcher Zeitung 30. 6. 2012)

kirchlich//gesetzlich
kirchliche Feiertage, z. B. Reformationstag am 30. Oktober, Allerheiligen am 1. November ○ Rein rechtlich gesehen ist der 24. Dezember dabei kein Feiertag, weder kirchlich noch gesetzlich. (Süddeutsche Zeitung 21. 11. 2017)

kirchlich//weltlich
kirchliche soziale Institutionen ○ Diese Bigamie, die von Luther und anderen Reformatoren gebilligt wird, schadet dem reformatorischen Prozess, denn schließlich widerspricht sie geltendem Recht – kirchlich wie weltlich. (Mannheimer Morgen 14. 5. 2016)

Kläger[in]//Angeklagte[r], Beklagte[r]
(Rechtswesen)

klar//unklar
klare Verhältnisse ○ die Gründe für seine Entscheidung sind klar ○ So klar der Befund ist, so unklar sind die Gründe. (Die Presse 24. 8. 2017)

Klarheit//Unklarheit
die Klarheit seiner Gedanken

Klarname//Pseudonym

Klartext//Geheimtext, verschlüsselter Text
(Text, der nicht verschlüsselt ist) ○ *Wer sich ein bisschen auskennt, kann Schloss und Schlüssel aus dem Datenverkehr extrahieren und dann alles im Klartext mitverfolgen, was die Nutzer scheinbar sicher und verschlüsselt übertragen. (Süddeutsche Zeitung 26. 11. 2015) ○ „Verschlüsselung" ist die von einem Schlüssel abhängige Umwandlung von „Klartext" genannten Daten in einen „Geheimtext", so dass der Klartext aus dem Geheimtext nur unter Verwendung eines geheimen Schlüssels wiedergewonnen werden kann. (Saarbrücker Zeitung 17. 5. 2016)*

Klassenarbeit//Hausarbeit
(Arbeit, die in der Schulklasse unter Aufsicht geschrieben wird)

Klassenaufsatz//Hausaufsatz
(Aufsatz, der in der Schulklasse unter Aufsicht geschrieben wird)

Klassengesellschaft//klassenlose Gesellschaft
(Gesellschaft, deren Struktur durch herrschende und beherrschte Klassen bestimmt wird ○ Marxismus)

klassenhöher//klassentiefer
gegen eine klassenhöhere Mannschaft spielen ○ *Gegen klassenhöhere Gegner wie Gütersloh oder Spenge hatten sie richtig Lust. Gegen klassentiefere hat hier und da aber die Motivation gefehlt.* (Westfalen-Blatt 16. 7. 2010)

klassenlose Gesellschaft//Klassengesellschaft
(Gesellschaft, die nicht durch herrschende und beherrschte Klassen geprägt wird ○ Marxismus)

klassentiefer//klassenhöher
gegen eine klassentiefere Mannschaft spielen

Klassik//Romantik
(Literatur)

Klassiker//Romantiker
(Literatur)

klassisch//romantisch
klassische und romantische Dichtung, Musik

kleckern//klotzen
wenn man ein Haus baut, soll man klotzen (mit dem Geld nicht sparen), nicht kleckern (auf Sparen bedacht sein) ○ *Und dabei will Schmölln nicht kleckern, sondern nur klotzen, blickt man allein auf die Höhe der Investitionen, die die Kommune bereit ist zu stemmen.* (Ostthüringer Zeitung 18. 5. 2018) ○ *Der „Playboy" kleckert seine Geschichten über die Seiten, er klotzt nicht mehr.* (Der Spiegel 6. 7. 2019)

klein//groß; ↑auch: älter...
kleines Haus ○ *kleiner Mann* ○ *kleiner Irrtum* ○ *kleiner Gewinn* ○ *klein (mit kleiner Schrift) schreiben* ○ *zu kleine Schuhe* ○ *kleine Ferien (z. B. zu Weihnachten)* ○ *er ist noch klein (nicht erwachsen)* ○ *die kleine (jüngere) Schwester* ○ *der kleine Zeiger zeigt die Stunden an* ○ *Sie haben große Ansprüche, Fielman hat kleine Preise* (Werbung) ○ *Großer Auftritt für kleine Karnevalisten* (Nordwest Zeitung 27. 2. 2017) ○ *Und wenn der FC Sion Unterstützung braucht, machen alle mit: Gross und Klein, Dick und Dünn, Alt und Jung. Die rote Brandung schlägt gegen die blauweisse.* (St. Galler Tagblatt 9. 6. 1997) ○ *Suppentag für Gross und Klein, Alt und Jung, Reich oder Arm, unabhängig von Konfession oder Glauben* (St. Galler Tagblatt, 4. 3. 1998)

klein//*groß
„Das große ‚Ich bin ich'". (Die Presse 19. 8. 2017, zu „Das kleine Ich bin ich", Buchtitel von Mira Lobe)

klein; ↑im Kleinen, zu klein sein

Klein...//Groß...; ↑auch: Makro..., Riesen... (Substantiv)
z. B. *Kleinaktionär/Großaktionär*

Kleinaktionär//Großaktionär
(jemand, der nur wenige Aktien einer Firma besitzt)

Kleinbauer//Großbauer

kleinbäuerlich//großbäuerlich
Ziel der europaweiten Aktionen ist der Schutz für die kleinbäuerliche Landwirtschaft in südlichen Ländern. (Tiroler Tageszeitung 7. 5. 1999)

Kleinbetrieb//Großbetrieb

Kleinbild//Großbild
(Fotografie)

Kleinbildkamera//Großbildkamera
(Fotografie)

**Kleinbuchstabe//Großbuchstabe;
↑auch: Majuskel, Versal**
(kleingeschriebener Buchstabe, z. B. *s, t, e*)

kleinbürgerlich//großbürgerlich
(zur unteren Schicht des Bürgertums gehörend) ○ *Ja, und ab Anfang des 19. Jahrhunderts ging es los mit der bürgerlichen Küche, die sich unterteilt in kleinbürgerlich und großbürgerlich.* (Süddeutsche Zeitung 21. 7. 2007)

kleindeutsche Lösung//großdeutsche Lösung
(deutscher Bundesstaat unter Führung Preußens ohne Österreich ○ im 19. Jh.)

Kleindeutscher//Großdeutscher
(Anhänger eines „kleinen" Deutschlands ○ historisch)

kleine Anfrage//große Anfrage
(Rechtswesen)

kleiner//größer
Klaus ist kleiner als Stefan ○ *die kleineren Gehälter* ○ *Das Internet hat die Welt kleiner und den Horizont größer gemacht.* (Tiroler Tageszeitung 29. 10. 2018)

kleine Schamlippen//große Schamlippen; ↑auch: Labium majus pudendi

kleines Geschäft//großes Geschäft
(kindertümliche Ausdrucksweise für: Urin)

Kleinfamilie//Großfamilie
(Familienform mit Eltern und unverheirateten Kindern) ○ *Und wir leben in einem eher individualistisch orientierten Land, wo der Lebensalltag fast ausschließlich in der Kleinfamilie stattfindet und der größere Raum von Großfamilie oder Dorf nicht so bedeutsam ist wie in anderen Kulturen.* (Die Presse 12. 2. 2017)

Kleinfeldhandball//Großfeldhandball

Kleingeld//großes Geld
er hatte nur etwas Kleingeld bei sich ○ *Aber, die Bedienung war sich nicht zu schade mit Hinweis auf ihr vieles Kleingeld, großes Geld zur Bezahlung zu verlangen und nicht etwa noch Kleingeld zur einfacheren Verrechnung dazu legen.* (Mitteldeutsche Zeitung 23. 5. 2002)

kleingemustert//großgemustert
In dieser Zeit waren Möbelstoffe meist zweckorientiert, kleingemustert wenn nicht überhaupt unifarben zurückhaltend (Vorarlberger Nachrichten 13. 9. 2016)

Kleinhandel//Großhandel
Wir brauchen Kontinuität im innerstädtischen Kleinhandel statt zerstörerischen Großhandel in den Innenstädten (Süddeutsche Zeitung 25. 1. 2013)

Kleinhäusler//Bauer
(Kleinbauer im Vergleich mit selbstständigem Besitzer) ○ *Einen großen Teil der Dorfbevölkerung früherer Jahre machten die Kleinhäusler aus. Sie hatten nicht den hohen sozialen Status der Bauern.* (Niederösterreichische Nachrichten 19. 8. 2008)

Kleinhirn//Großhirn

kleinkalibrig//großkalibrig
(mit kleinem Durchmesser des Laufs bei einer Feuerwaffe)

kleinkariert//großkariert
kleinkarierter Stoff ○ *Wenn man einst nur kleinkariert war, will man nun großkariert werden. Immer geht es um Rekorde, immer will man der Beste sein.* (Mitteldeutsche Zeitung 20. 11. 2013)

Kleinklima//Großklima
(Klima in einem räumlich begrenzten Gebiet)

Kleinkredit//Großkredit
(Finanzwesen)

Kleinkreis//Großkreis
(Geometrie)

kleinlich//großzügig
beim Trinkgeld ist er immer sehr kleinlich (gibt wenig) ○ *Wissen wollten die Tester darüber hinaus, ob die Steuererklärungen kleinlich oder großzügig geprüft wurden, ob es dabei gerecht zuging und ob die Erläuterungen des Finanzamtes verständlich waren.* (Rheinische Post 20. 9. 2006)

kleinmaschig//großmaschig
ein kleinmaschiges Netz ○ *Der heilpädagogische Arbeitsbereich ist ein besonderer Bereich, weil die Betreuung der Menschen kleinmaschig ist.* (Aachener Zeitung 13. 5. 2017)

Kleinpflaster//Großpflaster
(Straßenbau)

Kleinplastik//Großplastik
(bildende Kunst)

kleinräumig//großräumig
Der Pkw-Verkehr wird kleinräumig, der Schwerverkehr großräumig umgeleitet. (Kleine Zeitung 18. 4. 2003)

kleinschreiben//großschreiben
Wenn ein außenstehender Betrachter sieht, dass in E-Mails offenbar jedes Wort kleingeschrieben werden darf, während in Liedertiteln alles großgeschrieben wird, muss er zu dem Schluss kommen, dass sich die Rechtschreibung nicht nach Schulstandard richtet, sondern nach dem Medium. (Der Spiegel 20. 10. 2010) ○ (übertragener Gebrauch:) *bei denen wird Gastfreundschaft kleingeschrieben* ○ *Pünktlichkeit wird bei ihm kleingeschrieben* (er ist unpünktlich)

Kleinschreibung//Großschreibung
sie forderten die Einführung der Kleinschreibung

Kleinstadt//Großstadt
er lebt in einer Kleinstadt ○ *Potsdam ist sehr kontrovers – eine Kleinstadt in der Nähe einer Großstadt.* (FOCUS 18. 10. 2010)

Kleinstmaß//Größtmaß
(Technik)

Kleinstspiel//Größtspiel
(Technik)

Kleinvieh//Großvieh
Kleinvieh wie Hühner, Kaninchen, Schweine, Ziegen, Schafe

Kleinwuchs//Großwuchs; ↑auch: **Makrosomie, Riesenwuchs**
(Körpergröße, bei der die normale Größe um 20 bis 40 % unterschritten wird)

kleinwüchsig//großwüchsig
kleinwüchsige Menschen ○ *Es gibt kleinwüchsige Sorten, die 45 Zentimeter Höhe erreichen, sowie großwüchsige Exemplare, für die 130 Zentimeter Höhe kein Problem sind.* (Süddeutsche Zeitung 22. 6. 2007)

kleistogam//chasmogam
(sich selbst bestäubend ○ Botanik)

Kleistogamie//Chasmogamie
(Selbstbefruchtung vor der Blüte, z. B. bei Veilchen, Gerste)

Kleopatra; ↑**Cäsar**

Kleptomane//Kleptomanin
(männliche Person mit dem Trieb zum Stehlen, ohne dass eine Bereicherungs-Absicht besteht)

Kleptomanin//Kleptomane
(weibliche Person mit dem Trieb zum Stehlen, ohne dass eine Bereicherungsabsicht besteht)

klerikal//laikal
(zum Stand der katholischen Geistlichen gehörend) ○ *Traditionell bilden Ordensleute zusammen mit anderen Religiosen wie Eremiten und gottgeweihten Jungfrauen einen eigenen geistlichen Stand, der weder klerikalen noch laikalen Charakter besitzt.* (Wkipedia)

Klerikalismus//Laizismus
Als Gegenanschauung zum Klerikalismus lehnt der Laizismus jeglichen Einfluss

von Religion und Kirche auf das öffentliche Leben ab. (Badische Zeitung 8. 4. 2005)

Kleriker//Laie
(Angehöriger des katholischen Klerus, des Geistlichenstandes) ○ *Zwei Auftraggeber, einer ein Kleriker, der andere ein Laie adeligen Standes.* (Der Standard 12. 7. 2016)

Klima; ↑**Kontinentalklima, Seeklima**

Klimax//Antiklimax
(Steigerung des Ausdrucks ○ Rhetorik)

klingender Reim//stumpfer Reim;
↑**auch: männlicher Reim**
(Reim, der auf einer unbetonten Silbe endet, z. B.: empf*i*ndet/b*i*ndet)

Klingenschwäche//Klingenstärke
(dünneres Drittel der Fechtklinge)

Klingenstärke//Klingenschwäche
(dickeres Drittel der Fechtklinge)

Klinikgeburt//Hausgeburt
(Geburt eines Kindes in der Klinik)

Klinkerbau//Kraweelbau
(dachziegelartige Bauweise bei Holzbooten)

Klinkerboot//Kraweelboot
(Schiffsbau)

klinkergebaut//kraweelgebaut
(bei Holzbooten)

klitoral//vaginal
klitoraler Orgasmus ○ *Sie war in einer glücklichen Beziehung mit einem sexuell offenbar sehr begabten Mann und genoss Höhepunkte, die sie als Mischorgasmen zwischen klitoral und vaginal bezeichnet.* (Weltwoche 25. 10. 2012)

klonisch//tonisch
(mit zuckenden Muskeln ○ Medizin)

klopfen//scharren
die Studenten äußerten ihre Zustimmung durch Klopfen ○ *Bevor die Musik einsetzt, klopfen, schlagen und scharren die Frauen selbst einen Rhythmus der Tyrannei und Sehnsucht vor.* (Leipziger Volkszeitung 3. 5. 2011)

klotzen//kleckern
wenn man baut, soll man klotzen (mit dem Geld nicht sparen), *nicht kleckern* (sparen und nur das Nötigste aufwenden) ○ *Mit der Gründung eines Sondervermögens Schulbau bekennt sich der schwarz-grüne Senat zu dem Prinzip: klotzen statt kleckern.* (Hamburger Abendblatt 1. 12. 2008)

klug//dumm
eine kluge Äußerung ○ *Sie halten das angesichts des offenen Ausgangs für klug? Was sollte dumm daran sein, die Mitglieder zu befragen?* (Berliner Morgenpost 4. 10. 2013)

klug//unklug
es war klug von ihm, das Angebot abzulehnen ○ *es war klug von ihm, die Wahrheit zu sagen* ○ *Es sagte jedoch gar nichts darüber aus, ... wie klug oder wie unklug sie ihr Leben bemeisterten.* (Neue Kronen-Zeitung 6. 3. 2016)

Klugheit//Dummheit
„*Willst Du sehr gut sein, so musst Du auch sehr klug sein. Gut sein ohne Klugheit, ist Dummheit.*" (Nikolai Abramowitsch: Worte aus dem Buch der Bücher, hrsg. von A. W. Tappe, Dresden 1824, S. 47)

Klytämnestra; ↑**Agamemnon**
(Frau des Königs Agamemnon ○ griechische Mythologie)

Knabe//Mädchen
(Verwaltung, sonst veraltet) ○ *eine Schule für Knaben und Mädchen* ○ *Als „unterkunftslos" mussten in Zittau ein Knabe von zwölf und ein Mädchen von sieben Jahren auf städtische Kosten untergebracht werden.* (Süddeutsche Zeitung 19. 6. 2010)

Knabe//Mann
er ist (noch) ein Knabe und noch kein Mann ○ *Ein Mann, eine Frau, ein ewiges Drama. Erst wird der Knabe mühsam zum Mann und dann wegen „ihr" ganz schnell zum Würstchen.* (Passauer Neue Presse 25. 11. 2003)

Knabenschule //Mädchenschule
(veraltet) ○ *Aus der neuen Schule wurde die Knabenschule, aus der alten die Mädchenschule.* (Süddeutsche Zeitung 4. 7. 2011)

K-Nahrung//E-Nahrung
K-Nahrung hat Kohlehydrate

knapp//ausführlich
knapp berichten ○ *Patienten und Angehörige haben dort drei Möglichkeiten, Lob und Kritik weiterzugeben: kurz und knapp über einen Meinungsbogen, ausführlich über einen Patientenfragebogen* (Märkische Allgemeine 16. 11. 2018)

knapp//gut
er hat sehr knapp gewogen ○ *knapp die Hälfte war gekommen* ○ *der Vortrag hat eine knappe Stunde* (etwas weniger als eine Stunde) *gedauert* ○ *das sind knapp 10 Kilometer bis dahin* ○ *der eine Kandidat erhielt knapp 52 % der Stimmen, der andere gut 48 %* ○ *1962 geborene Männer hatten Ende 2016 eine Gesamtgutschrift ... von 17.120 Euro auf ihrem Pensionskonto, Frauen desselben Jahrgangs mit knapp 12.000 Euro um gut 5000 Euro weniger.* (Salzburger Nachrichten 30. 7. 2018)

Knecht//Herr
der Mensch ist Herr und Knecht zugleich ○ *Wer nie ein Knecht gewesen, kann auch kein guter Herr sein!* (Sinnspruch)

Knecht//Magd
(Mann, der bei einem Bauern in Dienst steht) ○ *Das Haus gehörte jenem Großgrundbesitzer, für den Hans' Vater als Knecht, die Mutter als Magd arbeitete.* (Vorarlberger Nachrichten 16. 5. 2015)

Knicks//Diener
Mädchen mussten früher (bei der Begrüßung) einen Knicks machen und die Jungen einen Diener

Knoten; ↑doppelter Knoten, einfacher Knoten

Ko...//Sub... (Substantiv)
(mit der Bedeutung: zusammen mit, gemeinsam) z. B. *Kokonstituente/Subkonstituente*

Koagulation//Peptisation
(Chemie)

koagulieren//peptisieren
(Chemie)

koalitionär//monocolor
(von einer Koalition gebildete Regierung) ○ *Was halten Sie vom koalitionären Kompromiss?* (Standard 7. 1. 2008)

kochsalzarm//kochsalzreich
kochsalzarme Speisen

kochsalzreich//kochsalzarm
kochsalzreiche Speisen

Kochwäsche//Feinwäsche
Einem, der ... die Kochwäsche nicht von der Feinwäsche unterscheiden kann, einem solchen Schwein gönnt man eine unfaire Behandlung. (Tagesanzeiger 24. 3. 1999)

Kode; ↑Code

kodieren//dekodieren; ↑auch: entschlüsseln
einen Funkspruch kodieren (verschlüsseln) ○ *Vereinfacht gesagt brauchen Sender und Empfänger verschiedene Schlüssel, mit denen sie die Nachrichten kodieren und dekodieren.* (Berliner Zeitung 6. 8. 2010)

kodiert//unkodiert
die Meldung kam kodiert

Kodierung//Dekodierung; ↑auch: Entschlüsselung

Kognat//Agnat
(im alten Rom ein Verwandter, der nicht der väterlichen Gewalt unterstand)

kohärent//inkohärent
(zusammenhängend) ○ *Ist das deklarierte Einkommen vereinbar (kohärent) mit den laufenden Ausgaben oder unvereinbar (inkohärent)?* (St. Galler Tagblatt 21. 11. 2012)

Kohärenz//Inkohärenz
(innerer Zusammenhalt von einzelnen Elementen in einem Ganzen)

Kohäsion//Adhäsion
(Physik)

Kohäsion//Migration
Nicht minder wichtig sind Sorgen um die nationale Identität und die soziale Kohäsion, sei dies aufgrund einer als unkontrolliert wahrgenommenen Migration oder einer angeblich wachsenden Entfremdung zwischen dem vielgescholtenen «Establishment» und dem gemeinen Volk. (Neue Zürcher Zeitung 31. 12. 2016)

Koimperium//Kondominium
(von mehreren Staaten beherrschtes Gebiet, das ihnen aber nicht gehört ○ Politik)

Koitus; ↑**Coitus**

Kokonstituente//Subkonstituente
(Sprachwissenschaft)

Kolbenfüllhalter//Patronenfüllhalter

kollegial//unkollegial
kollegiales Verhalten ○ kollegial handeln ○ Eine Auswechslung muss man respektieren, da muss man sich kollegial verhalten. Und Lewandowski hat sich unkollegial verhalten. (Abendzeitung 19. 5. 2018)

Kollegialorgan//monistisches Organ, monokratisches Organ
(Organ mit mehreren gleichberechtigten Personen ○ Rechtswesen)

kollektiv//individuell
eine kollektive Leistung ○ kollektive Trauer ○ Erkenntnis ist dieser Tradition zufolge eine Frage des Glaubens, nicht der Kritik, sie ist kollektiv, nicht individuell. (FOCUS 29. 4. 2013)

Kollektiv, das//der Einzelne
das Kollektiv wurde prämiiert

Kollektiv...//Einzel... (Substantiv)
(mit der Bedeutung: die Gruppe, die Gesamtheit betreffend, gemeinsam) z. B. *Kollektivschuld/Einzelschuld*

Kollektiv...//Individual... (Substantiv)
(mit der Bedeutung: die Gruppe, die Gesamtheit betreffend, gemeinsam) z. B. *Kollektivbegriff/Individualbegriff*

Kollektivarbeitsrecht//Individualarbeitsrecht
(Rechtswesen)

Kollektivbegriff//Individualbegriff
(Begriff, der eine Gesamtheit bezeichnet ○ Philosophie)

Kollektivbestrafung//Einzelbestrafung

Kollektivpsychologie//Individualpsychologie

Kollektivschuld//Einzelschuld
In unserem Rechtssystem gibt es keine Kollektivschuld, sondern nur die Einzelverantwortung. ... Solange die Einzelschuld nicht erwiesen ist, sollte niemand behaftet werden. (Neue Zürcher Zeitung 11. 4. 2010)

Kollektivverpflichtung//Einzelverpflichtung
(DDR, früher)

Kolombine//Arlecchino
(in der Commedia dell'arte die Geliebte von Arlecchino)

Kolonien//Mutterland
Die Windrush gilt als Zäsur für die Einwanderung aus den britischen Kolonien ins Mutterland. (Die Presse 15. 3. 2014)

Kolonisation//Dekolonisation

kolonisieren//dekolonisieren

Kolonisierung//Dekolonisierung
Aber Afrikaner und Asiaten erfuhren einen zusätzlichen, doppelten Bruch in ihrer Existenz durch die Erfahrung von Kolonisierung und Dekolonisierung. (Neue Zürcher Zeitung 7. 1. 2008)

Kolumbine; ↑**Kolombine**

Kombattant//Nichtkombattant
(jemand, der im Krieg zu Kampfhandlungen völkerrechtlich berechtigt ist, z. B. Angehörige der Streitkräfte)

Kombinationssprunglauf//Spezialsprunglauf
(Skisport)

Kombinationston//Summationston
(Musik)

Komma; ↑**einfaches Komma, paariges Komma**

Kommanditist//Komplementär
(Gesellschafter einer Kommanditgesellschaft, der nur für seine Einlage haftet)

Kommandowirtschaft//Marktwirtschaft
die kommunistische Kommandowirtschaft ○ *Zwischen Kommandowirtschaft und Marktwirtschaft herrschte in den Betrieben blankes Chaos.* (Thüringische Landeszeitung 12. 12. 2011)

kommen//gehen
als Erster kommen und als Letzter gehen ○ *sie kam gerade, als er ging* ○ *woher kommst du und wohin gehst du?* ○ *Fieber kommt und geht wie die Wellen am Strande.* (Die Zeit 24. 1. 2019) ○ *Krisen kommen, Krisen gehen.* (Der Spiegel 12. 5. 2018)

kommen aus//gehen in
aus dem Haus kommen ○ *er kam gerade aus der Sauna* ○ *er kommt aus der Schweiz, und sie geht in die Schweiz* ○ *Die Zeit kommt aus der Zukunft, die nicht existiert, in die Gegenwart, die keine Dauer hat, und geht in die Vergangenheit, die aufgehört hat zu bestehen.* (Augustinus zugeschrieben)

kommen aus//gehen nach
er kommt aus Deutschland, und sie geht nach Deutschland ○ *Ungefähr jeder dritte Container im Hamburger Hafen kommt aus oder geht nach China.* (Der Standard 7. 9. 2015)

kommend//vergangen
kommenden Dienstag ○ *Wird das kommende Jahr denn besser? Es sollte einfacher werden als das vergangene Jahr* (Tagesanzeiger 8. 12. 2016)

kommensurabel//inkommensurabel
(vergleichbar ○ Mathematik, Physik)

Kommensurabilität//Inkommensurabilität
(Mathematik, Physik)

kommentiert//unkommentiert
kommentierter Text ○ *Die Werke im MAK bleiben unkommentiert, weil das Selbstentlarvende nicht kommentiert werden muss.* (Oberösterreichische Nachrichten 20. 5. 2010)

Kommen und Gehen
es war ein ständiges Kommen und Gehen

kommen von//gehen zu
er kommt von seinen Eltern und geht zu seiner Freundin ○ *Wir kommen von Gott – und wir gehen zu Gott.* (Westfalen-Blatt 14. 4. 2012)

kommen zu//weggehen von
er geht von ihm weg und kommt zu mir ○ *Wenn dann AHS-Lehrer an unsere Schule kommen, müssten folgerichtig andere Kollegen weggehen.* (Der Standard 8. 11. 2007

Kommissionär//Kommittent
(jemand – z. B. ein Kreditinstitut –, der Wertpapiere u. a. im Auftrag eines anderen an- oder verkauft) ○ *Zunächst schlie-*

ßen Kommissionär und Kommittent das Kommissionsgeschäft ab, in dem Verkaufsgegenstand und Provision vereinbart werden (Wikipedia)

Kommissionsbuchhändler//Sortimentsbuchhändler

Kommittent//Kommissionär
(Auftraggeher eines Kommissionärs, der Kunde)

Kommunikant//Kommunikator; ↑auch: Sender
(jemand, der eine Mitteilung empfängt)

Kommunikator//Kommunikant; ↑auch: Empfänger
(jemand, der eine Mitteilung an einen anderen richtet)

Kommunion; ↑Erstkommunion

Kommunismus//Kapitalismus
der Kommunismus ist ein Fehler, aber sein Bruder, der Kapitalismus, auch (Der Spiegel 17. 6. 1996, Necmettin Erbakan)

kommunistisch//antikommunistisch
Die Tatsache, dass das DÖW von rechtsextremer Seite als kommunistisch und vonseiten Herrn Oberkoflers als antikommunistisch denunziert wird, belegt wohl, dass es sich seit Anbeginn erfolgreich um eine ausgewogene und sachliche Darstellung historischer Ereignisse bemüht. (Die Presse 25. 1. 2014)

Komödie//Tragödie; ↑auch: Trauerspiel
(Lustspiel o auch übertragen:) *das ist eine Komödie* (das kann man nicht ernst nehmen, ist belustigend) o *Komödie ist immer dann am besten, wenn die Tragödie ganz nahe liegt.* (Kurier 8. 3. 2013)

komparabel//inkomparabel
komparable (vergleichbare) *Größen*

kompatibel//inkompatibel; ↑auch: unverträglich
(verträglich, zusammenpassend, mit etwas anderem vereinbar) o *Ist denn der Islam Ihrer Ansicht nach kompatibel mit der hiesigen säkularen Kultur? Alle drei monotheistischen Religionen sind im Grunde genommen inkompatibel.* (Basler Zeitung 13. 3. 2010)

Kompatibilität//Inkompatibilität; ↑auch: Unverträglichkeit
(Vereinbarkeit in Bezug auf anderes o Fachsprache)

kompetent//inkompetent, unkompetent
er ist kompetent und kann das beurteilen o *Nur der Anfänger und der Dummkopf halten sich für sehr kompetent* o *Diese seien zwar technisch kompetent, sozial aber völlig unkompetent.* (Neue Vorarlberger Tageszeitung 2. 11. 2001) o *Wirkt er auf mich kompetent oder inkompetent?* (Hamburger Abendblatt 28. 5. 2011)

Kompetenz//Inkompetenz
seine Antwort wird über seine Kompetenz (Sachverstand, Befugnis) *oder Inkompetenz entscheiden*

Kompetenz//Performanz; ↑auch: Parole
(Fähigkeit, eine Sprache kompetent, kreativ zu gebrauchen o Sprachwissenschaft)

kompetenzgestützt//beleggestützt
(Sprachwissenschaft)

Komplement//Nukleus
(von der Valenz eines Wortes geforderte grammatische Ergänzung, z. B.: Tilo wohnt <u>in der Gartenstadt</u> o Sprachwissenschaft)

Komplementär//Kommanditist
(Gesellschafter einer Kommanditgesellschaft, der persönlich haftet)

Komplementärfarben//Grundfarben

komplett//inkomplett; ↑auch: unvollständig
(vollständig, vollzählig) o *Meine Selbsthilfegruppe betreut Menschen mit Läh-*

mungen: Schlaganfall, Querschnitte, komplett und inkomplett, Multiple Sklerose, Spastik und sonstige Lähmungen. (Salzburger Nachrichten 21. 12. 2009)

Komplex; ↑**Elektrakomplex, Ödipuskomplex**

komplexer Satz//einfacher Satz
(Satz, der mehr als nur aus dem Hauptsatz besteht ○ Sprachwissenschaft)

kompliziert//einfach
das ist ein kompliziertes System ○ Was vielleicht anfangs kompliziert klingen mag, ist mit einem Profi relativ einfach umsetzbar. (Salzburger Nachrichten 30. 9. 2016)

kompliziert//unkompliziert
ein komplizierter Mensch ○ „Es ist nicht kompliziert oder unkompliziert, sondern eine Gestaltungsfrage." (Südwest Presse 14. 10. 2016)

Komposition//Derivation; ↑**auch: Ableitung**
(das Zusammensetzen von Wörtern zu einem neuen Wort, z. B.: liebeskrank, Fensterrahmen ○ Sprachwissenschaft)

Komposition//Dekomposition
(etwas [kunstvoll] Zusammengestelltes) ○ Die Arbeiten balancieren zwischen Komposition und Dekomposition, zwischen zweckfreiem Spiel der Formen und Farben und scheinbaren Resten gegenständlicher Strukturen (Rhein-Zeitung 17. 4. 2010)

Kompositum//Derivativum
ein Kompositum ist eine Wortzusammensetzung (Sonnen-schein), während ein Derivativum eine Ableitung (weib-lich) ist

Kompositum//Simplex
Komposita sind zusammengesetzte Wörter (z. B. Bücher-schrank), wahrend Simplizia einfache, nicht zusammengesetzte Wörter (z. B. kommen, Garten) sind

komprehensibel//inkomprehensibel
(begreiflich)

kompress//splendig
(ohne Zwischenraum zwischen den Zeilen ○ Druckwesen)

kompressibel//inkompressibel
(verdichtbar ○ Physik)

Kompressibilität//Inkompressibilität
(Physik)

Kompressibilität; ↑**adiabatische Kompressibilität**

Kompressor//Absorber
(Kühlschrank, dessen Funktion auf dem Prinzip der Verdichtung beruht)

komproportionieren//disproportionieren
(Chemie)

Kondensationsturbine//Auspuffturbine
(Dampfturbine für die Stromerzeugung)

Konditionsschwäche//Konditionsstärke

Konditionsstärke//Konditionsschwäche

kondolieren//gratulieren
zum Todesfall kondolieren (Beileid aussprechen) ○ Verwandte haben sie nach der ersten Inspektion des Hauses gefragt: „Sollen wir kondolieren oder gratulieren?" (Süddeutsche Zeitung 29. 5. 2006)

Kondom//Femidom
(Verhütungsmittel für den Mann)

Kondominium//Koimperium
(von mehreren Staaten beherrschtes Gebiet, das ihnen gemeinsam gehört ○ Politik)

Konfektionär//Konfektioneuse
(leitender Angehöriger der Konfektionsindustrie)

Konfektioneuse//Konfektionär
(leitende Angehörige der Konfektionsindustrie)

Konfektions...//Maß... (Substantiv)
(mit der Bedeutung: serienmäßig hergestellt) z. B. Konfektionskleidung/Maßkleidung

Konfektionsanzug//Maßanzug
(Anzug, der nicht speziell für eine bestimmte Person, sondern serienmäßig hergestellt worden ist) ○ *Mit wenigen Handgriffen macht ein guter Änderungsschneider aus einem Konfektionsanzug den persönlichen Maßanzug.* (Berliner Morgenpost 29. 8. 2013)

Konfektionskleidung//Maßkleidung
(serienmäßig hergestellte Kleidung) ○ *Ab 1948 wurde Konfektionskleidung gefertigt, ab 1959 erfolgte die Spezialisierung auf Damenwäsche, 1984 kam auch Herrenwäsche ins Sortiment.* (Nürnberger Nachrichten 10. 5. 2018)

Konfessionsschule//Gemeinschaftsschule, Simultanschule
(Schule, in der der Unterricht im Geiste einer Religion, vor allem der katholischen, gestaltet wird; Bekenntnisschule)

Konfirmation//Erstkommunion, Firmung
(Einsegnung ○ Zeremoniell, womit junge evangelische Christen in die Erwachsenengemeinde aufgenommen werden) ○ *Dem eigentlichen großen Tag der Konfirmation oder Erstkommunion geht in der Regel eine lange Vorbereitung voraus, an der auch die Eltern beteiligt sind.* (Mittelbayerische Zeitung 21. 2. 2015) ○ *„Wir bereiten etwa auf Konfirmation, Firmung und Erstkommunion ökumenisch und inklusiv vor."* (Südkurier 21. 2. 2017)

konfliktfrei//konfliktgeladen
konfliktfreie Beziehungen

konfliktgeladen//konfliktfrei
konfliktgeladene Beziehungen ○ *Der Finanzminister darf keine Konflikte anheizen, sondern er muss in jeder Lage und zu jeder Sache – ob konfliktgeladen oder ob konfliktfrei – sagen, was möglich ist.* (Der Spiegel 1. 1. 1973)

Konfluenz//Diffluenz
(Geologie)

Konfluenzstufe//Diffluenzstufe
(Geologie)

Konformismus//Nonkonformismus
(um Anpassung bemühte [Geistes]haltung) ○ *Sie verdankt ihr Überleben nicht zuletzt der Kunst ihrer Chefredaktionen, denen es – wie auch immer überzeugt und überzeugend – gelungen ist, bei allem Manövrieren zwischen Konformismus und Nonkonformismus nach der Devise zu handeln: Wir lavieren uns vorwärts.* (Neue Zürcher Zeitung 14. 8. 2004)

Konformist//Nonkonformist; ↑auch: Neinsager
Jasager und Konformist (jemand, der sich dem herrschenden Trend, der gewünschten Meinung anpasst) ○ *Nietzsche sei ja Konformist und Nonkonformist gleichzeitig gewesen und habe von sehr vielen Standpunkten aus gedacht* (Die Südostschweiz 4. 8. 2006)

konformistisch//nonkonformistisch
(sich angepasst verhaltend, nicht gegen die herrschende Meinung opponierend) ○ *Er passt in keine Schablone, nicht in die alte von „rechts" und „links", nicht in die neue von „konformistisch" und „nonkonformistisch".* (Der Spiegel 17. 4. 1963)

Konformität//Nonkonformität
(Übereinstimmung, Gleichförmigkeit ○ Soziologie) ○ *Bei aller Liebe zu den Gleichgesinnten, bei aller Konformität im gemeinsamen Dorf sucht doch jeder wenigstens ein bisschen Nonkonformität.* (Die Zeit 8. 9. 1972)

Konfusion//Konsolidation
(Rechtswesen)

Konglomerat//Agglomerat
(feste Ablagerung mehrerer Teile ○ Geologie)

kongruent//disgruent
kongruente (übereinstimmende, sich deckende) *Ansichten, Meinungen*

kongruent//inkongruent
kongruente (deckungsgleiche, übereinstimmende) *Zahlen* ○ *kongruente geometrische Figuren*

Kongruenz//Inkongruenz
(Übereinstimmung, Deckungsgleichheit)

Kongruenz; ↑**biologische Kongruenz, grammatische Kongruenz**

König//Gegenkönig
Zum deutschen König stieg Karl über Umwege auf, zunächst als Gegenkönig zu Kaiser Ludwig dem Bayern, einem Wittelsbacher. (Nürnberger Zeitung 14. 5. 2016)

königsfeindlich//königsfreundlich
Zumal Spaniens königsfeindliche Parteien bereits zu einem neuen Angriff ausholen. (Luxemburger Tageblatt 3. 6. 2014)

königsfreundlich//königsfeindlich
Dies würde die Beseitigung von König Gyanendra erschweren, umso mehr als es auch noch andere königsfreundliche Parteien gibt. (Neue Zürcher Zeitung 14. 8. 2007)

Konjugation//Deklination
die Konjugation der Verben (Grammatik)

konjugieren//deklinieren
ein Verb konjugieren (Grammatik)

Konjunkt//Adjunkt
(Satzteil, der mit einem anderen zusammen auftreten kann ○ Sprachwissenschaft)

Konjunktion//Disjunktion
(Philosophie)

Konjunktion//Opposition
(Astronomie)

Konjunktion; ↑**disjunktive Konjunktion, junktive Konjunktion, koordinierende Konjunktion, subordinierende Konjunktion**

konjunktiv//disjunktiv
(verbindend ○ Philosophie)

Konjunktiv//Indikativ; ↑**auch: Wirklichkeitsform**
„komme" ist in „er komme" eine Form im 1. Konjunktiv (Grammatik)

konjunktivisch//indikativisch

konjunkturabhängig//konjunkturunabhängig
konjunkturabhängiger Wirtschaftszweig ○ *Während VP-Klubobmann Khol am Vortag nicht verraten wollte, wann es eine Steuerreform geben werde, weil das konjunkturabhängig sei, stellte Westenthaler für 2003 bereits eine kleine Steuerreform in Aussicht, die konjunkturunabhängig stattfinden werde.* (Die Presse 6. 2. 2002)

Konjunkturabschwung//Konjunkturaufschwung
Wir befinden uns ganz deutlich in einem Konjunkturabschwung, der sich zur Zeit wohl noch beschleunigt. Der kommt gar nicht so überraschend nach einem langen Konjunkturaufschwung (Der Spiegel 18. 12. 1992)

Konjunkturaufschwung//Konjunkturabschwung

konjunkturunabhängig//konjunkturabhängig
konjunkturunabhängiger Wirtschaftszweig

konkav//konvex; ↑**auch: Sammellinse**
eine konkave (nach innen gewölbte) *Linse*

Konkavität//Konvexität

Konkavlinse//Konvexlinse

Konkavspiegel//Konvexspiegel
(Hohlspiegel ○ Rasierspiegel ○ vergrößernder Spiegel)

konkordant//diskordant
(übereinstimmend) ○ *eine konkordante Transplantation* (mit wesensähnlichen

Organen, z. B. vom Affen auf den Menschen)

Konkordanz//Diskordanz
(Gleichmäßigkeit)

konkret//abstrakt
sehr konkrete (anschauliche, auf der Wirklichkeit aufbauende) *Vorstellungen* ○ *Bei Gemeinderatswahlen stehen konkrete Personen zur Wahl und nicht abstrakte Parteiprogramme.* (Tiroler Tageszeitung 14. 2. 2016)

konkret; ↑**in concreto**

Konkretheit//Abstraktheit

Konkretum//Abstraktum
„*Baum*" *ist ein Konkretum* (etwas, was sinnlich wahrgenommen werden kann ○ Sprachwissenschaft)

Konkurrenzprinzip//Solidarprinzip

konkurrierende Gesetzgebung//ausschließliche Gesetzgebung
(Rechtswesen)

Konkursanfechtung//Gläubigeranfechtung
(Rechtswesen)

Könner//Anfänger
Und Könner merken, ob ein Anfänger mit am Tisch sitzt, den man früher oder später ausnehmen wird – oder ob ein noch besserer Spieler zwei Plätze weiter gefährlich werden kann. (Tages-Anzeiger 17. 7. 2019)

Konnotat//Denotat
(Sprachwissenschaft)

Konnotation//Denotation
(Nebenvorstellung – Emotion, Abwertung usw. –, die sich mit einem Wort verbindet ○ Sprachwissenschaft)

konnotativ//denotativ
(Sprachwissenschaft)

konsekutiv//konstitutiv
(abgeleitet ○ Philosophie)

Konsekutivdolmetschen//Simultandolmetschen

Konsekutivdolmetscher//Simultandolmetscher

konsekutives Dolmetschen//simultanes Dolmetschen
beim konsekutiven Dolmetschen wird die Übersetzung dem Gesprochenen zeitlich nachgeschaltet, vor allem bei Verhandlungen

Konsens//Dissens; ↑**auch: Divergenz**
(Übereinstimmung in Bezug auf etwas) ○ *Ein ‚Haus der Geschichte' kann Konsens nicht vorspiegeln, wo Dissens herrscht.* (Die Presse 20. 7. 2015)

Konsensualkontrakt//Realkontrakt
(Vertrag, der durch beiderseitige Willenserklärung rechtswirksam ist)

Konsensualvertrag//Realvertrag
(Rechtswesen)

konsequent//inkonsequent
konsequent sein, handeln ○ *sich konsequent* (nicht von seinen Prinzipien usw. abweichend) *verhalten* ○ *Sein Motto „Entweder konsequent oder inkonsequent aber nicht dauernd hin und her" breitet er bis zum Schenkelklatschen aus.* (Schwäbische Zeitung 28. 6. 2016)

konsequenter Fluss//insequenter Fluss
(Fluss, der sich nach dem geologischen Unterbau richtet)

Konsequenz//Antezedens
(Logik)

Konsequenz//Inkonsequenz
seine Konsequenz wurde gelobt

konservativ//liberal
In Andalusien hat sich gerade gezeigt, dass sich Konservative und Liberale nicht scheuen, ein Regierungsbündnis mit der rechtsextremen Partei Vox einzugehen.

konsistent//inkonsistent
eine konsistente (haltbare) *Masse* ○ *Dazu muss die Marke konsistent sein. Es*

wäre z. B. inkonsistent, einen Jaguar-Kleinwagen ... zu bauen. (Basler Zeitung 8. 3. 2001)

Konsistenz//Inkonsistenz

Konsolidation//Konfusion
(Rechtswesen)

konsonant//dissonant
konsonante (harmonierende) *Klänge* o *Auf diese Weise entsteht ein potenziell stufenloses Kontinuum zwischen harmonisch und geräuschhaft, konsonant und dissonant, regelmäßig und aperiodisch.* (Falter 18. 10. 2017)

Konsonant//Vokal; ↑auch: Selbstlaut
k ist ein Konsonant (ein Mitlaut)

konsonantieren//vokalisieren
(Konsonanten deutlich artikulierend sprechen o Sprachwissenschaft, Logopädie)

konsonantisch//vokalisch

konsonantischer Halbreim//vokalischer Halbreim
(unreiner Halbreim, bei dem die Vokale nicht übereinstimmen, z. B.: *finden/münden, betrübt/beliebt* o Metrik)

Konsonanz//Dissonanz
(Wohlklang)

konstant//inkonstant
die Kosten bleiben konstant o *konstante Verhältnisse* o *Generell blieb der Aufsteiger über die ganze Saison hinweg konstant inkonstant – nie gewann der SC zwei Spiele nacheinander.* (Rhein-Zeitung 16. 7. 2011)

konstant//variabel
eine konstante (gleichbleibende) *Größe* (Mathematik) o *Frauenfeld schreibe sein Verwaltungsvermögen nicht konstant und betriebswirtschaftlich sinnvoll, sondern variabel ab und zwar degressiv vom Restbuchwert* (St. Galler Tagblatt 15. 12. 2011)

konstant bleiben//variieren
der Preis bleibt konstant o *Bei einer Reform könnte der Bundesanteil konstant bleiben, die Länder und Kommunen aber könnten die Steuerhöhe innerhalb eines Korridors variieren.* (Die Zeit 6. 3. 2008)

Konstante//Variable, Veränderliche
(eine mathematische Größe, die gleichbleibt)

Konstanz//Inkonstanz
die Konstanz der Verhältnisse

Konstituentensatz//Matrixsatz; ↑auch: Hauptsatz
(Nebensatz als unmittelbare Konstituente eines Hauptsatzes o Sprachwissenschaft)

konstitutiv//konsekutiv
(unerlässlich o Philosophie)

konstitutive Wirkung//deklaratorische Wirkung
(Wirkung von der Art, dass sie ein Rechtsverhältnis erst schafft, das noch nicht bestand o Rechtswesen)

konstruktiv//destruktiv; ↑auch: zerstörend
eine konstruktive (aufbauende) *Kritik* o *Ein 3-D-Drucker selbst entscheidet nicht, ob er konstruktive oder destruktive Objekte ausspuckt.* (taz 10. 5. 2013)

konstruktives Misstrauensvotum//destruktives Misstrauensvotum
(im Parlament: Stimmenabgabe, die zum Sturz des Regierungschefs bei gleichzeitiger Wahl eines Nachfolgers führt)

Konstruktivität//Destruktivität

Konsum//Produktion
(das, was verbraucht wird) o *Bei Kokain sanken sowohl Konsum als auch Produktion.* (Der Standard 27. 6. 2014)

Konsument//Produzent; ↑auch: Erzeuger, Hersteller
der Konsument (derjenige, der etwas Produziertes verbraucht, kauft usw.)

von Waren ○ *Außerdem möchte man Konsument und Produzent, also den Bauern, in ein gemeinsames Boot holen.* (Burgenländische Volkszeitung 7. 3. 2013)

Konsumgüter//Investitionsgüter
Konsumgüter sind zum Konsum, Verbrauch, Gebrauch bestimmte Wirtschaftsgüter, z. B. Essen, Kleidung, Möbel, während Investitionsgüter für die Produktion bestimmte Güter (Maschinen, Werkshallen, Fahrzeuge) sind

konsumieren//produzieren
sie produzieren, was die anderen konsumieren

Konsumtion//Produktion
Er musste Erträge für die Konsumtion schaffen, lehnte aber die althergebrachte Produktion von Werten und Dienstleistungen rigoros ab. (Der Standard 4. 6. 2011)

konsumtiv//investiv
konsumtive (für den Verbrauch, nicht für Investitionen bestimmte) Gelder ○ *Der dritte Punkt ist, dass die Politik der Großen Koalition bisher zu konsumptiv und angesichts einer bedenklichen Investitionslücke zu wenig investiv ausgerichtet ist.* (Der Spiegel 8. 3. 2015)

kontaktarm//kontaktfreudig
er ist ein kontaktarmer Mensch ○ *„Dabei war ich eher kontaktarm und habe so meine Schüchternheit kompensiert."* (Hamburger Abendblatt 6. 12. 2010)

Kontaktarmut//Kontaktfreudigkeit

kontaktfähig//kontaktunfähig
er ist kontaktfähig ○ *Ich mag gar nicht glauben, dass die tüchtige, sympathische und sonst kontaktfähige Professorin ... so etwas beschränktes Bürokratisches vertreten haben soll.* (Nürnberger Nachrichten 30. 9. 2004)

kontaktfreudig//kontaktarm
er ist ein kontaktfreudiger Mensch ○ *Wer gerne unter Menschen und kontaktfreudig ist, ist für eine Arbeit im Sozialwesen prädestiniert.* (Oberösterreichische Nachrichten 11. 1. 2017)

Kontaktfreudigkeit//Kontaktarmut

Kontaktkopie//optische Kopie
(Fotografie)

Kontakttier//Distanztier
(Zoologie)

kontaktunfähig//kontaktfähig
er ist kontaktunfähig ○ *„Autisten" sind für Mediziner ichbezogene, kontaktunfähige Menschen.* (Mannheimer Morgen 12. 7. 2003)

Kontamination//Dekontamination
(Verunreinigung, Vergiftung ○ Atomphysik, Medizin)

kontaminieren//dekontaminieren
die bei einem Unfall kontaminierten Menschen ○ *Eine Nachmessung ergab, dass auch der Chauffeur der Speditionsfirma an den Händen und Kleidern leicht kontaminiert war. Er konnte erfolgreich dekontaminiert werden.* (Neue Zürcher Zeitung 31. 1. 2003)

Konterrevolution//Revolution; ↑auch: roter Terror
(Bestrebungen, die vorangegangenen revolutionären Entwicklungen rückgängig zu machen) ○ *Hat sich in der DDR ein Volksaufstand vollzogen? Ein Zusammenbruch? Eine Konterrevolution? Eine Revolution?* (Der Spiegel 18. 3. 2018)

kontextabhängig//kontextfrei
(Sprachwissenschaft)

kontextfrei//kontextabhängig
(Sprachwissenschaft)

kontinent//inkontinent
Wie viel Personen von 100 Operierten bleiben nachhaltig inkontinent oder impotent? ... Nach drei Monaten ist die Wahrscheinlichkeit, dass sie kontinent sind, bei fast 90 Prozent. (Vorarlberger Nachrichten 31. 10. 2009)

kontinental//maritim
kontinentales Klima ∘ *Frau Sofia, ... kocht eher kontinental als maritim, das dafür ebenso bekömmlich wie preiswert.* (NEWS 19. 5. 2011)

Kontinentalklima//Seeklima
(im Innern einer großen Landfläche herrschendes Klima mit heißen Sommern, kalten Wintern, wenig Regen, starken Temperaturschwankungen)

Kontinenz//Inkontinenz
(Fähigkeit, den Abgang von Urin, Stuhl selbst zu regulieren)

kontinuierlich//diskontinuierlich
eine kontinuierliche (gleichmäßig verlaufende) *Entwicklung* ∘ *Schadstoffe werden kontinuierlich, heutzutage online, beziehungsweise diskontinuierlich per Handmessung einmal im Jahr geprüft.* (Südwest Presse 21. 7. 2008)

kontinuierlich//diskret
kontinuierliche Werte, Mengen (Mathematik)

Kontinuität//Diskontinuität

Kontinuum//Diskontinuum

Konto; ↑lebendes Konto, Lorokonto, Nostrokonto, Personenkonto, Sachkonto, totes Konto

kontra//pro; ↑auch: dafür
ich bin kontra und stimme dagegen ∘ *49 Prozent sind kontra, 43 Prozent pro Wehrpflicht* (Kurier 2. 2. 2011)

Kontra//Pro
das Pro und Kontra abwägen ∘ *Mehr Kontra als Pro sieht J. B., Verkehrssachbearbeiter der Starnberger Polizei* (Mannheimer Morgen 20. 2. 2018)

Kontraindikation//Indikation
(Medizin)

kontraindiziert//indiziert
(Medizin)7

Kontrakt; ↑Konsensualkontrakt, Realkontrakt

Kontraktionstheorie//Expansionstheorie
(Geologie)

Kontrition//Attrition
(die vollkommene Reue, die für die Absolution nötig ist ∘ katholische Kirche)

Kontrolleur[in]//Kontrollierte[r]
Kontrolleur und Kontrollierte beim Kaffee (Tagesanzeiger 15. 3. 2017)

Kontrollgruppe//Testgruppe
(Gruppe, die nicht den Bedingungen der Testgruppe unterliegt, sondern sich in der üblichen Situation befindet ∘ Psychologie) ∘ *Die Kontrollgruppe bekommt neutrale Informationen über Österreich, die Testgruppe Informationen über den Klimawandel.* (Der Standard 13. 1. 2016)

kontrollierbar//unkontrollierbar
die geleistete Arbeitszeit ist kontrollierbar ∘ *Der Neue gilt nicht etwa als schlecht kontrollierbar, sondern schlicht unkontrollierbar.* (Neue Zürcher Zeitung 14. 7. 2015)

kontrolliert//unkontrolliert
kontrollierte Bewegungen ∘ *Mit Sensoren und Algorithmen könne man entscheiden, ob das Auto kontrolliert oder unkontrolliert gefahren wird* (Mannheimer Morgen 29. 9. 2007)

Kontrollierte[r]//Kontrolleur[in]
Dass der Kontrollierte den Kontrolleur gleich selber bestimmt: Das war bisher üblich, wenn es um die kantonale Finanzkontrolle und ihren Leiter ging. (Neue Zürcher Zeitung 30. 5. 2008)

Konvektion//Advektion
(vertikale Bewegung ∘ Meteorologie)

konvektiv//advektiv
(Meteorologie)

Konvektor//Radiator
(Heiztechnik)

konvenabel//inkonvenabel
(schicklich) ○ *Und im Fall von „MA 2412" hat man gemeint, dieses Schlabarett-Stück wäre irgendwie konvenabel für eine TV-Komödie.* (Tiroler Tageszeitung 15. 10. 1999)

Konvenienz//Inkonvenienz
(das gesellschaftlich Schickliche) ○ *Verständige Leute wussten, dass derlei Machtpositionen nicht nach Frömmigkeit besetzt wurden, sondern nach politischer Konvenienz.* (Die Welt 6. 4. 2005)

konventionell//unkonventionell
eine konventionelle Methode ○ *konventionelle* (dem Herkommen, Brauch entsprechende) *Ansichten* ○ *Die Förderung wie bisher aus Sandstein – ob mit Fracking oder ohne – definiert er als konventionell, die Förderung aus Schiefer oder Kohle als unkonventionell.* (taz 28. 11. 2014)

konventionelle Waffen//ABC-Waffen, Atomwaffen
Sobald dieses vorbereitende Stadium der Abrüstung erreicht ist, werden Verhandlungen über den Gesamtumfang der Abrüstung vorgeschlagen, die sich auf alle Waffen, konventionelle und ABC-Waffen (Atom-, biologische und chemische Waffen) erstrecken. (Die Zeit 7. 10. 1954)

konvergent//divergent
konvergente (übereinstimmende) *Meinungen* ○ *Konvergentes Denken verlangt nach Fragen, die zu beantworten sind, nach Arbeits-Aufträgen, die zu erfüllen sind. Divergentes Denken stellt Fragen und sucht sich die Antworten selbst.* (Trierischer Volksfreund 29. 8. 2008)

Konvergenz//Divergenz; ↑auch: **Dissens**

konvergieren//divergieren
konvergierende (übereinstimmende) *Aussagen* ○ *So ist auch die Politik des Bundesrats mal konvergierend, mal divergierend und mal stark widersprüchlich.* (Die Südostschweiz 21. 10. 2005)

konvertibel//inkonvertibel
(wandelbar) ○ *„Money can't buy me love", hieß es bei den Beatles, das mag übertrieben sein, aber stets konvertibel sind Geld und Liebe bzw. Sex sicher nicht.* (Die Presse 16. 2. 2013)

konvex//konkav; ↑auch: **Zerstreuungslinse**
ein konvexes (nach außen gewölbtes) *Glas*

Konvexität//Konkavität

Konvexlinse//Konkavlinse

Konvexspiegel//Konkavspiegel
(nach außen gewölbter Spiegel)

Konzentration//Dekonzentration
die wirtschaftliche Konzentration ○ *die Konzentration der Industrie* ○ *die Konzentration* (Zusammenballung an einer Stelle) *der Truppen*

konzentrieren//dekonzentrieren
die Verwaltungsbehörden konzentrieren ○ *Wenn die Leute, erklärte Marguerite Duras, die schreiben, Ihnen sagen: beim Schreiben ist man konzentriert, werde ich Ihnen sagen: nein, wenn ich schreibe, habe ich das Gefühl, aufs äußerste dekonzentriert zu sein, ich besitze mich überhaupt nicht mehr* (Wiener Zeitung 22. 3. 2014)

konzentriert//unkonzentriert
er ist sehr konzentriert bei der Arbeit ○ *Deren Kinder übrigens ... sind genauso konzentriert oder unkonzentriert wie die deutschen Kinder.* (Saarbrücker Zeitung 20. 10. 2015)

konziliant//inkonziliant
(umgänglich, entgegenkommend) ○ *Trauner sei zwar immer konziliant gewesen, in den Sachfragen aber konsequent.* (Oberösterreichische Nachrichten 23. 6. 2017)

konzinn//inkonzinn
(im Satzbau gleichmäßig ○ Rhetorik)

Konzinnität//Inkonzinnität
(Rhetorik)

kooperativ//unkooperativ
kooperatives Verhalten ○ *Die Lösung dieser Konflikte ist eine schwierige Aufgabe und hängt davon ab, ob der Mensch sich kooperativ oder unkooperativ verhalten will.* (Westdeutsche Zeitung 3. 4. 2010)

Koordination//Subordination; ↑auch: **Hypotaxe, Unterordnung**
(Nebenordnung von Sätzen, Satzgliedern)

koordinativ//subordinativ
koordinative (nebengeordnete) *Satzteile, z. B. Haus und Hof*

koordinieren//subordinieren
(nebenordnen) ○ *Wir müssen koordinieren, um zu bestehen* (Süddeutsche Zeitung 14. 1. 2013)

koordinierend//subordinierend; ↑auch: **hypotaktisch**
„*und*" *ist eine koordinierende Konjunktion* (Grammatik)

koordiniert//subordiniert
Die Bemühungen für eine koordinierte und gemeinsame Bewältigung der EDV-Probleme beim Kanton und den Gemeinden wurden in letzter Zeit intensiviert. (St. Galler Tagblatt 18. 5. 1998)

Kopf//Bauch
eine Entscheidung aus dem Kopf (vom Verstand), *nicht aus dem Bauch* (aus dem Gefühl, der Intuition) ○ *Über den Kopf funktioniert es nicht, also probieren sie es über den Bauch.* (Der Spiegel 21. 4. 2018)

Kopf//Fuß
etwas vom Kopf auf die Füße stellen ○ „*Ich bin von Kopf bis Fuß auf Liebe eingestellt*" (Lied von Friedrich Hollaender, 1930, gesungen von Marlene Dietrich im Film „Der blaue Engel")

Kopf//Schwanz
vom Kopf bis zum Schwanz der Schlange ○ *oberer Teil des Buchrückens* ○ *Garnelen schälen, schwarzen Darm entfernen, dabei Kopf und Schwanz dranlassen.* (Falter 19. 10. 2016)

Kopf//Zahl; ↑auch: **Revers**
Kopf oder Zahl? (Avers mit dem aufgeprägten Kopf oder Revers mit dem Zahlenwert; wenn eine Münze für eine Entscheidung hochgeworfen wird, die davon abhängt, welche Seite oben liegt)

Kopfbahnhof//Durchgangsbahnhof
(Bahnhof ohne durchgehende Gleise, so dass der Zug nun in umgekehrter Richtung fährt)

Kopfband//Fußband
(Architektur)

Kopfende//Fußende
die Katze liegt am Kopfende des Bettes

kopflastig//schwanzlastig; ↑auch: **hinterlastig**
ein kopflastiges Flugzeug (das vorn zu stark belastet ist) ○ *Selbst wenn sie noch so sorgsam austariert sind, dass sie weder kopflastig schnell zu Boden stürzen noch schwanzlastig im Wellenflug sich schaukelnd fortbewegen.* (Gießener Anzeiger 20. 2. 2012)

Kopfleiste//Fußleiste
(EDV)

Kopfresonanz//Brustresonanz
(Musik)

Kopfstimme//Bruststimme
(hohe Stimme ○ Musik)

Kopfstück//Schwanzstück
(vordere Fischhälfte ○ Kochkunst)

Kopftext//Fußtext
(EDV)

Kopie//Original
das ist eine Kopie (der Urkunde) ○ *Deswegen schlagen sie vor, eine Kopie herzustellen und das Original einzulagern.* (Haller Tagblatt 15. 11. 2018)

Kopie; ↑**Kontaktkopie, optische Kopie**

Kopilot//Pilot
(Flugwesen)

Kormophyt//Thallophyt; ↑**auch: Lagerpflanze**
(Sprosspflanze ○ Botanik)

Kormus//Thallus
(in Wurzel, Stengel, Blätter gegliederte Pflanze)

Korn//Kimme
Kimme und Korn müssen beim Zielen eine Linie bilden

Körndlbauer//Hörndlbauer
(Getreide anbauender Bauer ○ österreichisch)

Körper//Geist
etwas für den Körper und den Geist tun ○ die Harmonie von Körper und Geist anstreben ○ «Unsere Touren sollen Körper und Geist beleben» (Die Nordwestschweiz 24. 8. 2018)

Körper//Seele
eine zarte Seele in einem robusten Körper ○ Die letzten Monate seien «sehr fordernd für Körper und Seele» gewesen (Neue Zürcher Zeitung am Sonntag 20. 8. 2017)

körpereigen//körperfremd
körpereigenes Gewebe ○ Das heißt, wir müssen differenzieren, was ist körpereigen und was ist körperfremd. (Rheinische Post 21. 12. 2013)

körperfremd//körpereigen
körperfremdes Eiweiß ○ körperfremdes Gewebe wurde wieder abgestoßen

körperlich//geistig
körperliche Arbeit ○ eine körperliche Leistung, Anstrengung ○ die körperliche und geistige Entwicklung eines Kindes ○ Besonders ausgeprägt ist diese Einschätzung ... bei jenen, die schwer körperlich arbeiten oder psychischen Belastungen im Job ausgesetzt sind und die kaum berufliche Entwicklungsmöglichkeiten sehen. (Nürnberger Zeitung 19. 2. 2009)

körperlich//seelisch; ↑**auch: psychisch**
körperliche Leiden ○ Dennoch geht es ihm körperlich und seelisch schlecht. (Wiener Zeitung 6. 10. 2015)

körperlich//unkörperlich
eine körperliche (keine platonische) Liebe ○ körperliche Gebilde ○ Goethe nahm einige von Marianne/Suleika verfasste Gedichte in den „Divan" auf, ohne dies offenzulegen. Vermutlich hätte er kaum anders handeln können, ohne Marianne, eine verheiratete Frau, bloßzustellen, gleich, wie körperlich oder unkörperlich ihre Beziehung war. (Frankfurter Neue Presse 19. 9. 2014)

Korpuskularstrahlen//Wellenstrahlen
(Physik)

korrekt//inkorrekt, unkorrekt
er hat sich korrekt verhalten ○ die Stelle ist korrekt zitiert ○ Vor allem wäre vorteilhaft, die abgedroschenen Kategorien links–rechts resp. politisch korrekt bzw. unkorrekt durch richtig–falsch oder gut–schlecht zu ersetzen. (Die Presse 27. 10. 2017) ○ Wo aber genau die Trennlinie verläuft zwischen korrekt und inkorrekt oder, besser, zumutbar und unzumutbar (Neue Zürcher Zeitung 18. 4. 2016)

Korrektheit//Inkorrektheit, Unkorrektheit
Korrektheit im Verhalten

korrespondierendes Mitglied//ordentliches Mitglied
sie ist korrespondierendes Mitglied der Akademie der Wissenschaften ○ Er ist korrespondierendes Mitglied der Österreichischen Akademie der Wissenschaften und ordentliches Mitglied der Historischen Kommission bei der Bayerischen Akademie der Wissenschaften. (Der Standard 24. 2. 2010)

korrigibel//inkorrigibel
diese Äußerung ist korrigibel

korrigierbar//unkorrigierbar
diese Missbildung ist korrigierbar ○ *Je früher Sehschwächen im Kindesalter erkannt werden, desto besser sind sie korrigierbar* (Nürnberger Nachrichten 19. 10. 2013)

koscher//treife; ↑**auch: unrein**
das Fleisch ist koscher (so, dass es nach jüdischer Vorschrift gegessen werden kann) ○ *Bis er marktreif ist, wird es noch lange dauern – ob koscher oder treife.* (Jüdische Allgemeine 15. 8. 2013)

Kosinus//Sinus
(das Verhältnis von Ankathete zur Hypotenuse im rechtwinkligen Dreieck ○ Mathematik)

Kosten; ↑**fixe Kosten, variable Kosten**

Kostendeckung//Kostenunterdeckung

kostenfrei//kostenpflichtig
ein kostenfreies gerichtliches Verfahren

Kosten-Nutzen-Analyse
(Wirtschaft)

Kosten-Nutzen-Rechnung
(Wirtschaft)

kostenpflichtig//kostenfrei
ein kostenpflichtiges gerichtliches Verfahren

Kostenpreis//Marktpreis
(Preis auf Grund der Selbstkosten ○ Wirtschaft) ○ *Das typisch österreichische Ferienhotel ... wird auch in Zukunft der familiengeführte Dreisternebetrieb sein, der durch spaßorientierte Selbstbedienung den Kostenpreis unter den Marktpreis zu drücken versteht* (Salzburger Nachrichten 26. 6. 1994)

Kostenunterdeckung//Kostendeckung

Kot//Urin; ↑**auch: Pipi, Pisse, Lulu**
Wer mit Kot und Urin von Feldmäusen in Kontakt kommt oder von einem infizierten Tier gebissen wird ..., riskiert eine Infektion durch den Hantavirus. (Basler Zeitung 9. 8. 2003)

Kotangens//Tangens
(Mathematik)

Kraft; ↑**außer Kraft, in Kraft**

Kraftarm//Lastarm
(Teil eines Hebels, auf den die Kraft wirkt)

kräftig//schwach
kräftige Gelenke ○ *kräftiges Aroma* ○ *Typisch für Zwillingspappeln der eine Teil kräftig, der andere schwach und von Fäule durchsetzt.* (Thüringische Landeszeitung 21. 5. 2009) ○ *China wird jedoch weiter kräftig US-Staatsanleihen kaufen, um die eigene Währung schwach zu halten.* (Handelszeitung 27. 7. 2005)

Kraftmaschine//Arbeitsmaschine
(Maschine, die natürliche Energie in mechanische Energie umsetzt, die menschliche oder tierische Arbeitskraft ersetzt, z. B. das Wasserrad)

Kragen; ↑**steifer Kragen, weicher Kragen**

Kraniote//Akranier
(Zoologie)

krank//gesund
kranke Menschen ○ *er ist (noch) krank* ○ *„Wir sollten Essen wieder als etwas Ganzheitliches betrachten, das Genuss bringt und nicht als einzelne Bestandteile, die krank oder gesund machen."* (FOCUS 17. 6. 2017) ○ *Mit dem Drang, jede Abweichung vom Durchschnitt zu pathologisieren, habe man mehr „kranke" als gesunde Kinder geschaffen.* (Weltwoche 26. 9. 2013)

Krankenkasse; ↑**gesetzliche Krankenkasse, private Krankenkasse**

Krankenpfleger//[Kranken]schwester
in der Abteilung der Klinik arbeiteten drei Krankenpfleger ○ *Der Beruf Diplomierte/r Krankenpfleger bzw. Krankenschwester ist vielfältig und umfasst die individuelle Betreuung, Beratung, Begleitung und Pflege von gesunden, kranken*

und behinderten Menschen. (Kurier 22. 10. 2011)

Krankenschwester//[Kranken]pfleger
die Krankenschwester versorgte den Kranken

Krankenversicherung; ↑**gesetzliche Krankenversicherung, private Krankenversicherung**

Kranke[r]//Gesunde[r]
Eine Chance, mit anderen Generationen, mit Gesunden und Kranken gemeinsam die Cafeteria benützen zu können. (St. Galler Tagblatt 25. 11. 1998)

krankhaft//gesund
krankhafter Ehrgeiz ○ Die Grenze zwischen krankhaft oder gesund, abweichend oder normal ist nicht immer leicht zu ziehen. (Frankfurter Neue Presse 6. 5. 2010)

Krankheit//Gesundheit
Er ... erfährt dabei konkret, wie Krankheit und Gesundheit auch vom Wohnort abhängen. (Der Spiegel 4. 8. 2018)

krank werden//gesund bleiben
bei der Grippewelle ist er krank geworden ○ Bakterienarten in unserem Darm entscheiden oft darüber, ob wir krank werden oder gesund bleiben (Welt am Sonntag 4. 9. 2011)

kraus//glatt
Ob kraus oder glatt – die Petersilie ist in den Küchen das vertrauteste Kraut bei der Zubereitung von Speisen aller Art. (Mannheimer Morgen 21. 7. 2000) ○ *Hier ist Styling gefragt: Wer seine Haare eher kraus, glatt oder gar wie einen Hahnenkamm trägt, der kann in diesem Workshop sein eigenes Haargel produzieren.* (Braunschweiger Zeitung 29. 1. 2010)

Kraweelbau//Klinkerbau
(besondere Bauweise bei Holzbooten)

Kraweelboot//Klinkerboot
(Schiffsbau)

kraweelgebaut//klinkergebaut
(bei Holzbooten)

Krebs; ↑**Haustierkrebs, Raubtierkrebs**

krebsfördernd//krebshemmend
Ob Sonnenlicht im Endeffekt eher krebshemmend oder krebsfördernd wirkt – den Ratschlag, in der Verehrung der Sonne ein Mittelmaß einzuhalten und Extreme zu meiden, wird man auch ohne wissenschaftliche Begründung geben dürfen. (Die Zeit 19. 10. 1990)

krebshemmend//krebsfördernd
Genauer gesagt, das europäische Patent auf eine spezielle Brokkolisorte, die laut Forschern besonders viele krebshemmende Zellen enthalten soll. (Die Presse 17. 9. 2015

Kredit//Debet; ↑**auch: Soll**
(das Haben ○ Bankwesen)

Kredit; ↑**Personalkredit, Realkredit**

Kreditkarte; ↑**mit Kreditkarte**

Kreditor//Debitor; ↑**auch: Schuldner**
(Gläubiger)

kreditunwürdig//kreditwürdig
sie ist kreditunwürdig ○ Je nachdem für welche Wirtschaftsbranche der Score bestimmt ist, unterscheidet die Schufa bis zu 15 Ratingstufen, die mit Buchstaben von A (sehr kreditwürdig) bis P (kreditunwürdig) gekennzeichnet sind. (Der Spiegel 28. 11. 2018)

kreditwürdig//kreditunwürdig
sie ist kreditwürdig

kreisangehörig//kreisfrei
(Amtssprache)

kreisfrei//kreisangehörig
(Amtssprache)

Krescendo//Dekrescendo
(allmähliches Stärkerwerden der Tonstärke ○ Musik)

Krethi und Plethi
(abwertend: alles mögliche Volk) ○
Sobald es Sommer wird, holen Krethi und Plethi das Velo hervor – und sobald man im Sattel sitzt, hat man das Gefühl: Mir gehört die Welt. (Tagesanzeiger 1. 2. 2018)

Kreuz//b
(Notenschriftzeichen # für die Erhöhung eines Tons ○ Musik)

kreuziget ihn//hosianna
(Bibel) ○ *Erst riefen sie Hosianna. Und nach der Wahlniederlage kreuziget ihn.* (Mannheimer Morgen 6. 12. 2017)

Krieg//Frieden
es ist Krieg ○ *im Krieg* ○ *„Das Leben ist hart, wenn es groß sein soll. Es lässt nur die Wahl zwischen Sieg und Niederlage, nicht zwischen Krieg und Frieden."* (Der Spiegel 7. 4. 2018)

Krieg; ↑Angriffskrieg, heißer Krieg, kalter Krieg, Landkrieg, Luftkrieg, Seekrieg, Verteidigungskrieg

kriegerisch//friedlich
ein kriegerisches Volk ○ *Auch gestern klang Paschinjans Tagesbefehl noch nicht wirklich kriegerisch. Seine Anhänger sollten sich friedlich verhalten und nicht provozieren lassen.* (Neue Luzerner Zeitung 3. 5. 2018)

Kriegsfilm//Antikriegsfilm
Der lässige, witzige Moderator der Sendung wurde seine Kriegsnarben nicht mehr los. Kriegsfilme hielt er nicht aus (Die Presse 13. 8. 2018)

Kriegsflotte//Handelsflotte

Kriegsfuß//Friedensfuß
das Heer auf den Kriegsfuß setzen (veraltet) ○ *Und dann kann man noch mit jemandem auf Kriegsfuß stehen, während Soldaten, die nicht mobilisiert wurden, auf Friedensfuß standen.* (Salzburger Nachrichten 10. 1. 2015)

Kriegsgüter//zivile Güter

Kriegshafen//Handelshafen

Kriegsmarine//Handelsmarine

Kriegsroman//Antikriegsroman
Der libanesisch-kanadische Autor Rawi Hage über seinen Kriegsroman „Als ob es kein Morgen gäbe" (FOCUS 27. 4. 2009)

Kriegswirtschaft//Friedenswirtschaft
... in der Wirtschaft der Siegermächte ging der Wechsel von der Kriegswirtschaft zur Friedenswirtschaft nur langsam voran. (Weltwoche 23. 5. 2013)

kriminalisieren//entkriminalisieren
Nur weil wir Alkohol nicht kriminalisieren, müssen wir nicht Cannabis entkriminalisieren, schließlich haben wir schon genug Probleme mit Alkohol (Süddeutsche Zeitung 24. 7. 2015)

kristallin//amorph
(Kristallstruktur aufweisend ○ Physik)

kristallisch//amorph
(Physik)

Kritik//Antikritik
Zuletzt war mir eine Ausgabe der „Österreichischen Zeitschrift für Geschichtswissenschaften" zu Kritik und Antikritik von Max Webers Protestantismus-These eine solch vergnügliche Lektüre (Die Presse 27. 4. 2013)

kritisch//unkritisch
ein kritischer Leser ○ *sie ist sehr kritisch* ○ *Sie alle werden schon jetzt quasi rund um die Uhr mit Geschichten aus ihrem Lieblingsklub versorgt, kritisch und unkritisch, faktenorientiert oder reißerisch.* (Süddeutsche Zeitung 16. 2. 2018)

Kromo//Ngoko
(Oberschichtsprache auf Java)

Kronenbaum//Schopfbaum
(Baum mit Stamm und Baumkrone)

krumm//gerade
krumm sitzen, gehen ○ *eine krumme Linie* ○ *eine krumme Nase* ○ *krumme*

Beine ○ Doch solange wir Menschen teils krumm, teils gerade ... zur Welt kommen, besteht das Problem, wie wir diese real bestehenden Ungleichheiten mit dem Gleichheitsideal in Einklang bringen. (Neue Zürcher Zeitung 27. 10. 2017)

kryptieren//dekryptieren
(EDV)

Kryptogame//Phanerogame
(Pflanze, die anlagemäßig keine Blüten bekommen kann ○ Sporenpflanze)

kryptomer//phaneromer
(dem bloßen Auge verborgen, nur mit Vergrößerung erkennbar ○ Geologie)

Kryptomerie//Manifestation
(Genetik)

Kryptoskopie//Teleskopie
(die Wahrnehmung von in der Nähe befindlichen verborgenen Dingen)

Kuchenbäcker//Brotbäcker
Und wir wissen auch, dass Neuss eine Lebkuchen-Stadt war und es in manchen Zeiten mehr Kuchenbäcker als Brotbäcker gab. (Rheinische Post 17. 8. 2012)

Kugelkopfmaschine//Typenhebelmaschine
(früher)

Kugellager//Gleitlager
(Technik)

Kuh//Bulle, Stier; ↑auch: Ochse
eine Kuh ist ein weibliches Rind ○ Auch eine dumme Kuh fällt nicht auf jeden Stier herein. (Der Tagesspiegel 18. 8. 2011)

kühl//heißblütig
Kühle Blonde trifft heißblütigen Latin Lover (Hör zu 20/1998)

kühlen//wärmen
Darum wärmt Merinowolle, wenn es kalt ist, und kühlt, wenn es warm ist. (Hannoversche Allgmeine 26. 9. 2016)

kulant//inkulant
eine kulante Firma ○ eine kulante (großzügig-entgegenkommende) Regelung ○ Doch wenn der Schaden während eines Sturms entstanden ist, sind die Versicherungen in aller Regel kulant. (Berner Oberländer 12. 2. 2018)

Kulanz//Inkulanz
die Kulanz der Firma ist bekannt

Kulierware//Kettenware
(Textilware)

kultiviert//unkultiviert
ein kultiviertes Volk ○ ein kultivierter Mensch (mit guten Umgangsformen) ○ Wien ist schön und hässlich, gut und böse, groß und klein, neu und alt, sanft und brutal, faul und fleißig, kultiviert und unkultiviert (Neue Kronen-Zeitung 3. 9. 2006)

Kultur//Gegenkultur
In der zweiten Hälfte der Sechziger ... verstrickte sich die Kultur zunehmend in Gegenkultur. (Die Welt 11. 2. 2012) ○ *Traditionell definiert sich deutsche Kultur über den Geist und die Kunst.* (Welt am Sonntag 9. 3. 2008)

Kultur//Natur
Kunst und Kultur befinden sich längst im Einklang mit der Natur. (Der Standard 2. 6. 2018)

Kultur//Unkultur
die Unkultur des Wegsehens durch eine Kultur des Hinsehens ersetzen ○ Die Frage ist nicht, ob wir uns Kultur leisten können, sondern ob wir uns die Unkultur leisten wollen. (Salzburger Nachrichten 4. 11. 2017)

Kulturboden//Naturboden
Nun wird die gesamte Fläche gefräst, mit frischem Kulturboden bedeckt und neu planiert. (Berliner Morgenpost 25. 3. 2012)

Kulturflüchter//Kulturfolger
(Tier, Pflanze, die sich aus Kulturlandschaften der Menschen zurückzieht)

Kulturfolger//Kulturflüchter
(Tier, Pflanze, die in der von Menschen veränderten Landschaft gute Lebensbedingungen hat und dort auftritt)

Kulturlandschaft//Naturlandschaft
(vom Menschen veränderte und geprägte Landschaft) ○ *Der wahre Luxus von morgen ist eine dunkle, sternenklare Nacht in den Bergen, eine naturnah bewirtschaftete und vielfältige Kulturlandschaft oder eine stille Naturlandschaft im Hochgebirge.* (Die Südostschweiz 16. 11. 2010)

Kulturnation//Staatsnation
(auf kultureller Gemeinsamkeit beruhende Nation) ○ *Zahlreiche deutsche Aufklärer propagierten überdies auch die Idee einer deutschen Kulturnation, ohne sie allerdings politisch, als Staatsnation, realisieren zu wollen.* (Die Zeit Geschichte 24. 8. 2010)

Kulturpflanze//wild wachsende Pflanze
(Botanik)

Kulturpubertät//Primitivpubertät
(Psychologie)

Kultursprache//Primitivsprache
Deutsch ist eine alte Kultursprache, die nicht auf solche Anglizismen angewiesen ist. (St. Galler Tagblatt 3. 10. 2008)

Kulturvolk//Naturvolk
Da wird die Welt in weiße „Kulturvölker" und dunkle „Naturvölker" eingeteilt. (Hannoversche Allgemeine 11. 8. 2017)

kumulative Synonymik//distinktive Synonymik
(Synonymik ohne Angabe der unterschiedlichen Merkmale, es werden nur Wörter ohne Erklärung und Wertung zusammengestellt)

kündbar//unkündbar
er ist in der ersten Zeit noch kündbar ○ *So verglich er Neuerungen im Mietrecht mit Veränderungen im Eherecht und stellte verblüffende Bezüge her. Kurzform: „Ehe kündbar – Miete unkündbar".* (Rheinische Post 26. 9. 2011)

Kunde//Kaufmann
der Kaufmann berät den Kunden ○ *Aber es gibt hier bei uns auch noch Menschen, denen es ein echtes Anliegen ist, ... ein gesundes Verhältnis zwischen Kunde und Kaufmann, Gast und Gastgeber zu bereiten* (Rhein-Zeitung 10. 11. 2008)

kundenfeindlich//kundenfreundlich
Die Planungen in der Innenstadt sind kundenfeindlich, denn viele Kunden wollen mit dem Auto in die City fahren. (Hamburger Abendblatt 21. 3. 2016)

kundenfreundlich//kundenfeindlich
Demnach wird die Verständlichkeit der AGB untersucht und ... weiters wird geprüft, ob die AGB kundenfreundlich oder kundenfeindlich ausgelegt sind (Wirtschaftsblatt 19. 2. 2004)

Kundenproduktion//Marktproduktion

Kundenumsatz//Eigenumsatz
(Wirtschaft)

kundig//unkundig
der kundige Verbraucher ○ *Viele sind des Lesens und Schreibens unkundig oder nur halbwegs kundig, sie sind das Produkt des verächtlichen Bildungsniveaus* (Frankfurter Rundschau 3. 7. 1999)

kündigen//gekündigt werden
er hat gekündigt ○ *Die Anzahl der voll ausgebildeten Lehrkräfte, die selbst gekündigt hat, ist rasant gestiegen.* (Berliner Zeitung 18. 9. 2018)

Kündigungsgrundschuld//Fälligkeitsgrundschuld
(Rechtswesen)

Kundschaft; ↑Laufkundschaft, Stammkundschaft

künftig//gegenwärtig
Vorläufig befinden sich die voluminösen Kunstwerke noch vor Ort, was künftig

aus ihnen wird, ist gegenwärtig unklar (Hamburger Abendblatt 22. 5. 2015)

Kunst//Natur
was Sie hier sehen, ist (nur) Kunst (künstlich Geschaffenes) ○ *Porzellan ist ein Bestandteil der Kunst und der Kultur des Landes.* (Weltwoche 9. 2. 2015)

Kunst; ↑**abstrakte Kunst, angewandte Kunst, freie Kunst, gegenständliche Kunst**

Kunst...//Volks... (Substantiv)
z. B. *Kunstmärchen/Volksmärchen*

Kunstdarm//Naturdarm
(bei der Wurst ○ Lebensmittelkunde) ○ *„Der Kunstdarm hat gegenüber dem Naturdarm zahlreiche Vorteile"* (Mannheimer Morgen 22. 5. 2004)

Kunstdünger//Naturdünger
Nach der Entwicklung der Ammoniaksynthese um 1908 allerdings verdrängte der industriell gefertigte Kunstdünger den Naturdünger (Nürnberger Nachrichten 26. 2. 2010)

Kunsteisbahn//Natureisbahn
Die einzige Lösung war deshalb eine Kunsteisbahn anstelle der heutigen Natureisbahn, die jeden Winter mühsam hergerichtet werden musste. (Die Südostschweiz 23. 11. 2007)

Kunstfaser//Naturfaser
(Textilkunde) ○ *In der Regel ist Schlingenware empfindlicher als Velours, Kunstfaser pflegeleichter als Naturfaser.* (Süddeutsche Zeitung 20. 4. 2007)

Kunsthaar//Echthaar
Perücken aus Kunsthaar sind zwar eine billigere Alternative, bieten jedoch lange nicht den Tragekomfort wie das Echthaar. (Nürnberger Nachrichten 8. 4. 2017)

Kunstharz//Naturharz
Man verwende (beim Seilziehen) zwei Sorten von Harz. Bei Warmwetter Kunstharz und bei Kaltwetter Naturharz. (St. Galler Tagblatt 16. 6. 2008)

Kunsthonig//Bienenhonig

Künstler//Bürger
Der Künstler erweist sich so nicht nur als Bürger zweier Welten ..., sondern auch als Pendler zwischen den beiden. (Neue Zürcher Zeitung 24. 8. 2013)

künstlerisch//unkünstlerisch
Gewerblich darf und will Bruno Eikel nicht mehr arbeiten, künstlerisch darf er nicht mehr arbeiten, das hat das Gericht als „unkünstlerisch" abgetan. (Neue Westfälische 10. 10. 2009)

künstlich//echt
künstliche Blumen ○ *Und tatsächlich ist ein Leben vor der Kamera immer künstlich und nie echt.* (Kurier 16. 9. 2012)

künstlich//natürlich
ein künstlicher Hafen ○ *ein künstlicher See* ○ *künstliche Blumen, künstliches Licht* ○ *Esperanto ist eine künstliche Sprache* ○ *In kreativen Prozessen wird im Labor lebendiges Material erschaffen – eine Kategorisierung in künstlich oder natürlich ist dabei unmöglich.* (Die Presse 20. 3. 2016)

Kunstlicht//Tageslicht
bei Kunstlicht (z. B. bei elektrischem Licht in fensterlosen Räumen) sehen die Farben ganz anders aus

Kunstlied//Volkslied
(von einem Komponisten komponiertes Lied)

Kunstmärchen//Volksmärchen
(von einem Schriftsteller geschriebenes Märchen)

Kür//Pflicht
(selbst zusammengestellte Übung, Vorführung ○ Sport, z. B. Eiskunstlauf) ○ *Teilhabe von Bürgern sei in Planungsprozessen nicht nur leidige Kür, sondern oberste Pflicht.* (Westfalen-Blatt 21. 4. 2015)

kurabel//inkurabel
(Medizin)

Kurantmünzen//Scheidemünzen
(das gesetzliche Zahlungsmittel; früher Silber- und Goldmünzen, heute dafür Banknoten)

Kurialismus//Episkopalismus
(katholische Theologie)

Kuriatstimme//Virilstimme
(von den Mitgliedern einer Kurie gemeinsam abgegebene Stimme ○ Geschichte)

Kurrentschrift//Lateinschrift
(deutsche Schreibschrift) ○ *In der Kurrentschrift gab es nicht ein S, sondern zwei Arten* (Presse 23. 8. 2004) ○ *Ihm wurde die knifflige Arbeit des Transkribierens der deutschen Kurrentschrift bis hin zur späteren Lateinschrift überlassen.* (Rhein-Zeitung 10. 12. 2016)

Kurs; ↑den Kurs beibehalten

kursiv//recte
(mit schrägen Buchstaben)

kursorische Lektüre//statarische Lektüre
(das schnelle, überfliegende Lesen)

Kurswert//Nennwert
der Nennwert (der genannte Wert, Ausgabewert) einer Aktie kann höher oder niedriger liegen als der (schwankende) Kurswert

Kürturnen//Pflichtturnen

Kürübung//Pflichtübung

Kurve//Gerade
Das Rennen verläuft ohne Kurve über die lange Gerade. (Berliner Kurier 11. 8. 2012)

kurz//lang
(räumlich:) *kurze Arme ○ ein kurzer Schwanz ○ eine kurze Hose ○ ein kurzes Kleid ○ kurze Ärmel ○ kurze Haare ○ eine kurze Strecke ○* (zeitlich:) *eine kurze Wartezeit ○ kurze Ferien ○ ein kurzes Gespräch ○ ein kurzes Leben ○ Wenn die Tage kürzer werden, werden manche Finger länger* (Usinger Anzeigenblatt 8. 12. 2000)

kurz//lange (Adverb)
kurz, nachdem sie kam... ○ er hat nur kurz warten müssen ○ er ist nur kurz geblieben ○ „Ich sitze hier und bin kurz davor zu verzweifeln. Alles dauert so lange", sagt er. (Kölner Stadtanzeiger 10. 1. 2012)

kurz//ewig
Ihre Beziehung: Kurz. Ihre Kunst: Ewig (Die Presse 1. 2. 2019, über Beziehung Maria Lassnig und Arnulf Rainer)

kurzärmelig//langärmelig
ein kurzärmeliges Hemd ○ Es gibt sie in Orange, Grün und Hellblau, kurzärmelig und langärmelig mit Kapuze. (Süddeutsche Zeitung 25. 9. 2009)

kurzbeinig//langbeinig
Indem sich die hintere Sitzbank der Länge nach um bis zu zwölf Zentimeter verschieben lässt, kann die Raumgestaltung optimal an das jeweilige Transport-„Problem" – kurzbeinige Kinder und viel Gepäck oder fünf langbeinige Erwachsene ohne Gepäck usw. – angepasst werden. (Neue Zürcher Zeitung 7. 11. 2000)

Kürze//Länge
die Kürze des Weges ○ die Kürze einer Silbe (Metrik) ○ *die Kürze eines Vokals* (z. B. das O in Post)

kürzen//verlängern
die Ärmel kürzen ○ die Ausbildungszeit kürzen ○ Hosenbeine oder Jackenärmel kürzen oder verlängern (Nürnberger Nachrichten 15. 9. 2012)

kürzer//länger
die Hosen kürzer machen ○ die Tage werden kürzer ○ Je nachdem, wie dick sie ist, muss die Avocado kürzer oder länger in die Reifekammer. (Die Zeit 13. 10. 2016)

kurzfristig//langfristig
kurzfristig planen ◦ kurzfristige Kurse, Verträge, Planung ◦ Allerdings muss man bei Genussmitteln aufpassen, die zwar kurzfristig glücklich machen, aber langfristig für ein Kilo-Plus sorgen können. (NEWS 16. 1. 2016) ◦ Die notwendigen Investitionen, etwa für die Produktion von Autobatterien, hätten kurzfristig den Gewinn gemindert, aber es wäre langfristig besser gewesen. (Der Spiegel 8. 6. 2019)

kurzlebig//langlebig
eine kurzlebige Mode ◦ kurzlebige Anschaffungen ◦ „Für mich ist ein Trend kurzlebig. Ist ein Trend zu langlebig, ist eine Klassifizierung als ‚trendig' nicht mehr möglich." (Der Standard 23. 5. 2006)

Kurzparker//Dauerparker
(jemand, der nur kurze Zeit parkt) ◦ Sie würde auch einen dort aufgestellten Parkscheinautomaten akzeptieren, damit Kurzparker angelockt und Dauerparker verdrängt werden. (Hamburger Abendblatt 13. 1. 2000)

Kurzpass//Langpass
(Fußball)

Kurzschrift//Langschrift
(Stenografie)

kurzsichtig//übersichtig, weitsichtig; ↑auch: hypermetropisch
(die Sehschärfe betreffend) ◦ sie ist kurzsichtig und braucht eine Brille ◦ Ob kurzsichtig, weitsichtig, mit Hornhautverkrümmung oder Alterssichtigkeit: Grundsätzlich kann bei jeder Fehlsichtigkeit gelasert werden. (Hannoversche Allgemeine 20. 3. 2017)

kurzsichtig//weitsichtig
(im übertragenen Gebrauch) ◦ das war sehr kurzsichtig gehandelt ◦ eine kurzsichtige Politik ◦ Putin und Trump erwiesen sich als kurzsichtige Taktiker, nicht als weitsichtige Strategen. (taz 5. 7. 2017)

Kurzsichtigkeit//Übersichtigkeit, Weitsichtigkeit; ↑auch: Hypermetropie
(die Sehschärfe betreffend) ◦ eine Brille gegen Kurzsichtigkeit

Kurzsichtigkeit//Weitsichtigkeit
(im übertragenen Gebrauch) ◦ die Kurzsichtigkeit bei der Geldanlage

kurzstielig//langstielig
Sie wählen kurzstielige und langstielige Blumen aus, nehmen sie mit ins Büro in Berlin-Mitte, drapieren sie in Vasen und lassen verschiedene Arrangements auf sich wirken. (Berliner Morgenpost 8. 6. 2014)

Kurzstrecke//Langstrecke
(Sport)

Kurzvokal//Langvokal
o ist in „Komma" ein Kurzvokal

Kurzwelle//Langwelle
(Radio)

Kurzzeile//Langzeile
(Metrik)

Kurzzeitgedächtnis//Langzeitgedächtnis
Zusätzlich würde die emotionale Wucht von Gewaltspielen die Kinder so belasten, dass ... das in der Schule Gelernte aus dem Kurzzeitgedächtnis verschwindet statt im Langzeitgedächtnis zu landen. (Tiroler Tageszeitung 24. 8. 2010)

Kusine//Cousin, Vetter
(die Tochter vom Onkel, von der Tante) ◦ Man heiratet sogar innerhalb des Stammes, „vorzugsweise die eigene Kusine oder den Cousin". (Vorarlberger Nachrichten 6. 5. 2009) ◦ Ich habe noch eine Kusine und einen Vetter, die 90 und 92 Jahre alt sind (Westdeutsche Zeitung 12. 1. 2012)

Küstendüne//Binnendüne
(Düne am See-, Meeresstrand)

Küstenfischerei//Hochseefischerei

Küstenschifffahrt//Hochseeschifffahrt

L

labialisieren//delabialisieren
(sich von ungerundeter zu gerundeter Aussprache entwickeln, z. B. vom e zum ö bei „*ergetzen*" zu „*ergötzen*")

Labialpfeife//Lingualpfeife, Zungenpfeife
(Pfeife an der Orgel, bei der der Ton durch Reibung des Luftstroms an einer scharfen Schneide erzeugt wird)

Labia majora//Labia minora; ↑auch: Labium minus pudendi

Labia minora//Labia majora; ↑auch: Labium majus pudendi

labil//stabil
ein labiler Kreislauf ○ *er ist psychisch labil* (kommt leicht aus dem seelischen Gleichgewicht) ○ *eine labile Konstitution* ○ *in dem Land sind die Verhältnisse labil* ○ *Bleibt die Konjunktur labil? Wie stabil sind die Sozialkassen?* (Süddeutsche Zeitung 5. 8. 2004)

Labilität//Stabilität
körperliche, seelische Labilität

Labium majus pudendi//Labium minus pudendi; ↑auch: kleine Schamlippen, Labia minor
(große Schamlippe, Teil des äußeren Genitals der Frau am Eingang der Scheide)

Labium minus pudendi//Labium majus pudendi; ↑auch: große Schamlippen, Labia majora
(kleine Schamlippe, Teil des äußeren Genitals der Frau, seitliche Begrenzung des Scheidenvorhofs)

Labkäse//Sauermilchkäse

Labmolke//Sauermolke

Labquark//Sauermilchquark

lachen//ernst bleiben
sie konnte nicht ernst bleiben und musste lachen, als sie ihn im Pyjama im Lift sah ○ *So wusste das Publikum des fabriggli manchmal nicht so recht, ob es nun lachen oder ernst bleiben sollte.* (St. Galler Tagblatt 26. 1. 2015)

lachen//weinen
sie lacht viel ○ *die Situation war eigenartig: Sollte man lachen oder weinen?* ○ *mit einem lachenden und einem weinenden Auge* ○ *er wisse nicht, ob er lachen oder weinen solle.* (Der Spiegel 1. 9. 2018)

laden//entladen; ↑auch: abladen, ausladen
Kohle laden (auf ein Transportmittel bringen) ○ *den Akku laden* (mit elektrischer Ladung versehen) ○ *ein Gewehr laden* (es mit Munition versehen) ○ *So nannte der Norweger den Elektrolyten, der es erlaube, eine Batterie 50000-mal zu laden und zu entladen, ohne dass die Leistungsfähigkeit sinke.* (Neue Zürcher Zeitung am Sonntag 17. 9. 2017)

Ladenpreis//Fabrikpreis
Wie für gedruckte Bücher ist künftig auch für E-Books ein fester Ladenpreis gesetzlich vorgeschrieben. (Nordkurier 29. 4. 2016)

Lag//Lead
(Wirtschaft)

Lageenergie//Bewegungsenergie
(Mechanik)

Lagenfeuer//Salvenfeuer
(Militär ○ Feuerart, bei der nacheinander geschossen wird)

Lagerfuge//Stoßfuge
(waagerechte Fuge ○ Bauwesen)

Lagerpflanze//Sprosspflanze; ↑auch: **Kormophyt**

Laie//Fachmann; ↑auch: **Profi**
er ist Laie auf dem Gebiet ○ Da staunt der Laie und selbst der Fachmann wundert sich (Tiroler Tageszeitung 1. 2. 2014)

Laie//Geistlicher, Kleriker
in dem Kloster arbeiteten auch Laien ○ Beide Fälle beschäftigen die Bischöfe, denn in Eichstätt wie in Freiburg funktionierten weder die Strukturen der kirchlichen Behörden noch die meist durch Laien und Geistliche besetzten Aufsichtsgremien. (Schwäbische Zeitung 19. 2. 2018) ○ „Es ist eine Tatsache, dass die Hierarchie nie jemanden ermuntert hat, aktiven Widerstand zu leisten. Wer gegen das Regime auftrat, ob als Laie oder Kleriker, tat das aus eigener Verantwortung." (Wiener Zeitung 10. 3. 2005)

Laien...//Berufs... (Substantiv)
(mit der Bedeutung: nicht berufsmäßig) z. B. *Laienkünstler/Berufskünstler*

Laienbühne//Berufstheater
Im zehnten Jahr des Bestehens hat die Laienbühne das erste Stück, das 2008 aufgeführt worden war, erneut aufgenommen. (Haller Tagblatt 9. 5. 2018)

Laienchor//Berufschor

Laienkünstler//Berufskünstler

Laienpriester//Ordenspriester

Laienstand//Geistlichkeit
Vertreter der Geistlichkeit sowie Gläubige aus dem Laienstand erwiesen dabei am Abend des Sonntags in der Kirche St. Cäcilia dem Gnadenbild der Schmerzhaften Muttergottes ein vorerst letztes Mal die Ehre (Aachener Zeitung 20. 9. 2016)

laikal//klerikal
(die Laien in der katholischen Kirche betreffend) ○ Nach amtlichem Verständnis bleibt ein Unterschied zwischen klerikal lehrender und laikal hörender Kirche. (Die Zeit 18. 10. 2012)

Laizismus//Klerikalismus
(Bestrebungen, den Einfluss der Geistlichkeit zu beseitigen, z. B. durch Trennung von Kirche und Staat) ○ Um einander den gehörigen Freiraum zu lassen, sollten Staat und Kirche „den Versuchungen sowohl des Laizismus wie des Klerikalismus widerstehen". (Die Zeit 10. 9. 1993)

laminal//marginal
(auf der ganzen Fläche ○ Botanik)

laminare Strömung//turbulente Strömung
(Physik)

LAN//WAN
(local area network)

Land//Stadt
früher hat er auf dem Land gewohnt, jetzt wohnt er in der Stadt ○ Ganz besonders gefällt mir hier zudem der Gegensatz von Stadt und Land – Tradition und Moderne. (Neue Luzerner Zeitung 9. 9. 2011)

Land//Wasser
auf hoher See war vom Schiff aus nur Wasser, kein Land zu sehen ○ Man kann die westschwedische Schärenlandschaft auf vielerlei Arten kennenlernen – von Land oder vom Wasser aus. (Hannoversche Allgemeine 30. 5. 2015)

Land; ↑**Entwicklungsland, Industrieland, zu Lande**

landab; ↑**landauf, landab**

landauf, landab
landauf, landab (überall im Land) besuchte er die Wahlkreise ○ Wer immer das Heimatland für eine Handvoll Geld verscherbelt, hat keinen Platz unter uns, hieß es in den landauf, landab gedruckten Hetzartikeln. (Haller Tagblatt 23. 6. 2018)

landaus, landein
(überall, sowohl im Inland als auch im Ausland) ○ *Kein Zufall, dass trendige Küchenchefs landaus, landein ihre Liebe zum Ei entdecken.* (Berner Oberländer 17. 3. 2018)

Landbrot//Bäckerbrot
Die „großen Happen" werden dann in mundgerechte Stücke zerteilt und mit Beilagen wie hausgemachtem Sauerkraut und Landbrot gereicht. (Braunschweiger Zeitung 7. 7. 2012)

Landebahn//Startbahn
(Flugwesen)

Landebein//Sprungbein
(Bein, mit dem der Springer auf den Boden auftrifft ○ Sport)

landein; ↑**landaus, landein**

landen//starten; ↑**auch: abfahren, abfliegen**
das Flugzeug startete um 10 Uhr und landete um 12 Uhr ○ *Doch das Krankenhaus wartet auf die offizielle Bestätigung, dass wieder Hubschrauber landen und starten dürfen.* (Süddeutsche Zeitung 17. 5. 2018)

Länder//Bund
der Bund und die Länder ○ *Die Länder wünschen sich vom Bund eine Anhebung des Pflegegeldes sowie eine regelmäßige Valorisierung.* (Vorarlberger Nachrichten 17. 5. 2014)

Landerollstrecke//Startrollstrecke
(Flugwesen)

Landesgrenze//Sprachgrenze
Musik verbindet Jung und Alt, Arm und Reich. Sie überwindet Landes- und Sprachgrenzen. (St. Galler Tagblatt 4. 3. 1998)

Landeslehrer//Bundeslehrer
(Pflichtschullehrer ○ sind vom Bundesland angestellt, österreichisch) *Die Verwaltung soll in Grundzügen gleich bleiben – Bundeslehrer bleiben Bundeslehrer, Landeslehrer bleiben Landeslehrer* (Presse 18. 3. 2017)

Landestrecke//Startstrecke
(Flugwesen)

Landfrau//Landmann
Eine Woche lang kämpfen drei gestandene Landfrauen und zwei Landmänner um das beste Menü und die Ehre, Hessens beste Landfrau oder bester Landmann 2014 zu werden. (Wiesbadener Tagblatt 6. 9. 2014)

landgestützt//seegestützt
(Militär)

Landkind//Stadtkind
(jemand, der auf dem Land aufgewachsen ist und sich entsprechend verhält) ○ *Aus dem Landkind wird ein Stadtkind.* (Passauer Neue Presse 7. 9. 2004)

Landkrieg//Luftkrieg, Seekrieg

ländlich//städtisch
Mann und Frau, jünger und etwas älter, ländlich und städtisch, Regierungserfahrung und Parlamentserfahrung – wir würden uns gut ergänzen. (Neue Zürcher Zeitung am Sonntag 5. 8. 2018)

Landmacht//Seemacht
(vor allem auf dem Heer basierende Macht eines Landes)

Landmann//Landfrau
Landmann und Landfrau zogen zum Festplatz oberhalb des Dorfes, verkauften ein paar Stück Vieh und setzten ihr Geld zum Teil anschließend wieder in Haushaltswaren und Wäsche um. (Wiesbadener Tagblatt 23. 7. 2004)

Landproletariat//Industrieproletariat

Landsäugetier//Meeressäugetier
(Biologie)

Landschaftsgarten//Barockgarten
Der Poensgenpark, ein auch von Fachleuten hochgelobter Landschaftsgarten – im Gegensatz zum Barockgarten – ist gegen-

wärtig wieder im Umbau begriffen (Westdeutsche Zeitung 8. 5. 2017)

Landseite//Seeseite
(dem Land zugewandte Seite)

Landsfrau//Landsmann
(im feministischen Sprachgebrauch für: Landsmännin) ○ *Der 26-Jährige triumphierte zwei Tage nach dem Triumph von Landsfrau Justine Dufour-Lapointe mit 26,31 Punkten klar vor Weltmeister und Landsmann Mikael Kingsbury* (Vorarlberger Nachrichten 11. 2. 2014)

Landsmål//Riksmål; ↑auch: **Bokmål**
(veraltet für: Nynorsk, die norwegische Schriftsprache, die auf den norwegischen Dialekten beruht)

Landsmann//Landsmännin, Landsfrau
das ist ein Landsmann von mir (kommt aus dem gleichen Land)

Landsmännin//Landsmann
das ist eine Landsmännin von mir (kommt aus dem gleichen Land) ○ *So wie am Morgen eine Landsmännin die Braut frisiert, übernimmt am Abend ein Landsmann die Organisation.* (Stuttgarter Zeitung 29. 6. 2002)

Landstadt//Reichsstadt
(historisch)

Landstreicher//Stadtstreicher
Sie waren nicht nur Landstreicher oder Stadtstreicher, sondern Kontinentalstreicher, erinnert er sich. (Wiener Zeitung 16. 10. 2015)

Landung//Start; ↑auch: **Abfahrt, Abflug**
die Landung des Flugzeugs ○ *Besonders auffällig war nun, dass dieses Flugzeug vergleichsweise minimalen Lärm bei der Landung und dem Start verursachte.* (Tiroler Tageszeitung 18. 10. 2018)

landwärts//seewärts
der Wind weht landwärts ○ *Dieser (Strom) könnte ab 2017 landwärts ins nur 100 Kilometer entfernte polnische Netz eingespeist werden oder seewärts entlang der Ostseepipeline.* (Märkische Allgemeine 9. 2. 2013)

Landweg//Wasserweg, Seeweg, Luftweg
Waren auf dem Landweg transportieren ○ *Der Atommüll wird nun auf dem Landweg weiter transportiert. Umweltorganisationen fordern, atomare Transporte auf dem Wasserweg zu stoppen.* (Hamburger Morgenpost 22. 10. 2013) ○ *Demnach finden die Transporte mit Lkw auf dem Landweg und auf dem Luftweg in zivilen Flugzeugen über den Irak statt.* (Salzburger Nachrichten 21. 9. 2012) ○ *Einigen Österreichern ist es auf eigene Faust gelungen, auf dem Landweg nach Ägypten auszureisen, eine weitere Handvoll schaffte es, auf dem Seeweg aus Libyen herauszukommen.* (Neues Volksblatt 25. 2. 2011)

Landwind//Seewind

lang//breit
der Stoff ist 80 cm breit (quer gemessen) *und 120 cm lang* ○ *Kindergräber sind nicht mehr in verschiedene Altersgruppen unterteilt. ... Ihr Grab darf einen Meter lang und achtzig Zentimeter breit sein.* (Süddeutsche Zeitung 28. 1. 2016)

lang//kurz
(räumlich:) *lange Haare* ○ *ein langer Schwanz* ○ *lange Ärmel* ○ *ein langer Mantel, Rock* ○ *eine lange Strecke* ○ (zeitlich:) *ein langes Gespräch* ○ *Trennung für eine lange Zeit* ○ *lange Ferien* ○ *langes Leben* ○ *über kurz oder lang* (ziemlich bald)

lang; ↑**mit langem Arm**

langärmelig//kurzärmelig
ein langärmeliges Hemd ○ *Das Hemd von Martina Hingis, rechts langärmelig, links kurzärmelig, soll, so versucht die Protagonistin zu erklären, ... ist letztlich doch nichts anderes als ein Aufmerksamkeit erregender PR-Gag* (hab 1. 6. 2001)

langbeinig//kurzbeinig
eine langbeinige Rasse ○ Schließlich können langbeinige Affen auch dort noch stehen, wo kurzbeinige schon schwimmen müssen. (Die Welt 9. 3. 2001)

lange//kurz (Adverb)
lange, nachdem sie kam ... ○ er hat lange warten müssen ○ er ist lange geblieben ○ Während Person X sehr schnell und sehr lange ärgerlich ist, regt sich Person Y nur leicht und kurz auf. (Philosophie Heute März 2010)

Länge//Breite
die Länge eines Pakets ○ das Brett ist in der Länge 1 Meter

Länge//Kürze
die Länge des Weges ○ die Länge eines Vokals ○ die Länge einer Silbe (Metrik)

Längengrad//Breitengrad
(Kartographie)

Längenkreis//Breitenkreis
(Geografie)

Längenwachstum//Breitenwachstum

länger//kürzer
den Rock, die Hosen länger machen ○ die Tage werden länger ○ Teilzeitbeschäftigte würden im Durchschnitt gerne länger arbeiten, Vollzeitbeschäftigte kürzer. (Falter 1. 2. 2017)

langfristig//kurzfristig
langfristig planen ○ langfristige Verträge ○ eine langfristige Planung ○ Das langfristig grösste Risiko sind die kurzfristig kaum spürbaren, langfristig aber fatalen Auswirkungen der finanziellen Repression. (Neue Zürcher Zeitung am Sonntag 6. 1. 2013)

Langholz//Hirnholz
(Holz von gefällten Bäumen, die in ihrer Länge belassen oder nur wenig gekürzt worden sind)

Langlauf//Abfahrtslauf
(Skisport)

Langlaufski//Alpinski

langlebig//kurzlebig
langlebige Anschaffungen ○ Berühmt ist das Beispiel von Elefant und Maus: der eine groß und langlebig, die andere klein und kurzlebig (Die Presse 4. 4. 2010)

Langlochziegel//Hochlochziegel
(Bauwesen)

Langpass//Kurzpass
(Fußball)

Langpferd//Seitpferd
(Turnen)

längs//quer
die Couch längs stellen ○ Auf Lastwagen sollen drei Paletten längs nebeneinander oder zwei quer nebeneinander passen (Der Standard 27. 3. 2010)

längs...//quer... (Adjektiv)
z. B. *längsgestreift/quergestreift*

Längs...//Quer... (Substantiv)
z. B. *Längsschnitt/Querschnitt*

Längsachse//Querachse
Eine Längsachse von knapp elf Metern, eine Querachse von knapp neun Metern und eine Höhe von fünfeinhalb Metern: Das Oval Office ist das Herzstück der Macht im Weißen Haus in Washington. (Westdeutsche Zeitung 22. 11. 2017)

langsam//schnell
er spricht, arbeitet, läuft, fährt langsam ○ Wer langsam isst, nimmt nicht so schnell zu. (FOCUS 24. 2. 2018)

Langsamkeit//Schnelligkeit

Langschläfer//Frühaufsteher
er ist ein Langschläfer ○ Auch unter Schülern gibt es selbstverständlich Langschläfer und Frühaufsteher. (Mannheimer Morgen 15. 7. 2015)

Langschrift//Kurzschrift
(im Unterschied zur Kurzschrift die normale Schreibschrift)

Längsfaden//Querfaden
(Stricken)

Längsflöte//Querflöte

längsgestreift//quergestreift
ein längsgestreiftes Hemd ○ In den Läden hängen diagonalgestreifte Kleider, längsgestreifte Hosen und quergestreifte T-Shirts. Dabei machen Querstreifen doch angeblich dick. (Nürnberger Zeitung 14. 3. 2012)

Langsiebmaschine//Rundsiebmaschine
(Papierindustrie)

Längsküste//Schrägküste
(Geologie)

Längslage//Querlage
(Medizin ○ Geburtslage)

Langspielplatte//die Single

längsschiffs//querschiffs
(in Längsrichtung des Schiffes)

Längsschnitt//Querschnitt

Längsschnittuntersuchung//Querschnittsuntersuchung
(Soziologie)

Längsseite//Querseite
Der Weg führt nicht mehr an der Längsseite des Feldes entlang, sondern an der Querseite hinein in den Wald (Westfalen-Blatt 1. 6. 2011)

Längsstreifen//Querstreifen
Längsstreifen strecken, Querstreifen verbreitern (St. Galler Tagblatt 30. 1. 2013)

Längsstrich//Querstrich
Wenn er mit seinem Linienbus unterwegs ist, interessieren ihn an den meisten Ampeln Rot, Gelb und Grün nur wenig. Für ihn zählen Längsstrich, Punkt und Querstrich. (Rhein-Zeitung 16. 11. 2013)

langstielig//kurzstielig
langstielige Blumen, Rosen ○ Ob langstielige, grosse Prachtexemplare für einen Franken oder kurzstielige Bünde mit je sieben Stück für Fr. 3.50, die Vielfalt an Sorten, Farben und Düften – teilweise wahrhaft betörend (Die Nordwestschweiz 7. 9. 2001)

Längstitel//Quertitel
(Buchtitel in Längsrichtung auf dem Buchrücken)

Langstrecke//Kurzstrecke
(Sport)

Längswand//Querwand

Längswelle//Querwelle; ↑auch: **Transversalwelle**
(Physik)

Langue//Parole; ↑auch: **Performanz**
(die Sprache als System ○ nach de Saussure)

Langvokal//Kurzvokal
○ ist in „Ton", „Koma", „Sofa" ein Langvokal

langweilig//spannend
ein langweilig vorgetragener Bericht ○ Spiel und Spaß im historischen Kontext. Das ist aber nicht langweilig, sondern actiongeladen und spannend (Westdeutsche Zeitung 21. 6. 2018)

Langwelle//Kurzwelle

Langzeile//Kurzzeile
(Metrik)

Langzeitgedächtnis//Kurzzeitgedächtnis
Bei älteren Menschen funktioniert das Langzeitgedächtnis oft besser als das Kurzzeitgedächtnis. (Mittelbayerische Zeitung 4. 11. 2017)

Langzeitkranker//Akutkranker

lassen//tun
das eine tun, und das andere nicht lassen ○ Der Narr tut, was er nicht lassen kann. Der Weise lässt, was er nicht tun kann. (Thüringer Allgemeine 10. 2. 2006)

lassen; ↑machen lassen

... lassen//...; ↑auch: ... werden
z. B. *unverändert lassen/verändern* ○ *sich bedienen lassen/jemanden bedienen*

lässliche Sünde//Todsünde, schwere Sünde
(eine verzeihliche Sünde) ○ *„Ein falscher Ton ist eine lässliche Sünde, aber ein richtiger Ton ohne Inspiration ist eine Todsünde."* (Kleine Zeitung 28. 9. 2009) ○ *Ich weiss nicht, ob ich nun eine lässliche Sünde begangen habe mit dem Vreneli oder ob es eine schwere Sünde war.* (Neue Luzerner Zeitung 26. 2. 2009)

Lastarm//Kraftarm
(der Teil eines Hebels, der eine Last bewegt ○ Physik)

Lastenaufzug//Personenaufzug
So verfügte die Kleiderkammer z. B. über einen Lastenaufzug, der nun zu einem Personenaufzug umgebaut wird. (Rhein-Zeitung 8. 5. 2013)

Laster//Tugend
er hat Tugenden, aber auch Laster ○ *kein Laster ohne Tugend* ○ *„Das Laster muss bestraft werden, die Tugend muss durch den Schrecken herrschen."* (Robespierre in Georg Büchner, „Dantons Tod" I/6)

Lasterhaftigkeit//Tugendhaftigkeit
De Sades wütender Atheismus und sein Hass auf die katholische Kirche ziehen sich aber fortan durch sein Werk, gepaart mit der Idee einer mitleidlosen Natur, die Lasterhaftigkeit belohnt und Tugendhaftigkeit bestraft. (Oberösterreichische Nachrichten 16. 8. 2014)

Lastkraftwagen//Personenkraftwagen; ↑auch: Pkw
Doch wie ab 1923 die ersten Lastkraftwagen von MAN und ab 1936 die ersten Personenkraftwagen mit einem Diesel starteten, konnte er nicht mehr begleiten. (VDI Nachrichten 17. 2. 2017)

Lastschrift//Gutschrift; ↑auch: Haben
(Abbuchung vom Bankkonto) ○ *Anruf bei der Bank, sie mögen die Lastschrift zurückbuchen, das ist kostenfrei und die Gutschrift erfolgt sogar valutengerecht.* (Rheinische Post 2. 3. 2012)

Lasurfarbe//Deckfarbe
(Farbe, bei der der Untergrund noch durchschimmert)

Lateinschrift//Kurrentschrift
(heute gebrauchte Schreibschrift) ○ *Bis zum Schluss habe er in mühevoller Arbeit Chroniken von der Kurrentschrift in die Lateinschrift transkribiert, um sie für die Nachwelt zu erhalten* (Niederösterreichische Nachrichten 13. 2. 2014)

latent//evident
latenter englischer Einfluss, z. B.: Rotlichtbezirk nach englisch: red-light district ○ *eine Ellipse mit latenter Kasusinkongruenz, z. B.: wir wollen Gott (Akkusativ) loben und (Gott: Dativ) danken, mit und ohne Blumen* ○ *Schon sehr bald war eine latent defätistische Stimmung evident, man wusste eigentlich seit Beginn des Krieges, dass er nur zu verlieren war.* (Wiener Zeitung 28. 6. 2014)

latent//manifest
latente (äußerlich nicht erkennbare) Krankheiten ○ *eine latente Gicht* ○ *Die AfD ist trotz ihrer latent oder auch manifest rassistischen Ansichten keine Nazi-Partei.* (Der Tagesspiegel 6. 9. 2016)

Latenzei//Subitanei; ↑auch: Sommerei
(Zoologie)

Latenzgebiet//Permanenzgebiet
(Biologie)

lateral//medial
lateraler (äußerer) Meniskus ○ (von der Mitte weg, zur Seite hin ○ Anatomie)

laterale Oberlippenspalte//mediane Oberlippenspalte
(Hasenscharte)

Lateralstraße//Axialstraße
(Nord-Süd-Hauptstraße in Europa ○ Militär)

Laubbaum//Nadelbaum
die Eiche ist ein Laubbaum ○ *Beim Ginkgo handelt es sich nicht, wie viele annehmen, um einen Laubbaum, sondern um einen Nadelbaum mit einem wunderschönen Blatt* (Süddeutsche Zeitung 9. 11. 2012)

Laubholz//Nadelholz
Zur Bearbeitung eigenen sich fast alle Holzarten, wobei Obst- bzw. Laubhölzer wie Birke oder Kirsche weniger spröde sind als Nadelhölzer. (Niederösterreichische Nachrichten 21. 4. 2017)

Laubwald//Nadelwald
Erst geht es durch Laubwald, später durch einen dichten Nadelwald. (Rhein-Zeitung 27. 6. 2018)

Laudand[us]//Laudator
(derjenige, der bei einer Lobrede – Laudatio – gerühmt wird)

Laudator//Laudand[us]
(derjenige, der die Lobrede – die Laudatio – hält)

Laufbild//Stehbild, Standfoto
(Fachsprache) ○ *Sehen Sie das digitale Laufbild als bloße Erweiterung des Mediums oder als eigenes, vom Film abgetrenntes Phänomen?* (Die Presse 12. 1. 2015)

laufen//fahren
bist du zum Bahnhof gelaufen oder gefahren?

laufen//gehen
(rennen) ○ *Ich muss laufen, damit ich den Zug nicht versäume* (bes. österreichisch)

Läufer//Binder
(mit der längeren Seite nach außen liegender Mauerstein ○ Bauwesen)

Läufer//Schläger
(beim Schlagball)

Läufer//Ständer
(beweglicher Maschinenteil ○ Technik)

Laufkraftwerk//Speicherkraftwerk
(Technik)

Laufkundschaft//Stammkundschaft
(Kundschaft, die mehr zufällig in das betreffende Geschäft kommt und kauft) ○ *Neben der Laufkundschaft, die einfach mal reinschaut, gibt es auch eine grosse Stammkundschaft.* (Tagesanzeiger 23. 6. 2009)

Laufschuh//Rennschuh
(Sport)

Lauge//Säure
(Chemie)

laut//leise
laut lachen, sprechen ○ *Meine Empfindung ist, dass die Zeit schnell ist und das Schreiben langsam. So wie Preise laut sind und das Schreiben leise ist ...* (Der Spiegel 7. 7. 2018)

laut//ruhig
eine laute Straße ○ *Zu seinem Repertoire gehören Festival Music, Electric, Dance und House, ebenso wie Elemente von Funk, Hip-Hop oder Techno. Teils laut und hart, teils ruhig und sanft.* (St. Galler Tagblatt 29. 5. 2018)

Laut; ↑apikaler Laut, dorsaler Laut

lauter//unlauter
eine lautere Gesinnung ○ *er hat lautere Absichten* ○ *Im Gefühl, permanent manipuliert zu werden in diesem Dickicht von lauter, lauterer und unlauterer Werbung.* (Stuttgarter Zeitung 23. 6. 2005)

Lautiermethode//Ganzheitsmethode
(Erstleseunterricht vom Laut zum Wort ○ Pädagogik)

Lautsprecher//Mikrofon
Sobald sie Musik über ihren kleinen Lautsprecher ertönen lässt und über das Mikrofon das Training einleitet, hat sie die Auf-

merksamkeit der mehr als 200 Besucher. (Mannheimer Morgen 27. 7. 2018)

lävogyr//dextrogyr; ↑auch: rechtsdrehend
(nach links drehend ○ Physik)

LDL-Cholesterin//HDL-Cholesterin
LDL-Cholesterin (Low-Density-Lipoproteins ○ das „lausige") versorgt die Zellen mit dem nötigen Cholesterin ○ HDL-Cholesterin übernimmt die Rolle des Entsorgers, wenn das LDL-Cholesterin in seiner Eigenschaft als Lieferant die Oberhand gewinnt

Lead//Lag
(Vorsprung ○ Wirtschaft)

Leander; ↑Hero

Lebedame//Lebemann
Franz Liszt ist einer der prominentesten Pianisten seiner Zeit, gehätschelt und geliebt wie ein Popstar, Genie und Lebemann in einem. (Berner Oberländer 22. 3. 2011)

Lebemann//Lebedame
Doch seit ihrer Hochzeit ... entpuppt sich das Nesthäkchen der Königsfamilie als Lebedame mit wenig Pflichtgefühl. (Märkische Allgemeine 8. 9. 2016)

leben//gelebt werden
sie lebt gar nicht, sie wird (von ihrer Familie) gelebt (macht nicht ihr Eigenes, sondern das, was andere wollen oder erwarten) ○ *Wir leben in einer freien Marktwirtschaft und diese soll auch gelebt werden.* (Mannheimer Morgen 9. 12. 2017)

leben//sterben
nicht leben, aber auch nicht sterben können ○ *Von einigen dieser Entscheidungen hängt es ab, ob wir lang leben oder früh sterben.* (Oberösterreichische Nachrichten 22. 2. 2017)

leben//tot sein
er lebt (noch) ○ *seine Eltern leben noch* ○ *seine Frau lebt noch, aber er ist schon tot* ○ *Elf Bergleute leben noch. Die anderen 29 Vermissten sind tot oder müssen jetzt wohl endgültig für tot erklärt werden.* (Die Zeit 16. 10. 2003)

Leben//Geist
Den anderen Lebenszugang beschreibt Paulus als Leben nach dem Geist. (Leipziger Volkszeitung 14. 5. 2016)

Leben//Tod
es geht um Leben oder Tod ○ *Produkte für das Leben, nicht Waffen für den Tod* ○ *Überhaupt ... vermischen sich in der Neufassung „die Ebenen zwischen Leben und Tod, Wunsch und Wirklichkeit, Ende und Unendlichkeit".* (Der Spiegel 10. 2. 2018)

Leben; ↑das Leben noch vor sich haben; das Leben schon hinter sich haben

lebend//tot
lebende Fische ○ *lebend kommt hier keiner raus* ○ *Die Betreiber der Aufzuchtstation im kenianischen Tsavo-Nationalpark fahren regelmäßig in Dörfer und Gemeinden und erklären den Menschen, warum lebende Elefanten wertvoller sind als tote.* (FOCUS 18. 11. 2017) ○ *Forscher ... haben die Grenze zwischen lebender und toter Materie ausgelotet.* (Der Spiegel 27. 4. 2019)

Lebende[r]//Tote[r]
die Lebenden und die Toten mahnen ○ *„Das ist ein Land der Lebenden und ein Land der Toten, und die Brücke zwischen ihnen ist die Liebe ..."* (Der Spiegel 9. 6. 2018) ○ *„Die Lebenden und die Toten"* (Roman von Konstantin Michajlovič Simonov, 1959; Verfilmungen unter demselben Titel)

lebendes Inventar//totes Inventar
Vieh ist lebendes Inventar

lebendes Konto//totes Konto; ↑auch: Sachkonto

lebende Sprachen//tote Sprachen
(Sprachen, die noch gesprochen werden)

lebendgebärend//eierlegend; ↑auch: **ovipar**
(in Bezug auf die Fortpflanzung)

Lebendgeborenes//Totgeborenes

Lebendgeburt//Totgeburt
Nach den gesetzlichen Rahmenbedingungen sind nur Lebendgeburten oder Totgeburten nach der 24. Schwangerschaftswoche oder mit einem Gewicht von mehr als 500 Gramm bestattungspflichtig. (Südkurier 20. 6. 2002)

Lebendgewicht//Schlachtgewicht
(das Gewicht des zum Schlachten bestimmten, noch lebenden Tieres ○ Fachsprache)

lebendig//tot
eine lebendige Stadt ○ nach der Katastrophe waren wir mehr tot als lebendig ○ der Befehl lautete, ihn tot oder lebendig herbeizuschaffen ○ Organspende auf dem Prüfstand – Lebendig oder tot? (Der Spiegel 24. 3. 2018)

leben lassen//töten
sie haben die Gefangenen leben lassen und nicht getötet ○ Gott aber will, dass wir leben und auch einander leben lassen. Gottes Gebot «Du sollst nicht töten!» ist sein Bekenntnis zum Leben (Berner Oberländer 29. 4. 2011)

lebensbejahend//lebensverneinend
Die entscheidende Frage ist, wie wir lebensbejahende Einstellungen gewinnen und lebensverneinende Werte fallen lassen. (Oberösterreichische Nachrichten 11. 6. 2016)

Lebensbejahung//Lebensverneinung

lebensfern//lebensnah
ein lebensferner Wissenschaftler ○ Wer definiert denn, was lebensfern und was lebensnah ist? (Kölner Stadtanzeiger 13. 7. 2015)

lebensnah//lebensfern
ein lebensnaher Wissenschaftler

Lebenstrieb//Todestrieb
Der Lebenstrieb und Lebenswille, der nach Schopenhauer die Menschen überliste, foppe und leiden mache, sei von Freuds Todestrieb am Ende kaum zu unterscheiden. (Neue Zürcher Zeitung 10. 12. 2012)

lebenstüchtig//lebensuntüchtig
er ist lebenstüchtig ○ Ich bin lieber klein und lebenstüchtig als groß und lebensuntüchtig. (Oberösterreichische Nachrichten 28. 1. 2011)

lebensuntüchtig//lebenstüchtig
er ist lebensuntüchtig

lebensunwert//lebenswert
gibt es überhaupt ein lebensunwertes Leben? ○ Radikaler sein Ton, wenn er im Gefolge deutscher Rassehygieniker formuliert: „Schließlich und endlich wird auch die Idee, dass man lebensunwertes Leben opfern müsse, um lebenswertes zu erhalten, immer mehr und mehr ins Volksbewusstsein dringen." (Die Presse 17. 6. 2017)

lebensverkürzend//lebensverlängernd
Es ist erwiesen, dass zu viel Cholesterin lebensverkürzend, das Medikament dagegen lebensverlängernd wirkt. (Süddeutsche Zeitung 29. 10. 2001)

lebensverlängernd//lebensverkürzend

lebensverneinend//lebensbejahend

Lebensverneinung//Lebensbejahung

lebenswert//lebensunwert
ein lebenswertes Leben

lebhaft//ruhig
ein lebhaftes Kind ○ Wer die beiden kennt weiß – bei ihnen geht es auch weiterhin eher lebhaft und turbulent als ruhig und gelassen in die nächsten Ehejahre (Main-Post 22. 8. 2014)

Lebzeiten; ↑**zu Lebzeiten**

Lecken//Blasen; ↑auch: Fellatio
(das Stimulieren des weiblichen Geschlechtsteils mit Lippen, Zähnen, Zunge)

Lederkerl//Fummeltrine
(sich männlich gebender Homosexueller ○ Jargon)

Ledersex//Textilsex
(Sexualität in Verbindung mit sexueller Leidenschaft für Lederkleidung, Ledergegenstände, Koitus mit Lederkleidung)

ledig//verheiratet
er ist ledig ○ Schnell stellte sich heraus, dass Lommel noch ledig war – und Pottler hatte eine noch unverheiratete Schwester. (Main-Post 27. 10. 2006)

ledig bleiben//heiraten
die Frage ist: heiraten oder ledig bleiben? ○ Eigentlich wollte sie ledig bleiben. Erst als sie ihren Mann kennenlernte, war heiraten plötzlich ein Thema. (St. Galler Tagblatt 4. 8. 2010)

Lee//Luv; ↑auch: Windseite
„Lee" ist die dem Wind abgekehrte Seite eines Schiffes

Leeboje//Luvboje
(Segelsport)

Leedurchbruch//Luvdurchbruch
(beim Segeln das Überholen eines Bootes auf der Leeseite)

leegierig//luvgierig
(bestrebt, den vordersten Teil nach Lee zu drehen ○ Seemannssprache)

Leemarke//Luvmarke
(beim Segeln)

leer//voll
eine leere Flasche ○ ein leeres Glas ○ ein leerer Magen ○ leere Kassen ○ ein leerer Tank ○ der Zug war ganz leer ○ ein leerer Saal ○ Vergangenes Jahr um diese Zeit war der Platz hier vor der Bühne noch leer, nun ist es brechend voll (Hamburger Abendblatt 23. 3. 2018)

Leere//Fülle
Wer gelernt hat, in der Leere die Fülle, in dem Untergang den Aufgang, im Tod das Leben, im Verzicht das Finden herauszukosten, macht die Erfahrung des Geistes und der Gnade. (Vorarlberger Nachrichten 13. 11. 2014)

leeren, sich//sich füllen
das Stadion leert sich allmählich ○ *Dort kann er garantiert sein Heimweh kurieren, immer wenn das Zentrum sich leert und der Bahnhof sich füllt.* (St. Galler Tagblatt 15. 5. 2018)

Leerkilometer//Nutzkilometer
(Strecke von einem Kilometer, die ein Nutzfahrzeug ohne Ladung fährt ○ Fachsprache)

Leerkosten//Nutzkosten
(Wirtschaft)

leer stehen//bewohnt sein
Eine Wohnung steht leer, die andere ist bewohnt. (Leipziger Volkszeitung 17. 11. 2000)

Leeseite//Luvseite
(Seite, die dem Wind abgewandt ist)

leewärts//luvwärts
Sie segelten zwar so hoch am Wind, wie es ging, aber der Passat drückte sie leewärts, also nach Westen. (Der Spiegel 21. 6. 2004)

legal//illegal
legale Geschäfte ○ *auf legale Weise etwas bekommen* ○ *legale Einwanderung* ○ *das mag legal sein, aber es ist keinesfalls legitim* ○ *So ist inzwischen ein reger Handel legal oder illegal eingeführter Waren entstanden.* (Berliner Zeitung 19. 9. 2015)

Legalität//Illegalität

Legalitätsprinzip//Opportunitätsprinzip
(die Pflicht des Einschreitens der Staatsanwaltschaft beim Verdacht einer Straftat)

legato//staccato
(musikalische Vortragsanweisung: gebunden zu spielen)

legen auf//nehmen von
etwas (ein Tischtuch) auf den Tisch legen/von der Truhe nehmen

legen in//nehmen aus; ↑auch: **herausnehmen**
die Wäsche aus der Tasche nehmen und in den Schrank legen

Legislative//Exekutive
(die gesetzgebende Gewalt)

Legist//Donatist
(im Mittelalter: Schüler einer Lateinschule, der erst noch Latein lesen lernen musste)

Legisten//Kanonisten
(im Mittelalter: die Wissenschaftler, die sich mit dem römischen Recht beschäftigten)

legitim//illegitim
diese Maßnahme ist legitim (rechtmäßig) o *das mag legal* (gesetzlich korrekt) *sein, aber es ist keinesfalls legitim* (widerspricht dem Rechtsempfinden) o *„Herrschaft" kann legitim oder illegitim sein.* (Frankfurter Rundschau 23. 7. 2010)

Legitimationszeichen//Inhaberzeichen
(Rechtswesen)

Legitimität//Illegitimität

Lehen//Allod
(auf Zeit oder erblich verliehenes Land o historisch)

Lehrbuchnorm//Gebrauchsnorm
(präskriptive grammatikalische Norm, wie sie im Lehrbuch steht)

lehren//lernen
der Lehrer lehrt (die Schüler) die deutsche Sprache, und die Schüler lernen die deutsche Sprache o *Einer alten Erfahrung nach lässt sich Gesundheit nicht lehren, nur lernen.* (Salzburger Nachrichten 21. 5. 2013)

Lehrende[r]//Lernende[r]

Lehrer[in]//Schüler[in]
das Verhältnis von Lehrer und Schüler ist gut o *Wie soll ich als Lehrerin reagieren, wenn meine Schülerin sich im Schwimmunterricht ständig entschuldigen lässt?* (Mannheimer Morgen 12. 10. 2016)

Lehrermangel//Lehrerschwemme
es gibt einen Lehrermangel (es fehlen Lehrer) o *Es herrscht also ein gespaltener Arbeitsmarkt zwischen Lehrermangel und Lehrerschwemme.* (Passauer Neue Presse 11. 9. 2010)

Lehrerschwemme//Lehrermangel
es gibt eine Lehrerschwemme (zu viele Lehrer)

Lehrling//Meister
sein Werdegang vom Lehrling zum Meister o *Indem man ihr bewusst macht, dass man zuerst Lehrling ist, bevor man Meister wird.* (Burgenländische Volkszeitung 341. 1. 2007)

Leib//Seele
mit Leib und Seele dabeisein o *Essen und Trinken hält Leib und Seele zusammen* o *Viele Männer sind im Krieg gefallen, wer ihn überlebt hat, ist oft an Leib und Seele verkrüppelt.* (Der Spiegel 7. 10. 2017)

leibliche Eltern//Adoptiveltern
Elterngeld können leibliche Eltern, aber auch Adoptiveltern beantragen. (Mannheimer Morgen 16. 9. 2016)

leibliche Mutter//Stiefmutter
Vom Vater erfährt sie kein Wort über ihre leibliche Mutter, die Stiefmutter nennt sie Rachel Namenlos (Der Standard 10. 6. 2017)

leiblicher Vater//Stiefvater
Sein leiblicher Vater war ein k.u.k. Offizier und später bekennender Nationalso-

zialist, sein Stiefvater ein russisch-jüdischer Juwelier (Wiesbadener Tagblatt 5. 5. 2009)

leibliches Kind//Stiefkind
Dabei spielt es keine Rolle, ob es ein leibliches Kind, ein Adoptiv- oder Stiefkind ist. (Südkurier 11. 1. 2005)

leicht//schwer
ein leichter Koffer ○ eine leichte Arbeit, Frage ○ er ist leicht verletzt ○ eine leichte Aufgabe ○ die Tür geht leicht auf ○ die leichte Artillerie ○ eine leichte Zigarre ○ leichter Wein ○ leichte Krankheit ○ leichte Gehirnerschütterung ○ ein leichtes Gewitter ○ Ob leichte Touren für Anfänger oder schwere Routen für Könner (abenteuer & reisen 2/1997)

leicht//stark
leichte Beschwerden ○ die Straße steigt leicht an ○ Ein Zeuge hatte die Beamten am Sonntag auf den leicht verletzten und stark verschmutzten Mann aufmerksam gemacht. (Südwest Presse 16. 12. 2015)

leicht//tief
ein leichter Schlaf ○ Zwar ist schon seit langem bekannt, dass sich leichter Schlaf, tiefer Schlaf und der REM-Schlaf ... in bestimmtem Rhythmus im Verlauf einer Nacht abwechseln. (Frankfurter Neue Presse 23. 11. 2001)

Leichtathlet//Schwerathlet

leicht bewaffnet//schwer bewaffnet

leichtblütig//schwerblütig
sie ist leichtblütig (von unbekümmerter Lebensart) *○ Griechenland und seine Menschen sind das, was Deutschland und seine Bewohner meistens nicht sind: leichtblütig, erholsam und unkompliziert.* (Süddeutsche Zeitung 7. 7. 2011)

leichte Fahrlässigkeit//grobe Fahrlässigkeit
(Rechtswesen)

leichtfallen//schwerfallen
es fiel ihm nicht leicht, seine Zustimmung zu geben ○ die Arbeit fällt ihr leicht ○ nach dieser Enttäuschung ist ihm die Trennung von ihm/ihr leichtgefallen ○ Vokabeln zu lernen, das fällt ihr leicht, „aber das Übersetzen. Das fällt mir schwer." (Berliner Morgenpost 18. 7. 2015)

Leichtgewicht//Schwergewicht
(eine Gewichtsklasse beim Boxen) ○ *Er ist weder in der Partei noch in der Politik ein Leichtgewicht. Ein Schwergewicht allerdings auch nicht.* (Tagesanzeiger 12. 2. 2018)

Leichtgut//Schwergut
(in Bezug auf Fracht auf Seeschiffen)

Leichtindustrie//Schwerindustrie
Dabei war Japan ... seinen Nachbarn stets um einen Schritt voraus. Erst baute es seine Leichtindustrie auf, dann eine Schwerindustrie, derweil Südkorea und Taiwan zu Leichtindustrie-Standorten wurden. (Süddeutsche Zeitung 31. 3. 2007)

leicht machen, sich, jemandem etwas//sich, jemandem etwas schwer machen
sich das Leben leicht machen ○ er hat mir die Entscheidung leicht gemacht ○ Ursprünglich wollte ich mich darüber beklagen, dass es einem heutzutage so leicht gemacht wird, konservativ zu sein. Doch ist es nicht viel beklagenswerter, dass es einem so schwer gemacht wird, nicht konservativ zu sein? (Der Standard 23. 7. 2004)

Leichtmatrose//Vollmatrose
(im Rang zwischen Schiffsjunge und Vollmatrose)

Leichtmetall//Schwermetall
(z. B. Aluminium)

leichtnehmen//schwernehmen
er nimmt (immer) alles leicht ○ Unter dem Titel „vü föd ned – Das Schwere

*leichtnehmen und das Leichte schwer"
nehmen die Musiker die Zuhörer mit auf
einen musikalischen Ausflug* (Vorarlberger Nachrichten 28. 8. 2014)

leicht traben//deutsch traben
(Pferdesport)

leichttun, sich//sich schwertun
er tut sich damit leicht (hat damit keine Probleme) ○ *Wer alles wörtlich nimmt und mit Gefühlsäußerungen seines Umfeldes nicht umgehen kann, tut sich leicht mit der reinen Mathematik, aber freilich schwer im Leben.* (Mannheimer Morgen 8. 10. 2013)

leicht verdaulich//schwer verdaulich
leicht verdauliche Speisen ○ *Das Ganze soll leicht verdaulich werden. Neue Musik gilt im Allgemeinen als schwer verdaulich und anstrengend.* (Falter 22. 10. 2014)

leicht verletzt//schwer verletzt
leicht verletzte Personen

Leichtverletzte[r]//Schwerverletzte[r]
es gab einige Leichtverletzte und zwei Schwerverletzte

leicht verständlich//schwer verständlich
ein leicht verständlicher Text ○ *Kommunikationswissenschaftler und Sprachgelehrte erforschten im Dienst der Leser, dass Sätze mit bis zu 18 Wörtern leicht verständlich, ab 25 Wörtern aber schwer verständlich seien.* (Die Presse 14. 4. 2012)

leicht verwundet//schwer verwundet

Leid//Freude
Freude und Leid mit jemandem teilen ○ *Mit viel Optimismus lässt sich sagen: Man muss Leid erfahren, um Freude empfinden zu können.* (Tagesanzeiger 23. 4. 2018)

Leideform//Tatform; ↑auch: Aktiv
„er wurde geschlagen/geliebt/geehrt" ist grammatisch eine Leideform (Passiv ○ Grammatik)

leider//Gott sei Dank
er ist leider krank ○ *er ist leider noch sehr jung/leider schon sehr alt* ○ *Aber als oberste Repräsentanten aller Profiklubs sind die Vorstände in vielen Fällen (wahlweise: leider oder Gott sei Dank) zur Verschwiegenheit verpflichtet.* (Niederösterreichische Nachrichten 22. 6. 2018)

leidvoll//freudvoll
Nach Augustinus liegt für alle schon ein Stück des Wegs hinter ihnen, auf dem sie sich selbst verwirklicht haben, oft beschwerlich und leidvoll, aber auch freudvoll und glücklich. (Neue Nassauische Presse 24. 9. 2018)

Leihe//Miete
(Rechtswesen)

leihen, jemandem etwas//sich etwas (von jemandem) leihen
er lieh mir das Buch ○ *Aber ich lieh mir eine Kamera und drehte den Kurzfilm.* (Tagesanzeiger 5. 6. 2013)

leihen, sich etwas//etwas verleihen
ich lieh mir das Buch (von ihm) ○ *«Wenn ich schon hier bin, dann richtig», denke ich, leihe mir zwei Walkingstöcke und schreibe meinen Namen voller Tatendrang auf die Anmeldeliste der 17-Kilometer-Strecke.* (Die Südostschweiz 9. 1. 2006) ○ *Über eine neue App des Autobauers können Nutzer bundesweit private Fahrzeuge leihen und verleihen.* (Main-Post 25. 6. 2015)

leise//laut
leise lachen, sprechen ○ *Manchmal lieblich leise, manchmal lärmend laut* (Hamburger Morgenpost 16. 7. 2015)

Leistung//Preis
Preis und Leistung müssen stimmen ○ *Den Gast scheint man bei dieser Überlegung vergessen zu haben. Der ist schneller weg, als man glaubt, wenn Leistung und Preis nicht mehr stimmen.* (Der Standard 20. 3. 2017)

Leistung; ↑**Gestaltungsleistung, Pflichtleistung, Regelleistung, Wahlleistung**

Leistungselektronik//Unterhaltungselektronik
Zudem entsteht im österreichischen Villach gerade eine neue Chipfabrik, und in Dresden wird ein Entwicklungszentrum für Auto- und Leistungselektronik sowie künstliche Intelligenz gebaut. (Berliner Zeitung 13. 11. 2018)

Leistungsgruppe//Neigungsgruppe
(Sport, Pädagogik)

Leistungskondiktion//Eingriffskondiktion
(Rechtswesen)

Leistungskurs//Grundkurs
(Unterrichtswesen)

leistungsschwach//leistungsstark
Integrative Förderung ist eine Reform, die im Namen der Chancengleichheit alle Schüler und Schülerinnen – egal wie leistungsschwach oder leistungsstark – in einer gemeinsamen Stammklasse integrieren soll. (Neue Luzerner Zeitung 6. 5. 2011)

Leistungssport//Breitensport
Wir bieten Leichtathletik für fast jeden – Leistungssport und Breitensport gehören zu uns. (Kölnische Rundschau 20. 6. 2017)

leistungsstark//leistungsschwach

Leistungsverwaltung//Eingriffsverwaltung
(Rechtswesen)

leitend//nichtleitend
leitende Metalle, Stoffe

Leiter//Nichtleiter
(bei Metallen)

leitereigen//leiterfremd
leitereigene (in der Tonleiter einer Tonart enthaltene) *Töne* (Musik)

leiterfremd//leitereigen
leiterfremde Töne (Musik)

Leitlinie//Sicherheitslinie
(gestrichelte Linie, die gegebenenfalls überfahren werden darf ○ Verkehr)

Leitung; ↑**erdverlegte Leitung, freiverlegte Leitung**

Lektüre; ↑**kursorische Lektüre, statarische Lektüre**

Lemma//Teillemma
„Sau" ist ein Lemma

Lena; ↑**Leonce**

lendenlahm//lendenstark
Die derzeit mit der Wahl eines neuen Parteivorsitzenden gänzlich absorbierte Labour-Opposition hat eher lendenlahm auf den Bericht der BBC reagiert, der von sämtlichen britischen Medien aufgegriffen wurde. (Neue Zürcher Zeitung 12. 8. 2015)

lendenstark//lendenlahm
Der Sarrazinismus behauptet, Muslime seien ebenso dumm wie lendenstark, ihre Integration sei daher nicht nützlich, sondern gefährlich. (Süddeutsche Zeitung 11. 9. 2010)

Lenis//Fortis
die stimmhaften Laute b, d, g sind Lenes, sind mit schwachem Druck gesprochene Konsonanten

lenken auf//ablenken von
die Aufmerksamkeit auf etwas lenken ○ *Mit dieser Entscheidung werden Schumacher und Ferrari für den Rest der Saison die ganze Aufmerksamkeit auf sich lenken – und von schwächelnden Auftritten ablenken.* (Saarbrücker Zeitung 31. 7. 2009)

lento//allegro
(langsam ○ Musik)

Lentoform//Allegroform
(volle sprachliche Form beim langsamen Sprechen, z. B. „wenn es" statt „wenn's")

Leonce//Lena
Leonce ist der verwöhnte Prinz und Lena die Prinzessin im gleichnamigen Lustspiel von Georg Büchner (1836)

Lepton//Baryon
(Kernphysik)

leptosom//pyknisch; ↑auch: zyklothym
ein leptosomer (schlankwüchsiger) Mensch

Lerchen//Eulen
(Frühaufsteher) ○ *Lerchen und Eulen: Kommen Paare, die beide Frühaufsteher (Lerchen) oder Langschläfer (Eulen) sind, besser miteinander klar, als wenn einer eine Lerche und der andere eine Eule ist?* (Berliner Zeitung 16. 3. 2017)

lernen//lehren
er lernt die deutsche Sprache (bei ihr) ○ *Die Schule sei nicht nur ein Gebäude, sondern ein Ort, an dem Schüler und Lehrkräfte mehr als 50 Prozent ihres Tages verbringen und gemeinsam lernen und lehren.* (Aachener Zeitung 8. 7. 2015)

lernen//verlernen
was man gelernt hat, verlernt man wieder, wenn man nicht in Übung bleibt ○ *Während wir Neues lernen, verlernen wir meist auch etwas anderes.* (Main-Post 6. 6. 2018)

Lernen; ↑intentionales Lernen, inzidentelles Lernen

Lernende[r]//Lehrende[r]

Lesbe//Schwuler; ↑auch: Homosexueller, Urning
(Frau, die Frauen liebt)

Lesbierin//Homosexueller; ↑auch: Schwuler, Urning
(Frau, die Frauen liebt)

lesbisch//schwul; ↑auch: gay, homosexuell, mannmännlich
sie ist lesbisch (ist homosexuell) ○ *Nein, man muss nicht lesbisch oder schwul sein, um beim Homosportverein Aufschlag mitmachen zu dürfen.* (Falter 1. 10. 2003)

Leselehrmethode; ↑synthetische Leselehrmethode

lesen//hören
er hat den Vortrag (von ihm) gelesen, nicht selbst gehört ○ *Es ist schon komisch, so viele negative Dinge über mein Heimatland zu lesen und zu hören.* (Die Welt 15. 6. 2018)

lesen//schreiben
ich habe gelesen, was du geschrieben hast ○ *„Die junge Frau bezweifelte offenbar, dass der Bräutigam lesen und schreiben kann."* (Neues Volksblatt 14. 3. 2015)

Leser//Hörer
Es ist seine Sprache, die den Leser und den Hörer in Bann zieht. (Mittelbayerische Zeitung 15. 4. 2017)

leserfreundlich//leserunfreundlich
ein leserfreundlicher (gut lesbarer) Druck ○ *Während kirchliche Dokumente sonst oft nicht sehr leserfreundlich seien, drücke sich Franziskus anschaulich, konkret und lebensnah aus.* (Berliner Zeitung 9. 4. 2016)

Leser[in]//Schreiber[in]

leserlich//unleserlich
eine leserliche Handschrift ○ *Der Umbruch hätte die Namen schwer leserlich oder sogar unleserlich machen können.* (Die Nordwestschweiz 7. 4. 2016)

leserunfreundlich//leserfreundlich
ein leserunfreundlicher (schlecht lesbarer) Druck ○ *Einzig das zwar informative, aber im Layout äusserst leserunfreundlich weiss auf schwarz gedruckte Booklet trübt den Gesamteindruck.* (Neue Zürcher Zeitung 23. 11. 2005)

letzte//erste
das letzte Kapitel ○ *sie war die letzte Kundin* ○ *Für die 32-Jährige wären es die*

letzten Olympischen Spiele und somit die letzte Chance auf ihre erste Medaille gewesen. (Salzburger Nachrichten 6. 2. 2018)

Letzte, der//der Erste
die Ersten werden die Letzten sein ○ Ich habe den Eindruck, dass er keine drei Stunden Schlaf pro Nacht hatte! Der Letzte, der ging und der Erste, der wieder aufräumte. (Passauer Neue Presse 25. 6. 2016)

Letzterer//Ersterer
Das ist ein Film von Martin Scorsese, in dem Letzterer die Haupt-, Ersterer eine Nebenrolle spielt. (Frankfurter Rundschau 15. 2. 2010)

letztgeboren//erstgeboren
Die beiden Gemeinderatsmitglieder ... sorgten mit ihren beiden Töchtern für die letztgeborene Ansbacher Erdenbürgerin im Jahr 2004 und die erstgeborene Rodenerin im Jahr 2005. (Main-Post 10. 1. 2005)

letztgenannt//erstgenannt
der letztgenannte Autor ○ Logisch, letztgenannte Organisation koordiniert dieses Projekt, erstgenannte kofinanziert es. (Luxemburger Tageblatt 31. 5. 2016)

letztmalig//erstmalig
dieses Stück wird am Sonntag letztmalig aufgeführt ○ Der Kirchenchor, letztmalig unter der Leitung von Werner Steines, und der Männergesangverein, erstmalig unter der Stabführung von Wilfried Schäfer, hatten den ersten Teil der Vorweihnachtszeit gewidmet (Rhein-Zeitung 12. 12. 1999)

leukoderm//melanoderm
(hellhäutig)

leukokrat//melanokrat
(mit überwiegend hellen Bestandteilen ○ Geologie)

Leukozyt//Erythrozyt; ↑auch: rote Blutkörperchen

Lex generalis//Lex specialis
(Rechtswesen)

Lex specialis//Lex generalis
(Rechtswesen)

liberal//illiberal
ein liberales Verhalten ○ Viktor Orban selbst war zunächst ein liberaler Erneuerer – bevor er zum illiberalen Anführer wurde. (Der Spiegel 9. 6. 2018)

Liberalität//Illiberalität

liberal//konservativ

Liberaler//Konservativer
Zum Beispiel vertrauen in den USA Liberale den Medien mehr als Konservative, während es sich in Großbritannien genau umgekehrt verhält (Die Presse 23. 6. 2018)

Licht//Dunkel
Eine Expertengruppe um ... hat sich kürzlich darangemacht, Licht ins Dunkel zu bringen. (Die Zeit 22. 11. 2018)

Licht//Dunkelheit
Licht und Dunkelheit bestimmen unsere innere Uhr – wann wir wach und wann wir müde werden. (Hamburger Morgenpost 13. 9. 2018)

Licht//Schatten
wo viel Licht ist, ist viel Schatten ○ ein Jahr voll Licht und Schatten ○ In der deutschen Geschichte sind Licht und Schatten ... untrennbar miteinander verwoben (Der Spiegel 5. 5. 2018) ○ Ereignis zwischen Licht und Schatten (Mannheimer Morgen 19. 3. 2018)

Licht; ↑Kunstlicht, Tageslicht

lichtdurchlässig//lichtundurchlässig
lichtdurchlässiges Glas ○ Normalerweise fällt das Licht durch die Fenster ein, der Rest der Fassade ist lichtundurchlässig. Die neuartige transparente Wärmedämmung ... macht es nun möglich, dass die gesamte Fassade lichtdurchlässig wird und trotzdem eine optimale Wärme-

dämmung aufweist. (Tagesanzeiger 11. 10. 1996)

lichtempfindlich//lichtunempfindlich
ein lichtempfindlicher Film ○ *Optogenetiker bauen – vereinfacht gesagt – gentechnisch „Lichtschalter" für Zellen. Oder anders ausgedrückt: Bisher lichtunempfindliche Zellen werden in lichtempfindliche umgewandelt.* (Der Tagesspiegel 25. 8. 2012)

lichten; ↑**den Anker lichten**

Lichtholz//Schattenholz
(Forstwesen)

Lichtkeimer//Dunkelkeimer
(Botanik)

Licht- und Schattenseiten
alles hat seine Licht- und Schattenseiten ○ *man muss die Licht- und Schattenseiten sehen* ○ *Wut kommt darin zum Ausdruck, die Wut des Arbeitersohns aus New Jersey, der die Licht- und Schattenseiten seines Landes kennt, weil er sie am eigenen Leib erlebt hat.* (St. Galler Tagblatt 28. 10. 2016)

lichtundurchlässig//lichtdurchlässig
lichtundurchlässiges Glas

lichtunempfindlich//lichtempfindlich
ein lichtunempfindlicher Film

Liebe//Hass; ↑**auch: Abneigung, Antipathie**
die Liebe braucht keine Erklärung, nur der Hass ○ *alles, was die Liebe übersehen hat, lässt der Hass als Lächerlichkeiten erscheinen* ○ *es bestand eine Hassliebe zwischen den beiden* ○ *in ihrem Alter – glaubt sie – kann man noch lieben, aber nicht mehr geliebt werden* ○ *er liebt sie/sie wird von ihm geliebt* ○ *sie liebt sie* ○ *er liebt ihn* ○ *sie liebt ihn und er sich auch* ○ *Liebe für alle – Hass für keinen* (Spruch)

lieben//geliebt werden
Das Theaterstück zeigt die Frau hinter dem Star, das Leben der Rosemarie Magdalena Albach, die nur eines wollte, lieben und geliebt werden. (Salzburger Nachrichten 20. 5. 2011)

lieben//hassen
er liebt sie ○ *erst hat sie ihn geliebt, nun hasst sie ihn* ○ *Wo alles liebt, kann Karl allein nicht hassen* (Schiller: Don Carlos I/1) ○ *sie liebt keine Schmeicheleien* ○ *Wir haben uns geliebt und gehasst und beides gleichzeitig.* (Der Spiegel 13. 7. 2019

liebend//geliebt
der liebende Mann und die von ihm geliebte Frau ○ *Ja, ich wurde von meinen Adoptiveltern liebend aufgenommen und als Kind geliebt.* (Neue Luzerner Zeitung 10. 9. 2018)

Liebende[r]//Geliebte[r]

Liebesehe//Vernunftehe
„Die grundlegende Frage ist, ob man Kooperation oder ein Nebeneinander will. Insgesamt ist das keine Liebesehe, sondern eine Vernunftehe. Vernunftehen halten aber meistens eh länger." (Oberösterreichische Nachrichten 15. 5. 2015)

liebesfähig//liebesunfähig
Ich sehe Gott auch darin, dass ich als Mensch liebesfähig bin. (Tiroler Tageszeitung 22. 3. 2014)

Liebesfähigkeit//Liebesunfähigkeit

Liebesheirat//Vernunftheirat
Man kann eine Liebesheirat oder eine Vernunftheirat eingehen. (Kleine Zeitung 15. 2. 2015)

liebesunfähig//liebesfähig
Er ist liebesunfähig, weil er Angst vor der Hingabe hat. (Der Standard 4. 5. 2013)

Liebesunfähigkeit//Liebesfähigkeit

liebevoll//lieblos
eine liebevolle Tochter ○ *ein liebevoll eingepacktes Geschenk* ○ *er hat alles sehr liebevoll gemacht* ○ *New York wird es*

noch schwerer haben, dort sind die Bauarbeiter viel schlechter geschult und gehen über liebevoll entworfene Details lieblos hinweg. (Die Zeit 6. 3. 2003)

Liebhaber[in]//Geliebte[r]
er ist ihr/sein Liebhaber o Doch immer verliebt zu sein, soll nicht heissen, einen Liebhaber oder eine Geliebte nach der andern zu haben (Neue Zürcher Zeitung 12. 5. 2017)

Liebhabertheater//Berufstheater
Im Liebhabertheater Schloss Kochberg, wo einst der Dichter und Staatsmann Goethe ein- und ausging, gibt es „musikalische Wege zu Bach". (Leipziger Volkszeitung 3. 6. 2017)

lieblich//herb
ein lieblicher Wein o Kraftvoll zubeißen sollten wir heute, und zwar in einen Apfel. Genau, das sind die meist runden, saftigen Vitaminspender, die sich mal lieblich und auch gern etwas herb präsentieren. (Nordkurier 11. 1. 2013)

lieblos//liebevoll
ein liebloser Mann o ein lieblos eingepacktes Geschenk o sie hat alles sehr lieblos gemacht

Lied; ↑Kunstlied, Volkslied

liegenbleiben//aufstehen
sie bleibt (noch) liegen und steht noch nicht auf o er stürzte und blieb liegen, konnte nicht gleich wieder aufstehen o Hier stellt sich die Frage nach liegenbleiben oder aufstehen nicht mehr, denn das Fieber ist hoch und der Allgemeinzustand zwingt die Erkrankten zur Bettruhe. (Burgenländische Volkszeitung 9. 1. 2008)

liegenbleiben//schmelzen
der Schnee wird bei dieser Temperatur liegenbleiben o „Überall, wo Schnee liegt, wird dieser liegen bleiben und nicht schmelzen." (Der Tagesspiegel 19. 1. 2016)

liegend aufgelegt//stehend freihändig
(Schießsport o Militär) o Geschossen wurde mit Gewehr „Karl Gustav" auf 100 Meter liegend aufgelegt und Luftpistole auf 10 Meter stehend freihändig. (Rhein-Zeitung 11. 10. 2011)

Liegende, das//Hangende, das
(Bergmannssprache)

liegende Güter//fahrende Güter
(nicht bewegliches Eigentum)

liegen lassen//aufheben
das Papier (auf dem Fußboden) liegen lassen o Gute Tipps helfen beim sicheren Fahren: Wenn was runtergefallen ist, liegen lassen und später aufheben. (Rhein-Zeitung 21. 9. 2018)

liegenlassen//erledigen
die Post liegenlassen o Dinge, die wichtig sind, sollte man nicht liegen lassen, sondern zuerst erledigen. (Rhein-Zeitung 2. 6. 2014)

liegen lassen; ↑brach liegen lassen

limitiert//unlimitiert
eine limitierte Ausgabe eines Buches (mit begrenzter Auflagenhöhe) o Die Beteiligung kann limitiert oder unlimitiert sein, sie kann ab sofort gelten oder erst ab einem Kursanstieg von z. B. 10 Prozent. (Der Bund 1. 7. 2008)

limnisch//marin, terrestrisch
(im Süßwasser lebend) o Prozesse im Bereich des Süßwassers und dadurch entstandene Ablagerungen werden als limnisch bezeichnet. Geologische Vorgänge im Bereich des Meeres werden marin genannt (Braunschweiger Zeitung 30. 4. 2011)

Limousine//Cabrio, Cabriolet
(Personenwagen mit festem Dach)

linear//nichtlinear
ein Buch ist ein lineares Medium (bei dem die Informationen fortlaufend dargestellt werden)

linear//punktuell
lineares Lesen ○ *Unzählige schnelle und hektische Pinselbewegungen verbinden sich mit dem Strudel der Farben, die teils linear, teils punktuell verteilt werden.* (Thüringische Landeszeitung 25. 3. 2004)

line in//line out
(hineinführend ○ Elektrotechnik)

line out//line in
(herausführend ○ Elektrotechnik)

...ling//...er[in] (Substantiv)
z. B. *Prüfling/Prüfer[in]*

Lingam//Yoni; ↑auch: Vagina
(in Indien Symbol des männlichen Geschlechts)

Lingualpfeife//Labialpfeife; ↑auch: Lippenpfeife
(Pfeife an der Orgel, bei der der Ton durch ein im Luftstrom schwingendes Metallblättchen erzeugt wird)

Linguistik; ↑angewandte Linguistik, theoretische Linguistik

linguistisch//außerlinguistisch, extralinguistisch

Linie; ↑Leitlinie, Sicherheitslinie

Linienflug//Charterflug
(regelmäßiger Flug ○ Luftfahrt)

Linienflugzeug//Charterflugzeug
(regelmäßig fliegendes Flugzeug)

Linienmaschine//Chartermaschine
er flog mit einer Linienmaschine

Linienschiff//Trampschiff
(regelmäßig verkehrendes Schiff)

Linienschifffahrt//Trampschifffahrt

Linienverkehr//Charterverkehr
(regelmäßiger Verkehr)

lin(i)iert//unlin(i)iert
liniiertes (mit Linien versehenes) *Papier* ○ *Die Karten sind liniert und unli-*

niert, einzeln oder als Serie im Kartenblock zu haben. (Berner Zeitung 13. 6. 2007)

linke//rechte; ↑auch: schwarz; Ehe zur rechten Hand
der linke Arm ○ *die linke Hirnhälfte ist Sitz des analytischen Verstandes und vieler Aspekte der Sprache* ○ *An den niederländischen Stränden werden mehr linke als rechte Schuhe angespült. In Schottland ist es umgekehrt* (St. Galler Tagblatt 26. 4. 1997) ○ *eine linke Partei* ○ *ein linker* (sozialistisch eingestellter) *Politiker*

Linke, die//die Rechte
mit der Linken (der linken Hand) *schreiben* ○ *die Rechte vorm Gesicht und mit der Linken kämpfen* ○ *die Linke weiß nicht, was die Rechte tut* (die rechte Hand) ○ *Mehr mit der Linken als mit der Rechten arbeitend, führte der Dirigent die deutliche Stärke des Orchesters vor* (Die Presse 1. 4. 2016)

Linke[r]//Rechte[r]; ↑auch: Schwarze[r]//Rote[r]
er ist ein Linker (vertritt eine linke, sozialistische Position) ○ *die Linken wurden aktiv* ○ *In den Steuerparadiesen koalieren die Linken und die Rechten, das Kapital und die Politik.* (Passauer Neue Presse 7. 11. 2017)

linkerseits//rechterseits
In den Cafés linkerseits sitzen die Bosniaken und trinken ihren Mokka, rechterseits die Kroaten mit ihren Cappuccinos. (taz 1. 10. 2004)

links//rechts; ↑auch: Handpferd, hott
er sitzt links ○ *der Herr geht links, die Dame rechts* ○ *links abbiegen* ○ *links des Rheins* ○ *links vom Haus* ○ *früher saßen in der Kirche die Frauen links* ○ *Links und rechts dieses Vorbaus ist der südliche Korridor-Kopf als Wintergarten-Balkon ausgebildet.* (St. Galler Tagblatt 2. 7. 1999) ○ *er wählt links* (sozialistisch) ○ *rechts leben und links wählen* ○ *„Wir reden links und leben dann aber*

rechts" (Armin Nasshedi, Standard 19. 4. 2015) ○ *Vermutlich haben Politiker aus allen Reihen von links bis rechts nach 30 Jahren Floating noch nicht realisiert, dass wir keine Goldwährung mehr haben.* (St. Galler Tagblatt 2. 7. 1999)

Linksabbieger//Rechtsabbieger
(Autofahrer, der nach links abbiegt) ○ *„Fahrstreifen für Linksabbieger, Rechtsabbieger oder Geradeausfahrer werden durch weisse Einspurpfeile gekennzeichnet."* (Basler Zeitung 13. 9. 2016)

Linksausfall//Rechtsausfall
(Boxen)

Linksauslage//Rechtsauslage
(Boxen)

Linksausleger//Rechtsausleger
(Boxen)

links außen//rechts außen
(Fußball)

Linksaußen//Rechtsaußen
(Fußball)

linksbündig//rechtsbündig
(Fachsprache)

Linksdrall//Rechtsdrall
ein Politiker mit Linksdrall ○ *Über 80 Prozent der Testpersonen, die zum Linksdrall geneigt hatten, übten mehr Druck mit dem linken Fuß aus, und 70 Prozent derjenigen mit Rechtsdrall belasteten den rechten Fuß stärker.* (Wiener Zeitung 10. 11. 2012)

linksdrehend//rechtsdrehend; ↑auch: dextrogyr
linksdrehende Milchsäure ○ *Esskastanien, die drehwüchsig sind, sind immer linksdrehend. Allerdings sind Rosskastanien immer rechtsdrehend.* (Süddeutsche Zeitung 16. 7. 2018)

Linksdrehung//Rechtsdrehung

linksextrem//rechtsextrem
Zusammengerechnet machten die Wähler von Jean-Luc Mélenchon (linksextrem) und Marine Le Pen (rechtsextrem) in der ersten Runde mehr als 40 Prozent der Wähler aus. (Wiener Zeitung 4. 5. 2017)

Linksextremismus//Rechtsextremismus

linksextremistisch//rechtsextremistisch
linksextremistische Gruppierung

linksfüßig//rechtsfüßig
(mit dem linken Fuß schießend) ○ *Der 1,74 Meter große Mann soll Mittelfeld und Angriff spielen können, eher linksfüßig als rechtsfüßig beschlagen sein.* (Rhein-Zeitung 3. 7. 2001)

Linksgalopp//Rechtsgalopp
(Pferdesport)

linksgängig//rechtsgängig
eine links gängige Schraube (deren Gewinde von rechts nach links ansteigt) ○ *ein linksgängiges Gewinde*

Linksgewinde//Rechtsgewinde

Linkshaken//Rechtshaken
(Boxen)

Linkshänder[in]//Rechtshänder[in]
sie ist Linkshänderin (nimmt zum Schreiben usw. die linke statt der rechten Hand) ○ *Und für Linkshänder wird exakt gleich aufgedeckt wie für Rechtshänder.* (Tiroler Tageszeitung 22. 1. 2017)

linkshändig//rechtshändig
Beispielsweise ... wurde linkshändig der Kontrabass gespielt und gleichzeitig rechtshändig die Tuba kräftig geblasen. (Südkurier 24. 2. 2014)

Linkshändigkeit//Rechtshändigkeit

linksher//rechtsher
(von der linken Seite her) ○ *Und von linksher und rechtsher blicken zwei steinerne Soldatenköpfe finster auf den Geburtsort des Flusses.* (Süddeutsche Zeitung 23. 12. 2000)

linksherum//rechtsherum; ↑auch: im Uhrzeigersinn, rechtdrehend

linkshin//rechtshin
(auf die linke Seite hin ○ veraltet) ○ „Und er, Joseph, reckte linkshin den Körper gebannt, dass er beim Erscheinen sehe den Vogel und sich ersehe nochmals die Augenpracht." (Süddeutsche Zeitung 13. 3. 2012)

linkshirnig//rechtshirnig
(die linke Gehirnseite betreffend, charakteristisch für abstraktes und rationales Denken usw.)

Linksinnen//Rechtsinnen
(Fußball)

Linkskonter//Rechtskonter
(Boxen)

Linkskurs//Rechtskurs
(Pferdesport) ○ *Linkskurs der Partei* (Politik)

Linkskurve//Rechtskurve
er fuhr in die Linkskurve

linkslastig//rechtslastig
Der Christbaum vor dem Schloss Mirabell ist eindeutig ein bisschen linkslastig. Muss an den politischen Verhältnissen im Schloss liegen (Salzburger Nachrichten 29. 11. 2014)

linksläufig//rechtsläufig
(Technik) ○ *Und der ganze Markt ist jetzt linksläufig* (man wird im Uhrzeigersinn geleitet), *statt vorher rechtsläufig.* (Saarbrücker Zeitung 12. 12. 2001)

Linkslenker//Rechtslenker
(Auto mit dem Lenkrad auf der linken Seite)

Linkspartei//Rechtspartei
Und natürlich gibt es die Behauptung, dass es sich bei der Linkspartei in Wirklichkeit um eine Rechtspartei handelt. (Der Tagesspiegel 14. 8. 2005)

linksradikal//rechtsradikal
«Ob linksradikal oder rechtsradikal. Die FDP-Fraktion duldet keine staatsfeindlichen Gruppierungen in unserer Stadt.» (Neue Luzerner Zeitung 23. 3. 2016)

linksrheinisch//rechtsrheinisch; ↑auch: transrhenanisch

Linksruck//Rechtsruck
(Stimmenzuwachs der linken Parteien) ○ *Denn Rechts- und Linksextremismus würden in der Gesellschaft unterschiedlich bewertet, ... man müsse dem Linksruck in der Gesellschaft mit einem Rechtsruck begegnen, um den normalen Zustand wiederherzustellen.* (Mitteldeutsche Zeitung 7. 11. 2018)

linksrum//rechtsrum
den Walzer linksrum tanzen ○ *Beim Opernball ist Walzer gefragt – linksrum. „Wir hier tanzen ihn eigentlich rechtsrum, und so war das schon eine Herausforderung für den Andreas und mich"* (Mannheimer Morgen 28. 2. 2017)

Linksschnitt//Rechtsschnitt
([Tisch]tennis)

Linksschuss//Rechtsschuss
(Schuss mit dem linken Fuß ○ Fußball)

linksseitig//rechtsseitig
linksseitig gelähmt ○ *Am Montag, 23. April, werden nun der Eulauer Deich, der Schellsitzer Deich sowie der Schulpfortaer Deich linksseitig und rechtsseitig inspiziert.* (Mitteldeutsche Zeitung 21. 4. 2018)

Linkssystem//Rechtssystem
(Mathematik)

linksum//rechtsum
(militärisches Kommando) ○ *Dann tanzen sie nach festgelegten Melodien den Walzer. Einmal linksum, dann wieder rechtsum.* (Salzburger Nachrichten 5. 6. 1996)

Linksunterzeichnete[r]//Rechtsunterzeichnete[r]
(auf einem Schriftstück, in einem Brief)

Linksverbinder//Rechtsverbinder
(Ballspiele)

Linksverkehr//Rechtsverkehr
Obwohl Myanmar eine ehemalige britische Kolonie mit Linksverkehr ist, wurde von einem auf den anderen Tag der Rechtsverkehr eingeführt. (Der Standard 14. 10. 2017)

Linksvorrang//Rechtsvorrang
(Vorfahrt von links ○ österreichisch)

Linksvortritt//Rechtsvortritt
(Vorfahrt von links ○ schweizerisch)

lipophil//lipophob
(in Fett löslich)

lipophob//lipophil
(nicht in Fett löslich)

Lippenpfeife//Zungenpfeife; ↑auch: Lingualpfeife
(Pfeife an der Orgel, bei der ein Luftstrom auf eine scharfkantige Schneide trifft)

liquid//illiquid; ↑auch: insolvent, zahlungsunfähig
liquid (zahlungsfähig) *sein ○ eine liquide Firma ○ Wenn alle liquid sein wollen, werden alle illiquid – ebenfalls ein Systemproblem.* (Neue Zürcher Zeitung 3. 1. 2008)

Liquidität//Illiquidität

Listener//Talker
(Gerät, das Daten empfängt ○ EDV)

Listenkandidat//Direktkandidat
(bei Wahlen) ○ *H. M. (53) aus Burgau wurde als Listenkandidat für den Landtag nominiert. Er ist Direktkandidat im Kreis Günzburg.* (Südwest Presse 20. 2. 2013)

Listenplatz//Direktmandat
sie hat einen Listenplatz (ist Kandidatin auf der Wahlvorschlagsliste einer Partei) ○ *„Aber ich habe einen ungünstigen Listenplatz und nur eine Chance, es übers Direktmandat zu schaffen."* (Nordkurier 15. 9. 2017)

Listenwahl//Persönlichkeitswahl
(Wahl, bei der in Listen von Parteien aufgeführte Personen gewählt werden) ○ *Man habe auch den anderen Fraktionen im Betriebsrat angeboten, ganz auf die Listenwahl zu verzichten und die Arbeitnehmervertretung als reine Persönlichkeitswahl zu organisieren.* (Schwäbische Zeitung 19. 1. 2018)

Literalität//Oralität
(Sprachwissenschaft)

literat//orat; ↑auch: gesprochen
(Sprachwissenschaft)

Literatur; ↑Primärliteratur, Sekundärliteratur

litoral//ozeanisch
litorale (nahe der Küste sich aufhaltende) *Meeresfische*

Litotes//Hyperbel, Hyperbole; ↑auch: Übertreibung
(eine Form der Untertreibung; z. B. „ich habe mich nicht wenig = sehr gefreut ○ er ist nicht mehr der Jüngste = doch schon recht alt)

live//aufgezeichnet
die Fernsehsendung ist live ○ Da schaue ich pro Woche dreissig, vierzig Spiele, live oder aufgezeichnet. (Berner Oberländer 4. 6. 2018)

Live-Sendung//Aufzeichnung
(Fernsehen) ○ *Oberfuchshuber übt Applaus und Jubeln im Akkord, damit in der Live-Sendung oder der Aufzeichnung alles klappt.* (Frankfurter Rundschau 15. 8. 2012)

Lizenzgeber//Lizenznehmer
(Wirtschaft) ○ *Mittlerweile gibt es viel weniger Lizenzgeber, und die Lizenznehmer kommen fast ausschliesslich aus Asien, wo die Schiffe gebaut werden.* (Neue Zürcher Zeitung 19. 7. 2014)

Lizenznehmer//Lizenzgeber
(Wirtschaft)

Lkw//Pkw; ↑auch: Personenkraftwagen
Der Lkw wurde mittels Kranfahrzeug geborgen, der Pkw mittels Wechselladefahrzeug vom Unfallort entfernt. (Niederösterreichische Nachrichten 8. 7. 2016)

Lob//Tadel
Urlauber halten in der Sprechstunde mit der Kurdirektorin nicht mit Lob und Tadel hinter dem Berg (Ostsee-Zeitung 6. 7. 2016)

loben//tadeln
sie wurde gelobt ∘ *Prinzipiell ist mir aber aufgefallen, ... dass ich zu wenig gelobt und zu viel getadelt habe, egal ob es meine Kinder oder meine Mitarbeiter waren.* (Kölner Stadtanzeiger 4. 12. 2010)

Lochspiel//Zählspiel
(Golfspiel)

locker//fest
die Schraube ist locker ∘ *locker zubinden* ∘ *eine lockere Beziehung* ∘ *Die Sträuße werden nun eher groß und locker gebunden statt wie früher fest und kompakt.* (Nordkurier 2. 2. 2017)

locker//steif
eine lockere Atmosphäre ∘ *„Hier geht es richtig familiär zu, es ist ganz locker und nicht so steif wie in anderen Wirtschaftszweigen."* (Berliner Zeitung 27. 2. 2016)

lockern//anziehen
eine Schraube lockern ∘ *Viele Details sprechen dafür, dass er nach dem Motto verfährt: Hier ein bisschen lockern, dort ein wenig die Daumenschrauben anziehen.* (Die Presse 15. 5. 2008)

lockern//verschärfen
Vorschriften lockern ∘ *So wurde im Sommer seitens der Innenministerin argumentiert, dass Österreich die Bürokratie für hoch qualifizierte Arbeitskräfte lockern müsse, für weniger Qualifizierte aber verschärfen solle.* (Die Presse 2. 11. 2010)

lockig//glattes
Ob ein Hund lockiges Fell hat oder glattes, lange Haare oder kurze, ist unerheblich. (Nürnberger Zeitung 28. 2. 2004)

logisch//unlogisch
die Begründung ist logisch ∘ *Es ist nur logisch, dass das Buch mitunter unlogisch wirken muss.* (Kurier 4. 6. 2016)

Logizität//Faktizität
(Philosophie)

logozentrisch//biozentrisch
eine logozentrische (dem Geist den Vorrang gebende) Weltsicht

Lohn//Strafe
das war der Lohn für seine Tat ∘ *Mit Hilfe von Regeln könne und solle künftiges soziales Verhalten vorausblickend gesteuert werden, also durch Lohn und Strafe, Anerkennung und Missbilligung* (Neue Zürcher Zeitung 28. 6. 2010)

Lohnarbeiter//Kapitalist
(Marxismus)

Lokalanästhesie//Allgemeinanästhesie
(Medizin)

lokales Netz//Weitverkehrsnetz
(Kommunikationstechnik)

Lokogeschäft//Distanzgeschäft
(Geschäft in Bezug auf verfügbare Ware ∘ Kaufmannssprache)

lokutiv//illokutiv
(Sprachwissenschaft)

long//short
(Wirtschaft)

Longdrink//Shortdrink
(alkoholisches Getränk mit Mineralwasser, Fruchtsaft o. Ä.)

Longitudinalwelle//Transversalwelle; ↑auch: Querwelle
(Physik)

Longlist//Shortlist
Anders als beim Deutschen Buchpreis für Romane soll es nicht erst eine Long-

list und dann eine Shortlist geben, sondern nur eine Nominierungsliste mit acht Titeln. (Der Spiegel 18. 5. 2019)

Lorokonto//Nostrokonto
(Bankwesen)

...los//be...t (Adjektiv)
z. B. *haarlos/behaart, blätterlos/beblättert*

...los//...haft (Adjektiv)
z. B. *stimmlos/stimmhaft*

...los//...haltig (Adjektiv)
z. B. *merkmallos/merkmalhaltig*

...los//...ig (Adjektiv)
z. B. *bartlos/bärtig*

...los//mit ...
z. B. *schnörkellos/mit Schnörkeln, kinderlos/mit Kindern*

...los//...reich (Adjektiv)
z. B. *erfolglos/erfolgreich*

...los//...voll (Adjektiv)
z. B. *rücksichtslos/rücksichtsvoll*

lösbar//unlösbar; ↑auch: unlöslich
lösbare Probleme ○ *Die Folgen der Kernschmelze sind vorübergehend lösbar! Die Folgen der Endlagerung aber sind unlösbar!* (Badische Zeitung 12. 4. 2011)

losbinden//anbinden
das Pferd (wieder) losbinden ○ *Mit dem Signalhorn ... wurden die Bauern darauf aufmerksam gemacht, dass die im Stall an die Ketten gelegten Tiere losgebunden werden mussten, oder bei Rückkehr angebunden wurden.* (Badische Zeitung 31. 7. 2004)

Loser//Winner[typ]
(Verlierertyp) ○ *Kohler wechselt seine Bühnengestalten ... fliegend, vom Frauenversteher zum Macho, vom Loser zum Winner.* (Die Südostschweiz 3. 4. 2014) ○ *Vielfach Winner, aber auch Loser* (Handelszeitung 25. 8. 2010)

loslassen//festhalten
das Seil loslassen ○ *er lässt das Kind los (hält es nicht mehr an der Hand fest)* ○ *das Kind ließ den Luftballon los, und er flog weg* ○ *„Diese Bilder sind noch alle da, aber ich kann sie einordnen", erklärt er, „Gedanken kann man loslassen oder festhalten."* (Basler Zeitung 17. 8. 2018)

löslich//unlöslich
lösliche Stoffe (Chemie) ○ *Sie gehören zur Kategorie der Kohlenhydrate und lassen sich in löslich und unlöslich unterteilen.* (Die Welt 22. 5. 2014)

Lotte; ↑Werther

low-end//high-end
(EDV)

loyal//illoyal
sich einem anderen gegenüber loyal (wohl gesinnt, ihn nicht behindernd usw.) verhalten ○ *Jeder ist so loyal zu den Münchnern, dass man ihm nicht vorwerfen kann, illoyal aufzutreten.* (Süddeutsche Zeitung 18. 7. 2008)

Loyalität//Illoyalität

LP//die Single
im Plattengeschäft eine LP (Langspielplatte) kaufen

Lubrikation//Ejakulation
(Absonderung von Vaginalflüssigkeit bei sexueller Erregung)

lückenhaft//lückenlos
lückenhafte Erinnerungen ○ *„Der einzige Minuspunkt ist, dass manchmal die Beschilderung zu den Strecken lückenhaft ist. Wenn man dann auf dem Rundkurs ist, sind die Wegweiser aber wieder lückenlos"* (Leipziger Volkszeitung 17. 4. 2007)

lückenlos//lückenhaft
lückenlose Erinnerungen

Luft//Wasser
die Luft hat 15 Grad, das Wasser nur 12 ○ *Werden Wohnungsneubauten über-*

wiegend mit erneuerbaren Energien beheizt, so geschieht dies vor allem mit Umweltthermieanlagen, die der Luft oder dem Wasser Wärme entziehen (Süddeutsche Zeitung 14. 8. 2015)

Luft; ↑Abluft, Frischluft, Zuluft; in der Luft

Luftakrobat//Parterreakrobat
(Akrobat, der auf dem Seil oder am Trapez seine Kunststücke vorführt)

Luftakrobatik//Parterreakrobatik

luftdurchlässig//luftundurchlässig
luftdurchlässiges Gewebe o *Die Anzüge waren im Brustbereich luftdurchlässig, der Rest luftundurchlässig. Im FIS-Reglement wurde eine Mindestluftdurchlässigkeit verankert* (Die Presse 28. 12. 2002)

Luftgefecht//Bodengefecht
(Militär)

Luftkrieg//Landkrieg, Seekrieg

Luftkühlung//Wasserkühlung
(Abführung von Wärme durch die Luft o Technik)

Lufttemperatur//Wassertemperatur
(an der Nordsee) Lufttemperatur 20 Grad, Wassertemperatur 18

luftundurchlässig//luftdurchlässig
luftundurchlässige Kleidung

Luftwaffe//Armee, Marine
(in der Luft kämpfende Einheiten)

Luftweg//Landweg, Wasserweg
auf dem Luftweg befördern o *„Aber wir gehen davon aus, dass Hiddensee noch mehrere Tage über den Luftweg versorgt werden muss", sagte Kassner. „Hilfe über den Wasserweg scheint ausgeschlossen."* (Hamburger Morgenpost 4. 2. 2010) o *Heroin dagegen wird heutzutage ... selten auf dem Luftweg transportiert. Es gelangt von Afghanistan auf dem Landweg ... nach Mitteleuropa.* (Neue Zürcher Zeitung 28. 4. 2007)

Lüge//Wahrheit
Die Lüge triumphiert und die Wahrheit ist auf dem Rückzug. (Der Spiegel 25. 6. 2018)

lügen//die Wahrheit sagen
er hat gelogen o *So nach dem Motto: „Ein Politiker darf nicht lügen, aber er muss nicht immer die Wahrheit sagen."* (Kleine Zeitung 15. 1. 2015)

lügen; ↑das ist gelogen

lukrativ//oneros
ein lukratives Rechtsgeschäft ist im Unterschied zu einem onerosen nur für den einen Teil eine Verpflichtung, für den anderen aber nur ein Vorteil (veraltet o Rechtswesen)

Lulu//Aa; ↑auch: großes Geschäft, Kot, Scheiße
Lulu machen/müssen (kindertümlich) o *Peter muss wieder „Lulu", ich laufe um das Becherl und halte es Peter unter* (Oberösterreichische Nachrichten 22. 5. 2018) o *Offenbar niemand von den „Verantwortungsträgern" der ÖBB hat sich je auf kleinere Bahnhöfe begeben und hat ebenda lulu oder aa machen müssen.* (Neue Kronen-Zeitung 17. 2. 2006)

Lust//Unlust
Lust und Unlust hielten sich die Waage o *Bevor der Verstand mir sagt, das tut mir gut, spüre ich doch schon Lust oder eben auch Unlust.* (Aachener Zeitung 30. 4. 2018)

Lustgarten//Nutzgarten
(hauptsächlich dem Vergnügen dienender Garten o veraltet) o *Im Gegensatz zum antiken Lustgarten war der mittelalterliche ein eigentlicher Nutzgarten.* (St. Galler Tagblatt 1. 10. 2012)

Lustprinzip//Realitätsprinzip
das Es (nach Freud) *arbeitet nach dem Lustprinzip*

Lustspiel//Trauerspiel; ↑auch: **Tragödie**
„Lustspiel und Trauerspiel gewinnen sehr und werden eigentlich erst poëtisch durch eine zarte, symbolische Verbindung. Der Ernst muss heiter, der Scherz ernsthaft schimmern". (Novalis, Poetische Schriften III/651)

Luv//Lee; ↑auch: **Windschatten**
„Luv" ist die dem Wind zugekehrte Seite eines Schiffes

Luvboje//Leeboje
(Segelsport)

Luvdurchbruch//Leedurchbruch
(beim Segelsport das Überholen eines anderen Bootes auf der Luvseite)

luvgierig//leegierig
(mit dem vorderen Teil nach Luv, gegen den Wind drehend o Seemannssprache)

Luvmarke//Leemarke
(beim Segeln)

Luvseite//Leeseite
(die dem Wind zugewandte Seite o Seemannssprache)

luvwärts//leewärts
(dem Wind zugekehrt o Seemannssprache) o *Henning hatte uns eingeschärft: immer luvwärts halten, dann drückt einen der Wind, so man auf Grund sitzt, vielleicht wieder frei.* (Die Zeit 21. 5. 2009)

Luxuria//Negligentia
(bewusste Fahrlässigkeit o Rechtswesen)

luxurieren//pauperieren
(sich in Wuchs, Vitalität usw. steigern o in Bezug auf Bastardpflanzen)

Luxusausführung//Standardausführung
ein Auto in Luxusausführung

Lyoenzym//Desmoenzym
(nicht strukturgebundenes Enzym)

Lyogel//Xerogel
(flüssigkeitsreiches Gel o Chemie)

lyophil//lyophob
(leicht löslich)

lyophob//lyophil
(schwer löslich)

lyrisch//episch
ein lyrisches (stimmungsvolles, gefühlvolles) *Gedicht*

Lyzeum//Gymnasium
(früher: höhere Schule für Mädchen) o *Mit insgesamt 16 Schülern waren das Lyzeum und das Gymnasium aus Swinemünde beim Wettbewerb dabei.* (Nordkurier 16. 11. 2017)

M

machen; ↑gemacht bekommen

machen lassen//selber machen
sie hat das Kleid machen lassen ○ *„Ich hab's für mich selber gemacht, habe es auch nie bereut und würde es auch jedem weiterempfehlen, der meint, etwas an sich machen lassen zu müssen."* (Mannheimer Morgen 14. 6. 2014)

Macho//Softie
er ist ein Macho (ein sich betont männlich gebender Mann mit Männlichkeitswahn, Überlegenheitsgefühl usw.) ○ *Das wird allemal eine Herausforderung sein, ebenso wie das Junge Theater Basel sieben junge Männer diverse Männerbilder von Macho bis Softie auf der Bühne choreographieren lässt.* (Nürnberger Zeitung 5. 10. 2015) ○ *Für die Gene nimmt Frau sich den Macho, für die Erziehung des Kindes den Softie.* (Die Presse 30. 11. 2010)

Macht//Ohnmacht
das menschliche Schicksal als Spiegelung von Macht und Ohnmacht ○ *Macht und Ohnmacht der Diplomatie* ○ *„Versuch, in der Wahrheit zu leben. Von der Macht der Ohnmächtigen"* (Essay von Vaclav Havel, 1980) ○ *Die fast unlösbare Aufgabe besteht darin, weder von der Macht der anderen, noch von der eigenen Ohnmacht sich dumm machen zu lassen.* (Theodor Adorno: „Minima Moralia", 1951)

Madam//Sir; ↑auch: **Herr, Monsieur, Signor**
(englische Anrede ohne Namen für: meine Dame)

Madame//Monsieur; ↑auch: **Herr, Signor, Sir**
(französische Anrede für: meine Dame)

Mädchen//Frau
sie ist (noch) ein Mädchen, keine Frau ○ *vom Mädchen zur Frau werden* ○ *Nicht mehr Mädchen, noch nicht Frau – die Jugendgynäkologie wird immer wichtiger* (Neue Zürcher Zeitung 15. 6. 2018)

Mädchen//Junge, Bub
eine Schule für Mädchen und Jungen ○ *Neapel wurde als ... Hölle auf Erden geschildert, in der Jungen und Mädchen von ihren Eltern prostituiert wurden, um die eigene Haut zu retten.* (Der Spiegel 21. 4. 2018) ○ *Drei Mädchen und ein Bub sitzen vor der Aufgabe, einen Batterierucksack in 3D zu drucken.* (Wiener Zeitung 30. 11. 2017)

Mädchen//Knabe (Verwaltung, sonst veraltet)
Mädchen orientieren sich über Freundschaften, Knaben über Cliquen und Hierarchien. Nicht jeder Knabe und jedes Mädchen entspricht diesem Profil. (Tiroler Tageszeitung 25. 11. 2012)

Mädchenart//Jungenart, Bubenart
das ist Mädchenart ○ *Der eine, etwas dunkler als die anderen, mit vollen Lippen, fast auf Mädchenart schön, und doch ist nichts Feminines an ihm.* (Der Tagesspiegel 15. 2. 2016)

Mädchenname//Jungenname, Bubenname
Editha ist ein seltener und schöner Mädchenname ○ *Wie im britischen Wettbüro „William Hill" einzusehen ist, gilt Alice derzeit als beliebtester Mädchenname und Frederick als beliebtester Jungenname für den royalen Nachwuchs.* (Berliner Morgenpost 7. 10. 2017) ○ *Andrea ist hierzulande ein Mädchenname, in Italien ein Bubenname.* (Vorarlberger Nachrichten 2. 8. 2012)

Mädchenschule//Jungenschule, Bubenschule, Knabenschule
Im Zuge der Würdigung reformatorischer Bewegungen erfolgte 1927 eine Benennung der Mädchenschule ... in Justus-Jonas-Schule und der Jungenschule ... in Meyenburgschule. (Thüringer Allgemeine 21. 1. 2009) ○ *Bis vor dem Zweiten Weltkrieg gab es in Pfunds eine eigene Mädchenschule und eine Bubenschule, die dann zusammengeführt wurden.* (Tiroler Tageszeitung 10. 2. 2017) ○ *Die Stadt hatte eine Knaben- und eine Mädchenschule. Die Knabenschule war sechsklassig, die Mädchenschule ebenso.* (Ostthüringer Zeitung 8. 9. 2001)

Maestra//Maestro
(ehrend für: große Musikerin, Komponistin) ○ *Die Maestra, eine der wenigen Frauen im männlich dominierten Beruf, leitet künftig die Oper von Sydney.* (FOCUS 13. 3. 2000) ○ *Die Maestra trägt wie der Maestro Schwarz.* (Hannoversche Allgemeine 10. 9. 2016)

Maestro//Maestra
(ehrend für: großer Musiker, Komponist, „Meister") ○ *Das alles muss ich zuerst alleine anschauen, bevor ich es zusammen mit meinem Maestro oder meiner Maestra erarbeite.* (Die Presse 29. 10. 2005)

Magd//Knecht
der Bauer hatte eine Magd und einen Knecht ○ *Dort werden ... Besucher zu verschiedenen Familienformen aus der Geschichte geführt ...: die bürgerlicheFamilie von 1910, Magd und Knecht bei einem Bauern im Jahr 1938 oder eine heutige Patchworkfamilie.* (Oberösterreichische Nachrichten 14. 5. 2004)

mager//fett
mageres Fleisch ○ (übertragen:) *magere Jahre* ○ *Mit 19 Jahren habe sie ihren absoluten Tiefpunkt gehabt, obwohl sie mager war, habe sie sich fett und hässlich gefunden.* (Schwäbische Zeitung 23. 1. 2018)

Magermilch//Vollmilch
„Aber bitte nicht zu fett und lieber Magermilch als Vollmilch, denn das können die ausgehungerten Mägen nicht so gut vertragen" (Südkurier 13. 1. 2007)

Magersucht//Fresssucht; ↑auch: Bulimie
Immer jünger werden die Mädchen, die an Magersucht, Ess-Brech-Sucht oder an Fresssucht leiden. (Tagesanzeiger 29. 1. 2002)

maggiore//minore; ↑auch: Moll
(Bezeichnung für die große Terz, für Dur ○ Musik)

Magistra//Magister
(Inhaberin eines akademischen Grades) ○ *Michaela Hainz, Altendorf, spondierte an der Johannes-Kepler-Universität Linz zur Magistra der Rechtswissenschaften.* (Oberösterreichische Nachrichten 30. 5. 2018)

Magister//Magistra
(Inhaber eines akademischen Grades) ○ *Mit einem Diplom, einem Magister oder einem Staatsexamen verdienen sie im Durchschnitt gut 61 000 Euro – und liegen damit etwa auf dem Niveau anderer Jahrgänge zum gleichen Zeitpunkt.* (Der Tagesspiegel 7. 2. 2018)

Magma; ↑juveniles Magma, palingenes Magma

magnetisieren//entmagnetisieren
eine Nadel magnetisieren ○ *Großes Interesse genießen Metglase .... Sie sind in besonderem Maße magnetisch „weich", lassen sich also leicht magnetisieren und entmagnetisieren.* (Die Zeit 23. 1. 1976)

Magnifika//Magnifikus
(Rektorin einer Hochschule)

Magnifikus//Magnifika
(Rektor einer Hochschule)

Mahlmühle//Sägemühle
Die Salveymühle ist nicht nur eine Mahlmühle, sondern zugleich Sägemühle. Das

hundertjährige horizontale Sägegatter zerteilt heute wieder mächtige Stämme (Nordkurier 25. 8. 2000)

main; ↑**à deux mains**

majeur//mineur; ↑**auch: Moll, minor**
(französische Bezeichnung für Dur)

major//minor; ↑**auch: Moll**
(englische Bezeichnung für Dur)

Majorat//Minorat
(Vorrecht des Ältesten auf das Erbe)

majorenn//minorenn; ↑**auch: minderjährig; unmündig**
sie ist (schon) majorenn (volljährig, mündig) ○ *Er ist noch nicht »majorenn«, sprich volljährig, und die Ausnahmegenehmigung zur Heirat kann er nur mit Bestechung ... erreichen.* (Reutlinger General-Anzeiger 22. 5. 2013)

Majorennität//Minorennität; ↑**auch: Minderjährigkeit**
(Volljährigkeit)

Majorität//Minorität; ↑**auch: Minderheit**
(Mehrheit) ○ *Es ist daher ein legitimes Ansinnen der Majorität, die wöchentlichen Kundgebungen der Minorität an einen Ort zu verlegen, der weniger Verkehrsbehinderungen nach sich zieht.* (Stuttgarter Zeitung 4. 12. 2013)

Majoritätsträger//Minoritätsträger
(Physik)

Majuskel//Minuskel; ↑**auch: der Gemeine, Kleinbuchstabe**
Majuskeln sind Großbuchstaben wie A, N

makro...//mikro... (Adjektiv)
(mit der Bedeutung: groß-) z. B. *makrokosmisch/mikrokosmisch*

Makro...//Mikro...; ↑**auch: Klein... (Substantiv)**
(mit der Bedeutung: Groß-) z. B. *Makrokosmos/Mikrokosmos*

Makroanalyse//Mikroanalyse
(Chemie)

Makroevolution//Mikroevolution
(Biologie)

Makrofauna//Mikrofauna
(auf oder in dem Boden lebende Tiere von 2–20 mm Länge)

Makrogamet//Mikrogamet
(Biologie)

Makroklima//Mikroklima
(Großklima) ○ *Ebenso viele Sensoren brauche man, wenn man untersuchen will, wie sich das Makroklima auf das Mikroklima einer Kirchenwand auswirke.* (Vorarlberger Nachrichten 17. 6. 2017)

makrokosmisch//mikrokosmisch
Ihr Gegenstand ist nicht die uns anschaulich gegebene Lebenswelt, sondern das makrokosmisch Grosse und das mikrokosmisch Kleine, die ohne Hilfsmittel nur schwer zugänglich sind. Möglichkeiten ausloten. (Neue Zürcher Zeitung 30. 1. 2015)

Makrokosmos//Mikrokosmos
(das Weltall) ○ *Der Makrokosmos Weltall, mit dem Mikrokosmos Mensch vereint.* (Stuttgarter Nachrichten 10. 3. 2012)

makrokristallin//mikrokristallin
(aus großen Kristallen bestehend)

Makromelie//Mikromelie
(riesenhafter Wuchs)

Makromeren//Mikromeren
(Biologie)

Makronährstoff//Mikronährstoff

Makroökonomie//Mikroökonomie
(Wirtschaft)

makroökonomisch//mikroökonomisch
(Wirtschaft) ○ *Die Öffentlichkeit fokussiert meist auf die Endergebnisse ökonomischer Prozesse: makroökonomisch auf Wertschöpfung und Beschäftigung,*

mikroökonomisch auf Umsätze und Gewinne. (Die Presse 24. 2. 2017)

Makrophage//Mikrophage
(Zoologie, Medizin)

Makrophysik//Mikrophysik

Makrophyt//Mikrophyt
(pflanzlicher Organismus, der mit bloßem Auge zu erkennen ist ○ Biologie)

Makropsie//Mikropsie
(Sehstörung, bei der die Gegenstände größer erscheinen, als sie sind ○ Medizin)

makroskopisch//mikroskopisch
(mit bloßem Auge zu erkennen) ○ *Im Labor werden postoperative Präparate makroskopisch (mit dem Auge) und mikroskopisch (unter dem Lichtmikroskop) begutachtet.* (Berliner Morgenpost 29. 1. 2012)

Makrosmat//Mikrosmat
(gut witterndes Säugetier)

Makrosomie//Mikrosomie; ↑auch: Hyposomie, Kleinwuchs, Zwergwuchs
(riesenhafter Wuchs)

Makrosoziologie//Mikrosoziologie

Makrospore//Mikrospore
(Botanik)

Makrostruktur//Mikrostruktur
die Makrostruktur eines Textes ○ *die Makrostruktur eines Wörterbuchs ist die Gesamtanlage eines Wörterbuchs* ○ *Statt durch eine dramatisch komplexe Makrostruktur wird die Musik immer häufiger durch die Mikrostruktur unmittelbarer klanglicher und rhythmischer Kicks geprägt* (Neue Zürcher Zeitung 2. 7. 2007)

Makrotheorie//Mikrotheorie
(Wirtschaftswissenschaft)

Makrotie//Mikrotie
(auffallende Größe der Ohren)

makrozephal//mikrozephal
(mit auffallend großem Schädel)

Makrozephale//Mikrozephale
(Medizin)

mal; ↑auch: einmal

mala fide//bona fide
(in böser Absicht) ○ *Was die Altpensionen betrifft, muss ich darauf hinweisen, dass im Gegensatz zu dem, was sehr oft mala fide gesagt wird, keine Pensionen gekürzt werden* (Die Presse 18. 4. 2003)

Malerei; ↑abstrakte Malerei, figürliche Malerei, gegenständliche Malerei

maligne//benigne; ↑auch: gutartig
eine maligne (bösartige) Geschwulst ○ *Das maligne Melanom oder schwarzer Hautkrebs, ist zwar nicht häufig, dafür jedoch äußerst aggressiv.* (Der Standard 4. 6. 2012)

Malignität//Benignität; ↑auch: Gutartigkeit
die Malignität (Bösartigkeit) einer Geschwulst

malnehmen//teilen; ↑auch: dividieren
wenn man 10 mit 5 malnimmt, gibt es 50 ○ *Ich habe das wieder auf der Industriemesse erlebt, obwohl die Aussteller dort befürchten müssen, dass Besucher kommen, die malnehmen und teilen können.* (Hannoversche Allgemeine 13. 5. 2008) ○ *Das schlaue Tier kann außerdem problemlos subtrahieren, malnehmen und teilen.* (Braunschweiger Zeitung 22. 3. 2013)

malproper//proper
(unordentlich)

Malus//Bonus; ↑auch: Plus, Vorteil
(Nachteil) ○ *Etwa den, ob ökologisches Bauen mit einem Malus belastet oder einem Bonus belohnt werden soll.* (Mannheimer Morgen 2. 10. 2010)

Mama//Papa; ↑auch: Vater
Das Hotel Mama oder auch Papa scheint besonders in bildungsnahen Schichten

durchaus wieder salonfähig. (Die Presse 3. 7. 2017)

Mami//Papi
Mama und Papa, Mama und Mami oder Papa und Papi – auf das Identitätsgefühl von Kindern hat die Familienform einer Studie zufolge keinen Einfluss. (Nordkurier 19. 8. 2017)

Management//Missmanagement
Selbst vom einst mit vielen Vorschusslorbeeren und deutschem Management gestarteten Qoros-Projekt ist nach Führungswechseln, Missmanagement und mehr als mässigen Verkäufen in China nichts zu sehen oder zu hören (Sonntags-Zeitung 6. 3. 2016)

Mandant//Rechtsanwalt
(jemand, den ein Rechtsanwalt in einer Rechtsangelegenheit vertritt) ○ *„Ich glaube nicht, dass mein Mandant suizidgefährdet ist", sagte der Rechtsanwalt.* (Süddeutsche Zeitung 18. 10. 2016)

Mandat; ↑**freies Mandat, imperatives Mandat**

Mangel//Überfluss
er sagte, es herrsche kein Mangel, es herrsche sogar Überfluss ○ *Die Weiherwirtschaft garantierte auch einen zuverlässigen Schutz vor Mangel und Überfluss an Wasser sowie die Versorgung der städtischen Bevölkerung mit eiweißreichem Fisch.* (Schwäbische Zeitung 7. 7. 2016)

...mangel//...schwemme (Substantiv)
z. B. *Lehrermangel/Lehrerschwemme*

Mangelleiter//Überschussleiter
(Physik)

manierlich//unmanierlich
der Junge hat sich ganz manierlich benommen ○ (vom Kind) *manierlich essen* ○ *Sie soll für ihr Demokratieverständnis und ihre Menschlichkeit eine goldene Ehrennadel des Kantons erhalten – doch die Gepriesene zeigt wenig Lust, manierliche Reden manierlich zu quittieren.* (Weltwoche 14. 10. 2010)

manifest//latent
die ursprünglich latenten Konflikte sind nun manifest (deutlich sichtbar) *geworden* ○ *eine manifeste* (deutlich feststellbare) *Herzinsuffizienz* ○ *Während sich nur zwei bis vier Prozent der 18- bis 25-Jährigen manifest oder latent antisemitisch äußerten, seien es bei den 56- bis 65-Jährigen schon 16 bis 18 Prozent.* (Thüringische Landeszeitung 3. 7. 2004)

Manifestation//Kryptomerie
(das Sichtbarwerden von Erbanlagen usw. ○ Genetik)

Maniküre//Pediküre
(Handpflege)

Mann//Frau; ↑**auch: Dame, Gattin, das schwache Geschlecht**
die Männer des Widerstands ○ *ein alter Mann* ○ *ein richtiger Mann* ○ *das ist mein Mann* (Ehemann) ○ *Sind Frauen die besseren Männer?* ○ *Macht in den Händen von Männern ist schlecht. Macht in den Händen von Frauen ist gut.* (Der Spiegel 2. 6. 2018) ○ *Intelligenztests haben einen elitären Ruf, aber das Gute an ihnen ist, dass sie nicht unterscheiden zwischen Arm und Reich, Mann und Frau, zwischen hoher und niedriger Kaste* (Der Spiegel 19. 5. 2018) ○ *Sie denken weniger in Opfer-und-Täter-Kategorien und machen kaum noch einen Unterschied zwischen Männern und Frauen.* (Der Spiegel 31. 3. 2018)

Mann//Junge, Bub, (veraltet) Knabe
er ist kein Junge mehr, sondern schon ein Mann ○ *vom Jungen zum Mann werden* ○ *Ein junger Mann, eigentlich eher Junge als Mann, hat es bereits hinter sich gebracht.* (taz 21. 1. 2015) ○ *Die Skepsis der Wittenberger Professoren wurde gewiss nicht kleiner, als sie den neuen Kollegen erstmals sahen: ein kleiner Mann, ungefähr 1,50 m groß, der eher wie ein Knabe als wie ein Mann aussah* (Mitteldeutsche Zeitung 25. 8. 2018)

Mann//Männin
(in der Lutherbibel ist „Männin" die Gefährtin des Mannes) ○ *Da sprach der Mensch: Die ist nun Bein von meinem Bein und Fleisch von meinem Fleisch, man wird sie Männin nennen, weil sie vom Manne genommen ist.* (Bibel, Genesis 1. Mose 23)

Mann//Weib
„*Die Homosexualität des Mannes und des Weibes*" (Buchtitel von Dr. med. Magnus Hirschfeld, 1914)

Mann; ↑weißer Mann

Mann ohne Eigenschaften//Frau mit Eigenschaften
„*Der Mann ohne Eigenschaften*" (Roman von Robert Musil, 1930–1943)

...mann//...frau (Substantiv)
z. B. *Fachmann/Fachfrau*

...mann//...männin (Substantiv)
z. B. *Amtmann/Amtmännin*

Männchen//Weibchen
das Männchen fliegt zum Nest (ein männliches Tier, z. B. bei Vögeln) ○ *Doch trotz aller Veränderungen gelten viele ungeschriebene Gesetze zwischen Männchen und Weibchen noch heute.* (Burgenländische Volkszeitung 28. 5. 2015)

...männchen//...weibchen (Substantiv)
z. B. *Vogelmännchen/Vogelweibchen*

Manndeckung//Raumdeckung, Zonendeckung
(Deckung des Gegenspielers durch einen Spieler ○ Ballspiele) ○ *Weg von Libero und Manndeckung hin zur ballorientierten Raumdeckung mit der viel diskutierten „Viererkette".* (Süddeutsche Zeitung 21. 1. 2011) ○ *Doch durch die Umstellung ... von Manndeckung auf Zonendeckung sowie einer engagierten Abwehrarbeit wurde der Vorsprung verteidigt.* (Südkurier 12. 1. 2004)

Mannequin//Dressman
(Frau, die bei Modenschauen Kleidung vorführt) ○ *Zur Wahl des „Traumhochzeit"-Paares '94 suchen wir Brautpaare, die bei dieser Modegala als „Mannequin" und „Dressman" mitmachen möchten.* (Neue Kronen-Zeitung 14. 1. 1994)

Männerberuf//Frauenberuf
Kristallisiert sich für ein Mädchen ein Männerberuf heraus oder für einen Knaben ein Frauenberuf, stehen sie plötzlich vor der Wahl, ob sie ihrem Berufswunsch entgegen aller Vorurteile nachgeben sollen. (St. Galler Tagblatt 15. 6. 2017)

männerfeindlich//frauenfreundlich
sie ist männerfeindlich, aber frauenfreundlich ○ *Frauenquoten sind nicht verfassungswidrig oder männerfeindlich, sie sind verfassungskonform und frauenfreundlich!* (Falter 24. 12. 2014)

männerfeindlich//männerfreundlich
eine männerfeindliche Äußerung ○ *Die Erklärung, man müsse Frauen mit der Burka „vor dem Blick der lüsternen Männer schützen", empfinde er „in einer aufgeklärten Gesellschaft als fast männerfeindlich".* (Berliner Morgenpost 6. 12. 2014)

männerfreundlich//frauenfeindlich
er ist männerfreundlich, aber frauenfeindlich ○ *Das Recht nämlich ist auch nach all den Jahrhunderten männerfreundlich, jedenfalls auf den ersten Blick.* (Süddeutsche Zeitung 24. 11. 2012)

männerfreundlich//männerfeindlich; ↑auch: frauenfreundlich
eine männerfreundliche Äußerung ○ *„Es gibt keine untalentierten Männer oder Frauen oder Schüler", betont Bühnentanzpädagoge Schloßer, der seine Tanzschule als besonders „männerfreundlich" bezeichnet.* (Wiesbadener Tagblatt 14. 9. 2016)

Männerhass//Frauenhass; ↑auch: Misogynie
Männerhass sei – wie auch Frauenhass – Symptom einer Abwehr der omni-

potenten Mutter-Imago, die „individuelle Bewältigung des Matriarchats" müsse daher der „ kollektiven Bewältigung des Patriarchats" vorausgehen. (taz 23. 1. 2018)

Männerhaus//Frauenhaus
(Haus als Hilfeangebot für gewalttätige Ehemänner, die an Stelle der Frauen die Wohnung verlassen) ○ *Weil das neue Gewaltschutzgesetz Frauen zumindest eine Zeit lang die Wohnung garantiere, sei jetzt ein »Männerhaus« nötig* (Nürnberger Nachrichten 6. 12. 2002)

Männerkrankheit//Frauenkrankheit
es gibt typische Männer- und typische Frauenkrankheiten ○ *Herzinfarkt und Schlaganfall sind – wie man heute weiß – keineswegs typische Männerkrankheiten.* (Tiroler Tageszeitung 8. 3. 2016)

Männerseite//Frauenseite; ↑**auch: Nordseite;** ↑**auch: links**
die Männerseite ist die Südseite, die rechte Seite im Kircheninneren ○ *Die rechte Seite ist nicht mehr die Männerseite und die linke nicht mehr die Frauenseite, wobei an sich die linke Kirchenseite ohnehin die vornehmere ist. Denn die linke Seite der Altäre ist die Seite, von der das Evangelium gelesen wird, während rechts die darauf vorbereitende Lesung aus dem Alten Testament erfolgt.* (Oberösterreichische Nachrichten 24. 10. 2011)

Männin//Mann
(Frau als Gefährtin des Mannes ○ bei Luther, siehe ↑Mann)

...männin//...mann (Substantiv)
z. B. *Amtmännin/Amtmann*

Männlein//Weiblein
ein altes Männlein ○ *Die Bewohner tragen Stirnband und Zopf, egal ob Männlein oder Weiblein. Mendocino war eine Hippie-Hochburg – und ist es immer noch.* (Tiroler Tageszeitung 20. 12. 2009)

männlich//unmännlich
sein Verhalten ist sehr männlich ○ *dieser spontane Kuss war sehr männlich* ○ *Es ist nicht erst seit der #Me-Too-Kampagne schwierig, männliches und unmännliches Verhalten zu unterscheiden.* (Münchner Merkur 21. 2. 2018)

männlich//weibisch
männliche Frauen und weibische Männer ○ *sie sieht mit dieser Frisur männlich aus* ○ *Männer definierten, dass männlich gleich kämpferisch ist (und umgekehrt), dass, wer sich dem Kampf entzieht, als feige und weibisch gilt.* (Die Zeit 20. 4. 1990)

männlich//feminin; ↑**auch: maskulin**
Die Franzosen wollten Glauser allerdings nicht als männliche Frau, sondern als femininen Mann. (Tagesanzeiger 16. 2. 2017) ○ *Von den schwulen Polizisten, die in Ihre Beratungsstelle kommen, war ein einziger feminin? Und der Rest versucht, möglichst männlich aufzutreten? Die sind männlich.* (taz 17. 12. 2012)

männlich//weiblich; ↑**auch: feminin, gynoid**
die männliche Bevölkerung ○ *eine männliche Person* ○ *männliche Hormone* ○ *männliche Vornamen* ○ *männliche Prostitution* ○ *„der" ist der männliche Artikel* (Grammatik) ○ *Kein Rapper, egal, ob männlich oder weiblich, kann im Iran legal auftreten.* (FOCUS 3. 3. 2018) ○ *Festgestellte Unterschiede im Gehirn von Probanden würden oft als Hinweis gewertet, dass es tatsächlich ein männliches und ein weibliches Gehirn gebe.* (Tagesanzeiger 1. 12. 2015) ○ *„Beispiele davon sind bestimmte Kleidungsstücke, überbetontes männliches Gehabe, Nichtlernen der deutschen Sprache, Mitführen von Waffen."* (Tagesanzeiger 18. 1. 1997) ○ *Eine Frau galt nicht viel, erst recht nicht eine Frau mit einem unehelichen Kind, die Gedichte schrieb. Man warf ihr männliches Gehabe, Überheblichkeit, Anmassung vor.* (St. Galler Tagblatt 1. 6. 2014)

männlicher Reim//weiblicher Reim; ↑auch: klingender Reim
(reimende einsilbige Wörter oder reimende Schlusssilben, z. B. Strahl/Tal ○ *denn auch das größte Potenzial / an Toleranz erschöpft sich mal; Melot gie dan und reit zehant/ze walde, da er Marken vant* (Tristan und Isolde 14587 f.)

männliche Samenzelle//weibliche Eizelle; ↑auch: Ovulum, Ovum
Bei dieser Reagenzglasbefruchtung außerhalb des Körpers wird eine männliche Samenzelle in die entnommene Eizelle der Frau injiziert. (taz 27. 1. 2001)

männliches Glied//Scheide; ↑auch: Vagina
das männliche Glied – äußeres Geschlechtsorgan – und die Scheide – inneres weibliches Geschlechtsorgan – sind die komplementären Kopulationsorgane ○ *„Ein männliches Glied im Zustand der Erektion, ein Finger in der Scheide einer masturbierenden Frau: Das muss doch, so wird man voraussetzen, entweder abstoßend oder aber erregend wirken."* (Der Spiegel 3. 8. 1970)

Mannschaft; ↑Gastmannschaft, Heimmannschaft, Platzmannschaft

Mannschafts...//Einzel... (Substantiv)
z. B. *Mannschaftswertung/Einzelwertung*

Mannschaftskampf//Einzelkampf
(Sport)

Mannschaftsspringen//Einzelspringen
(Pferdesport)

Mannschaftsstart//Einzelstart
(Sport) ○ *Beim Mannschaftsstart hatte sie die Möglichkeit, die komplette Strecke zu befahren.* (Thüringische Landeszeitung 27. 5. 2017)

Mannschaftsverfolgungsfahren//Einzelverfolgungsfahren
(Radsport)

Mannschaftswertung//Einzelwertung
(Sport) ○ *Die Sportschützen Glarnerland gewannen am internationalen Luftgewehrturnier in Feldkirch die Mannschaftswertung überlegen. Auch in der Einzelwertung gab es Podestplätze.* (Die Südostschweiz 24. 2. 2010)

mannstoll//weibstoll
sie ist mannstoll ○ *Dass da kein Auge trocken blieb, liegt auf der Hand. Kommt hinzu, das Töchterchen Caroline (Sarah Bubel) mehr als mannstoll ist und neben dem starken Geschlecht nichts im Sinn hat, außer einem neuen Cabrio.* (Saarbrücker Zeitung 5. 11. 2013)

Mannstollheit//Weibstollheit; ↑auch: Satyriasis
Eva Coenen als Lysistrata in enger Schlangenhauthose behält auch dann einen kühlen Kopf, wenn ihre Verbündeten vor Mannstollheit die unmöglichsten Fluchtversuche unternehmen. (Saarbrücker Zeitung 28. 5. 2001)

Manövermunition//Gefechtsmunition
Da auch Gefechtseinlagen mit Manövermunition stattfinden und die Fahrzeuge mit geringen Geschwindigkeiten unterwegs sind, wird die Bevölkerung um entsprechende Vorsicht gebeten. (Mittelbayerische Zeitung 12. 4. 2017)

manövrierfähig//manövrierunfähig
das Schiff ist (wieder) manövrierfähig ○ *Da die Mir allein nicht manovrierfähig ist, muss der Abstieg mit Hilfe eines Versorgungsschiffes ausgeführt werden, das mit seinen Triebwerken gegen die Flugrichtung der Raumstation bremst und sie in Richtung Erdoberfläche drückt.* (taz 16. 2. 2001)

manövrierunfähig//manövrierfähig
das Schiff ist manövrierunfähig ○ *Das Schiff trieb gestern Abend 175 Kilometer vom Kap Adare entfernt manovrierunfähig umher.* (Berliner Morgenpost 17. 2. 2007)

manque//passe
(beim Roulett die Zahlen 1 bis 18 betreffend)

Manual//Pedal
(mit der Hand zu bedienender Teil an der Orgel) ○ *Der Organist konnte ab dem zweiten Stück nur noch mit dem Manual arbeiten, da sich das Pedal ausgehängt hatte und einen tiefen Dauerton erzeugte.* (Mannheimer Morgen 15. 10. 2013)

manualiter//pedaliter
(bei der Orgel auf dem Manual – mit der Hand – zu spielen) ○ *Auch bei der ebenfalls recht virtuosen Choralfantasie „Wie schön leucht't uns der Morgenstern" aus Opus 40 demonstrierte Pitzen, was er manualiter und pedaliter alles „drauf hat".* (Rhein-Zeitung 17. 9. 2007)

manuell//automatisch
die Einstellung der Belichtung am Fotoapparat muss manuell vorgenommen werden ○ *Eine große Freude bei BMW und so auch in diesem X5 in der M-Version ist das 8-Gang-Steptronic-Getriebe, ob man es jetzt manuell bedient oder den Gangwechsel automatisch vornehmen lässt.* (Der Standard 5. 12. 2015)

manuell//fabrikmäßig
manuell hergestellte Waren ○ *Und wenn man einen Blick in die Leithnersche Werkstatt wirft, wo bis heute alle Kopfbedeckungen rein manuell gefertigt werden, scheint seitdem wenig Zeit vergangen zu sein.* (Die Presse 26. 8. 2017)

Märchen; ↑Kunstmärchen, Volksmärchen

Margarine//[gute] Butter
Das berüchtigte Kriegsbrot etwa wird mit Kartoffel-, Gersten- oder Hafermehl gebacken. Und Margarine ersetzt zunehmend die „gute" Butter. (Rhein-Zeitung 27. 10. 2014)

marginal//laminal
(am Rand angeordnet ○ Botanik)

Maria//Josef
(Josef ist der Mann Marias, der Mutter von Jesus ○ Bibel)

marin//limnisch, terrestrisch
(im Meer lebend) ○ *Kratzwürmer sind weltweit in ihren marin, limnisch wie auch terrestrisch lebenden Wirtstieren zu finden.* (Wikipedia)

Marine//Armee, Luftwaffe
(zu Wasser kämpfende Einheiten)

Marine; ↑Handelsmarine, Kriegsmarine

maritim//kontinental
maritimes (vom Meer beeinflusstes) *Klima* ○ *Die Unterschiede machen das eher maritim geprägte Klima in Westdeutschland und das eher kontinental beeinflusste Klima im Osten der Republik aus.* (Mannheimer Morgen 25. 9. 2012)

Markenweltmeister//Fahrerweltmeister
(Gewinner der Weltmeisterschaft der Fabrikate der Herstellerfirmen) ○ *immerhin zieht sich das dominierende Team zurück, das dreimal in Folge Markenweltmeister geworden ist und in Sébastien Ogier auch den Fahrerweltmeister gestellt hat.* (Rhein-Zeitung 26. 11. 2016)

Marketender//Marketenderin
(früher: die Truppe begleitender Händler) ○ *Der Marketender hatte auf ein Trommelzeichen den Zapfen des Schankfasses „zu streichen", um dem geselligen Zechen der Soldaten Einhalt zu gebieten.* (Tiroler Tageszeitung 25. 10. 2006)

Marketenderin//Marketender
(früher: die Truppe begleitende Händlerin ○ heute bekannt durch die Figur der Mutter Courage im Drama von Bertolt Becht) ○ *Sie sollte also abstoßend wirken, diese bockige, durchtriebene Marketenderin, deren Geschäftsfeld das Schlachtfeld ist.* (Der Standard 24. 3. 2018)

Markgraf//Markgräfin
(Titel im Mittelalter)

Markgräfin//Markgraf
(Titel im Mittelalter)

markhaltig//marklos
(Mark enthaltend ○ Biologie, Medizin)

markiert//unmarkiert; ↑auch: merkmallos
(merkmaltragend ○ Sprachwissenschaft) ○ *Der Weg zwischen den einzelnen Zielen ist gut markiert, ein Verirren im Wald daher fast unmöglich.* (NEWS 30. 3. 2018)

marklos//markhaltig
(kein Mark enthaltend ○ Biologie, Medizin)

markscheidenfrei//markscheidenhaltig
markscheidenfreie Nervenfasern

markscheidenhaltig//markscheidenfrei
markscheidenhaltige Nervenfasern

Marktmiete//Sozialmiete
Die Grundförderung soll wohnungspolitisch dazu dienen, die Belegungsbindung sowie die Differenz zwischen der festzulegenden Sozialmiete und der Marktmiete abzugelten. (Süddeutsche Zeitung 12. 1. 1994)

Marktpreis//Kostenpreis
(durch Angebot und Nachfrage bestimmter Preis) ○ *Nach herrschender wettbewerbspolitischer Auffassung regiert der Marktpreis, und nicht etwa ein Kostenpreis.* (Die Zeit 1. 11. 1963)

Marktproduktion//Auftragsfertigung, Kundenproduktion
(Wirtschaft)

Marktwirtschaft//Planwirtschaft
In dieser Stunde geht es um freie Marktwirtschaft und zentrale Planwirtschaft. (Hannoversche Allgemeine 7. 2. 2018)

Marktwirtschaft//Kommandowirtschaft
die kommunistische Kommandowirtschaft ○ *Seit der Privatisierung Mitte der Neunziger wurstelt sich die russische Kohleindustrie hart am Rande des Bankrotts durch die Marktwirtschaft. In der Kommandowirtschaft wurden, ... auch unrentabel arbeitende Gruben ihre Kohle zu staatlichen Festpreisen los.* (Der Tagesspiegel 26. 10. 2003)

Marktwirtschaft; ↑auch: soziale Marktwirtschaft

Marquis//Marquise
(männlicher französischer Adelstitel)

Marquise//Marquis
(weiblicher französischer Adelstitel)

Marsch//Geest
(fruchtbares, durch Deiche geschütztes Küstengebiet an der Nordsee) ○ *„Seine impressionistisch geprägten Bilder fangen in leuchtenden Farben das nordische Licht, die Schönheit ländlicher Abgeschiedenheit und die Weite von Marsch und Geest ein"* (Hamburger Abendblatt 8. 5. 2018)

Masche; ↑glatte Masche, verkehrte Masche

Maschine; ↑Arbeitsmaschine, Kraftmaschine, mit der Maschine

maschinegeschrieben//handgeschrieben, handschriftlich
ein maschinegeschriebener Brief, Lebenslauf ○ *Das Zeugnis muss auf Geschäftspapier, maschinegeschrieben und frei von Knicken, Korrekturen und gravierenden Fehlern sein.* (Der Tagesspiegel 4. 11. 2011)

Maschinen...//Hand... (Substantiv)
z. B. *Maschinenarbeit/Handarbeit*

Maschinenarbeit//Handarbeit
Sprach Friedrich Engels in seiner klassischen Studie „Die Lage der arbeitenden Klasse in England" noch von einem „Sieg der Maschinenarbeit über die Handarbeit", so müssen wir heute vom Sieg der Maschinen über die Arbeit sprechen. (Die Presse 30. 4. 2016)

Maschineneinband//Handeinband
(Buchbinderei)

maschinengeschrieben; ↑maschinegeschrieben

Maschinensatz//Handsatz
(Druckerei)

Maske; ↑die Maske abnehmen

maskieren, sich//sich demaskieren, die Maske abnehmen
sich für den Maskenball maskieren ○ Denn darin ist er einzigartig: sich zu maskieren, um Wichtigtuer spielerisch zu demaskieren, indem er unverschämt direkte Fragen stellt (Stuttgarter Zeitung 14. 5. 2005) ○ *Vorm Richter war Schluss mit der Gummiverkleidung: Super-Ben musste seine Maske abnehmen* (Hamburger Morgenpost 16. 10. 2011)

maskiert//unmaskiert
er hat maskiert die Bank überfallen ○ Zahlreiche Schaulustige säumten, maskiert und unmaskiert, die Route zwischen Sportanlage Rüti und Oberberg, applaudierten dem Geschehen oder hielten es mit ihren Smartphones fest. (St. Galler Tagblatt 5. 2. 2018)

maskulin//feminin; ↑auch: weiblich; ↑auch: gynoid, weibisch
sie hat ein maskulines Aussehen ○ Der „Boston Sunday Globe" notierte bereits 1928 ..., dass sie „weder maskulin noch feminin" wirke, insgesamt „bubenhaftes Flair" verströme. (profil 14. 3. 2011)

Maskulinum//Femininum
„Tisch" ist ein Maskulinum (Grammatik)

Maso//Sado; ↑auch: Sadist
(kurz für: Masochist) ○ *Zweitens soll man, sagt Bernd, nach den Initialen «M + S» fahnden. Das bedeutet nicht Maso und Sado, sondern Matsch und Schnee.* (Neue Zürcher Zeitung am Sonntag 4. 11. 2007)

Masochismus//Sadismus
(Lust am Gequältwerden)

Masochist[in]//Sadist[in]
der Masochist hat sexuelle Freude am Gequältwerden und der Sadist am Quälen ○ Ihm, dessen Worte Elena zur Masochistin und Sadistin machen? Wessen sexuellen Gewaltphantasien man lesend auf den Leim geht, ist nicht ausgemacht. (Berliner Morgenpost 29. 7. 2005)

masochistisch//sadistisch
([sexuelle] Lust am Gequältwerden empfindend)

Maß...//... von der Stange, Konfektions... (Substantiv)
z. B. *Maßkleidung/Kleidung von der Stange, Konfektionskleidung*

Maßanzug//Anzug von der Stange, Konfektionsanzug
Ein Maßanzug passt eben immer besser als ein Anzug von der Stange (Westdeutsche Zeitung 26. 10. 2010) ○ *„Die Verfassung ist nicht ein Konfektionsanzug von der Stange, sondern vielmehr ein Maßanzug auf dem Körper eines Volkes."* (Rhein-Zeitung 9. 6. 1999)

Massé//Piqué
(Stoß beim Billard mit Vorwärtseffet)

Masse; ↑in der Masse

Massenfach//Orchideenfach
(Fach, z. B. Germanistik, das von vielen studiert wird) ○ *Dass es an einer Hochschule einerseits einige Massenfächer und andererseits sehr kleine Orchideenfächer gibt, ist nicht der Regelfall.* (Der Spiegel 24. 8. 2003)

Massensport//Einzelsport
Am opferträchtigsten ist der Massensport Wandern: Die alpinen Gefahren werden unterschätzt, Können und Kondition überschätzt. (Tiroler Tageszeitung 11. 8. 2007)

Massenstart//Einzelstart
(Sport) ○ *Erstmals wird Teilnehmern, die einen Massenstart vermeiden möchten, von 7 bis 7:30 Uhr die Möglichkeit zu einem Einzelstart in Gruppen von maximal zehn Personen geboten.* (Tiroler Tageszeitung 24. 4. 2014)

Massenuniversität//Eliteuniversität
Was immer ihre Vor- und Nachteile – mit Bologna ist die alte Eliteuniversität definitiv in der neuen Massenuniversität aufgegangen. (Neue Zürcher Zeitung am Sonntag 27. 12. 2009)

Masseur//Masseuse
Abends geht es ins Hotel, dort lässt man sich die Bekleidung waschen, während Masseur oder Masseuse die müden Beine durchwalkt (taz 31. 5. 2014)

Masseuse//Masseur

maßgeblich//unmaßgeblich
maßgeblich beteiligt sein an etwas o Für die EU ..., für die alleine wirtschaftliche Bedingungen für einen Beitritt maßgeblich sind, die Menschenrechtssituation aber völlig unmaßgeblich ist. (Die Presse 16. 4. 2004)

...mäßig//...widrig (Adjektiv)
z. B. gesetzmäßig/gesetzwidrig

Maßkleidung//Konfektionskleidung
„Maßkleidung ist wieder im Trend", weiß die Schneidermeisterin (Niederösterreichische Nachrichten 16. 2. 2011)

maßlos//maßvoll
maßlose Forderungen stellen o Muss, wer, so maßlos komponierend, ganze Welten erfassen möchte, maßvoll leben? (Die Presse 8. 1. 2011)

Maßnahme//Gegenmaßnahme
Aber Maßnahme und Gegenmaßnahme sind immer eine Sache der Verhältnismäßigkeit. (FOCUS 13. 11. 2000)

maßvoll//maßlos
maßvolle Forderungen o Die großen Einkommen wurden nicht mehr maßvoll und dauerhaft in Vorständen, sondern maßlos und kurzfristig über Beratungsaufträge lukriert. (Die Presse 12. 6. 2012)

maßvoll//unmäßig
Wie maßvoll oder unmäßig sind Ansprüche der Ostdeutschen auf soziale Gerechtigkeit? (Die Zeit 1. 10. 1998)

Mast; ↑Besanmast, Fockenmast

Masturbation; ↑mutuelle Masturbation, solitäre Masturbation

Materialisation//Dematerialisation
(Physik)

Materialismus//Idealismus
(durch materielle Güter, Werte bestimmte Weltanschauung o Philosophie)

Materialismus//Vitalismus
der biologische bzw. physiologische Materialismus steht in Opposition zum Vitalismus (Philosophie)

Materialist[in]//Idealist[in]
er ist ein Materialist (jemand, für den die materiellen Güter für sein Denken und Handeln bestimmend sind), sie aber ist eine Idealistin o Die Helden sind wie Wladimir und Estragon in Becketts „Warten auf Godot": Einer ist ein hedonistischer Materialist, der andere ein Idealist. (Braunschweiger Zeitung 30. 11. 2010)

materialistisch//idealistisch
eine materialistische Philosophie o sie ist sehr materialistisch eingestellt und auf ihren Vorteil bedacht o „Wenn wir nicht tödlich materialistisch, sondern österlich idealistisch denken, erschrecken wir über Gewalt in der Ukraine, Krieg in Syrien und Auseinandersetzungen im Heiligen Land" (Saale-Zeitung 22. 4. 2014)

Materialität//Spiritualität
(das Bestehen aus Materie, Stofflichkeit)

Materie//Antimaterie
Ohne die winzigen, unperfekten Stellen – Physiker sprechen von Asymmetrien – hätten sich Materie und Antimaterie nach dem Urknall gegenseitig ausgelöscht. (Stuttgarter Zeitung 9. 7. 2014)

Materie//Eidos
bei Aristoteles ist Eidos der Gegensatz zu Materie

Materie//Geist
in der Philosophie ist die Materie die Wirklichkeit außerhalb unseres Bewusstseins im Gegensatz zum Geist ○ Aber der Mensch besteht nicht nur aus Materie, sondern auch aus Geist und Seele. (Tiroler Tageszeitung 30. 7. 2017)

materiell//geistig
materielle Interessen ○ Wollen wir Freihandel oder wollen wir ihn nicht? Nun, natürlich wollen wir ihn. Europa hat ihn erfunden, ist damit reich geworden, materiell und geistig. (Wiener Zeitung 2. 2. 2017)

materiell//ideell
materielle (von Sachwerten bestimmte) Werte ○ Produkte materieller Art ○ der materielle Wert eines Familienschmucks ist vielleicht nicht so groß, aber der damit verbundene ideelle ○ eine Idee materiell fördern ○ Der Verein will die kulturellen und sportlichen Belange materiell und ideell fördern, beispielsweise durch die Beschaffung zusätzlichen Lehr- und Lernmaterials. (Süddeutsche Zeitung 17. 10. 2017)

materiell//immateriell
der materielle Schaden (z. B. die Zerstörung von Gegenständen) bei einem Unfall ○ Wir sind ein gemeinnütziger Verein, der unsere Feuerwehr nach Kräften materiell und immateriell unterstützt (Schweriner Volkszeitung 9. 10. 2017

materielle Rechtskraft//formelle Rechtskraft
(Rechtswesen)

materielles Recht//Verfahrensrecht
(Rechtswesen)

Mathematik; ↑angewandte Mathematik, reine Mathematik

Matinee//Soiree; ↑auch: Abendveranstaltung
(Vormittagsveranstaltung) ○ Man hätte die zwei Fassungen der Goldberg-Variationen an einem Tag auf Matinee und Soiree verteilen sollen (Thüringer Allgemeine 26. 3. 2008)

matriarchal[isch]//patriarchal[isch]
(Völkerkunde)

Matriarchat//Patriarchat; ↑auch: Vaterherrschaft
(Gesellschaft, in der die Frau die bevorzugte Stellung innehat) ○ Ein Matriarchat im Sinne einer Herrschaft der Frauen analog zum Patriarchat gab es unter den matrilinearen Gruppen kaum. (Der Standard 5. 3. 2016)

matrilineal//patrilineal
(in der Erbfolge der Mutterlinie folgend)

matrilokal//patrilokal
(dort befindlich, wo die Familie der Frau wohnt)

Matrilokalität//Virilokalität
(Völkerkunde)

Matrixsatz//Konstituentensatz; ↑auch: Nebensatz
(Hauptsatz, der übergeordnete Satz ○ Sprachwissenschaft)

Matrize//Patrize
(Metallform mit eingeprägtem Muster ○ Druckwesen)

matroklin//patroklin
(mehr der Mutter ähnelnd)

Matronymikon; ↑Metronymikon

matronymisch//patronymisch
(vom Namen der Mutter abgeleitet)

matt//glänzend
wollen Sie die Fotos matt oder glänzend? ○ Verschiedene Papiersorten und -stärken zwischen matt und glänzend als Gegenentwurf zur zunehmenden Digitalisierung. (Hamburger Abendblatt 21. 8. 2015)

Mattkohle//Glanzkohle
(Mineralogie)

Mattlack//Glanzlack
Danach kann man die (Oster-)Eier noch mit Mattlack oder Glanzlack veredeln. (Vorarlberger Nachrichten 8. 4. 2004)

Maus//Katze
Im Legetrickfilm „Die Mäusejagd" findet eine Maus auf der Flucht vor der Katze unverhoffte Hilfe und einen neuen Freund. (Mittelbayerische Zeitung 24. 3. 2018)

Maus//Mäuserich
So wurde der Mäuserich schließlich Mickey Mouse getauft – auf Deutsch: Micky Maus. (Tiroler Tageszeitung 16. 11. 2008)

Mäuserich//Maus
(männliche Maus)

Max//Moritz
(Bubenpaar bei Wilhelm Busch)

maxi//mini
(recht lang o in Bezug auf Damenkleidung) o *Bei den Vorspeisen hat der Gast die Möglichkeit, zwischen kleinen und großen Portionen zu wählen – als „maxi" und „mini" ausgewiesen.* (Berliner Morgenpost 1. 9. 2012)

Maxi...//Mini... (Substantiv)
(mit der Bedeutung: groß) z. B. *Maxierfolg/Minierfolg*

Maximalforderung//Minimalforderung
10 Euro Mindestlohn hat nichts mit Maximalforderung zu tun, das ist eine Minimalforderung.Und es ist gut, dass das mal offen gesagt wird. (taz 15. 5. 2009)

maximieren//minimieren
Gewinne, Erträge maximieren (den Höchstwert anstreben, bis zum Äußersten steigern) o *Diese erreichen die vom Eigentümer vorgegebenen Ziele, indem sie die Erträge maximieren, die Leerstände minimieren und die Objekte gemäss der Strategie instand halten oder entwickeln.* (Neue Zürcher Zeitung 3. 11. 2010)

Maximierung//Minimierung
die Maximierung des Profits (auf das höchst Mögliche)

Maximum//Minimum
40 Euro ist das Maximum, das ich dafür geben würde o *für ihn war ein Gehalt von 5000,00 Euro das Maximum* o *Seine Devise lautet: Erreiche das Maximum mit einem Minimum* (Die Presse 26. 2. 2018)

Mäzen//Mäzenatin
(Förderer der Kunst) o *Der eine Verlag ... verliert seinen Mäzen ..., der andere gewinnt eine Mäzenatin hinzu* (Süddeutsche Zeitung 29. 5. 2009)

Mäzenatin//Mäzen
(Förderin der Kunst)

Meckerfritze//Meckerliese
(Mann, der ständig meckert, etwas zu kritisieren findet) o *„Das ist zum Kotzen", schimpft der Anwohner, der explizit nicht als „Meckerfritze" verstanden werden will.* (Berliner Morgenpost 14. 9. 2014)

Meckerliese//Meckerfritze
(Frau, die ständig meckert, etwas zu kritisieren findet) o *Stimmt, der Alex ist hässlich! Ich dachte schon, ich bin die einzige Meckerliese. Als Touristin habe ich jetzt eine Woche lang Berlin durchstreift, mit strengem Auge und gutem Objektiv.* (Berliner Morgenpost 15. 9. 2008)

Media//Tenuis
(stimmhafter Laut, z. B. *b, g*)

medial//lateral
medialer (innerer) Meniskus o (zur Mitte hin o Anatomie)

mediat//immediat
(mittelbar o veraltet)

mediatisieren//immediatisieren
(Geschichte) o *ein Territorium mediatisieren* („mittelbar machen", z. B. eine

Reichsstadt der Landeshoheit unterwerfen ○ historisch)

Medien; ↑elektronische Medien, Printmedien

medium//durch[gebraten], blutig
er wünschte das Steak medium (nur halb durchgebraten, innen noch roh) ○ *Er fühlt es an der Konsistenz des Fleisches, wann ein Steak englisch, medium oder gut durchgebraten ist.* (Süddeutsche Zeitung 21. 4. 2007) ○ *Durch, medium oder blutig?* (Der Spiegel 7. 7. 2006)

Meer//Festland
auf dem Festland fühlt er sich wohler als auf dem Meer ○ *Der meiste Abfall stammt nicht aus dem offenen Meer, sondern vom Festland und insbesondere aus den Städten.* (St. Galler Tagblatt 16. 9. 2014)

Meeresfisch//Flussfisch
Setzen Sie stattdessen auf ungesättigte Fettsäuren, etwa in Olivenöl oder Meeresfisch. (Hamburger Morgenpost 5. 7. 2011)

Meeresfisch//Zuchtfisch
Am gesündesten ist Meeresfisch, der nachhaltig in ausgesuchten Gegenden gefangen wird, sowie nachhaltig gefütterter Zuchtfisch. (NEWS 15. 6. 2018)

Meeresmolasse//Süßwassermolasse
(Geologie)

Meeressäugetier//Landsäugetier
(Biologie)

Meerwasser//Süßwasser
Meerwasser ist salzig ○ *So verdunstet das Meerwasser, das Süßwasser kondensiert und tropft in das kleine Gefäß.* (Süddeutsche Zeitung 11. 7. 2015)

mehligkochend//festkochend
mehligkochende Kartoffeln für Klöße, für Kartoffelbrei ○ *Da kamen auch einige Sorten zur Sprache, ob mehligkochend oder festkochend, verwendbar für den Kartoffelsalat oder zum Braten.* (Nordkurier 30. 6. 2012)

Mehlspeise//Fleischspeise
(Hauptspeise aus Mehl, Milch, Eiern u. Ä., z. B. Auflauf, Knödel) ○ *Wundern würde der Fokus auf Mehlspeisen in der internationalen Gourmetszene wohl niemanden: Österreich ist für Kaiserschmarren und Salzburger Nockerln schon bekannt.* (Presse 4. 1. 2015)

mehr//weniger
sie verdient mehr als er ○ *er verdient also weniger als sie* ○ *weniger Müll, mehr Umwelt* ○ *Das gesamte Erdgeschoss, davor seit 40 Jahren mehr oder weniger unverändert, erstrahlt in neuem Glanz.* (Rieder Volkszeitung 30. 6. 2016)

mehr; ↑nicht mehr

mehrdeutige Funktion//eindeutige Funktion
(Mathematik)

Mehrehe//Einehe; ↑auch: Monogamie
Die Wissenschaft sieht eine Entwicklung von der Gruppenehe über die Mehrehe hin zur Einehe (Saarbrücker Zeitung 21. 10. 2017)

mehrfach//einfach
ein Schriftstück in mehrfacher Ausfertigung ○ *Walnüsse sind ein kalorienreicher Snack, enthalten dafür aber viele gesunde Fettsäuren: 41 Gramm mehrfach, rund zehn Gramm einfach ungesättigte und fast sieben Gramm gesättigte Fettsäuren stecken in 100 Gramm Nuss.* (Oberösterreichische Nachrichten 11. 10. 2016)

Mehrfamilienhaus//Einfamilienhaus
Die Energiewende wird in Deutschland auch nur im Mehrfamilienhaus gelingen, nicht im Einfamilienhaus (Schweriner Volkszeitung 7. 4. 2018)

Mehrgebärende//Erstgebärende; ↑auch: Primipara
(Frau, die mindestens schon zwei Schwangerschaften ausgetragen hat)

Mehrheit//Minderheit; ↑auch: **Minorität**
das ist die Mehrheit ○ *die Befürworter des Antrags waren in der Mehrheit* ○ *Wann wird endlich die Mehrheit vor der Minderheit geschützt?* (Tiroler Tageszeitung 2. 12. 2012)

Mehrheit; ↑**absolute Mehrheit, einfache Mehrheit, relative Mehrheit**

Mehrheitswahl//Verhältniswahl
(Wahlverfahren, bei dem für die Wahl des Abgeordneten ausschlaggebend ist, wer die meisten Stimmen erhält ○ Politik)

mehrjährig//einjährig
mehrjährige Pflanzen ○ *Wichtig ist, dass die Pflanzen gekennzeichnet mit Name, Farbe, Höhe, mehrjährig oder einjährig geliefert werden.* (Südkurier 29. 4. 2017)

mehrmals//einmal
er war (schon) mehrmals in den USA ○ *Seit ihrem gewagten Schritt zum Profi vor vier Jahren schaffte es Österreichs zweifache Golferin des Jahres mehrmals in die Top Ten, einmal auf Rang vier.* (Tiroler Tageszeitung 21. 6. 2016)

mehr oder minder
sich mehr oder minder damit abfinden müssen ○ *Sie teilt diese mehr oder minder starken Beschwerden mit Millionen von Betroffenen in ganz Europa.* (Oberösterreichische Nachrichten 18. 7. 2016)

mehrspaltig//einspaltig
mehrspaltiger Druck (Typographie) ○ *Höhepunkt war das monumentale Werk «Zettel's Traum», das 1970 als faksimiliertes Typoskript von 1330 Seiten, Format DIN A3, mehrspaltig beschrieben, veröffentlicht wurde.* (Die Südostschweiz 18. 1. 2014)

Mehrspänner//Einspänner
(ein von mehreren Pferden gezogenes Gefährt) ○ *Für Mehrspänner ist die Strecke 25 Kilometer lang. Einspänner können die halbe Distanz wählen.* (St. Galler Tagblatt 2. 6. 2000)

mehrsprachig//einsprachig
Wenn man sich in der Welt umsieht, dann sieht man, dass mehr Menschen mehrsprachig sind als einsprachig. (Weltwoche 18. 10. 2012)

mehrspurig//einspurig
ein Auto ist ein mehrspuriges Fahrzeug ○ *Als Konrad-Adenauer-Straße zerschneidet die B 14 hier mehrspurig die Innenstadt.* (Schwäbische Zeitung 15. 7. 2015)

mehrstimmig//einstimmig
(Musik) ○ *Die Männer stets mehrstimmig, die Frauen meist einstimmig, begleitet mit Schlagwerk, Bass, Mandoline, Gitarre und vielen Tasten.* (Saarbrücker Zeitung 3. 10. 2012)

Mehrweg...//Einweg... (Substantiv)
z. B. *Mehrweggeschirr/Einweggeschirr*

Mehrwegbecher//Einwegbecher
Im sogenannten Better M Store erprobt sie, welche nachhaltigen Verpackungen bei den Gästen ankommen. Mehrwegbecher aus Plastik statt Einwegbecher aus Pappe, Graspapier statt Burgerschachteln, Papierboxen für Salate, Ketchup in der Waffel. (Süddeutsche Zeitung 18. 6. 2019)

Mehrwegflasche//Einwegflasche; ↑auch: **Wegwerfflasche**
Die Kennzeichnung soll nun dabei helfen, dass Verbraucher schon beim Kauf wissen, ob sie eine ökologisch vorteilhafte Mehrwegflasche oder eine Einwegflasche vor sich haben. (Stuttgarter Nachrichten 30. 6. 2016)

Mehrwegspritze//Einwegspritze
Wie das Medizintechnik-Unternehmen Rösch AG mitteilte, hat es nach der Mehrwegspritze ohne Nadel nun auch eine entsprechende Einwegspritze zum Patent angemeldet. Damit können Impfungen oder Schmerzspritzen ohne Einstich

schmerzfrei verabreicht werden. (Nürnberger Nachrichten 17. 3. 2000)

Mehrzahl//Einzahl; ↑auch: **Singular**
„die Kinder" ist die Mehrzahl von der Einzahl „das Kind" (Grammatik)

Mein//Dein
er kann Mein und Dein nicht unterscheiden (neigt zum Stehlen) o *Als „bester aktueller Ausdruck" wurde „Miendientje" für den Warentrennstab an der Kasse, der das „Mein" vom „Dein" trennt, gekürt.* (Hannoversche Allgemeine 21. 6. 2010)

Meinung; ↑**einer Meinung sein, geteilter Meinung sein, verschiedener Meinung sein**

Meinungsmangel//Meinungsüberfluss

Meinungsüberfluss//Meinungsmangel
Mittlerweile herrscht eher Meinungsüberfluss als -mangel. (Der Spiegel 9. 6. 2018)

meist; ↑**am meisten**

Meister//Geselle, Lehrling
der Meister hat drei Gesellen und einen Lehrling o *Eine Backstube mit Meister und Geselle gibt' s wohl kaum noch.* (Nordkurier 13. 6. 2017) o *Ein Meister also, der jedem Lehrling ein Vorbild sein kann!* (Berliner Morgenpost 21. 2. 2012)

Meistergrad//Schülergrad
(Kampfsportart Budo)

melanoderm//leukoderm
(dunkelhäutig)

melanokrat//leukokrat
(mit überwiegend dunklen Bestandteilen o Geologie)

Melioration//Pejoration; ↑auch: **Verschlechterung**
(Verbesserung) o *Danach wird entweder ein kantonaler Gestaltungsplan erarbeitet oder eine Melioration durchgeführt.* (Neue Zürcher Zeitung 15. 2. 2018)

meliorativ//pejorativ; ↑auch: **abwertend**
(bedeutungsverbessernd o Sprachwissenschaft) o *Der Begriff Veränderung enthält keine Bewertung – er ist weder pejorativ noch meliorativ; dagegen ist z. B. der Begriff „Fortschritt" meliorativ.* (Wikipedia)

Meliorativ[um]//Pejorativ[um]
(Wort, dessen Bedeutung sich verbessert hat, z. B.: *Marschall* = ursprünglich: Pferdeknecht)

melismatisch//syllabisch
(koloraturhaft o Gesang)

Melodie//Text
der Liedermacher hat sowohl die Melodie als auch den Text geschaffen o *Ein Land, dessen Hymne zwar eine Melodie, aber noch immer keinen Text hat, um möglichst neutral zu sein.* (NEWS 23. 2. 2018)

Melodiegitarre//Rhythmusgitarre
(vor allem zum Zupfen benutzte Gitarre) o *Die musikalische Begleitung übernimmt die Band Gitonas mit Reinhard Niedan (Melodiegitarre), Sigmar Backofen (Rhythmusgitarre)* (Thüringische Landeszeitung 27. 5. 2017)

melodische Molltonleiter//harmonische Molltonleiter
(Musik)

Menarche//Ejakularche; ↑auch: **erster Samenerguss**
(erste Monatsblutung bei einem heranwachsenden Mädchen) o *Mädchen wurden mit Erreichung der Menarche, also etwa um das zwölfte Lebensjahr, heiratsfähig.* (Die Presse 16. 3. 2014)

Mengennotierung//Preisnotierung
(Börse)

meno//più
(Hinweis für den musikalischen Vortrag: weniger)

Menopause//Andropause
(das Aufhören der Monatsblutung bei der Frau in den Wechseljahren) o *Der sinkende Testosteronspiegel ist eine ganz normale Alterserscheinung. In Analogie zur Menopause bei der Frau spricht man auch von der Andropause.* (St. Galler Tagblatt 23. 2. 2014)

Menschenfeind//Menschenfreund; ↑auch: Philanthrop
er ist ein Menschenfeind o *Muss man sich Gerhard Haderer als bitterbösen Menschenfeind oder als besonderen Menschenfreund vorstellen?* (Niederösterreichische Nachrichten 17. 6. 2009)

menschenfeindlich//menschenfreundlich; ↑auch: philanthropisch

Menschenfreund//Menschenfeind; ↑auch: Misanthrop
er ist ein Menschenfreund o *Sind Sie ein Menschenfreund oder doch eher ein Menschenfeind?* (Neue Zürcher Zeitung 8. 11. 2017)

menschenfreundlich//menschenfeindlich; ↑auch: misanthropisch

menschenunwürdig//menschenwürdig
eine menschenunwürdige Behandlung o *Die Lage vor Ort in Libyen ist menschenunwürdig.* (Hannoversche Allgemeine 21. 2. 2017)

menschenwürdig//menschenunwürdig
menschenwürdig leben o *Wenn man die letzten sieben Jahre des Erwerbslebens besonders ‚draufhauen muss', damit man vielleicht doch einigermaßen menschenwürdig in Pension gehen kann, dann erscheint mir das menschenunwürdig.* (Tiroler Tageszeitung 10. 12. 2005)

Menschewik//Bolschewik
(jemand, der der gemäßigten Richtung in der russischen Sozialdemokratie zugehört o historisch) o *Nicht Menschewik, sondern Bolschewik war Jakubowitsch während der ganzen Revolution, immer aufrichtig und durchaus uneigennützig.* (Der Spiegel 28. 1. 1974)

Menschewismus//Bolschewismus

menschlich//unmenschlich; ↑auch: inhuman
menschlich (nachsichtig gegenüber Schwächen usw. anderer) *handeln* o *menschliche Bedingungen* o *Die Barbarei trägt immer menschliche Züge. Das macht sie so unmenschlich.* (Westdeutsche Zeitung 12. 5. 2017)

mensurabel//immensurabel
(messbar)

Mensuralnotation//Choralnotation
(Notenschrift, die die mensurierten Tonhöhenunterschiede erkennen lässt o im Mittelalter)

Mentalismus//Behaviorismus
(Chomskys Sprachbetrachtung, die Sprechakte als Ergebnis angeborener geistiger Fähigkeiten auffasst)

Mentee//Mentor
(Person, die von einem Mentor betreut wird)

Mentor//Mentee
(Betreuer; Berater) o *Nachdem ich den Kontakt hergestellt habe, machen Mentor und Mentee den Rest untereinander aus.* (Der Spiegel 7. 4. 2018)

Mephisto//Faust
(Gestalt in Goethes „Faust", zynischer Gegenspieler des Faust)

merklich//unmerklich
sein Gedächtnis hat merklich (deutlich wahrnehmbar) *nachgelassen* o *Überall zugleich hat er seine Ohren, gibt mal merklich und mal unmerklich seine Anweisungen* (Südkurier 8. 4. 2011)

merkmalarm//merkmalreich

merkmalhaltig//merkmallos; ↑auch: unmarkiert
(Sprachwissenschaft)

Merkmalhaltigkeit//Merkmallosigkeit
(Sprachwissenschaft)

merkmallos//merkmalhaltig; ↑**auch: markiert**
(Sprachwissenschaft)

Merkmallosigkeit//Merkmalhaltigkeit
(Sprachwissenschaft)

merkmalreich//merkmalarm

merokrin//holokrin
(Biologie)

Mesokarp//Endokarp, Exokarp
(Botanik)

messbar//unmessbar
messbare Werte, Unterschiede ○ *Vor allem versuchen sie, mit ihrem neuen Index messbar zu machen, was auf den ersten Blick unmessbar zu sein scheint* (Süddeutsche Zeitung 16. 7. 2013)

Messerrücken//Messerschneide
(die stumpfe Seite der Klinge eines Messers) ○ *Die Pfefferkörner mit dem Messerrücken oder in einem Mörser zerdrücken.* (Hannoversche Allgemeine 20. 5. 2017)

Messerschneide//Messerrücken
(die schneidende Seite der Klinge eines Messers) ○ *Das Mädchen huscht um den Tisch, rückt mit ihren zarten Fingern die Tassen an die Plätze, die Löffel daneben und die Messerschneide zum Teller.* (Die Presse 30. 5. 2015)

Metagynie//Metandrie
(Botanik)

Metallismus//Nominalismus
(Theorie, nach der der Wert des Geldes von seinem materiellen Wert abhängt ○ Wirtschaft)

Metandrie//Metagynie
(Botanik)

Metasprache//Objektsprache
„Metasprache" ist das Sprechen über die Sprache ○ *in einem Wörterbuch sind die Definitionen die Metasprache*

Metazoon//Protozoon
(vielzelliges Tier)

Methode; ↑**Buchstabiermethode, Ganzheitsmethode, Lautiermethode, Leselehrmethode**

Metronymikon//Patronymikon
(Name, der von dem Namen der Mutter abgeleitet ist, z. B. *Niobide* = Sohn der Niobe)

Mevrouw//Mijnheer
(niederländische Anrede: meine Dame)

Miete//Leihe
(Rechtswesen)

mieten//vermieten; ↑**auch: verkaufen, verpachten**
eine Wohnung mieten ○ *Von privat mieten* ○ *manche Wohnmobilbesitzer vermieten ihr Fahrzeug lieber, als es ungenutzt in der Garage stehen zu lassen.* (FOCUS 1. 7. 2017)

Mieter//Vermieter; ↑**auch: Carrier**
der Mieter der Wohnung ○ *das Verhältnis zwischen Mieter und Vermieter ist gespannt* ○ *Mieter sollten ihren Vermieter informieren, eine Erlaubnis brauchen sie bei der nicht-kommerziellen Nutzung der Wohnung jedoch nicht.* (Stern 1. 9. 2016)

Mietwohnung//Eigentumswohnung
eine Mietwohnung in eine Eigentumswohnung umwandeln ○ *Wird eine Mietwohnung zu einer Eigentumswohnung, gelten nach dem Kauf der Immobilie besondere Fristen.* (Mannheimer Morgen 6. 3. 2015)

Migration//Kohäsion
Ein Kampf Migration gegen Kohäsion ... würde die EU spalten (Der Spiegel 31. 3. 2018)

Mijnheer//Mevrouw
(niederländische Anrede: mein Herr)

mikro...//makro... (Adjektiv)
(mit der Bedeutung: klein) z. B. *mikrokosmisch/makrokosmisch*

Mikro...//Makro...; ↑auch: Groß..., Riesen... (Substantiv)
(mit der Bedeutung: klein) z. B. *Mikrokosmos/Makrokosmos*

Mikroanalyse//Makroanalyse
(Chemie)

Mikroevolution//Makroevolution
(Biologie)

Mikrofauna//Makrofauna
(unter 0,2 mm lange Lebewesen auf dem Boden)

Mikrofon/Lautsprecher
Ein eingebautes Mikrofon und ein Lautsprecher ersetzen die Gegensprechanlage. (Hannoversche Allgemeine 16. 11. 2017)

Mikrogamet//Makrogamet
(Biologie)

Mikroklima//Makroklima
Die Architektur des Bürohauses, die Arbeitsbedingungen im Mikroklima der Gebäudehülle wie im Makroklima von Stadt und Umgebung, werden zu entscheidenden Magneten. (Der Tagesspiegel 15. 2. 2002)

mikrokosmisch//makrokosmisch
Der Natur entnimmt auch Karl Willems die Motive seiner delikaten Zeichnungen, Blüten beispielsweise, mikrokosmisch zart und makrokosmisch monumental. (Rhein-Zeitung 20. 2. 2007)

Mikrokosmos//Makrokosmos
(das Weltall im Kleinen im Menschen) ○ *Ausgehend von seinem Mikrokosmos blickt er auf den Makrokosmos und stellt dabei Fragen vom Hier und Jetzt bis zum Woanders und Früher.* (Westdeutsche Zeitung 1. 5. 2018)

mikrokristallin//makrokristallin

Mikromelie//Makromelie
(extreme Kleinwüchsigkeit)

Mikromeren//Makromeren
(Biologie)

Mikronährstoff//Makronährstoff

Mikroökonomie//Makroökonomie
(Wirtschaft)

mikroökonomisch//makroökonomisch
(Wirtschaft) ○ *Diese Systeme regeln sich nicht selbst, weder mikroökonomisch noch makroökonomisch.* (Der Spiegel 10. 11. 2008)

Mikrophage//Makrophage
(Zoologie, Medizin)

Mikrophysik//Makrophysik

Mikrophyt//Makrophyt
(Biologie)

Mikropsie//Makropsie
(Medizin)

mikroskopisch//makroskopisch
(nur mit dem Mikroskop zu erkennen) ○ *Die Bewegung von Teilchen kann auf zweierlei Weise beschrieben werden: mikroskopisch und makroskopisch.* (Die Presse 5. 6. 2011)

Mikrosmat//Makrosmat
(schlecht witterndes Säugetier)

Mikrosomie//Makrosomie; ↑auch: Großwuchs, Riesenwuchs
(zwergenhafter Wuchs)

Mikrosoziologie//Makrosoziologie

Mikrospore//Makrospore
(Botanik)

Mikrostruktur//Makrostruktur
die Mikrostruktur eines Textes ○ *die Mikrostruktur eines Wörterbuchs bildet das System für die Gestaltung des einzelnen Stichworts* ○ *Die Mikrostruktur der Materie ist die Wiederholung der Makrostruktur des Universums und damit nichts anderes als die Anwendung der Dynamik-Gesetze Newtons.* (taz 8. 6. 2017)

Mikrotheorie//Makrotheorie
(Wirtschaftswissenschaft)

Mikrotie//Makrotie
(auffallende Kleinheit der Ohren)

mikrozephal//makrozephal
(mit auffallend kleinem Schädel)

Mikrozephale, der//der Makrozephale
(Medizin)

Mikrozephalie//Makrozephalie
(Medizin)

Milch//[Fisch]rogen
(Samenflüssigkeit des männlichen Fischs)

Milch; ↑**Magermilch, Vollmilch**

Milch[n]er//Rog[e]ner
(männlicher Fisch)

mild//rau
mildes Klima ○ *Ist der Oktober freundlich und mild, ist der März dafür rau und wild* (Wormser Zeitung 1. 10. 2008)

mild//scharf
milder Senf ○ *Die meisten Geschmacksstoffe würden gerochen, während der Geschmack sich im Wesentlichen auf süß, sauer, mild, scharf oder bitter beschränke.* (Mittelbayerische Zeitung 7. 9. 2015)

mild//streng
milder Winter ○ *mild schmecken* ○ *Winter mit Frost, Schnee und Eis gehören zur Normalität in Mitteleuropa. Sie können mal mild, mal streng sein – aber sie sind vorhersehbar.* (Thüringische Landeszeitung 20. 1. 2010)

militärisch//unmilitärisch
ein militärischer Haarschnitt (kurze Haare, „Streichholzlänge")

militärisch//zivil
militärische Ziele, Einrichtungen ○ *für militärische Zwecke* ○ *militärische Nutzung der Atomenergie* ○ *45 weitere Nationen nutzen die Blechsoldaten militärisch wie auch zivil.* (FOCUS 4. 2. 2013)

militarisieren//demilitarisieren, entmilitarisieren; ↑**auch: abrüsten**

Militarist//Antimilitarist
(jemand, der von einem Denken bestimmt wird, das militärischen Zielen und Vorstellungen Vorrang einräumt)

minder; ↑**mehr oder minder**

Minderheit//Mehrheit; ↑**auch: Majorität**
in der Minderheit sein ○ *das ist (nur) die Minderheit* ○ *Man kann nicht zugunsten einer Minderheit die Mehrheit ignorieren* (Mittelbayerische Zeitung 3. 4. 2018)

minderjährig//volljährig, (veraltend) großjährig; ↑**auch: majorenn**
sie ist (noch) minderjährig ○ *Nur solange er minderjährig war, wurde er hier geduldet. Jetzt, da er volljährig ist, muss er weg.* (Der Spiegel 18. 12. 2012)

Minderjährigkeit//Volljährigkeit, (veraltend) Großjährigkeit; ↑**auch: Majorennität**

minderwertig//hochwertig
minderwertige Ware ○ *minderwertige Angebote* ○ *Im Kern geht es darum, dass eine der beiden Geschlechtergruppen, die Frauen, als unterlegen, minderwertig und schwach, und die andere, die Männer als überlegen, hochwertig und stark bewertet werden.* (Leipziger Volkszeitung 9. 2. 2013)

mindest...//höchst...
die mindeste Strafe

Mindest...//Höchst... (Substantiv)
z. B. *Mindeststrafe/Höchststrafe*

Mindestalter//Höchstalter
das Mindestalter für diese Ausbildung ist 24 Jahre ○ *Bewerber müssen Deutsche sein, als Jugendschöffe zudem erzieherisch befähigt. Das Mindestalter beträgt 25, das Höchstalter 70 Jahre.* (Kölnische Rundschau 17. 1. 2018)

Mindestdosis//Höchstdosis

mindestens//höchstens
er ist mindestens 1.90 Meter groß ○ er verdient mindestens 2000,00 Euro monatlich ○ Gespielt wird mit fünf Spielern auf Handballtore mit einem sprungreduzierten Ball, welcher einen Umfang von mindestens 62 bis höchstens 64 cm hat. (Burgenländische Volkszeitung 1. 12. 2009)

Mindestgeschwindigkeit//Höchstgeschwindigkeit
Die Mindestgeschwindigkeit liegt bei 60 km/h und die horizontale Höchstgeschwindigkeit bei 270 km/h. (Südkurier 25. 6. 2004)

Mindestgewicht//Höchstgewicht

Mindestmaß//Höchstmaß
ein Mindestmaß an Geduld muss man schon aufbringen ○ Ein Mindestmaß an Liquidität und ein Höchstmaß an Verschuldung runden das Basel-Paket ab. (Der Standard 13. 2. 2010)

Mindeststrafe//Höchststrafe
„Ich denke, die Mindeststrafe für Tierquälerei liegt derzeit bei 2.000 Euro und die Höchststrafe bei 7.500 Euro." (Burgenländische Volkszeitung 11. 4. 2013)

mineur//majeur; ↑auch: Dur
(Musik)

mini//maxi
(besonders kurz; in Bezug auf Damenkleidung) ○ Für jeden Anlass und Stil gibt es die passende Tasche – ob mini oder maxi (Mannheimer Morgen 6. 5. 2015)

Mini...//Maxi... (Substantiv)
(mit der Bedeutung: klein) z. B. Minierfolg/Maxierfolg

Minimalforderung//Maximalforderung
Die Minimalforderung sieht eine Erhöhung um 10.000 bis 15.000 Mann, die Maximalforderung eine um 40.000 Mann vor. (Die Presse 13. 11. 2009)

minimieren//maximieren
(auf ein Minimum verkleinern, verringern) ○ Wenn es uns gelingt, die Eigenfehler zu minimieren und die Chancenauswertung zu maximieren, bin ich guter Dinge. (Niederösterreichische Nachrichten 4. 11. 2016)

Minimierung//Maximierung
die Minimierung der Ausgaben (auf das geringst Mögliche)

Minimum//Maximum
400,00 € sind das Minimum, das ich dafür haben möchte ○ für ihn war ein Gehalt von 5000,00 € das Minimum ○ ein Minimum an Nachsicht erwarten

minor//major; ↑auch: Dur
(englische Bezeichnung für Moll)

Minorat//Majorat
(Vorrecht des Jüngsten auf das Erbe)

minore//maggiore; ↑auch: Dur
(Bezeichnung für die kleine Terz, für Moll ○ Musik)

minorenn//majorenn; ↑auch: volljährig, mündig
sie ist (noch) minorenn (noch minderjährig) ○ Das Kind, nicht eben minorenn, eher voll erblüht in zigeunerischer Weiblichkeit, sitzt da und schaut himmelwärts in edlem elegischem Hochmut (Stuttgarter Zeitung 23. 12. 2006)

Minorennität//Majorennität; ↑auch: Volljährigkeit

Minorität//Majorität; ↑auch: Mehrheit
(Minderheit) ○ Ebenso wenig aber lassen sich die Kurden in den jeweiligen Staaten als Minorität in der Majorität auflösen. (Der Tagesspiegel 2. 9. 2016)

Minoritätsträger//Majoritätsträger
(Physik)

Minuend//Subtrahend; ↑auch: Subtraktion
in a–b ist a der Minuend, von dem etwas abgezogen wird

minus//plus
die Summe minus der üblichen Abzüge ○ *sie hat eine 3 minus (3-) in Latein* ○ *5 minus 4 ist 1* ○ *die Temperatur ist heute 5 Grad minus* ○ *Denn Autozubehör muss bei Temperaturen von minus 40 bis plus 70 Grad funktionieren.* (Hamburger Morgenpost 22. 1. 2016)

Minus//Plus; ↑auch: Bonus, Vorteil
das ist ein Minus für ihn ○ *Nach freundlichem Start rutschte der deutsche Aktienindex Dax schnell ins Minus und konnte am Nachmittag nur kurzzeitig ins Plus klettern.* (Nürnberger Zeitung 10. 12. 2015)

Minuskel//Majuskel; ↑auch: Großbuchstabe, Versal
Minuskeln sind Kleinbuchstaben wie a, n

Minuspol//Pluspol
der Minuspol der Batterie

Minuspunkt//Pluspunkt
das hat ihm für die Benotung Minuspunkte eingebracht ○ *„Ein Minuspunkt in der Innenstadt ist in einen Pluspunkt verwandelt worden"* (Mannheimer Morgen 20. 5. 2006)

Minuszeichen//Pluszeichen
das Minuszeichen ist –

Misandrie//Misogynie; ↑auch: Frauenhass
(krankhafter Männerhass) ○ *Misandrie ist ein dem älteren Begriff Misogynie nachgebildeter Neologismus und bezeichnet eine ablehnende oder feindselige Haltung gegenüber Männern.* (Falter 10. 12. 2014)

Misanthrop[in]//Philanthrop[in]
(Menschenfeind[in])

Misanthropie//Philanthropie
(Menschenscheu, Menschenhass) ○ *Nicht viel anders liegt der Fall Hans Pfitzners, der sich mit einer Mischung aus Misanthropie und Verfolgungswahn das Leben selbst schwer machte* (Mittelbayerische Zeitung 20. 5. 2016)

misanthropisch//philanthropisch; ↑auch: menschenfreundlich
(menschenfeindlich)

Misanthropismus//Philanthropismus
(menschenfeindliche Haltung) ○ *Ja, weil sie ewige Zauderer und dauernd Verzagte sind, die niemandem etwas zutrauen ausser ihrem eigenen Misanthropismus* (Südostschweiz 7. 1. 2017)

Mischbestand//Reinbestand
(Forstwesen)

Mischelement//Reinelement
(Chemie)

mischerbig//reinerbig; ↑auch: homozygot
(Biologie)

Misogynie//Misandrie; ↑auch: Männerhass
(krankhafter Frauenhass) ○ *In der angloamerikanischen Forschung ist diesbezüglich bereits von einer öffentlichen „Verachtung der Männer" und – parallel zur Misogynie – von einer gezielten Ausbreitung von Männerfeindlichkeit (Misandrie) die Rede.* (Neue Zürcher Zeitung 23. 9. 2006)

miss...//... (Verb)
z. B. *missglücken/glücken*

Miss...//... (Substantiv)
z. B. *Misserfolg/Erfolg*

missachten//beachten
die Vorfahrt missachten ○ *Vorschriften missachten* ○ *Was man nicht kann, ist die Kleiderordnung missachten. „Bitte beachten Sie, dass für Herren im Haus folgender Dresscode gilt: ..."* (Hamburger Abendblatt 14. 5. 2016)

missbilligen//billigen
sie hat das Vorgehen missbilligt ○ *Selbst"verständlich" geht es dabei gar nicht darum, nach 70 Jahren oder wann immer etwas zu billigen oder zu missbilligen.* (Wiener Zeitung 4. 8. 2004)

Missbilligung//Billigung
Meine Grossmutter konnte ihre Missbilligung oder, ausnahmsweise, Billigung auf dieselbe Weise zum Ausdruck bringen, wie gute Reiter ihre Pferde lenken (Neue Zürcher Zeitung Folio 7. 7. 2014)

Misserfolg//Erfolg
seine Arbeit war von Misserfolg begleitet ○ Darin hält sie Strategien bereit, wie die „Furcht vor Misserfolg" in die „Hoffnung auf Erfolg" verwandelt werden kann. (Berliner Morgenpost 1. 8. 2010)

missfallen//gefallen
diese Entwicklung missfällt mir ○ ihre Äußerungen haben ihm missfallen ○ Ich möchte missfallen und gefallen. Ich teile aus, stecke aber auch ein. (Die Südostschweiz 2. 9. 2007)

Missfallen//das Gefallen
sein Missfallen ausdrücken ○ Projekt stößt beim Umweltanwalt auf Missfallen ... Im Gegensatz zu den Bayern, die durchaus Gefallen am geplanten Pumpspeicherkraftwerk Riedl finden. (Oberösterreichische Nachrichten 24. 2. 2011)

missglücken//glücken
ein Experiment missglückt ○ der Kuchen, Start missglückte ○ Wäre der erste Kampftag mit zwei Pleiten gegen Wemding und Leipzig nicht missglückt, wäre vermutlich der sofortige Wiederaufstieg geglückt. (Nürnberger Zeitung 6. 10. 2003)

missgönnen//gönnen
sie missgönnt ihr diesen Erfolg ○ er missgönnt ihr ihre Million auf dem Konto ○ Die Wiener schauen präpotent und ignorant herunter auf uns Provinzler, missgönnen uns jeden Erfolg und enthalten uns vor, was uns eigentlich zusteht. (Oberösterreichische Nachrichten 8. 2. 2018)

Missionarsstellung//Reitstellung; ↑auch: MOB
(Geschlechtsverkehr, bei dem sich der Mann oben, auf der Frau befindet) ○ 60 Prozent haben meistens in der Missionarsstellung Sex. (Tiroler Tageszeitung 11. 8. 2015)

Missionsbruder//Missionsschwester

Missionsschwester//Missionsbruder

misslingen//gelingen; ↑auch: geraten
der Plan, der Versuch ist misslungen ○ der Kuchen ist misslungen ○ «Das Vernünftigste habe ich misslingen sehen, das Abgeschmackteste gelingen.» (Goethe, „Die Wahlverwandtschaften", 2. Kapitel, 1809)

Missmanagement//Management
Erst jahrelanges Missmanagement, dann eine radikale Dreiteilung, in aller Hektik vom vorherigen Management sowie dem Großaktionär Etihad beschlossen, haben seit Beginn des Sommerflugplans Ende März ein Chaos verursacht (Der Tagesspiegel 4. 7. 2017)

missraten//geraten; ↑auch: gelingen
der Braten ist missraten ○ Die vier Bilder wirken missraten. Sehr grau und obendrein unscharf ist die Fotoreihe geraten (Süddeutsche Zeitung 10. 3. 2010)

misstrauen//trauen
ich misstraue ihm ○ Sie misstrauen Arafat, trauen Sie dem saudischen Kronprinzen Abdullah und seinem Friedensplan? (Der Tagesspiegel 26. 5. 2002)

Misstrauen//Vertrauen
sein Misstrauen ärgerte ihn ○ „Unser Verhältnis zu den USA ist nicht von Misstrauen geprägt, sondern von Partnerschaft und Vertrauen." (Hamburger Abendblatt 15. 8. 2013)

Misstrauensvotum; ↑destruktives Misstrauensvotum, konstruktives Misstrauensvotum

Misswahl//Misterwahl
(Schönheitswettbewerb für Frauen)

Mister//Mistress; ↑auch: Frau//Herr
(englische Anrede für einen Mann in Verbindung mit dem Namen, z. B. Mister Gray)

Misterwahl//Misswahl
(Schönheitswettbewerb für Männer)

Mistress//Mister; ↑auch: Herr//Frau
(englische Anrede für eine Frau in Verbindung mit den Namen, z. B. *Mistress Miller*)

mit//gegen
mit der Strömung, mit dem Wind ○ *(zusammen) mit jemandem kämpfen* ○ *In diversen Fallbeispielen verhandelten wir zudem wiederholt mit und gegen unsere Mitstudierenden.* (Handelszeitung 15. 9. 2011)

mit//ohne
die Torte mit Sahne essen ○ *Marzipaneier mit Schokolade* ○ *mit Licht fahren* ○ *mit Kondom* ○ *Die ↑Frau mit Eigenschaften/Der ↑Mann ohne Eigenschaften* (Buchtitel) ○ *Fahre mit Herz, aber ohne Promille*

mit ...//ohne ..., ...frei
z. B. *mit Akzent/ohne Akzent, akzentfrei* ○ *mit Fehlern/ohne Fehler, fehlerfrei*

mit ...//ohne ..., ...los
z. B. *mit Trägern/ohne Träger, trägerlos* ○ *mit Rand/ohne Rand, randlos*

Mit...//Allein... (Substantiv)
z. B. *Mitverantwortung/Alleinverantwortung*

Mit...//Selbst... (Substantiv)
z. B. *Mitlaut/Selbstlaut*

mit Absicht//aus Versehen
das hat er mit Absicht gemacht ○ *Nach bisherigen Ermittlungen fuhr der 18-Jährige aber nicht mit Absicht in die Menge, sondern aus Versehen.* (Hamburger Abendblatt 20. 9. 2014)

mit Akzent//akzentfrei
sie spricht Deutsch mit Akzent ○ *Bei Männern sei René mit Akzent statt Rene ohne Akzent beliebt gewesen, hieß es.* (Schweriner Volkszeitung 17. 1. 2017) ○ *Greim redet mit Akzent und verhaspelt sich oft. Rehn spricht fast akzentfrei und geschliffen.* (taz 25. 5. 2013)

mit Ärmeln//ärmellos
ein Kleid mit Ärmeln ○ *In der kommenden Modesaison kommt er vielmehr tailliert daher mit Ärmeln oder ärmellos* (Luxemburger Tageblatt 4. 4. 2009)

mit Artikel//artikellos
manche Ländernamen werden mit Artikel gebraucht (z. B. die Schweiz) ○ *Namen von Landschaften und Regionen werden in der Regel immer mit Artikel genannt: der Breisgau, die Toskana, das Elsass, der Balkan, die Pfalz, das Kosovo. Staatennamen hingegen sind meistens artikellos: Afghanistan, Deutschland, Österreich, Zypern* (Der Spiegel 17. 12. 2003)

mit Bart//bartlos
auf diesem Foto ist er noch mit Bart zu sehen

Mitbesitz//Alleinbesitz
(Rechtswesen)

Mitbesitzer[in]//Alleinbesitzer[in]
(Rechtswesen)

mit der Hand//mit der Maschine
mit der Hand genäht ○ *„Das ist wie mit der Hand spülen, wenn es auch mit der Maschine geht."* (Süddeutsche Zeitung 29. 2. 2016)

mit der Maschine//mit der Hand
mit der Maschine genäht ○ *Shuryu sticht die Umrisse mit der Maschine und arbeitet danach mit der Hand* (Luxemburger Tageblatt 21. 5. 2016)

Miteigentum//Alleineigentum
(Rechtswesen)

Miterbe//Universalerbe

mit Formular; ↑Formular

Mitforderung//Gesamtforderung
(Rechtswesen)

mit Gewalt//gewaltfrei
etwas mit Gewalt durchzusetzen versuchen

Mitglied//Nichtmitglied
die Mitglieder zahlen Tagungsgebühren 50 Mark, Nichtmitgheder 60 Mark ○ *Das Bezirksgericht Graubünden hat sich gestern mit einem Mitglied eines Motorradclubs befasst, der einem Nichtmitglied dessen Jeans-Gilet weggenommen hatte.* (Die Südostschweiz 21. 2. 2014)

Mitgliederpartei//Wählerpartei
(politische Partei, deren Macht zum großen Teil auf der hohen Zahl ihrer Mitglieder basiert) ○ *der Charakter der Volksparteien ändert: weg von der Mitgliederpartei mit fester Massenbasis, hin zur sogenannten Wählerpartei, die nur noch lose Koalitionen um sich schart.* (Neue Zürcher Zeitung 17. 6. 2000)

mitgliederschwach//mitgliederstark
eine mitgliederschwache Partei ○ *Ohne die WASG ist die PDS im Westen der Republik nicht gesellschaftsfähig, umgekehrt ist die kleine WASG zu mitgliederschwach, als dass sie etablierten Parteien gefährlich werden könnte.* (Thüringische Landeszeitung 26. 3. 2007)

mitgliederstark//mitgliederschwach
eine mitgliederstarke Partei ○ *„Wir können in dem Konzert mitspielen, sind mitgliederstark und wollen in einem Atemzug mit den mächtigen Bünden genannt werden."* (Tiroler Tageszeitung 12. 10. 2016)

mit halbem Arm//mit langem Arm
ein Hemd mit halbem Arm ○ *Sie probierte ein kurzes schwarzes Kleid mit halbem Arm aus Kaschmir an.* (Hamburger Abendblatt 15. 3. 2012)

mit Kindern//kinderlos
ein Ehepaar mit Kindern ○ *Vor allem haben es Frauen mit Kindern schwerer. Viele Professorinnen sind deshalb kinderlos geblieben.* (Wiener Zeitung 7. 3. 2017)

mit Kreditkarte//bar
mit Kreditkarte die Hotelrechnung bezahlen ○ *Zahlt man mit Kreditkarte, gebe man das Trinkgeld am besten zusätzlich in bar* (Westdeutsche Zeitung 15. 9. 2014)

mit langem Arm//mit halbem Arm
ein Hemd mit langem Arm ○ *Immerhin macht die Kälte beste Werbung für wärmende Unterbekleidung – am besten mit langem Arm und langem Bein.* (Saarbrücker Zeitung 2. 12. 2016)

Mitlaut//Selbstlaut; ↑auch: **Vokal**
„d" ist ein Mitlaut

mitnehmen//dalassen, hierlassen
das Gepäck mitnehmen und nicht hierlassen (an dieser Stelle) ○ *er soll den Koffer mitnehmen und nicht dalassen* (in dem entfernten Ort) ○ *Eine Regel herrscht im Erlebniswald: Nichts mitnehmen und nichts dalassen.* (Wiesbadener Kurier 23. 6. 2017)

mit Orchester//a cappella
sie singen mit Orchester ○ *Die Passionszeit ist in der Christenheit geprägt von den Verkündigungen aus den Evangelien, die in großen Passionsmusiken mit Orchester auch nicht Gläubige vereint. Seltener werden Werke „a capella" aufgeführt.* (Rhein-Zeitung 6. 4. 2001)

Mitose//Amitose
(Biologie)

mitotisch//amitotisch
(Biologie)

mit Recht//zu Unrecht
er ist zu Recht verurteilt worden ○ *Zum Teil mit Recht, zum Teil aber auch zu Unrecht.* (Die Presse 10. 5. 2010)

mit Scheck//bar
mit Scheck bezahlen ○ *Die Wohnung sei „bezahlt" worden, ob mit Scheck, Überweisung oder bar wisse er nicht mehr.* (Saarbrücker Zeitung 5. 6. 2002)

mit Schnörkeln//schnörkellos
Mit fünf Jahren beginnt er zu komponieren, zeichnet lange Linien mit Schnörkeln. (St. Galler Tagblatt 6. 2. 2013)

mit Schuhen//barfuß
man kann auf dem steinigen Weg nur mit Schuhen laufen ○ *Die Wissenschaftler ließen 68 gesunde Sportler auf einem Laufband trainieren – mit Schuhen und barfuß.* (taz 8. 1. 2010)

mittags//nachts; ↑auch: a. m.; p. m.
um 1 Uhr mittags (= 1 Uhr p. m.) ○ *um 12 Uhr mittags* ○ *Von 12 Uhr mittags bis 12 Uhr nachts präsentiert sich das Forschungszentrum zusammen mit seinen Gast- und Partnerinstituten im Rahmen der Hamburger „Nacht des Wissens"* (Hamburger Morgenpost 24. 10. 2015)

Mittagshöhe//Mitternachtstiefe
(Astronomie)

Mitte//Rand; ↑auch: Peripherie
in der Mitte stehen ○ *So z. B. in der Vorwoche im Bezirk Jennersdorf, wo ein Ortschef sich lautstark darüber mokierte, dass er bei einem Fototermin nicht in der Mitte, sondern nur am Rand platziert war.* (Burgenländische Volkszeitung 19. 7. 2012)

mitteilen//erfahren
Angelika teilte es Klaus-Rainer mit ○ *Dank der Kombination eines virtuellen Beziehungsnetzes mit einem GPS-Smartphone könnte man seiner Umwelt ständig die eigene Position mitteilen und die Position von Familie und ausgewählten Freunden erfahren.* (Neue Zürcher Zeitung 2. 2. 2009)

Mittelalter//Altertum, Neuzeit
Sie ist eben keine Expertin für das Mittelalter, sondern für das klassische Altertum (NEWS 27. 8. 2016) ○ *«Finster» war nicht das Mittelalter, sondern die Neuzeit, mit früher nie so verbreiteter Brutalität.* (St. Galler Tagblatt 21. 2. 2017)

mittelbar//unmittelbar; ↑auch: direkt
(nur) mittelbar davon betroffen sein ○ *Werbung darf niemanden mittelbar oder unmittelbar diskriminieren* (Tiroler Tageszeitung 26. 7. 2013)

mittelstandsfeindlich//mittelstandsfreundlich
Dort sei eine Clearingstelle vorgesehen, die ... neue Rechtsvorschriften im Vorfeld darauf prüfen soll, ob sie mittelstandsfreundlich sind. Wegner forderte, Kommunen und Kreise, die sich mittelstandsfeindlich verhalten, öffentlich anzuprangern. (Saarbrücker Zeitung 13. 10. 2014)

mittelstandsfreundlich//mittelstandsfeindlich

Mitternachtstiefe//Mittagshöhe
(niedrigste Höhe der Gestirne ○ Astronomie)

mittlere Reife//Abitur
(Schulabschluss nach erfolgreichem Besuch der letzten Klasse in der Realschule bzw. der 10. Klasse am Gymnasium) ○ *Wer sich für den Beruf entscheidet, hat häufig die mittlere Reife oder sogar Abitur.* (Schweriner Volkszeitung 14. 6. 2014)

mit Trägern//trägerlos
eine Schürze mit Trägern ○ *Selbst heute kommen manche Herren in den Badekostümen mit Trägern.* (Berliner Morgenpost 23. 5. 2000)

Mitverantwortung//Alleinverantwortung
Die Arbeitgeberseite hat ihre Bereitschaft bekundet, dabei Mitverantwortung – nicht Alleinverantwortung – zu übernehmen. (Neue Zürcher Zeitung 30. 5. 2006)

mit Vorbehalt//ohne Vorbehalt, vorbehaltlos
Salghetti wird von der Südtiroler Volkspartei (mit Vorbehalt) und von „Projekt

Bozen" *(ohne Vorbehalt) unterstützt.* (Tiroler Tageszeitung 26. 5. 2000)

Mitwirkungsrecht//Abwehrrecht
(Politik)

mit Zuckerbrot und Peitsche
(mit Milde und Strenge; in Bezug auf die Durchsetzung von Wünschen, Zielen) ○ *Er war ein Trainer mit Zuckerbrot und Peitsche* (Nordkurier 21. 11. 2017)

MOB//MOT; ↑auch: Missionarsstellung
(Bezeichnung für die Reitstellung beim Geschlechtsverkehr ○ Male on Bottom*)* ○ *„Die maximale Herzrate für MOT beim Orgasmus lag bei 114 Schlägen, die für MOB dagegen bei 117. Ein koronar signifikanter Vorteil der MOB-Position ist daher nicht feststellbar."* (Der Spiegel 5. 2. 1996)

mobil//immobil; ↑auch: unbeweglich
mobile (bewegliche) *Gegenstände* ○ *eine mobile Funkstation* ○ *Das bedeutet, das gesamte öffentliche Eigentum – mobil und immobil – zu erfassen und zu bewerten.* (Rhein-Zeitung 2. 1. 2007)

mobil//stationär
mobile Abhöranlagen ○ *mobile Sammelstelle für Schadstoffabfälle* ○ *Wir verstärken unser Personal und stärken unser Know How, um so unsere Angebote vor Ort zu erweitern und zu professionalisieren sowohl mobil als auch stationär.* (Niederösterreichische Nachrichten 14. 4. 2017)

Mobilien//Immobilien
(bewegliche Güter, bewegliche Wertobjekte) ○ *Erleichtert wird der Wiederaufbau durch die Tatsache, dass Wohnhäuser im Mittelalter eher Mobilien als Immobilien waren.* (Neue Zürcher Zeitung 23. 9. 2014)

Mobilisation//Demobilisation
(das Versetzen in Kriegsbereitschaft)

mobilisieren//demobilisieren
(Militär) ○ *Merkel hat jahrelang nicht versucht, das eigene Lager zu mobilisieren, sondern das gegnerische zu demobilisieren.* (Süddeutsche Zeitung 31. 12. 2016)

Mobilisierung//Demobilisierung, Entmobilisierung
(Militär)

Mobilismus//Fixismus
(Geologie)

Mobilismus//Immobilismus
(Beweglichkeit, auch übertragen: gedankliche Beweglichkeit)

Mobiltelefon//Festnetztelefon
Ich gebe zu, dass es mir durchaus schmeichelt, dass diese Leute, die mich von ihren Mobiltelefonen aus auf meinem Mobiltelefon anrufen, während ich an meinem Schreibtisch neben meinem Festnetztelefon sitze, glauben, ich führte ein aufregendes Leben (Berliner Zeitung 31. 7. 2010)

möbliert//unmöbliert
ein möbliertes Zimmer ○ *Die Garconniere ist üblicherweise eine Einzimmerwohnung, möbliert oder unmöbliert.* (Die Presse 8. 10. 2011)

modebewusst sein//ein Modemuffel sein
er ist modebewusst ○ *Männer sind überhaupt keine Modemuffel. Und die harten Kerle, die American Footballer also, sind sogar sehr wählerisch und modebewusst.* (Mitteldeutsche Zeitung 20. 4. 2017)

Modemuffel; ↑ein Modemuffel sein

Moderater//Hardliner
Einen Konflikt zwischen Moderaten und Hardlinern gibt es auch in Iran ... (Der Spiegel 12. 5. 2018)

modern//altmodisch
eine moderne Frisur, Anschauung ○ *Hedwig Dohm ist in ihren Ansichten sehr modern* ○ *Was heute modern ist, ist morgen altmodisch.* (Der Standard 19. 6. 2015)

modern//gestrig
Weil es gleichzeitig gut läuft in Deutschland und schlecht, bricht das alte Lagerdenken wieder auf, rechts und links, links-links gegen links-mittig, modern und gestrig ... (Der Spiegel 8. 6. 2019)

modern//traditionell
Es geht nicht um Gut gegen Böse, es geht nicht um Modern gegen Traditionell ... Es geht allein um Macht. (Der Spiegel 13. 4. 2018)

modern//unmodern; ↑**auch: out sein**
diese Farbe ist (jetzt) modern ○ Was Otto so unter modern und unmodern versteht! (Schwäbische Zeitung 25. 5. 2013)

Modernismus//Traditionalismus
diese Architekten sind Vertreter des Modernismus

Modernist//Traditionalist
er gehört unter den Architekten zu den Modernisten ○ Orbán gibt sich vorderhand als Modernist, ist aber tatsächlich ein Traditionalist und Nationalist. (Wiener Zeitung 25. 5. 2016)

Modus//Substanz
(bei Spinoza: Mensch, Ursache und Wirkung)

möglich//unmöglich
eine Verschiebung des Termins ist möglich ○ Tut heute das Mögliche, dann wird euch morgen möglich sein, was heute unmöglich ist. (Rhein-Zeitung 30. 10. 2017)

Möglichkeit//Unmöglichkeit
Auch hat das Tier keinerlei Möglichkeit, sich bei Müdigkeit oder Schmerzen zurückzuziehen. Von der Unmöglichkeit eines artgerechten Lebens ganz zu schweigen. (Die Presse 21. 10. 2013)

Möglichkeitsform//Wirklichkeitsform; ↑**auch: Indikativ**
„käme" ist in „wenn er käme" eine Möglichkeitsform (II. Konjunktiv) von „kommen"

Moll//Dur; ↑**auch: majeur, maggiore, major**
(Tonart mit als weich klingend empfundener kleiner Terz) ○ *bei der Konkurrenz war die Stimmung eher in Moll als in Dur. (Tiroler Tageszeitung 25. 6. 2017)*

Molltonleiter; ↑**harmonische Molltonleiter, melodische Molltonleiter**

Momentanlaut//Dauerlaut
(z. B. ein Verschlusslaut ○ Phonetik)

Momentaufnahme//Zeitaufnahme
der Fotograf machte eine Momentaufnahme ○ Die Momentaufnahme einer bürgerlichen europäischen Familie. (Falter 20. 9. 2017)

Monarch//Untertan
Im Briefwechsel zwischen Voltaire und Friedrich II. ... wird das wandelnde Verhältnis zwischen Monarch und Untertan, das Spiel von Unterlegenheit und Überlegenheit, werden die Regeln höfischer Höflichkeit von Voltaire elegant erhöht und persifliert. (Süddeutsche Zeitung 31. 8. 2006)

Monarchie//Republik
(Staatsform mit einem Kaiser oder einem König)

Monarchist//Republikaner
Der nationalliberale Außenpolitiker war Monarchist gewesen, wandelte sich später aber zum überzeugten Republikaner und Demokraten. (Westdeutsche Zeitung 22. 12. 2017)

Monatsblutung; ↑**erste Monatsblutung**

monaural//binaural
(einkanalig in Bezug auf die Tonaufnahme und -wiedergabe)

Mönch//Nonne
(Mitglied eines Männerordens ○ Dachziegel, der nach oben gekrümmt ist; ↑auch Patrize) ○ *Aus der Ruine Belfort bei Brienz/Brinzauls sind halbrunde Dachziegel aus dem 15. Jahrhundert zu sehen, etwas pikant «Mönch» und*

«Nonne» genannt, wenn sie wechselseitig übereinander liegen. (Die Südostschweiz 8. 9. 2017) ○ Als Mönch im Zölibat lehnt er fleischliche Wonnen ab. Mit 41 Jahren schwenkt er um, heiratet die entflohene Nonne Katharina von Bora. (Die Südostschweiz 13. 12. 2016)

Mönchskloster//Nonnenkloster
Er verbindet das Mönchskloster Nydala mit dem Nonnenkloster Byarum. (Hamburger Morgenpost 16. 4. 2014)

Mönchsorden//Nonnenorden
Die Gilbertiner waren ein geistlicher Mönchs- und Nonnenorden aus dem Mittelalter und stellen den einzigen rein englische Mönchsorden dar. (Wikipedia)

Mönch//Weltgeistlicher
Als Mönch und ab 1789 als Weltgeistlicher ordnete der „rastlose Wissenschaftler" Archive vieler Klöster (Wiesbadener Kurier 7. 5. 2008)

Mond//Sonne
in der Nacht schien der Mond, am Tage die Sonne ○ Übermorgen Freitag wird der Mond die Sonne zu drei Vierteln bedecken. (St. Galler Tagblatt 18. 3. 2015)

Mond; ↑Neumond, Vollmond

Mondaufgang//Monduntergang

Mondjahr//Sonnenjahr
(um ungefähr 21 Tage kürzeres Jahr des altrömischen Kalenders, das nach den zwölf Mondumläufen berechnet ist)

Monduntergang//Mondaufgang

Monismus//Dualismus
(Philosophie)

monistisches Organ//Kollegialorgan
(Rechtswesen)

mono//stereo
ein Konzert im Radio mono (nur auf einem Kanal) hören

mono...//multi... (Adjektiv)
(mit der Bedeutung: einzig, allein, einzeln) z. B. monofil/multifil

Mono...//Multi... (Substantiv)
(mit der Bedeutung: einzig, allein, einzeln) z. B. Monokultur/Multikultur

mono...//poly... (Adjektiv)
(mit der Bedeutung: einzig, allein, einzeln) z. B. monogam/polygam

Mono...//Poly... (Substantiv)
(mit der Bedeutung: einzig, allein, einzeln) z. B. Monogamie/Polygamie

monochrom//polychrom
(einfarbig ○ Kunstwissenschaft)

Monochromie//Polychromie
(Kunstwissenschaft)

monocolor//koalitionär
(von einer Partei gebildete Regierung) Es gehe darum, dass „Wien weniger einfärbig, monocolor, absolutistisch geführt wird ..." (Oberösterreichische Nachrichten 12. 10. 2005)

monofil//multifil
(aus einer einzigen Faser bestehend ○ Fachsprache)

monogam//polygam
(mit nur einem Partner ehelich zusammenlebend, geschlechtlich verkehrend) ○ Eine Ehe ist demnach eine ‚freiwillige Vereinigung zwischen einem Mann und einer Frau, egal ob sie monogam oder polygam ist'. (Stuttgarter Zeitung 30. 4. 2014)

monogam//promisk
Was damit zu tun hat, dass die Musiker dieser Szene sich fast nie monogam an eine Band allein gekettet haben, sondern promisk immer neue Erfahrungen suchen. (taz 9. 1. 2014)

Monogamie//Polygamie; ↑auch: Mehrehe, Vielehe
(das Zusammenleben, geschlechtlicher Verkehr mit nur einem Partner) ○ „Es

herrscht die Ansicht vor, das unsere Form der Monogamie ‚natürlicher' und menschlicher und vor allem frauenfreundlicher ist als Polygamie." (Tiroler Tageszeitung 15. 8. 2010)

monogen//polygen
(auf einen Faktor zurückführbar)

Monogenese//Polygenese
(Biologie)

Monogenie//Polygenie
(Biologie)

Monogenismus//Polygenismus
(Lehre, nach der der Stammvater aller Menschen Adam ist)

monoglott//polyglott
(nur eine Sprache sprechend)

Monogonie//Amphigonie
(ungeschlechtliche Fortpflanzung o Biologie)

monohybrid//polyhybrid
(von Eltern abstammend, die sich nur in einem Merkmal unterscheiden)

Monohybride//Polyhybride
(Biologie)

Monoideismus//Polyideismus
(das Beherrschtsein von nur einem Gedankenkomplex)

monoklin//diklin
(Botanik)

monokotyl//dikotyl
(Botanik)

Monokotyle//Dikotyle
(Botanik)

Monokotyledone//Dikotyledone
(Botanik)

monokratisches Organ//Kollegialorgan
(Rechtswesen)

Monokultur//Multikultur
Den australischen Weg von einer (weißen) Monokultur zu einer (begrenzten) Multikultur empfiehlt Ash auch europäischen Staaten (Salzburger Nachrichten 22. 9. 2000)

monolingual//multilingual
Der prozentuale Anteil der zur medizinischen Abklärung vorgeschlagenen Kinder betrug bei den monolingual (einsprachig) erzogenen Kindern 9,4 bis 10,4 Prozent. Bei den multilingual (mehrsprachig) erzogenen Kindern nur 6,6 Prozent. (Gießener Anzeiger 15. 3. 2013)

Monolog//Dialog
(Selbstgespräch)

monologisch//dialogisch
In einem Alter, in dem andere ihre Pension antreten, begann er eine zweite Karriere in der Literatur, weil diese nicht, wie die Naturwissenschaft, monologisch sei, sondern dialogisch beziehungsweise vielstimmig. (Die Presse 9. 2. 2015)

monomer//polymer, dimer
(aus einzelnen Molekülen bestehend o Chemie)

Monomerie//Polymerie
(Chemie)

monophag//polyphag
(von Tieren: nur von einer Pflanzen- oder Tierart sich ernährend)

Monophage//Polyphage
(Biologie)

monophon//stereophon
(einkanalig)

Monophthong//Diphthong
e und i sind Monophthonge

monophthongieren//diphthongieren
(Sprachwissenschaft)

Monophthongierung//Diphthongierung
(Sprachwissenschaft), z. B. die Veränderung von *liebe guote brüeder* zu *liebe gute Brüder*)

monophthongisch//diphthongisch
(Sprachwissenschaft)

monophyletisch//polyphyletisch
(einstämmig; in Bezug auf die Abstammung)

Monophysit//Dyophysit
(Religion)

Monophysitismus//Dyophysitismus
(Religion)

Monopodie//Dipodie
(Metrik)

Monopodium//Sympodium
(Botanik)

Monopol//Monopson; ↑auch: Nachfrage
(Marktform, bei der das Angebot in einer Hand liegt)

monopolar//bipolar
eine monopolare Einstellung (Psychologie)

Monopson//Monopol; ↑auch: Angebot
(Marktform, bei der die Nachfrage in einer Hand liegt)

monosem//polysem
(mit nur einer Bedeutung ○ Sprachwissenschaft)

monosemantisch//polysemantisch
(Sprachwissenschaft)

Monosemie//Polysemie
(bei einem Wort das Vorhandensein nur einer Bedeutung, z. B. *Schwiegereltern* ○ Sprachwissenschaft)

Monospermie//Polyspermie
(durch nur eine männliche Geschlechtszelle vollzogene Besamung einer Eizelle)

monostichisch//distichisch
(metrisch gleich ○ Verslehre)

Monotheismus//Polytheismus
(Glaube an nur einen Gott) ○ *Vor dem Monotheismus war der Polytheismus, und der kannte mindestens so viele Göttinnen wie Götter.* (Die Presse 27. 12. 2012)

monotrop//polytrop
(nur bedingt anpassungsfähig ○ Biologie)

monovalent//bivalent
monovalente (einwertige) Idiome (Fachsprache)

Monözie//Diözie
(Botanik)

monözisch//diözisch
(Botanik)

monozygot//dizygot
(eineiig)

monozyklisch//polyzyklisch
(Chemie)

Monsieur//Madame; ↑auch: Dame, Madam, Signora
(französische Anrede für: mein Herr)

Montage//Demontage
die Montage (der Aufbau) einer Maschine ○ *Montage und Demontage von Strassenschildern gehen meist sang- und klanglos über die Bühne.* (St. Galler Tagblatt 8. 6. 2009)

montieren//demontieren
Gerade für Mietwohnungen sind Lösungen gefragt, die sich einfach montieren und ebenso simpel und spurenlos wieder demontieren lassen. (Rhein-Zeitung 11. 5. 2016)

montieren//abmontieren
einen Gepäckträger auf das Dach eines Autos montieren ○ *Der Demokrat Jimmy Carter ließ Solarzellen aufs Dach des Weißen Hauses montieren, krasse Aktion für amerikanische Verhältnisse. 1981 kam Ronald Reagan und ließ sie wieder abmontieren.* (Süddeutsche Zeitung 22. 4. 2017)

Moral//Unmoral
über Moral und Unmoral unterschiedlicher Meinung sein ○ *Das Beispiel Groebli*

zeigt aber auch, wie sehr sich im Laufe der Zeit die Grenze zwischen Moral und Unmoral, zwischen «anständigen» und «anrüchigen» Bildern verschoben hat. (Neue Zürcher Zeitung 10. 1. 2015)

moralisch//amoralisch
moralische (auf dem System sittlicher Grundsätze beruhende) *Kategorien* ○ *Bei einem Trickster ist nie ganz klar herauszufinden, was in seinen Handlungen noch moralisch und was schon amoralisch ist* (profil 20. 9. 2010)

moralisch//unmoralisch
ein moralischer (sittenstrenger) *Lebenswandel* ○ *Mozart hingegen sagt, nichts im Leben ist moralisch, unmoralisch oder amoralisch – außer der Mensch macht etwas Moralisches, Unmoralisches oder Amoralisches daraus.* (Der Tagesspiegel 27. 1. 2006)

Moralität//Immoralität
Und er sieht darin eine altbekannte Gefahr: Höchste Moralität kann schnell in höchste Immoralität umschlagen. (Stuttgarter Zeitung 29. 3. 2001)

morgen//heute
das Wetter von morgen ○ *das Konzert findet morgen statt* ○ *er wird morgen (erst) abreisen* ○ *Das Taxi von morgen kann man allerdings schon heute probefahren.* (Die Presse 26. 6. 2011)

morgen//gestern
Wenn Kagame vom Aufbau im Hier und Jetzt und den glorreichen Visionen von morgen spricht, ist der Horror von gestern stets gegenwärtig. (taz 29. 7. 2017)

Morgen//Abend
am Morgen ○ *Manchmal haben wir die Strophen mit noch grummeliger Stimme am Morgen und die Refrains am Abend aufgenommen.* (Der Standard 4. 5. 2019)

Morgenandacht//Abendandacht
Peinliche bunte Abende, schlimme Augenwurst, Hagebuttentee und „eine ununterbrochene Reihe von Andachten:
Abendandacht, Morgenandacht, Stoßgebet, Gottesdienst, Messe, Betstunde". (Hannoversche Allgemeine 19. 1. 2009)

Morgenappell//Abendappell
(Militär)

Morgenausgabe//Abendausgabe
die Morgenausgabe einer Zeitung

Morgendämmerung//Abenddämmerung
Erwachsene See-Elefanten sind nachtaktiv, sie schwimmen in der Abenddämmerung in Richtung offenes Meer und kehren in der Morgendämmerung an Land zurück. (Die Zeit 1. 5. 2014)

morgendlich//abendlich
der morgendliche Himmel ○ *Das macht man zweimal morgendlich und es passt.* (Tiroler Tageszeitung 15. 3. 2015)

Morgengrauen//Sonnenuntergang
Gesichter zwischen Sonnenuntergang und Morgengrauen (Der Spiegel 20. 4. 1998)

Morgenhimmel//Abendhimmel
Dieses sogenannte Zodiakallicht ist ein schwacher Schimmer, der bei steil aufsteigender Ekliptik im Herbst am Morgenhimmel und im Frühling am Abendhimmel sichtbar ist. (Neue Zürcher Zeitung 28. 8. 2013)

Morgenland//Abendland; ↑auch: **Okzident**
(Orient ○ veraltet) ○ *Womit wir beim nächsten Stichwort wären: der Abfolge von Abendland-Morgenland-Invasionen. Ouvertüre waren die Perserkriege. Das Morgenland stieß ins Abendland.* (Süddeutsche Zeitung 31. 3. 2018)

morgenländisch//abendländisch
(orientalisch ○ veraltet) *Die Mädchen, die sich für dieses Angebot gemeldet hatten, bereuten es nicht, sie hatten jede Menge Spaß bei einem morgenländisch angehauchten Kurs aus 1001 Nacht.* (Rhein-Zeitung 19. 8. 2017)

Morgenpunkt//Abendpunkt
(Astronomie)

Morgenrot//Abendrot
(am Horizont die Morgendämmerung, wenn das rote Sonnenlicht auf Wolken[schleier] trifft) ○ *Nachdem sie das Morgenrot und das Abendrot besungen hatten, setzten sie bei „Des Jägers Abschied" und „Der frohe Wandersmann" muntere Akzente.* (Rhein-Zeitung 11. 12. 2000)

morgens//abends
morgens geht er schon früh zur Arbeit, und abends kommt er erst spät nach Hause

Morgenseite//Abendseite (veraltet)
(Seite nach Osten ○ veraltet)

Morgensonne//Abendsonne
Man habe ihr eine Wohnung in der neuen Siedlung angeboten, erzählte die Frau. «Ich musste mich entscheiden, ob ich Morgensonne oder Abendsonne will.» (Tagesanzeiger 13. 1. 2011)

Morgenspitze//Abendspitze
Dieses Fazit könne man nach der ersten Abend- und der ersten Morgenspitze ziehen. Laut Jürg Christen, Projektleiter der flankierenden Massnahmen in der Stadt Zürich zur Westumfahrung, laufen das System und der Verkehr zufriedenstellend und problemlos. (Neue Zürcher Zeitung 4. 8. 2010)

Morgenstern//Abendstern
(der helle Planet Venus ist morgens am Osthimmel der Morgenstern und abends am Westhimmel der Abendstern) ○ *Den Namen hat der Planet davon, dass er sich, von der Erde aus gesehen, sehr rasch über den Himmel bewegt – so rasch, dass ihm die Griechen gleich zwei Namen gaben: als Morgenstern hieß er Apollo, als Abendstern Hermes.* (Die Presse 3. 8. 2004)

Morgenstunde//Abendstunde
Danach hatten zunächst alle Züge, mit Ausnahme eines Zuges in der Morgenstunde und der späten Abendstunde, stündlichen Bedarfshalt in Paulinzella. (Thüringer Allgemeine 9. 12. 2017)

morgenwärts//abendwärts (veraltet)
(ostwärts ○ veraltet)

Morgenweite//Abendweite
(am Horizont der Winkelabstand des Aufgangspunktes eines Gestirns vom Ostpunkt, dem Morgenpunkt)

Morgenzeitung//Abendzeitung
z. B. den fleissigen Koreanern, die zwei Mal am Tag Abschluss haben, einmal für die Morgenzeitung, einmal für die Abendzeitung (Die Südostschweiz 24. 2. 2010)

morgige//heutige, gestrige
das morgige Konzert ○ Neue Schlüsse für die morgige Weltcup-Abfahrt soll das heutige zweite Training bringen (Tiroler Tageszeitung 11. 1. 2013) ○ *„Wann sonst hat man das Gefühl, nicht den gleichen Käse wie das morgige und gestrige Publikum vorgesetzt zu bekommen?"* (Oberösterreichische Nachrichten 11. 3. 2013)

Moritz; ↑**Max//Moritz**

Morphem; ↑**Flexionsmorphem, Stammmorphem**

Morphosyntax//Nomosyntax
(formale Syntax, nach der äußeren Form ○ Sprachwissenschaft)

Mörser//Stößel
(Gefäß, in dem harte Stoffe mit Hilfe eines Stößels zerkleinert werden)

Mortalität//Immortalität; ↑**auch: Unsterblichkeit**
(Sterblichkeit) ○ *Das führt dazu, dass die Mortalität in die Höhe schießt und ganze Landstriche menschenleer werden.* (Hannoversche Allgemeine 13. 2. 2018)

Mortalität//Natalität
die Mortalität (Sterblichkeitsziffer) ist geringer als die Natalität (Geburtenhäufigkeit) ○ Mit ihr vollzieht die Philosophin, ..., jenen Paradigmenwechsel, der

der zweieinhalb Jahrtausende auf den Tod fixierten abendländischen Philosophie jetzt abverlangt ist: den Wechsel von der „Mortalität" zur „Natalität", vom „Sein zum Tode" zum „Sein von Geburt" (Neue Zürcher Zeitung 19. 7. 2003)

Mosaikauffassung//Gestaltpsychologie
(Annahme, dass sich das Seelische additiv erforschen lasse)

Mosaikei//Regulationsei
(Biologie)

Möse//Schwanz; ↑auch: Penis
(weibliche Scheide = Vagina und äußeres Genitale der Frau = Vulva ○ derb) ○ *„Ob Möse oder Schwanz, spielt beim DJ-Gehalt keine Rolle." Entscheidend seien die Qualität der Performance* (taz 12. 4. 2013)

Moslem//Kafir; ↑auch: Ungläubige, der
(gläubiger Anhänger des Islam) ○ *Er ist zwar Moslem, aber in Enes' Augen ist er ein Kafir, ein Ungläubiger.* (NEWS 5. 2. 2015)

Moslem//Moslime; ↑auch: Muslime
(männliche Person, die sich zum Islam bekennt)

Moslime//Moslem; ↑auch: Muslim
(weibliche Person, die sich zum Islam bekennt)

MOT//MOB; ↑auch: Reitstellung
(Bezeichnung für die Missionarsstellung beim Geschlechtsverkehr ○ Male on Top) ○ *Acht Probandenpaare, die sich insgesamt 16-mal beim MOT („male on top") und 19-mal beim MOB voll verkabelt im Schlafzimmer vergnügten, räumten mit diesem Mythos auf.* (Der Spiegel 3. 9. 2001)

Motilität//Motorik
(Gesamtheit der unwillkürlichen, vegetativen, reflektorischen Muskelbewegungen)

Motivation//Demotivation
(Grund oder Gründe für eine bestimmte Handlung) ○ *Es ging um das Verständnis und den Begriff von Ehrenamt, aber auch um Motivation zu ehrenamtlichem Engagement und um Beispiele von Demotivation.* (Thüringische Landeszeitung 18. 7. 2017)

motivieren//demotivieren
durch Lob wird er motiviert ○ *die Schüler durch etwas motivieren* ○ *Führungskräfte sollten nicht mehr versuchen zu motivieren, sondern aufhören zu demotivieren* (Hamburger Abendblatt 9. 11. 2012)

motiviert//arbiträr; ↑auch: undurchsichtig
(als Wort in der Bedeutung erschließbar, z. B. *häuslich* von *Haus* ○ Sprachwissenschaft)

motiviert//demotiviert, unmotiviert
motivierte (zur Arbeit angeregte, aus innerem Antrieb heraus arbeitende) *Angestellte* ○ *Als Bürgerin ... würde mich freuen, wenn ich motiviert und voller Vertrauen zur Wahl gehen könnte, statt mich demotiviert zu Hause zu ärgern* (Vorarlberger Nachrichten 4. 3. 2005) ○ *Doch wie motiviert man Menschen, die unfit und unmotiviert sind?* (Südkurier 12. 11. 2016)

Motivierung//Demotivierung
Motivierung durch Lob

Motorbremse//Handbremse
(beim Auto) ○ über den Motor wirkende Bremse ○ *Gleichzeitig sollte er zurückschalten und den Fuß vom Gaspedal nehmen, um die Motorbremse zu nutzen. Außerdem kann mit der Handbremse die Geschwindigkeit zu drosseln versucht werden.* (Wikipedia)

Motorflugzeug//Segelflugzeug

Motorik//Motilität
(Gesamtheit der aktiven, bewusst ausgeführten Muskelbewegungen)

müde//munter
ich bin (schon) müde ○ *Milch macht müde Männer munter* ○ *Denn bei Musik wird der Sprössling nicht müde, sondern munter.* (Vorarlberger Nachrichten 18. 7. 2009)

...müdigkeit//...freudigkeit (Substantiv)
z. B. *Impfmüdigkeit/Impffreudigkeit*

...muffel sein//...bewusst sein
z. B. *ein Modemuffel sein/modebewusst sein*

Muhme//Oheim (veraltet); ↑auch: Onkel
(Tante ○ veraltet)

Muldental//Satteltal
(Geografie)

multi... //mono... (Adjektiv)
(mit der Bedeutung: viel, zahlreich)
z. B. *multifil/monofil*

Multi...//Mono... (Substantiv)
(mit der Bedeutung: viel, zahlreich)
z. B. *Multikultur/Monokultur*

multifil//monofil
(Fachsprache)

multifunktional//unifunktional
(viele Funktionen habend) ○ *das Gebäude, weiter im Besitz der Stadt, wird multifunktional betrieben.* (Schweinfurter Tagblatt 6. 11. 2017)

Multikultur//Monokultur
Stattdessen arbeiten die Verfechter der Multikultur wie auch die Anhänger der Monokultur daran, Menschen entlang ihres vermeintlichen «kulturellen Erbes» einzusortieren und zu kasernieren. (Neue Zürcher Zeitung 17. 2. 2016)

multilateral//bilateral
multilaterale (mehrere Seiten betreffende) *Regelungen, Verträge* ○ *multilaterale Gespräche*

Multilateralismus//Bilateralismus
(Politik)

multilingual//monolingual
Auch bei ihrem Hearing im EU-Parlament 2004 hatte sie sich multilingual präsentiert. (Die Presse 21. 2. 2010)

Multipara//Nullipara
(Frau, die mehrmals geboren hat)

Multiplikand//Multiplikator; ↑auch: Multiplikation
(Zahl, die mit einer anderen multipliziert werden soll, z. B. die 7 in: 7 mal 3)

Multiplikation//Division; ↑auch: teilen
(Grundrechenart: das Malnehmen)

Multiplikator//Multiplikand; ↑auch: Multiplikation
(Zahl, mit der eine vorgegebene Zahl multipliziert wird, z. B. die 3 in: 7 mal 3)

multiplizieren//dividieren; ↑auch: teilen
wenn man 10 mit 5 multipliziert, erhält man 50

Mum//Dad; ↑auch: Vater
(Mutter ○ englisch familiär)

Mund; ↑den Mund aufmachen, den Mund halten

Mundart//Hochdeutsch, Hochsprache, Standardsprache, Schriftsprache
(auch: Dialekt) ○ *Alle Kompositionen und Texte stammten aus eigener Feder, diesmal nicht nur in Mundart sondern auch wieder in Hochdeutsch.* (Schwäbische Zeitung 4. 2. 2014) ○ *Texte können in Mundart und in Hochsprache geschrieben werden.* (Vorarlberger Nachrichten 9. 2. 2012) ○ *Wir sollten „dreisprachig" werden, sollten die regionale Mundart, die Standardsprache und mindestens eine Fremdsprache beherrschen.* (Oberösterreichische Nachrichten 18. 2. 2016) ○ *Ob in Schriftsprache oder Mundart, bleibt freigestellt* (Neue Kronen-Zeitung 17. 7. 2016)

Mündel//Vormund
(Person – Minderjähriger oder Entmündigter –, die einen Vormund, einen Men-

schen hat, der sie vertritt) ○ „Das Mündel will Vormund sein" (Stück von Peter Handke, 1969)

münden//entspringen; ↑auch: Quelle
die Donau entspringt im südlichen Schwarzwald und mündet ins Schwarze Meer ○ der Rhein mündet in die Nordsee

mündig//unmündig; ↑auch: minorenn
die Kinder sind (schon) mündig ○ Wer allen Menschen, egal, wie jung oder alt, krank oder gesund, mündig oder unmündig, Grundrechte zugesteht, der muss den Kreis der Grundrechtsträger wohl auch auf empfindungsfähige Tiere ausweiten. (Neue Zürcher Zeitung 19. 11. 2013)

Mündigkeit//Unmündigkeit

mündlich//schriftlich
die mündliche Prüfung ○ etwas mündlich vereinbaren ○ Wir haben immer Kontakt zu Sozialarbeitern, Psychologen und Seelsorgern, zur Justizwache, Vollzugsdirektion und Bewährungshilfe, sind ständig mündlich und schriftlich im Austausch. (NEWS 13. 4. 2018)

Mündlichkeit//Schriftlichkeit

Mündung//Quelle; ↑auch: entspringen
die Mündung des Flusses ○ Um den Weg zwischen Mündung und Quelle wieder frei zu machen, haben die Wasserwirtschaftler mit niederländischen Kollegen zusammen gearbeitet. (taz 25. 10. 2011)

Mundverkehr//Afterverkehr; ↑auch: Analverkehr
(mit dem Mund, der Zunge ausgeübter Geschlechtsverkehr)

munter//müde
bist du müde? Nein, ich bin (noch ganz) munter ○ „Entweder man wird erst nach Mitternacht richtig munter oder man ist so müde, dass man kurz nach Mitternacht als erster verschwindet." (Wiesbadener Tagblatt 31. 12. 2007)

Münze//[Geld]schein; ↑auch: Papiergeld
der Automat nimmt nur Münzen, keine Scheine an ○ Trotz immer neuer Bargeld-Alternativen haben Münzen und Scheine aus Sicht der Banken in Deutschland noch eine lange Zukunft. (Nordkurier 22. 6. 2015)

Münztelefon//Kartentelefon
(öffentliches Telefon, von dem aus man telefonieren kann, indem man Münzen, Geldstücke einwirft)

Muselman//Muselmanin (veraltet); ↑auch: Moslime
(männliche Person, die sich zum Islam bekennt ○ veraltet)

Muselmanin//Muselman (veraltet); ↑auch: Moslem
(weibliche Person, die sich zum Islam bekennt ○ veraltet)

Musik; ↑absolute Musik, E-Musik, ernste Musik, Figuralmusik, Instrumentalmusik, Programmusik, U-Musik, Unterhaltungsmusik, Vokalmusik

musikalisch//unmusikalisch
er ist (sehr) musikalisch ○ Aber selbstverständlich müsste er bei meinen Konzerten im Publikum sitzen, egal ob er musikalisch oder unmusikalisch ist. (Oberösterreichische Nachrichten 21. 2. 2013)

musikalischer Akzent//dynamischer Akzent
(Phonetik)

Musiktheater//Sprechtheater
(Oper, Operette, Musical) ○ Die Reform zielt auf mehr Förderung für Tanz, Performance, Musiktheater, weniger für Sprechtheater. (Die Presse 19. 11. 2004)

musisch//amusisch
er ist musisch (hat Kunstsinn) ○ „Ich bewundere das, denn ich bin künstlerisch und musisch gar nicht talentiert." (Tiroler Tageszeitung 26. 11. 2016)

Muskel; ↑Beugemuskel, Extensor, Flexor, Strecker, Streckmuskel

Muslim//Muslime; ↑auch: Moslime
(männliche Person, die sich zum Islam bekennt ○ Fachsprache)

Muslime//Muslim; ↑auch: Moslem
(weibliche Person, die sich zum Islam bekennt ○ Fachsprache)

Muss-Bestimmung//Kann-Bestimmung
Aber selbst wenn der Waldkindergarten dann staatlich anerkannt ist, ist die Aufnahme ... in den städtischen Bedarfsplan keine Muss-Bestimmung mehr, sondern nur noch eine Kann-Bestimmung. (Main-Post 7. 5. 2005)

müssen//wollen
er muss es machen, obwohl er das nicht machen will ○ *Trotzdem müssen und wollen wir als Stadt Vorreiter sein.* (Südwest Presse 31. 1. 2018)

Musskaufmann//Kannkaufmann
(Rechtswesen)

Mussvorschrift//Kannvorschrift

Mut//Feigheit
Jung ist, wer noch Phantasie hat, wessen Mut über die Feigheit und die Abenteuerlust über die Trägheit siegt. (Thüringische Landeszeitung 11. 3. 2017)

mutig//ängstlich
Es gibt viele Möglichkeiten, wie ein Kind in einem Janosch-Buch ins Wasser springen kann. Soll es schüchtern oder frech wirken? Mutig oder ängstlich? (Der Spiegel 8. 6. 2019)

mutig//feige
das war mutig ○ *ein mutiger Mensch*

Mut machen//den Mut nehmen
er hat mir Mut gemacht ○ *Das Spiel hat uns aber mehr Mut gemacht als den Mut genommen.* (Mannheimer Morgen 26. 5. 2018) ○ *Die Figuren sind mutig und feige, cool und neurotisch.* (Der Spiegel 22. 6. 2019)

Mutter//Schraube
(flacher Hohlkörper aus Metall mit einem Gewinde in der Innenfläche) ○ *Dass selbst kleine Aufgaben unter Wasser reizvoll werden, erlebten die Teilnehmer beim Versuch, eine Mutter von einer Schraube zu lösen.* (Rhein-Zeitung 26. 7. 2016)

Mutter//Stiefmutter
Gute Mutter, böse Stiefmutter spiegeln Seelenanteile, welche in jedem Menschen sind. (St. Galler Tagblatt 16. 12. 2014)

Mutter//Tochter
die Tochter ähnelt der Mutter ○ *Auch andere Mütter haben schöne Töchter.* (Redensart)

Mutter//Vater; ↑auch: Dad, Papa
Kinder brauchen Vater und Mutter ○ *Weil ich eigentlich Österreicher bin; die Mutter aus Wien, der Vater aus Innsbruck.* (Süddeutsche Zeitung 9. 1. 2016)

Mutter; ↑leibliche Mutter, Stiefmutter

Mutterfreuden//Vaterfreuden
Mutterfreuden entgegensehen (bald Mutter werden) ○ *Auch Glamour ist ... mit Mutterfreuden nicht leicht zu verbinden. Und wo wäre das Lob der Vaterfreuden, gar der Großmutter- und Großvaterfreuden?* (Berliner Morgenpost 10. 7. 2011)

Muttergesellschaft//Tochtergesellschaft
(in der Wirtschaft eine Gesellschaft, die beherrschenden Einfluss auf andere Unternehmen ausübt)

Mutterherrschaft//Vaterherrschaft;
↑auch: Patriarchat
Es bildet sich die geordnete Gynaikokratie, die eigentliche Mutterherrschaft. (Die Zeit 12. 5. 2011)

Mutterland//Kolonien
die Kolonien waren vom Mutterland abhängig ○ *Verschärft hatte sich der Konflikt zwischen dem britischen Mutterland und den nordamerikanischen Kolonien*

unter anderem durch die Boston Tea Party im Dezember 1773 (Mannheimer Morgen 17. 4. 2013)

mütterlich//väterlich
das mütterliche Erbe ○ Das heißt ja, dass eine Mutter oder ein Vater beide Funktionen übernehmen muss, mütterlich und väterlich sein muss, was schwer ist. (taz 24. 6. 2017)

mütterlicherseits//väterlicherseits
der Onkel, die Großeltern mütterlicherseits ○ Einerseits kannte ich noch meinen Großvater mütterlicherseits und die Großmutter väterlicherseits, die beiden anderen Großelternteile waren leider schon verstorben. (Wiener Zeitung 17. 3. 2012)

Muttersprache//Fremdsprache; ↑auch: Zielsprache
Dafür sprechen die Flüchtlinge häufig unabhängig vom Bildungsstand mehr als eine Muttersprache und mehr als eine Fremdsprache. (Tiroler Tageszeitung 18. 10. 2015)

muttersprachig//fremdsprachig
muttersprachige Texte (in der Muttersprache) ○ Heute muss man fast muttersprachig sein, um Sprachen zu unterrichten. (Die Südostschweiz 19. 5. 2007)

muttersprachlich//fremdsprachlich
muttersprachlicher Unterricht (über die Muttersprache) ○ Die Erstklässler Sam und Matteo, der eine muttersprachlich englisch, der andere deutsch, helfen einander oft gegenseitig. (FOCUS 28. 1. 2008)

Muttertag//Vatertag
(zweiter Sonntag im Mai, an dem die Mütter geehrt und verwöhnt werden sollen) ○ War sonst nicht immer der Muttertag vor dem Vatertag? Ist doch auch irgendwie praktischer. Manche Väter werden in diesem Jahr jedenfalls zu tun haben, die innerfamiliären Verwerfungen, die ihr als Himmelfahrts-Ausflug getarntes Komasaufen verursacht hat, bis zum Sonntag so weit zu glätten, dass die Heile-Welt-Aufführung beim Muttertagsfrühstück einigermaßen glaubhaft rüberkommt. (Nürnberger Nachrichten 7. 5. 2016) ○ Der Handel nutzt Muttertag, Vatertag oder Valentinstag, um den Absatz zu steigern. (Niederösterreichische Nachrichten 9. 5. 2007)

Muttertier//Vatertier
(weibliches Zuchttier)

Mutti//Vati; ↑auch: Dad, Papa, Papi, Vater
wo ist denn deine Mutti? ○ Geschwisterschule: Wenn man sich Mutti und Vati teilen muss (Nordkurier 11. 7. 2016)

mutuelle Masturbation//solitäre Masturbation
(gegenseitige Masturbation)

myop//hypermetropisch; ↑auch: weitsichtig
(kurzsichtig)

Myopie//Hypermetropie; ↑auch: Weitsichtigkeit
(Kurzsichtigkeit)

mystifizieren//entmystifizieren
die Erinnerung an jemanden mystifizieren ○ Man braucht das ja nicht zu mystifizieren oder ideologisch zu überfrachten. (Falter 12. 9. 2012)

mythisieren//entmythisieren
Hitler suchte Wagner offensichtlich als eine über alle politische Tendenz und allen Tageskampf erhabene reine Kulturerscheinung zu mythisieren. (Die Welt 18. 5. 2013)

N

nach (bei Länder- und Städtenamen ohne Artikel)//aus (bei Länder- und Städtenamen mit oder ohne Artikel); in Bezug auf zwei (Gegen)richtungen: in – hinein und aus – heraus//hinaus; ↑auch: aus//in, nach//in
die Fracht geht nach Polen, nach Warschau/kommt aus Polen, aus der Schweiz, aus Berlin, aus dem schönen Heidelberg ○ der Zug fährt nach Deutschland/kommt aus Deutschland ○ Waren nach Frankreich ausführen/aus Frankreich einführen

nach (bei Länder- und Städtenamen ohne Artikel)//in (bei Länder- und Städtenamen mit Artikel); in Bezug auf eine Richtung: hinein; ↑auch: nach//aus
Flucht nach Polen/in die Schweiz ○ die Post nach Iran/in den Iran ○ die Reise nach Berlin/in das schöne Berlin

nach//von
der ICE fährt nach Hamburg und kommt von Basel ○ von links nach rechts ○ von hier nach dort ○ von oben nach unten

nach//vor
nach Christi Geburt ○ nach der Hochzeit ○ nach dem Essen ○ 10 Minuten nach 12 ○ wir wollen erst nach der Vorstellung essen gehen ○ Sie sind erst nach mir dran ○ er ging nach ihr ins Haus ○ In den Ausstellungsvitrinen stehen Urnen aus dem dritten bis vierten Jahrhundert nach Christi oder um 600 vor Christi (Neue Westfälische 28. 8. 2009)

nach außen//von innen
Die Maschine explodiert regelrecht von innen nach außen und von vorn nach hinten. (Der Spiegel 19. 5. 2018)

nach außen//nach innen
nach außen gibt er sich gelassen ○ Am Ende geht das nur mit Krieg, nach innen wie nach außen. (Der Spiegel 7. 4. 2018)

nach hinten//von vorn
... auch wenn sich die Altersgrenze mittlerweile nach hinten verschoben hat ... (Neue Zürcher Zeitung Folio 7. 7. 2014)

nach innen//nach außen
Am Ende geht das nur mit Krieg, nach innen wie nach außen. (Der Spiegel 7. 4. 2018)

nach oben//nach unten
Sie federn leicht nach oben und wieder nach unten und berühren dabei ganz leicht mit den Fersen den Boden. (St. Galler Tagblatt 22. 05. 1997)

nach unten//nach oben
Sie federn leicht nach oben und wieder nach unten und berühren dabei ganz leicht mit den Fersen den Boden. (St. Galler Tagblatt 22. 05. 1997)

nach...//vor... (Adjektiv); ↑auch: prä...
z. B. *Nachreformatorisch/vorreformatorisch*

nach...//vor... (Verb)
z. B. *vorsprechen/nachsprechen*

Nach...//Vor... (Substantiv)
z. B. *Nachsaison/Vorsaison*

nacharbeiten//vorarbeiten
einige Stunden nacharbeiten ○ Eine sei verbeamtet und müsse nichts nacharbeiten. Die andere sei Angestellte und müsse Einsätze vorarbeiten. (Ostthüringer Zeitung 24. 4. 2012)

Nachbeben//Vorbeben
(Beben der Erde nach dem eigentlichen Erdbeben)

nachbehandeln//vorbehandeln
ein Kleidungsstück nachbehandeln (bei der Reinigung) ○ Nach dem Trocknen sollte man die Dichtungen mit Gummi-

pflege nachbehandeln, damit sie elastisch bleiben. (Mittelbayerische Zeitung 14. 4. 2018)

Nachbemerkung//Vorbemerkung
Und NB heißt übrigens nicht Nachbemerkung, sondern nota bene (Die Presse 30. 4. 2017)

nachbereiten//vorbereiten
eine Unterrichtsstunde nachbereiten

Nachbereitung//Vorbereitung
intensive Vor- und Nachbereitung ○ *Nur 40 Festangestellte werden bleiben – zur Nachbereitung des gerade zu Ende gegangenen und zur Vorbereitung des kommenden Filmfestivals.* (Berliner Morgenpost 14. 12. 2014)

Nachbeter//Vorbeter
Ihre Unterschrift macht Druck auf die Konzerne und deren Nachbeter. (Oberösterreichische Nachrichten 19. 5. 2011)

Nachbörse//Vorbörse
(Börse)

nachbörslich//vorbörslich
(Börse)

nachchristlich//vorchristlich

nach Christus//vor Christus; ↑auch: a. Chr.[n.], ante Christum[natum]
im Jahre 300 nach Christus

nachdatieren//vordatieren
(ein früheres Datum angeben)

Nachdatierung//Vordatierung

nachdem//bevor; ↑auch: vorher
er kaufte es, nachdem er mit ihr gesprochen hatte

Nacheid//Voreid
(nach der Vernehmung abgelegter Eid)

nacheinander//gleichzeitig
die Gäste trafen nacheinander ein ○ *Dann ertönten, kunstvoll nacheinander oder auch gleichzeitig, die Glocken der einzelnen Kirchgemeinden des Kantons* (St. Galler Tagblatt 9. 11. 2017)

Nacherbe//Vorerbe
(Rechtswesen)

Nacherbschaft//Vorerbschaft
(Rechtswesen)

Nachfahre//Vorfahre
Tenor- und Piccoloflöte, die keltische Geige „Crotta" und das Holzblasinstrument „Pommer" als Nachfahre der Schalmei und Vorfahre der Oboe. (Südkurier 5. 8. 2008)

Nachfahrengleichheit//Ahnengleichheit
(Genealogie)

nachfolgend//vorhergehend
die nachfolgenden Äußerungen ○ *Weiters wird der Anbau von einjährigen statt normalerweise zweijährigen Biodiversitätsflächen nachfolgend auf umgebrochene Zuckerrüben ermöglicht.* (Niederösterreichische Nachrichten 1. 6. 2018)

Nachfolger[in]//Vorgänger[in]
sie ist meine Nachfolgerin ○ *der Nachfolger von Herrn Schmidt ist Herr Kohl*

Nachfrage//Angebot; ↑auch: Monopol
der Preis richtet sich nach Angebot und Nachfrage ○ *Wenn man nach Angebot und Nachfrage auf unserer Tauschbörse geht, ist der wertvollste Sticker momentan das Brasilien-Emblem in Glitzer ...* (Der Spiegel 19. 5. 2018)

Nachfrager//Anbieter
(Wirtschaft)

nachgeben//festbleiben; ↑auch: unnachgiebig sein
sie hat nachgegeben ○ *Wenn da nachgegeben wird, droht es nächstes Mal noch schlimmer zu werden.* (FOCUS 16. 4. 2016)

nachgeburtlich//vorgeburtlich; ↑auch: pränatal
Fast alle nachgeburtlich operierten Kinder müssen außerdem einen künstlichen

Kanal unter die Haut gelegt bekommen (Der Tagesspiegel 25. 8. 2015)

nachgehen//vorgehen
die Uhr geht nach ○ *Diese konnte im Westen Englands bis zu 20 Minuten gegenüber der Londoner Zeit nachgehen, während sie im Osten bis zu 7 Minuten vorgehen konnte.* (Tagesanzeiger 30. 12. 2008)

nachgestellt//vorangestellt
die Zusammenfassung ist eine nachgestellte Inhaltsangabe ○ *Zudem folgte einem Schimpfwort meist ein nachgestelltes Attribut, das in unserem Sprachgebrauch noch härter trifft als ein vorangestelltes: „Schlauch, fauler!"* (Oberösterreichische Nachrichten 22. 10. 2015)

nachgiebig//unnachgiebig; ↑auch: festbleiben
sie zeigte sich nachgiebig ○ *Warum zeigen sich Politiker oder auch sonstige Entscheidungsträger hier so nachgiebig, obwohl sie in wichtigeren Dingen nahezu unnachgiebig sind?* (Vorarlberger Nachrichten 14. 3. 2007)

nachhaltig//herkömmlich
Studien zufolge entwickeln sich nachhaltig gemanagte Fonds zumindest nicht systematisch schlechter als herkömmliche Fonds. (Süddeutsche Zeitung 24. 12. 2003) ○ *Im Backlabor prüft sie, ob bestimmte Zutaten durch neue Stoffe – zum Beispiel nachhaltig produzierte statt herkömmliche Schokolade – ausgetauscht werden können, ohne dass das Endprodukt darunter leidet.* (Berliner Morgenpost 19. 10. 2014) ○ *Präsentiert werden – neben zahlreichen herkömmlich fabrizierten – in einem ‚Special' auch nachhaltig hergestellte Kollektionen.* (Falter 21. 4. 2010)

nachher//sofort, gleich
ich mache das nicht gleich, sondern erst nachher ○ *Als ich Staier zum ersten Mal beim Klavier-Festival Ruhr mit Beethovens «Für Elise» hörte ..., habe ich mich nachher sofort ans Klavier gesetzt, um zu verstehen, wie er das gemacht hat.* (Neue Zürcher Zeitung 20. 7. 2019)

nachher//vorher; ↑auch: davor
kurz nachher erfuhr er, dass ... ○ *du kannst das doch auch nachher (noch) machen* ○ *vorher hat er alle aufgehetzt, und nachher wollte er es dann nicht mehr gewesen sein* ○ *„Hier wird nachher wieder das sein, was es vorher war, nämlich eine Wiese."* (Tiroler Tageszeitung 20. 1. 2017)

nach ... hin//von ... her
In welche Richtung gestartet wird – entweder Richtung Norden nach Norderstedt hin und Richtung Süden über Alsterdorf/Hamm – , entscheidet die Deutsche Flugsicherung je nach Wetterlage. (Hamburger Abendblatt 23. 5. 2018)

Nachhinein; ↑im Nachhinein

Nachhut//Vorhut
(eine nachfolgende Gruppe) ○ *Auch wenn die Resultate unseres Bildungssystems uns eher als Nachhut denn als Vorhut europäischer Kultur ausweisen.* (Tiroler Tageszeitung 22. 10. 2012)

Nachkalkulation//Vorkalkulation
(Wirtschaft)

Nachkomme//Vorfahre
Wenn kein gesetzlicher Erbe, also weder ein Nachkomme noch der Ehegatte (eingetragene Partner) noch ein Vorfahre und auch keine Seitenverwandten des Verstorbenen, zum Zuge kommt, steht dem Lebensgefährten des Verstorbenen die ganze Erbschaft zu. (Vorarlberger Nachrichten 24. 11. 2015)

nachkommen//vorfahren, vorlaufen, vorausgehen
er kommt nach ○ *Zahra hofft, dass ihr Ehemann Ammar und die große Tochter Alisar so schnell wie möglich nach Österreich nachkommen dürfen.* (NEWS 23. 10. 2014)

Nachkriegszeit//Vorkriegszeit
Es ist auch jungen Menschen, welche die Nachkriegszeit nicht selbst erlebt haben, zu vermitteln, was es bedeutet, dass wir in Europa über Jahrhunderte Kriege gegeneinander geführt haben und dass jede Nachkriegszeit zur Vorkriegszeit wurde. (Stuttgarter Zeitung 24. 3. 2007)

nach langem Hin und Her
(nach längeren Verhandlungen usw. endlich) o *„Die Verkäufer beginnen die Verhandlungen bewusst mit einem sehr hohen Preis und reduzieren diesen dann nach langem Hin und Her und unter Anwendung von allen möglichen Verkaufstricks."* (Hamburger Abendblatt 30. 5. 2015)

Nachlauf//Vorlauf
(Chemie, Technik)

nachmachen//vormachen
ich mache euch das vor, und ihr macht es mir nach o *Wieso müssen wir Österreicher immer alles nachmachen, was andere Schlechtes vormachen?* (Tiroler Tageszeitung 7. 3. 2013)

nach Maß//von der Stange
ein Anzug nach Maß o *Tucholskysche Gesellschaftskritik illustrierte er mit dessen Satz: „Besser ein Anzug nach Maß als Gesinnung von der Stange."* (Wiener Zeitung 2. 8. 2010)

Nachmieter[in]//Vormieter[in]
Stefan war ihr Nachmieter o *Allerdings muss man sich mit dem Vermieter, dem Nachmieter und dem Vormieter über die Umzugsbedingungen einigen* (Der Tagesspiegel 24. 9. 2006)

Nachmittag//Vormittag
am Nachmittag, morgen Nachmittag o *Der Plan sieht unter anderem vor, dass Arp künftig häufiger am Nachmittag ... trainiert, damit er am Vormittag mehr Zeit für die Schule hat.* (Hamburger Morgenpost 12. 2. 2018)

nachmittags//früh; ↑auch: a. m.
um 4 Uhr nachmittags (= p. m.) o *Meine Tür steht immer offen, egal ob es drei Uhr nachmittags oder zwei Uhr früh ist.* (Niederösterreichische Nachrichten 27. 4. 2018)

nachmittags//vormittags; ↑auch: a. m.
nachmittags einen Termin beim Arzt haben o *Am kommenden Mittwoch, 12. Juni, ist das Standesamt nachmittags geschlossen und nur vormittags von 8 bis 11 Uhr geöffnet* (Mannheimer Morgen 5. 6. 2013)

Nachname//Vorname
Stefans Nachname ist Kirse

nach oben//nach unten

Nachrang//Vorrang
(Verkehr, österreichisch) *So haben Radfahrer beim Verlassen von Radfahranlagen grundsätzlich Nachrang, laut allgemeiner Vorrangregeln könnten sie aber auch Vorrang haben.* (Wiener Zeitung 7. 5. 2009)

nachrangig//vorrangig
das ist ein nachrangiges Thema o *Das hat nachrangig mit Konventionen zu tun, vorrangig mit der bis dahin gewachsenen Wertschätzung für das gepflegte Trinken* (Süddeutsche Zeitung 27. 8. 2016)

nachreformatorisch//vorreformatorisch
Auch die dreischiffige, vorwiegend backsteinsichtige Kirche unterlag nachreformatorisch den verschiedensten Nutzungen. (Nürnberger Zeitung 7. 6. 2013)

Nachsaison//Vorsaison; ↑auch: Hauptsaison, Hochsaison, Nebensaison
Hotelpreise in der Nachsaison o *Ab September fängt die Nachsaison an, mit den gleichen Öffnungszeiten wie in der Vorsaison.* (St. Galler Tagblatt 21. 2. 2015)

Nachsatz//Vordersatz; ↑auch: Protasis
(Nebensatz, der dem übergeordneten Satz folgt, z. B.: *Es irrt der Mensch,*

solang er strebt (Goethe) ○ (zweiter Teil einer Periode ○ Musik)

Nachsicht; ↑**Vorsicht**

nachsichtig//unnachsichtig
sie ist nachsichtig (lässt so manches durchgehen, zeigt duldendes Verständnis) ○ *Viele sind sich selbst gegenüber in dem Punkt zwar sehr nachsichtig, aber unnachsichtig, wenn andere Fehler machen.* (Rhein-Zeitung 28. 11. 2012)

Nachsilbe//Vorsilbe; ↑**auch: Präfix**
in „Reichtum" ist „-tum" eine Nachsilbe

nachsingen//vorsingen
Schon in Minuten gehorcht das Publikum aufs Wort: nachsingen, vorsingen, Takt klatschen und beidhändig Fensterputzen. (St. Galler Tagblatt 3. 8. 2009)

Nachsicht; ↑**Vorsicht**

Nachspann//Vorspann
(Film, Fernsehen) ○ *Der Lohn sind besondere Momente, für die man genau hinschauen muss, sogar noch beim Nachspann, in dem die Schafe aus dem Film genauso namentlich aufgelistet werden wie die Schauspieler.* (Salzburger Nachrichten 4. 2. 2016)

Nachspeise//Vorspeise
das Menü enthält eine Vor- und eine Nachspeise (ein Dessert) ○ *Diese Erdbeere dürfte ihren Weg nicht mehr in eine Nachspeise gefunden haben, nachdem sie zur Vorspeise einer Schnecke wurde.* (Rhein-Zeitung 16. 6. 2018)

Nachspiel//Vorspiel; ↑**auch: Prolog**
(in der Musik ○ beim Theater) ○ *Nachspiel beim Liebesakt* ○ *Und dass das ganze Leben seither ein Nachspiel war, vom Augenblick an, mit dem das Vorspiel zu Ende war, ein Vorspiel, auf welches das Nachspiel folgte, da es unmittelbar an jener Stelle ins Nachspiel überging* (Neue Zürcher Zeitung 8. 10. 2002)

nachsprechen//vorsprechen
die Lehrerin sprach vor, was die Kinder nachsprechen sollten ○ *So konnten die Kinder zwar prima Sätze nachsprechen und schreiben, aber deren Sinn verstanden sie nicht.* (Nürnberger Nachrichten 6. 2. 2010)

nächste//vorige, diese
nächste Woche verreist er

nachstellen//vorstellen
die Uhr nachstellen (den Zeiger zurückdrehen) ○ *Geht die Kirchturmuhr nach, lässt sie sich an einer verkleinerten und im Uhrwerk integrierten Uhr nachstellen.* (Südkurier 14. 6. 2003)

Nacht//Tag
eine dunkle Nacht ○ die Nacht zum Tage machen (die Tagesaktivitäten usw. in die Nacht verlegen) ○ *Dann wird einiges los sein in Wien, wird die Nacht zum Tag und der nächste Tag wieder zur Nacht werden.* (Wiener Zeitung 6. 6. 2008)

Nacht; ↑**in der Nacht**

nachtaktiv//tagaktiv
Die meisten dieser Tiere sind nachtaktiv und unauffällig gefärbt. Etwa 25 Prozent sind tagaktiv, sogenannte Taggeckos. (St. Galler Tagblatt 9. 1. 2009)

Nachtcreme//Tagescreme
Man kann auch einfach die fettreiche Nachtcreme und die wasserhaltige Tagescreme austauschen. (Hamburger Morgenpost 22. 10. 2007)

Nachtdienst//Tag[es]dienst
er hat heute Nachtdienst ○ *Ärzte im Nachtdienst, die davor bereits Tagdienst hatten, sind schon um drei Uhr früh im gleichen Zustand.* (Die Presse 9. 3. 2009)

Nachteil//Vorteil; ↑**auch: Bonus, Plus**
materielle Nachteile ○ das hat den Nachteil, dass ... ○ *Vorteile und Nachteile abwägen* ○ *Die Vor- und Nachteile so auszubalancieren, dass am Ende insgesamt das ökonomisch Beste heraus-*

kommt. (Der Spiegel 5. 5. 2018) ○ *Außerdem ist China sehr nachlässig beim Schutz der Privatsphäre – was zugleich ein Nach- und ein Vorteil ist.* (Der Spiegel 13. 4. 2018)

Nachtportier//Tag[es]portier
Und nur mit Mühe kommt er jetzt in einen normalen Schlafrhythmus, nachdem er die letzten Wochen in seinem Hotel Landshuter Hof auch noch den Nachtportier gemacht hatte. (Mittelbayerische Zeitung 9. 1. 2016)

Nachtragshaushalt//Ergänzungshaushalt
(Politik)

nachts//bei Tage
er wurde nachts überfallen ○ *Der Körper produziert das Glückshormon Serotonin nachts nicht. Wir empfinden die Dinge schlimmer als bei Tage.* (Die Zeit 12. 1. 2017)

nachts//mittags; ↑auch: a. m.
um 1 Uhr nachts (= a. m.) ○ *um 12 Uhr nachts* ○ *Im August fuhren die Temperaturen Achterbahn: Zwischen 5 Grad nachts und 35 Grad mittags war alles dabei.* (Mannheimer Morgen 22. 9. 2016)

nachts//tagsüber; ↑auch: am Tage
nachts wach sein ○ *Handys nachts ausschalten, tagsüber in einigen Metern Entfernung ablegen* (Burgenländische Volkszeitung 14. 10. 2009)

Nachtschicht//Tagschicht; ↑auch: **Frühschicht**
Aus Scheu vor menschlichem Kontakt wählte er die Nachtschicht. Später versuchte er, in die Tagschicht zu wechseln, aber es wollte keiner mit ihm tauschen. (taz 26. 7. 2016)

Nachtseite//Tagseite
Es habe anfangs eine traurige Nachtseite, dann einen beschaulichen Mittelteil und schließlich eine muntere Tagseite. (Rheinpfalz 9. 2. 2008)

Nachtseite; ↑**Tag- und Nachtseite**

Nachtzeit//Tageszeit
er kann zu jeder Tages- und Nachtzeit essen ○ *Die unbekannten Täter schlugen vorrangig zur Nachtzeit zu, jedoch kam es während der Tageszeit ebenfalls zu einigen Diebstählen.* (Ostsee-Zeitung 19. 9. 2018)

nach uns die Sintflut//*vor uns die Sintflut
(was danach kommt, ist mir gleichgültig; nach dem Ausspruch *Après nous le déluge* der Marquise des Pompadour nach der Schlacht bei Roßbach 1757) ○ *Das Motto dieser Investitionsentscheide in Unternehmen, die an der Atombombenproduktion beteiligt sind, scheint zu sein: maximaler Profit jetzt und nach uns die Sintflut.* (Die Südostschweiz 9. 10. 2017)

nach unten//nach oben

nach unten//von oben
Es geht um Fehlertoleranz von oben nach unten, aber auch von unten nach oben. (Der Spiegel 13. 7. 2019)

nach vorn//zurück
einen Schritt nach vorn, bitte ○ *Wann beginnen wir eigentlich nach vorn zu schauen und nicht mehr zurück?* (Die Presse 13. 9. 2013)

nach vorn//von hinten
Er wisse aus eigener Erfahrung, dass es nicht so leicht zu verteidigen sei, „wenn man von hinten mit Tempo nach vorn kommt – so sind meine meisten Tore gefallen". (Hamburger Morgenpost 21. 3. 2016)

nach vorn blicken//zurückblicken
wir wollen nach vorn und nicht zurückblicken ○ *„Blick nach vorn im Zorn"* (Die Zeit 19. 2. 1993; zu „Blick zurück im Zorn", Schauspiel von John Osborn, 1956)

nachweihnachtlich//vorweihnachtlich
Das Vokalensemble hat ... ein Konzert mit geistlichen und weltlichen Liedern

erabeitet, die die Stunde nachweihnachtlich und aufbauend für das neue Jahr prägen soll. (Schwäbische Zeitung 4. 1. 2016)

Nachwort//Vorwort; ↑auch: **Prolog**
das Nachwort (in dem Buch) hat ein bekannter Psychologe geschrieben

Nachzahlung//Vorauszahlung
Beachten Sie, dass ca. im dritten Jahr eine Nachzahlung von Sozialversicherungsbeiträgen gekoppelt mit einer höheren Vorauszahlung auf Sie zukommt. (Der Standard 10. 2. 2007)

Nachzeitigkeit//Vorzeitigkeit
(zeitliches Verhältnis zwischen den Handlungen in Haupt- und Nebensatz, bei dem die Handlung des Nebensatzes der des Hauptsatzes folgt, z. B.: ich warte, bis du kommst ○ sie baten solange, bis er ihnen half ○ Grammatik)

Nachzügler//Vorreiter
(wer in seinem Denken oder Handeln hinterherhinkt) ○ Viele Jahre lang galt Österreich als Umweltmusterland, das neue Vorschriften umgehend umsetzte. Inzwischen ist Österreich innerhalb der EU eher Nachzügler als Vorreiter. (Die Presse 27. 12. 2017)

Nacktbadestrand//Textilstrand
Da sie sich von einer Grippe auskurieren musste, hat Gerti den Sommer in Kroatien am Nacktbadestrand verbracht. (Tiroler Tageszeitung 27. 9. 2015)

Nacktsamer//Bedecktsamer; ↑auch: **Angiospermen**
(Botanik)

nacktsamig//bedecktsamig
(Botanik)

Nadelbaum//Laubbaum
die Tanne ist ein Nadelbaum ○ Zu den Besonderheiten des recht anspruchslosen Ginkgobaumes zählt auch seine Stellung unter den Gehölzen: Er ist weder Nadelbaum noch Laubbaum. (Westdeutsche Zeitung 16. 11. 2017)

Nadelholz//Laubholz
schnellwachsende Nadelhölzer (Botanik) ○ Zur Bearbeitung eigenen sich fast alle Holzarten, wobei Obst- bzw. Laubhölzer wie Birke oder Kirsche weniger spröde sind als Nadelhölzer. (Niederösterreichische Nachrichten 21. 4. 2017)

Nadelwald//Laubwald
die Nadelwälder in der Mark Brandenburg ○ Generell ist der Nadelwald immer gefährdeter als ein Laubwald (Rhein-Zeitung 6. 7. 2018)

Nadir//Zenit
(der dem Zenit genau gegenüberliegende Punkt der Himmelskugel)

nah//entfernt
eine nahe Verwandte von mir ○ Fürth und Nürnberg, so nah beieinander gelegen und doch so weit voneinander entfernt. (Nürnberger Zeitung 28. 2. 2018)

nah//weit
die Berge sind (schon) nah ○ Belästigung am Arbeitsplatz: Wer zu nah kommt, geht zu weit (Tiroler Tageszeitung 11. 3. 2018)

...nah//...fern (Adjektiv)
z. B. praxisnah/praxisfern

Nahbeben//Fernbeben
In der Nacht vom 9. zum 10. ds. verzeichneten die Instrumente der Erdbebenwarte um 12 Uhr 4 Minuten 15 Sekunden ein schwaches Nahbeben. (Stuttgarter Zeitung 17. 5. 2013)

Nahbereich//Fernbereich
(Fotografie)

Nahbrille//Fernbrille
Es werden sämtliche Standardprodukte eines Optikergeschäftes mit entsprechender Beratung angeboten wie Fernbrillen, Nahbrille, Gleitsichtbrille, Kinderbrillen usw. (Niederösterreichische Nachrichten 5. 3. 2007)

nah[e]//fern (Adjektiv)
in naher Zukunft wird das stattfinden ○ *der Tag, an dem die Wahrheit ans Licht kommen wird, ist (schon) nahe*

nahe//fern (Präposition)
nahe dem Leben der Großstadt ○ *Die Gemeinde bot günstiges Bauland, Wil liegt nahe der deutschen Grenze und nicht fern vom Flughafen Zürich.* (St. Galler Tagblatt 22. 9. 2014)

Nähe//Abstand
er wünscht Nähe zu den anderen ○ *Wie viel Nähe zu den Menschen darf man zulassen? Wie viel Abstand ist nötig, um den Erfolg nicht zu gefährden?* (Der Spiegel 9. 6. 2018)

Nähe//Distanz
die Angst vor Nähe ○ *der Wunsch nach Nähe* ○ *Nähe in der Partnerschaft* ○ *sich zwischen Nähe und Distanz bewegen* ○ *Die Balance zwischen Nähe und Distanz hinbekommen* (Der Spiegel 8. 9. 2018) ○ *Das Fernsehen will Nähe, wo der Spielfilm in die Ferne strebt.* (Der Spiegel 13. 7. 2019)

Nähe//Ferne
eine Brille für die Nähe ○ *aus der Nähe betrachtet sieht das gar nicht so schön aus* ○ *etwas ist in greifbare Nähe gerückt* ○ *die Nähe zur Kultur* ○ *Jeder, der schon einmal ein Pferd aus der Nähe oder aus der Ferne oder vielleicht auch nur auf einem Bild gesehen hatte, bildete sich eine Meinung und verbreitete diese.* (Tagesanzeiger 25. 8. 2017)

nahe bei//weit weg von
nahe bei ihm ○ *Mit seinen Forderungen ist er nahe bei der FDP, aber ein Stück weit weg von der Kanzlerin* (Hannoversche Allgemeine 25. 9. 2009)

nähern, sich//sich entfernen
die Menschen nähern sich der Stadt ○ *Auf diesem fast päpstlichen Feld also nähern und entfernen sich Autos, obwohl es keine Autos gibt.* (FOCUS 2. 5. 2011)

Naher Osten; ↑**der Nahe Osten**

Nahkämpfer//Distanzboxer
Ward ist bekanntlich sowohl ein Distanzboxer wie gleichermassen ein Nahkämpfer setzt, damit seine Gegner mit kurzen Haken erfolgreich unter Druck. (Boxen.de 4. 6. 2014)

Nahkongruenz//Fernkongruenz
(Grammatik) ○ *Nahkongruenz in Bezug auf das natürliche Geschlecht liegt vor in „das Mädchen und ihr Vater"*

Nahrungsmittel//Genussmittel
Ziel ist es den Konsumenten die Milchprodukte nicht nur als Nahrungsmittel, sondern auch als Genussmittel anzubieten. (Niederösterreichische Nachrichten 8. 3. 2012)

Nahverkehr//Fernverkehr
(Eisenbahn) ○ *Während sich der Nahverkehr am Freitagmorgen langsam normalisierte, brauchten Reisende im Fernverkehr weiter viel Geduld.* (Nürnberger Zeitung 7. 10. 2017,)

Nahverkehrsmittel//Fernverkehrsmittel
Die bunten, spritfressenden Fahrzeuge sind umgebaute, zu Bussen verlängerte Jeeps und bis heute das wichtigste Transport- und Nahverkehrsmittel der Insel. (Der Standard 6. 2. 2009)

Nahverkehrszug//Fern[verkehrs]zug
… wer mit dem Nahverkehrszug eine Verspätung einfährt und deshalb mit dem Fernverkehrszug sein Ziel mehr als eine Stunde nach Fahrplan erreicht, geht weiter leer aus. (Wiesbadener Kurier 15. 9. 2004) ○ *Laut Russischer Staatsbahn ist ein Nahverkehrszug wegen defekter Bremsen rückwärts gerollt und gegen einen Fernzug geprallt.* (Der Standard 10. 4. 2017)

Nahziel//Fernziel
sie hat sich das als Nahziel vorgenommen ○ *Dabei sind vor allem die Azoren und Marokko als Nahziel und die Karibik*

sowie Reisen in die USA als Fernziel sehr beliebt (Schwäbische Zeitung 27. 2. 2015)

naiv//sentimentalisch
(mit der Natur im Einklang stehend ○ Literaturwissenschaft) ○ *„Über naive und sentimentalische Dichtung"* (Abhandlung von Friedrich Schiller, 1795)

Name; ↑**anonym, Autonym, Eigenname, Familienname, Gattungsname, Jungenname, Klarname, Mädchenname, Metronymikon, Nachname, Patronymikon, Pseudandronym, Pseudogynym, Realname, [unter einem] Pseudonym, unter ihrem//seinem [richtigen] Namen, Vorname**

Namensaktie//Inhaberaktie
(Wirtschaft ○ Aktie, die auf den Namen des Eigentümers eingetragen ist)

Namenspapier//Inhaberpapier
(Wirtschaft)

Narbenseite//Aasseite, Fleischseite
(Außenseite des gegerbten Leders ○ Gerberei)

Narkose; ↑**Rückennarkose, Vollnarkose**

Narr//Weiser
Ein Narr kann mehr fragen als sieben Weise beanworten können (Sprichwort)

Narziss//Goldmund
(nach dem Roman „Narziss und Goldmund" von Hermann Hesse, 1930, die Konfrontation von Geist und Leben)

nass//trocken
die Wäsche ist (noch) nass ○ *die Straße ist (nach dem Regen) nass* ○ *sich nass (mit Wasser und Seife) rasieren* ○ *Man ist nass am Körper, trocken in der Kehle und wird von der Hitze weich gekocht* (FOCUS 21. 6. 2010)

Nasspökelung//Trockenpökelung
(Fleischerei)

Nassrasierer//Trockenrasierer
er ist vom Nassrasierer zum Trockenrasierer geworden ○ *Es gibt immer nur zwei Sorten von Menschen: ... Es gibt Nassrasierer, und es gibt Trockenrasierer.* (Die Zeit 30. 4. 2009)

Nassrasur//Trockenrasur
Zwei Systeme stritten sich bisher um die Kundschaft: Nassrasur mit Schaum und Klinge und Trockenrasur mit dem Rasierapparat. (Tagesanzeiger 22. 10. 1997)

Natalität//Mortalität
(Geburtenhäufigkeit) ○ *Diese „Grundtätigkeiten" (nach Hanna Arendt) und die ihnen entsprechenden Bedingungen sind nun nach Arendt nochmals mit der fundamentalen Bedingtheit der menschlichen Existenz verbunden: Geburt und Tod, Natalität und Mortalität ...* (Die Presse 22. 3. 2008)

national//international
auf nationalen und internationalen Märkten, Kongressen, Messen vertreten sein ○ *Im Asylrecht, national wie international, kommt der Wirtschaftsflüchtling also nicht vor.* (Die Presse 22. 8. 2016)

national//übernational, supranational
die Probleme auf nationaler (national begrenzter) Basis lösen ○ *Die Gesetze mögen national und übernational sein* ○ *die konkrete Umsetzung geschieht regional und lokal.* (Die Presse 12. 10. 2004) ○ *Bitcoin ist die Manifestierung eines dezentral organisierten Netzlebens als Alternativmodell zum straff organisierten Staat, ob der nun national oder supranational ist.* (Die Presse 20. 1. 2014)

Nationalitätsprinzip//Territorialprinzip
Mit der Erklärung hatten die Regierungen der Bundesrepublik und Dänemarks vor 50 Jahren die Rechte der Minderheiten in ihrem Staat gesichert und das jeweils andere Nationalitätsprinzip anerkannt. (Stuttgarter Nachrichten 26. 2. 2005)

Nativismus//Empirismus
(Angeborenes ○ Psychologie) ○ *Das Kind steht nicht, wie der Nativismus dem Empirismus unterstellt, als tabula rasa vor jedem neuen Schritt in der Sprachentwicklung.* (Wikipedia)

NATO//(historisch) Warschauer Pakt
(westliches Verteidigungsbündnis)

Natur//Geist
der Widerstreit zwischen Natur und Geist ○ *Wenn also das Geistige nicht nach bekanntem Rezept zum einfachen Überbau einer bestimmten Art tierischen Daseins werden und damit nur einer biologischen Form des alten Naturalismus zum Siege verholfen sein sollte, galt es, aus neuer Perspektive die Verbundenheit von Natur und Geist und die Stellung des Menschen zu bestimmen* (Wiener Zeitung 28. 12. 2013)

Natur//Kultur
Die Gegensätze von Natur und Kultur, Körper und Geist, Tier und Mensch bleiben indes als wesentliches Thema präsent. (Der Standard 1. 9. 2016)

Natur//Kunst
was Sie hier sehen ist (wirklich) Natur (nichts Künstliches) ○ *Ein Projekt, das dem Anspruch, Natur und Kunst im Alpenraum auf anregende Weise zu verbinden, gerecht wird, so die Innovations-Jury.* (Vorarlberger Nachrichten 20. 6. 2018)

Naturaleinkommen//Geldeinkommen
(Wirtschaft)

Naturalisation//Denaturalisation
(Einbürgerung in einen Staat)

naturalisieren//denaturalisieren
(einbürgern ○ Staatsrecht) ○ *Diese Illusion ist von der palästinensischen Führung immer aufrechterhalten worden, auch durch die Forderung an die arabischen Staaten, diese Flüchtlinge nicht zu naturalisieren.* (Neue Zürcher Zeitung 31. 5. 2017)

Naturalisierung//Denaturalisierung
Mehrere tausend türkische Zyprioten haben am Dienstag in Nikosia gegen die massenweise Naturalisierung von Arbeitsmigranten protestiert. (taz 16. 10. 2003)

Naturalwirtschaft//Geldwirtschaft
(Wirtschaft)

Natura naturans//Natura naturata
(die schaffende Natur ○ Philosophie: Begriff bei Scotus Erigena, Spinoza, Schelling)

Natura naturata//Natura naturans
(die geschaffene Natur ○ Philosophie: Begriff bei Scotus Erigena, Spinoza, Schelling)

Naturboden//Kulturboden
Dort kann man am Wasser auf Naturboden gehen, während die Schweizer Seite leider asphaltiert ist. (Tagesanzeiger 20. 4. 2018)

Naturdarm//Kunstdarm
(Haut von Wurst aus natürlichem Darm ○ Lebensmittelkunde) ○ *«Solange es Naturdarm gibt, wird wohl niemand auf Kunstdarm umsteigen»* (St. Galler Tagblatt 8. 11. 2007)

Naturdünger//Kunstdünger
Naturdünger statt Kunstdünger: Statt leicht löslicher Mineraldünger werden tierische Dünger und Gründünger eingesetzt. (Niederösterreichische Nachrichten 5. 2. 2015)

Natureisbahn//Kunsteisbahn
Etliche Wetterkapriolen, zu schneereiche und zu warme Winter sorgten aber dafür, dass 1963 unten im Tal, am Zwingsee, erst eine Natureisbahn und 1965 eine Kunsteisbahn errichtet wurde. (Süddeutsche Zeitung 31. 12. 2012)

Naturfaser//Kunstfaser, Chemiefaser, synthetische Faser
(Textilkunde) ○ *Bei Vorhängen hat man die Wahl zwischen Naturfaser (Baum-*

wolle) oder Kunstfaser (Polyester), die auf Erdöl-oder Erdgasbasis hergestellt wird. (NEWS 17. 10. 2015)

naturgemäß//naturwidrig
naturgemäße Haltung von Hühnern o Da eine Geburtenregelung unter gewissen Voraussetzungen sogar eine moralische Pflicht ist, heißt die Frage: Welche Mittel sind naturgemäß und welche naturwidrig? (Die Zeit 3. 7. 1964)

Naturharz//Kunstharz
Da beim Unternehmen Vianova Naturharz in Kunstharz umgewandelt werde, seien die Rauchwolken nicht giftig gewesen. (Süddeutsche Zeitung 14. 10. 2000)

Naturheilkunde//Schulmedizin; ↑auch: Allopathie
Wie Naturheilkunde die Schulmedizin ergänzt (Rhein-Zeitung 9. 7. 2018)

Naturlandschaft//Kulturlandschaft
... ist eine jener Waldviertler Gemeinden, in denen sowohl eine wertvolle Naturlandschaft mit Hoch- und Übergangsmooren als auch eine traditionelle kleinstrukturierte Kulturlandschaft mit artenreichen Wiesen, Stufenrainen und Bühein bis heute erhalten geblieben ist. (Niederösterreichische Nachrichten 22. 6. 2018)

natürlich//grammatisch
das natürliche Geschlecht von „Mädchen" ist weiblich, das grammatische aber sächlich (Sprachwissenschaft)

natürlich//künstlich
ein natürlicher Hafen o ein natürlicher See o natürliche Blumen o natürliches Licht o natürliche Sprachen o Lebensmittelfarbe, ob nun natürlich, naturidentisch oder künstlich, ist wieder da und wird auch außerhalb von Kindergeburtstagen reichlich verwendet. (Hannoversche Allgemeine 11. 7. 2015)

natürlich//übernatürlich
natürliche Kräfte haben die Heilung bewirkt o das kann nicht auf natürlichem Wege geschehen

natürlich//unnatürlich
eines natürlichen Todes sterben o Denn um Cholesterin natürlich zu senken, sind unnatürlich viele Pflanzensterine notwendig. (FOCUS 20. 9. 2010)

natürlich//widernatürlich
natürliches Geschlechtsempfinden o Homosexualität ist weder natürlich noch widernatürlich, sondern eine kulturelle Form der Beziehung von Menschen gleichen Geschlechts, die sich historisch immer wieder verändert. (Tagesanzeiger 23. 3. 2016)

natürliche Person//juristische Person
(ein Mensch mit allen seinen Rechten im Unterschied zu einer Organisation usw. o Rechtswesen)

natürlicher Sohn//natürliche Tochter; ↑auch: Bastard
(nichtehelicher Sohn) o Über Beethoven ging das Gerücht um, er sei ein natürlicher Sohn Friedrich Wilhelms II., also auch eine Art Kronprinz. (Süddeutsche Zeitung 9. 11. 2013)

natürlicher Tod//gewaltsamer Tod
er starb eines natürlichen Todes (z. B. an Altersschwäche) o Ist ein natürlicher Tod leichter zu verkraften als ein gewaltsamer Tod? (Die Presse 20. 9. 2009)

natürliche Tochter//natürlicher Sohn; ↑auch: Bastard
(nichteheliche Tochter) o Als Herder ihm zu seinem Drama „Die natürliche Tochter" erklärte „Dein natürlicher Sohn ist mir lieber", brach der entrüstete Goethe den Kontakt ab. (Süddeutsche Zeitung 6. 9. 2003)

Naturperle//Zuchtperle
Die Königin der Perlen ist heute wie früher die Naturperle, die nicht gezüchtete. (Der Standard 19. 12. 2003)

Naturrecht//positives Recht
(Rechtswesen) o Es stehen einander also nicht Widerstandsrecht und tyrannisches

*Unrecht gegenüber, sondern Naturrecht
und positives Recht* (Falter 22. 10. 2008)

Naturvolk//Kulturvolk
(Volk auf einer primitiven Kulturstufe) o *Ihn interessierten Dialekt, Augenfarbe, Hauttyp: Lichtenecker und seine Kollegen waren von einem oft rassistisch grundierten, pseudowissenschaftlichen Wahn des Messens und Erfassens der so genannten „Naturvölker" angetrieben – zu deren Verschwinden die so genannten „Kulturvölker" vorher durch Kolonialkriege beigetragen hatten.* (taz 23. 6. 2012)

naturwidrig//naturgemäß
naturwidrige Haltung von Hühnern in Legebatterien o *Die Katholiken würden nur zwischen naturwidrig und naturgemäß unterscheiden.* (Süddeutsche Zeitung 17. 8. 1992)

Naturwissenschaft//Geisteswissenschaft
(z. B. Chemie, Biologie, Physik)

naturwissenschaftlich//geisteswissenschaftlich
Es gibt sehr viele Bereiche, mit denen man sich beschäftigen kann, manche sind naturwissenschaftlich, andere eher geisteswissenschaftlich ausgerichtet. (Berliner Morgenpost 6. 12. 2015)

nauf//nunter; ↑auch: runter...
(hinauf o süddeutsch) *Nürnberg lockt mit Verdienst, Neumarkt mit Erholung: katholische Wallfahrer pilgern gern nach Neumarkt: Hinfahrt – Einkehr – Berg nauf – Beten in Mariahilf – Berg nunter – Einkehr – Heimfahrt.* (Nürnberger Zeitung 25. 3. 2011)

naus//nein; ↑auch: hinein...//hinaus...
(hinaus o süddeutsch)

neben...//haupt... (Adjektiv)
z. B. *nebenberuflich/hauptberuflich*

Neben...//Haupt... (Substantiv)
z. B. *Nebenfach/Hauptfach, Nebeneingang/ Haupteingang*

Nebenakzent//Hauptakzent
Ein Nebenakzent nur, aber ein überraschender und nicht unwichtiger: Diese Publikation hat offenbar das Vertrauen ihrer Leser in einem Maße errungen, das weit über die eigentlichen Warentests hinausgeht. (Die Zeit 30. 11. 1962)

Nebenakzent//Hauptakzent; ↑auch: Hauptton (Sprachwiss.)
Neben dem Hauptakzent kann es noch einen Nebenakzent geben. (Wikipedia) o *Dasselbe Wort wird jedoch in der Fügung eine höchst erfolgversprechende Maßnahme gebunden gelesen, versprechend bekommt hier nur einen schwachen Nebenakzent* (Die Presse 30. 4. 1999)

Nebenaltar//Hauptaltar
Als Nebenaltar fungiert der Altar des Namensgebers, des hl. Markus. Dieser Altar stammt aus dem Jahre 1709 und soll der Hauptaltar der Vorgängerkirche gewesen sein. (Saarbrücker Zeitung 6. 11. 2010)

nebenamtlich//hauptamtlich
das ist seine nebenamtliche Tätigkeit o *M. soll bei dem Unternehmen zunächst bis zum 1. April kommenden Jahres nebenamtlich agieren, danach dann hauptamtlich.* (Hannoversche Allgemeine 5. 9. 2009)

Nebenangeklagte[r]//Hauptangeklagte[r]
Damit sitzt derzeit mit Siggi D. nur noch ein Nebenangeklagter in Haft, dem „nur" Beihilfe vorgeworfen wird. (Saarbrücker Zeitung 11. 10. 2005)

Nebenanschluss//Hauptanschluss
(beim Telefon, Internet) *Die echten Mitarbeiter der Telekom gehen nur zu den Verbrauchern, wenn die Verbraucher selbst ... beantragt haben, dass bei ihnen ein Nebenanschluss gelegt wird.* (Saarbrücker Zeitung 19. 12. 2001)

Nebenausgang//Hauptausgang
Bei der Ankunft in Paris haben Sie den Ostbahnhof durch einen Nebenausgang,

nicht aber durch den Hauptausgang zu verlassen. (Der Spiegel 19. 12. 1951)

Nebenbedeutung//Hauptbedeutung
in dem Satz „er hat beim Unterricht wieder einmal geschlafen = nicht aufgepasst" wird „schlafen" in einer Nebenbedeutung gebraucht

Nebenberuf//Hauptberuf
Kabarettist ist sein Nebenberuf ○ *Sein Grossvater war im Nebenberuf Winzer und im Hauptberuf Küfer* (Weltwoche 6. 10. 2016)

nebenberuflich//hauptberuflich
er ist nebenberuflich Taxifahrer, Statist, Sterndeuter ○ *Gitti war viele Jahre nebenberuflich in der Gastronomie und hauptberuflich im Postamt St. Andrä tätig.* (Niederösterreichische Nachrichten 16. 10. 2014)

Nebenbeschäftigung//Hauptbeschäftigung
das ist nur eine Nebenbeschäftigung von ihm ○ *Es ist nach wie vor so, dass das Schreiben eines Buches für mich keineswegs nur eine Nebenbeschäftigung ist. Im Gegenteil, es ist eine Hauptbeschäftigung.* (Wiener Zeitung 13. 3. 2010)

Nebenbühne//Hauptbühne
(Theater, Konzert) ○ *Neu in diesem Jahr war eine zweite Nebenbühne. Hier spielten junge Sänger und Songwriter, während auf der Hauptbühne für die nächste Band umgebaut wurde.* (Schwäbische Zeitung 5. 8. 2013)

nebeneinander//hintereinander
die Erstklässler stehen nebeneinander und halten sich an den Händen ○ *Die beiden Asylanten sollen auf der Kreisstraße zunächst nebeneinander und dann hintereinander gegangen sein, als sie das Auto gehört hatten.* (Rhein-Zeitung 9. 6. 2016)

Nebeneingang//Haupteingang
der Nebeneingang der Kirche ○ *Zu finden ist der dafür vorgesehene Nebeneingang freilich nicht leicht, da es beim Haupteingang kein entsprechendes Schild gibt.* (Neue Zürcher Zeitung 14. 9. 2016)

Nebenfach//Hauptfach
sie studiert Geographie als Nebenfach ○ *Daher gehören in unsere Schulen unbedingt die Fächer wie Musik, Kreativität, Philosophie, Religion, Psychologie, Zeichnen und Turnen. Sie werden als „Nebenfächer" bezeichnet und nicht für voll genommen. In Wahrheit sind sie jedoch die „Hauptfächer" des Lebens.* (Burgenländische Volkszeitung 11. 6. 2015)

Nebenfrau//Hauptfrau
(in einer polygamen Gesellschaft die mit weniger Rechten ausgestattete Ehefrau) ○ *Die Täterin, damals eine Nebenfrau auf Zeit, soll die Hauptfrau des Sportlers aus Eifersucht getötet haben. Schiitische Muslime dürfen nach ihren Glaubensgrundsätzen drei Frauen neben ihrer Hauptfrau haben.* (Neue Zürcher Zeitung 2. 12. 2010)

Nebengebäude//Hauptgebäude
diese Abteilung befindet sich im Nebengebäude ○ *Richtig sei, dass vor knapp zwei Wochen eine Familie aus Syrien in einem Nebengebäude einzogen ist. Das Hauptgebäude hingegen komme als Asylunterkunft keinesfalls in Betracht.* (Rhein-Zeitung 4. 11. 2015)

nebengeordnet//untergeordnet
nebengeordnete Sätze sind z. B. „der Vater surfte mit der Tochter, und die Mutter machte mit dem Sohn Schularbeiten" (Grammatik)

nebenordnend//unterordnend; ↑auch: hypotaktisch
„und" ist eine nebenordnende Konjunktion (Grammatik)

Nebenordnung//Unterordnung; ↑auch: Hypotaxe, Subordination
Nebenordnung besteht in dem Satz: Er kam nicht, denn er war krank

Nebenrolle//Hauptrolle
(Theater, Film) o *Er spielt eine Nebenrolle in der ZDF-Serie „Soko-Leipzig" (ZDF), stand auf den Bühnen staatlicher und privater Theater und war gerade erst mit einer Hauptrolle auf dem Filmfestival Max Ophüls Preis zu sehen* (Der Tagesspiegel 1. 2. 2015)

Nebensache//Hauptsache
Wann haben Sie erkannt, dass die wichtigste Nebensache der Welt für Sie zur Hauptsache werden könnte? (Tiroler Tageszeitung 12. 6. 2016)

Nebensaison//Hauptsaison; ↑auch: Vorsaison
Auf Usedom sind noch rund 19 Prozent der Domizile in der Nebensaison und 18 Prozent in der Hauptsaison buchbar. (Hamburger Abendblatt 1. 4. 2017)

Nebensatz//Hauptsatz; ↑auch: Matrixsatz
sie konnte nicht kommen (Hauptsatz), *weil sie krank war* (Nebensatz)

Nebenstraße//Hauptstraße
von der Hauptstraße in die Nebenstraße abbiegen o *Ein Autofahrer wollte aus einer Nebenstraße auf die Hauptstraße einbiegen.* (z. B. Mannheimer Morgen 28. 2. 2017)

Nebenton//Hauptton; ↑auch: Hauptakzent
(zweite, schwächere Betonung bei mehrsilbigen Wörtern)

Nebenwirt//Hauptwirt
(Biologie)

Nefas//Fas
(bei den Römern das von den Göttern Verbotene)

Neffe//Nichte
der Onkel telefonierte mit seinem Neffen (dem Sohn seines Bruders oder seiner Schwester) o *Und sagte, dass sein Neffe und seine Nichte alles erben sollten.* (Die Presse 23. 5. 2016)

Negation//Affirmation; ↑auch: Bejahung
(Verneinung einer Aussage) o *Moralisierer weisen auf sich selbst zurück. Indem sie andere explizit abwerten, erhöhen sie sich implizit selbst: Negation ist Affirmation.* (Neue Zürcher Zeitung 11. 4. 2018)

negativ//affirmativ
(Philosophie) o *Was bleibt vom Lutherjahr, Frau Käßmann? ... Wir würden ihn nur noch negativ sehen. Die anderen sagen, wir hätten ihn viel zu positiv betrachtet und die ganze Reformation verluthert.* (Die Zeit Christ und Welt 7. 9. 2017)

negativ//positiv
eine negative Einstellung o *negativ geladen* o *eine negative Zahl* (kleiner als Null, z. B. −5) o *ein negativer* (schlechter, ungünstiger) *Bescheid* o *der Krebstest war (Gott sei Dank) negativ* (gut, der Verdacht auf Krebs wurde nicht bestätigt) o *23 Prozent sehen den Zuzug solcher Menschen negativ, 31 Prozent positiv, der Rest ist unentschieden.* (Berliner Morgenpost 19. 5. 2018)

Negativ//Abzug, Positiv
(Fotografie)

Negative, die//die Affirmative
(Ablehnung, Verneinung o Philosophie)

negativer Transfer//positiver Transfer
(Transfer, bei dem der erste Lernvorgang den zweiten beeinträchtigt o Psychologie, Pädagogik)

Negativfilm//Umkehrfilm
(Fotografie)

Negativform//Positivform
(Form, in die für die Herstellung etwas hineingegossen usw. wird) o *Vor ihr liegt ein unförmiger Klumpen Gips auf dem Tisch. Es handelt sich um eine Negativform, in der eine Positivform aus Ton steckt.* (Der Tagesspiegel 12. 7. 2012)

Negativum//Positivum
(etwas, was als schlecht gewertet, als ungünstig empfunden wird) o *So kann*

ich mich bei jedem Negativum immer schon auf das anschließende Positivum freuen. (Die Zeit 10. 5. 1974)

Negatron//Positron
(Atomphysik)

negieren//affirmieren
(Philosophie) ○ *Das bedeutet keineswegs, nur Erfreuliches zu affirmieren und Unerfreuliches zu negieren.* (Die Zeit 7. 10. 1999)

Negligentia//Luxuria
(unbewusste Fahrlässigkeit ○ Rechtswesen)

nehmen//geben
er nimmt gern ○ *er nimmt das Buch (von ihr)* ○ *Die Menschen, die eben das hier suchen, nehmen der Stadt mehr, als sie ihr geben.* (Berliner Zeitung 26. 9. 2019) ○ *Auch Lisa und Lena nehmen sich Zeit für ihre Fans, machen Videos mit ihnen, geben ihnen Likes zurück.* (FOCUS 24. 2. 2018)

nehmen aus//legen in; ↑auch: hineinlegen
die Wäsche aus dem Schrank nehmen und in die Tasche legen

nehmen aus//stecken in
die Hand aus der Hosentasche nehmen ○ *den Bonbon aus dem Mund nehmen/in den Mund stecken* ○ *Der sichtliche nervöse Täter habe dann das Bargeld in Höhe von etwa 1000 Euro aus der Kasse genommen und in eine Leinentasche gesteckt.* (Wormser Zeitung 12. 6. 2008)

nehmen aus//stellen in; ↑auch: hineinstellen
die Flasche, Vase aus dem Schrank nehmen ○ *das Buch aus dem Regal nehmen/in das Regal stellen*

Nehmende[r]//Gebende[r]
er ist der Nehmende und sie die Gebende ○ *Beschenkt wird nämlich nicht nur der Nehmende, sondern auch der Gebende.* (Mannheimer Morgen 2. 12. 1017)

nehmen von//hängen an
das Bild von der einen Wand nehmen und an die andere Wand hängen ○ *den Mantel vom Haken nehmen und an den Bügel hängen*

nehmen von//hängen auf
die Hemden von der Wäscheleine nehmen/auf die Leine hängen

nehmen von//legen auf
das Tischtuch vom Tisch nehmen/auf die Truhe legen

Nehmer//Geber
Österreich hat die stabilste Regierungsform der Welt: Nehmer und Geber verhandeln ohne Zwischenhändler und Streiks über höhere Löhne und mehr für alle. (Die Presse 7. 6. 2008) ○ *In Deutschland scheint ein großer Teil der Bevölkerung ausgeblendet zu haben, dass sich z. B. beim korruptiven Handeln immer Nehmer und Geber gegenüberstehen.* (taz 31. 3. 2015)

...nehmer//...geber (Substantiv)
z. B. Arbeitnehmer/Arbeitgeber

Nehmerland//Geberland
Beim letzten Mal zog sich das Gefeilsche zwischen Geber- und Nehmerländern ... über 29 Monate. (Der Spiegel 31. 3. 2018)

Nehmersprache//Gebersprache
(Sprachwissenschaft) „*Unsere Allgemeinsprache ist seit alter Zeit eine Nehmersprache geworden, die aus der Jugend- oder Fachsprache alles übernimmt, was praktisch und zur Kurzkommunikation wichtig ist.*" (Stuttgarter Zeitung 24. 8. 2002)

Neigung//Abneigung
seine Neigungen und Abneigungen erkennen ○ *In vielen anderen Ländern ... zeigen Regierungen und Volksparteien deutliche Neigung zu ungutem Nationalismus und gefährliche Abneigung gegen das Programm einer freiheitlich-demokratischen Ordnung.* (Der Spiegel 18. 6. 2012)

Neigung//Pflicht
etwas aus Pflicht, nicht aus Neigung tun o *Zwiespalt zwischen Pflicht und Neigung* o *Aus Gründen der Staatsräson freilich setzte sich Letzterer häufiger durch, doch den inneren Disput über Neigung und vermeintliche Pflicht trägt Beckstein jetzt auch mit in die Staatskanzlei.* (Hannoversche Allgemeine 9. 10. 2007)

nein//doch (bei verneintem Fragesatz); ↑auch: ja
Kommst du heute nicht? Nein! o *Hast du denn heute gar keine Zeit? Nein!*

nein//ja; ↑auch: doch
kommst du heute? Nein! o *Hast du morgen Zeit? Nein!*

Nein//Ja
das Nein zum Asylantengesetz o *Bei der ungültigen Stimme waren gleich zwei Kreise gestanzt – das Nein und das Ja.* (Mannheimer Morgen 6. 2. 2009)

*Nein und Amen//Ja und Amen
„Nein und Amen. Anleitung zum Glaubenszweifel." (Buchtitel von Uta Ranke-Heinemann, 1992)

'nein//'naus; ↑auch: hinaus...//hinein...
(hinein o süddeutsch)

Neinsager[in]//Jasager[in]; ↑auch: Konformist
sie gehört zu den Neinsagerinnen, wenn es um den Einsatz von Soldaten im Ausland geht o *Außerdem umgibt er sich, je länger er im Amt ist, mit weniger Nein- und mehr Jasagern, die so denken und so klingen wie er selbst.* (Der Spiegel 12. 5. 2018)

Neinstimme//Jastimme
(bei einer Wahl Stimme gegen jemanden oder etwas) o *Vielmehr war die Änderung des Flächennutzungsplans mit einer Neinstimme und fünf Enthaltungen, bei einer Jastimme, abgelehnt worden.* (Rhein-Zeitung 21. 12. 2016)

Nekton//Plankton
(Biologie)

Nenner//Zähler; ↑auch: Dividend
(Zahl unter dem Bruchstrich)

Nennwert//Kurswert
der Nennwert (der genannte Wert, Ausgabewert) einer Aktie kann höher oder niedriger liegen als der (schwankende) Kurswert

Neologismus//Archaismus
„Datenautobahn" ist ein Neologismus (ein neu in die Sprache gekommenes Wort)

ne rep.//rep.
(Abkürzung für: ne repetatur: auf einem Rezept der Hinweis, dass das Mittel nicht noch einmal – ein zweites Mal – auf dieses Rezept abgegeben, angefertigt werden darf)

neritisch//ozeanisch
(zum Küstengewässer gehörend)

nervend//genervt
sein nervender Auftritt und die genervten Zuschauer o *So hangelten sie sich durch die Jahre, sie nervend, er genervt, und jedes Jahr sehnte sich Viktoras danach, allein zu leben, allein zu sein.* (Die Zeit 24. 8. 2017)

nervenschwach//nervenstark
er ist nervenschwach (hat schwache Nerven, verliert leicht die Nerven bei Belastungen) o *Abwechselnd nervenschwach und nervenstark präsentierten sich die deutschen Biathleten beim Weltcup in Pokljuka.* (Süddeutsche Zeitung 14. 2. 2007)

nervenstark//nervenschwach

Nestflüchter//Nesthocker
(Tier – Küken –, das voll ausgebildet auf die Welt kommt, sich seine Nahrung selbst suchen kann und bald das Nest verlässt o Zoologie) o *Wir Menschen sind nun einmal keine Nestflüchter, sondern Nesthocker, die sehr lange*

zu ihrer Entwicklung brauchen ... (Der Tagesspiegel 21. 5. 2012)

Nesthocker//Nestflüchter
(Tier, das in einem noch unvollkommenen Zustand geboren wird und noch der Pflege im Nest bedarf) ○ *Wildkaninchen kommen nackt und blind zur Welt und sind Nesthocker. Hasen werden mit Fell geboren, sehen und sind Nestflüchter.* (Mittelbayerische Zeitung 31. 3. 2018)

netto//brutto; ↑auch: Nominaleinkommen
er verdient netto 2000,00 Euro (bekommt das ausgezahlt nach allen Abzügen) ○ *Wer 1100 Euro netto verdient, bekomme für eine Überstunde brutto 12,92 Euro, was den Betrieb 16,95 Euro koste, aber am Lohnsackerl nur 5,62 Euro netto ankommen.* (Tiroler Tageszeitung 12. 9. 2007)

Nettobetrag//Bruttobetrag
(Betrag, der sich nach Abzug der Unkosten usw. ergibt) ○ *Weiters sollen Witwenpensionen nicht mehr wie bisher mit dem Nettobetrag, sondern dem Bruttobetrag angerechnet werden.* (Wiener Zeitung 20. 11. 2000)

Nettoeinkommen//Bruttoeinkommen; ↑auch: Nominaleinkommen
(nach allen Abzügen von dem nominellen Einkommen noch verbleibender Betrag)

Nettoeinnahmen//Bruttoeinnahmen
(Geld, das übrigbleibt, wenn von den Gesamteinnahmen alle damit zusammenhängenden Ausgaben usw. abgezogen sind) ○ *Das Gericht begründete seine Entscheidung ... mit dem Hinweis, dass bei Selbstständigen die Nettoeinnahmen als Einkommen zählen, bei abhängig Beschäftigten dagegen die Bruttoeinnahmen.* (Der Tagesspiegel 30. 6. 2001)

Nettoertrag//Bruttoertrag
(Reinertrag) ○ *Dieser Nettoertrag entspricht dem Bruttoertrag aus Beteiligungen, abzüglich des Finanzierungsaufwandes und des effektiven Verwaltungsaufwandes.* (Neue Zürcher Zeitung 3. 5. 2012)

Nettogehalt//Bruttogehalt
(nach allen Abzügen der noch verbleibende Betrag des Gehalts) ○ *Die Partei, welche es ohne Tricksereien schafft, dass ... sich das Nettogehalt dem Bruttogehalt nähert, erhält bei der nächsten Wahl meine Stimme.* (Nürnberger Nachrichten 2. 10. 2008)

Nettogewicht//Bruttogewicht
(Reingewicht ○ Gewicht nach Abzug der Verpackung, des Verpackungsgewichts, der Tara) ○ *Nach erledigter Arbeit ist es Aufgabe des Waagmeisters, einen Waagschein auszustellen. Darauf sind das Nettogewicht, das Bruttogewicht, die Tara – also der Unterschied –, ... einzutragen.* (St. Galler Tagblatt 21. 7. 2016)

Nettogewicht//die Tara, Verpackungsgewicht
(Gewicht allein der Ware ohne Verpackung)

Nettogewinn//Bruttogewinn
(Reingewinn) ○ *Der Nettogewinn stieg um 18,1 % auf 74,7 Mio Fr., der Bruttogewinn nahm um 8,6 % auf 125,2 Mio Fr. zu.* (Handelszeitung 31. 1. 2007)

netto Kasse//Kassenskonto
(Barzahlung ohne Vergünstigung durch Skontoabzug)

Nettolohn//Bruttolohn
(Lohnbetrag nach allen Abzügen) ○ *Wieviel Nettolohn bleibt vom Bruttolohn für mich übrig?* (Ostthüringer Zeitung 4. 4. 2009)

Nettopreis//Bruttopreis
(Preis, von dem nichts mehr – z. B. Skonto – abgezogen werden kann) ○ *Dabei handelt es sich offensichtlich um einen Vergleich zwischen dem Nettopreis für gentechnikfreie Milch und dem Brut-*

topreis für Heumilch. (Tiroler Tageszeitung 2. 8. 2015)

Nettoraumgehalt//Bruttoraumgehalt
(der für Frachten zur Verfügung stehende Raum auf Schiffen, also ohne Räume für die Mannschaft usw.)

Nettoregistertonne//Bruttoregistertonne
(Maßeinheit beim Schiffsbau)

Nettosozialprodukt//Bruttosozialprodukt
(Gesamtheit aller Güter, die eine Volkswirtschaft in einem bestimmten Zeitraum erzeugt – abzüglich der Abschreibungen)

Nettoverdienst//Bruttoverdienst
(das Geld, das vom Verdienst übrigbleibt, wenn alle Abzüge abgerechnet sind) o *Und warum ist der Nettoverdienst leider ganz und gar nicht so hoch wie der Bruttoverdienst?* (Westfalen-Blatt 12. 12. 2014)

Nettoverkauf//Bruttoverkauf
Der Nettoverkauf von Zellstoff brachte dem Konzern einen willkommenen Zustupf. (Neue Zürcher Zeitung 29. 10. 2010)

Nettozins//Bruttozins
(lediglich das Entgelt für die gewährte Kreditsumme ohne die Nebenkosten, die mit der Gewährung des Kredits verbunden sind)

Netzanschluss//Batterie
ein Radiogerät für Netzanschluss und Batterie

Netzanschlussgerät//Batteriegerät

neu//alt
neue (neben noch erhältlichen alten, aus der diesjährigen Ernte stammende) *Kartoffeln* o *ein neues Modell* o *neue Möbel* o *die neuen Bundesländer* o *Maria ist seit gestern seine neue Freundin* o *Egal, ob China, Indien oder die Arabischen Emirate, die nationalen Riesen gehen über die Grenzen – das weckt alte und schafft neue Sorgen.* (Die Presse 21. 12. 2016)

neu//bisherig
der neue Arbeitsstil o *Kürzlich fand deshalb eine vorgezogene Jahreshauptversammlung statt, bei der der Lebenshilfe-Vorstand neu gewählt wurde. Die Imster Stadträtin Brigitte Flür – bisherig die Obmann-Stellvertreterin – übernimmt sein Amt.* (Tiroler Tageszeitung 31. 7. 2013)

neu//gebraucht
dieses Gerät ist (noch) neu o *er will ein neues, kein gebrauchtes Auto kaufen* o *Kinderspielzeug neu im Geschäft und nicht gebraucht auf dem Flohmarkt kaufen* o *Wer heute sein Zuhause mit einer Industrieleuchte schmücken will, kann sie neu oder gebraucht kaufen.* (Tiroler Tageszeitung 24. 6. 2014)

neu//getragen
der Anzug ist (noch ganz) neu o *Zwei der Container am Rathaus wurden neu gekauft; ein dritter konnte gebraucht erstanden werden.* (Mittelbayerische Zeitung 22. 11. 2016)

neu; ↑die neuen Bundesländer, das Neue Testament, die Neue Welt

Neubau//Altbau
sie wohnt in einem Neubau o *Ab 2009 soll der Neubau das derzeitige Pflegeheim in einem Altbau des Parkes ersetzen.* (Wiener Zeitung 1. 2. 2007)

Neubauwohnung//Altbauwohnung
sie wohnt in einer Neubauwohnung o *Dass dabei die Miete für eine kleine Neubauwohnung höher sein könne als der Mietpreis für eine größere Altbauwohnung auf dem Lande, zähle leider bei den Ämtern nicht* (Ostthüringer Zeitung 2. 2. 2005)

neuere//ältere
neuere Sprachen o *neuere Geschichte* o *Im Café, Flur und einem Ausstellungs-*

raum präsentieren sich neuere und ältere Gemälde. (Berliner Morgenpost 8. 6. 2016)

Neumond//Vollmond
(Phase, in der der Mond auf Grund seiner Position zwischen Erde und Sonne nicht zu sehen ist)

Neuphilologe//Altphilologe; ↑auch: Altsprachler[in]
(Neusprachler ○ Person, die sich mit den neueren, den lebenden Sprachen beschäftigt)

Neuphilologin//Altphilologin; ↑auch: Neusprachler[in]

Neuschnee//Altschnee
Es sind nur wenige Zentimeter Neuschnee gefallen, aber das hat den Altschnee aufgemöbelt. (Braunschweiger Zeitung 29. 1. 2011)

Neusprachler[in]//Altsprachler[in]; ↑auch: Altphilologe, Altphilologin
(jemand, der sich mit den neueren, den lebenden Sprachen beschäftigt)

neusprachliches Gymnasium//altsprachliches Gymnasium

Neuwagen//Gebrauchtwagen
Üblicherweise werden über die kurzzeitige Anmeldung überzählige Neuwagen in günstigere Gebrauchtwagen umgewandelt. (Süddeutsche Zeitung 13. 9. 2017)

Neuwert//Zeitwert
die Versicherung ersetzt den Neuwert der Möbel ○ *Ob man dann den Neuwert oder den Zeitwert erhält, hängt vom jeweiligen Vertrag ab, so die Experten.* (Nürnberger Nachrichten 11. 5. 2017)

Neuzeit//Altertum, Mittelalter
Öffentliche Gerichtsverhandlungen sind keine Erfindung der Neuzeit, sondern es gab sie schon im Mittelalter. (Die Südostschweiz 12. 9. 2015) ○ *Temperamentvoll und voller Begeisterung für Land und Leute verbindet Zetzsche Mystik und neueste Erkenntnisse der Wissenschaft an geheimnisvollen Orten zwischen Neuzeit und Altertum.* (Süddeutsche Zeitung 5. 9. 2008)

Ngoko//Kromo
Ngoko ist die Sprache der Unterschicht auf Java

nicht//schon
Dann hat sie gesagt, ich liebe sie nicht. – Und? Was hast du gesagt? – Na, ich liebe sie schon. (Peter Henisch: „Pepi Prohaska Prophet", 1985)

nicht; ↑noch nicht//schon

nicht...//... (Adjektiv)
z. B. *nichtchristlich/christlich*

Nicht...//... (Substantiv)
z. B. *Nichtraucher[in]/Raucher[in]*

nichtapothekenpflichtig//apothekenpflichtig
nichtapothekenpflichtiges Medikament

nicht auf dem Damm sein//wieder auf den Damm kommen (umgangssprachlich)
(krank sein, sich nicht gesund fühlen) ○ *Der Freidemokrat ist aber zuversichtlich, schon bald wieder „völlig auf dem Damm" zu sein.* (Hannoversche Allgemeine 26. 9. 2007)

nicht berufstätig//berufstätig
nicht berufstätige Mütter ○ *Da sie ohnehin nicht berufstätig gewesen sei, habe sich die Frage nach dem Besuch eines Kindergartens nie gestellt.* (Süddeutsche Zeitung 3. 8. 2017)

nichtchristlich//christlich
die nichtchristlichen Religionen (kontradiktorisch) ○ *Die Religion der Heiligen der letzten Tage werde von vielen Amerikanern als andersartig, ja als nichtchristlich empfunden.* (Neue Zürcher Zeitung 26. 5. 2012)

nichtdeutsch//deutsch
Nichtdeutsche Straftäter verachten zunehmend das deutsche Wertesystem (Berliner Morgenpost 18. 9. 2008)

Nichte//Neffe
der Onkel telefonierte mit seiner Nichte (der Tochter seines Bruders oder seiner Schwester) ○ *Unter den Opfern befanden sich Nachbarn, die zwölfjährige Nichte und der zehnjährige Neffe des Verurteilten* (Tagesanzeiger 5. 1. 2018)

Nichtehe//Ehenichtigkeit
(Rechtswesen)

nichtehelich//ehelich
nichteheliche Kinder ○ *Denn so ganz verträgt sich der Schlachtruf nach voller Gleichstellung von homo und hetero, nichtehelich und ehelich nicht mit dem wirklichen Leben.* (Der Tagesspiegel 24. 9. 2007)

nicht aus noch ein wissen
(ratlos sein) ○ *Er kenne viele Pensionäre, die wegen der Beitragssteigerungen „nicht mehr aus noch ein wissen"* (Stuttgarter Nachrichten 9. 3. 2010)

nicht endenwollend//*endenwollend
(sehr stark und laut, Beifall) ○ *Der Film ist stumm, der Applaus laut und nicht endenwollend* (Mannheimer Morgen 5. 10. 2009)

Nichterfüllung//Erfüllung
die Nichterfüllung eines Vertrages

nichteuklidische Geometrie//euklidische Geometrie
(euklidische Geometrie, in denen das Parallelaxiom fehlt)

Nichtfachmann//Fachmann
Wir meinen, es sei das Wesen der Demokratie, dass auch der Nichtfachmann aufgerufen ist, zur allgemeinen Urteilsbildung beizutragen und den Fachmann herauszufordern. (Der Spiegel 8. 9. 1965)

nichtfleischfressend//fleischfressend
nichtfleischfressende Tiere, Pflanzen

nichtflüssig//flüssig
nichtflüssige Stoffe

nicht … genug//zu
das Brett ist nicht groß genug und das andere ist wieder zu groß ○ *Damit ist endgültig gesichert, dass der Wok gar nicht groß genug sein kann.* (Die Presse 303.2018) ○ *Was es damit auf sich hat, erfährt der Zuschauer einerseits nicht schnell genug und andererseits zu schnell.* (Berliner Morgenpost 4. 4. 2013) ○ *Denn es kommt immer wieder mal vor, dass ein Ballkind beleidigt wird, wenn es den Ball nach Meinung eines Spielers nicht schnell genug rausrückt – oder auch zu schnell, wenn es um den Gegner geht.* (Süddeutsche Zeitung 30. 4. 2016)

nichtgläubig//gläubig
nichtgläubige Menschen ○ *Dabei spielt es keine Rolle, ob Besucher nur einmal kommen oder täglich mit dabei, jung oder alt, katholisch, evangelisch, anders- oder nichtgläubig sind.* (Schwäbische Zeitung 2. 12. 2015)

Nichthistoriker//Historiker
ein für Historiker und Nichthistoriker interessantes Buch ○ *Insofern würde ich als Nichthistoriker eher behutsam damit umgehen. Aber warten wir erst einmal ab, was die Historiker dazu sagen.* (Nürnberger Zeitung 28. 3. 2015)

Nichtigkeitsklage//Restitutionsklage
(Rechtswesen)

Nichtjude//Jude
Nichtjuden und Juden nahmen an der Kundgebung teil ○ *Hier wird ja aber ein Nichtjude als Jude diffamiert.* (Wiener Zeitung 16. 9. 2016)

Nichtkombattant//Kombattant
(jemand, der im Krieg völkerrechtlich nicht zu Kampfhandlungen berechtigt ist, z. B. Sanitäter, Zivilpersonen)

nichtleitend//leitend
nichtleitende Stoffe, Metalle

Nichtleiter//Leiter
(Physik)

nichtlinear//linear
Hypertext ist ein nichtlineares Medium (bei dem man auf Grund der Vernetzungen selbst die Reihenfolge der Informationen bestimmen kann)

nicht mehr//noch
er ist nicht mehr da ○ in ihrem Alter – glaubt sie – kann man noch lieben, aber nicht mehr geliebt werden ○ Karl Marx, der Revolutionär / hat großes Glück, er lebt nicht mehr / denn wenn er noch am Leben wär / dann zög man ihn aus dem Verkehr (Wolf Biermann)

nicht mehr//noch nicht
er ist nicht mehr hier, und sie ist noch nicht hier ○ Der AfD-Vorsitzende Bernd Lucke erwägt, im nächsten Jahr nicht mehr für sein Amt zu kandidieren. „Ich habe noch nicht entschieden, ob ich noch einmal antreten werde" (Hannoversche Allgemeine 25. 11. 2014) ○ *Zum andern denke ich an Weinregionen, die nicht mehr oder noch nicht im Trend liegen.* (Weltwoche 14. 12. 2017)

nicht mehr//schon
Ihr Geburtshaus in der Torstraße steht nicht mehr. Ihre alte Schule hingegen schon. (Die Zeit 16. 1. 2014)

Nichtmitglied//Mitglied
Nichtmitglieder zahlen für die Teilnahme an der Tagung 10 Mark mehr ○ Ein Kostenbeitrag von zwei Euro je Nichtmitglied und ein Euro für Mitglieder kann direkt gezahlt werden. (Mannheimer Morgen 19. 1. 2008)

nichtproduktiv//produktiv
nichtproduktive Leistungen (Dienstleistungen) ○ *Gerade bei Bioenergie sei ein Absatzmarkt da, könnten in der Region Arbeitsplätze geschaffen werden. Stattdessen habe man den Eindruck, dass mit dem neuen Förderprogramm das „nichtproduktive Geschehen" mehr unterstützt werde als das produktive.* (Leipziger Volkszeitung 9. 11. 2006)

Nichtraucher//Raucher
Helmut ist Nichtraucher, doch sein Freund ist Raucher ○ Die schönste Werbung wird aus einem Nichtraucher keinen Raucher machen (Tiroler Tageszeitung 15. 3. 2011)

Nichtraucher[abteil]//Raucher[abteil]
einen Platz im Nichtraucher reservieren (Eisenbahn)

nichtrechtsfähig//rechtsfähig
(Rechtswesen)

nichtrostend//rostend
nichtrostender Stahl ○ Hochlegierte Stähle, die mindestens 13 Prozent Chrom enthalten, werden als nichtrostend bezeichnet. (Schweriner Volkszeitung 17. 3. 2018)

nichts//alles
den Kindern wird nichts erlaubt ○ er will alles oder nichts ○ Wir haben nichts zu verbergen, alles ist transparent. (Wormser Zeitung 2. 8. 2017)

nichts//etwas, was
aus dem Jungen wird nichts (negatives Urteil in Bezug auf dessen berufliche Entwicklung usw.) ○ *Sie kennen nichts von Offenbach? Doch, etwas ganz bestimmt: den Cancan aus «Orphée aux enfers».* (Tages-Anzeiger 14. 6. 2019) ○ *Wir wollen nichts verschreien, aber es könnte was Fixes entstehen zwischen Wien und Cigarettes After Sex.* (Falter 20. 7. 2016)

Nichtschwimmer//Schwimmer
ein Becken für Nichtschwimmer

Nichtsein//Sein
Und nicht von ungefähr ist das kunstvolle Arrangieren von Pflanzen, das Ikebana, eine Zen-Meditationstechnik, in der Nichtsein und Sein intuitiv erfasst werden sollen. (Der Tagesspiegel 2. 8. 2004)

nichtsortimentsgerecht//sortimentsgerecht
(Handel)

Nichtsportler//Sportler
für Sportler und Nichtsportler attraktive Angebote ○ Sie möchten Nichtsportler und Sportler dort abholen, wo sie sind, und zu einer gesünderen Lebensweise anregen. (Stuttgarter Nachrichten 20. 10. 2008)

nichtstaatlich//staatlich
nichtstaatliche Schulen ○ Die feinsinnige Unterscheidung zwischen den Asylberechtigten und den geduldeten Flüchtlingen, zwischen nichtstaatlicher und staatlicher Verfolgung entsprechen nicht dem Zustand der Welt. (Süddeutsche Zeitung 21. 3. 2002)

nichttechnisch//technisch
Anwendung technischer Grundsätze in nichttechnischen Zusammenhängen ○ Nur nichttechnisch bewanderte Politiker könne man damit bluffen, dass die technischen Anlagen im ICC nicht abschnittsweise saniert werden könnten. (Berliner Morgenpost 21. 5. 2010)

Nichtübereinstimmung//Übereinstimmung
Die Suspendierung wurde wegen einer Nichtübereinstimmung mit dem Internationalen Standard verhängt. (Stuttgarter Zeitung 21. 7. 2016)

nichtzielendes Verb//zielendes Verb; ↑auch: transitiv
„danken" ist ein nichtzielendes (intransitives) *Verb*

Nichtzutreffendes//Zutreffendes
auf dem Formular Nichtzutreffendes bitte streichen

nie//immer
er kam nie zu spät ○ Bei einem Um- oder Neubau hatten wir noch nie geschlossen und waren immer für unsere Kunden da. (Rieder Volkszeitung 19. 4. 2018)

nieder...//hoher...; ↑auch: hoch
niederer Adel ○ niedere Jagd ○ niederer Klerus ○ niedere Geistlichkeit ○ niederer Beamter

nieder...//höher...
die niederen Weihen ○ niederer Beamter

nieder; ↑auf und nieder, die niedere Jagd, niedere Pflanzen

Nieder...//Ober... (in geographischen Namen)
z. B. *Niederbayern/Oberbayern ○ Niederösterreich/Oberösterreich*

Niederalm//Hochalm
(niedrig gelegen Almzone, ca. 1300–1500 m Seehöhe) ○ *Daher werden die Junghengste im Lkw auf die Niederalm gebracht. Der tatsächliche Auftriebsmarsch ist dann nur im Juli zu sehen, wenn die Tiere von der Nieder- auf die Hochalm wechseln.* (Tiroler Tageszeitung 9. 5. 2007)

niederdeutsch//hochdeutsch, oberdeutsch; ↑auch: süddeutsch
(die niederdeutsche Mundart betreffend im Gegensatz zu den mittel-und oberdeutschen Mundarten)

Niederdeutsch//Oberdeutsch
(das Plattdeutsche) ○ *Niederdeutsch wird Norddeutschland gesprochen, Oberdeutsch in Süddeutschland sowie in Österreich und in der Schweiz*

Niederdruck//Hochdruck
(Technik ○ geringer Gas- und Dampfdruck)

niederentern//[auf]entern
(aus der Takelage eines Schiffes herunterklettern ○ Seemannssprache)

niedere Pflanzen//höhere Pflanzen
niedere Pflanzen sind z. B. Algen, Moose, Pilze

Niederfrequenz//Hochfrequenz
(Physik)

Niedergericht//Hochgericht
(mittelalterliches Rechtswesen)

niederholen//aufziehen, hissen
die Fahne niederholen ○ An einem Donnerstagmittag ließ er den Kapitän seines

riesigen Containerfrachters „La Spezia" die Flagge von Liberia niederholen und die schwarz-rot-goldene aufziehen. (Hamburger Abendblatt 31. 10. 2010) ○ Als Oberbürgermeister von Köln ließ er die Hakenkreuz-Fahnen niederholen, die Hitler beim Besuch der Stadt hatte hissen lassen. (Stern 23. 9. 1999)

Niederjagd//Hochjagd
Rund 1550 Jägerinnen und Jäger üben die Niederjagd aus, machen also Jagd auf Feld- und Schneehase, auf Fuchs, Dachs, Schneehuhn, Stockente und Rabenkrähe. Auf die Hochjagd gehen über 5500 Jäger. (Die Südostschweiz 12. 12. 2016)

Niederlage//Sieg; ↑auch: Gewinn
Wo, wenn nicht in der Schule, können junge Menschen lernen, dass man eine Niederlage durch Fleiß, Ehrgeiz und Engagement in einen Sieg verwandelt. (FOCUS 4. 3. 2013) ○ *«Das wäre eine Niederlage für uns und ein Sieg für die Terroristen» (St. Galler Tagblatt 4. 3. 2016)*

Niederlage; ↑Auswärtsniederlage, Heimniederlage

Niederrhein//Oberrhein
(der nördliche Teil, der Unterlauf des Rheins – etwa von Bonn an)

Niederrufe//Hochrufe
Niederrufe erschollen bei der Kundgebung ○ *Es wird nicht mehr beraten. Die Mitwirkung des Publikums beschränkt sich auf Hoch- oder Niederrufe. (Die Zeit 24. 9. 1965)*

niederschlagsarm//niederschlagsreich
ein niederschlagsarmes Gebiet ○ *Im Winter ist es meist sehr niederschlagsreich und kalt und im Sommer sehr niederschlagsarm und warm. (Wikipedia)*

niederschlagsreich//niederschlagsarm
ein niederschlagsreiches Gebiet

Niederspannung//Hochspannung
(Elektrotechnik)

Niederstwert//Höchstwert
(Rechtswesen)

niedertourig//hochtourig
(mit niedriger Drehzahl laufend ○ Technik)

Niederwald//Hochwald
Niederwald ist Laubwald, der sich u. a. aus den Wurzeln gefällter Bäume erneuert ○ *In den vergangenen Jahrzehnten habe sich der Niederwald zum Hochwald entwickelt, in dem nur vereinzelt Bäume geerntet worden sind. (Rhein-Zeitung 20. 6. 2016)*

Niederwild//Hochwild
Niederwild wie Hase, Reh ○ *Wie die Statistiken der Stiftung zum Schutz der Natur und der Jagd belegen, werden jährlich rund 27 Mio. Stück Niederwild und 411.600 Stück Hochwild erlegt (Der Standard 9. 1. 2014)*

niedrig//hoch; ↑auch: hoh...
niedrige Absätze ○ *niedrige Räume* ○ *eine niedrige Mauer* ○ *niedriger Blutdruck* ○ *niedrige Temperaturen, Löhne, Gehälter, Preise* ○ *eine niedrige elektrische Spannung* ○ *(übertragen:) hoch und niedrig waren auf dem Jahrmarkt* ○ *Intelligenztests haben einen elitären Ruf, aber das Gute an ihnen ist, dass sie nicht unterscheiden zwischen Arm und Reich, Mann und Frau, zwischen hoher und niedriger Kaste (Der Spiegel 19. 5. 2018)*

niedrigst.../höchst...
das niedrigste Gehalt ○ *Vom niedrigst bis zum höchst entwickelten Lebewesen gibt es alles zu sehen. (Stuttgarter Zeitung 22. 3. 2013)*

Niedrigwasser//Hochwasser; ↑auch: Flut
bei Niedrigwasser soll man nicht schwimmen ○ *TIDENHUB: Differenz der Wasserstände zwischen Hoch- und Niedrigwasser. ZWÖLFTELREGEL: Methode zur annähernden Berechnung des Wasserstands zu einem bestimmten Zeitpunkt*

zwischen Niedrig- und Hochwasser. (Wiener Zeitung 23. 6. 2017)

niemand//jemand
für diese Arbeit wird sich niemand finden ○ Bisher hat noch niemand geklopft. ... Ich glaube, wenn jemand klopfen würde, würde ich ihn freundlich hereinbitten. (Thüringische Landeszeitung 16. 1. 2018)

Niete//Gewinn, Treffer
das war eine Niete (Los ohne Gewinn) ○ *Selbst wer eine Niete zog, bekam er dafür noch einen Lebkuchen oder ein Plätzchen überreicht, so dass jedes Los ein Gewinn war.* (Mittelbayerische Zeitung 16. 12. 2014) ○ *Das ganze Leben – ein Lotteriespiel! Aus einer Niete wird im Handumdrehen ein Treffer!* (Wiener Zeitung 14. 8. 2009)

nirgends//überall
nirgends fühlt er sich sicher, zu Hause ○ *Als Flüchtling bist du nirgends zu Hause, aber du bist auch überall zu Hause.* (Die Presse 26. 4. 2014)

nirgendwo//irgendwo
nirgendwo hättest du das finden können ○ *Und all das sollte in einem globalisierten Pseudo-Englisch stattfinden, das außerhalb von deutschen Universitätsfluren nirgendwo in der Welt gesprochen und kaum irgendwo verstanden wird.* (Süddeutsche Zeitung 3. 3. 2011)

nitratarm//nitratreich
Möhren, Rosenkohl, Chicorée sind nitratarm ○ *Acht weitere Probanden speisten unterdessen nitratarm. Ergebnis: Die nitratreich Ernährten hatten eine deutliche bessere Blutversorgung.* (Thüringische Landeszeitung 18. 1. 2011)

nitratreich//nitratarm
Kopfsalat, Spinat, Grünkohl sind nitratreich, daher sollte man sie nicht so häufig essen

niveaufrei//niveaugleich
ein niveaufreier (nicht auf der gleichen Ebene verlaufender) *Übergang* (Verkehrswesen)

niveaugleich//niveaufrei, niveauverschieden
ein niveaugleicher (sich auf der gleichen Ebene befindender) *Übergang* (Verkehrswesen)

niveaulos//niveauvoll
eine niveaulose Veranstaltung (ohne Kultur usw.) ○ *Es ist wirklich niveaulos. Aber ununterbrochen niveauvoll zu sein, ist mir persönlich zu anstrengend.* (Der Tagesspiegel 25. 1. 2009)

niveauverschieden//niveaugleich
(nicht auf gleicher Ebene verlaufend, sich befindend ○ Verkehrswesen)

niveauvoll//niveaulos
eine niveauvolle Veranstaltung (eine Veranstaltung von Rang, von Qualität) ○ *Diskussionen – auch wenn man nicht einer Meinung ist – kann man niveauvoll oder niveaulos führen!* (Oberösterreichische Nachrichten 15. 3. 2017)

Nobilitation//Denobilitation
(die Adelsverleihung) ○ *Die Funktionäre überwachten die Gewählten, um ihre „Nobilitation" zu verhindern und die Unabhängigkeit der Parteiorganisationen zu sichern.* (taz 9. 1. 2015)

Nobility//Gentry
(Hochadel in Großbritannien)

Necebo//Placebo
(Placebo mit schädlicher Wirkung ○ Medizin)

noch//erst
er kommt noch in diesem Jahr ○ *Von diesem dichten Netz ist Deutschland noch weit entfernt. Zum Jahresende 2016 waren es erst 7407 E-Tankstellen, davon 292 Schnellladepunkte.* (FOCUS 5. 8. 2017)

noch//nicht mehr
die Frau ist noch am Leben, doch ihr Mann nicht mehr ○ *sie ist noch hier* ○ *in ihrem Alter – glaubt sie – kann man noch lieben, aber nicht mehr geliebt wer-*

den ○ Nur wird vorher noch einiges passieren. Das Gute ist, dass ich es nicht mehr erleben werde. (NEWS 16. 3. 2018)

noch//schon
er schläft noch, doch sie ist schon wach ○ sie ist noch da ○ er ist noch zu Hause (wird bald gehen), und sie ist schon zu Hause (ist gerade gekommen) ○ das Leben noch vor oder schon hinter sich haben ○ sie ist noch da/sie ist schon weg ○ Das macht das Bild noch rätselhafter, als es ohnehin schon ist. (Hannoversche Allgemeine 6. 6. 2015)

noch; ↑immer noch

noch aufbleiben dürfen//schon ins Bett gehen müssen
sie darf heute noch länger aufbleiben, aber die kleinen Geschwister müssen schon ins Bett gehen

noch ein Kind sein//schon erwachsen sein
er ist noch ein Kind, aber möchte schon erwachsen sein ○ Lego baut jeder gern zusammen – egal ob er noch ein Kind ist oder schon erwachsen! (Hamburger Morgenpost 19. 12. 2016)

noch nicht//nicht mehr
sie ist noch nicht hier (noch nicht gekommen), und er ist nicht mehr hier (schon weggegangen) ○ Zwei ihrer Freundinnen besitzen jetzt Haus und Familie, zwei haben Karriere gemacht. Und Sarah? Will das eine noch nicht, das andere nicht mehr. (FOCUS 16. 1. 2016)

noch nicht//schon
er war noch nicht in Paris ○ als ich kam, war sie noch nicht abgereist ○ sie ist noch nicht wach ○ er ist noch nicht im Bett ○ sie ist noch nicht da (kommt später als erwartet), doch er ist schon da (kam früher als erwartet) ○ Afrika ist noch nicht so weit, und China ist fast schon ein gesättigter Markt. (FOCUS 17. 1. 2015)

noir//rouge; ↑auch: rot
auf Noir setzen (beim Roulett die schwarzen Zahlen betreffend)

Nomade//Sesshafter
Der ‚New Worker' wird es schwer haben, sein Privatleben zu organisieren. Er ist eher Nomade als Sesshafter. (Hamburger Abendblatt 9. 9. 1999)

nominal//real
der nominale (dem Nennwert entsprechende) Wert der Aktie ○ nominales Wirtschaftswachstum ○ So kündigte Abe ein durchschnittliches jährliches Wachstum von drei Prozent nominal und zwei Prozent real an. (Wiener Zeitung 14. 6. 2013)

Nominaldefinition//Realdefinition
(Worterklärung ○ Philosophie)

Nominaleinkommen//Realeinkommen; ↑auch: netto, Nettoeinkommen
(Einkommen ohne Berücksichtigung der damit verbundenen Kaufkraft)

Nominalismus//Metallismus
(Wirtschaft)

Nominalismus//Realismus
(Philosophie)

Nominalkatalog//Realkatalog
(alphabetischer Namenkatalog einer Bibliothek)

Nominallohn//Reallohn
die Höhe des Nominallohns sagt nichts über seine Kaufkraft aus ○ Der Nominallohn ist der absolute Betrag in D-Mark beziehungsweise Euro, der im Unterschied zum Reallohn die Veränderung der Kaufkraft durch die Inflation nicht berücksichtigt. (Hamburger Abendblatt 10. 9. 2014)

Nominalstil//Verbalstil
der Nominalstil – vor allem in Fachtexten – bevorzugt Substantive, z. B.: die Erzeugung der Produkte durch Intensivarbeit (Sprachwissenschaft)

Nominalverzinsung//Effektivverzinsung
(Wirtschaft)

Nominalzins//Realzins
(Wirtschaft)

Nominativ//Akkusativ; ↑**auch: vierter Fall, Wenfall**
der Nominativ ist der erste Fall der Deklination, z. B.: der Vater, die Mutter

nominell//real
das nominelle Einkommen ○ die nominelle Lohnerhöhung von 2,5 Prozent wird durch die Inflation wieder aufgefressen ○ Dies hat auch die Sparzinsen tief nach unten gedrückt – auf ein Niveau, das Spargeld zwar nominell vermehrt, real aber Verluste in der Kaufkraft beschert (Wiener Zeitung 15. 10. 2015)

Nomokratie//Autokratie
(Herrschaftsform, in der Macht nur im Namen der Gesetze ausgeübt wird ○ Geschichte, Politik)

Nomosyntax//Morphosyntax
(Syntax nach dem Inhalt eines Satzes ○ Sprachwissenschaft)

nomothetisch//idiographisch
(Fachsprache)

Non-fiction//Fiction
(Literatur)

Nonkonformismus//Konformismus
(unangepasste, selbständige Geisteshaltung) ○ Wobei der mythische Nonkonformismus des Rock nach außen immer schon einen ästhetischen Konformismus nach innen zur Folge hatte – das ist der Preis, den jedes Musikgenre zahlt, das sich als Bewegung versteht (Süddeutsche Zeitung 29. 11. 2006)

Nonkonformist//Konformist; ↑**auch: Jasager**
er ist ein Querdenker und Nonkonformist (jemand, der sich nicht dem herrschenden Trend, einer gewünschten Haltung, Meinung anpasst) ○ Denn wer anderer als der No-na-Meinung ist, outet sich als zwanghafter Nonkonformist, wer aber dem Tenor folgt, als braver Konformist. (Die Presse 9. 11. 2010)

nonkonformistisch//konformistisch
(unangepasst, der herrschenden Meinung usw. nicht entsprechend, von ihr deutlich abweichend) ○ Gleichzeitig führt sie vor Augen, wie nonkonformistisch gewisse Aspekte der „bürgerlichen Kultur" waren und wie konformistisch ein Teil „der Linken". (Neue Zürcher Zeitung 2. 8. 2001)

Nonkonformität//Konformität
(Nichtübereinstimmung) ○ Pop-Musik führe also Mitte der Fünfzigerjahre die Möglichkeit der Nonkonformität in eine Kultur ein, deren Darstellungsmittel auf Konformität und Zustimmung angelegt waren. (Süddeutsche Zeitung 8. 3. 2014)

Nonne//Borg; ↑**auch: Eber, Keiler**
(weibliches kastriertes Schwein)

Nonne//Mönch
(die Nonnen im Kloster ○ Dachziegel, der nach unten gekrümmt ist) ○ Eine entlaufene Nonne heiratet einen katholischen Mönch: Nicht nur durch seine 95 Thesen, auch durch seine Heirat mit Katharina von Bora bringt Martin Luther ein gesellschaftliches Gefüge zum Einsturz. (Mannheimer Morgen 27. 10. 2017)

Nonnenkloster//Mönchskloster
Das Nonnenkloster hatte rund 140 Jahre Bestand und wurde 1457 in ein Mönchskloster umgewandelt. (Gießener Anzeiger 9. 9. 2015)

Nonnenorden//Mönchsorden
Zu den monastischen Orden gehören Mönchsorden und klausurierte Nonnenorden (Wikipedia)

Nonresponder//Responder
(Patient, bei dem eine therapeutisch eingesetzte Substanz nicht wirkt)

Nonstandard//Standard; ↑**auch: Standardsprache**
(die nicht standardsprachliche Sprache, wie z. B. Dialekt ○ Sprachwissenschaft)

nonverbal//verbal
eine nonverbale (nicht auf Worte beruhende) Verständigung ○ nonverbale Beleidigung (durch Gesten) ○ nonverbale Handlung (z. B. Betrug) ○ Ich würde erst nonverbal und dann verbal sehr deutlich machen, dass das nicht geht. (Der Tagesspiegel 11. 2. 2018)

Noopsyche//Thymopsyche
(die intellektuelle Seite des Seelenlebens)

Nord//Süd
die Teilnehmerinnen kamen aus Nord und Süd ○ Umgekehrt ist eine harte Grenze zwischen Nord und Süd für jeden Republikaner unzumutbar. (Der Spiegel 7. 4. 2018)

Nord.../Süd... (Substantiv)
z. B. *Nordhang/Südhang, Nordamerika/Südamerika*

norddeutsch//süddeutsch; ↑auch: oberdeutsch
Kärrner kommt von Karre (die Karre, eher norddeutsch) oder Karren (der Karren, eher süddeutsch). (Schwäbische Zeitung 6. 3. 2015)

Norden//Süden
Die Zulaufstrecken von Norden und Süden werden jeweils von italienischer und deutscher Seite mit 40 Prozent Anteil übernommen. (Wirtschaftsblatt 25. 2. 2009)

Nordhang//Südhang
der Nordhang des Berges ○ Derzeit seien die Kuppe und der Nordhang des Hochbergs mit Wald bestanden, am Südhang befinden sich Äcker und Wiesen. (Südwest Presse 29. 4. 2011)

nordisch//alpin
(Skisport) ○ *Hochfilzen ist für Biathlon vorgesehen, Seefeld für Ski nordisch, St. Anton/Arlberg für Ski alpin. (Süddeutsche Zeitung 16.8.17)*

nördlich//südlich
nördlich Berlins, von Berlin ○ Bei der Wirtschaft nördlich und südlich des Brenners sieht man die Pläne sorgenvoll. (Wirtschaftsblatt 12. 2. 2016)

Nordlicht//Südlicht
(nördliches Polarlicht)

Nordpol//Südpol; ↑auch: Antarktis

Nordseite//Südseite; ↑auch: Männerseite; rechts
das Schlafzimmer liegt auf der Nordseite der Wohnung ○ Nur an dieser Stelle der Insel sieht man die wilde Nordseite wie auch die ruhige Südseite. (Die Presse 3. 2. 2018)

Nordstaatler//Südstaatler
(jemand, der in den USA aus einem Nordstaat stammt – nördlich des Potomac und des Ohio) ○ *Pfälzer und Rheinländer sind für ihn so verschieden wie in früheren Zeiten die Nordstaatler und Südstaatler Amerikas. (Rhein-Zeitung 14. 10. 2006)*

Nordtirol//Südtirol
(das österreichische Bundesland Tirol ○ die Bezeichnung entstand erst nach 1918 durch die Abtrennung des Gebietes südlich des Brenner an Italien als Gegenstück zu *Südtirol*)

Norm//Ausnahme
Als ich nach Deutschland kam, galten SUV als Inbegriff amerikanischer Verschwendung. Heute sind sie eher die Norm als die Ausnahme in einem Land, das von einer Klima-Kanzlerin regiert wird. (Berliner Zeitung 9. 3. 2018)

normal//unnormal
normale Reaktionen ○ Gemeinsam nähern sich die Frauen der Frage, wofür heute Attribute wie „normal" und „unnormal" in Deutschland stehen. (Berliner Morgenpost 8. 4. 2017)

Normalgröße//Übergröße
Hosen für Normalgrößen

Normalspur//Breitspur, Schmalspur
(Eisenbahn) ○ *... denn die europäische Normalspur ist 1435 mm breit, bei der*

russischen Breitspur liegen die Schienen 1520 auseinander. (Der Tagesspiegel 8. 1. 2017) o *Eine Zusammenführung der Normalspur der Mühlkreisbahn mit der Schmalspur der Linzer Straßenbahn scheiterte am Gewicht der Zuggarnituren.* (Der Standard 6. 10. 2016)

Nostrokonto//Lorokonto
(Konto einer Bank, das sie als Kunde bei einer anderen Bank unterhält o Bankwesen)

Notfreund//Glücksfreund
(veraltet für: Freund, der sich auch in der Not als zuverlässig erweist)

nötig//unnötig
dieser Hinweis war nötig o *Der Bau einer Brücke, den eine Streckenführung auf der Rennbahnseite nötig machen würde, würde unnötig.* (Westdeutsche Zeitung 3. 2. 2016)

Notwendigkeit//Freiheit
Auch für Karl Marx war die Freiheit das letzte Ziel politischen Handelns o *er wollte das «Reich der Notwendigkeit» in ein «Reich der Freiheit» überführen.* (St. Galler Tagblatt 16. 2. 2009)

Noumenon//Phänomen
(das mit dem Geist zu Erkennende o Philosophie)

nüchtern//betrunken
als er das sagte, war er (noch) nüchtern o *er kam nüchtern und ging betrunken* o *Am Startort waren die Teilnehmer jeweils noch relativ nüchtern, am Zielort lagen jedoch mehrere hundert Personen erschöpft und betrunken auf den Wiesen.* (Neue Zürcher Zeitung 30. 4. 2010)

nüchtern sein//schon gegessen, gefrühstückt haben
ich bin (noch) nüchtern o *der Patient muss bei der Blutabnahme noch nüchtern sein* o *Ungeklärt blieb, ob der Patient am Vormittag der OP nüchtern war oder gefrühstückt hatte.* (Mannheimer Morgen 5. 2. 2005)

Nukleus//Komplement
(Kern einer sprachlichen Einheit o Sprachwissenschaft)

null Bock auf etwas haben//Bock auf etwas haben
(etwas nicht gern wollen, keine Lust darauf haben o umgangssprachlich) o *Anfangs hatten die Sechstklässler null Bock auf Wagner, aber die Technologie motiviert sie.* (FOCUS 3. 9. 2016)

Nullhypothese//Alternativhypothese
(Hypothese, dass festgestellte Abweichungen vom Normalwert zufällig sind)

Nullipara//Multipara, Pluripara; ↑auch: Mehrgebärende
(Frau, die noch kein Kind geboren hat)

nummeriert//unnummeriert
die Plätze sind nummeriert o *Karten kosten 20 Euro (nummeriert) beziehungsweise 15 Euro (unnummeriert).* (Mannheimer Morgen 5. 6. 2013)

'nunter//'nauf; ↑auch: hoch...//runter...
(hinunter o süddeutsch) *De Klöppel klappern lustig mal nunter und mal nauf und macht mer nen Fehler, dann trennt mer' ne wieder auf...* (Ostthüringer Zeitung 15. 2. 2010)

nur für Erwachsene//jugendfrei
Eintritt nur für Erwachsene (über 18 Jahre) o *dieser Film ist nur für Erwachsene* o *Das Stück „Odys Romeo und Julia" ist eine gereimte Liebesgeschichte, allerdings nur für Erwachsene, weil nicht so ganz jugendfrei.* (Saarbrücker Zeitung 17. 6. 2011)

Nutzen//Schaden
gesellschaftlicher Nutzen o *Wenn ein Tierversuch in der Gesamtbilanz dazu führt, dass mehr Nutzen als Schaden generiert wird, so ist es erlaubt, ihn durchzuführen.* (Die Presse 26. 2. 2018)

Nutzen; ↑Kosten-Nutzen-Rechnung

nützen//schaden
das nützt der Karriere ○ es ist die Frage, ob das Fernsehen der Literatur nur schadet oder ihr auch nützt ○ Aber wem würde die Gesetzesänderungen nun wirklich nützen? Wem schaden? (Die Presse 9. 12. 2017)

Nutzgarten//Ziergarten, (veraltet) Lustgarten
Denn wie der Nutzgarten, bietet uns auch der Ziergarten Pflanzen für jeden Monat des Jahres. (Rhein-Zeitung 20. 2. 2016) ○ *Max Liebermann ließ sich auf die Teilung zwischen Nutzgarten und Lustgarten ein.* (Nordkurier 9. 10. 2004)

Nutzholz//Brennholz
(Bauholz)

Nutzkilometer//Leerkilometer
(in Kilometern gemessene Strecke, die ein Fahrzeug mit einer Last zurücklegt ○ Fachsprache)

Nutzkosten//Leerkosten
(Kostenanteil, der beim Transport auf genutztes Fassungsvermögen entfällt)

nützlich//nutzlos
diese Unterweisung ist nützlich ○ nützliche Dinge tun ○ Niemand musste diesem Mann sagen, was zu tun war, immer sah er selbst, wie und wo er sich gerade nützlich machen konnte, und nie stand er nutzlos herum. (Neue Zürcher Zeitung 7. 2. 2015)

nützlich//schädlich
nützliche Tiere, Pflanzen ○ das ist nützlich für ihn ○ Er sei seiner Partei, der CDU, als Landrat aber eher nützlich als schädlich gewesen. (Mannheimer Morgen 29. 1. 2016)

Nützling//Schädling
die Verwendung von Nützlingen wie Florfliegen und Marienkäfer gegen Blattläuse ○ ein Marienkäfer ist ein Nützling, er ernährt sich von Blattläusen ○ Da forschen sie jetzt und haben in einem Labor eine Gegenwespe, einen Nützling gezüchtet, der den Schädling frisst. (Die Presse 9. 10. 2016)

nutzlos//nützlich
diese Unterweisung ist nutzlos ○ nutzloses Geschenk ○ nutzlose Dinge tun ○ Wenn ich der Einzige bin, der eines hat, ist es nutzlos. Dagegen ist es sehr nützlich, wenn alle eines besitzen. (Süddeutsche Zeitung 9. 2. 2012)

Nutzpflanze//Zierpflanze
(für Ernährung und technische Zwecke verwendbare Pflanze) ○ *Sie eignet sich gleichermaßen als Nutzpflanze und als Zierpflanze im Garten.* (Mannheimer Morgen 17. 6. 2000)

Nutzschall//Störschall
(bei Hörgeräten: das, was man hören will)

Nymphomanie//Satyriasis; ↑auch: Weibstollheit
(gesteigerter weiblicher Geschlechtstrieb, auch Mannstollheit genannt) ○ *Als der Begriff Nymphomanie geprägt wurde, entstand gleichzeitig als männliches Pendant der Begriff Satyriasis.* (Weltwoche 6. 3. 2014)

Nynorsk//Bokmål; ↑auch: Riksmål
(eine auf Dialekten beruhende norwegische Schriftsprache)

O

Obelix//Asterix
(die zwei gallischen Comic-Helden von René Goscinny und Albert Uderzo)

oben//unten; ↑auch: drunten, MOB, Succubus
oben auf dem Berg ○ *oben im Dachgeschoß* ○ *oben im Schreibtisch liegt das Testament* ○ *er liegt oben* ○ *oben auf der Landkarte* ○ *die Nummer steht oben auf der Seite* ○ *oben im Norden* ○ (übertragen:) *Der Ausgleich zwischen Oben und Unten scheint nicht mehr zu funktionieren* (Der Spiegel 5. 5. 2018) ○ *Die da oben und wir da unten.* (Der Spiegel 13. 4. 2018)

Obenauflieger//Druntenlieger; ↑auch: MOB, Succubus
(männlicher Alpdämon – Incubus – , der einer Hexe als Beischläfer dient ○ im Mittelalter und bei den Hexenprozessen)

obendrauf//untendrunter; ↑auch: darunter
obendrauf lag ein Tagebuch ○ *Die Frisur obendrauf ist eindeutig geordneter als der Typ untendrunter* (Stern 17. 11. 2016)

obendrüber//untendrunter
obendrüber (darüber) *einen Pullover tragen* ○ *Unterwäsche braucht jede Frau, egal, wie die Mode obendrüber gerade aussieht. Aber auch untendrunter gibt es Trends* (Nürnberger Nachrichten 13. 4. 2015)

obenherum//untenherum; ↑auch: untenrum
obenherum ist sie ziemlich stark ○ *Zum Schluss war die Dame obenherum frei, untenherum weiterhin betucht.* (Rhein-Zeitung 3. 3. 2014)

obenrum//untenrum; ↑auch: untenherum
obenrum ist sie ziemlich stark ○ *Die Taufgesellschaft besteht aus jungen Menschen, obenrum festlich gekleidet, in Sakkos und Tops, untenrum in Strandoutfit* (Die Zeit 18. 8. 2016)

Ober//Fräulein
Herr Ober, bitte die Speisekarte! ○ *Viele ältere Menschen rufen die Kellner immer noch „Herr Ober" oder „Fräulein". Das ist sicher nicht falsch, aber es klingt etwas altbacken.* (Nürnberger Nachrichten 1. 8. 2015)

ober...//nieder... (in geographischer Bedeutung; Adjektiv)
z. B. *oberdeutsch/niederdeutsch*

ober...//unter... (Adjektiv)
z. B. *oberirdisch/unterirdisch*

Ober...//Nieder... (in geographischen Namen)
z. B. *Oberbayern/Niederbayern*

Ober...//Unter... (Substantiv)
z. B. *Oberkiefer/Unterkiefer*

obere//untere
die obere Grenze ○ (übertragen:) *die oberen Schichten der Gesellschaft* ○ *Im Fastenmodus sinkt sowohl der obere als auch der untere Blutdruckwert.* (FOCUS 18. 2. 2017)

Oberarm//Unterarm
Die Leiche weist eine Narbe am rechten Unterbauch sowie Tätowierungen am rechten Oberarm und am linken Unterarm auf. (Niederösterreichische Nachrichten 15. 5. 2014)

Oberbegriff//Unterbegriff; ↑auch: Hyponym
Die Kinder ... kennen den Vorstellungsinhalt „Baum", aber nicht „Ast", also den Oberbegriff, nicht aber den Unterbegriff. (Der Tagesspiegel 26. 8. 2002)

Oberbekleidung//Unterbekleidung
Auch die Post stattet ihre Boten mit Kleidung aus. „Unsere Oberbekleidung ist ziemlich vielfältig, da kann sich jeder was zusammenstellen. Bei Unterbekleidung allerdings ist sich jeder selbst der Nächste und muss sich selbst darum kümmern" (Braunschweiger Zeitung 31. 1. 2009)

Oberbett//Unterbett
Wichtig sei, dass das Oberbett an den individuellen Wärmetyp des Schläfers angepasst ist (Rhein-Zeitung 4. 8. 2009)

Oberbewusstsein//Unterbewusstsein
(das „helle" Bewusstsein ○ Psychologie, Philosophie)

Oberdeck//Unterdeck
(Deck, das einen Schiffsrumpf nach oben abschließt)

oberdeutsch//niederdeutsch; ↑auch: **norddeutsch**
oberdeutsche Mundarten ○ Luther sei mit seiner oberdeutsch sprechenden Mutter und seinem niederdeutsch sprechenden Vater zweisprachig aufgewachsen (Südwest Presse 17. 9. 2015)

Oberdeutsch//Niederdeutsch
(das im Süddeutschen sowie in Österreich und der Schweiz gesprochene, dialektale Deutsch im Unterschied zum nördlichen Niederdeutsch, dem Plattdeutschen)

oberes Inntal//unteres Inntal
(westliches Inntal in Tirol)

oberflächenaktiv//oberflächeninaktiv
(Chemie, Physik)

oberflächeninaktiv//oberflächenaktiv
(Chemie, Physik)

Oberflächenstruktur//Tiefenstruktur
(generative Grammatik)

obergärig//untergärig
obergäriges Bier (bei dem bei der Gärung mit hoher Temperatur die Hefe oben schwimmt) ○ *Ein Bockbier ist ein Starkbier mit einer Stammwürze über 16 Grad Plato. Es gibt es obergärig oder untergärig, in hell oder dunkel, als Weizen-, Fest-oder Maibock und besonders stark als Doppelbock.* (Wiener Zeitung 22. 4. 2016)

Obergärung//Untergärung
(Brauerei)

Obergrenze//Untergrenze
die Obergrenze für das Gehalt ○ *Statt einer Obergrenze für Flüchtlinge formuliert sie so etwas wie eine moralische Untergrenze, die nicht unterschritten werden darf.* (Der Standard 14. 3. 2016)

oberhalb//unterhalb; ↑auch: **dadrunter**
oberhalb des linken Auges ○ *oberhalb des Gürtels* ○ *oberhalb 1000 Meter* ○ *Werte oberhalb des Minimums* ○ *oberhalb vom Ort* ○ *Weltweit agieren Geheimdienste oberhalb und unterhalb der Gürtellinie, oberhalb handeln sie nach den Gesetzen, aber leider erfüllen sie nur unterhalb der Gürtellinie die ihnen gestellten Aufgaben.* (Die Presse 24. 8. 2009)

Oberhaus//Unterhaus; ↑auch: **Bundestag, Repräsentantenhaus**
das Oberhaus des britischen Parlaments ○ *Im Oberhaus machen diese nur 16 Prozent aus, im Unterhaus sind nur gerade 8 Prozent der Abgeordneten weiblich.* (Neue Zürcher Zeitung 9. 10. 2014)

Oberhaut//Unterhaut
(Medizin)

Oberhitze//Unterhitze
(im Backofen: von oben kommende Hitze) ○ *Eine App rät Nutzern auch, welche Ofenhälfte sie am besten nutzen sollten, denn die eine Hälfte kann keine Oberhitze, die andere keine Unterhitze.* (Nürnberger Zeitung 1. 9. 2018)

oberirdisch//unterirdisch
oberirdisch verlegte Kabel ○ *die Rohre liegen oberirdisch* ○ *Die Module sollen*

teils oberirdisch, teils unterirdisch mit Kabeln verbunden werden. (Rhein-Zeitung 10. 11. 2016)

Oberjunge//Unterjunge
(Hüttenwesen ○ veraltet)

Oberkiefer//Unterkiefer

Oberkärnten//Unterkärnten
(westlicher, höher gelegene Teil des Bundeslandes Kärnten)

Oberkörper//Unterkörper

Oberland//Unterland
(höher gelegener Teil einer Landschaft) ○ *Aufhellungen gibt es im Oberland, im Unterland bleibt es regnerisch und teils sonnig im Süden von Ost- und Südtirol.* (Tiroler Tageszeitung 16. 5. 2014)

Oberlänge//Unterlänge
die Oberlänge eines Buchstabens

Oberlauf//Unterlauf
der Oberlauf des Flusses ○ *Alles, was in China am Oberlauf des Brahmaputra gebaut wird, hat Auswirkungen auf den Unterlauf in Indien.* (Der Standard 21. 4. 2016)

Oberlid//Unterlid
(das obere Lid des Auges)

Oberlippe//Unterlippe

Oberlippenspalte; ↑**laterale Oberlippenspalte, mediane Oberlippenspalte**

Oberösterreich//Niederösterreich
(an Bayern angrenzendes Bundesland zwischen Inn und Enns)

Oberrhein//Niederrhein
(der südliche Teil, der Oberlauf des Rheins zwischen Basel und Bingen)

Oberschenkel//Unterschenkel
Ober- und Unterschenkel sowie Oberschenkel und Rumpf sollten je einen rechten Winkel bilden. (Handelszeitung 8. 9. 2016)

Oberschicht//Unterschicht
sie gehören zur Oberschicht der Bevölkerung ○ *Es gab die grundbesitzende Oberschicht und die nicht-rechtsfähige, abhängige Unterschicht aus Leibeigenen.* (Mannheimer Morgen 4. 5. 2017)

Oberschrank//Unterschrank
ein Oberschrank für das Badezimmer ○ *Dank Automatik kann das Eckregal bis 4 cm unter den Oberschrank gefahren bzw. komplett im Unterschrank verstaut werden.* (Handelszeitung 20. 4. 2005)

Oberschule//Grundschule
Weil dem Süden des Bezirks eine Oberschule fehlt, soll eine Grundschule zur Gemeinschaftsschule hochwachsen. (Der Tagesspiegel 26. 10. 2011)

Oberseite//Unterseite
Seine fiederspaltigen Blätter sind auf der Oberseite dunkelgrün, auf der Unterseite grauweiß behaart. (Mittelbayerische Zeitung 6. 8. 2016)

oberste//unterste
die oberste Stufe ○ *Lampen an Treppen sollten immer die oberste und die unterste Stufe erhellen.* (Schwäbische Zeitung 10. 10. 2012)

oberständig//unterständig
(Botanik)

Oberstufe//Unterstufe
der Schüler ist in der Oberstufe ○ *Wir sind mit 30 Klassen in das Schuljahr gestartet, 15 in der Oberstufe und 15 in der Unterstufe* (Tiroler Tageszeitung 9. 9. 2017)

Obertasse//Untertasse
(Tasse ohne Untertasse ○ die Tasse selbst) ○ *Die Suppentasse ist zweiteilig und besteht aus Obertasse und Teller bzw. Untertasse.* (Die Presse 15. 5. 2010)

Oberteil//Unterteil
Schließlich werden Ober- und Unterteil des Covers getrennt voneinander verschweißt, dann der Oberteil mit dem

Unterteil. (Niederösterreichische Nachrichten 17. 7. 2014)

Oberwasser//Unterwasser
(gestautes Wasser oberhalb einer Talsperre)

Oberzug//Unterzug
(Architektur)

Obfrau//Obmann
(Vorsitzende) ○ *A. E., Geschäftsführerin vom Verein Lebensraum Innviertel, wurde bei der Vollversammlung einstimmig als neue Obfrau gewählt und folgt dem scheidenden Obmann Bürgermeister E. P.* (Rieder Volkszeitung 16. 7. 2015)

Objekt//Subjekt
in dem Satz „er schenkt ihr ein Buch" ist „Buch" das Objekt im Akkusativ

Objekt; ↑affiziertes Objekt, effiziertes Objekt

objektiv//subjektiv; ↑auch: voreingenommen
eine objektive (sachlich-unvoreingenommene) *Darstellung eines Geschehens* ○ *Die Folge ist eine Schere zwischen objektiv gemessener und subjektiv wahrgenommener Kriminalitätsbelastung.* (Die Presse 20. 2. 2016)

objektives Recht//subjektives Recht
(Rechtswesen)

objektivistisch//subjektivistisch
(Philisophie) ○ *Er liest Marx, der ihm die Widersprüche der bürgerlichen Gesellschaft, an denen er sich zuvor noch als Individualist gerieben hat, objektivistisch erklärt.* (Wiener Zeitung 13. 8. 2016)

Objektivität//Subjektivität
Immer mehr im Spannungsfeld zwischen der „Objektivität" diplomatischen Handelns und der „Subjektivität" politischer Aktion (Wiener Zeitung 14. 2. 2009)

Objektschutz//Personenschutz
(bei Gebäuden o. Ä. Sicherungsmaßnahme zum Schutz vor politisch motivierten Anschlägen)

Objektsinfinitiv//Subjektsinfinitiv
(Infinitiv, dessen Handlungsträger übereinstimmt mit dem Objekt der von ihm Abhängenden finiten Verbform, z. B.: *sie bat ihn, zu helfen*)

Objektsprache//Metasprache
die „Objektsprache" ist der Gegenstand der Metasprache, die jene wissenschaftlich beschreibt, darstellt ○ *in einem Wörterbuch sind die Stichwörter die Objektsprache und die Definitionen sind die Metasprache*

Objektträger//Deckglas
(Mikroskopie)

obligat//ad libitum
eine Arie mit obligater Violine (Musik) ○ *Nicht die streng kirchlich-liturgische, sondern eine romantische, erlebnis- und bildhafte Auseinandersetzung mit dem Themenkreis Tod, Trauer und Trost begegnet uns hier in der opulenten Komposition, in der die Orgel nicht obligat, sondern ad libitum hinzugefügt ist.* (Thüringer Allgemeine 11. 11. 2008)

obligatorisch//fakultativ
diese Vorlesung ist obligatorisch (muss gehört werden) ○ *Die Schulungen sind teils obligatorisch, teils fakultativ – in München sind sie beispielsweise Pflicht, in Dresden gehören sie zum Angebot.* (taz 15. 3. 2008)

obliquus//rectus; ↑Casus obliquus

Obmann//Obfrau
(Vorsitzender) ○ *Dann wird der Parteivorstand einen neuen Obmann beziehungsweise Obfrau wählen.* (Der Standard 27. 5. 2008)

Obmann//Obmännin (veraltet)
Auch bei der Damenriege I wurde an der Riegenversammlung eine neue Obmännin gewählt. ... Der Obmann der Aktivriege ... erzählte detailliert von ihrem zweitägigen Ausflug. (St. Galler Tagblatt 20. 11. 2001)

Obmännin//Obmann
(veraltet)

obsequent//resequent
(Geologie)

Obstipation//Diarrhö; ↑auch: **Durchfall**
(Verstopfung)

Ochse//Bulle, Stier
Ochse und Bulle/Stier sind männliche Rinder, aber der Ochse ist kastriert, der Bulle/Stier ist unkastriert ○ *Eine Heugabel ist noch lange keine Mistgabel, ein Ochse ist kein Bulle, ein kastriertes männliches Schwein kein Eber.* (Rhein-Zeitung 12. 8. 2017) ○ *Dabei, so ein Beobachter, „waberte so viel Östrogen durch die Luft, dass noch der älteste Ochse zum wilden Stier mutiert wäre"* (Hamburger Abendblatt 5. 3. 2002)

oder; ↑**entweder...oder**

Ödipuskomplex//Elektrakomplex
(in der Psychologie nach S. Freud die sexuelle Hinneigung des Sohnes zur Mutter, die aus Angst vor Kastration verdrängt wird) ○ *Sigmund Freud sprach ja auch im Fall der Tochter-Vater-Beziehung von Ödipuskomplex, erst C. G. Jung prägte den Ausdruck Elektrakomplex dafür* (Die Presse 23. 2. 2002)

OECD//COMECON
(Organisation – westlicher Industrieländer – für wirtschaftliche Zusammenarbeit und Entwicklung)

off//on; ↑auch: **an**
(zu hören, aber auf dem Bildschirm für den Zuschauer nicht zu sehen) ○ *Elektrischer Strom wird nicht nur ohne Verzögerung geliefert, wenn der Schalter von off auf on gestellt wird, er muss dann auch ohne Verzögerung produziert werden.* (Tagesanzeiger 30. 9. 2003)

Off//On
(das Unsichtbarbleiben des [kommentierenden] Sprechers) ○ *im Off sprechen* (Fernsehen) ○ *... pausenlos empörte sich der aus dem Off gesprochene Kommentar über das, was uns im On einen gruseligen Wonneschauer nach dem anderen über den Rücken jagte* (Süddeutsche Zeitung 26. 3. 1994)

Off-Beat//Beat
(Musik) ○ *Wohltuend anders betonen Gitarre und Klavier den Off-Beat, den Beat zwischen den geraden Schlägen.* (Süddeutsche Zeitung 4. 11. 1999)

offen//geheim
es wurde offen abgestimmt ○ *Keiner weiß, wonach diese Ratingagenturen raten. Das legen sie nicht offen, weil sie sagen, das ist geheim.* (Die Presse 23. 3. 2009)

offen//geschlossen; ↑auch: **zu**
eine offene Anstalt ○ *ein offener Wagen* ○ *ein offenes o* (Phonetik) ○ *Ankara beteuert zwar, die Grenze würde syrischen Flüchtlingen weiterhin offen stehen. Die offiziellen Grenzübergänge jedoch sind faktisch geschlossen.* (Der Spiegel 30. 1. 2016)

offen//heimlich
er macht das offen ○ *Die wenigsten Hetzer waren alteingesessene Deutsche. Es waren Migranten, offen oder heimlich beklatscht von Neonazis und Linksradikalen* (Mittelbayerische Zeitung 16. 2. 2016)

offen//verdeckt; ↑auch: **indirekt**
offene Arbeitslosigkeit ○ *offene Ermittlungen* ○ *Denn örtliche Regierungen, mächtige Politikerfamilien und Seilschaften in der Partei leisten offen oder verdeckt Widerstand gegen Veränderungen.* (Tiroler Tageszeitung 9. 11. 2013)

offen//verschlossen
der Brief, die Tür war offen ○ *Nach Angaben der Ermittler wurden die Stücke allerdings offen in den Räumen aufbewahrt und nicht in Tresoren verschlossen.* (Hamburger Abendblatt 8. 2. 2017)

offen//versteckt
eine offene Drohung ○ *In Hamburg mag es keine offene Diskriminierung geben, aber durchaus eine versteckte.* (Hamburger Abendblatt 5. 8. 2017)

offen//zu
Nachfolge ist offen, Lokal bleibt zu (Niederösterreichische Nachrichten 25. 7. 2013) ○ *Am Freitag ist das Amt wieder offen (8 bis 13 Uhr). Bücherei bleibt zu* (Mannheimer Morgen 15. 6. 2016)

öffenbar//schließbar
wie sind diese Fenster öffenbar (zu öffnen)? ○ *Die Fenster der klimatisierten Züge sind außer ein paar Belüftungsklappen nicht mehr öffenbar* (Nürnberger Zeitung 20. 4. 2010)

offenbar werden//verborgen bleiben
die Bestechung ist offenbar geworden ○ *Das Risiko einer neuen Spaltung Europas ist offenbar geworden* (FOCUS 10. 3. 2014)

offene Milch//Flaschenmilch (veraltet)

offener Dissens//versteckter Dissens
(Rechtswesen)

offener Vokal//geschlossener Vokal
beim offenen Vokal wird der Mund weiter geöffnet, z. B. das e in „Bett" (Phonetik)

offener Wein//Flaschenwein
(auf der Getränkekarte)

offenes Spiel//geschlossenes Spiel
(Schach)

offenes Tor//blindes Tor
(Slalomtor, das quer zur Fahrtrichtung des Skiläufers steht) ○ *Noch heute erinnert eine Torkombination beim Slalom an den Meister und Professor, den vierfachen Weltmeister und Erfolgstrainer aus Seefeld: Offenes Tor – blindes Tor – offenes Tor ergibt das „Seelos-Tor".* (Wiener Zeitung 2. 2. 2001)

offen lassen//[ab]schließen, zumachen
das Tor offen lassen ○ *Früher habe man die Türen offen lassen können, erzählte er. Heute müsse er immer alles abschließen und trotzdem sei in letzter Zeit acht Mal bei ihm eingebrochen worden.* (Süddeutsche Zeitung 16. 3. 2018) ○ *Der Vorderlieger macht nun aber ständig Stress, weil wir das Tor zu diesem Weg offen lassen würden. Er will jetzt den Weg einfach zumachen* (Schweriner Volkszeitung 19. 5. 2010)

offensiv//defensiv
ein offensives Bündnis ○ *die einen spielen offensiv – sie sind angriffslustig, greifen an* ○ *die anderen spielen defensiv – sie verteidigen sich gegen die Angreifer* ○ *Anschließend zeigte sich der Tabellenführer allerdings offensiv sowie defensiv eiskalt und ließ über Minuten hinweg keine Lions-Punkte zu.* (Vorarlberger Nachrichten 5. 3. 2018)

offensiv//inoffensiv
die einen verhalten sich offensiv – sind angriffslustig, die anderen verhalten sich inoffensiv – sie halten sich zurück, werden nicht aktiv ○ *Die zuletzt zu beobachtende offensive Politik Chinas in der Region bekommt ein klar definiertes Ziel* (Die Presse 2. 11. 2017)

Offensive//Defensive; ↑auch: Verteidigung
in der Offensive sein ○ *aus der Offensive spielen* ○ *Sie waren in Offensive und Defensive ausgeglichen besetzt und hatten die beste Bank aller Mannschaften im Turnier.* (Nordkurier 13. 1. 2010)

Offensivspiel//Defensivspiel
(Sport) ○ *Dass am Erfolg der Braustädter am Ende nicht zu rütteln war, lag am guten Offensivspiel der Heimischen, am schlechten Defensivspiel der Gäste* (Niederösterreichische Nachrichten 14. 4. 2010)

öffentlich//geschlossen
eine öffentliche Veranstaltung ○ *Der Mann machte auch geltend, «Rennlei-*

tung SG» sei keine öffentliche, sondern eine geschlossene Gruppe, für die man sich anmelden müsse. (St. Galler Tagblatt 17. 6. 2017) ○ *Und die moderne Architektur hat dafür gesorgt, dass öffentliche Räume wie geschlossene Anstalten wirken.* (Neue Zürcher Zeitung 21. 10. 2016)

öffentlich//privat
öffentliche Gelder ○ *öffentliche Einrichtungen (der Stadt)* ○ *eine öffentliche Veranstaltung* ○ *eine öffentliche Äußerung des Ministers* ○ *Für das Management und die Ausführung sollen diese verfügbare öffentliche und private Cloud-Strukturen nutzen.* (VDI Nachrichten 24. 11. 2017)

öffentliche Kommunikation//private Kommunikation
(Publizistik)

öffentlicher Verkehr//Individualverkehr
(Verkehr, der aus dem öffentlichen Personen- und Güterverkehr besteht) ○ *Der öffentliche Verkehr beginnt und endet an Bahnhöfen und Bushaltestellen, nicht am Start- und Zielpunkt des Passagiers.* (Hamburger Abendblatt 8. 9. 2017)

öffentliche Schule//Privatschule
Kommt das wankende Schiff öffentliche Schulen nicht endlich mit echten Bildungsreformen ins Lot, werden Privatschulen in den nächsten Jahren ein leichtes Spiel haben. (Tiroler Tageszeitung 22. 3. 2009)

öffentliches Recht//Privatrecht
(Rechtswesen)

öffentlich-rechtlich//privat
öffentlich-rechtliches Fernsehen ○ *öffentlich-rechtliche Geldinstitute, z. B. Sparkasse, Landesbank* ○ *Insgesamt arbeiteten für öffentlich-rechtliche und private Sender im vergangenen Jahr 46 886 fest angestellte Mitarbeiter.* (Leipziger Volkszeitung 15. 12. 2017)

Offizialdelikt//Antragsdelikt
(ein Delikt – z. B. Untreue in Bezug auf ein Vermögen, das jemandem zur Verwaltung übertragen worden ist – , das grundsätzlich strafverfolgt wird)

Offizialverteidiger//Wahlverteidiger
(Rechtswesen)

offiziell//inoffiziell
ein offizieller (amtlicher) Besuch ○ *eine offizielle Mitteilung* ○ *Und sei es nur durch eine Bestätigung von Berichten ..., die sich am Freitag als wahrscheinlicher erwiesen, aber weder offiziell noch inoffiziell bestätigt wurden.* (Aachener Zeitung 15. 12. 2018)

Offizier; ↑aktiver Offizier, Reserveoffizier

offline//online
(getrennt von der Datenverarbeitungsanlage arbeitend ○ zwei Geräte sind offline verbunden, wenn zwischen ihnen keine direkte Verbindung besteht) ○ *„Online wird auch für den Vermittler immer wichtiger – so beraten rund 25 Prozent der Agenturen hybrid, das heißt offline und online."* (Tiroler Tageszeitung 2. 12. 2015)

Offline-Betrieb//Online-Betrieb
(EDV)

Offline-Spielsystem//Online-Spielsystem
(Lotto)

Offline-Verbindung//Online-Verbindung
Welche On-Offline-Verbindungen möglich sind, wird hier einmal genauer unter die Lupe genommen. (Giffits-Blog, Internet, 24. 1. 2019)

öffnen//schließen; ↑auch: zumachen
das Fenster öffnen ○ *das Geschäft, der Schalter wird um 9 Uhr geöffnet* ○ *Ich kam, wenn der Lesesaal öffnete, und ging, wenn er schloss.* (Bernhard Schlink, Der Vorleser, Roman 1995, S. 159)

öffnen, sich//sich schließen; ↑auch: zugehen
die Tür öffnet sich ○ eine Blüte öffnet sich am Morgen ○ Die Tür öffnet sich in eine stockfinstere Kammer und schließt sich wieder hinter uns. (Rhein-Zeitung 29. 12. 2010)

öffnen, sich jemandem//sich jemandem verschließen
Die Figuren öffnen sich einer anderen Figur oder verschließen sich vor ihr. (Wiener Zeitung 29. 5. 2000)

Öffnung//Schließung
Seit 2012 sind die Siedlungen zu Wohngebiet rückumgewidmet worden – wegen der bevorstehenden Öffnung des BER und der damit einherzugehenden Schließung Tegels. (Berliner Zeitung 6. 7. 2017)

Off-Sprecher//On-Sprecher
(Sprecher aus dem Hintergrund, der nicht zu sehen ist ○ beim Fernsehen)

Off-Stimme//On-Stimme
Man gewinnt überraschende Eindrücke, einzig die Off-Stimme irritiert immer wieder ein wenig (Der Standard 21. 12. 2012)

Oheim//Base (veraltet), Muhme (veraltet); ↑auch: Tante
(Onkel ○ veraltet)

ohne//mit; ↑auch: be...t//...los, ...ig//...los
ein Text ohne Fehler ○ die Torte ohne Sahne essen ○ ohne Bart ○ Geschlechtsverkehr ohne Kondom ○ ohne Licht fahren ○ Der Mann ohne Eigenschaften (Roman von Robert Musil) ○ Fahre mit Herz, aber ohne Promille

ohne//unter
ohne Zufuhr von... ○ Dabei lautete der Auftrag, das Grundstück einerseits als reine Bodenparzelle ohne Berücksichtigung des existierenden Baurechts und andererseits unter Berücksichtigung des Baurechts zu beurteilen. (St. Galler Tagblatt 21. 10. 2009)

ohne ...//mit ...
z. B. ohne Akzent/mit Akzent

ohne Bedeutung//bedeutungsvoll

ohne Belang//von Belang; ↑auch: belangvoll
das Faktum ist ohne Belang ○ Ob ehelich oder nichtehelich, oral, anal, mit Liebe oder ohne – das ist moralisch ohne Belang, von Belang ist, dass es vereinbart ist. (Weltwoche 22. 12. 2005)

ohne Ehrgeiz//ehrgeizig
er ist ohne Ehrgeiz ○ Ganz ohne Ehrgeiz treten die Frauen nicht an. „Man ist schon ehrgeizig. Auch wenn man es nicht zugibt" (Saarbrücker Zeitung 3. 11. 2008)

ohne Ehrgeiz//ehrgeizig
er ist ohne Ehrgeiz ○ Ganz ohne Ehrgeiz treten die Frauen nicht an. „Man ist schon ehrgeizig. Auch wenn man es nicht zugibt" (Saarbrücker Zeitung 3. 11. 2008)

ohne Vorbehalt//mit Vorbehalt
Die Verbraucherzentrale sagt unseren Kunden, dass sie ohne Vorbehalt zahlen können. ... Es gibt welche, die zahlen mit Vorbehalt. (Rheinische Post 29. 9. 2006)

Ohnmacht//Macht; ↑auch Macht und Ohnmacht
Denn in so gut wie allen Einrichtungen stand der Ohnmacht der Kinder die Macht von Institutionen gegenüber. (Die Presse 20. 6. 2018)

ohnmächtig werden//[wieder] zu sich kommen
Das Ehepaar befand sich auf dem Rückflug von seinem Feriendomizil in Florida, als der 81-Jährige anscheinend nach einem Herzanfall ohnmächtig wurde. Er sei nicht mehr zu sich gekommen (Mannheimer Morgen 5. 4. 2012)

Ohrenbeichte//Gemeinschaftsbeichte
(katholische Kirche)

Ohrfeige; ↑eine Ohrfeige bekommen, geben

okkasionell//usuell
(kontextabhängig, spontan gebildet, z. B. *der Beifall war endenwollend*, zu dem usuellen Ausdruck *Der Beifall war nicht endenwollend* ○ Sprachwissenschaft)

oknophil//philobat
(sich an jemandem anklammernd ○ Psychologie)

ökonomisch//unökonomisch; ↑auch: unwirtschaftlich
das ist sehr ökonomisch gedacht ○ *Aufgrund der unterschiedlichen Hebel hat man auch unterschiedliche Bewegungsamplituden. Die können ökonomisch sein oder unökonomisch.* (Schwäbische Zeitung 15. 5. 2018)

oktroyierte Verfassung//paktierte Verfassung
(aus eigener Machtvollkommenheit verliehene, vorgeschriebene Verfassung)

Ökumene//Anökumene
(die bewohnte Erde als Lebensraum ○ Geographie)

Okzident//Orient (veraltet); ↑auch: Morgenland
(Europa, veraltet) ○ *Es ist eine hochgenüssliche Tafel, die Okzident und Orient auf unaufgeregte Art vermählt* (Tagesanzeiger 23. 2. 2018)

okzidental//orientalisch (veraltet)
(westlich, abendländisch; veraltet) ○ *Und diese Menschenrechte sind weder okzidental noch orientalisch, sie sind human und universell.* (Die Zeit 10. 8. 2017)

Öl; ↑in Öl

ölerzeugend//ölverbrauchend
ölerzeugende Länder

Oligogen//Polygen
(für qualitative Merkmalsunterschiede verantwortliches Gen)

Oligopol//Oligopson
(Marktform, bei der viel Nachfragende wenigen Anbietern gegenüberstehen)

Oligopson//Oligopol
(Marktform, bei der wenig Nachfragende vielen Anbietern gegenüberstehen)

oligotroph//eutroph
(nährstoffarm ○ Biologie, Landwirtschaft)

ölverbrauchend//ölerzeugend
ölverbrauchende Länder

Oma//Opa; ↑auch: Großvater, Opi
Oma und Opa sitzen vorn, die Enkelkinder hinten. (Der Standard 15. 7. 2017)

Omama//Opapa
Omama liebt Opapa mehr noch, als es früher war. (Tiroler Tageszeitung 14. 11. 2013)

ombrophil//ombrophob
(feuchtigkeitsliebend ○ von Tieren und Pflanzen)

ombrophob//ombrophil
(trockene Gebiete bevorzugend ○ von Tieren und Pflanzen)

Ombudsfrau//Ombudsmann
(Frau, die die Rechte des Bürgers der Behörde gegenüber wahrnimmt)

Ombudsmann//Ombudsfrau
(Mann, der die Rechte des Bürgers der Behörde gegenüber wahrnimmt)

Omega//Alpha; ↑auch: A bis Z, Anfang//Ende
(Omega ist der letzte – der 24. – Buchstabe des griechischen Alphabets) ○ *du bist Alpha und Omega – Anfang und Ende* ○ *Generell sind auf einer Osterkerze neben dem Kreuz die Buchstaben Alpha und Omega abgebildet. Alpha steht für den Anfang und ist oberhalb des Kreuzes platziert, wohingegen das Omega darunter zu sehen ist.* (Wormser Zeitung 3. 4. 2009)

Omi//Opi; ↑auch: **Großvater, Opa**
Da würden auch Omi und Opi mitzahlen (Tiroler Tageszeitung 6. 4. 2017)

on//off; ↑auch: **aus**
(nicht nur zu hören, auch auf dem Bildschirm zu sehen) ○ *Mal waren sie „on", dann wieder „off"* ...(Der Spiegel 7. 4. 2018) ○ *„Wer den Wechsel zwischen ‚on' und ‚off' berücksichtigt und regelmäßige Regenerationsphasen in seinen Tag einbaut, arbeitet effektiver, hat ein besseres Körpergefühl und deutlich mehr Freude am Leben"* (FOCUS 3. 12. 2016)

On//Off
(das Sichtbarsein des [kommentierenden] Sprechers ○ beim Fernsehen) ○ *Martina Gedeck spricht – gemäß ihrer einsamen Rolle – nur wenige Worte im On, stattdessen liest ihre lakonisch-eindringliche Stimme den Buchtext aus dem Off vor.* (Der Spiegel 14. 10. 2012)

oneros//lukrativ
(beschwerlich ○ Rechtswesen)

Onkel//Tante; ↑auch: **Muhme**
Onkel, Tante, Cousins und Cousinen blieben in Berlin. (Berliner Morgenpost 15. 4. 2018)

online//offline
(in direkter Verbindung mit der Datenverarbeitungsanlage arbeitend ○ unmittelbar mit einem anderen Gerät verbunden, sodass zwischen beiden Geräten ein verzögerungsfreier Kommunikationsverkehr möglich ist) ○ *Beispielsweise Bücher kosten durch eine Preisbindung immer dasselbe – egal ob online oder offline.* (Wiesbadener Tagblatt 12. 5. 2018)

Online-Betrieb//Offline-Betrieb
(EDV)

Online-Spielsystem//Offline-Spielsystem
(Lotto)

Online-Verbindung//Offline-Verbindung
Der seismische Sensor mit Online-Verbindung vibriert bei jedem Erdbeben rund um den Globus (Wiener Zeitung 14. 11. 2017)

Onomasiologie//Semasiologie; ↑auch: **Bedeutungslehre**
(Wissenschaft, die sich mit den Bezeichnungen von Dingen beschäftigt und damit, dass mehrere Wörter – Synonyme – für ein und dasselbe vorhanden sind)

On-Sprecher//Off-Sprecher
(sichtbarer Sprecher, z. B. beim Fernsehen)

On-Stimme//Off-Stimme
(Stimme eines im Bild bzw. auf der Bühne erscheinenden On-Sprechers)

Ontogenese//Phylogenese
(Entwicklung des einzelnen Lebewesens, Individualentwicklung ○ Biologie)

ontogenetisch//phylogenetisch
(die Entwicklung des Individuums betreffend)

Opa//Oma; ↑auch: **Großmutter, Omi**
Bei diesen Gelegenheiten erinnern sich Kinder und Enkel gerne an viele gemeinsam erlebte Stunden, denn Opa und Oma hatten immer Zeit für sie und ein gemeinsames Spiel. (Vorarlberger Nachrichten 19. 6. 2014)

opak//transparent; ↑auch: **durchsichtig**
(undurchsichtig) ○ *Die Außenfassade ist aus Glas und Aluminium und in Abstufungen opak bis transparent lichtdurchlässig.* (Die Presse 19. 4. 2014)

Opapa//Omama
Trotzdem, ich muss fast immer heulen, wenn etwa die Kinder ins Bild kommen. Weil ich halt weiß, es sind die Kinder vom Opapa und der Omama. (Berliner Morgenpost 5. 8. 2007)

Open Loop//Closed Loop
(EDV)

Open Shop//Closed Shop
(EDV)

Oper//Schauspiel
er hört gern Opern ○ *Oper setzt er genauso gekonnt in Szene wie Schauspiel* (FOCUS 26. 9. 2011)

operabel//inoperabel
der Krebs ist in diesem Stadium noch operabel ○ *Bei der neoadjuvanten Therapie wird der Tumor zuerst durch Medikamente verkleinert, um ihn dann besser operabel zu machen. Auch Tumore, die vormals als inoperabel gegolten haben, können nun ... erfolgreich entfernt werden* (Die Presse 26. 11. 2016)

Operabilität//Inoperabilität

Opera buffa//Opera seria
(heitere, komische Oper) ○ *„Così (fan tutte) ist sowohl Opera buffa als auch Opera seria"* (Rhein-Zeitung 15. 5. 2009)

Opera seria//Opera buffa
(ernste, große Oper) ○ *Eine Karikatur zeigt ihn gähnend, mit beiden Händen schreibend: links eine Opera seria, rechts eine Opera buffa.* (Neue Zürcher Zeitung am Sonntag 13. 9. 2015)

Operationspfleger//Operationsschwester
Die mitreisende holländische Operationsschwester Greta Hesseling hat ein Lehrbuch für Operationspfleger geschrieben (Rhein-Zeitung 19. 11. 2012)

Operationsschwester//Operationspfleger

Opfer//Täter; ↑auch: verübt
der Täter schlug auf sein Opfer ein ○ *die Täter von einst fühlen sich heute als Opfer* ○ *Bekenntnisse als eine Art Präventivschlag: schnell zum Opfer werden, bevor man der Täter ist.* (Der Spiegel 19. 5. 2018) ○ *Wer Opfer ist und wer Täter, das ist in „3 Tage in Quiberon" selten eindeutig zu entscheiden.* (Der Spiegel 7. 4. 2018) ○ *Die Wahrheitskommission bringt Täter und Opfer zusammen.* (Der Spiegel 7. 4. 2018) ○ *Sie denken weniger in Opfer-und-Täter-Kategorien und machen kaum noch einen Unterschied zwischen Männern und Frauen.* (Der Spiegel 31. 3. 2018)

Opfersohn//Tätertochter
(bezogen auf das Schriftstellerpaar Paul Celan, dessen jüdische Elern ermordet wurden, und der Tochter des NS-Offiziers Ingeborg Bachmann)

Opi//Omi; ↑auch: Großmutter, Oma
Dass Opi und Omi mit dem Smartphone so einfach zahlen werden können, ist keineswegs gesichert. (Der Standard 1. 9. 2017)

opisthographisch//anopisthographisch
(auf beiden Seiten bedruckt ○ in Bezug auf Papyrushandschriften)

opportun//importun, inopportun
das ist gerade opportun (passend, angebracht) ○ *Man mag Singers Verschonungskonservatismus sympathisch oder unsympathisch, politisch opportun oder inopportun finden, ...* (Süddeutsche Zeitung 17. 9. 2002)

Opportunität//Inopportunität
Es sind in diesem Zusammenhang vor allem Fragen der Opportunität oder Inopportunität ... der Erinnerung, über die zunächst noch in der geschichtspolitischen Dimension zu diskutieren und zu entscheiden ist. (Die Zeit 5. 10. 2006)

Opportunitätsprinzip//Legalitätsprinzip
(bei einem Strafverfahren der Grundsatz, dass es – z. B. bei Bagatelldelikten – im Ermessen der Strafverfolgungsbehörden liegt, ob dagegen eingeschritten werden soll)

Opposition//Konjunktion
(Astronomie)

Opposition//Regierung
die Opposition von SPD, Bündnis 90/Die Grünen und PDS gegen die Regierung von CDU, CSU und FDP

Optimismus//Pessimismus
(zuversichtliche, lebensbejahende Einstellung, Grundstimmung) ○ *Optimismus und Pessimismus sind keine politischen Kategorien, sie stehen eher für Stimmungen als für feste Einstellungen.* (Mannheimer Morgen 20. 4. 2018)

Optimist//Pessimist
er ist ein Optimist ○ *Lieber ein Optimist, der sich mal irrt, als ein Pessimist, der dauernd recht hat.* (Peter Hohl, Kalenderspruch)

optimistisch//pessimistisch
sie ist optimistisch ○ *Es geht darum, eine freundliche Sicherheitspolitik zu betreiben, die so optimistisch wie pessimistisch ist.* (Der Spiegel 21. 7. 2018) ○ *„Ich bin halb optimistisch, halb pessimistisch"* (Der Spiegel 11. 5. 2019)

Optimum//Pessimum
(Bereich der günstigsten Umweltbedingungen für ein Lebewesen, z. B. im Hinblick auf die Temperatur ○ Ökologie)

Opt-in//Opt-out
Unser gesellschaftliches Zusammenleben fußt darauf, dass man ein Zustimmungsrecht hat, also gut informiert ist und bewusst einwilligen kann. Man nennt das auch Opt-in (Der Spiegel 22. 6. 2019)

Opting in//Opting out
(im üblichen Stil bleibend ○ Stilistik)

Opt-out//Opt-in
Nun schlagt ihr vor, das ich bei der sensiblen Frage, ob mein Körper unversehrt bleibt oder meine Organe entnommen werden, nicht mehr aktiv zustimmen muss, sondern automatisch als Spenderin gelte, wenn ich nicht widerspreche – nach dem Prinzip des Opt-out. (Der Spiegel 22. 6. 2019)

Opting out//Opting in
(vom üblichen Stil abweichend ○ Stilistik)

optisch//haptisch
einen Gegenstand optisch (durch Sehen) *oder haptisch* (durch Tasten, Befühlen) *wahrnehmen* ○ *In Verbindung mit neuen Materialien und Tinten strukturiert und veredelt sie Verpackungen nicht nur optisch, sondern auch haptisch.* (Süddeutsche Zeitung 22. 3. 2016)

optische Kopie//Kontaktkopie
(Abzug mittels Projektion eines Negativs auf Positivmaterial)

optischer Typ//akustischer Typ; ↑auch: auditiver Typ
(jemand, dem sich Gesehenes besser einprägt) ○ *Wenn ich aber weder ein optischer noch ein akustischer Typ bin?* (taz 30. 10. 2004)

opulent//frugal
ein opulentes (üppiges) *Mahl* ○ *Der Musikverein präsentiert ein opulentes Programm mit Stars und Talenten* (Der Standard 10. 2. 2018)

Opulenz//Frugalität
Doch nach Luhrmans Opulenz-Feuerwerk war man doppelt empfänglich für cineastische Frugalität. (Stuttgarter Zeitung 18. 5. 2013)

oral//anal
oraler Geschlechtsverkehr (mit Zunge, Mund am Geschlechtsteil) ○ *In dieser Stellung wird der Junge oral und anal vergewaltigt, zusätzlich bekommt er Schläge mit einem Ledergürtel.* (Hamburger Abendblatt 22. 7. 2008)

oral//literal
(mündlich im Unterschied zu schriftlich in Bezug auf sprachliche Überlieferung ○ Sprachwissenschaft)

oral//rektal
(über den Mund ○ in Bezug auf den Gebrauch von Medikamenten, wie sie einzunehmen sind)

oral-anal//oral-genital
oral-anale Sexualpraktiken

oral-genital//oral-anal
oral-genitale Sexualpraktiken

Oralität//Literalität
(Sprachwissenschaft)

Oralsex//Analsex; ↑auch: **Afterverkehr, Analverkehr**
(Geschlechtsverkehr, bei dem das weibliche und/oder männliche Geschlechtsteil mit Mund, Zunge erregt wird)

Oralverkehr//Analverkehr; ↑auch: **Afterverkehr, Analsex, Coitus per anum**
(Geschlechtsverkehr, bei dem das weibliche und/oder männliche Geschlechtsteil mit Mund, Zunge erregt wird)

orat//literat; ↑auch: **geschrieben**
(Sprachwissenschaft)

Oratio obliqua//Oratio recta; ↑auch: **direkte Rede**
(indirekte Rede)

Oratio recta//Oratio obliqua; ↑auch: **indirekte Rede**
(direkte Rede)

Orchester; ↑**mit Orchester**

Orchideenfach//Massenfach
(Fach, das nur von wenigen studiert wird) ○ *Die Orchideenfächer tun sich da viel schwerer. Sie bilden stärker als die großen Massenfächer für den eigenen wissenschaftlichen Nachwuchs aus* (Süddeutsche Zeitung 6. 8. 2007)

Ordensbruder//Ordensschwester
(katholische Kirche)

Ordensgeistlicher//Weltgeistlicher
(katholische Kirche) ○ *Ein Ordensgeistlicher, ein Weltgeistlicher und ein evangelischer Pfarrer reichen einander die Hände.* (Neue Zürcher Zeitung 17. 6. 2014)

Ordenspriester//Weltpriester
(katholische Kirche) ○ *Vom Rückgang betroffen sind sowohl Diözesan- als auch Ordenspriester: In den 50er Jahren hatte es über 3300 Weltpriester in Österreich gegeben.* (Tiroler Tageszeitung 15. 4. 2006)

Ordensschwester//Ordensbruder
(katholische Kirche)

ordentlich//außerordentlich
ordentlicher Professor ○ *ordentliches Mitglied der Akademie* ○ *Allein es ging nicht, da in den Vertragsbedingungen weder ein ordentliches noch ein außerordentliches Kündigungsrecht verankert ist.* (Der Standard 26. 8. 2009) ○ *Dieses Komitee erhielt den Auftrag, einen Aufruf an die Bürger der Stadt Lich zu verfassen, der zum Beitritt als ordentliches oder außerordentliches Mitglied auffordern sollte.* (Gießener Anzeiger 31. 12. 2009) ○ *Die Veranstaltung in Wels scheint jedenfalls anfechtbar zu sein, weil der Verbandstag als ordentlicher und nicht als außerordentlicher Verbandstag tituliert wurde.* (Die Presse 29. 3. 2014)

ordentlich//unordentlich
er ist sehr ordentlich ○ *bei ihr sieht alles sehr ordentlich aus* ○ *Es gibt ordentliche und unordentliche Menschen, akkurate und großzügige, penible und ungenaue, gründliche und weniger gründliche.* (Hamburger Abendblatt 14. 7. 2007)

ordentliches Mitglied//korrespondierendes Mitglied; ↑auch: **außerordentlich**
ordentliches Mitglied einer Akademie ○ *Gerne hätte ich jedem ... auch ungefragt geantwortet, dass ich niemals ordentliches Mitglied dieser, wie heißt sie gleich, weiß nicht, So-und-so-Akademie gewesen bin. Höchstens korrespondierendes Mitglied ...* (Die Presse 23. 8. 2006)

Orderpapier//Inhaberpapier
(Wertpapier)

Ordinalzahl//Kardinalzahl; ↑auch: **Grundzahl**
Ordinalzahlen geben die Stelle in einer Reihenfolge an, z. B. erster (1.), zweiter (2.), dritter (3.) usw.

Ordinarienuniversität//Gruppenuniversität
(Politik) ○ Die Sozialdemokraten wünschten als Antwort auf die Studentenrevolte gegen die Ordinarienuniversität, die Allmacht der Professoren zu brechen. Sie führten die Gruppenuniversität ein. (Der Tagesspiegel 10. 5. 2007)

Ordinate//Abszisse
(Mathematik)

Ordinatenachse//Abszissenachse
(Mathematik)

Ordnung//Chaos
Genealogie ist der akribische Versuch, Ordnung ins Chaos des Lebens zu bringen. (Aachener Zeitung 30. 6. 2018)

Ordnung//Unordnung
eine vorbildliche Ordnung ○ *die Ordnung in seinem Zimmer* ○ *Ordnung muss sein, Unordnung aber auch.* (Stuttgarter Zeitung 13. 11. 2015)

ordnungsgemäß//ordnungswidrig
Wer seine Haustiere nicht ordnungsgemäß hält oder beaufsichtigt, handele nach Paragraph 17 der Verordnung ordnungswidrig. (Süddeutsche Zeitung 16. 1. 2008)

ordnungswidrig//ordnungsgemäß

Ordnungszahl//Grundzahl; ↑auch: Kardinalzahl
Ordnungszahlen geben die Stelle in einer Reihenfolge an, z. B. erster (1.), zweiter (2.), dritter (3.) usw.

Orest//Pylades
(Freundespaar in der griechischen Mythologie ○ literarisch u. a. bei Aischylos, Euripides, Goethes „Iphigenie auf Tauris", 1787)

Organempfänger[in]//Organspender[in]
(jemand, der ein gesundes fremdes Organ operativ eingesetzt erhält) ○ *Aus anderen Quellen ist bekannt, dass sich die Ärzte im damaligen Südafrika der Apartheid bei der ersten Verpflanzung bewusst für Weisse als Organspender und Organempfänger entschieden.* (Neue Zürcher Zeitung 1. 12. 2017)

organisch//anorganisch
organische Chemie

organisch//unorganisch
etwas ist organisch aufgebaut ○ *Die föderale Arbeitsgemeinschaft der neun Anstalten ist wie das föderale Deutschland der 16 Bundesländer: Beide sind gewachsen, organisch wie unorganisch, zum Wohl und zum Wehe der Bürger wie der Beitragszahler.* (Der Tagesspiegel 26. 11. 2016)

organisch//funktionell
Es geht um regelmäßiges Ausdauertraining, das in der Lage ist, organische Wachstumsprozesse auszulösen, sodass die funktionelle Kapazität von Organen, Organsystemen und Stoffwechselprozessen erhalten oder verbessert wird. (NEWS 4. 5. 2006)

organische Krankheiten//funktionelle Krankheiten
Das Blutbild hat keine Hinweise auf organische Krankheiten oder Unverträglichkeiten von Nahrungsmitteln ergeben. (Rhein-Zeitung 19. 9. 2017)

Organspender[in]//Organempfänger[in]
(jemand, von dem ein gesundes Organ bei einem Kranken operativ eingesetzt wird) ○ *Denn jeder kann jederzeit zum potenziellen Organspender oder Organempfänger werden.* (Rhein-Zeitung 3. 1. 2017)

Orient//Okzident (veraltet); ↑auch: Abendland
(veraltet) ○ *Der junge Scheich sieht Katar als Brücke zwischen Orient und Okzident.* (FOCUS 8. 7. 2017)

orientalisch//okzidental (veraltet)
(östlich, zum Orient gehörend; veraltet) ○ *Dort ging s mit der Dorffasnet ori-*

entalisch und okzidental weiter. (Schwäbische Zeitung 6. 2. 2016)

Original//Duplikat, Durchschlag, [Foto]kopie
das Original der Urkunde ○ *Es ist kein Original, sondern „nur" die Kopie eines Kochbuchs aus einer Neuhüttener Wirtschaft.* (Haller Tagblatt 14. 12. 2018)

Original//Fälschung; ↑auch: Kopie
dieses Bild ist das Original ○ *Ich sehe ein Stück und weiß sofort, aus welcher Zeit es kommt, viele andere dagegen können noch nicht einmal ein Original von einer Fälschung unterscheiden.* (Berliner Morgenpost 5. 9. 2017)

Original//Imitation
das ist das Original (Schmuck) ○ *Ein Original von einer Imitation zu unterscheiden, wird immer schwieriger.* (Neue Zürcher Zeitung 7. 6. 2006)

Originaltext//Übersetzung
Dankbar wurde es auch honoriert, dass alle Canticles über einen Beamer im englischen Originaltext und in deutscher Übersetzung mitverfolgt werden konnten. (Rhein-Zeitung 29. 12. 2017)

Ort; ↑am Ort

ortho...//hetero... (vor fremdsprachlicher Basis; Adjektiv)
(mit der Bedeutung: richtig, recht) z. B. *orthodox/heterodox*

Ortho...//Hetero... (vor fremdsprachlicher Basis; Substantiv)
(mit der Bedeutung: richtig, recht) z. B. *Orthodoxie/Heterodoxie*

orthodox//heterodox
(rechtgläubig ○ am Herkömmlichen festhaltend) ○ *Als älterer ... hat er in seinem Geburtsland Revolutionen kommen und gehen sehen, orthodoxe und heterodoxe Wirtschaftsexperimente am eigenen Leib und Geldbeutel erfahren müssen ...* (Neue Zürcher Zeitung 13. 6. 2016)

orthodox//unorthodox
eine sehr orthodoxe (streng der Lehrmeinung folgende) *Entscheidung* ○ *Der in Harvard lehrende Dani Rodrik erkennt die «orthodoxe» ökonomische Lehre zwar an, plädiert im Einzelfall aber für «unorthodoxe» Lösungen, um die wirtschaftliche Entwicklung zu fördern.* (Neue Zürcher Zeitung 25. 4. 2008)

Orthodoxie//Heterodoxie
(Religion ○ Festhalten an herkümmlicher Meinung) ○ *Sichtbar wird hier ein intellektuelles Feld ... innerhalb dessen aber die Akteure ganz disparate Strategien verfolgen, eingespannt zwischen Orthodoxie und Heterodoxie.* (Frankfurter Rundschau 25. 1. 2002)

Orthodoxie//Katholizismus
(Religion) ○ *Das Land ist gespalten zwischen Orthodoxie und Katholizismus, lateinischer und kyrillischer Schrift.* (Süddeutsche Zeitung 12. 7. 2014)

Orthogestein//Paragestein
(Geologie)

orthonym//pseudonym
(unter dem richtigen Namen [veröffentlicht])

Orthowasserstoff//Parawasserstoff
(Chemie)

ortsbeweglich//ortsfest
ortsbewegliche Maschinen ○ *Lokomobilen konnten ortsbeweglich und ortsfest montiert werden.* (Schwäbische Zeitung 17. 6. 2017)

ortsfest//ortsbeweglich
ortsfeste Maschinen

ortsgebunden//ortsungebunden
er ist ortsgebunden und nicht bereit zu Reisen ○ *Katzen sind dagegen meist sehr ortsgebunden.* (NEWS 14. 6. 2012)

Ortsgespräch//Ferngespräch
(Telefon)

Ortsleihe//Fernleihe
(Bibliothekswesen)

ortsungebunden//ortsgebunden
er ist ortsungebunden und bereit zu reisen ○ *Teilweise würden sie sogar besser honoriert, weil sie zeitlich flexibel und ortsungebunden sind.* (Berliner Morgenpost 20. 5. 2007)

Ortsverbindung//Fernverbindung
(Telefon)

...ose//...itis (mit fremdsprachlicher Basis; Substantiv)
(bezeichnet einen krankhaften Zustand) z. B. *Arthrose/Arthritis*

Öse//Haken
der Haken wird in die Öse eingehängt ○ *Schön wäre es, wenn die Empfänger die Botschaften auf ihr Leben beziehen könnten. Sozusagen für die eigene Öse einen Haken finden würden.* (Rhein-Zeitung 12. 12. 2001)

Osiris; ↑Isis

Ossi//Wessi; ↑auch: Westler
(Ostler ○ in Bezug auf die ehemalige DDR ○ umgangssprachlich) ○ *„Ossi" und „Wessi" seien z. B. Inbegriffe für die Schwierigkeiten des Vereinigungsprozesses, erläutert die Forscherin.* (Schweriner Volkszeitung 15. 5. 2014)

Ost//West
der Wind kommt aus Ost ○ *Auch nach dieser Revolution seien alle wichtigen Konfliktlinien nicht zwischen Ost und West verlaufen* (Der Spiegel 13. 4. 2018) ○ *So droht sich die Spaltung zwischen Ost und West weiter zu vertiefen ...* (Der Spiegel 31. 3. 2018) ○ *Unser Lehrer trimmte uns zur Sorgfalt im Umgang mit Quellen und Fakten, vor allem bei den historischen Konflikten: ob Katholiken/Protestanten, Ost/West, Israel/Palästina.* (Der Spiegel 31. 3. 2018) ○ *... als ginge ein Riss durch dieses Land. Es hat viele Risse auszuhalten, zwischen Ost und West, zwischen Arm und Reich ...* (Der Spiegel 17. 3. 2018)

Ost...//West... (Substantiv)
z. B. *Ostkontakte/Westkontakte*

Ostdeutschland//Westdeutschland; ↑auch: alte Bundesländer, BRD
Bei der Einschulung waren 2014 fast 97 Prozent der Kinder in Ostdeutschland und 95 Prozent in Westdeutschland gegen Keuchhusten geschützt. (Gießener Anzeiger 9. 2. 2017)

Osten//Westen
der Wind kommt aus Osten ○ *die Bevölkerung im Osten* (als politischer Begriff) ○ *Im Osten was Neues* (Titel mehrerer Artikel und Sendungen statt: „Im Westen nichts Neues", Roman von Erich Maria Remarque, 1929)

Osten; ↑der Ferne Osten, der Nahe Osten

Ostkontakte//Westkontakte
Der Laden läuft bestens, nicht zuletzt dank bester Ostkontakte. (Thüringische Landeszeitung 31. 3. 2005)

Ostler//Westler; ↑auch: Wessi
Statt mit Stolz auf das Vollbrachte – die erste gelungene und zudem unblutige deutsche Revolution! – denen im Westen auf Augenhöhe entgegenzutreten, akzeptierten zu viele Ostler, dass die Westler ihren Sieg frech für sich reklamierten. (Hamburger Abendblatt 29. 9. 2008)

östlich//westlich (Adjektiv)
östliche Winde ○ (übertragen:) *östliche Denkweise, Mentalität* (politisch) ○ *Bis dahin sollen auch das östliche und westliche Mittelgebirge besser angebunden sein.* (Tiroler Tageszeitung 24. 3. 2009)

östlich//westlich (Präposition, Adverb)
östlich des Flusses ○ *östlich vom Fluss* ○ *So nennen sich die Strandabschnitte östlich und westlich von Fortaleza* (Der Standard 23. 5. 2014) ○ *Die östlich und westlich Tegels wohnenden Berliner würden vermutlich zu Massendemonstrationen aufrufen.* (Der Tagesspiegel 24. 7. 2025)

Östrogen//Androgen, Testosteron
Östrogen ist ein weibliches Hormon ○ *Sinken Östrogen und Androgen, wird zunehmend Kalzium aus dem Knochen freigesetzt.* (Niederösterreichische Nachrichten 3. 7. 2014) ○ *Das weibliche Sexualhormon Östrogen stärkt das Immunsystem, das männliche Testosteron schwächt es* (Die Presse 10. 1. 2018)

Othello//Desdemona
(Shakespearescher dunkelhäutiger Held seiner Tragödie „Othello, der Mohr von Venedig", 1603/04, der aus unbegründeter Eifersucht seine Ehefrau Desdemona tötet)

Outborder//Inborder
(Außenbordmotorboot)

outdoor//indoor
(im Freien)

Outgroup//Ingroup; ↑auch: Eigengruppe
(Fremdgruppe ○ Soziologie) ○ *Der Wunsch nach Zugehörigkeit um jeden Preis kann zu einer Quelle zwischenmenschlicher Aggression und Gewalt werden, weil Kriterien, die Zugehörigkeit begründen, meistens zugleich auch den Ausschluss bestimmter anderer, also die Bildung einer Outgroup mit sich bringen. Die Ausgrenzung anderer kann sogar das ausschließliche Kriterium für die Zugehörigkeit zu einer Ingroup bilden.* (taz 21. 11. 2015)

Output//Input; ↑auch: Eingabe
(Ausgabe von Daten usw. ○ Wirtschaft)

out sein//in sein; ↑auch: modern
diese Mode, Musik ist jetzt out ○ *Fleisch ist zur Zeit out* ○ *„Ballermann ist out, deutsches Mittelgebirge ist in"* (Mannheimer Morgen 20. 6. 2012)

Outsider//Insider
(jemand, der nicht dazugehört, nicht Bescheid weiß über etwas) ○ *Der Mann mit dem Motorrad war der Outsider, sie die Insider.* (NEWS 15. 12. 2017)

Overachievement//Underachievement
(wider Erwarten gutes Ergebnis bei einer Leistung)

Overachiever//Underachiever
(jemand, der besser als erwartet abschneidet) ○ *Die große Bewegung sei noch nicht sichtbar, aber die Outperformer, die Overachiever, die Leistungsträger schauen sich jetzt Zug um Zug nach Neuem um* (Der Standard 4. 12. 2010)

Overstatement//Understatement; ↑auch: Untertreibung
(Übertreibung) ○ *Hier zeigt sich der deutsche top down-Humor in der noch immer vorherrschenden Ironie des Overstatement, für die Thomas Mann das prominenteste Beispiel ist. Engländer bevorzugen das Understatement, das ihrem bottom up-Humor entspricht.* (Der Tagesspiegel 26. 8. 2006)

ovipar//vivipar; ↑auch: lebendgebärend
(eierlegend)

Oviparie//Viviparie
(bei Tieren: Fortpflanzung durch Eiablage)

Ov[ul]um//Spermium; ↑auch: männliche Samenzelle
(Eizelle)

Oxydation//Desoxydation
(Chemie)

oxydieren//desoxydieren
(Chemie)

ozeanisch//litoral
ozeanische Meeresfische (z. B.: Thunfisch, Schwertfisch)

ozeanisch//neritisch
(zum Meer, zu den Ozeanen gehörend)

P

Paar; ↑ein Paar

Paare//Singles
Reisen für Paare ○ Allerdings stelle diese für die Umsetzung eines Projektes, bei dem Jung, Alt, Paare und Singles im selben Haus wohnen, einige Bedingungen. (St. Galler Tagblatt 21. 3. 2018)

Paarerzeugung//Paarvernichtung
(Physik)

paariges Komma//einfaches Komma
ein paariges Komma (z. B. in: Tizian, der große Maler, malte Karl V.)

Paarlauf//Einzellauf
(Eislauf)

Paarvernichtung//Paarerzeugung
(Physik)

Pacht; ↑in Pacht geben, in Pacht nehmen

pachten//verpachten; ↑auch: in Pacht geben; ↑auch: verkaufen, vermieten
einen Garten, ein Grundstück, ein Lokal pachten ○ er hat das Land (von ihm) gepachtet ○ Laut Stadtbürgermeister Armin Wenzel könnte die Stadt selbst die Burg pachten und an Gastronomen und andere Interessierte nach Bedarf weiter verpachten (Rhein-Zeitung 21. 2. 3013)

packen//auspacken
den Koffer, den Rucksack, ein Paket packen ○ Kisten packen, in die nur wenige Straßenzüge entfernten Räumlichkeiten transportieren und auspacken. (Wiesbadener Tagblatt 12. 9. 2008)

pädagogisch//unpädagogisch
er ist sehr pädagogisch (erzieherisch richtig, klug) vorgegangen ○ Man habe den Entstehungsprozess entsprechend pädagogisch begleitet. (Mannheimer Morgen 27. 1. 2012)

Pädicator; ↑Pedikator

Pädikator; ↑Pedikator

pair//impair
(gerade im Zahlenbereich ○ Roulettspiel)

Pakt; ↑Warschauer Pakt

paktierte Verfassung//oktroyierte Verfassung
(durch Vertrag entstandene Verfassung)

Palast//Hütte
Aber damals stand der protzige Palast neben der schäbigsten Hütte, der Überfluss neben dem Hunger. (Die Presse 30. 8. 2015)

Palästinenser//Israeli
(Bewohner des Westjordanlandes und von Gaza)

palataler Vokal//velarer Vokal
(heller, am Vordergaumen gesprochener Vokal, z. B.: e, i ○ Phonetik)

palingenes Magma//juveniles Magma
(Geologie)

Pandemie//Epidemie; ↑auch: Endemie
(ganze Länder umfassende, global auftretende Epidemie großen Ausmaßes)

Panmixie//Amixie
(Biologie)

Pantoffel; ↑unter dem Pantoffel stehen

Paolo//Francesca
(Liebespaar in Dantes „Göttlicher Komödie": Francesca di Rimini und Paolo Malatesta)

Papa//Mama; ↑auch: Mum, Mutter, Mutti
In der Regel setzen die Kinder sich zu spät mit der Frage auseinander, was aus

Papa, was aus Mama wird, wenn sie nicht mehr können. (Der Spiegel 27. 1. 2018)

Papalismus//Episkopalismus
(katholische Theologie)

Papalsystem//Episkopalsystem
(katholische Kirche)

Paperback//Hardcover
(kartoniertes, nicht fest gebundenes Buch, meist Taschenbuch) o *Ob das fertige Buch als Paperback oder Hardcover erscheinen soll, kann der Autor selbst festlegen.* (Der Spiegel 8. 9. 2006)

Papi//Mami; ↑auch: Mama, Mum, Mutter, Mutti
„Ich hatte damals eine Sehnsucht nach dem normalen Familiending mit Papi und Mami." (Tagesanzeiger 24. 2. 2018)

Papiergeld//Hartgeld; ↑auch: Münze
Die Täter forderten die Frau auf, die Kasse zu öffnen, woraufhin einer der Männer daraus das Papiergeld und zwei Rollen Hartgeld entnahm. (Rhein-Zeitung 5. 8. 2008)

Papierserviette//Stoffserviette
Mein Mann und ich sind uns nicht einig, ob eine Papierserviette auch wie eine Stoffserviette während des Essens auf den Schoss gehört oder auf dem Tisch liegen bleiben darf. (Neue Zürcher Zeitung am Sonntag 17. 4. 2011)

Papist//Antipapist
(jemand, der dem Papsttum anhängt)

Papst//Gegenpapst
Hätte es unterschiedliche Wahlsieger gegeben, wären das immer noch nicht Verhältnisse wie zu Zeiten des Grossen Schismas gewesen, als es einen Papst in Rom und einen Gegenpapst in Avignon gab zudem die Gegenpäpste Alexander V. und Johannes XXIII. (Neue Zürcher Zeitung 13. 1. 2014)

Paradies//Hölle
Neapel wurde als Paradies des Schwarzmarktes und als Hölle auf Erden geschildert (Der Spiegel 21. 4. 2018)

Paradigmatik//Syntagmatik
(Sprachwissenschaft)

paradigmatisch//syntagmatisch
(die Stellen eines Satzes betreffend, die in Bezug auf dieselbe Wortklasse auf vertikaler Ebene austauschbar sind, z. B.: er ist hübsch/jung/zärtlich o Sprachwissenschaft) o paradigmatische Assoziationen sind Synonyme (z. B. *zu klein: winzig, unscheinbar*)

Paragestein//Orthogestein
(aus Sedimenten entstandenes metamorphes Gestein o Geologie)

parakarp//synkarp
(Botanik)

Paraklase//Diaklase
(Geologie)

Parakme//Epakme
(das Ende der Entwicklung einer Stammesgeschichte)

Parallelismus//Chiasmus
(syntaktisch gleichmäßige Stellung, z. B.: der Anfang war schön o das Ende war schlecht)

Parallelschaltung//Reihenschaltung, Serienschaltung
(Elektrotechnik)

Paraparese//Hemiparese
(beidseitige Lähmung)

Parasit; ↑autözische Parasiten, heterözische Parasiten

Parasympathikus//Sympathikus
(Medizin)

parataktisch//hypotaktisch; ↑auch: unterordnend; ↑auch: Subordination
(nebenordnend o in Bezug auf Wörter oder Sätze o Grammatik)

Parataxe//Hypotaxe; ↑auch: Subordination, Unterordnung
(syntaktische Nebenordnung, z. B.: *Sie sagte: „Ich bin verliebt"*)

Parawasserstoff//Orthowasserstoff
(Chemie)

Parentelsystem//Gradualsystem
(Erbrecht)

Paris//Helena
(Gestalt der griechischen Mythologie; löst durch die Entführung der Helena den Trojanischen Krieg aus)

Parität//Disparität
(Gleichheit ○ Wirtschaft)

Parität//Imparität
(Gleichheit ○ bildungssprachlich) ○
China würde beim Kauf neuer Flugzeuge auf die Parität zwischen Airbus und dem bisherigen Platzhirsch Boeing achten. (Der Standard 11. 1. 2018)

parlamentarisch//außerparlamentarisch
parlamentarische Opposition ○ *parlamentarische Aktivitäten* ○ *Damit müssen wir uns auseinandersetzen: parlamentarisch und außerparlamentarisch.* (Wiesbadener Tagblatt 3. 3. 2018)

parlamentarische Demokratie//Referendumsdemokratie, Präsidialdemokratie
(auf Parteien basierende Demokratie) ○
Wäre Brasilien eine parlamentarische Demokratie statt einer Präsidialdemokratie, so wäre die Präsidentin längst am Vertrauensvotum des Parlaments gescheitert. (Neue Zürcher Zeitung 30. 3. 2016)

Parodie//Travestie
(verspottende, übertreibende Nachahmung ernster Dichtung unter Beibehaltung der äußeren Form, doch mit anderem Inhalt)

Parodos//Exodos
(im altgriechischen Drama Einzugslied des Chors)

Parole//Langue; ↑auch: Kompetenz
(die Sprache im Gebrauch, die Rede ○ nach de Saussure)

Parteibetrieb//Amtsbetrieb
(Rechtswesen)

parteiisch//unparteiisch
er ist parteiisch (nicht neutral im Urteil) ○ *„Bei diesem Konflikt war den einen die Kirche zu parteiisch, den anderen war sie zu unparteiisch."* (Nürnberger Nachrichten 24. 1. 1992)

parteilich//überparteilich
parteiliche Gesichtspunkte ○ *Wobei er es als unangenehm empfinde, wie dabei parteilich, statt überparteilich diskutiert werde.* (Nordkurier 6. 4. 2016)

Parterreakrobat//Luftakrobat

Parterreakrobatik//Luftakrobatik
(akrobatische Übungen, Vorführungen auf dem Boden)

partiell//total; ↑auch: ganz
partiell von etwas befallen ○ *eine partielle Vernichtung* ○ *eine partielle Übereinstimmung* ○ *Das rationale Denken wurde auf beiden Seiten partiell bis total blockiert* (Die Presse 21. 7. 2007)

partikulares Recht//gemeines Recht

Partizip I//Partizip II; ↑auch: Partizip Perfekt
„liebend" ist ein Partizip I

Partizip II//Partizip I; ↑auch: Partizip Präsens
„geliebt" ist ein Partizip II

Partizip Perfekt//Partizip Präsens; ↑auch: Partizip I
„geliebt" ist ein Partizip Perfekt

Partizip Präsens//Partizip Perfekt; ↑auch: Partizip II
„liebend" ist ein Partizip Präsens

passe//manque
(beim Roulett: von 19 bis 36 ○ in Bezug auf eine Gewinnmöglichkeit)

passen//zu groß, klein sein
die Schuhe passen ∘ Vielleicht nächstes Jahr, dann passen ihm auch seine Lederhosen, die ihm jetzt noch zu groß sind. (Berliner Morgenpost 21. 9. 2010) ∘ „Die passen ja nicht mehr, sind viel zu klein, ich bin doch schon groß" (Mannheimer Morgen 13. 9. 2013)

passend//unpassend
eine passende (angebrachte) Bemerkung ∘ Mit so einer Stimme kann sie zwei Stunden lang jeden Brecht-Song als Talking Blues interpretieren, ob passend oder unpassend. (Berliner Morgenpost 11. 1. 2017)

passierbar//unpassierbar
der Tunnel ist passierbar ∘ In der Ortsmitte von Wellendingen war die Straße nach Überflutungen nicht passierbar. Mehrere Erdrutsche machten die L170 zwischen Bonndorf und Göschweiler unpassierbar. (Südkurier 16. 6. 2015)

Passio//Actio
(das Erdulden ∘ Philosophie)

passiv//aktiv; ↑auch: produktiv, Sadismus
passiven Widerstand leisten (z. B. durch Nichtbefolgen von Befehlen) ∘ Bilder und Szenen passiv träumen oder aktiv phantasieren ∘ den passiven (duldenden, empfangenden) Part in einer Beziehung übernehmen ∘ Die Kinder wollen die Lieder nicht nur passiv konsumieren, sondern auch aktiv mitsingen (Oberösterreichische Nachrichten 15. 3. 2012)

Passiv//Aktiv; ↑auch: Tatform
„ich werde geliebt" ist Passiv (Grammatik)

Passiva//Aktiva
(die Schulden eines Unternehmens ∘ Bankwesen)

Passivbürger[in]//Aktivbürger[in]
(beim Zensuswahlrecht – von 1791 bis 1848 –, bei dem das Wahlrecht von der Steuerleistung abhing) ∘ ein Passivbürger ist ein volljähriger Bürger oder eine volljährige Bürgerin, der bzw. die nicht über das Wahlrecht verfügt

passive Bestechung//aktive Bestechung
es ist eine passive Bestechung, wenn sich jemand bestechen lässt, auf eine Bestechung eingeht, z. B. Geschenke annimmt, Vergünstigungen für eine Handlung erhält, die in des Nehmenden Bereich fällt ∘ Es müssten Anreize gesetzt werden, damit Unternehmen sich nicht nur gegen passive Bestechung schützen, sondern auch konsequent gegen aktive Bestechung vorgehen. (Neue Zürcher Zeitung 31. 8. 2007)

passive Handelsbilanz//aktive Handelsbilanz
(Handelsbilanz, bei der die Ausfuhren hinter den Einfuhren zurückbleiben)

passiver Widerstand//aktiver Widerstand
Es wird passiver Widerstand geleistet, ganz selten auch aktiver. (Der Spiegel 18. 11. 1974)

passiver Wortschatz//aktiver Wortschatz
(alle Wörter, die jemand kennt, aber nicht selbst gebraucht)

passives Wahlrecht//aktives Wahlrecht
(das Recht, bei einer politischen Wahl gewählt zu werden)

Passivgeschäft//Aktivgeschäft
(Bankwesen)

Passivhandel//Aktivhandel
(Außenhandel von Kaufleuten anderer Länder)

passivieren//aktivieren
die Kosten passivieren (in der Bilanz ausweisen ∘ Kaufmannssprache)

Passivierung//Aktivierung
(Wirtschaft)

passivisch//aktivisch
(auf das Passiv bezüglich ∘ Grammatik)

Passivismus//Aktivismus
(Untätigkeit) ○ *Der Nachteil des Passivismus: Man kommt zu nichts, es wird nichts akkumuliert. Der Nachteil des Aktivismus: Man kommt nicht mehr zur Besinnung, macht sich keine Gedanken mehr über die Zusammenhänge.* (Handelszeitung 4. 9. 2002)

Passivität//Aktivität
politische Passivität ○ *„Wir wollen von einer Passivität hin zu einer Aktivität des Patienten"* (Wiener Zeitung 15. 9. 2016)

Passivkonten//Aktivkonten
(in der Bilanz die Konten der Passivseite ○ Wirtschaft)

Passivlegitimation//Aktivlegitimation
(Rechtswesen)

Passivposten//Aktivposten
(Wirtschaft)

Passivprozess//Aktivprozess
(Prozess, in dem jemand als Beklagter auftritt)

Passivrauchen//Aktivrauchen
(das Einatmen von Tabakrauch, den andere verursachen) ○ *In dieser Dekade seien allein an Erkrankungen infolge verschmutzter Luft weltweit 8,2 Millionen Menschen gestorben. Dazu zählt die WHO auch das Passivrauchen.* (Stuttgarter Zeitung 16. 3. 2016) ○ *Beim Passivrauchen im abgeschlossenen Raum nimmt ein Nichtraucher soviele Gift auf, als würde er 5 Zigaretten pro Stunde rauchen.* (Süddeutsche Zeitung 25. 10. 2007)

Passivraucher//Aktivraucher
(jemand, der selbst nicht raucht, aber den Rauch, den andere verursachen, einatmen muss) ○ *Nichtraucher sollen toleranter sein: Damit wird verlangt, dass die Geschädigten (Mehrheit: Passivraucher) ihren Schädigern (Minderheit: Aktivraucher) weiterhin erlauben, sie zu schädigen.* (St. Galler Tagblatt 20. 11. 2007)

Passivsaldo//Aktivsaldo; ↑auch: **Sollsaldo**
(Habensaldo ○ der Unterschiedsbetrag zwischen Soll und Haben, der auf der rechten Seite eines Kontos erscheint ○ Bankwesen)

Passivseite//Aktivseite; ↑auch: **Sollsaldo**
(rechte Seite der Bilanz, auf der Rücklagen usw. aufgeführt sind ○ Wirtschaft)

Passivum//Aktivum
(Wirtschaft ○ schweizerisch; Passiv ○ Grammatik)

Passivzinsen//Aktivzinsen
(Zinsen, die jemand zu zahlen hat ○ Bankwesen)

Pat//Patachon
(Dänisches Komikerpaar der Stummfilmzeit)

Patachon; ↑Pat

Pate//Patin; ↑auch: **Patentante**
er ist sein Pate (war Zeuge bei seiner Taufe) ○ *„Wichtig ist, dass der Pate oder die Patin da ist, wenn er oder sie gebraucht wird"* (Niederösterreichische Nachrichten 8. 4. 2016)

Patenonkel//Patentante; ↑auch: **Patin**
Günter ist ihr Patenonkel ○ *Pabst erzählt sichtlich bewegt von seinem ersten Besuch nach mehr als einem halben Jahrhundert bei Patenonkel und Patentante in Thüringen, die beide schon 80 und 81 Jahre alt sind.* (Braunschweiger Zeitung 23. 6. 2006)

Patensohn//Patentochter
Tilo ist ihr Patensohn ○ *Dabei erlebte Peter Paul auch nach vier Jahren ein Wiedersehen mit seinem Patensohn, ebenso traf er die Patentochter seiner Schwester.* (Main-Post 29. 9. 2006)

Patentante//Patenonkel; ↑auch: **Pate**
Gisela ist ihre Patentante

Patentochter//Patensohn
Heidrun ist seine Patentochter

pathetisch//unpathetisch
pathetische (übertrieben gefühlvoll wirkende) *Worte* ○ *Tatsächlich ist man ... an den kühlen knochentrockenen Referaten eines Militärexperten ... mehr interessiert als den Worten von Schriftstellern und Denkern, die, wie Walter Jens, die Ablehnung des Krieges pathetisch beschwören, oder, wie F. C. Delius, wohltuend unpathetisch dafür und dagegen argumentiert* (Frankfurter Rundschau 15. 11. 2001)

Pathikus//Pedikator (veraltet)
(veraltet) ○ *der Pathikus ist der passive homosexuelle Sexualpartner* (Antike)

pathogen//apathogen
(Krankheiten bewirkend)

Pathogenese//Salutogenese
(Gesamtheit der an Krankheiten beteiligten Faktoren)

Patiens//Agens
„sie/ihn" ist Patiens (der passive, betroffene Teil) in „er liebt sie/ihn" (Grammatik)

Patient//Arzt, Ärztin
Es kostet viel Zeit und Empathie, ein gutes Vertrauensverhältnis zwischen Arzt und Patient aufzubauen. (Der Spiegel 6. 4. 2019) ○ *Das System ist nicht darauf angelegt, dass Patient und Arzt sich „auf Augenhöhe" begegnen* (Südkurier 25. 11. 2013) ○ *Patient geht auf Ärztin los* (Westdeutsche Zeitung 6. 3. 2018)

Patient; ↑Kassenpatient, Privatpatient

Patin//Pate; ↑auch: Patenonkel
sie ist meine Patin (war Zeugin bei meiner Taufe) ○ *Die im alten Biomin-Bürogebäude untergebrachten Burschen sehnen sich nach einer Vertrauensperson, die nur für sie da ist: nach einer Patin oder einem Paten.* (Niederösterreichische Nachrichten 17. 6. 2016)

patriarchal[isch]//matriarchal[isch]
(die Männerherrschaft betreffend)

Patriarchat//Matriarchat; ↑auch: Mutterherrschaft
(Gesellschaft, in der der Mann die bevorzugte Stellung innehat) ○ *Johann Jakob Bachofen, ein Schweizer Altertumsforscher, erklärte 1861 als einer der Ersten, dass vor dem Patriarchat ein Matriarchat existierte.* (Der Tagesspiegel 7. 11. 2016)

patrilineal//matrilineal
(in der Erbfolge der Vaterlinie folgend)

patrilokal//matrilokal
(am Wohnsitz der Familie des Mannes befindlich)

Patrize//Matrize
(Teil in erhabener Form ○ Druckwesen)

Patrizier//die Plebs
(Mitglied des altrömischen Adels) ○ *Wie schon im alten Rom, wo sich unter den Sonnenschutzsegeln des Colosseums Patrizier und Plebs einträchtig versammelten, um gemeinsam den Gladiatoren zuzujubeln.* (Der Tagesspiegel 10. 9. 2008)

patroklin//matroklin
(mehr dem Vater ähnelnd)

Patronenfüllhalter//Kolbenfüllhalter

Patronymikon//Matronymikon, Metronymikon
(Name, der von dem Namen des Vaters abgeleitet ist, z. B. *Johannesson = Sohn des Johannes*)

patronymisch//matronymisch
(vom Namen des Vaters abgeleitet)

Paulus//Saulus
aus einem Saulus ein Paulus werden ○ *vom Saulus zum Paulus werden* (wenn aus dem Gegner einer Sache deren Befürworter wird) ○ *Im Sommer haben schwedische Wissenschaftler errechnet, dass allein die Fertigung der Batterien den gefeierten Paulus in einen schlimmen Saulus verwandelt.* (Hamburger Abendblatt 18. 11. 2017)

pauperieren//luxurieren
(im Vergleich zu der Elterngeneration – bei Pflanzenbastarden – kümmerlicher werden)

pauschal//detailliert
den Vorgang sehr pauschal (nur ganz allgemein, undifferenziert) beschreiben ○ Paraphrasierte Gedanken müssen nicht nur pauschal, sondern detailliert und textgenau durch den Hinweis auf ihre Quelle belegt werden. (Schwäbische Zeitung 28. 1. 2013)

Pauschalhonorar//Absatzhonorar
(Buchwesen) ○ Dafür verlange z. B. ein Anbieter ein Pauschalhonorar von 1300 Euro, bei einer Gegenleistung von nur drei Beratungsstunden. (Saale-Zeitung 21. 7. 2017)

Pauschaltourismus//Individualtourismus
Der Gegensatz von Pauschaltourismus und Individualtourismus ist überholt, ebenso die Sprachakrobatik von Reiseveranstaltern, die mittlerweile von individualistischer Pauschalreise sprechen. (Thüringer Allgemeine 17. 2. 2001)

Pause machen//durcharbeiten
er hat Pause gemacht ○ sie hat heute gar keine Pause gemacht und hat durchgearbeitet ○ „Die anderen Dolmetscher können nach 25 Minuten ihre Pause machen, ich muss durcharbeiten, weil es niemanden gibt, der mich ablöst." (Mannheimer Morgen 31. 12. 2016)

Pazifist//Bellizist
(jemand, der für Frieden eintritt und Krieg ablehnt) ○ Der Pazifist kann sich genauso schuldig machen wie der Bellizist. (Der Spiegel 7. 5. 2012)

p. Chr.[n.]//a. Chr.[n.]; ↑auch: vor Christus
(post Christum [natum] = nach Christi [Geburt]) ○ im Jahre 12 p. Chr.

Pech//Glück
sie hatte Pech, das Vorhaben ist ihr nicht geglückt ○ er hatte Pech und verlor im Spiel ○ er hat Pech gehabt und wurde beim Diebstahl erwischt ○ Pech im Spiel – Glück in der Liebe (Redensart) ○ Pech mit Glücksspiel auf Schiffen (Die Welt 30. 12. 2000) ○ Gambhirs Geschichte ist die eines Abenteurers, der unfassbares Pech und unfassbares Glück gehabt hat. (Der Spiegel 9. 6. 2018)

Pechmarie//Goldmarie
(nach dem Märchen „Frau Holle": das faule Mädchen)

Pechsträhne//Glückssträhne
er hatte gerade seine Pechsträhne: Nichts gelang ihm ○ Zum Ausgang des Stückes sei nur so viel verraten: Die Firma ist gerettet und die Pechsträhne der Tochter ... entwickelt sich zur Glückssträhne. (Südkurier 21. 4. 2007)

Pechvogel//Glückspilz; ↑auch: Winnertyp
er ist ein Pechvogel ○ Sind Sie eher ein Pechvogel oder halten Sie sich für den geborenen Glückspilz? (Salzburger Nachrichten 14. 3. 2009)

Pedal//Manual
(mit dem Fuß zu bedienender Teil an der Orgel) ○ Fast ein halbes Jahrhundert verbrachte er Sonntagvormittag für Sonntagvormittag zwischen Pedal und Manual. Zur Ehre Gottes zog er stets alle Register seines Könnens. (Rhein-Zeitung 23. 11. 2007)

pedaliter//manualiter
Im Allegro der Fuge alternierte die Virtuosität der Solistin auf interessante Weise zwischen manualiter und pedaliter gespielten Passagen. (Thüringische Landeszeitung 12. 10. 2006)

pedantisch//unpedantisch
er hat das sehr pedantisch behandelt ○ In Österreich werden jene belohnt, die penibel bis pedantisch auf Regeln schauen, die möglichst nicht auffallen und nach der Devise „Mir soll nichts passieren" agieren. (Salzburger Nachrichten 20. 7. 2016)

Pedikator//Pathikus
(veraltet) o *der Pedikator ist der aktive homosexuelle Sexualpartner* (Antike)

Pediküre//Maniküre
(Fußpflege)

Peer//Peeress
(Angehöriger des hohen englischen Adels)

Peeress//Peer
(Gemahlin eines Peers, eines Angehörigen des hohen englischen Adels)

Peitsche; ↑**Zuckerbrot und Peitsche**

Pejoration//Melioration; ↑**auch: Verbesserung**
(Verschlechterung eines Wortes, z. B. „gemein", das ursprünglich „gemeinsam" bedeutete o „blöd", das früher „gebrechlich, schwach, zart" bedeutete) o *Allein, hat nicht auch die Bildung einen Bedeutungswandel hin zum Schlechteren erfahren? Unterliegt nicht auch dieses Wort der Pejoration?* (Die Presse 5. 5. 2007)

pejorativ//meliorativ; ↑**auch: aufwertend**
pejorativer (verschlechternder) Bedeutungswandel (Sprachwissenschaft) o *„Gutmensch wird zunehmend pejorativ gebraucht", sinniere ich.* (Hannoversche Allgemeine 18. 9. 2008)

Pejorativ[um]//Meliorativ[um]
(Wort, das eine [inhaltliche] Abwertung erfahren hat, z. B. „Schwanz" für Penis – anfangs verhüllend, heute derb o auch durch die Wortbildung: *Liebchen* für Freundin, *frömmeln* = sich fromm gerieren, anderen bewusst zeigen, dass man fromm ist)

Penis//Vagina; ↑**auch: Scheide, Yoni**
Penis – äußeres männliches Geschlechtsorgan – und Vagina – inneres weibliches Geschlechtsorgan – sind die komplementären Kopulationsorgane o *Zu diesem männlich geprägten Verständnis von Sex gehört auch, dass viele unter Sex ausschließlich das Eindringen vom Penis in die Vagina verstehen.* (Mitteldeutsche Zeitung 26. 11. 2016)

Penis//Vulva
der Penis ist das männliche äußere Geschlechtsorgan, und die Vulva (Scham, Pudendum femininum) ist das weibliche äußere Geschlechtsorgan mit Schamhügel, Schamlippen, Klitoris, Scheidenvorhof o *Die wesentlichen Dinge sind nicht in Penis oder Vulva* (Der Standard 28. 7. 2010)

Pension//Rente
(Bezüge der Beamten in Ruhestand) o *Denn eine Pension wird, anders als eine Rente, meist nach dem letzten, höchsten Aktivgehalt berechnet – nicht aus dem Durchschnitt des Arbeitslebens.* (Nürnberger Nachrichten 30. 9. 2010)

Peppone//Don Camillo
Dass die Rollen zwischen Don Camillo und Peppone heute nicht mehr so einfach verteilt sind wie einst, liess sich ja vermuten. (St. Galler Tagblatt 2. 8. 2019) o (nach den Romanen von Giovanni Guareschi und den Filmen mit Fernandel und Gino Cervi)

Peptisation//Koagulation
(Chemie)

peptisieren//koagulieren
(Chemie)

per anum//per os
(durch den After o in Bezug auf die Anwendung eines Medikamentes, z. B. bei Zäpfchen)

pereant//vivant; ↑**auch: Daumen hoch, für, hosianna**
(nieder! o gegen mehrere Personen gerichtet)

pereat//vivat; ↑**auch: Daumen hoch, für, hosianna**
(nieder! o gegen eine Person gerichtet)

peremptorische Einrede//dilatorische Einrede
(Ansprüche aufhebende Einrede o Rechtswesen)

perennierend//intermittierend
perennierende (ständig sprudelnde) *Quelle* o *perennierender Fluss* (in dem ständig Wasser ist)

perfektiv//imperfektiv
(eine zeitliche Begrenzung ausdrückend, z. B. „erleben", „verrechnen" im Unterschied zu den imperfektiven – den durativen – Verben „leben", „rechnen" o Sprachwissenschaft)

Perfektiv//Imperfektiv
(grammatischer Aspekt – Geschehensform –, der ein zeitlich begrenztes Geschehen kennzeichnet, bei slawischen Verben o Sprachwissenschaft)

perforabel//imperforabel
(perforierbar)

Performanz//Kompetenz; ↑auch: Langue
(konkreter Gebrauch der Sprache o Sprachwissenschaft)

Periastron//Apastron
(Astronomie)

Perigalaktikum//Apogalaktikum
(Astronomie)

Perigäum//Apogäum
(erdnächster Punkt o Astronomie)

Perihel//Aphel
(Sonnennähe o Astronomie)

Perikles//Aspasia
Aspasia war die Geliebte und spätere Gemahlin des athenischen Staatsmannes Perikles (um 500 vor Christus)

Periodica//aperiodische Schriften
(Zeitschrift o. Ä., die in zeitlich festen Abständen erscheint o Buchwesen)

Periodika; ↑Periodica

peripher//zentral
eine periphere (am Rande befindliche) *Lage* o (übertragen:) *nur von peripherer* (nebensächlicher) *Bedeutung* o *Verkehr zu peripher gelegenen verkehrsintensiven Einrichtungen ist überwiegend Autoverkehr, bei zentral gelegenen verkehrsintensiven Einrichtungen wiederum ist die Dominanz des Autos deutlich weniger ausgeprägt.* (Neue Zürcher Zeitung 24. 4. 2013)

Peripherie//Zentrum; ↑auch: Mitte
das Haus liegt an der Peripherie (am Rande) *der Stadt* o (übertragen:) *umgangssprachliche Wörter gelangen immer mehr von der Peripherie der Sprache in ihr Zentrum* o *Jede Peripherie möge per Autobahn an ein Zentrum angebunden werden.* (Die Presse 19. 3. 2014)

Periselen//Aposelen
(mondnächster Punkt bei einer Mondumlaufbahn o Astronomie)

Peristaltik//Antiperistaltik
(Medizin)

Perle; ↑echte Perle, Naturperle, Zuchtperle

Perlokution//Illokution
(Sprachwissenschaft o außersprachliche Wirkung, die durch eine sprachliche Äußerung erzielt wird, z. B. Traurigkeit, Heiterkeit o Sprachwissenschaft)

perlokutionär//illokutionär
(Sprachwissenschaft)

perlokutiv//illokutiv
(Sprachwissenschaft)

Permanenzgebiet//Latenzgebiet
(Biologie)

permeabel//impermeabel
(durchlässig o Medizin)

permissiv//repressiv
permissive (gewähren lassende) *Erziehung* o *Als „weiche" Stil-Faktoren nennt*

Hill drei grundsätzliche Haltungen, von denen ausgegangen werde: die permissive, unterstützende, motivierende Haltung ○ die repressive, dominante und kontrollierend-fordernde Haltung ○ und eine dritte, neutrale Haltung (Der Standard 7. 7. 2007)

per os//per anum
(durch den Mund ○ in Bezug auf die Anwendung eines Medikamentes, z. B. bei Tabletten)

Person; ↑**juristische Person, natürliche Person**

persona grata//persona ingrata, persona non grata
(gern gesehene Person ○ Diplomat, gegen den keine Einwände von Seiten des Landes, in dem er tätig ist, erhoben werden)

persona ingrata//persona grata
(ausländischer Diplomat, dessen Anwesenschaftheit im Lande nicht erwünscht ist)

personal//unpersonal
personale Wesen (mit Bewusstsein im Sinne von Bewusstheit usw.) ○ *auch Tiere sind personale Wesen* (Bioethik)

Personal; ↑**Bodenpersonal, fliegendes Personal**

Personale//Impersonale
(Verb, das in allen Personalformen gebraucht wird, z. B. *ich schlafe/du schläfst/sie schläft*)

personaler Erzähler//allwissender Erzähler
(Literaturwissenschaft)

Personalfolium//Realfolium
(sämtliche Grundstücke eines Eigentümers erfassendes Grundbuchblatt)

Personalhoheit//Gebietshoheit
(Rechtswesen)

Personalitätsprinzip//Territorialitätsprinzip
(Rechtswesen ○ Soziallehre)

Personalkörperschaft//Gebietskörperschaft
(Rechtswesen)

Personalkosten//Sachkosten
Er schlägt vor, dass das Land die Personalkosten für die Kita-Betreuung übernimmt und die Kommunen die Sachkosten schultern. (Hannoversche Allgemeine 15. 11. 2017)

Personalkredit//Realkredit
(Kredit, den man auf der Basis von Vertrauen einräumt)

Personalsicherheit//Sachsicherheit
(Rechtswesen)

Personalsteuer//Realsteuer
Personalsteuer oder Personensteuer ist eine Steuer mit Berücksichtigung der persönlichen Verhältnisse

Personalunion//Realunion
(eine nur durch ein gemeinsames Staatsoberhaupt – Monarch – hergestellte Staatenverbindung bei staatsrechtlicher Selbständigkeit der verbundenen Staaten, z. B.: Großbritannien und Hannover 1714–1837)

persona non grata//persona grata
(ausländischer Diplomat, dessen Anwesenschaftheit im Land nicht erwünscht ist)

Personenaufzug//Lastenaufzug
Zwei Schächte gibt es. Beide sorgen für Frischluft und beherbergen einen Personenaufzug, einen Lastenaufzug und sind für Frischluft zuständig. (Luxemburger Tageblatt 9. 12. 2011)

Personenfirma//Sachfirma
(Wirtschaft)

Personengesellschaft//Kapitalgesellschaft
(Wirtschaft)

Personenhehlerei//Sachhehlerei
(Rechtswesen)

Personenkatalog//Realkatalog, Sachkatalog
(Bibliothekswesen)

Personenkilometer//Tonnenkilometer
(Rechnungseinheit im Personenverkehr, definiert als Produkt aus der Anzahl der beförderten Personen und der zurückgelegten Strecke; dem entspricht im Güterverkehr der Tonnenkilometer)

Personenkonto//Sachkonto; ↑auch: totes Konto

Personenkraftwagen//Lastkraftwagen; ↑auch: Lkw
Um den Überholdruck zu mindern, hält es der Unfallforscher für überlegenswert, die Höchstgeschwindigkeit für Personenkraftwagen (derzeit 100 km/h) und Lastkraftwagen (60 km/h) auf Landstraßen zu harmonisieren. (Hannoversche Allgemeine 28. 11. 2009)

Personenrecht//Vermögensrecht
(Rechtswesen)

Personenrede//Erzählerbericht
(Literaturwissenschaft)

Personenregister//Sachregister

Personenschaden//Sachschaden
In dieser Zeit passierten im Stadtgebiet durchschnittlich 18150 Unfälle pro Jahr, die einen Personenschaden oder einen Sachschaden mit Bußgeld nach sich zogen (Süddeutsche Zeitung 25. 4. 2018)

Personenschutz//Objektschutz
(Schutz von Personen, deren Leben gefährdet ist)

Personenverbandsstaat//Flächenstaat, Territorialstaat
Vom ‚Personenverbandsstaat' zum ‚institutionellen Flächenstaat' wird der Leiter des Stadtmuseums ... Einblicke in die historische Entwicklung des Gebiets geben. (Rhein-Zeitung 4. 9. 2013) ○ Für staatstheoretische Puristen ist Belgien eine Provokation. Es ist nämlich gleichzeitig ein Territorial- und ein Personenverbandsstaat. (Berliner Morgenpost 11. 3. 2007)

Personenverkehr//Güterverkehr
(bei der Eisenbahn)

Personenwagen//Güterwagen
(bei der Eisenbahn)

Personenzug//Güterzug
(bei der Eisenbahn) ○ Ein Personenzug war auf eingleisiger Strecke mit einem Güterzug zusammengestoßen. (Leipziger Volkszeitung 12. 12. 2012)

persönlich//unpersönlich
sehr persönliche Worte ○ persönliches Passiv, z. B.: er wurde gelobt

persönliches Recht//dingliches Recht
(Rechtswesen)

Persönlichkeitswahl//Listenwahl
(bei Wahlen) ○ Fast durchgängig wurde in den Betrieben die Persönlichkeitswahl angewandt, die Listenwahl blieb die Ausnahme. (Schwäbische Zeitung 29. 7. 2014)

Perspektive; ↑Froschperspektive, Vogelperspektive

perzeptibel//imperzeptibel
(Psychologie)

Perzeption//Apperzeption
(Philosophie)

perzipieren//apperzipieren
(sinnlich wahrnehmen) ○ Da stopft einer gedankenlos und zu jedem Bissen so viel Brot in den Mund, dass er unmöglich den spezifischen Geschmack irgendeiner Speise perzipieren kann. (Nürnberger Zeitung 6. 3. 2007)

Pessimismus//Optimismus
(negative Lebenseinstellung) ○ Deshalb braucht es wohl eine Haltung, die der italienische Schriftsteller Antonio Gramsci den Pessimismus des Verstandes und den Optimismus des Willens genannt hat. (taz 17. 3. 2018) ○ Doch neuere For-

schungsergebnisse hätten den ewigen Pessimismus in Optimismus verwandelt. (Der Spiegel 9. 3. 2019)

Pessimist//Optimist
er ist ein Pessimist ○ Tatsächlich ist Professor Pangloss ein Pessimist, wie wir heute sagen würden. Ein moderner Optimist glaubt, dass die Welt viel, viel besser sein kann, als sie heute ist. (Die Presse 25. 3. 2018)

pessimistisch//optimistisch
sie blickt pessimistisch in die Zukunft ○ Sind die Verkaufszahlen eigentlich ein Indikator für die gesamte Wirtschaft, also dafür, ob die Menschen pessimistisch sind oder zuversichtlich und optimistisch ...? (Die Presse 27. 8. 2017)

Pessimum//Optimum
(der schlechteste Bereich der Umweltbedingungen für ein Lebewesen ○ Ökologie)

Peter-Pan-Syndrom//Cinderella-Syndrom
als Peter-Pan-Syndrom bezeichnet man das Verhalten eines Mannes, der nicht erwachsen werden will

Pfandflasche//Einwegflasche, Wegwerfflasche
Eine „Pfandflasche" dagegen ist eine Einwegflasche, die zwar zurückgenommen, aber nicht wieder befüllt wird, sondern recycelt werden soll. (Stuttgarter Zeitung 24. 5. 2005)

Pfarrer//Pfarrersfrau
der Pfarrer und die Pfarrersfrau (die Frau des Pfarrers) leiteten den Kindergottesdienst

Pfarrersfrau//Pfarrer
Die Pfarrersfrau wurde zur Vorsitzenden und der Pfarrer selbst zum Schriftführer ernannt, und bis heute ist der Pfarrer ein unverzichtbares Vereinsmitglied. (Rhein-Zeitung 14. 5. 2013)

Pfeilerbasilika//Säulenbasilika
(Architektur)

Pferd; ↑Handpferd, Hengst, Sattelpferd, Stute, Wallach

Pflanze; ↑höhere Pflanzen, Kulturpflanze, niedere Pflanzen, wild wachsende Pflanze

Pflanzenfresser//Fleischfresser
(Tier, das sich nur von Pflanzen ernährt ○ Phytophage)

Pflanzenreich//Tierreich
(alle Pflanzen, die es gibt) ○ *Daher spricht man ab 1492, der Entdeckung Amerikas durch Kolumbus, bei gebietsfremden Arten im Pflanzenreich von Neophyten und im Tierreich von Neozoen* (Nordkurier 12. 8. 2013)

Pflanzenwelt//Tierwelt; ↑auch: Fauna
Es wurde die Bedeutung dieses Lebensraumes für die Erhaltung der Artenvielfalt sowohl für die Pflanzenwelt als auch für die Tierwelt hervorgehoben. (Oberösterreichische Nachrichten 23. 5. 2016)

Pflanzgemüse//Saatgemüse

Pflanzgut//Saatgut

pflanzlich//tierisch
pflanzliche Fette, z. B.: Sonnenblumenöl, Distelöl ○ Unsere Ernährungsregel lautet aber zwei Drittel pflanzlich, eines tierisch, umgekehrt zur heutigen Realität (Oberösterreichische Nachrichten 22. 5. 2015)

Pflegemutter//Pflegevater; ↑auch: Ziehvater
Für sie war zusätzlich bedeutsam, welchen Erziehungsstil Pflegemutter und Pflegevater wählten. (Süddeutsche Zeitung 19. 11. 2016)

pflegen//verkommen lassen
den Garten pflegen ○ Deshalb ist sie auch verpflichtet, dieses Wahrzeichen am Stadtplatz zu pflegen und in gutem Zustand zu erhalten. Aber stattdessen haben die Verantwortlichen den Brunnen so allmählich verkommen lassen (Passauer Neue Presse 13. 10. 2009)

Pfleger//[Kranken]Schwester
der Pfleger Andreas auf der Station CH 14 ○ Ein Pfleger hatte die Schwester im August des Vorjahres beobachtet, wie sie einen Patienten etwas in den Arm spritzte (Leipziger Volkszeitung 19. 4. 2007)

Pflegevater//Pflegemutter; ↑auch: Ziehmutter
Als der Elfjährigen schlecht wurde, rief Chantal erst den Pflegevater, dann die Pflegemutter an. (Nürnberger Nachrichten 6. 2. 2015)

Pflicht//Kür
die Pflicht ist eine vorgeschriebene Übung im Sportwettkampf, z. B. beim Eiskunstlauf ○ Eine regelmässige Evaluation von Steuervergünstigungen ist Pflicht, nicht Kür. (Handelszeitung 20. 7. 2017)

Pflicht//Neigung
aus Pflicht, nicht aus Neigung etwas tun ○ der Zwiespalt zwischen Pflicht und Neigung ○ Wahrhaftigkeit ist Pflicht, obwohl Menschen eine natürliche Neigung zur Lüge haben. (Die Presse 3. 12. 2016)

Pflicht//Recht
das ist seine Pflicht ○ über seine Rechte und Pflichten informiert werden ○ wer die Pflicht hat, Steuer zu zahlen, hat auch das Recht, Steuer zu sparen ○ Doch wer es als Bestrafung sieht, dass man mit seinen Pflichten auch seine Rechte verliert, dem ist nicht zu helfen. (Hamburger Morgenpost 31. 3. 2017)

Pflichtfach//Wahlfach
Deutsch ist Pflichtfach

pflichtgemäß//pflichtwidrig
pflichtgemäß handeln ○ Sie hege keine Zweifel an der Krankheit des Angeklagten, und ob Sabine O. ihre Arbeit pflichtgemäß oder pflichtwidrig getan habe, sei nicht Anklagevorwurf. (Schweriner Volkszeitung 20. 12. 2006)

...pflichtig//...frei (Adjektiv)
z. B. gebührenpflichtig/gebührenfrei

Pflichtleistung//Wahlleistung; ↑auch: Gestaltungsleistung

Pflichtturnen//Kürturnen

Pflichtübung//Kürübung

pflichtversichert//freiwillig versichert
er ist pflichtversichert (in der Krankenkasse)

Pflichtversicherung//Privatversicherung
73 Prozent würden bei einer Wahlmöglichkeit bei der bisherigen Pflichtversicherung bleiben. 19 Prozent können sich vorstellen, zu einer Privatversicherung zu wechseln. (Oberösterreichische Nachrichten 15. 11. 2003)

Pflichtverteidiger//Wahlverteidiger
(Rechtswesen)

pflichtwidrig//pflichtgemäß
pflichtwidrig handeln ○ „Alles, was nicht nachweislich pflichtwidrig ist, ist pflichtgemäß" – und damit nicht strafbar. (Wiener Zeitung 24. 2. 2012)

pfui; ↑hui

Phaon//Sappho; ↑Sappho

Phanerogame//Kryptogame
(Pflanze, die anlagemäßig Blüten bekommen kann)

phaneromer//kryptomer
(ohne Vergrößerung erkennbar ○ Geologie)

Phänomen//Noumenon
(das sich den Sinnen Zeigende ○ Philosophie)

phänotypisch//genotypisch
(Biologie)

Phänotyp[us]//Genotyp[us]
(Erscheinungsbild eines Lebewesens, das sich aus dem Zusammenwirken von Erbanlagen und Umwelt ergibt ○ Biologie)

...phil//...fug (mit fremdsprachlicher Basis; Adjektiv)
(mit der Bedeutung: eine Vorliebe für etwas habend, es liebend), z. B. *kalziphil/kalzifug*

...phil//...phob (mit fremdsprachlicher Basis; Adjektiv)
(mit der Bedeutung: eine Vorliebe für etwas habend, es liebend), z. B. *frankophil/frankophob*

Philanthrop//Misanthrop; ↑auch: **Menschenfeind**
er ist ein Philanthrop (ein Menschenfreund)

Philanthropie//Misanthropie
(Menschenliebe, Menschenfreundlichkeit) ○ *Auch hier rückt ein Traditionsunternehmen aus der Medienbranche wieder in einen Bereich zwischen Philanthropie und Geschäftssinn.* (Der Standard 24. 8. 2013)

Philanthrop[in]//Misanthrop[in]; ↑auch: **Menschenfeind**
sie ist eine Philanthropin (eine Menschenfreundin)

philanthropisch//misanthropisch; ↑auch: **menschenfeindlich**
(menschenfreundlich)

Philanthropismus//Misanthropismus
(menschenfreundliche Haltung) ○ *Die deutsche Bougeoisie hat sich noch gar nicht als Bougeoisie in unserem Sinne kennen gelernt; sie ist noch reichlich von jenem Philanthropismus infiziert, der den Widerstreit einer ihm untergeordneten Klasse noch nicht ahnt.* (Gareth Stedman Jones: Karl Marx. Die Biographie. Frankfurt/M. 2017, S. 289)

Philomela//Prokne
(Schwesternpaar in der griechischen Mythologie, das in Vögel verwandelt wird; auch in den „Metamorphosen" des Ovid)

Philemon//Baucis, Baukis
(altes, armes, aber gastfreundliches Ehepaar der griechischen Sage; Philemon lebte mit seiner Frau Baucis in Phrygien, sie erbaten sich einen gemeinsamen Tod. Im hohen Alter wurde Philemon in eine Eiche, Baucis in eine Linde verwandelt; in den „Metamorphosen" des Ovid, auch in Goethes „Faust. Der Tragödie zweiter Teil")

...philie//...phobie (Substantiv)
(mit der Bedeutung: die Vorliebe für etwas, die Liebe zu etwas) z. B. *Frankophilie/Frankophobie*

Phil[o]...//Anti... (Substantiv)
(mit der Bedeutung: Freund, Anhänger von etwas) z. B. *Philosemitismus/Antisemitismus*

philobat//oknophil
(Distanz suchend, enge Verbindungen meidend ○ Psychologie)

Philosemit//Antisemit
(jemand, der ein Freund der Juden ist) ○ *Ein Philosemit ist ein Antisemit im Schafspelz* (Thüringer Allgemeine 3. 2. 2001)

philosemitisch//antisemitisch

Philosemitismus//Antisemitismus
(freundliche Gesinnung gegenüber den Juden) ○ *Ich habe viel mehr Philosemitismus als Antisemitismus in Deutschland kennengelernt.* (Nordkurier 15. 5. 2018)

...phob//...phil (mit fremdsprachlicher Basis; Adjektiv)
(mit der Bedeutung: Vorbehalte, eine Abneigung gegen etwas habend) z. B. *anglophob/anglophil*

...phobie//...philie (mit fremdsprachlicher Basis; Substantiv)
(mit der Bedeutung: Abneigung gegen etwas, Angst vor etwas) z. B. *Frankophobie/Frankophilie*

Phobotaxis//Topotaxis
(Biologie)

phosphatfrei//phosphathaltig
phosphatfreie Mittel

phosphathaltig//phosphatfrei
phosphathaltige Mittel

photophil//photophob
(das Leben im Licht suchend ○ von Tieren und Pflanzen)

photophob//photophil
(das Licht meidend ○ von Tieren und Pflanzen)

Phrasenstrukturgrammatik//Dependenzgrammatik
(Sprachwissenschaft)

Phylogenese//Ontogenese
(Stammesentwicklung ○ Biologie)

phylogenetisch//ontogenetisch
(die Stammesgeschichte betreffend)

Physik; ↑Experimentalphysik, theoretische Physik

Physikotheologie//Ethikotheologie
(Schluss auf die Existenz Gottes auf Grund der sinnvollen und zweckmäßigen Einrichtung der Welt ○ Philosophie)

physiogen//psychogen
(körperlich bedingt)

physisch//psychisch; ↑auch: seelisch
er ist nach dieser Katastrophe physisch (körperlich) *und psychisch* (seelisch) *am Ende ○ physische und psychische Gewalt.* (St. Galler Tagblatt, 12. 02. 1998)

piano//forte
(leise ○ Musik)

Piers Gaveston; ↑Eduard II.

pietätlos//pietätvoll
sich pietätlos (ohne die innere Befindlichkeit des anderen zu achten) *benehmen ○ Besonders pietätlos fand er, dass sich ausgerechnet neben dem Totenbett seiner Mutter der Notfallarzt mit der Polizei und der Gerichtsmedizin darüber gestritten habe, wie die verlangte Bescheinigung richtig auszufüllen sei.* (Berner Oberländer 10. 11. 2015)

pietätvoll//pietätlos
sich pietätvoll (die innere Befindlichkeit des anderen berücksichtigend) *benehmen ○ Aschereste müssten zudem genauso pietätvoll behandelt werden, wie erdbestattete Gestorbene* (Berliner Morgenpost 1. 2. 2018)

Pilot//Kopilot
(Flugwesen)

Pipi//Aa; ↑auch: großes Geschäft, Kot, Scheiße
(Urin) ○ *Pipi machen* (kindertümlich) ○ *Am Ausgang der S-Bahn hat die Stadtreinigung gestern ein Hightech-Örtchen eröffnet, in dem Pipi machen fast zur Nebensache gerät.* (Hamburger Morgenpost 19. 12. 2017)

Piqué//Massé
(Stoß beim Billard mit Rückwärtseffet)

Pirouette; ↑Sitzpirouette, Standpirouette

Pisse//Scheiße; ↑auch: Aa, großes Geschäft, Kot
(derb für: Urin) ○ *Die ganze Stadt stank erbärmlich nach Pisse und Scheiße.* (taz 31. 5. 2018)

piu//meno
(mehr ○ Hinweis für den musikalischen Vortrag)

pizz[icato]//[coll']arco
(gezupft ○ Musik)

Pkw//Lkw; ↑auch: Lastkraftwagen
(Personenkraftwagen) ○ *An fast der gleichen Stelle war ein Pkw mit einem Lkw kollidiert.* (Luxemburger Tageblatt 30. 11. 2015)

Placebo//Nocebo
(Scheinmedikament ○ Medizin)

Planet//Fixstern
ein Planet ist ein nicht selbstleuchtender Himmelskörper ○ Der Planet umrundet seinen Fixstern einmal in elf Tagen, in einer Entfernung, die Leben ebenfalls

möglich machen könnte. (Süddeutsche Zeitung 25. 8. 2016)

plangemäß//unplangemäß
mit etwas plangemäß beginnen ○ *Nach verhaltenen Auftaktmetern reihte sich die 27-Jährige zwar plangemäß hinter Maria Mutola ein, fand sich aber unplangemäß am Ende des Feldes wieder.* (Tiroler Tageszeitung 26. 9. 2000)

Plankton//Nekton
(Biologie)

planmäßig//außerplanmäßig, unplanmäßig
der Zug verkehrt planmäßig ○ *Tadeusz P. erledigte in Mockrehna seine Einkäufe planmäßig. Für ihn unplanmäßig war dann der Stopp auf dem Heimweg.* (Leipziger Volkszeitung 17. 1. 2017) ○ *An Krediten wurden 128 800 Euro planmäßig, 76 200 Euro außerplanmäßig getilgt.* (Passauer Neue Presse 21. 11. 2015)

Planrückstand//Planvorsprung
Bis zum Jahr 2014 solle der Planrückstand aufgeholt sein (Thüringische Landeszeitung 19. 10. 2011)

Planvorsprung//Planrückstand
Allerdings, nur mit der kleinen Abweichung, dass Schneeschmelze und hohe Niederschläge den Verfechtern dieser Projekte so ganz ungewollt, aber wohlwollend hingenommen, einen erheblichen Planvorsprung eingebracht haben. (Nordkurier 21. 2. 2011)

Planwirtschaft//[soziale] Marktwirtschaft
Bislang funktioniert der Mix aus Plan- und Marktwirtschaft. (Der Spiegel 9. 6. 2018)

plaqué//arpeggio
(Anweisung für die Harfe: geschlossener Akkord, Akkord zusammen erklingen zu lassen)

Platte; ↑Langspielplatte, LP, Single

Plattfuß//Hohlfuß
(Fuß mit zu wenig gewölbter Fußsohle) ○ *So lassen sich beispielsweise bei einem Plattfuß die zu schwachen Fußmuskeln durch gezielte Reize anspannen und verkrampfte Muskeln, wie beim Hohlfuß, können sich entspannen.* (Tiroler Tageszeitung 20. 9. 2006)

Platz//Sieg
Die SPD setze „nicht auf Platz, wir setzen auf Sieg". (Nürnberger Nachrichten 31. 8. 2013)

Platz; ↑Sitzplatz, Stehplatz

Platzhirsch//Beihirsch
(stärkster Hirsch auf dem Brunftplatz ○ Jägersprache) ○ *Jetzt vertreibt sogar der Platzhirsch im Wildpark Klaushof seinen „Beihirsch", zumindest beäugt er den Jüngling stark, wenn sich dieser der Herde zu sehr nähert.* (Main-Post 5. 10. 2006)

Platzmannschaft//Gastmannschaft; ↑auch: Heimmannschaft
(Ballspiele) ○ *In der vierten Minute traf jedoch Hönicke für die Platzmannschaft zur 1:0-Führung.* (Leipziger Volkszeitung 18. 10. 2012)

Platzwechsel//Distanzwechsel
(Wirtschaft)

plausibel//implausibel, unplausibel
eine plausible (einleuchtende) Erklärung ○ *Erscheint Ihnen das plausibel? …: Es ist jedenfalls nicht unplausibel, wobei mir der Anteil der Verschwendung eher hochgegriffen erscheint.* (Der Standard 23. 8. 2016)

Playboy//Playgirl

Playgirl//Playboy
Man nannte sie „Putzi", sie war attraktiv, reich und machte als wildes Playgirl von sich reden: Die Urenkelin des Automobilbauers Adam Opel und Cousine von Playboy Gunter Sachs wurde in vornehmen Schweizer Internaten erzogen. (Der Spiegel 30. 10. 2006)

Plazentalier//Aplazentalier
(Biologie)

plebiszitäre Demokratie//repräsentative Demokratie
(Staatsform, in der das Volk direkt Einfluss auf die Machtausübung hat)

Plebs, die//Patrizier
(im alten Rom die Masse der römischen Bürger) ○ *Es bleibt einem vornehmen Bierzeltredner wie Menenius vorbehalten, die Plebs zu besänftigen.* (Der Standard 15. 9. 2016)

pleisiomorpher Typ//apomorpher Typ
(ursprünglicher Typ eines Merkmals bei Organen)

Plenterwirtschaft//Schlagwirtschaft
(Forstwirtschaft, bei der nur die stärkeren Bäume gefällt werden)

Plethi; ↑Krethi//Plethi

Plural//Singular; ↑auch: Einzahl
„die Mütter" ist der Plural zu „Mutter"

Pluraletantum//Singularetantum
(Wort, das nur im Plural vorkommt) z. B. „Ferien", „Leute"

Pluralismus//Singularismus
(Philosophie)

Pluripara//Nullipara
(Frau, die mehrmals geboren hat)

plus//minus
3 plus 2 ist 5 ○ *die Summe plus der üblichen Zulagen* ○ *ihr Aufsatz hatte die Note 2 plus (+)* ○ *die Temperatur war 5 Grad plus* ○ *Heute wird das Projekt auf 1,03 Milliarden Franken geschätzt, plus/minus 30 Prozent.* (Tagesanzeiger 11. 5. 2016)

Plus//Minus; ↑auch: Malus, Nachteil
seine Korrektheit ist ein großes Plus für ihn ○ *Ich habe Plus und Minus gegeneinander abgewogen.* (Nordkurier 19. 3. 2018)

Pluspol//Minuspol
der Pluspol bei der Batterie

Pluspunkt//Minuspunkt
das hat ihm für die Benotung einige Pluspunkte eingebracht ○ *„Der Pluspunkt im Auto", wirbt Blaupunkt. Von uns gibt's einen Minuspunkt!* (Die Presse 21. 5. 2005)

Pluszeichen//Minuszeichen
das Pluszeichen ist +

Pluto//Proserpina
(Ehepaar in der römischen Mythologie, Pluto entführt Proserpina, griechisch Persephone, in die Unterwelt und macht sie zur Gemahlin)

p. m.//a. m.; ↑auch: ante meridiem; ↑auch: vormittags
(post meridiem = nach 12 Uhr mittags) ○ *4 Uhr p. m. (4 Uhr nachmittags = 16 Uhr)* ○ *8 Uhr p. m. (8 Uhr abends = 20 Uhr)*

pneumatisch//elektronisch
(Regeltechnik)

Pnigos//Antipnigos
(in der attischen Komödie schnell gesprochene Verse am Schluss)

Poesie//Prosa
(vor allem in Versen geschriebene Dichtung) ○ *Die Rolle der passiv Erleidenden paart sich in diesen kleinen Notationen mit dem Bewusstsein weiblicher Macht, das Zerbrechliche mit dem Martialischen, die Poesie mit der Prosa.* (Tiroler Tageszeitung 4. 12. 2004)

poetisch//prosaisch
etwas poetisch (bilderreich-schön, gefühlvoll) *ausdrücken* ○ *So poetisch die Idee, so prosaisch ihre akustische Umsetzung* (Der Standard 15. 11. 2004)

poikilosmotisches Tier//homoiosmotisches Tier
(Meerestier: Hohltier, Stachelhäuter)

poikilotherm//homöotherm
(wechselwarm)

Pol; ↑Minuspol, Pluspol

polemisch//unpolemisch
eine polemische Argumentation ○ *Manche machen das polemisch, reden von Kuschelpädagogik. Wir möchten das Thema unpolemisch angehen.* (Die Südostschweiz 2. 4. 2008)

politisch//unpolitisch
eine politische Rede ○ *er ist ein politischer Mensch* ○ *„Mein Bruder ist nicht gewalttätig und überhaupt nicht politisch." Aber ob der Täter tatsächlich so unpolitisch war – daran gibt es Zweifel.* (Märkische Allgemeine 18. 6. 2016)

politisieren//entpolitisieren
Einerseits will man die Finanzentscheidungen der Mitgliedsstaaten entpolitisieren, um den Euro zu sichern – andererseits will man die Kommission durch europaweite Wahlen politisieren, um die Euro-Rettung legitim zu machen. (Süddeutsche Zeitung 10. 11. 2012)

Politisierung//Entpolitisierung
Die Sache scheint klar zu sein: Politisierung tritt auf als positive Kategorie, Entpolitisierung als abwertender Begriff. Und so endet der Band in der altbekannten Beschwörungsformel von der „Rückkehr des Politischen in die Politik". (Die Presse 13. 2. 2010)

pollakanth//hapaxanth
pollakanthe (mehrjährig blühende) *Pflanzen*

Pollux//Castor; ↑Castor

poly…//mono… (Adjektiv)
(mit der Bedeutung: viel) z. B. *polygam/monogam*

Poly…//Mono… (Substantiv)
(mit der Bedeutung: mehr, viel) z. B. *Polygamie/Monogamie*

Polyandrie//Polygynie; ↑auch: Vielweiberei
(eheliche Gemeinschaft einer Frau mit mehreren Männern ○ Völkerkunde)

polychrom//monochrom
(vielfarbig)

Polychromie//Monochromie
(Vielfarbigkeit)

Polydeukes//Kastor; ↑Kastor

polygam//monogam
(mit mehreren Partnern geschlechtlich verkehrend) ○ *Er ist polygam veranlagt, schafft es aber, monogam zu leben.* (Weltwoche 12. 3. 2015)

Polygamie//Monogamie; ↑auch: Einehe
(geschlechtlicher Verkehr mit mehreren ehelichen Partnern ○ Völkerkunde) ○ *Im alten Israel gibt es eine nur sehr langsame Entwicklung von der Polygamie zur Monogamie.* (Der Standard 26. 9. 2015)

polygen//monogen
(auf mehrere Faktoren zurückführbar ○ Biologie)

Polygen//Oligogen
(für ein quantitatives Merkmal verantwortliches Gen im Zusammenwirken mit anderen)

Polygenese//Monogenese
(Biologie)

Polygenie//Monogenie
(Biologie)

Polygenismus//Monogenismus
(Lehre, nach der das Menschengeschlecht auf verschiedene Stammpaare zurückgeht)

polyglott//monoglott
(mehrere Sprachen sprechend)

Polygynie//Polyandrie; ↑auch: Vielmännerei
(eheliche Gemeinschaft eines Mannes mit mehreren Frauen ○ Völkerkunde)

polyhybrid//monohybrid
(von Eltern abstammend, die sich in mehreren Merkmalen unterscheiden)

Polyhybride//Monohybride
(Biologie)

Polyideismus//Monoideismus
(Gedankenreichtum, Breite des Bewusstseins)

polymer//monomer, dimer
(aus größeren – durch Verknüpfung kleinerer – Molekülen bestehend ○ Chemie)

Polymerie//Monomerie
(Chemie)

Polymerisation//Depolymerisation
(Chemie)

polymerisieren//depolymerisieren
(Chemie)

polyphag//monophag
(Nahrung verschiedener Herkunft aufnehmend)

Polyphage//Monophage
(Biologie)

polyphon//homophon
(mehrstimmig ○ Musik)

Polyphonie//Homophonie
(in der Musik ○ Vielstimmigkeit, Mehrstimmigkeit mit melodisch und rhythmisch selbständigen Stimmen)

polyphyletisch//monophyletisch
(mehrstämmig ○ in Bezug auf die Abstammung)

polysem//monosem
(mit mehreren Bedeutungen, in Bezug auf ein Wort ○ Sprachwissenschaft)

polysemantisch//monosemantisch
(Sprachwissenschaft)

Polysemie//Monosemie
(das Vorhandensein von mehr als einer Bedeutung eines Wortes, z. B.: *Arbeit*: Tätigkeit, Ergebnis einer Tätigkeit, Mühe ○ Sprachwissenschaft)

Polyspermie//Monospermie
(durch mehr als nur eine männliche Geschlechtszelle vollzogene Besamung einer Eizelle)

Polytheismus//Monotheismus
(Vielgötterei) ○ *„Wie Sie vielleicht wissen, ist der Gegensatz zwischen Polytheismus und Monotheismus und die Wende vom einen zum anderen eines meiner Lebensthemen"* (Der Spiegel 16. 6. 2018)

polytrop//monotrop
(sehr anpassungsfähig)

polyzyklisch//monozyklisch
(Chemie)

ponderabel//imponderabel
(wägbar, berechenbar, kalkulierbar)

Ponderabilien//Imponderabilien
Ponderabilien sind kalkulierbare Dinge ○ Ein solches Niveau hängt allerdings nicht nur von der Qualität des Unterrichts, sondern neben vielen anderen Ponderabilien auch von der Begabung und dem Bildungswillen der jungen Menschen ab. (Wiener Zeitung 3. 4. 2008)

populär//unpopulär; ↑auch: unbeliebt
eine populäre Maßnahme ○ Menschen, die ihre eigene Meinung äußern, egal ob diese gerade populär oder unpopulär ist, statt Menschen, die zuerst die Meinung der Mehrheit einholen und diese dann stolz als ihre eigene verkaufen. (Oberösterreichische Nachrichten 15. 10. 2008)

populärwissenschaftlich//wissenschaftlich
er schreibt neben wissenschaftlichen Aufsätzen auch populärwissenschaftliche Sprachglossen

Portfolioinvestition//Direktinvestition
(Wirtschaft)

proportioniert//disproportioniert
er ist gut proportioniert ○ „Du bist elegant proportioniert im Taillen- und Hüftbereich" (Berliner Zeitung 10. 5. 2014)

portofrei//portopflichtig
eine portofreie Sendung

portopflichtig//portofrei
eine portopflichtige Sendung

positiv//negativ
eine positive (vom Sprecher aus gesehen wünschenswerte) *Einstellung* ○ *positiv geladen* ○ *eine positive Zahl* (größer als Null, z. B. + 5) ○ *ein positiver* (günstiger) *Bescheid* ○ *der Krebstest war (leider) positiv* (der Verdacht auf Krebs wurde bestätigt) ○ *Mandl selbst meint, niemanden wertend, weder positiv noch negativ, weder diffamierend hässlich noch affirmativ schön, sondern nur der Wirklichkeit entsprechend, abbilden zu wollen.* (Der Standard 20. 8. 2011)

Positiv//Negativ
(Fotografie)

positiver Transfer//negativer Transfer
(Transfer, bei dem ein Lernvorgang einen weiteren günstig beeinflusst ○ Pädagogik, Psychologie)

positives Recht//Naturrecht
(Rechtswesen) ○ *Auch Jürgen Habermas dürfte anerkennen müssen, dass positives Recht nicht einfach gebeugt werden darf – Naturrecht seinem inneren Wesen nach schon gar nicht.* (Süddeutsche Zeitung 1. 10. 2012)

Positivform//Negativform
(Form, um die herum der Werkstoff gearbeitet wird) ○ *Die entstandene Positivform ist die Vorlage für die Negativform aus Gips, die dann in der Gießerei mit Edelmetall ausgefüllt wird.* (Der Tagesspiegel 19. 12. 2004)

Positivum//Negativum
(etwas, was als gut gewertet, als günstig empfunden wird) ○ *Die Schöpfungsordnung hat ein Positivum und Negativum* (Die Südostschweiz 29. 6. 2017)

Positron//Negatron
(Atomphysik)

post.../ /ante... (Verb)
z. B. *postdatieren/antedatieren*

post.../ /prä...; ↑auch: vor.../ /nach... (Adjektiv)
(mit der Bedeutung: nach, hinterher)
z. B. *postnatal/pränatal*

Post.../ /Ante... (Substantiv)
(mit der Bedeutung: nach, hinter) z. B. *Postposition/Anteposition*

Postausgänge//Posteingänge
In der zentralen Poststelle der Stadtverwaltung Siegen werden jährlich über 360 000 Postausgänge bearbeitet. (Rhein-Zeitung 4. 5. 2001)

post Christum[natum]//ante Christum[natum]; ↑auch: a. Chr.[n.], vor Christus
(nach Christi [Geburt]) ○ *50 post Christum [natum]*

postdatieren//antedatieren
(ein früheres Datum einsetzen, zurückdatieren/ein späteres Datum einsetzen, vor-, vorausdatieren)

Postdormitium//Prädormitium
(Zustand zwischen Schlafen und Wachsein, in dem lebhaft geträumt wird ○ Psychologie)

Posteingänge//Postausgänge
Danach haben die Bereiche der Ordnungsverwaltung im vergangenen Jahr 6170 Postein- sowie 9904 Postausgänge bearbeitet. (Nordkurier 19. 1. 2002)

Postellipse//Präellipse
eine Postellipse liegt vor in „Brotherstellung und -verkauf" oder „eine Schwester oder zwei" (Sprachwissenschaft)

posterior//anterior
(auf den hinteren Teil des Körpers bezogen)

Postexistenz//Präexistenz
(das Existieren der Seele nach dem Tod ○ Philosophie)

postglazial//präglazial
(nach der Eiszeit)

Postglazial//Präglazial
(Nacheiszeit ○ Geologie)

posthum; ↑**postum**

Posticheur//Posticheuse
(männliche Person, die Perücken macht)

Posticheuse//Posticheur
(weibliche Person, die Perücken macht)

postkarbonisch//präkarbonisch
(Geologie)

postkulmisch//präkulmisch
(Geologie)

post meridiem//ante meridiem; ↑**auch: a. m.**
(nach 12 Uhr mittags ○ in Bezug auf Zeitangaben)

postmortal//prämortal
(nach dem Tod) ○ *Die Forscher beobachten, nach welchen Gesetzen sich die Proteine im Skelettmuskel postmortal verändern und abgebaut werden.* (Die Presse 26. 5. 2018)

postnatal//pränatal; ↑**auch vorgeburtlich**
(nach der Geburt) ○ *Und das geht ja postnatal fast noch besser als pränatal.* (Hannoversche Allgemeine 5. 6. 2018)

postnumerando//pränumerando
(hinterher [zu bezahlen])

Postnumeration//Pränumeration
(Zahlung nach dem Kauf ○ Kaufmannssprache)

postoperativ//präoperativ
eine postoperative (nach der Operation erfolgende) *Therapie* ○ *Diese können nun auf Grund der schonenden Operation postoperativ deutlich besser und auch eigenständig atmen.* (Mittelbayerische Zeitung 13. 10. 2017)

postpalatal//präpalatal
(hinter dem Gaumen gesprochen ○ Phonetik)

Postposition//Anteposition
(Verlagerung eines Organs nach hinten ○ Medizin)

Postszenium//Proszenium
(Raum hinter der Bühne)

postum//zu Lebzeiten
ein postum (nach dem Tode des Betreffenden) *veröffentlichtes Werk* ○ *dieser Roman ist postum erschienen* ○ *der Preis wurde ihm postum verliehen* ○ *Kaum ein Dutzend jener fast 1800 Gedichte, die ihr radikales Lebenswerk darstellen, ließ Emily Dickinson, die postum zu einer Ikone des Feminismus avancierte, zu Lebzeiten publizieren.* (Vorarlberger Nachrichten 27. 6. 2014)

Postvention//Prävention
(Nachsorge)

potent//impotent; ↑**auch: zeugungsunfähig, infertil, unfruchtbar**
er ist potent (zeugungsfähig) ○ *„Erinnerst du dich an deine Fragerei nach meinen früheren Liebhabern, als wir die ersten Wochen zusammen waren?" – „Ja, da hast du erzählt, dass es zwei waren, der eine sei hässlich gewesen, aber potent, der andere sehr hübsch, aber impotent", weiß Hans prompt.* (Die Zeit 8. 9. 2016) ○ *potente* (zahlungskräftige) *Kaufinteressenten*

potential//aktual
(Philosophie)

Potentialität//Aktualität
(Philosophie)

potentiell//aktuell
das potentielle Generieren (im abstrakten Gefüge der Langue) *und das aktuelle Produzieren* (in der konkreten Rede) ○ *potentielle* (mögliche) *Bedeutungen eines Wortes* ○ *Das ruft bei allen potentiell und noch gar nicht aktuell*

Betroffenen Ärger hervor. (Die Presse 7. 9. 1995)

Potenz//Impotenz; ↑**auch: Zeugungsunfähigkeit, Infertilität**
(Medizin) ○ *Männer beglücken sportliche Aktivitäten zudem mit mehr Potenz und später oder gar nicht einsetzender Impotenz.* (Die Presse 27. 11. 2012)

Potenzprotz//Sexmuffel
er ist ein Potenzprotz ○ *Von der Opernbühne ist Bolduc dem Wiesbadener Publikum beispielsweise als Potenzprotz Belcore in Donizettis „Liebestrank" … in bester Erinnerung.* (Wiesbadener Tagblatt 21. 9. 2016)

poussez//tirez; ↑**auch: pull, ziehen**

Powertest//Speedtest
(Test für die Leistungsfähigkeit)

prä…//… (Adjektiv)
(mit der Bedeutung: vor) z. B. *prägenital/genital*

prä…//post…; ↑**auch: nach…//vor… (Adjektiv)**
(mit der Bedeutung: vor) z. B. *pränatal/postnatal*

Prädestination//Universalismus
(Theologie)

Prädikatsgruppe//Subjektsgruppe
(Prädikat und davon abhängige Satzteile ○ Grammatik)

Prädormitium//Postdormitium
(Zustand zwischen Wachsein und Einschlafen ○ Psychologie)

Präellipse//Postellipse
eine Präellipse liegt vor in „Groß- und Einzelhandel" oder in „eine oder zwei Schwestern" ○ *Präellipse und Postellipse zusammen liegen vor in „Sonnenauf- und -Untergang"* ○ (Sprachwissenschaft)

Präexistenz//Postexistenz
(das Existieren der Seele schon vor der Geburt ○ Philosophie)

präfigieren//suffigieren
(mit einem Präfix versehen, z. B. *bepflanzen*)

Präfix//Suffix; ↑**auch: Nachsilbe**
in *„wegwischen"* ist *„weg-"* ein Präfix

präfixoid//suffixoid
„Traumfrau" ist eine präfixoide Bildung, ein präfixoides Kompositum

Präfixoid//Suffixoid; ↑**auch: Halbsuffix**
in *„Lieblingsschlager"* ist *„Lieblings-"* ein Präfixoid

prägenital//genital
die prägenitalen Phasen in der Entwicklung eines Mädchens

präglazial//postglazial
(vor der Eiszeit)

Präglazial//Postglazial
(Geologie)

prähistorisch//historisch
prähistorische (vorgeschichtliche) Funde ○ *Für den Enkel jedenfalls ist dieser Großvater, der kaum mehr das Haus verlässt und nicht einmal einen Computer besitzt, geradezu prähistorisch.* (Wiener Zeitung 6. 11. 2014)

präkarbonisch//postkarbonisch
(Geologie)

praktikabel//impraktikabel
eine praktikable (brauchbare) Anordnung ○ *Es gibt viele Ideen, wie man das schaffen könnte. Nur: Die wenigsten sind praktikabel.* (Die Zeit Campus 8. 4. 2014)

Praktiker//Theoretiker
er ist Praktiker ○ *Es ist wie so oft, wenn Praktiker auf Theoretiker treffen.* (Nürnberger Nachrichten 12. 8. 2015)

praktisch//theoretisch
der praktische Teil einer Prüfung ○ *Demnach sollen Wahlvorstände praktisch und nicht nur theoretisch geschult werden.* (Hamburger Abendblatt 13. 11. 2013)

praktisch//unpraktisch
eine praktische (den Umständen gut entsprechende) *Kleidung* ○ *er ist ein praktischer Mensch* ○ *er ist sehr praktisch* (handwerklich geschickt) ○ *ein praktisch konstruierter Gegenstand* ○ *Ob sie nun besonders praktisch oder besonders unpraktisch sind, darüber scheiden sich die Geister.* (Der Tagesspiegel 26. 1. 2017)

praktischer Arzt//Facharzt
Vor allem für ältere Menschen ist ein praktischer Arzt oder auch ein spezialisierter Facharzt im Ort wichtig. (Südkurier 26. 1. 2010)

präkulmisch//postkulmisch
(Geologie)

Prallhang//Gleithang
(Geografie)

prämortal//postmortal
(dem Tod vorausgehend) ○ *Allerdings hat der Tote eine deutliche Schwellung am Kinn und eine Bisswunde in der Zunge, selbst zugefügt. Beides prämortal.* (taz 26. 9. 2015)

pränatal//postnatal; ↑auch: nachgeburtlich
(vor der Geburt) ○ *Nicht selten wird die Diagnose zufällig gestellt, pränatal (vor der Geburt) durch einen Bluttest ... oder postnatal (nach der Geburt) bei Kleinwuchs oder ausbleibender Pubertät und unerfülltem Kinderwunsch.* (Rhein-Zeitung 11. 7. 2018)

pränumerando//postnumerando
(vorher [zu bezahlen])

Pränumeration//Postnumeration
(Vorauszahlung ○ Kaufmannssprache)

präoperativ//postoperativ
eine präoperative (vor der Operation stattfindende) *Therapie* ○ *Zum Thema „Effektives Kontinenztraining zur radikalen Prostatektomie – präoperativ und postoperativ" wird er über Erfahrungen aus seiner urologischen Rehabilitationsklinik zur Inkontinenztherapie berichten.* (Rhein-Zeitung 3. 5. 2014)

präpalatal//postpalatal
(vor dem Gaumen gesprochen ○ Phonetik)

präsent//absent
(anwesend) ○ *Fürmann ist physisch ebenso präsent wie mimisch absent* (Der Tagesspiegel 11. 10. 2000)

Präsenzbibliothek//Ausleihbibliothek
(Bücher, die nur in der Bibliothek benutzt und nicht mit nach Hause genommen werden dürfen ○ Bibliothekswesen) ○ *Vom Erlös werden neue Bücher für die Präsenz- und Ausleihbibliothek angeschafft.* (Mannheimer Morgen 22. 1. 2004)

Präsenzpublikum//disperses Publikum
(z. B. in Theater, Kino usw. gleichzeitig versammeltes Publikum) ○ *Als Ende der Achtzigerjahre die Dauerwerbesendungen „Glücksrad" und „Der Preis ist heiß" beginnen, ihre Mitspieler aus dem Präsenzpublikum zu rekrutieren, müssen die Kandidaten plötzlich eine mediale Aufgabe erfüllen* (taz 30. 8. 2003)

Präsidialdemokratie//parlamentarische Demokratie
(Politik) ○ *Aus der zentralistischen Präsidialdemokratie mit einem allmächtigen Staatschef soll eine parlamentarische Demokratie werden.* (Süddeutsche Zeitung 13. 8. 2011)

präskriptiv//deskriptiv
eine präskriptive (eine Norm vorschreibende) *Grammatik*

Prävention//Postvention
(Vorsorge, Vorbeugung)

Praxis//Theorie
sie beherrscht die Theorie und die Praxis ○ *Für ihn liegt die „Faszination in der Verbindung von Praxis und Theorie".* (Niederösterreichische Nachrichten 6. 2. 2008)

praxisfern//praxisnah
praxisferner Unterricht ∘ *Aber längst nicht alle Arbeitgeber ziehen das Uni-Studium vor, denn gewöhnlich ist es eher forschungsorientiert, also praxisfern – während das FH-Studium fallstudienorientiert ist, also praxisnah.* (Trierischer Volksfreund 11. 2. 2014)

praxisnah//praxisfern
praxisnaher Unterricht

präzise//unpräzise; ↑auch: ungenau
sich präzise ausdrücken ∘ *Dementsprechend steigt die Nachfrage nach Wetterberichten, doch gibt es gute und schlechte – sprich präzise und unpräzise.* (Wirtschaftsblatt 17. 3. 2016)

Preemphasis//Deemphasis
(Funkwesen)

Preis//Leistung
hier stimmt das Verhältnis zwischen Preis und Leistung ∘ *Gibt es jedoch Anhaltspunkte für Sittenwidrigkeit oder Wucher, etwa „ein auffälliges Missverhältnis zwischen Preis und Leistung", müsse dies überprüft werden.* (Saale-Zeitung 16. 1. 2017)

Preis; ↑Ausgabepreis, Herstellerpreis, Kostenpreis, Marktpreis, Rücknahmepreis, Verbraucherpreis, Verkaufspreis

Preisnotierung//Mengennotierung
(Börse)

Preshave//Aftershave
(vor der Rasur anzuwendendes Gesichtswasser)

Preshave-Lotion//Aftershave-Lotion
(vor der Rasur anzuwendendes Gesichtswasser)

Prêt-à-porter//Haute Couture
(Konfektionskleidung nach Entwurf von Modeschöpfern) ∘ *In den 80er- und 90er-Jahren löste das Prêt-à-porter die Haute Couture ab.* (St. Galler Tagblatt 13. 3. 2010)

primär//sekundär
primäre Gicht entsteht durch Ernährungsfehler ∘ *Für mich ist die Europäische Union primär eine Sicherheits- und erst sekundär eine wirtschaftliche Gemeinschaft.* (Der Standard 6. 10. 2001)

Primär...//Sekundär... (Substantiv)
(mit der Bedeutung: die Grundlage bildend, zuerst auftretend) z. B. *Primärliteratur/Sekundärliteratur*

Primararzt//Sekundararzt
(Chefarzt ∘ österreichisch) ∘ *Die Stelle als Primararzt in Ried war wegen des Wechsels von Professor H., der in seine Heimat Tirol zurückging, vakant geworden.* (Rieder Volkszeitung 17. 10. 2013)

Primarärztin//Sekundarärztin
(Chefärztin ∘ österreichisch) ∘ *Aufgrund ihrer hervorragenden Qualifikation als Ärztin und ihrer starken Persönlichkeit wurde sie 2008 am Krankenhaus in Bludenz zur ersten Primarärztin Vorarlbergs bestellt* (Vorarlberger Nachrichten 13. 11. 2014)

Primarbereich//Sekundarbereich
(Pädagogik)

primäre Geschlechtsmerkmale//sekundäre Geschlechtsmerkmale
primäre Geschlechtsmerkmale sind bei der Frau die Eierstöcke, die Scheide, die Schamlippen, der Kitzler, beim Mann das männliche Glied und die Hoden

Primärfarbe//Sekundärfarbe
Primärfarben sind Rot, Gelb, Blau

Primärheilung//Sekundärheilung
(Wundheilung ohne Eiterung ∘ Medizin)

Primärinsekten//Sekundärinsekten
(Insekten, die gesunde Pflanzen befallen, z. B. Maikäfer)

Primärliteratur//Sekundärliteratur
(die Werke der Dichter, Schriftsteller usw.)

Primärquelle//Sekundärquelle
(Material aus erster Hand, z. B. Protokolle, Tagebücher o Geschichte)

Primärrumpf//Endrumpf
(Geologie)

Primarschule//Sekundarschule
(Grund- und Hauptschule) o *auch im Baselbiet werden die Schülerinnen und Schüler künftig sechs Jahre die Primarschule und drei Jahre die Sekundarschule besuchen* (Tagesanzeiger 1. 6. 2015)

Primärspule//Sekundärspule
(Elektrotechnik)

Primärstatistik//Sekundärstatistik
(direkte Zählung für statistische Zwecke)

Primärstrahlung//Sekundärstrahlung
(Physik)

Primarstufe//Sekundarstufe
(die allen Schülern gemeinsame Schulzeit nach der Einschulung, die ersten 4–5 Jahre in der Grundschule) o *Auf der Primarstufe sei das Problem entschärft und auf der Sekundarstufe weiter latent.* (St. Galler Tagblatt 22. 8. 2012)

Primärtektogenese//Sekundärtektogenese
(Geologie)

Primärwicklung//Sekundärwicklung
(Elektrotechnik)

Prime//Sekunde
(Bogennummer am Fuß der ersten Seite eines Druckbogens o Druckwesen)

Primipara//Sekundipara
(Erstgebärende)

Primitivpubertät//Kulturpubertät
(Pubertät, bei der ungehemmte Sexualität an erster Stelle steht o Psychologie)

Primitivsprache//Kultursprache
Ihnen ist mit einer rudimentären Primitivsprache ebenso wenig gedient wie ihren deutschen Kameraden mit mangelhaftem Sprachvermögen. (Mannheimer Morgen 5. 9. 2009)

Primo//Secondo
(die rechte Hälfte der Tastenreihe bei vierhändigem Klavierspiel, der Spieler des Diskantparts)

Primogenitur//Sekundogenitur
(Erstgeburtsrecht)

Printmedien//elektronische Medien
(z. B. Zeitungen, Zeitschriften) o *Wir haben im Moment nur noch wenige Printmedien oder elektronische Medien, die sich an die ganze Nation wenden.* (Salzburger Nachrichten 18. 9. 2009)

Prinz//Prinzessin
Auf der Wiesn sind nämlich alle ein bisschen König und Königin, Prinz oder Prinzessin. (FOCUS 19. 9. 2015)

Prinzessin//Prinz

Prinzipal//Clarino
das Prinzipal ist eine tiefe Trompete

Prinzipalfarbe//Übergangsfarbe
Prinzipalfarben sind Rot, Gelb, Grün, Blau

privat//dienstlich, beruflich, geschäftlich
er ist privat unterwegs o *private Belange* o *Die rheinland-pfälzische Hochschule der Polizei auf dem Hahn/Hunsrück ist die erste bundesweit, die das Spannungsfeld zwischen privat Erlaubtem und dienstlich Verbotenem untersuchen ließ.* (Rhein-Zeitung 12. 6. 2018) o *Niemand bestreitet, dass die Ausgaben streng nach privat und beruflich getrennt werden müssen.* (FOCUS 18. 1. 2010) o *Ob privat oder geschäftlich, im Hotel Landhaus Säntis erwarten Gourmets ein stilvoller Rahmen und ein perfektes Ambiente.* (St. Galler Tagblatt 23. 6. 2018)

privat//öffentlich
eine private Veranstaltung o *private Einrichtungen* o *private Mittel* o *eine private*

Äußerung des Ministers ○ *Wir könnten auch mehr private Investitionen für öffentliche Infrastrukturaufgaben wie den Autobahnbau mobilisieren.* (Der Spiegel 13. 5. 2017) ○ *Die Mauer trennt und verbindet drinnen und draußen, das Private und das Öffentliche ... So ist die europäische Stadt entstanden.* (Der Spiegel 8. 6. 2019)

privat//staatlich
ein privates Gymnasium ○ *Diese Mischform aus privat und staatlich sei in Deutschland einzigartig mit all seinen Vor- und Nachteilen.* (Süddeutsche Zeitung 3. 3. 2018)

privat//staatseigen, (historisch) volkseigen
private Betriebe ○ *Eine davon Anfang vergangenen Jahres, als erstmals private Presse zugelassen wurde. Davor hatte es nur die staatseigene Zeitung gegeben.* (Haller Tagblatt 28. 6. 2014)

privat//öffentlich-rechtlich
privates Fernsehen ○ *private Geldinstitute* ○ *Der Schutz für Unternehmen, private und öffentlich-rechtliche Versicherungen und halbstaatliche Stellen wie Stadtwerke bleibt nach den Angaben erhalten* (Kölnische Rundschau 21. 8. 2017)

privat//gesellschaftlich
Es geht nicht an, dass in diesem zentralen gesellschaftlich Bereich seit Jahrhunderten privat herumdilettiert wird. (Salzburger Nachrichten 11. 5. 2010)

Privat...//gesellschaftlich...
Neben dem Privateigentum muss es allerdings auch gesellschaftliches Eigentum geben. (Süddeutsche Zeitung 16. 5. 2001)

Privat...//Kassen... (Substantiv)
z. B. *Privatpatient/Kassenpatient*

Privat...//öffentlich-rechtlich...
Privatfernsehen

Privatarzt//Kassenarzt
Der Privatarzt macht, was ich will, und der Kassenarzt, was die Kasse zahlt. Das ist der große Unterschied. (Die Presse 24. 11. 2014)

Privatbrief//Geschäftsbrief

Privateigentum//Gemeineigentum, Staatseigentum
Achtsamkeit sei gefragt – nicht nur, was Privateigentum betreffe, sondern auch mit Blick aufs Gemeineigentum. (Westdeutsche Zeitung 29. 4. 2015) ○ *„Privateigentum sollte die Regel sein und Staatseigentum besonders begründet werden"* (Oberösterreichische Nachrichten 21. 6. 2014)

private Kommunikation//öffentliche Kommunikation
(Publizistik)

private Krankenkasse//gesetzliche Krankenkasse

private Krankenversicherung//gesetzliche Krankenversicherung

Privatfahrt//Dienstfahrt
mit dem Geschäftswagen eine Privatfahrt machen ○ *Grundsätzlich verlangt der Fiskus, dass im Fahrtenbuch jede einzelne Privatfahrt mit Kilometerangaben, jede Dienstfahrt mit Zeitangaben und Kilometerständen, mit Ziel und Route, Zweck und Gesprächspartner dokumentiert wird.* (Nürnberger Nachrichten 11. 4. 2006)

Privatgespräch//Dienstgespräch
war das ein Privatgespräch (beim Telefonieren)? Und ein Polizist, der Privatgespräche am Telefon als Dienstgespräche tarnt, muss mit einer Kürzung seiner Bezüge leben. (Trierischer Volksfreund 11. 10. 2005)

privatisieren//entprivatisieren
privatisierte Unternehmen wieder entprivatisieren ○ *Es wird viel Geld darauf verwendet, Betreuungsleistungen zugleich*

zu privatisieren und zu entprivatisieren. Das ist doch ein wenig paradox. (Falter 18. 1. 2017)

privatisieren//verstaatlichen
staatliche Betriebe privatisieren ○ *Statt die Bank zu privatisieren, erwägt die Regierung jetzt offenbar, das Institut komplett zu verstaatlichen.* (Die Presse 3. 8. 2012)

Privatisierung//Vergesellschaftung
Ich befürchte nur beim Verkauf, dass es zu einer Privatisierung der Vermögen kommt und zu einer Vergesellschaftung der sozialen Probleme (Niederösterreichische Nachrichten 20. 8. 2007)

Privatkapitalismus//Staatskapitalismus

Privatkasse//Ersatzkasse

Privatkrankenkasse//Ersatzkasse

Privatkunde//Geschäftskunde
Privatkunden der Telekom

Privatleben//Berufsleben
im Privatleben ○ *Nur wer ein erfülltes Privatleben hat, kann auch im Berufsleben höchste Leistungen erbringen.* (Die Presse 2. 4. 2011)

Privatnummer//Dienstnummer
(beim Telefon)

Privatpatient[in]//Kassenpatient[in]
sie ist Privatpatientin ○ *Wie jeder Privatpatient, der nicht zahlt, kann auch ein Kassenpatient, für den keine Bezahlung erfolgt, abgewiesen werden.* (Berliner Morgenpost 15. 11. 2006)

Privatrecht//öffentliches Recht
(Rechtswesen)

Privatreise//Dienstreise
das ist eine Privatreise

Privatschule//staatliche Schule, öffentliche Schule
sie geht in eine Privatschule ○ *Dafür gelten für die Privatschulen dieselben Vorgaben wie für staatliche Schulen, was Lehr-*
plan und Lehrerbezahlung angeht. (Süddeutsche Zeitung 16. 2. 2015) ○ *Der große Andrang auf Privatschulen oder öffentliche Schulen mit besonderem Profil und strengem Auswahlverfahren speist sich dabei nicht nur aus dem Kreis der deutschen Bildungseliten.* (Berliner Morgenpost 16. 3. 2018)

Privatuniversität//Massenuniversität

Privatversicherung//Pflichtversicherung
Ich würde die Privatversicherung für die Gesundheitsvorsorge als klaren Vorteil sehen gegenüber der Pflichtversicherung (Vorarlberger Nachrichten 23. 4. 2016)

Privatwagen//Dienstwagen

Privatwohnung//Dienstwohnung
das ist meine Privatwohnung

privilegiert//unterprivilegiert
er ist privilegiert (hat eine besondere Stellung in der Gesellschaft) ○ *Für den Rapper Chima geht es „nicht um schwarz und weiß, sondern um privilegiert und unterprivilegiert, um Wohlstand und Perspektivlosigkeit".* (taz 27. 4. 2001)

privilegierter Straftatbestand//qualifizierter Straftatbestand

pro//anti; ↑auch: **gegen**
er ist pro (dafür) ○ *Heute definieren sich die zwei politischen Blöcke ... nicht als pro- oder antisyrisch, sondern als pro oder anti Asad.* (Neue Zürcher Zeitung 10. 5. 2011)

Pro//Anti
Ärztlicher Friedensarbeit muss immer ein Pro und nicht ein Anti voranstehen. (Süddeutsche Zeitung 20. 5. 2008)

pro//contra, kontra; ↑auch: **[da]gegen, anti...**
er ist pro (dafür) *eingestellt* ○ *Kunstarbeit ist immer pro und contra.* (Der Spiegel 21. 4. 2018)

Pro//Kontra; ↑auch: das Für und Wider
das Pro (Für) und Kontra (Gegen) Abwägen o *Natürlich müssen rechtliche Vorkehrungen getroffen werden, dass Pro und Kontra in der öffentlichen Debatte ausreichend Platz finden.* (Die Presse 19. 4. 2013)

pro...//anti...; ↑auch: gegen//für (Adjektiv)
(mit der Bedeutung: für eine Sache, sie mögend) z. B. *proamerikanisch/antiamerikanisch*

proaktiv//retroaktiv
(vorauswirkend)

proamerikanisch//antiamerikanisch
proamerikanische Demonstrationen

Probiotikum//Antibiotikum
(Mikroorganismen, die verschiedene Nahrungsmittel ergänzen)

problematisch//unproblematisch
die Regelung der Ansprüche ist problematisch o *Ein Papiersackerl sei, wegen der dafür nötigen intensiven Holznutzung ... ökologisch gesehen genauso problematisch wie ein Plastiksackerl. Die Entsorgung sei jedoch unproblematisch.* (Salzburger Nachrichten 26. 9. 2009)

prodeutsch//antideutsch; ↑auch: deutschfeindlich, germanophob

Produkt//Edukt
(Erzeugnis, Hergestelltes)

Produktion//Konsum, Konsumtion
die Produktion von Nahrungsmitteln o *Einer der größten Klimakiller bei der Ernährungswirtschaft ist die Produktion und der übermäßige Konsum von Fleisch.* (Hamburger Abendblatt 11. 12. 2017) o *Was verursacht die Globalisierung an Wechselwirkungen zwischen Produktion und Konsumtion?* (Saarbrücker Zeitung 9. 2. 2017)

Produktion//Rezeption
die Produktion literarischer Werke o *Es bleibe daher eine dauerhafte Herausforderung, potenziell alle Mitglieder der Stadtgesellschaft an der Produktion und Rezeption von Kunst und Kultur zu beteiligen.* (Mittelbayerische Zeitung 19. 1. 2018)

Produktionsbetrieb//Dienstleistungsbetrieb

Produktionsbreite//Produktionstiefe
(Zahl der unterschiedlichen Produkte im Produktionsprogramm)

Produktionstiefe//Produktionsbreite
(die unterschiedlichen Ausführungen innerhalb einer Produktart)

produktiv//rezeptiv
beim Schreiben ist man produktiv, beim Lesen rezeptiv o *Bei der Einschulung beträgt der „produktive" Wortschatz in der Erstsprache rund 5000 Wörter, der „rezeptive" 15.000 Wörter.* (Die Presse 24. 6. 2012)

produktiv//unproduktiv, nichtproduktiv; ↑auch: passiv
eine produktive Arbeit o *der Komponist hatte gerade eine produktive Phase* o *„Besser produktiv scheitern als unproduktiv erfolgreich sein"* (Die Presse 25. 2. 2015) o *Und die Unterscheidung in produktive und nichtproduktive Arbeit ist obsolet: immaterielle Arbeit ist Hauptquelle des Reichtums.* (taz 20. 6. 2009)

Produzent//Konsument; ↑auch: Verbraucher
der Produzent von Waren o *Man hat die Produktion aufs Kapital und die Warenform gegründet und hat dann bemerkt, dass man damit selbst zur Ware wird, zum Humankapital, und zwar in den beiden Rollen als Produzent und Konsument.* (Tagesanzeiger 16. 6. 2014)

Produzent//Rezipient; ↑auch: Empfänger
der Produzent (der Schreiber) von Texten

Produzentenkino//Autorenkino
Doch Star Wars ist ohnehin Produzentenkino, für das Routine gefragt ist (Tages-

anzeiger 24. 5. 2018) o „Poll" wirkt wie ein Gegenentwurf zum populistischen Produzentenkino (Südwest Presse 8. 11. 2010)

produzieren//konsumieren
Güter produzieren

produzieren//rezipieren
Texte (durch Schreiben) produzieren o *wozu für Menschen Kunst produzieren, die gar nicht die Kraft haben können, sie zu rezipieren?* (taz 22. 11. 2005)

profan//heilig, sakral
profane (weltliche) Texte o *Das Gemeindehaus ist städtebaulich und funktional das Bindeglied zwischen profan und sakral, zwischen Dom und Stadt.* (Wormser Zeitung 11. 2. 2013) o *Wenn wir keine Unterbrechung haben, wenn nur Alltag herrscht und kein Sonntag mehr. Wenn alles nur profan ist und nichts mehr heilig.* (Schwäbische Zeitung 20. 9. 2014)

Profanbau//Sakralbau
(nichtkirchlichen Zwecken dienender Bau)

Profi//Amateur; ↑auch: Laie//Fachmann
Der zur Litfaßsäule mutierte Profi von heute wird während der olympischen Tage zum werbefreien Amateur. (Tiroler Tageszeitung 10. 2. 2018)

Profil; ↑im Profil

Profitwirtschaft//Bedarfswirtschaft

Progenie//Prognathie
(Vorstehen des Unterkiefers o Medizin)

Prognathie//Progenie
(Vorstehen des Oberkiefers o Medizin)

prograd//retrograd
eine prograde (normal austretende) Ejakulation

Programmmusik//absolute Musik
Programmmusik gibt Inhalte, Vorgänge (z. B. das Aufziehen der Wache) musikalisch wieder o *Der Komponist Pacalet hält die schwierige Balance zwischen unterhaltsamer Programmmusik und Volkstümlichkeit, ohne auf den Anspruch auf absolute Musik verzichten zu wollen.* (Thüringische Landeszeitung 28. 9. 2009)

Progression//Regression
(Finanzwesen)

progressiv//reaktionär
(fortschrittlich) o *Hier herrscht nicht nur ein Durcheinander von Traum und Wirklichkeit, hier herrscht auch ein Durcheinander von links und rechts, progressiv und reaktionär, authentisch und künstlich.* (Stuttgarter Zeitung 19. 10. 2000)

progressiv//regressiv
progressive (fortschreitende) Tendenzen o *„Das Tanzpublikum ist jünger als jenes im Theater, sehr festival- und highlight-orientiert", meint sie: „Der Tanz ist progressiv, das Theater eher regressiv".* (Die Presse 12. 8. 2000)

projüdisch//antijüdisch

Prokaryonten//Eukaryonten
(Biologie)

Proklise//Enklise
(Verschmelzung eines unbetonten Wortes mit einem nachfolgenden betonten, z. B. 's Kind = das Kind o z'Haus = zu Hause o 'n Morgen = guten Morgen)

Proklitikon//Enklitikon
(unbetontes Wort, das sich als Verkürzung an das folgende anlehnt, z. B. 's in: wenn 's Wetter so bleibt)

proklitisch//enklitisch
eine proklitische (vorgeneigte) Silbe

Prokne; ↑Philomela//Prokne

Proletariat//Bourgeoisie
(Marxismus) o *Der "Hauptwiderspruch" verlief für sie zwischen Kapital und Arbeit, zwischen Bourgeoisie und Proletariat.* (Der Spiegel 7. 4. 2018)

Proletariat; ↑**Industrieproletariat, Landproletariat**

Proletarier//Bourgeois
(Marxismus)

Prolog//Epilog; ↑**auch: Nachwort**
(vorangestellte Worte in einem literarischen Werk) ○ *Luft schildert in fünf Sätzen, einem Prolog und einem Epilog wichtige Stationen aus Luthers Leben.* (Haller Tagblatt 18. 10. 2017)

Prometheus//Epimetheus
(griechische Mythologie) ○ *Prometheus ist der Vorsorgliche, der „Vorbedacht" im Gegensatz zu seinem Bruder Epimetheus, dem „Nachbedacht", dem erst hinterher die Folgen seines Handelns bewusst werden*

promisk//monogam
Tatsächlich müsste ein promisker Mann mit mehr als 130 Frauen schlafen ... um mit 90-prozentiger Chance einen monogamen Mann zu übertreffen, der ein Kind pro Jahr zeugt. (Der Spiegel 10. 10. 2018)

promovieren//relegieren
(aufsteigen ○ im Sport ○ schweizerisch) ○ *Aus den drei Gruppen zu je 16 Teams werden nach einer Aufstiegsrunde zwei Equipen in die Nationalliga B promoviert; pro Gruppe werden zwei in die interregionale 2. Liga relegiert.* (Der Bund 2. 8. 2000)

Pronation//Supination
(Drehung der Hand, des Fußes nach innen)

pronieren//supinieren
(die Hand, den Fuß nach einwärts drehen)

proper//(veraltet) malproper
(sauber, ordentlich)

Proportion; ↑**Disproportion, richtige Proportion**

Proportionalität//Disproportionalität

proportioniert//disproportioniert

Proposta//Risposta
(beim Kanon die beginnende Stimme)

propriozeptiv//exterozeptiv
(in Bezug auf Wahrnehmung über Muskeln, Sehnen usw.)

Prosa//Poesie
eine gute Prosa, z. B. ein Roman ○ *Prosa und Poesie mit einer Prise Satire boten die Autoren der 16. Nacht der Poeten am Freitagabend im Lauphemer Kulturhaus.* (Schwäbische Zeitung 25. 4. 2016)

Prosa; ↑**in Prosa**

prosaisch//poetisch
sich sehr prosaisch (ernüchternd sachlich) ausdrücken ○ *Bücher sind all das, was Menschen auch sind: interessant oder langweilig, geschwätzig oder zurückhaltend, zärtlich oder plump, prosaisch oder poetisch, aufregend oder ermüdend.* (Schweriner Volkszeitung 27. 3. 2010)

Proserpina; ↑**Pluto//Proserpina**

prospektiv//retrospektiv
(vorausschauend) ○ *Über die fixen Vergütungsanteile entscheidet die Generalversammlung prospektiv, über die variablen Anteile retrospektiv.* (Neue Luzerner Zeitung 7. 5. 2014)

Prosperität//Depression
(wirtschaftlicher Aufschwung)

Prostituierte//Zuhälter
der Zuhälter einer Prostituierten

Proszenium//Postszenium
(Raum zwischen Vorhang und Rampe einer Bühne)

Protagonist//Deuteragonist
(Hauptdarsteller im griechischen Theater)

Protandrie//Protogynie
(bei Zwittern das Reifwerden der männlichen vor den weiblichen Geschlechtsprodukten ○ Biologie)

protandrisch//protogyn
(Biologie)

Protasis//Apodosis; ↑auch: Nachsatz
(Vordersatz o Sprachwissenschaft)

Protestant//Protestat
(jemand, der die Annahme/Einlösung eines Schecks, Wechsels verweigert o Wirtschaft)

Protestant//Katholik
Man war nicht zuerst Protestant oder Katholik, sondern Mensch. (Die Presse 8. 9. 2016)

Protestantismus//Katholizismus

Protestat//Protestant
(jemand, gegen den sich die Verweigerung der Annahme/Einlösung eines Schecks, Wechsels richtet o Wirtschaft)

Prothesis//Epithesis
(Phonetik)

protogyn//protandrisch
(Biologie)

Protogynie//Protandrie
(bei Zwittern das Reifwerden der weiblichen vor den männlichen Geschlechtsprodukten o Biologie)

Protoklase//Kataklase
(Geologie)

Proton//Antiproton
(Kernphysik)

Protoplast//Sphäroplast
(Bakteriologie)

Prototyp//Ektypus
(Urbild)

Protozoon//Metazoon
(nur aus einer Zelle bestehendes Lebewesen)

Provinzei//Weltbürger
Er stieg auf vom rheinländischen Provinzei zum Kulissenschieber mit schier unbegrenzter Medienpräsenz. (taz 25. 1. 2002)

provinziell//weltmännisch
er ist sehr provinziell (kleinlich, engstirnig) o *sein provinzielles Verhalten* o *Ist er offen oder eher zurückhaltend, provinziell oder weltmännisch?* (Trierischer Volksfreund 21. 9. 2001)

provinziell//weltstädtisch
er fand Berlin provinziell und gar nicht weltstädtisch o *Nicht alle, die in der Provinz leben, seien provinziell und nicht alle, die in der Hauptstadt wohnen, seien weltstädtisch.* (Stuttgarter Zeitung 25. 4. 2009)

Provisorium//Definitivum
(provisorischer Zustand) o *Beim Augenschein im provisorischen Kino wird bald einmal klar, dass noch einiges zu tun sein wird, um aus dem Provisorium ein Definitivum zu machen.* (Südostschweiz 24. 4. 2007) o *Damit wird ein Provisorium zum Definitivum.* (Neue Zürcher Zeitung 26. 2. 2009)

Provokation//Gegenprovokation
Es sei notwendig, „den Antagonismus von Provokation und Gegenprovokation ... Drohung und Gegendrohung, von Sanktionen und Gegensanktionen zu durchbrechen"... (Der Spiegel 5. 5. 2018)

proximal//distal
(Medizin)

Prozentkurs//Stückkurs
(Börse)

Prozess; ↑Strafprozess, Zivilprozess

Prozessantrag//Sachantrag
(Rechtswesen)

prozessfähig//prozessunfähig
(Rechtswesen)

prozessunfähig//prozessfähig
(Rechtswesen)

Prozessvergleich//außergerichtlicher Vergleich

prozyklisch//antizyklisch
(in Bezug auf die bestehende Konjunktur, ihr entsprechend)

Prüfende[r]//Geprüfte[r], Prüfling
eine unangenehme Situation – sowohl für den Prüfenden als auch für den Geprüften

Prüfer//Geprüfte[r], Prüfling
Prüfer und Prüfling/Geprüfter waren zufrieden

Prüferin//Geprüfte[r], Prüfling
Prüferin und Prüfling/Geprüfter waren zufrieden

Prüfling//Prüfer[in], Prüfende[r]
der Prüfling und sein Prüfer

Pseudandronym//Pseudogynym
(männlicher Name als Deckname für eine Frau, z. B.: *George Eliot* für *Mary Ann Evans*; *Johannes Langenfeld* für *Daniela Krein*)

Pseudogynym//Pseudandronym
(weiblicher Name als Deckname für einen Mann, z. B.: *Clara Gazul* für *Prosper Mérimée*; *Charlotte von Mahlsdorf* für *Lothar Berfelde* oder *Gerda von Nussink* für *Winfried Bornemann*)

pseudonym//autonym, orthonym
(unter einem Decknamen, falschen, anderen Namen) o *Pfarrer Otto August Ludwig, der sich pseudonym August Rabe nannte, war in der ersten Hälfte des 20. Jahrhunderts ein allseits hochgeschätzter, vielseitiger, liebenswerter Zeitgenosse.* (Thüringische Landeszeitung 8. 7. 2017)

Pseudonym//Autonym, Klarname, Realname
(Künstlername, Deckname, z. B.: *Jack London* für *John Griffith*); *das Pseudonym des Schriftstellers Ludwig Eichrodt (1827–1892) – auf den Wort und Begriff „Biedermeier" zurückgeht – ist Rudolf Rodt; Iwan Bloch (1872–1922) veröffentlichte sein Werk „Geschlechtsleben in England" unter dem Pseudonym Eugen Dühren*

Pseudonym; ↑unter einem Pseudonym

Psyche; ↑Amor

psychisch//physisch; ↑auch: körperlich//seelisch
ein psychisches (seelisches) Leiden o *jemanden psychisch vernichten* o *nach der Katastrophe war er physisch und psychisch am Ende* o *Die Betroffenen in Gesundheits- und Pflegeberufen seien „psychisch und physisch belastet".* (Die Presse 17. 1. 2011)

psychisch//somatisch; ↑auch: körperlich, physisch
diese Krankheit ist psychisch, nicht somatisch bedingt o *„Unser Ziel muss sein, in Zukunft psychisch Kranke wie somatisch Kranke zu betrachten."* (Niederösterreichische Nachrichten 14. 8. 2014)

psychogen//physiogen
(seelisch bedingt)

psychonom//apsychonom
(der Psyche unterstehend o Psychologie)

Pubertät; ↑Kulturpubertät, Primitivpubertät

Publikum; ↑disperses Publikum, Präsenzpublikum

pull//push; ↑auch: drücken, poussez, stoßen
(drücken; bei der Tür)

pumpen, jemandem etwas//pumpen, sich etwas
sie hat ihm 100 Euro, ihre Schlittschuhe gepumpt (umgangssprachlich)

Punktgewinn//Punktverlust
Das 2:2 der Bayern war in erster Linie weder Punktgewinn noch Punktverlust, sondern vor allem Ausdruck einer ziemlich verfahrenen Situation, in der die Münchner stecken. (Der Spiegel 2. 10. 2017)

pünktlich//unpünktlich
sie kam pünktlich o *ein pünktlicher Zahler* o *Im vergangenen Jahr waren nur*

87,2 Prozent aller Fahrten pünktlich, wobei nur solche statistisch als unpünktlich erfasst werden, die maximal 90 Sekunden zu früh beziehungsweise 210 Sekunden zu spät sind. (Berliner Morgenpost 23. 8. 2017)

Punktniederlage//Punktsieg
Im dritten Kampf musste er mit 5:6 eine knappe Punktniederlage hinnehmen, ehe er wieder einen überzeugenden 9:0 Punktsieg folgen ließ. (Mannheimer Morgen 19. 4. 2018)

Punktpreis//Tagespreis
(beim Segeln Preis für eine Regattaserie)

Punktsieg//Punktniederlage
Ludwig Bayer ... schaffte mit einem weiteren Punktsieg und einer Punktniederlage in den Finalkämpfen einen starken vierten Platz. (Mittelbayerische Zeitung 16. 2. 2018)

Punktspiel//Freundschaftsspiel
(Spiel um die Meisterschaft ○ Ballspiele)

punktuell//linear
punktuelles Lesen ○ *Mehrere Experten warnen davor, Sprachkenntnisse punktuell zu einem einzigen Zeitpunkt abzufragen. Sprachentwicklung erfolgt nicht linear, sehr dynamisch und abhängig vom Umfeld* (Der Standard 24. 1. 2018)

Punktverlust//Punktgewinn
Für die 1863er stand am Ende nicht der Punktverlust, sondern der verdiente Punktgewinn im Fokus. (Nordkurier 25. 1. 2016)

purinarm//purinreich
purinarme Ernährung

purinreich//purinarm
Nieren (als Essen) sind purinreich ○ *purinreiche Ernährung*

push//pull; ↑auch: tirez, ziehen
(ziehen; bei der Tür)

Put//Call
(Verkaufsoption ○ Börsenwesen)

putzen//abputzen
den Weihnachtsbaum putzen (schmücken) ○ *Drei Familien aus Deutschland, Österreich und der Schweiz sollten in Rekordzeit einen im Wohnzimmer aufgestellten Weihnachtsbaum putzen.* (Nürnberger Nachrichten 21. 8. 2008)

pyknisch//leptosom; ↑auch: asthenisch, schizothym
ein pyknischer (gedrungener) *Mensch* (Typenlehre)

Pylades; ↑Orest//Pylades

Pyramus//Thisbe
(babylonisches Liebespaar in Ovids „Metamorphosen", z. B. auch in Shakespeares „Sommernachtstraum")

Pyretikum//Antipyretikum
(fieberbewirkendes Mittel ○ Medizin)

Pyrrha; ↑ Deukalion//Pyrrha

Q

Quadrophonie//Stereophonie
(über vier Kanäle laufende Übertragungstechnik)

qualifizieren//dequalifizieren
Aus dem Plan muss auch hervorgehen, wie Sie sich für diese Arbeit qualifizieren. (Der Tagesspiegel 16. 12. 2000)

qualifizieren//disqualifizieren
Das Parlament, die Gerichte und die oberste Wahlkommission qualifizieren und disqualifizieren die Kandidaten für die Präsidentschaftswahl in immer rascherem Wechsel. (Süddeutsche Zeitung 16. 4. 2012) ○ *Zum Abschluss wollte er sich auch mit der 4 × 100-Meter-Staffel seines Vereins für die süddeutschen Meisterschaften qualifizieren, nach einem Wechselfehler wurde die Staffel aber leider disqualifiziert.* (Saarbrücker Zeitung 11. 6. 2013)

qualifiziert//unqualifiziert
ein für diese Aufgabe qualifizierter Mitarbeiter ○ *In den USA sind 55 Prozent der Einwanderer qualifiziert, in der EU 5 Prozent, 85 Prozent dagegen sind unqualifiziert – in den USA nur 5 Prozent.* (Wiener Zeitung 28. 5. 2008)

qualifizieren//quantifizieren
eine qualifizierende (die Qualität betreffende) *Größe* ○ *Abgaben für Wirtschaft und Banken sind weder qualifiziert noch quantifiziert.* (Westdeutsche Zeitung 10. 7. 2010)

qualifizierter Straftatbestand//privilegierter Straftatbestand
(Recht)

Qualität//Ausschuss
das ist Qualität (gute Ware) ○ *Nach Kundenwunsch werden unterschiedlich aufwendige Noten gedruckt, bei stets hoher Qualität. Trotzdem ist der Ausschuss mit weniger als 5 Prozent generell sehr gering.* (Tagesanzeiger 27. 12. 2008)

Qualität//Quantität
es kommt auf Qualität (die Güte) *und nicht auf Quantität* (die Menge) *an*

qualitativ//quantitativ
qualitative Merkmale ○ *Gefordert wird eine verbindliche, qualitative und quantitativ definierte Standortsicherung.* (Schwäbische Zeitung 23. 7. 2014)

Qualitätsware//Ausschuss
das ist Qualitätsware ○ *Qualitätsware mit Markennamen war es, die über den Tisch gereicht wurde. Es handelt sich also keinesfalls um Ausschuss, der sonst nicht mehr an den Kunden zu bringen ist.* (Rheinische Post 23. 3. 2007)

quantifizieren//qualifizieren
eine quantifizierende (die Quantität betreffende) *Größe* ○ *Die angeblich „besorgniserregenden" Zahlen über Fahrradunfälle sind aber weder bundesweit quantifiziert, schon gar nicht qualifiziert ermittelt.* (Süddeutsche Zeitung 6. 6. 2013)

Quantität//Qualität
es kommt auf Qualität (die Güte) *und nicht auf Quantität* (die Menge) *an*

quantitativ//qualitativ
quantitativ (in Bezug auf die Menge, Anzahl) *überlegen sein* ○ *Die Schlagkraft quantitativ zu erhöhen, kann nicht über qualitative Mängel hinwegtäuschen.* (Tiroler Tageszeitung 23. 4. 2014)

Quasselfritze//Quasselliese
(männliche Person, die viel redet, was missfällt) ○ *Kein Mensch wusste doch nun die ganze Woche lang, wie der so sensible „Quasselfritze" auf den Raus-*

schmiss reagiert. (Hamburger Abendblatt 12. 5. 2007)

Quasselliese//Quasselfritze
(weibliche Person, die viel redet, was missfällt) ○ *Immer noch trägt sie, die ein geselliger Mensch ist und sich bei früheren Gelegenheiten selbst als „Quasselliese" beschrieb, gern Gedichte vor.* (Rheinische Post 29. 11. 2011)

queer//hetero
Stellt sie dar, die Ideale und das Begehren, in allen ihren Formen, egal ob weiblich oder männlich, schwarz oder weiß, queer oder hetero – aber macht es so, wie ihr wollt, ohne Rücksicht auf irgendeine Moral. (Der Spiegel 10. 2. 2018)

Quelldiskette//Zieldiskette
(EDV)

Quelle//Mündung; ↑auch: **münden**
die Quelle eines Flusses ○ *„Man muss versuchen, den Fluss von der Quelle bis zur Mündung zu beherrschen"* (Hannoversche Allgemeine 6. 12. 2016)

Quelle//Senke
(Physik)

Quellordner//Zielordner
(EDV)

Quellprogramm//Zielprogramm
(Programm, das von einem anderen Programm verarbeitet werden soll, das von einem Übersetzer in ein Zielprogramm übersetzt werden soll ○ EDV)

Quellsprache//Zielsprache
(Sprachwissenschaft)

Quellverkehr//Zielverkehr
(von einem bestimmten Ort ausgehender Verkehr ○ Verkehrswesen) ○ *In der werktäglichen Nachmittagsspitzenstunde entspricht dies 368 Fahrzeugen im Quellverkehr und 382 Fahrzeugen im Zielverkehr* (Westdeutsche Zeitung 24. 8. 2016)

quer//längs
das Schiff liegt quer ○ *Hier wird seit Jahrzehnten quer anstatt längs geparkt, und das werden wir weiterhin tolerieren.* (Hamburger Abendblatt 23. 11. 2017)

quer...//längs... (Adjektiv)
z. B. *quergestreift/längsgestreift*

Quer...//Längs... (Substantiv)
z. B. *Querschnitt/Längsschnitt*

Querachse//Längsachse
Die drei Schornsteine erhalten eine Länge von 21 Meter und ihre ovale Öffnung wird in der Querachse fünfeinhalb Meter und in der Längsachse neun Meter erreichen. (Südkurier 27. 6. 2012)

Querfaden//Längsfaden
(Stricken)

Querflöte//Längsflöte

Querformat//Hochformat
(Format, bei dem die Breite – von Büchern o. Ä. – länger ist als die Höhe)

quergestreift//längsgestreift
ein quergestreiftes Hemd ○ *Zebras sind quergestreift (was eben dick macht) und menschliche Nadelstreifer sind meist längsgestreift.* (Die Südostschweiz 17. 2. 2013)

Querlage//Längslage
(Geburtslage ○ Medizin)

querschiffs//längsschiffs
(im rechten Winkel zur Kielrichtung)

Querschnitt//Längsschnitt
(senkrecht zur Längsachse)

Querschnittsuntersuchung//Längsschnittuntersuchung
(Soziologie)

Querseite//Längsseite
Die Stellplätze werden im südlichen Bereich des Sportplatzes angelegt, das Vereinshaus von der Querseite auf die Längsseite des Platzes verlagert. (Wiesbadener Tagblatt 19. 12. 2002)

Querstreifen//Längsstreifen
Es ist bei Wänden wie beim Menschen und seinen Klamotten: Querstreifen lassen breiter wirken, Längsstreifen schlanker. (Mannheimer Morgen 21. 6. 2014)

Querstrich//Längsstrich
Ein Längsstrich, ein Querstrich, unten noch ein Kringel und fertig ist das japanische „A" (Saarbrücker Zeitung 18. 10. 2011)

Quertitel//Längstitel
(Buchtitel in Querrichtung auf dem Buchrücken)

Querwand//Längswand

Querwelle//Längswelle; ↑auch: **Longitudinalwelle**
(Physik)

Quichotte; ↑**Don Quichotte**

Quiddität//Entität
(das Wesen von etwas Seiendem im Unterschied zu seinem Da-Sein o Philosophie)

Quotenmethode//Arealmethode
(Methode der Befragung von Personen nach Alter, Geschlecht, Bildung o Meinungsforschung)

R

R; ↑Zäpfchen-R, Zungen-R

Radfahrer//Autofahrer, Fußgänger
Und auch mit dem Verhalten der Radfahrer sind die Autofahrer unzufrieden. (Nürnberger Nachrichten 30. 11. 2017) ○ *Hinzugekommen sind heute noch die Radfahrer, denen der Fußgänger ebenso vorsichtig wie Autos begegnet.* (Die Zeit Christ und Welt 11. 2. 2016)

radial//tangential
(vom Zentrum ausgehend) ○ *Leipzig verfügt über ein radiales System überwiegend vierspuriger Hauptverkehrsstrassen, das nun auch tangential ausgebaut wird.* (Neue Zürcher Zeitung 5. 9. 2005)

Radiale//Tangentiale
(von der Stadtmitte zum Stadtrand führende Verkehrslinie) ○ *Die Radiale, einst barocke Achse als Weg des Königs von Berlin nach Potsdam, ist seit Langem ein beliebter Waldweg in Richtung Wannsee* (taz 28. 7. 2009)

Radiallinie//Tangente
Oft fahren Bewohner der Außenbezirke nur ins Zentrum, um dort umzusteigen und mit einer anderen Radiallinie in einen anderen Außenbezirk zu fahren. (Süddeutsche Zeitung 28. 10. 2017)

Radiator//Konvektor
ein Radiator ist ein Heizkörper, der die Luft durch Strahlung erwärmt im Unterschied zum Konvektor, der die Luft durch Bewegung erwärmt

Radsteuerung//Seilsteuerung
(Bobsport)

Rahmenerzählung//Binnenerzählung
bei einer Rahmenerzählung umschließt eine Erzählung eine oder mehrere andere

Rammler//Häsin
(männlicher Hase) ○ *In der festen Rangordnung dominiert ein Rammler über die Männchen, eine Häsin über die Weibchen.* (Kurier 18. 4. 2011)

Rammler//Kaninchen
(männliches Kaninchen) ○ *Ein Rammler wird im Zuchtprogramm immer „1,0" genannt. Das weibliche Kaninchen erhält die Zahlen „0,1" und hat zudem noch den Namen Häsin.* (Kölner Stadtanzeiger 3. 4. 2010)

ran//weg
ran an die Wand! ○ *„Mal kommt man näher ran, mal weiter weg, aber irgendwann ist man am Ziel."* (Rheinpfalz 19. 2. 2011)

Rand//Mitte; ↑auch: Zentrum
am Rand stehen ○ *Am unteren Rand und in der Mitte wird etwas mehr durchgemischt, die Oberschicht aber bleibt weiter unter sich. Um die sozialen Probleme sollen sich andere kümmern.* (Hamburger Morgenpost 25. 1. 2018)

Rappe//Schimmel
der Rappe ist ein schwarzes Pferd ○ *Da wiehern ja schwarzer Rappe und weißer Schimmel um die Wette und schlagen mit den Hufen ins Wasser.* (Main-Post 2. 6. 2007)

rasen//schleichen
er rast über die Autobahn ○ *Läuft der Verkehr dann endlich wieder, kann man rasen oder schleichen.* (Mitteldeutsche Zeitung 20. 6. 2001)

rasiert//unrasiert
er ist rasiert ○ *Es blieb nichts anderes übrig, als halb rasiert zur Veranstaltung zu gehen. Oder halb unrasiert – wie man es nimmt.* (Mitteldeutsche Zeitung 21. 8. 2012)

Rat//Rätin
Zurzeit besteht der Bezirksrat Oberbayern aus 67 ehrenamtlichen Bezirksräten, von denen bisher nur ein Rat, genauer gesagt die Rätin B. J., als parteilos gelistet ist. (Mannheimer Morgen 12. 2. 2018)

Rate; ↑**in Raten**

Ratenzahlung//Barzahlung
Bei Bedarf kann Ratenzahlung vereinbart werden, bei Barzahlung ... gibt es 3 Prozent Rabatt. (Die Nordwestschweiz 15. 10. 2014)

Rätin//Rat

rational//irrational
rationale Argumente ○ *Denn die Angst der Menschen – sei sie nun rational oder irrational – wird nicht weniger, wenn Politiker signalisieren, wir würden überfordert.* (Main-Post 7. 9. 2015)

Rationalismus//Empirismus
(philosophische Richtung, die für die Erkenntnis das begriffliche Denken in den Mittelpunkt stellt)

Rationalismus//Irrationalismus
(von der Vernunft geleitetes Denken usw.)

rationell//unrationell
sie arbeiten rationell (zweckmäßig, effektiv) ○ *Die Möglichkeiten, erfolgreich und rationell in Großraumbüros zu arbeiten, sind stark begrenzt und nur in wenigen Arbeitsgebieten positiv möglich.* (Berliner Morgenpost 28. 7. 2017)

rau//glatt
eine raue Oberfläche ○ *Da aber die Oberfläche manchmal rau, manchmal glatt ist, da die Farbe dünn oder dick aufgetragen ist, sind helle und dunkle Flächen auszumachen.* (Salzburger Nachrichten 8. 9. 2006)

rau//mild
raues Klima ○ *Bald trüb und rau, bald licht und mild, April, des Menschen Ebenbild.* (Thüringische Landeszeitung 8. 4. 2017)

Raubfisch//Friedfisch
Raubfische verschlingen ihre Beute – Fische – meist ganz (Fachsprache)

Raubtierkrebs//Haustierkrebs
(lebensgefährliche Krebserkrankung ○ nach Hackethal)

rauchen//passivrauchen
Dass das Rauchen und auch das Passivrauchen schädlich ist, geht aus vielen einschlägigen Untersuchungen hervor (Wiener Zeitung 9. 9. 2014)

Raucher//Nichtraucher
er ist Raucher ○ *Bis ein ehemaliger Raucher ein ähnlich geringes Erkrankungsrisiko wie ein Nichtraucher aufweist, dauert es zwischen 15 und 20 Jahre.* (Der Standard 6. 12. 2016)

Raucher[abteil]//Nichtraucher[abteil]
sie wollte einen Platz im Raucher (Eisenbahn)

rauf//runter; ↑**auch: 'nunter//'nauf, runter...//hoch...**
rauf auf den Wagen! ○ *rauf auf die Autobahn!* ○ *nicht rauf, sondern runter mit den Preisen, mit den Mieten!* ○ *Löhne rauf und Abgaben runter!* ○ *Steuern rauf, Nebenkosten runter!* ○ *seit Jahrzehnten unverändert: Steuern rauf, Steuern runter.* (Der Spiegel 7. 4. 2018)

rauf...//runter...; ↑**auch: 'nunter//'nauf (Verben mit gleichem Basiswort)**
z. B. *raufgehen/runtergehen*

rauf...//runter...; ↑**auch: 'nunter//'nauf (Verben mit nicht gleichem Basiswort)**
z. B. *raufbringen/runterholen (Geld auf die Bank bringen/Geld von der Bank holen)*

raufbringen//runterbringen
er hat die eine Kiste erst in die Wohnung zu mir rauf-, dann die andere in den Keller zu ihr runtergebracht

raufbringen//runterholen; ↑auch: **abheben**
Geld (aufs Konto) raufbringen

raufbringen//runtertragen
bringen Sie den Stuhl aus dem Keller rauf zu mir, und tragen Sie danach die Kiste in den Keller runter

raufdrücken//runterdrücken
den Hebel raufdrücken (noch oben drücken)

rauffallen//runterfallen
die Treppe rauffallen bringt Glück – sagt man ○ *Ist einer von denen, die immer die Treppe rauffallen. Kann selber nichts und gibt mit den Ideen der anderen gross an.* (Neue Zürcher Zeitung 25. 4. 2006)

raufgehen//runtergehen; ↑auch: **hinuntergehen**
morgens ging er rauf auf den Berg, und abends ging er wieder runter ○ *geh doch rauf* (hinauf) *in die Wohnung!/geh doch runter* (hinunter) *auf die Straße!* (2 Sachverhalte, 1 personenidentische Perspektive, 2 Standorte)

raufgehen//runterkommen; ↑auch: **herunterkommen**
(höhenbezogen:) *sie geht (die Treppe) rauf* (hinauf), *und er kommt (die Treppe) runter* (herunter) ○ *morgens ging er rauf* (hinauf) *auf den Berg, und abends kam er wieder runter* (herunter) *(vom Berg)* ○ (flächenbezogen:) *geh rauf auf den Spielplatz!*

raufholen//runterbringen
Wein aus dem Keller raufholen

raufkommen//runtergehen
sie kommt (die Treppe) rauf, und er geht runter ○ *morgens kam er rauf auf den Berg, und abends ging er wieder runter* ○ *komm doch rauf* (zu mir in die Wohnung)!

raufkommen//runterkommen; ↑auch: **herunterkommen**
(2 Sachverhalte, 1 personenidentische Perspektive, 2 Standorte) z. B. *komm doch rauf* (herauf) *in die Wohnung!/komm doch runter* (herunter) *auf die Straße!*

raufkrempeln//runterkrempeln; ↑auch: **herunterkrempeln**
die Ärmel raufkrempeln

raufkurbeln//runterkurbeln; ↑auch: **herunterkurbeln**
das Autofenster raufkurbeln

rauflassen//runterlassen
lass mich rauf (hinauf) *zu dir auf die Schaukel!* ○ *Ich lass dich nicht rauf* (herauf) *zu mir*

raufpaddeln//runterpaddeln
die Lahn rauf- und wieder runterpaddeln

raufschrauben//runterschrauben
die Forderungen raufschrauben

raufsetzen//runtersetzen
die Preise raufsetzen

raufsteigen//runtersteigen
auf die Leiter raufsteigen

rauftragen//runtertragen
eine Kiste Wein habe ich in die Wohnung rauf-, eine andere in den Keller runtergetragen

raufziehen//runterlassen; ↑auch: **hinunterlassen**
den Eimer raufziehen aus dem Brunnen

Raumcharter//Teilcharter
(Wirtschaft)

Raumdeckung//Manndeckung
(Ballspiele) ○ *Von Mann- auf Raumdeckung umstellen? Fink: Nein, ich habe immer Manndeckung spielen lassen.* (Hamburger Abendblatt 20. 3. 2012)

räumlich//zeitlich
„vor" kann räumlich (vor dem Haus) *und zeitlich* (vor den Ferien) *gebraucht werden* ○ *räumliche Ergänzung* (Sprachwissenschaft)

Raummeter//Festmeter
(Maß für einen Kubikmeter aufgeschichtetes Holz)

raus//rein
morgens rein in die Fabrik – abends raus aus der Fabrik ○ *raus aus dem Bett, du Langschläfer!* ○ *raus aus der Stadt* ○ *raus aus dem Haus und rein ins Vergnügen!* ○ *Ein Mann mit Haltung, Brust raus, Bauch rein.* (Der Spiegel 25. 5. 2019) ○ (Vor dem Eingang eines Reisebüros:) *Nix wie rein!* (dazu dann die Reisen:) *Nix wie raus*

raus...//rein... (Verben mit gleichem Basiswort)
(2 Sachverhalte, 1 personenidentische, passivische Perspektive, 1 Standort oder 2 Sachverhalte, 1 personenidentische, aktivische Perspektive, 2 Standorte) z. B. *rausrauschen/reinrauschen*

raus...//rein... (Verben mit nicht gleichem Basiswort)
(2 Sachverhalte, 1 personenidentische Perspektive, 1 Standort) z. B. *rausziehen/reinstecken, rauskommen/reingehen*

rausfahren//einfahren
der Zug fährt aus der Halle raus (zu mir oder von mir weg)

rausfahren//reinfahren; ↑auch: **hereinfahren**
rausfahren aus der Garage ○ *der Zug fährt (aus der Bahnhofshalle) raus (hinaus)*

rausgehen//reingehen
(2 Sachverhalte, 1 personenidentische Perspektive, 2 Standorte) z. B. *er geht raus* (aus dem Haus), *und sie geht rein* (in das Haus) ○ *er ging raus in die frische Luft, und nach einiger Zeit ging er wieder rein*

rausgehen//reinkommen
ich gehe raus, und sie kommt rein ○ *Dass er schlauer aus einem Saal rausgeht, als er reinkam.* (Der Spiegel 4. 8. 2018) ○ *Wo Daten rausgehen, können auch welche reinkommen.* (Hamburger Abendblatt 25. 7. 2015)

raushängen//reinnehmen
die Wäsche (in den Garten) raushängen ○ *die Fahne (aus dem Fenster) raushängen*

rauskommen//reingehen
(2 Sachverhalte, 1 personenidentische Perspektive, 1 Standort) z. B. *er kommt raus, und ich gehe rein*

rauskommen//reinkommen
(2 Sachverhalte, 1 personenidentische Perspektive, 2 Standorte) z. B. *er kommt raus (zu mir)/er kommt rein (zu mir)*

rauskriegen//reinkriegen
den Korken aus der Flasche rauskriegen ○ *Wir müssen die Leute aus dem Auto rauskriegen und in die Bahn reinkriegen*

rauslassen//reinlassen
den Hund rauslassen (hinauslassen, herauslassen)

rauslaufen//reinlaufen
sie liefen ständig rein und raus

rausrauschen//reinrauschen
sie rauschte aus dem Zimmer raus (hinaus, heraus)

rausschleppen//reinschleppen
die Sachen aus dem Haus rausschleppen

rausschmuggeln//reinschmuggeln; ↑auch: **einschmuggeln**
Waffen aus dem Land rausschmuggeln (hinaus, heraus)

rausschrauben//reinschrauben; ↑auch: **einschrauben**
eine alte Glühbirne rausschrauben und eine neue reinschrauben ○ *eine Schraube rausschrauben*

rausstellen//reinnehmen
die Blumen im Frühling (auf den Balkon) rausstellen

rausstrecken//einziehen
den Bauch rausstrecken ○ Knie sind leicht gebeugt, Po etwas rausstrecken, Unterbauch einziehen. (Kurier 3. 5. 2018)

raustragen//reintragen; ↑auch: hereintragen, hineintragen
die Möbel aus der Wohnung raustragen

rausziehen//drinlassen
den Nagel (aus der Wand) rausziehen, ihn nicht drinlassen

rausziehen//einschlagen
einen Nagel (aus der Wand) rausziehen

rausziehen//reinschieben
das Schubfach rausziehen

rausziehen//reinstecken; ↑auch: hineinstecken
das Kabel, den Stecker aus der Steckdose (wieder) rausziehen

Reaktion//Gegenreaktion
auf seine Reaktion erfolgte die Gegenreaktion ○ Denn jede Reaktion ruft eine quälend langsame Gegenreaktion hervor. (Stuttgarter Zeitung 3. 3. 2016)

reaktionär//progressiv
(rückschrittlich) ○ *Das finde ich befremdlich und reaktionär. Popmusik soll in meiner Vorstellung progressiv sein.* (Der Tagesspiegel 7. 10. 2008)

real//fiktiv
reale (nicht nur vorgestellte) *Bedeutung* ○ *Der Zuschauer weiß nie, was real oder fiktiv ist* (Wiener Zeitung 2. 12. 2010)

real//gefühlt
„Nicht nur, dass die gefühlte und die reale Gefahr immer weiter auseinandergehen" ... (Der Spiegel 5. 5. 2018)

real//ideal
(so wirklich vorhanden, nicht bloß gewünscht) ○ *Folge ist eine zunehmende Diskrepanz zwischen dem, was real geleistet werden kann (reale Ansprüche), und dem, was ideal erreicht werden sollte.* (Salzburger Nachrichten 23. 9. 2014)

real//irreal
reale (vorstellbare, den Gegebenheiten entsprechende) *Gehaltsforderungen* ○ *Was real, was irreal ist, lässt sich bald nicht mehr unterscheiden – die Welten verschwimmen.* (Der Standard 16. 8. 2013)

real//nominal
der reale Wert der Aktie ○ *Nach Schätzungen des Statistischen Bundesamtes in Wiesbaden sank der Umsatz im vergangenen Jahr real um rund zwei Prozent, nominal sogar um bis zu 2,7 Prozent.* (Stuttgarter Zeitung 8. 1. 2010)

real//nominell
das reale Einkommen ○ *Die Umsätze sanken im Jahresvergleich real um 4,1 Prozent und nominell um 2 Prozent* (Vorarlberger Nachrichten 14. 5. 2009)

real//virtuell
ein reales Klassenzimmer im Unterschied zum virtuellen über Internet ○ *Der Raum im Raum entfaltet sich real und zusätzlich virtuell.* (taz 14. 11. 2017)

Realdefinition//Nominaldefinition
(Definition, die das Wesen von etwas beschreibt ○ Sacherklärung)

Realeinkommen//Nominaleinkommen; ↑auch: brutto, Bruttoeinkommen
(Einkommen unter dem Aspekt der Kaufkraft)

Realfolium//Personalfolium
(für jedes Grundstück angelegtes Grundbuchblatt)

Realien//Humaniora, Verbalien
(Sachkenntnisse ○ Pädagogik)

Realinjurie//Verbalinjurie
(Beleidigung, die durch eine Handlung hervorgerufen wird)

realisierbar//unrealisierbar
dieses Projekt ist realisierbar ○ *In einer ersten Phase entstanden ... rund 50 Ent-*

würfe, *„von sofort realisierbar bis vollkommen unrealisierbar"* (Der Standard 28. 5. 2004)

Realismus//Nominalismus
(Philosophie)

Realist[in]//Idealist[in]
(jemand, der auf dem Boden der Tatsachen steht und die Dinge so sieht, wie sie sind) ○ *Der Philosoph Friedrich Jodl ... war nach eigener Auskunft im Denken Realist, im Handeln Idealist* (Wiener Zeitung 3. 4. 2015)

realistisch//idealistisch
eine realistische (die Wirklichkeit – so wie sie ist und nicht so, wie man sie sich wünschte – sehende) Einstellung ○ *Dass die Schüsse langfristig folgenlos bleiben, scheint ein Beleg dafür, dass ihre Autorin die Lage mehr realistisch als idealistisch beurteilt.* (Salzburger Nachrichten 1. 10. 2016)

realistisch//unrealistisch; ↑auch: realitätsfern
realistische (erfüllbare) Normen ○ *dieser Plan ist realistisch (lässt sich verwirklichen)* ○ *eine realistische Vorstellung von etwas haben* ○ *eine realistische Einschätzung der Verhältnisse* ○ *dieser Termin für die Beendigung der Arbeiten ist realistisch* ○ *Wie realistisch ist die Forderung nach glyphosatfreien Lebensmitteln? Eher unrealistisch.* (Süddeutsche Zeitung 26. 2. 2016)

Realität//Idealität
(Philosophie)

Realität//Illusion
das existiert nur als Illusion, nicht als Realität ○ *Spätestens hier vermag Renate die Ebenen von Realität und Illusion nicht mehr auseinanderzuhalten.* (Frankfurter Rundschau 2. 3. 2012)

Realität//Irrealität
Das Weltbild eines Malers zwischen Realität und Irrealität wird so schlaglichtartig demonstriert, wie es kontrastreicher nicht sein kann. (Passauer Neue Presse 11. 4. 2007)

realitätsfern//realitätsnah; ↑auch: realistisch
Der Frauenförderplan sei keineswegs realitätsfern, sondern realitätsnah (Neue Westfälische 29. 6. 2005)

Realitätsferne//Realitätsnähe

realitätsnah//realitätsfern; ↑auch: unrealistisch
Spannender aber ist die Frage nach Ihrer eigenen Selbstwahrnehmung dieser Zeit. War die realitätsnah? Sie war absolut realitätsfern. (Tagesanzeiger 9. 2. 2018)

Realitätsnähe//Realitätsferne

Realitätsprinzip//Lustprinzip
(nach Sigmund Freud)

Realkapital//Geldkapital
(Kapital, das in Sachwerten besteht, z. B. Grundbesitz)

Realkatalog//alphabetischer Katalog, Autorenkatalog, Nominalkatalog, Personenkatalog
ein Realkatalog ist nach dem sachlichen Inhalt geordnet (Bibliothekswesen)

Realkontrakt//Konsensualkontrakt
(Rechtswesen)

Realkredit//Personalkredit
(Kredit, den man gegen Verpfändung von Vermögenswerten erhält)

Realkristall//Idealkristall
(jeder wirkliche, natürlich entstandene oder künstlich hergestellte Kristall ○ Kristallographie)

Reallohn//Nominallohn
Reallohn ist das Einkommen unter dem Aspekt der Kaufkraft ○ *Unter Reallohn versteht man im Gegensatz zum Nominallohn das Entgelt für geleistete Arbeit unter Berücksichtigung der Inflationsrate.* (Stuttgarter Zeitung 13. 5. 2014)

Realname//Pseudonym
der Realname von Stephan Hermlin ist Rudolph Leder ○ der Realname von Hans Fallada ist Rudolf Ditzen

Realo//Fundi
(Mitglied der Partei der Grünen, das gemäßigte, politisch realistische Forderungen stellt) ○ *... so wie die grüne Basis einst Maria Vassilakou im Kampf Realos gegen „Fundis" als Kompromisskandidatin forciert hatte.* (Die Presse 27. 11. 2018)

Realpolitiker//Fundamentalist
(im Bündnis 90/Die Grünen)

Realsteuer//Personalsteuer
Realsteuer ist eine Steuer für Besitz ohne Berücksichtigung der persönlichen Verhältnisse

Realunion//Personalunion
(Staatenbund, z. B. Österreich-Ungarn von 1867–1918)

Realvertrag//Konsensualvertrag
(Vertrag, der neben der Einigung noch ein Handeln erfordert, z. B. bei einem Darlehen die Geldübergabe)

Realzeitbetrieb//Stapelverarbeitung
(EDV)

Realzins//Nominalzins
(Wirtschaft)

Rechnung; ↑Kosten-Nutzen-Rechnung

recht//unrecht
er hat recht getan ○ „Einem jeden Menschen recht getan, ist eine Kunst, die niemand kann." (Redensart)

Recht//Pflicht
das ist sein Recht ○ über seine Rechte und Pflichten informiert werden ○ Es ist populär, Rechte zu fordern, ohne die Pflichten zu übernehmen. (FOCUS 26. 3. 2007)

Recht//Unrecht
Recht wird Unrecht ○ Recht und Unrecht gibt es auf beiden Seiten ○ In der deutschen Geschichte sind Licht und Schatten, Recht und Unrecht untrennbar miteinander verwoben ... (Der Spiegel 5. 5. 2018)

Recht; ↑absolutes Recht, Ältestenrecht, dingliches Recht, gemeines Recht, Jüngstenrecht, mit Recht, Naturrecht, partikulares Recht, persönliches Recht, positives Recht, relatives Recht

rechte//linke; ↑auch: rot, Ehe zur linken Hand
der rechte Arm ○ die rechte Hirnhälfte ist zuständig für Intuition, Emotionen, Musikalität ○ eine rechte (konservative) Partei

rechtdrehend//rückdrehend; ↑auch: linksherum
rechtdrehender Wind (der sich in der Uhrzeigerweise dreht ○ Meteorologie)

Rechte, die//die Linke
die Rechte (rechte Hand) vorm Gesicht und mit der Linken kämpfen ○ er gab mir die Rechte ○ mit der Rechten winken ○ Für die Römer war links „sinister" auch böse, in islamischen Ländern isst man mit der Rechten und putzt mit der Linken das Gesäß (Die Presse 23. 2. 2017)

Rechte[r]//Linke[r]; ↑auch: Rote[r]
er ist ein Rechter (vertritt den Standpunkt einer rechten Partei) ○ die Rechten wurden aktiv ○ Die gegenwärtige politische Entwicklung macht ihm Sorge. „Die Meinungshoheit haben die Rechten und die Linken", bedauert er. (Main-Post 17. 9. 2018) ○ *Die Philosophie Macrons beruhe auf einer falschen Grundannahme: dass das alte Lagerdenken, die Einteilung in Rechte und Linke hinfällig sei.* (Der Spiegel 8. 12. 2018)

rechterseits//linkerseits
Was rechterseits gerne als „Schuldlust" verhöhnt wird, kommt hier eher als verkitscherter Schuldspaß daher. Das mag man linkerseits frivol bis fahrlässig finden (Der Spiegel 3. 2. 2017)

Rechtgläubige, der, die//Ketzer[in]
Sie scheidet bald Juden und „gojim", Christen und Heiden, Muslime und Ungläubige, Rechtgläubige und Ketzer. (Neue Zürcher Zeitung 8. 7. 2004)

Rechtgläubigkeit//Irrgläubigkeit
(Religion) ○ *Die heilige Hildegard ist die vierte Frau, die diesen Titel bekommt, den die Katholische Kirche für besondere Rechtgläubigkeit in der Lehre, Heiligkeit oder eine hervorragende wissenschaftliche Leistung vergibt.* (Die Südostschweiz 8. 10. 2012)

recht haben//unrecht haben
sie hatte mit ihrer Vermutung recht ○ *Oder warum nicht einfach eine Münze werfen? Zahl hat recht, Kopf hat unrecht.* (Süddeutsche Zeitung 27. 1. 2011)

recht haben//sich irren
Die Journalisten des Schweizer Fernsehens hätten vielmehr belegen müssen, dass Hans M. recht hat und der Gemeindepräsident irrt. (Weltwoche 26. 2. 2015)

rechtläufig//rückläufig
(entgegen dem Uhrzeigersinn, in Bezug auf die Bewegungsrichtung der Himmelskörper)

rechtmäßig//unrechtmäßig
rechtmäßige Beschäftigung ○ *er hat das rechtmäßig erworben* ○ *Passiert ist es trotzdem, weil der App-Betreiber, der diese Daten rechtmäßig über Facebook gesammelt hatte, sie dann unrechtmäßig weiterverkaufte.* (taz 4. 4. 2018)

rechts//links; ↑auch: **Frauenseite, hüh, Sattelpferd, Nordseite**
das Auto bog (nach) rechts ab ○ *rechts des Weges, rechts vom Fluss* ○ *die Dame geht rechts, der Herr geht links* ○ *früher saßen in der Kirche die Männer rechts* ○ *Links und rechts dieses Vorbaus ist der südliche Korridor-Kopf als Wintergarten-Balkon ausgebildet.* (St. Galler Tagblatt 2. 7. 1999) ○ *er steht, wählt rechts* (konservativ) ○ *Ricarda Huch ... Aber war sie nun links, oder war sie rechts?* (Der Spiegel 21. 4. 2018) ○ *Vermutlich haben Politiker aus allen Reihen von links bis rechts nach 30 Jahren Floating noch nicht realisiert, dass wir keine Goldwährung mehr haben.* (St. Galler Tagblatt 2. 7. 1999)

Rechtsabbieger//Linksabbieger
(im Straßenverkehr) ○ *Sowohl die Rechtsabbieger auf die Kantstraße als auch die entgegenkommenden Linksabbieger treffen auf einer Fahrspur mit lautem Hupen zusammen.* (Die Welt 7. 3. 2015)

Rechtsanalogie//Gesetzesanalogie
(Rechtswesen)

Rechtsanwalt//Mandant
der Rechtsanwalt und sein Mandant ○ *Der Rechtsanwalt sagte, sein Mandant sei in der 64 Jahre währenden Ehe eher unterwürfig gewesen.* (Stuttgarter Nachrichten 18. 5. 2016)

Rechtsaufsicht//Fachaufsicht
(Rechtswesen)

Rechtsausfall//Linksausfall
(Boxen)

Rechtsauslage//Linksauslage
(Boxen)

Rechtsausleger//Linksausleger
(Boxen)

rechts außen//links außen
(Fußball) ○ *sie spielt rechts außen*

Rechtsaußen//Linksaußen
(Fußball)

rechtsbündig//linksbündig
(Fachsprache)

Rechtsdrall//Linksdrall
Drehbewegung nach rechts ○ (übertragen:) *ein Politiker mit Rechtsdrall* ○ *„Auf der einen Seite hat das Wasser einen Rechtsdrall, wenn es abfließt, auf der anderen einen Linksdrall – und direkt am Äquator gar keinen"* (Passauer Neue Presse 20. 10. 2016)

rechtsdrehend//linksdrehend; ↑auch: lävogyr
rechtsdrehende Milchsäure in Reformhausprodukten ○ *Insgesamt gibt es so die vier Magnetzustände: rechtsdrehend nach oben, linksdrehend nach oben, rechtsdrehend nach unten und linksdrehend nach unten.* (Süddeutsche Zeitung 31. 3. 2011)

Rechtsdrehung//Linksdrehung

rechtsextrem//linksextrem
Die radikalen Ideologen – ob islamistisch, rechtsextrem oder linksextrem – sind ein Fall für den Verfassungsschutz. (Der Tagesspiegel 21. 9. 2014)

Rechtsextremismus//Linksextremismus

rechtsextremistisch//linksextremistisch
rechtsextremistische Gruppierung

rechtsfähig//nichtrechtsfähig
(die Voraussetzung für die Ausübung von Rechten und Pflichten habend ○ Rechtswesen)

Rechtsfrage//Tatfrage
(auf dem Rechtsweg zu entscheidende Frage ○ Rechtswesen)

Rechtsfrüchte//Sachfrüchte
Rechtsfrüchte sind Erträge, die ein Recht seiner Bestimmung gemäß oder infolge eines weiteren Rechtsverhältnisses gewährt, z. B. bei den vom Pächter auf Grund seines Pachtrechts gezogenen Erträgen (Rechtswesen)

rechtsfüßig//linksfüßig
(mit dem rechten Fuß schießend) ○ *Der moderne Torwart müsse rechtsfüßig und linksfüßig agieren können* (Berliner Zeitung 29. 6. 2009)

Rechtsgalopp//Linksgalopp
(Pferdesport)

rechtsgängig//linksgängig
eine rechtsgängige Schraube (deren Gewinde von links nach rechts ansteigt)

Rechtsgeschäft; ↑abstraktes Rechtsgeschäft, einseitiges Rechtsgeschäft, kausales Rechtsgeschäft, zweiseitiges Rechtsgeschäft

Rechtsgewinde//Linksgewinde
(Technik)

rechtsgültig//rechtsungültig
(rechtlich geltend) ○ *Der Richter muss nun klären, ob gewisse Vertragsbestandteile rechtsgültig waren und erfüllt hätten werden müssen oder unwirksam wurden.* (Oberösterreichische Nachrichten 22. 11. 2016)

Rechtshaken//Linkshaken
(Boxen)

Rechtshänder[in]//Linkshänder[in]
(jemand, der mit der rechten Hand schreibt usw.) ○ *Da hilft oft ein zusätzlicher Spot, dessen Licht beim Rechtshänder von links und beim Linkshänder von rechts kommen muss.* (Tiroler Tageszeitung 8. 2. 2015)

rechtshändig//linkshändig
Rund 90 Prozent der Bevölkerung bestreitet rechtshändig den Alltag, nur zehn Prozent sind linkshändig. (Wiener Zeitung 2. 7. 2014)

Rechtshändigkeit//Linkshändigkeit

rechtsher//linksher
(von der rechten Seite her) ○ *Und von linksher und rechtsher blicken zwei steinerne Soldatenköpfe finster auf den Geburtsort des Flusses.* (Süddeutsche Zeitung 23. 12. 2000)

rechtsherum//linksherum; ↑auch: entgegen dem Uhrzeigersinn, rückdrehend

rechtshin//linkshin
(veraltet) ○ *In Silber eine eingeschweifte goldene Spitze, darin ein rechtshin schreitender blauer Pfau mit gesenktem Schweif* (Rhein-Zeitung 2. 3. 2018)

rechtshirnig//linkshirnig
(auf die rechte Gehirnhälfte bezogen; eher gefühlsmäßig orientiert im Gegensatz zur eher logisch arbeitenden linken Gehirnhälfte)

Rechtsinnen//Linksinnen
(Fußball)

Rechtskonter//Linkskonter
(Boxen)

Rechtskraft; ↑**formelle Rechtskraft, materielle Rechtskraft**

rechtskundig//rechtsunkundig
(Rechtswesen) o *Sie sei weder rechtskundig, noch ein Zahlenmensch, habe nicht wirklich gewusst, was sie da mache, rechtfertigt sich die Frau.* (Der Standard 27. 2. 2018)

Rechtskurs//Linkskurs
(Pferdesport) o *Rechtskurs der Partei* (Politik)

Rechtskurve//Linkskurve
er fuhr in die Rechtskurve

rechtslastig//linkslastig
(auf der rechten Seite mehr Last habend als auf der linken o politisch nach rechts, zum Konservativen neigend) o *Kritisiert sie die Linken, ist sie rechtslastig; kritisiert sie die Konservativen, ist sie linkslastig.* (Thüringer Allgemeine 17. 4. 2002)

rechtsläufig//linksläufig
(von links nach rechts) o *Die Kunden werden nicht mehr rechtsläufig an den Kassen vorbei in den Markt geführt, sondern linksläufig noch vor den Kassen direkt in die Gemüseabteilung geleitet* (Neue Westfälische 9. 11. 2013)

Rechtslenker//Linkslenker
(Auto mit dem Lenkrad auf der rechten Seite)

Rechtsmangel//Sachmangel
(Rechtswesen)

Rechtsnachfolger//Rechtsvorgänger
(Rechtswesen) o *Aus Leutwylers Ausführungen geht hervor, dass der Verkäufer nicht mehr belangt werden kann, weil es keinen zahlungsfähigen Rechtsnachfolger gibt.* (Basler Zeitung 13. 4. 2017)

Rechtspartei//Linkspartei
Warum sind so viele Wähler zur neuen Rechtspartei übergelaufen? Was treibt einen bisherigen Wähler der Linkspartei dazu, plötzlich Rechtsaußen zu landen? (Süddeutsche Zeitung 21. 10. 2017)

rechtsradikal//linksradikal
Radikales politisches Blabla – sei es rechtsradikal oder linksradikal – macht einen Gewalttäter nicht besser. (Märkische Allgemeine 29. 8. 2017)

rechtsrheinisch//linksrheinisch; ↑**auch: cisrhenanisch**
(rechts des Rheins)

Rechtsruck//Linksruck
(Stimmenzuwachs der rechten Parteien) o *Der Koalitionspoker wird umso schwieriger, als der Rechtsruck bei genauem Hinsehen zugleich auch ein Linksruck war* (Neues Volksblatt 11. 6. 2010)

rechtsrum//linksrum
den Walzer rechtsrum tanzen o *Dann werden die Waben in der Schleuder rechtsrum und linksrum gedreht.* (Märkische Allgemeine 4. 8. 2015)

Rechtsschnitt//Linksschnitt
([Tisch]tennis)

Rechtsschuss//Linksschuss
(Schuss mit dem rechten Fuß o Fußball)

rechtsseitig//linksseitig
er ist rechtsseitig gelähmt o *Ich fahre rechtsseitig die Jade hoch, und mein Kumpel Horst Kuhlmann linksseitig zurück.* (Nordwest-Zeitung 6. 4. 2017)

Rechtsstaat//Unrechtsstaat
Das würde den Rechtsstaat Schweiz nicht zum Unrechtsstaat machen (Neue Zürcher Zeitung 21. 6. 2016)

Rechtssystem//Linkssystem
(Mathematik)

rechtsum//linksum
(militärisches Kommando) ○ *Es wäscht sich gern, oft und ausdauernd. Lässt die Seife in den Handinnenflächen kreisen. Linksum, rechtsum. Rechtsum, linksum.* (Berliner Morgenpost 17. 9. 2000)

rechtsungültig//rechtsgültig
(rechtlich nicht geltend) ○ *Damit war die Abstimmung rechtsungültig geworden und muss nachgeholt werden.* (Südkurier 6. 12. 2016)

rechtsunkundig//rechtskundig
(in rechtlichen Dingen keine Kenntnisse habend) ○ *Zwar sei der Landrat damals rechtsunkundig und verwaltungsunerfahren gewesen, es hätte jedoch genügend Hinweise darauf gegeben, dass sein Vorgehen nicht in Ordnung war* (Thüringer Allgemeine 19. 1. 2005)

Rechtsunterzeichnete[r]//Linksunterzeichnete[r]
(auf einem Schriftstück)

rechtsunwirksam//rechtswirksam
(rechtlich keine Folgen habend) ○ *Bei Verbrauchergeschäften ist die Vereinbarung eines Gewährleistungsverzichts jedenfalls rechtsunwirksam. Bei anderen Rechtsgeschäften ..., wird jedoch häufig ein Gewährleistungsausschluss rechtswirksam vereinbart.* (Vorarlberger Nachrichten 19. 3. 2016)

Rechtsverbinder//Linksverbinder
(Ballspiele)

Rechtsverkehr//Linksverkehr
in den meisten Ländern ist Rechtsverkehr (fährt man auf der rechten Seite) ○ *Es gab sogar Zeiten, da herrschte diesseits der Donau Rechtsverkehr und jenseits der Brücke Linksverkehr.* (Oberösterreichische Nachrichten 20. 6. 2012)

Rechtsvermutung//Tatsachenvermutung
(Rechtswesen)

Rechtsverordnung//Verwaltungsverordnung
(Rechtswesen)

Rechtsvorgänger//Rechtsnachfolger
Untersuchungsgegenstand des Hypo-U-Ausschusses ist die Vollziehung des Bundes im Zusammenhang mit der Hypo Group Alpe-Adria beziehungsweise deren Rechtsvorgänger und Rechtsnachfolger in den Jahren 2000 bis inklusive 2014. (Wiener Zeitung 20. 2. 2015)

Rechtsvorrang//Linksvorrang
(Vorfahrt von rechts ○ österreichisch)

Rechtsvortritt//Linksvortritt
(Vorfahrt von rechts ○ schweizerisch)

rechtswirksam//rechtsunwirksam
(rechtlich Folgen habend) ○ *Wenn der Bebauungsplan rechtswirksam sein sollte, sind Pultdächer ausgeschlossen. Falls er rechtsunwirksam ist, sind sie ebenfalls unzulässig* (Rhein-Zeitung 16. 1. 2003)

recte//kursiv
(mit geraden Buchstaben ○ Druckwesen)

recto folio//verso folio
(auf der Vorderseite stehend)

rectus//obliquus; ↑Casus rectus

Rede//Gegenrede
Freie Rede und Gegenrede sind das Salz in der demokratischen Suppe. (Salzburger Nachrichten 16. 1. 2006)

Rede//Schrift
in Rede und Schrift ○ *Rede und Gespräch sind sein Wasser, in der Schrift kommt er sich indes vor wie ein Fisch auf dem Trockenen.* (Der Bund 18. 3. 2013)

Rede; ↑**direkte Rede, indirekte Rede**

reden//handeln
er redet nur, aber handelt nicht ○ *Der Vorwurf, «sie reden schön, aber sie handeln nicht», dürfe deshalb nicht vorkommen* (Basler Zeitung 30. 9. 2005)

reden//hören
Rede! Ich höre ○ *Niemand wollte mit uns ernsthaft reden, niemand wollte uns hören.* (Haller Tagblatt 21. 11. 2018)

reden//schreiben
er kann besser reden als schreiben ○ *Doch da gibt es eine andere Realität, über die es zugegebenermaßen sehr schwer ist zu reden oder zu schreiben.* (Salzburger Nachrichten 18. 3. 2017)

reden//schweigen
er wollte nicht reden, er schwieg ○ *wenn er redet, schweigen die anderen* ○ *„Wir reden davon, dass man vom Wesentlichen schweigen muss."* (Salzburger Nachrichten 3. 8. 2011)

Redeparlament//Arbeitsparlament
(Parlament mit dem Schwerpunkt auf der politischen Auseinandersetzung ○ Politik)

redlich//unredlich
eine redliche Gesinnung ○ *redlich handeln* ○ *In beiden Sphären kann redlich oder unredlich gearbeitet, können gute oder schlechte Ideen mit mehr oder weniger Durchsetzungskraft verfolgt, kann mit guten oder schlechten Methoden operiert werden.* (Die Presse 30. 8. 2004)

Redner//Zuhörer
der Redner hatte aufmerksame Zuhörerinnen ○ *Redner wie Zuhörer zweifelten aber sehr wohl daran, dass sich das Rad der Geschichte einfach zurückdrehen ließe.* (Braunschweiger Zeitung 22. 1. 2012)

reduzibel//irreduzibel
eine reduzible (reduzierbare) Gleichung (Mathemaik)

reell//unreell
ein reelles Geschäft ○ *Die Zahlen, die wir gemeldet haben, waren die ganze ... Verhandlung hindurch immer sehr reell und nachvollziehbar.* (NEWS 27. 7. 2018)

reelles Bild//virtuelles Bild
(Optik)

reelle Zahlen//imaginäre Zahlen

Referendumsdemokratie//parlamentarische Demokratie
(demokratische Staatsform, in der die Bürger durch Referenden, Volksabstimmungen Einfluss auf Entscheidungen ausüben können)

reflektiert//unreflektiert
(durchdacht, überlegt) ○ *Die Ursachen der Ablehnung sind vielfältig, und manchmal ist es einfach nur die jahrzehntelange Gewöhnung an die bisherige Schreibung, die reflektiert oder unreflektiert als Grund (oder Vorwand) angeführt wird* (Süddeutsche Zeitung 14. 8. 2004)

Reflexionsmoral//Gefühlsmoral
(Philosophie)

Regattasegeln//Fahrtensegeln
(Wassersport)

Regel//Ausnahme
keine Regel ohne Ausnahme ○ *Im Kosmos der Comic-Superhelden sind weiße und männliche Idole ... die berühmte Regel und schon Frauen wie Wonder Woman die spektakuläre Ausnahme.* (Der Spiegel 10. 2. 2018)

Regelleistung//Gestaltungsleistung, Satzungsleistung, Wahlleistung
(gesetzlich vorgeschriebene Mindestleistung ○ in Bezug auf die Krankenkassen)

regelmäßig//unregelmäßig; ↑**auch: irregulär**
die Zeitschrift soll in regelmäßigen Abständen erscheinen ○ *der Puls geht regelmäßig* ○ *Nicht jeder bekommt regelmäßig Geld. 18 % der österreichischen*

Kinder werden unregelmäßig unterstützt. (Tiroler Tageszeitung 23. 5. 2014)

Regen//Sonne
wir haben schon zehn Tage Regen ○ auf Regen folgt Sonne ○ Denn Petrus hatte eine dicke Wolkenschicht samt Regen vor die Sonne geschoben. (Leipziger Volkszeitung 25. 7. 2017)

regenarm//regenreich
ein regenarmer Sommer ○ Ein besonders heißer und regenarmer Frühling und Frühsommer ließ in vielen Regionen Italiens die Wasserreserven buchstäblich verdunsten. (Haller Tagblatt 26. 7. 2017)

Regeneration//Degeneration
(Biologie)

regenerieren//degenerieren
(Biologie)

regenreich//regenarm
ein regenreicher Sommer ○ Die Funde belegten, dass es damals im heutigen Schwaben im Durchschnitt etwa sechs Grad wärmer und regenreicher war (Salzburger Nachrichten 30. 8. 2013)

Regentag//Sonnentag
wir hatten im Urlaub nur einen Regentag (Tag, an dem es fast nur regnete) *○ Regentage leuchten mit 10.000, Sonnentage sogar mit 100.000 Lux.* (Wiener Zeitung 19. 5. 2012)

Regenzeit//Trockenzeit
(in tropischen und subtropischen Gebieten)

Regierenden, die//die Regierten
die Kluft zwischen den Regierenden und den Regierten

Regierten, die//die Regierenden
Die parlamentarische Demokratie lebt jedenfalls nur in Ausnahmefällen vom legitimen Protest der Regierten gegen die Regierenden. (Berliner Zeitung 7. 3. 2018)

Regierung//Opposition

regierungsfeindlich//regierungsfreundlich
Es gibt in Weißrussland ... sogenannte schwarze Listen der Sänger, die als regierungsfeindlich gelten und denen öffentliche Auftritte ... verboten sind. (Der Standard 5. 6. 2012)

regierungsfreundlich//regierungsfeindlich
Selbst regierungsfreundliche US-Medien wiesen darauf hin, dass der Ursprung aller Widersprüche der Präsident selbst sei (Saale-Zeitung 13. 5. 2017)

Regiment; ↑aktives Regiment, Reserveregiment

regional//überregional
regionale Werbung ○ Für ihn persönlich sei „am wahrscheinlichsten ein regional oder überregional lang anhaltender" Ausfall der Stromversorgung. (Der Tagesspiegel 25. 8. 2016)

Regression//Progression
(rückläufige Bewegung ○ Finanzwesen)

Regression//Transgression
(das Zurückweichen des Meeres, wodurch neues Festland entsteht)

regressiv//progressiv
(sich zurückentwickelnd) *○ Das Ergebnis überzeugt aber schlussendlich nicht: Zu regressiv ist die Geschichte, zu progressiv die Form.* (Die Presse 6. 5. 2006)

regulär//irregulär; ↑auch: unregelmäßig
sich etwas regulär (auf korrektem Wege) *beschaffen ○ Damit ist aber auch nicht mehr nachweisbar, welche Weltrekorde regulär und welche irregulär erzielt wurden.* (Der Tagesspiegel 26. 7. 2009)

Regularität//Irregularität
(Gesetzmäßigkeit)

Regularkleriker//Säkularkleriker
(Ordensgeistlicher)

Regulationsei//Mosaikei
(Biologie)

regulieren//deregulieren
(in richtige Bahnen lenken) ○ *Es kann nicht Aufgabe der EU sein, alles und jedes wahlweise zu regulieren oder zu deregulieren.* (Frankfurter Rundschau 8. 3. 2013)

Rehbock//Geiß, Ricke
(männliches Reh) ○ *Friedlich äst ein Rehbock mit seiner Geiß in der herbstlichen Stille des Wiener Zentralfriedhofs.* (Neue Kronen-Zeitung 30. 10. 2007) ○ *Ein Rehbock und eine Ricke sind offensichtlich im Raum Gummersbach von einem oder mehreren wildernden Hunden gerissen worden.* (Kölnische Rundschau 8. 6. 2013)

reich//arm; ↑auch: unbegütert
ein reicher Bauer ○ *ein reiches Land* ○ *sie ist reich* ○ *je reicher, desto ärmer* ○ *die Kluft zwischen Arm und Reich wird immer tiefer* ○ *reich sind wir durch die Dinge, die wir nicht benötigen* (Gandhi) ○ *Intelligenztests haben einen elitären Ruf, aber das Gute an ihnen ist, dass sie nicht unterscheiden zwischen Arm und Reich, Mann und Frau, zwischen hoher und niedriger Kaste* (Der Spiegel 19. 5. 2018) ○ *... als ginge ein Riss durch dieses Land. Es hat viele Risse auszuhalten, zwischen Ost und West, zwischen Arm und Reich ...* (Der Spiegel 17. 3. 2018) ○ *Leider aber gebe es Anzeichen genug, dass man Kluften zwischen arm und reich, jung und alt, Arbeit und Kapital zulassen werde.* (St. Galler Tagblatt 6. 5. 1997) ○ *Schere zwischen Reich und Arm: Eine Reportage über knallhartes Business und hoffnungslose Verlierer in Liverpool.* (St. Galler Tagblatt, 23. 4. 1997) ○ *Musik verbindet jung und alt, arm und reich. Sie überwindet Landes- und Sprachgrenzen.* (St. Galler Tagblatt 4. 3. 1998) ○ *Suppentag für Gross und Klein, Alt und Jung, Reich oder Arm, unabhängig von Konfession oder Glauben* (St. Galler Tagblatt 4. 3. 1998) ○ *„Das Spiel vom Sterben des armen Mannes"* (Die Presse 10. 8. 2017, statt original „des reichen Mannes" (Hofmannsthal); Kritik zu Wozzeck von Alban Berg, Salzburger Festspiele)

...reich//...arm (Adjektiv)
z. B. *fettreich/fettarm*

...reich//...los (Adjektiv)
z. B. *einflussreich/einflusslos*

reich an//arm an
reich an Liebe, an Vitaminen, Bodenschätzen ○ *Mit etwas mehr als 41 Millionen Einwohnern ist der ostafrikanische Staat reich an Bevölkerung, jedoch arm an medizinischer Versorgung.* (Kölnische Rundschau 27. 12. 2012)

Reiche, der//der Arme
die Reichen werden immer reicher, die Armen immer ärmer ○ *Ikea City, wo weder Reiche beneidet noch Arme ... am Gewissen nagen können, ist die verwirklichte Ikea-Utopie* (Neue Zürcher Zeitung am Sonntag 2. 9. 2012) ○ *Ich habe immer gesagt: Ich regiere für die Reichen und die Armen ...*(Der Spiegel 25. 5. 2019)

reichlich//spärlich
die Portionen waren reichlich ○ *„Was du säst, wirst du ernten. Wer reichlich sät, wird reichlich ernten; wer spärlich sät, wird spärlich ernten!"* (Passauer Neue Presse 5. 1. 2016)

reichsmittelbar//reichsunmittelbar
(nicht dem Kaiser oder dem Reich, sondern dem Landesherrn unterstehend ○ historisch)

Reichsstadt//Landstadt
(historisch)

reichsunmittelbar//reichsmittelbar
(nur dem Kaiser oder dem Reich unterstehend ○ historisch)

Reichtum//Armut
der Reichtum dieses Landes, dieser Familie ○ *Dass man aus ihrer Geschichte auch den Trost ziehen kann, nicht für alles selbst verantwortlich zu sein, nicht für Glück, nicht für Unglück, nicht für*

Reichtum, nicht für Armut, nicht für Gesundheit, nicht für Krankheit. (Der Spiegel 10. 3. 2018)

...reichtum//...armut (Substantiv)
z. B. *Ideenreichtum/Ideenarmut*

Reichtum an//Armut an
Reichtum an Bodenschätzen ○ *Dem Reichtum an Wissen steht die Armut an Aufmerksamkeit gegenüber.* (Haller Tagblatt 29. 12. 2014)

reif//unreif
reifes Obst ○ *„Avocados schmecken nur, wenn sie reif sind. Leider werden sie oft unreif gekauft"* (Wiesbadener Tagblatt 30. 5. 2005)

Reife//Unreife
sittliche Reife ○ *Wenig ergiebig ist die Diskussion über Reife, Unreife und Frühreife der Jugend.* (Süddeutsche Zeitung 5. 6. 2008)

Reife; ↑mittlere Reife

Reihengrab//Wahlgrab
(übliches Grab in einer Reihe)

Reihenschaltung//Parallelschaltung
(Elektrotechnik)

Reihenwurf//Einzelwurf
(in Bezug auf das Abwerfen von Bomben)

Reim; ↑klingender Reim, konsonantischer Halbreim, männlicher Reim, reiner Reim, stumpfer Reim, unreiner Reim, vokalischer Halbreim, weiblicher Reim

rein//gestreckt
Dass derart reines, kaum gestrecktes Heroin verkauft wird, wertet Trummer als Indiz dafür, dass der Markt satt ist. (Nürnberger Nachrichten 23. 2. 2010)

rein//raus (Adverb)
morgens rein in die Fabrik – abends raus aus der Fabrik ○ *rein ins Haus zum Essen! ○ rein (ins Zimmer, ins Bett) mit dir!* ○ *Rein in den Flieger, raus aus dem Flieger* (Der Spiegel 7. 7. 2018) ○ *Die Regie ... kümmert sich lieber darum, dass die Schauspieler ... möglichst flüssig rein in die Betten und raus aus den Betten kommen.* (Der Spiegel 10. 4. 2000)

rein//unrein; ↑auch: treife
reine Haut ○ *reine Töne* ○ *die Geige hat einen reinen Klang*

rein...//raus... (Verben mit gleichem Basiswort)
(2 Sachverhalte, 1 personenidentische passivische Perspektive, 1 Standort oder 2 Sachverhalte, 1 personenidentische aktivische Perspektive, 2 Standorte)
z. B. *reinrauschen/rausrauschen*

rein...//raus... (Verben mit nicht gleichem Basiswort)
(2 Sachverhalte, 1 personenidentische Perspektive, 1 Standort) z. B. *reinstecken/rausziehen, reingehen/rauskommen*

Reinbestand//Mischbestand
(Forstwesen)

reine Chemie//angewandte Chemie

reine Farben//gebrochene Farben
(Malerei)

Reinelement//Mischelement
(Chemie)

reine Mathematik//angewandte Mathematik

reinerbig//mischerbig; ↑auch: heterozygot
(Biologie)

reiner Reim//unreiner Reim
(reine Reime sind Reime, bei denen eine Übereinstimmung in Bezug auf Vokale und Konsonanten besteht, bei dem die sich reimenden Silben völlig gleich klingen, z. B.: *Liebe/Triebe, Herz/Schmerz, sollten/wollten*)

reines Gewissen//schlechtes Gewissen
er hatte ein reines Gewissen (brauchte sich nichts vorzuwerfen, hatte nichts

Unrechtes gemacht) ○ *Der Fußball hat, was den Sportbetrug angeht, ein reines Gewissen. Der Radsport erstaunlicherweise kein schlechtes.* (taz 16. 10. 2012)

reinfahren//rausfahren; ↑auch: herausfahren; rausfahren//einfahren
sie fährt in die Garage rein ○ *der Zug fährt jetzt (in die Bahnhofshalle) rein (hinein)*

reingehen//rausgehen
um 8 Uhr ging ich ins Haus rein, und um 10 Uhr ging ich wieder raus ○ *Man muss alle Beträge aufschreiben, die reinkommen und rausgehen.* (Süddeutsche Zeitung 28. 3. 2009)

reingehen//rauskommen
er ging ins Haus rein, und sie kam aus dem Haus raus ○ *er ist nach 15 Jahren aus dem Knast rausgekommen, wie er reingegangen ist*

reinkommen//rausgehen
er kam ins Zimmer rein, und ich ging aus dem Zimmer raus ○ *Dass er schlauer aus einem Saal rausgeht, als er reinkam.* (Der Spiegel 4. 8. 2018) ○ *Was ihr bleibt zum Leben, was reinkommt und was rausgeht jeden Monat, hat sie mit einem Kugelschreiber auf einen Zettel geschrieben ...* (Der Spiegel 9. 6. 2018)

reinkommen//rauskommen
er kommt rein (zu mir nach drinnen)/sie kommt raus (zu mir nach draußen)

reinkriegen//rauskriegen
den Korken nicht wieder in die Flasche reinkriegen

reinlassen//rauslassen
den Hund reinlassen (hineinlassen, hereinlassen ins Haus)

reinlaufen//rauslaufen
sie liefen ständig rein und raus

reinlich//säuisch
(auf Sauberkeit bedacht) ○ *Seid reinlich bey Tage / Und säuisch bey Nacht / So habt ihrs auf Erden / Am weitsten gebracht.»* Goethes satanische Maxime aus der «Walpurgisnacht» lässt ein aufgeklärtes Zeitalter gruseln. (Neue Zürcher Zeitung 21. 6. 2017)

reinnehmen//raushängen
die Fahne reinnehmen (vom Fenster weg ins Zimmer)

reinnehmen//rausstellen
die Blumen im Herbst (vom Balkon) reinnehmen

reinperiodischer Dezimalbruch//gemischtperiodischer Dezimalbruch

reinquadratische Gleichung//gemischtquadratische Gleichung
(Mathematik)

reinrauschen//rausrauschen
sie rauschte in das Zimmer rein und bald wieder aus dem Zimmer raus ○ *er rauscht rein (hinein, herein ins Zimmer)*

reinschieben//rausziehen
das Schubfach reinschieben

reinschleppen//rausschleppen
die Sachen ins Haus reinschleppen

reinschmuggeln//rausschmuggeln; ↑auch: hinausschmuggeln
Waffen in das Land reinschmuggeln (hineinschmuggeln)

reinschrauben//rausschrauben; ↑auch: ausschrauben
eine neue Glühbirne reinschrauben und vorher die alte rausschrauben

reinstecken//rausziehen; ↑auch: herausziehen
den Stecker (in die Steckdose) reinstecken

reintragen//raustragen; ↑auch: heraustragen, hinaustragen
die Möbel in die Wohnung reintragen

Reise; ↑Hinreise, Rückreise

Reitstellung//Missionarsstellung;
↑auch: MOT
(Geschlechtsverkehr, bei dem sich die Frau oben, auf dem Mann befindet) ○ *Dabei bezeichnet MOT die bewährte Missionarsstellung („Male on Top") und MOB die Reitstellung („Male on Bottom"), die bislang als für den Mann besonders herzschonend galt.* (Der Spiegel 5. 2. 1996)

Reizklima//Schonklima
(durch Temperaturschwankungen und Wind gesundheitsförderndes, stärkendes Klima, z. B. an der Nordsee)

reizlos//reizvoll
eine reizlose Aufgabe ○ *So reizlos die Umgebung im Meidlinger Industriegebiet, so reizvoll das, was hier produziert wird* (Salzburger Nachrichten 13. 12. 2011)

reizvoll//reizlos
eine reizvolle Aufgabe

rektal//oral
(über den After ○ in Bezug auf den Gebrauch von Medikamenten)

Rektapapier//Inhaberpapier
(Wertpapier)

Rekto//Verso
(Vorderseite eines Blattes einer Handschrift o. Ä.)

Relation//Delation
(Zurückschiebung eines zugeschobenen Eides im Zivilprozess an den Gegner ○ Rechtswesen)

relativ//absolut
eine relative Größe (Fachsprache) ○ *In Deutschland wird Glück von vielen relativ und oftmals monetär bewertet, in Bhutan oftmals absolut, also individuell, und unabhängiger von materiellen Einflüssen* (Mannheimer Morgen 20. 2. 2016)

Relativbeobachtung//Absolutbeobachtung
(Astronomie)

relative Adresse//absolute Adresse
(EDV)

relative Mehrheit//absolute Mehrheit
(einfache Mehrheit ○ die meisten Stimmen, mehr Stimmen als die anderen jeweils allein)

relatives Gehör//absolutes Gehör
(Fähigkeit, den Intervallabstand erklingender Töne zu bestimmen)

relatives Recht//absolutes Recht
(Rechtswesen)

relatives Verb//absolutes Verb
(Verb, das außer dem Subjekt mindestens eine weitere Ergänzung im Satz braucht, damit der Satz grammatikalisch vollständig wird, z. B.: *er half seinem Freund; er wohnt in der Garnisonstraße* ○ Grammatik)

relegieren//promovieren
(absteigen ○ im Sport ○ schweizerisch) ○ *Dass aber der viermalige Gewinner dieser Konkurrenz, Locarno, schliesslich relegiert und Vaduz mit dem ältesten Kader promoviert wurde, zeugt auch vom Fluch der Jugendlichkeit* (Der Bund 18. 7. 2014)

relevant//irrelevant
diese Unterschiede sind relevant (von Bedeutung) ○ *Erzählt er uns das, weil er es besonders relevant oder weil er es besonders irrelevant findet?* (Welt am Sonntag 3. 10. 2010)

Relevanz//Irrelevanz

Relief; ↑Flachrelief, Hochrelief

religiös//irreligiös
sie sind religiös ○ *Er litt darunter, selbst „religiös unmusikalisch" zu sein, zwar nicht „irreligiös" oder gar „antireligiös", aber unfähig, ähnlich wie die Mutter Gefühle fürs Heilige, Numinose zu entwickeln.* (Süddeutsche Zeitung 17. 3. 2014)

Religiosität//Irreligiosität

Rematerialisation//Dematerialisation
(das Wiedererscheinen ○ Parapsychologie)

rematerialisieren//entmaterialisieren
Materie entmaterialisieren und dann wieder rematerialisieren

REM-Schlaf//Tiefschlaf
die Traumphase liegt im REM-Schlaf ○ Sowohl der REM-Schlaf als auch der Tiefschlaf haben enorme Bedeutung für die Arbeit unserer Gedächtnisspeicher (Die Presse 16. 4. 2007)

Remus; ↑**Romulus**

Renaissance; ↑**Dialektrenaissance**

Rennschuh//Laufschuh
(Spike)

Rennwagen; ↑**Formelrennwagen**

rentabel//unrentabel
ein rentables (Gewinn abwerfendes) *Geschäft ○ Allerdings spiele es für das Schliessen einer Poststelle gesetzlich keine Rolle, wie rentabel oder unrentabel sie sei.* (Tagesanzeiger 17. 2. 2018)

Rente//Pension
(Bezüge im Ruhestand aus der gesetzlichen Altersversorgung) *Es gibt zwei Einkommen im Ruhestand – erstens die Rente aus der Rentenversicherung, zweitens die Pension aus der Staatskasse* (Braunschweiger Zeitung 14. 9. 2012)

Rentenerhöhung//Rentenkürzung

Rentenkürzung//Rentenerhöhung

Rentner sein//im Berufsleben stehen
er ist schon Rentner, steht nicht mehr im Berufsleben ○ Zwar ist ... schon seit einigen Jahren Rentner, aber an die Zeit, in der er noch voll im Berufsleben stand, erinnert er sich ... gerne. (Mannheimer Morgen 15. 6. 2011)

rep.//ne rep.
(Abkürzung für: repetatur ○ Hinweis, dass das auf dem Rezept stehende Mittel wiederholt abgegeben, angefertigt werden darf)

reparabel//irreparabel
dieser Schaden ist reparabel ○ Die Trennlinie zwischen reparabel und irreparabel verläuft aber sehr unscharf, und die Geschäfte bewegen sich folglich nicht gerade selten am Rande der Legalität. (Der Standard 11. 4. 2015)

reponibel//irreponibel
der Leistenbruch ist reponibel (kann wieder zurückgedrückt werden)

Report//Deport
(Börse)

Repräsentantenhaus//Senat; ↑**auch: Bundesrat, Oberhaus**
(Abgeordnetenkammer ○ USA)

repräsentative Demokratie//plebiszitäre Demokratie
in der repräsentativen Demokratie ist das Volk durch die von ihm gewählten Abgeordneten vertreten

Repressalie//Retorsion
(Völkerrecht)

repressiv//permissiv
eine repressive (Zwang ausübende) *Erziehung ○ Kein System, weder das repressive der DDR noch das permissive der Bundesrepublik, befreit von der Eigenverantwortung.* (Die Zeit 22. 12. 1995)

Republik//Monarchie
(Staatsform mit einem Präsidenten als Oberhaupt und einer meist vom Volk gewählten Regierung)

Republikaner//Demokraten
(die Anhänger der Republikanischen Partei in den USA)

Republikaner//Monarchist
(jemand, der Anhänger einer republikanischen Staatsform und nicht Anhänger einer Monarchie ist) ○ *Roth brachte das Kunststück fertig, gleichzeitig Republika-*

ner, Anhänger der Oktoberrevolution und Monarchist zu sein. (Der Tagesspiegel 7. 1. 2013)

Repulsion//Attraktion
(Zurückstoßung o Technik)

Resektion//Ektomie
(operative Entfernung kranker Organteile o Medizin)

resequent//obsequent
(Geologie)

Reserve//aktive Truppe
(Militär) o *Auch die Reserve befindet sich im Wandel, ebenso die aktive Truppe.* (Nordkurier 6. 11. 2008)

Reserveoffizier//aktiver Offizier

Reserveregiment//aktives Regiment

resolut//irresolut

respektlos//respektvoll
er hat sich ihm gegenüber respektlos verhalten o *Seitdem dürfen wir den respektlos genialen Theatermusiker (Jaques Offenbach) als respektvoll erforschte Geistesgrösse anerkennen.* (Neue Zürcher Zeitung 27. 3. 2004)

respektvoll//respektlos
er hat sich ihm gegenüber respektvoll verhalten

Responder//Nonresponder
(Patient, bei dem eine therapeutisch eingesetzte Substanz wirkt)

Response//Challenge
(EDV)

Response//Stimulus
(durch einen Reiz ausgelöstes Verhalten o Sprachwissenschaft)

Restitutionsklage//Nichtigkeitsklage
(Klage zur Wiederaufnahme eines Prozesses o Rechtswesen)

restriktiv//extensiv
restriktive (einschränkende) *Auslegung von Gesetzen* o *Die Grundversorgung ist restriktiv und nicht extensiv zu gestalten, damit die Kosten nicht (weiter) aus dem Ruder laufen.* (Die Südostschweiz 15. 4. 2007)

restringierter Code//elaborierter Code
(eingeschränkter Wortschatz, kein sehr differenzierter Wortgebrauch o Sprachwissenschaft)

Retardation//Akzeleration
(Verlangsamung, Verzögerung o Psychologie)

Retorsion//Repressalie
(auf eine unfreundliche Handlung eines Staates folgende entsprechende Handlung des betroffenen Staates o Völkerrecht)

retroaktiv//proaktiv
(nachwirkend)

retrograd//prograd
eine retrograde (zurückfließende) *Ejakulation*

retrospektiv//prospektiv
(rückblickend) o *Das Motto ‚SOS für Pergament, Papier und Bytes' soll zum Ausdruck bringen, dass wir etwas retten müssen: zum einen retrospektiv, also restaurieren und vor Zerfall bewahren, zum anderen prospektiv, also digitale Langzeitarchivierung.* (Salzburger Nachrichten 5. 10. 2012)

Revers//Avers; ↑auch: **Kopf//Zahl; Vorderseite**
der Revers ist die Rückseite einer Münze, die Zahl o *Seit 2005 erschien jährlich eine neue Prägung – mit dem Stadtwappen auf dem Revers, das Avers immer mit neuem Motiv versehen* (Nordkurier 24. 2. 2009)

reversibel//irreversibel
ein reversibler (änderbarer, umkehrbarer) *Prozess* o *Außerdem soll die Definition gefährdeter Gebiete auch solche einschließen, von denen unklar ist, ob ein eventuelles Umkippen reversibel oder*

irreversibel ... ist. (Süddeutsche Zeitung 5. 2. 2008)

Reversibilität//Irreversibilität

revisibel//irrevisibel
(durch Revision anfechtbar ○ Rechtswesen)

Revolution//Evolution
die Revolution ist ein gewaltsamer Umsturz, die Evolution eine langsame Entwicklung ○ Revolution bedeutet, die Fragen zu ändern. Evolution bedeutet, die Antworten zu wechseln. (FOCUS 31. 3. 2014)

Revolution//Konterrevolution, Gegenrevolution; ↑auch: weißer Terror
die mit Gewalt verbundenen Aktivitäten der Revolution riefen die Konterrevolution hervor ○ Wie soll man die Tatsache verstehen, dass die Osteuropäer – die größten Gewinner der Revolution von 1989 – als die Anführer der antiliberalen Konterrevolution endeten? (Die Presse 26. 3. 2017)

rezent//fossil
(gegenwärtig noch lebend ○ Biologie)

rezeptfrei//rezeptpflichtig
ein rezeptfreies Medikament

Rezeption//Produktion
die Rezeption (geistige Aneignung) literarischer Werke ○ Kino ist nur mehr ein Teil der Rezeption, man muss sich also schon vor der Produktion überlegen, wo ich den Film kreisen lassen will. (Oberösterreichische Nachrichten 3. 4. 2015)

rezeptiv//produktiv
beim Lesen ist man rezeptiv ○ Fernsehen erleben die Studierenden ebenfalls nicht nur rezeptiv, sondern produktiv ... indem sie TV-Formate für den Sender Okto gestalten. (Die Presse 21. 11. 2009)

rezeptpflichtig//rezeptfrei
dieses Medikament ist rezeptpflichtig

Rezeptur//Defektur
(Zubereitung von Arzneimitteln in kleinen Mengen nach Rezept)

rezessiv//dominant
rezessive (vorhandene, aber nicht in Erscheinung tretende) Erbfaktoren ○ Doch bei den meisten Kindern bleiben sie „rezessiv", unschädlich. Im Inzestfall werden sie viel öfter „dominant". (Die Presse 14. 3. 2008)

Rezessivität//Dominanz
(Biologie)

Rezipient//Produzent; ↑auch: Sender
der Rezipient (Leser, Hörer) von Texten

rezipieren//produzieren
einen Text (lesend) rezipieren ○ Im Internet hat jeder die Möglichkeit, Lügen nicht nur zu rezipieren, sondern auch zu produzieren. (Die Zeit Geschichte 22. 8. 2017)

Rezitativ//Arie
(von einem Instrument begleiteter Sprechgesang, z. B. in der Oper)

Rhema//Thema
Rhema ist die noch nicht erwähnte, die neue Information; Thema ist das, was schon aus dem Vorangegangenen bekannt ist, z. B.: wir gingen in den Zoo. Dort (Rhema:) kletterte ein Affe am Gitter

Rhythmusgitarre//Melodiegitarre
(elektrische Gitarre zur Erzeugung des Beats) ○ *Dabei besteht er bloß aus dem simplen Vierviertaktel einer Rhythmusgitarre und drei, vier Tönen, die dazu auf einer Melodiegitarre gezupft werden.* (Der Tagesspiegel 31. 1. 2006)

Richter; ↑Berufsrichter, ehrenamtlicher Richter

richtig//falsch
eine richtige Diagnose ○ eine richtige Antwort ○ etwas richtig zitieren ○ die Uhr geht richtig ○ richtig informiert sein ○ der erste Eindruck war richtig ○ das

Wort ist richtig geschrieben ○ *die richtige Einstellung zu etwas haben* ○ *Was lief richtig und was falsch bei der Aufnahme der Flüchtlinge?* (Der Spiegel 2. 6. 2018)

richtig; ↑**unter seinem richtigen Namen**

richtige Proportion//Disproportion
Oder, um es in der Sprache der Planer zu sagen, die richtige Proportion ist entscheidend. (Tagesanzeiger 25. 8. 2016)

Richtpreis//Festpreis
(nicht verbindlich festgelegter Preis ○ Handel)

Richtungsgewerkschaft//Einheitsgewerkschaft
(Gewerkschaft, die sich unter konfessionellen oder weltanschaulichen Aspekten zusammengeschlossen hat ○ Politik)

Ricke//Rehbock
(weibliches Reh) ○ *Von ihm wie auch von Hase und Fuchs, Ricke und Rehbock sieht man tagsüber aber wenig.* (Frankfurter Rundschau 11. 7. 2001)

riechen//geruchlos sein
das Gas riecht ○ *Z. B. taucht hin und wieder noch der Irrglaube auf, dass man CO_2 riechen könnte. Das aber stimmt nicht. Denn: „Es ist geruchlos"* (Niederösterreichische Nachrichten 11. 9. 2014)

Riese//Zwerg; ↑**auch: David**
er ist ein Riese, sein Freund ist dagegen ein Zwerg ○ *Europa ... ist ein ökonomischer Riese, der sich in der Weltpolitik wie ein Zwerg verhält* (Tiroler Tageszeitung 4. 2. 2013)

Riesen...//Zwerg...; ↑**auch: Klein..., Mikro... (Substantiv)**
z. B. *Riesenbetrieb/Zwergbetrieb*

Riesenbetrieb//Zwergbetrieb
(ein sehr großer Betrieb mit vielen Angestellten)

Riesenwuchs//Zwergwuchs; ↑**auch: Hyposomie, Kleinwuchs, Mikrosomie**
(Medizin)

riesig//winzig
eine riesige Torte ○ *Er ist riesig und starrt mich an. Ich fühle mich winzig, versuche ihn zu lesen, wie es ein Torero täte.* (Die Zeit 20. 8. 2015)

Riksmål//Landsmål; ↑**auch: Nynorsk**
(früherer Name für die vom Dänischen beeinflusste norwegische Schriftsprache, die jetzt Bokmål heisst)

Ripienist//Solist
(Orchestergeiger ○ Chorsänger)

ripieno//solo
(Musik)

Ripieno//Concertato
(das ganze Orchester)

risikoarm//risikoreich
ein risikoarmes Geschäft ○ *„Was risikoarm aussieht, ist nicht immer ungefährlich, und was risikoreich aussieht, ist nicht immer gefährlich."* (Süddeutsche Zeitung 11. 10. 2012)

risikofreudig//risikoscheu
er ist risikofreudig und kauft Aktien ○ *Männer sind eher risikofreudig, Frauen eher risikoscheu – an diesen Klischees ist tatsächlich etwas dran.* (Der Spiegel 9. 3. 2017)

risikoreich//risikoarm
ein risikoreiches Geschäft

risikoscheu//risikofreudig
er ist risikoscheu und kauft keine Aktien, sondern die festverzinslichen Bundesschatzbriefe

Risposta//Proposta
(beim Kanon die nachahmende Stimme, Antwortstimme)

ritterlich//unritterlich
sich ritterlich (höflich-zuvorkommend) *benehmen* ○ *Außer Lanze, Schwert und*

Dolch, die als ritterlich galten, waren Waffen wie Armbrust, Streitkolben, Stangenwaffen, Bogen gebräuchlich, mit denen ganz „unritterlich" aus weiten Entfernungen und dem Hinterhalt operiert werden konnte. (Frankfurter Rundschau 2. 5. 2003)

Rocket-Bungee//Bungeejumping
Rocket-Bungee ist die umgekehrte Variante des Bungeejumpings: Statt sich in die Tiefe zu stürzen, lässt man sich bis zu 50 Meter in die Höhe katapultieren

Rockrolle//Hosenrolle
(Frauenrolle, die von einem Mann gespielt wird o Theater)

Rogen//Milch
(Eier des weiblichen Fischs)

Rog[e]ner//Milch[n]er
(weiblicher Fisch)

roh//gekocht
rohes Gemüse o roher Schinken o Verspeist wurden die braunen Früchte frisch und roh, aber auch gekocht, getrocknet oder geröstet. (Nordkurier 9. 1. 2017)

Rohstoff//Fertigprodukt
Der Gründer der Dynastie ... schuf aus einem Walzwerk an der Ruhr einen Konzern von Weltruf, der vom Rohstoff bis zum Fertigprodukt den Markt beherrschte. (Mannheimer Morgen 8. 11. 2010)

Rolle; ↑Hosenrolle, Rockrolle

Rollendistanz//Rollenidentifikation
(Soziologie)

Rollenidentifikation//Rollendistanz
(Soziologie)

Romantik//Klassik
(Literatur)

Romantiker//Klassiker
(Literatur)

romantisch//klassisch
(Literatur, Musik)

romantisch//unromantisch
eine romantische Stimmung o sie ist sehr romantisch, er aber ganz unromantisch o Sein Kollege Pfanzelt kommt zum Upcycling über leerstehende Gebäude in Tirol, die romantisch als Ruine oder unromantisch als Schandfleck wahrgenommen werden. (Tiroler Tageszeitung 29. 3. 2015)

Romeo//Julia
(Liebespaar in Shakespeares gleichnamiger Tragödie, 1594–96)

römische Ziffer//arabische Ziffer
VI ist eine römische Ziffer (für 6)

Romulus//Remus
(Zwillingsbrüder in der römischen Mythologie)

röntgennegativ//röntgenpositiv

röntgenpositiv//röntgennegativ

rosa//hellblau
Die Nachfrage nach rosa für Mädchen und hellblau für Jungen lasse nach (Wiesbadener Tagblatt 8. 7. 2013)

Rosenrot; ↑Schneeweißchen

rostend//nichtrostend
Bröckelnder Beton und rostender Stahl: Fast die Hälfte aller deutschen Brücken sind nach Expertenansicht heute marode (Westdeutsche Zeitung 27. 8. 2014)

rot//blass
Zu ihrer Zeit hätten die Kupplerinnen die Bräute noch auf Herz und Nieren geprüft, um zu sehen, ob ... rote Wangen und blasse Haut tatsächlich die der Braut oder nur dick aufgetragen waren! (Neue Zürcher Zeitung 12. 4. 2005)

rot//grün
wenn die Ampel rot ist, muss man stehenbleiben o Damit wären die Grünen, die gestern ihr bestes burgenländisches Ergebnis erzielten, denn rot und grün kämen gemeinsam nur auf 17 statt der

nötigen 19 Mandate. (Tiroler Tageszeitung 1. 6. 2015)

rot//schwarz; ↑auch: recht...
ein roter (sozialdemokratischer) *Politiker* ○ *Roter Kanzler – roter ORF-Chef. Schwarzer Kanzler – schwarzer ORF-Chef.* (Wiener Zeitung 24. 12. 2011)

rot//weiß
roter Wein ○ *rote Blutkörperchen* ○ *Allgemein wird für Glühwein roter Wein genommen, aber in Oberitalien und Österreich roter oder weißer, in Nürnberg (Mittelfranken) weißer Wein* (Braunschweiger Zeitung 3. 12. 2009)

Rot//Grün
die Ampel steht auf Rot ○ *Rot und Grün waren schon nach der ersten Verhandlungsrunde weitgehend handelseins gewesen.* (Der Standard 21. 3. 2013)

rote Blutkörperchen//weiße Blutkörperchen; ↑auch: Leukozyt

Rote[r]//Schwarze[r]; ↑auch: Rechte[r]
das ist ein Roter (politisch links Stehender)

roter Terror//weißer Terror; ↑auch: Konterrevolution
der rote Terror in der russischen Revolution ○ *Adolf Hitlers Rassenwahn und Josef Stalins roter Terror gehören dazu.* (Süddeutsche Zeitung 10. 2. 2016)

rote Zahlen//schwarze Zahlen
in den roten Zahlen sein (im Defizit sein) ○ *Nach jahrelangen Verlusten sollte er Air Berlin gesundschrumpfen und rote Zahlen in schwarze verwandeln.* (Saale-Zeitung 16. 11. 2012)

Rothaut//weißer Mann
(nordamerikanischer Indianer) ○ *Der Begriff ‚Rothaut' ist eindeutig rassistisch. So bezeichnete ‚der weiße Mann' seinerzeit die Ureinwohner Amerikas.* (Salzburger Nachrichten 28. 10. 2013)

Rotor//Stator
(sich drehender Teil einer elektrischen Maschine)

Rotwein//Weißwein
er trinkt gern Rotwein ○ *Rotwein ist für alte Knaben* ○ *Während in den 1990ern weltweit Rotwein boomte, ist derzeit Weißwein en vogue.* (Der Standard 18. 11. 2015)

rouge//noir; ↑auch: schwarz
auf Rouge (beim Roulett die roten Zahlen betreffend) *setzen*

rück...//höher... (Verb)
z. B. *rückstufen/höherstufen*

rück...//vor... (Verb)
z. B. *rückverweisen/vorverweisen*

Rück...//Vor... (Substantiv)
z. B. *Rückschau/Vorschau*

Rück...//Vorder... (Substantiv)
z. B. *Rückseite/Vorderseite*

Rückbau//Vorbau
(Bergbau)

Rückblick//Ausblick
Rückblick und Ausblick auf die Themen unserer Zeitschrift ○ *Einen politischen Rückblick und einen Ausblick auf das Jahr 2010 bietet das jetzt präsentierte Jahrbuch „Politik in Tirol".* (Tiroler Tageszeitung 9. 12. 2009)

rückdatieren//vordatieren
einen Brief rückdatieren ○ *„Es war mir klar, dass die Verträge ... rückdatiert waren."* (Die Presse 24. 6. 2013)

rückdrehend//rechtdrehend; ↑auch: rechtsherum
rückdrehender Wind (Meteorologie)

Rücken//Brust
das Baby hinten auf dem Rücken tragen ○ *Davon befand sich keine einzige* (Narbe) *auf dem Rücken, sondern alle auf der Brust. So tapfer war er.* (Salzburger Nachrichten 18. 8. 2018)

Rücken//Schneide
(beim Messer) ○ *Zudem muss* (die Klinge) *einen durchgehenden Rücken*

haben, der sich zur Schneide hin verengt. (Der Tagesspiegel 15. 6. 2007)

Rücken; ↑**gebrochener Rücken, gerader Rücken**

Rückenmarksnarkose//Vollnarkose

Rückenschwimmen//Brustschwimmen

Rückenteil//Brustteil

Rückenwind//Gegenwind
bei Rückenwind fährt es sich gut auf dem Rad ○ *Niemand dachte daran, dass sich der Rückenwind bei der Rückfahrt in Gegenwind verwandelt.* (Tiroler Tageszeitung 31. 1. 2016)

Rückfahrt//Hinfahrt
auf der Rückfahrt war der Zug voll ○ *Die Rückfahrt funktionierte ebenso reibungslos wie die Hinfahrt.* (Passauer Neue Presse 26. 5. 2016)

Rückfährte//Hinfährte
(Jägersprache)

Rückflug//Hinflug
auf dem Rückflug wurde ihr schlecht ○ *Zudem darf ein Kunde auch dann seinen Rückflug nutzen, wenn er den Hinflug verfallen liess.* (Tagesanzeiger 14. 3. 2013)

Rückfracht//Hinfracht
(Wirtschaft)

Rückgang//Anstieg
der Rückgang der Arbeitslosenzahlen ○ *der IWF erwartet einen Rückgang der Wirtschaftsleistung um 6,2 Prozent, im Jahr darauf einen Anstieg um 0,5 Prozent.* (Salzburger Nachrichten 23. 4. 2009)

Rückgriff//Vorgriff
im Rückgriff auf die angesammelten Bestände ○ *„Der Orgasmus ist ein Rückgriff auf das Paradies und ein Vorgriff auf den Himmel."* (angeblich von Luise Rinser)

Rückhand//Vorhand; ↑**auch: Forehand**
(Tennis)

Rücklauf//Vorlauf
(bei einem Recorder)

rückläufig//rechtläufig
(im Uhrzeigersinn ○ in Bezug auf die Bewegungsrichtung der Himmelskörper ○ von Ost nach West ○ Astronomie)

Rücknahmepreis//Ausgabepreis
(bei Wertpapieren)

Rückprojektion//Aufprojektion
(Film)

Rückreise//Hinreise
sowohl die Hin- als auch die Rückreise waren problemlos ○ *auf der Rückreise lernte sie ihn kennen* ○ *Ist Ihre Tasche auf der Rückreise voller, als auf der Hinreise?* (Mannheimer Morgen 17. 8. 2018)

Rückrunde//Hinrunde
(zweite Hälfte einer Spielsaison)

Rückschau//Vorschau
Rückschau auf die Themen der früheren Nummern der Zeitschrift ○ *Neben den üblichen Formalitäten standen Ehrungen verdienter Sänger, die Rückschau auf das Jubiläumsjahr und eine Vorschau auf das Jahr 2010 auf dem Programm.* (Rhein-Zeitung 3. 3. 2010)

Rückschläger//Aufschläger
([Tisch]tennis, Badminton)

Rückschritt//Fortschritt
das ist ein Rückschritt ○ *der Fortschritt kann auch Rückschritt bedeuten* ○ *Alles geschieht mit hoher Geschwindigkeit, der Fortschritt, selbst der Rückschritt.* (Der Spiegel 5. 5. 2018)

rückschrittlich//fortschrittlich; ↑**auch: progressiv**
rückschrittliche Maßnahmen ○ *Höhepunkt der Auseinandersetzung zwischen Alt und Jung, rückschrittlich und fortschrittlich war Johann Salvators Veröffentlichung verschiedener Schriften,*

wobei der Artikel „Drill und Artillerie" Albrechts Zorn am meisten erregte. (Neue Kronen-Zeitung 13. 1. 2008)

Rückseite//Vorderseite; ↑auch: **Avers**
der Text steht auf der Rückseite ○ die Rückseite eines Hauses ○ Auf der Rückseite zeigt sie ein Wagenrennen, auf der Vorderseite die Stadtgöttin Athena. (Main-Post 30. 1. 2017)

rücksichtslos//rücksichtsvoll
ein rücksichtsloser Autofahrer ○ er ist rücksichtslos ○ rücksichtslos vorgehen ○ Ist der Mensch von Natur aus rücksichtslos oder rücksichtsvoll? (St. Galler Tagblatt 17. 8. 2010)

rücksichtsvoll//rücksichtslos
ein rücksichtsvoller (auf andere Rücksicht nehmender) Autofahrer ○ er ist rücksichtsvoll zu ihr ○ rücksichtsvoll handeln

Rücksitz//Vordersitz
auf dem Rücksitz im Auto ○ So gaben 75 Prozent der insgesamt 800 befragten Personen an, dass der Rücksitz genauso sicher ist wie der Vordersitz. (Berliner Morgenpost 21. 11. 2015)

Rückspiel//Hinspiel
(Sport)

Rückstand//Vorsprung
er hat einen Rückstand (Abstand zu einem Gegner oder in Bezug auf eine Leistung) ○ Aus einem Punkt Rückstand machte er in Frankreich 14 Punkte Vorsprung. (Tagesanzeiger 25. 6. 2018)

rückstufen//höherstufen
jemanden (in eine niedrigere Gehaltsstufe) rückstufen ○ Wegen der üblichen Standortnachteile mit großen Personalproblemen hat sich die „Erste" nach Platz vier in der Landesliga in die Bezirksliga rückstufen lassen. (Mittelbayerische Zeitung 30. 9. 2017)

Rückteil//Vorderteil
(beim Kleidungsstück: hinteres Teil) ○ Bei diesem Gerät ist es möglich, das Rückteil des Gehäuses kreuzförmig zum Vorderteil zu verdrehen. (Der Standard 22. 10. 2004)

Rücktransport//Hintransport

Rücktritt//Handbremse
(beim Fahrrad die mit dem Fuß – über das Pedal – zu bedienende Bremsmöglichkeit)

Rückverweis//Vorverweis
(Verweis, Hinweis auf eine vorher genannte Stelle) ○ Für den Rückverweis (Zurücksendung) zum Ausschuss findet sich keine Mehrheit. (Süddeutsche Zeitung 22. 1. 2016)

rückverweisen//vorverweisen
(auf eine vorher genannte Stelle verweisen) ○ Er kann die Unterzeichnung von Gesetzen verweigern und sie ans Parlament rückverweisen. (Der Standard 26. 4. 2010)

rückwärts//vorwärts
los, nach rückwärts! ○ rückwärts fahren ○ eine Rolle rückwärts ○ rückwärts (mit dem Rücken voran) gehen ○ Anfangs, so erzählt sie, sei es ihr leichter gefallen, rückwärts als vorwärts zu fahren. (Berliner Morgenpost 8. 10. 2012)

Rückwärtsgang//Vorwärtsgang
(Gang zum Rückwärtsfahren beim Auto)

Rückwärtssprung//Vorwärtssprung
(Wassersport)

Rückweg//Hinweg
auf dem Rückweg werde ich das erledigen

rückweisend//vorausweisend; ↑auch: **kataphorisch**
Unabhängig vom Alter eines Stiefkindes sei ein generelles Eheverbot auch deshalb sinnvoll, weil es „rückweisend wirke" (Tagesanzeiger 7. 12. 2001)

Rückzug//Vormarsch
die Truppen sind auf dem Rückzug ○ Mit dem Rückzug kleiner Fachgeschäfte und

dem Vormarsch von Filialisten wird das Flächenwachstum angeheizt. (Süddeutsche Zeitung 3. 2. 2003)

Rüde//Hündin
(männlicher Hund)

rufende Sünde//stumme Sünde
(historisch ○ z. B. unrechte Gewalt, vorenthaltender Lohn, Totschlag)

Ruhe//Unruhe
innere Ruhe ○ *Pater Engelmar war die Ruhe selbst, Ruhe und Halt in all der schrecklichen Unruhe des KZ* (Mittelbayerische Zeitung 24. 9. 2016)

ruhender Verkehr//fließender Verkehr
(das Halten und Parken der Autos auf den Straßen und öffentlichen Plätzen ○ Verkehrswesen) ○ *Die Gemeindeverwaltung weist deshalb darauf hin, dass ab jetzt nicht nur der ruhende Verkehr überwacht werden wird, sondern auch der fließende Verkehr.* (Mannheimer Morgen 3. 3. 2018)

Ruhestand//Dienststand
(die Stellung der pensionierten Beamten) ○ *Paragraf 115c bestimmt, dass „Landeslehrer, die aus Anlass der Übernahme einer politischen Funktion in den Ruhestand versetzt worden sind, wieder in den Dienststand aufzunehmen sind".* (profil 17. 1. 2005)

Ruhestrom//Arbeitsstrom
(Strom, der in einer ruhenden Anlage ständig fließt und durch dessen Unterbrechung ein Schaltvorgang ausgelöst wird ○ Elektrotechnik)

ruhig//laut
eine ruhige Straße ○ *ruhige Nachbarn* ○ *Im Winter ist's in Schladming zwar nie wirklich ruhig, aber so laut, wie es in den vergangenen 14 Tagen war, war es noch nie.* (Die Presse 17. 2. 2013)

ruhig//lebhaft
ein ruhiges Kind ○ *Musik voller Harmonie und Fantasie, mal melancholisch, nachdenklich und ruhig, dann wieder lebhaft und schwungvoll.* (Märkische Allgemeine 24. 6. 2015)

ruhig//stürmisch
die See ist ruhig ○ *Klangerlebnisse von ruhig bis stürmisch* (Rheinische Post 29. 4. 2014)

ruhig//unruhig
sie war ganz ruhig ○ *ruhig sein* ○ *ruhige Zeiten* ○ *Ich glaube, dass ich in Krisensituationen ziemlich ruhig reagiere. Ich werde unruhig oder hektisch, wenn ich zu spät komme* (Stuttgarter Nachrichten 23. 10. 2014)

ruhig bleiben//unruhig werden
Ich will, dass wir ruhig bleiben, dass wir den Moment als Chance nutzen und nicht unruhig werden. (Vorarlberger Nachrichten 15. 4. 2016)

rühmlich//unrühmlich
eine rühmliche Ausnahme ○ *Die Stimme aus Deutschland, die die Welt aufhorchen ließ bald nach dem Krieg, an dem er, rühmlich oder unrühmlich, teilgenommen hatte.* (Süddeutsche Zeitung 14. 4. 2015)

rührt Euch!//stillgestanden!
(militärisches Kommando) ○ *... das herrische Kasernengeblaffe preußischer Provenienz: „Hunde verboten!", „Radfahrer absteigen!", „Stillgestanden, rührt euch, stillgestanden!"* (taz 15. 12. 2006)

rund//eckig
ein runder Tisch ○ *Einige Taferl sind rund, einige eckig und einige sind mit einem roten Querbalken geschmückt.* (Salzburger Nachrichten 17. 11. 2010)

rund//schmal
ein rundes Gesicht ○ *Je nach Hersteller eignet sich die Passform eher für runde oder schmale Köpfe.* (Kölnische Rundschau 30. 8. 2013)

rund//unrund
der Motor läuft rund (gleichmäßig, von einem Werkstück ○ Technik) ○ *Linzer*

Uni-Software lässt Triebwerke rund laufen ... Reifen müssen ausgewuchtet werden, sonst laufen sie unrund. (Neues Volksblatt 1. 6. 2006)

Rundbogen//Spitzbogen
(Architektur)

Runde; ↑Hinrunde, Rückrunde

Rundsiebmaschine//Langsiebmaschine
(Papierindustrie)

Rundwirkmaschine//Flachwirkmaschine
(Textil)

runter//rauf; ↑auch: hoch...//runter...
Nebenkosten runter, Steuern rauft ○ *Löhne rauf und Abgaben runter!* ○ *runter von dem Stuhl!* ○ *Preise runter!* ○ *seit Jahrzehnten unverändert: Steuern rauf, Steuern runter.* (Der Spiegel 7. 4. 2018)

runter; ↑Daumen runter

runter...//hoch... (Verben mit gleichem Basiswort)
z. B. *runterklappen/hochklappen, runtersteigen/hochsteigen*

runter...//hoch... (Verben mit nicht gleichem Basiswort)
(2 Sachverhalte, 1 personenidentische Perspektive, 1 Standort) z. B. *runterlassen/hochziehen, runterkommen/hochgehen*

runter...//rauf...; ↑auch: 'nauf//'nunter **(Verben mit gleichem Basiswort)**
(2 Sachverhalte in entgegengesetzter Richtung, 1 personenidentische Perspektive, 1 Standort oder 2 Sachverhalte, 1 personenidentische Perspektive, 2 Standorte) z. B. *runtergehen/raufgehen*

runter...//rauf...; ↑auch: 'nauf//'nunter **(Verben mit nicht gleichem Basiswort)**
(2 Sachverhalte hin und zurück, 1 personenidentische Perspektive, 1 Standort) z. B. *runterholen/raufbringen* ○ *runterkommen/raufgehen*

runterbringen//hochbringen, raufbringen
er hat die eine Kiste erst in den Keller zu mir runtergebracht und dann eine andere in die Wohnung zu ihr raufgebracht

runterbringen//raufholen
Wein in den Keller runterbringen

runterdrücken//hochdrücken, raufdrücken
einen Hebel runterdrücken

runterfallen//rauffallen
die Treppe runterfallen

runtergehen//hochgehen
(2 Sachverhalte, 1 personenidentische Perspektive, 2 Standorte) z. B. *die Preise gehen runter* ○ *ich gehe erst (die Treppe) runter, und dann gehe ich wieder (die Treppe) hoch*

runtergehen//hochkommen, raufkommen; ↑auch: **heraufkommen**
sie kommt (die Treppe) rauf/hoch, und er geht (die Treppe) runter ○ *morgens kam er rauf (herauf) auf den Berg, und abends ging er wieder runter (hinunter)* ○ *er kam hoch/rauf, und sie ging runter*

runtergehen//raufgehen; ↑auch: **hinaufgehen**
(2 Sachverhalte in entgegengesetzter Richtung) z. B. *er ging die Treppe runter (hinunter), und sie ging die Treppe rauf (hinauf)* ○ *morgens ging er rauf (hinauf) auf den Berg und abends wieder runter (hinunter)* ○ *die Börsenkurse gehen runter*

runterholen//raufbringen; ↑auch: **einzahlen**
Geld (vom Konto) runterholen

runterklappen//hochklappen
den Kragen runterklappen

runterkommen//raufgehen
komm runter von dem Spielplatz!

runterkommen//raufgehen, hochgehen
(2 Sachverhalte hin und zurück, 1 personenidentische Perspektive, 1 Standort) z. B. *sie geht (die Treppe) rauf/hoch, und er kommt runter* ○ *morgens ging er auf den Berg rauf, und abends kam er wieder runter (vom Berg)*

runterkommen//raufkommen; ↑auch: heraufkommen
(2 Sachverhalte, 1 personenidentische Perspektive, 2 Standorte) z. B. *komm doch runter (herunter) auf die Straße* ○ *er kam runter zu mir in den Keller/er kam rauf zu mir in die Wohnung*

runterkrempeln//raufkrempeln, hochkrempeln
die Ärmel runterkrempeln

runterkurbeln//raufkurbeln; ↑auch: hinaufkurbeln, hochkurbeln
das Autofenster runterkurbeln

runterlassen//aufklappen
das Visier runterlassen

runterlassen//hochziehen
die Jalousie, die Hosen runterlassen

runterlassen//rauflassen
lass mich runter (hinunter) *von der Schaukel* ○ *er lässt ihn nicht runter* (herunter) *zu mir*

runterlassen//raufziehen; ↑auch: heraufziehen
den Eimer in den Brunnen runterlassen

runterlaufen//hochlaufen
die Treppe runterlaufen

runterpaddeln//raufpaddeln
die Lahn rauf- und wieder runterpaddeln

runterrutschen//hochziehen
die Strümpfe rutschten runter, und er musste sie immer wieder hochziehen

runterschrauben//raufschrauben
seine Forderungen runterschrauben

runtersetzen//raufsetzen
die Preise runtersetzen

runterspielen//hochspielen
eine Sache runterspielen (ihre Bedeutung als geringer hinstellen, als sie wirklich ist)

runtersteigen//hochsteigen, raufsteigen
von der Leiter runtersteigen

runtertragen//hochtragen, rauftragen
ich habe die eine Kiste erst in den Keller runter-, dann eine andere in die Wohnung raufgetragen

runtertragen//raufbringen
tragen Sie die Kiste runter in den Keller, und bringen Sie den Stuhl aus dem Keller rauf zu mir

Rüstung//Abrüstung
So wird weiter die Rüstung forciert, statt sich endlich auf Abrüstung und Entspannung zu orientieren. (Norddeutsche Neueste Nachrichten 25. 11. 2017)

S

Saat//Ernte
Doch am Ende steht wieder die bleibende Hoffnung auf neue, gesegnete Ernte und die Zusage, „dass nicht aufhören würden Saat und Ernte, Sommer und Winter, Frost und Hitze, Tag und Nacht" (Schwäbische Zeitung 27. 10. 2017)

Saatgemüse//Pflanzgemüse

Saatgut//Pflanzgut

Sachantrag//Prozessantrag
(Rechtswesen)

Sacheinlage//Geldeinlage
(Wirtschaft)

Sachfirma//Personenfirma
(Firmenname, der sich auf den Gegenstand des Unternehmens bezieht)

Sachfrüchte//Rechtsfrüchte
als Sachfrüchte gelten Erzeugnisse einer Sache wie Wolle eines Tieres oder Milch, Obst; Sand, Steine als Ausbeute aus einem Steinbruch sowie Erträge aus einer Sache wie Mietzins (Rechtswesen)

sachgemäß//unsachgemäß
eine sachgemäße Behandlung, Lagerung ○ *Es gibt sachgemäß und unsachgemäß reparierte Straßen* (Märkische Allgemeine 27. 8. 2007)

sachgerecht//unsachgerecht
Rund jeder achte Heim-Bewohner, der Hilfe bei Arzneien brauchte, bekam falsche oder nicht sachgerechte Medikamente. (Hamburger Morgenpost 2. 2. 2018)

Sachgewinn//Geldgewinn
bei diesen Losen gibt es nur Sachgewinne (Haushaltsgegenstände o. Ä.)

Sachhehlerei//Personenhehlerei
(Hehlerei bezüglich einer gestohlenen Sache o. Ä. ○ Rechtswesen)

Sachkatalog//Autorenkatalog, Personenkatalog
(Bibliothekswesen)

Sachkonto//Personenkonto; ↑auch: **lebendes Konto**
(Konto, das Sachwerte verrechnet)

Sachkonzern//Finanzkonzern
(Konzern zur rationelleren Gestaltung der Produktion usw. ○ Wirtschaft)

Sachkosten//Personalkosten
Die Gemeinde stellt die Räume und kommt für die Sachkosten auf, die Samtgemeinde trägt die Personalkosten. (Braunschweiger Zeitung 12. 4. 2008)

sachlich//unsachlich
sachliche Kritik ○ *sachliche Einwände gegen ein Projekt* ○ *Ich habe noch nie erlebt, wie eine an sich sachlich scheinende Abstimmung über ein Ehrenamt so unsachlich an die Wand gefahren wird.* (Niederösterreichische Nachrichten 8. 4. 2009)

Sachmangel//Rechtsmangel
(Mangel, Fehler an einer Sache o. Ä. ○ Rechtswesen)

Sachpreis//Geldpreis
(bei Preisausschreiben usw.)

Sachregister//Personenregister
das Buch hat ein Sachregister

Sachschaden//Personenschaden
der Sachschaden bei einen Unfall ○ *Vor die Frage gestellt, ob ein Auto ein Kind umfahre oder in den Gegenverkehr krachen solle, gehe der Sachschaden immer vor dem Personenschaden.* (Tagesanzeiger 11. 7. 2016)

Sachsicherheit//Personalsicherheit
(Rechtswesen)

Sadismus//Masochismus; ↑auch: passiv
(sexuell bestimmte Lust am Quälen, Schmerzzufügen)

Sadist[in]//Masochist[in]; ↑auch: Sklave, Sklavin
der Sadist findet sexuelle Lust am Quälen, der Masochist am Gequältwerden ○ sie ist eine Geliebte, eine gute Freundin, eine sarkastische Mutter, eine zynische Tochter, eine Verführerin, eine freundliche Nachbarin, eine Sadistin, eine Masochistin und letztlich ein Opfer, auf das dieser Begriff nicht passen will. (taz 16. 2. 2017)

sadistisch//masochistisch
sexuelle Freude am Quälen anderer habend

Sado//Maso; ↑auch: Masochist
er erzählte seine Erlebnisse als Sado (Sadist) ○ Karl Lagerfeld ist die Dezenz seines ewigen Vatermörderkragens: ein bisschen Sado, ein bisschen Maso, und dabei von sehr, sehr viel Unterhaltungswert. (Weltwoche 27. 3. 2014)

säen//ernten
wer nicht sät, wird auch nicht ernten ○ Sehet die Vögel unter dem Himmel an: sie säen nicht, sie ernten nicht, sie sammeln nicht in die Scheunen, und euer himmlischer Vater nähret sie doch. (Bibel, Matthäus 6,26) ○ *Säen ist nicht so beschwerlich als ernten* (Goethe „Die Wahlverwandtschaften", 1809)

Sägemühle//Mahlmühle
Er mahlte Korn und schnitt Holz. Bauunterlagen des Mühlenbesitzers C. Richter von 1883 weisen eine offene Sägemühle und eine Mahlmühle aus. (Süddeutsche Zeitung 29. 8. 2007)

sagen; ↑die Wahrheit sagen

Saison; ↑Hauptsaison, Nachsaison, Nebensaison, Vorsaison

sakral//profan
(heilig) ○ *Nachdem aber keine Trennung angestrebt wird zwischen dem, was sakral und dem, was profan ist, greift das islamische Recht auch in Domänen ein, die in westlichen Gesellschaften vordergründig von der Religion getrennt wurden* (Wiener Zeitung 16. 2. 2013)

Sakralbau//Profanbau
(religiösen Zwecken dienender Bau)

säkular//instantan
säkulare (über lange Zeiträume sich erstreckende) *Bodensenkung* (Geologie)

Säkularkleriker//Regularkleriker
(Weltgeistlicher)

Saldo; ↑Debetsaldo, Habensaldo, Sollsaldo

salisch//femisch
(an Kieselsäure usw. reich ○ Mineralogie)

Salutogenese//Pathogenese
(Gesamtheit der gesundheitsfördernden Maßnahmen)

Salvenfeuer//Lagerfeuer
(das gleichzeitige Feuern aus allen Rohren ○ Militär)

Salzwasser//Süßwasser
Dann sollten die Wunden vorsichtig mit Salzwasser, nie mit Süßwasser, gewaschen werden. (Saale-Zeitung 24. 5. 2018)

Samenerguss; ↑erster Samenerguss

Samenpflanze//Sporenpflanze
(Botanik)

Samenzelle; ↑männliche Samenzelle

Sammelfahrkarte//Einzelfahrkarte

Sammellinse//Zerstreuungslinse; ↑auch: konkav
(eine konvexe Linse, die einfallende Strahlen sammelt)

Sammelurkunde//Einzelurkunde
Konkret sollen die Besitzverhältnisse von Aktien über eine sogenannte Sammelur-

kunde dokumentiert werden, die bei der Kontrollbank hinterlegt ist. (Die Presse 11. 4. 2018)

Sammelverwahrung//Sonderverwahrung
(Wertpapierdepot, in dem hinterlegte Stücke von verschiedenen Kunden zusammen aufbewahrt werden ○ Bankwesen)

Samson//Dalila, Delila
(im Alten Testament ein mit übermenschlicher körperlicher Kraft ausgestatteter Mann, dessen Geliebte – die Philisterin Dalila – ihm diese Kraft dadurch raubte, dass sie ihm im Schlaf das Haar abschnitt, so dass ihn nun die Philister besiegen konnten)

Sancho Pansa; ↑Don Quichotte

sanft//grob
er ist sehr sanft ○ *jemanden sanft anfassen* ○ *Mit einem prüfendem Blick streicht er sanft über die Rundungen der grob geschliffenen Oberfläche.* (Braunschweiger Zeitung 10. 3. 2007)

sanft//hart
das Flugzeug setzte sanft auf ○ *mit den Bremsen lässt sich sanft Tempo herausnehmen, aber auch hart, wenn es denn sein muss.* (Neue Zürcher Zeitung 13. 3. 2009)

sanft//unsanft
sie hat ihn sanft geweckt ○ *Der ist nunmehr meist damit beschäftigt, sie sanft oder unsanft abzuwehren* (Die Presse 26. 1. 2015)

Sanktion//Gegensanktion
Es sei notwendig, „den Antagonismus von Provokation und Gegenprovokation ... Drohung und Gegendrohung, von Sanktionen und Gegensanktionen zu durchbrechen" ... (Der Spiegel 5. 5. 2018)

Sappho//Phaon
(Liebespaar der griechischen Mythologie auf der Insel Lesbos; häufig in Opern und Dramen behandelt, z. B. von Lawrence Durrell und Franz Grillparzer)

Saprobie//Katharobie
(Organismus, der in oder auf faulenden Stoffen lebt)

Sara//Abraham; ↑auch ↑Abraham

Sarah; ↑Sara

Satan//Gott
Wie Mephisto in Goethes Faust, so wettert auch dieser Satan gerne gegen Gott (Wiener Zeitung 9. 7. 2016)

Satellitenflughafen//Zentralflughafen

Satemsprache//Kentumsprache
(Sprache, in der sich ursprüngliche palatale Verschlusslaute in Zisch- und Reibelaute gewandelt haben; z. B. Indisch, Iranisch, Slawisch; die Benennungen basieren auf dem Wort für 100: lateinisch: *centum* und altiranisch: *satem*)

Sattelpferd//Handpferd
(das Pferd, das im Gespann links – vom Bock aus gesehen – geht)

Satteltal//Muldental
(Geografie)

satt//hungrig
Nun konnte sich eine Gruppe von Tauben vor dem Heimflug satt fressen, während die andere hungrig an den Start ging. (St. Galler Tagblatt 26. 7. 2013)

satt sein//Hunger haben, hungrig sein
ich bin (schon) satt ○ *Doch kaum war er satt, hatte er schon wieder Hunger.* (taz 23. 3. 2011) ○ *Der Econ würde im Supermarkt immer die benötigte Menge kaufen, egal, ob er satt oder hungrig ist.* (FOCUS 14. 10. 2017)

Satyriasis//Andromanie, Nymphomanie; ↑auch: Mannstollheit
Satyriasis ist der gesteigerte Geschlechtstrieb eines Mannes ○ *Im aktuellen ICD-10 wird nur kurz „gesteigertes sexuelles*

Verlangen" – Satyriasis beim Mann oder Nymphomanie bei der Frau – erwähnt, ohne genauere Definition. (Süddeutsche Zeitung 19. 4. 2014)

Satz; ↑einfacher Satz, Gliedsatz, Hauptsatz, Kernsatz, komplexer Satz, Konstituentensatz, Matrixsatz, Nebensatz, Spannsatz, Stirnsatz

satzeröffnend//satzschließend
satzeröffnendes Gliederungssignal (Textgrammatik)

satzschließend//satzeröffnend
satzschließendes Gliederungssignal (Textgrammatik)

Satzungsleistung//Regelleistung
(bei Krankenkassen)

Sau/Eber; ↑auch: Borg, Keiler
(weibliches Schwein) ○ *Bleibt abzuwarten, ob sich die Sau mit dem Eber einlässt.* (Märkische Allgemeine 26. 10. 2012)

sauber//schmutzig
saubere Hände, Schuhe, Fingernägel, Wäsche ○ *das Hemd ist (noch) sauber* ○ (übertragen:) *saubere Gedanken* ○ *Sonnenstrom ist sauber, Strom aus fossilen Quellen schmutzig.* (Weltwoche 15. 5. 2014)

sauber//unsauber
das hat er sauber gearbeitet ○ *sie hat auf dem Klavier sauber gespielt* ○ *„Die meisten Kampagnen von Umweltschützern richten sich gegen Palmöl als solches und unterscheiden nicht zwischen sauber und unsauber produziertem Palmöl"* (Süddeutsche Zeitung 7. 9. 2010)

sauer//alkalisch
(pH-Werte bis 6 inklusive)

sauer//basisch; ↑auch: süß
das Milieu im Magen ist sauer

sauer//süß
saure Kirsche ○ *saure Trauben* ○ *saure Sahne* ○ *es schmeckt sauer* ○ *Bereits seit dem Jahr 2009 schwingt die Band den Kochlöffel und bereitet dem Publikum einen frechen musikalischen Mix aus sauer und süß, salzig und bitter, lieblich und herb.* (Mannheimer Morgen 27. 4. 2018)

Sauer//Süß
(bezahlte, aber noch nicht geleistete Arbeit ○ Jargon ○ Druckersprache)

Sauerkirsche//Süßkirsche
Nach der Ernte sollte die Sauerkirsche und die starkwüchsige Süßkirsche geschnitten werden. (Neue Kronen-Zeitung 6. 9. 2015)

Sauermilchkäse//Labkäse
(aus Sauermilchquark hergestellter Käse)

Sauermilchquark//Labquark

Sauermolke//Süßmolke, Labmolke

Sauerrahmbutter//Süßrahmbutter

saufen//fressen; ↑auch: essen
Die Männer, Zehntausende, Hunderttausende, fahren aufs Land, belagern die Seen um Berlin, bleiben unter sich, saufen, fressen, klopfen große Sprüche. (Salzburger Nachrichten 21. 5. 2012)

saugen//blasen
(mit dem Mund unter Anspannung der Mundmuskulatur in sich hineinziehen) ○ *Mit leisem Elektromotor saugen statt mit lautem Benziner blasen* (Berner Oberländer 25. 8. 2012)

Saugluftanlage//Druckluftförderanlage
(Technik)

Saugpumpe//Druckpumpe
(Technik)

säuisch//reinlich
(derb, anstößig) ○ *Über den 1495 in Worms abgehaltenen Reichstag vermeldet ein Chronist, dass sich „die Edelleut mit Saufen auf diesem Reichstag ziemlich säuisch gehalten".* (Mannheimer Morgen 20. 8. 2016)

Säulenbasilika//Pfeilerbasilika
(Architektur)

Saulus//Paulus
vom Saulus zum Paulus werden (aus einem Bekämpfer, Gegner einer Ansicht zu dessen Verteidiger, Befürworter werden) ○ *Ihre Wandlung vom Saulus zum Paulus darf bezweifelt werden* (Tiroler Tageszeitung 20. 5. 2015)

Sauna; ↑**Dampfsauna, Trockensauna**

Säure//Base, Lauge
Säuren färben Lackmuspapier rot; zu hohe Zufuhr von Eiweiß führt zu vermehrtem Anfall von Säuren

säurefrei//säurehaltig
Der Karton sei zudem säurefrei, um der Zersetzung des Buches vorzubeugen. (St. Galler Tagblatt 28. 7. 2016)

säurehaltig//säurefrei
Besonders säurehaltig sind etwa Kiwis, Orangen, saure Beeren wie Johannisbeeren oder mit Essig angemachter Salat. (Mannheimer Morgen 2. 6. 2015)

schaden//nützen
das schadet der Karriere, dem Verein ○ *es ist die Frage, ob das Fernsehen der Literatur nur schadet oder auch nützt* ○ *Politisch gesehen wird es weder der SPÖ schaden, noch der ÖVP nützen.* (Burgenländische Volkszeitung 29. 1. 2015)

Schaden//Nutzen
gesellschaftlicher Schaden ○ *das wird nicht zu deinem Schaden sein, sondern zu deinem Nutzen* ○ *Es gibt keinen Schaden ohne Nutzen.* (FOCUS 21. 1. 2013)

Schädiger[in]//Geschädigte[r]
(Rechtswesen)

schädlich//nützlich
schädliche Pflanzen, Tiere ○ *Auch die kleinere Gruppe derjenigen Viren im Verdauungstrakt, die menschliche Zellen befällt, ist wahrscheinlich nicht nur schädlich, sondern auch nützlich.* (Süddeutsche Zeitung 25. 2. 2016)

schädlich//unschädlich
schädliche Stoffe ○ *diese Strahlen sind schädlich* ○ *Manchmal sind kleine Lügen im privaten Umfeld (vielleicht) vertretbar, wenn die Wahrheit für den Adressaten extrem schädlich und die Lüge extrem unschädlich ist.* (Weltwoche 4. 5. 2016)

schädlich//wertvoll
Ist Kohlenstoffdioxid schädlich, wertvoll oder gar beides? (Kölnische Rundschau 4. 4. 2018)

Schädling//Nützling
Schädlinge sind für den Menschen schädliche Tiere ○ *«In der Natur gibt es für jeden Schädling auch einen Nützling»* (St. Galler Tagblatt 27. 1. 2017)

Schaf//Schafbock, Widder
(weibliches Schaf) ○ *Dann wird sich zeigen, wer das schönste Schaf und wer den schönsten Schafbock im Stall hat.* (Die Südostschweiz 10. 10. 2014) ○ *Ein Schaf und ein Widder sind auf einem Bauernhof in der Nähe von Kurtatsch in Südtirol vermutlich von einem Bären gerissen worden.* (Die Südostschweiz 18. 11. 2013)

Schafbock//Hammel, Schöps
(nicht kastriertes männliches Schaf) ○ *Der Mann des Schafs ist der Schafbock, das Kind heißt Lamm. Hammel nennt man männliche Tiere, die älter als ein Jahr sind und kastriert wurden, oder weibliche Tiere, die noch nicht gelammt haben.* (Süddeutsche Zeitung 15. 4. 2011)

Schafbock//Schaf
(männliches Schaf)

Schale//Kern
Und wer weiß – vielleicht steckt hinter seiner harten Schale ein weicher, liebenswürdiger Kern? (Berliner Morgenpost 17. 11. 2018)

schalldicht//hellhörig
die Wohnung ist schalldicht ○ *Dazu haben wir einen eigenen Akustiker ange-*

stellt, damit die Wand zwischen den Räumen auch schalldicht ist (Tiroler Tageszeitung 1. 6. 2017)

schallhart//schallweich
(kaum Schall schluckend ○ Bauwesen)

schallweich//schallhart
(sehr stark den Schall schluckend ○ Bauwesen)

Schaltjahr//Gemeinjahr
(Jahr – alle vier Jahre –, das durch Einschalten eines Tages im Februar länger ist als die üblichen)

Schamlippen; ↑**große Schamlippen, kleine Schamlippen**

Schande//Ehre
„Wo Saufen eine Ehre ist, kann Kotzen keine Schande sein!" (Sprichwort) ○ *Armut war nicht nur keine Schande mehr, sondern weder Ehre noch Schande.* (Westdeutsche Zeitung 12. 8. 2017)

scharf//mild
scharfer Senf ○ *Mit 40 Volumsprozent kommt der Schnaps im Antrunk zuerst etwas scharf daher. Im Abgang hingegen ist er weich und mild.* (Der Standard 23. 3. 2018)

scharf//stumpf
ein scharfes Messer, Beil ○ *„Dann mache ich alles scharf, was stumpf geworden ist", verspricht der Scherenschleifer.* (Schwäbische Zeitung 5. 2. 2018)

scharf//unscharf
scharfe (sehr klare, deutliche) *Landschaftsbilder, Fotos* ○ *Er lässt nur das Motiv scharf erscheinen und zeichnet den Hintergrund unscharf.* (Berliner Morgenpost 25. 10. 2018)

Schärfe//Unschärfe
die Schärfe oder Unschärfe eines Begriffs

scharren//klopfen
die Studenten äußern ihr Missfallen durch Scharren ○ *Sie scharren schon mit den Füßen und klopfen probeweise an die Tore des Gemeindeamtes.* (Leipziger Volkszeitung 18. 10. 2006)

Schatten//Licht
wo viel Licht ist, ist auch viel Schatten ○ *Energiesparlampen im Test: Mehr Schatten als Licht* (Hamburger Morgenpost 1. 4. 2010)

Schatten//Sonne
sie legte sich in den Schatten ○ *Die Eltern sind wirklich vorbildlich, sie wechseln sich bei der Betreuung brav ab und spenden den jungen Vögeln Schatten, wenn die Sonne vom Himmel brennt* (Niederösterreichische Nachrichten 8. 6. 2018)

Schattenblatt//Sonnenblatt
(Botanik)

Schattenholz//Lichtholz
(wenig Licht brauchende Holzart ○ Forstwesen)

Schattenpflanze//Sonnenpflanze
(Pflanze, die nicht viel Licht, Sonne braucht ○ Botanik)

Schattenseite//Sonnenseite
der Hof liegt auf der Schattenseite des Tales ○ (übertragen:) *auf der Schattenseite des Lebens* (benachteiligt) *sein* ○ *Das melodramatische Clowntheater erzählt die Geschichte einer Aussenseiterin, die gelernt hat, dass jede Schattenseite im Leben auch eine Sonnenseite hat.* (St. Galler Tagblatt 30. 10. 2012)

Schattenseite; ↑**Licht- und Schattenseiten**

schatt[en]seitig//sonn[en]seitig
Man kann jedoch sicher sein, dass es ab 1200 Metern schattseitig und 1400 sonnseitig keine Zecken mehr gibt. (Tiroler Tageszeitung 16. 4. 2008)

schattig//sonnig
ein schattiger Platz ○ *Auch, ob die Wege geeignet sind für Kleinkinder und Kinderwagen, ob sie eben oder holprig, leicht*

oder schwierig, schattig oder sonnig sind. (Salzburger Nachrichten 24. 3. 2010)

Schauspiel//Oper
sie hat mehr Interesse an Schauspielen als an Opern ○ Für Barbara Frey als Intendantin eines Mehrspartenhauses mit Schauspiel und Oper spricht, dass sie eine grosse Affinität fürs Musikalische hat (Tagesanzeiger 16. 5. 2018)

Scheck; ↑Barscheck, mit Scheck, Verrechnungsscheck

Scheel; ↑Tünnes

Scheibe; ↑in Scheiben

Scheibenrad//Speichenrad
(Rad, das zwischen Felge und Nabe eine Metallplatte hat)

Scheide//[männliches] Glied; ↑auch: Penis
Wenn Megan James von ihrem Wunsch nach Zweisamkeit sang, ging es nicht bloß um die Vereinigung zweier Herzen oder von Scheide und Glied. (Der Spiegel 3. 3. 2015) ○ Sie kam in Sussex, England, als uneheliches Kind zur Welt, mit einer Schwellung an der Scheide, die von der Hebamme als männliches Glied gedeutet wurde. (Der Spiegel 2. 10. 2000)

Scheide//Schwert
das Schwert in die Scheide stecken ○ Der Pförtner sah, dass der Mann ein in einer Scheide steckendes Schwert bei sich hatte. (Frankfurter Rundschau 17. 9. 2003)

Scheidemünzen//Kurantmünzen
(Münzen kleineren Nennwerts mit begrenzter gesetzlicher Zahlungskraft)

scheiden//trauen
ein Paar scheiden (seine Ehe für aufgelöst erklären) ○ wann wurden sie geschieden? ○ Laut Statistischem Bundesamt wird jede dritte Ehe vor der Silberhochzeit geschieden. Von den 29 Paaren, die sich am 8. 8. 88 getraut haben, sind laut hiesigem Standesamt noch 13 verheiratet. (Kölner Stadtanzeiger 8. 8. 2013)

scheiden lassen, sich//heiraten
sie haben sich (wieder) scheiden lassen ○ Sie will sich scheiden lassen und ihn heiraten in der Hoffnung auf ein interessantes Leben im Dienste der Kunst. (Die Nordwestschweiz 3. 10. 2017)

Scheidung//Trauung
Drei Wochen nach der Scheidung von Schwetje folgt die Trauung mit der Journalistin aus München. (Leipziger Volkszeitung 22. 9. 2017)

Schein//Münze; ↑auch: Hartgeld
in Scheinen bezahlen ○ Die Scheine und Münzen befinden sich in Geldbörsen (Süddeutsche Zeitung 22. 4. 2017)

Schein//Sein
der Unterschied zwischen Schein (dem äußeren Erscheinungsbild, das von dem eigentlichen Wesen oft verschieden ist) und Sein ○ Der Schein dominiert oft das Sein, im Internet wie im realen Leben. (Salzburger Nachrichten 22. 12. 2018)

scheinbar//in Wahrheit
das scheinbar Vergessene lebt im Unterbewusstsein fort ○ sein Wert ist scheinbar groß, aber in Wahrheit klein ○ Dieses scheinbar unspektakuläre Unternehmen ist in Wahrheit ein hoch anspruchsvoller Sport – und ultimativer Nervenkitzel. (Leipziger Volkszeitung 15. 1. 2011)

scheinen//sein
das scheint nicht nur so, das ist auch so ○ Der Unterschied von 100 Punkten scheint zwar groß zu sein, ist aber unbedeutend (Mittelbayerische Zeitung 4. 1. 2016)

Scheiße//Pisse; ↑auch: Pipi, Urin, Lulu
(derbe Ausdrucksweise für die menschliche Ausscheidung aus dem Darm) ○ „Der Kleine lag da in seiner eigenen

Scheiße und Pisse", bemerkt Andreas später mit leider sehr treffender Drastik. (Nürnberger Nachrichten 14. 5. 2015)

scheitern//gelingen
ich bin an den Schwierigkeiten gescheitert ○ Nichts geht mehr: An der Westfront scheitern die großen Offensiven (Die Zeit Geschichte 14. 2. 2017)

schenken//beschenkt werden
Wer schenkt, wird beschenkt. (Wiesbadener Tagblatt 14. 1. 2017)

Scherz//Ernst
das war halb Scherz, halb Ernst ○ Nach anfänglicher Skepsis wurde aus dem Scherz nun Ernst. (Tiroler Tageszeitung 1. 2. 2015)

Schia//Sunna
(islamische religiöse Richtung)

schicklich//unschicklich
schickliches Benehmen ○ Aber ein erheblicher Teil von Madonnas Erfolg liegt darin, dass sie nie schicklich war oder zumindest immer sehr erfolgreich unschicklich wirkte. (Süddeutsche Zeitung 21. 6. 2001)

Schicksal//Kausalität
Drei Komplexe wirken dabei besonders aktuell, der Gegensatz von Stadt und Land, von Kausalität und Schicksal sowie die Ablösung der Demokratie durch den Cäsarismus. (Der Spiegel 7. 4. 2018)

Schickschuld//Holschuld
(Rechtswesen)

schieben//ziehen
er hat sich hinter den Karren gestellt und schiebt ihn ○ der Triebkopf beim ICE 2 schiebt oder zieht die Wagen ○ Damit meint er beispielsweise einen Schlitten mit Gewichten, den die Athleten erst 50 Meter schieben und dann 50 Meter ziehen müssen. (Hamburger Abendblatt 20. 11. 2017)

Schiechpercht//Schönpercht
(Faschingsgestalt, Percht mit furchterregender Maske ○ Volkskunde)

Schiedsfrau//Schiedsmann
(Rechtswesen)

Schiedsmann//Schiedsfrau
(Rechtswesen)

schief//gerade
das Bild hängt schief ○ Sitzen die lustigen Hüte noch schief, und die Pappnasen gerade? (Salzburger Nachrichten 29. 12. 2018)

Schießjagd//Fangjagd

Schifffahrt; ↑Hochseeschifffahrt, Küstenschifffahrt

Schiit//Sunnit
(Anhänger der Schia, eine der beiden Hauptrichtungen des Islams)

Schimmel//Rappe
(weißes Pferd) ○ Der Kladruber kommt ausschließlich als Schimmel oder Rappe vor. (Neue Westfälische 16. 5. 2008)

Schinken; ↑Hinterschinken, Vorderschinken

schizothym//zyklothym; ↑auch: pyknisch
(introvertiert-feinsinnig ○ nach Ernst Kretschmer)

Schlachtgewicht//Lebendgewicht
(Gewicht eines geschlachteten Tieres ohne Haut, Kopf, Füße usw.)

Schlaf; ↑REM-Schlaf, Tiefschlaf

schlafen//wachen
er kann schlafen, ich jedoch muss beim Kranken wachen ○ Klarträume sind eine eigenartige Mischung aus schlafen und wachen. (Der Tagesspiegel 12. 9. 2016)

schlafen//wach sein
er schläft (schon) ○ sie schläft (noch), und er ist (schon) wach ○ Mittels Trance wird also durch den Spezialisten ein

Zustand zwischen schlafen und wach sein erzeugt (Oberösterreichische Nachrichten 17. 8. 2011)

schlafen gehen//aufbleiben
Thiemo muss jetzt schlafen gehen, aber Saskia darf noch aufbleiben ○ *Sie ... ertönte zu einer Uhrzeit, zu der ich normalerweise schlafen gehen sollte. Meistens durfte ich dann noch zehn Minuten aufbleiben.* (Neue Kronen-Zeitung 18. 3. 2016)

schlafen gehen//aufstehen
wann gehst du abends schlafen, und wann stehst du morgens auf? ○ *Da mussten wir zeitig schlafen gehen, denn da mussten wir um sechs aufstehen, damit wir vor der Schule noch Essiggurkerl pflücken* (Salzburger Nachrichten 20. 6. 2013)

schlafen lassen//[auf]wecken
lass ihn schlafen! Weck ihn nicht auf! ○ *Papa schläft in der Kirche ein. Aufwecken oder weiter schlafen lassen? ... Den schnarchenden Vater solltest du auf jeden Fall wecken.* (Main-Post 19. 12. 2012)

schlaff//steif; ↑auch: erigiert
ein schlaffer (unerigierter) Penis ○ *Ihre Stimmen sind schwach, die Körper schlaff und die Rücken steif.* (Mitteldeutsche Zeitung 30. 1. 2004)

schlaff werden//sich aufrichten
der Penis wird schlaff ○ *Sie sitzt da, die Schultern schlaff, die Arme nach beiden Seiten ausgestreckt. ... Und, zack, richtet sie sich auf, Hände nach oben* (Der Tagesspiegel 25. 2. 2007)

Schläge austeilen//Schläge einstecken
Im Gegenteil zu anderen Kampfsportarten wird mehr Wert auf eine genaue Ausführung der Bewegung gelegt, als darauf, möglichst viele harte Schläge austeilen und einstecken zu können. (Tagesanzeiger 13. 9. 2008)

Schläge einstecken//Schläge austeilen
Zwar müsse Israel schmerzhafte Schläge einstecken, es werde jedoch noch viel schmerzhaftere austeilen, warnt Olmert. (Der Spiegel 28. 2. 2008)

Schläger[in]//Geschlagene[r]
Wie die Ermittlungen in der Disco ergaben, war der Schläger kurz vorher noch der Geschlagene gewesen (Mannheimer Morgen 24. 12. 2013)

Schläger//Läufer
(Spieler, der den Ball mit dem Schlagholz ins Spielfeld schlägt ○ Schlagball)

Schlaghand//Führhand
(Boxen)

Schlagpartei//Fangpartei
(Ballspiele)

Schlagwirtschaft//Plenterwirtschaft
(Forstwirtschaft)

schlank//dick
diese Ernährung macht schlank ○ *Eine britische Landzeitstudie fand nun heraus, dass die Art, wie wir zur Arbeit fahren, ausschlaggebend dafür ist, ob wir schlank oder dick sind.* (Kurier 23. 5. 2015)

schlau//dumm
die einen sind die Schlauen (die die Vorteile haben), die anderen sind die Dummen (die das Nachsehen haben) ○ *ein schlauer Mensch* ○ *ein schlauer Plan* ○ *Nein, ich sage ja selbst ‚Sei schlau, stell dich dumm'.* (Der Standard 3. 5. 2013)

schlecht//gut
ein schlechter Mensch (in Bezug auf seinen Charakter) ○ *eine schlechte Mutter* ○ *etwas erweist sich als schlecht* ○ *eine schlechte Ernte* ○ *schlechte Nachrichten* ○ *schlecht geschlafen haben* ○ *sich den Namen schlecht merken können* ○ *Macht in den Händen von Männern ist schlecht. Macht in den Händen von Frauen ist gut.* (Der Spiegel 2. 6. 2018)

schlecht//schön
gestern hatten wir schönes Wetter, heute aber schlechtes ○ *In dieser denkwürdigen Zeit, als die Intellektuellen den deutschen Fußball nicht mehr schlecht redeten, sondern ihn regelrecht schön fanden, traten zwei Dichter auf den Plan* (Wiener Zeitung 4. 6. 2016)

Schlechte, das//das Gute
Denn warum muss das Schlechte ausschließlich männlich und das Gute weiblich/männlich sein? (Tiroler Tageszeitung 26. 3. 2014) ○ *Den Stadtteil, der als „sozialer Brennpunkt" bekannt ist, kennt er wie seine Westentasche. Mehr im Schlechten als im Guten.* (Saarbrücker Zeitung 4. 2. 2017)

schlechter//besser
es geht ihm wieder schlechter ○ *Die meisten Amerikaner erleben sich mittlerweile ... als Menschen, denen es eher schlechter als besser geht* (Die Presse 8. 2. 2016)

schlechtes Gewissen//reines Gewissen
er hatte ein schlechtes Gewissen ○ *Ein reines Gewissen ist ein gutes Ruhekissen – ein schlechtes Gewissen ist ein schlechtes Ruhekissen.* (Passauer Neue Presse 10. 3. 2010)

schlecht gehend//gut gehend
schlecht gehende Waren ○ *In der zweiten Stufe ginge es für schlecht gehende Betriebe z. B. um einen Prozentpunkt weniger, für gut gehende um einen mehr.* (Süddeutsche Zeitung 18. 1. 2005)

schlecht gelaunt//gut gelaunt
ein schlecht gelaunter Vorstand ○ *Lieber ein schlecht gelaunter Mensch als ein gut gelaunter Automat!* (Die Zeit 5. 1. 2012)

schlechtreden, etwas//etwas schönreden
den Standort Deutschland schlechtreden (ihn durch ständiges kritisches Reden darüber abwerten) ○ *Nicht alles schlechtreden, aber auch nicht schönreden* (Burgenländische Volkszeitung 21. 7. 2011)

Schlechtwetterlage//Schönwetterlage

schleichen//rasen
er schleicht (fährt ganz langsam) *über die Autobahn* ○ *Denn die Fahrer hielten sich wohl an den Rat der Polizei, besser zu schleichen als zu rasen.* (Rheinische Post 11. 12. 2017)

Schlichtfeile//Schruppfeile
(Feile zum Glätten)

Schlichthobel//Schrupphobel
(feiner Hobel zum Glätten)

schließbar//öffenbar
wie sind diese Fenster schließbar (zu schließen)? ○ *Diese Lücke in der Rechtsdurchsetzung wäre absolut schließbar.* (Die Presse 27. 6. 2016)

schließen//aufbehalten
Davor können wir nicht die Augen schließen. (Die Presse 5. 10. 2017)

schließen//auflassen, offen lassen; ↑auch abschließen
Daher versuche ich eben nicht, Türen zu schließen, sondern will sie dort, wo es sinnvoll erscheint, offen lassen. (Nürnberger Zeitung 7. 9. 2012) ○ *Wir schließen im Winter. Man muss den Laden nicht krampfhaft auflassen* (taz 4. 9. 2006)

schließen//eröffnen
die Diskussion schließen ○ *das Geschäft wurde in diesem Jahr (für immer) geschlossen* (aufgegeben) ○ *2017 könnte das erste Jahr seit fast zwei Jahrzehnten werden, indem im Reich der Mitte mehr Luxusgeschäfte schließen als neu eröffnen.* (Berliner Morgenpost 2. 11. 2017)

schließen//öffnen; ↑auch: aufschließen
das Fenster schließen ○ *das Geschäft schließt am Donnerstag um 20.30 Uhr* ○ *der Schalter wird um 16 Uhr geschlossen* ○ *Emma betrachtete seinen erhobenen Kopf, ... seinen Mund, der sich im*

Gleichtakt mit den anderen Mündern öffnete und wieder schloss. (Die Presse 2. 7. 2011)

schließen, sich//sich öffnen
die Tür schließt sich ○ *die Blüte hat sich geschlossen* ○ *Es schließt sich eine Tür und es öffnet sich ein Tor.* (Süddeutsche Zeitung 15. 6. 2015)

Schließung//Öffnung

schlimmstenfalls//bestenfalls
schlimmstenfalls (im ungünstigsten Fall) *ist er Letzter* ○ *schlimmstenfalls muss er Strafe zahlen* ○ *Liess ich mich ... meine Schritte ... in einen gottverlassenen Hinterhof lenken, wo ich schlimmstenfalls mein Leben, bestenfalls meine Brieftasche lassen würde?* (Neue Zürcher Zeitung 19. 10. 2012)

Schlitzverschluss//Zentralverschluss
(bei der Kamera)

Schlüpfrigkeit//Griffigkeit
(Straßenzustand, -eigenschaft, die das Rutschen eines Fahrzeugs begünstigt ○ Verkehrswesen)

Schlusschor//Anfangschor, Eingangschor
Die eruptiven, reich bewegten „Freudenchöre" ziehen sich denn wie ein Rondo-Thema durch den Abend – statt Bachs Schlusschor erklingt der Eingangschor von Nummer eins folgerichtig als Finale erneut. (Die Presse 19. 12. 2014)

Schlusshälfte//Anfangshälfte
(zweite Hälfte der Spielzeit ○ Sport)

schlüssig //unschlüssig
ich bin mir darüber schlüssig geworden ○ *So schlüssig das Kuratoren-Team ... seine Kriterien herleitet, so unschlüssig ist die Schau „Painting 2.0" allerdings, wenn sie zwischen kunsthistorischer Kanonisierung und der Präsentation aktueller Kunst balancieren will.* (Kurier 22. 2. 2016)

Schlusskurs//Anfangskurs
(Börse)

schmal//breit
schmale Hüften, Schultern ○ *schmale Stufen* ○ *eine schmale Straße, ein schmaler Fluss* ○ *Sind die Strassen zu schmal oder die Wagen zu breit?* (Berner Oberländer 21. 8. 2018)

schmal//dick
eine schmale Brieftasche haben (nur über wenig Geld verfügen) ○ *Busen zu klein, Lippen zu schmal, Bauch zu dick: Frauen und Männer, die zu einem Schönheitschirurgen gehen* (Leipziger Volkszeitung 7. 5. 2012)

schmal//rund
ein schmales Gesicht ○ *Mehrere Wochen drehte sich in ihren Kursen alles um den Erdtrabanten, der mal als schmale Sichel oder runde Kugel den Nachthimmel erhellt.* (Mannheimer Morgen 6. 12. 2017)

schmal//voll
schmale Lippen ○ *Sie ist namenlos, aber schön: grosse, braune Bambi-Augen, die Nase schmal, die Lippen voll.* (Neue Zürcher Zeitung am Sonntag 2. 6. 2002)

Schmalbahn//Breitbahn
(beim Papier)

schmalbrüstig//breitbrüstig
Der 1968 geborene Pariser Slimane hat wohl größten Anteil daran, dass modebewusste junge Männer heute schmalbrüstig in schwarzen Röhrenjeans umherstaksen (taz 6. 7. 2007) ○ (übertragen:) *Denn bisher war das gastronomische Angebot äußerst schmalbrüstig* (Nürnberger Nachrichten 28. 9. 2016)

Schmalspur//Normalspur; ↑auch: Breitspur
(bei Eisenbahngleisen) ○ *Welche Spur, Schmalspur oder Normalspur, ist sekundär. Primär ist, dass die direkte Anbindung an den Hauptbahnhof erfolgt.* (Oberösterreichische Nachrichten 23. 4. 2013)

Schmalspuringenieur//Diplomingenieur
(Ingenieur, der den Titel nach einer höheren Schule und Berufserfahrung erworben hat ○ österreichisch umgangssprachlich)

Schmalz//Häfen
(Gefängnisstrafe ○ österreichisch gaunersprachlich) *Der Ältere bat um eine weitere Chance: „Ich bin jetzt schon zu alt, bald 30. Ich habe so viel Schmalz gehabt, jetzt habe ich genug vom Häfen."* (Burgenländische Volkszeitung 7. 11. 2007)

schmelzen//liegenbleiben
der Schnee wird bei dieser Temperatur bald schmelzen ○ Weil aber wenig Wind und Sonneneinstrahlung vorausgesagt werden, wird der Schnee sehr langsam schmelzen und … auf über 1200 Meter liegen bleiben. (Die Südostschweiz 10. 12. 2006)

Schmiedeeisen//Gusseisen
(Eisen, das schmiedbar ist oder kunstvoll geschmiedet ist)

Schmierseife//Kernseife
(zähflüssige Seife)

schminken//abschminken
das Gesicht schminken ○ Eincremen, schminken, abschminken: Jede fünfte Frau nimmt sich dafür pro Tag 30 bis 60 Minuten Zeit. (Trierischer Volksfreund 22. 10. 2007)

schmöll//durstig
er ist (schon) schmöll (nicht existierendes, aber zur Schließung der semantischen Lücke vorgeschlagenes Wort für: keinen Durst mehr habend)

schmutzig//sauber
schmutzige Hände, Schuhe, Fingernägel, Wäsche ○ das Hemd ist (schon) schmutzig ○ (übertragen:) *schmutzige Gedanken ○ „Die Hände schmutzig, aber der Geist sauber", war die staatliche Parole.* (taz 22. 5. 2006)

Schnabel//Schwanz
der Schnabel des Vogels ○ Kein anderer Kleinvogel weist eine derartige Kombination aus winzigem Schnabel, rundlichem Körper und extrem langem Schwanz auf. (St. Galler Tagblatt 3. 2. 2017)

schneearm//schneereich
ein schneearmer Winter ○ Unsere Winter pendeln häufig zwischen extrem schneearm und extrem schneereich. (Mittelbayerische Zeitung 2. 12. 2016)

schneereich//schneearm
ein schneereicher Winter

Schneeweißchen//Rosenrot
(Zwei Schwestern in dem Märchen der Brüder Grimm)

Schneide//Rücken
(beim Messer die zum Schneiden vorgesehene Seite) ○ *Beim Blatt unterscheidet man die Schneide und den Dengel. Davon abgewandt sitzen der Rücken und die Hamme.* (Hamburger Abendblatt 8. 6. 2018)

Schneidezahn//Backenzahn
(Zahn, in der Mitte von Ober- und Unterkiefer)

schnell//langsam
schnell arbeiten, sprechen, laufen, fahren ○ Meine Empfindung ist, dass die Zeit schnell ist und das Schreiben langsam. (Der Spiegel 7. 7. 2018)

Schnelligkeit//Langsamkeit

Schnitzbriah//Seckelesmoscht
(weiblicher Urin, landschaftlich ○ bei Martin Walser in „Seelenarbeit")

schnörkellos//mit Schnörkeln
eine schnörkellose Schrift ○ In Tamale hörte er im Lokalradio, wie Munkaila von seinen Fluchtversuchen erzählte, von Todeserfahrungen und Menschenhändlern. So schnörkellos, anschaulich und mahnend, dass Hafiz gebannt zuhörte. (FOCUS 20. 2. 2016)

Schokolade; ↑bittere Schokolade

schon//erst; ↑auch: noch, noch nicht
er kam schon morgens (nicht erst abends) ∘ *er kommt schon in diesem Jahr, nicht erst im nächsten* ∘ *sie ist schon früh, doch er ist erst spät aufgestanden* ∘ *drei Morde sind (erfreulicherweise) schon/(bedauerlicherweise) erst aufgeklärt* ∘ *Obwohl ich doch schon fünfzig, nicht erst fünf Jahre alt war.* (Weltwoche 20. 9. 2018)

schon//nicht
Dann hat sie gesagt, ich liebe sie nicht. – Und? Was hast du gesagt? – Na, ich liebe sie schon. (Peter Henisch: „Pepi Prohaska Prophet", 1985)

schon//nicht mehr
Was gehört sich und was nicht, was darf man schon und was nicht mehr. (Der Spiegel 18. 5. 2019)

schon//noch
er schläft schon (so früh), doch sie ist noch wach ∘ *er schläft noch (so lange), doch sie ist schon wach* ∘ *das Leben schon hinter sich haben* ∘ *Klaus ist schon weggegangen* ∘ *er ist schon weg/er ist noch da* ∘ *Juden lebten hierzulande schon, als die Germanen noch auf Wanderschaft waren.* (Die Zeit Geschichte 17. 11. 2015)

schon//noch nicht
sie ist schon angekommen, doch er noch nicht ∘ *als ich kam, war sie schon abgereist, doch er noch nicht* ∘ *Tilo war schon in Paris, Christian aber noch nicht* ∘ *ich habe mich schon/noch nicht entschieden* ∘ *das ist schon lange her/noch nicht lange her* ∘ *Das Anziehen der Preise für qualitativ hochwertige Handwerksarbeit war schon sehr lange überfällig. Einige Unternehmer haben das leider immer noch nicht bemerkt und kalkulieren mit Stundensätzen, die keine vernünftige Bezahlung der Mitarbeiter ermöglichen.* (Der Spiegel 5. 1. 2018)

schön//hässlich
eine schöne Frau ∘ *ein schöner Mann* ∘ *ein schönes Aussehen* ∘ *im Märchen „Frau Holle" ist die Goldmarie schön und fleißig* ∘ *die schönen und die hässlichen Seiten der Stadt* ∘ *Faszinierend schön, das alles. Nein: oft auch unglaublich hässlich!* (St. Galler Tagblatt 23. 6. 2018)

schön//schlecht
schönes Wetter ∘ *Ein Garten, der gleich nach der Pflanzung „schön" aussieht, ist schlecht bestellt.* (Saale-Zeitung 24. 11. 2015)

Schöndruck//Widerdruck
(die zuerst bedruckte Seite eines Bogens ∘ Buchdruck)

schon erwachsen sein//noch ein Kind sein
er ist schon erwachsen, aber benimmt sich, als ob er noch ein Kind wäre ∘ *Zum Beispiel Wiradech Kothny, der mit 22 Jahren eigentlich schon erwachsen ist und manchmal trotzdem noch ein Kind.* (Süddeutsche Zeitung 9. 7. 2001)

[schon] gegessen, gefrühstückt haben//[noch] nüchtern sein
ich habe schon gegessen ∘ *Auf dem Auswertungsbogen waren nämlich die gesunden Blutzucker-Werte angegeben, je nachdem, ob der Getestete vorher etwas gegessen hatte oder nüchtern gekommen war.* (Braunschweiger Zeitung 15. 11. 2007) ∘ *Können Schüler besser denken, wenn sie gefrühstückt haben oder wenn sie nüchtern sind?* (taz 19. 8. 2008)

Schönheit//Hässlichkeit

Schonklima//Reizklima

Schönpercht//Schiechpercht
(Faschingsgestalt, Percht mit freundlicher Maske ∘ Volkskunde)

schönreden, etwas//etwas schlechtreden
die Lage schönreden (bestrebt, durch vieles bewusst positive Reden eine

schlechte Situation im günstigen Licht erscheinen zu lassen) ∘ *Das muss man weder schönreden noch schlechtreden. Das ist einfach die Realität.* (Die Presse 27. 4. 2016)

Schönwetterlage//Schlechtwetterlage

schon wieder//immer noch
sie ist schon wieder da ∘ *er ist schon wieder krank* ∘ *Seine Wirtschaftslehre beeinflusste die Welt während eines halben Jahrhunderts, und heute wird sie schon wieder und immer noch angerufen.* (Neue Zürcher Zeitung am Sonntag 26. 10. 2008)

Schonzeit//Jagdzeit

Schöpfer//Geschöpf
... wertet die päpstliche Glaubenskongregation gleichgeschlechtliche Liebe nach wie vor als Disharmonie „zwischen dem Schöpfer und seinen Geschöpfen" ... (Der Spiegel 10. 11. 2018)

Schopfbaum//Kronenbaum
(keine Äste ausbildender Baum, z. B. die Palme)

Schöps//Schafbock, Widder
ein Schöps ist im Unterschied zu Schafbock und Widder ein kastriertes männliches Schaf

Schrägküste//Längsküste
(Geologie)

Schraube//Mutter
(nagelförmiger Gegenstand mit Gewinde, der in etwas eingeschraubt werden kann ∘ Technik) ∘ *In diesem Fall ist es jedoch nicht die Schraube, sondern die Mutter, an der gearbeitet wurde.* (Süddeutsche Zeitung 10. 6. 2015)

Schreibe//Spreche
der Unterschied zwischen Schreibe und Spreche (Umgangssprache) ∘ *Eine Schreibe ist keine Spreche. Was in jener verkehrt wäre, ist in dieser an der Tagesordnung* (taz 25. 9. 2018)

schreiben//lesen
er liest, was sie geschrieben hat ∘ *Sie können nicht schreiben, nicht lesen, haben keine Chance auf einen Job und wenig Selbstachtung.* (Salzburger Nachrichten 15. 4. 2014)

schreiben//reden
er kann besser schreiben als reden ∘ *Er könne nicht so gut schreiben, aber sehr gut reden, meinte er.* (Salzburger Nachrichten 15. 12. 2015)

schreiben//sprechen
das geschriebene und das gesprochene Wort ∘ *... eine App für Tablets und Smartphones, mit der Kinder, besonders Legastheniker, besser schreiben und sprechen lernen.* (Haller Tagblatt 12. 4. 2017)

schreiben; ↑getrennt schreiben, zusammenschreiben

Schreiber[in]//Leser[in]

Schreibname//Vulgoname
Der Schreibname Grimm ist zwar auch im Defereggental weit verbreitet, Jacob und Wilhelm Grimm waren aber gelehrte Pastorensöhne aus Hessen. (Tiroler Tageszeitung 23. 12. 2012)

Schreibschrift//Druckschrift
(Schrift, bei der die einzelnen Buchstaben eines Wortes miteinander verbunden sind)

schreien//flüstern
einem Schwerhörigen etwas ins Ohr schreien ∘ *Er kann ebenso ruhig singen wie verzweifelt schreien, traurig flüstern wie enthusiastisch dröhnen.* (Passauer Neue Presse 19. 7. 2008)

Schrift//Rede
Zu den Voraussetzungen gehört in der Welt von heute, dass man Fremdsprachen in Schrift und Rede fließend beherrscht (Die Welt 31. 3. 2017)

Schrift; ↑Begriffsschrift, Buchstabenschrift, Druckschrift, Schreibschrift

schriftlich//mündlich
die schriftliche Prüfung ○ etwas schriftlich vereinbaren ○ Das Abkommen sah vor, dass die US-Behörden Daten über Überweisungen oder Einzahlungen europäischer Bürger oder Unternehmen schriftlich oder auch mündlich abfragen können. (Die Presse 15. 7. 2013)

Schriftlichkeit//Mündlichkeit

Schriftsprache//Mundart, Dialekt
Heimat ist, wo Schriftsprache und Mundart ganz selbstverständlich nebeneinander Platz haben. (Passauer Neue Presse 12. 9. 2017) ○ Für manche der Betroffenen sind ... die deutsche Schriftsprache und der örtliche Dialekt oft die vierte und fünfte Sprache, die sie lernen. (Salzburger Nachrichten 14. 2. 2017)

schriftsprachlich//sprechsprachlich
Der altertümliche Begriff „witte sondag" ist erstmals im 13. Jahrhundert schriftsprachlich bezeugt (Kölnische Rundschau 22. 4. 2017)

Schritt//Galopp
(Reiten) ○ *im Schritt*

Schruppfeile//Schlichtfeile
(grobe Feile)

Schrupphobel//Schlichthobel
(grober Hobel des Tischlers)

Schub//Sog
(Phonetik)

Schub//Umkehrschub
(Luftfahrt)

Schub//Zug
(Kraft durch Schieben ○ Physik)

Schuh; ↑**Halbschuh, Hausschuh, hoher Schuh, mit Schuhen, Stiefel, Straßenschuh**

Schulbub//Schulmädchen; ↑**auch Schuljunge**
Aus Ton geformt zeigt der „Hohenauer Schultaler" einen Schulbuben und ein Schulmädchen „Hand in Hand" als Zeichen für diese Gemeinschaft. (Passauer Neue Presse 28. 7. 2007)

Schuld//Sühne; ↑**auch: Strafe**
Die aktuellen Regelungen waren nicht mehr zeitgemäß, es könne nicht mehr um Schuld und Sühne gehen wie im 19. Jahrhundert. (Salzburger Nachrichten 4. 5. 2017)

Schuld//Unschuld
es geht um Schuld oder Unschuld des Angeklagten ○ Stattdessen betonte er mehrfach, dass am Ende nicht der Ankläger, sondern immer die Richter über Schuld und Unschuld urteilen. (Aachener Zeitung 31. 7. 2008)

Schuld; ↑**Bringschuld, Holschuld, Schickschuld**

Schulden//Außenstände
er hat große Schulden (Geld, das er von anderen geliehen hat)

schuldenfrei//verschuldet
sie sind (jetzt) schuldenfrei ○ Immerhin 21 Prozent der Tiroler Gemeinden fallen in die Kategorie schuldenfrei oder gering verschuldet, 47 Prozent gelten als mittelmäßig verschuldet (Tiroler Tageszeitung 9. 8. 2015)

schuldfähig//schuldunfähig
Ob er bei der Tat möglicherweise vermindert schuldfähig oder schuldunfähig war, müsse jetzt ermittelt werden. (Aachener Zeitung 27. 2. 2017)

Schuldfähigkeit//Schuldunfähigkeit

schuldig//schuldlos
schuldig geschieden ○ Wenn eine Ehe mit Kindern geschieden wird (egal ob schuldig oder schuldlos), kann dies zum Ruin des Vaters werden. (Kleine Zeitung 23. 11. 2002)

schuldig//unschuldig
der Angeklagte ist schuldig ○ Die Puschtra Buibm wissen, ob sie schuldig oder unschuldig sind, sie wissen auch, warum

sie geflohen sind, sie wollen sich auch nicht begnadigen lassen. (Dolomiten 11. 1. 2008)

schuldlos//schuldig
schuldlos geschieden

Schuldmitübernahme//befreiende Schuldübernahme
(Rechtswesen)

Schuldner//Gläubiger; ↑auch: Kreditor
der Schuldner konnte das Geld nicht pünktlich zurückzahlen ○ *Dort gibt es keine Zinsen, sozusagen keinen Wucher, weder für den Schuldner noch für den Gläubiger.* (Kölner Stadtanzeiger 2. 2. 2018)

Schuldspruch//Freispruch
(Rechtswesen)

schuldunfähig//schuldfähig
jemanden als schuldunfähig ansehen ○ *Es gebe dringende Gründe zu der Annahme, dass der Mann schuldunfähig oder nur vermindert schuldfähig ist.* (Frankfurter Neue Presse 22. 1. 2016)

Schuldunfähigkeit//Schuldfähigkeit
diese Tat wurde im Zustand der Schuldunfähigkeit begangen

Schule; ↑Grundschule, Oberschule, Primarschule, Privatschule, Sekundarschule, staatliche Schule, Teilzeitschule, Vollzeitschule

Schüler[in]//Lehrer[in]
Schüler und Lehrer feierten gemeinsam ○ *Sie ist inzwischen aus der Rolle der Schülerin in die der Lehrerin gewechselt.* (Rheinische Post 21. 1. 2015)

Schülergrad//Meistergrad
(bei der Kampfsportart Budo)

schulisch//außerschulisch
schulische Belange ○ *Der Neubau kann für schulische und außerschulische Veranstaltungen genutzt werden.* (Nordwest-Zeitung 11. 1. 2017)

Schuljunge//Schulmädchen
er ist schon ein Schuljunge (geht schon zur Schule)

Schulmädchen//Schuljunge; Schulbub
sie ist schon ein Schulmädchen (geht schon zur Schule) ○ *Aber Islamisten entführen Schulmädchen und köpfen Schuljungen.* (Süddeutsche Zeitung 11. 8. 2016)

Schulmedizin//Naturheilkunde; ↑auch: Homöopathie

Schultern; ↑abfallende Schultern, gerade Schultern

Schulübung//Hausübung
(österreichisch) ○ in der Schule zu erledigende Übung

Schuss//Kette
(Weberei)

schussbändig//schussscheu
(an Schüsse gewöhnt ○ Jägersprache)

schussscheu//schussbändig
(durch Schüsse unruhig werdend ○ Jägersprache)

Schusterjunge//Hurenkind
(erste Zeile eines neuen Absatzes, die als letzte Zeile auf einer Seite oder einer Spalte steht ○ Druckwesen)

schütter//voll; ↑auch: dicht
schütteres Haar ○ *Ich betrachte in 600 Meter Entfernung vom Veranstaltungsort vor der schütter gewordenen Höchster Chemiewerkkulisse ein voll erblühtes Rapsfeld.* (Frankfurter Rundschau 17. 4. 2002) ○ *Die ansonsten schütter besetzten Ränge der Zuschauergalerie waren voll mit Delegationen aus Raiding, Eisenstadt und Neudörfl.* (Kurier 25. 6. 2004)

Schutz; ↑Objektschutz, Personenschutz

Schützling//Beschützer[in]
Madame Rosas Schützling wird zu ihrem Beschützer, der nicht einmal von ihrem

Sterbebett weicht. (Süddeutsche Zeitung 10. 10. 2017)

schwach//kräftig
schwache Gelenke ○ schwaches Aroma ○ Während die Nachfrage auch in Asien und Nordamerika schwach war, stiegen die Bestellungen in Südamerika kräftig. (Neue Zürcher Zeitung 7. 2. 2013) ○ Würzt man schwach oder kräftig? (Der Tagesspiegel 22. 1. 2016)

schwach//stark
ein schwacher Charakter, Mensch ○ eine schwache Leistung ○ eine schwache Arznei ○ eine schwache Gegenwehr des Feindes ○ schwache (regelmäßige) Verben wie „lachen, lachte, gelacht" ○ das Substantiv Automat wird schwach dekliniert: der Automat, des Automaten ○ Männerkrankheiten – Die schwachen Seiten des starken Geschlechts (Apotheken Umschau B 6/1999) ○ Also ließen sich die Amerikaner darauf ein, ein multilaterales Abkommen mit Regeln zu schließen, die schwache und starke Länder handelspolitisch gleichstellen. (Der Spiegel 5. 5. 2018)

schwach; ↑auflagenschwach, ausdrucksschwach, charakterschwach, geburtenschwach, nervenschwach, willensschwach, das schwache Geschlecht, der Geist ist willig

...schwach//...stark (Adjektiv)
z. B. willensschwach/willensstark

Schwäche//Stärke
man kann die Schwächen der Mitarbeiter weniger über Tadel verändern als die Stärken über das Lob ○ das ist ihre Schwäche ○ Er sagt jetzt etwas von Lebensbegleitern, die die Schwächen des anderen lieben und die Stärken fördern ... (Der Spiegel 7. 7. 2018) ○ Es ist keine Schwäche, sich mit guten Leuten zu umgeben, sondern eine Stärke. (Der Spiegel 22. 6. 2019)

schwächen//stärken
das schwächt die Gesundheit ○ das Fieber hat seinen Körper geschwächt ○ der Skandal hat seine Position als Parteivorsitzenden sehr geschwächt ○ Die alten Chinesen sind überzeugt, dass Lebensmittel den Körper schwächen oder stärken. (Tiroler Tageszeitung 13. 1. 2013)

schwächer als//stärker als
sie ist schwächer als er ○ Schwächere brauchen Stärkere, um sich durchzusetzen. (Rhein-Zeitung 20. 5. 2011)

Schwachheitssünde//Bosheitssünde
(veraltet)

Schwachstrom//Starkstrom

Schwager//Schwägerin
(Ehemann der Schwester ○ Bruder des Ehemannes, der Ehefrau)

Schwägerin//Schwager
(Ehefrau des Bruders ○ Schwester des Ehemannes, der Ehefrau)

Schwanz//Fotze, Möse; ↑auch: Scheide, Vagina
(derb für: Penis) ○ *Mann und Frau werden als zueinander komplementär dargestellt, und das Praktizieren von Sex reduziert auf die Penetration von Schwanz in Möse. (taz 19. 3. 2016)*

Schwanz//Kopf
(der Schwanz der Schlange ○ unterer Teil des Buchrückens) ○ *Er ist am Nacken verletzt und wackelt nicht nur mit dem Schwanz, sondern auch ganz merkwürdig mit dem Kopf. (Tagesanzeiger 21. 8. 2006)*

Schwanz//Schnabel
der Schwanz des Vogels ○ Bei der Konferenz hieß es aber, dass bereits in den 60er-Jahren die ersten grünen Papageien mit blauem Schwanz und rotem Schnabel ... gesichtet wurden. (Rhein-Zeitung 1. 4. 2009)

schwanzlastig//kopflastig; ↑auch: vorderlastig
(in Bezug auf das hintere Ende eines Flugzeugs besonders schwer beladen) ○ *Aber das lernt man doch, schwanzlastig*

oder kopflastig zu fliegen. Kopflastig ist schneller, den Flugknüppel darf man nicht zu weit nach hinten ziehen. (Märkische Allgemeine 14. 8. 2012)

Schwanzstück//Kopfstück
(hintere Fischhälfte ○ Kochkunst)

schwarz//blond
schwarze Haare ○ Einer hatte schwarze, halblange Haare, ein anderer blonde. (Stuttgarter Zeitung 21. 1. 2013)

schwarz//rot; ↑auch: link...
ein schwarzer Politiker (von einer konservativen Partei) ○ Von schwarz auf rot hat Friedrich Hosner die kleine Gemeinde bei der Bürgermeisterwahl im September 2015 „umgefärbt" (Rieder Volkszeitung 4. 2. 2016)

schwarz//weiß
die schwarze Bevölkerung ○ Dabei ist das Recht auf sauberes Wasser ein Menschenrecht. Das heißt: Jeder Mensch hat ein Recht darauf – egal, ob schwarz oder weiß, Mann oder Frau, reich oder arm. (Rhein-Zeitung 2. 3. 2013)

Schwarzbrot//Weißbrot
(vor allem aus Roggenmehl hergestelltes Brot) ○ Traditionell gilt in Rumänien Schwarzbrot als Arme-Leute-Kost, deswegen wird Weißbrot bevorzugt. (Rhein-Zeitung 12. 6. 2013)

Schwarze[r]//Rote[r]; ↑auch: Linke[r]
das ist ein Schwarzer (politisch Konservativer) ○ Fix ist derzeit nur, dass diese Position ein Arbeitnehmer-Vertreter übernehmen soll. Offen ist jedoch, ob ein „Schwarzer" oder „Roter". (Wiener Zeitung 25. 1. 2005)

Schwarze[r]//Weiße[r]
die Schwarzen und Weißen in Südafrika ○ Können Weiße und Schwarze also überhaupt zusammenleben? (Der Spiegel 3. 3. 2018)

schwarzer Bruch//weißer Bruch
(Weinbau)

schwarzer Kreis//weißer Kreis
(früher: Stadt- oder Landkreis mit Mietpreisbindung)

schwarze Zahlen//rote Zahlen
schwarze Zahlen schreiben (Gewinn machen) ○ El País schreibt schwarze Zahlen, aber der Mutterkonzern rote (Der Standard 13. 11. 2012)

schwarzweiß//farbig
schwarzweiß fotografieren ○ Den Zuschauern im Kino wurden jetzt beide Filme gezeigt. Einmal schwarzweiß, einmal hochauflösend farbig. (Südkurier 16. 12. 2014)

schwarzweiß//in Farbe
der Fernsehfilm war schwarzweiß

Schwarzweißfernseher//Farbfernseher
(früher)

Schwarzweißfilm//Farbfilm

schweigen//reden
wenn er redet, schweigen die anderen ○ Sie schweigen zum falschen Zeitpunkt und reden zum falschen Zeitpunkt. (Mitteldeutsche Zeitung 20. 7. 2018)

...schwemme//...mangel (Substantiv)
z. B. Lehrerschwemme/Lehrermangel

schwer//leicht
ein schwerer Koffer ○ schwere Arbeit ○ schwere Aufgaben ○ schwer verletzt ○ schwer verdaulich ○ die Tür geht schwer auf ○ schwere Zigarren ○ schwerer Wein ○ schwere Artillerie ○ schwere Krankheit, Gehirnerschütterung ○ schweres Gewitter ○ schweren Herzens ○ Ob leichte Touren für Anfänger oder schwere Routen für Könner (abenteuer & reisen 2/1997)

Schwerathlet//Leichtathlet

schwer bewaffnet//leicht bewaffnet
schwer bewaffnete Soldaten

schwerblütig//leichtblütig
sie ist schwerblütig (von ernster Natur) ○ Ist die Schweizer Kabarettszene

verglichen mit der österreichischen schwerblütig bis moralisch, weil wir nicht über uns selber lachen können? (Neue Zürcher Zeitung 4. 4. 2016)

Schwerchemikalie//Feinchemikalie

schwere Sünde//lässliche Sünde
Wer mit dem öffentlichen Verkehrsmittel unterwegs ist, begeht eine lässliche Sünde, die z. B. durch das Wählen von Grünen Absolution erlangt. Wer mit dem Auto herumfährt, der begeht eine schwere Sünde, die echte Reue und Umkehr erforderte. (Tagesanzeiger 22. 11. 2013)

schwerfallen//leichtfallen
die Arbeit fiel ihm schwer ○ es fiel ihm nicht schwer, seine Zustimmung zu geben ○ die Trennung von ihr ist ihm schwergefallen ○ Den fremden Text aufzusagen, fällt ihm schwer. Backen fällt ihm leicht. (Süddeutsche Zeitung 15. 9. 2018)

Schwergewicht//Leichtgewicht
(eine Gewichtsklasse beim Boxen) ○ Das Buch ist ein Schwergewicht in der Seitenzahl, aber inhaltlich ein Leichtgewicht. (Der Spiegel 9. 10. 2012)

Schwergut//Leichtgut
(in Bezug auf Frachtgut auf Schiffen)

Schwerindustrie//Leichtindustrie
eisenerzeugende, -verarbeitende Industrie ist Schwerindustrie

schwer machen, sich, jemandem etwas//sich, jemandem etwas leicht machen
sich das Leben schwer machen ○ er hat mir die Entscheidung schwer gemacht ○ Sie haben uns das Leben richtig schwer gemacht und gut verteidigt ... Seine Mannschaft habe es dem Gegner aber auch teilweise leicht gemacht (Schweriner Volkszeitung 16. 5. 2013)

Schwermetall//Leichtmetall
(z. B. Eisen, Kupfer)

schwernehmen//leichtnehmen
er nimmt alles (so) schwer ○ Das Leben schwernehmen ist leicht, das Leben leichtnehmen ist schwer. (Sprichwort)

Schwert//Scheide
„Steck dein Schwert in die Scheide, denn alle, die zum Schwert greifen, werden durch das Schwert umkommen." (Bibel, Matthäus 26,52)

Schwertboot//Kielboot
(Schiffsbau)

schwertun, sich//sich leichttun
er tut sich damit schwer ○ Das Fernsehen tut sich schwer mit Unterhaltung. (FOCUS 2. 5. 2015)

schwer verdaulich//leicht verdaulich
schwer verdauliche Speisen ○ Grundsätzlich gelte aber, schwer verdauliche Dinge wie Hülsen- und Trockenfrüchte sollten vermieden werden. ... Gut sind leicht verdauliche Gemüse wie Zucchini oder Möhren, mageres Fleisch sowie hochwertige Öle. (Braunschweiger Zeitung 25. 4. 2012) ○ ‚Nietzsches Einsichten' sind nicht nur für ihn ‚schwer verdaulich' (Süddeutsche Zeitung 10. 6. 1995)

schwer verletzt//leicht verletzt
schwer verletzte Personen

Schwerverletzte[r]//Leichtverletzte[r]
es gab einen Schwer- und zwei Leichtverletzte

schwer verständlich//leicht verständlich
ein schwer verständlicher Text ○ Und die Allgemeinen Geschäftsbedingungen der Institute erreichten auf einer Skala von 0 für sehr schwer verständlich bis 20 für sehr leicht verständlich im Schnitt gerade einmal 3,45 Punkte. (Süddeutsche Zeitung 8. 9. 2015)

schwer verwundet//leicht verwundet
die schwer verwundeten Soldaten wurden in die Heimat geflogen

Schwester//Bruder
Karen ist Tims Schwester ○ Bruder und Schwester unternahmen das gemeinsam ○ meine ältere, größere Schwester

Schwester//[Kranken]Pfleger
die Schwester gab dem Kranken eine Spritze ○ Für sie gehe die Sonne auf, wenn eine Schwester oder ein Pfleger zu ihnen komme, der sich ihnen mit seinem Herzen zuwende. (Main-Post 26. 5. 2014)

Schwiegermama//Schwiegerpapa; ↑auch: Schwiegervater

Schwiegermutter//Schwiegervater

Schwiegerpapa//Schwiegermama; ↑auch: Schwiegermutter

Schwiegervater//Schwiegermutter

Schwimmer//Nichtschwimmer
das Becken für Schwimmer

schwindelfrei, jemand ist//jemandem wird schwindlig
ich bin schwindelfrei ○ Wer ihn begehen will, sollte trittsicher und halbwegs schwindelfrei sein. (Berner Oberländer 29. 6. 2018)

schwindlig, jemandem wird//jemand ist schwindelfrei
mir wird leicht schwindlig ○ Allmählich wird er schwach und schwächer, ihm ist schwindlig, er braucht immer längere Pausen. (Neue Zürcher Zeitung am Sonntag 17. 4. 2016)

schwitzen//frieren
erst habe ich geschwitzt und dann wieder gefroren ○ Eine häufige Empfehlung lautet, dass die Temperatur im Schlafzimmer zwischen 16 und 18 Grad liegen sollte, man sollte weder schwitzen noch frieren. (Tagesanzeiger 19. 6. 2017)

schwul//lesbisch; ↑auch: homosexuell, weibweiblich
schwule (homosexuelle) Männer und lesbische (homosexuelle) Frauen ○ „Niemand wird schwul oder lesbisch gemacht – man wird so geboren." (Hamburger Morgenpost 16. 9. 2016)

Schwuler//Lesbe; ↑auch: Lesbierin, Urninde
(Mann mit gleichgeschlechtlicher Neigung)

schwunglos//schwungvoll
eine schwunglose Rede ○ Jenseits der Symbolik und der schönen Worte wirkte die Stimmung seltsam schwunglos (Rhein-Zeitung 23. 1. 2013)

schwungvoll//schwunglos
eine schwungvolle Rede ○ Der Innenminister kam an, schwungvoll wie immer, nur wir nahmen keine Notiz von ihm. (FOCUS 21. 2. 2015)

Science-Fiction//Wirklichkeit
Aus Science-Fiction wird Wirklichkeit ... (Der Spiegel 11. 5. 2019)

Scordatura//Accordatura
(zur Erlangung besonderer Klangeffekte vom Üblichen abweichende Stimmung bei Saiteninstrumenten)

Scylla//Charybdis
(Meeresungeheuer mit sechs Köpfen und zwölf Füßen) ○ *zwischen Scylla und Charybdis* (in einer Situation, in der man nur die Wahl zwischen zwei gleich unangenehmen Dingen o. Ä. hat ○ in einer aussichtslosen Lage ○ Zwickmühle)

Scylla//Charybdis//Buridans Esel
er befindet sich zwischen Scylla und Charybdis (muss zwischen zwei Übeln wählen ○ egal, was er wählt, es ist schlimm, im Gegensatz zu Buridans Esel, der zwischen zwei positiven Möglichkeiten wählen muss)

secco; ↑auch: a secco

Seccomalerei//Freskomalerei
(Wandmalerei auf trockenem Putz)

Secco-Rezitativ//Accompagnato
(Musik)

Seckelesmoscht//Schnitzbriah
(männlicher Urin ○ landschaftlich ○ bei Martin Walser in „Seelenarbeit")

Secondo//Primo
(Bass bei vierhändigem Klavierspiel)

sedimentieren//aufrahmen
(einen Bodensatz bilden ○ Chemie)

Seefisch//Flussfisch

seegestützt//landgestützt
(Militär)

Seehafen//Binnenhafen, Flusshafen
(Hafen am Meer)

Seeklima//Kontinentalklima
(Klima mit geringen Temperaturschwankungen)

Seekrieg//Landkrieg, Luftkrieg
(Krieg auf dem Wasser)

Seele//Geist
Das Individuum allein merkt ja schon seit eh und je, wie mit dem Körper beginnende Beschwerden auch Seele und Geist beeinträchtigen (Neue Zürcher Zeitung am Sonntag 30. 3. 2014)

Seele//Körper
eine zarte Seele in einem robusten Körper ○ *Von dieser europäischen Seele in einem europäischen Körper ist heute weniger zu spüren als vor einem halben Jahrhundert.* (Die Presse 24. 4. 2017)

Seele//Leib
Essen und Trinken hält Leib und Seele zusammen ○ *Er fühlt sich, als würde ihm jemand die Seele aus dem Leib reissen.* (Weltwoche 24. 5. 2018)

seelisch//körperlich; ↑**auch: physisch, somatisch**
seelische Leiden ○ *Und auch jetzt spüre ich immer, wenn ich mit meiner Selbsthilfegruppe unterwegs bin, dass sich brustamputierte Frauen seelisch und körperlich verletzt fühlen.* (Tiroler Tageszeitung 26. 11. 2007)

Seemacht//Landmacht
(Staat, dessen militärische Stärke vor allem bei den Seestreitkräften liegt)

Seeseite//Landseite
(die Seite, die zum Wasser hin liegt, z. B. bei einem Haus)

seetriftig//strandtriftig
(als Gegenstand in der See treibend ○ Seefahrt)

seewärts//landwärts
der Wind weht seewärts ○ *Die Korallen seien aber in der Lage gewesen, sich daraufhin entweder seewärts oder landwärts auszubreiten.* (Vorarlberger Nachrichten 11. 8. 2018)

Seeweg//Landweg
Waren auf dem Seeweg transportieren ○ *Und zudem werden an den nahen Küsten Drogen angelandet, die über den Seeweg aus Südamerika gekommen sind und über den Landweg weiter in die USA transportiert werden.* (Salzburger Nachrichten 31. 7. 2017)

Seewind//Landwind

Sefardi; ↑**Sephardi**

Segel; ↑**die Segel einholen, die Segel setzen**

Segelflugsport//Motorflugsport

Segelflugzeug//Motorflugzeug

Segen//Fluch
darauf liegt ein Segen, daher gedeiht alles so gut ○ *Dieser Föhn kann Segen und Fluch sein.* (St. Galler Tagblatt 5. 5. 2017) ○ *Die Flüchtlingskrise ist für einen Linken Segen und Fluch. Segen, weil er sich abgrenzen kann von der CDU, die in Sachsen-Anhalt scharf wettert. Fluch, weil die Asyldebatte linke Parteien Wähler kostet.* (Die Zeit 28. 1. 2016)

segnen//verfluchen
er segnete sie ○ *„Ich will segnen, die dich segnen und verfluchen, die dich ver-*

fluchen" sagt Gott zu Abraham, Israel
(Bibel, Genesis 12,3a)

Segregation//Integration
(Absonderung, Trennung) ○ *Ein positives Beispiel dafür ist Serbien, ein negatives die Türkei, die ihre ehemaligen Bürger zur Segregation statt Integration animiert.* (Neue Vorarlberger Tageszeitung 10. 5. 2012)

sehen//gesehen werden
das Prinzip der Schickimickis: Sehen und gesehen werden ○ *Im Beitrag wird veranschaulicht, dass sehen und gesehen werden im Straßenverkehr wichtig ist.* (Neue Kronen-Zeitung 22. 11. 2009)

sehen können//blind sein
er kann jetzt (wieder) sehen ○ *Anita Hansen dirigiert ihren Mann auf ihren Tandemtouren durch die Stadt in die Natur. Sie kann sehen, er ist blind.* (Rheinpfalz 4. 9. 2003)

Seife; ↑Kernseife, Schmierseife

Seilakrobat//Bodenakrobat
(Akrobat, der seine Nummern auf dem Seil vorführt)

Seilsteuerung//Radsteuerung
(Bobsport)

Sein/Haben
Wohlstand zu teilen erfordert von uns allen, das Sein über das Haben zu stellen. (Oberösterreichische Nachrichten 18. 2. 2016) ○ *„Sein und Haben"* (Film von Nicolas Philibert, 2002)

sein//scheinen
das scheint nicht nur so, das ist so ○ *„So ist es wie es Ihnen so scheint"* (Theaterstück von Lugi Pirandello, 1917)

Sein//Nichtsein
Sein oder Nichtsein, das ist hier die Frage (Monolog aus Shakespeares „Hamlet")

Sein//Schein
der Unterschied zwischen Schein und Sein (dem, was jemand wirklich ist) ○ *Irgendwo in unserem Herzen lehrt uns eine innere Stimme das Sein der Schönheit vom Schein des Narzissmus zu unterscheiden.* (Passauer Neue Presse 11. 6. 2007)

seiner Zeit weit voraus sein//hinter seiner Zeit sein
er war seiner Zeit immer weit voraus ○ *Die Projektionstechniken, die er dabei einsetzte, waren seiner Zeit voraus.* (FOCUS 27. 11. 2006)

Seite; ↑von der Seite

Seiten...//Haupt... (Substantiv)
z. B. *Seiteneingang/Haupteingang*

Seitenaltar//Hauptaltar
Der linke Seitenaltar ist übrigens erst der Anfang. 2018 folgt die Restaurierung des rechten Seitenaltars, und zum krönenden Abschluss ist dann der Hauptaltar an der Reihe. (Rhein-Zeitung 14. 2. 2017)

Seitenaus//Toraus
(Ballspiele)

Seitenausgang//Hauptausgang

Seiteneingang//Haupteingang

Seitenlinie//Torlinie
(Ballspiele)

seitenrichtig//seitenverkehrt
Bei genauer Betrachtung des Streifens erscheinen das Wort „Euro" sowie die Wertzahl der Note. Sie sind wechselweise seitenrichtig und seitenverkehrt lesbar. (Mannheimer Morgen 11. 8. 2007)

seitenverkehrt//seitenrichtig
(den abgebildeten Gegenstand mit vertauschten Seiten zeigend wie ein Spiegelbild ○ von Bildern)

Seitpferd//Langpferd
(Pferd in Querrichtung ○ Turnen)

sekundär//primär
etwas ist von sekundärer (zweitrangiger) Bedeutung ○ *die sekundäre Gicht ist die Folge einer Erkrankung* ○ *Dennoch geht*

es nur sekundär um Qualität und primär um Marktwert. (Südwest Presse 18. 4. 2015)

Sekundär...//Primär... (Substantiv)
(mit der Bedeutung: an zweiter Stelle) z. B. *Sekundärliteratur/Primärliteratur*

Sekundararzt//Primararzt
(Assistenzarzt o österreichisch) o *Der zuständige und völlig überlastete Sekundararzt hatte außerdem die seit 1792 angeordnete gerichtliche „Totenbeschau" durchzuführen.* (Wiener Zeitung 29. 10. 2016)

Sekundarärztin//Primarärztin
(Assistenzärztin o österreichisch) o *Zuvor war die verheiratete Mutter eines achtjährigen Sohnes im Krankenhaus Rohrbach als Sekundarärztin für Innere Medizin tätig.* (Oberösterreichische Nachrichten 29. 11. 2011)

Sekundarbereich//Primarbereich
(Pädagogik)

sekundäre Geschlechtsmerkmale//primäre Geschlechtsmerkmale
sekundäre Geschlechtsmerkmale sind die Schambehaarung und – bei der Frau – der Busen und – bei dem Mann – der Bart

Sekundäreigenschaft//Kardinaleigenschaft
(weniger auffallende Eigenschaft o Psychologie)

Sekundärfarbe//Primärfarbe
Sekundärfarben sind beispielsweise Orange (aus Gelb und Rot), Grün (aus Blau und Gelb)

Sekundärheilung//Primärheilung
([durch Infektion] verzögerte Wundheilung)

Sekundärinsekten//Primärinsekten
(Insekten, die kranke oder abgestorbene *Pflanzen* befallen, z. B. Borkenkäfer)

Sekundärliteratur//Primärliteratur
(Literatur über die Primärliteratur, z. B. über Goethes Faust)

Sekundärquelle//Primärquelle
(Material aus zweiter Hand o Geschichtswissenschaft)

Sekundarschule//Primarschule
(Mittelschule, Realschule, bes. Schweiz) o *Demnach ist das Versprechen der Initianten, Kinder lernten eine Fremdsprache in der Sekundarschule gleich gut, wie wenn sie schon in der Primarschule beginnen würden, schwer einzulösen.* (Tagesanzeiger 11. 5. 2017)

Sekundärspule//Primärspule
(Elektrotechnik)

Sekundärstatistik//Primärstatistik
(Statistik, die auf Material beruht, das nicht eigens zu dem Zweck gesammelt worden ist)

Sekundärstrahlung//Primärstrahlung
(Physik)

Sekundarstufe//Primarstufe
(z. B. Hauptschule, Realschule, Gymnasium) o *Ich wäre dafür gewesen, dass Französisch auf die Sekundarstufe beschränkt worden wäre und dafür Deutsch auf der Primarstufe eine Stärkung erfahren hätte.* (St. Galler Tagblatt 30. 12. 2017)

Sekundärtektogenese//Primärtektogenese
(Geologie)

Sekundärwicklung//Primärwicklung
(Elektrotechnik)

Sekunde//Prime
(Druckwesen)

Sekundipara//Primipara; ↑auch: Erstgebärende
(Frau, die ihr zweites Kind gebiert, geboren hat)

Sekundogenitur//Primogenitur
(Besitzrecht des zweitgeborenen Sohnes)

selber machen//gemacht bekommen
sich sein Essen selber machen ∘ Und die Kardinäle mussten sich auch noch das Bett selber machen (nach dem Schlafen wieder in Ordnung bringen ∘ taz 12. 3. 2013)

selber machen//machen lassen
sie hat das Kleid selber gemacht ∘ Was ich selber machen konnte, habe ich selber gemacht. Als ich etwa zehn Jahre nach unserem Einzug unverhofft etwas Geld erbte, konnte ich auch größere Sachen machen lassen. (Stuttgarter Zeitung 7. 6. 2016)

selbst//ein[e] andere[r]
hast du das selbst gemacht oder ein anderer? ∘ das hat Tilo selbst gemacht

selbst...//fremd... (Adjektiv)
z. B. *selbstbestimmt/fremdbestimmt*

Selbst...//Fremd... (Substantiv)
z. B. *Selbsteinschätzung/Fremdeinschätzung*

Selbst...//Mit... (Substantiv)
z. B. *Selbstlaut/Mitlaut*

selbstbestäubend//fremdbestäubend
(Botanik)

selbstbestimmt//fremdbestimmt
selbstbestimmtes Handeln ∘ Dieses Wir-Gefühl ist oft weniger positiv selbstbestimmt, als vielmehr negativ fremdbestimmt. (Neue Zürcher Zeitung 6. 12. 2018)

Selbstbestimmung//Fremdbestimmung

Selbstbeurteilung//Fremdbeurteilung

Selbstbild//Fremdbild
nationale Selbstbilder (die die Betreffenden von sich selbst haben)

Selbsteinschätzung//Fremdeinschätzung
Aktivierung der Schüler zur Selbsteinschätzung

Selbstgefährdung//Fremdgefährdung

Selbsthass//Selbstliebe
Man denkt unweigerlich an Narziss, der sich stets selbst spiegeln musste – nur, dass im Fall Ronny eher Selbsthass denn Selbstliebe vorliegt. (taz 26. 7. 2016)

Selbstlaut//Mitlaut; ↑auch: Konsonant
„a" ist ein Selbstlaut

Selbstliebe//Selbsthass

Selbstschädigung//Fremdschädigung
„In dieser Logik wird die Selbstschädigung durch das Rauchen zu einer Fremdschädigung des Kollektivs." (Weltwoche 16. 6. 2005)

Selbstsicherheit//Selbstunsicherheit
An diesem Punkt setzt die Psychologie mit ihrer Rede von der Selbstsicherheit an. ... Selbstunsicherheit, ein zwingender Gegenbegriff, bezeichnet das physische und psychische Gedächtnis, das ein Mensch in Bezug auf Unsicherheitserfahrungen entwickelt. (Neue Zürcher Zeitung 26. 5. 2001)

selbstständig//unselbstständig
der Junge ist schon recht selbstständig ∘ Um dieses Geld als Erwachsener zu erhalten, muss man arbeiten, entweder selbständig oder unselbständig. (Wiener Zeitung 26. 9. 2012)

Selbstständiger//Festangestellter
(jemand, der einen selbstständigen Beruf ausübt, z. B. Handwerker)

Selbstständigkeit//Unselbstständigkeit

Selbstunsicherheit//Selbstsicherheit

selbst verschuldet//unverschuldet
ein selbst verschuldeter Unfall ∘ selbst verschuldete Not ∘ Geht etwas schief egal ob selbst verschuldet wie die aktuelle Milchkrise oder unverschuldet, etwa durch Wetterkapriolen, halten sie die Hand auf. (Der Spiegel 7. 1. 2017)

selig//unselig
seligen Angedenkens ∘ Seit der Ära des seligen – und weit mehr noch unseligen–

Adolf ist „Führer" im deutschen Sprachraum eine politisch delikate Vokabel. (Der Standard 27. 8. 2016)

Selo//Derewnja
(größeres russisches Dorf mit Kirche)

selten//häufig
ein seltener Fehler ○ sie kam selten zu spät ○ Weil die Krankheit so selten ist, wird sie häufig erst spät erkannt. (Thüringer Allgemeine 12. 5. 2018)

Semasiologie//Onomasiologie; ↑auch: Bezeichnungslehre
(Wissenschaft, die sich mit den Bedeutungen von Wörtern oder eines Wortes – Polysemie – beschäftigt)

Semesteranfang//Semesterende

Semesterbeginn//Semesterschluss

Semesterende//Semesteranfang

Semesterschluss//Semesterbeginn

Senat//Repräsentantenhaus; ↑auch: Bundestag, Unterhaus
(Kammer des Parlaments ○ USA)

senden//empfangen
einen Funkspruch senden ○ Damit können Nutzer im Internet bezahlen und Geld senden und empfangen. (Tiroler Tageszeitung 22. 6. 2014)

Sender//Empfänger; ↑auch: Adressat, Hörer, Rezipient
(Rundfunk, Sprachwissenschaft, Post) ○ *Und hinterher sind hoffentlich beide schlauer, Sender und Empfänger.* (Der Spiegel 2. 6. 2018)

Sendestaat//Empfangsstaat
(Entsendestaat ○ Politik)

Sendung//Empfang
Jeder ist ständig auf Sendung und Empfang (Thüringer Allgemeine 31. 5. 2010)

Senhor//Senhora
(Bezeichnung und Anrede in Bezug auf einen Herrn ○ in Portugal)

Senhora//Senhor
(Bezeichnung und Anrede in Bezug auf eine Frau ○ in Portugal)

senil//juvenil
(greisenhaft) ○ *Schlimmer als senil ist krampfhaft juvenil* (Berliner Zeitung 6. 12. 2014)

senior//junior
Krause senior

Senior//Junior
Senior (der Vater) und Junior (der Sohn) führen das Geschäft gemeinsam

Seniorat//Juniorat
(Vorrecht des Ältesten im Verband der Familie in Bezug auf das Erbe)

Senioren//Junioren
(beim Sport: die Älteren)

Seniorenachter//Juniorenachter
(Bootssport)

Senke//Quelle
(Physik)

senken//anheben; ↑auch: heraufsetzen
die Preise, Gebühren, Steuern senken ○ Die öffentlichen Ausgaben will er um 110 Milliarden Euro senken, das Renteneintrittsalter bis 2022 von 62 auf 65 anheben (Aachener Zeitung 29. 11. 2016)

senken//heben
den Kopf, den Blick senken ○ die Stimme senken ○ Ziel sei es, die Drop-out-Quote zu senken, die Zahl der Absolventen zu heben und die Betreuungsquoten zu verbessern (Kleine Zeitung 1. 2. 2018)

senken, sich//sich heben
die Brust senkt sich (beim Ausatmen) ○ die Flanken heben und senken sich ○ der Vorhang senkt sich ○ Wie auf überirdisches Kommando senken sich die Augen und heben sich die Stimmen. (Die Welt 26. 5. 2011)

senkrecht//waag[e]recht; ↑auch: horizontal
ein senkrechter Strich ○ Ziehen Sie nun die Beine mit angewinkelten Knien zu

sich herauf, Oberschenkel senkrecht zum Boden, Unterschenkel waagrecht, parallel zum Boden, die Füße in der Luft. (Neue Kronen-Zeitung 31. 5. 2017)

Senkrechte, die//die Waag[e]rechte
(Mathematik)

Senkung//Hebung; ↑auch: betont
(in der Geographie o in der Verslehre: unbetonte Silbe)

Senner//Sennerin; ↑auch: Sennin
(Mann, der auf der Alm die Kühe versorgt und die Milch weiterverarbeitet)

Sennerin//Senner; ↑auch: Senn
(Frau, die auf der Alm die Kühe versorgt und die Milch weiterverarbeitet)

sensationell//unsensationell
diese Erklärung war sensationell o In Deutschland war das Wachstum nicht sensationell, aber solide. (Wirtschaftsblatt 14. 3. 2016)

sensibel//insensibel, unsensibel
eine Angelegenheit sehr sensibel behandeln o sensibler Umgang mit etwas o Es gehe nicht darum, ob sensibel oder unsensibel vorgegangen werde. (Aachener Zeitung 20. 9. 2006)

sensibilisieren//desensibilisieren
Erfahrungen sensibilisieren den Menschen o Ich erwarte, dass sie sensibilisieren, nicht desensibilisieren. So habe ich den Menschenfreund Erich Kästner immer verstanden. (Der Spiegel 16. 3. 2018)

Sensibilisierung//Desensibilisierung

sentimental//unsentimental
er ist sehr sentimental o „Wir Iren sind unendlich sentimental oder unendlich unsentimental und haben einen unglaublichen Galgenhumor." (Stern 20. 11. 2003)

sentimentalisch//naiv
(die verlorengegangene Natürlichkeit durch Reflexion wieder zu erreichen suchend o Literaturwissenschaft) *o Es zeigt, dass Goethe ein Dichter war und nicht bloß ein Bekenner; sentimentalisch, nicht naiv.* (Süddeutsche Zeitung 21. 4. 2011)

senza misura//alla misura
(frei im Tempo o Musik)

senza sordino//con sordino
(ohne Dämpfer o Musik)

Sephardi//Aschkenasi
(die Sephardim sind Nachkommen der 1492 vertriebenen spanisch-portugiesischen Juden mit einer spezifischen Kulturtradition)

septisch//aseptisch
(nicht keimfrei o Medizin)

Serenade//Aubade
(Ständchen [am Abend])

Seriengeschirr//Service
(nach eigener Wahl zusammenstellbares Tafelgeschirr)

Serienschaltung//Parallelschaltung
(Elektrotechnik)

seriös//unseriös
ein seriöses Angebot o ein seriöser Vermittler (dem man sich anvertrauen kann) *o Aber sie sei nicht sicher, „wie seriös oder unseriös es ist, einen Menschen als Theaterdirektor zu installieren, der ... nicht weiß, was eine Requisite ist"* (Der Spiegel 13. 4. 2018)

Service//Seriengeschirr
(Satz von zusammengehörendem Tafelgeschirr)

Servus//Domina
(im sadomasochistischen Sprachgebrauch: der Servus ist der Masochist – der Diener –, der sich der Domina – der sadistischen Herrin – unterwirft)

Sesshafter//Nomade
Denn von meiner Anlage her bin ich kein Sesshafter, sondern ein Nomade. (Tiroler Tageszeitung 3. 10. 2002)

setzen//abreißen
Wer sich beispielsweise nachträglich im Wohnzimmer einen Ofen setzen möchte, sollte in diesem Fall von der Do-it-yourself-Variante Abstand nehmen. (Berliner Morgenpost 13. 12. 2017)

setzen//absetzen
etwas aufs Programm setzen o *Als eine Frau den Punkt Präsidentschaftswahl auf die Tagesordnung setzen will, wird abgewunken.* (Tagesanzeiger 6. 5. 2017)

setzen, sich//aufstehen
er stand auf, damit sie sich setzen konnte o *sie setzt sich (an den Tisch), und er steht (vom Tisch) auf* o *Man setzte sich erst, wenn der Kommandeur sich setzte, man stand auf, wenn er aufstand.* (Süddeutsche Zeitung 10. 2. 2010)

setzen, sich//stehen bleiben
sie setzte sich nach der Begrüßung, er blieb stehen o *Er setzte sich nicht, sondern blieb stehen, rotierte mit den Hüften und beugte den Oberkörper mehrmals ruckartig nach vorn.* (Stuttgarter Nachrichten 18. 1. 2010)

setzen; ↑die Segel setzen

Setzhase//Feldhase
(weiblicher Feldhase)

Sex; ↑Alloerotismus, Analsex, Autoerotismus, [Gänse]blümchensex, Oralsex, SM-Sex

Sexmuffel//Potenzprotz
er ist ein Sexmuffel (jemand, der sich für Sex nicht interessiert) o *Weil Pandas notorische Einzelgänger und Sexmuffel sind, lassen sie sich nur schwer züchten.* (Stuttgarter Zeitung 13. 7. 2012)

sexuell//asexuell
sexuelle Fortpflanzung o *das Wort „Scheide" hat eine sexuelle und eine asexuelle Bedeutung* o *Zwei Sippen dieser Art, die sich mit Hilfe unbefruchteter Samen fortpflanzt, existieren: eine sexuell und eine asexuell reproduzierende.* (Wiener Zeitung 20. 1. 2018)

Sexus//Genus
*Sexus ist das natürliche Geschlecht (*das *Mädchen und* ihre *Mutter)*

Sexus potior//Sexus sequior
Historisch begannen Dissoziation und Dispersion bereits in dem Moment, in dem die Einheit fabriziert wurde. Sie entstand schließlich um den Preis der Trennung in Sexus potior und Sexus sequior, das heißt in erstes und zweites Geschlecht, in männliche und unmännliche Sexualität, in moralisches und unmoralisches, gesundes und krankes Sexualverhalten. (Der Spiegel 3. 6. 1996)

Sexus sequior//Sexus potior

sharp//flat
(Erhöhungszeichen o Musik)

Shopping-goods//Convenience-goods
(Waren, Gegenstände, die nicht zu den alltäglichen Dingen gehören und die mit Auswahl und Überlegung gekauft werden)

short//long
(Wirtschaft)

Shortdrink//Longdrink
(kleines, hochprozentiges alkoholisches Getränk)

Shortlist//Longlist
Die Shortlist wurde aus einer Longlist von 20 Romanen zusammengestellt, diese hatte die Jury am 19. August vorgelegt. (Nürnberger Nachrichten 17. 9. 2015)

sicher//unsicher
eine sichere Geldanlage o *das ist eine sichere Sache* o *er wirkt sicher* o *ein sicherer Freund erweist sich in unsicherer Lage* o *Da können Besucher auf einem Stadtplan Ecken markieren, wo sie sich sicher oder unsicher in Nürnberg fühlen.* (Nürnberger Nachrichten 17. 3. 2018)

Sicherheit//Unsicherheit
mit einer erstaunlichen Sicherheit trat er auf

Sicherheitsfaktor//Unsicherheitsfaktor
Ihm liegt die Annahme zu Grunde, dass sich die Sicherheit im Straßenverkehr unvermeidlich erhöhe, je mehr der „Sicherheitsfaktor" Technik den „Unsicherheitsfaktor" Mensch als Akteur verdränge. (Berliner Zeitung 16. 1. 2016)

Sicherheitslinie//Leitlinie
(auf der Fahrbahn durchgehende gelbe oder weiße Linie, über die nicht gefahren werden darf ○ Verkehr)

sichern//entsichern
das geladene Gewehr sichern (damit es nicht ungewollt losgeht) ○ *Dass dabei die Sicherheit vorgeht, ist selbstverständlich – vor dem ersten Schuss wird gezeigt, wie geladen, gesichert und entsichert wird (Wiesbadener Tagblatt 19. 7. 2010)*

Sicherungsgeber//Sicherungsnehmer
(Bankwesen)

Sicherungsnehmer//Sicherungsgeber
(Bankwesen)

sich ... lassen//...
z. B. *sich verführen lassen/jemanden verführen*

sichtbar//unsichtbar
sichtbarer Verfall ○ *Das sind ähnliche Fragen, wie sie auch Fassbinder stellte. Wie politische Machtkonstellationen sichtbar werden oder unsichtbar bleiben. (Falter 27. 5. 2009)*

Sichteinlage//Termineinlage
(Bankwesen)

Sie//Du
wir sprechen uns mit „Sie" an ○ *Damals redete man den Pauker noch mit Sie an, inzwischen mit Du. (Schweriner Volkszeitung 17. 12. 2007)*

Sie//Er
Er sucht eine liebevolle Sie ○ *Sie sucht Ihn (einen Mann)* ○ *Sie sucht Sie (eine Frau) (Kontaktanzeige)* ○ *Ist das eine Sie (ein weibliches Tier) oder ein Er?*

Siebseite//Filzseite
(in der Papierindustrie)

Siedepunkt//Gefrierpunkt
(Temperatur, bei der eine Flüssigkeit zu sieden, zu kochen anfängt)

Sieg//Niederlage; ↑auch: Verlust
mit einem Sieg hatte sie nicht gerechnet ○ *Fußball ist kein Einzelsport, in dem ein Spieler für Sieg und Niederlage verantwortlich ist. (Der Spiegel 2. 6. 2018)* ○ *Auf den Sieg folgt manchmal auch wieder eine Niederlage. (Der Spiegel 23. 3. 2019)* ○ *„Das Leben ist hart, wenn es groß sein soll. Es lässt nur die Wahl zwischen Sieg und Niederlage, nicht zwischen Krieg und Frieden." (Der Spiegel 7. 4. 2018)* ○ *Manchmal entscheidet so ein Detail über Sieg oder Niederlage. (Der Spiegel 10. 11. 2018)* ○ *Winston Churchill – Sieg und Niederlage (Der Spiegel 24. 3. 2018)*

Sieg//Platz
„Wir setzen auf Sieg und nicht auf Platz (nicht auf einen Rang, eine Position nach dem Sieger)" (Passauer Neue Presse 11. 3. 2013)

Sieger[in]//Besiegte[r]; ↑auch: Verlierer[in]
es gibt immer Sieger und Besiegte ○ *Notwendige Kompromisse oder Zugeständnisse werden gleichermaßen als Umfaller abgetan, weil sich unser Denken nur noch um Sieger und Besiegte dreht. (Tiroler Tageszeitung 31. 3. 2018)*

siegreich//geschlagen
die siegreiche Armee kehrte heim ○ *Kairo, das bedeutet auf Arabisch wörtlich „siegreiche Stadt". Aber heute ist sie eher eine geschlagene denn eine siegreiche Stadt (taz 12. 12. 2014)*

siezen//duzen
er siezt seine Kollegin ○ *sie siezen sich (sprechen sich mit Sie an)*

signiert//unsigniert
ein signiertes Exemplar dieses Romans ○ *Ein signiertes Blatt ist wertvoller als ein unsigniertes. (FOCUS 31. 5. 2001)*

Signifiant//Signifié; ↑auch: **Bezeichnetes, Inhaltsseite, Signifikat**
(die Ausdrucksseite des sprachlichen Zeichens, des Wortes ○ der Wortkörper ○ Sprachwissenschaft)

Signifié//Signifiant; ↑auch: **Ausdrucksseite, Bezeichnendes, Signifikant**
(die Inhaltsseite des sprachlichen Zeichens, des Wortes ○ die Wortbedeutung ○ Sprachwissenschaft) ○ *signifikante* (wesentliche) *Unterschiede*

signifikant//insignifikant
Die Lese- und Schreibkompetenz sowie das Allgemeinwissen sind signifikant gestiegen (Trierischer Volksfreund 8. 9. 2014)

Signifikant//Signifikat; ↑auch: **Bezeichnetes, Designat, Inhaltsseite, Signifié**
(die Ausdrucksseite des sprachlichen Zeichens, des Wortes ○ der Wortkörper ○ Sprachwissenschaft)

Signifikat//Signifikant; ↑auch: **Ausdrucksseite, Bezeichnendes, Designator, Signifiant**
(die Inhaltsseite des sprachlichen Zeichens, des Wortes ○ die Wortbedeutung ○ Sprachwissenschaft)

Signor//Signora; ↑auch: **Dame, Madam, Madame**
(italienische Anrede alleinstehend oder vor dem Namen oder dem Titel für: mein Herr, Herr…)

Signora//Signor; ↑auch: **Herr, Monsieur, Sir**
(italienische Anrede alleinstehend oder vor dem Namen oder dem Titel für: meine Dame, Frau…)

Signorina//Signorino
(italienische Anrede mit oder ohne Namen für: Fräulein)

Signorino//Signorina
(italienische Anrede mit oder ohne Namen für: junger Herr)

Silbe; ↑**Nachsilbe, Vorsilbe**

Simplex//Kompositum; ↑auch: **Derivativum**
ein Simplex ist ein einfaches, nicht zusammengesetztes Wort, z. B. „Kuchen"

Simplex-Verbindung//Duplex-Verbindung
(Telefon)

Simson; ↑**Samson**

Simultandolmetschen//Konsekutivdolmetschen

Simultandolmetscher//Konsekutivdolmetscher
ein Simultandolmetscher übersetzt gleichzeitig

simultanes Dolmetschen//konsekutives Dolmetschen
beim simultanen Dolmetschen erfolgt die Übersetzung gleichzeitig mit dem Originalvortrag über Kopfhörer

Simultangründung//Stufengründung
(in Bezug auf die Gründung einer Aktiengesellschaft)

Simultankontrast//Sukzessivkontrast
(gegenseitige Beeinflussung gleichzeitiger Wahrnehmungen ○ Psychologie)

Simultanschule//Bekenntnisschule, Konfessionsschule
(Schule, die nicht konfessionell bestimmt ist ○ Gemeinschaftsschule)

sine tempore//cum tempore; ↑auch: **c. t.**
(ohne akademisches Viertel ○ ohne eine akademische Viertelstunde, um die eine Veranstaltung später beginnt als genannt, also ganz pünktlich ○ z. B.: 20 Uhr s. t. = 20 Uhr, nicht 20.15 Uhr)

Single, die//Langspielplatte, LP
(kleine Schallplatte mit nur je einem Titel auf der Vorder- und Rückseite)

Singles//Paare
eine Party für Singles ○ *Warum denken alle, dass Singles mehr Geld zur Verfü-*

gung haben als Paare? (Nürnberger Zeitung 9. 2. 2016)

Singular//Plural; ↑auch: **Mehrzahl**
der Singular ist die Einzahl bei einem Substantiv, z. B.: der Baum o manche Substantive werden nur im Singular gebraucht o z. B.: das Obst

singulär//allgemein
eine singuläre Erscheinung o Die Theorie besagt, dass singuläre Ereignisse die allgemeine Lebenszufriedenheit beeinflussen können. (Mannheimer Morgen 18. 11. 2017)

singulär//generell
singuläre (auf Einzelnes bezogene) Aussagen o Nicht das singuläre Dreiliterauto, sondern die generelle Reduzierung des Spritverbrauchs um die Hälfte sei notwendig (Die Zeit 16. 4. 1998)

Singularetantum//Pluraletantum
(Wort das nur im Singular vorkommt) z. B. *das All, das Obst, die Jugend*

Singularismus//Pluralismus
(philosophische Richtung, die alle Mannigfaltigkeiten, Besonderheiten der Welt aus einem einzigen Prinzip herleitet)

sinkbar//unsinkbar
Ein 4,50 Meter langes Gefährt mit Außenbordmotor, das aufgrund von eingebauten Lufttanks als nicht sinkbar gilt. (Nordkurier 28. 10. 2015)

sinken//steigen
das Barometer, das Wasser ist gesunken o (übertragen:) sein Ansehen ist gesunken o das Niveau, der Wert von etwas ist gesunken o tief sinken o Defizite sinken, Schulden steigen (Tiroler Tageszeitung 24. 4. 2014)

Sinn//Unsinn
Sinn und Unsinn der Geschichte o Sinn und Unsinn einer Vorschrift o Sinn und Unsinn der neuen Spezialtruppe o Vielmehr wird weiter heftig über Sinn oder Unsinn des Megaprojektes diskutiert (Aachener Zeitung 5. 2. 2013)

sinnlich//übersinnlich
sinnliche Wahrnehmungen o „Wir haben andere Dinge anzubieten: herrliche Landschaften und regionale Produkte." Verlockungen also, die sinnlich sind – aber nicht übersinnlich. (Nordkurier 31. 12. 2010)

sinnlich//unsinnlich
sinnlich volle Lippen o ein sehr sinnliches (erotisch anziehendes, faszinierendes) Aussehen o eine Frau mit Kurven gilt als sinnlich, eine dünne Frau als unsinnlich. (Die Zeit 12. 2. 2015)

sinnlos//sinnvoll
eine sinnlose Maßnahme o Die übelste Form von Lärm ist die, welche als sinnlos wahrgenommen wird. Nur scheiden sich halt die Geister an der Frage, was sinnvoll sei. (Neue Zürcher Zeitung 28. 7. 2017)

sinnvoll//sinnlos
eine sinnvolle Maßnahme

Sinus//Kosinus
(das Verhältnis von Gegenkathete zur Hypotenuse im rechtwinkligen Dreieck)

Sir//Madam; ↑auch: **Dame, Madame, Signora**
(englische Anrede ohne Namen für: mein Herr)

Sitz; ↑**Hintersitz, Rücksitz, Vordersitz**

sitzen//stehen
er konnte sitzen o sie hat die ganze Zeit über in der Bahn gesessen, er aber musste stehen o Nach Zeugenangaben sei das Mädchen nicht angegurtet gesessen, sondern gestanden, möglicherweise sogar mit einem Fuß auf der hinteren Draisine. (Niederösterreichische Nachrichten 26. 6. 2014)

sitzen bleiben//aufstehen
er ist in der Bahn vor der älteren Frau nicht aufgestanden, sondern sitzen

geblieben ∘ *Eine Strategie gegen das (Rauch-)Verlangen in der geschilderten Situation: Nicht am Tisch sitzen bleiben, sondern aufstehen, spazieren gehen beispielsweise.* (Nürnberger Nachrichten 28. 5. 2003)

sitzen bleiben//versetzt werden
einige Schüler der Klasse sind sitzengeblieben (haben das Klassenziel nicht erreicht) ∘ *Schüler, die eigentlich sitzenbleiben müssten, werden von der Zeugnis- und Förderkonferenz versetzt unter der Maßgabe, sich an klar festgelegten Fördermaßnahmen zu beteiligen* (Neue Westfälische 2. 3. 2013)

sitzen bleiben//aufsteigen
einige Schüler der Klasse sind sitzen geblieben (haben das Klassenziel nicht erreicht) ∘ *8 der mehr als 300 Schüler sind letztes Schuljahr sitzen geblieben. 15 konnten sich ihr Nichtgenügend ausbessern und aufsteigen.* (Niederösterreichische Nachrichten 22. 9. 2009)

Sitzpirouette//Standpirouette
(Pirouette in der Hocke, z. B. beim Eislauf)

Sitzplatz//Stehplatz
die Zuschauer auf den Sitzplätzen im Stadion ∘ *im Theater gab es früher neben den Sitzplätzen auch Stehplätze*

Skalar//Vektor
(allein durch einen Zahlenwert bestimmte mathematische Größe)

Sklave/Domina, Herrin; ↑auch: Meister/Sklave, Sadistin
(im sadomasochistischen Sprachgebrauch ∘ der heterosexuelle Masochist, der sich der Domina – der sadistischen Herrin – unterwirft)

Sklave//Herr
(im Altertum: Unfreier und Rechtloser) ∘ *„Wenn jemand mehr Sklave als Herr seiner sportlichen Betätigung ist, macht eine Beratung bei einem Sportarzt oder Sportpsychologen wirklich Sinn"* (Vorarlberger Nachrichten 7. 11. 2009)

Sklave/Herr, Dominus, Meister; ↑auch: Domina, Sadist, Top
(im sadomasochistischen Sprachgebrauch: der homosexuelle Masochist, der sich dem sadistischen Herrn unterwirft)

Sklave/Sklavin; ↑auch: Meister, Domina, Masochistin
(im Altertum: Unfreier ∘ im sadomasochistischen Sprachgebrauch: der masochistische Partner)

Sklavenmoral//Herrenmoral
(abwertend für die vom Christentum geprägte Moral – auch Herdenmoral –, die Demut, Mitleid mit den Schwachen, Nächstenliebe lehrt ∘ Nietzsche) ∘ *... aber galt nicht ausgerechnet der Begriff „Sklavenmoral" dem Gebot der Nächstenliebe, der Solidarität? War ihr Gegenstück nicht die „Herrenmoral", die für eine Werte schaffende „Rasse" von Eroberern steht, für Kraft und Selbstzucht?* (taz 9. 1. 2014)

Sklavin/Domina; ↑auch: Sadistin, Meister
(im sadomasochistischen Sprachgebrauch ∘ die homosexuelle Masochistin, die sich der Domina – der sadistischen Herrin – unterwirft)

Sklavin/Dominus, Meister; ↑auch: Sadist
(im sadomasochistischen Sprachgebrauch ∘ die Sklavin ist die Masochistin, die sich dem sadistischen Meister unterwirft)

Sklavin/Sklave; ↑auch: Domina, Masochist, Meister
(im Altertum: Unfreie ∘ im sadomasochistischen Sprachgebrauch: die masochistische Partnerin)

Skordatur; ↑Scordatura

Skylla; ↑Scylla

Slalom//Abfahrt, Abfahrtslauf
(Skisport) ○ *Millers Ziele sind der Gewinn der Weltcups im Slalom und in der Abfahrt in einer Saison* (Presse 17. 8. 2010)

Slow Food//Fast Food
(Essen, das in Ruhe verzehrt wird) ○ *So gesehen, ist ein Gulasch Slow Food und Fast Food zugleich: Es braucht seine Zeit, aber macht wenig Arbeit.* (Die Zeit 20. 9. 2018)

Small Band//Big Band
(kleine Band, kleines Tanzorchester)

Small Business//Big Business
(Wirtschaftsform auf kleinbetrieblicher Basis)

SM-Sex//[Gänse]blümchensex
(sadomasochistischer Sex mit Fesseln usw.)

sofort//später, nachher
ich mache das sofort ○ *Sofort? Gleich? Oder doch nachher, also nach dem „sofort", dann aber gleich? War „sofort" eine halbe Stunde und „nachher" eine ganze?* (Südkurier 3. 4. 2018) ○ *Und besser sofort als später, weil sonst eine Schädigung des Gelenkknorpels sicher eintreten werde.* (Salzburger Nachrichten 8. 1. 2005)

Soft...//Hard... (Substantiv)
(mit der Bedeutung: weich) z. B. *Software/Hardware*

Softcopy//Hardcopy
(EDV)

Soft Drink//Hard Drink
(Getränk mit nur wenig Alkohol)

Soft drug//Hard drug
(schwaches Rauschgift, z. B. Haschisch)

Soft fail//Hard fail
(Versagen auf Grund von Verunreinigung o. Ä. ○ EDV)

Softie//Macho
er ist ein Softie (ein weicherer, empfindungsoffener Mann) ○ *„Muskelprotze"* *lehnten die meisten Frauen ab, am häufigsten wurde Sehnsucht nach dem „neuen Mann" geäußert, der eine "gute Balance zwischen Softie und Macho' gefunden habe.* (Die Presse 5. 8. 2013)

Software//Hardware
(die nichtapparativen Funktionsbestandteile eines Computers, z. B. die Programme, Dateien) ○ *JT-Computer stellt unterdessen die neueste Software und Hardware für PC und Tablet vor.* (Burgenländische Volkszeitung 7. 5. 2015) ○ *Software und Hardware waren engstens verhakelt ...* (Der Spiegel 6. 7. 2019)

Sog//Schub
(Phonetik)

Sohle//Dach
(Bergbau)

Sohlengänger//Zehengänger
(Zoologie)

Sohlfläche//Dachfläche
(Geologie)

Sohn//Tochter
sie hat einen Sohn und eine Tochter ○ *Aus seiner Ehe gingen ein Sohn und eine Tochter hervor.* (Mittelbayerische Zeitung 13. 1. 2015)

Sohn//Vater
Vater und Sohn haben das Haus gebaut ○ *ein Walzer von Johann Strauß Sohn* ○ *Der durch das „Sie" des Vaters in die Sprachlosigkeit gestoßene Sohn, der aufsteht und den Vater stumm und innig umarmt.* (Neue Vorarlberger Tageszeitung 22. 6. 2018)

Sohn; ↑natürlicher Sohn

Soiree//Matinee; ↑auch: **Vormittagsveranstaltung**
(Abendveranstaltung) ○ *Wer dafür keine Karte mehr bekommt, kann auf 2017 hoffen und zum Trost in der Soiree (24. 5.) oder der Matinee (26. 5.) der Wiener Ballettakademie die Leistungen des Nach-*

wuchses inspizieren. (Der Standard 18. 5. 2016)

Soldat//Zivilist
zwei Soldaten und ein Zivilist waren im Abteil des Zuges o „...ein Soldat blickt anders auf die Welt als ein Zivilist" (Der Spiegel 2. 6. 2018

Soldat; ↑Berufssoldat, Zeitsoldat

soldatisch//unsoldatisch
eine soldatische Haltung o Hoch aufgerichtet und wachsam blicken sie aus 2039 Metern Höhe ... aufs Tal und die Gipfel gegenüber, die Hände soldatisch an der Hosennaht. (Badische Zeitung 3. 8. 2010)

Soli; ↑Solo

solidarisch//unsolidarisch
sie verhielten sich solidarisch o Diese Geschichte wirft ein Licht darauf, wie solidarisch, oder vielmehr unsolidarisch, die 28 eigentlich unter sich selbst sind. (Luxemburger Tageblatt 21. 7. 2015)

Solidarisierung//Entsolidarisierung

Solidarprinzip//Konkurrenzprinzip
das Solidarprinzip der Gewerkschaften

solide//unsolide
eine solide Geschäftsbasis o er ist sehr solide (geht wenig aus) o Für Scholz gibt es keine rechten und linken Politikentwürfe mehr, sondern nur solide und unsolide. (Der Spiegel 19. 5. 2018)

Soliloquent//Turba
(einzeln auftretende Person – z. B. Petrus – in einer Darstellung der Leiden Jesu)

Solist[in]//Chorist[in], Chorsänger[in], Ripienist
(Sänger[in], der/die ein Solo vorträgt)

solitär//sozial
(einzeln lebend o von Tieren)

solitäre Masturbation//mutuelle Masturbation
(einzelne, nicht gegenseitige Masturbation)

Soll//Haben; ↑auch: Guthaben, Kredit
(der Minusbetrag auf einem Konto)

Soll...//Haben... (Substantiv)
z. B. Sollsaldo/Habensaldo

Soll...//Ist... (Substantiv)
z. B. Soll-Stärke/Ist-Stärke

sollen//dürfen
wenn man etwas „soll", dann ist man fremdbestimmt: er soll Klavier spielen o „Was sollen sie leisten, und was dürfen sie kosten?" (Der Spiegel 9. 7. 2012)

Sollsaldo//Habensaldo; ↑auch: Passivseite
(Saldo, bei dem das Soll auf der linken Seite überwiegt)

Sollseite//Habenseite
auf der Sollseite (der linken Seite eines Bankauszugs, auf der das Defizit eingetragen ist o Bankwesen)

Soll-Stärke//Ist-Stärke
(beim Militär die festgelegte Anzahl der Soldaten)

Soll-Wert//Ist-Wert
(Physik)

Sollzins//Habenzins
(Zinsen für Überziehungsgeld, für einen Kredit)

Soll-Zustand//Ist-Zustand
«Die Schere zwischen dem Soll-Zustand und dem Ist-Zustand geht gewaltig auseinander.» (Tagesanzeiger 11. 7. 2011)

solmisieren//abecedieren
(Töne der Tonleiter mit den Tonsilben do, re, mi, fa, so usw. singen o Musik)

solo//ripieno
(Musik)

solo//tutti
(allein o Musik)

Solo//Tutti
(aus dem Chor oder Orchester heraustretender Einzelgesang oder heraustretendes Einzelspiel)

Sologesang//Chorgesang

Soloklasse//Beiwagenklasse
(Motorsport)

Solorennen//Beiwagenrennen
(Rennveranstaltung für einsitzige Rennräder o Motorsport)

solubel//insolubel
(löslich o Chemie)

solvent//insolvent; ↑auch: illiquid, zahlungsunfähig
das Unternehmen ist solvent (zahlungsfähig)

Solvenz//Insolvenz
(Zahlungsfähigkeit)

somatisch//psychisch; ↑auch: seelisch
(den Körper betreffend) o *somatische Leiden, Ursachen* o *somatisch bedingt* o *Eine Aufdeckung stressauslösender Reize, sowohl somatisch als auch psychisch, kann deswegen durchaus als stabilisierendes Verfahren betrachtet werden.* (Süddeutsche Zeitung 28. 3. 2013)

Sommer//Winter
ein Mantel für den Sommer o *Die verfolgen mich das ganze Jahr, im Sommer im Freibad und im Winter in der Eislaufhalle* (Rieder Volkszeitung 31. 7. 2014)

Sommer...//Winter... (Substantiv)
z. B. *Sommermantel/Wintermantel*

Sommeranzug//Winteranzug

Sommerbiwak//Winterbiwak

Sommerei//Dauerei, Winterei; ↑auch: Latenzei
(dünnschaliges Ei der Wasserflöhe usw., dotterarmes Ei wirbelloser Tiere o Zoologie)

Sommerfahrplan//Winterfahrplan

Sommerfeder//Winterfeder
(beim Schwarzwild das Haar im Sommer)

sommergrün//immergrün
sommergrüne Holzgewächse verlieren im Winter ihr Laub (Botanik)

Sommerhaar//Winterhaar
(beim Haarwild)

Sommerhalbjahr//Winterhalbjahr
Insgesamt wurden im Jahr 2015 370.000 Nächtigungen verzeichnet – 58 Prozent davon im Sommerhalbjahr, 42 Prozent im Winterhalbjahr. (Oberösterreichische Nachrichten 19. 7. 2016)

Sommermantel//Wintermantel

Sommermode//Wintermode

Sommerolympiade//Winterolympiade

Sommerreifen//Winterreifen
(Autoreifen, die für das Fahren im Sommer geeignet sind)

sommers//winters
er ging sommers wie winters (das ganze Jahr über) *zu Fuß ins Büro* o *Denn der Fluss ist sommers wie winters warm: Sein Wasser kühlt die nahen Braunkohlekraftwerke und wird ein paar Grad wärmer zurückgeleitet.* (Kölnische Rundschau 10. 7. 2017)

Sommersaat//Wintersaat

Sommersachen//Wintersachen
die Sommersachen herausholen, wenn der Frühling kommt o *„Die Fachhändler haben sich für den Winter eingedeckt, da ist nun nach dem Abverkauf der Sommersachen erst einmal ein Loch, denn wer kauft jetzt schon Wintersachen"* (Nordkurier 10. 8. 2004)

Sommerschäle//Winterschäle
(Jagdwesen)

Sommerschlussverkauf//Winterschlussverkauf
Dabei haben wir uns doch per Gesetz längst vom terminierten Sommerschlussverkauf (SSV) genauso wie vom Winterschlussverkauf (WSV) getrennt. (Braunschweiger Zeitung 23. 7. 2007)

Sommersemester//Wintersemester

Sommersonnenwende//Wintersonnenwende
Sommersonnenwende ist am 22. Juni, der Anfang des Sommers ○ *Der Eingang auf der nordöstlichen Seite des Erdwalls sowie die Öffnung der Hufeisenform der Steine sind so ausgerichtet, dass in der Bronzezeit zur Sommersonnenwende die Strahlen der aufgehenden, zur Wintersonnenwende die der untergehenden Sonne genau in diese Achse fielen.* (Süddeutsche Zeitung 18. 3. 2017)

Sommerurlaub//Winterurlaub
„Der erste große Schwung bei den Buchungen ist erst für 9. Jänner zu erwarten – die Leute buchen ihren Sommerurlaub, wenn sie aus dem Winterurlaub zurückkommen" (Die Presse 5. 1. 2012)

Sommerzeit//Winterzeit
die Uhr auf Sommerzeit umstellen (eine Stunde vorstellen)

Somewhere//Anywhere
Das Verhältnis zwischen den «Somewheres», den lokal Verwurzelten, und den «Anywheres», die durch Ausbildung und Karriere mobil geworden seien, habe sich über die letzten beiden Generationen grundsätzlich verschoben. (Neue Zürcher Zeitung 31. 8. 2017)

Sonderabschreibung//verbrauchsbedingte Abschreibung

Sondernutzung//Gemeingebrauch
(Rechtswesen)

Sonderverwahrung//Sammelverwahrung
(Bankwesen)

Sonne//Mond
wenn die Sonne aufgeht, verblasst der Mond ○ *Weil heute alles schneller, größer und besser sein muss, finde ich es sehr beruhigend, dass sich die Natur davon nicht beeindrucken lässt. Das Einzige, was für sie wirklich zählt, sind Sonne und Mond.* (FOCUS 5. 5. 2018)

Sonne//Regen
wir haben schon zehn Tage Sonne ○ *Sonne und Regen wechselten ab* ○ *Der Wechsel von Sonne und Regen lässt die Natur regelrecht explodieren.* (Märkische Allgemeine 21. 6. 2016)

Sonne//Schatten
sie sitzt in der Sonne ○ *Die Yucca-Palme ist relativ anspruchslos: Sie kann gut und gerne mal längere Zeit ohne Wasser auskommen und fühlt sich in Sonne wie Schatten gleichermaßen wohl.* (Luxemburger Tageblatt 4. 5. 2016)

sonnenarm//sonnenreich
eine sonnenarme Gegend ○ *Zwischen 1982 und 1992 gab es gleich drei Sommer, die zu kalt waren, wobei 1987 auch noch zu nass und zu sonnenarm war.* (Hamburger Abendblatt 14. 7. 2012)

Sonnenaufgang//Sonnenuntergang
vor Sonnenaufgang ○ *Die Bauarbeiten begannen mit Sonnenaufgang und dauerten bis Sonnenuntergang.* (Der Spiegel 21. 7. 2018)

Sonnenblatt//Schattenblatt
(Botanik)

Sonnenpflanze//Schattenpflanze

sonnenreich//sonnenarm
eine sonnenreiche Gegend ○ *„Der Monat war mit 256 Stunden Sonnenschein sehr sonnenreich und lag 22 Prozent über dem langjährigen Durchschnitt"* (Vorarlberger Nachrichten 8. 9. 2009)

Sonn(en)seite//Schatt(en)seite
auf der Sonnenseite des Lebens sein ○ *„Ich habe nur ihre Sonnenseite erkannt,*

nicht ihre Schattenseite" (Die Zeit 8. 5. 2014)

sonn(en)seitig//schatt(en)seitig
Während sonnseitig der Frühling in Form von zartem Grün bereits aus dem Boden sprießt, liegen schattseitig in den Tälern noch einige Zentimeter Schnee. (Kleine Zeitung 4. 6. 2013)

Sonnentag//Regentag
(Tag, an dem lange die Sonne scheint) ○ *Es ist doch wie im Leben: Es gibt nicht nur Sonnentage, sondern auch Regentage.* (Stuttgarter Nachrichten 24. 10. 2009)

Sonnenuntergang//Sonnenaufgang
vor Sonnenuntergang ○ *Eine volle Mondphase lang waren 1,3 Milliarden Muslime weltweit aufgerufen, nur zwischen Sonnenuntergang und Sonnenaufgang zu essen und zu trinken* (Berliner Morgenpost 26. 6. 2017)

Sonnenuntergang//Morgengrauen
Geschichten und Gesichter zwischen Sonnenuntergang und Morgengrauen (Der Spiegel 20. 4. 1998)

sonnig//schattig
ein sonniges Plätzchen ○ *Einige Kräuter mögen es sonnig, andere lieber schattig.* (Neue Kronen-Zeitung 18. 3. 2018)

Sonntag//Wochentag, Werktag
sein Geburtstag fällt auf einen Sonntag ○ *Zwei Achsen hat der lang gezogene Ort, eine mehr für den Sonntag und eine für den Wochentag.* (Saarbrücker Zeitung 15. 5. 2002) ○ *Sind wir tatsächlich in materieller Hinsicht in so großer Not, sodass wir nur noch gerettet werden können, wenn der Sonntag zum Werktag gemacht wird?* (Vorarlberger Nachrichten 13. 1. 2007)

sonntags//wochentags, werktags
Immer in Kolonne und zugleich allein gingen sie sonntags in die Kirche und werktags ins Moor. (Der Tagesspiegel 15. 10. 2006) ○ *Die Aufführung läuft dienstags bis sonntags, wochentags um 19 Uhr, samstags und sonntags um 19.30 Uhr.* (Stuttgarter Nachrichten 11. 8. 2014)

Sonntags...//Alltags... (Substantiv)
z. B. *Sonntagsessen/Alltagsessen*

Sonntagsanzug//Alltagsanzug

Sonntagskleid//Alltagskleid

Sopran//Alt
(höchste Stimmlage einer Frau ○ Gesang)

Sortimentsbuchhändler//Kommissionsbuchhändler
(Buchhändler, der in einer Buchhandlung Bücher verschiedener Thematiken und Verlage zum Verkauf anbietet)

sortimentsgerecht//nichtsortimentsgerecht
(Handel) ○ *Der Online-Shop ist visuell ansprechend und sortimentsgerecht umgesetzt.* (Handelszeitung 10. 5. 2012)

Sosein//Dasein
(Philosophie)

Souffleur//Souffleuse
(männliche Person, die im Souffleurkasten sitzt, um Schauspielern beim Steckenbleiben weiterzuhelfen)

Souffleuse//Souffleur
(weibliche Person, die im Souffleurkasten sitzt, um Schauspielern beim Steckenbleiben weiterzuhelfen)

so viel//so wenig
so viel wie möglich ○ *Getreu des Grundsatzes der Restauration, so viel Originalsubstanz wie möglich zu erhalten und so wenig zu verändern wie irgend geht.* (Hamburger Abendblatt 8. 4. 2017)

so wenig//so viel
so wenig wie möglich ○ *Ziel ist und bleibt es, das Wachhäuschen mit so wenig Geld wie möglich und so viel wie möglich Leistung aufzubauen.* (Thüringische Landeszeitung 16. 5. 2007)

sowohl...als auch
sowohl die Eltern als auch die Kinder

sozial//solitär
(in Gemeinschaft, staatenbildend lebend ○ von Tieren)

sozial//unsozial
diese Gesetze sind sozial ○ *soziales Verhalten* ○ *Und wenn denn tatsächlich „sozial ist, was Arbeit schafft", dann ist die jetzige Arbeitsmarktpolitik unsozial.* (Handelsblatt 16. 4. 2014)

soziale Marktwirtschaft//Planwirtschaft

sozialer Wohnungsbau//freifinanzierter Wohnungsbau

Sozialethik//Individualethik
(Philosophie)

Sozialisation//Individuation
(das Hineinwachsen des Individuums in die Gesellschaft, Gemeinschaft ○ Psychologie)

Sozialismus//Kapitalismus
die Wirtschaftsform des Sozialismus

sozialistisch//kapitalistisch
sozialistische Wirtschaftsform ○ *Zugleich machen die Schriften Friedmans ... deutlich, wie realitätsfremd die übliche Einteilung in Rechts und Links, sozialistisch und kapitalistisch schon damals war.* (Der Standard 29. 11. 2006)

Sozialmiete//Marktmiete
(Wohnungswesen) ○ *Die bisher im Sozialwohnungsbau übliche Sozialmiete von neun Mark pro Quadratmeter würde danach durch eine Basismiete von vierzehn Mark ersetzt, die sich aus Marktmiete abzüglich Landesdarlehen errechnet* (Die Zeit 8. 12. 1995)

Soziolekt//Idiolekt
(Sprachgebrauch einer bestimmen Gruppe, z. B. Schülersprache, Jägersprache, Dirnensprache)

soziomorph//biomorph
(von den sozialen Gegebenheiten geprägt) ○ *In einer meist unbewussten Merkmalsübertragung werde die Welt ‚soziomorph', ‚technomorph' oder ‚biomorph' gedeutet.* (Wiener Zeitung 26. 1. 2013)

Spaghetticode//strukturierte Programmierung
(EDV)

spanabhebend//spanlos
spanabhebende Formung (Technik)

spanlos//spanabhebend
spanlose Formung (Technik)

spannen//entspannen
das Gewehr spannen ○ *Gleichmäßig spannen und entspannen sich die Muskelzellen des Herzens.* (Süddeutsche Zeitung 17. 11. 1998)

spannend//langweilig
ein spannender Film ○ *Harmlos dagegen schienen Fußballspiele oder Skirennen – man schaute halt zu, nach gut oder schlecht, spannend oder langweilig fragte eigentlich niemand.* (Wiener Zeitung 19. 12. 2014)

Spannsatz//Kernsatz, Stirnsatz
(Gliedsatz, Nebensatz mit zusätzlichen Satzgliedern, die zwischen der Konjunktion und dem finiten Verb stehen, z. B.: *sie freute sich, weil ihre Zeichnungen so gute Aufnahme bei der Kritik fanden* ○ Grammatik)

spärlich//reichlich
die Rationen waren spärlich ○ *Die Gerüchte von einer Päpstin Johanna können, insbesondere wenn die Belege spärlich und die Vermutungen reichlich vorhanden sind, die richtige Gemengelage für eine spannende Verschwörungsgeschichte liefern.* (Neue Westfälische 6. 12. 2016)

sparsam umgehen mit etwas//aasen mit etwas
mit den Vorräten sparsam umgehen ○ *Mit unserem Grund und Boden müssen*

wir sparsam umgehen (Niederösterreichische Nachrichten 7. 12. 2009)

spät//früh
sie kam (erst) spät ○ ein spätes Werk Goethes ○ Hat sie zu spät reagiert oder zu früh nachgegeben? (Neue Zürcher Zeitung 3. 8. 2016)

spät...//früh... (Adjektiv)
z. B. *spätkapitalistisch/frühkapitalistisch*

Spät...//Früh... (Substantiv)
z. B. *Spätschicht/Frühschicht*

Spätblüher//Frühblüher
(Botanik)

Spätdienst//Frühdienst
er hat heute Spätdienst ○ Heute ist er mit dem Spätdienst dran, Punkt 13.38 Uhr beginnt die Schicht. Der Kollege vom Frühdienst wird abgelöst, haarklein besprechen die beiden, was passiert ist seit dem Morgen. (Mannheimer Morgen 29. 5. 2009)

später//früher (Komparativ)
er kam später als sie

später//sofort, gleich
ich mache das später ○ Der Rettungsfahrer, der zugleich Sanitäter ist, kommt etwa eine Dreiviertelstunde später – und wird sofort aus einem Hinterhalt erschossen. (Salzburger Nachrichten 18. 9. 2013) ○ *Bernhard hat mir später gesagt, dass er gleich gespürt hat, ich bin die Richtige.* (Salzburger Nachrichten 30. 11. 2017)

spätestens//frühestens
er kommt spätestens morgen ○ De Vries' Arbeitstag beginnt spätestens um 6 und endet frühestens um 22 Uhr (Märkische Allgemeine 22. 10. 2018)

spätestmöglich//frühestmöglich
Laut Birgit Schnorr ergibt sich hier das Phänomen, dass bei Fahrten hin zur Schule stets der spätestmögliche, bei Fahrten zurück stets der frühestmögliche Bus genutzt wird. (Rhein-Zeitung 3. 2. 2004)

Spätgebärende//Frühgebärende
Spätgebärende haben meist einen Partner, der jünger ist als sie selbst ○ Viele überglückliche Spätgebärende, aber auch bitter enttäuschte Paare, ... damit konfrontiert sind, dass die Reproduktionsmedizin ihnen nicht mehr helfen kann. (Der Standard 24. 10. 2014)

Spätgeburt//Frühgeburt
(Kind, das mindestens 14 Tage nach dem errechneten Termin geboren worden ist) ○ *Außerdem seien die Tiere bei der Geburt besonders empfindlich, es könne zu Früh- und Spätgeburten kommen, was die Fruchtbarkeit womöglich einschränke.* (Rhein-Zeitung 15. 2. 2008)

Spätgotik//Frühgotik

Spätholz//Frühholz
(Holz, das gegen Ende der Vegetationszeit gebildet worden ist ○ Botanik)

Spätkapitalismus//Frühkapitalismus

spätkapitalistisch//frühkapitalistisch

Spätkartoffeln//Frühkartoffeln
Spätkartoffeln (mit hohem Stärkegehalt) gibt es ab Oktober

Spätschicht//Frühschicht; ↑auch: Tagschicht
er hat heute Spätschicht (in der Fabrik) ○ Dann hatte ich Samstag Spätschicht und Sonntag Frühschicht. (Die Zeit 30. 11. 2017)

Spätsommer//Frühsommer
im Spätsommer verreisen

Spätstadium//Frühstadium
das Spätstadium einer Krankheit ○ Früher habe man nur das Spätstadium wahrgenommen und behandelt, heute gehe es in erster Linie um das Frühstadium, also die rechtzeitige Erkennung der Krankheit. (Die Presse 27. 7. 2012)

Spätzündung//Frühzündung
(Technik)

Speedtest//Powertest
(Test, bei dem es auf die Schnelligkeit ankommt)

Speichenrad//Scheibenrad
(Rad mit Speichen)

Speicher//Keller
die Kiste befindet sich auf dem Speicher (unter dem Dach ○ süddeutsch) ○ *Für Hausbewohner im Innenstadtbereich eine Gelegenheit zur Entrümpelung von Speicher, Keller, Kleiderschrank oder Garage.* (Mannheimer Morgen 25. 5. 2016)

Speicherkraftwerk//Laufkraftwerk
(Kraftwerk mit der Möglichkeit, Energie zu speichern)

speichern//abrufen
Daten speichern ○ *Auf diese Weise lassen sich Informationen schneller speichern, verarbeiten und wieder abrufen.* (Tagesanzeiger 18. 12. 2008)

Spekulationspapier//Anlagepapier
(Wirtschaft)

Spekulativhandel//Effektivhandel
(Wirtschaft)

Spender//Empfänger; ↑auch: Organempfänger[in]
der Spender des Blutes ○ *Nähere Daten werden weder zu Spender noch zu Empfänger bekannt gegeben.* (Die Presse 1. 3. 2013)

Spermatophyt//Sporophyt
(samenbildende Pflanze)

Spermium//Ovulum, Ovum; ↑auch: weibliche Eizelle
(reife männliche Keimzelle, Samenfaden)

sperren//entsperren
ein Konto sperren (Bankwesen) ○ *Geht die Girocard verloren oder wird gestohlen, lässt sie sich mit einem Häkchen in der App sperren – und wieder entsperren.* (Berliner Zeitung 23. 7. 2018)

Spezialist//Generalist
(jemand, der auf einem speziellen Gebiet besonders gut Bescheid weiß) ○ *Es geht um die Frage, ob ein Arzt mehr Spezialist oder Generalist sein sollte.* (Süddeutsche Zeitung 15. 5. 2007)

Spezialprävention//Generalprävention
(bei Strafen mit dem Ziel, den Betroffenen vor erneuter Straffälligkeit zu bewahren – Maßnahmen zur Resozialisierung ○ Rechtswesen)

Spezialsprunglauf//Kombinationssprunglauf
(Skisport)

Spezialstabsabteilung//Generalstabsabteilung
(Militär)

Spezialvollmacht//Generalvollmacht
(Rechtswesen)

Spezialwissen//Allgemeinwissen
sie hat ein großes Spezialwissen ○ *Die Grundrichtung „weg vom Spezialwissen, hin zu einem fundierten Allgemeinwissen" sei „dringend erforderlich".* (Saarbrücker Zeitung 8. 12. 2006)

speziell//allgemein
spezielles Wissen ○ *Für die Albaner und Südkoreaner wird nicht speziell der Muttertag, sondern allgemein der „Elterntag" am 8. Mai gefeiert.* (Vorarlberger Nachrichten 11. 5. 2017)

speziell//generell
das ist ein spezielles Problem ○ *„Die Zunahme ist also nicht unbedingt speziell bei Kindern, sondern generell bei Menschen mit Migrationshintergrund"* (Saarbrücker Zeitung 4. 4. 2012)

Spezieskauf//Gattungskauf
(Rechtswesen)

Speziesschuld//Gattungsschuld
(Rechtswesen)

spezifisch//unspezifisch
das ist ganz spezifisch für diesen Bereich ○ *Rückenschmerzen stehen auf der Liste der am häufigsten diagnostizierten Krankheiten ganz oben. Diese sind entweder spezifisch – die Ursache ist feststellbar oder unspezifisch mit nicht feststellbarer Ursache.* (Aachener Zeitung 6. 3. 2018)

Sphäroplast//Protoplast
(Bakteriologie)

Spiegel; ↑**Konkavspiegel, Konvexspiegel**

Spiel; ↑**Angriffsspiel, Defensivspiel, Hinspiel, Offensivspiel, Rückspiel**

Spielball//Stoßball
(Billard)

Spielbein//Standbein
(das Bein, das nicht das volle Gewicht des Körpers trägt) ○ *Das politische Credo lautete viele Jahre: Das „Spielbein" ist das Parlament, das „Standbein" die außerparlamentarische Opposition.* (Der Tagesspiegel 12. 5. 2011)

Spielfilm//Dokumentarfilm
Sie haben keinen Spielfilm gedreht, sondern einen Dokumentarfilm. (Hamburger Abendblatt 17. 4. 2018)

spielschwach//spielstark
eine spielschwache Mannschaft ○ *Kämpferisch ordentlich, aber für einen Mittelfeldmann viel zu spielschwach.* (Kölner Stadtanzeiger 11. 12. 2006)

Spielschwäche//Spielstärke

spielstark//spielschwach
eine spielstarke Mannschaft ○ *So ermäßigen sich ab der kommenden Wintersaison die Preise für die spielstarke Zeit auf 23 Mark und für die spielschwache Zeit auf 18 Mark.* (Main-Post 31. 7. 1998)

Spielstärke//Spielschwäche

Spiritismus//Animismus
(Glaube an Geister ○ okkultistische Theorie)

Spiritualien//Temporalien
(z. B. Predigt, Gottesdienst ○ katholische Kirche)

Spiritualität//Materialität
(Geistigkeit, Unstofflichkeit)

Spitzbogen//Rundbogen
(Architektur)

Spitze//Ende
an der Spitze des Zuges ○ *An der Spitze und am Ende der zweithöchsten Spielklasse ziehen zwei Klubs einsam ihre Kreise* (Kurier 26. 4. 2014)

Spitzel//Bespitzelte[r]
Im Zuschauerraum weiß niemand, wer Spitzel und Bespitzelter war. (Schwäbische Zeitung 28. 2. 2015)

Spitzenlast//Grundlast
(Elektrotechnik)

Spitzensport//Breitensport
(Hochleistungssport)

spitzer Winkel//stumpfer Winkel
(Winkel unter 90°)

spitzwinklig//stumpfwinklig
ein spitzwinkliges Dreieck

splendid//kompress
(mit großen Zwischenräumen, weitläufig ○ Druckwesen)

Sporenpflanze//Samenpflanze
(z. B. Algen, Pilze)

Sporophyll//Trophophyll
(sporentragendes Blatt ○ bei Farnen)

Sporophyt//Gametophyt, Spermatophyt
(Sporenpflanze)

Sport; ↑**Breitensport, Leistungssport**

Sportler//Nichtsportler
für Sportler und Nichtsportler ○ *Neue Untersuchungen haben gezeigt, dass Sportler häufiger Herzrhythmusstörungen haben als Nichtsportler.* (Hamburger Morgenpost 1. 3. 2012)

sportlich//unsportlich
sich sportlich verhalten ○ *Ob Jung oder Alt, sportlich oder unsportlich – fürs Schneeschuhwandern braucht man weder Vorkenntnisse noch eine teure Ausrüstung.* (Kurier 8. 1. 2011)

Sprache; ↑**Affektsprache, agglutinierende Sprache, analytische Sprache, Ausgangssprache**

Spracherwerb//Sprachverlust
Probleme mit dem Spracherwerb haben Erwachsene, die nach Unfall oder Schlaganfall unter Sprachverlust leiden (Südkurier 14. 12. 2005)

sprachextern//sprachintern
sprachexterne – z. B. funktionale – Kriterien ○ *sprachexterne Einflüsse auf die Sprache* ○ *Als sprachexterne Bedingungen kommen in Frage: die Person, die spricht, und die Redesituation, die eine bestimmte Sprechweise (gewählter Wortschatz, Komplexität des Satzbaus, Exaktheit der Aussprache, Redetempo,...) verlangen mag.* (Wikipedia)

Sprachgrenze//Landesgrenze
Musik verbindet Jung und Alt, Arm und Reich. Sie überwindet Landes- und Sprachgrenzen. (St. Galler Tagblatt 4. 3. 1998)

sprachintern//sprachextern
sprachinterne – z. B. strukturelle – Kriterien ○ *sprachinterne Einflüsse auf die Sprache* ○ *Man sagt nie „der Anzug diesen Menschen" oder „das Fell diesen Bären" – also: der Genitiv von „dieser" ist immer „dieses", aber auch hier gibt es sprachintern Gründe, warum diesen mit n statt s hier grammatikalisch durchaus sinnvoll ist.* (Der Tagesspiegel 31. 12. 2008)

sprachlich//außersprachlich
sprachliche Mittel ○ *„Die Literatur ... macht die Wirklichkeit, die sprachliche, die sie zitiert, und die außersprachliche, die sie benennt, zu Spiel."* (Peter Handke, Die Literatur ist romantisch, 1967)

Sprachpraktiker//Sprachtheoretiker

Sprachproduktion//Sprachrezeption

Sprachrezeption//Sprachproduktion

Sprachtheoretiker//Sprachpraktiker

Sprachverlust//Spracherwerb
Vom Sprachverlust bei Hochbetagten weiss die Linguistik, dass er spiegelbildlich zum Spracherwerb des Kleinkindes erfolgt. (Neue Zürcher Zeitung 17. 8. 2002)

Spreche//Schreibe
(salopp für: Gesprochenes [und seine Art]) ○ *seine Spreche regt mich auf* ○ *Allerdings setzt sich der Verein ... mehr für die Spreche als für die reformierte Schreibe ein.* (Potsdamer Neueste Nachrichten 22. 8. 2006)

sprechen//hören
das gesprochene und das gehörte Wort gräbt sich ins Gedächtnis ein ○ *er hört, was sie spricht* ○ *Vater und Tochter haben den Mann mit dem Korb Hochdeutsch sprechen hören.* (Stern 18. 1. 2018)

sprechen//schreiben
das gesprochene und das geschriebene Wort ○ *Der Grazer VP-Bildungsstadtrat ... erinnert, dass Kinder mit nichtdeutscher Muttersprache nicht automatisch schlecht Deutsch sprechen oder schreiben würden.* (Neue Kronen-Zeitung 9. 1. 2018)

sprechen; ↑**frei sprechen**

Sprecherschreiber//Hörerleser
(zusammenfassende Bezeichnung für den Sprachproduzierenden)

Sprechmuschel//Hörmuschel
(beim Telefon)

sprechsprachlich//schriftsprachlich
Sie sind oft eher sprechsprachlich ausgerichtet, und wegen des schnellen Eintip-

pens wimmelt es in ihnen häufig von Rechtschreib- und Grammatikfehlern (Kölner Stadtanzeiger 18. 3. 2011)

Sprechtheater//Musiktheater
(auf dem gesprochenen Wort basierende Gattung des Theaters ○ Schauspiel) ○ *Das Theater – Sprechtheater und Musiktheater – ist in den Produktionskosten mit Abstand die teuerste Kunstform* (Süddeutsche Zeitung 3. 4. 2012)

Spreu//Weizen
die Spreu vom Weizen trennen ○ *Im Laufe der Jahre hat sie für sich die Spreu vom Weizen getrennt und unterstützt mittlerweile nur mehr einige bestimmte Initiativen.* (Der Standard 1. 12. 2017)

Sprosspflanze//Lagerpflanze; ↑auch: **Thallophyt**

Sprungbein//Landebein
(Bein, mit dem der Springer abspringt ○ Sport)

Sprungwurf//Standwurf
(Wurf im Sprung auf das Tor oder den Korb ○ Ballspiele)

s. t.//c. t.; ↑auch: **cum tempore**
sine tempore ○ *der Vortrag beginnt 20.00 Uhr s. t.* (Punkt 20.00 Uhr)

Staat; ↑**Agrarstaat, Industriestaat**

Staatenbund//Bundesstaat
(Union von gleichberechtigten, unabhängigen Staaten) ○ *Die EU sei nach zwei Weltkriegen eine gute Idee gewesen, sei aber kaputtgemacht worden durch den Beschluss, aus dem Staatenbund einen Bundesstaat zu zimmern.* (Tagesanzeiger 31. 8. 2018)

staatlich//nichtstaatlich
staatliche und nichtstaatliche Organisationen waren im Einsatz ○ *Die Initiative fordert, dass die Eltern die Schule frei wählen können, unabhängig davon, ob sie staatlich oder nichtstaatlich geführt wird.* (Tagesanzeiger 7. 8. 2008)

staatlich//privat
ein staatliches Gymnasium ○ *Die Olympic, die mal staatlich war und heute privat ist, nimmt wieder den Flugbetrieb nach Deutschland auf* (Stern 26. 5. 2011) ○ *Viele Airlines mittlerer Größe, egal, ob staatlich oder privat, straucheln.* (Die Presse 26. 4. 2017)

staatliche Schule//Privatschule
sie geht in eine staatliche Schule ○ *Sollen staatliche Schulen mit Privatschulen gleichziehen, brauchen sie mehr Geld.* (Südwest Presse 21. 10. 2010)

staatseigen//privat
ein staatseigener Betrieb ○ *Seit 1945 staatseigen, wurde die Rebanlage durch das Weingut Naumburg und seit 1992 durch den Naturparkverein bewirtschaftet.* (Mitteldeutsche Zeitung 12. 7. 2003)

Staatseigentum//Privateigentum
Oder Griechenland und die Türkei: Hier seien klassische, archäologische Objekte schon per Gesetz Staatseigentum und könnten nie in Privateigentum stehen. (Saarbrücker Zeitung 27. 4. 2010)

Staatskapitalismus//Privatkapitalismus

Staatskirchentum//Kirchenstaatstum
(Politik)

Staatsnation//Kulturnation
(auf politisch-staatlichen Zusammenschluss beruhende Nation) ○ *Eine Staatsnation ist Kanada gewiss nicht. Doch auch das Konzept der Kulturnation passt nicht, denn mit der gemeinsamen Geschichte ist es nicht so einfach. Vielleicht ist Kanada doch eher eine Willensnation* (Neue Zürcher Zeitung 18. 7. 2017)

Staatsprüfung//Diplomprüfung
(Rechtswesen)

stabil//instabil, unstabil
ein stabiler Gesundheitszustand ○ *stabile Wirtschaft* ○ *die Lage ist stabil* ○ *die stabile Währung soll nicht instabil werden* ○

stabil bleiben und nicht instabil werden ○ *ein stabiler [Atom]kern* ○ *stabile Verhältnisse* ○ *Der gesamte restliche Wettercharakter war sehr unstabil – oder eben stabil instabil.* (Neue Luzerner Zeitung 1. 2. 2003)

stabil//labil
eine stabile Konstitution ○ *seine Gesundheit, ihr Kreislauf ist stabil* ○ *seelisch stabil* (widerstandskräftig) ○ *eine stabile Psyche* ○ *„Was hier so stabil wirkt, ist in Wirklichkeit eher labil."* (Rhein-Zeitung 9. 5. 2016)

stabilisieren//destabilisieren
die Lage wird stabilisiert ○ *Je nachdem, wie gut die Übereinkunft der Partner hinsichtlich des Geldes ist, kann es trennend oder verbindend wirken – die Liebe also stabilisieren oder destabilisieren.* (FOCUS 29. 7. 2017)

Stabilisierung//Destabilisierung
die Stabilisierung der Wirtschaft

Stabilität//Instabilität
eine Phase der Stabilität ○ *Wer aber über genügend innere Stabilität verfügt, dem kann die äußere Instabilität weit weniger anhaben.* (FOCUS 27. 1. 2018)

Stabilität//Labilität
körperliche, seelische Stabilität

Stabreim//Endreim
um einen Stabreim handelt es sich in Wagners Text aus der „Walküre": „Winterstürme wichen dem Wonnemond" (die anlautenden W)

staccato//legato
(musikalische Vortragsanweisung: kurz Abgestoßen zu spielen, zu singen)

Stadt//Dorf
das ist kein Dorf mehr, das ist schon eine Stadt ○ *Das Problem ist nur, dass Davos genauso wenig Ähnlichkeiten mit einer Stadt hat wie mit einem Dorf.* (Neue Zürcher Zeitung am Sonntag 29. 1. 2017)

Stadt//Land
in der Stadt ist es stressiger als auf dem Land ○ *Die Konfliktlinien verlaufen nicht mehr zwischen rechts und links, Jung und Alt, Stadt und Land* (Der Spiegel 28. 7. 2018) ○ *Als junge Leute fanden wir es cool, in der Stadt zu leben. Jetzt wohnen wir auf dem Land, weil wir es nicht mehr ausgehalten haben.* (Der Spiegel 15. 6. 2019)

Stadtarmut//Dorfarmut
Beteiligt waren nicht allein die Stadtarmut und die weniger vermögenden Einwohner, sondern ebenso die Wohlhabenden. (Thüringer Allgemeine 12. 5. 2018)

stadtauswärts//stadteinwärts
alle Autos fahren stadtauswärts in Richtung Odenwald ○ *In den Nachmittagsstunden staut sich dadurch der Verkehr stadtauswärts bis Fischbek. Auch stadteinwärts stehen die Autofahrer im Stau.* (Hamburger Abendblatt 8. 8. 2014)

stadteinwärts//stadtauswärts
alle Autos fahren stadteinwärts zum Festival

Städter//Dörfler
Die Bad Tennstedter etwa sehen sich eher als Städter und wir uns als Dörfler. (Thüringische Landeszeitung 6. 9. 2017)

städtisch//ländlich
die städtische Bevölkerung ist nicht so konservativ wie die ländliche ○ *Ob städtisch oder ländlich: Keine einzige Gemeinde im Kanton Zürich hat sich für die Vorlage der FDP erwärmen können.* (Neue Zürcher Zeitung 18. 6. 2012)

Stadtkind//Landkind
sie ist eben ein Stadtkind und braucht das kulturelle Leben ○ *Sind Sie als Stadtkind oder Landkind aufgewachsen?* (Main-Post 2. 7. 2013)

Stadtmitte//Stadtrand; ↑auch: **Peripherie, Rand**
in der Stadtmitte (im Zentrum, in der City) wohnen ○ *Auch wenn der Drang*

aus der Stadtmitte zum grünen Stadtrand im Wesentlichen heute noch anhält, zeichnet sich auch eine gegenläufige Tendenz ab. (Märkische Allgemeine 6. 1. 2009)

Stadtrand//Stadtmitte; ↑auch: Mitte, Zentrum
am *Stadtrand* (an der Peripherie) *wohnen*

Stadtstaat//Flächenstaat
(z. B. Hamburg, Bremen) ○ *Mit Blick auf die Betriebsprüfungshäufigkeit einen Stadtstaat (wie Hamburg) mit einem Flächenstaat (wie Bayern) zu vergleichen, greift meines Erachtens nicht.* (Frankfurter Rundschau 13. 3. 2014)

Stadtstreicher//Landstreicher
Bei meinen Studien über Wiener Stadtstreicher bemerkte ich, dass nicht wenige Landstreicher aus Dörfern stammen und diese verlassen haben, da sie sich dort vielfach missachtet sahen (Neue Kronen-Zeitung 24. 9. 2017)

Stahl; ↑beruhigter Stahl, unberuhigter Stahl

Stalagmit//Stalaktit
ein *Stalagmit* (Tropfstein) *wächst nach oben*

Stalaktit//Stalagmit
ein *Stalaktit* (Tropfstein) *wächst nach unten*

Stammaktie//Vorzugsaktie
(Bankwesen)

Stammkundschaft//Laufkundschaft
(Kundschaft, die regelmäßig im selben Geschäft einkauft) ○ *Viele haben zwar eine Stammkundschaft, aber sie brauchen auch Laufkundschaft.Und die bleibt zunehmend aus.* (Die Südostschweiz 15. 6. 2016)

Stammmorphem//Flexionsmorphem
in der Ableitung „tragbar" ist „trag-" das Stammmorphem

Stammmutter//Stammvater
(Religion) ○ *In der Bibel gibt es drei Thamars. Die bekannteste von ihnen ist die Stammmutter Jesu, deren Gedenktag heute ist. Sie soll etwa 1800 vor Christus gelebt und mit Juda, dem biblischen Stammvater Israels, die Zwillinge Peres und Zerach gehabt haben.* (Kölner Stadtanzeiger 29. 12. 2004)

Stammtisch//Kaffeekränzchen
die Männer trafen sich zum Stammtisch ○ *Das ist wie Stammtisch und Kaffeekränzchen, das vermischt sich auch eher selten.* (Nürnberger Nachrichten 28. 1. 2012)

Stammvater//Stammmutter
(Religion)

Stammwähler//Wechselwähler
(immer dieselbe Partei Wählende[r]) ○ *Die Zahl der Stammwähler ist dramatisch zurückgegangen, die Zahl der Wechselwähler gestiegen* (Die Presse 4. 6. 2017)

Stamm Gib//Stamm Nimm
Ausnahmsweise ist es diesmal nicht die Zugehörigkeit zum „Stamme Nimm", über die eine Politikerin gestolpert ist, sondern zum „Stamme Gib" (Mannheimer Morgen 23.2.98)

Stamm Nimm//Stamm Gib
Es tut im Grunde wenig zur Sache, ob der Präsident ... all seiner korrupten Kollegen nicht Herr werden will oder nicht kann – oder ob er selber vom Stamme Nimm ist. (Süddeutsche Zeitung 22. 12. 2014)

stand-alone//vernetzt
(EDV)

Standard//Nonstandard; ↑auch: Umgangssprache

Standardausführung//Luxusausführung

Standardsprache//Mundart, Umgangssprache
(die als allgemein üblich angesehene, stilbildende, normsetzende, von Mundart und Umgangssprache freie Sprache, vor allem in Bezug auf die Wortwahl) ○ *Krohn ... ist kein Mundartautor; mit postmoderner Frechheit indes vermischt er die Standardsprache und die Glarner Mundart.* (Neue Zürcher Zeitung 8. 5. 2008) ○ *„Die Standardsprache erneuert sich aus der Umgangssprache, die der Duden endlich akzeptieren müsse"* (Die Presse 19. 12. 2010)

Standbein//Ausfallbein
(Fechten)

Standbein//Spielbein
(Bein, das die Hauptlast des Körpers trägt) ○ *Auf jedem der vier Träger steht eine Bronzefigur: schwarze Hose, weißes Hemd, in Pose, Verhältnis von Standbein und Spielbein sowie im Gesichtsausdruck männlich.* (Südkurier 21. 8. 2008)

Standbilder//bewegte Bilder
(Fernsehen)

Ständemehr//Volksmehr
(in der Schweiz bei Volksabstimmungen die Mehrheit nach Kantonen) ○ *Bei Referenden gegen Gesetze braucht es das Ständemehr nicht. Das Volksmehr reicht.* (Weltwoche 8. 12. 2016)

Ständer//Läufer
(feststehender Teil einer elektrischen Maschine)

Standfoto//Laufbild
Seine Männer hätten aber keine Zivilpersonen getötet, sagte er in einem YouTube-Video, das ihn auf einem Standfoto mit einem Sturmgewehr im Hintergrund zeigte. (Nürnberger Nachrichten 28. 1. 2012)

standhalten//zurückweichen
er hielt dem Feind stand ○ *Dadurch konnte der russische linke Flügel standhalten, und die Franzosen mussten zurückweichen.* (Wikipedia)

ständig//vorübergehend
das sind ständige Einschränkungen ○ *Für Kinder, die sich ständig und nicht nur vorübergehend zur Berufsausbildung außerhalb dieser Gebiete aufhalten, steht kein Absetzbetrag zu.* (Vorarlberger Nachrichten 19. 10. 2013)

Standlicht//Abblendlicht
(schwaches Licht, das nur bei stehenden Fahrzeugen angeschaltet werden darf)

Standpirouette//Sitzpirouette
(in aufrechtstehender Position gedrehte Pirouette)

Standspur//Fahrspur
(Spur zum Halten neben der Fahrbahn)

Standvogel//Zugvogel
(den Aufenthaltsort mit den Jahreszeiten nicht wechselnder Vogel) ○ *Der Grünfink dagegen ist ein Standvogel, der da bleibt, wo er ist, winters wie sommers. Der Grünfink, den Söder befreit hat, war kein Zugvogel* (Süddeutsche Zeitung 16. 10. 2009)

Standwild//Wechselwild
(im Revier bleibendes Wild)

Standwurf//Sprungwurf
(Wurf aus dem Stand auf das Tor oder den Korb beim Handball, Basketball)

Stange; ↑**von der Stange**

Stangenzimt//gestoßener Zimt

Stapelverarbeitung//Realzeitbetrieb
(Schubverarbeitung von gesammelten Geschäftsvorfällen ○ EDV)

stark//leicht
ein starker Bluterguss ○ *stark verschmutzt* ○ *Die Arbeitslosigkeit in Tirol ging stark zurück, bundesweit legte sie leicht zu.* (Tiroler Tageszeitung 2. 8. 2016)

stark//schwach
ein starker Charakter ○ ein starker Mensch ○ starke Gegenwehr des Feindes ○ eine starke Opposition im Bundestag ○ starke (unregelmäßige) Verben wie „kommen, kam, gekommen" ○ das Substantiv „Kind" wird stark dekliniert: das Kind, des Kindes) ○ Sind die Autokraten so stark oder die Demokraten so schwach? (Der Spiegel 9. 6. 2018)

stark; ↑auflagenstark, ausdrucksstark, charakterstark, geburtenstark, nervenstark, willensstark; das starke Geschlecht

...stark//...schwach (Adjektiv)
z. B. *geburtenstark/geburtenschwach*

Stärke//Schwäche
seine Stärken und Schwächen kennen die Stärken und Schwächen dieses Systems ○ Die Stärke des Red Rock Challenge ist gleichzeitig seine Schwäche (Luxemburger Tageblatt 11. 10. 2016) ○ Er kennt alle seine Stärken und Schwächen. (Der Spiegel 4. 5. 2019) ○ Dieses völlige Ausgeliefertsein allem gegenüber, der Kritik, der Öffentlichkeit, den eigenen Stärken und Schwächen, das ist krass. (Der Spiegel 8. 6. 2019)

stärkearm//stärkereich
(arm an Stärke ○ Biochemie)

Stärkebaum//Fettbaum
(stärkespeichernder hartholziger Baum)

stärken//schwächen
das gute Wahlergebnis hat seine Position als Parteivorsitzenden sehr gestärkt ○ Dies würde die Parlamente stärken und nicht schwächen. (Tiroler Tageszeitung 18. 1. 2011)

stärker als//schwächer als
er ist stärker als sie ○ die neue Welt-Unordnung ... Sie ist illiberal, weil darin der Stärkere seinen Willen den Schwächeren aufzwingt. (Der Spiegel 16. 6. 2018)

stärkereich//stärkearm
(reich an Stärke ○ Biochemie)

Starkstrom//Schwachstrom

starre Verteidigung//bewegliche Verteidigung
(z. B. das Verteidigen eines Objektes ○ Militär)

Starrflügelflugzeug//Drehflügelflugzeug
(Flugzeug, dessen Tragflächen beim Fliegen feststehen)

Starrflügler//Drehflügler
(Flugzeug, dessen Tragflächen beim Fliegen feststehen)

Start//Landung; ↑auch: Ankunft
beim Start des Flugzeugs ○ Nach den Regeln der DGCA dürfen Flugzeugbesatzungen innerhalb von zwölf Stunden vor einem Flug keinen Alkohol trinken. Sie werden sowohl vor dem Start als auch nach der Landung getestet. (Vorarlberger Nachrichten 13. 11. 2018)

Start//Ziel; ↑auch: Ende
der Läufer steht am Start ○ Das Sambódromo, in dem der jährliche Karnevalsumzug stattfindet, wird Start und Ziel für den Marathonlauf sein (Der Spiegel 12. 12. 2015)

Start; ↑Kaltstart, Warmstart

Start aus dem Stand//fliegender Start
(Motorsport)

Startbahn//Landebahn
(Luftfahrt)

Startband//Endband
(beim Filmstreifen)

starten//landen; ↑auch: ankommen
das Flugzeug startete um 10 Uhr und landete um 12 Uhr ○ Das zweistrahlige Düsenflugzeug hat den grossen Vorteil, dass es als „Offroader" auch auf Pisten ohne festen Belag starten und landen kann. (Handelszeitung 8. 11. 2018)

Startrollstrecke//Landerollstrecke
(Flugwesen)

Startschiff//Zielschiff
(Segelsport)

Startstrecke//Landestrecke
(Flugwesen)

statarische Lektüre//kursorische Lektüre
(das Lesen eines Textes mit erläuternden Unterbrechungen)

Statik//Dynamik
(Physik)

Statikgurt//Automatikgurt
(Sicherheitsgurt ohne Aufrollmechanik)

Station; ↑Bergstation, Talstation

stationär//ambulant
jemanden stationär (mit Krankenhausaufenthalt) *behandeln* ○ *Umgerechnet blieben bei der Pauschale zwei Minuten Zeit für eine Entscheidung, ob ein Patient stationär aufgenommen werden muss oder ambulant bei einem Fach- oder Hausarzt behandelt werden kann.* (Wiesbadener Tagblatt 14. 3. 2017)

stationär//mobil
stationäre (ortsfeste) *Abhöranlage* ○ *stationäre Sammelstelle für Schadstoffabfälle* ○ *Gefordert sei eine flächendeckende Palliativversorgung und Sterbebegleitung (Hospiz) – stationär sowie mobil.* (Die Presse 16. 12. 2014)

stationäre Pflege//häusliche Pflege
Dabei müsse es unter anderem darum gehen, Demenzkranke besser zu versorgen und die Leistungspauschalen für ambulante und stationäre Pflege anzugleichen, um häusliche Pflege nicht länger zu benachteiligen. (Hamburger Abendblatt 9. 11. 2006)

Stationspfleger//Stationsschwester

Stationsschwester//Stationspfleger

statisch//dynamisch
(in sich ohne Bewegung, Entwicklung) ○ *So statisch es auf den ersten Blick wirkt, so dynamisch ist das Projekt im Detail.* (Die Presse 15. 2. 2014)

Stator//Rotor
(feststehender Teil einer elektrischen Maschine)

stattfinden//ausfallen
der Vortrag findet statt ○ *Vor dem Spiel hatte der Schiedsrichter beide Mannschaften vor die Wahl gestellt, ob die Partie stattfinden oder ausfallen solle.* (Rhein-Zeitung 5. 12. 2016)

statthaft//unstatthaft
das ist statthaft ○ *Die neue Trennlinie zwischen statthaft und nicht unstatthaft ist nicht scharf, sie verläuft im Zickzack.* (Ostthüringer Zeitung 8. 2. 2012)

Status quo//Status quo ante
den Status quo (den gegenwärtigen Status) *erhalten*

Status quo ante//Status quo
den Status quo ante (den Zustand, so wie er vor einem bestimmten Ereignis usw. gewesen ist) *wiederherstellen*

staubfrei//staubig
das Regal ist (jetzt) staubfrei ○ *„Unser neuer „Staubfresser" ist ein spezielles Lufreinigungsgerät, das die staubige Raumluft ... einsaugt, mit Wasser ausfiltert und rein wäscht und als saubere staubfreie Luft wieder ausbläst"* (Saarbrücker Zeitung 23. 5. 2005)

staubig//staubfrei
das Regal ist ganz staubig

Stauturbine//Auspuffturbine
(Gasturbine)

Stechpaddel//Doppelpaddel
(Rudern)

Steckdose//Stecker
den Stecker in die Steckdose stecken

stecken in//nehmen aus
in den Mund stecken ○ das Buch in die Tasche stecken ○ er hat die Hand in die Tasche gesteckt und daraus eine Banknote genommen ○ Als der Korb mit der Kollekte herumgegangen sei, habe er Geld aus dem Korb genommen und hastig in die Tasche gesteckt (Tagesanzeiger 9. 3. 1999)

stecken in//ziehen aus; ↑auch: herausziehen//hineinstecken, rausziehen//reinstecken
den Stecker in die Dose stecken ○ Ja, ich hatte vergessen, die DVD in die Hülle zu stecken. (Weltwoche 5. 10. 2017)

stecken lassen//abziehen
den Schlüssel stecken lassen ○ Ein Wohnungsinhaber hatte beim Betreten seiner Wohnung den Schlüssel außen im Schloss stecken lassen, als er ihn kurze Zeit später abziehen wollte, war er weg. (Thüringische Landeszeitung 24. 1. 2007)

Stecker//[Steck]dose
den Stecker in die Steckdose stecken ○ Man stecke Plus- und Minuspol eines Stromkabels in die Enden eines Würstchens und den Stecker in die Dose. Wurst loslassen! Nach 60 Sekunden ist sie gar. (Die Zeit 27. 12. 2012)

Steckzigarette//Fertigzigarette
(der Raucher steckt sie aus dem vorgeformten Tabak und der Hülse selbst zusammen)

Stehbild//Laufbild
(bei der Fotografie ○ Fachsprache)

stehen//gehen
die Uhren stehen und müssen aufgezogen werden ○ „Manchmal denkt man zwar, sie wird nicht weiter beachtet, aber wenn die Uhr steht oder falsch geht, sagen uns die Leute Bescheid" (Freie Presse 28. 10. 2013)

stehen//sitzen
er wollte sitzen, denn er konnte nicht längere Zeit stehen ○ er steht lieber, als dass er sitzt ○ Wir sind während Tagen in der Küche gestanden, stundenlang am Tisch gesessen, haben geschlemmt – und stapelweise Töpfe, Pfannen und Teller gewaschen. (Neue Zürcher Zeitung 30. 12. 2008)

stehen bleiben//gehen
Ihre Zeiger bewegen sich nicht weiter, die Uhr ist stehen geblieben. (Saarbrücker Zeitung 2. 7. 2003)

stehen bleiben//sich setzen
er blieb auch nach der Begrüßung stehen und setzte sich nicht ○ Er blieb stehen, guckte mich an, grüßte freundlich und setzte sich neben mich. (Schweriner Volkszeitung 14. 7. 2014)

stehen bleiben//weitergehen
er blieb kurz stehen und ging dann weiter ○ Nicht jammern, nach vorne gucken. Nicht stehen bleiben, weitergehen. Das ist ihre Philosophie. (Berliner Morgenpost 7. 10. 2017)

stehendes Gewässer//fließendes Gewässer
stehende Gewässer sind Tümpel, Teich, Weiher, Haff, Lagune, See ○ Immerhin hat der Verein 750 stehende Gewässer sowie rund 1700 Kilometer fließende Gewässer gepachtet. (Schweriner Volkszeitung 29. 1. 2008)

stehend freihändig//liegend aufgelegt
(Schießsport, Militär) ○ Geschossen wurde mit der Zentralfeuergebrauchspistole 9 mm stehend freihändig sowie der Schmeiser „AR 15 MSF" Kaliber 232 liegend aufgelegt (Rhein-Zeitung 9. 8. 2013)

stehen lassen//abrasieren
soll ich den Bart abrasieren oder stehenlassen? ○ Wie es Tradition ist, werden sich er und seine Kollegen einen Playoff-Bart stehen lassen. Den will der Kapitän nicht so schnell wieder abrasieren. (Braunschweiger Zeitung 8. 3. 2006)

stehen lassen//ausstreichen
Bütikofer sagte, er finde nicht, dass man diesen Satz stehen lassen könne. (Saarbrücker Zeitung 27. 11. 2007)

stehen lassen//wegräumen, wegstellen
das Geschirr bis morgen stehen lassen o *Wenn der Sitzbereich überdacht ist und man die Möbel das ganze Jahr über stehen lassen kann, ist das praktisch. Möbel, die man im Winter wegräumen muss, sollten besser kompakter ausgewählt werden* (Oberösterreichische Nachrichten 3. 3. 2012) o *Der Eigentümer hatte das Fahrrad am Abend unverschlossen auf der Straße stehen lassen. Als er es gegen ein Uhr wegstellen wollte, war es weg.* (Main-Post 16. 7. 2010)

Steher//Flieger
(Radrennfahrer für längere Strecken o Rennpferd für längere Strecken)

Steherrennen//Fliegerrennen
(Radsport, Pferdesport)

Stehplatz//Sitzplatz
sie konnte sich früher nur einen Stehplatz im Theater leisten o *die Zuschauer auf den Stehplätzen im Stadion*

steif//locker
eine steife Atmosphäre o *Die Gala war alles andere als steif – es ging locker und lustig in der Fabrik ... zu.* (Hamburger Morgenpost 12. 6. 2017)

steif//schlaff; ↑auch: uneriegiert
die Wäsche war steif gefroren o *ein steifes (erigiertes) männliches Glied* o *Bei einer Verengung der Blutbahnen werde das Glied nicht steif, sondern bleibe schlaff, betonte der Mediziner.* (Mitteldeutsche Zeitung 22. 12. 2001)

steifer Kragen//weicher Kragen
(am Oberhemd)

steigen//fallen
das Wasser steigt o *die Temperaturen steigen* o *die Aktien steigen* o *Du steigst nach unten, du fällst nach oben, ohne Netz, dein Placebo bist du.* (Herbert Grönemeyer, 2000)

steigen//sinken
das Niveau, der Wert ist gestiegen o *Dass trotz des niedrigen Dollars die Exporte der USA nicht steigen, sondern sinken, zeigt erst recht die mangelnde Konkurrenzkraft der industriellen Fertigung in den USA.* (Wiener Zeitung 15. 3. 2018)

steigen//zurückgehen
der Verbrauch ist gestiegen o *Während die Fleischkosten möglicherweise steigen würden, würden Arzneimittelresistenzen bei Nutztieren und die negativen Auswirkungen auf die Umwelt zurückgehen.* (Luxemburger Tageblatt 15. 2. 2018)

steigen aus//steigen in; ↑auch: einsteigen
aus dem Bus steigen o *Fussballer steigen aus dem Bus, ziehen sich in der Kabine um, spielen, kehren zurück in die Kabine, steigen in den Bus, fahren nach Hause.* (Tagesanzeiger 11. 2. 2013)

steigender Diphthong//fallender Diphthong
(Diphthong, bei dem der zweite Vokal stärker hervortritt, z. B. in „Familie", in französisch „roi")

steigender Ton//fallender Ton
(Phonetik)

steigen in//steigen aus; ↑auch: aussteigen
in den Bus steigen

steigern//einschränken
die Produktion steigern o *Während China und Indien ihren Treibhausgasausstoß weiter steigern dürften, müssten sich die USA einschränken* (Hannoversche Allgemeine 3. 6. 2017)

Steigung//Gefälle
(bei einer Straße) o *Zudem würde der Bereich des Autobahndreiecks durch*

eine Doppelkurve mit Steigung und Gefälle schlecht einsehbar sein und somit eine Geschwindigkeitsbegrenzung rechtfertigen. (Berliner Zeitung 15. 10. 2016)

Steigwachs//Gleitwachs
(Skilauf)

Steilküste//Flachküste
(Geografie)

Stellenangebot//Stellengesuch
sie liest die Stellenangebote (Arbeitsmöglichkeiten) in der Zeitung ○ *Wesentlich besser gelungen sind die Trainingskapitel zu den Themen Stellenangebote finden, Stellengesuche aufgeben und Initiativbewerbung.* (Nordkurier 5. 9. 2009)

Stellengesuch//Stellenangebot
(das Anbieten der eigenen Arbeitskraft in einer Zeitung)

stellen in//nehmen aus; ↑auch: herausnehmen//hineinstellen
die Bücher in das Regal stellen ○ *die Vase in den Schrank stellen* ○ *Sie sah das Foto an, dass sie aus der Tasche genommen und auf den Nachttisch gestellt hatte.* (Rhein-Zeitung 16. 12. 2010)

Stellplatz//Garage
er hat für sein Auto keine Garage, sondern nur einen Stellplatz (vor dem Haus)

Stellungskrieg//Bewegungskrieg
(Militär) ○ *Der Stellungskrieg trifft Soldaten und Heeresführung 1914 gleichermaßen unvorbereitet. Die Militärs haben mit einem schnellen Bewegungskrieg gerechnet.* (Rhein-Zeitung 14. 3. 2014)

Stemmbein//Stoßbein
(Sport)

Stempel//Stempelkissen

Stempelkissen//Stempel

stempeln//entstempeln
ein Autokennzeichen stempeln ○ *Außerdem wurden die Kennzeichen bei An- und Ummeldungen noch echt gestempelt und entstempelt.* (Neue Westfälische 21. 6. 2017)

sten[o]...//eur[y]... (vor fremdsprachlicher Basis; Adjektiv)
(mit der Bedeutung: eng, schmal) z. B. *stenophag/euryphag*

stenobath//eurybath
(Biologie)

stenohalin//euryhalin
(Biologie)

stenök//euryök
(Biologie)

Stenökie//Euryökie
(Biologie)

stenophag//euryphag
(Biologie)

stenophot//euryphot
(Biologie)

stenotherm//eurytherm
(gegenüber Temperatursehwankungen empfindlich ○ Biologie)

Stenothermie//Eurythermie
(Biologie)

sterben//geboren werden
sie ist am 20. Juli 1991 gestorben ○ *Im Jahr 2015 seien in den 28 EU-Ländern erstmals seit Ende des Zweiten Weltkriegs mehr Menschen gestorben als geboren worden.* (Hamburger Abendblatt 26. 7. 2017)

sterben//leben
zum Sterben zu viel und zum Leben zu wenig (Redensart) ○ *für Gold leben und sterben*

Sterbeort//Geburtsort
Erfasst wurden Sterbedatum, Sterbeort, Alter, Geburtsort, Beruf und Regiment/Rang auf Basis der Standesamtsregister für die Jahre 1914 (Wormser Zeitung 15. 11. 2013)

Sterbetag//Geburtstag
„Im nächsten Jahr ist der 40. Sterbetag und der 130. Geburtstag von Professor Rostoski" (Nordkurier 3. 5. 2001)

Sterbezimmer//Geburtszimmer
das Sterbezimmer des Dichters o Eine Bäuerin sagt mir, ... in Wahrheit sei er in ihrem Haus aufgewachsen, sie könne mir sein Geburtszimmer und Sterbezimmer zeigen. (Format 31. 5. 2002)

sterblich//unsterblich
ein Genie ist sterblich, seine Werke sind unsterblich o Im Gedicht sind alle sterblich und unsterblich zugleich. (Haller Tagblatt 31. 3. 2014)

Sterblichkeit//Unsterblichkeit; ↑auch: Immortalität

stereo//mono
ein Konzert im Radio stereo hören (so, dass es räumlich klingt, von zwei Seiten)

Stereoagnosie//Stereognosie
(Unfähigkeit, Dinge mit dem Tastsinn zu erkennen o Medizin)

Stereognosie//Stereoagnosie
(Fähigkeit, Dinge mit dem Tastsinn zu erkennen o Medizin)

stereophon//monophon
(Akustik)

Stereophonie//Quadrophonie
(über zwei Kanäle laufende Übertragungstechnik)

steril//fertil; ↑auch: fruchtbar
(fortpflanzungsunfähig)

Sterilität//Fertilität
(Unfruchtbarkeit der Frau, Zeugungsunfähigkeit des Mannes)

Stern; ↑Fixstern, Planet, Wandelstern

stetig//diskret
(Mathematik)

Steuer; ↑direkte Steuer, indirekte Steuer

Steuerbord//Backbord
Steuerbord ist die rechte Seite eines Schiffes

steuerbords//backbords
(Seemannssprache) o Dann gehen die Experten ins Detail und informieren Groß und Klein über alles, was es steuerbords und backbords zu sehen gibt. (Der Tagesspiegel 14. 5. 2006)

Steuererhöhung//Steuersenkung

Steuerfrau//Steuermann
(beim Rudern)

steuerfrei//steuerpflichtig
ein steuerfreies Einkommen o Im letzteren Fall könne es durchaus sein, dass die Schenkung, die in der Schweiz steuerfrei ist, in einem anderen Staat steuerpflichtig ist. (Neue Zürcher Zeitung 6. 10. 2014)

Steuermann//Steuerfrau
(beim Rudern)

steuerpflichtig//steuerfrei
ein steuerpflichtiges Einkommen

Steuersenkung//Steuererhöhung

Steward//Stewardess
er ist Steward

Stewardess//Steward
sie ist Stewardess

sthenisch//asthenisch; ↑auch: leptosom
ein sthenischer Konstitutionstyp (voller Kraft o Medizin)

Stich; ↑im Stich lassen

stickstoffarm//stickstoffreich
stickstoffarmer Boden

stickstoffreich//stickstoffarm
stickstoffreicher Boden

Stiefbruder//Stiefschwester
Stiefbruder und Stiefschwester entdecken während der Abwesenheit ihrer Eltern die Liebe füreinander. (Hamburger Abendblatt 12. 5. 2005)

Stiefel//Halbschuh
er trägt meist Stiefel ○ *Damals als Kind konnte man die gerade vorherrschende Jahreszeit locker von der Fußbekleidung der anderen ableiten: Stiefel gleich Winter, logisch. Halbschuh gleich Frühling oder Herbst* (Stuttgarter Zeitung 12. 8. 2015)

Stiefkind//leibliches Kind
(angeheiratetes Kind ○ *Kind, das aus einer früheren Ehe des Ehepartners stammt)* ○ *Sie können auch ein Stiefkind adoptieren, wenn ein Lebenspartner ein leibliches Kind in die Lebensgemeinschaft bringt* (Schweriner Volkszeitung 30. 10. 2004)

Stiefmutter//[leibliche] Mutter
sie ist ihre Stiefmutter, nicht ihre leibliche Mutter ○ *Viele Jahre später entdeckte K. durch DNA-Proben das, was sie intuitiv vermutet hatte, dass nämlich die ungeliebte Stiefmutter nicht ihre leibliche Mutter war.* (Die Presse 26. 6. 2016)

Stiefmutter//Stiefvater
Das Märchen wird in neuer Gestaltung und Deutung gezeigt. Die böse Stiefmutter wurde in einen Stiefvater verwandelt und weitere Neuheiten wird es geben. (Schweriner Volkszeitung 2. 2. 2018)

Stiefschwester//Stiefbruder

Stiefsohn//Stieftochter
Zudem dürfe der 57-Jährige Kontakt zu seinem eigenen Sohn wie auch dem Stiefsohn und Stieftochter nur im Beisein der Mutter oder anderer Erwachsener haben. (Südkurier 19. 1. 2006)

Stieftochter//Stiefsohn

Stiefvater//[leiblicher] Vater
er ist ihr Stiefvater, nicht ihr leiblicher Vater ○ *Stiefmutter, Stiefvater, Stiefbruder, Halbschwester, leiblicher Vater, neuer Mann, Erzeuger ... die Mitglieder einer Patchwork-Familie zu benennen ist nicht immer leicht.* (Wiener Zeitung 30. 8. 2011)

Stiefvater//Stiefmutter

Stier//Kuh
ein Stier ist das männliche, zeugungsfähige Rind ○ *Auf der Weide nämlich macht der Stier keinerlei Anstalten, sich der Kuh unsittlich zu nähern.* (Saarbrücker Zeitung 6. 6. 2012)

Stier//Ochse
ein Stier ist – anders als der Ochse – das nicht kastrierte, das zeugungsfähige männliche Rind ○ *Im Gegensatz zum Stier, ließ sich ein Ochse gut abrichten und eignete sich in der Landwirtschaft als Zug- und Arbeitstier.* (Mittelbayerische Zeitung 10. 3. 2017)

Stiftsdame//Stiftsherr; ↑auch: **Kanonikus**

Stiftsherr//Stiftsdame; ↑auch: **Kanonissin**

stillgestanden!//rührt Euch!
(militärisches Kommando) ○ *Nicht stillgestanden, sondern rührt euch, heisst es heute Abend beim Ball der Offiziere des Bundesheeres in der Wiener Hofburg.* (Wirtschaftsblatt 18. 1. 2002)

stilllegen//in Betrieb nehmen
eine Werft stilllegen ○ *Die Berliner Wasserbetriebe (BWB) wollen drei Wasserwerke endgültig stilllegen und ein ehemaliges wieder in Betrieb nehmen.* (Der Tagesspiegel 16. 5. 2008)

Stimme; ↑**Deliberativstimme, Dezisivstimme, Jastimme, Neinstimme**

stimmhaft//stimmlos
b, d, g sind im Deutschen stimmhafte Laute ○ *s in „so" ist stimmhaft*

stimmlos//stimmhaft
p, t, k sind im Deutschen stimmlose Laute ○ *s in „was" ist stimmlos*

Stimulus//Response
(ein dem Sprechakt vorausgehender [äußerer] Reiz ○ Sprachwissenschaft)

Stirn; ↑**Arbeiter der Stirn und der Faust**

Stirnsatz//Spannsatz
(Satz, bei dem das finite Verb am Anfang steht, z. B.: Kommst du heute?)

stochastischer Automat//determinierter Automat
(EDV)

Stoffserviette//Papierserviette
Thema sind Geldgeschenke und Servietten falten. Kleber, Schere, Stoffserviette oder starke Papierserviette mitnehmen. (Niederösterreichische Nachrichten 17. 2. 2010)

stopfen//abführen
dieses Mittel stopft (hemmt den Stuhlgang) ○ *Als Sieglinde in feinstem Sächsisch die Antwort verriet: „Schokolade stopft, die Polizei führt ab", lachten die 300 bis 400 Zuschauer, die meisten im Rentenalter.* (Süddeutsche Zeitung 19. 6. 2006)

Stopping//Doping
(Einnahme von leistungsherabsetzenden Mitteln, bei Rennpferden)

Störschall//Nutzschall
(bei Hörgeräten: die nicht gewünschten Nebengeräusche [Straßenlärm, diffuse Geräusche im Restaurant usw.], die man nicht hören will)

störungsanfällig//störungsunanfällig
störungsanfällige Geräte ○ *Die Amerikaner stellen sich auch nach dem verheerenden Sturm Sandy kaum die Frage, warum ihre privat organisierte Energieversorgung derart ineffizient und störungsanfällig ist.* (Falter 7. 11. 2012)

störungsunanfällig//störungsanfällig
Wichtig ist, dass die Maschinen störungsunanfällig laufen und sich mit fast jedem

Gas befeuern lassen. (Süddeutsche Zeitung 24. 2. 2016)

Stoßball//Spielball
(Billard)

Stoßbein//Stemmbein
(Sport)

Stößel//Mörser
(Werkzeug zum Zerkleinern, Zerstoßen im Mörser)

stoßempfindlich//stoßfest
stoßempfindliche Möbel ○ *Nachteil ist, dass die meisten Modelle eine zusätzliche Stromquelle brauchen und stoßempfindlich sind.* (Hamburger Morgenpost 13. 9. 2010)

stoßen//ziehen; ↑**auch: pull, tirez**
(an Türen)

stoßfest//stoßempfindlich
stoßfeste Möbel ○ *Der Kletterhelm „Piuma" von Salewa ist ultraleicht, extrem stoßfest und gut durchlüftet.* (Die Presse 11. 5. 2009)

Stoßfuge//Lagerfuge
(senkrechte Fuge ○ Bauwesen)

Stoßmich und Ziehdich
(Tier mit zwei Köpfen in dem Kinderbuch „Doktor Dollittle und seine Tiere" von Hugh Lofting, 1920) ○ *Besoldungsreformen und Aufnahmestopps waren und sind Scheinbewegungen. Dass sich Stoßmich und Ziehdich darüber nun in die Haare kriegen, ist grotesk und gefährlich.* (Salzburger Nachrichten 3. 5. 1997)

strafbar//straffrei
sexuelle Nötigung in der Ehe ist strafbar ○ *Sich als Reichsbürger zu bezeichnen oder den Staat nicht anzuerkennen, ist per se nicht strafbar. So kann ich straffrei behaupten, ich sei der Mann vom Mond.* (Tagesanzeiger 4. 11. 2017)

Strafe//Lohn
das ist die Strafe für deine Unvorsichtigkeit ○ *Zusätzlich muss Mehmet S. knapp*

21.000 Euro Strafe bezahlen – die Summe, die er als Lohn für seine Spionage bekommen hat. (taz 12. 10. 2017)

Strafe//Verbrechen; ↑auch: Schuld
das Verbrechen und die Strafe dafür ∘ Die Sicherungsverwahrung ist anders als die Haft keine Strafe für ein Verbrechen. (Schwäbische Zeitung 2. 1. 2014)

Strafe; ↑Gefängnisstrafe, Geldstrafe, Haftstrafe

straffrei//strafbar
bleibt sexuelle Nötigung in der Ehe straffrei?

Strafkammer//Zivilkammer
(Rechtswesen)

strafmildernd//strafverschärfend
strafmildernde Umstände ∘ sein Geständnis wirkte strafmildernd aus ∘ Ein Geständnis, Reue oder freiwillige Schadenswiedergutmachung wirken strafmildernd, Vorstrafen oder Uneinsichtigkeit strafverschärfend. (Südwest Presse 2. 10. 2009)

strafmündig//strafunmündig
strafmündige Kinder ∘ Noch nicht strafmündig – Da die Täter wegen ihres jugendlichen Alters noch strafunmündig sind, können sie gar nicht angezeigt werden. (Vorarlberger Nachrichten 4. 9. 2002)

Strafmündigkeit//Strafunmündigkeit

Strafprozess//Zivilprozess
(Rechtswesen)

Strafrecht//Zivilrecht
(in Bezug auf die Strafen für Verbrechen)

Strafsache//Zivilsache
(Rechtswesen)

strafunmündig//strafmündig
strafunmündige Kinder ∘ ein strafunmündiger Junge (der wegen seines Alters noch nicht bestraft werden kann)

Strafunmündigkeit//Strafmündigkeit

strafverschärfend//strafmildernd
strafverschärfende Umstände ∘ sein Schweigen wirkte sich strafverschärfend aus

straight//gay; ↑auch: homosexuell, schwul
(heterosexuell)

Straight//Gay; ↑auch: Homosexueller, Homo
(Heterosexueller)

Strand; ↑FKK-Strand, Nacktbadestrand, Textilstrand

strandtriftig//seetriftig
(an den Strand getrieben ∘ Seefahrt)

straßab; ↑straßauf

straßauf//straßab
sie gingen straßauf und straßab (durch viele Straßen) ∘ *straßauf, straßab* (überall in den Straßen) *waren fröhliche Menschen zu sehen ∘ „Seit der Gründerzeit gibt es straßauf, straßab immer nur Schaufenster und wieder Schaufenster"* (Wiener Zeitung 3. 9. 2011)

Straßenfahrer//Bahnfahrer
(Radsportler, der Straßenrennen fährt)

Straßengehen//Bahngehen
(auf öffentlichen Straßen ausgetragener Wettbewerb der Geher)

Straßenrennen//Bahnrennen
(Radrennen auf öffentlichen Straßen)

Straßenrennfahrer//Bahnradfahrer; ↑auch: Bahnfahrer
(Radsport)

Straßenrennsport//Bahnrennsport
(Radsport)

Straßenschuh//Hausschuh
Wie in allen Zimmern im olympischen Dorf müssen die Straßenschuhe im Gang ausgezogen werden, es stehen Hausschuhe bereit. (Südkurier 9. 2. 2018)

strecken//beugen
den Arm strecken ○ Die linke Schulter, der Oberarm sind ohne Muskelkraft, die Hand kann er nur langsam bewegen, die Finger mühsam strecken und beugen. (Hamburger Abendblatt 3. 6. 2017)

Streckenfahren//Zeitfahren
(Radsport)

Streckenmaut//Vignette
(Maut, die für gefahrene Strecken eingehoben wird) ○ *Einserseits sollen Teilstrecken ... über eine Streckenmaut finanziert werden. Andererseits die bundesweite Vignette* (Süddeutsche Zeitung 11. 10. 2005)

Strecker//Beuger; ↑auch: **Beugemuskel, Bizeps, Flexor**
(Muskel ○ Anatomie)

Streckmuskel//Beugemuskel; ↑auch: **Beuger, Bizeps, Flexor**

Streichorchester//Blasorchester
(Orchester mit Streichinstrumenten)

Streik//Aussperrung
auf den Streik antworteten die Arbeitgeber mit Aussperrung ○ *Den Kirchen zufolge verträgt sich das Leitbild einer christlichen Dienstgemeinschaft und des Konsenses nicht mit Instrumenten des Arbeitskampfes wie Streik und Aussperrung.* (Braunschweiger Zeitung 21. 5. 2013)

Streikbrecher[in]//Streikende[r]
(jemand, der sich nicht am Streik beteiligen, sondern arbeiten will) ○ *Streikende gegen Streikbrecher: Ein solches Verhalten ist ... in der Gesellschaft allgegenwärtig: „Es tritt z. B. bei Streiks auf, wenn Streikende die Streikbrecher attackieren."* (Der Spiegel 10. 1. 2002)

streiken//aussperren
die Arbeitnehmer streiken, und die Arbeitgeber sperren aus ○ *Während einer Schlichtung gilt die Friedenspflicht: Die Arbeitnehmer dürfen nicht streiken, die Arbeitgeber nicht aussperren.* (Süddeutsche Zeitung 22. 5. 2015)

Streikende[r]//Ausgesperrte[r]
im Arbeitskampf ist ein Streikender jemand, der die Arbeit niederlegt, streikt, während ein Ausgesperrter vom Arbeitgeber von der Arbeit ausgeschlossen wird

Streikende[r]//Streikbrecher[in]

streikfähig//streikunfähig
Vor zwei Jahren konstatierte IG-Metall-Chef Berthold Huber, dass Deutschlands größte Einzelgewerkschaft wegen der geschrumpften Einnahmen aus Mitgliedsbeiträgen nur noch bedingt streikfähig sei. (Berliner Zeitung 10. 7. 2009)

streikunfähig//streikfähig
Es werden sicherlich die allerniedrigsten Löhne, die die deutschen Gewerkschaften in der nächsten Tarifrunde aushandeln werden – streikunfähig, wie Leiharbeiter nun einmal sind. (taz 13. 11. 2002)

streitige Gerichtsbarkeit//freiwillige Gerichtsbarkeit
(Rechtswesen)

streng//mild
etwas schmeckt streng ○ *strenge Erziehung* ○ *strenger Winter* ○ *Egal, ob der Winter streng oder mild ist, alle Jahre wieder gibt es Beschwerden, dass Straßen in Linz schlecht geräumt seien.* (Oberösterreichische Nachrichten 5. 12. 2017) ○ *Man kann streng erziehen oder mild, rigoros oder generös, drakonisch oder lakonisch, unerbittlich oder nachgiebig, ernst oder heiter.* (Wiener Zeitung 18. 9. 2008)

Strengbeweis//Freibeweis
der Strengbeweis ist ein Beweis im Rahmen der gesetzlich fixierten Formerfordernisse (Rechtswesen)

Stress//Eustress
„Wenn ein Same bei der Reifung austrocknet, dann ist das auf zellulärer

Ebene ein Stress, aber es ist ein Eustress" (Die Presse 26. 5. 2013)

Stress; ↑**Disstress, Eustress**

Strichätzung//Autotypie
(Typographie)

Strichjunge//Strichmädchen; ↑**auch: Callgirl**
(Junge, junger Mann, der sich prostituiert, auf den Strich geht)

Strichmädchen//Strichjunge; ↑**auch: Callboy**
(Mädchen, junge Frau, die sich prostituiert, auf den Strich geht)

Strichvorlage//Halbtonvorlage
(Grafik)

Strohwitwe//Strohwitwer
(Ehefrau, die vorübergehend ohne ihren Mann ist, weil dieser verreist o. Ä. ist) ○ *Dass Strohwitwe Gräfin und Strohwitwer Bergdoktor – wie weltoffen über Ehebruch reden, aber nicht einmal daran denken, ihre jeweils heile Familie zu gefährden, mag in Tagen steigender Scheidungsraten ein Wunschbild sein* (Salzburger Nachrichten 13. 3. 1996)

Strohwitwer//Strohwitwe

Strom; ↑**Gleichstrom, Wechselstrom**

stromab//stromauf
das Schiff fuhr den Rhein stromab in Richtung Rotterdam ○ *Erst fährt sie stromab, dann wieder stromauf, um sich auf einmal halb zu drehen und mit der Breitseite zur Stromrichtung haarscharf an den Kribben vorbeizufahren.* (Rheinische Post 3. 3. 2006)

stromabwärts//stromaufwärts
das Schiff fährt den Rhein stromabwärts (in Richtung Mündung, mit der Strömung) nach Köln ○ *Die Fahrt dauert stromabwärts zwei Stunden, stromaufwärts gut drei Stunden.* (Leipziger Volkszeitung 18. 6. 2008)

stromauf//stromab
das Schiff fuhr den Rhein stromauf in Richtung Basel

stromaufwärts//stromabwärts
das Schiff fährt den Rhein stromaufwärts (in Richtung Quelle, gegen die Strömung) nach Basel

stromführend//stromlos
ein stromführendes Kabel ○ *Die üblichste, kurzfristigste und praktikabelste Schutzform sind Zäune, stromführend und stromlos.* (Neue Vorarlberger Tageszeitung 25. 6. 2017)

stromlos//stromführend
ein stromloses Kabel

Strophe//Antistrophe
in der altgriechischen Tragödie folgt die Antistrophe der Strophe als Gegenwendung

strukturiert//unstrukturiert
Das Architekturstudium brach Nina ab, weil es ihr zu strukturiert war, am derzeitigen Germanistikstudium zweifelt sie, weil es ihr zu unstrukturiert ist (Neue Zürcher Zeitung Folio 4. 10. 2004)

strukturierte Programmierung//Spaghetticode
(EDV)

strukturviskos//dilatant
(Chemie)

Strukturviskosität//Dilatanz
(Chemie)

Stück; ↑**am Stück, im Stück**

Stückkauf//Gattungskauf
(Rechtssprache)

Stückkurs//Prozentkurs
(Börse)

Stückschuld//Speziesschuld
(Rechtswesen)

Stückvermächtnis//Gattungsvermächtnis
(Vermächtnis, dessen Gegenstand der Erblasser genau festgelegt hat)

stückweise//im Ganzen
etwas stückweise abgeben ○ *Auch Torten würden gern mitgenommen – stückweise oder gleich im Ganzen.* (Süddeutsche Zeitung 20. 1. 2006)

studium generale//studium particulare
(im Mittelalter Bezeichnung für Universitäten, Ordensschulen usw., die für alle Nationen bestimmt waren und in denen mindestens Recht, Medizin oder Theologie unterrichtet wurden)

studium particulare//studium generale
(im Mittelalter Bezeichnung für Hochschulen von nur regionaler Bedeutung und fachlicher Beschränkung auf die Artes liberales)

Stufengründung//Simultangründung
(in Bezug auf die Gründung einer Aktiengesellschaft)

Stufenheck//Fließheck
(beim Auto)

stumme Sünde//rufende Sünde
(historisch ○ von der sexuellen Norm abweichende Handlungsweise – mit Ausnahme der Blutschande –, z. B.: Homosexualität, Onanie, Sodomie)

Stummfilm//Tonfilm
(Film, bei dem zu den Bildern kein Ton, keine Sprache existiert) ○ *Eines Tages musste Tom Mix ... sprechen lernen, denn der Stummfilm ging zu Ende, der Tonfilm begann* (Der Spiegel 4. 5. 1998)

stumpf//glatt
das Parkett ist stumpf ○ *Sie reinigt die Bühnenoberfläche mit einem Spezialmittel, das den Boden für die Tänzer besonders herrichtet – nicht zu stumpf, aber auch nicht zu glatt* (Schweriner Volkszeitung 18. 8. 2006)

stumpf//scharf
ein stumpfes Messer ○ *das Beil ist stumpf* ○ *Ist nun Orbans Schwert, mit dem er die „Nihilisten" in Brüssel bekämpft, stumpf oder scharf?* (Vorarlberger Nachrichten 3. 10. 2016)

stumpfer Reim//klingender Reim; ↑auch: weiblicher Reim
(Reim einsilbiger Wörter oder nur der Schlusssilben von Wörtern, auch männlicher Reim genannt, z. B.: Wahl/ Qual)

stumpfer Winkel//spitzer Winkel
(Winkel zwischen 90° und 180°)

stumpfwinklig//spitzwinklig
ein stumpfwinkliges Dreieck

Stundenunterricht//Epochalunterricht
(Fachunterricht, der während des ganzen Jahres stundenweise erteilt wird ○ Pädagogik)

Stuntfrau//Stuntman
(weibliche Person, die eine gefährliche Aktion in einem Film oder auf der Bühne an Stelle der eigentlichen Darstellerin ausführt)

Stuntman//Stuntwoman, Stuntfrau
(männliche Person, die eine gefährliche Aktion in einem Film oder auf der Bühne an Stelle des eigentlichen Darstellers ausführt)

Stuntwoman//Stuntman
(weibliche Person, die eine waghalsige Szene in einem Film oder auf der Bühne für die eigentliche Filmschauspielerin übernimmt)

stürmisch//ruhig
die See ist stürmisch ○ *So wie der Frühling sich zeigt, so gestalteten sich die vorgetragenen Lieder großer Bandbreite: mal stürmisch und energisch, mal ruhig und bedächtig* (Märkische Allgemeine 7. 5. 2014)

Stute//Hengst; ↑auch: (kastriert) Wallach
der Hengst beschält die Stute ○ *Im Juni 2009 gab es den ersten Alpaka-Nachwuchs – eine Stute und ein Hengst kamen hinzu.* (Burgenländische Volkszeitung 17. 1. 2013)

sub...//super... (vor fremdsprachlichem Adjektiv)
(mit der Bedeutung: unter) z. B. *subkrustal/superkrustal*

Sub...//Ko... (vor fremdsprachlichem Substantiv)
(mit der Bedeutung: unter) z. B. *Subkonstituente/Kokonstituente, Subordination/Koordination*

Sub...//Super... (vor fremdsprachlicher Basis; Substantiv)
(mit der Bedeutung: unter) z. B. *Substrat/Superstrat*

Subitanei//Latenzei; ↑auch: Dauerei, Winterei
(Zoologie)

Subjekt//Objekt
in „ich liebe ihn" ist „ich" Subjekt und „ihn" Objekt

subjektiv//intersubjektiv
das sind lediglich subjektive (einzelpersönliche), aber nicht intersubjektive (mehrpersönliche) Erfahrungen ○ *Es mag möglich, wahrscheinlich sein, es mag subjektiv und intersubjektiv gültig sein, aber es ist nicht allgemein verbindlich.* (Die Presse 12. 1. 2002)

subjektiv//objektiv; ↑auch: unvoreingenommen
eine subjektive (von einer einzelnen Person abhängende, geprägte) Beurteilung ○ *eine subjektive (persönlich-voreingenommene) Darstellung eines Geschehens* ○ *Der traditionelle Amok-Täter ist männlich, ziemlich jung, im Regelfall erfolglos, von daher subjektiv frustriert und objektiv häufig benachteiligt.* (Neue Zürcher Zeitung 1. 10. 2010)

subjektives Recht//objektives Recht
(Rechtswesen)

subjektivistisch//objektivistisch
(Philosophie) ○ *In seinem Vortrag ... geht Peter Stemmer ... auf die Schwierigkeit ein, wenn jemand die Moral als Gemachtes oder Hervorgebrachtes, also subjektivistisch versteht.* (Südkurier 9. 3. 2012)

Subjektivität//Objektivität
Subjektivität kennzeichnet den Bericht ○ *den Vorwurf der Subjektivität wies sie zurück*

Subjektsgruppe//Prädikatsgruppe
(Grammatik ○ Subjekt und davon abhängige Satzteile) ○ *in dem Satz „mein Freund Stefan liest Wieland" ist „mein Freund Stefan" die Subjektsgruppe und „liest Wieland" die Prädikatsgruppe*

Subjektsinfinitiv//Objektsinfinitiv
(Grammatik ○ Infinitiv, dessen Handlungsträger mit dem Subjekt der finiten Form übereinstimmt, z. B.: *er ging einkaufen*)

Subkonstituente//Kokonstituente
(Sprachwissenschaft)

subkrustal//superkrustal
(unter der Erdkruste ○ Geologie)

submers//emers
(unter dem Wasser)

Subordination//Koordination; ↑auch: Nebenordnung, Parataxe
(Unterordnung von Sätzen, Satzgliedern ○ Grammatik)

subordinativ//koordinativ
„groß" ist in „großes Haus" *subordinativ* (untergeordnet ○ Grammatik)

subordinieren//koordinieren
(unterordnen) ○ *Freund Körner fand das alles etwas trocken, Schiller widersprach nicht. Die Personen seien nur „um der Idee willen da" und müssten sich als Individuen „subordinieren".* (Süddeutsche Zeitung 10. 1. 2009)

subordinierend//koordinierend; ↑auch: parataktisch
„weil" und „dass" sind *subordinierende* (unterordnende) *Konjunktionen* (Grammatik)

subordiniert//koordiniert
(Sprachwissenschaft) ○ *Gedenke man nun der außerordentlichen Vorteile, welche diese altgegründeten Familien ... genossen haben, so wird man leicht denken können, dass diese große Masse von bedeutenden Menschen, welche sich zugleich als subordiniert und als koordiniert fühlten, in höchster Zufriedenheit und geregelter Welttätigkeit ihre Tage zubrachten* (Goethe: Aus meinem Leben. Dichtung und Wahrheit IV)

Substanz//Akzidens
(das unveränderlich Bleibende ○ Philosophie)

Substanz//Modus
bei Spinoza ist Substanz Natur, Gott

Substanz; ↑graue Substanz, weiße Substanz

Substrat//Superstrat
(Sprachgut des besiegten Volkes in der aufgezwungenen Sprache des Siegervolkes)

Subtrahend//Minuend; ↑auch: Subtraktion
in a – b ist b der Subtrahend, der von a abgezogen wird

subtrahieren//addieren; ↑auch: zuzählen
wenn man 3 von 5 subtrahiert, bekommt man 2

Subtraktion//Addition; ↑auch: Addend, Augend
(Mathematik)

subtraktiv//additiv
(auf Subtraktion beruhend ○ Mathematik)

Succubus; ↑Sukkubus

suchen//bieten
ich biete Radio, suche Video (Anzeige) ○ *Skandalöse Vorfälle ... verunsichern und führen dazu, das Heil in alten Werten zu suchen, die vermeintliche Sicherheiten bieten.* (Tagesanzeiger 14. 12. 2006)

suchen//finden
einen Partner suchen ○ *seine Schlüssel suchen und sie schließlich finden* ○ *Man beginnt erst jetzt wieder, Identität zu suchen und zu finden.* (NEWS 11. 12. 2014) ○ *Das Suchen und Finden ist allerdings nicht das eigentliche Unternehmensziel, sondern Mittel zum Zweck.* (Der Spiegel 20. 7. 2019)

Süd//Nord
Umgekehrt ist eine harte Grenze zwischen Nord und Süd für jeden Republikaner unzumutbar. (Der Spiegel 7. 4. 2018)

Süd.../Nord... (Substantiv)
z. B. *Südhang/Nordhang*

süddeutsch//norddeutsch; ↑auch: niederdeutsch
Als Wiener komme er gut mit den Hamburgern klar, sagt Michael Häupl (SPÖ), Bürgermeister der österreichischen Metropole, auf die Frage, ob ihm die süddeutsche Mentalität nicht mehr liege als die kühle norddeutsche (Hamburger Abendblatt 8. 5. 2013) ○ *Immer häufiger scheint die süddeutsche die norddeutsche Form zu verdrängen, wenn z. B. an Weihnachten, an Heiligabend, an Silvester, an Neujahr, an Ostern, an Pfingsten usw. gesagt und geschrieben wird.* (Hamburger Abendblatt 16. 12. 2008)

Süden//Norden
er wohnt im Süden der Stadt ○ *Der Süden und der Norden sind übereingekommen, eine Hotline zwischen den beiden Führern einzurichten, um die militärischen Spannungen abzubauen* (Vorarlberger Nachrichten 7. 3. 2018) ○ *Wir tauschten uns über Bücher, Musik und Filme aus und darüber, dass sie am liebsten im Süden Urlaub machte und ich im Norden* (Bernhard Schlink, Olga, Roman 2018, S. 209)

Südhang//Nordhang
Ein Südhang, der sich optimal zur Sonnenseite hin öffnet, bietet hier sicher die

besten Voraussetzungen, während ein Nordhang oft gerade in der Winterzeit für lange Zeit im Schatten liegt. (Vorarlberger Nachrichten 15. 9. 2015)

südlich//nördlich
südlich Berlins, von Berlin ○ *Benötigt es überhaupt dieses schwammige Gebilde, damit Politik und Zivilgesellschaft südlich und nördlich des Brenners kooperieren?* (Tiroler Tageszeitung 8. 9. 2016)

Südlicht//Nordlicht
(Polarlicht auf der südlichen Erdhalbkugel)

Südpol//Nordpol; ↑auch: Arktis
eine Expedition zum Südpol

Südseite//Nordseite; ↑auch: Frauenseite
Denn die Südseite heizt sich anders auf als die Nordseite. (Die Presse 16. 7. 2016)

Südstaatler//Nordstaatler
(jemand, der aus einem Südstaat in den USA stammt) ○ *Die Südstaatler nennen die Nordstaatler Yankees.* (taz 25. 3. 2006)

Südtirol//Nordtirol
(Tirol südlich des Brenner, italienische Provinz ○ die Bezeichnung enstand erst nach 1918 durch die Abtrennung des Gebietes südlich des Brenner an Italien)

suffigieren//präfigieren
(mit einem Suffix – einer Endung – versehen, z. B. *Bereit-schaft)*

Suffix//Präfix; ↑auch: Vorsilbe
in „Freiheit" ist „-heit" ein Suffix

Suffix; ↑Amplifikativsuffix, Augmentativsuffix, Diminutivsuffix

suffixoid//präfixoid
„Ehemuffel" ist eine suffixoide Bildung

Suffixoid//Präfixoid; ↑auch: Halbpräfix
in „karrieregeil" ist „-geil", in „Ehemuffel" ist „muffel" ein Suffixoid

suffizient//insuffizient
(ausreichend [funktionsfähig] ○ Medizin) ○ *Gesucht wurden Deutschschweizer, die suffizient leben und „angeben, mit ihrem Leben zufrieden bis sehr zufrieden zu sein"* (Handelszeitung 3. 11. 2016)

Suffizienz//Insuffizienz
(ausreichendes Können, genügend Kraft)

Suffragan[bischof]//exemter Bischof
(katholische Kirche ○ von einer übergeordneten Diözese abhängiger Bischof)

Sühne//Schuld; ↑auch: Verbrechen
Schuld und Sühne ○ *Öfter wurde einem Missetäter vom Richter die Strafe auferlegt, ein Wegekreuz zur Sühne seiner Schuld zu errichten.* (Kölnische Rundschau 18. 8. 2016)

Sukkubus//Inkubus; ↑auch: MOT, Obenauflieger
(in der Volkskunde: weiblicher Alpdämon, der den Schlafenden zum Liebesverkehr nötigt; in mittelalterlichen Hexenprozessen wurden Frauen beschuldigt, des Teufels Succubus zu sein)

Sukzessivkontrast//Simultankontrast
(gegenseitige Beeinflussung nacheinander erfolgender Wahrnehmungen ○ Psychologie)

Suleika; ↑Jussuf

Summationston//Kombinationston
(Musik)

summum ius summa iniuria//fiat justitia pereat mundus
(buchstabengetreue Auslegung eines Gesetzes kann zu größter Ungerechtigkeit führen ○ Philosophie)

Sünde; ↑lässliche Sünde, rufende Sünde, stumme Sünde, Todsünde

Sunna//Bida
im Islam bezeichnet Bida eine Anschauung oder einen Gebrauch, der nicht auf Mohammed zurückzuführen ist, der also

nicht Sunna – Richtschnur des moslemischen Lebens – ist

Sunna//Schia
(islamische religiöse Richtung)

Sunnit//Schiit
(Anhänger der orthodoxen Hauptrichtung – der Sunna – des Islams)

super...//sub... (vor fremdsprachlichem Adjektiv)
(mit der Bedeutung: über, ober) z. B. *superkrustall subkrustal*

Super...//Sub... (vor fremdsprachlicher Basis; Substantiv)
(mit der Bedeutung: ober, über) z. B. *Superstrat/Substrat*

Superheterodynempfänger//Geradeausempfänger
(Elektrotechnik)

Superiorität//Inferiorität
(Überlegenheit)

superkrustal//interkrustal, subkrustal
(auf der Erdkruste)

Superstrat//Substrat
(Sprachgut des Siegervolkes in der Sprache des besiegten)

Supination//Pronation
(Drehung der Hand, des Fußes nach außen)

supinieren//pronieren
(die Hand, den Fuß nach auswärts drehen)

supra...//infra... (vor fremdsprachlicher Basis; Adjektiv)
(mit der Bedeutung: ober, über) z. B. *supraglottal/infraglottal*

supraglottal//infraglottal
(Phonetik)

suprakrustal//infrakrustal
(an der Erdoberfläche ○ Geologie)

supranational//national
Leistungsmessung im supranationalen Rahmen ○ Die Europäische Zentralbank agiert supranational. Die Regierungen in der Euro-Zone können nur national handeln. (Süddeutsche Zeitung 11. 11. 2011)

Susception; ↑Suszeption

süß//bitter
süße Mandeln ○ Magnesium im Wasser wird hingegen unterschiedlich wahrgenommen und kann süß, aber auch bitter schmecken. (Süddeutsche Zeitung 29. 6. 2017)

süß//sauer
es schmeckt süß ○ süße Sahne ○ süße Kirschen ○ die Trauben sind süß ○ Die Auswahl der Äpfel ist das Um und Auf. Sie sollen weder zu süß noch zu sauer sein, rät die Konditorin. (Salzburger Nachrichten 23. 3. 2017)

Süß//Sauer
(geleistete, aber noch nicht bezahlte Arbeit ○ Jargon Druckersprache)

Süßkirsche//Sauerkirsche
Die Blüten der Süßkirsche, von Pfirsich und Sauerkirsche und das zarte Nadelgrün der Lärchen sind bereits Boten des Mittfrühlings. (Thüringer Allgemeine 18. 4. 2009)

Süßmolke//Sauermolke

Süßrahmbutter//Sauerrahmbutter

Süßwasser//Salzwasser, Meerwasser
Die Löcher entstehen, weil unterirdische Salzschichten durch Süßwasser ausgewaschen werden, das dem sich zurückziehenden Meerwasser nachfolgt. (Mannheimer Morgen 15. 4. 2017) ○ *Berühren Tentakeln die Haut, sollten die Stellen auf keinen Fall mit Süßwasser abgewaschen werden, sondern mit Salzwasser.* (Hannoversche Allgemeine 5. 11. 2016)

Süßwassermolasse//Meeresmolasse
(Geologie)

Sweet Music//Hot Jazz

syllabisch//melismatisch
(silbenweise komponiert ○ Gesang)

Symmetrie//Asymmetrie
(Ebenmäßigkeit)

symmetrisch//asymmetrisch, unsymmetrisch
symmetrisch (gleich auf beiden Seiten) gebaut o *„Hier ist ja nichts symmetrisch, also musste die Orgel auch unsymmetrisch sein"* (General-Anzeiger 26. 11. 2018) o *Irgendetwas mitgeteilt wird unter Lebenden immer – sprechend oder sprachlos, symmetrisch oder asymmetrisch, inhaltlich wie auf den anderen bezogen.* (Der Tagesspiegel 6. 3. 2014)

symmikt//diatakt
(Geologie)

Sympathie//Antipathie; ↑auch: Abneigung, Hass
Die Körpersprache lüge nicht, egal was man sagt – vor allem bei Sympathie und Antipathie spreche der Körper Bände und täusche nicht. (Mittelbayerische Zeitung 5. 3. 2015)

Sympathikotonie//Vagotonie
(Medizin)

Sympathikus//Parasympathikus
(Medizin)

sympathisch//unsympathisch
eine sympathische Frau o *sympathisches Wesen* o *sympathisch wirken* o *jemanden sympathisch finden* o *sie/er ist mir sehr sympathisch* (ich mag sie/ihn) o *Ich kenn diese Kate doch gar nicht, geschweige denn, dass sie mir sonderlich sympathisch oder unsympathisch wäre.* (Salzburger Nachrichten 2. 4. 2011)

sympetal//choripetal
(Botanik)

Sympodium//Monopodium
(Botanik)

symptomatische Behandlung//Kausalbehandlung
(Behandlung, bei der die Erscheinungen und nicht die Ursache behandelt wird)

Syn...//Anti... (Substantiv)
(mit der Bedeutung: mit, zusammen)
z. B. *Synklinorium/Antiklinorium*

synchron//asynchron
etwas verläuft synchron (zeitlich übereinstimmend) o *In der ersten Gruppe wurde synchron unter großer Anstrengung getanzt, in der zweiten synchron im Sitzen, in der dritten asynchron unter vollem Körpereinsatz und in der letzten Kategorie asynchron im Sitzen.* (Vorarlberger Nachrichten 7. 11. 2015)

synchron//diachron
(zu gleicher Zeit o auf nur eine Zeitschicht, einen Zeitquerschnitt bezogen o Sprachwissenschaft)

Synchronie//Diachronie
(Sprachwissenschaft)

synchronisch//diachronisch
Einerseits hat er eine Vielzahl von Aspekten synchronisch zu bündeln, um Abhängigkeiten und Einflüsse sichtbar zu machen o *zugleich steht er vor der Notwendigkeit, diachronisch in die historische Kausalität einzudringen.* (Die Zeit 10. 1. 1975)

Synchronmotor//Asynchronmotor
(Elektrotechnik)

syndetisch//asyndetisch; ↑auch: unverbunden
(durch eine Konjunktion verbunden o Sprachwissenschaft)

Syndrom; ↑Cinderella-Syndrom, Peter-Pan-Syndrom

Syneklise//Anteklise
(Geologie)

syngenetisch/epigenetisch
(gleichzeitig entstanden o Geologie)

synkarp//parakarp
(zusammengewachsen o Botanik)

Synklinaltal//Antiklinaltal
(Geografie)

Synklinorium//Antiklinorium
(Geologie)

Synkotylie//Heterokotylie
(Botanik)

Synkrise//Diakrise
(Philosophie)

synkritisch//diakritisch
(Philosophie)

Synökologie//Autoökologie
(auf die Wechseleinwirkungen von Biologie und Soziologie eingehende Ökologie)

synonym//antonym
synonyme Wörter sind gleich- oder ähnlichbedeutende Wörter, z. B.: hübsch/schön, Bahnsteig/Perron o *Dass Moll nicht synonym für traurig ist, bewiesen einige Sätze in der Interpretation, die auch vor musikalischen Explosionen nicht haltmachte, nachdrücklich.* (Kölnische Rundschau 25. 3. 2013)

Synonym//Antonym
(gleich-, ähnlichbedeutendes Wort in Bezug auf ein anderes oder mehrere andere, z. B. *bunt/farbenfreudig/vielgestaltig*)

Synonymie//Antonymie
(Wissenschaft von der Bedeutungsgleichheit oder -ähnlichkeit von Wörtern o Sprachwissenschaft)

Synonymik; ↑distinktive Synonymik, kumulative Synonymik

Synsemantikon//Autosemantikon
(Wort, das erst im Zusammenhang mit anderen seine Bedeutung erhält oder entwickelt, z. B. *dieser, an*; auch Wortbildungselemente wie *-schaft, -keit*)

synsemantisch//autosemantisch
(Sprachwissenschaft)

Syntagmatik//Paradigmatik
(Sprachwissenschaft)

syntagmatisch//paradigmatisch
(Sprachwissenschaft) o *syntagmatische Assoziationen beziehen sich auf Kollokationen, z. B. zu Fisch: schwimmen, Flosse, Schuppen; syntagmatische Verknüpfungen bestehen zwischen Subjekt und Prädikat*

Syntax; ↑Morphosyntax, Nomosyntax

Synthese//Analyse
(Zusammenschau) o *Das komplementäre Denkmodell ... eröffnet auch Handlungsmaximen: Harmonie gegen Trennung, Synthese gegen rational-beschränkte Analyse (=Zerlegung), Miteinander statt Gegeneinander, Liebe statt Hass* (Frankfurter Rundschau 24. 12. 2001)

Synthetik//Analytik
(ganzheitliche Betrachtung o Philosophie)

synthetisch//analytisch
ein synthetisches Verfahren o *Chemielaboranten arbeiten schwerpunktmässig synthetisch oder analytisch* (Basler Zeitung 13. 8. 2012)

synthetisch//antithetisch
(Geologie)

synthetische Faser//Naturfaser

synthetische Leselehrmethode//Ganzheitsmethode
(Pädagogik)

synthetische Sprache//analytische Sprache
(Sprache, die Syntaktisches mit Hilfe von Endungen ausdrückt, z. B. amo̱ = ich liebe)

systematisch//alphabetisch
ein systematisches (nach Sachgebieten geordnetes) *Register*

systematisch//unsystematisch
systematisch vorgehen o *Sie musste die Altlasten einer ziemlich maroden Bundeswehr übernehmen. Die ging sie zwar systematisch an, dafür preschte sie in der Außen- und Sicherheitspolitik oft unsyste-*

matisch und überehrgeizig vor. (Saarbrücker Zeitung 17. 12. 2014)

Systemsoftware//Anwendungssoftware
zur Systemsoftware gehören Dienstprogramm, Betriebssystem

Systole//Diastole
(rhythmische Zusammenziehung des Herzmuskels)

systolisch//diastolisch
(Medizin)

Szientismus//Fideismus
(wissenschaftliche Haltung, die sich auf Wissen und Erfahrung stützt)

Szylla; ↑**Scylla**

T

...t (Partizip II)//...end (Partizip I)
z. B. *definiert/definierend*

tabuisieren//enttabuisieren
den Tod, die Sexualität tabuisieren ○ „*Das Thema wurde lange tabuisiert und ist bis heute nicht enttabuisiert worden.*" (Hamburger Abendblatt 1. 12. 2005)

Tachykardie//Bradykardie
(Medizin)

Tadel//Lob
der Tadel traf ihn tief ○ *man kann die Schwächen der Mitarbeiter weniger über Tadel verändern als die Stärken über das Lob* ○ *James Comeys öffentliche Erklärungen haben dem FBI-Direktor mehr Tadel als Lob eingebracht.* (Der Bund 11. 5. 2017)

tadeln//loben
ihre inkonsequente Haltung wurde getadelt ○ *Gewiss, Ihr ... habt es nicht leicht, Ihr werdet oft zu schnell getadelt und nur selten gelobt.* (Basler Zeitung 20. 6. 2008)

Tafelglas//Hohlglas
(tafelförmiges Glas)

Tag//Nacht
ein sonniger Tag ○ *Wir leben ja in einer Zeit, die sich Tag und Nacht mit Essen beschäftigt, mit der Verdauung und dem Rätsel des Darms.* (Tages-Anzeiger 23. 1. 2019)

Tag; ↑**am Tage, bei Tage, über Tage, unter Tage**

tagaktiv//nachtaktiv
tagaktive Tiere ○ *Ob tagaktiv oder nachtaktiv: In Deutschland sind bereits mehr als die Hälfte aller Falterarten verschwunden.* (FOCUS 16. 6. 2018)

tagaus//tagein
tagaus, tagein die gleiche langweilige Tätigkeit ○ *Es bedeutet nämlich, innerlich tagaus, tagein von einem befriedigenden Qualitätsgefühl erfüllt zu sein, der so genannten Swissness.* (Basler Zeitung 20. 4. 2002)

tagein//tagaus
tagein, tagaus die gleiche langweilige Tätigkeit

Tagescreme//Nachtcreme
(Gesichtscreme für den Tag) ○ „*Für die Pflege der normalen Haut ist oft weniger mehr, eine milde, feuchtigkeitsspendende Tagescreme und nach der Reinigung eine reichhaltigere Nachtcreme*", empfiehlt die Ärztin. (Die Presse 27. 4. 2010)

Tag[es]dienst//Nachtdienst
sie macht nur Tagesdienst und keinen Nachtdienst ○ *Ständig haben zwei Ingenieure Tagesdienst, einer hat stets Nachtdienst.* (Braunschweiger Zeitung 12. 11. 2005) ○ *So geht es in einem fort, Arzt um Arzt berichtet, Tagdienst, Nachtdienst, Freitag, Samstag, Sonntag.* (Süddeutsche Zeitung 31. 3. 2016)

Tageslicht//Kunstlicht
bei Tageslicht (bei natürlichem, von der Sonne herrührendem Licht) *sehen die Farben ganz anders aus*

Tagespreis//Punktpreis
(Segeln)

Tageszeit//Nachtzeit
er kann zu jeder Tages- und Nachtzeit essen ○ «*Ich stellte fest, dass ich die Tageszeit lieber mag als die Nachtzeit.* (Basler Zeitung 2. 2. 2008)

Tag[es]portier//Nachtportier
Gerne werden auch ältere Personen wegen ihrer Lebenserfahrung aufgenom-

men (z. B. als Tagesportier) (Neue Kronen-Zeitung 14. 2. 1998)

Tagschicht//Nachtschicht; ↑auch: Spätschicht
er hat die Tagschicht (in der Fabrik) ○ Und sogar gekocht wird in dem kleinen Laden Mittagessen für die Tagschicht in den umliegenden Betrieben, Nachtessen für die Nachtschicht. (Neue Zürcher Zeitung 23. 3. 2016)

tagsüber//nachts; ↑auch: in der Nacht
tagsüber schlafen ○ Dort, wo man tagsüber mit hochgeschlagenem Kragen dahineilte und nachts, wenn irgend möglich, keinen Schritt vor die Tür setzte. (FOCUS 26. 3. 2016)

Tag- und Nachtseite
die Tag- und Nachtseiten des Lebens ○ Von der Tag- und der Nachtseite einer Schindel erzählt Hugo. Die Tagseite, die der Witterung ausgesetzt ist. Um sie zur geschützten Nachtseite zu machen, wird Schindel für Schindel umgedreht. (Neue Kronen-Zeitung 30. 8. 2015)

Tagseite//Nachtseite
Energie der Zukunft: Tagseite des Globus versorgt Nachtseite (Passauer Neue Presse 22. 7. 2005)

taktlos//taktvoll
er war sehr taktlos

taktvoll//taktlos
er war sehr taktvoll ○ Wollen wir also bei einem Artikel zunächst prüfen, wie ausgewogen oder provokativ, wie taktvoll oder taktlos er ist? (Neue Zürcher Zeitung 13. 1. 2015)

Tal//Berg
das Haus liegt im Tal ○ er geht ins Tal ○ über Berg und Tal ○ Schneeräumung sei nur im Tal möglich. Am Berg sei die Lawinengefahr zu groß. (Kurier 5. 1. 2014)

talab//talauf; ↑auch: talaufwärts
Eine Reihe der bedeutendsten lombardischen Künstler ... waren talauf, talab tätig. (Weltwoche 9. 8. 2012)

talabwärts//talaufwärts; ↑auch: talauf
Zusätzlich zum Zweistundentakt verkehren Montag bis Freitag am Morgen zwei RE Zweisimmen-Spiez talabwärts und einer am Abend talaufwärts, am Wochenende am Vormittag ein RE talaufwärts, am Nachmittag einer talabwärts. (Neue Zürcher Zeitung 19. 10. 2004)

talauf//talab; ↑auch: talabwärts

talaufwärts//talabwärts; ↑auch: talab

talaus//talein
talaus (aus dem Tal hinaus) blickt man in die weite Ebene ○ Bei Inntaltouren sollte man möglichst am Vormittag talaus und nachmittags talein fahren, damit man nicht immer Gegenwind hat. (Neue Kronen-Zeitung 29. 7. 1995)

talein//talaus
talein (in das Tal hinein) blickt man auf die alte Kirche

talentiert//untalentiert; ↑auch: talentlos, unbegabt
ein recht talentierter junger Mann ○ „Ich hab' bei ‚Dancing Stars' schon so ziemlich alles erlebt – ich hatte alte und junge, talentierte und untalentierte Partnerinnen und hab' mehr als 50 Choreographien auf die Bühne gebracht." (Tiroler Tageszeitung 9. 3. 2012)

talentlos//talentvoll; ↑auch: begabt
Nicht, weil er unpopulär, bürgerfern oder talentlos ist, sondern im Gegenteil. (Saarbrücker Zeitung 9. 9. 2017)

talentvoll//talentlos; ↑auch: unbegabt
Seine Vorgesetzten finden ihn „fähig und talentvoll". (Süddeutsche Zeitung 2. 5. 2009)

Talfahrt//Bergfahrt
(Fahrt ins Tal hinab ○ Fahrt mit dem Schiff flussabwärts) ○ Wer nichts verpassen möchte, fährt eh stromabwärts wie aufwärts – Talfahrt und Bergfahrt würden Binnenschiffer sagen –, was an zwei Tagen gut zu schaffen ist. (Der Tagesspiegel 9. 9. 2012)

Talker//Listener
(Gerät, das Daten sendet ○ EDV)

Talski//Bergski
(der talseitig laufende, belastete untere Ski bei der Hangfahrt) ○ *Als Alternative sowie für Tiefschnee und schwieriges Gelände bleibt noch der Umsteigeschwung, bei dem der sogenannte Talski die Kurve fährt und Bergski in Windeseile umgesetzt wird.* (Mittelbayerische Zeitung 7. 2. 2015)

Talstation//Bergstation
(bei Bergbahn oder Skilift: im Tal liegende Station) ○ *Der Lift mit Talstation im Bohnental und Bergstation am Fröbelturm-Parkplatz hat eine Länge von 300 Metern.* (Ostthüringer Zeitung 31. 1. 2011)

talwärts//bergwärts
(die Bahn fährt talwärts ○ das Schiff fährt talwärts, flussabwärts) ○ *Die Polizei hatte noch in der Nacht ... den Verkehr talwärts über St. Märgen und bergwärts über die Spirzenstraße umgeleitet.* (Südkurier 17. 6. 2015)

Tangens//Kotangens
(Mathematik)

Tangente//Radiallinie
(am Stadtrand vorbeiführende Verkehrslinie) ○ *Wenn wir die Tangente zu Ende bauen, wäre mehr als die Hälfte des Durchgangsverkehrs raus aus der Innenstadt.* (Nordkurier 9. 2. 2013)

tangential//radial
(eine gekrümmte Linie berührend) ○ *Leipzig verfügt über ein radiales System überwiegend vierspuriger Hauptverkehrsstrassen, das nun auch tangential ausgebaut wird.* (Neue Zürcher Zeitung 5. 9. 2005)

Tangentiale//Radiale
Die Berufsverkehrslinie 158 von Maudach zur BASF fährt über Hauptbahnhof. Melm und Oppau sollen mit einer Tangentiale verbunden werden. (Mannheimer Morgen 26. 2. 2008)

Tante//Onkel; ↑auch: **Oheim**
„Kannst du Sketche schreiben für Tante Elise und Onkel Fritz?" (Weltwoche 24. 5. 2012)

Tara, die//Nettogewicht
(Gewicht der Verpackung; was die Verpackung wiegt)

tariflich//außertariflich
tarifliche Löhne ○ *Die Lufthansa zahlte zusätzlich zu den tariflich vereinbarten Ergebnisbeteiligungen 700 Euro an die tariflich und außertariflich Beschäftigten.* (Saarbrücker Zeitung 8. 3. 2011)

tarnen, sich//enttarnt werden
er hat sich getarnt ○ *Viel Getöse, Klagen und Gegen-Klagen, Gutachter-Konflikte und Streitereien der Anwälte bis zu skurrilen Szenen wie jener, wo ein Polizist sich als Reporter getarnt in eine Pressekonferenz schleicht und enttarnt wird.* (Niederösterreichische Nachrichten 20. 1. 2009)

Tasse//Untertasse
die Tasse auf die Untertasse stellen ○ *die Tasse steht auf der Untertasse* ○ *Was wäre beispielsweise eine Tasse ohne Untertasse?* (Hannoversche Allgemeine 24. 3. 2017)

Tatbestandswirkung//Feststellungswirkung
(Rechtswesen)

Tateinheit//Tatmehrheit
(eine strafbare Handlung, bei der mehrere Strafgesetze verletzt werden ○ Rechtswesen)

tatenarm//gedankenvoll
tatenarm, aber gedankenvoll ○ *Friedrich Hölderlin war nicht der Einzige, der sich und seinesgleichen als «tatenarm und gedankenvoll» beschrieb.* (Tagesanzeiger 4. 3. 2017)

Täter//Opfer
der Täter schlug auf sein Opfer ein ○ *die Täter fühlen sich als Opfer* ○ *Die Wahrheitskommission bringt Täter und Opfer zusammen.* (Der Spiegel 7. 4. 2018) ○ *Selbst der Aktivist Fuzwayo redet nur von zwei Stämmen, von Shona, den Tätern, und von Ndebele, den Opfern.* (Der Spiegel 7. 7. 2018)

Tätertochter//Opfersohn
(bezogen auf das Schriftstellerpaar Paul Celan, dessen jüdische Elern ermordet wurden, und der Tochter des NS-Offiziers Ingeborg Bachmann)

Tatform//Leideform; ↑auch: Passiv
„er schlägt" ist eine Tatform (Grammatik)

Tatfrage//Rechtsfrage
(Frage nach dem Tatbestand ○ Rechtswesen)

tätig//untätig
seine Freizeit tätig verbringen ○ *Es geht uns Menschen besser, wenn wir tätig sind, als wenn wir untätig sind.* (Schwäbische Zeitung 20. 9. 2014)

Tätigkeitsdelikt//Erfolgsdelikt
(Straftat, die mit der Tätigkeit des Täters vollendet ist)

tätlich //verbal
Natürlich sei er mal tätlich angegriffen, oft verbal beleidigt worden. (Basler Zeitung 19. 9. 2015)

Tatmehrheit//Tateinheit
(verschiedene strafbare Handlungen, bei denen mehrere Strafgesetze verletzt werden oder mehrmaliges Begehen der glei chen Straftat ○ Rechtswesen)

tätowieren//enttätowieren
„Love" hat sie sich temporär auf ihren linken Unterarm tätowiert, von einer Herzgirlande gerahmt. (Die Presse 31. 10. 2016)

Tatsachenvermutung//Rechtsvermutung
(Annahme eines bestimmten Sachverhalts)

tatsächlich//gefühlt
Bloß weil es heute schwierig bis unmöglich geworden ist, tatsächliche oder gefühlte Kriminalität nachzuweisen, heißt das halt leider nicht, dass es sie nicht gibt. (profil 10. 4. 2017)

Taube//Falke
er gehört zu den Tauben ○ *die Tauben vertreten einen gemäßigten politischen Kurs* ○ *Der frühere Senator und Vietnamkriegsveteran, der eher als Taube denn als Falke gilt, war damals der Wunschkandidat des Präsidenten.* (Hamburger Abendblatt 25. 11. 2014)

Taube//Tauber, Täuber, Tauberich, Täuberich
(weibliche Taube)

Tauber//Taube
(männliche Taube)

Täuber//Taube
(männliche Taube)

Tauberich//Taube
(männliche Taube)

Täuberich//Taube
(männliche Taube)

tauen//frieren
es taut ○ *Denn wenn es tagsüber taut und nachts friert, entstehe gefährliche Glätte.* (Süddeutsche Zeitung 5. 3. 2013)

tauglich//untauglich
jemanden für tauglich erklären ○ *für diese Aufgabe tauglich sein* ○ *Von den 3243 Kärntnern wurden jedoch nur 2154 als tauglich eingestuft. 726 waren untauglich.* (Neue Kronen-Zeitung 28. 7. 2018)

... tauglich//... untauglich (Adjektiv)
z. B. *diensttauglich /dienstuntauglich*

Tauglichkeit//Untauglichkeit

... tauglichkeit//... untauglichkeit (Substantiv)
z. B. *Fahrtauglichkeit/Fahruntauglichkeit*

...te//...ende[r] (Substantivierung vom schwachen, dem regelmäßigen Verb)
z. B. *Begehrte/Begehrende[r]*

...te//...ter (Substantivierung vom schwachen, dem regelmäßigen Verb)
z. B. *Delegierte/Delegierter*

technisch//nichttechnisch
Anwendung technischer Grundsätze in nichttechnischen Zusammenhängen ○ *Viele technische Anlagen auf dem bei der Deutschen Werft gebauten Schiff stammen zudem von Firmen aus der Region.* (Hamburger Abendblatt 2. 1. 2009)

technomorph//biomorph
(von den Kräften der Technik geprägt ○ Philosophie) ○ *In einer meist unbewussten Merkmalsübertragung werde die Welt ‚soziomorph', ‚technomorph' oder ‚biomorph' gedeutet.* (Wiener Zeitung 26. 1. 2013)

Tee//Kaffee
trinken Sie Kaffee oder Tee? ○ *Dort wird die Bohne, die eher nach Tee schmeckt, nun als teuerster Kaffee der Welt gehandelt.* (Der Standard 17. 2. 2017)

Teil//Ganzes
Ein winziges Teil fürs große Ganze (Tiroler Tageszeitung 5. 7. 2012)

Teil; ↑ein Teil, zum Teil

teil...//voll... (Adjektiv)
z. B. *teilbeschäftigt/vollbeschäftigt*

Teil...//Ganz... (Substantiv)
z. B. *Teiltext/Ganztext*

Teil...//Ganz..., Gesamt..., Total... (Substantiv)
z. B. *Teilansicht/Ganzansicht, Gesamtansicht, Totalansicht*

Teil...//Gesamt... (Substantiv)
z. B. *Teilgebiet/Gesamtgebiet*

Teil...//Voll... (Substantiv)
z. B. *Teilglatze/Vollglatze*

Teilansicht//Ganzansicht, Gesamtansicht, Totalansicht
Teilansicht des Hauses ○ *Das große Gesamtfoto zeigt eine Teilansicht der Gebäude aus unserer Laufrichtung, das eingeblendete kleine ovale Bild eine Gesamtansicht oben* (Süddeutsche Zeitung 15. 6. 2000)

teilautomatisch//vollautomatisch
Rasenflächen können sowohl per Hand als auch teilautomatisch oder vollautomatisch bewässert werden. (Trierischer Volksfreund 15. 3. 2012)

teilautomatisieren//vollautomatisieren
„*Wir werden dies kontinuierlich überprüfen, zunächst teilautomatisiert, später vollautomatisiert.*" (Stuttgarter Nachrichten 28. 1. 2011)

Teilautomatisierung//Vollautomatisierung

teilbar//unteilbar; ↑auch: ungerade
50 ist eine teilbare Zahl (die durch eine andere ohne Rest geteilt werden kann, z. B. durch 2, 5, 10)

teilbeschädigt//totalbeschädigt
das Haus ist teilbeschädigt ○ *Auch soll er teilbeschädigte Fahrzeuge gekauft, repariert, angemeldet und weiterverkauft haben* (Kleine Zeitung 2. 8. 1998)

teilbeschäftigt//vollbeschäftigt
sie ist teilbeschäftigt ○ *Voraussetzung dafür ist, dass sie in den letzten vier Jahren vor der Zuerkennung drei Jahre zumindest teilbeschäftigt waren oder ein entsprechendes Einkommen nachweisen können.* (Die Presse 23. 2. 2011)

Teilbeschäftigung//Vollbeschäftigung

Teilbetrag//Gesamtbetrag
Nun hat der Geldgeber überhaupt nichts in Händen, keine Bestätigung über den ersten Teilbetrag und schon erst recht nicht über den Gesamtbetrag von

7000 Euro. (Vorarlberger Nachrichten 16. 11. 2015)

Teilcharter//Raumcharter, Vollcharter
(im Seeverkehr Frachtvertrag über die Miete nur einzelner Laderäume auf einem Schiff, nicht eines ganzen Schiffes)

teilen//malnehmen; ↑auch: multiplizieren
wenn man 10 : 5 teilt, erhält man 2 ○ *Ist es wirklich so schwer, sich seine Einkommensteuerschuld selbst auszurechnen? Einmal abziehen, einmal teilen, je zweimal malnehmen und hinzuzählen – mehr verlangt die aktuelle Formel nicht.* (Rhein-Zeitung 5. 9. 2005)

Teilergebnis//Gesamtergebnis
Eine Teilwiederholung kommt nur infrage, wenn das Teilergebnis wenigstens theoretisch das Gesamtergebnis umdrehen könnte. (Stuttgarter Nachrichten 9. 6. 2016)

Teilforderung//Gesamtforderung
(Rechtswesen)

Teilgebiet//Gesamtgebiet
Zudem liegt der Römerhof im Teilgebiet einer städtebaulichen Entwicklungsmaßnahme. Im Gesamtgebiet ist eine enge Bebauung mit rund 180 Wohneinheiten vorgesehen. (Rhein-Zeitung 6. 9. 2003)

Teilglatze//Vollglatze
Der Gesuchte wird als korpulenter Südländer mit Teilglatze beschrieben. (Tiroler Tageszeitung 19. 12. 2012)

Teilkasko//Vollkasko
(Versicherung)

Teillemma//Lemma
Sau-, z. B. in Sauwetter, ist ein Teillemma (Lexikografie)

teilrechtsfähig//vollrechtsfähig
Diese Summe konnte das Museum, damals nur teilrechtsfähig, nicht aufbringen. (Der Standard 29. 5. 2004)

Teilrente//Vollrente
(Rechtswesen) ○ *Wer Anspruch auf eine vorgezogene Rente hat, kann heutzutage auch eine reduzierte Teilrente anstatt einer Vollrente beantragen und nebenher etwa in Teilzeit weiter arbeiten.* (Der Tagesspiegel 21. 5. 2014)

Teilschuld//Gesamtschuld
(Teil einer geschuldeten Leistung ○ Rechtswesen)

Teilstrecke//Gesamtstrecke
(Etappe einer bestimmten Strecke) ○ *Für die Teilstrecke sind in Zukunft fünf, für die Gesamtstrecke zehn, für eine Jahreskarte 95 Euro zu berappen.* (Neue Kärntner Tageszeitung 17. 6. 2011)

Teilsumme//Gesamtsumme
Die Gewerkschaft erläuterte aber, es sei falsch, die Gesamtsumme und eine Teilsumme davon zu addieren. (Süddeutsche Zeitung 1. 2. 2017)

Teilurteil//Vollurteil
(Rechtswesen)

Teilverkauf//Gesamtverkauf
Teilverkauf der Aktien

teilweise//ganz, völlig
das Haus wurde teilweise zerstört ○ *Wahrscheinlicher ist aber, dass hinter dem teilweise neuen Styling und dem völlig neuen Verhalten ein Plan steckte.* (Die Presse 23. 1. 2012) ○ *Als einer, der das letzte Wort hat, teilweise auch im operativen Bereich, ganz sicher jedoch bei der Strategie der Bank.* (FOCUS 19. 5. 2018)

teilweise//voll
Der Mann war vor den Polizisten teilweise, in der Untersuchungshaft voll geständig (Kurier 17. 7. 2009)

Teilzahlungspreis//Barzahlungspreis
(Rechtswesen)

Teilzeit//Vollzeit
Arbeit für Teilzeit ○ *Unterwegs in der Schweiz treffe ich regelmässig Ange-*

stellte, die schmal durchmüssen egal, ob sie Teilzeit oder Vollzeit, im Stunden- oder Monatslohn arbeiten. (St. Galler Tagblatt 27. 9. 2017)

Teilzeit.../ /Vollzeit... (Substantiv)
z. B. *Teilzeitarbeit/Vollzeitarbeit*

Teilzeitarbeit//Vollzeitarbeit
Die Entwicklung, dass die Teilzeitarbeit zu- und die Vollzeitarbeit abnimmt, ist bezeichnend für Wirtschaftskrisen. (Die Presse 14. 6. 2013)

teilzeitbeschäftigt//vollbeschäftigt
Meine Mutter war auch teilzeitbeschäftigt, und als ich etwas älter wurde, auch wieder vollbeschäftigt. (Neue Kronen-Zeitung 14. 5. 2007)

Teilzeitbeschäftigte[r]//Vollzeitbeschäftigte[r]
Fast zwei Millionen Teilzeitbeschäftigte würden ihre Arbeitszeit gern erhöhen, ebenso 1,7 Millionen Vollzeitbeschäftigte (Süddeutsche Zeitung 16. 8. 2012)

Teilzeitbeschäftigung//Vollbeschäftigung

Teilzeitschule//Vollzeitschule
(z. B. Berufsschule, Abendschule) ○ *Die Fachoberschule ist in der Unterstufe eine Teilzeitschule (zwei Schultage, die restlichen Tage Betriebspraktikum), in der Oberstufe ist sie eine Vollzeitschule.* (Saarbrücker Zeitung 14. 2. 2003)

Telearbeit//Büroarbeit
(z. B. als Angestellte[r] eines Betriebes Arbeit, die an einem Arbeitsplatz zu Hause am PC geleistet wird) ○ *Grundsätzlich ermögliche Telearbeit also eine bessere Work-Life-Balance als die reine Büroarbeit* (Die Welt 17. 2. 2017)

Telefon; ↑Kartentelefon, Münztelefon

Teleologie//Dysteleologie
(philosophische Lehre von der Ziel- und Zweckgerichtetheit der Entwicklung)

teleologisch//dysteleologisch

Teleskopie//Kryptoskopie
(die Wahrnehmung von in der Ferne befindlichen verborgenen Dingen)

Temperaturanstieg//Temperaturrückgang

Temperaturrückgang//Temperaturanstieg

Temporalien//Spiritualien
(Rechte und Einnahmen, die mit einem kirchlichen Amt verbunden sind ○ katholische Kirche)

Tenor//Bass
(hohe Stimmlage in Bezug auf Männer ○ Sänger mit hoher Stimmlage)

Tenuis//Media
(stimmloser Laut, z. B. *p, t, k*)

Teppich; ↑auf dem Teppich bleiben

...ter//...ende[r] (Substantivierung von schwachem, dem regelmäßigen Verb)
z. B. *Begehrter/Begehrende[r]*

...ter//...te (Substantivierung von schwachem, dem regelmäßigen Verb)
z. B. *Delegierter/Delegierte*

Termineinlage//Sichteinlage
(Bankwesen)

Termingeschäft//Kassageschäft
(Börse)

Terminmarkt//Kassamarkt
(Börse)

terrestrisch//limnisch, marin
(auf dem Erdboden lebend) ○ *Anders als viele andere Orchideen wachsen Cymbidien terrestrisch – sie wurzeln im Boden.* (Schwäbische Zeitung 4. 2. 2014)

terrestrisch//über Kabel
Verschiedene terrestrisch und über Kabel empfangbare Programme. (Wirtschaftsblatt 4. 6. 2004)

Territorialheer//Feldheer
(Militär)

Territorialitätsprinzip//Nationalitätsprinzip, Personalitätsprinzip
(Rechtsgrundsatz, dass eine Person den Rechtsbestimmungen des Staates unterliegt, in dem sie lebt)

Territorialstaat//Personenverbandsstaat
(in der Zeit des Feudalismus Staat, der der kaiserlichen Zentralgewalt nicht unterworfen ist) o *Das erste Konzept ist der Territorialstaat, der den Personenverbandsstaat abgelöst und sich im Absolutismus als administratives System durchgesetzt hat.* (Neue Zürcher Zeitung 15. 3. 2018)

Terror//Gegenterror
Nach zehn Jahren Terror und Gegenterror mit mehr als 100.000 Opfern, zumeist Zivilisten, rief der neue Präsident Abdelasis Bouteflika eine nationale Versöhnung aus. (Der Standard 31. 10. 2014)

Terrorgruppe//Freiheitskämpfer
Die IRA ... je nach Sichtweise Terrorgruppe oder Freiheitskämpfer ... (Der Spiegel 7. 4. 2018)

Terror; ↑roter Terror, weißer Terror

Testament; ↑das Alte Testament, das Neue Testament

Testgruppe//Kontrollgruppe
(Gruppe, die bestimmten Testbedingungen unterworfen ist o Psychologie) o *Neben einer Testgruppe, die die Behandlung bekommt, sollten Probanden in einer Kontrollgruppe lediglich eine Scheinbehandlung erhalten.* (Stuttgarter Zeitung 4. 2. 2015)

Testosteron//Östrogen
(männliches Keimdrüsenhormon) o *Durchgeschüttelt werden Peter und Nicole durch die Veränderungen, die in ihrem Körper ablaufen, ausgelöst durch Testosteron und Östrogen.* (Tagesanzeiger 16. 4. 2013)

teuer//billig
ein teures Gerät o *das Leben ist dort teuer* o *ist das Telefonieren nun billiger oder teurer?* o *Lebensmittel sind in Österreich teuer, Alkohol dafür billig* (Tiroler Tageszeitung 16. 6. 2017)

Teufel//Engel
sie ist mal Teufel, mal Engel o *So genau, dass sich zwischen Schuld und Unschuld ganz unzweifelhaft unterscheiden lässt: hier der Teufel, dort der Engel, dieser ein Tugendbold, jener ein Verbrecher.* (Südkurier 11. 1. 2016)

Teufel//Gott
Jedenfalls ist der Teufel nicht ein zweiter, böser Gott, sondern ein Gott unterstelltes rebellisches Wesen. Er kann nur Gottes Gegenspieler sein, weil Gott es zulässt. (Wiener Zeitung 27. 1. 2017)

Text//Melodie
der Text des Liedes o *Der Text zu einer Melodie von Mozart stammt von der Dichterin Paula von Preradovic.* (NEWS 20. 1. 2005)

Text; ↑Geheimtext, Klartext, verschlüsselter Text

Textabbildung//Vollbild
(Abbildung, die nicht die ganze Seite füllt und von Text umgeben ist o Druckwesen)

textextern//textintern
textexterne Merkmale von Fachtexten

Textilsex//Ledersex
(Sex zwischen nicht in Leder gekleideten Partnern; kein SM-Sex o Jargon)

Textilstrand//FKK-Strand, Nacktbadestrand
(Badestrand für bekleidete – mit Badehose, Badeanzug – Badegäste im Unterschied zu dem Strand, an dem sich die Badegäste unbekleidet aufhalten) o *Wer zur Nacktbadezone geht, sollte eben auch nackt baden gehen, andernfalls ist er am Textilstrand richtig.* (Der Tages-

spiegel 17. 7. 2015) ∘ *Der FKK-Strand soll optisch vom Textilstrand abgetrennt sein.* (Süddeutsche Zeitung 27. 6. 2013)

textintern//textextern
textinterne Merkmale von Fachtexten

Textproduktion//Textrezeption; ↑auch: Herübersetzung
Schreiben ist Textproduktion ∘ *ein Wörterbuch zur (fremdsprachigen) Textproduktion (aktives Wörterbuch) braucht sehr zahlreiche Informationen in der Mikrostruktur, Hinweise zum Gebrauch des einzelnen Wortes*

Textproduzent//Textrezipient; ↑auch: Empfänger//Absender
(Sprachwissenschaft)

Textrezeption//Textproduktion; ↑auch: Hinübersetzung
Lesen ist Textrezeption ∘ *ein Wörterbuch zur (fremdsprachigen) Textrezeption (passives Wörterbuch) braucht vor allem einen großen Lemmabestand, viele Stichwörter*

Textrezipient//Textproduzent; ↑auch: Absender//Empfänger
(Sprachwissenschaft)

Thalattokratie//Geokratie
(Zeitabschnitt in der Erdentwicklungsgeschichte, in der die Erde überwiegend vom Meereswasser bedeckt war ∘ Geologie)

Thallophyt//Kormophyt; ↑auch: Sprosspflanze
(Sporenpflanze ∘ Botanik)

Thallus//Kormus
(primitive Pflanze ohne Wurzeln und Blätter)

Thanatos//Eros
(Todestrieb ∘ Psychologie) ∘ *Sigmund Freud ... hat in seinen psychoanalytischen Schriften von „Eros" und „Thanatos" geschrieben, vom Lebens- und vom Todestrieb ...* (Der Spiegel 31. 3. 2018)

Theater; ↑Gesangstheater, Musiktheater, Sprechtheater

Theismus; ↑Monotheismus, Polytheismus

Thelygenie//Arrhenogenie
(Erzeugung nur weiblicher Nachkommen ∘ Medizin)

Thelytokie//Arrhenotokie
(Erzeugung nur weiblicher Nachkommen ∘ Medizin)

thelytokisch//arrhenotokisch
(nur weibliche Nachkommen habend ∘ Medizin)

Thema//Rhema
das Thema ist der Satzteil, der bereits Bekanntes, den Gegenstand der Aussage enthält; z. B.: Er schenkte mir ein Buch. (Thema:) /Dieses Buch/ habe ich gleich gelesen. (Thema:) /Dabei/ habe ich alles um mich herum vergessen

thematisch//athematisch
(mit Themavokal gebildet in Bezug auf die Wortform, z. B.: das e in „er red-e-t" im Unterschied zu „er tu-t" ∘ Sprachwissenschaft; auch Musik)

Theoretiker//Praktiker
er ist reiner Theoretiker ∘ *Ich bin kein Theoretiker, sondern ein Praktiker.* (Der Spiegel 14. 7. 2018)

theoretisch//experimentell
sich theoretisch mit etwas beschäftigen ∘ *Sollte sich also zwischen den theoretisch berechneten und den experimentell bestimmten Werten eine Diskrepanz zeigen, würde das die Grundmauern der modernen Physik erschüttern.* (Süddeutsche Zeitung 20. 2. 2014)

theoretisch//praktisch
der theoretische Teil einer Prüfung ∘ *Ich behaupte, dass dies theoretisch und praktisch einfach unmöglich ist.* (Tiroler Tageszeitung 26. 1. 2015)

theoretische Linguistik//angewandte Linguistik

theoretische Physik//Experimentalphysik

Theorie//Empirie
statt Theorie mehr Empirie in der Wissenschaft ○ Zwar wurden solche Widersprüche zwischen Theorie und Empirie in vielerlei Untersuchungen klar dokumentiert. (Neue Zürcher Zeitung 21. 3. 2012)

Theorie//Praxis
in der Theorie sieht das viel einfacher aus ○ von der Theorie zur Praxis übergehen ○ Anschließend gibt es eine Prüfung in Theorie und Praxis. (Hannoversche Allgemeine 12. 2. 2014) ○ Fachleute aller in Betracht kommenden Wissenschaften in gemeinsamer Arbeit den forensisch wichtigen Fragen der Theorie und Praxis näher treten (Die Zeit Geschichte 30. 1. 2018)

Therapie; ↑Einzeltherapie, Familientherapie

theriomorph//anthropomorph
(tiergestaltig ○ von Göttern)

thermolabil//thermostabil
(Physik)

thermostabil//thermolabil
(Physik)

These//Antithese
der These wird eine Antithese entgegengesetzt ○ Jede These erzeugt auch eine Antithese. (Neue Luzerner Zeitung 8. 10. 2009)

Thesis//Arsis
(in altgriechischer Verskunst der betonte, lange Teil des Versfußes)

Thisbe; ↑Pyramus//Thisbe

Thymopsyche//Noopsyche
(die gemüthafte Seite des Seelenlebens)

tief//flach
ein tiefer Teller ○ eine tiefe Stelle im See ○ er atmet tief ○ Anders als Buchen und Eichen, die tief statt flach wurzeln und Wasser bei Trockenheit besser erreichen. (Kölnische Rundschau 10. 7. 2018)

tief//hoch
die Sonne steht tief ○ die Schwalben fliegen tief ○ wer hoch steigt, kann tief fallen ○ eine tiefe Stimme ○ u ist ein tiefer Vokal ○ Die Schulden sind drückend, das Budgetloch tief, die Erwartungen diverser Interessengruppen hoch und Reformen überfällig. (Salzburger Nachrichten 14. 6. 2014)

tief//leicht
ein tiefer Schlaf ○ Erst tiefer Schlaf verbindet aktiv Ich und Alltag. (St. Galler Tagblatt 7. 3. 2018)

tief; ↑klassentiefer

Tief//Hoch
ein Tief (Tiefdruckgebiet) über Deutschland (Meteorologie)

Tief...//Hoch... (Substantiv)
z. B. *Tiefbau/Hochbau*

Tiefangriff//Hochangriff
(Militär)

Tiefbau//Hochbau
(das Bauen in und unter der Erde und zu ebener Erde)

tief betrübt//hochbeglückt
sie ist darüber tief betrübt ○ Es kann immer passieren, dass die Trauer plötzlich hervorbricht und ein Kind tief betrübt ist. (Süddeutsche Zeitung 9. 11. 2015)

Tiefdecker//Hochdecker
(Flugzeug mit Tragflügeln unter dem Rumpf ○ Flugwesen)

Tiefdruck//Hochdruck
(niedriger Luftdruck ○ Meteorologie ○ Druckwesen)

Tiefdruckgebiet//Hochdruckgebiet
(Meteorologie) ○ *Zusammen mit dem bekannten Wettermann Jörg Kachelmann kämpfte sie gegen die Tradition, Hoch-*

druckgebiete immer nach Männern und Tiefdruckgebiete nach Frauen zu benennen. (Der Spiegel 17. 2. 2018)

Tiefe//Höhe
ein Leben mit Höhen und Tiefen ○ *Martin Schulz im Wahlkampf* ○ *erst durch Höhen, dann durch Tiefen.* (Der Spiegel 13. 4. 2018) ○ *die Tiefe eines Tones* (Musik)

Tiefebene//Hochebene

Tiefenstruktur//Oberflächenstruktur
(Sprachwissenschaft)

Tiefgarage//Hochgarage
Die Kosten für einen Tiefgaragenplatz sind etwa dreimal so hoch wie die einer Hochgarage (Niederösterreichische Nachrichten 28. 5. 2007)

Tiefland//Hochland
(bis 200 Meter)

tiefliegend//hervortretend
Ernst und energisch wirkt er da: tiefliegende Augen, kräftig hervortretende Kinn- und Backenknochen – eine Physiognomie, in der sich Ausdauer, Unbeirrbarkeit und Entschlossenheit ausdrücken. (Nürnberger Zeitung 31. 10. 2008)

Tiefpunkt//Höhepunkt
die Tiefpunkte in seiner Laufbahn ○ *Und dies zu einer Zeit, wo die Zinsen auf einem Tiefpunkt und die Risiken von Staatsbankrotten auf einem Höhepunkt angelangt sind.* (Weltwoche 9. 12. 2010)

Tiefschlaf//REM-Schlaf
(tiefer Schlaf ○ Phase im Schlaf, in der man nicht träumt) ○ *Sowohl Tiefschlaf als auch REM-Schlaf, der nach den charakteristischen schnellen Augenbewegungen ... benannt ist, seien nötig, um Lernprozesse zu verstärken.* (Berliner Morgenpost 7. 8. 2013)

tiefste//höchste
die höchste Freude und das tiefste Leid ○ *Mit minus fünf Grad und einer Pulverschneedecke von 11,5 Zentimeter verzeichneten wir am Ostermontag, 24. März 2008, die tiefste Oster-Temperatur und die höchste Oster-Schneedecke.* (Südkurier 31. 3. 2018)

tiefstapeln//hochstapeln; ↑auch: **übertreiben**
(etwas entgegen der Realität als nur gering vorhanden darstellen) ○ *tiefstapelnde Bescheidenheit* ○ *Mein Motto: Besser tiefstapeln als hochstapeln, immer 100 Prozent an Leistung geben.* (Neue Kronen-Zeitung 27. 11. 2014)

Tiefstart//Hochstart
(Leichtathletik)

Tiefstwert//Höchstwert
Tiefstwerte der nächtlichen Temperatur ○ *In Aalen standen sich minus 18,6 Grad als Tiefstwert und plus 34,7 Grad als Höchstwert gegenüber.* (Schwäbische Zeitung 7. 1. 2013)

Tiefton//Hochton
(Phonetik)

Tiefwurzler//Flachwurzler
(Forstwirtschaft)

tierisch//pflanzlich
tierische Fette, Öle, z. B. Butter, Schmalz ○ *Weit verbreitet ist die so genannte saprophytische Lebensweise. Frei übersetzt bedeutet dies, dass sie von vermoderndem Material leben – sei es tierisch oder pflanzlich.* (Vorarlberger Nachrichten 10. 7. 2004)

Tierreich//Pflanzenreich; ↑auch: **Flora**
(alle Tiere, die es gibt) ○ *Der giftigste Vertreter der weder dem Tierreich noch dem Pflanzenreich zugerechneten Feuchtgewächse ist in der Region der Grüne Knollenblätterpilz, bei dem schon ein Exemplar den Exitus bedeuten kann.* (Berliner Morgenpost 26. 9. 2001)

Tierwelt//Pflanzenwelt; ↑auch: **Flora**
Unsere Tierwelt ist auf unsere Pflanzenwelt spezialisiert. Auf Exoten sind sie nicht programmiert, nur Einzelne haben

gelernt, das zu nutzen. (Tiroler Tageszeitung 18. 6. 2017)

Tilgungshypothek//Abzahlungshypothek
(Rechtswesen)

Tippen//Blindschreiben
Tippen war früher das Schreiben mit zwei Fingern ○ *Es dürfte klar sein, dass Blindschreiben für eine effiziente Arbeitsleistung unerlässlich ist.* (St. Galler Tagblatt 29. 1. 2000)

tirez//poussez; ↑auch: drücken, push, stoßen

Tischdame//Tischherr
sie war bei dem Bankett seine Tischdame ○ *Und das funktionierte so, dass an vier Tischen je eine Tischdame oder ein Tischherr Platz nahm, und die Interessenten von Tisch zu Tisch wandern konnten, um dort, thematisch gewichtet, über Europäisches zu diskutieren.* (Der Standard 14. 5. 2014)

Tischherr//Tischdame
er war bei dem Bankett ihr Tischherr

Titel; ↑Arbeitstitel, endgültiger Titel

Tochter//Mutter
„*Es gibt in unserem Geschäft auch eine so genannte Oma-Ecke, wo Töchter für ihre betagten Mütter qualitativ hochwertige Kleidungsstücke finden.*" (Burgenländische Volkszeitung 28. 11. 2013)

Tochter//Sohn
sie hat eine Tochter und zwei Söhne ○ *Tochter Sara ist inzwischen 14, Sohn Lukas zwölf.* (Tiroler Tageszeitung 17. 9. 2015)

Tochter; ↑natürliche Tochter

Tochtergesellschaft//Muttergesellschaft

Tod//Geburt; ↑auch: von der Wiege bis zur Bahre
von der Geburt bis zum Tod ○ *Nicht nur der Tod von Sternen, auch ihre Geburt kann ein brutaler und explosiver Prozess sein.* (Vorarlberger Nachrichten 15. 4. 2017)

Tod//Leben
es geht um Leben oder Tod ○ *ein Rennen auf Leben und Tod* ○ *Überhaupt ... vermischen sich in der Neufassung „die Ebenen zwischen Leben und Tod, Wunsch und Wirklichkeit, Ende und Unendlichkeit".* (Der Spiegel 10. 2. 2018)

Tod; ↑gewaltsamer Tod, natürlicher Tod, zum Tode betrübt ↑himmelhoch

Todfeind//*Todfreund
Wir haben gestern einen Todfreund Buseks gefragt, ob er seinem Intimfeind nicht etwas ins offene politische Grab nachzurufen habe. (Salzburger Nachrichten 14. 7. 1995)

*Todfreund//Todfeind

Todesfall//Geburt
einen Todesfall anmelden ○ *Wer mich sieht, denkt wohl an einen Todesfall, nicht an eine Geburt* (taz 24. 12. 2009)

Todestag//Geburtstag
das ist ihr Todestag ○ *Ihr (der Heiligen) Fest ist meist ihr Todestag, der als Geburtstag des neuen Lebens im Himmel angesehen wird.* (Mannheimer Morgen 31. 10. 2006)

Todestrieb//Lebenstrieb
Sigmund Freud ... hat in seinen psychoanalytischen Schriften von „Eros" und Thanatos" geschrieben, vom Lebens- und vom Todestrieb ... (Der Spiegel 31. 3. 2018)

Todsünde//lässliche Sünde
(schwere Sünde) ○ *Und da ist noch eine Todsünde Karls, die in eine lässliche Sünde verwandelt wird.* (Aachener Zeitung 18. 7. 2015)

Toilettenfrau//Toilettenwart
„*Wir haben schon länger eine Toilettenfrau angestellt, weil der Andrang so groß*

ist", berichtet die Cafébesitzerin. (Mannheimer Morgen 28. 10. 2009)

Toilettenwart//Toilettenfrau
Sogar die öffentliche Bedürfnisanstalt blitzt vor Sauberkeit, der Toilettenwart kontrolliert sie von einem großen Schreibtisch aus. (Der Spiegel 27. 8. 2001)

tolerant//intolerant, untolerant
sich tolerant verhalten ○ *tolerant gegenüber Andersdenkenden* ○ *Die Befragten schätzen sich selbst als sehr tolerant ein (72 Prozent), bewerten die Mehrheit ihrer Landsleute aber als intolerant (60 Prozent).* (Der Standard 28. 4. 2015)

Toleranz//Intoleranz, Untoleranz
„Es kann keine Toleranz mehr für diese Intoleranz geben. Wir brauchen Brückenbauer und keine Hassprediger." (Vorarlberger Nachrichten 30. 8. 2010)

Ton//Bild
der Ton (Sprache, Musik usw.) ist ausgefallen, und es war nur das Bild auf dem Fernsehschirm zu sehen

tonal//atonal
(Musik) ○ *Ballif hinterlässt 60 Werke in einer ihm eigenen „Metatonalität", in der er tonale und atonale Musik zu einer Synthese zu bringen versuchte.* (Neue Zürcher Zeitung 28. 7. 2004)

Tonfilm//Stummfilm
den Tonfilm (den Film, der mit dem Bild auch Sprache wiedergibt) gibt es erst seit den 1920er Jahren ○ *Eines Tages musste Tom Mix ... sprechen lernen, denn der Stummfilm ging zu Ende, der Tonfilm begann* (Der Spiegel 4. 5. 1998)

tonisch//klonisch
(mit angespannten Muskeln ○ Medizin)

Tonnenkilometer//Personenkilometer
(für die Arbeitsleistung im Güterverkehr die Maßeinheit)

Top//Bottom; ↑auch: Sklave
(der sadistische Partner beim Sadomasochismus)

Topf//Deckel
den Deckel auf den Topf tun ○ *Für jeden Topf gibt es auch den passenden Deckel* (Sprichwort) ○ *Einen großen Topf mit festschließendem Deckel stark erhitzen.* (Die Presse 25. 11. 2016)

Topotaxis//Phobotaxis
(Biologie)

Tor//Weiser
Ein Tor kann mehr fragen, als zehn Weise beantworten können (Sprichwort)

Tor; ↑Horizontaltor, vertikales Tor

Toraus//Seitenaus
(Raum außerhalb der Torlinie ○ Ballspiele)

töricht//weise
er hat töricht gehandelt ○ *Wenn einer unter euch meint, er sei weise in dieser Welt, dann werde er töricht, um weise zu werden.* (Bibel, 1. Korinther 3,18)

Tories//Whigs
(Angehörige einer englischen Partei, aus der im 19. Jh. die Konservativen hervorgingen)

Torlinie//Seitenlinie
(Ballspiele)

tot//lebend
tote Fische ○ *tote Natur* ○ *Flusswelse fressen tote und lebende Fische* (Nürnberger Nachrichten 24. 5. 2016)

tot//lebendig
man wollte ihn tot oder lebendig in die Hände bekommen ○ *mehr tot als lebendig kam er dort an*

total//partiell; ↑auch: teilweise
total von etwas befallen ○ *eine totale Übereinstimmung, Vernichtung* ○ *eine totale Mondfinsternis* ○ *Diese Finsternis ist nirgendwo auf der Erde total, sondern überall nur partiell.* (Nordkurier 3. 1. 2011)

Total...//Teil... (Substantiv)
z. B. *Totalansicht/Teilansicht*

Totalansicht//Teilansicht
Diese Ansichtskarte zeigt neben einer Totalansicht von Hinzerath ortsbildprägende Gebäude des Hunsrückortes. (Trierischer Volksfreund 13. 8. 2010)

totalbeschädigt//teilbeschädigt
Der totalbeschädigte Mercedes wurde abgeschleppt. (Westdeutsche Zeitung 15. 10. 2016)

töten//leben lassen
sie haben die Gefangenen getötet ○ *Wer nicht töten soll, muss auch Ratten leben lassen, lautet seine Maxime* (Vorarlberger Nachrichten 30. 8. 2014)

Tote[r]//Lebende[r]
nicht nur an die Toten, auch an die Lebenden denken ○ *„Tote nehmen sogar mehr Platz weg als Lebende"* (Hamburger Abendblatt 27. 12. 2017) ○ *„Die Lebenden und die Toten"* (Roman von Konstantin Michajlovič Simonov, 1959; Verfilmungen unter demselben Titel)

totes Inventar//lebendes Inventar
(z. B. Möbel)

totes Konto//lebendes Konto; ↑auch: Personenkonto

tote Sprachen//lebende Sprachen
(Sprachen, die nicht mehr gesprochen werden, z. B. Latein)

Totgeborenes//Lebendgeborenes

Totgeburt//Lebendgeburt
Das Bestattungsgesetz sieht bislang vor, dass Totgeburten und Fehlgeburten unter 500 Gramm nicht bestattet werden müssen. Lebendgeburten müssen auf jeden Fall bestattet werden. (Kölnische Rundschau 22. 4. 2003)

tot sein//leben
er ist (schon) tot ○ *der Vater ist (schon) tot, aber die Mutter lebt (noch)* ○ *Seine Eltern sind tot, der große Bruder, zwei Schwestern und ein Bruder leben noch in Afghanistan.* (Südkurier 16. 6. 2017)

Toxin//Antitoxin
(organischer Giftstoff)

toxisch//atoxisch
(giftig)

traben; ↑deutsch traben, leicht traben, Deutschtraben, Englisch traben

Traditionalismus//Modernismus
Architekten als Vertreter des Traditionalismus

Traditionalist//Modernist
er gehört unter den Architekten zu den Traditionalisten ○ *Der musikalische Traditionalist Offenbach und der Modernist Strawinsky finden über Töne und Tanz zueinander.* (Westdeutsche Zeitung 27. 2. 2015)

traditionell//modern
Es geht nicht um Gut gegen Böse, es geht nicht um Modern gegen Traditionell ... Es geht allein um Macht. (Der Spiegel 13. 4. 2018)

trägerlos//mit Trägern
eine trägerlose Schürze ○ *Es ist schneeweiß, trägerlos, mit den klassischen drei S versehen – Schleppe, Schleier, Spitze* (Westdeutsche Zeitung 3. 5. 2018)

Trägheit//Beweglichkeit
(Technik)

Tragödie//Komödie; ↑auch: Lustspiel
das ist eine Tragödie (auch übertragen: das ist ganz schlimm) ○ *Führt Giannis Unfähigkeit, Nein zu sagen, in die Tragödie oder in die Komödie?* (Dolomiten 11. 4. 2015)

trainiert//untrainiert
ein trainierter Körper ○ *Ein trainierter 75-Jähriger ist leistungsfähiger als ein untrainierter Mittdreißiger* (Thüringische Landeszeitung 2. 4. 2011)

Trampeltier//Dromedar
das Trampeltier ist ein zweihöckriges Kamel, das Dromedar ist ein einhöckriges Kamel

Trampschiff//Linienschiff
ein Trampschiff ist ein Frachtschiff, das nicht an feste Routen gebunden ist

Trampschifffahrt//Linienschifffahrt
(Schifffahrt, deren Frachtschiffe nicht an feste Routen gebunden sind)

transalpin[isch]//cisalpin[isch]; ↑auch: cisrhenanisch
(nördlich der Alpen; von Rom aus: jenseits der Alpen)

Transgression//Regression
(Geologie)

transitiv//intransitiv; ↑auch: nichtzielendes Verb
ein transitives Verb muss ein Akkusativobjekt haben, das ins Passiv gesetzt werden kann, z. B.: er wird geliebt, das Geheimnis wurde verraten (Grammatik)

Transitiv//Intransitiv[um]
(transitives Verb)

transitivieren//intransitivieren
(ein intransitives Verb transitiv gebrauchen, z. B.: „er phantasiert" zu „er phantasiert eine Situation")

Transitivität//Intransitivität
(Sprachwissenschaft)

Transitivum//Intransitiv[um]
(transitives Verb)

Transkription//Transliteration
(Umschrift, genaue Wiedergabe der Laute der gesprochenen Sprache mit dem Ziel, jeden Laut genau zu bezeichnen, z. B. mit dem phonetischen Alphabet der API = Association Phonétique Internationale)

Transliteration//Transkription
(Umwandlung einer Buchstabenschrift in eine andere, z. B. vom Griechischen ins Lateinische)

transparent//opak; ↑auch: undurchsichtig
(durchsichtig) o *Durch die bald transparent, bald opak gehaltenen Fensterdreiecke strömt ausreichend Tageslicht.* (Neue Zürcher Zeitung 17. 10. 2016)

transrhenanisch//cisrhenanisch; ↑auch: linksrheinisch
(östlich des Rheins o von Gallien aus: jenseits des Rheins)

Transversalwelle//Longitudinalwelle; ↑auch: Längswelle
(Physik)

transzendent//immanent
(übersinnlich o außerhalb möglicher Erfahrung) o *Aber diese Kirchen waren überwiegend lutherische, die im Unterschied zum Calvinismus gelehrt hatten, dass Gott nicht nur transzendent sei, sondern als Macht der Liebe zugleich ganz immanent, in der Welt präsent sei.* (Thüringische Landeszeitung 14. 2. 2009)

Transzendenz//Immanenz
(Philosophie)

trauen//misstrauen
er traut ihm o *Aber Metz fehlt der richtige Instinkt dafür, wem zu trauen ratsam und wem zu misstrauen sicherer wäre.* (Süddeutsche Zeitung 21. 8. 2007)

trauen//scheiden
die beiden wurden (gestern) getraut o *Zuerst ließ sich die 23-Jährige dort trauen – und kurz danach wieder scheiden.* (Leipziger Volkszeitung 10. 12. 2004)

Trauer//Freude
bei den einen herrschte Trauer, bei den anderen Freude o *Eine Stimmung zwischen Trauer und Freude.* (Aachener Zeitung 27. 12. 2008) o *Du hast meine Trauer in einen Tanz voller Freude verwandelt.* (Bibel, Psalm 30,11)

Trauerhaus//Freudenhaus
(Haus, in dem getrauert wird o Luther) o *„Wenn aus dem Trauerhaus wieder ein Freudenhaus wird"* (Mannheimer Morgen 12. 2. 2016)

Trauerspiel//Lustspiel; ↑auch: **Komödie**
Als Puppenspiel macht Faust im 18. Jahrhundert Karriere, in zahlreichen Fassungen auch als sozialkritisches Trauerspiel oder als Lustspiel. (Die Zeit 27. 3. 2008)

Trauertag//Freudentag
Warum begehen sie ihn nicht wie die katholischen Christen als Trauertag und feiern dann den Ostersonntag, Jesu Auferstehung, als eigentlichen Freudentag? (Die Südostschweiz 1. 4. 2010)

Traufenhaus//Giebelhaus
(mit der Traufseite – wo sich die Dachrinne befindet – zur Straße stehendes Haus ○ Architektur)

traumatisch//idiopathisch
(durch ein Trauma entstanden ○ Medizin)

traurig//fröhlich
sie war traurig ○ *ein trauriges Lied* ○ *eine traurige Stimmung* ○ *Aus einem traurigen Arsch kommt kein fröhlicher Furz* (Luther zugeschrieben) ○ *Rituale ... sind der Raum, in dem Menschen unoriginell sein können, schwach, traurig oder auch fröhlich, halt sie selber.* (Süddeutsche Zeitung 18. 4. 2015) ○ *„Warum haben Briten so traurige Gesichter und so fröhliche Hintern?"* (Der Spiegel 22. 6. 2019)

Traurigkeit//Fröhlichkeit

Trauung//Scheidung
Denn die kirchliche Trauung hat rechtlich keine Konsequenzen und schadet im Falle einer Scheidung dem schwächeren Partner, weil er materiell nicht abgesichert ist. (Mitteldeutsche Zeitung 4. 7. 2008)

Travestie//Parodie
(verspottende Verwendung ernster Dichtung bei Beibehaltung des Inhalts, aber in unpassender, lächerlich wirkender anderer Form)

Treffer//Niete
das war ein Treffer (Los mit einem Gewinn) ○ *Das Los- oder Lottoglück lässt sich nicht erzwingen. Ob Treffer oder Niete – garantiert ist eines: Wer keinen Treffer erzielt, hat sein Geld trotzdem nicht verschwendet* (Die Südostschweiz 26. 1. 2012)

Treibhaus//Freiland
Ganz leicht lässt sich die schnellwachsende Pflanze auch auf Terrassen, Balkonen, im Treibhaus und natürlich auch auf lockeren Böden im Freiland kultivieren. (Passauer Neue Presse 4. 8. 2016)

Treibhaus...//Freiland... (Substantiv)
z. B. *Treibhausgemüse/Freilandgemüse*

Treibhausgemüse//Freilandgemüse
(Gemüse aus dem Treibhaus)

Treibhauskultur//Freilandkultur

treife//koscher; ↑auch: **rein**
(unrein, verboten ○ von Speisen bei den Juden) ○ *Denn das treife Fleisch erhielt den Hescher des Rabbinats, ein Siegel, das garantieren soll, dass das Fleisch sogar „glatt koscher" ist und damit auch ultraorthodoxesten Ansprüchen genügt.* (Frankfurter Rundschau 7. 6. 2014)

trennbar//untrennbar
trennbare Verben (mit Ton auf der Vorsilbe), z. B. übersetzen: er setzte ihn (mit der Fähre) über ○ *er hat ihn übergesetzt* (Grammatik) ○ *Eineinhalb Kilogramm Restmüll produziert jeder Einwohner in Salzburg pro Tag ... Etwas mehr als die Hälfte wäre trennbar.* (Salzburger Nachrichten 4. 5. 2016)

trennen//verbinden
sein Rassismus hat uns getrennt ○ *Dass der Rheinstrom die beiden Schwesternstädte Mannheim und Ludwigshafen nicht trennt, sondern verbindet, wurde bereits beim Interkulturellen Gottesdienst zum Auftakt deutlich.* (Mannheimer Morgen 22. 6. 2018)

Trennendes//Verbindendes
Vor allem aber rege Latein dazu an, die Sprachen zu vergleichen, die die Schüler

zu Hause und in der Schule sprechen, Trennendes und Verbindendes zu identifizieren. (Süddeutsche Zeitung 9. 7. 2018)

treppab//treppauf; ↑auch: hinauf
sie musste treppab und treppauf laufen o Auch dort stiegen im Laufe des Tages hunderte Gäste treppab, treppauf, um beispielsweise Kerzen zu ziehen oder Lichttüten mit Friedrich-Motiven zu basteln. (Ostsee-Zeitung 28. 8. 2017)

treppauf//treppab; ↑auch: hinunter
sie musste treppauf und treppab laufen o Treu und tapfer schleppte er während meiner zahlreichen Umzüge Möbel treppauf und treppab. (Basler Zeitung 22. 4. 2012)

treten//getreten werden
wir leben in einer Welt des Tretens und Getretenwerdens o „Unser tägliches Gerücht gib uns heute. Lass uns verleumden, auf dass nicht wir verleumdet werden. Lass uns die Schwachen mit Füßen treten, damit wir nicht selbst getreten werden" (Nürnberger Nachrichten 20. 8. 2015)

treu//untreu
ein treuer Ehemann o sie ist treu o ... und es ist kein Wunder, dass der Spaziergänger inmitten der hügeligen Wüste plötzlich auf ein treu – oder untreu – sich liebend Paar stößt. (Der Tagesspiegel 25. 8. 2002)

treu bleiben//untreu werden
er ist ihr/ihm treu geblieben o Und einige Stunden später wissen wir bereits, ... dass etwa die Älteren der Union treu geblieben und Arbeiter der SPD untreu geworden sind (Nürnberger Nachrichten 23. 2. 2008)

Treue//Untreue
sie sprachen über Treue und Untreue in der Ehe o Der Vazer Fasnachtstanz war ein Fest, an dem «alle Empfindungen zum Ausdruck kamen» «Liebe und Hass, Treue und Untreue, Gunst und Missgunst». (Die Südostschweiz 25. 2. 2017)

treue Seele//treulose Tomate
du bist (wirklich) eine treue Seele (umgangssprachlich) o Das käme darauf an, aber da ich selber eine treue Seele bin, ist Illoyalität ein echt rotes Tuch für mich. (Aachener Zeitung 2. 3. 2016)

Treuhandvergleich//Erlassvergleich
(Rechtswesen)

treulose Tomate//treue Seele
du bist (aber) eine treulose Tomate (umgangssprachlich) o „Na, von dir habe ich ja schon ewig nichts mehr gehört, du treulose Tomate. Wir wollten doch mal Fahrrad fahren" (Leipziger Volkszeitung 19. 7. 2011)

Triebwagen//Beiwagen
(bei Straßenbahn und U-Bahn)

Trinitarier//Unitarier
(jemand, der sich zur Dreieinigkeit bekennt)

trinken//essen
Essen und Trinken hält Leib und Seele zusammen (Redensart) o Kinder können am Kinderspaßtag trinken und essen soviel sie wollen (Neue Kronen-Zeitung 21. 6. 2015)

Tristan//Isolde
(Liebespaar in der mittelalterlichen Literatur, z. B. im Epos von Gottfried von Straßburg, 13. Jh., und der Oper von Richard Wagner, 1859)

Trizeps//Bizeps; ↑auch: Beuger
(Muskel o Anatomie)

Trochäus//Jambus; ↑auch: Anapäst//Daktylus
der Jambus und der Trochäus haben einsilbige Senkungen: der Jambus beginnt mit der Senkung (.-.-.-), der Trochäus beginnt mit der Hebung (-.-.-.)

trocken//fettig
trockenes Haar o Egal ob trocken oder fettig – bei vielen Menschen reagiert die Haut extrem empfindlich auf äußere Ein-

flüsse. (Trierischer Volksfreund 18. 1. 2012)

trocken//feucht
trockene Hitze, Luft ○ Yin und Yang stehen für Gegensätze wie trocken und feucht, kalt und warm, Leere und Fülle – erst zusammen bilden sie ein vollkommenes Ganzes. (Apotheken Umschau B 5/1999)

trocken//nass
die Wäsche ist schon trocken ○ Man ist nass am Körper, trocken in der Kehle und wird von der Hitze weich gekocht ○ Erosion findet statt, ob ein Klima arktisch, tropisch, trocken oder nass ist. (Neue Zürcher Zeitung 25. 9. 2017)

trockenes Brot//belegtes Brot
Wer nicht nur trockenes Brot essen will, sondern auch Butter wünscht, wird weiterhin arbeiten. (Tagesanzeiger 2. 5. 2016)

trockenes Brötchen//belegtes Brötchen
(Brötchen ohne Butter und Belag) ○ *„Flasche Wasser, trockenes Brötchen, auf dem Fahrrad zum Bolzplatz ... Das hat mich glücklich gemacht."* (Süddeutsche Zeitung 12. 5. 2015)

Trockenfeige//Frischfeige

Trockengemüse//Frischgemüse

Trockenpökelung//Nasspökelung
(Fleischerei)

Trockenrasierer//Nassrasierer
Die Männerwelt ist in zwei Fraktionen gespalten: Trockenrasierer und Nassrasierer. Welche Methode eignet sich bei empfindlicher Haut? (FOCUS 30. 9. 2013)

Trockenrasur//Nassrasur
Eine Trockenrasur ist grundsätzlich schonender für die Gesichtshaut als eine Nassrasur. (Rhein-Zeitung 28. 1. 2011)

Trockensauna//Dampfsauna
er blieb in der Trockensauna ○ Das Liquidrom ist mit einem Eintrittspreis von 15 Euro für zwei Stunden relativ günstig, zumal die Benutzung der Trockensauna und der Dampfsauna im Eintritt enthalten sind. (Berliner Morgenpost 11. 10. 2004)

Trockenzeit//Regenzeit
(in tropischen und subtropischen Gebieten)

trophogen//tropholytisch
(Nahrung erzeugend)

tropholytisch//trophogen
(Nahrung zersetzend)

Trophophyll//Sporophyll
(nur der Assimilation dienendes Blatt ○ bei Farnen)

Truppe; ↑aktive Truppe

...tüchtig//...untüchtig (Adjektiv)
z. B. *fahrtüchtig/fahruntüchtig*

...tüchtigkeit//...untüchtigkeit (Substantiv)
z. B. *Fahrtüchtigkeit/Fahruntüchtigkeit*

Tugend//Laster
er hat Tugenden, aber auch Laster ○ ohne Tugend kein Laster ○ Die Tugend des Intellektuellen ist die Einsamkeit, das Netzwerk sein Laster. (Neue Zürcher Zeitung 16. 1. 2017)

Tugend//Untugend
Pünktlichkeit ist eine ihrer Tugenden ○ Tugenden und Untugenden (Unsitten, schlechte Gewohnheiten, kleinere Laster) *halten sich die Waage ○ Die Eltern hingegen wissen nicht mehr so recht, ob die Sparsamkeit eine Tugend oder eine Untugend ist.* (Süddeutsche Zeitung 30. 10. 2006)

Tugendhaftigkeit//Lasterhaftigkeit
Aber es ist ein Unterschied, ob man jemanden lobt wegen seiner Tugendhaftigkeit, oder ob man jemanden verdammt wegen seiner Lasterhaftigkeit. (Wiener Zeitung 28. 12. 2018)

Tumeszenz//Detumeszenz
(Anschwellung ○ Vorerscheinung lebhaften geschlechtlichen Verlangens wie Gefäßerweiterung an den Genitalien)

tun//lassen
nicht die Straße entscheidet, was die Politik zu tun oder zu lassen hat, meinte die Politikerin ○ „Wir wollten das eine tun und das andere nicht lassen" (Schwäbische Zeitung 19. 10. 2018)

Tunica//Corpus
(äußere Schicht ○ Botanik)

Tunnel//Brücke
der Zug fährt durch den Tunnel ○ *Kanton und Stadt Bern bevorzugen einen Tunnel – der Bund aber will eine zusätzliche Brücke über die Aare bauen.* (Der Bund 14. 2. 2009)

Tünnes//Scheel
(legendäre Kölner Originale, ursprünglich Figuren im Puppentheater)

Turba//Soliloquent
(in die Handlung eingreifender Chor)

turbulente Strömung//laminare Strömung
(Physik)

Tutand//Tutor
(jemand, der von einem Tutor betreut wird) ○ *Der Tutand dagegen kann seinen Tutor nach Sympathie, Interessen und außerschulischen Neigungen wählen.* (Die Zeit 14. 1. 1977)

Tutor//Tutand
(jemand, der jemanden wissenschaftlich o. Ä. betreut)

Tutsi//Hutu
(ostafrikanische Bevölkerungsgruppe, die ihrer traditionellen Kultur nach zu den Großviehzüchtern gehört und den mit ihr in Konflikt lebenden Hutu sozial übergeordnet ist)

tutti//solo
(alle Instrumente zusammen ○ in konzertanter Orchestermusik im Gegensatz zu den Solostellen)

Tutti//Solo
(alle Stimmen, das ganze Orchester)

Tuwort//Dingwort; ↑**auch: Substantiv**
(Verb ○ Schulgrammatik)

Tweeter//Woofer
(Hochtonlautsprecher)

Typ; ↑**akustischer Typ, auditiver Typ, Genotyp, optischer Typ, Phänotyp, visueller Typ**

Typenhebelmaschine//Kugelkopfmaschine
(Schreibmaschine; früher)

typisch//untypisch, atypisch
diese Reaktion ist typisch für ihn ○ *Beide Spiele sind in ihrer Ausprägung zwar typisch europäisch, aber untypisch für die Verlage.* (Die Presse 6. 4. 2013) ○ *„Ziel ist es, überhaupt nicht mehr von typisch oder atypisch zu sprechen", aber die Situation sei de facto (noch) so, dass manche Berufe eben für Jungs oder Mädchen „atypisch" seien* (Luxemburger Tageblatt 25. 2. 2014)

U

übel//wohl
das Geld wohl oder übel lockermachen ○ Jahrelang hat man, mehr übel als wohl, vom meistens sauer verdienten Geld Beiträge für Kassen und Versicherungen gezahlt (Braunschweiger Zeitung 5. 3. 2011)

übelgesinnt//wohlgesinnt
übelgesinnte Nachbarn ○ Die Propaganda westlicher Mächte zu dem Thema sei „übelgesinnt". (Der Spiegel 11. 7. 2006)

übelriechend//wohlriechend
eine übelriechende Flüssigkeit ○ Dieser sieht übrigens nicht so schön aus wie Sand im Spielkasten oder am Strand – er ist tief schwarz und übelriechend. (Mitteldeutsche Zeitung 8. 5. 2015)

übelwollend//wohlwollend
eine übelwollende Kritik ○ Misstrauen richtet die Aufmerksamkeit hingegen auf potenziell übelwollende Absichten anderer. (Süddeutsche Zeitung 26. 7. 2018)

über//in
Und wenn ich ehrlich bin, trage ich meine Hemden nicht nur aus modischen Gründen über der Hose, sondern auch, weil der Platz in der Hose für anderes gebraucht wird. (Neue Zürcher Zeitung Folio 7. 4. 2014)

über//unter; ↑auch: unter//auf
über der Erde ○ die Schrift über dem Bild ○ sie wohnt über uns ○ sie steht gesellschaftlich über ihm ○ Temperaturen über dem Gefrierpunkt ○ der Kurs findet nur bei einer Teilnehmerzahl über 10 statt ○ sie ist schon über achtzig Jahre ○ Nein, aber über uns wohnt unsre Tante, die hat eine Katze. Und der ... Das ist einer, der wohnt unter uns und hat zwei Katzen. (Nürnberger Zeitung 23. 10. 2009)

über//von
Bücher über Thomas Mann ○ Die Leute wollen immer etwas über Brecht von mir wissen. (Süddeutsche Zeitung 30. 9. 2006)

über...//... (Adjektiv)
z. B. *überregional/regional*

über...//unter... (Adjektiv)
z. B. *überdurchschnittlich/unterdurchschnittlich*

über...//unter... (Verb)
z. B. *überschätzen/unterschätzen*

Über...//Unter... (Substantiv)
z. B. *Überfunktion/Unterfunktion*

überall//nirgends
das gibt es überall ○ Ich sage immer, dass ich das Glück habe, überall und nirgends zuhause zu sein. (Niederösterreichische Nachrichten 11. 4. 2018)

Überbau//Basis
(Politische Ökonomie)

überbegabt//unterbegabt
„Vor dem Unfall war der Vater von zwei Söhnen ... motorisch und koordinativ überbegabt. ‚Jetzt bin ich halt unterbegabt', sagt Schwab im Fitnesscenter ..." (Kurier 22. 7. 2012)

überbelegt//unterbelegt
diese Wohnung ist überbelegt ○ Aber es ist offensichtlich, dass einige Ämter mit Personal überbelegt sind, Botschaften und Migrationsämter hingegen unterbelegt sind. (taz 20. 8. 2005)

Überbelegung//Unterbelegung
die Überbelegung eines Heims

überbelichten//unterbelichten
er überbelichtet immer die Bilder ○ um die Bilder nicht überzubelichten ... ○

Eine davon wird absichtlich überbelichtet und die andere unterbelichtet, während das dritte Bild normal gemacht wird. (Rheinische Post 1. 2. 2016)

überbelichtet//unterbelichtet
der Film ist überbelichtet ○ *„Der Baum ist stark überbelichtet, weil das Chlorophyll in den Blättern Infrarot reflektiert, der Himmel hingegen ist stark unterbelichtet, weil er Infrarot nicht reflektiert."* (Rheinische Post 13. 10. 2003)

Überbelichtung//Unterbelichtung
die Überbelichtung des Films

Überbeschäftigung//Unterbeschäftigung
(Wirtschaft)

überbesetzt//unterbesetzt
die Abteilung ist überbesetzt ○ *Da die Boote unterbesetzt und das Floß übersetzt war, kam es zum Streit über die ungerechte Verteilung.* (Süddeutsche Zeitung 31. 3. 2012)

überbetrieblich//betrieblich
überbetriebliche Fortbildungsseminare ○ *„Quas" steht in Hamburg für das Arbeitsamtsprojekt „Qualifizierung und Arbeit für Schulabgänger", in dem Schulabgängern mit schlechten Abschlüssen die Möglichkeit zur überbetrieblich und betrieblich kombinierten Fortbildung gegeben wird.* (taz 27. 7. 2000)

überbewerten//unterbewerten
er überbewertete das ○ *um die Leistung nicht überzubewerten* ○ *In dem Moment, in dem wir handeln, überbewerten wir die kurzfristigen Folgen und unterbewerten die langfristigen* (Nürnberger Nachrichten 23. 2. 2015)

Überbewertung//Unterbewertung

überbezahlt//unterbezahlt
eine überbezahlte Tätigkeit ○ *er ist überbezahlt* ○ *Bei den grossen Bundesbetrieben seien die Chefs nicht überbezahlt, sondern unterbezahlt* (Neue Zürcher Zeitung 22. 6. 2017)

Überbezahlung//Unterbezahlung
(eine zu hohe Bezahlung)

überbieten//unterbieten
den Preis überbieten ○ *Laufend überbieten sie sich mit Aktionen und unterbieten einander im Preis.* (NEWS 9. 12. 2010)

überbrückbar//unüberbrückbar
überbrückbare Gegensätze ○ *Und dabei müssen wir auch klären, ob die unterschiedlichen Auffassungen überbrückbar oder unüberbrückbar sind* (Passauer Neue Presse 3. 12. 2011)

Überdruck//Unterdruck
(Physik, Technik)

überdurchschnittlich//unterdurchschnittlich
eine überdurchschnittliche Bezahlung ○ *Zudem würden vorwiegend auch kleine Krankenhäuser ... als »überdurchschnittlich« und »durchschnittlich« bewertet* (Westfalen-Blatt 23. 6. 2010)

Übereinstimmung//Nichtübereinstimmung
Durch eine prozessorientierte Einführung wird eine hohe Übereinstimmung zwischen den organisatorischen und betriebswirtschaftlichen Anforderungen des Kunden ... sichergestellt. (Wirtschaftsblatt 2. 7. 2010)

übereinzelsprachlich//einzelsprachlich
einzelsprachliche Entsprechung zu einem übereinzelsprachlichen Begriff ○ *«Namen mit sonoren, weichen Konsonanten wie l, n, m sind gerade sehr en vogue und werden übereinzelsprachlich als schön empfunden, ebenso volle Vokale.»* (Sonntags-Zeitung 29. 11. 2015)

Überernährung//Unterernährung
Paradoxerweise sind die Folgen der Überernährung die gleichen wie die der Unterernährung. (Die Zeit 16. 8. 2007)

Überfluss//Mangel
es herrschte Überfluss an Lebensmitteln ○ *Die Route folgt dem Grundgedan-*

ken des Vereines, den Überfluss im Norden mit dem Mangel im Süden zu verbinden. (Vorarlberger Nachrichten 25. 2. 2016)

überfordern//unterfordern
einige Schüler fühlen sich überfordert o Weiss war einer jener Kosmopoliten, die den Deutschen die Welt erklärten und sie dabei im Zweifel lieber über- als unterforderten. (Der Spiegel 13. 4. 2018)

Überforderung//Unterforderung
intellektuelle Überforderung eines Schülers o Der Zustand liegt zwischen Angst (Überforderung) und Langeweile (Unterforderung) (Die Presse 24. 3. 2013)

Überführung//Unterführung
(Straße o. Ä. über einer anderen Straße) o Jetzt soll die neue Strasse Uster West mit einer Überführung die Funktion der einst geplanten Unterführung übernehmen. (Tagesanzeiger 13. 6. 2008)

Überfunktion//Unterfunktion; ↑auch: Hypofunktion; ↑auch: Hypothyreose
eine Überfunktion (zu starke Funktion) der Schilddrüse

Übergabe//Übernahme
die Übergabe (des Hauses) erfolgte letzten Montag o Die verantwortungsvolle Übergabe und Übernahme des väterlichen Erbes finde nicht mehr statt. (Die Presse 7. 7. 2014)

Übergangsfarbe//Prinzipalfarbe
(Farbenlehre o z. B. türkis)

übergeben//übernehmen
jemandem seine Praxis, sein Geschäft, die Leitung, Führung übergeben o das Amt seinem Nachfolger übergeben o Wer seinen Betrieb übergeben oder eine Firma übernehmen möchte, darf nicht nur an den Preis denken. (Rhein-Zeitung 28. 20. 2009)

übergeordnet//untergeordnet
eine übergeordnete Dienststelle o etwas ist von übergeordneter Bedeutung o Dem Flächennutzungsplan übergeordnet ist der Regionalplan und untergeordnet die Bebauungspläne. (Südkurier 7. 10. 2010)

Übergewicht//Untergewicht
sie hat Übergewicht (wiegt mehr als normal) o Übergewicht, aber auch extremes Untergewicht, verringerte in der Studie die Menge der Samenzellen. (Salzburger Nachrichten 9. 5. 2011)

übergewichtig//untergewichtig
viele Menschen sind übergewichtig

Übergröße//Normalgröße
Hosen für Übergrößen

überhaben//unterhaben
einen Pullover überhaben (übergezogen haben o umgangssprachlich)

Überheblichkeit//Demut
Die Fröhlichkeit darüber, in einem klimatisch geotektonisch, soziokulturell bevorzugten Land geboren und aufgewachsen zu sein und hier leben zu dürfen, mündet keinesfalls in Stolz, der immer auch Neffe der Überheblichkeit ist, sondern in bescheidene Demut und Verantwortung. (Süddeutsche Zeitung 24. 3. 2001) o Statt Überheblichkeit wird nun Demut zur Schau getragen. (Der Spiegel 14. 1. 2013)

Über-Ich//das Es
(innere Kontrollinstanz o Psychologie)

überindividuell//individuell
überindividueller Stiltyp o Stereotype, also relativ starre überindividuell geltende und weit verbreitete Vorstellungsbilder, sind entscheidend, wenn es darum geht, wie Frauen und Männer in unserer Gesellschaft gesehen werden und wirken (können). (Salzburger Nachrichten 27. 2. 2017)

überirdisch//irdisch
ein überirdisches Wesen o Es geht um eine wilde Geschichte – ein Spiel im Spiel – von Göttern und Menschen, Parzen und Halbgöttern, es wird überirdisch

gezaubert und irdisch geliebt (Salzburger Nachrichten 14. 3. 2008)

über Kabel//terrestrisch

digitales Fernsehen lässt sich heute nicht nur über Kabel, sondern auch per Satellit und teilweise terrestrisch über die Hausantenne empfangen. (Stuttgarter Nachrichten 25. 8. 2004)

überlegen//unterlegen

sie ist ihm (geistig) überlegen ○ *Gegen die II. Mannschaft des Gastgebers war man ... zwar technisch überlegen, aber athletisch unterlegen* (Passauer Neue Presse 14. 10. 2015)

Überlegenheit//Unterlegenheit

überlegt//unüberlegt

sie handelt immer überlegt (besonnen) ○ *Gerade die Entscheidung zur eigenen beruflichen Zukunft sollte gut überlegt sein und nicht unüberlegt* (Mitteldeutsche Zeitung 3. 9. 2016)

übermäßiges Intervall//vermindertes Intervall

(Musik)

Übernahme//Übergabe

die Übernahme eines Geschäftes, der Führung, eines Amtes ○ *So müsse der Verkäufer dem Endabnehmer zusätzlich einen Schuldbrief ausstellen, um die Verantwortung für die Ware bis zur Übernahme und Übergabe des Frachtbriefs zu übernehmen.* (Neue Zürcher Zeitung 31. 3. 2017)

übernational//national

ein Problem auf übernationaler Basis lösen ○ *Das Rätsel, das Frankreich uns aufgibt und das Sieburg zu lösen versucht, besteht darin, dass diese Nation übernational zu denken scheint, aber nur national zu handeln vermag.* (Die Zeit 18. 3. 1954)

übernatürlich//natürlich

übernatürliche Kräfte haben die Heilung bewirkt ○ *Das Wachstum, das wir in den letzten zehn Jahren hatten, war übernatürlich* (Mannheimer Morgen 10. 3. 2017)

übernehmen//übergeben

ein Geschäft übernehmen ○ *die Leitung übernehmen* ○ *das Amt von seinem Vorgänger übernehmen* ○ *Sie wollen sich selbstständig machen, eine Firma übernehmen oder übergeben und haben Fragen dazu?* (Nürnberger Nachrichten 10. 7. 2010)

überordnen//unterordnen

jemanden oder etwas einem anderen oder einer Institution überordnen ○ *Neu war auch für ihn, dass sich keiner überordnen kann, alle müssen sich völlig unterordnen und auf die Kollegen einstellen.* (Die Kitzinger 11. 7. 2011)

überparteilich//parteilich

eine überparteiliche Zeitung ○ *Da unsere Gruppe überparteilich arbeitet, dürfte es kein Problem sein, auch andere parteilich gebundene familieninteressierte Mitglieder zu beteiligen.* (Rhein-Zeitung 24. 5. 2004)

Überproduktion//Unterproduktion

Überproduktion der Talgdrüsen ○ *„Eine Überproduktion ist auf jeden Fall besser als eine Unterproduktion"* (Der Spiegel 21. 4. 2008)

überproportional//unterproportional

etwas wirkt sich überproportional aus ○ *Mittelverdiener werden überproportional, die drei obersten Einkommensdezile dagegen unterproportional belastet.* (Die Presse 7. 4. 2015)

überqueren//unterqueren

die Straße überquert die Bahnlinie ○ *Diese Tramway soll bei der derzeitigen Eisenbahnbrücke die Donau überqueren oder dort die Donau unterqueren.* (Oberösterreichische Nachrichten 4. 1. 2010)

überregional//regional

eine (auch) überregional sehr bekannte Frau ○ *Unser Unternehmen OWE Oberlausitzer Windenergie engagiert sich seit fast 20 Jahren überregional und regional.* (Süddeutsche Zeitung 15. 10. 2013)

Überrepräsentanz//Unterrepräsentanz

überrepräsentiert//unterrepräsentiert
diese Gruppe ist überrepräsentiert o *Bei der laufenden Fußball-WM in Brasilien sind die Zuschauerkategorien „reich und weiß" in den Stadien deutlich überrepräsentiert, während „nicht weiß und arm" in Relation zu ihrem Bevölkerungsanteil dramatisch unterrepräsentiert sind.* (Die Presse 1. 7. 2014)

Überrepräsentierung//Unterrepräsentierung

überschätzen//unterschätzen
jemandes Einfluss überschätzen o *er wurde lange Zeit überschätzt* o *die Wirkung eines Heilmittels überschätzen* o *Seiteneinsteiger überschätzen sich – und unterschätzen die Härte der Politik.* (FOCUS 12. 3. 2012)

Überschätzung//Unterschätzung

überschaubar//unüberschaubar
das Angebot war überschaubar o *Wenn die Zeit reif ist, wird er ein Team um sich bilden. Ich bin sicher, das wird eher stark und überschaubar klein sein, als groß und unüberschaubar.* (Leipziger Volkszeitung 15. 4. 2013)

Überschnitt//Unterschnitt
(Tischtennis)

überschreiten//unterschreiten
die Toleranzgrenze überschreiten o *die Grenzwerte sind überschritten* o *Die Zehn-Prozent-Grenze gilt nun bundesweit, das heißt: Einige Bundesländer können sie überschreiten, wenn andere sie unterschreiten.* (Salzburger Nachrichten 23. 6. 2010)

Überschreitung//Unterschreitung
bei Überschreitung der zulässigen Werte o *Per Definition ist die Richtgeschwindigkeit eine Geschwindigkeit, deren Überschreitung oder auch Unterschreitung nicht empfohlen wird.* (Berliner Morgenpost 2. 8. 2014)

Überschuss//Unterschuss
„Wenn in einem Land ein Überschuss an Theaterwissenschaftlern und Psychotherapeuten und ein Unterschuss an technischer Intelligenz besteht, hat sich ein kultureller Wandel vollzogen, von dem ich denke, dass er nicht gut ist." (Die Welt 28. 10. 2011)

Überschussleiter//Mangelleiter
(Physik)

Übersetzung//Originaltext
das ist eine Übersetzung o *Die deutsche Übersetzung bildet einen eigentlichen Verrat am Originaltext.* (Neue Zürcher Zeitung 7. 12. 2016)

Übersetzung//Untersetzung
(in Bezug auf die Motordrehzahl o Kraftfahrzeugtechnik)

Übersetzung; ↑**Herübersetzung, Hinübersetzung**

übersichtig//kurzsichtig
sie ist übersichtig (weitsichtig) und braucht eine Brille o *„Kurzsichtigkeit verstärkt sich bei Dämmerungs- oder Nachtsehen tendenziell, während jemand, der übersichtig ist, eher weniger Korrekturen braucht"* (Wiesbadener Kurier 5. 11. 2007)

Übersichtigkeit//Kurzsichtigkeit
(Weitsichtigkeit)

übersichtlich//unübersichtlich
ein übersichtliches Gebiet, Gelände o *etwas ist übersichtlich angeordnet* o *So übersichtlich die Anklageschrift ist, so unübersichtlich ist das in diesem Fall von den Ermittlern zusammengetragene Aktenmaterial.* (Rhein-Zeitung 18. 6. 2015)

übersinnlich//sinnlich
die übersinnliche Welt o *Nicht übersinnlich, aber unausweichlich sinnlich ist die Erfahrung, auf die es sich einzulassen*

gilt. Denn die Naturtöne, die wir von der Maultrommel oder dem australischen Didgeridoo kennen, dringen in jeden Körper ein (Rhein-Zeitung 2. 2. 2011)

Überspannung//Unterspannung
(beim Strom)

übersteuern//untersteuern
das Auto übersteuert (fährt mit zum Außenrand der Kurve strebendem Heck auf den Innenrand der Kurve zu o Kraftfahrzeugtechnik)

über Tag[e]//unter Tag[e]
(Bergbau) o Es folgt eine Erkundung über Tage, dann unter Tage. (Rhein-Zeitung 14. 2. 2018)

übertakeln//untertakeln
(zu viele Segel setzen o Seemannssprache)

Übertherapie//Untertherapie
(Medizin) o Eine „Übertherapie" mit zu breit wirksamen Medikamenten sollte genauso vermieden werden wie eine „Untertherapie". (Kleine Zeitung 11. 10. 2010)

übertourig//untertourig
Wer seinen Automotor regelmäßig warten lässt ..., wer dazu sein Fahrzeug weder übertourig, noch untertourig fährt, kann erheblich Diesel sparen. (Mitteldeutsche Zeitung 10. 5. 2008)

übertragbar//unübertragbar
übertragbare Fahrausweise o Verantwortlich für diesen bislang grössten Ausbruch ist das Virus Ebola-Zaire, einer der fünf heute bekannten Ebola-Stämme. Von diesen sind vier auf Menschen übertragbar. (Der Bund 8. 10. 2014)

Übertragung//Gegenübertragung
(Psychologie)

übertreiben//untertreiben; ↑auch: tiefstapeln
er hat in seinem Bericht die Gefahren übertrieben o Nicht übertreiben, aber auch nicht untertreiben. (Zeit Campus 15. 3. 2016)

Übertreibung//Untertreibung; ↑auch: Litotes, Understatement

übertrieben//untertrieben
das ist übertrieben o Das Wort „Revolution" ist maßlos übertrieben, weil nicht einmal die Maifeier der Wiener SPÖ geplatzt ist. Das Wort „gemütlich" wiederum ist stark untertrieben (NEWS 11. 5. 2018)

überversichert//unterversichert
(höher versichert als der Versicherungswert ist) o Daher sind viele Verbraucher überversichert, andere sind unterversichert oder haben bei einer zu teuren Versicherungsgesellschaft unterschrieben. (taz 21. 1. 2012)

überversorgt//unterversorgt
mit Medikamenten überversorgt sein o Wir sind überversorgt mit Nachrichten, aber unterversorgt mit Hintergrundinformationen. (Stuttgarter Zeitung 16. 6. 2014)

Überversorgung//Unterversorgung
eine Überversorgung (über das übliche und nötige Maß hinausgehende Versorgung) mit Vitaminen o In Großstädten könnte es zu einer Überversorgung, auf dem Land zur Unterversorgung kommen. (Saale-Zeitung 21. 10. 2017)

überwindbar//unüberwindbar
diese Hindernisse sind überwindbar o In vielen Fällen sind physische Mauern einfacher überwindbar als Mauern im Kopf. Die Mauern in den Köpfen der derzeitigen israelischen Politiker sind beinahe unüberwindbar und die physisch errichtete Mauer löst keine Probleme. (Berner Zeitung 19. 7. 2004)

überziehen//unterziehen
einen Pullover überziehen o Die Margarine mit dem Dotter schaumig schlagen, Rum und Kokosette unterziehen. Die Creme auf die erkaltete Kuchenplatte

streichen, mit Schokoladeglasur überziehen, in Schnitten schneiden und in Papierförmchen setzen. (Niederösterreichische Nachrichten 12. 7. 2012)

üblich//unüblich
bei ihnen ist üblich, sich die Hand zu geben o Trinkgelder sind dort üblich o Der 40-Jährige hat vor der B-WM etwas gemacht, was in Klubmannschaften üblich, in Auswahlteams aber unüblich ist (Kölner Stadtanzeiger 27. 4. 2006)

ug-Kern//gu-Kern
(Atomphysik)

Uhrzeigersinn; ↑entgegen dem Uhrzeigersinn, im Uhrzeigersinn

Ultraschall//Infraschall
(Schall über 20 Kilohertz)

um.../ab... (Verb)
z. B. umbinden/abbinden (Schürze)

umbinden//abbinden
die Krawatte umbinden o In der Versuchsküche der Firmenzentrale hat er sich die Schürze umgebunden und den Verantwortlichen vorgekocht (FOCUS 17. 10. 2011)

umbinden//abnehmen
die Armbanduhr umbinden o Keine Schals umbinden. Fahrradhelm beim Spielen abnehmen. (Neue Kronen-Zeitung 23. 5. 2012)

Umgangssprache//Hochdeutsch, Hochsprache, Standardsprache
(regional, soziologisch beeinflusste Sprache zwischen Standardsprache und Mundart, z. B. die Umgangssprache im Ruhrgebiet o salopp-emotionale, nachlässige Sprache, z. B.: er bringt das nicht = er kann das nicht oder: mehr ist nicht drin) o Aber in der Umgangssprache entstehen durch Migranten neue, grammatikalisch vereinfachte Sprachen, die mehr Einfluss auf die Standardsprache haben als früher (Die Presse 27. 6. 2015) o Und wie sein Komödiant Peter Walker, der blitzschnell einen anderen Ton aufsetzen kann, wechselt er zwischen Umgangssprache, affektierter Hochsprache, romantischer Beschreibung, schierem Sarkasmus. (Süddeutsche Zeitung 28. 11. 2017) o Denn ein Romand kann im Kollegenkreis schlecht erwarten, dass eine ganze Gruppe von Deutschschweizern untereinander von der Umgangssprache auf Hochdeutsch wechselt. (St. Galler Tagblatt 12. 4. 2010) o Klar ist aber, dass die Wendung hauptsächlich in der Umgangssprache eingesetzt wird, in der Schriftsprache, erst recht in der Belletristik, taucht sie vor allem in jargongeprägten Werken auf. (Süddeutsche Zeitung 15. 3. 2017)

umgelautet//unumgelautet, umlautlos
von „Bogen" gibt es einen umgelauteten Plural (die Bögen) und einen unumgelauteten/umlautlosen (die Bogen) o „Mütterchen" ist eine umgelautete Ableitung von „Mutter"

umkehrbar//unumkehrbar; ↑auch: irreversibel
diese Entwicklung ist umkehrbar o Es ist also nicht einfach so, dass die Dinge entweder umkehrbar oder unumkehrbar sind: Eine Situation, die unumkehrbar erscheint, könnte sich zu einer umkehrbaren ändern. (Süddeutsche Zeitung 12. 12. 2000)

Umkehrfilm//Negativfilm
(Film zum Fotografieren, bei dem bei der Entwicklung kein Negativ, sondern ein Positiv entsteht)

Umkehrschub//Schub
(Luftfahrt)

Umklammerung//Ausklammerung
eine Umklammerung liegt vor in „er ist auf seine Kinder stolz" im Unterschied zur Ausklammerung „er ist stolz auf seine Kinder" (Grammatik)

Umlaufvermögen//Anlagevermögen
(Wirtschaft)

umlautlos//umgelautet
„Muttchen" und „Mutterchen" sind umlautlose Ableitungen von „Mutter"

umschnallen//abschnallen
den Gürtel umschnallen ○ Denn wie in ländlichen Gebieten in Afrika oder Südamerika können westliche Mütter ihre Kinder meist nicht im Job einfach umschnallen. (Die Presse 12. 5. 2014)

umstritten//unumstritten
seine Kompetenz ist umstritten ○ So umstritten der weit rechts politisierende 53-Jährige ist, so unumstritten war seine Wahl an die Spitze (Die Südostschweiz 11. 7. 2016)

U-Musik//E-Musik; ↑auch: ernste Musik
(Unterhaltungsmusik) ○ Auf einer zusätzlichen Bühne in einem Zelt wird der Brückenschlag von der U-Musik zur E-Musik geprobt. (Nürnberger Nachrichten 9. 8. 2012)

Umweg; ↑einen Umweg machen

umweltfeindlich//umweltfreundlich
diese Gesetze, Maßnahmen sind umweltfeindlich ○ eine umweltfeindliche Begradigung des Flusslaufes ○ Sagen Sie mal, sind Schneekanonen umweltfeindlich? ... Skigebiete sind an sich schon nicht umweltfreundlich. (Main-Post 17. 11. 2007)

umweltfreundlich//umweltfeindlich
diese Gesetze, Maßnahmen sind umweltfreundlich ○ die umweltfreundliche Verpackung kann recycelt werden

umweltschädlich//umweltunschädlich
umweltschädliches Verhalten ○ Wenn die kleinkarierte EU so weitermacht, werden bald Augentropfen umweltschädlich sein. (Tiroler Tageszeitung 23. 12. 2015)

umweltunschädlich//umweltschädlich
Kältemittel müssen umweltunschädlich vernichtet werden ○ Selbst wenn diese tatsächlich umweltschädlich sein soll-ten, für Natur und Tiere sind solche Massenveranstaltungen in diesem Park grundsätzlich aus Naturschutzgründen völlig unakzeptabel. (Stuttgarter Nachrichten 1. 12. 2015)

un...//... (Adjektiv)
z. B. unvorsichtig/vorsichtig

Un...//... (Substantiv)
z. B. Unrecht/Recht

unabänderbar//abänderbar
dieser Passus im Vertrag ist unabänderbar ○ die in der Betriebsordnung aufgeführten Öffnungszeiten seien weder verbindlich noch unabänderbar. (Neue Zürcher Zeitung 22. 12. 2015)

unabdingbar//abdingbar
(Rechtswesen) ○ Welche Ansprüche, Zugeständnisse, Konditionen sind unabdingbar? Und welche sind abdingbar? (Stuttgarter Zeitung 12. 10. 2013)

unabgeschlossen//abgeschlossen
die Wohnung war unabgeschlossen ○ Auch ich habe zwei Sammlungen dieser Sorte, Postkarten mit Lämmern, auf denen Fliegen sitzen, ich weiß nicht mal, wie viele ich davon besitze und wo sie sind, diese Sammlung ist also auch unabgeschlossen abgeschlossen. (Der Standard 18. 4. 2015) ○ Man kann noch nicht einmal mehr seine Haustür fünf Minuten unabgeschlossen lassen, wenn man mal kurz hinterm Haus ist. (Hamburger Abendblatt 12. 5. 2017)

unabgezählt//abgezählt
unabgezählte Exemplare

unabhängig//abhängig
unabhängig von den Eltern ○ Wir sind eben nicht nur unabhängig, sondern vom Ausland auch abhängig. (Basler Zeitung 16. 6. 2018)

unabhängig; ↑kirchenunabhängig, konjunkturunabhängig

... unabhängig//... abhängig (Adjektiv)
z. B. konjunkturunabhängig/konjunkturabhängig

Unabhängigkeit//Abhängigkeit
er freut sich über seine Unabhängigkeit

unabkömmlich//abkömmlich
sie ist unabkömmlich ○ *R. O. ist auf Grund eines Ju-Jutsu Lehrgangs unabkömmlich, A. G. laboriert an einem Bandscheiben- Vorfall und M. K. ist bei der Bundeswehr aller Voraussicht nach nicht abkömmlich.* (Main-Post 26. 1. 2000)

unabsichtlich//absichtlich
er hat ihn unabsichtlich getäuscht ○ *Und ob unabsichtlich oder absichtlich spricht er damit indirekt den Sinn seiner und Wulffs Rede, dieses ganzes Gedenktags an: nämlich das Vergessen zu verhindern.* (Neue Württembergische Zeitung 28. 1. 2011)

unadäquat//adäquat
„Aber die beiden anderen Frauen mit Pflegestufe 4 bzw. 6 werden so unadäquat versorgt, dass Sachverständige von gefährlicher Pflege sprechen." (Kurier 9. 12. 2010)

unähnlich//ähnlich
sie ist ihrem Vater unähnlich ○ *Wie unähnlich oder ähnlich sind die beiden Formen des Widerstands?* (Main-Post 21. 2. 2018)

unakademisch//akademisch
unakademisches Benehmen ○ *„Kümmerer vor Ort" nennt Witt ganz unakademisch die Leute, die gebraucht werden. Sie will ihnen akademisch auf die Sprünge helfen.* (Kölnische Rundschau 27. 8. 2016)

unaktuell//aktuell
dieses Thema ist jetzt unaktuell ○ *So unaktuell war der Dichterfürst schon lange nicht. Oder aktuell – wie man's nimmt.* (Die Presse 7. 11. 2011)

unakzeptabel//akzeptabel
dieser Vorschlag ist unakzeptabel ○ *Hingegen ist sie krisenanfällig und kann zu einer Einkommensverteilung führen, die von der Bevölkerung als unakzeptabel*

betrachtet wird. ... Sind Millionengehälter in den Chefetagen akzeptabel? (SonntagsZeitung 15. 7. 2012)

unalltäglich//alltäglich
ein unalltäglicher Anblick ○ *So unalltäglich der Name des Titelhelden ist, so alltäglich sind seine Erfahrungen als Lehrling, Soldat, Arbeiter und Liebhaber* (Der Spiegel 17. 10. 1962)

unanfechtbar//anfechtbar
diese Entscheidung ist unanfechtbar ○ *Das Problem mit dem Routenplan von 2004 ist, dass er „Bestandskraft" hat, das heißt, er ist unanfechtbar. Eigentlich. „Aber wenn sie völligen Murks planen", sagt Hellriegel, „dann ist auch dieser Plan anfechtbar."* (Berliner Morgenpost 26. 9. 2010)

unangebracht//angebracht
diese Bemerkung war unangebracht ○ *Mit der Wut – ob unangebracht oder angebracht – müssen wir uns alle beschäftigen.* (taz 11. 11. 2016)

unangemeldet //angemeldet
er kam unangemeldet ○ *„Mindestens 60 Kontrollen erleben wir pro Jahr", so Görnitz. „Sowohl unangemeldet als auch angemeldet."* (Süddeutsche Zeitung 20. 8. 2012)

unangemessen//angemessen; ↑auch: adäquat
die Strafe, der Preis ist unangemessen ○ *Zwölf Prozent bezeichneten die Bezahlung als unangemessen und 37 Prozent als angemessen.* (Saarbrücker Zeitung 19. 3. 2008)

unangenehm//angenehm
eine unangenehme Nachricht ○ *eine unangenehme Überraschung* ○ *in den Räumen ist es unangenehm kalt* ○ *Viele Menschen bei uns empfinden die Kombination von 20 Grad Lufttemperatur und 80 Prozent relativer Luftfeuchte als unangenehm, was Bewohner der Tropen noch als durchaus angenehm empfinden.*

(Oberösterreichische Nachrichten 19. 9. 2015)

unangepasst//angepasst; ↑auch: **Konformismus, Konformist**
Wie haben sie, die im Westen so unangepasst waren, im Osten so angepasst leben können? (Süddeutsche Zeitung 2. 10. 2015)

unangreifbar//angreifbar
unangreifbare Argumente vorbringen ○ Ihre Kanzlerin, die lange schier unangreifbar schien, hat sich mit ihrer Flüchtlingspolitik angreifbar gemacht. (Südkurier 6. 8. 2016)

unannehmbar//annehmbar; ↑auch: **akzeptabel**
unannehmbare Vorschläge ○ Wenn ein tschechischer Politiker sagt, die Vertreibung sei vom heutigen Standpunkt aus unannehmbar, will er natürlich sagen: Damals war sie annehmbar. (Thüringer Allgemeine 11. 9. 2003)

unanschaulich//anschaulich
eine recht unanschauliche Darlegung des Vorgangs ○ Was in der Schriftsprache meist mit einem Wort begrifflich und unanschaulich gesagt wird, drückt die Mundart anschaulich und bildhaft aus. (Kölner Stadtanzeiger 24. 10. 2005)

unanständig//anständig
sich unanständig benehmen ○ ein unanständiger Witz ○ unanständige Wörter ○ Die knappe, aber sehr informative Schrift von Frank Jehle, „Lieber unanständig laut, als anständig leise", über den „politischen Barth" kann als guter Einstieg in Leben und Werk empfohlen werden. (taz 9. 12. 2008)

Unanständigkeit//Anständigkeit

unappetitlich//appetitlich
das sieht sehr unappetitlich aus ○ ... das Erscheinungsbild ist düster und unappetitlich, wie Autobahn-WC's belegen. Eine schlagfeste Verfließung mit säurefester Verfugung ist pflegeleicht, appetitlich und hell, sowie jederzeit reparabel. (Vorarlberger Nachrichten 19. 1. 2010)

unartig//artig
die Oma sagte, ihr Enkel sei unartig gewesen ○ Die, die schubsen, sind unartig und bekommen keine Geschenke. Ich bin artig. (Lausitzer Rundschau 22. 12. 2012)

unartikuliert//artikuliert
unartikuliert sprechen

unaspiriert//aspiriert; ↑auch: **behaucht**
im Altgriechischen stehen unaspirierte und aspirierte Laute in Opposition (Phonetik)

unästhetisch//ästhetisch
ein unästhetischer Anblick ○ Was nicht schön ist, gilt demnach als unästhetisch. In Wirklichkeit bedeutet ästhetisch (abgeleitet vom Hauptwort Ästhetik) aber viel mehr. (Trierischer Volksfreund 17. 5. 2014)

unattraktiv//attraktiv
sie ist unattraktiv ○ ein unattraktives Angebot ○ Man hört, dass Sie nicht genug Fahrer finden, weil der Beruf unattraktiv ist. Er ist in der allgemeinen Wahrnehmung nicht attraktiv. Die Praxis sieht anders aus. (Der Tagesspiegel 2. 3. 2015)

unauffällig//auffällig
sie benahm sich unauffällig ○ „Aber so unauffällig, dass es schon wieder auffällig war." (Stuttgarter Nachrichten 21. 6. 2016)

unaufgeklärt//aufgeklärt
sexuell (noch) unaufgeklärte Jugendliche ○ Wir mussten unseren Freunden erzählen, dass wir schon fünf Mädchen im Bett gehabt haben, obwohl wir nicht eine einzige hatten. Wir hatten Leistungsdruck, weil wir unaufgeklärt waren. Wer aufgeklärt ist, hat keinen Leistungsdruck. (Frankfurter Neue Presse 21. 8. 2008)

Unaufgeklärtheit//Aufgeklärtheit

unaufgeräumt//aufgeräumt; ↑ auch: **ordentlich**
ein unaufgeräumtes Zimmer ○ *Schließlich sei das Archiv die Basis für das Ausstellen. Die allerwichtigste Grundlage des Museums also auch wenn sie, ob unaufgeräumt oder aufgeräumt, den Blicken der Besucher meistens verborgen bleibt.* (Märkische Allgemeine 11. 11. 2014)

unaufhaltsam//aufhaltsam
Der Wissenszuwachs selbst ist unaufhaltsam, aufhaltsam aber wären bestimmte Anwendungen des Wissens. (Die Zeit 13. 2. 1998)

unauflösbar//auflösbar
diese Probleme scheinen unauflösbar ○ *Unsere Sicherheit hängt unauflösbar mit der in unserer Nachbarschaft zusammen.* (Märkische Allgemeine 17. 5. 2018)

unaufmerksam//aufmerksam
ein unaufmerksamer (unkonzentrierter) *Schüler* ○ *ein unaufmerksamer* (nicht galanter, nicht fürsorglicher) *Ehemann, Liebhaber* ○ *«Entweder wurden Signale wie ein Rotlicht missachtet, oder eine Person war unaufmerksam. ... Die Verkehrsteilnehmer stünden in der Pflicht, sich im Strassenverkehr aufmerksam zu verhalten.* (Neue Zürcher Zeitung 10. 4. 2013)

Unaufmerksamkeit//Aufmerksamkeit

unaufrichtig//aufrichtig
sie ist unaufrichtig (sagt nicht die Wahrheit) ○ *Der Begriff ergebnisoffen wird ja unterschiedlich interpretiert, unaufrichtig und aufrichtig.* (Aachener Zeitung 4. 11. 2005)

unaufschiebbar//aufschiebbar
eine unaufschiebbare Reise ○ *... in beiden Fällen wurden die Arbeiten für tatsächlich unaufschiebbar befunden. Die Frage, ob etwas aufschiebbar ist oder nicht, ist nicht immer leicht zu beantworten.* (Mittelbayerische Zeitung 16. 5. 2018)

unausführbar//ausführbar
dieses Projekt ist unausführbar ○ *Und als erfahrener Geiger kann er jedem Konzertmeister, der dies oder das für unausführbar hält, sofort am Instrument das Gegenteil beweisen.* (Kleine Zeitung 17. 7. 2015)

unausgebildet//ausgebildet
unausgebildete Arbeitskräfte ○ „*Früher war auch gesellschaftlich akzeptiert, dass ein Teil unausgebildet in sogenannten Leichtlohngruppen gearbeitet hat. Heute wird um jeden Preis ausgebildet, auch wenn es manchem an den entsprechenden Fähigkeiten mangelt.*" (Rhein-Zeitung 23. 1. 2003)

unausgefüllt//ausgefüllt
ein unausgefülltes Formular ○ (übertragen:) *ein unausgefülltes Leben* ○ *Dietz bekam drei Stimmen, drei Wahlzettel blieben unausgefüllt. Im „Ratskeller" erzählte ein Gast: „Ich habe schon längst Briefwahl beantragt und auch ausgefüllt."* (Schwäbische Zeitung 14. 9. 2017)

unausgeglichen//ausgeglichen
sie ist sehr unausgeglichen ○ *Der Verwaltungshaushalt der Gemeinde ist unausgeglichen. 356 000 Euro Einnahmen stehen 454 000 Euro Ausgaben gegenüber. Der Vermögenshaushalt ist mit 2800 Euro ausgeglichen.* (Trierischer Volksfreund 16. 4. 2005)

Unausgeglichenheit//Ausgeglichenheit
die Unausgeglichenheit ihres Wesens

unausgelastet//ausgelastet
er ist unausgelastet (hat nicht genügend Beschäftigung, könnte noch mehr tun) ○ *Wenn sie denn zurückkommen, verstärken sie hier das Potenzial unzufriedener und unausgelasteter junger Menschen, deren Tatendrang geradezu zum Missbrauch durch Hassprediger einlädt.* (Nürnberger Zeitung 24. 9. 2013)

unausgereift//ausgereift
ein unausgereifter Plan ○ *Sinnvolles Ziel, aber unausgereift. Nach Abwägung der*

Argumente beurteilt der Vorstand der EVP Graubünden das Sprachengesetz als nicht ausgereift und empfiehlt es zur Ablehnung. (Die Südostschweiz 30. 5. 2007)

unausgeruht//ausgeruht
er ist unausgeruht ○ *Schlimmer noch ist das Wissen, nach Ankunft einen wichtigen Termin zu haben und den womöglich unausgeruht wahrnehmen zu müssen. Zehn Schlummertips zeigen Ihnen, wie Sie sich richtig vorbereiten und im Flugzeug verhalten können, um ausgeruht am Zielort anzukommen* (Die Welt 23. 4. 1999)

unausgeschlafen//ausgeschlafen
(noch) unausgeschlafen sein ○ *unausgeschlafen zum Dienst, zur Arbeit kommen* ○ *Ich war letzte Woche etwas unausgeschlafen. Jetzt bin ich wieder ausgeschlafen, gut aufgelegt und kampfeslustig.* (Hamburger Abendblatt 28. 10. 2008)

unausgeschrieben//ausgeschrieben
eine unausgeschriebene Handschrift ○ *Aber das ist wahrscheinlich eine noch ziemlich unausgeschriebene Geschichte.* (Die Zeit 15. 10. 1998)

unausgewogen//ausgewogen
ein unausgewogenes Urteil ○ *Kita-Essen oft zu unausgewogen ... Zu viel Fleisch und zu wenig Obst und Gemüse: Das Essen in deutschen Kitas ist zu selten ausgewogen.* (Mannheimer Morgen 3. 6. 2014)

Unausgewogenheit//Ausgewogenheit

unautoritär//autoritär
er ist unautoritär ○ *eine unautoritäre Erziehung* ○ *Noch seltsamer mutete an, dass in einer zutiefst unautoritär gewordenen Gesellschaft sehr autoritär gewordene Politiker wie Schröder, Schily und Fischer obsiegen sollten.* (Die Zeit 12. 1. 2006)

unbar//bar
unbar bezahlen ○ *In der Geschäftsstelle könnte man beim Abschluss einer Zahlungsvereinbarung seine Jahresmarke auch unbar erwerben, ansonsten muss sie bar bezahlt werden.* (Mitteldeutsche Zeitung 2. 12. 2000)

unbeabsichtigt//beabsichtigt
eine unbeabsichtigte Wirkung ○ *Ein technischer Fehler kommt ebenso in Betracht wie ein Pilotenfehler – unbeabsichtigt oder beabsichtigt.* (Mitteldeutsche Zeitung 30. 5. 2018)

unbeachtet//beachtet
unbeachtete moderne Bilder hingen an der Wand ○ *sie und ihre Leistungen blieben unbeachtet* ○ *Wer nicht auffällt, bleibt unbeachtet. Wer nicht beachtet wird, kann seine Produkte nicht verkaufen.* (Die Nordwestschweiz 30. 12. 2002)

unbeantwortet//beantwortet
der Brief ist noch unbeantwortet, blieb unbeantwortet ○ *Manche Fragen hätten unbeantwortet bleiben müssen, weil sie erst nach einer eingehenden Vertiefung beantwortet werden können.* (Neue Luzerner Zeitung 4. 2. 2003)

unbearbeitet//bearbeitet
der Antrag ist (noch) unbearbeitet ○ *Diskutiert wurde im Vorfeld unter anderem, wann gesendet werden soll und ob die Aufzeichnung unbearbeitet oder bearbeitet gesendet wird.* (Thüringer Allgemeine 7. 4. 2006)

unbebaut//bebaut
ein unbebautes Grundstück ○ *Gleichzeitig werden Schalluntersuchungen vorgenommen, um einen Vergleich, unbebaut und bebaut, zu erhalten.* (Wiesbadener Tagblatt 16. 2. 2011)

unbedenklich//bedenklich
das halte ich für unbedenklich ○ *Frankreich geht bei der Einreisesituation nach den Anschlägen von „Stufe 1 (unbedenklich)" auf „Stufe 2 (bedenklich)".* (Wiesbadener Kurier 20. 11. 2015)

unbedeutend//bedeutend
seine Arbeiten sind unbedeutend, hielt man für unbedeutend ○ ein unbedeutender Maler ○ eine unbedeutende (geringe) Summe ○ so könnten z. B. 50 Euro als drohender Schaden für einen wohlhabenden Bankkunden unbedeutend, für einen Mindestrentner hingegen bedeutend sein (Die Presse 1. 2. 2010)

unbedruckt//bedruckt
unbedrucktes Papier ○ unbedruckte Stoffe ○ Die Produktpalette reicht von Folien, Schläuchen, Säcken und Tragtaschen aus HD- und LD-Polyäthylen, unbedruckt und bedruckt (Neues Volksblatt 7. 9. 2000)

unbeeindruckt//beeindruckt
sie war/blieb von seinen Worten unbeeindruckt ○ Da wirkt die Absicht, ein Ideal zu erschaffen, vom Nichtidealen der Realität unbeeindruckt, oder gerade weil beeindruckt, sich abwendend, hin zur Idealisierung. (Allgemeine Zeitung 22. 3. 2011)

unbeeinflusst//beeinflusst
eine von anderen unbeeinflusste Meinung ○ Bei Nationalparks handelt es sich laut Bundesnaturschutzgesetz um Schutzgebiete, die „großräumig, weitgehend unzerschnitten und von besonderer Eigenart sind". Sie sollen überwiegend vom Menschen unbeeinflusst oder zumindest wenig beeinflusst sein. (Saarbrücker Zeitung 23. 4. 2011)

unbefahrbar//befahrbar
eine (zur Zeit) unbefahrbare Straße ○ Weiters machen sie einen Forstweg, der durch Muren unbefahrbar wurde, wieder befahrbar. (Kleine Zeitung 9. 11. 2012)

unbefahren//befahren
eine unbefahrene Straße ○ Mehr als zwei Wochen sind es dann insgesamt, dass die vielbefahrene Straße in Tiergarten unbefahren bleibt. (Berliner Morgenpost 6. 6. 2015)

unbefangen//befangen
der Junge war den Erwachsenen gegenüber ganz unbefangen (ohne Angst oder Hemmungen) ○ „Mit einem unabhängigen Moderator, ..., hätte man eine Person, die an die wichtigen Aufgabengebiete der Gemeinde unbefangen herangehen würde, die Verwaltung dagegen wäre da eher befangen." (Südkurier 16. 1. 2001)

unbefestigt//befestigt
ein unbefestigtes Ufer ○ „Warum bleibt der unbefestigte Weg unbefestigt und der befestigte Weg wird neu befestigt?" (Süddeutsche Zeitung 13. 9. 2014)

unbefriedigend//befriedigend
eine unbefriedigende Lösung des Problems ○ Ein gutes Drittel der Betriebe schätze die Lage im kommenden halben Jahr als unbefriedigend oder schlecht ein, nur knapp die Hälfte als befriedigend. (Hamburger Abendblatt 15. 4. 2016)

unbefristet//befristet
unbefristete Aufenthaltsgenehmigung ○ Diesmal verzichtete die EU auf eine einstweilige Verfügung, nachdem Tirol die Lkw-Schadstoffklasse Euro 6 vorerst unbefristet und die Euro-5-Lkw befristet bis Mai 2017 ausgenommen hat. (Tiroler Tageszeitung 6. 11. 2016)

unbefruchtet//befruchtet
eine unbefruchtete Eizelle, Blüte ○ Wenn eine Frau eine Strahlen-oder Chemotherapie macht und der Kinderwunsch noch da ist, empfehlen wir, die Eizellen unbefruchtet oder befruchtet einzufrieren (Tiroler Tageszeitung 18. 4. 2018)

unbegabt//begabt; ↑auch: talentiert, talentvoll
ein unbegabter Schüler ○ künstlerisch unbegabt ○ Zehn Prozent der Schüler könne ein Lehrer in jeder Klasse als mathematisch unbegabt vergessen, fünf Prozent wären begabt (Süddeutsche Zeitung 22. 2. 2008)

unbeglaubigt//beglaubigt
eine unbeglaubigte Kopie einer Urkunde ○ Eine Abschrift koste zehn Euro unbeglaubigt, mit Beglaubigung 20 Euro. (Südkurier 19. 6. 2017)

unbegreiflich//begreiflich
seine Reaktion ist unbegreiflich ○ Doch Welzer schafft reflektierend Distanz und macht das unbegreiflich Scheinende begreiflich. (Philosophie Heute März 2006)

unbegrenzt//begrenzt
eine unbegrenzte Anzahl ○ „Wir sind unbegrenzt hilfswillig, aber unsere Möglichkeiten sind begrenzt" (Mannheimer Morgen 8. 10. 2015)

unbegründet//begründet
dieser Verdacht ist unbegründet ○ Und die Angst? Am Ende ist sie – ob unbegründet oder begründet – womöglich mächtiger als alle Argumente zusammen. (Süddeutsche Zeitung 31. 10. 2014)

unbegütert//begütert; ↑auch: reich
eine unbegüterte (nicht über ein größeres Vermögen verfügende) Frau ○ Frau Treibel missfällt dies. Corinna ist ihr zu unbegütert. (Berliner Morgenpost 11. 1. 2004)

unbehaart//behaart
seine Brust ist unbehaart ○ Der Schwanz von Bisamratten ist sehr dunkel, weitgehend unbehaart und seitlich abgeplattet, der von Nutrias kreisrund, heller und etwas stärker behaart. (Schwäbische Zeitung 15. 11. 2014)

unbehaglich//behaglich
eine unbehagliche Umgebung ○ Die Befragten mussten z. B. auf einer Skala einordnen, wie wohl sie sich mit einem schwulen Nachbarn fühlen würden – von eins (sehr unbehaglich) bis zehn (vollkommen behaglich) (Süddeutsche Zeitung 17. 7. 2008)

unbehandelt//behandelt
(chemisch) unbehandeltes Obst ○ diese Zitronen sind unbehandelt ○ Nach sieben depressiven Episoden, vier unbehandelt, drei behandelt ..., fühle ich mich nämlich als halbwegs gebildeter Laie. (FOCUS 12. 3. 2016)

unbehaucht//behaucht; ↑auch: aspiriert
unbehauchte (nicht aspirierte) Konsonanten ○ im Altgriechischen stehen behauchte und unbehauchte Laute in Opposition (Phonetik)

unbeheizbar//beheizbar
unbeheizbare Räume ○ Der Laden war unbeheizbar und im Winter bitterkalt. (Braunschweiger Zeitung 12. 9. 2012)

unbeheizt//beheizt
unbeheizte Räume ○ Im Berlin Strandbad Wannsee (unbeheizt) sowie in Frankfurt-Hausen (beheizt) wurde am Freitag die Freibadsaison eröffnet. (taz 30. 3. 2013)

unbeherrschbar//beherrschbar
diese Technik ist unbeherrschbar ○ Das ist gut so, weil es ein Gesetz ist, das zumindest ein Schritt sein könnte, eine unbeherrschbar wirkende Krise doch noch beherrschbar zu machen. (Süddeutsche Zeitung 29. 9. 2011)

unbeherrscht//beherrscht
er ist immer sehr unbeherrscht (hat sich bei Ärger usw. nicht unter Kontrolle) ○ Vieles wiederholt sich ..., dreht sich im Kreis, unbeherrscht die Gedanken, beherrscht die Sprache, beschränkt die Gedanken, uferlos die Sprache. (Frankfurter Rundschau 26. 9. 2016)

Unbeherrschtheit//Beherrschtheit
seine Unbeherrschtheit im Streit ○ Unbeherrschtheit ist Weichheit gegenüber sich selbst

unbekannt//bekannt
eine unbekannte Gegend ○ ein unbekannter Dichter ○ Ich war ja zuvor unbekannt, musste mich bekannt machen, erklärt Kaiser, weshalb sie so powert. (Ostthüringer Zeitung 6. 9. 2017)

unbekannt bleiben//bekannt werden
als Komponist blieb er unbekannt, aber als Dichter wurde er bekannt ○ *Obwohl Kellner und Bursche die Ehre hatten, von Goethe verewigt zu werden, sind ihrer beider Namen doch gänzlich unbekannt geblieben* ○ *ja man weiß nicht einmal, ob ihnen die widerfahrene Auszeichnung jemals bekannt geworden ist.* (Wiesbadener Tagblatt 30. 1. 2004)

unbekleidet//bekleidet; ↑auch: angezogen
er lag unbekleidet auf dem Bett ○ *Afrikanische Menschen werden stets fast unbekleidet gezeigt, arabische Menschen immer bekleidet.* (taz 21. 2. 2018)

unbekömmlich//bekömmlich
ein unbekömmliches Essen ○ *Wie magenfreundlich und verträglich oder auch unbekömmlich einzelne Nahrungs- oder auch Genussmittel für uns sind. Nicht alles, was im Augenblick gut schmeckt, ist auch wirklich gut bekömmlich.* (Main-Post 1. 12. 2005)

unbelastet//belastet
(von der Chemie) unbelastete Böden ○ *Während in weiten Teilen Bayerns die erlegten Wildscheine unbelastet oder nur geringfügig belastet sind, beobachtet der Bayerische Jagdverband in den Fallout-Regionen im Winter und im Frühjahr teilweise Überschreitungswerte.* (Mittelbayerische Zeitung 17. 4. 2015)

unbelästigt //belästigt
die Frauen blieben unbelästigt von Papagallos ○ *Nach meiner Ankunft auf dem Rathaus konnten meine Frau und Tochter unbelästigt nach Hause gehen, ohne von der angeblich aufgebrachten Bevölkerung belästigt zu werden.* (Badische Zeitung 8. 11. 2008)

unbelebt//belebt
eine unbelebte Gegend, Straße ○ *unbelebte Natur* ○ *unbelebte Materie* ○ *«Wie soll ich beantworten, ob ich den Dorfkern einladend oder abstossend, übernutzt oder zu wenig genutzt, unbelebt oder belebt empfinde»* (Neue Luzerner Zeitung 11. 9. 2008)

unbelehrbar//belehrbar
er ist unbelehrbar

unbelesen//belesen
Ich sehe ihn als freundlichen alten Herren, der sehr unbelesen war, er hat den Militärschematismus gelesen und vielleicht die Bibel. (Die Presse 24. 8. 2014)

unbelichtet//belichtet
der Film ist (noch) unbelichtet ○ *Es ist ihnen verboten, ... Filme, Photopapier und Photoplatten, ob unbelichtet, belichtet oder entwickelt, einzuführen.* (Die Zeit 6. 11. 1970)

unbeliebt//beliebt; ↑auch: populär
er ist bei den Kollegen unbeliebt ○ *War der Lehrer unbeliebt und der Schüler beliebt, machte es diesen bei seinen Freunden zum Helden.* (Der Spiegel 23. 9. 2017)

unbemannt//bemannt
unbemannter Weltraumflug (ohne Bemannung, ohne Menschen) ○ *Bis es so weit ist, soll Orion aber zunächst unbemannt und später auch bemannt zum Mond fliegen.* (Neue Zürcher Zeitung 3. 12. 2014)

unbemannt//unbeweibt
(scherzhaft) ○ *sie ist noch unbemannt (hat noch keinen Mann)* ○ *Ab Freitag Mittag sind die Büros im St. Pöltner Rathaus normalerweise unbemannt und unbeweibt.* (Niederösterreichische Nachrichten 18. 1. 2011)

unbemerkt//bemerkt
ein unbemerkter Herzinfarkt ○ *der Herzinfarkt blieb unbemerkt* ○ *Dann stahl er aus der Münzsammellade unbemerkt rund 700 Euro. Der Einbruch wurde erst Stunden später bemerkt* (Kleine Zeitung 29. 4. 2012)

unbemittelt//bemittelt
er ist unbemittelt (hat kein Geld) ○ *1785 galten ... mehr als die Hälfte der Dresd-*

ner Gemeindemitglieder als arm oder sehr arm, ein reichliches Viertel als unbemittelt und nur wenig bemittelt. (Dresdner Neueste Nachrichten 13. 1. 2014)

unbenutzbar//benutzbar
der Raum ist unbenutzbar ○ Toilette: Schlange stehen, eine zweite Toilette unbenutzbar, Tür verklemmt. ... Im Zug wieder keine Toilette benutzbar. (Leipziger Volkszeitung 24. 1. 2011)

unbenutzt//benutzt
ein (noch) unbenutztes Handtuch ○ unter den abgelieferten Sachen befand sich eine alte Messingplätte, die seit Jahren unbenutzt im Schrank gestanden hatte und von der alten Dame als Sparbüchse benutzt worden war (Mitteldeutsche Zeitung 22. 2. 2016)

unbequem//bequem
ein unbequemer Stuhl ○ So unbequem die sechs Fragen für den Gemeinderat offensichtlich waren, so bequem machte es sich Harold Külling mit der Antwort. (Die Nordwestschweiz 17. 3. 2001)

unberechtigt//berechtigt
unberechtigte Klagen, Vorwürfe ○ Knapp die Hälfte der Befragten hält die Kritik an Steinmeier für unberechtigt, 32 Prozent sehen sie als berechtigt an. (Der Tagesspiegel 2. 2. 2007)

unberitten//beritten
die unberittene (mit Pferden nicht ausgerüstete, nicht reitende) und die berittene Polizei ○ Die Siegerehrung findet unberitten im Festzelt statt (Die Südostschweiz 14. 8. 2010)

unberücksichtigt//berücksichtigt
die unberücksichtigten Ausgaben ○ Man war sich einig darin, dass unbedingt die bisher unberücksichtigt gebliebene Sommerferienzeit als Wander-Haupt-Saison berücksichtigt werden soll. (Ostthüringer Zeitung 26. 4. 2002)

unberuhigter Stahl//beruhigter Stahl
(Fachsprache, Technik)

unberührt bleiben//berührt werden
vom Geschehen unberührt bleiben ○ Übertreiben wir nichts, ihr Körper blieb nicht unberührt, aber in ihr wuchs der Verdacht, dass er weniger berührt wurde, als er es verdiente." (Stuttgarter Zeitung 21. 3. 2001)

unbeschädigt//beschädigt
das Paket kam unbeschädigt an ○ Während die Mauer unbeschädigt blieb, wurde der Pkw am Unterboden leicht beschädigt. (Saale-Zeitung 13. 12. 2014)

unbeschäftigt//beschäftigt
er ist unbeschäftigt und langweilt sich ○ Es ist danach zu trachten, dass kein Verhafteter unbeschäftigt bleibe, sondern dass nach Tunlichkeit alle Gefangenen mit solchen Arbeiten beschäftigt werden, welche ihrer Individualität entsprechen (Wiener Zeitung 6. 10. 2012)

unbescheiden//bescheiden; ↑auch: anspruchslos
dieser Wunsch ist sehr unbescheiden ○ Wir sind zu unbescheiden, wenn es um Institutionen geht. Wir sind zu bescheiden, wenn es um unsere Träume geht. (Die Zeit 28. 4. 2016)

Unbescheidenheit//Bescheidenheit

unbeschnitten//beschnitten
unbeschnittene Männer ○ unbeschnittene afrikanische Frauen ○ ein unbeschnittener Penis (bei dem die Vorhaut nicht entfernt worden ist) ○ Denn das beste Stück des Mannes reagiert unbeschnitten empfindlicher auf Berührungen als beschnitten. (Lausitzer Rundschau 24. 8. 2007)

unbeschrankt//beschrankt
ein unbeschrankter Bahnübergang (ohne Bahnschranken) ○ Die Regelungen an Bahnübergängen, unbeschrankt oder beschrankt, werden ebenfalls erläutert, denn es hat dort schon viele Unfälle gegeben. (Main-Post 31. 7. 2004)

unbeschränkt//beschränkt
unbeschränkte Vollmachten ○ unbeschränkter Kartenverkauf ○ Ob jemand unbeschränkt oder beschränkt steuerpflichtig ist, regelt das Erbschaftssteuergesetz. (Passauer Neue Presse 13. 10. 2016)

unbeschrieben//beschrieben
eine unbeschriebene Seite ○ Aber noch sind mehr Seiten unbeschrieben, als beschrieben. (Märkische Allgemeine 21. 1. 2012)

unbeseelt//beseelt
unbeseelte Natur ○ Hier ist das Tier natürlich mehr als Zier. Über die «bloss pflanzliche, unbeseelte Natur» hinaus verkörpert es nach Julies Worten die «fühlende und beseelte Natur» (Basler Zeitung 4. 5. 2002)

unbesetzt//besetzt
der Posten, die Stelle ist (noch) unbesetzt ○ Sie will, dass die Stadtmarketingstelle, die seit über zwei Jahren aufgrund einer Erkrankung des bisherigen Inhabers unbesetzt ist, dauerhaft neu besetzt wird. (Rhein-Zeitung 30. 4. 2014)

unbesiedelt//besiedelt
die Gegend ist (noch) unbesiedelt ○ Ich meine wir haben es hier mit einem Gelände von bis zu 2000 Meter hohen Bergen zu tun, praktisch weitgehend unbesiedelt oder dünn besiedelt (Die Zeit 2. 5. 2001)

unbesiegt//besiegt
unbesiegt sein, bleiben ○ Beide Mannschaften sind mit jeweils 5:1 Punkten weiter unbesiegt. (Mannheimer Morgen 9. 2. 2012)

unbesonnen//besonnen
unbesonnen reagieren ○ So unbesonnen die Politik bisweilen, so besonnen ist die Bevölkerung mit den verheerenden Attentaten umgegangen. (Die Welt 1. 11. 2007)

Unbesonnenheit//Besonnenheit

unbespielbar//bespielbar
der Fußballplatz war (wegen des Regens) unbespielbar ○ „Der Aschenplatz ist unbespielbar, wir können nur hoffen, dass der Rasen bespielbar ist" (Aachener Zeitung 11. 12. 2009)

unbeständig//beständig
das Wetter ist unbeständig ○ Erst im September, wenn das Schweizer Wetter von unbeständig und wechselhaft zu beständig und kalt wechselt, erinnert man sich, dass man ja eigentlich Konzerthäuser, Kinos und Theater hätte. (Neue Luzerner Zeitung 23. 9. 2017)

Unbeständigkeit//Beständigkeit
er ist wegen seiner Unbeständigkeit unbeliebt

unbestechlich//bestechlich
unbestechliche Beamte ○ Der Computer sei unbestechlich, jubelten Befürworter des neuen Systems. Was den Umkehrschluss zuließe, die Prüfer der Landesregierung seien bestechlich gewesen. (Tiroler Tageszeitung 25. 7. 1998)

unbestimmt//bestimmt; ↑auch: definit, determiniert
noch eine unbestimmte Zeit darauf verwenden müssen ○ „ein" ist ein unbestimmter Artikel ○ Die Generäle, deren Amtsdauer noch unbestimmt ist, werden aber bestimmt nicht die Verantwortung für einschneidende Wirtschaftsmassnahmen, wie Subventionskürzungen, übernehmen. (Neue Zürcher Zeitung 20. 6. 2012)

unbeteiligt//beteiligt
er war an dem Putsch unbeteiligt ○ Das Mitgefühl für alle, die unbeteiligt und doch beteiligt waren. (Hannoversche Allgemeine 16. 11. 2009)

unbetont//betont
eine unbetonte Silbe (Sprachwissenschaft)

unbeträchtlich//beträchtlich
eine (nur) unbeträchtliche Menge ging verloren ○ Derjenige hinterzieht Steuern,

betrügt Krankenkassen und trägt letztlich vielleicht sogar nicht unbeträchtlich zum Ruin einheimischer Firmen bei. Die Zeiten haben sich halt beträchtlich geändert, und das auch in der Arbeitswelt. (Mitteldeutsche Zeitung 20. 11. 2001)

unbeugbar//beugbar; ↑auch: deklinabel
das Adjektiv „rosa" ist unbeugbar, also: mit einer rosa (nicht: rosanen) Bluse (Grammatik)

unbevölkert//bevölkert
die Gegend ist unbevölkert ○ 1502 entdeckten Portugiesen die unbevölkerte Insel mit ihrer reichen Vegetation (Die Presse 4. 11. 2017)

unbewachsen//bewachsen
die eine Wand der Mauer ist unbewachsen, die andere bewachsen ○ Wo die braune bis rote Erde unbewachsen ist, bilden sich oft Schlamm und Lacken. (Die Presse 24. 2. 2018)

unbewacht//bewacht
ein unbewachter Parkplatz ○ Weil die Grenze vor der libyschen Küste unbewacht ist, steigt die Furcht vor einem Massenexodus. Libyens Seegrenzen werden nicht mehr bewacht. (Tagesanzeiger 24. 2. 2011)

unbewaffnet//bewaffnet
er war unbewaffnet ○ Falls sie ihn finden, ist es egal, ob er unbewaffnet oder bewaffnet ist – er hätte keine Chance. (Die Presse 13. 1. 2018)

unbewältigt//bewältigt
die unbewältigte Vergangenheit ○ Ist sie nichts als ein Feuilleton-Krieg, wie Günter Grass meint, oder drückt sich darin, wie andere meinen, «unbewältigte Vergangenheit» aus? Wie sähe denn eine «bewältigte Vergangenheit» aus? (Tagesanzeiger 7. 6. 2002)

unbeweglich//beweglich; ↑auch: mobil//immobil
unbewegliche Güter (Immobilien) ○ geistig unbeweglich ○ unbewegliche Feiertage (z. B. Weihnachten) ○ «Die ganze Menschheit teilt sich in drei Klassen, solche, die unbeweglich sind, solche, die beweglich sind, und solche, die sich bewegen.» (Die Südostschweiz 5. 5. 2008)

Unbeweglichkeit//Beweglichkeit
körperliche Unbeweglichkeit

unbewegt//bewegt
unbewegt nahm er das Urteil auf ○ Aristoteles z. B. sah das Bild von einem Gott, welcher unbewegt und unbeeindruckt, kalt und unnahbar die Welt bewegt. (Leipziger Volkszeitung 9. 6. 2001)

unbewehrt//bewehrt
(Technik)

unbeweibt//beweibt
(scherzhaft) ○ er ist noch unbeweibt (hat noch keine Frau), doch sein Freund ist schon beweibt ○ Als kerngesunder Mann in den besten Jahren lässt er von seinem Diener Mosca ... das Gerücht verbreiten, er sei todkrank und außerdem steinreich, kinderlos sowie unbeweibt. (Nürnberger Nachrichten 11. 12. 2017)

unbeweibt//unbemannt
(scherzhaft) ○ die unbeweibten Männer und die unbemannten Frauen trafen sich zu einer Party ○ Fesch mögen sie ja sein, die österreichischen Jungbauern ..., dennoch bleiben rurale Schönheiten häufig unbeweibt und ländliche Beautys oft unbemannt (Format 5. 7. 2002)

unbeweisbar//beweisbar
die Erfolge dieser medizinischen Behandlung sind unbeweisbar ○ Es gehört zum Wesen Gottes, dass er transzendent und rational unbeweisbar ist. Ein Gott, der beweisbar ist, der wäre ein immanentes Wesen. (St. Galler Tagblatt 5. 10. 2010)

unbewiesen//bewiesen
es ist noch unbewiesen, ob er /dass er diese Tat begangen hat ○ Das Konzept ist unbewiesen, es ist nur theoretisch

bewiesen. (Lausitzer Rundschau 23. 6. 2007)

unbewohnbar//bewohnbar
er hält diesen Raum für unbewohnbar ○ Das Haus ist vorerst unbewohnbar. Das abgebrannte Haus ist vorerst nicht bewohnbar. (Kölner Stadtanzeiger 27. 12. 2014)

unbewohnt//bewohnt
dieses Haus ist unbewohnt ○ So sind viele Häuser in der Nähe des Dorfkerns unbewohnt oder nur noch von einer Person bewohnt. (Basler Zeitung 16. 4. 2007)

unbewusst//bewusst
eine Sucht unbewusst fördern ○ unbewusste Selbsttäuschung ○ Bei Kommentaren schwingt oft, unbewusst oder bewusst, auch eine gewisse Miesmacherei der Stadt Basel mit. (Basler Zeitung 5. 9. 2012)

unbezahlbar//bezahlbar
unbezahlbare Mieten, Preise ○ Die alten Wohnungen mit den schönen hohen Decken, die sind entweder schlecht oder unbezahlbar. Neue sind bezahlbar, aber da will keiner wohnen. (Aachener Zeitung 13. 2. 2012)

unbezahlt//bezahlt
unbezahlte Rechnungen ○ unbezahlten Urlaub nehmen ○ Die Bevölkerung des Kantons arbeitet 204 Millionen Stunden unbezahlt und 173 Millionen Stunden bezahlt. (Basler Zeitung 2. 5. 2003)

unbezähmbar//bezähmbar
unbezähmbare Triebe ○ „Diese kurze Strecke wird in der Gegend ‚russisches Land' genannt, weil sie so wild und unbezähmbar ist" (Aachener Zeitung 28. 5. 2005)

unbezwingbar//bezwingbar
ein unbezwingbarer Gegner ○ Die CSU, sagt sie, sei „nicht unbezwingbar. Und sie wird irgendwann bezwingbar sein." (Nürnberger Nachrichten 14. 9. 1998)

unbiegbar//biegbar
(veraltet für: unbeugbar) ○ ein unbiegbares Adjektiv, z. B. „rosa"

Unbildung//Bildung
sein Verhalten zeugt von Unbildung ○ Die religiöse Unbildung halte ich für gefährlich. Die religiöse Bildung ist für die Zukunft ganz zentral (Die Presse 16. 4. 2017)

unbillig//billig
ein unbilliges Verlangen ○ Wie an vielen Stellen im Familienrecht geht es um unbestimmte Rechtsbegriffe wie „unbillig" oder „billig", „Härte" oder „zumutbar". So ist es eben in den Augen der Richter unbillig, wenn jemand sich kurz vor oder nach der Trennung einem neuen Partner zuwendet. (Die Zeit 24. 4. 2008)

un... (mit Partizip II) bleiben//... werden
z. B. unerwähnt bleiben/erwähnt werden

unblutig//blutig
die Flugzeugentführung fand ein unblutiges Ende ○ Doch die Revolution breitet sich aufs ganze Land aus – meist unblutig, manchmal sehr blutig (Die Presse 22. 10. 2016)

unbrauchbar//brauchbar
unbrauchbares Material ○ Zunächst gilt es also, alle Gegenstände aus dem Raum zu holen und in zwei Kategorien zu teilen – unbrauchbar und brauchbar. (Kurier 30. 10. 2016)

unbrennbar//brennbar
unbrennbare Stoffe ○ Es wurde von Verantwortlichen gesagt, dass die Bahn aufgrund der Metallkonstruktion als unbrennbar galt. Jeder Chemiker kennt folgende Tatsachen, die auch in jedem Lexikon unter „Aluminium" nachzulesen sind: Aluminium ist brennbar (Nürnberger Nachrichten 21. 11. 2000)

unbunt//bunt
unbunte und bunte Klecksgebilde ○ Sie lassen ihren Ideen freien Lauf, und die

Bilder reichen von abstrakt bis figürlich, von unbunt bis markant bunt. (Südwest Presse 6. 3. 2012)

unbürgerlich//bürgerlich
ein unbürgerliches Leben führen ○ *Es war schön, dass Chotjewitz in der sehr bürgerlichen Stadt Stuttgart als einer gelebt hat, der im Sinne eines Bourgeois ganz und gar unbürgerlich war* (Stuttgarter Zeitung 23. 12. 2011)

unbürokratisch//bürokratisch
die Anträge auf Entschädigung wurden sehr unbürokratisch bearbeitet ○ *Es sei ihm lieber, die Flüchtlinge würden unbürokratisch reingelassen, als dass man sie bürokratisch verhungern ließe.* (Westdeutsche Zeitung 2. 4. 2016)

unbußfertig//bußfertig
(ohne Reue) ○ *unbußfertig sterben* ○ *Sie gehen unbußfertig mit der deutschen Geschichte um, sie haben das Phänomen von Schuld nicht verstanden.* (Süddeutsche Zeitung 24. 12. 2011)

uncharakteristisch//charakteristisch
das ist für sie (aber) uncharakteristisch ○ *Esther kam es vor, als habe er sich völlig uncharakteristisch verhalten. In Wahrheit verhielt er sich ganz und gar charakteristisch.* (Mannheimer Morgen 30. 11. 2002)

uncharmant//charmant
das hat er sehr uncharmant gesagt ○ *Der uncharmante Gehsteiggarten täuscht, der versteckte Hof ist viel netter.* (Die Presse 12. 4. 2013)

unchristlich//christlich
(unchristlich konträrer Gegensatz im Unterschied zu kontradiktorisch nichtchristlich) ○ *eine unchristliche Asylpolitik* ○ *sich unchristlich verhalten* ○ *unchristliche Intoleranz* ○ *Die Normannen zählten zu den unberechenbaren Naturgewalten zu Beginn des zweiten Jahrtausends. Kein Hafen, keine Stadt war vor ihnen sicher, unchristlich oder christlich.* (Die Presse 31. 3. 2004)

uncool//cool
uncool reagieren (Jugendsprache) ○ *Der Minirock ist uncool, die Jogginghose ist cool* ○ *rational sein ist cool, emotional sein ist uncool.* (taz 8. 3. 2018)

und//weniger
(Addition/Subtraktion) ○ *fünf und vier sind neun*

Undank//Dank
er hatte mit Dank, nicht mit Undank (mit unfreundlichem o. ä. Verhalten ihm, dem Wohltäter, gegenüber) *gerechnet* ○ *Undank ist eben der Welt Lohn. Der wahre Dank kann nur ideeller Natur sein.* (Nürnberger Zeitung 14. 9. 2005)

undankbar//dankbar
undankbare (die Mühen der Eltern nicht entsprechend würdigende) *Kinder* ○ *die Erben haben sich als undankbar erwiesen* ○ *eine undankbare* (viel Mühe bereitende, unerfreuliche) *Aufgabe* ○ *Aber ich versuche, nicht undankbar zu sein. Ich bin dankbar, dass ich lebe.* (Berliner Morgenpost 9. 12. 2014)

Undankbarkeit//Dankbarkeit
mit dieser Undankbarkeit hatte sie nicht gerechnet

undefiniert//definiert
undefinierte Begriffe

undeklinierbar//deklinierbar
das Adjektiv „lila" ist undeklinierbar (Grammatik)

undemokratisch//demokratisch
eine undemokratische Gesinnung ○ *Ist es undemokratisch, seine Meinung auch nach einem demokratisch gefassten Beschluss weiter zu vertreten?* (Trierischer Volksfreund 31. 5. 2017)

undenkbar//denkbar
undenkbar ist diese Entwicklung nicht ○ *Dinge, die vorher undenkbar waren, sind nun denkbar geworden.* (taz 16. 9. 2017)

Underachievement//Overachievement
(wider Erwarten schlechtes Ergebnis bei einer Leistung)

Underachiever//Overachiever
(jemand, der schlechter als erwartet abschneidet) ○ *Der Typ „Underachiever" etwa ist nach Jahren der „Streber"-Rufe draufgekommen, dass es cooler ist, zu bummeln.* (Wirtschaftsblatt 29. 10. 2010)

Understatement//Overstatement;
↑auch: **Übertreibung**
(Untertreibung) ○ *Lieber Understatement als Overstatement. Ein natürliches, entspanntes Auftreten, gängige Umgangsformen.* (Weltwoche 22. 1. 2009)

undeutlich//deutlich
undeutlich sprechen, schreiben ○ *Der Stein ist darauf zwar nur undeutlich zu erkennen, aber die Inschrift war deutlich mit weißer Farbe markiert.* (Nordkurier 4. 6. 2012)

Undeutlichkeit//Deutlichkeit
die Undeutlichkeit der einzelnen Buchstaben

undeutsch//deutsch
eine undeutsche Reaktionsweise ○ *ist Humor eine undeutsche Eigenschaft?* ○ *Alles andere wäre undeutsch, deutsch nämlich ist Sachlichkeit* (taz 11. 9. 2017)

undialektisch//dialektisch
(Philosophie)

undicht//dicht
der Wasserhahn, das Dach ist undicht ○ *Wir hatten von einem Schwimmbadbau blaue Kautschukfarbe bekommen, da das Dach undicht wurde. Jetzt war es wieder dicht.* (Süddeutsche Zeitung 20. 11. 2017)

undifferenziert//differenziert
undifferenzierte Kritik ○ *undifferenzierte Angaben* ○ *Eher undifferenziert angelegte Klangbänder wechseln ab mit gut differenziert gespielten kammermusikalisch gedachten Passagen.* (Thüringische Landeszeitung 16. 5. 2006)

undiplomatisch//diplomatisch
sein Verhalten war sehr undiplomatisch ○ *Ein bisschen undiplomatisch.* ○ *Oh, oh – das war nicht gerade ladylike und diplomatisch schon gar nicht.* (Süddeutsche Zeitung 8. 2. 2014)

undiszipliniert//diszipliniert
undiszipliniertes Verhalten ○ *Auf eine gewisse Art sei sie ohne Ehrgeiz und undiszipliniert gewesen, auf eine andere auch ehrgeizig und diszipliniert* (Der Tagesspiegel 1. 2. 2003)

Undiszipliniertheit//Diszipliniertheit

undogmatisch//dogmatisch
undogmatisch urteilen, sich verhalten ○ *„Italienisch für Anfänger" – eine amüsante Beziehungsgeschichte, ganz undogmatisch dogmatisch.* (Hamburger Abendblatt 17. 1. 2002)

undramatisch//dramatisch
dieses Treffen verlief – anders als erwartet – ganz undramatisch ○ *Der Anstieg der Messwerte im Verlauf des Tages fiel aber eher undramatisch aus. Anstieg nicht dramatisch.* (Saale-Zeitung 12. 12. 2017)

Undulationstheorie//Emissionstheorie
(Theorie des Lichts als Wellenbewegung ○ Physik)

unduldsam//duldsam
Jedenfalls gehen uns offenbar nicht nur die Probleme, sondern nun auch noch die Buntstifte aus, weshalb immer mehr Menschen unduldsam darauf warten, endlich duldsam zu werden. (Süddeutsche Zeitung 6. 4. 2016)

Unduldsamkeit//Duldsamkeit

undurchführbar//durchführbar
dieser Auftrag ist undurchführbar ○ *Unsere Ständeräte erachten es als undurchführbar, den Zürchern, Genfern und Waadtländern die zu viel bezahlten Krankenkassenprämien zurückzuerstatten. Seit 1996 war es aber durchführbar, diese total 1,4 Milliarden einzukassieren.* (Tagesanzeiger 28. 1. 2013)

Undurchführbarkeit//Durchführbarkeit
von der Undurchführbarkeit des Plans war sie überzeugt

undurchlässig//durchlässig
die Grenze ist undurchlässig (man gelangt nicht über die Grenze) o *Es ist relativ undurchlässig für Wasser, trotzdem ist es atmungsaktiv, d. h. ausreichend durchlässig für Luft und Wasserdampf.* (Niederösterreichische Nachrichten 29. 7. 2008)

...undurchlässig//... durchlässig (Adjektiv)
z. B. lichtundurchlässig/lichtdurchlässig

undurchschaubar//durchschaubar
ein undurchschaubarer Plan o *Sogar der riesige Bildschirm im Bus zeigt Olympia, morgens allerdings kommt eine Telenovela.* (Süddeutsche Zeitung 24. 2. 2018)

undurchsichtig//durchsichtig; ↑auch: motiviert, transparent
undurchsichtiges Glas o (übertragen:) ein undurchsichtiges Wort ist ein Wort, von dessen Wortkörper nicht auf die Wortbedeutung geschlossen werden kann, z. B.: Haus im Unterschied zur Ableitung häuslich (Sprachwissenschaft)

Undurchsichtigkeit//Durchsichtigkeit

uneben//eben
eine unebene Strecke o *Jede Schlucht soll aufgefüllt und jeder Berg und Hügel abgetragen werden. Was krumm ist, soll gerade, was uneben ist, soll zum ebenen Weg werden.* (Bibel, Lukas 3,5)

unebenbürtig//ebenbürtig
ein unebenbürtiger (ein z. B. geistig oder gesellschaftlich nicht gleichwertiger) Partner o *Wiprecht präsentierte sich nun in seiner ursprünglichen Schönheit, einem Minnesänger der Manessischen Handschrift nicht unebenbürtig.* (Leipziger Volkszeitung 22. 9. 2014)

unebenmäßig//ebenmäßig
Porzellanschalen in unterschiedlicher Größe, unebenmäßig und rau, hat Ji-young Park auf dem Fußboden angeordnet. (Stuttgarter Zeitung 15. 5. 2007)

unecht//echt
unechte Perlen o unechter Schmuck o ein unechter Bruch (Bruch, der größer ist als ein Ganzes, z. B.: vier Drittel – 4/3 o Mathematik) o *So standen im Biologieraum Skelette von Mensch und Tier, unecht und echt.* (Süddeutsche Zeitung 29. 1. 2008)

uneffektiv//effektiv
diese Arbeit ist uneffektiv (hat wenig Nutzen) o *74 Prozent der 1000 Befragten empfinden die Arbeit der Bundesregierung als ziellos und uneffektiv. Nur 22 Prozent sind der Meinung, die Regierung arbeite effektiv und zielorientiert.* (Der Spiegel 15. 12. 2006)

uneffizient//effizient
Aber spätestens mit Gladbachs zweitem Treffer war das Manko des gekonnten Pass- und Laufspiels an diesem Nachmittag offensichtlich: uneffizient. Um effizient zu spielen, muss man intelligent verteidigen (Aachener Zeitung 10. 12. 2012)

Uneffizienz//Effizienz
Für keinen Arbeitnehmer ist es motivierend, in einem Umfeld von Uneffizienz zu arbeiten. (Neue Luzerner Zeitung 6. 6. 2001) o *Uneffizienz, Kontrollmängel und unzureichende Betreuung attestieren die Prüfer den Jobcentern in einem am Wochenende bekannt gewordenen Prüfbericht.* (Main-Post 23. 5. 2006)

unehelich//ehelich
uneheliche Kinder o *Es ist gut, dass unehelich und ehelich geborene Kinder endlich gleichgestellt werden und den ersten Zugriff beim Unterhalt erhalten.* (Frankfurter Rundschau 6. 11. 2007)

unehrenhaft//ehrenhaft
unehrenhaft aus der Armee ausscheiden o *Jemand, der am Galgen oder am Rad starb oder den Verbrennungstod erlitt, der galt als unehrenhaft. Köpfen*

oder Ertränken als ehrenhaft. (Märkische Allgemeine 27. 10. 2012)

unehrerbietig//ehrerbietig
er verhielt sich den älteren Menschen gegenüber unehrerbietig ○ *Klänge es nicht so unehrerbietig, es müsste hier der Satz stehen: Dieser Heifi ist doch eine verdammt coole Socke.* (Der Standard 25. 2. 2017)

unehrlich//ehrlich
unehrliche Absichten ○ *er ist unehrlich gewesen* ○ *Wer unehrlich war, sollte ehrlich mit sich selbst ins Gericht gehen und selbst etwas an den Umständen ändern, die zur Unehrlichkeit geführt haben.* (Ostsee-Zeitung 12. 5. 2017)

Unehrlichkeit//Ehrlichkeit
sie ist für Ehrlichkeit, denn Unehrlichkeit zerstöre die Vertrauensbasis

uneidlich//eidlich
eine uneidliche Falschaussage ○ *Seine Frau hatte uneidlich bezeugt, ihr Ehemann habe den Beamten nur „einen schönen Abend noch" gewünscht.* (Aachener Zeitung 14. 8. 2007)

uneigennützig//eigennützig; ↑auch: egoistisch
uneigennützig handeln ○ *Die FIS subventioniert Trainingslager kleinerer Länder – uneigennützig für die Sportler dieser Nationen, eigennützig in Hinblick auf zukünftige starke, ausgeglichene Starterfelder.* (Salzburger Nachrichten 5. 1. 2001)

uneigentlich//eigentlich
eigentliche und uneigentliche Bedeutungen eines Wortes ○ *das eigentliche und uneigentliche – metaphorische – Sprechen* ○ *Komik schafft Distanz zu bedrückenden Ereignissen, sie erlaubt, uneigentlich über eigentlich Unerträgliches zu sprechen* (Leipziger Volkszeitung 9. 1. 2015)

uneingedenk//eingedenk
uneingedenk der Freundschaft, des Todes (ohne auf die Freundschaft, auf den Tod Rücksicht zu nehmen, ohne sich daran zu erinnern) ○ *Die ganze Angelegenheit ist also, uneingedenk der vermeidbaren Querelen im Nachhinein, schon von Beginn an kein Ruhmesblatt für die Stadtverwaltung.* (Ostthüringer Zeitung 14. 10. 2008)

uneingeladen//eingeladen
uneingeladene Gäste ○ *ich komme nicht uneingeladen* ○ *Auf der holprigen Fahrt über die nicht geteerten Straßen Bamakos erzählt die Sängerin, dass der Ruf der Griots schlechter wird, weil immer mehr von ihnen uneingeladen bei Festen auftauchten. Doch Sacko ist eingeladen.* (taz 22. 5. 2007)

uneingelöst//eingelöst
uneingelöste Versprechen ○ *Versprechen uneingelöst? Österreich sei von der EU eine Nachfolgeregelung nach den Ökopunkten versprochen worden, dies sei allerdings bis heute nicht eingelöst worden.* (Die Presse 26. 9. 2002)

uneingeschränkt//eingeschränkt
uneingeschränkte Bewegungsfreiheit, Vollmacht ○ *uneingeschränkt schuldfähig* ○ *Die dafür eingesetzte Expertengruppe habe vier Varianten für die Bankenaufsicht vorgestellt, eine davon sei uneingeschränkt positiv beurteilt worden, zwei eingeschränkt positiv und eine negativ.* (Die Presse 31. 3. 2017)

uneingeweiht//eingeweiht
er ist uneingeweiht ○ *Der Visitator selbst ist angeblich uneingeweiht.* (Kurier 9. 9. 2004)

uneingewickelt//eingewickelt
die Ware war uneingewickelt ○ *Oftmals steckte er sein Frühstück ein, ohne viel gegessen zu haben, uneingewickelt in die Jackentasche.* (Süddeutsche Zeitung 29. 1. 2005)

uneinheitlich//einheitlich
etwas ist uneinheitlich gemacht ○ *Die Börsen in Europa haben uneinheitlich notiert. Die US-Börsen haben hingegen*

einheitlich fester eröffnet. (Der Standard 15. 4. 2014)

Uneinheitlichkeit//Einheitlichkeit

uneinig//einig
uneinig über etwas sein ○ *So uneinig die Koalitionspartner anderweitig sind, da sind sie sich einig: Das komme nicht in Frage.* (Tiroler Tageszeitung 26. 4. 2017)

Uneinigkeit//Einigkeit
es herrschte Uneinigkeit bei den Verbündeten

uneins//eins
sie sind sich in der Einschätzung der Lage uneins ○ *Das klingt ein wenig uneins, aber wer ist schon eins mit der Welt?* (Der Standard 19. 11. 2016)

uneinsichtig//einsichtig
er ist uneinsichtig ○ *Das kann auch aus persönlichkeits-psychologischen Gründen passieren, wenn sich der Fahrer z. B. völlig uneinsichtig zeigt. Meistens sind die älteren Menschen aber einsichtig.* (Passauer Neue Presse 16. 2. 2009)

uneitel//eitel
er zeigte sich ganz uneitel ○ *So uneitel, dass er schon wieder eitel ist.* (Die Welt 4. 8. 2017)

unelastisch//elastisch
er reagierte ganz unelastisch ○ *Bei tiefen Temperaturen wird die Gummimischung des Sommerreifens nämlich hart und unelastisch, und der Reifen kann die geforderten Leistungen nicht mehr erbringen.* (Die Südostschweiz 5. 1. 2012)

unelegant//elegant
unelegante Bewegungen ○ *eine unelegante Lösung* ○ *Klar, das ist eine Übertragung des Gefühls, dass wer sich unelegant zeigt, auch nicht unbedingt elegant denkt und fühlt.* (Welt am Sonntag 22. 1. 2012)

unempfänglich//empfänglich
für etwas unempfänglich sein ○ *... aber diese Welt enthält auch das ethische Gebot, die Welt unempfänglich für den Wahnsinn von Auschwitz und gleichzeitig den Geist empfänglich für die Vernunft der Selbstkritik zu machen.* (Frankfurter Rundschau 14. 9. 1998)

unempfindlich//empfindlich
ein unempfindlicher Stoff ○ *unempfindlich gegen Sonne*

...unempfindlich//...empfindlich (Adjektiv)
z. B. *frostunempfindlich/frostempfindlich*

unendlich//endlich
das Leben ist endlich, aber viele leben so, als ob es unendlich sei ○ *eine unendliche Menge von Sätzen aus einer endlichen Menge von Kernsätzen*

Unendlichkeit//Ende
Überhaupt ... vermischen sich in der Neufassung „die Ebenen zwischen Leben und Tod, Wunsch und Wirklichkeit, Ende und Unendlichkeit". (Der Spiegel 10. 2. 2018)

unentbehrlich//entbehrlich
unentbehrliche Zutaten ○ *Bücher und TV sind unentbehrlich. Andere Unterhaltungsmedien hielten die Befragten dagegen eher für entbehrlich.* (Nürnberger Nachrichten 16. 1. 2016)

unentdeckt bleiben//entdeckt werden
Toter blieb unentdeckt ... . Drei Wochen lang lag ein 59-jähriger Oststeirer tot in seiner Wohnung, ehe er entdeckt wurde. (Oberösterreichische Nachrichten 10. 5. 2013)

unentgeltlich//gegen Entgelt
diese Broschüre gibt es unentgeltlich ○ *Er ist der Pächter des Areals, und stellt dieses Einrichtungen wie Kindergärten teilweise unentgeltlich, Privatleuten und Firmen gegen Entgelt zum Grillen, Spielen und geselligen Beisammensein zur Verfügung.* (Südkurier 18. 4. 2015)

unenthüllt//enthüllt
Auch bleibt unenthüllt, wie alt sie geworden ist oder woran sie gestorben ist. (Saarbrücker Zeitung 13. 10. 2017)

unentschlossen//entschlossen
ich bin noch unentschlossen ∘ *Und während man noch unentschlossen ist, sind die zu allem entschlossen.* (Südkurier 8. 3. 2000)

unentschuldbar//entschuldbar
dieser Fauxpas ist unentschuldbar ∘ *Was ist für Sie unentschuldbar? Schwer entschuldbar sind Lügen oder Vertrauensbruch.* (Rhein-Zeitung 25. 2. 2016)

unentschuldigt//entschuldigt
unentschuldigt fehlen ∘ *Die Kleine Strafkammer des Landgerichts muss nun lediglich entscheiden, ob der Angeklagte am Amtsgericht unentschuldigt fehlte oder ob sein Fernbleiben entschuldigt war* (Schweinfurter Tagblatt 12. 9. 2016)

unentsichert//entsichert
das Gewehr ist unentsichert

unerfahren//erfahren
sie ist noch unerfahren ∘ *Die junge Erzieherin war zwar fachlich ausgebildet, aber unerfahren. Ihre ältere Kollegin zwar erfahren, aber fachlich unzureichend qualifiziert.* (Rhein-Zeitung 27. 5. 2011)

unerforscht//erforscht
unerforschte Gebiete ∘ *Diese Phase der Welterkundung ging im 19. Jahrhundert zu Ende, doch geographische Flecken, die unerforscht oder kaum erforscht waren, gab es weiterhin.* (Neue Zürcher Zeitung 26. 3. 2005)

unerfreulich//erfreulich
eine unerfreuliche Entwicklung ∘ *„So unerfreulich der Verkehr ist, so erfreulich ist es, dass wir in der Stadt vier große Neubauten haben"* (Tiroler Tageszeitung 11. 11. 2015)

unerfüllbar//erfüllbar
unerfüllbare Wünsche ∘ *Die Anforderungen sind immer anspruchsvoll, oft unerfüllbar. Oder nur erfüllbar, wenn Geld und Zeit keine Rolle spielen.* (taz 12. 8. 2013)

unerfüllt//erfüllt
unerfüllte Träume, Wünsche ∘ *Auch der Verheiratete hat Grenzen, muss, wie ich, akzeptieren, dass es Bereiche gibt, wo er unerfüllt bleibt. Ganz erfüllt kann doch niemand sein.* (St. Galler Tagblatt 22. 5. 2010)

unergiebig//ergiebig
unergiebige Forschungen ∘ *Obwohl also seine Arbeit keineswegs unergiebig, sondern aus unserer Sicht sehr ergiebig war, verzichtete Prof. Gross ... auf eine ... zweite Amtszeit.* (Handelsblatt 18. 3. 2003)

unerheblich//erheblich
unerhebliche Unkosten ∘ *Denn schließlich ist es unerheblich, was zwischen diesen vier Wänden stand, erheblich ist, was hier, in dieser selbst gewählten Enge, entstanden ist.* (Die Presse 3. 7. 2010)

unerigiert//erigiert; ↑auch: steif
ein unerigierter (schlaffer) Penis

unerklärbar//erklärbar
eine unerklärbare Ursache ∘ *sein Verhalten ist unerklärbar* (kann nicht erklärt werden) ∘ *Ein Drittel ist unerklärbar ... Weshalb die Löhne zwischen Männern und Frauen derart auseinanderklaffen, ist nach wie vor nicht in allen Teilen erklärbar.* (Neue Zürcher Zeitung 2. 7. 2010)

unerklärlich//erklärlich
seine Reaktion ist unerklärlich (kann man gar nicht verstehen)

unerlaubt//erlaubt
unerlaubte Hilfsmittel ∘ *unerlaubte Entfernung von der Truppe* ∘ *unerlaubte Steuertricks* ∘ *Doch der Tankstellenkaufmann fuhr mit dem unerlaubt aufgemotzten Wagen doppelt so schnell wie erlaubt: 101 Kilometer in der Stunde.* (Kölnische Rundschau 9. 10. 2004)

unerledigt//erledigt
unerledigte Post ∘ *das blieb unerledigt* ∘ *Die Arbeitsergebnisse sind auf dem Bild-*

schirm ablesbar: schwarz: unerledigt, rot: in Arbeit, gelb: erledigt. (Süddeutsche Zeitung 24. 12. 2003)

unerotisch//erotisch
ein unerotisches Aussehen o eine Brille mache unerotisch, meinte er o Und megageil heißt soviel wie unerotisch. Weil Geilheit und Sex ist nicht erotisch. (Neue Kronen-Zeitung 5. 8. 1996)

unerreichbar//erreichbar
Gott ist aber nicht ein „Überwesen", das für uns unerreichbar ist, sondern er ist sinnstiftend und so für jeden erreichbar und begreiflich. (Süddeutsche Zeitung 18. 6. 2011)

unerschlossen//erschlossen
(noch) unerschlossene Quellen der Geschichte o Bauland kostet unerschlossen zwischen 82 und 120 Euro, voll erschlossen zwischen 115 und 135 Euro pro Quadratmeter. (Südkurier 1. 9. 2011)

unerschwinglich//erschwinglich
das Auto ist (für ihn) unerschwinglich o Alles im Leben ist relativ. Was wir vielleicht als unerschwinglich betrachten, ist für andere erschwinglich (Welt am Sonntag 20. 9. 2015)

unersetzbar//ersetzbar
das, was du verloren hast, ist unersetzbar o Sie sind unersetzbar in diesem Laden. ... Ganz im Gegenteil: Jeder ist ersetzbar. (Der Spiegel 15. 4. 2017)

unersprießlich//ersprießlich
dieses Gespräch war unersprießlich o Die aktuellen Rahmenbedingungen sind auch für die Helfer ... unersprießlich. (Stuttgarter Zeitung 30. 11. 2005)

unerträglich//erträglich
die Hitze ist unerträglich o die finanziellen Belastungen sind unerträglich o „Er kann den holden Schwachsinn der Operettenwelt auch denen, die diese Kunstgattung schier unerträglich finden, erträglich machen." (Mannheimer Morgen 4. 12. 2003)

unerwähnt//erwähnt
die unerwähnten Mitarbeiter o Politiker brauchen Öffentlichkeit, sonst bleiben sie unerwähnt. Wer nicht erwähnt wird, wird selten gewählt und verspielt seine Karriere. (Basler Zeitung 10. 3. 2017)

unerwünscht//erwünscht
Zuschauer sind unerwünscht o Darunter werden Pflanzen zusammengefasst, die eigentlich nicht böse sind, aber im Beet unerwünscht sind. Sie nehmen nämlich den Pflanzen, die erwünscht sind, Nährstoffe und Wasser weg. (Rheinische Post 20. 6. 2009)

unerziehbar//erziehbar
Zum Schluss wurde ich als unerziehbar entlassen. (Der Standard 29. 7. 2017)

unethisch//ethisch
Das sei fragwürdig und unethisch. Das Bankgeheimnis müsse daher ethisch besser abgestützt werden. (Neue Zürcher Zeitung 12. 3. 2004)

unexakt//exakt
unexakte Ergebnisse o Aus dem Ergebnisblatt für den Multicheck Kauffrau/Kaufmann beispielsweise ist sofort ersichtlich, ... wo in den Prüfungsgebieten der Arbeitsstil zwischen den Extremen «unexakt und langsam» sowie «exakt und schnell» anzusiedeln ist. (Die Nordwestschweiz 7. 7. 2003)

unfachgerecht//fachgerecht
unfachgerechte Ausführung o Gesundheitsbehörden warnen vor der Gefahr von unfachgerecht angefertigten Piercings und Tattoos. (Salzburger Nachrichten 24. 4. 2003)

unfachmännisch//fachmännisch
unfachmännische Ausführung der Reparatur o Die Anzeichnungen der zu fällenden Bäume war unfachmännisch. Man hätte eingreifen können, aber nur fachmännisch. (Frankfurter Neue Presse 3. 3. 2006)

unfähig//fähig
ein unfähiger Mitarbeiter ○ Er ist übergewichtig und depressiv, er leidet an Diabetes, ist unfähig zu Beziehungen, dafür fähig zu gelegentlichen Alkoholexzessen. (Rheinische Post 6. 10. 2015)

...unfähig//...fähig (Adjektiv)
z. B. sie ist verhandlungsunfähig (ist nicht fähig zu verhandeln)/verhandlungsfähig

Unfähigkeit//Fähigkeit
die Unfähigkeit, über sich und seine Gefühle zu sprechen

unfair//fair
unfaire Konkurrenz ○ ein unfaires Spiel ○ sich unfair verhalten ○ Die Lösung kommt kurz vor Schluss, als St. Pauli beweist, dass es nicht nur unfair gewinnen, sondern auch fair verlieren kann. (taz 28. 2. 2011)

unfehlbar//fehlbar
Der Papst ist nicht einfach „unfehlbar". Er ist fehlbar bis auf den eng umgrenzten Ausnahmefall (Süddeutsche Zeitung 10. 2. 2011)

unfein//fein
unfeine Manieren ○ Aber es ist nun mal so, dass vor allem beim Reinigen der Calamares Aromen frei werden, die in Verbindung mit Wohnungsluft unfein wirken, so fein und frisch der Fang auch ist. (Hannoversche Allgemeine 20. 12. 2008)

unfest//fest
unfeste Vorsilben sind ab-, an-, aus-, z. B. in abreisen, anreisen, sich ausziehen: er reist ab, er reist an, er zieht sich aus (Grammatik) ○ Fahrverbote sollten als Zusatzstrafe bei Menschen erwogen werden, die sich als charakterlich unfest erwiesen haben, bei Schlägern etwa. (Mannheimer Morgen 8. 8. 2016)

unfixiert//fixiert
(Fotografie)

unflektierbar//flektierbar
ein unflektierbares Adjektiv, z. B. „lila" (Grammatik)

unflektiert//flektiert
„gehen" ist eine unflektierte Form (Grammatik)

unflexibel//flexibel
sie ist unflexibel (nicht anpassungsfähig, nicht wendig, kann sich nicht schnell auf etwas Neues ein- und umstellen) ○ Wer also günstig in den Urlaub fliegen möchte, sollte, wenn er zeitlich unflexibel ist, möglichst früh buchen. Wer zeitlich flexibel ist ..., kann in der Nebensaison das eine oder andere Schnäppchen ergattern. (Schwäbische Zeitung 25. 7. 2017)

Unflexibilität//Flexibilität

unfrankiert//frankiert
ein unfrankierter Brief ○ Gelben Wahlbriefumschlag zukleben, unfrankiert versenden (im Ausland frankiert) oder bei dem/der Bürgermeister/in (Wahlamt) abgeben. (Westfalen-Blatt 13. 5. 2014)

unfraulich//fraulich
unfrauliche Kleidung ○ sich unfraulich benehmen ○ Politisierte damals eine Frau sachlich und griff bisweilen auch hart durch, dann galt das als unfraulich. (Die Südostschweiz 1. 4. 2007)

unfrei//frei
unfreie Bauern im Feudalismus ○ er fühlt sich unfrei ○ Die Kunst und die Künstler sind, historisch betrachtet, viel mehr unfrei als frei gewesen. (Der Tagesspiegel 4. 2. 2018)

unfreiwillig//freiwillig
Fast alle engen Mitarbeiter ... haben ihren Posten mittlerweile aufgegeben – freiwillig oder unfreiwillig. (Der Spiegel 3. 3. 2018)

Unfreiheit//Freiheit
zwischen Freiheit und Unfreiheit wählen müssen

unfreundlich//freundlich
ein unfreundliches Gesicht machen ○ ein unfreundlicher Pförtner ○ Adenauer

lenkte ein, behandelte Meyers zwar betont unfreundlich, die anderen Herren aber ... betont freundlich. (Der Spiegel 3. 8. 1960). o *unfreundliches* (wenig schönes) *Wetter*

...unfreundlich//...freundlich (Adjektiv)
(mit der Bedeutung: in seiner Art beeinträchtigend in Bezug auf das im Basiswort Genannte) z. B. *benutzerunfreundlich/benutzerfreundlich*

Unfreundlichkeit//Freundlichkeit
Er war wegen seiner Unfreundlichkeit bekannt

Unfrieden//Frieden
in Unfrieden voneinander scheiden o *der Unfrieden in uns* o *Der Bürgerentscheid habe Unfrieden statt Frieden gebracht* (Wiesbadener Tagblatt 16. 4. 2018)

unfrisiert//frisiert
unfrisierte Frauen o *Niemand sieht unfrisiert so frisiert unfrisiert aus wie jemand, der gerade unfrisiert worden ist.* (Frankfurter Rundschau 30. 9. 1999)

unfruchtbar//fruchtbar; ↑auch: **fertil, potent**
die unfruchtbaren Tage der Frau o *unfruchtbarer Boden* o (übertragen:) *unfruchtbare Diskussionen* o *Mehr als ein Drittel der Männer waren nach WHO-Kriterien unfruchtbar oder sehr eingeschränkt fruchtbar.* (Neue Luzerner Zeitung 23. 8. 2017)

Unfruchtbarkeit//Fruchtbarkeit; ↑auch: **Fertilität**

ungalant//galant
ungalante Bemerkung o *Und er war so ungalant zu siegen, nachdem tags zuvor sein Vorgänger im Wahlkreis ... so galant gewesen war, ihn siegen zu lassen.* (Der Spiegel 14. 7. 1969)

ungar//gar
der Boden ist ungar (in einem für die Bestellung ungünstigen Zustand o Landwirtschaft) o *Als Schauspiel wirkt diese Zurücknahme aber leider wie ungares Beiwerk aus Kunst-Depressionen.* (Süddeutsche Zeitung 11. 8. 2015)

ungastlich//gastlich
ein ungastliches Haus o *Es ist ein gottverlassener Ort, 145 Kilometer nördlich des Polarkreises, ungastlich kalt und viele Monate im Jahr dunkel.* (Die Presse 6. 7. 2014)

ungebadet//gebadet
ungebadet ins Bett gehen o *Einige wenige bringen sich ungebadet gleich in Positur für die Fotografen.* (Welt am Sonntag 23. 4. 2017)

ungebahnt//gebahnt
ungebahnte Wege o *Und so verschafft sich auch manchmal die kindliche Neugier ungebahnt ihren Raum.* (Rhein-Zeitung 25. 3. 2006)

ungebeugt//gebeugt
eine ungebeugte Form, z. B.: laufen (Grammatik) o *Ein Wort wird keinen Deut ehrwürdiger, wenn man es ungebeugt lässt. Es wird nur knochiger. Solche knochigen Substantivkrüppel, deren Wortgestalt dürr einherwankt, von keiner verändernden Kraft mehr gebeugt* (Stuttgarter Zeitung 1. 2. 2014)

ungebildet//gebildet
ein ungebildeter Mensch o *Selten zuvor verdeutlichte eine Wahl die Zerrissenheit des Landes derart: Land- gegen Stadtbevölkerung, Arm gegen Reich, ungebildet gegen gebildet.* (Hamburger Morgenpost 13. 6. 2009)

ungeboren//geboren
Unsere Kirche hat sich schon immer mehr um das ungeborene als das geborene Leben gekümmert. (Süddeutsche Zeitung 16. 10. 2010)

ungebräuchlich//gebräuchlich
dieser Ausdruck ist ungebräuchlich o *das Parforcehorn in Es, der Vorläufer des Ventilhorns, ist hierzulande ziemlich ungebräuchlich, es ist mehr in Frank-*

reich und im Südwesten Deutschlands gebräuchlich. (Mitteldeutsche Zeitung 26. 10. 2001)

ungebraucht//gebraucht
ein (noch) ungebrauchtes Taschentuch ∘ Die „Trinacria" ungebraucht kletterte von 5000 auf 6600 Euro, das nicht ganz so seltene „Savoyer Kreuz" ... gebraucht von 1500 auf 2200 Euro. (Die Welt 10. 2. 2007)

ungebunden//gebunden
ein ungebundenes Buch ∘ er ist noch ungebunden (hat sich noch nicht an eine Partnerin gebunden) ∘ Für die „Septemberbibel" gibt es Preisangaben von einem halben bis anderthalb Gulden, wohl schwankend zwischen ungebunden und gebunden (Schwäbische Zeitung 4. 11. 2016)

ungedeckt//gedeckt
ein ungedeckter Scheck (wenn auf dem belasteten Konto der entsprechende Betrag nicht verfügbar ist) ∘ Die Rolle des Geldes – ob ungedeckt und aus Papier, oder gedeckt durch Gold und Silber, oder gleich als Edelmetall-Münzen – hat Thorsten Polleit in den vergangenen Jahren immer interessiert. (Börsen-Zeitung 25. 4. 2012)

ungedient//gedient
ungediente junge Männer (die keinen Wehrdienst geleistet haben) ∘ Er gehört gewissermaßen zu einem weißen Jahrgang, ist ungedient. (Süddeutsche Zeitung 8. 6. 2009)

Ungedienter//Gedienter
(jemand, der nicht beim Militär gedient hat)

Ungeduld//Geduld
mit Ungeduld kann man nichts erreichen ∘ Diese Ungeduld kann gefährlich werden. Geduld aber ist eine Eigenschaft, die nicht jeder in gleichem Maße sein Eigen nennen kann. (Neue Westfälische 26. 8. 2017)

ungeduldig//geduldig
er ist sehr ungeduldig ∘ ungeduldig wartete er auf die Entscheidung ∘ Sind Sie dafür nicht zu ungeduldig? Nein, ich bin sehr geduldig. (Neue Kronen-Zeitung 19. 8. 2012)

ungeeignet//geeignet
für den Posten ungeeignet sein ∘ er ist für diesen Beruf ungeeignet

ungefährlich//gefährlich
das ist ungefährlich ∘ ein ungefährliches Experiment ∘ Für Gesunde seien diese meist ungefährlich, für kranke oder immunschwache Personen könnten sie aber gefährlich werden (Die Presse 11. 3. 2017)

ungefällig//gefällig
sie ist sehr ungefällig (tut anderen nicht gern einen Gefallen) ∘ Und aufmerksam bleiben, denn zwischen gefällig braunen und ungefällig verkohlten Rändern liegt bei dieser Hitze weniger als eine Minute Backzeit. (Falter 27. 5. 2015)

ungefärbt//gefärbt
die Bonbons sind ungefärbt ∘ Die Unterkleidung war ungefärbt, die Oberkleidung je nach Stand, Vermögen und Festlichkeit gefärbt. (Thüringer Allgemeine 26. 2. 2005)

ungefestigt//gefestigt
eine ungefestigte Persönlichkeit ∘ Noch zu ungefestigt ist die Basis für den gewünschten und vor allem leistbaren Kindersegen (Tiroler Tageszeitung 27. 1. 2008)

ungeformt//geformt
ungeformter Ton ∘ Im Handel erwerbliche Lehme werden ungeformt und geformt, nass und trocken und in verschiedenen Arten wie Stampf-, Weller-, Stroh- und Leichtlehm angeboten. (taz 12. 7. 2014)

ungefreut//gefreut
eine ungefreute (unerfreuliche) Sache (schweizerisch) ∘ Uns Buben von zwölf

Jahren interessierten die entsorgten «Bravo»-Hefte, wobei sie aus dem nicht spannenden Kram herauszufischen sich ungefreut gestaltete, weil die bunten Blätter oftmals schmierig waren. (Die Südostschweiz 15. 3. 2017)

ungefüllt//gefüllt
ungefüllte Ostereier o Es gibt sie ungefüllt, beispielsweise im Rheinland. Und es gibt sie selbstverständlich gefüllt – zumeist mit Erdbeerkonfitüre oder Pflaumenmus wie das Berliner Original, mit Hagebuttenmark wie in Franken oder mit Marillenkonfitüre wie in Österreich. (Braunschweiger Zeitung 31. 12. 2009)

ungegenständlich//gegenständlich
sie malt ungegenständlich o Festlegen auf eine bestimmte Richtung mag sich die sympathische Künstlerin jedoch nicht: „Ich bin weder ungegenständlich noch gegenständlich" (Rhein-Zeitung 5. 7. 2001)

ungegerbt//gegerbt
ungegerbtes Leder

ungeheizt//geheizt
ein ungeheiztes Zimmer o „Die Schlafkammern blieben ungeheizt, die Stubenöfen wurden vom Flur aus durch die Wand geheizt, also von hinten" (Nordkurier 12. 10. 2015)

ungehorsam//gehorsam
ein ungehorsames Kind o Christus ist gestorben, weil er den Menschen gegenüber ungehorsam war, gehorsam nur Gott allein. (Die Presse 2. 4. 2012)

Ungehorsam//Gehorsam
Ungehorsam ist manchmal besser als Gehorsam. (Tagesanzeiger 27. 12. 2012)

ungeil//geil
ungeile (langweilig aussehende) Kleidung (Jugendsprache) o Geiz ist ungeil. Fairness ist geil. (Tagesanzeiger 4. 8. 2009)

ungeklärt//geklärt
ungeklärte kriminalistische Fälle o die Ursache für den Brand ist noch ungeklärt o Welcher Vorfall der Auslöser für seine Bluttat war, bleibt ungeklärt. Ebenfalls nicht geklärt ist, wieso er zwei Schusswaffen erwerben konnte (Tagesanzeiger 31. 8. 2007)

ungekrönt//gekrönt
Wanner ... arbeitete für Michael Jackson, Prinzessin Diana und für viele andere ungekrönte und gekrönte Häupter. (St. Galler Tagblatt 18. 11. 2011)

ungekünstelt//gekünstelt
sie spricht (ganz) ungekünstelt o So sehr der Autor ablehnt, was ihm im musikalischen Zusammenhang als gekünstelt oder harmonisierend erscheint, so enthusiastisch begrüßt er jede Musik, die ihm ungekünstelt, zufällig, naturgegeben vorkommt. (Süddeutsche Zeitung 4. 9. 2003)

ungekürzt//gekürzt
eine ungekürzte Ausgabe o die Hymne wurde ungekürzt gespielt o Wegen der langen Spieldauer (ungekürzt mehr als vier Stunden Musik) wurde das Werk meist stark gekürzt gespielt (Rhein-Zeitung 9. 7. 2013)

ungeladen//geladen
ungeladene Teilchen o ungeladene Gäste o Danach wollte er einen 15-jährigen Freund erschrecken, entfernte das Magazin und dachte, das Gewehr wäre ungeladen. Es war aber noch geladen und der 15-Jährige wurde am Knie getroffen. (Niederösterreichische Nachrichten 5. 7. 2012)

ungelegen//gelegen
der Vorschlag kam ungelegen o Herr Zölle, wie gelegen oder ungelegen kommt Ihnen die Absage? (Nürnberger Zeitung 11. 2. 2012)

ungelenkig//gelenkig
er ist sehr ungelenkig o Egal, wie gelenkig oder ungelenkig, und egal, wie kräftig einer ist: Es wird zunächst einmal nur geschaut, welche körperlichen

Voraussetzungen jemand mitbringt.
(Neue Westfälische 14. 7. 2005)

ungelernt//gelernt
ein ungelernter Arbeiter ○ *„Wenn ich hundert neue Mitarbeiter finden könnte, würde ich sie auch ungelernt sofort einstellen – und anlernen.* (Die Presse 3. 2. 2007)

ungeliebt//geliebt
eine ungeliebte Beschäftigung ○ *Von Rosalinde ungeliebt stirbt er fast vor Liebeskummer, von Julia geliebt sieht er im gemeinsamen Tod die einzige Möglichkeit, ihre Liebe für immer zu bewahren.* (Die Presse 22. 1. 2016)

ungelöst//gelöst
ungelöste Probleme ○ *Derzeit sei noch der Abbau von 100 Stellen ungelöst, das könne aber über erweiterte Altersteilzeit gelöst werden.* (Mannheimer Morgen 12. 11. 2011)

ungemahlen//gemahlen
ungemahlener Kaffee ○ *Anis ungemahlen* ○ *Den Kaffee gibt's auch ungemahlen und gemahlen zum Mitnehmen.* (Westdeutsche Zeitung 12. 6. 2010)

ungemütlich//gemütlich
ein ungemütliches Zimmer ○ *Wenn es draußen kalt und ungemütlich ist, sitzt man gemütlich bei einer schönen Tasse Tee, Kaffee oder Glühwein im Kerzenschein und bekommt Lust, kreativ tätig zu werden.* (Süddeutsche Zeitung 6. 11. 2001)

ungenannt//genannt
die ungenannten Mitarbeiter ○ *Mit dieser Zahl zitiert die Nachrichtenagentur „Interfax" einen ungenannten Manager aus der Weltraumindustrie. Bei der genannten Summe seien auch die Kosten für 367 Kilogramm Fracht aus den USA enthalten* (Der Spiegel 26. 8. 2011)

ungenannt bleiben//genannt werden
er wollte ungenannt bleiben ○ *Zudem sieht der Händler – der ungenannt bleiben will – im Umstand, dass die richtige Provenienz genannt wurde, einen Beweis dafür, dass alles mit rechten Dingen zuging.* (Der Standard 16. 4. 2004)

ungenau//genau; ↑**auch: präzise;** ↑**auch: akkurat**
ungenaue Maße ○ *ungenaue Vorstellungen von etwas* ○ *In vielen technischen Bereichen wäre das viel zu ungenau, denn da müssen die Angaben bis auf Millimeter genau sein.* (St. Galler Tagblatt 31. 12. 2016)

Ungenauigkeit//Genauigkeit
die Ungenauigkeit der Formulierung

ungenießbar//genießbar
das Essen war ungenießbar ○ *Es bedeutet nicht, dass Lebensmittel bei Erreichen ungenießbar sind, sondern nur, dass sie bis dahin garantiert genießbar sind – ein großer Unterschied.* (Berliner Morgenpost 14. 3. 2012)

ungenormt//genormt
ungenormte Abmessungen ○ *Das große Feld bekommt ... eine genormte 200-Meter-Bahn. Der alte Rasenplatz verfügte nur über ungenormte Sprint- und Langlaufbahnen.* (Rhein-Zeitung 10. 11. 2017)

ungenutzt//genutzt
ungenutzte Fläche ○ *die Theaterscheune in Ströbitz, die im Bericht noch als „faktisch ungenutzt" vorkam, wird nun als vollwertige Spielstätte genutzt* (Nordkurier 6. 12. 2016)

ungeöffnet//geöffnet
ein (noch) ungeöffneter Brief ○ *Der abgefüllte Saft ist ungeöffnet mindestens ein Jahr haltbar und geöffnet binnen zwei Monaten zu verbrauchen.* (Rhein-Zeitung 18. 10. 2016)

ungeordnet//geordnet
ungeordnete Verhältnisse ○ *Das Chaos ist der ungeordnete Urzustand, der Kosmos die geordnete Welt.* (Mittelbayerische Zeitung 7. 11. 2015)

ungepflastert//gepflastert
eine ungepflasterte Straße ○ Röthenbachs neue Mitte wird gepflastert – allerdings nur zur Hälfte ... Die Seite hin zur Sparkasse soll ungepflastert bleiben. (Nürnberger Zeitung 1. 12. 2012)

ungepflegt//gepflegt
er ist sehr ungepflegt ○ Ein Mann war unrasiert, wirkte ungepflegt und hatte dunkle, kurze Haare. Sein Komplize wirkte gepflegt und hatte mittelblondes Haar. (Westdeutsche Zeitung 18. 1. 2014)

ungeplant//geplant
das vierte Kind war ungeplant ○ 600 000 Euro soll die Stadtkasse ungeplant ausgeben, weil das Stadtjubiläum teurer geworden ist als geplant. (Süddeutsche Zeitung 20. 9. 2006)

ungeprüft//geprüft
ungeprüfte Rechnungen ○ Der geplante Abbau von 2400 Stellen werde zu Steuerausfällen in Milliardenhöhe führen, weil dadurch Steuererklärungen ungeprüft blieben und immer weniger Betriebe steuerlich geprüft würden (Kölnische Rundschau 12. 9. 2002)

ungerade//gerade
eine ungerade Zahl (die nicht durch eine andere geteilt werden kann, ohne dass ein Rest bleibt, z. B. 11)

ungerecht//gerecht
das Urteil ist ungerecht ○ das finde ich ungerecht ○ lieber ein ungerechter Friede als ein gerechter Krieg ○ Es ist ungerecht und gerecht zugleich (Der Standard 27. 8. 2014)

un...gerecht//...gerecht (Adjektiv)
z. B. unfachgerecht/fachgerecht

Ungerechte//Gerechte
„Um zehn Ungerechte zu treffen, nehmen Sie in Kauf, dass 1000 Gerechte getroffen werden" (Aachener Zeitung 26. 5. 2007)

ungerechtfertigt//gerechtfertigt
ungerechtfertigte Vorwürfe ○ Sie sagen ja selber, die meisten Gesuche seien ungerechtfertigt. Dass es ein Asylrecht gibt, ist gerechtfertigt. (Weltwoche 20. 12. 2012)

Ungerechtigkeit//Gerechtigkeit
Investitionsschiedsgerichte laufen also Gefahr, mehr Ungerechtigkeit zu schaffen als Gerechtigkeit. (Die Presse 6. 7. 2017)

ungeregelt//geregelt
eine ungeregelte Arbeitszeit ○ Es gehe nicht um die Frage „Zuwanderung ja oder nein, sondern Zuwanderung weitgehend ungeregelt wie bisher oder geregelt und begrenzt". (Der Spiegel 1. 3. 2002)

ungereimt//gereimt
ungereimte Verse ○ Es wird, ungereimt und gereimt, gesprochen und gesungen. (Nürnberger Zeitung 3. 11. 2011)

ungern//gern
eine Arbeit (nur) ungern übernehmen ○ Der Deutsche wird ungern überwacht, steht aber gern in der Schlange nach Geräten, die Überwachung ermöglichen. (FOCUS 28. 2. 2015)

ungerührt//gerührt
ungerührt vernahm er all die Greuel ○ Solche Eindrücke lassen nicht einmal hart gesottene Obama-Gegner ungerührt. „Es fällt schwer, nicht gerührt zu sein, wenn während einer Rede hunderte amerikanischen Flaggen geschwenkt statt verbrannt werden" (Wiesbadener Kurier 26. 7. 2008)

ungerundet//gerundet
ungerundete Vokale werden mit gespreizter Lippenstellung gesprochen (i, e), gerundete mit Verengung der Lippen (ü, ö) (Phonetik)

ungesalzen//gesalzen
ungesalzene Butter, Nüsse ○ Arla Kærgården Balance (gesalzen und ungesalzen) hat den höchsten Anteil an Rapsöl und bietet damit die beste Fettsäurezusam-

mensetzung. (Mannheimer Morgen 26. 1. 2013)

ungesättigt//gesättigt
ungesättigte Lösungen (Chemie) ○ *ungesättigte Fettsäure* (Pflanzenöl) ○ *Ein Drittel bis die Hälfte der aufgenommenen Fette sollten „einfach ungesättigt" sein, ein Drittel „mehrfach ungesättigt", weniger als ein Drittel „gesättigt".* (Der Spiegel 19. 5. 2014)

ungeschält//geschält
ungeschälter Reis ○ *Junge Gurken kann man ungeschält verzehren, ältere Exemplare werden dünn geschält.* (Nordkurier 4. 7. 2001)

Ungeschick//Geschick
sein handwerkliches Ungeschick ○ *Noch immer gilt nämlich die alte Weisheit: Ungeschick auf der Bühne fordert vom Akteur umso mehr Geschick.* (Hamburger Abendblatt 12. 2. 2000)

Ungeschicklichkeit//Geschicklichkeit
seine Ungeschicklichkeit war bekannt ○ *Grock, der, wie Alfred Polgar schrieb, seine äußerste Ungeschicklichkeit durch äußerste Geschicklichkeit kompensierte, besiegte letzten Endes die widerspenstige Materie* (Wiener Zeitung 29. 3. 2004)

ungeschickt//geschickt
er ist ungeschickt ○ *er hat sehr ungeschickt verhandelt* ○ *Sein Roman „Aus den Fugen" ist nicht ungeschickt arrangiert, sondern überaus geschickt komponiert.* (Basler Zeitung 7. 11. 2012)

ungeschlagen//geschlagen
eine ungeschlagene Mannschaft ○ *Gross kämpfte sich ungeschlagen bis ins Finale vor und musste sich erst dort geschlagen geben.* (Kölner Stadtanzeiger 23. 3. 2018)

ungeschlechtlich//geschlechtlich
ungeschlechtliche Fortpflanzung ○ *Ungeschlechtlich? Pilze vermehren sich entweder geschlechtlich (über Sporen) oder ungeschlechtlich, manche Arten können gar beides.* (Die Presse 2. 9. 2012)

ungeschliffen//geschliffen
ein ungeschliffener Diamant ○ *Granit aus Domodossola, aussen ungeschliffen, innen geschliffen* (Neue Zürcher Zeitung 5. 12. 2006)

ungeschminkt//geschminkt
ein ungeschminktes Gesicht ○ *Dass es uns das Böse ungeschminkt zeigt? Oder eben gerade geschminkt, ins Mythische überhöht und veredelt?* (Neue Zürcher Zeitung 13. 2. 2016)

ungeschrieben//geschrieben
ungeschriebene Briefe ○ *Im Hause Red Bull ist das nicht einmal ein ungeschriebenes Gesetz, sondern ein geschriebenes.* (Der Standard 7. 7. 2012)

ungeschult//geschult
ungeschulte Arbeitskräfte ○ *„54 Prozent aller Lügen entdecken wir auch ungeschult. Ist man geschult, kommt man auf 92 Prozent."* (Kleine Zeitung 30. 10. 2015)

ungeschützter Geschlechtsverkehr// geschützter Geschlechtsverkehr
(ohne Kondom) ○ *Der Übertragungsweg schlechthin ist ungeschützter Geschlechtsverkehr* (Tiroler Tageszeitung 1. 12. 2012)

ungesellig//gesellig
ein ungeselliger Mensch ○ *Zwischen den Extremen der kalten formalen Organisation der Mitglieder und der stallwarmen Solidargemeinschaft der „Brüder" bildet sich heute eine emanzipierte Gemeinschaft von Operatoren heraus, die weder ungesellig noch gesellig sind.* (Der Spiegel 10. 5. 2009)

ungesetzlich//gesetzlich
ungesetzliche Maßnahmen ○ *Im Vorhinein lasse sich nicht feststellen, ob „eine Tötung ungesetzlich oder eben auch gesetzlich" sei.* (Berliner Morgenpost 15. 12. 2006)

ungesichert//gesichert
ungesicherte Ergebnisse ○ *Das Risiko, tödliche oder schwere Verletzungen zu erleiden, ist für gesicherte Kinder siebenmal kleiner als für solche, die ungesichert oder nicht korrekt gesichert sind.* (Die Südostschweiz 5. 3. 2010)

ungesittet//gesittet
sich ungesittet benehmen ○ *„Die neuen Kämpfer sind sehr grob und ungesittet, sie mischen sich in unsere persönlichen Angelegenheiten ein."* (Südwest Presse 23. 4. 2015)

ungespritzt//gespritzt
ungespritztes Obst (das nicht mit chemischen Mitteln wegen der Haltbarkeit o. ä. behandelt worden ist) ○ *Deutlich unterschiedlich fielen die Gewichtsmessungen der Maiskolben aus. Zwischen ungespritzt (138 Gramm) und gespritzt (295 Gramm) lagen Welten* (Aachener Zeitung 21. 3. 2011)

ungestärkt//gestärkt
ungestärkte Oberhemdenkragen ○ *Wir schieden beseelt, doch leiblich ungestärkt.* (Die Zeit 10. 9. 2015)

ungestempelt//gestempelt
ungestempelte Briefmarken ○ *Kaum dass 1840 in Großbritannien ... die ersten Briefmarken erschienen, begannen viele Menschen diese ... hübschen Miniaturkunstwerke ungestempelt und gestempelt zu sammeln.* (Nürnberger Zeitung 7. 5. 2005)

ungesund//gesund
eine ungesunde Ernährung, Lebensweise, Entwicklung ○ *den Tee ungesüßt trinken* ○ *Kein anderes Sternzeichen kann nämlich so gut unterscheiden zwischen dem, was nützlich und unnütz, gesund und ungesund, wertvoll oder schädlich ist. Die Jungfrau ist die Meisterin der Alltagsbewältigung.* (St. Galler Tagblatt 26. 8. 1997)

ungesüßt//gesüßt
Doch ... auch Tee-Softdrinks sind in Asien allgegenwärtig wie hierzulande Zitronenlimonade. Es gibt sie ungesüßt, gesüßt, mit Aroma und ohne. (Welt am Sonntag 2. 1. 2011)

ungetrübt//getrübt
die Freude war ungetrübt ○ *So ist mein Blick nach Görlitz ungetrübt, unbelastet und pathologisch optimistisch oder vielleicht doch getrübt?* (Süddeutsche Zeitung 21. 5. 2005)

ungewartet//gewartet
ungewartete Klimaanlage ○ *Je älter das Auto wird und ungewartet durch die Gegend fährt, desto größer ist die Gefahr, die von dem Vehikel ausgeht.* (Stuttgarter Zeitung 12. 8. 2016)

ungewiss//gewiss
ob er kommt, ist ungewiss ○ *Wohin du dich wendest, alles ist ungewiss: der Tod allein ist gewiss.* (Augustinus)

Ungewissheit//Gewissheit

ungewöhnlich//gewöhnlich
eine ganz ungewöhnliche Geschichte ○ *Das ist ungewöhnlich in einem Land, in dem Demonstrationen gewöhnlich schon im Keim erstickt werden.* (Neue Zürcher Zeitung 10. 3. 2018)

ungewohnt//gewohnt
eine ungewohnte Beschäftigung ○ *Allerdings hatte er auch ungewohnt viele Ballverluste und konnte sich nicht wie gewohnt durchsetzen.* (Rhein-Zeitung 2. 6. 2017)

ungewollt//gewollt
ungewollte Schwangerschaft ○ *ein ungewolltes Kind* ○ *Thea Dorn schlägt wegen der damit verbundenen gewollten und ungewollten Missverständnisse vor, sich dem Begriff der „Leitzivilität" anzunähern* (Der Spiegel 5. 5. 2018)

ungezähnt//gezähnt
ungezähnte Briefmarken (ohne Zähnchen am Rand) ○ *Die Abbildungen zeigen einige der zum Teil originellen Entwürfe (ungezähnt) und die ausgeführte*

Marke (gezähnt). (Neue Zürcher Zeitung 1. 3. 2002)

ungezuckert//gezuckert
ungezuckerte Erdbeeren ○ *Bereits Säuglinge können zwischen ungezuckert und gezuckert unterscheiden und bevorzugen meist die süße Variante.* (Vorarlberger Nachrichten 10. 8. 2002)

ungiftig//giftig
eine ungiftige Dampfwolke ist ausgetreten ○ *„Die Eibe ist sehr giftig, nur die roten Beeren sind ungiftig. Allerdings ist der Kern der Beeren wiederum giftig"* (Saarbrücker Zeitung 15. 4. 2014)

Unglaube//Glaube
Das kann in Sätzen gipfeln wie diesem: „Der Unglaube ist auch ein Glaube", als könnten wir dem Glauben gar nicht entkommen. (Südkurier 24. 4. 2013)

unglaubhaft//glaubhaft
eine unglaubhafte Darstellung ○ *Der Verteidiger forderte Freispruch für seinen Mandanten, weil er den Zeugen für unglaubhaft hielt. „Der Zeuge ist glaubhaft", versicherte der Staatsanwalt* (Main-Post 26. 6. 2003)

Unglaubhaftigkeit//Glaubhaftigkeit

ungläubig//gläubig
ungläubige Menschen ○ *Streck deine Hand aus und leg sie in meine Seite und sei nicht ungläubig, sondern gläubig!* (Bibel, Johannes 20,27)

Ungläubige, der, die//der, die Gläubige; ↑auch: Christ//Heide, Moslem
„Der Ungläubige sagt Glück dazu, der Gläubige Fügung" (Passauer Neue Presse 23. 8. 2005)

unglaubwürdig//glaubwürdig
sie ist unglaubwürdig ○ *Denn der UVS habe hier die zunächst als „vollkommen unglaubwürdig" gerügte Polizistin plötzlich für glaubwürdig gehalten.* (Die Presse 9. 5. 2011)

ungleich//gleich
ungleiche Bedingungen ○ *die Bretter sind ungleich lang* ○ *Wir normalen öffentlichen Apotheken müssen das ungleich grössere Sortiment haben und können deshalb nicht gleich optimal einkaufen.* (St. Galler Tagblatt 16. 1. 2013)

ungleichartig//gleichartig
ungleichartige Formen ○ *Zwei elektrisch gleichartig geladene Teilchen stoßen sich immer ab, während sich ungleichartig geladene Teilchen anziehen.* (Salzburger Nachrichten 7. 9. 2013)

Ungleichbehandlung//Gleichbehandlung
(vor dem Gesetz) ○ *Aus einem Gnadenrecht der Minister wurde ein Recht, über das Asylbehörden und Gerichte im Asylverfahren entscheiden. ... Also keine Ungleichbehandlung durch eine Politikerin, sondern Gleichbehandlung durch die Gerichte.* (Die Presse 29. 3. 2010)

Ungleichgewicht//Gleichgewicht
Die Traditionelle Chinesische Medizin (TCM) führt diese Störungen auf ein Ungleichgewicht der Körperenergien zurück. Das Gleichgewicht und die Harmonie hängen vom gleichmässigen, ununterbrochenen Fluss des Qi ab. (Die Südostschweiz 30. 8. 2017)

Ungleichheit//Gleichheit
es geht um Gleichheit oder Ungleichheit vor dem Gesetz ○ *die Ungleichheit der Bedingungen* ○ *Es ist zumindest möglich, dass die Ungleichheit sinkt, ohne dass es zu einer Gleichheit in Armut kommt.* (Die Presse 25. 3. 2017)

ungleichmäßig//gleichmäßig
er atmet ungleichmäßig ○ *ein ungleichmäßig gehender Puls* ○ *Sollte der Boden ungleichmäßig aufgegangen sein, diesen mit einem Löffel gleichmäßig flach drücken.* (Neue Kronen-Zeitung 17. 11. 2017)

Ungleichmäßigkeit//Gleichmäßigkeit

ungleichseitig//gleichseitig
ungleichseitige Dreiecke (Geometrie)

Unglück//Glück
das bringt Unglück ○ Soll man, so fragte sie, die UFA also an ihrem Unglück messen oder an ihrem Glück? (Wiener Zeitung 3. 6. 2017) ○ Es gibt so viel mehr Unglück als Glück auf dieser Welt, so viel mehr Einsamkeit als Erfüllung, so viel mehr Leid als Freude. (Vorarlberger Nachrichten 9. 6. 2018)

unglücklich//glücklich
unglücklich sein ○ jemanden unglücklich machen ○ sie sieht unglücklich aus ○ eine unglückliche Wendung des Geschehens ○ eine glücklich-unglückliche Liebe ○ diese Liebe machte ihn glücklich und unglücklich zugleich ○ Ich bin unglücklich, dass wir zu Hause zwei Punkte verlieren, aber glücklich, weil wir ein gutes Spiel gemacht haben (Kölnische Rundschau 16. 10. 2017)

Unglückliche, der, die//der, die Glückliche

unglücklicherweise//glücklicherweise
unglücklicherweise begegneten sich die Kontrahenten auf der Tagung ○ Dank des unglücklicherweise – oder in dem Fall vielleicht glücklicherweise – wenig ausgeprägten Urheberschutzes im Iran ist das aber sehr wahrscheinlich. (taz 23. 2. 2013)

Unglückstag//Glückstag
Freitag, der 13., gilt manchem als Unglückstag ○ Immerhin ein magisches Datum – für die einen Unglückstag, für die Brautpaare ein ganz klarer Glückstag. (Nordkurier 14. 10. 2017)

Ungnade//Gnade
jemandem auf Gnade und Ungnade ausgeliefert sein ○ Darin soll der einst beim Kreml in Ungnade gefallene Oligarch Fehler eingeräumt und Putin um Gnade und die Chance auf eine Rückkehr nach Moskau gebeten haben. (Kölnische Rundschau 26. 3. 2013)

ungnädig//gnädig
er war heute sehr ungnädig (missgelaunt, nicht wohlwollend) ○ Ist sie ungnädig, ignoriert sie mein „Hierher!". Ist sie gnädig, hebt sie gaaaanz laaaangsam ihren Kopf und schaut müde in meine Richtung (Kurier 14. 7. 2013)

Ungrammatikalität//Grammatikalität
die Ungrammatikalität eines Satzes

ungrammatisch//grammatisch
ein ungrammatischer (nicht korrekter) Satz

ungraziös//graziös
ungraziöse Bewegungen ○ S. T. hat eine süße Stimme, gestaltet den Liebesgott aber zwitschernd und ungraziös. (Tiroler Tageszeitung 22. 5. 2017)

ungültig//gültig
ein ungültiger Fahrausweis ○ Der Kläger hatte beantragt, einen der 15 als ungültig bewerteten Stimmzettel für gültig zu erklären (Thüringische Landeszeitung 7. 9. 2006)

Ungültigkeit//Gültigkeit

Ungunst//Gunst
die Ungunst der Stunde ○ Bei aller Technisierung ist der Bauer also noch wie vor Jahrhunderten von der Ungunst oder Gunst des Wetters abhängig. (Saarbrücker Zeitung 19. 8. 2003)

ungünstig//günstig
ungünstige Vertragsbedingungen ○ ungünstiges Wetter ○ unter ungünstigen Bedingungen arbeiten ○ Zum einen ist 2004 ein Schaltjahr, zum anderen fallen die Feiertage ungünstig für die Arbeitnehmer, aber günstig für die Wirtschaft. (Wirtschaftsblatt 11. 6. 2003)

unhaltbar//haltbar
ein unhaltbares Tor (Sport) ○ dieser Ball war unhaltbar ○ Anwalt hält Mordvorwurf für unhaltbar – Der Verteidiger ... sagte, der Mordvorwurf der Staatsanwaltschaft sei seiner Überzeugung nach nicht haltbar. (Die Welt 14. 1. 2011)

unhandlich//handlich
ein unhandliches Gerät, Buch ○ Stimmt es, dass Haushaltsgeräte entweder gut

und unhandlich oder handlich und schlecht sind? (Braunschweiger Zeitung 23. 11. 2012)

unharmonisch//harmonisch
das Fest klang unharmonisch aus o *So harmonisch der Sound der Eagles, so unharmonisch das Bandleben.* (Neue Zürcher Zeitung am Sonntag 7. 5. 2017)

Unheil//Heil
Gentechnik – Heil oder Unheil für die Menschen? o *Ein Blick in die Bibel genügt. Die Wende vom Unheil zum Heil ist das Leitmotiv jüdisch-christlichen Denkens.* (Weltwoche 13. 10. 2011)

unheilbar//heilbar
eine unheilbare Krankheit o *Soll es Forschern erlaubt sein, Embryonen ... zu züchten, »nur« um daraus Stammzellen zu gewinnen, die unheilbar scheinende Krankheiten heilbar machen sollen?* (Nürnberger Nachrichten 15. 6. 2005)

unheilig//heilig
„In der Geschichte des Vatikan gibt es Großartiges und Erbärmliches, Heiliges und Unheiliges" (Der Spiegel 19. 5. 2018)

unheroisch//heroisch
ein unheroisches Ende o *Seine Kandidaten setzen bewusst oder unbewusst irgendetwas dagegen, mal heroisch, oft ziemlich unheroisch.* (Die Zeit 3. 5. 2018)

unhistorisch//historisch
eine unhistorische Darstellung o *Kardinal Joseph Ratzinger fände einen Beitritt der Türkei zur Europäischen Union unhistorisch. Das Land habe historisch und kulturell wenig mit Europa gemein* (Thüringische Landeszeitung 25. 9. 2004)

unhöflich//höflich
er war (am Telefon) sehr unhöflich o *Das bedeute doch auch, dass die meisten Deutschen, die andere unhöflich fänden, selbst als wenig höflich wahrgenommen würden.* (Schwäbische Zeitung 16. 1. 2017)

Unhöflichkeit//Höflichkeit
er hat sie durch seine Unhöflichkeit verärgert

unhörbar//hörbar
ein unhörbarer Ton o *Michael Rau hatte auch einen Fledermausdetektor (Ultraschalldetektor) dabei, mit dem die Rufe der Fledermäuse, die eigentlich wegen ihrer hohen Töne für den Menschen unhörbar sind, hörbar gemacht wurden.* (Schwäbische Zeitung 22. 8. 2016)

unhygienisch//hygienisch
alles war sehr unhygienisch o *Es geht nicht um unhygienisch oder hygienisch, sondern um den gesunden Menschenverstand. Ein Hund soll Hund bleiben dürfen.* (Berner Oberländer 12. 11. 2012)

Uniform; ↑**in Uniform**

unifunktional//multifunktional
(nur eine Funktion habend) o *die Tastatur dient unifunktional nur als Eingabegerät*

unilateraler Konsonant//bilateraler Konsonant
(Phonetik)

unilineal//bilineal; ↑**auch: matrilineal//patrilineal**
(nur die Reihe eines Elternteils betreffend)

unintelligent//intelligent
das ist nichts für unintelligente Menschen o *Teilnehmer der Umfrage können beispielsweise abstimmen, ob sie einen Namensträger eher als fremd oder vertraut, alt oder jung, arm oder reich, unintelligent oder intelligent empfinden.* (Berliner Morgenpost 23. 11. 2014)

uninteressant//interessant
dieser Vorschlag war (für ihn) uninteressant o *„Monster sind uninteressant", sagt der 62-jährige niederländische Erfolgsautor. „Das Böse ist nur interessant, wenn es ein menschliches Gesicht hat."* (Badische Zeitung 15. 10. 2016)

uninteressiert//interessiert
er war sichtlich uninteressiert an Politik ○ *„Er war politisch völlig uninteressiert. Er war nur an seiner Karriere interessiert. Und an der Musik." (Aachener Zeitung 7. 4. 2008)*

unirdisch//irdisch
unirdische Verhältnisse ○ *Buntglasfenster fluten den himmelwärts strebenden Kirchenraum mit unirdisch wirkendem Licht. (Aachener Zeitung 3. 9. 2014)*

Unisono//Heterophonie
(Musik)

Unitarier//Trinitarier
(jemand, der die Einheit Gottes betont und den Trinitätsgedanken weitgehend nicht akzeptiert)

Unitarismus//Föderalismus
(Politik)

Universalerbe//Miterbe
er ist Universalerbe (erbt alles allein)

Universalismus//Prädestination
(Lehre, nach der der Heilswille Gottes alle Menschen umfasst ○ Theologie)

universitär//außeruniversitär
die universitären (zur Universität gehörenden) *Einrichtungen* ○ *Neben der Forschung – universitär oder außeruniversitär – arbeite ein Teil der Masterabsolventen des Wiener Lehrgangs in Start-ups (Die Presse 21. 2. 2018)*

unkalkulierbar//kalkulierbar
ein unkalkulierbares Risiko ○ *Die Rechtsrisiken in Amerika sind nicht unkalkulierbar, sie sind kalkulierbar (Handelsblatt 2. 10. 2015)*

unkameradschaftlich//kameradschaftlich
sich unkameradschaftlich verhalten ○ *Es ist kameradschaftlich von Semba, in Notzeiten diese beiden Positionen zu übernehmen, unkameradschaftlich von den Vereinsmitgliedern, ihm dies nicht bei Zeiten abzunehmen (Nordbayerischer Kurier 26. 2. 2016)*

unkeusch//keusch
unkeusch leben ○ *„,Unkeusch' gehört nicht hierher. ,Unkeusch' ist nämlich kein Hauptwort, sondern ein Geschlechtswort." (Passauer Neue Presse 16. 10. 2010)*

unklar//klar
unklare Verhältnisse ○ *(nur) unklare Vorstellungen von etwas haben* ○ *Viele Dinge sind noch unklar, doch klar ist, einige Vorstände wehren sich. (Neue Zürcher Zeitung 18. 11. 2016)*

Unklarheit//Klarheit
es herrscht noch Unklarheit über etwas ○ *die Unklarheit seiner Gedanken*

unklug//klug
es war unklug von dir, nichts zu sagen/das Angebot abzulehnen ○ *Nicht unklug klingt demnach dezenter als klug, nicht schön wirkt behutsamer und schonender als das gemeinte hässlich. (Salzburger Nachrichten 14. 7. 2001)*

unkodiert//kodiert
(unverschlüsselt)

unkollegial//kollegial
unkollegiales Verhalten ○ *unkollegial handeln* ○ *Die Warnung von Friedrich war sehr kollegial, aber nicht rechtens. Dass Oppermann dies öffentlich machte, war unkollegial, aber rechtens. (Schwäbische Zeitung 29. 11. 2017)*

unkommentiert//kommentiert
ein unkommentierter Text ○ *eine unkommentierte Goethe-Ausgabe* ○ *Außerhalb Deutschlands ist es nachgedruckt und verkauft worden – natürlich unkommentiert. Dass jetzt Hitlers „Thesen" kritisch kommentiert werden, wird die Ewiggestrigen wahrscheinlich vom Kauf des Buchs abhalten. (Haller Tagblatt 13. 2. 2016)*

unkompetent//kompetent
er ist unkompetent ○ *Informatikstudenten deutscher Hochschulen nämlich sol-*

len zwar fachlich kompetent, aber sozial völlig unkompetent sein (Nordkurier 2. 11. 2001)

unkompliziert//kompliziert
eine unkomplizierte Konstruktion ○ ein unkomplizierter Mensch (der nicht schwierig im Umgang ist) ○ *Doch so unkompliziert der Besuch verlief, so kompliziert war der Weg dahin.* (Schwäbische Zeitung 19. 5. 2018)

unkontrollierbar//kontrollierbar
die geleistete Arbeitszeit ist unkontrollierbar ○ *Meine Definition von Sucht ist, dass sie das Leben unkontrollierbar macht. Und mein Leben ist kaum kontrollierbar* (Süddeutsche Zeitung 18. 6. 2008)

unkontrolliert//kontrolliert
unkontrollierter Zugang zum Haus ○ *Der nicht explizit und unkontrolliert Gewalt androht, sondern implizit (und oft kontrolliert) Hass verbreitet.* (Süddeutsche Zeitung 26. 9. 2015)

unkonventionell//konventionell
sich unkonventionell benehmen ○ eine unkonventionelle Methode ○ unkonventionelle Ansichten ○ *So unkonventionell die Präsentation der Fragen aber war, so konventionell waren großteils die Antworten der Kandidaten.* (Die Presse 25. 7. 2007)

unkonzentriert//konzentriert
er war bei der Arbeit sehr unkonzentriert ○ *Mehr als ein Viertel der Fahrer ist hinter dem Steuer unkonzentriert. Wer sich beim Autofahren nicht richtig auf den Verkehr konzentriert, geht ein hohes Unfallrisiko ein.* (Westdeutsche Zeitung 20. 4. 2012)

unkooperativ//kooperativ
unkooperatives Verhalten ○ *Der vermutlich psychisch Kranke ... wurde am Freitag von der Anstaltsleiterin ... als „nicht unkooperativ, aber auch nicht wirklich kooperativ" beschrieben.* (Tiroler Tageszeitung 1. 9. 2007)

unkörperlich//körperlich
sich etwas unkörperlich vorstellen ○ *Gespenster ... sind aber ihrem Wesen nach unkörperlich, und auch Schriftstellerinnen sind zwar körperlich, das Medium ihrer Arbeit und ihres Aufenthalts ist ein wesentlich unkörperliches* (Basler Zeitung 21. 7. 2001)

unkorrekt//korrekt
unkorrekte Angaben ○ *„Ich liebe nichts so sehr, wie politisch unkorrekt zu sein bei jenen, die hypokritisch auf politisch korrekt machen."* (Stern 30. 11. 2017)

Unkorrektheit//Korrektheit

unkorrigierbar//korrigierbar
diese Missbildung ist unkorrigierbar ○ *Das ist ein Teil meiner Kindheit und unkorrigierbar.* (Tagesanzeiger 11. 5. 2013)

unkritisch//kritisch
er ist sehr unkritisch ○ *„Der Spiegel" schaut in den Spiegel und sieht sich selbst nicht ganz unkritisch, aber auch nicht ganz kritisch.* (Die Zeit 18. 10. 2007)

unkultiviert//kultiviert
unkultiviert wohnen ○ ein unkultivierter Mensch (ohne Umgangsformen usw.) ○ sich unkultiviert benehmen ○ *Ich glaube, dass man nicht arm = unkultiviert und reich = kultiviert gleichsetzen kann und darf.* (Main-Post 20. 6. 2014)

Unkultur//Kultur
die Unkultur des Wegsehens durch eine Kultur des Hinsehens ersetzen ○ *Jede Demokratie hat ihre politische Kultur oder Unkultur.* (Salzburger Nachrichten 6. 9. 2008)

unkündbar//kündbar
er ist unkündbar ○ *Ein Professor muss finanziell unabhängig und unkündbar sein. In dem Moment, wo er angestellt und damit kündbar wäre, entstünde ein Konflikt zwischen Freiheit der Forschung*

und Angst um den Job. (Leipziger Volkszeitung 19. 2. 2005)

unkundig//kundig
des Weges unkundig sein ○ *... war das Mysterienspiel seinerzeit besonders für ein Publikum von großer Wirkung, das des Lesens und Schreibens unkundig war. Das am 5. August anwesende Publikum war (leider) des Lesens und Schreibens kundig und offensichtlich deshalb wenig von der Darstellung beeindruckt.* (Mitteldeutsche Zeitung 14. 8. 2006)

unkünstlerisch//künstlerisch
Ich werde schreiben, dass das unkünstlerisch ist. Aber vielleicht ist es gerade künstlerisch. (Süddeutsche Zeitung 19. 8. 2008)

un... (Partizip II) lassen//... (Infinitiv)
z. B. *unverändert lassen/verändern*

unlauter//lauter
er hat unlautere (schlechte) Absichten ○ *unlautere Gesinnung* ○ *Auf jede Weise, ob in unlauterer oder lauterer Absicht, wird Christus verkündigt und darüber freue ich mich.* (Kleine Zeitung 1. 10. 2000)

unleserlich//leserlich
eine unleserliche Handschrift ○ *Nachdem eine Grafologin aus seiner alten Signatur teils negative Charakterzüge herauslas, hat der 54-Jährige seine Unterschrift aufpoliert von unleserlich zu leserlich* (Neue Kronen-Zeitung 16. 1. 2017)

unlimitiert//limitiert
eine unlimitierte Ausgabe der Gedichte ○ *Der Zwang zur Goldhaltung würde Notenbanken zwar hindern, unlimitiert Geld zu drucken, denn Gold ist limitiert* (Die Nordwestschweiz 9. 3. 2017)

unlin(i)iert//lin(i)iert
ein unliniiertes Heft ○ *Zum Reinschreiben sind mir diese Büchlein, die ich in unterschiedlichen Farben, Größen und Dekors, unliniert und liniert, sammele,* *natürlich viel zu schade.* (Rhein-Zeitung 3. 5. 2014)

unlogisch//logisch
die Begründung ist unlogisch ○ *So unlogisch das erscheint, so logisch ist es.* (Basler Zeitung 14. 7. 2008)

unlösbar//lösbar
unlösbare Probleme (die nicht gelöst werden können) ○ *Als ich am 1. Juli angetreten bin, war die Aufgabe unlösbar. Heute ist sie lösbar, weil unsere Partner uns sensationell geholfen haben.* (Die Welt 30. 10. 2014)

unlöslich//löslich
unlösliche Stoffe (die sich nicht auflösen ○ *Chemie)* ○ *Es ist unlöslich in Wasser, aber sehr gut löslich in Aceton.* (Mannheimer Morgen 2. 11. 2010)

Unlust//Lust
Lust und Unlust hielten sich die Waage ○ *Kurzum, ich sehe mehr Unlust und Sucht als Lust und Befriedigung.* (Die Welt 12. 6. 2008)

unmanierlich//manierlich
sich unmanierlich benehmen (von Kindern) ○ *Er mag es beispielsweise nicht, wenn jemand unmanierlich ist („MUSS dieser Jüngling unbedingt seine Füße auf den U-Bahn-Sitz legen?")* (Wiener Zeitung 27. 6. 2015)

unmännlich//männlich
sein Verhalten ist sehr unmännlich ○ *Frauen dürfen sich jünger machen, für mich als alten Western-Kenner ist es unmännlich, sich als Mann jünger zu machen als man ist. Wie altert man denn männlich?* (Leipziger Volkszeitung 16.112013)

unmarkiert//markiert
ein unmarkierter Wanderweg ○ *(normalsprachlich, ohne spezielles Merkmal* ○ *Sprachwissenschaft)* ○ *Die Endstellung des Verbs ist unmarkiert und wahrheitswertneutral, die Zweitstellung ist mar-*

kiert und bedeutet wahr oder falsch (Süddeutsche Zeitung 18. 12. 2012)

unmaskiert//maskiert
der Räuber war unmaskiert ○ *Der Täter trat bei seinen Taten oft unmaskiert oder nur teilweise maskiert auf.* (Mannheimer Morgen 27. 9. 2007)

unmaßgeblich//maßgeblich
unmaßgeblich an etwas beteiligt sein ○ *Natürlich freuen die sich am Ende, wenn das Team vorne steht – aber das ist für die Athleten völlig unmaßgeblich. ... Sicher, schließlich geht es auch um die künftige finanzielle Förderung, die maßgeblich von den Olympischen Spielen abhängig ist.* (Stuttgarter Zeitung 11. 2. 2006)

unmäßig//maßvoll
unmäßig im Essen sein ○ *„Erst unmäßig träumen, dann maßvoll gestalten – das lehrt uns der Turm."* (Mitteldeutsche Zeitung 28. 10. 2004)

unmenschlich//menschlich; ↑auch: human
unmenschlich handeln ○ *er hat sehr unmenschlich entschieden* ○ *unmenschliche Bedingungen* ○ *Ich halte die Wucht der Angriffe auf ihn für unmenschlich. Das darf nicht unser Stil sein. Politik muss menschlich bleiben!* (Süddeutsche Zeitung 26. 2. 2011)

unmerklich//merklich
sich unmerklich verändern ○ *Wenn ein Rechner unmerklich/merklich langsamer wird und Macken zu zeigen beginnt, ist das ein ernstzunehmendes Symptom, dass sich eine Krankheit mit nicht selten mortalem Ausgang anbahnt.* (Süddeutsche Zeitung 9. 8. 2014)

unmessbar//messbar
Die Theorie könne ... sinnvoll darstellen, wie sich Raum, Zeit und Materie von einer unmessbar kurzen Zeit nach dem Urknall bis zum heute beobachtbaren Zustand entwickelten. (Saarbrücker Zeitung 28. 4. 2018)

unmilitärisch//militärisch
unmilitärisch lange Haare ○ *Gerade eine halbe Stunde dauerte die öffentliche Ehrung. Sie war unmilitärisch und militärisch zugleich.* (Kölner Stadtanzeiger 7. 7. 2009)

unmittelbar//mittelbar; ↑auch: indirekt
sie ist unmittelbar von der Maßnahme betroffen ○ *„Es ist dem Land aus guten Gründen rechtlich untersagt, unmittelbar oder mittelbar Spekulationsgeschäfte zu tätigen."* (Hamburger Abendblatt 17. 9. 2015)

unmöbliert//möbliert
ein unmöbliertes Zimmer ○ *Nach derzeitiger Verwaltungspraxis sind die Sachbezugswerte unabhängig davon zu ermitteln, ob die Dienstwohnung dem Dienstnehmer unmöbliert oder (teuer) möbliert überlassen wird.* (Wirtschaftsblatt 22. 10. 2008)

unmodern//modern; ↑auch: in sein
diese Farbe ist (jetzt) unmodern ○ *Weberzeile ist so großartig unmodern, dass es schon wieder modern ist.* (Rieder Volkszeitung 13. 2. 2014)

unmöglich//möglich
die Erfüllung des Wunsches ist unmöglich ○ *Plötzlich ist nun das unmöglich Scheinende möglich geworden.* (Neue Zürcher Zeitung 26. 12. 2012)

Unmöglichkeit//Möglichkeit
Romane über die Unmöglichkeit der Liebe und die Möglichkeit, Liebe in Sehnsucht umzuwandeln. (Süddeutsche Zeitung 23. 4. 2007)

Unmoral//Moral
es ging in diesem Falle um Unmoral oder Moral der Jugendlichen ○ *Ich bin nicht bereit, Unvernunft zur Vernunft oder Unmoral zur Moral zu erklären, nur weil es dem Zeitgeist entspricht.* (Die Presse 30. 4. 2014)

unmoralisch//moralisch
unmoralisches Verhalten o „Damit sie es nicht werden, bedarf es vor allem eines Ordnungsrahmens, der unmoralisches Verhalten, wenn schon nicht ganz verhindern kann, so doch wenigstens entmutigt und moralisches Verhalten belohnt." (Weltwoche 12. 9. 2013)

unmotiviert//motiviert
diese Jugendgruppe war unmotiviert (ihr fehlten die Anreize zu sinnvollem Tun) o Es ist platt zu sagen, Spieler seien unmotiviert. Profifußballer seien immer motiviert, erklärt er. (Schwäbische Zeitung 21. 6. 2018)

unmündig//mündig; ↑auch: majorenn
noch unmündig sein o Wenn der Verbraucher am Markt unmündig ist, wie sollte er dann in politischen Dingen mündig und fähig sein mitzubestimmen? (Neue Zürcher Zeitung 6. 12. 2000)

Unmündigkeit//Mündigkeit

unmusikalisch//musikalisch
er ist unmusikalisch o Z. B. das verleumderische Bild, das man von Mozarts Frau Constanze hat, sie sei dumm, unmusikalisch, Analphabetin, charakterlich fragwürdig und untreu gewesen. Constanze war, im Gegenteil, sehr, sehr tüchtig, musikalisch begabt und hat sich noch im hohen Alter vehement um sein Erbe gekümmert. (St. Galler Tagblatt 21. 3. 2016)

unnachgiebig//nachgiebig; ↑auch: nachgeben
eine unnachgiebige Haltung o er zeigte sich unnachgiebig o Dennoch schaut Innozenz im Porträt Diego Velázquez' eher unnachgiebig drein. Bei Bernini wirkt er eher nachgiebig, um den lieben Frieden bemüht. (Der Standard 17. 12. 2011)

unnachgiebig sein//nachgeben
er ist unnachgiebig

unnachsichtig//nachsichtig
sie ist unnachsichtig o Den Fahrzeugführer erwarten in einem solchen Fall drei Punkte in Flensburg, da werden wir unnachsichtig sein. (Südkurier 15. 6. 2010)

unnatürlich//natürlich
eines unnatürlichen Todes sterben (durch Unfall, Mord) o Es fühlt sich nicht an, als ob sich die Dinge unnatürlich entwickeln. Ich denke, alles läuft ziemlich natürlich (Rhein-Zeitung 15. 8. 2017)

unnormal//normal
er führt ein unnormales Leben o Im Bundesliga-Business ist zwar vieles unnormal Wirkende normal geworden ... (Süddeutsche Zeitung 14. 12. 2017)

unnötig//nötig
unnötige Geldausgaben o das war unnötig o Schon für einfache Schritte seien oft unnötig viele Klicks nötig. (Saarbrücker Zeitung 3. 12. 2012)

unnummeriert//nummeriert
die Plätze sind unnummeriert o Karten unnummeriert an der Konzertkasse ab 19.30 Uhr, nummeriert im Vorverkauf bei der Touristik Information (Südwest Presse 16. 10. 2015)

unnütz//nützlich
Ob Wissen unnütz sei, komme immer auf den Kontext an. Ändere er sich, werde vermeintlich Unnützes mit einem Mal sehr nützlich. (Die Presse 28. 5. 2016)

unökonomisch//ökonomisch; ↑auch: wirtschaftlich
das ist sehr unökonomisch gedacht o Auf den ersten Blick sieht es so aus, als ob dies unökonomisch wäre. Aber in Wirklichkeit ist es ökonomisch (Süddeutsche Zeitung 23. 9. 1996)

unordentlich//ordentlich; ↑auch: aufgeräumt
bei ihr sieht alles sehr unordentlich aus o er ist sehr unordentlich o Das sah

unordentlich aus und barg große Verletzungsgefahren. Aber für ordentliche Rampen braucht es Geld. (Süddeutsche Zeitung 18. 7. 2002)

Unordnung//Ordnung
die Unordnung im Zimmer ○ es herrschte eine grässliche Unordnung ○ Dazwischen ist jemand, der zwischen der Lust an der Unordnung und der Freude an der Ordnung ein einigermaßen ausgeglichenes Verhältnis hat. (Der Standard 11. 5. 2018)

unorganisch//organisch
eine unorganisch verlaufende Entwicklung ○ Aus hartem, unorganisch erscheinendem Material wird organisch Lebendiges. (Passauer Neue Presse 16. 5. 2007)

unorthodox//orthodox
unorthodoxe Einstellung ○ Seine unorthodoxe Wirtschaftspolitik war jedenfalls wirkungsvoller, als orthodoxe Ökonomen angenommen hatten. (Die Presse 7. 4. 2018)

unpädagogisch//pädagogisch
sie sind sehr unpädagogisch vorgegangen ○ Dieses aus heiterem Himmel anberaumte Verfahren ist nicht nur entwürdigend, es ist auch in verschiedener Hinsicht unpädagogisch, psychologisch verwerflich und mehrfach ungerecht. (St. Galler Tagblatt 28. 1. 2015)

unparteiisch//parteiisch
er ist unparteiisch ○ ... müssen Richter nicht unparteiisch sein? Einer politischen Partei anzugehören, heisst nicht, dass man parteiisch ist (Tagesanzeiger 10. 10. 2016)

unpassend//passend
eine unpassende (unangebrachte) Bemerkung ○ Ganz unpassend für das DRS3-Musikprogramm, aber passend zu Peter Böschs Geschichte, ertönte dann Udo Jürgens «Griechischer Wein». (St. Galler Tagblatt 18. 3. 2008)

unpassierbar//passierbar
der Tunnel ist zur Zeit unpassierbar ○ Im regenreichen Sommer waren manche Alpenbäche unpassierbar angeschwollen, andererseits sonst unscheinbare Rinnsale durch die Wassermengen passierbar und reizvoll geworden. (Süddeutsche Zeitung 16. 3. 2016)

unpathetisch//pathetisch
unpathetische Worte ○ Und weil man es fast nicht unpathetisch sagen kann, sagen wir es eben pathetisch: Es ist Liebe (Leipziger Volkszeitung 25. 4. 2013)

unpedantisch//pedantisch
unpedantisch entscheiden ○ Und am Schluss des letzten Satzes (Agnus Dei) demonstriert der Autor, durchaus nicht unpedantisch, sechs verschiedene und gleichermaßen „logische" Arten, um unverzüglich die Grundtonart zu erreichen. (Frankfurter Rundschau 5. 4. 2004)

unpersonal//personal
unpersonale Wesen (ohne Bewusstsein im Sinne von Bewusstheit, Gehirn usw. ○ Bioethik)

unpersönlich//persönlich
das waren sehr unpersönliche Worte

unplangemäß//plangemäß
mit etwas unplangemäß beginnen ○ Ein Flieger landete wenig sanft und unplangemäß in der Donau. (Neues Volksblatt 12. 6. 2006)

unplanmäßig//planmäßig
Wegen technischer Probleme musste das Wuppertaler Einwohnermeldeamt gestern unplanmäßig schließen. Es ist noch nicht sicher, ob es am Mittwoch wieder planmäßig läuft. (Kölner Express 3. 10. 2017)

unplausibel//plausibel
eine unplausible Erklärung ○ Die Zähldaten aus der Straßenverkehrszählung des Bundes von 2005 werden allgemein als unplausibel eingeschätzt. Das Land NRW hält die Zählwerte für plausibel und legt diese nach eigenen Aussagen

auch bei Planungen zugrunde (Westfalen-Blatt 23. 6. 2010)

unpolemisch//polemisch
Die Bemerkung war ganz unpolemisch ○ Die Fragestellung müsse möglichst kurz, klar und unpolemisch sein. (Mannheimer Morgen 1. 6. 2017)

unpolitisch//politisch
ein unpolitischer Mensch ○ eine unpolitische Äußerung ○ „Es ist nicht wahr, dass der Künstler unpolitisch sei, denn politisch sein heißt nichts anderes, als mit Verstand der Öffentlichkeit zu dienen." (Salzburger Nachrichten 24. 7. 2010)

unpopulär//populär; ↑auch: beliebt
eine unpopuläre Maßnahme ○ dieser Politiker ist unpopulär ○ „Lieber manchmal unpopulär, aber ehrlich, als populär, aber die falsche Politik." (Trierischer Volksfreund 18. 2. 2013)

unpraktisch//praktisch
er ist sehr unpraktisch (ungeschickt) ○ unpraktische Kleidung ○ ein unpraktisch konstruierter Gegenstand ○ Selbstgewählte Passwörter sind in der Regel nämlich entweder sicher, dafür aber unpraktisch. Oder sie sind praktisch, aber unsicher. (Oberösterreichische Nachrichten 7. 4. 2018)

unpräzise//präzise; ↑auch: genau
sich unpräzise ausdrücken ○ Zu viele Gesetze seien unpräzise formuliert. Die Politik solle „vorher nachdenken und präzise handeln" (Wiener Zeitung 26. 11. 2005)

unproblematisch//problematisch
die Regelung der Ansprüche ist unproblematisch ○ Die Liebe ist so unproblematisch wie ein Fahrzeug, problematisch sind nur der Lenker, die Fahrgäste und die Straße. (Neue Württembergische Zeitung 5. 4. 2008)

unproduktiv//produktiv
eine unproduktive Arbeit ○ der Komponist hatte gerade eine unproduktive Phase ○ Entscheidend sei auch, ‚spüren zu lernen, wann eine Atmosphäre unproduktiv wird – und wie man sie wieder produktiv macht'. (Stuttgarter Zeitung 18. 6. 2015)

unpünktlich//pünktlich
er ist immer unpünktlich ○ Zweitens habe ich eine derartige Angst entwickelt, unpünktlich zu sein, dass ich nicht pünktlich, sondern zu früh auftauche. (St. Galler Tagblatt 28. 10. 2011)

unqualifiziert//qualifiziert
ein für diese Aufgabe unqualifizierter Mitarbeiter ○ eine unqualifizierte (im Niveau nicht passende) Äußerung zu dem Thema ○ Selbst wenn 80 Prozent dieser Menschen unqualifiziert seien, seien im Umkehrschluss 20 Prozent qualifiziert, und auf diese würden Firmen warten. (Tiroler Tageszeitung 12. 1. 2016)

unrasiert//rasiert
er kam unrasiert an den Frühstückstisch ○ Nach einer langen Tarifnacht stehe er „morgens lieber unrasiert als rasiert da" (Stuttgarter Zeitung 25. 10. 2008)

unrationell//rationell
sie arbeiten unrationell ○ «Die Ausnützung der Atomenergie in Verbindung mit Wasserkraftanlagen dürfte als unrationell bezeichnet werden.» (Neue Zürcher Zeitung 5. 10. 2015)

unrealisierbar//realisierbar
dieses Projekt ist unrealisierbar ○ «Als wir das Projekt im Dezember 2010 übernommen haben, war es unrealisierbar. Wir haben es unter enormem Zeitdruck realisierbar gemacht.» (Berner Zeitung 27. 3. 2012)

unrealistisch//realistisch; ↑auch: realitätsnah
unrealistische Normen ○ unrealistische Vorstellungen von etwas haben ○ dieser Plan ist unrealistisch ○ dieser Termin für die Beendigung der Bauarbeiten ist unrealistisch ○ Das sei auf dem Land unrea-

listisch. Für realistisch hält es Himmler jedoch, dass ein Teil der Zweitautos ersetzt werden kann. (Mittelbayerische Zeitung 4. 12. 2014)

unrecht//recht
Nein, der Militärpilot im Film ... hat unrecht getan. (St. Galler Tagblatt 19. 10. 2016)

Unrecht//Recht
wo ist die Grenze zwischen Recht und Unrecht? ○ *Recht und Unrecht gibt es auf beiden Seiten* ○ *In der deutschen Geschichte sind Licht und Schatten, Recht und Unrecht untrennbar miteinander verwoben ...* (Der Spiegel 5. 5. 2018)

Unrecht; ↑zu Unrecht

unrecht haben//recht haben
er hatte mit seiner Prognose unrecht ○ *Hiess es also die längste Zeit «Wer schreit, hat unrecht», so gilt seit MeToo «Wer leidet, hat recht».* (Neue Zürcher Zeitung 1. 3. 2018)

Unrecht leiden//Unrecht tun
Besser Unrecht leiden als Unrecht tun (Redensart)

unrechtmäßig//rechtmäßig
unrechtmäßige Beschäftigung von Arbeitern auf dem Bau ○ *etwas unrechtmäßig in Besitz nehmen* ○ *Habe sich der Verkäufer die Aufkleber unrechtmäßig verschafft, könne man sie auch nicht rechtmäßig erwerben.* (Süddeutsche Zeitung 20. 2. 2012)

Unrechtsstaat//Rechtsstaat
die DDR wurde als Unrechtsstaat bezeichnet

Unrecht tun//Unrecht leiden
Unrecht tun ist schlimmer als Unrecht leiden (Sokrates bei Platon, Gorgias)

unredlich//redlich
eine unredliche Gesinnung ○ *unredlich handeln* ○ *Unter diesen Bedingungen für ein Verbot zu plädieren, so meine ich, wäre intellektuell unredlich und politisch schädlich. Aber kann man je in Deutschland über ein Verbot der Beschneidung redlich diskutieren?* (Die Zeit 1. 11. 2012)

unreell//reell
ein unreelles Angebot (dem die solide Grundlage fehlt) ○ *So unreell die Hobby-Verlegerei wirtschaftlich war, so erfolglos war auch das Verlagsprogramm.* (Süddeutsche Zeitung 30. 10. 2001)

unreflektiert//reflektiert
das geschah unreflektiert (ohne darüber nachgedacht zu haben) ○ *Für Söhne, so steht es bei Sigmund Freud, ist meist der Vater Vorbild: erst unreflektiert, was auch eine Erleichterung sein kann, später reflektiert.* (Der Spiegel 4. 2. 2017)

unregelmäßig//regelmäßig; ↑auch: regulär
die Zeitschrift erscheint in unregelmäßigen Abständen ○ *So seien rund 47 Prozent der Bäume seit Jahren ohne Schnitt, und 32 Prozent würden unregelmäßig gepflegt. Nur rund 21 Prozent der Bäume würden regelmäßig geschnitten.* (Stuttgarter Zeitung 25. 8. 2010)

unreif//reif
unreifes Obst ○ *die Äpfel sind noch unreif* ○ *für ihr Alter ist sie noch recht unreif* ○ *Er ist aber auch eine Besonderheit unter den Moschuskürbissen, denn er wird sowohl unreif als auch reif geerntet.* (Schwäbische Zeitung 8. 10. 2013)

Unreife//Reife
sittliche Unreife ○ *Die ... Geschichten an der Schwelle zwischen offensichtlicher Unreife und bezeugter Reife, sind fast immer von Humor getragen.* (Die Presse 3. 5. 2015)

unrein//rein; ↑auch: koscher
unreines Fleisch ○ *unreine Haut* ○ (übertragen:) *unreine Töne* (Musik)

unreiner Reim//reiner Reim
(konsonantischer Halbreim ○ Reim, bei dem die Vokale nicht übereinstimmen, so dass ein offener mit einem geschlos-

senen Vokal reimt, z. B.: finden/münden ○ trübt/beliebt ○ Metrik)

unrentabel//rentabel
ein unrentables (keinen Gewinn abwerfendes) *Geschäft* ○ *die Bundesbahn legt die unrentablen Strecken still* ○ *Ohne Förderung wären 90 Prozent der Anlagen schlicht unrentabel. Erst die Subventionen machten das Geschäft rentabel* (Tagesanzeiger 23. 5. 2018)

unritterlich//ritterlich
sich unritterlich (ohne Zuvorkommenheit, Höflichkeit) *benehmen* ○ *Ritter waren ritterlich, Mannen, die Minnelieder schmalzten, Witwen und Waisen schützten und Räuber straften. Die meisten Ritter waren ziemlich unritterlich: schikanierten, plünderten, massakrierten* (Berliner Kurier 29. 9. 2002)

unromantisch//romantisch
der Abend verlief ganz unromantisch ○ *er ist ganz unromantisch* (hat keinen Sinn für Gefühle, Stimmung) ○ *Romantik besitzt die Kraft, Dinge, die in Wirklichkeit vollkommen unromantisch sind oder waren, romantisch umzuwandeln.* (Saarbrücker Zeitung 27. 6. 2008)

Unruhe//Ruhe
große Unruhe im Haus ○ *Erfrischender Quell der Unruhe – Immer so in Ruhe dahinvegetieren, das sei nichts für das Lebensglück* (Der Standard 14. 12. 2017)

unruhig//ruhig
unruhige Zeiten ○ *sie war ganz unruhig* ○ *innerlich unruhig sein* ○ *„Es kann sein, dass es nach draußen in den vergangenen Wochen unruhig gewirkt hat, aber intern war es ziemlich ruhig"* (Südkurier 2. 12. 2018)

unruhig werden//ruhig bleiben
er wurde unruhig, doch sie blieb ruhig ○ *Er wird unruhig, fängt an zu diskutieren, verliert die Konzentration. Kerstin Schicke bleibt ruhig.* (Berliner Morgenpost 28. 6. 2010)

unrühmlich//rühmlich
eine unrühmliche Ausnahme ○ *Wobei man jetzt auch nicht so genau weiß, ob man diese Ausnahme rühmlich oder eher unrühmlich nennen sollte.* (Die Presse 20. 10. 2014)

unrund//rund
(von einem Werkstück ○ Technik) ○ *Sind die Räder einmal unrund, so kann die Kunststoffbremse sie auch nicht wieder rund machen.* (Allgemeine Zeitung 9. 7. 2011)

unsachgemäß//sachgemäß
etwas unsachgemäß benutzen, behandeln ○ *Schuld daran sind zumeist billige und unsachgemäß installierte Alarmanlagen. Produkte aus dem „Securityland" werden angeblich „sachgemäß installiert".* (Kurier 18. 10. 2005)

unsachgerecht//sachgerecht
Mit der Übergabe des Wagens beginne die Verjährungsfrist für unvollständige und unsachgerechte Reparaturen (Mannheimer Morgen 1. 7. 2006)

unsachlich//sachlich
unsachliche Kritik ○ *unsachliche Einwände gegen ein Projekt* ○ *53 Prozent der Österreicher finden den bisherigen Wahlkampf „gehässig und unsachlich". Nur 22 Prozent halten ihn für „fair und sachlich".* (Die Presse 8. 8. 2006)

unsanft//sanft
er hat ihn unsanft (mit einem Schlag) *geweckt* ○ *Trainer W. B. wurde mehr unsanft als sanft abserviert* (Niederösterreichische Nachrichten 21. 6. 2012)

unsauber//sauber; ↑auch: akkurat
das hat er unsauber (nicht korrekt) *gearbeitet* ○ *unsauber spielen (auf einem Musikinstrument)* ○ *Es werde immer Stimmen geben, die die Stadt als unsauber empfinden, und immer welche, die sagen, sie sei sauber.* (Rhein-Zeitung 4. 1. 2006)

unschädlich//schädlich
unschädliche Stoffe ○ *dieses Medikament ist unschädlich* ○ *diese Strahlen*

sind unschädlich ○ Doch das ist schwer zu vermitteln, weil man nie nachweisen kann, dass etwas unschädlich ist. Wir können nur nachweisen, wenn etwas schädlich ist. (Die Presse 24. 11. 2014)

unscharf//scharf
unscharfe (verschwommene) Fotos ○ unscharfe [Landschafts]bilder ○ Die Bilder sind unscharf, aber die Botschaften sind sehr scharf (taz 23. 6. 2016)

Unschärfe//Schärfe
die Unschärfe der Aufnahmen

unschicklich//schicklich
unschickliches Benehmen ○ Paragraf 152 richtet sich gegen „unschickliches Verhalten, das die öffentliche Moral verletzt". Allerdings wird darin nicht näher definiert, welches Verhalten nun als schicklich und welches als unschicklich angesehen wird. (Die Presse 1. 8. 2009)

unschlüssig //schlüssig
ich bin noch unschlüssig (bin noch unentschlossen), was ich tun soll ○ Noch unschlüssig, wer der geeignete Bürgermeister oder die geeignete Bürgermeisterin für Neu-Anspach ist? Noch nicht schlüssig, wo bei der Wahl am kommenden Sonntag das Kreuzchen gemacht werden sollte? (Frankfurter Neue Presse 10. 2. 2005)

Unschuld//Schuld
über Schuld oder Unschuld des Angeklagten befinden ○ Der Gründer von Parmalat ... beteuert noch heute seine Unschuld und gibt die Schuld den Banken. (Dolomiten 3. 3. 2010)

unschuldig//schuldig
der Angeklagte ist unschuldig ○ Kann das sein ..., dass Menschen womöglich unschuldig hinter Gitter kommen oder schuldig auf freiem Fuße sind, weil Gutachter unsauber arbeiten? (Kölner Stadtanzeiger 4. 7. 2017)

unselbständig//selbständig
der Junge ist (noch) sehr unselbständig (muss noch angeleitet usw. werden) ○ Einkünfte aus unselbständiger Arbeit ○ Derzeit sind bereits 9500 Slowaken unselbständig und 14.000 selbständig in Österreich beschäftigt. (Der Standard 2. 3. 2011)

Unselbständigkeit//Selbständigkeit

unselig//selig
unseligen Angedenkens ○ Das ist Nomenklatura pur. Wie in unseligen NS-Zeiten und seligen SED-Zeiten. (FOCUS 10. 8. 2009)

unsensationell//sensationell
sein Auftritt war ganz unsensationell ○ Eine uralte Geschichte, sensationell unsensationell neu erzählt. (Der Tagesspiegel 18. 2. 2006)

unsensibel//sensibel
er hat unsensibel reagiert ○ ein unsensibler Mensch ○ ein unsensibler Umgang mit etwas ○ So unsensibel dieses Thema begonnen wurde, so sensibel wünsche ich mir, dass nun dieses Problem bezüglich des Biohotels sowie der Ortsbevölkerung gelöst wird. (Neue Kärntner Tageszeitung 16. 1. 2012)

unsentimental//sentimental
sie ist ganz unsentimental ○ Dieser so unsentimental argumentierende Publizist konnte andererseits durchaus sentimental sein, wenn man Treue mit einem solchen Wort belegen will. (Süddeutsche Zeitung 16. 2. 2000)

unseriös//seriös
ein unseriöses (nicht solides) Angebot ○ unseriöse Vermittler ○ Auf die Frage, ob eine Jobgarantie nicht unseriös sei, antworte Wolf: „Das ist sehr seriös, wenn sich das Management mit der Belegschaft identifiziert." (Die Presse 9. 7. 2003)

unsicher//sicher
eine unsichere Geldanlage ○ er wirkt unsicher ○ das ist eine unsichere Sache ○ ein sicherer Freund erweist sich in unsicherer Lage ○ Dabei solle beispielsweise

auch gezeigt werden, was genau ein Fenster unsicher beziehungsweise sicher macht. (Braunschweiger Zeitung 15. 9. 20112)

Unsicherheit//Sicherheit
man spürte seine Unsicherheit ○ ihre Unsicherheit fiel auf

Unsicherheitsfaktor//Sicherheitsfaktor
(etwas, was eine Sache unsicher macht) ○ „Eine Waffe im Haushalt zu haben ist für mich eher ein Unsicherheitsfaktor als ein Sicherheitsfaktor." (Niederösterreichische Nachrichten 11. 10. 2012)

unsichtbar//sichtbar
unsichtbarer Verfall ○ Merkwürdig ist es schon, dass durch die Computertechnik vieles unsichtbar wird, was vorher sichtbar war. (Die Zeit 1. 5. 2008)

unsigniert//signiert
ein leider unsigniertes Exemplar dieses Romans ○ Ein unsigniertes Exemplar kostet 30, ein signiertes (ihre Zahl ist auf 500 Stück limitiert) 90 Euro. (Nürnberger Zeitung 14. 8. 2003)

unsinkbar//sinkbar
das Schiff galt als unsinkbar ○ Bis vor wenigen Monaten als unsinkbar geltende Firmenriesen brauchen Finanzspritzen in Ausmaßen, die sich Otto Normalverbraucher gar nicht vorstellen kann. (Burgenländische Volkszeitung 15. 4. 2009)

Unsinn//Sinn
Sinn und Unsinn einer Vorschrift ○ über Sinn und Unsinn dieser Aktion nachdenken ○ Die Anwesenden diskutierten heftig über den Unsinn oder Sinn von Tempo 30 auf der Apfelseestrasse. (Basler Zeitung 11. 12. 2015)

unsinnlich//sinnlich
sein leider ganz unsinnliches (unerotisches) Aussehen ○ Ein Problem liegt wohl in dem sich hartnäckig haltenden Klischee, Neue Musik sei akademisch, spröde oder unsinnlich. ... Zeitgenössische Musik kann herrlich sinnlich sein und ist, wenn sie gut ist, überhaupt nicht spröde. (Die Presse 29. 10. 2007)

unsoldatisch//soldatisch
eine unsoldatische Haltung ○ In dem Buch, in dem zwar mit keinem Wort der Versuch unternommen wird zu umschreiben, was „soldatisch" ist, wird aber ausdrücklich als „unsoldatisch" gebrandmarkt, was in den Armeen der atlantischen Bundesbrüder gang und gäbe ist (Der Spiegel 27. 1. 1960)

unsolidarisch//solidarisch
sie verhielten sich unsolidarisch ○ Und ist dieser Gedanke unsolidarisch gegenüber den 25000 Opelanern – oder solidarisch mit den Arbeitern bei Mercedes, Audi und VW? (Die Zeit 13. 8. 2009)

unsolide//solide
er ist sehr unsolide (ist oft zu Vergnügungen unterwegs usw.) ○ Für Scholz gibt es keine rechten und linken Politikentwürfe mehr, sondern nur solide und unsolide. (Der Spiegel 19. 5. 2018)

unsozial//sozial
sich unsozial verhalten ○ Mehrwertsteuererhöhung und Einheitssteuer sind unsozial, Steuerschlupflöcher zu schließen ist sozial. (Kölner Stadtanzeiger 9. 9. 2005)

unspezifisch//spezifisch
unspezifische Reaktionen auf ein Medikament ○ Das aber reagiert unspezifisch auf eine Bedrohung des Organismus und nicht spezifisch auf die Art eines Konfliktes. (Philosophie Heute 1/2007)

unsportlich//sportlich
er ist unsportlich ○ „Ich bin absolut unsportlich, und mit einem Chrono schaue ich wenigstens sportlich aus." (Format 3. 12. 2004)

unstabil//stabil
unstabile Verhältnisse ○ Die Unzufriedenheit mit dieser Politik spiegelte sich ... in häufigen Regierungskrisen ..., doch so unstabil die Kabinette waren, so stabil

blieb die Politik. (Stuttgarter Zeitung 14. 11. 2002)

unstatthaft//statthaft
dieses Vorgehen ist unstatthaft ∘ Man denke nur an die penetranten Warum-Fragen, mit denen uns kleine Kinder häufig nerven – bevor ihnen eingetrichtert wird, dass allzu bohrendes Fragen unstatthaft sei. Ist es aber nicht. Es ist statthaft, genau wissen zu wollen, was es mit Gott, den Menschen und der Welt auf sich hat. (Basler Zeitung 19. 10. 2006)

unsterblich//sterblich
er ist sterblich, aber sein Ruhm wird unsterblich sein ∘ „Der Edle lebt nach seinem Tode fort, und ist so wirksam, als er lebte, die gute Tat, das schöne Wort, es strebt unsterblich, wie er sterblich strebte." (Goethe, Künstlers Apotheose, 1816)

Unsterblichkeit//Sterblichkeit; ↑auch: Mortalität

unstrukturiert//strukturiert
Eine künstlerische Ästhetin muss nicht unstrukturiert und unlogisch agieren und jemand, der strukturiert denkt, eine eingeschränkte Sicht haben. (Falter 30. 8. 2017)

unsymmetrisch//symmetrisch
unsymmetrisch angeordnet ∘ Es ist symmetrisch angelegt, mit etagenübergreifenden Erkern. Schlichte, farbige Stuckelemente geben dem Haus ein vornehmes Aussehen. Das Erdgeschoss ist unsymmetrisch. (Lausitzer Rundschau 20. 2. 2017)

unsympathisch//sympathisch
ein unsympathischer Mensch ∘ er hat ein unsympathisches Wesen ∘ unsympathisch wirken ∘ sie ist mir sehr unsympathisch (ich mag sie nicht) ∘ er fand ihren Mann unsympathisch ∘ Menschen ohne Tätowierung finden allerdings Fremde mit Körperverzierung zu 20 Prozent unsympathisch und nur zu zwei Prozent sympathisch (Vorarlberger Nachrichten 24. 8. 2013)

unsystematisch//systematisch
unsystematisch arbeiten, vorgehen ∘ Zunächst noch unsystematisch, dann ab Anfang der 80er-Jahre aber umso gezielter. Es wurde also nicht systematisch gedopt? (Thüringer Allgemeine 6. 10. 2011)

untalentiert//talentiert; ↑auch: begabt, talentvoll
ein recht untalentierter Mann ∘ „Es gibt nichts Schlimmeres als untalentierte Schüler, die in deinem Keller Blechblasinstrumente spielen." Doch Wecker hatte auch talentierte Schüler (Trierischer Volksfreund 12. 12. 2014)

untätig//tätig
seine Freizeit untätig verbringen ∘ In der Trompeterstadt, in der es ihm sehr gut gefiel, war er keineswegs untätig. Er war als Gästebetreuer in den Kurkliniken tätig. (Südkurier 2. 8. 2014)

untauglich//tauglich
für eine bestimmte Aufgabe untauglich sein ∘ für untauglich erklären ∘ Ja; glaubt denn wirklich noch jemand, dass sich die seit 15 Jahren für die Lausitzer Region untauglich erwiesenen Parolen in den kommenden Jahren als tauglich erweisen? (Süddeutsche Zeitung 21. 10. 2006)

...untauglich//...tauglich (Adjektiv)
z. B. dienstuntauglich/diensttauglich

Untauglichkeit//Tauglichkeit

... untauglichkeit//...tauglichkeit (Substantiv)
z. B. Fahruntauglichkeit/Fahrtauglichkeit

unteilbar//teilbar; ↑auch: gerade
Besitz gilt als unteilbar – Die grundbuchamtlich festgehaltenen Alprechte sind laut Gesetz nicht teilbar. (St. Galler Tagblatt 20. 6. 2017)

unten//oben; ↑auch: droben
er liegt (im Etagenbett) unten ○ sie wohnt unten (im Parterre) ○ unten im Schreibtisch liegt das Testament ○ unten im Tal ○ das steht unten auf der Seite ○ unten auf der Landkarte ○ unten im Süden ○ (übertragen:) wir hier unten, ihr da oben ○ Die Bretter unten sind Verona oder die Gruft, die Plattform oben ist Julias Balkon oder Romeos Exil in Mantua. (Die Presse 20. 6. 2015)

untendrunter//obendrauf
untendrunter lag ein Tagebuch ○ Bei 175 Grad etwa 12 Minuten backen, wenn sie untendrunter leicht hellbraun und obendrauf noch goldgelb sind, sind sie perfekt. (Rhein-Zeitung 26. 11. 2003)

untendrunter//obendrüber
untendrunter (darunter) einen Pullover tragen ○ Für untendrunter fine Bodywear von Mey, für obendrüber ein Hugo-Hemd und den Helmut-Lang-Anzug, für die Füße edelstes Budapester Schuhwerk. (taz 17. 6. 2015)

untenherum//obenherum; ↑auch: obenrum
untenherum ist sie ziemlich stark (dick) ○ Dieser Mann, äußerlich Ende 60, in Wahrheit Ende 70, untenherum hellblaue Daddy-Jeans und geländegängiges Schuhwerk, obenherum feines Button-Down-Hemd (Süddeutsche Zeitung 13. 5. 2015)

untenrum//obenrum; ↑auch: obenherum
untenrum ist sie ziemlich stark (dick) ○ Das Kleid war untenrum viel zu eng, obenrum zu weit und beulte an Stellen, an denen Frauen auf keinen Fall Beulen haben wollen. (taz 11. 7. 2017)

unter//auf; ↑auch: über//unter
der Brief liegt unter dem Buch ○ die Katze sitzt unter dem Tisch ○ Stundenlang konnte er unter dem Tisch sitzen, auf dem seine Mutter und seine Großmutter den Nudelteig ausrollten. (FOCUS 6. 8. 2016)

unter//ohne
unter Zufuhr von ... ○ Wahrhaftig und unter Berücksichtigung aller Einflussfaktoren ist bestenfalls ein Verhältnis von 1:12 zu erreichen. Im Übrigen findet die reine Mengendebatte ohne Berücksichtigung von Kohlequalitäten und bergwirtschaftlichen Belangen hier ihre Fortsetzung. (Leipziger Volkszeitung 26. 8. 2005)

unter//über; ↑auch: auf//unter
unter dem Wandbehang ○ unter der Erde ○ sie wohnt unter uns ○ der Text unter dem Bild ○ unter 80 Jahre alt sein ○ unter dem Gefrierpunkt ○ wenn die angemeldete Teilnehmerzahl unter 10 liegt, findet der Kurs nicht statt ○ gesellschaftlich unter jemandem stehen ○ Gestartet wird in zwei Alters- bzw. Leistungsgruppen (unter 15 Jahre und über 15 Jahre) auf einem neu konzipierten Skate-Park, der faire Chancen für alle Teilnehmer garantiert. (Niederösterreichische Nachrichten 19. 6. 2007)

unter...//... (Adjektiv)
z. B. *unterprivilegiert/privilegiert*

unter...//auf... (Verb)
z. B. *untertauchen/auftauchen*

untere//höhere
die unteren Dienstgrade ○ Alles darunter zählt zu den unteren, darüber zu den höheren Einkommen. (Der Standard 15. 2. 2018)

unter...//ober... (Adjektiv)
z. B. *unterirdisch/oberirdisch*

unter...//über... (Adjektiv)
z. B. *unterdurchschnittlich/überdurchschnittlich*

unter...//über... (Verb)
z. B. *unterbewerten/überbewerten*

Unter...//Ober... (Substantiv)
z. B. *Unterkiefer/Oberkiefer*

Unter...//Über... (Substantiv)
z. B. *Unterfunktion/Überfunktion*

untere//obere
die untere Grenze ○ die unteren Schichten ○ Der untere Wert entspricht übrigens einer mittleren Neubau-Eigentumswohnung in Wien. Der obere einem nicht unbedingt luxuriösen Häuschen am Wiener Stadtrand. (Die Presse 17. 6. 2015)

Unterarm//Oberarm
Um Zeit zu sparen, wurden zwei OP-Teams gebildet: Team eins bereitete den abgerissenen Unterarm auf die Replantation vor, Team zwei den Oberarm. (Die Presse 17. 5. 2013)

unterbegabt//überbegabt
das Fliegerlied wurde eigentlich für motorisch unterbegabte Kinder komponiert (Süddeutsche Zeitung 17. 9. 2011)

Unterbegriff//Oberbegriff; ↑auch: Hyperonym
Unterbegriff und Oberbegriff sind als Termini in DIN 2330 Begriffe und Benennungen normiert (Wikipedia)

Unterbekleidung//Oberbekleidung
Bei unserem Label ist es schon immer um Unterbekleidung als Oberbekleidung gegangen und um dessousartige Stoffe (Die Presse 30. 10. 2015)

unterbelegt//überbelegt
diese Wohnung ist unterbelegt ○ Jugendheim ist unterbelegt 2010 war das Jugendheim Aarburg noch voll ausgelastet, zeitweise sogar überbelegt. (Die Nordwestschweiz 4. 2. 2016)

Unterbelegung//Überbelegung
die Unterbelegung eines Heims

unterbelichten//überbelichten
er unterbelichtet immer die Bilder ○ um sie nicht unterzubelichten, muss man darauf achten, dass ... ○ „Die Intensität der Details und die Tiefe entsteht dadurch, dass wir das gleiche Motiv einmal unterbelichten, einmal überbelichten, dann ganz normal und alle drei Aufnahmen am Computer übereinanderlegen" (Rhein-Zeitung 16. 12. 2013)

unterbelichtet//überbelichtet
unterbelichtete Bilder ○ Bekannt geworden ist die 1964 geborene Künstlerin mit subtilen Schwarzweißfotografien, häufig stark unterbelichtet oder überbelichtet. (Südkurier 29. 12. 2003)

Unterbelichtung//Überbelichtung

Unterbeschäftigung//Überbeschäftigung
(Wirtschaft)

unterbesetzt//überbesetzt
die Abteilung ist unterbesetzt ○ Dabei ist die Polizei leider chronisch unterbesetzt, und die Kriminellen sind auf jeden Fall übersetzt. (Kölnische Rundschau 8. 7. 2015)

Unterbett//Oberbett
Die vom Chor gesungene Frage Wie kommt der Lippenstift in Lehmanns Unterbett? konnte nicht beantwortet werden. (Niederösterreichische Nachrichten 4. 5. 2018)

unterbewerten//überbewerten
er unterbewertet das ○ um es nicht unterzubewerten ○ „Wir Menschen unterbewerten die langfristigen und überbewerten die kurzfristigen Folgen unseres Handelns" (Nürnberger Nachrichten 4. 8. 2015)

Unterbewertung//Überbewertung

Unterbewusstsein//Oberbewusstsein, Bewusstsein
(die seelisch-geistigen Vorgänge unter der Schwelle des Bewusstseins)

unterbezahlen//überbezahlen
sie waren bestrebt, die Angestellten unterzubezahlen

unterbezahlt//überbezahlt
er ist unterbezahlt ○ eine unterbezahlte Tätigkeit ○ Ein guter Politiker ist unterbe-

zahlt, und es gibt eine Menge, die überbezahlt sind. (Die Presse 17. 8. 2015)

Unterbezahlung//Überbezahlung
(eine zu geringe Bezahlung)

unterbieten//überbieten
Preise unterbieten ○ er hat das Angebot unterboten ○ Das Niveau von RTL 2 lässt sich kaum mehr unterbieten, der Gewinn aber kaum überbieten. (Süddeutsche Zeitung 13. 12. 2002)

unterbrechen//weitermachen
wir unterbrechen (für eine Stunde) die Sitzung und machen dann weiter ○ Gut ist, dass man die Übungen unterbrechen und später weitermachen kann. (Nordkurier 1. 3. 2016)

Unterbrechung//Wiederaufnahme
die Unterbrechung der Verhandlungen ○ Nach einer durch Elternzeit bedingten Unterbrechung erfolgte 1998 die Wiederaufnahme der Beschäftigung in der Ordnungsabteilung, wo sie auch bis heute weiterhin tätig ist. (Neue Westfälische 15. 9. 2016)

unterbrochen werden//ausreden lassen
er wurde (in seiner Rede) unterbrochen ○ Da wird ständig unterbrochen, man lässt keinen Mandatar ausreden. (Neue Kronen-Zeitung 14. 6. 2018)

unter Deck//an Deck
alle Mann unter Deck ○ Bei einer Yacht gilt unter Deck als geschützter Bereich. Aber wenn jemand an Deck fotografiert wird, ist dies von einer strafrechtlichen Bestimmung nicht erfasst. (NEWS 9. 12. 2010)

Unterdeck//Oberdeck
(Schiffsraum unter dem Zwischendeck, der den Schiffsrumpf nach unten abschließt)

unter dem Pantoffel stehen//die Hosen anhaben
er steht unter dem Pantoffel, denn seine Frau hat die Hosen an ○ Männer, die ihren Frauen das Handtäschen tragen, sterben langsam aus. ... Was wollten die Männer uns mit diesem Verhalten sagen: „Ich stehe unter dem Pantoffel und meine Frau hat die Hosen an" oder „Meine Liebste ist so vergesslich und ich muss ihr alles hinterher tragen". (Rheinpfalz 29. 4. 2010)

unter den Teppich//auf den Tisch
Mir ist wichtig, das alles restlos aufgeklärt, nichts unter den Teppich gekehrt wird. Alles muss auf den Tisch, ohne Ansehen der Person. (NEWS 16. 8. 2012)

Unterdruck//Überdruck
(Physik, Technik)

Unterdrückende[r]//Unterdrückte[r]
‚Geschichte von unten' wurde zu seinem Metier, die Geschichte der Unterdrückenden und der Unterdrückten zu seiner Leidenschaft. (Kleine Zeitung 20. 10. 2013)

Unterdrücker[in]//Unterdrückte[r]
Unterdrücker und Unterdrückte setzten sich zu Verhandlungen an einen Tisch

Unterdrückte[r]//Unterdrücker[in], Unterdrückende[r]
Unterdrücker und Unterdrückte setzten sich zu Verhandlungen an einen Tisch ○ Er ist hier Unterdrückter und Unterdrücker zugleich (Die Presse 21. 2. 2017)

unterdurchschnittlich//überdurchschnittlich
unterdurchschnittliche Ertragslage ○ unterdurchschnittliche Bezahlung ○ Die sozial schwächeren Eltern fehlen bei Elternversammlungen überdurchschnittlich, kontrollieren unterdurchschnittlich die Hausaufgaben, halten ihre Kinder unterdurchschnittlich zum häuslichen Üben an (Ostthüringer Zeitung 16. 3. 2012)

Unterernährung//Überernährung
Kinder starben an Unterernährung ○ Experten warnen vor einer drohenden Doppelbelastung, einer Gleichzeitigkeit

von Unterernährung und Überernährung. (Süddeutsche Zeitung 23. 3. 2018)

unteres Inntal//oberes Inntal
(östliches Inntal in Tirol)

unterfordern//überfordern
einige Schüler sind unterfordert, fühlten sich unterfordert ○ Manche Mitarbeiter wollen gehen, ... weil sie unterfordert waren oder sich überfordert fühlten oder weil sie nicht zufrieden waren mit der Art, wie gearbeitet wurde. (Berliner Morgenpost 9. 9. 2017)

Unterforderung//Überforderung
intellektuelle Unterforderung eines Schülers ○ Zum Burnout sagt sie: „Dieses Syndrom kann viele Ursachen haben, beispielsweise Unterforderung, Überforderung oder Vereinzelung in einem Team". (Tagesanzeiger 22. 3. 2014)

Unterführung//Brücke
der Zug fuhr erst durch eine Unterführung, dann über eine Brücke ○ Wie der Bahnsprecher abschließend anmerkt, könne ein Ausbau der Unterführung bei einem Neubau der Brücke irgendwann, in ferner Zukunft ganz eventuell ein Thema sein. (Schwäbische Zeitung 11. 9. 2014)

Unterführung//Überführung
(Straße o. Ä., die unter einer anderen Straße o. Ä. hindurchführt) ○ *Um den historischen Wildwechsel wiederherstellen zu können, hat der Kanton drei Varianten geprüft, zwei davon näher. Die eine sah eine Unterführung, die andere eine Überführung für das Wild vor.* (Die Südostschweiz 22. 9. 2014)

Unterfunktion//Überfunktion; ↑auch: **Hyperfunktion; Hyperthyreose**
Unterfunktion (zu geringe Funktion) *der Schilddrüse*

Untergang//Aufgang
der Untergang der Sonne ○ Für ein Viertel eines Jahres fällt der Untergang eines Sterns jedoch mit dem Aufgang eines anderen zusammen (Saarbrücker Zeitung 5. 10. 2016)

Untergang; ↑**Monduntergang, Sonnenuntergang**

untergärig//obergärig
untergäriges Bier (bei dem sich bei der Gärung mit niedriger Temperatur die Hefe am Boden des Bottichs absetzt) ○ *Und untergärig soll gebraut werden, nicht wie bei Kölsch und Alt obergärig.* (Westdeutsche Zeitung 5. 4. 2016)

Untergärung//Obergärung
(Brauerei)

Untergebene[r]//Vorgesetzte[r]
sein Buch ärgert die einstigen Vorgesetzten und die damaligen Untergebenen ○ In den vergangenen Jahren kam es zu Unfällen, weil Untergebene es nicht wagten, Vorgesetzte zu korrigieren. (Süddeutsche Zeitung 11. 10. 2016)

untergehen//aufgehen
die Sonne geht abends im Westen unter ○ Okay, auch nach dem 13. März wird die Sonne weiterhin aufgehen und wieder untergehen und erneut aufgehen. (Stuttgarter Zeitung 5. 3. 2016)

untergeordnet//nebengeordnet
der Nebensatz ist der untergeordnete Satz (Grammatik)

untergeordnet//übergeordnet
eine untergeordnete Dienststelle ○ etwas ist von untergeordneter Bedeutung ○ Dieses Profil sehe vor, einen Kulturmanager einzustellen, der dem Schul- und Kulturreferenten untergeordnet, anderen städtischen Kultureinrichtungen und Eigenbetrieben aber nicht übergeordnet sei. (Main-Post 16. 10. 2003)

Untergewicht//Übergewicht
sie hat Untergewicht (liegt unter dem als normal geltenden Gewicht) ○ *13 Prozent hätten leichtes bis starkes Untergewicht angegeben und elf Prozent leichtes bis starkes Übergewicht.* (Die Nordwestschweiz 20. 4. 2016)

untergewichtig//übergewichtig
manche Menschen sind untergewichtig

Untergrenze//Obergrenze
die Werte liegen an der Untergrenze (sollten nicht weiter unterschritten werden) ∘ *Wobei die Untergrenze 1000 und die Obergrenze 2000 Euro pro Monat betragen soll.* (Vorarlberger Nachrichten 30. 6. 2009)

unterhaben//überhaben
einen Pullover unterhaben (untergezogen haben, unter dem Hemd haben ∘ *umgangssprachlich)*

unterhalb//oberhalb; ↑auch: dadrüber
Einkünfte unterhalb des Existenzminimums ∘ *unterhalb des linken Auges* ∘ *unterhalb vom Ort/des Ortes* ∘ *unterhalb 1000 Meter* ∘ *Bei Befischungen wurde festgestellt, dass unterhalb der Anlage 37 Fischarten vorkommen, oberhalb des Kraftwerks jedoch nur 22.* (Burgenländische Volkszeitung 29. 5. 2014)

Unterhaltungselektronik//Leistungselektronik
zur Unterhaltungselektronik gehören Videogeräte, Plattenspieler usw. ∘ *Weil neue Geräte energieeffizienter arbeiten als alte, ist der Stromverbrauch der privaten Unterhaltungselektronik gesunken* (Der Spiegel 5. 1. 2018)

Unterhaltungsmusik//ernste Musik; ↑auch: E-Musik
«Vielleicht waren sie als Unterhaltungsmusik zu anspruchsvoll und für ernste Musik zu melodiös und nostalgisch.» (Tagesanzeiger 21. 11. 2003)

Unterhaus//Oberhaus; ↑auch: Bundesrat, Senat
das Unterhaus des britischen Parlaments ∘ *Nach der Debatte im Unterhaus wird der Entwurf nun zur weiteren Beratung an das Oberhaus des britischen Parlaments weitergeleitet.* (Nürnberger Nachrichten 3. 11. 2016,28)

Unterhaut//Oberhaut
(Medizin)

Unterhitze//Oberhitze
(die von unten kommende Hitze im Backofen) ∘ *Den Kürbis mit der Schale auf das Meersalz setzen und im Backofen bei 200 °C Unterhitze und 160 °C Oberhitze für etwa 80 Minuten garen* (Süddeutsche Zeitung 26. 10. 2012)

unterirdisch//oberirdisch
Kabel unterirdisch verlegen ∘ *die Rohre liegen unterirdisch* ∘ *Der Bach verläuft zu einem großen Teil unterirdisch, auf wenigen Metern oberirdisch* (Saale-Zeitung 20. 2. 2018,3)

Unterjunge//Oberjunge
(Hüttenwesen ∘ *veraltet)*

Unterkärnten//Oberkärnten
(östlicher, tiefer gelegene Teil des Bundeslandes Kärnten)

Unterkiefer//Oberkiefer

Unterkörper//Oberkörper

Unterland//Oberland
(tiefer gelegenes Land) ∘ *Das Unterland gehörte lange Zeit zum Bistum Konstanz, das Oberland nach Chur.* (Vorarlberger Nachrichten 6. 4. 2018)

Unterlänge//Oberlänge
die Unterlänge eines Buchstabens

Unterlassungsdelikt//Begehungsdelikt
(strafbare Unterlassung einer Handlung, bei der dem Betreffenden vorgeworfen wird, dass er nicht eingegriffen habe, um ein Geschehen aufzuhalten, das bei seinem Eingreifen nicht zu strafrechtlichen Konsequenzen geführt hätte ∘ *Rechtswesen)*

Unterlauf//Oberlauf
der Unterlauf des Flusses (der in der Nähe der Mündung liegt) ∘ *Und es ist auch zu bedenken, was im Unterlauf von Flüssen passieren wird, wenn der Oberlauf durch Schutzbauten immer weiter eingeengt wird* (Oberösterreichische Nachrichten 13. 6. 2013)

unterlegen//überlegen
sie ist ihm unterlegen ○ *Technisch und taktisch zwar unterlegen, aber in diesem Moment, glaube ich, den Kroaten konditionell überlegen.* (Salzburger Nachrichten 7. 6. 2008)

Unterlegenheit//Überlegenheit

Unterlid//Oberlid
das Unterlid des Auges

Unterlippe//Oberlippe

Untermensch//Herrenmensch
(NS-Sprache) ○ *Große Probleme bereitet ihr die Übertragung von Nazi-Begriffen wie „Untermensch" und „Herrenmensch". Die seien kaum übersetzbar* (Nordkurier 2. 3. 2013)

Untermieter//Hauptmieter; ↑auch: Vermieter
(jemand, der zu Miete bei einem Hauptmieter wohnt) ○ *Manche Eigentümer würden gern „untervermieten" um einen Mieter schneller wieder loswerden zu können – denn Untermieter sind per Gesetz leichter kündbar als Hauptmieter.* (Die Presse 22. 10. 2011)

Unternehmer; ↑Generalunternehmer, Hauptunternehmer

unterordnen//überordnen
jemanden oder etwas einem anderen oder einer Institution unterordnen ○ *Der Golfer spielt für sich und gegen sich, ein Teamgefährte kommt nicht vor, keiner, dem man sich unterordnen oder überordnen muss* (Süddeutsche Zeitung 27. 9. 2002)

unterordnend//beiordnend, nebenordnend; ↑auch: koordinierend, parataktisch
unterordnende Bindewörter sind z. B. „weil", „dass" (Grammatik)

Unterordnung//Nebenordnung; ↑auch: Koordination, Parataxe

Unterordnungskonzern//Gleichordnungskonzern
(Rechtswesen)

unterprivilegiert//privilegiert
unterprivilegierte Gesellschaftsschicht ○ *Was die EU-Kommission vorschlage, sei überdies nur eine „unterprivilegierte Vollmitgliedschaft". Da sei eine „privilegierte Partnerschaft" besser.* (Mannheimer Morgen 12. 10. 2004)

Unterproduktion//Überproduktion
Unterproduktion der Talgdrüsen ○ *In einer Unterproduktion der weiblichen Geschlechtshormone (Östrogene) und einer Überproduktion der männlichen (Androgene) sieht der Berufsverband der deutschen Frauenärzte Ursachen für zunehmende Hautprobleme.* (Tiroler Tageszeitung 21. 4. 1997)

unterproportional//überproportional
etwas wirkt sich unterproportional aus ○ *Das liegt erstens an ihren unterproportional gewachsenen Realeinkommen und zweitens an überproportional gestiegenen Immobilienpreisen.* (Neue Zürcher Zeitung 16. 5. 2018)

unter Pseudonym//unter seinem, ihrem richtigen Namen
er hat das Buch unter einem Pseudonym veröffentlicht ○ *Wagners Antisemitismus äußerte sich vor allem in seiner Schrift ‚Das Judenthum in der Musik', die er zunächst 1850 unter Pseudonym veröffentlichte. 1869 erschien eine weitere Fassung dann unter seinem richtigen Namen.* (Vorarlberger Nachrichten 22. 5. 2013)

unterqueren//überqueren
die Bahngleise, den Bahnkörper unterqueren ○ *die Stadtautobahn unterquert die Straße, den Platz* ○ *Wir unterqueren die A95 und überqueren vor Penzberg die Bahngleise* (Mannheimer Morgen 5. 8. 2017)

Unterrepräsentanz//Überrepräsentanz

unterrepräsentiert//überrepräsentiert
die Gruppe ist unterrepräsentiert ○ die Frauen sind in der Politik unterrepräsentiert ○ Dass Schwarze im Durchschnitt weniger gut verdienen als Weisse, hat vor allem damit zu tun, dass sie in gut bezahlten Berufen unterrepräsentiert, in schlecht bezahlten dafür überrepräsentiert sind. (Neue Zürcher Zeitung 23. 8. 2014)

Unterrepräsentierung//Überrepräsentierung

Unterricht; ↑Epochalunterricht, Stundenunterricht

unterschätzen//überschätzen
eine Gefahr unterschätzen ○ jemandes Einfluss unterschätzen ○ er hat seinen Gegner unterschätzt ○ Er wolle eine solche Vereinbarung nicht unterschätzen, aber auch nicht überschätzen. (Die Presse 10. 10. 2013) ○ Kann es sein, dass die Macher von Fernsehen die Intelligenz ihres Publikums unterschätzen? Rohrbach: Möglich. Wobei man die Intelligenz auch überschätzen kann. (Der Spiegel 13. 7. 2019)

Unterschätzung//Überschätzung

unterscheidbar//ununterscheidbar
die zweieiigen Zwillinge sind unterscheidbar ○ Sie wären zwar identisch ..., aber trotzdem unterscheidbar. Doch wenn sich zwei Wellen aus getrennten Quellen vermischen, verlieren sie ihre Positionen und werden ununterscheidbar. (Die Zeit 26. 12. 1997)

Unterschenkel//Oberschenkel
Sitzen Sie in aufrechter Haltung, ohne sich anzulehnen. Unterschenkel und Oberschenkel sollten im rechten Winkel zueinander stehen, die Wirbelsäule gerade sein. (Wiener Zeitung 2. 2. 2018)

Unterschicht//Oberschicht
sie gehören zur Unterschicht der Bevölkerung ○ Sowohl das Dirndl als auch Jeans haben gesellschaftlich den Sprung von der Unterschicht in die Oberschicht geschafft, diese Karriere können nicht viele Kleidungsstücke für sich beanspruchen. (Die Presse 3. 3. 2013)

Unterschiede//Gemeinsamkeiten
Unterschiede zwischen zwei Sprachen ○ die Unterschiede und die Gemeinsamkeiten herausarbeiten ○ Ein Blick auf die Länder des „arabischen Frühlings" zeigt viele Unterschiede. Aber auch wichtige Gemeinsamkeiten. (FOCUS 27. 2. 2012)

unterschiedlich//gleich
unterschiedliche Interessen haben ○ „Es ist doch toll, dass wir alle unterschiedlich aussehen und trotzdem als Menschen gleich sind." (Hamburger Morgenpost 3. 9. 2018)

Unterschnitt//Überschnitt
(Tischtennis)

Unterschrank//Oberschrank
ein Unterschrank für das Badezimmer ○ Zur Ausstattung gehörten neben den Ehebetten zwei Nachtschränkchen sowie je ein Stuhl, Wäscheschrank, Unterschrank mit Schubkästen und Waschtischfläche und ein Oberschrank mit Schiebetüren. (Süddeutsche Zeitung 11. 12. 2003)

unterschreiten//überschreiten
die normale Körpergröße unterschreiten ○ die Toleranzgrenze unterschreiten ○ die Grenzwerte sind unterschritten ○ den Zeitplan unterschreiten ○ Die am Wettbewerb teilnehmenden Schüler lesen einen Text, dessen Länge drei Minuten nicht unterschreiten und fünf Minuten nicht überschreiten sollte. (Rheinische Post 8. 2. 2010)

Unterschreitung//Überschreitung
Unterschreitung der zulässigen Werte ○ Bei Unterschreitung wird das Einsparziel für den Hersteller verschärft, bei Überschreitung abgeschwächt. (taz 17. 12. 2018)

unterschrieben//ununterschrieben
ein unterschriebener Vertrag ○ Dem müssten aber der National- und Stände-

rat zustimmen, und es brauche «ein überzeugendes Gesuch», schrieb Dreifuss in einem Brief, der das Technorama ununterschrieben erreichte und trotz Nachfragen auch nach drei Monaten noch nicht unterschrieben vorliegt. (Tagesanzeiger 9. 7. 2002)

Unterschuss//Überschuss
(Defizit o Wirtschaft) o *Durch die eingeschränkten Studienplätze ... drohe Österreich ein „Unschuss" an Ärzten, der in drei bis vier Jahren ein Problem darstellt. Derzeit besteht noch ein Überschuss von etwa 1000 Universitätsabgängern.* (Kurier 11. 9. 2005)

unter seinem, ihrem Namen//anonym
er hat das Buch nicht anonym, sondern unter seinem Namen veröffentlicht o *Doch unter seinem Namen kann er sie nicht veröffentlichen, er muss wegen seiner Stellung am Hof anonym bleiben.* (Kölner Express 10. 11. 2011)

unter seinem, ihrem richtigen Namen//unter Pseudonym
er hat das Buch unter seinem richtigen Namen veröffentlicht, nicht unter einem Pseudonym o *Viele Internetnutzer sind in sozialen Netzwerken nicht mit ihrem richtigen Namen unterwegs. Nach einer aktuellen Forsa-Umfrage surfen elf Prozent ... unter Pseudonym.* (Mannheimer Morgen 24. 5. 2011)

Unterseite//Oberseite
die Unterseite des Blattes o *Er hat eine Fettflosse, einen großen Kopf, die Unterseite ist rot und die Oberseite silbrig* (Oberösterreichische Nachrichten 22. 9. 2014)

Untersetzung//Übersetzung
(in Bezug auf die Motordrehzahl o Kraftfahrzeugtechnik)

Unterspannung//Überspannung
(beim Strom)

unterste//oberste
Gerade die unterste und die oberste Stufe muss gut zu sehen sein. (Westdeutsche Zeitung 2. 5. 2015)

unterständig//oberständig
(Botanik)

untersteuern//übersteuern
das Auto untersteuert (fährt mit zum Innenrand der Kurve strebendem Heck auf den Außenrand der Kurve zu o Kraftfahrzeugtechnik)

Unterstufe//Oberstufe
die Schüler der Unterstufe o *Die AHS, auch als Gymnasium bekannt, gliedert sich in Unterstufe und Oberstufe. Sie schließt mit der Matura ab.* (Der Standard 1. 2. 2018)

Unterstützungsverband//Einsatzverband
(Militär)

Untersuchungsgrundsatz//Verhandlungsgrundsatz
(Rechtswesen)

unter Tag[e]//über Tag[e]
er arbeitet unter Tage (in einer unterirdischen Abbauanlage o Bergmannssprache) o *Hier haben in ihren besten Zeiten 6000 Menschen unter Tage und über Tage ihr Geld verdient.* (Braunschweiger Zeitung 6. 4. 2013)

untertakeln//übertakeln
(zu wenig Segel setzen o Seemannssprache)

Untertan//Fürst, Monarch
Es hat auch das Verhältnis zwischen Untertan und Monarch grundlegend verändert. (Mittelbayerische Zeitung 26. 7. 2016) o *Der Sohn gehorche dem Vater, die Frau dem Mann, der Untertan dem Fürst.* (Süddeutsche Zeitung 7. 11. 2012)

Untertasse//[Ober]tasse
die Tasse auf die Untertasse stellen o *Für eine Tasse Tee braucht es eine Untertasse und eine Obertasse, in die dann vorsichtig geblasen wird, damit der Tee erkaltet.* (Mannheimer Morgen 20. 3. 2007)

untertauchen//auftauchen
sie ist untergetaucht (in den Untergrund) ○ *Ich erwarte auch, dass viele der neu in die Stadt Geflüchteten im Laufe der nächsten Zeit abgeschoben werden sollen und untertauchen werden – und dann vermehrt bei uns auftauchen.* (taz 22. 4. 2016)

Unterteil//Oberteil
Jedenfalls geht das Unterteil nahtlos in ein Oberteil über, das die Bauchpartie ebenfalls merkwürdig betont. (Sonntags-Zeitung 1. 4. 2012)

Untertherapie//Übertherapie
(zu geringe therapeutische Versorgung) ○ *Die noch vor 15 Jahren häufig beklagte Untertherapie ist in Übertherapie umgeschlagen.* (Der Spiegel 22. 6. 1987)

Untertitel//Haupttitel
der Untertitel eines Aufsatzes

untertourig//übertourig
Man kann im höchsten Gang fahren, ohne den Motor untertourig zu malträtieren bzw. übertourig aufheulen zu lassen. (Neue Kronen-Zeitung 27. 10. 2005)

untertreiben//übertreiben; ↑auch: hochstapeln
er hat bei seinen Angaben (aus Bescheidenheit) untertrieben ○ *Medien berichten verzerrt, manche untertreiben, manche übertreiben.* (profil 28. 9. 2015)

Untertreibung//Übertreibung; ↑auch: Hyperbel, Hyperbole, Overstatement

untertrieben//übertrieben
das ist aber untertrieben ○ *2013 nannte Seehofer sie die Mutter aller Schlachten, und das war eher untertrieben als übertrieben.* (Süddeutsche Zeitung 7. 9. 2016)

unterversichert//überversichert
(zu niedrig versichert im Verhältnis zum versicherten Gegenstand) ○ *Wer viele Wertsachen zu Hause aufbewahrt, ist schnell unterversichert und muss im Schadensfall mit einem Abschlag rechnen. Dagegen dürfte eine Studentenbude im Normalfall mit 600 Euro überversichert sein.* (Stuttgarter Nachrichten 12. 6. 2007)

unterversorgt//überversorgt
mit Medikamenten unterversorgt sein ○ *„Wir sind hier im westlichen Teil des Schwarzwald-Baar-Kreises medizinisch total unterversorgt, gelten aber als überversorgt"* (Südkurier 6. 6. 2014)

Unterversorgung//Überversorgung
Unterversorgung (nicht ausreichende Versorgung) *mit Vitaminen* ○ *Die Haus- und fachärztliche Versorgung ist derzeit noch sichergestellt, Gemeinden mit Unterversorgung grenzen an eine Gemeinde mit Voll- oder Überversorgung an. Das hilft.* (Südkurier 30. 6. 2016)

Unterwasser//Oberwasser
(unter einer Stauanlage ausfließendes Wasser)

unterziehen//überziehen
ein Wollhemd unterziehen (unter das Oberhemd) ○ *Soße abschmecken und die geschlagene Sahne unterziehen. Spargel und Garnelen mit Soße überziehen und sofort servieren.* (Darmstädter Echo 28. 4. 2004)

Unterzug//Oberzug
(Architektur)

untolerant//tolerant
er ist sehr untolerant ○ *Ein Großteil der Befragten antworteten, zu meinem Erstaunen, dass die Deutschen sehr untolerant seien.* (Oberhessische Zeitung 15. 12. 2007)

Untoleranz//Toleranz
er kämpft für Toleranz und gegen Untoleranz ○ *Wir sind ziemlich nervös! Da wir Konkurrenzkampf und Untoleranz von anderen Gruppen befürchten.* (Ostthüringer Zeitung 27. 6. 2003)

untrainiert//trainiert
ein untrainierter Körper ○ *Hier kann jeder, ob untrainiert oder trainiert, auf*

eine gelenkschonende Art ein Ganzkörper-Trainingsprogramm erarbeiten (Trierischer Volksfreund 19. 8. 2010)

untrennbar//trennbar
untrennbare Verben, z. B. *(einen Roman) übersétzen* (Ton auf dem Basiswort): *er übersetzt den Roman* ○ *er schlug vor, den Roman zu übersetzen* (Grammatik) ○ „Im islamistischen System gehören Staat und Kirche untrennbar zusammen. Deutsche argumentieren bei Problemen grundsätzlich auf der religiösen Ebene und verstehen nicht, dass das nicht trennbar ist." (Badische Zeitung 20. 5. 2011)

untreu//treu
ein untreuer Ehemann ○ Beim Apostel Paulus im 2. Brief an Timotheus heißt es sinngemäß so: 'Auch wenn der Mensch Gott gegenüber untreu ist, er, Gott, bleibt treu' (Märkische Allgemeine 28. 4. 2012)

Untreue//Treue
sie sprachen über Treue und Untreue in einer Partnerschaft ○ Der alltägliche Liebeszank um Untreue und Treue, Verlassenwerden oder Versöhnung wird in Schulzes Roman also durch die weltpolitische Situation entschieden zugespitzt. (Die Welt 9. 8. 2008)

untreu werden//treu bleiben
er ist ihr/ihm untreu geworden ○ „Man muss wohl manchmal den Wünschen anderer untreu werden, um sich selber treu zu bleiben." (Trierischer Volksfreund 17. 3. 2008)

...untüchtig//...tüchtig (Adjektiv)
z. B. *fahruntüchtig/fahrtüchtig*

...untüchtigkeit//...tüchtigkeit (Substantiv)
z. B. *Fahruntüchtigkeit/Fahrtüchtigkeit*

Untugend//Tugend
Unpünktlichkeit ist eine ihrer Untugenden (eine ihrer unerfreulichen, unangenehmen Eigenschaften) ○ *in den Ruch einer Untugend gerät die Tugend der Toleranz auch derzeit wieder.* (Neue Zürcher Zeitung 4. 4. 2017)

untypisch//typisch
diese Reaktion war untypisch für sie ○ Als Dalmatiner ist er eher untypisch für einen Hofhund, aber typisch für die relative Freiheit, welche Landwirte in der Ausgestaltung ihres Berufes haben. (St. Galler Tagblatt 11. 11. 2017)

unüberbrückbar//überbrückbar
unüberbrückbare Gegensätze ○ Dieser Dialekt ist eine ‚trocken strukturierte Sprache, eher behauptend, überredend, ja bedrängend'; soll er literarisch behandelt werden, zeigen sich alsbald ‚unüberbrückbare Schwierigkeiten in der Schreibung'. Schwierigkeiten bereitet übrigens auch das Lesen von Achleitners Dialektgedichten, glücklicherweise zumeist überbrückbare. (Wiener Zeitung 22. 10. 2011)

unüberlegt//überlegt
unüberlegt handeln ○ Es ist ja nicht so, dass wir unüberlegt Geld ausgeben. Bei jedem Cent wird genau überlegt, ob sich die Ausgabe auch wirklich lohnt. (Neue Kronen-Zeitung 9. 12. 2010)

unüberschaubar//überschaubar
das Angebot war unüberschaubar ○ Die großen Städte sind vielen Menschen zu unüberschaubar geworden, Gladbach ist überschaubar. (Rheinische Post 16. 5. 2011)

unübersichtlich//übersichtlich
ein unübersichtliches Gelände ○ *eine unübersichtliche Aufstellung der Ausgaben* ○ *unübersichtlich angeordnet* ○ Es bleibt also unübersichtlich in der ARD, wo Kompetenzen und Funktionen selten wirklich übersichtlich getrennt sind. (Der Spiegel 22. 7. 2005)

unübertragbar//übertragbar
unübertragbare Fahrausweise ○ Das Veräußerungsverbot verbietet die Eigentumsübertragung, das Belastungsverbot die Einräumung von Pfandrechten und ande-

ren Dienstbarkeiten. Nach verbreiteter Auffassung sind diese Belastungen unübertragbar. (Kurier 18. 4. 2015)

unüberwindbar//überwindbar
die Hindernisse sind unüberwindbar ○ Die Hindernisse sind nicht unüberwindbar. ... Gewiss, es gebe Hindernisse. Aber die seien überwindbar. (General-Anzeiger 20. 6. 2001)

unüblich//üblich
es ist (hier) unüblich, sich die Hand zu geben ○ Trinkgeld ist dort unüblich ○ „Fünf Mal kommt der Gutachter zur Erkenntnis, die Ergebnisse des Erstgutachters seien ‚nicht unüblich' – entweder ist etwas üblich oder nicht", zeigt sich Narath befremdet. (Kleine Zeitung 23. 3. 2006)

unumgelautet//umgelautet
von „Wagen" gibt es einen unumgelauteten Plural (die Wagen) und einen umgelauteten (die Wägen)

unumkehrbar//umkehrbar; ↑auch: reversibel
diese Entscheidung ist unumkehrbar ○ Man dachte, die Resultate der Perestroika seien unumkehrbar, doch in Wirklichkeit ist alles sehr wohl umkehrbar. (taz 23. 4. 2016)

unumstritten//umstritten
seine Kompetenz ist unumstritten ○ „Die literarische Berechtigung Handkes ist unumstritten – doch die politische wird sicherlich so umstritten sein, wie es auch Heine ein Leben lang war" (Braunschweiger Zeitung 27. 5. 2006)

ununterscheidbar//unterscheidbar
die beiden Muster sind ununterscheidbar ○ Solange, wie im ersten Teil des Konzerts, die Klangschichtungen durchhörbar – und unterscheidbar – bleiben, bleibt ihre Musik spannend und kontrastreich, wenn es, wie zuweilen im zweiten Teil, aus allen Ecken ununterscheidbar blubbert (Tagesanzeiger 21. 9. 1998)

ununterschrieben//unterschrieben
ein (noch) ununterschriebener Vertrag ○ „Du hattest den Vertrag schon in der Novembersitzung ununterschrieben in der Tasche und hast ihn nicht auf den Tisch gelegt. Und fünf Tage später hast du ihn unterschrieben." (Main-Post 4. 2. 2002)

unverändert//verändert
er war unverändert (noch genauso wie früher) ○ So unverändert die Optik, so verändert aber die Ausgangslage (Tiroler Tageszeitung 1. 2. 2013)

unverändert lassen//verändern
er will alles unverändert lassen ○ Fast immer lassen sie die Melodie unverändert, dekonstruieren und verändern nicht den Kontext. (Mittelbayerische Zeitung 13. 12. 2014)

unverarbeitet//verarbeitet
unverarbeitete traumatische Erlebnisse ○ Ob roh oder gegart, unverarbeitet oder verarbeitet – entscheidend ist der Nettonutzen, den ein Lebensmittel für den Verbraucher bereithält. (Mitteldeutsche Zeitung 4. 3. 2002)

unveräußerlich//veräußerlich
unveräußerlicher Besitz ○ „Das Eigentum ist unveräußerlich", so steht es im Privatisierungsplan des Finanzministers. Aber alles andere als das Eigentum soll schon veräußerlich sein: Finanzierung, Bau und vor allem Betrieb. (Der Spiegel 19. 11. 2016)

unverbindlich//verbindlich
eine unverbindliche Auskunft ○ Ein Kostenvoranschlag sei prinzipiell verbindlich, wenn nicht ausdrücklich das Gegenteil vereinbart wurde – zu erkennen an Ausdrücken wie „unverbindlicher Kostenvoranschlag" oder „Zirka-Preise" (Oberösterreichische Nachrichten 20. 7. 2017)

unverbleit//verbleit; ↑auch: bleihaltig
unverbleites Benzin ○ Für unverbleites Benzin wären nach den SPD-Plänen 1,08 Mark, für verbleites 1,18 Mark an

Steuern fällig. (Nürnberger Nachrichten 5. 8. 1997)

unverblümt//verblümt
er gab ihm das sehr unverblümt (deutlich) zu verstehen ○ *So wie jemand unverblümt daher reden kann, so muss es auch verblümt gehen. Oder „durch die Blume gesprochen", was eigentlich bedeutete, dass man mit den (verschenkten) Blumen und deren Farbe etwas sagen will.* (Mitteldeutsche Zeitung 21. 1. 2013)

unverbraucht//verbraucht
seine Kräfte sind (noch) unverbraucht ○ *In den Bürgermeisterwahlkämpfen ist – auch in Leserbriefen – das Wort „unverbraucht" oder „unbelastet" aufgetaucht, und zwar offensichtlich deshalb, um dem Mitbewerber zu unterstellen, er sei „verbraucht" oder „belastet".* (Usinger Anzeiger 9. 3. 2005)

unverbrennbar//verbrennbar
unverbrennbares Material ○ *Ohne Nutzung der CCS-Technologie – also der Abscheidung und Lagerung von Kohlendioxid in Kraftwerken – sind 90 Prozent der Kohle in Europa „unverbrennbar"* (Süddeutsche Zeitung 20. 4. 2015)

unverbunden//verbunden; ↑auch: syndetisch
unverbundene Sätze ○ *50 Paragrafen genannte Kapitel, mal wenige Zeilen lang, mal wie ein Kurzroman auf über hundert Seiten, folgen scheinbar unverbunden aufeinander, bis man spürt, wie alles mit allem verbunden ist.* (Mitteldeutsche Zeitung 4. 1. 2014)

unverbürgt//verbürgt
eine unverbürgte Nachricht ○ *Abermals unverbürgt ist, wie genau es zu jenem Umstand kam, der Leroy Griffin aus dem Leben scheiden ließ.* (Stuttgarter Zeitung 21. 11. 2013)

unverdächtig//verdächtig
er ist unverdächtig ○ *Die innenpolitische Sprecherin ... warnte vor einer „Zwei-Klassen-Gesellschaft" durch die Aufnahme von Fingerabdrücken – „diejenigen, die ihren Fingerabdruck abgeben und unverdächtig sind und diejenigen, die das nicht tun und verdächtig erscheinen".* (Die Welt 24. 7. 2008)

unverdaulich//verdaulich
unverdauliche Bestandteile der Nahrung ○ *Damit der Mensch für ihn unverdauliche oder schwer verdauliche pflanzliche Nahrung zu sich nehmen kann, kann er sie mahlen, kochen oder braten* (taz 23. 8. 2012)

unverdaut//verdaut
unverdaute Speisen ○ *Bei einer Laktoseintoleranz gelangt die Laktose also unverdaut (unaufgespalten) in den Dickdarm, wo sie statt verdaut von Bakterien vergoren wird.* (Neue Luzerner Zeitung 8. 10. 2016)

unverderblich//verderblich
diese Waren sind unverderblich ○ *Sortierter Genuss im Supermarkt. Fast unverderbliche Ware, leicht verderbliche Ware, leicht verdorbene Ware zum Sonderpreis.* (taz 4. 10. 2002)

unverdient//verdient
ein unverdientes schweres Schicksal ○ *Für Seehofer ist das Debakel unverdient und verdient zugleich.* (Süddeutsche Zeitung 3. 5. 2013)

unverdorben//verdorben
unverdorbene Jugend ○ *Was beim Essen Fusion heißt, nennt man bei den Autos Crossover: viele Breie, unverdorben. Respektive manchmal doch verdorben.* (Die Presse 9. 3. 2009)

unverdünnt//verdünnt
eine Flüssigkeit unverdünnt anwenden ○ *Gegen Schädlinge werden Tees unverdünnt eingesetzt, zur Pflanzenstärkung 1:5 verdünnt.* (Niederösterreichische Nachrichten 19. 5. 2010)

unvereinbar//vereinbar
dieses Gesetz ist mit der Verfassung unvereinbar ○ *Auf dem Tisch des*

Gemeindepräsidenten liegt das Projekt eines Skigebiets – unvereinbar mit den Unesco-Auflagen, umso besser vereinbar mit der Gemeindekasse. (St. Galler Tagblatt 7. 8. 2001)

Unvereinbarkeit//Vereinbarkeit

unverfälscht//verfälscht

ein unverfälschtes Geschichtsbild ○ Den Herausgebern ... ging es darum, anhand der originalen Archivbänder ... den ursprünglichen Klang möglichst unverfälscht freizulegen. Da erscheint nichts verfälscht oder retuschiert. (Nürnberger Zeitung 21. 8. 2009)

unverfänglich//verfänglich

eine unverfängliche Frage ○ Das Thema des Vortrags ... klingt gänzlich unverfänglich: „Politik aus christlichem Geist in einer modernen Welt". Die Gastgeber des Bundespräsidenten-Kandidaten sind allerdings verfänglich (taz 11. 6. 2010)

unvergänglich//vergänglich

unvergängliche Werte ○ Freundschaften sollten unvergänglich, Feindschaften aber vergänglich sein (Süddeutsche Zeitung 27. 2. 2002)

Unvergänglichkeit//Vergänglichkeit

unvergessen//vergessen

die schrecklichen Ereignisse sind unvergessen

unvergleichbar//vergleichbar

das sind zwei ganz unvergleichbare Dinge ○ Komplex, heterogen, unvergleichbar Universitäten seien komplexe, heterogene Einrichtungen und daher nicht miteinander vergleichbar. (Wiener Zeitung 2. 2. 2017)

unvergoren//vergoren

unvergorener Traubensaft ○ Warum das Getränk unvergoren trotzdem original wie feinherber Sekt schmeckt? (Stern 14. 6. 2018)

Unverhältnismäßigkeit//Verhältnismäßigkeit

Die Frage der Unverhältnismäßigkeit von Fahrverboten ist eines der zentralen Argumente der Autoindustrie in der Debatte. Der Richter sieht in puncto Verhältnismäßigkeit allerdings kein Problem. (Wiesbadener Tagblatt 29. 7. 2017)

unverheiratet//verheiratet

er ist (noch) unverheiratet ○ Umso auffälliger ist es, dass Jesus selber unverheiratet blieb. Manche Sensationsautoren behaupten zwar, Jesus sei doch verheiratet gewesen. (Neue Kronen-Zeitung 8. 2. 2015)

unverhohlen//verhohlen

mit unverhohlener (nicht unterdrückter) Schadenfreude ○ Er halte es für ehrlicher, dies unverhohlen zu tun, meinte Schröder, anstatt verhohlen, also heimlich ... (Süddeutsche Zeitung 4. 5. 1993)

unverhüllt//verhüllt

ein unverhülltes Denkmal ○ (übertragen:) unverhüllt seine Meinung sagen ○ Auf einer Stirnseite saßen nur Frauen – ganz in Schwarz, aber die Gesichter unverhüllt. Die Wenigsten haben sich bis zu den Augen verhüllt. (Süddeutsche Zeitung 31. 5. 2008)

unverkäuflich//verkäuflich

diese Bilder sind unverkäuflich ○ Bei seiner dritten Personale wieder zwei Jahre später erklärte er alle seine Arbeiten für unverkäuflich. Heute, mit 51, sagt er nun: „Alles ist verkäuflich." (Tiroler Tageszeitung 9. 11. 2007)

unverklemmt//verklemmt

eine unverklemmte junge Frau ○ seine unverklemmte Darstellung des alternden männlichen Körpers gehörte dort definitiv zu den Highlights. (Der Standard 31. 1. 2013)

unverkrampft//verkrampft

sie hat ganz unverkrampft moderiert ○ Ich liebe dich: Das möge in der Hochsprache unverkrampft tönen, aber in der

Mundart? Ich liäbä dich? Das klinge verkrampft, wie aus Fernsehserien entlehnt, adaptiert. (Neue Zürcher Zeitung 4. 4. 2006)

unverletzbar//verletzbar
Dieser Umstand wird von zwei Psychologen auf die Tatsache zurückgeführt, dass manche Menschen das Glück haben, unverletzbar zu sein – im Gegensatz zu anderen, die auf die schiefe Bahn geraten, weil sie eben das Pech haben, verletzbar zu sein. (Süddeutsche Zeitung 1. 8. 1994)

unverletzt//verletzt
er war unverletzt o *Der Fahrer und ein weiterer Passagier bleiben unverletzt, zwei Fahrzeuginsassen wurden schwer verletzt ins Spital gebracht.* (Salzburger Nachrichten 5. 5. 2015)

unvermeidbar//vermeidbar
diese Kontroverse war unvermeidbar o *War die Eskalation unvermeidbar? Sie war im Gegenteil sehr vermeidbar.* (Der Tagesspiegel 16. 11. 2012)

unvernünftig//vernünftig
eine unvernünftige Entscheidung o *Denn der Bürger an sich ist äusserst unvernünftig in seinem Handeln. Er braucht das Korrektiv eines vernünftig denkenden und handelnden Sozialstaates.* (Weltwoche 8. 6. 2017)

unveröffentlicht//veröffentlicht
unveröffentlichte Schriften o *dieser Aufsatz ist (noch) unveröffentlicht* o *Sie müssen aber auf Deutsch geschrieben und unveröffentlicht sein. Die besten Beiträge werden preisgekrönt und als Podcasts veröffentlicht.* (Rhein-Zeitung 24. 9. 2007)

unverpackt//verpackt
unverpackte Lebensmittel o *Alle Produkte gibt es unverpackt. Alles soll man dort kaufen können – nur nicht verpackt.* (Mittelbayerische Zeitung 25. 10. 2016)

unverputzt//verputzt
eine unverputzte Hauswand o *Häuser, in den Hang geschnitten. Ziegelwände, unverputzt oder verputzt und gekalkt.* (Die Presse 2. 12. 2017)

unverrichtet lassen//verrichten
Die Astronauten der angedockten Raumfähre „Endeavour" mussten allerdings einen Teil der Arbeit unverrichtet lassen. (Trierischer Volksfreund 24. 7. 2009)

unverschleiert//verschleiert
sie ging unverschieiert über die Straße o *Einige von ihnen sind unverschleiert, viele aber sind verschleiert und tragen sogar den Gesichtsschleier der Salafisten.* (Berliner Morgenpost 15. 12. 2012)

unverschlossen//verschlossen; ↑auch: zu
die Tür war unverschlossen o *den Briefumschlag unverschlossen abgeben* o *In nahezu allen Fällen waren die Haustüren unverschlossen. Die Taten hätten sich verhindern lassen, wenn die Türen verschlossen gewesen wären.* (Rheinische Post 10. 3. 2018)

unverschlüsselt//verschlüsselt
eine unverschlüsselte Mitteilung o *Er bietet zurzeit gratis digital über 100 Programme unverschlüsselt und etwa 35 verschlüsselt an.* (Neue Zürcher Zeitung 23. 10. 2006)

unverschnürt//verschnürt
ein unverschnürtes Päckchen o *und er war einer der ersten Autoren, die das Gewissen der BRD repräsentierten, als das Gepäck der Kriegsverbrechen noch unverschnürt im Keller der Nation lag.* (taz 7. 6. 2008)

unverschuldet//selbst verschuldet
eine unverschuldete Notlage o *ein unverschuldeter Unfall* o *sein Unglück ist unverschuldet* o *Redliche und unverschuldet in die Pleite geschlitterte Menschen sollen von jenen unterschieden werden, die grob fahrlässig oder selbst verschuldet ihre Schulden angehäuft haben.* (Die Presse 31. 10. 2017)

unversöhnlich//versöhnlich
ein unversöhnlicher Ton ○ Die als unversöhnliche Gegnerin Russlands bekanntgewordene ehemalige Kampfpilotin stimmte versöhnliche Töne an (taz 23. 12. 2016)

unversorgt//versorgt
er starb und hinterließ eine unversorgte Frau (deren Lebensunterhalt nicht gesichert war) ○ Die Kommission stellte auch fest, dass auf Grund der Betreuungsmisere immer mehr Häftlinge unversorgt bis kaum versorgt entlassen werden müssen. (Salzburger Nachrichten 26. 2. 2005)

unverständlich//verständlich
sein Verhalten ist unverständlich ○ Aber zurück zu den Videos im Gerichtssaal. Unter der Kategorie „Peinlichkeiten" darf vermerkt werden, dass der Ton in einem ersten Anlauf unverständlich und in einem zweiten kaum verständlich war. (Die Presse 28. 11. 2012)

Unverständnis//Verständnis
er traf auf Unverständnis mit seinen Ideen ○ Für dieses Unverständnis gegenüber patriotischen Gefühlen habe ich Verständnis, weil sie oft missbraucht worden sind. (Die Presse 11. 6. 2011)

unverträglich//verträglich; ↑auch: kompatibel
ein unverträgliches Medikament ○ Wer Steinobst verträgt, für den sind Zitrusfrüchte und Kernobst eher unverträglich und umgekehrt. Beerenobst dagegen ist neutral und für jeden verträglich. (Neue Kronen-Zeitung 8. 3. 2009)

Unverträglichkeit//Verträglichkeit; ↑auch: Kompatibilität
die Unverträglichkeit des Medikaments

unvertretbar//vertretbar
dieser Standpunkt ist unter ökologischen Aspekten unvertretbar ○ Ist angesichts der herrschenden Arbeitslosigkeit der Vorschlag, länger zu arbeiten für dasselbe Geld, unvertretbar, vertretbar oder sogar hilfreich? (Stuttgarter Zeitung 17. 12. 2003)

unverwertbar//verwertbar
unverwertbare Abfälle ○ Um diesen Graubereich zwischen unverwertbar und verwertbar abzudecken, hat der Gesetzgeber aber aus pragmatischen Gründen gesagt, dass dann halt die Strafe reduziert werden kann. (Tagesanzeiger 27. 8. 2018)

unverwundbar//verwundbar
unverwundbar sein ○ Resiliente seien unverwundbar, hiess es früher. Nun weiss man: Sie sind verwundbar, aber unbesiegbar. (St. Galler Tagblatt 25. 1. 2018)

unverwundet//verwundet; ↑auch: verletzt
unverwundet aus dem Krieg kommen ○ Zwei Jahre später wurde dieser zur Wehrmacht eingezogen und kehrte erst acht Jahre später abgemagert, aber unverwundet aus russischer Gefangenschaft zurück. (Main-Post 15. 11. 2016)

unverzeihlich//verzeihlich
diese Nachlässigkeit ist unverzeihlich ○ Scham choreografiert Existenzen. Scham verzerrt die eigene Perspektive weil das, was man an sich selbst für unverzeihlich hält, bei anderen in der Regel verzeihlich ist. (Neue Zürcher Zeitung 29. 1. 2016)

unverzinslich//verzinslich
ein unverzinsliches Darlehen ○ Die SVP beantragt als RPK-Minderheit, dass ein unverzinsliches Darlehen von 1,5 Mio. Fr. sowie ein verzinsliches Darlehen von 1,26 Mio. Fr. an die Stiftung Patumbah aus dem Voranschlag gestrichen werden. (Neue Zürcher Zeitung 15. 12. 2005)

unverzinst//verzinst
unverzinstes Geld

unverzollt//verzollt
unverzollte Waren ○ Die Waren liegen hier unverzollt und werden erst bei der

Auslieferung verzollt (Badische Zeitung 9. 9. 2006)

unvollendet//vollendet
dieser Roman ist unvollendet ○ *Noch unvollendet war der Kölner Dom, als Goethe schrieb: Denn vollendet bringt ein gross gedachtes Meisterwerk erst jene Wirkung hervor, welche der ausserordentliche Geist beabsichtigte* (Salzburger Nachrichten 2. 12. 2017)

unvollkommen//vollkommen
der Mensch ist unvollkommen ○ *„Besser unvollkommen in der Regierung als vollkommen in der Opposition."* (Rhein-Zeitung 20. 5. 2005)

unvollständig//vollständig; ↑auch: komplett
die Angaben sind unvollständig ○ *Leider hatten auch wir ein technisches Problem, weshalb der letzte Satz unvollständig gedruckt wurde. Und so lautet er vollständig* (Süddeutsche Zeitung 14. 12. 2017)

unvollzählig//vollzählig
die Briefmarken dieses Satzes sind unvollzählig ○ *Die angekündigte Prominenz erschien unvollzählig* (NEWS 22. 9. 2011)

unvorbereitet//vorbereitet
diese Nachricht traf ihn unvorbereitet ○ *Es ist wissenschaftlich erwiesen, dass der Körper viel mehr Stresshormone produziert, wenn er unvorbereitet ist, als wenn er vorbereitet ist.* (Die Südostschweiz 27. 5. 2014)

unvoreingenommen//voreingenommen; ↑auch: subjektiv
etwas unvoreingenommen beurteilen ○ *er befragte sie unvoreingenommen* ○ *Der lizenzierte A-Trainer ist aber „völlig unvoreingenommen". Viel Zeit, voreingenommen zu sein, hatte er auch nicht.* (Saarbrücker Zeitung 10. 2. 2011)

unvorhersehbar//vorhersehbar
eine unvorhersehbare Entwicklung ○ *dieser Wandel war unvorhersehbar* ○ *Die Attacken islamistischer Attentäter und anderer Amokläufer sind unberechenbar und unvorhersehbar, aber vorhersehbar und berechenbar ist die Art und Weise, wie die Medien darauf reagieren.* (Der Tagesspiegel 21. 8. 2017)

unvorschriftsmäßig//vorschriftsmäßig
unvorschriftsmäßig parken ○ *Alles total unvorschriftsmäßig, völlig ungeregelt, und doch total in Ordnung.* (Die Presse 6. 12. 2015)

unvorsichtig//vorsichtig
unvorsichtig mit etwas umgehen ○ *er war unvorsichtig und hat alles erzählt* ○ *Mars könnte Sie unvorsichtig machen. Seien Sie vorsichtig, lassen Sie sich beraten. Herzenswünsche könnten in Erfüllung gehen!* (Niederösterreichische Nachrichten 11. 5. 2010)

unvorsichtigerweise//vorsichtigerweise
er hatte seine Pläne unvorsichtigerweise nicht geheimgehalten ○ *Wenn man ausdrücklich vorsichtig „Eltern" sagt, meint man damit unvorsichtigerweise die Mütter. Die erwähnte die Ministerin vorsichtigerweise nicht explizit.* (NEWS 9. 12. 2004)

unvorstellbar//vorstellbar
das sind unvorstellbare Gewinne ○ *„Was bisher unvorstellbar war, wird jetzt vorstellbar: Die Desintegration des Projekts Europa."* (Nürnberger Zeitung 10. 11. 2015)

unvorteilhaft//vorteilhaft
unvorteilhaft eingekauft haben ○ *unvorteilhaft (der Attraktivität abträglich) gekleidet sein* ○ *55 Prozent betrachten Trump als unvorteilhaft, nur 26 Prozent als vorteilhaft.* (Der Tagespiegel 21. 5. 2016)

unwahr//wahr
eine unwahre Geschichte ○ *wahr oder unwahr?* ○ *„Am Ende ... weiß ich selbst nicht, was wahr – aber dafür immerhin, was unwahr ist."* (Der Spiegel 10. 2. 2018)

Unwahrheit//Wahrheit
die Unwahrheit sagen ○ *Das ist jener amerikanische Soldat, der von einem Militärgericht zu 35 Jahren Haft verurteilt wurde, nicht weil er die Unwahrheit behauptet, sondern die Wahrheit darüber verbreitet hat, was Krieg bedeutet.* (Süddeutsche Zeitung 7. 5. 2014)

unwahrscheinlich//wahrscheinlich
etwas für unwahrscheinlich halten ○ *es ist unwahrscheinlich, dass sie noch kommt* ○ *ein gutes Ergebnis ist unwahrscheinlich* ○ *Zum ersten Mal seit der Verabschiedung der UNO-Resolution 1441 ist ein neuer Golfkrieg damit eher unwahrscheinlich als wahrscheinlich.* (Vorarlberger Nachrichten 19. 12. 2002)

un... werden//... bleiben
z. B. untreu werden/treu bleiben

Unwert//Wert
über Wert oder Unwert von etwas diskutieren ○ *das ist (nur) eine unwesentliche Verbesserung* ○ *das ist unwichtig für das Gelingen* ○ *Hinter dem Kofferwort verbirgt sich der Kreislauf vom Wert über den Unwert erneut zum Wert, den vier Künstler zum Anlass genommen haben, über das Thema Recycling zu meditieren.* (Kölnische Rundschau 17. 5. 2012)

unwesentlich//wesentlich
Der CAT fahre nur unwesentlich kürzer als die S-Bahn ..., sei dafür aber wesentlich teurer (Die Presse 18. 11. 2016)

unwichtig//wichtig
Was ist eigentlich total unwichtig? Und was wäre wirklich wichtig? (Nordkurier 20. 2. 2016)

unwiderlegliche Vermutung//gesetzliche Vermutung
(Vermutung, bei der kein Gegenbeweis zulässig ist ○ *Rechtswesen)*

...unwillig//...willig (Adjektiv)
z. B. zahlungsunwillig/zahlungswillig

unwillkommen//willkommen
Der Beton grenzt ab, wo Besucher unwillkommen sind, wo Tiere Ruhe haben sollen. Das Glas lädt ein, wo Besucher willkommen sind. (Berliner Morgenpost 11. 8. 2013)

unwirksam//wirksam
ein unwirksames Mittel ○ *Das Ergebnis wären Ehen, die in Deutschland unwirksam, im Ausland aber vermutlich wirksam sind.* (Oberhessische Zeitung 17. 8. 2017)

unwirtschaftlich//wirtschaftlich; ↑auch: ökonomisch
diese Methode ist unwirtschaftlich (erfordert mehr Ausgaben) ○ *Vier unwirtschaftlich betriebene Kliniken ergeben zusammengenommen noch keinen wirtschaftlich arbeitenden Verbund.* (Wiesbadener Kurier 3. 4. 2009)

Unwissende[r]//Wissende[r]
„Der Unwissende hat Mut, der Wissende hat Angst" (Alberto Moravia zugeschrieben)

unwissenschaftlich//wissenschaftlich
eine unwissenschaftliche Methode ○ *zwischen unwissenschaftlich und wissenschaftlich, gibt es durchaus eine Grauzone, in der die Entscheidungen oft nicht leicht sind.* (Berliner Morgenpost 5. 1. 2014)

unwissentlich//wissentlich
unwissentlich die Unwahrheit sagen ○ *Inhaltlich erklären die Unterzeichner von Ehrenerklärungen, dass sie nicht gedopt haben, wenn doch, dann unwissentlich und wenn wissentlich, dann zumindest unfreiwillig und, dass sie nie wieder dopen wollen.* (Süddeutsche Zeitung 8. 6. 2009)

unwohl//wohl
er fühlt sich bei ihm unwohl ○ *In der „Gruppendiskussion" gingen die Schüler auf Situationen ein, in denen sie sich als Mitfahrer unwohl beziehungsweise wohl fühlten* (Rhein-Zeitung 9. 1. 2015)

unwohnlich//wohnlich
eine unwohnliche Umgebung ○ *Dazu sind im Garten 23 Baucontainer aneinan-*

der gereiht worden, die nur von außen unwohnlich aussehen. Ihr Innenleben ist zweckmäßig und nüchtern, doch die Zimmer sind wohnlich, individuell eingerichtet (Schwäbische Zeitung 7. 9. 2012)

unwürdig//würdig
unwürdig untergehen ○ sich einer Auszeichnung unwürdig erweisen ○ Solche Aussagen sind unwürdig, ignorant, menschenverachtend und eines Mannes Gottes nicht würdig. (Oberösterreichische Nachrichten 12. 2. 2009)

...unwürdig//...würdig (Adjektiv)
z. B. kreditunwürdig/kreditwürdig

unzählbar//zählbar
die Teilnehmer an der Demonstration waren unzählbar ○ Wenn die auslaufende Armada unzählbar war – Die zurückkehrenden Schiffe waren zählbar. (Stern 30. 6. 2011)

unzeitgemäß//zeitgemäß
unzeitgemäße Betrachtungen ○ etwas ist unzeitgemäß ○ Er hat sich an die neue Umgebung gewöhnt, in der er in seiner alten, unzeitgemäß gewordenen Welt leben kann. Aber was ist bei Demenz zeitgemäß? (Die Zeit 23. 7. 2015)

unzensiert//zensiert
die Zeitung konnte unzensiert erscheinen ○ Deren Meinung darf in dieser etwas beschaulichen Dokumentation unzensiert zum Ausdruck kommen. Der Film ist Teil eines europäischen Forschungsprojektes und wurde deshalb nicht vom Staat zensiert, sondern als Gesamtprojekt genehmigt. (Süddeutsche Zeitung 8. 8. 2008)

unzerbrechlich//zerbrechlich
das Geschirr ist unzerbrechlich ○ Die Meerestiere bestehen tatsächlich aus glasartigem durchsichtigem Material – und sind doch nahezu unzerbrechlich. (Märkische Allgemeine 30. 6. 2017)

unzerstört//zerstört
unzerstörte Städte ○ Wichtige Rüstungsbetriebe ... blieben fast unzerstört. Dafür wurden von 147000 Wohnungen in Hannover fast 74000 zerstört. (Hannoversche Allgemeine 3. 5. 2017)

unzertrennlich//*zertrennlich
Wir lernten uns vor sieben Jahren in einem New Yorker Science-Fiction-Klub kennen und sind seither unzertrennlich. (Weltwoche 25. 11. 2010)

unzivilisiert//zivilisiert
sich unzivilisiert benehmen ○ „Polygamie gilt doch eigentlich als unzivilisiert", sagte Yvonne. „Aber vielleicht sind die eben noch nicht zivilisiert." (Der Standard 10. 10. 2008)

unzufrieden//zufrieden
unzufriedene Mitarbeiter ○ der Lehrer ist mit den Leistungen der Schüler unzufrieden ○ wenn Sie zufrieden sind, sagen Sie es weiter, wenn Sie unzufrieden sind, sagen Sie es mir (Werbespruch)

Unzufriedenheit//Zufriedenheit
Das Dilemma der SPD im Wahlkampf ist: Sie versucht, Unzufriedenheit zu säen, anstatt aufzuzeigen, wie Zufriedenheit gemehrt werden kann. (Mittelbayerische Zeitung 28. 8. 2017)

unzugänglich//zugänglich
er ist recht unzugänglich ○ Besonders viele Dörfer sind noch immer unzugänglich oder erst seit heute zugänglich (Südkurier 25. 9. 2017)

unzulässig//zulässig
Ämterhäufung ist unzulässig ○ Sind der Kauf und der Verkauf menschlicher Organe moralisch unzulässig oder zulässig? (Neue Zürcher Zeitung 2. 12. 2006)

unzumutbar//zumutbar
diese Arbeit ist unzumutbar ○ Deshalb gibt es keinen allgemein gültigen Maßstab dafür ..., was in einem Mietverhältnis unzumutbar oder gerade noch zumutbar sein könnte. (taz 14. 5. 2005)

unzurechnungsfähig//zurechnungsfähig
sie ist unzurechnungsfähig ○ Diese soll überprüfen ob der Kroate allenfalls unzu-

rechnungsfähig oder doch zurechnungsfähig, aber als gefährlich einzustufen ist. (Tiroler Tageszeitung 15. 4. 2017)

unzureichend//zureichend
er wurde unzureichend informiert ○ Eine Feuerstelle dient als Herd, und das Dach schützt in der regenreichen Region nur unzureichend vor Feuchtigkeit. (Neue Zürcher Zeitung Folio 4. 9. 2017)

unzusammenhängend//zusammenhängend
unzusammenhängend sprechen ○ Diese neue Diagnose würde für Jugendliche gelten, die seit über einem Monat mindestens einmal pro Woche Wahnvorstellungen haben, halluzinieren oder unzusammenhängend reden. (Tagesanzeiger 16. 3. 2012)

unzuständig//zuständig
sich für unzuständig erklären ○ Der aber fühlt sich rundheraus unzuständig. Das wirft die Frage auf, wofür Beyrer eigentlich zuständig ist (Die Presse 17. 10. 2011)

unzustellbar//zustellbar
die Briefe waren unzustellbar ○ Post wurde von diesen Briefträgern ... als „unzustellbar" bzw. „nicht zustellbar" an die Absender zurückgeschickt

unzutreffend//zutreffend
diese Behauptung ist unzutreffend ○ Der Gemeinde nun Nachlässigkeit vorzuwerfen, ist schlicht unzutreffend und diffamierend. Es ist zutreffend, dass das Aufnehmen von Flüchtlingen eine Pflichtaufgabe der Gemeinde ist. (Stuttgarter Zeitung 27. 10. 2016)

unzuverlässig//zuverlässig
sie ist unzuverlässig ○ Ich galt immer als unzuverlässig. Meine Eltern haben aber erwartet, dass ich zuverlässig bin und etwas Nützliches für die DDR tue. (taz 30. 8. 2004)

Unzuverlässigkeit//Zuverlässigkeit

unzweckmäßig//zweckmäßig
unzweckmäßige Kleidung ○ Das Vorgängerhaus war ... wieder aufgebaut worden, aber so unzweckmäßig, dass der neue Besitzer für zweckmäßig hielt, einen besseren und zweckmäßigeren Umbau durchzuführen. (Leipziger Volkszeitung 15. 9. 2000)

Upload//Download
(EDV)

uploaden//downloaden
(eine Datei von einem Computer auf einen anderen Rechner oder Server übertragen)

upsizing//downsizing
(EDV)

Uptown//Downtown
(Wohnviertel, bes. in den USA)

Uranier//Dionäer; ↑auch: Heterosexueller
(von Ulrichs 1864 geprägtes Wort für einen Homosexuellen)

Urin//Kot; ↑auch: Aa, Scheiße
(Ausscheidung über die Blase) ○ Heimnager können durch Speichel, Urin oder Kot eine ... eine spezielle Gehirnhautentzündung, übertragen. (Aachener Nachrichten 14. 4. 2018)

urinieren//defäkieren
(Urin ausscheiden) ○ «Wir müssen den Leuten klarmachen, dass es nicht okay ist, Abfall auf die Strasse zu werfen oder auf das Trottoir zu urinieren oder zu defäkieren.» (Neue Zürcher Zeitung 10. 7. 2018)

Urkunde; ↑Absichtsurkunde, Zufallsurkunde

Urlaub; ↑Aktivurlaub, Faulenzerurlaub

Urninde//Urning; ↑auch: Homosexueller, Schwuler
Urninde und Urning sind von Ulrichs geprägte Wörter für die homosexuelle Frau, die Lesbierin, bzw. für den homosexuellen Mann, den Homosexuellen

Urning//Dioning; ↑auch: **Heterosexueller**

Urning und Dioning sind von Ulrichs – 1864 – geprägte Wörter für den gleichgeschlechtlich liebenden Mann, den Homosexuellen, bzw. für den andersgeschlechtlich liebenden Mann, den Heterosexuellen

Urning//Urninde; ↑auch: **Lesbierin**

Urning und Urninde sind von Ulrichs – 1864 – geprägte Wörter für den Homosexuellen bzw. für die Lesbierin

Ursache//Wirkung; ↑auch: **Finalität**

kleine Ursachen und große Wirkungen o Dabei bildet sich ein Kreislauf, der Ursache und Wirkung wechselseitig bedingt. (Mitteldeutsche Zeitung 15. 11. 2010)

...us//...a (Substantivsuffix bei fremdsprachlichem Basiswort)

(einen Mann oder eine Mannzugehörigkeit kennzeichnende Endung) z. B. *Intimus, Animus/Intima, Anima*

usuell//okkasionell

die usuelle Bedeutung eines Wortes o usueller (üblicher) Wortgebrauch o gesund/krank ist ein usuelles Antonymenpaar

Utopie//Dystopie

(als unausführbar geltender Plan o Wunschbild o Idee, Vorstellung ohne reale Grundlage) o *Wie jede Metapher transportiert die Insel je nach Perspektive variierende Bedeutungen, die von der Utopie bis zur Dystopie reichen können.* (Neue Zürcher Zeitung 23. 4. 2016)

Utopie//Wirklichkeit

Utopie bleiben oder Wirklichkeit werden o Denn mit dem Siegeszug des Computers ist eine Utopie Wirklichkeit geworden (Wiener Zeitung 10. 8. 2011)

V

vadoses Wasser//juveniles Wasser
(Geologie)

Vagina//Penis; ↑auch: [männliches] Glied, Lingam, Schwanz
Der „abstruse Sexkoffer" aus Basel mit Vagina und Penis aus Plüsch brachte sie derart in Rage, dass sie 2014 in einem Votum zur Volksinitiative zum „Schutz vor Sexualisierung in Kindergarten und Primarschule" gleich fünfmal das Wort „pornografisch" in den Nationalratssaal rief. (Neue Zürcher Zeitung 24. 8. 2017) ○ Nur die Gesellschaft presst Menschen mit Vagina oder Penis in ihre Rollen. (Der Tagesspiegel 14. 9. 2015)

vaginal//anal
vaginaler und analer Koitus ○ Davon zu hören, schockiert einerseits, weil sofort klar ist, dass es sich um Missbrauch handelt, wenn ein Arzt eine Dreiviertelstunde lang eine Patientin vaginal oder anal mit der Hand penetriert. (Süddeutsche Zeitung 18. 11. 2017)

vaginal//klitoral
vaginaler Orgasmus ○ Die Unterscheidung in vaginal und klitoral gilt indes als überholt, denn es gibt kein Orgasmus ohne gleichzeitige Stimulation der „klitoralen Struktur". (Berliner Morgenpost 3. 1. 2014)

Vagotonie//Sympathikotonie
(Medizin)

Valutaverhältnis//Deckungsverhältnis
(Rechtswesen)

variabel//invariabel
dieser Plan ist variabel ○ Die Schulden sollen in 20 Jahren getilgt sein. Zinsen variabel, ausgehend vom derzeit niedrigen Niveau. (NEWS 17. 3. 2011)

variabel//konstant
eine variable Größe (Mathematik) ○ Er ist sehr variabel und hat in dieser Saison konstant auf hohem Niveau gespielt. (Nürnberger Nachrichten 18. 3. 2017)

Variable//Konstante
(eine mathematische Größe, die nicht gleichbleibt, sich ändert)

variable Kosten//fixe Kosten
(Wirtschaft)

variant//invariant
(Mathematik)

Varianz//Invarianz

variieren//konstant bleiben
der Preis variiert ○ Es variieren nur die Namen der handelnden Personen, doch die Vorgaben und Direktiven sowie deren Umsetzung bleiben konstant. (Die Presse 23. 5. 2016)

Vasodilatation//Vasokonstriktion
(Medizin)

Vasodilatator//Vasokonstriktor
(Anatomie)

Vasokonstriktion//Vasodilatation
(Medizin)

Vasokonstriktor//Vasodilatator
(Anatomie)

Vater//Mutter; ↑auch: Mama, Mami, Mum
manchmal sind Väter die besseren Mütter ○ Sein Vater ist Türke, seine Mutter Deutsche, seine Texte sind deutsch. (Rhein-Zeitung 2. 1. 2015)

Vater//Sohn
ein Walzer von Johann Strauß Vater ○ Es waren aber Vater und Sohn Alt, die die Möglichkeit bekamen, Aquarelle und

Guachen zu schaffen, die zu den Höhepunkten österreichischer Landschaftsmalerei zählten. (Neues Volksblatt 10. 2. 2010)

Vater; ↑**kesser Vater, leiblicher Vater, Stiefvater**

Vaterfreuden//Mutterfreuden
Vaterfreuden entgegensehen (bald Vater werden) ○ *Offen ist noch der Einsatz von Matthias Kroll, der in den nächsten Tagen erneuten Vaterfreuden entgegensieht.* (Nordkurier 22. 9. 2017)

Vaterherrschaft//Mutterherrschaft; ↑**auch: Matriarchat**
Die Geschichte, sagt Krieg, besteht aus Vaterherrschaft, Vaterrecht, Vaterreligion, sie wurde von Mördern und Irren gemacht. (Die Zeit 6. 3. 1987)

väterlich//mütterlich
das väterliche Erbe ○ *das väterliche Haus* ○ *Während die Schweizer nur die zwei Abschnitte der DNA analysieren, die väterlich oder mütterlich vererbt werden, testen die Amerikaner das komplette Genom* (Süddeutsche Zeitung 23. 1. 2016)

väterlicherseits//mütterlicherseits
die Großeltern väterlicherseits ○ *Im Untertitel dieses letzten Buchs fragt der Autor, ob die Menschen väterlicherseits oder mütterlicherseits vom Affen abstammten, eine für Fo sehr typische Frage* (Die Südostschweiz 14. 10. 2016)

Vatertag//Muttertag
(Himmelfahrtstag, an dem die Männer – eigentlich die Väter – sogenannte Herrenpartien machen) ○ *Bollerwagen raus, Bier kaltstellen und auf gutes Wetter hoffen – am 29. Mai ist Vatertag. Während es am Muttertag eher beschaulich zugeht, mit Kaffee und Kuchen, gebastelten Herzen und vorgetragenen Gedichten, so ist der Männertag doch ein ganz anderes Kaliber.* (Rhein-Zeitung 30. 5. 2014)

Vatertag//Muttertag
(Ehrentag der Väter analog zum Muttertag ○ z. B. in Österreich) ○ *In Ländern wie den USA, Niederlanden, Spanien, Italien und der Türkei ist der Vatertag eher an den Muttertag angelehnt: Hier bekommen die Väter Geschenke und verbringen den Tag mit ihrer Familie.* (Mannheimer Morgen 8. 5. 2013) ○ *Alle Jahre wieder stellt sich für brave Söhne und Töchter dieselbe Frage: „Was schenken zum Vatertag?" War der Muttertag schon für viele eine Herausforderung, so machen es die wortkargen und genügsamen Väter doppelt schwer, ihnen eine Freude zu machen.* (Die Presse 3. 6. 2006)

Vatertier//Muttertier
(zur Zucht bestimmtes männliches Tier)

Vati//Mutti; ↑**auch: Mama, Mami, Mum, Mutter**
Vati kickt mit Sohnemann und Mutti shoppt (Berliner Morgenpost 3. 1. 2015)

vegetative Funktionen//animalische Funktionen
(Zoologie)

Vektor//Skalar
(durch einen Pfeil dargestellte physikalische oder mathematische Größe)

velarer Vokal//palataler Vokal
(dunkler, am Hintergaumen gesprochener Vokal, z. B.: a, o, u ○ Phonetik)

Vene//Arterie
in den Venen fließt das Blut zum Herzen

venös//arteriell
(Medizin)

ver...//be... (Verben mit antonymischen Basiswörtern)
z. B. *verneinen/bejahen, sich verfeinden/sich befreunden*

ver...//ent...; ↑**auch: de... (Verb)**
z. B. *sich verloben/sich entloben*

ver...//er... (Verben mit nicht gleicher Basis)
z. B. *verbieten/erlauben*

ver...//ver... (Verben mit antonymischen Basiswörtern)
z. B. verlängern/verkürzen

verabschieden//begrüßen
die Besucher wurden vom Chef verabschiedet o Das alte Jahr verabschieden und das neue Jahr begrüßen: Das gelingt am besten mit Musik. (Niederösterreichische Nachrichten 13. 1. 2017)

verachten//achten
ich verachte ihn, seine Gesinnung o Zu den Klischees, die nicht selten auch ein beachtliches Gran Wahrheit enthalten, gehört der alte Satz, dass die Deutschen die Italiener lieben, aber verachten, während die Italiener die Deutschen nicht lieben, sie indes achten. (Der Tagesspiegel 9. 11. 2017)

Veränderliche//Konstante
(Mathematik)

verändern//unverändert lassen
sie will alles verändern, und er will alles unverändert lassen o Es geht uns nicht darum, nur Hauptschulen zu verändern und daneben die AHS völlig unverändert zu lassen. (Die Presse 6. 2. 2008)

verändert//unverändert
er war (sichtlich) verändert o Während sich das Äußere des auch schon als Artis Hotel vermarkteten Hauses merklich verändert hat, blieb dieser Pavillon nahezu unverändert. (Der Standard 6. 12. 2014)

Veranstaltung; ↑**Abendveranstaltung, Vormittagsveranstaltung**

Verantwortungsethik//Gesinnungsethik
Denn schon Max Weber traf die idealtypische Unterscheidung, um das, was er Verantwortungsethik nannte, gegenüber der Gesinnungsethik zu privilegieren (taz 30. 4. 2016)

verantwortungslos//verantwortungsvoll
eine verantwortungslose Politik o Eine Regierung oder ein Finanzinstitut, das das mögliche Ausscheiden Griechenlands nicht durchkalkuliert, würde verantwortungslos handeln. (FOCUS 3. 9. 2012)

verantwortungsvoll//verantwortungslos
eine verantwortungsvolle Politik o Wer in guten Zeiten Überschüsse abwirft, um die in schlechteren Jahren angehäuften Defizite auszugleichen, sichert sich Entscheidungshoheit und handelt verantwortungsvoll. (Die Presse 26. 3. 2018)

verarbeitet//unverarbeitet
verarbeitete traumatische Erlebnisse o Und sie soll die Teile nicht nur selbst verarbeitet, sondern unverarbeitet in die USA weiterverkauft haben, wo das Geschäft mit Gewebe boomt. (Nürnberger Nachrichten 25. 8. 2009)

veräußerlich//unveräußerlich
veräußerlicher Besitz o ... sind Grund- und Freiheitsrechte veräußerlich oder relativierbar? ... Die Grund- und Menschenrechte sind unveräußerlich, aber in gewissem Grade einschränkbar. (Saarbrücker Zeitung 8. 10. 2012)

Verb; ↑**absolutes Verb, Auxiliarverb, Hilfsverb, relatives Verb, Vollverb**

verbal//nonverbal
verbale Verständigung o verbale Beleidigung (durch Worte) o De Weck sieht sich als Europäerin, die gelernt hat, dass die Deutschen verbal und die Schweizer nonverbal kommunizieren. (Südkurier 5. 4. 2017)

verbal//tätlich
er wurde auf der Kundgebung verbal (mit Worten) angegriffen o Aus einer Befragung an einem deutschen Uniklinikum geht hervor, dass 92 Prozent der Psychiater schon einmal verbal bedroht, 64 Prozent auch tätlich angegriffen wurden. (Kurier 26. 1. 2011)

Verbalien//Realien
(Wortkenntnisse o Pädagogik)

Verbalinjurie//Realinjurie
(Beleidigung durch Worte)

Verbalstil//Nominalstil
(Ausdrucksweise mit Verben statt Substantiven/Substantivierungen; gilt stilistisch als lebendiger)

verbessern//verschlimmern
Durch die Errichtung eines sogenannten Ferienparadieses würden sich diese Zustände bestimmt nicht verbessern, sondern im Gegenteil, eher noch verschlimmern. (Rhein-Zeitung 30. 9. 2017)

verbessern, sich//sich verschlechtern
er hat sich beruflich verbessert ○ *sich im Fach Deutsch verbessern* ○ *Verschlechtert oder verbessert sich das Zusammenleben von Frauen und Männern gerade?* (Der Spiegel 24. 3. 2018)

Verbesserung//Verschlechterung;
↑auch: Pejoration
eine Verbesserung der Lage ist eingetreten

verbieten//erlauben
das Rauchen am Arbeitsplatz verbieten ○ *Der Verfassungsartikel von 1992 erlaubt zwar grundsätzlich die medizinisch unterstützte Fortpflanzung, verbietet aber Leihmutterschaft und Embryonenspende.* (St. Galler Tagblatt, 26. 04. 1997)

verbieten; ↑das verbietet der Anstand

verbinden//trennen
der Antirassismus hat uns verbunden ○ *es ist das, was uns verbindet und gleichzeitig auch trennt in diesem Land* (Tagesanzeiger 5. 3. 2018) ○ *Aber es ist nichts, das die einen können und die anderen nicht, das die einen verbindet und die anderen trennt.* (Bernhard Schlink, Olga, Roman 2018, S. 172)

Verbindendes//Trennendes
es gibt mehr Verbindendes als Trennendes zwischen uns ○ *Verbindendes wurde über Trennendes gestellt, zu beiderseitigem Nutzen.* (Die Presse 21. 6. 2014)

verbindlich//unverbindlich
eine verbindliche Auskunft ○ *Die Vereinbarung muss also hinreichend verbindlich und gleichzeitig unverbindlich formuliert werden.* (Südwest Presse 15. 9. 2008)

Verbindung; ↑heterozyklische Verbindung, isozyklische Verbindung

Verbleib//Verlassen
Seine zwei Brexit-Vasen z. B. – eine steht für den Verbleib in der EU, eine für das Verlassen ... (Der Spiegel 4. 5. 2019)

verbleit//unverbleit; ↑auch: bleifrei
verbleites Benzin ○ *Dafür zückte der Tankwart die Pistole, aus der der Treibstoff kam, verbleit oder unverbleit.* (Märkische Allgemeine 8. 1. 2008)

verblümt//unverblümt
sie gab ihm ihr Missfallen verblümt zu verstehen ○ *Hier erzählte er impressionistisch verblümt, später wurde er als Erzähler unverblümt realistisch.* (Die Presse 9. 9. 2017)

verborgen, etwas//sich etwas borgen
er verborgte seinen Füllfederhalter ○ *Den Betrag könnte der Einzelne dann, wie Banken auch, für drei Prozent Zinsen an den österreichischen Staat verborgen und so ein arbeitsloses jährliches Einkommen von 200.000 Euro lukrieren.* (Die Presse 11. 5. 2012)

verborgen bleiben//offenbar werden
die Bestechung ist lange verborgen geblieben ○ *Dass Hass- und Gewaltpropaganda jederzeit in offene Gewaltanwendung umschlagen kann, sollte auch einem Strafrechtsprofessor nicht verborgen bleiben.* (Die Presse 21. 1. 2013)

Verbot//Erlaubnis
das Verbot zu rauchen ○ *Es ist offenbar reizvoller, ein Verbot zu übergehen, als eine fehlende Erlaubnis auszuhalten.* (Die Presse 27. 1. 2017)

Verbot//Gebot
(Verkehrswesen) ○ *Kein Verbot, sondern ein Gebot: Schneeräumdiensten und*

Streuwagen immer die Vorfahrt lassen und ausreichend Abstand halten. (Berliner Morgenpost 2. 1. 2016)

Verbot; ↑Aufenthaltsverbot

verboten//erlaubt
in Deutschland ist alles verboten, was nicht erlaubt ist ○ In manchen Bundesländern ist es komplett verboten, wilde Tiere wie Löwen zu Hause zu halten. In anderen ist es erlaubt, man muss aber strenge Regeln einhalten. (Die Zeit 12. 4. 2018)

Verbotsschild//Gebotsschild
(Verkehrswesen) ○ „Heute sind übereinander das rote Verbotsschild mit dem weißen Balken für die eine Richtung und für die andere das blaue Gebotsschild mit einem Richtungspfeil" (Neue Westfälische 24. 2. 2009)

Verbotstafel//Gebotstafel
Mit dem Aufstellen einer Verbotstafel sei es nicht abgetan. (Oberösterreichische Nachrichten 9. 5. 2014)

Verbotszeichen//Gebotszeichen
(Verkehrswesen) ○ Da im Bereich der PSV-Kreuzung kein Verbotszeichen steht, sondern ein Gebotszeichen, sei diese Ausnahme, dass der Nacht- und Rufbusverkehr dort abbiegt, zugelassen (Mitteldeutsche Zeitung 20. 8. 2016)

Verbraucher//Erzeuger, Hersteller; ↑auch: Produzent
(jemand, der Waren zum Verbrauch, zur eigenen Verwendung kauft) ○ Das würde zum Vorteil für Verbraucher, aber auch für die Erzeuger gereichen. (Mittelbayerische Zeitung 16. 1. 2017) ○ Bis zum Inkrafttreten der Produktnorm voraussichtlich 2019 können sich Verbraucher und Hersteller am Sicherheitsstandard für steckbare Stromerzeugungsgeräte orientieren (Süddeutsche Zeitung 12. 1. 2018)

Verbraucherpreis, Verbrauchspreis//Herstellungspreis
(Preis, zu dem etwas an den Verbraucher verkauft wird) ○ Wir brauchen Kostenwahrheit und eine verursachergerechte Einbindung der Allgemeinkosten in den Verbraucherpreis. (Vorarlberger Nachrichten 16. 9. 2017) ○ Danach werden ... die fünf Prozent nämlich nicht vom Verkaufspreis des Fliegers, rund 220 Millionen Dollar, berechnet, sondern vom Herstellungspreis ohne die Triebwerke. (Hamburger Abendblatt 3. 4. 2001)

verbrauchsbedingte Abschreibung//Sonderabschreibung
(Rechtswesen)

Verbrauchsgut//Gebrauchsgut
(etwas, was nach einmaliger Verwendung verbraucht ist, z. B. Nahrungsmittel ○ Wirtschaft)

verbraucht//unverbraucht; ↑auch: frisch
seine Kräfte sind (schon) verbraucht ○ Wenn man bedenkt, dass in Bad Gögging mehrere Kliniken vorhanden sind, in denen natürlich auch Medikamente verabreicht werden, welche – verbraucht oder unverbraucht – in der Kanalisation ... landen. (Mittelbayerische Zeitung 13. 2. 2015)

verbrauchte Luft//frische Luft
Diese saugt kontinuierlich verbrauchte Luft aus Bad, Küche und WC und ersetzt sie durch frische Luft in Wohn-, Kinder- und Schlafzimmern. (Tiroler Tageszeitung 28. 10. 2015)

Verbrechen//Strafe; ↑auch: Sühne
das war die Strafe für sein Verbrechen ○ Wer derartige Verbrechen begehe, müsse mit Strafe rechnen. (Tiroler Tageszeitung 3. 11. 2012) ○ „Verbrechen und Strafe" (Roman von F. Dostojewski, 1866, früher: „Schuld und Sühne")

verbreitender Buchhandel//herstellender Buchhandel

Verbreiterung//Verengung
die Verbreiterung der Straße ○ Durch eine Verbreiterung des Gehsteiges wird

mit einhergehender Verengung der Straße die Verkehrssicherheit erhöht. (Vorarlberger Nachrichten 3. 5. 2018)

verbrennbar//unverbrennbar
verbrennbares Material ○ Denn in der Anlage wird Grünschnitt in Energie gewandelt, „und der galt lange Zeit als nicht verbrennbar". (Saarbrücker Zeitung 28. 7. 2015)

verbrennen//beerdigen
der Tote wurde verbrannt und nicht beerdigt ○ Dass Muslime ihre Toten nicht verbrennen, sondern beerdigen, blieb dabei unbeachtet. (Neue Zürcher Zeitung 26. 3. 2008)

Verbrennung//Beerdigung
die Verbrennung (des Toten) erfolgt im Krematorium ○ Für den Abend ist ein grandioser Ausklang mit Verbrennung und Beerdigung der Kerwegretel sowie einem Feuerwerk vorgesehen. (Mannheimer Morgen 26. 8. 2013)

verbunden//unverbunden; ↑auch: asyndetisch
Zwei nackte Menschen stehen sich gegenüber, miteinander durch ihre Körper verbunden und doch seltsam unverbunden, nicht in der Lage sich wirklich zu nähern. (Frankfurter Rundschau 2. 2. 2004)

verbürgt//unverbürgt
eine verbürgte Nachricht ○ Eher durch einen Lapsus ... erfährt der längst erwachsene David, dass er ein adoptiertes Findelkind aus Kriegszeiten ist, wodurch die Grundfesten seiner als verbürgt geglaubten Vergangenheit einstürzen. Das Museum seines Lebens scheint seinen Wert zu verlieren, all seine Erinnerungen scheinen falsch und unverbürgt (Südkurier 29. 1. 2010)

verdächtig//unverdächtig
sein Verhalten ist verdächtig ○ Die nächste Einstellung zeigt Woody, wie er um einen Zeitungskiosk herumschlendert, verdächtig unverdächtig, in kurzen Hosen – eher eine Witzfigur als ein Bankräuber. (Handelsblatt 1. 12. 2000)

verdaulich//unverdaulich
die verdaulichen Bestandteile der Nahrung ○ Die nicht gerade leicht verdauliche Kost dürfte jedoch einigen den Schlaf geraubt haben. (Nürnberger Zeitung 6. 5. 2013)

verdaut//unverdaut
verdaute Speisen ○ Die Kanalisation war schliesslich noch nicht erfunden, und so landeten Essensreste – ob verdaut oder unverdaut – auf der Strasse. (St. Galler Tagblatt 30. 1. 2015)

verdeckt//offen; ↑auch: direkt
verdeckte Ermittlungen ○ Er habe zunächst verdeckt Kokain und Heroin konsumiert, dann auch offen. (Westdeutsche Zeitung 19. 6. 2018)

Verderb; ↑auf Gedeih und Verderb

verderblich//unverderblich
(leicht) verderbliche Ware ○ Auf TT-Anfrage begründet Gschwentner dies damit, dass die Fahrtenzahl geringer sei, wenn verderbliche und unverderbliche Waren gleichzeitig befördert werden. (Tiroler Tageszeitung 30. 10. 2002)

Verdichtung//Verdünnung
(Physik)

Verdichtungswelle//Verdünnungswelle
(Physik)

Verdienstadel//Erbadel, Geburtsadel
Die Reformer Stein und Hardenberg, aber auch der Kreis um Scharnhorst hatten daran gedacht, die Aristokratie durch eine Meritokratie, einen Verdienstadel, zu ersetzen (Stuttgarter Zeitung 24. 2. 2007)

verdient//unverdient
eine verdiente Ehrung ○ Der Sieg war letztlich verdient – oder zumindest – nicht unverdient. (Die Presse 21. 6. 2012)

verdorben//unverdorben
verdorbene Jugend ○ Einige dieser Stände verkauften mangelhafte bis verdorbene Speisen. (Neue Zürcher Zeitung 24. 5. 2017)

verdorren//wachsen
Tiefe Risse durchziehen das Erdreich, die Pflanzen verdorren. Wo überhaupt noch Früchte wachsen, sind sie mickrig und kaum der Ernte wert. (Süddeutsche Zeitung 9. 6. 2018)

verdrängen//bewältigen
die schlimmen Erlebnisse der Vergangenheit verdrängen ○ Aber wer Weltmeister werden will, muss das alles verdrängen. Ich bin mir aber sicher, dass wir das bewältigen. (Saarbrücker Zeitung 4. 12. 2013)

verdunkeln//entdunkeln
im Krieg wurden die Fenster gegen Abend verdunkelt ○ Wenn ein Planet vorbeizieht, verdunkelt es sich kurzzeitig. (Vorarlberger Nachrichten 21. 4. 2018)

verdünnt//unverdünnt
das Mittel verdünnt anwenden ○ Seine Kunden erhalten den Schnaps je nach Wunsch verdünnt oder unverdünnt. (Tagesanzeiger 24. 1. 2008)

Verdünnung//Verdichtung
(Physik)

Verdünnungswelle//Verdichtungswelle
(Physik)

Verein; ↑Idealverein, wirtschaftlicher Verein

vereinbar//unvereinbar
dieses Gesetz ist mit der Verfassung vereinbar ○ Das deklarierte Einkommen erscheint entweder als vereinbar mit den Ausgaben oder als unvereinbar. (Die Südostschweiz 21. 11. 2012)

Vereinbarkeit//Unvereinbarkeit

vereinfachen//verkomplizieren
dadurch wurde der Ablauf vereinfacht ○ Dreh- und Angelpunkt des Fernduells ist stattdessen die Frage, ob ein neues Zuwanderungsgesetz die Sache vereinfachen oder verkomplizieren würde. (Nürnberger Nachrichten 3. 2. 2015)

vereinzelt//in großer Zahl
als das Werk in Betrieb genommen wurde, gab es vereinzelt auch Pannen ○ Die Schüler waren nicht nur vereinzelt, sondern in großer Zahl fähig, die von mir präsentierten philosophischen Probleme zu erkennen und konstruktive Lösungsvorschläge zu erarbeiten. (Mitteldeutsche Zeitung 6. 1. 2009)

verengen//erweitern
verengte Blutgefäße ○ Wenn es kalt ist, sendet der Körper Botenstoffe aus, die die Arterien verengen und die Venen erweitern. (Hamburger Abendblatt 17. 10. 2014)

Verengung//Verbreiterung
zur Verkehrsberuhigung eine Verengung der Straße vornehmen ○ Alle Wettbewerbe in der Vergangenheit haben gezeigt, dass um die Verengung der Fahrbahnen und die Verbreiterung der Randzonen kein Weg herumführt (Stuttgarter Zeitung 12. 3. 2016)

vererben//erben
sie vererbt ihm das Haus/er erbt von ihr das Haus ○ Richtig vererben und erben (Schwäbische Zeitung 22. 3. 2017)

Verfahren; ↑Ermittlungsverfahren, Hauptverfahren

Verfahrensrecht//materielles Recht
(Rechtswesen)

Verfall//Erneuerung
Verfall und Erneuerung der Städte ○ Der starke Verfall aufgrund von Witterungseinflüssen machte die Erneuerung der Wappen und deren Halterungen dringend erforderlich. (Süddeutsche Zeitung 21. 4. 2011)

Verfall; ↑Dialektverfall

verfallen //gelten
der Gutschein, die Fahrkarte ist (schon) verfallen ○ Gleichzeitig gibt er Entwarnung für Besitzer aktueller Bäderkarten. „Diese verfallen natürlich nicht sondern gelten so lange, bis das Guthaben aufgebraucht wurde" (Südkurier 30. 12. 2008)

verfälscht//unverfälscht
ein verfälschtes Geschichtsbild ○ Nach islamischen Vorstellungen liegt allen Offenbarungsurkunden ein himmlischer Urtext zugrunde, der in anderen Religionen verfälscht, aber durch den Koran rein und unverfälscht wiedergegeben wird. (Wiesbadener Tagblatt 3. 3. 2007)

verfänglich//unverfänglich
eine verfängliche Frage ○ Der Name U. S. Girls klingt so verfänglich wie unverfänglich. Tatsächlich löst er nicht einmal den ihm eingeschriebenen Plural ein: U. S. Girls ist ein Einmannunternehmen (Der Standard 30. 9. 2015)

Verfassung; ↑oktroyierte Verfassung, paktierte Verfassung

verfassungsgemäß//verfassungswidrig
dieser Vorgang ist verfassungsgemäß ○ Karlsruhe hat die Grundstrukturen der Antiterrordatei für verfassungsgemäß erklärt, aber fast deren gesamte Ausgestaltung für verfassungswidrig. (Süddeutsche Zeitung 25. 4. 2013)

verfassungswidrig//verfassungsgemäß
dieser Vorgang ist verfassungswidrig

verfeinden, sich//sich befreunden
sie haben sich verfeindet ○ Die links- und rechtselbischen Gemeindeteile haben sich verfeindet. ... Die widersprachen: „Die Räte habe sich verfeindet, nicht die Bürger." (Süddeutsche Zeitung 24. 8. 2013)

verfeindet//befreundet
die verfeindeten Nachbarn ○ er ist mit dem Angeklagten verfeindet ○ früher waren sie befreundet ○ Dann orientiere man sich auch nicht an anderen wie dem Seeclub beispielsweise, mit dem man „freundschaftlich verfeindet oder feindschaftlich befreundet" sei (Tagesanzeiger 11. 7. 2001)

verfluchen//segnen
er verfluchte sie ○ Davor gab es schon den Menschen der mythischen, religiösen Kulturstufe, der durch die gestische Handbewegung und -haltung verfluchte und der segnete, der eigene Gesten für das Opfer hatte. (Salzburger Nachrichten 28. 8. 2004)

Verfolgende[r]//Verfolgte[r]

Verfolger[in]//Verfolgte[r]
Im März 1938 wurden aus Nachbarn schlagartig Verfolger und Verfolgte (Die Presse 12. 12. 2015)

Verfolgte[r]//Verfolger[in], Verfolgende[r]

Verfügungsgrundsatz//Amtsgrundsatz
(Rechtswesen)

verführen, jemanden//sich verführen lassen
sie hat ihn verführt, und er hat sich verführen lassen ○ Es war ja nicht nur die Industrie, die verführte. Die Menschen wollten sich auch verführen lassen. (Der Spiegel 29. 12. 2008)

verführen, jemanden//verführt werden
er verführte sie/ihn ○ Er verführte nicht, er wurde verführt. (Süddeutsche Zeitung 7. 10. 2010)

verführend//verführt
verführende Männer und verführte Mädchen ○ Die verführende und die verführte Frau steht auch im Mittelpunkt von „Ein Leben, Opus VIII" (Rhein-Zeitung 13. 11. 2007)

Verführende[r]//Verführte[r]

verführen lassen, sich//jemanden verführen
Eva hatte sich von der Schlange verführen lassen und dann selbst Adam verführt (Die Presse 20. 5. 2014)

Verführer[in]//Verführte[r]
sie ist die Verführerin und er der Verführte

verführt//verführend
verführende Männer und verführte Mädchen

Verführte[r]//Verführer[in], Verführende[r]

verführt werden//verführen
das Mädchen, der Junge wurde von ihm/ihr verführt o Eva war nackt und wurde verführt. Anschließend verführte sie Adam. (Frankfurter Rundschau 8. 5. 2015)

vergangen//kommend
vergangenen Dienstag o Bei der deutschen Tochter des weltweit zweitgrößten Tabakkonzerns blickt man zufrieden auf das vergangene Jahr zurück – und mit gemischten Gefühlen auf das kommende. (Nürnberger Nachrichten 7. 2. 2013)

Vergangenheit//Gegenwart
Für die Franzosen ist die Schauspielerin Marie Trintignant eine Frau mit Vergangenheit, die ihre Gegenwart im Griff hat (Stern 11. 2. 2004)

Vergangenheit//Zukunft
was in der Vergangenheit schlecht war, soll in der Zukunft besser werden o Unbestritten ist ... die Innenstadt von Villingen ein Ort mit Vergangenheit. Aber ist er auch ein Ort mit Zukunft? (Südkurier 11. 10. 2007)

vergangenheitsorientiert//zukunftsorientiert
eine vergangenheitsorientierte Politik o Ich habe in der Klubsitzung offen gesagt, dass ... Strategien entwickeln sollten, die nicht vergangenheitsorientiert, sondern zukunftsorientiert sein müssen. (NEWS 20. 3. 2008)

vergänglich//unvergänglich
vergängliche Werte o Das Leben, das hier auf der Erde gesät wird, ist vergänglich. Aber das Leben, zu dem wir auferweckt werden, ist unvergänglich (St. Galler Tagblatt 13. 7. 2012)

Vergänglichkeit//Unvergänglichkeit

vergehen; ↑Werden und Vergehen

Vergeltungsschlag//Erstschlag
(Militär) o Ein Vergeltungsschlag auf einen potenziellen Erstschlag der USA würde verunmöglicht oder zumindest stark verringert, da die verbleibenden Raketen relativ leicht abgefangen werden können. (Die Presse 4. 9. 2007)

Vergesellschaftung//Privatisierung
die Vergesellschaftung der Banken o Wir streben Vergesellschaftung an und nicht Privatisierung – vor allem Privateigentum stellen wir infrage. (taz 25. 9. 2015)

vergessen (Verb)//behalten
seinen Namen hat er vergessen, doch ihren hat er behalten o Oft vergessen wir, was wir in der Erinnerung behalten möchten, und was wir gerne vergessen würden, nistet sich ein. (Tiroler Tageszeitung 25. 9. 2015)

vergessen (Verb)//dran denken, denken an
er hat die Verabredung vergessen o Wir vergessen das im Alltag und denken nicht an unsere Gesundheit. (Schweriner Volkszeitung 26. 1. 2018) o Wir sollten auch „Mutter Erde" nicht vergessen, und daran denken, was wir ihr täglich antun (Tiroler Tageszeitung 11. 5. 2002)

vergessen (Verb)//in Erinnerung bleiben, sich erinnern an
dieses Erlebnis hat er vergessen/dieses Erlebnis ist ihm in Erinnerung geblieben, an dieses Erlebnis hat er sich erinnert o Frauen vergessen solche Erfahrungen leichter, erinnern sich dafür aber besser an Angenehmes. (Ostthüringer Zeitung 6. 2. 2012) o Die Fälle sind schnell vergessen, in Erinnerung bleiben zwei Cops, die sich am Tatort oft mal in die Haare geraten. (Hamburger Abendblatt 12. 1. 2012)

vergessen (Adjektiv)//unvergessen
die schrecklichen Ereignisse sind vergessen ○ „Wir sind Gefangene, worin zur Zeit des Ersten Weltkrieges der Erzähler heimatlich-oberbayerischer Geschichten ins Episch-Merkwürdige wuchs, ist nicht vergessen und wird unvergessen bleiben … ". (Süddeutsche Zeitung 6. 8. 2001)

vergesslich sein//ein gutes Gedächtnis haben
er ist sehr vergesslich ○ Ich bin nicht vergesslich. Ich habe ein gutes Gedächtnis. (Mitteldeutsche Zeitung 1. 2. 2013)

vergewaltigen//vergewaltigt werden
eine Frau, einen Mann vergewaltigen ○ Die Rechte jener, die schlagen, morden, vergewaltigen, oder die jener, die geschlagen, ermordet oder vergewaltigt werden? (Die Südostschweiz 7. 10. 2010)

vergewaltigt werden//vergewaltigen
Männer wurden von Männern vergewaltigt ○ Die vergewaltigt wurden und dann vergewaltigten, die gefoltert wurden und dann folterten, die mordeten und dann ermordet wurden. (z. B. Die Zeit 13. 12. 2007)

vergleichbar//unvergleichbar
vergleichbare Sprachen ○ die Leistungen jedes Einzelnen seien nur in den seltensten Fällen vergleichbar. „Jede Situation ist unvergleichlich und der Mensch ist unvergleichbar". (Passauer Neue Presse 28. 5. 2015)

Vergnügen//Arbeit
Ein reines Vergnügen ohne Arbeit war der erste Ausflug in den Bregenzer Wald mit Besichtigung von einer Schaukäserei, Brennerei und Imkerei. (Südkurier 23. 3. 2010)

vergoren//unvergoren
Die Anfahrt per Bus macht Sinn, weil zu den zehn Sorten Dünnele auch vergorener und unvergorener Most angeboten wird. (Südkurier 18. 10. 2010)

vergraben//ausgraben
er hatte das Gewehr (im Garten) vergraben ○ „Er hat gesagt, er hat im Donbass Waffen vergraben. Die will er ausgraben." (Die Presse 21. 2. 2015)

vergrößern//verkleinern
den Betrieb vergrößern ○ ein Bild vergrößern ○ die Seite eines Buches beim Fotokopieren vergrößern ○ Auf der eingeblendeten Straßenkarte, die sich durch das Auf- und Zuziehen mit den Fingern beliebig vergrößern oder verkleinern lässt, zeigen kleine Fuchssymbole den Weg (Nordkurier 7. 4. 2017)

vergrößern, sich//sich verkleinern
wir haben uns vergrößert (das Geschäft erweitert)

Vergrößerung//Verkleinerung
die Vergrößerung des Betriebes ○ das ist eine Vergrößerung des Originalbildes

Verhältnismäßigkeit//Unverhältnismäßigkeit
die Verhältnismäßigkeit der Mittel ○ die Verhältnismäßigkeit ist nicht gewahrt ○ Wird demnach diese Verhältnismäßigkeit zwischen Höhe der Kaution und Sicherungsinteresse des Vermieters überschritten, löst dies einen Rückforderungsanspruch des Mieters im Umfang der Unverhältnismäßigkeit aus. (Tiroler Tageszeitung 5. 4. 2008)

Verhältniswahl//Mehrheitswahl
(Wahl, bei der die Mandate auf die verschiedenen Parteien nach dem Verhältnis der abgegebenen Stimmen vergeben werden ○ Politik)

verhandlungsfähig//verhandlungsunfähig
der Angeklagte ist verhandlungsfähig ○ Gerichtsgutachter G. L. St. hält den 77-Jährigen nunmehr für verhandlungsfähig, im Juni hatte er ihn befristet für verhandlungsunfähig erklärt. (Wiener Zeitung 7. 8. 2012)

Verhandlungsgrundsatz//Untersuchungsgrundsatz
(Rechtswesen)

verhandlungsunfähig//verhandlungsfähig
der Angeklagte ist verhandlungsunfähig ○ *Er hielt den Parkinson-Kranken nie für verhandlungsunfähig. Nach dem ersten, kurzen Prozesstag äußerte sich der Anwalt ...'Der ist verhandlungsfähig, er ist nicht verwirrt'.* (Stuttgarter Zeitung 23. 9. 2014)

verheiratet//unverheiratet, ledig, alleinstehend
einige sind verheiratet, einige unverheiratet ○ *Wir werden uns dafür einsetzen, dass jede Pfarre einen eigenen Vorsteher hat: Mann oder Frau, verheiratet oder unverheiratet, haupt- oder nebenamtlich.* (Vorarlberger Nachrichten 6. 8. 2013) ○ *Während er Jahrzehnte glücklich in erster Ehe verheiratet war, blieb sie immer ledig.* (Süddeutsche Zeitung 10. 9. 2013) ○ *„Hier kann praktisch jeder adoptieren – egal ob verheiratet oder alleinstehend."* (Wiener Zeitung 11. 9. 2007)

verheiratet: ↑auch: **glücklich verheiratet**

verhohlen//unverhohlen
mit (kaum) verhohlener Schadenfreude ○ *nur verhohlen zeigte er seine Freude über seinen Erfolg* ○ *Von jenem Mann, den man hasst oder mag – und den man öfter verhohlen als unverhohlen bewundert.* (FOCUS 16. 4. 2011)

verhüllen//enthüllen
den von Christo verhüllten Reichstag wieder enthüllen ○ *Die Hörsaaltafel ist mit wolkigen Gebilden bis an den Rand bemalt und spielt darauf an, dass wortreiche, theoriegesättigte Lektionen mehr verhüllen als enthüllen.* (Neue Zürcher Zeitung 11. 10. 2017)

verhüllt//unverhüllt
ein (noch) verhülltes Denkmal ○ *Aber auch Mythologisches, ernste Madonnen und hübsche Mädchen, verhüllt und unverhüllt, wird man hier reichlich finden.* (Die Presse 5. 10. 2010) ○ (übertragen:) *seinen Unmut (nur) verhüllt zum Ausdruck bringen*

Verifikation//Falsifikation
die Verifikation einer Theorie (die Bestätigung, die Beweisführung hinsichtlich der Richtigkeit einer Theorie)

verifizieren//falsifizieren
eine Hypothese verifizieren (ihre Berechtigung, Richtigkeit nachweisen) ○ *Das ist der Satz, der zum Innehalten anregt. Er ist nicht zu verifizieren oder zu falsifizieren, noch nicht – er ist in jedem Fall aber zu problematisieren.* (Der Tagesspiegel 23. 11. 2013)

Verifizierung//Falsifizierung
die Verifizierung einer Theorie (der Nachweis ihrer Richtigkeit)

verjagen//zurückkehren
Arm aufgewachsen, von den Nazis verfolgt und verjagt, spät nach Wien zurückgekehrt: der Künstler und Autor Ernst Eisenmayer. (Die Presse 3. 4. 2004)

verkalkt sein//entkalkt werden
der Boiler ist verkalkt ○ *Ist dieser Einsatz verkalkt, behindert er den Wasserdurchfluss. Um dem vorzubeugen, sollte der Luftsprudler regelmäßig gereinigt und entkalkt werden* (Berliner Morgenpost 31. 3. 2012)

Verkauf//Ankauf
Ankauf und Verkauf antiquarischer Bücher ○ *der Verkauf bibliophiler Bücher an einen Antiquar* ○ *Der Erlös aus dem Verkauf der Eintrittskarten und der Fotografien wird dem Flüchtlingshaus Kapuzinerkloster Ried zum Ankauf von Unterlagen und Arbeitsmaterialien für den Deutschunterricht zur Verfügung gestellt.* (Rieder Volkszeitung 5. 11. 2015)

Verkauf//Kauf
der Verkauf eines Grundstücks ○ *er war zuständig für den Kauf und Verkauf von*

Immobilien ○ *Im November hatten die Organisatoren erstmals an einem Sonnabend zum Verkauf und Kauf von Kinderkleidung eingeladen.* (Süddeutsche Zeitung 10. 2. 2018)

verkaufen//ankaufen
er hat Aktien verkauft ○ *„Wir wollen weiterhin einzelne Grundstücke verkaufen, weil wir ja andere ankaufen wollen und dafür Geld brauchen"* (Die Presse 15. 4. 2016)

verkaufen//kaufen; ↑auch: mieten, pachten
er hat das Haus (an ihn) verkauft

Verkäufer[in]//Käufer[in]
der Käufer verhandelte lange mit der Verkäuferin ○ *Das Gericht entschied: Auto zurück an Verkäuferin, Kaufpreis retour an die Käuferin.* (Vorarlberger Nachrichten 11. 2. 2009)

Verkäufermarkt//Käufermarkt
(Markt, bei dem sich der Verkäufer im Vorteil befindet, weil mehr nachgefragt als angeboten wird) ○ *Die Nachfrage ging zurück, gleichzeitig wurden neue Werke fertig. Der Verkäufermarkt drehte in einen Käufermarkt, und die Preise fielen.* (Hannoversche Allgemeine 5. 11. 2009)

verkäuflich//unverkäuflich
verkäufliche Bilder ○ *die ausgestellte Ware ist verkäuflich* ○ *Die französischen Impressionisten stellten die Entscheidungen der Akademie infrage, deren Qualitätsurteil nicht anders als mit „verkäuflich" oder „unverkäuflich" zu übersetzen war.* (Wiesbadener Kurier 9. 4. 2013)

Verkaufskurs//Ankaufskurs
(Kurs, zu dem man die Währung eines Landes verkauft ○ Bankwesen)

Verkaufspreis//Einkaufspreis
(Preis, zu dem die Ware an den Käufer verkauft wird) ○ *Bei Textilien ist der Verkaufspreis dreimal höher als der Einkaufspreis.* (Der Standard 26. 5. 2011)

Verkaufspreis//Herstellungspreis
(Preis, zu dem die Ware an den Käufer verkauft wird) ○ *Der Verkaufspreis ermittelt sich aus dem Herstellungspreis, den die Finanzabteilung in Zusammenarbeit mit der Produktionsabteilung errechnet, und dem maximalen Verkaufspreis, den die Marketingabteilung bei der Kundenbefragung ermittelt.* (Rhein-Zeitung 24. 6. 2016)

Verkaufspreis//Abonnementpreis
(Zeitung) ○ *Bei anhaltend starken Rückgängen im Anzeigengeschäft ... muss daher der Verkaufspreis ... einen höheren Anteil der Kosten decken. Der Abonnementpreis der „NZ" beträgt daher ab dem 1. November 2013 € 30,50 im Monat* (Nürnberger Zeitung 28. 9. 2013)

Verkehr; ↑Afterverkehr, Analverkehr, Fernverkehr, fließender Verkehr, Güterverkehr, Individualverkehr, Mundverkehr, Nahverkehr, öffentlicher Verkehr, Oralverkehr, Personenverkehr, Quellverkehr, ruhender Verkehr, Zielverkehr

verkehrsarm//verkehrsreich
eine verkehrsarme Straße, Gegend ○ *Dann könnten die Kinder durch das sehr verkehrsarme Wohngebiet ... sicher das Schulzentrum erreichen – und müssten nicht über die verkehrsreiche Bahnhofstraße.* (Rheinische Post 17. 1. 2004)

verkehrsgerecht//verkehrswidrig
verkehrsgerechtes Verhalten ○ *Dies liegt in der Regel jedoch nicht daran, dass die Ampel nicht verkehrsgerecht eingestellt ist, sondern an Verkehrsteilnehmern, die die Ampel verkehrswidrig während der Rotphase überfahren.* (Rhein-Zeitung 19. 12. 2015)

verkehrsreich//verkehrsarm
verkehrsreiche Straßen

Verkehrswert//Einheitswert
der Verkehrswert ist der Marktwert (bei Immobilien)

verkehrswidrig//verkehrsgerecht
verkehrswidriges Verhalten

verkehrte Masche//glatte Masche
(beim Stricken: linke Masche)

verkleinern//vergrößern
den Betrieb verkleinern ○ ein Bild verkleinern ○ eine Seite beim Fotokopieren verkleinern ○ Um damit die Umweltbelastung insgesamt, speziell das Problem mit dem Klima zu verkleinern und die Wirtschaftlichkeit zu vergrößern. (Die Presse 27. 12. 2014)

verkleinern, sich//sich vergrößern
sie haben sich verkleinert (in Bezug auf ein Geschäft, einen Laden)

Verkleinerung//Vergrößerung
die Verkleinerung des Betriebs ○ das ist eine Verkleinerung des Originalbildes

verklemmt//unverklemmt
ein verklemmter junger Mann ○ Sie können allerdings verklemmt eine Ehe führen und verklemmt den Zölibat leben. Wie lässt sich der Zölibat unverklemmt leben? (Rheinische Post 11. 8. 2014)

verkommen lassen//instand halten, pflegen
das Haus verkommen lassen ○ Man kann auch alten günstigen Wohnbestand so lange verkommen lassen und nicht instand halten, dass man irgendwann das Argument hat: ‚Jetzt lohnt es sich nicht mehr. Jetzt müssen wir diese Häuser abreißen und neu bauen' (Wiesbadener Tagblatt 29. 10. 2011) *○ Weshalb sollten wir diese unsere traditionelle Sprache verkommen lassen zu einem unsäglichen Sprachgemisch, anstatt sie zu pflegen?* (Stuttgarter Nachrichten 24. 8. 2012)

verkomplizieren//vereinfachen
dadurch wird das Ganze nur verkompliziert ○ allerdings ist der Begriff des Betruges so eng gefasst, dass viele Experten fürchten, ein daraus abgeleitetes Gesetz könnte den Anti-Doping-Kampf eher verkomplizieren als vereinfachen. (Süddeutsche Zeitung 31. 12. 2013)

verkorken//entkorken; ↑auch: aufkorken
die Flasche verkorken ○ Bei einer weiteren Prüfung wird die Zeit gestoppt, die die Wein-Expertinnen benötigen, um Wein aus einem Fass in eine Flasche abzufüllen, zu verkorken, wieder zu entkorken und einzuschenken. (Trierischer Volksfreund 11. 9. 2017)

verkrampfen, sich//sich entkrampfen
du hast dich ganz verkrampft, du musst dich entkrampfen ○ Denn Stress und Angst verkrampfen nicht allein die Seele, sondern auch die Muskeln. Doch ein Masseur kann auch die Psyche entkrampfen. (Süddeutsche Zeitung 27. 2. 2005)

verkrampft//unverkrampft
sie hat ganz verkrampft moderiert ○ Kurz, es ist schon ziemlich unerträglich, wie verkrampft unverkrampft die Viertel- und Halbstars aus Funk und Fernsehen hier präsentiert werden. (taz 20. 1. 2007)

verkürzen//verlängern
den Anlauf verkürzen ○ den Termin verkürzen ○ die Arbeitszeit um eine Stunde verkürzen ○ den Aufenthalt verkürzen ○ Diese Daten bilden Entscheidungsgrundlagen, ob Verkehrsplaner dann Grünphasen für Autos verkürzen oder verlängern (Die Presse 11. 3. 2017)

Verkürzung//Verlängerung
Verkürzung der Ausbildungszeit

verlangen; ↑das verlangt der Anstand

verlängern//kürzen
das Kleid, den Rock, die Ärmel verlängern ○ Unter anderem sei geplant, Arbeitszeiten zu verlängern und den Urlaub zu kürzen (Braunschweiger Zeitung 11. 11. 2010)

verlängern//verkürzen
die Arbeitszeit um eine Stunde verlängern ○ den Aufenthalt verlängern ○ Zwei

Männer verlängern oder verkürzen die Rohre (Mannheimer Morgen 10. 2. 2018)

Verlängerung//Verkürzung
Verlängerung der Ausbildungszeit

verlangsamen//beschleunigen
das Tempo verlangsamen ○ Jetzt sei nicht der Moment, die europäische Integration zu verlangsamen, sondern sie im Gegenteil noch zu beschleunigen. (taz 5. 8. 2011)

Verlassen//Verbleib
Es habe sich weiter zweifelsfrei ergeben, dass die Entscheidung über das Verlassen oder den Verbleib einer Stadt mit über 50 000 Einwohnern in Bayern alleine Sache des Innenministeriums und des Landtags sei. (Schwäbische Zeitung 3. 12. 2018)

verlassen//betreten
sie verlässt das Geschäft (wieder) ○ Und beim Ehemann habe man vor knapp zwei Wochen den Unterschenkel amputiert. Somit können beide die Wohnung nur mit Hilfe verlassen beziehungsweise betreten. (Nordkurier 24. 5. 2018)

verlassen//verlassen werden
sie hat ihn verlassen (hat sich von ihm getrennt)/er ist von ihr verlassen worden ○ Seine Freundin hat ihn verlassen. Und wenn man gerade verlassen worden ist – ist das nicht der beste Augenblick zur Einsicht? (Frankfurter Neue Presse 23. 2. 2007)

verlassen werden//verlassen
er ist (von ihr) verlassen worden

verleihen, etwas//sich (Dativ) etwas leihen
ich verleihe das Fahrrad (an ihn) ○ Wir haben mittlerweile einige Boards, die wir verleihen, und bieten Kurse an. Auch die windsurfenden Mitglieder können sich kostenlos die Ausrüstung leihen (Kölnische Rundschau 13. 6. 2018)

verlernen//lernen
eine Sprache (wieder) verlernen ○ Die Deutschen verlernen das Schwimmen.
Oder, genauer: Sie lernen es erst gar nicht mehr. (Leipziger Volkszeitung 11. 7. 2015)

verletzbar//unverletzbar
Unsere Gesellschaft ist offen, tolerant und gerade deshalb verletzbar. (FOCUS 9. 1. 2016)

verletzen//wahren
den Anstand verletzen ○ „Ihr Angebot kostenloser Software bringt unsere Angestellten und Soldaten in die Gefahr, unwissentlich die Regeln zu verletzen, die zu wahren sie einen Eid geschworen haben." (Der Spiegel 10. 3. 2003)

verletzt//unverletzt; ↑auch: unverwundet
er war verletzt ○ Die 37-jährige Autolenkerin, die auf dem Rücksitz ihr Kleinkind mitführte, wurde verletzt, konnte das Fahrzeug aber selbständig verlassen. Der Junge blieb unverletzt. (Berner Oberländer 16. 4. 2014)

verlieben, sich//sich entlieben
man verliebt sich, aber man entliebt sich oft auch wieder schnell ○ „Die Italiener verlieben und entlieben sich, was Politiker angeht, sehr schnell" (Der Spiegel 27. 10. 2018)

verlieren//gewinnen
ein Spiel, beim Spiel verlieren ○ einen Wettkampf verlieren ○ eine Wette verlieren ○ den Krieg verlieren ○ einen Prozess verlieren (im Rechtsstreit) ○ Einfluss, Vertrauen verlieren ○ Es gibt viel zu verlieren, du kannst nur gewinnen, genug ist zu wenig, oder es wird, so wie es war (Herbert Grönemeyer, 2000)

verlieren//[wieder]finden
seine Schlüssel verlieren ○ ich habe den verlorenen Handschuh wiedergefunden ○ Das Glamourgirl hat in einem Club ihren Verlobungsring verloren. Ihr Liebster hat ihn wiedergefunden. (Tiroler Tageszeitung 28. 3. 2018) ○ *Russland hat ein Reich verloren, aber noch keine neue*

Rolle gefunden. (Der Standard 6. 2. 2014)

verlieren; ↑das Gesicht verlieren

Verlierer[in]//Gewinner[in]; ↑auch: Sieger[in], Winnertyp
es gab weder Verlierer noch Gewinner ○ er ist der Verlierer und sie die Gewinnerin ○ bei der Wahl war er der Verlierer ○ Der Dieselskandal hat viele Verlierer, aber auch ein paar Gewinner ... (FOCUS 29. 10. 2016)

verloben, sich//sich entloben
Sie haben sich verlobt ○ Die beiden verloben sich, entloben sich, verloben sich, lösen die Verlobung abermals. (Die Presse 30. 9. 2017)

Verlobung//Entlobung
Fünf Jahre Briefverkehr, Verlobung, Entlobung, Verlobung, Zerwürfnis, missglückte Treffen, dazwischen ein einziges geglücktes – und schliesslich eine Trennung, an deren Ende Kafka sich als «zu Tode Getroffener» diagnostiziert. (Tagesanzeiger 11. 5. 2010)

Verlust//Gewinn; ↑auch: Sieg
mit Verlust verkaufen ○ Menschen ärgern sich über einen Verlust deutlich mehr als dass sie sich über einen Gewinn in gleicher Höhe freuen. (Neue Württembergische Zeitung 25. 4. 2018)

vermaledeien//benedeien
(veraltet für: verwünschen, verfluchen) ○ Er ist ja Architekt, Künstler, ein vermaledeit guter Zeichner, einer der international einfallsreichsten Bühnenbildner. (Neue Württembergische Zeitung 3. 3. 2012)

vermännlicht//verweiblicht; ↑auch: gynoid
Sie ist sehr vermännlicht ○ Aber eigentlich hätten sich doch alle Rollen verwischt – Frauen vermännlicht und Männer verweiblicht. (Rheinische Post 3. 5. 2016)

vermehren//verringern
die Zahl der Kranken hat sich vermehrt ○ Würde dieser Verkauf nicht nur den, neidlos anzuerkennenden, Reichtum von einigen wenigen Familien vermehren und das geringe Vermögen der Stadt Isny noch weiter verringern? (Schwäbische Zeitung 9. 4. 2016)

vermeidbar//unvermeidbar
vermeidbare Verluste ○ „Ich weiß, dass es in dieser schwierigen Situation, die vermeidbar gewesen wäre, unvermeidbar ist, den europäischen Finanzierungsmechanismus in Anspruch zu nehmen" (Der Standard 7. 4. 2011)

vermieten//entmieten; ↑auch: mieten
der Hauswirt hat die Wohnung vermietet ○ Das Grundstück ... sei jetzt noch vermietet und müsste dann entmietet werden. (Stuttgarter Zeitung 4. 3. 2013)

vermieten//mieten; ↑auch: kaufen, pachten
Sie hat die Wohnung (ihm/an ihn) vermietet ○ ein Haus vermieten ○ Wer sein Auto vermieten will, bietet es auf der Homepage an. Wer es mieten möchte, stellt an den Anbieter eine Anfrage. (Süddeutsche Zeitung 5. 11. 2016)

Vermieter//Mieter; ↑auch: Charter, Hauptmieter
der Vermieter der Wohnung schickte dem Mieter die Jahresabrechnung ○ Dies sei ein Vertrag zwischen Vermieter und Mieter. (Niederösterreichische Nachrichten 13. 7. 2018)

vermindertes Intervall//übermäßiges Intervall
(Musik)

verminen//entminen
das verminte Gebiet wieder entminen (Rechtswesen) ○ 400 Quadratkilometer Land ... wurden von der serbischen Armee vermint. Es konnten zwar weite Teile des Landes schon entmint werden, doch beinahe täglich gibt es noch immer

Minenopfer (Oberösterreichische Nachrichten 23. 6. 2000)

Vermögensrecht//Personenrecht

Vermutung; ↑gesetzliche Vermutung, unwiderlegliche Vermutung

vernehmungsfähig//vernehmungsunfähig
Sie ist vernehmungsfähig ○ *Arzt bestätigt: Asner vernehmungsunfähig – Der in seiner Heimat wegen Nazi-Kriegsverbrechen gesuchte Kroate Milivoj Asner ist nicht vernehmungsfähig.* (Neues Volksblatt 21. 6. 2008)

vernehmungsunfähig//vernehmungsfähig
Sie ist vernehmungsunfähig (kann nicht vernommen werden)

verneinen//bejahen
Er hat die Frage verneint ○ *„Ich will weder verneinen noch bejahen, dass Doktor Gusenbauer Details aus dem Vergleich kannte."* (Neue Kronen-Zeitung 13. 8. 2016)

Verneinung//Bejahung; ↑auch: Affirmation
die Verneinung der Frage

vernetzt//stand-alone
(EDV)

Vernissage//Finissage
(Eröffnung einer Kunstausstellung) ○ *Zahlreiche Besucher waren es bereits bei der Vernissage am 8. Mai und noch mehr jetzt bei der Finissage* (Südkurier 5. 7. 2016)

Vernunftehe//Liebesehe
„Es ist eine Vernunftehe, aus der vielleicht auch noch eine Liebesehe werden kann" (Saarbrücker Zeitung 23. 6. 2009)

Vernunftheirat//Liebesheirat
das war eine Vernunftheirat ○ *Die Vernunftheirat genießt im Gegensatz zu einer Liebesheirat zu Unrecht einen schlechten Ruf, denn es mehren sich die Untersuchungen, nach denen Vernunftehen längerfristig glücklicher als Liebesehen sein sollen.* (Die Welt 10. 3. 2010)

vernünftig//unvernünftig
ich halte diesen Entschluss für vernünftig ○ *Doch wo hier die Grenze zwischen «vernünftig» und «unvernünftig» liegt, ist offen. Die Austarierung der Reform wird noch viel zu reden geben.* (Neue Zürcher Zeitung 23. 8. 2016)

veröffentlicht//unveröffentlicht
dieser Aufsatz ist (schon) veröffentlicht ○ *Die totale Datenbank, einzig für den Rechercheur geschaffen, die sämtliche Texte in ihrer Originalfassung, ob veröffentlicht, ob unveröffentlicht, nicht nur chronologisch auflisten würde* (Süddeutsche Zeitung 6. 3. 2004)

verpachten//pachten; ↑auch: kaufen, mieten
einen Garten, ein Lokal verpachten ○ *ich verpachte (ihm/an ihn) mein Grundstück* ○ *wer Obst sucht oder eine Obstwiese verpachten oder pachten möchte, ist bei der Grünen Nachbarschaft an der richtigen Stelle* (Stuttgarter Zeitung 14. 8. 2013)

verpackt//unverpackt
verpackte Lebensmittel ○ *Dadurch sind Haltungsform und Herkunftsland auf jedem Ei, ob verpackt oder unverpackt, ersichtlich.* (Niederösterreichische Nachrichten 11. 8. 2008)

Verpackung//Inhalt
nicht auf die Verpackung, auf den Inhalt kommt es an ○ *Ja, wir leben in einer Zeit, wo die Verpackung wichtiger ist als der Inhalt.* (NEWS 20. 10. 2017)

Verpackungsgewicht//Nettogewicht
(das, was die Verpackung allein wiegt)

Verpflichtungsgeschäft//Erfüllungsgeschäft
(Rechtswesen)

verputzt//unverputzt
die Hauswand ist (schon) verputzt ○ *Der Altbau zeigt sich überwiegend als Fach-*

werk, und die Anbauansicht ist teilweise verputzt, teilweise unverputzt im Rohbau. (Rhein-Zeitung 24. 1. 2018)

verraten//verraten werden
er hat sie verraten ○ Und seine Familie, glaubt er, hat ihn verraten. (Süddeutsche Zeitung 25. 11. 2010)

verraten werden//verraten
sie ist (von ihm) verraten worden ○ Er ist von einem Menschen, dem er voll vertraut hat, verraten worden. (Berliner Morgenpost 2. 6. 2012)

Verrechnungsscheck//Barscheck
(Scheck, der nicht in bar ausgezahlt, sondern auf das Konto gutgeschrieben wird)

verrichten//unverrichtet lassen
Neben der edlen Kunst, Dinge zu verrichten, gibt es die edle Kunst, Dinge unverrichtet zu lassen (Chinesische Weisheit)

verriegeln//entriegeln
die Tür verriegeln ○ Auf Wunsch verriegeln sich die Schlösser nach vorgegebener Zeit selbst oder entriegeln sich, sobald der Bewohner sich der Tür nähert. (Thüringische Landeszeitung 22. 6. 2018)

verringern//vermehren
die Zahl der Kranken hat sich verringert ○ Schließlich hatte Erdogan im Dezember die Parole ausgegeben, die Türkei wolle „die Zahl der Feinde verringern und Freunde vermehren". (Saarbrücker Zeitung 8. 1. 2018)

Vers; ↑antiker Vers, germanischer Vers, in Versen

Versal//der Gemeine; ↑auch: Kleinbuchstabe, Minuskel
(Buchdruck)

Versandbahnhof//Bestimmungsbahnhof
der Versandbahnhof ist Mannheim, der Bestimmungsbahnhof ist St. Peter-Ording

verschärfen//lockern
Vorschriften verschärfen ○ Und zu den Verantwortlichen zählen jene Politiker, …, die nicht nur unfähig sind, Waffengesetze zu verschärfen, sondern diese Gipfel des Irrsinns immer noch weiter lockern. (Süddeutsche Zeitung 4. 10. 2017)

verschieden//gleich
verschieden große Schuhe ○ sie sind ganz verschieden ○ Wir sind es alle, Menschen, alle verschieden, aber doch alle gleich – Menschen. (Passauer Neue Presse 3. 2. 2018)

verschiedenartig//gleichartig
verschiedenartige Geschenke ○ Er orientiert sich an mehr oder weniger homogenen Gruppen, die als verschiedenartig oder gleichartig, in jedem Fall aber gegeneinander abgegrenzt gedacht werden (Süddeutsche Zeitung 28. 10. 2000)

Verschiedenartigkeit//Gleichartigkeit

verschiedener Meinung sein//einer Meinung sein
Sie sind verschiedener Meinung (stimmen nicht überein) ○ Wir sind beide gegen die Diktatur, aber in bestimmten Fragen sind wir immer verschiedener Meinung gewesen. Meinungsverschiedenheit ist aber das Wesen der Demokratie. Nur in Diktaturen sind alle Leute einer Meinung. (Lausitzer Rundschau 19. 8. 2017)

Verschiedenheit//Gleichheit
die Verschiedenheit der Anschauungen ○ Borbély suchte nach einer Musik, welche „die Verschiedenheit und Gleichheit dieser Menschen widerspiegelt …" (Süddeutsche Zeitung 26. 9. 2007)

verschiedensporig//gleichsporig
(Botanik)

Verschiedensporigkeit//Gleichsporigkeit
(Botanik)

verschlechtern, sich//sich bessern
sein Befinden, Zustand hat sich verschlechtert ○ seine finanziellen Verhält-

nisse haben sich verschlechtert o Und die Lage dürfte sich eher verschlechtern als bessern. (Braunschweiger Zeitung 31. 10. 2011)

verschlechtern, sich//sich verbessern
er hat sich im Fach Deutsch verschlechtert o er hat sich beruflich verschlechtert o Verschlechtert oder verbessert sich das Zusammenleben von Frauen und Männern gerade? (Der Spiegel 24. 3. 2018)

Verschlechterung//Verbesserung; ↑auch: Melioration
eine Verschlechterung der Lage ist eingetreten

verschleiert//unverschleiert
Sie ging verschleiert über die Straße o Sexuelle Belästigung ist in Ägypten extrem verbreitet, egal, ob die Frauen verschleiert oder unverschleiert sind. (Die Presse 29. 1. 2013)

verschließen, sich jemandem//sich jemandem öffnen
Sie verschließen sich nicht neuen Techniken und öffnen sich dem gegenüber, was verlangt wird (Saarbrücker Zeitung 1. 10. 2012)

verschlimmern//verbessern
Warum die private Seenotrettung im Mittelmeer aus ihrer Sicht die Flüchtlingskrise verschlimmere und nicht etwa verbessere. (Der Spiegel 28. 7. 2018)

verschlossen//offen
Er hat ihm den Brief verschlossen und nicht offen übergeben o Als die Helfer eintrafen, war niemand zu Hause, die Wohnung verschlossen, aber ein Fenster offen. (Tiroler Tageszeitung 20. 2. 2018)

verschlossen//unverschlossen; ↑auch: offen//zu
eine verschlossene Tür o das Schubfach war verschlossen o die Wohnung war verschlossen, denn unverschlossen verlässt sie sie nie o Es ist schon dreist, wenn man einer 77-jährigen Frau das Fahrrad aus dem Kellerabteil stiehlt – egal ob die Türe zum Abteil nun verschlossen oder, wie in diesem Fall, unverschlossen war. (Main-Post 20. 2. 2017)

verschlüsseln//entschlüsseln; ↑auch: dechiffrieren, dekodieren
eine Meldung, einen Funkspruch verschlüsseln o Weil einige TV-Sender ihre Programme verschlüsseln, sollte das gewählte Gerät entschlüsseln können. (Nassauische Neue Presse 27. 2. 2016)

verschlüsselt//unverschlüsselt
eine verschlüsselte Nachricht o Es kommt zunächst darauf an, ob die Daten zwischen Gerät und Hotspot verschlüsselt oder unverschlüsselt ausgetauscht werden. (taz 29. 11. 2014)

verschlüsselter Text//Klartext
Um aus dem verschlüsselten Text wieder den Klartext zu machen, muss der Empfänger lediglich wissen, welche der kosmischen Strahlungsquellen der Absender für seine Codierung verwendet hat. (Frankfurter Neue Presse 12. 5. 2006)

Verschlüsselung//Entschlüsselung; ↑auch: Decoding, Dekodierung

verschnürt//unverschnürt
ein verschnürtes Päckchen o Im Rentenpaket sind bei den Wählern populäre Sozialprojekte von Union und SPD verschnürt. (FOCUS 19. 5. 2014)

verschuldet//schuldenfrei
sie sind (hoch) verschuldet o Die Gemeinden sind mit über 800 Millionen Euro verschuldet, während das Land Vorarlberg schuldenfrei ist (Vorarlberger Nachrichten 8. 11. 2007)

verschuldet; ↑selbst verschuldet

Verschwender//Geizhals
Geizhälse und Verschwender (Hörzu 38/98)

verschwinden//erscheinen
vom Bildschirm verschwinden o Der weltweit gefeierte Illusionist ... lässt auf rät-

selhafte Weise Menschen, Tiere und große Gegenstände verschwinden und wieder erscheinen, als wäre es das einfachste der Welt. (Schwäbische Zeitung 28. 12. 2017)

Versehen; ↑aus Versehen

versetzt werden//sitzen bleiben
der Schüler wurde (in die nächste Klasse) versetzt ○ Bei ihm ist es schon fast sicher, dass er nicht in die Klasse neun versetzt wird – er wird sitzen bleiben. (Aachener Nachrichten 24. 6. 2013)

Versichernde[r]//Versicherte[r]

versichert; ↑freiwillig versichert, pflichtversichert

Versicherte[r]//Versichernde[r]

Versicherungsgeber//Versicherungsnehmer
(der Versichernde)

Versicherungsnehmer//Versicherungsgeber
(der Versicherte)

versiegeln//entsiegeln
die Polizei hatte die Tür, das Büro versiegelt ○ Sie sind Partner des Bürgers in vielen persönlichen Angelegenheiten, beglaubigen Unterschriften oder Zeugnisabschriften, schätzen den Wert von Grundstücken, versiegeln und entsiegeln Wohnungen, damit sie keiner ausräumt. (Wiesbadener Tagblatt 16. 6. 2005)

Versmaß; ↑Anapäst, Daktylus, Jambus, Trochäus

Verso//Rekto
(Rückseite eines Blattes einer Handschrift o. Ä.)

verso folio//recto folio
(auf der Rückseite stehend)

versöhnlich//unversöhnlich
das waren versöhnliche Töne im Bundestag ○ Dieser versöhnliche Kurs stieß aber auf unversöhnliche Gegner (Südwest Presse 22. 2. 2016)

versorgt//unversorgt
Er starb und hinterließ eine versorgte Frau (deren Lebensunterhalt gesichert war) ○ Allerdings sind dann noch immer nicht alle Kinder versorgt. Mehr als 30 Kinder waren ursprünglich unversorgt. (Neue Westfälische 21. 3. 2017)

Versorgungseinheit//Gefechtseinheit
(Militär)

verstaatlichen//entstaatlichen, privatisieren
Banken, eine Firma verstaatlichen ○ Es muss doch auch eine sozialstaatliche Antwort geben auf jene, die Schulden verstaatlichen und Gewinne privatisieren. (Falter 17. 10. 2012) ○ Der Staat hat dort ... direkt in die Wirtschaft eingegriffen, Betriebe wie General Motors verstaatlicht und wieder entstaatlicht (Falter 21. 9. 2016)

Verstandesmensch//Gefühlsmensch
er ist ein (reiner) Verstandesmensch ○ Walter, der reine Verstandesmensch, und Hanna, der reine Gefühlsmensch, leben an ihrem Leben und aneinander vorbei. (Reutlinger Generalanzeiger 16. 2. 2013)

verständlich//unverständlich
das war eine verständliche Reaktion auf diese provokatorischen Worte ○ Gut, man muss als Lehrer verständlich sprechen, aber Dialekt zu sprechen, heißt nicht, dass man unverständlich spricht. (Mannheimer Morgen 2. 4. 2015)

Verständnis//Unverständnis
Er traf auf (viel) Verständnis mit seinen Ideen ○ Der Schulreferent äußerte Verständnis für die Proteste der Schüler und Unverständnis für die abwehrende Haltung im Ministerium. (Nürnberger Nachrichten 13. 4. 2010)

verstärken//abschwächen
der Lärm verstärkt sich ○ Methadon könnte die Nebenwirkungen dieser Medi-

kamente verstärken oder aber auch ihre eigentliche Wirkung abschwächen. (Süddeutsche Zeitung 14. 9. 2017) ○ „Ein erwachsener Mensch kann seine Prägungen verstärken oder abschwächen" (Der Spiegel 9. 3. 2019)

versteckt//direkt
wir nehmen Zucker oft versteckt (in Backwaren) zu uns

versteckt//offen
eine versteckte Drohung, Kritik ○ *versteckte Diskriminierungen* ○ *versteckter Dissens* (Rechtswesen) ○ *Vor allem in jüngster Zeit vergeht kaum ein Jahr ohne versteckte oder offene Botschaften* (Gießener Anzeiger 13. 5. 2017)

Verstopfung//Durchfall; ↑auch: **Diarrhö**
Sie leidet an Verstopfung ○ *Sie quälen Verstopfung, Bauchschmerzen und oft überfallartiger Durchfall* (Rhein-Zeitung 3. 9. 2014)

Versuchsleiter//Versuchsperson
(jemand, der einen Versuch mit Personen leitet) ○ *„Manchmal denkt der Versuchsleiter, er selbst sei die Versuchsperson und das Pubertier mache Experimente mit ihm."* (Rhein-Zeitung 1. 4. 2014)

Versuchsperson//Versuchsleiter
(Person, die sich für einen wissenschaftlichen o. ä. Versuch zur Verfügung gestellt hat) ○ *Eine Versuchsperson erhält 10 Euro und kann entscheiden, wie viel sie davon behält und wie viel sie einer zweiten Versuchsperson abgibt. Der abgegebene Betrag wird bei der Übergabe vom Versuchsleiter verdreifacht.* (Südkurier 18. 2. 2010)

Vertebraten//Evertebraten, Invertebraten; ↑auch: **Wirbellose**
Vertebraten sind Wirbeltiere (Zoologie)

verteidigen//angreifen
ein Gesetz verteidigen ○ *eine Stadt verteidigen* ○ *er hat seinen Freund, der von anderen verbal und tätlich angegriffen worden war, verteidigt (sich für ihn eingesetzt)* ○ *Denn das Muttertier wird ihren Nachwuchs energisch verteidigen, auch wenn Wildschweine in der Regel keine Menschen angreifen.* (Süddeutsche Zeitung 26. 6. 2006)

verteidigen//anklagen
einen Angeklagten vor Gericht verteidigen ○ *Ich will die Lehrerin deshalb weder verteidigen noch anklagen. Es ist aber nicht ausgeschlossen, dass ihr Vergehen darin besteht, eine besonders gute Lehrerin zu sein.* (Der Tagesspiegel 19. 4. 2015)

Verteidiger; ↑**Offizialverteidiger, Pflichtverteidiger, Wahlverteidiger**

Verteidigung//Angriff; ↑auch: **Offensive**
er ist gut in der Verteidigung, weniger gut im Angriff ○ *In der Verteidigung denke ich sind wir gut aufgestellt. Im Angriff gibt es einiges zu verbessern* (Mittelbayerische Zeitung 6. 11. 2014)

Verteidigung//Anklage
die Anhörung von Anklage und Verteidigung (Rechtswesen) ○ *Bei ihren Anträgen sind Verteidigung wie Anklage ohnehin auf eine vorgegebene Bandbreite festgelegt.* (Trierischer Volksfreund 10. 9. 2016)

Verteidigungskrieg//Angriffskrieg
Denn es war nicht, wie ich glaubte, ein Verteidigungskrieg, sondern ein Angriffskrieg, der sinnlose Opfer forderte. (Oberösterreichische Nachrichten 29. 3. 2014)

Vertiefung//Erhebung
(Stelle, die tiefer liegt als die sie umgebende Fläche) ○ *Jedes Detail der Oberflächenstruktur, jede Vertiefung oder Erhebung ist nun erkennbar.* (Main-Post 7. 7. 2012)

vertikal//horizontal; ↑auch: **waag[e]recht**
eine vertikale (senkrechte, von oben nach unten führende) Linie ○ *eine verti-*

kale Bildlaufleiste (EDV) ○ *„Der Tango ist der vertikale Ausdruck eines horizontalen Verlangens" – so soll es der irische Schriftsteller George Bernard Shaw formuliert haben.* (Der Spiegel 10. 2. 2018)

Vertikale//Horizontale

Vertikalkonzern//Horizontalkonzern
(Konzern mit Unternehmen aufeinanderfolgender Produktionen)

Vertikalseismometer//Horizontalseismometer
(Technik)

vertragen, sich wieder//sich zanken
die Kinder haben sich gezankt und sich bald wieder vertragen ○ *„Könnt ihr euch denn nicht vertragen? Ihr müsst euch doch nicht um jede Kleinigkeit zanken!"* (Saarbrücker Zeitung 6. 2. 2006)

verträglich//unverträglich
ein verträgliches Medikament ○ *Das Problem dabei sei die Dosierung, die Grenze zwischen verträglich und unverträglich liege im Milligrammbereich.* (Salzburger Nachrichten 13. 11. 2002) ○ *Allerdings gibt es für die politische Welt die verträglichen und die unverträglichen Krankheiten, im Sinne von: Wie kommt die jeweilige Schwäche in der Öffentlichkeit an.* (Der Spiegel 22. 6. 2019)

Verträglichkeit//Unverträglichkeit
die Verträglichkeit des Medikaments

vertragsgemäß//vertragswidrig
Sechs Monate lang, vom Zeitpunkt der Lieferung an gerechnet, liegt die Beweislast beim Verkäufer und nicht beim Verbraucher, der nachzuweisen hat, dass die verkaufte Sache vertragsgemäß geliefert wurde und nicht vertragswidrig war. (Luxemburger Tageblatt 16. 7. 2010)

vertragsgerecht//vertragswidrig

Vertragshandy//Wertkartenhandy
(durch Vertrag mit einer Telefongesellschaft betriebenes Mobiltelefon)

vertragswidrig//vertragsgemäß, vertragsgerecht
Vermieter darf vertragswidrig genutzten Wasserhahn stilllegen … Vermieter dürfen einen Wasserhahn in einer Mietwohnung stilllegen, wenn der Mieter ihn nicht vertragsgemäß nutzt. (Saarbrücker Zeitung 16. 12. 2016)

Vertrauen//Misstrauen
sein Vertrauen freute ihn ○ *Darüber hinaus müsste Facebook das Vertrauen der Unternehmen gewinnen. Derzeit schlägt dem Netzwerk noch viel Misstrauen entgegen, was den Datenschutz angeht.* (Oberösterreichische Nachrichten 18. 11. 2014)

Vertrauensfrau//Vertrauensmann

Vertrauensmann//Vertrauensfrau
Die Gewerkschaftsmitglieder wählen ihren Vertrauensmann oder ihre Vertrauensfrau jeweils für den Bereich, in dem sie arbeiten. (Mittelbayerische Zeitung 7. 7. 2016)

Vertrauensschaden//Erfüllungsinteresse
(Rechtswesen)

vertraut//fremd
in vertrauter Umgebung ○ *Helene Grass und Stephan Szasz überzeugen als Paar, das … sich unendlich vertraut ist und gleichzeitig sehr fremd.* (Hamburger Abendblatt 27. 6. 2016)

Vertraute//Vertrauter
sie ist seine Vertraute und er ihr Vertrauter ○ *Wer, wenn nicht der engste Vertraute der Kanzlerin und CDU-Chefin, sollte das Wahlprogramm entwerfen? Der Vorgang zeigt allenfalls, dass Generalsekretär Peter Tauber Merkels engster Vertrauter nicht ist.* (Saarbrücker Zeitung 12. 4. 2017)

Vertrauter//Vertraute
sie ist seine Vertraute und er ihr Vertrauter

vertretbar//unvertretbar
diese Kürzung der Bezüge ist vertretbar ○ Was an 5 oder 10 Millionen vertretbar, an 5,5 oder 10,5 Millionen hingegen unvertretbar sein soll, verschwiegen die Freunde der Planwirtschaft aus dem Lager der Unternehmer und Wertpapierbesitzer leider. (Wiener Zeitung 24. 3. 2012)

verüben//erleiden
Gewalt an der Schule wird weit überwiegend von Buben und jungen Männern verübt und erlitten (Stuttgarter Zeitung 3. 2. 2000)

verübt//erlitten; ↑auch: Opfer
eine verübte Vergewaltigung ○ Damals waren die Erinnerungen jener noch präsent, die das Kriegsende erlebt hatten und die an vieles denken mochten, ... an die Verbitterung über das erlittene Leid und vielleicht auch die Scham über verübte Verbrechen. (Die Zeit Geschichte 24. 2. 2015)

verurteilen//freisprechen
er wurde verurteilt ○ Deshalb werden die Staatsanwälte und Richter den ultimativen Abschlussbericht erstellen, indem sie über eine Anklage entscheiden und später verurteilen oder freisprechen. (Die Welt 28. 1. 2017)

Verurteilung//Freispruch
(Rechtswesen)

Verwaltungspolizei//Vollzugspolizei
Mitarbeitern der Verwaltungspolizei fehlen Ausbildung und Praxis der Vollzugspolizisten, die für ihre Arbeit eine spezielle Ausbildung erhalten. (Saarbrücker Zeitung 24. 1. 2018)

Verwaltungsverordnung//Rechtsverordnung
(Rechtswesen)

verweiblicht//vermännlicht; ↑auch: android
er ist verweiblicht ○ Bitte, liebe Emanzen, verweiblicht alle Männer, vermännlicht alle Frauen, aber bitte, lasst unseren Herrgott aus eurem Genderwahnsinn raus. (Neue Kronen-Zeitung 24. 12. 2012)

verweichlicht//abgehärtet
er ist verweichlicht ○ Der Stiefvater fand das unglaublich, der Sohn werde zur Tochter verweichlicht. ... Er schlug Christina mit dem Gürtel. Damit sie abgehärtet wird und doch noch ein richtiger Junge. (taz 26. 4. 2014)

verweigern//erteilen
Wir greifen in Grundrechte ein, indem wir Zugangsberechtigungen zum Studium verweigern oder erteilen (Stern 18. 6. 2015)

verwertbar//unverwertbar
(noch) verwertbare Abfälle ○ Wir mussten prüfen, ob ein Beweismittel verwertbar oder unverwertbar ist. (St. Galler Tagblatt 22. 3. 2018)

verwöhnen, jemanden//sich verwöhnen lassen
Hotel Birkenhof verwöhnt. Einmal die Seele baumeln und sich rundum verwöhnen lassen. (Abendzeitung 11. 12. 2006)

verwöhnen lassen, sich//jemanden verwöhnen
Eines Abends wollten wir uns verwöhnen lassen in einem der zahlreichen Restaurants. Mit der Speisekarte kamen unaufgefordert zwei Apéritifs. Dann wurden wir in jeder Beziehung kulinarisch-lukullisch verwöhnt. (Sonntagsblick 31. 7. 2011)

verwundbar//unverwundbar
er ist in seiner Position (leicht) verwundbar ○ Das nämlich macht ihn selbst verwundbar, nicht aber sein Land unverwundbar. (Der Tagesspiegel 17. 7. 2001)

verwundet//unverwundet
verwundet aus dem Krieg kommen ○ fünf Kämpfer wurden getötet und 18 weitere verwundet. Nach US-Angaben bleiben allerdings jene 54 Rebellen unverwundet (Süddeutsche Zeitung 4. 8. 2015)

verzaubern//entzaubern
sein/ihr Aussehen hat ihn verzaubert, aber sein/ihr Wesen hat ihn wieder entzaubert ○ *Darauf, wie sie die Welt verzaubern und gleichzeitig allen falschen Pomp entzaubern.* (Süddeutsche Zeitung 19. 10. 2010)

verzeihlich//unverzeihlich
diese kleine Nachlässigkeit ist verzeihlich ○ *Eine Bildungslücke zu haben ist verzeihlich, Chuck Norris nicht zu kennen, fast unverzeihlich.* (St. Galler Tagblatt 26. 4. 2013)

verzerren//entzerren
eine Funksendung aus Gründen der Geheimhaltung verzerren ○ *Detailversessen schraubt Bretschneider hier am Rhythmus: Auch er verzerrt und entzerrt, auch er lässt viel Platz zwischen den Schlägen.* (taz 18. 3. 2011)

verzinslich//unverzinslich
ein verzinsliches Darlehen ○ *... in diesem Umfang gewährt sie der Käuferin ein auf 25 Jahre befristetes, verzinsliches Darlehen. 3 weitere Millionen gibt sie als unverzinsliches und zeitlich unbegrenztes Darlehen zur Sanierung.* (Tagesanzeiger 2. 3. 2006)

verzinst//unverzinst
verzinstes Geld

verzollt//unverzollt
verzollte Waren ○ *Per Schiff angelieferte Waren müssen dort nicht verzollt werden, sondern können den Hafen unverzollt verlassen.* (Hamburger Morgenpost 25. 11. 2008)

Veterinärmedizin//Humanmedizin
(Tierheilkunde) ○ *Die Veterinärmedizin hat heute in vielen Belangen das Niveau der Humanmedizin erreicht.* (Die Südostschweiz 11. 12. 2015)

Vetter//Cousine, Kusine, (veraltet) Base
(Sohn des Bruders oder der Schwester von Vater oder Mutter, der Sohn des Onkels oder der Tante) ○ *„Meine Tante hat das Foto mit meinem Vetter und meiner Cousine meiner Mutter geschickt, und ich habe es dann später geerbt."* (Rhein-Zeitung 31. 12. 2013) ○ *Sie waren nicht Geschwister, sondern Vetter und Base.* (Berliner Morgenpost 9. 12. 2004)

via il sordino//con sordino
(den Dämpfer abnehmen ○ bei Streichinstrumenten)

Vieh; ↑Großvieh, Kleinvieh

viel//wenig
viel Geld, Zeit haben ○ *viel erlebt haben* ○ *er trinkt viel, sie aber trinkt wenig (Alkohol)* ○ *Viel reden, wenig liefern* (Der Spiegel 9. 6. 2018)

viele//wenige
viele waren gekommen ○ *viele haben es sich angesehen, aber nur wenige haben etwas gekauft* ○ *Sie waren oft zu viele, die sich zu wenige Möglichkeiten teilen mussten.* (Stern 24. 4. 2014)

Vielehe//Einehe; ↑auch: Monogamie
(Polygamie) ○ *Dann die Gruppenehe, die sich über die Vielehe und die Adam-Eva-Erzählung zweier großer monotheistischer Religionen schließlich zur Einehe entwickelt hat, die als die kulturell am höchsten stehende Eheform zu betrachten sei.* (Süddeutsche Zeitung 4. 4. 2015)

Vielfalt//Homogenität
Vielfalt erleichtert Überleben – Vielfalt, nicht Homogenität ist es, die erhöhte Überlebenschancen eines Systems gewährleistet. (Die Presse 4. 2. 2006)

vielleicht//bestimmt
„Kommst du morgen?" „Vielleicht!" ○ *Und das nicht von irgendwem und irgendwo, nein, von unseren Mitbürgern, Nachbarn, Freunden und vielleicht – oder ganz bestimmt – auch von Mitgliedern unserer christlichen Gemeinden* (Kölnische Rundschau 9. 1. 2018)

Vielmännerei//Vielweiberei; ↑auch: Polygynie
(Polyandrie ○ Völkerkunde)

vielseitig//einseitig
Er ist sehr vielseitig ○ *vielseitig begabt* ○ *Bei aller typisch jiddischen Sprache, dem Gesang und der Musik wirkt die CD dennoch eher vielseitig statt einseitig* (Rhein-Zeitung 8. 6. 2011)

Vielweiberei//Vielmännerei; ↑auch: Polyandrie
(Polygynie ○ Völkerkunde)

Vielzeller//Einzeller
(Biologie)

vielzellig//einzellig
(Biologie)

Vierhänder//Zweihänder
(z. B. ein Affe ○ früher: Herrentier)

vierhändig//zweihändig; ↑auch: à deux mains
auf dem Klavier vierhändig spielen ○ *Räumlich getrennt oder zusammen, gleichzeitig oder im Dialog, vierhändig oder zweihändig musizierten die beiden Interpreten abwechslungsweise an der Orgel und am Orgelpositiv.* (Die Südostschweiz 27. 3. 2012)

Viertaktmotor//Zweitaktmotor

vierter Fall//erster Fall; ↑auch: Casus rectus, Nominativ, Werfall
(Akkusativ, Wenfall) ○ *der vierte Fall von „der Mann" lautet „den Mann"* (Grammatik)

Vignette//Streckenmaut
(pauschale Straßenbenützungsgebühr über eine Vignette) ○ *Eine Vignette oder Streckenmaut nur für ausländische Reisende dürfte jedoch an Brüssel scheitern, sie wäre kaum mit EU-Recht vereinbar.* (Stern 18. 7. 2013)

Violinschlüssel//Bassschlüssel
(Notenschlüssel, der auf der Linie der Note g steht, auf der zweiten Notenlinie)

Virilokalität//Matrilokalität
(Brauch, dass das Paar nach der Heirat seinen Wohnsitz bei der Familie des Mannes nimmt ○ Völkerkunde)

Virilstimme//Kuriatstimme
(früher: Stimme im Reichstag und Bundestag ○ Geschichte)

virtuell//real
virtuelle Untreue über Internet ○ *ein virtuelles (der Möglichkeit nach, anlagemäßig vorhandenes) Klassenzimmer (im Internet)* ○ *Ein digitaler Zwilling ist eine virtuelle Abbildung eines physischen Produktes oder Prozesses, das die reale und virtuelle Welt verbindet* (Die Presse 2. 2. 2018)

virtuelles Bild//reelles Bild
(Optik)

virulent//avirulent
(ansteckend) ○ *Bis sich das Solo-Leben virulent ausbreitete, vergingen aber weitere 20 Jahre.* (FOCUS 13. 6. 2015)

Vis absoluta//Vis compulsiva
(direkte, gewaltsame Beeinflussung des Willens eines Opfers, wobei der Wille des Gezwungenen z. B. durch Fesselung oder Niederschlagen völlig Ausgeschaltet wird ○ Rechtswesen)

Vis compulsiva//Vis absoluta
(mittelbare oder unmittelbare Beeinflussung des Willens eines Opfers, z. B. durch Einsperren, Bedrohen von Angehörigen mit der Waffe ○ Rechtswesen)

Vision; ↑hypnopompische Visionen

visueller Typ//auditiver Typ; ↑auch: akustischer Typ
(jemand, dem sich Gesehenes besser als Gehörtes einprägt) ○ *Deswegen kann die Erklärung eines Lehrers, der eher ein visueller Typ ist, trotz bester Bemühungen bei einem Schüler, der ein akustischer Lerntyp ist, nicht ankommen.* (Salzburger Nachrichten 22. 1. 2014)

vita activa//vita contemplativa
(ein auf Tätigkeit eingerichtetes Leben)

vita contemplativa//vita activa
(ein auf Inneres, Meditation angelegtes Leben)

Vitalismus//Materialismus
der biologische bzw. physiologische Materialismus steht in Opposition zum Vitalismus (Philosophie)

Vitalseele//Bildseele
(mit dem Körper verbundene Seele bis zum Tod o Völkerkunde)

vitaminarm//vitaminreich
vitaminarme Kost o *Unter dem Motto „Was macht fit – was macht schlapp?" erfuhr man einiges über vitaminreiche und vitaminarme Ernährung.* (Rhein-Zeitung 19. 11. 2002)

vitaminreich//vitaminarm
vitaminreiche Ernährung

vivant//pereant; ↑auch: Daumen runter, kreuziget ihn
(sie sollen leben!)

vivat//pereat; ↑auch: Daumen runter, kreuziget ihn
(er, sie, es soll leben!)

vivipar//ovipar; ↑auch: eierlegend
(lebendgebärend)

Viviparie//Oviparie
(bei Tieren: das Lebendgebären)

Vogel; ↑Standvogel, Zugvogel

Vogelmännchen//Vogelweibchen
Buntere Vogelmännchen sind die besseren Ernährer, wie eine Studie zeigt. Vogelweibchen wählen ihre Partner nicht nur nach dem Aussehen, sondern indirekt auch nach geistigen Fähigkeiten. (tag 30. 3. 2011)

Vogelperspektive//Froschperspektive
aus der Vogelperspektive (von oben) o *Eine Turmbesteigung wird die Altstadt aus der Vogelperspektive zeigen. Auch Ansichten aus der Froschperspektive werden am Fuss des Sodbrunnens in der Steinberggasse vermittelt.* (Neue Zürcher Zeitung 1. 9. 2000)

Vogelweibchen//Vogelmännchen

vokal//instrumental
(durch Gesang) o *Wie ja überhaupt der ganze Abend, vokal wie instrumental, im Zeichen der sprichwörtlichen „venezianischen Doppel- oder Mehrchörigkeit" stand.* (Mannheimer Morgen 28. 8. 2007)

Vokal//Konsonant; ↑auch: Mitlaut
„a" ist ein Vokal

Vokal; ↑geschlossener Vokal, Hinterzungenvokal, offener Vokal, palataler Vokal, velarer Vokal, Vorderzungenvokal

vokalisch//konsonantisch
(einen Vokal betreffend)

vokalischer Halbreim//konsonantischer Halbreim; ↑auch: unreiner Reim
unter einem vokalischen Halbreim versteht man eine Assonanz, also einen Keim, bei dem die Konsonanten nach den reimenden Vokalen nicht übereinstimmen, z. B.: trank/schafft

vokalisieren//konsonantieren
(einen Konsonanten zu einem Vokal umbilden o Vokale deutlich artikulierend sprechen o Sprachwissenschaft, Logopädie)

Vokalist//Instrumentalist
(Sänger im Unterschied zum Spieler eines Musikinstrumentes) o *Nach kurzer Zeit am Hof Johann Georgs II. (Vokalist und Instrumentalist) folgten Studien in Zittau und Leipzig, um 1687 nach Dresden zurückzukehren.* (Süddeutsche Zeitung 6. 9. 2006)

Vokalmusik//Instrumentalmusik
(Musik, die von Singstimmen solistisch oder chorisch, mit oder ohne Instrumentalbegleitung ausgeführt wird)

Volks...//Kunst... (Substantiv)
z. B. *Volksmärchen/Kunstmärchen*

volkseigen//privat
das war früher in der DDR ein volkseigener Betrieb

Volkslied//Kunstlied
(volkstümliches, im Volk gesungenes Lied in Strophenform)

Volksmärchen//Kunstmärchen
(Märchen, das im Volk entstanden und mündlich überliefert ist)

Volksmehr//Ständemehr
(in der Schweiz bei Volksabstimmungen die Mehrheit der abgegebenen Stimmen der Gesamtbevölkerung) o *Gut möglich, dass die Vorlage das Volksmehr schafft, aber am Ständemehr scheitert* (Tagesanzeiger 6. 1. 2017)

voll//halb
mit voller Energie o *Ob voll, halb leer oder ganz leer. Gezahlt werden muss.* (Nordkurier 4. 12. 2015) o *Ob sie in voller oder in halber Höhe gezahlt wird, hängt davon ab, wie lange man noch pro Tag in der Lage wäre zu arbeiten.* (Rhein-Zeitung 6. 6. 2006)

voll//hohl
volle Wangen o *„Den Bauch ganz voll, der Schädel hohl, so fühlt sich mancher Stadtrat wohl."* (Schwäbische Zeitung 15. 12. 2011)

voll//leer
ein voller Tank o *ein volles Glas* o *ein voller Saal* o *ein voller Magen* o *volle Kassen* o *der ICE war ganz voll* o *Ich glaube, dass selbst bei einer Tagestour ein voll aufgeladener Akku nicht leer wird.* (Tiroler Tageszeitung 3. 2. 2018)

voll//schmal
volle Lippen o *Das Haar auf dem Oberkopf wird voll gehalten, die Nackenpartie dagegen schmal ausgeführt.* (Nordkurier 13. 9. 2006)

voll//schütter
volles Haar o *Das ... Team gestaltet und komponiert mit großen Ideenreichtum Frisuren, die jedem gefallen: egal ob kurz oder lang, voll oder schütter, gestuft oder glatt.* (Main-Post 20. 1. 2012)

voll//teilweise
einen Betrieb voll automatisieren o *So kann man den Schutz von vorn nicht nur bei voll geöffneter, sondern auch bei nur teilweise ausgefahrener Markise nutzen.* (Aachener Zeitung 2. 2. 2018)

voll.../teil... (Adjektiv)
z. B. *vollbeschäftigt/teilbeschäftigt*

Voll.../Halb... (Substantiv)
z. B. *Vollwaise/Halbwaise*

Voll.../Teil... (Substantiv)
z. B. *Vollkasko/Teilkasko*

...voll//...los (Adjektiv)
z. B. *rücksichtsvoll/rücksichtslos*

vollautomatisch//halbautomatisch, teilautomatisch
eine vollautomatische Waffe o *Unterm Strich fallen Stellen weg, da das Trockensortiment vollautomatisch sowie Frisch- und Tiefkühlkost teilautomatisch kommissioniert werden sollen.* (Süddeutsche Zeitung 21. 3. 2013)

vollautomatisieren//teilautomatisieren
Aktuell seien nur rund 15 Prozent der Fabriken vollautomatisiert. 76 Prozent teilautomatisiert. (Der Tagesspiegel 23. 4. 2017)

Vollautomatisierung//Teilautomatisierung
(völlige Automatisierung)

Vollball//Hohlball
(ein z. B. mit Tierhaaren gefüllter Ball)

vollbeschäftigt//teil[zeit]beschäftigt
Sie ist vollbeschäftigt o *868 Lehrerinnen sind vollbeschäftigt, 643 teilbeschäftigt; von den männlichen Lehrpersonen sind 178 vollbeschäftigt, 46 teilbeschäftigt* (Vorarlberger Nachrichten 30. 4. 2013) o *Die rund 700 Stunden, die ein Lehrer in der Klasse steht, ist ja nur die Maßzahl, ob er vollbeschäftigt oder teilzeitbeschäftigt ist.* (Kleine Zeitung 11. 5. 1998)

Vollbeschäftigung//Teil[zeit]beschäftigung
Sie strebt eine Vollbeschäftigung an, nachdem sie wegen der Kinder lange Zeit eine Teilzeitbeschäftigung hatte

Vollbild//Textabbildung
(Abbildung, die eine ganze Seite beansprucht)

Vollblut//Halbblut
(reinrassig gezüchtetes Pferd)

Vollcharter//Teilcharter
(Wirtschaft)

volle Kraft voraus//volle Kraft zurück
(Seemannssprache o Kommando)

volle Kraft zurück//volle Kraft voraus
(Seemannssprache o Kommando)

vollendet//unvollendet
dieser Roman ist vollendet o *Die Anklage lautete auf gewerbsmäßigen Betrug – vollendet und unvollendet.* (Mitteldeutsche Zeitung 26. 5. 2018)

Vollendung//Beendigung
die Vollendung einer Straftat (Rechtswesen)

Vollform//Hohlform
(über seine Umgebung konvex aufragendes Gelände, Hügel o Geologie)

Vollglatze//Teilglatze
Einer hatte ein rundes Gesicht, eine Vollglatze und sprach akzentfreies Deutsch. (Mannheimer Morgen 18. 2. 2015)

völlig//teilweise, zum Teil
völlig zerstört o *Manche Menschen nehmen die Zeit zwischen Aschermittwoch und Ostern auch zum Anlass für eine klassische Fastenkur, bei der für eine bestimmte Zeit völlig oder teilweise auf das Essen verzichtet wird.* (Luxemburger Tageblatt 19. 2. 2015) o *Dem liegt jedoch eine völlig unrealistische, zum Teil populistische Strömungen bedienende Vorstellung dessen zugrunde, was Regulierungen leisten können* (Neue Zürcher Zeitung 19. 7. 2008)

volljährig//minderjährig; ↑auch: **minorenn**
mit 18 Jahren ist man volljährig o *Unsere Models sind meistens volljährig oder in Einzelfällen minderjährig mit der Erlaubnis der Eltern, die teils zum Casting mitkommen.* (Hannoversche Allgemeine 27. 6. 2017)

Volljährigkeit//Minderjährigkeit; ↑auch: **Minorennität**

Vollkasko//Teilkasko
(Versicherung)

vollkommen//unvollkommen
kein Mensch ist vollkommen o *Zum Bruder quälte ihn Hassliebe, „er war vollkommen, also war ich unvollkommen", ein Muster, das sich durch ihre Biografien fortsetzt* (Der Spiegel 31. 8. 2009)

vollmast//halbmast
vollmast (bis zur Spitze der Fahnenstange hochgezogen) flaggen o *Nach dem Tod McCains am Samstag war die Flagge auf dem Weißen Haus auf halbmast gesetzt worden, am Montagmorgen wehte sie bereits wieder auf vollmast.* (Südkurier 29. 8. 2018)

Vollmatrose//Leichtmatrose
(Seemann, der die Matrosenprüfung schon bestanden hat)

Vollmilch//Magermilch
Ob es sich um Vollmilch, teilentrahmte (fettarme) oder Magermilch handelt – alles ist festgelegt. Der Fettgehalt wurde europäisch geregelt. (Mannheimer Morgen 9. 4. 2014)

Vollmilchschokolade//bittere Schokolade

Vollmond//Halbmond, Neumond
(Mond, wenn man ihn wie eine Scheibe sieht)

Vollnarkose//Rückenmarksnarkose

Vollpension//Halbpension
Zimmer mit Vollpension ○ Und die einzige Frage für ihn ist: Vollpension, Halbpension oder gar nur Frühstück, mit dem Ei extra? (Die Presse 4. 6. 2003)

vollrechtsfähig//teilrechtsfähig
Die ÖH war vollrechtsfähig, die Universität jedoch nur teilrechtsfähig in einer sehr fragmentierten Weise. (Wiener Zeitung 9. 6. 2007)

Vollrente//Teilrente
Läge die Vollrente bei monatlich 1200 Euro, käme man auf eine Teilrente von 810 Euro. (Saarbrücker Zeitung 15. 9. 2016)

vollständig//unvollständig; ↑auch: inkomplett, teilweise
die Angaben sind vollständig ○ die Sammlung ist vollständig ○ Etwa 80 bis 85 Prozent leiden unter plötzlich auftretenden neuen Symptomen, die sich danach vollständig oder unvollständig zurückbilden (Oberösterreichische Nachrichten 5. 11. 2008)

Vollstreckungsabwehrklage//Vollstreckungserinnerung
(Rechtswesen)

Vollstreckungserinnerung//Vollstreckungsabwehrklage
(Rechtswesen)

Vollstreckungsverfahren//Erkenntnisverfahren
(Rechtswesen)

Vollurteil//Teilurteil
(Rechtswesen)

Vollverb//Hilfsverb, Auxiliarverb
„ist" ist ein Vollverb in „Gott ist" (Grammatik)

Vollwaise//Halbwaise
Er ist eine Vollwaise ○ Je Vollwaise werden 200 Euro und je Halbwaise 100 Euro ausgeschüttet. (Passauer Neue Presse 28. 12. 2011)

Vollwertversicherung//Erstrisikoversicherung
(Versicherungswesen)

vollzählig//unvollzählig
wir sind vollzählig ○ Ich denke dabei an Hitler, Stalin, Mao und Pol Pot. Die Aufzählung ist nicht vollzählig. (Die Welt 28. 2. 2018)

Vollzeit//Teilzeit
Arbeit für Vollzeit ○ Befürchtet werden etwa geringe Stundenlöhne von nur etwa drei Euro, keine Sonderzahlungen, Vollzeit arbeiten und Teilzeit angemeldet sein, sowie Schwarzarbeit. (Burgenländische Volkszeitung 30. 5. 2013)

Vollzeit.../Teilzeit... (Substantiv)
z. B. Vollzeitschule/Teilzeitschule

Vollzeitarbeit//Teilzeitarbeit
Bei der Arbeitssuche dürfen die Wegzeiten bei angebotenen Jobs nicht mehr als zwei Stunden bei Vollzeitarbeit und eineinhalb Stunden bei Teilzeitarbeit ausmachen (Die Presse 29. 7. 2015)

Vollzeitbeschäftigte[r]//Teilzeitbeschäftigte[r]
Vollzeitbeschäftigte arbeiteten im Schnitt rund 38 Stunden, Teilzeitbeschäftigte rund 17 Stunden. (VDI Nachrichten 8. 9. 2017)

Vollzeitschule//Teilzeitschule
(z. B. die allgemeinbildenden Schulen) ○ *Studiendirektor ... wies ... auf die zahlreichen Fähigkeiten und Kompetenzen hin, die die Absolventen in den letzten zwei Jahren in der Vollzeitschule beziehungsweise vier Jahren in der Teilzeitschule erworben haben.* (Schwäbische Zeitung 15. 7. 2016)

Vollzugspolizei//Verwaltungspolizei
Das sind alles Aufgaben der Vollzugspolizei. Mitarbeitern der Verwaltungspolizei fehlen Ausbildung und Praxis (Saarbrücker Zeitung 24. 1. 2018)

Volum[en/s]prozent//Gewichtsprozent
(auf den Rauminhalt bezogenes Prozent ○ Fachsprache)

vom Kopf auf die Füße stellen
eine Theorie vom Kopf auf die Füße stellen ○ Dieser Ansatz, konsequent weitergedacht, würde nicht nur die Finanzierung der staatlichen Verwaltung, sondern die gesamte staatliche Finanzgebarung endlich vom Kopf auf die Füße stellen. (Salzburger Nachrichten 21. 3. 2015)

von//an
ein Brief vom Vorstand ○ Er möchte bei den Kindergärten eine Zahlung pro Kind vom Bund direkt an die Gemeinden geben (Rieder Volkszeitung 4. 8. 2016)

von//auf; ↑auch: herauf, hinauf
vom Tisch springen ○ er steigt vom Dach, von der Leiter ○ etwas von dem/vom Tisch nehmen ○ von dem/vom Baum klettern ○ er steigt vom Berg ○ er kommt vom Berg ○ „Jetzt können wir 1200 Leute pro Stunde statt wie vorher 300 vom Tal auf den Berg bringen" (Der Standard 4. 2. 2012)

von//bis
von heute bis morgen ○ Der Verkauf erfolgt heute von 19 bis 21 Uhr sowie am Dienstag von 10 bis 12 Uhr. (Berner Oberländer 19. 3. 2018)

von//nach
der ICE kommt von Hamburg und fährt nach Basel ○ von links nach rechts

von//über
Bücher von Thomas Mann ○ Heftrich und Butz versuchen die Texte von Goethe und Brodsky über ihre Reisen mit der Musik zu verbinden. (Trierischer Volksfreund 5. 3. 2015)

von//zu
Er kommt vom Strand, und sie geht zum Strand ○ vom Zahnfleisch zum Zahn die Zähne putzen ○ „Das waren gerade einmal 500 Meter von der Schule zum Friedhof" (Saale-Zeitung 9. 4. 2015) *○ Sein Wandel „vom Reaktionär zum Revolutionär" wurde nach Valleys Vermutung durch die argentinische Wirtschaftskrise 2001 ausgelöst.* (Süddeutsche Zeitung 15. 10. 2014)

von Bedeutung//bedeutungslos
diese Aussagen sind (für diesen Fall) von Bedeutung ○ Ist es so, ist wirklich nichts von Bedeutung in unserem Leben? Ja, ist das Leben selbst völlig bedeutungslos? (Usinger Anzeiger 9. 7. 2015)

von Belang//ohne Belang; ↑auch: belanglos
etwas ist von Belang ○ „Hier scheint Konsens, dass von Belang ist, was im Koran steht, und ohne Belang ist, was nicht dort steht (taz 28. 1. 2006)

von Bord //an Bord
die Passagiere gehen von Bord ○ Später nahm dann das Schiff Kurs auf die Landestellen, wo die Passagiere in der Reihenfolge wieder von Bord gehen konnten, wie sie an Bord gekommen waren. (St. Galler Tagblatt 28. 7. 2015)

von dannen//von hinnen
von dannen heisst „von da weg" ○ Aber selbstverständlich gibt sie nach, schmilzt dahin, verzeiht ihm, und eng umschlungen ziehen die beiden von dannen. Oder von hinnen? Egal, zumindest bleibt man wieder allein zurück. (taz 29. 5. 2004)

von der Seite//von vorn
jemanden von der Seite fotografieren ○ Das Licht sollte immer von der Seite oder von vorn kommen. (Die Presse 2. 11. 2017)

von der Stange//Maß..., nach Maß
das ist ein Anzug von der Stange und kein Maßanzug/kein Anzug nach Maß ○ Nicht von der Stange, sondern nach Maß heißt dabei das Leitbild des Unternehmens. (Vorarlberger Nachrichten 11. 11. 2019)

von der Wiege bis zur Bahre; ↑auch: Geburt//Tod
Das Grundeinkommen soll jedem Menschen von der Wiege bis zur Bahre diejenigen Geldmittel bedingungslos sichern,

die für die Absicherung der Existenz ... nötig sind. (Rhein-Zeitung 4. 6. 2016)

voneinander//zueinander
sich voneinander trennen ○ *Sie kontrollieren die Anzahl, Größe und Form der Zähne, ihre Abstände voneinander, ihre Position im Kiefer und ihre Stellung zueinander.* (Hamburger Abendblatt 2. 9. 2017)

voneinander weg//aufeinander zu
Sie bewegten sich voneinander weg ○ *Mit unheilvoller Gravität driften die Figuren in dieser Geschichte voneinander weg und aufeinander zu* (taz 10. 7. 2015)

von gestern//von morgen
Die Lösungen von gestern können nicht die Herausforderungen von morgen bewältigen. (Luxemburger Tageblatt 13. 12. 2018)

von gestern//von heute
Diese Vergleiche erklären, weshalb ein Kurs-Gewinn-Verhältnis von heute nur bedingt mit einem Kurs-Gewinn-Verhältnis von gestern vergleichbar ist. (St. Galler Tagblatt 13. 1. 2018)

von ... her//nach ... hin
von Amerika her ○ *Der sogenannte Große Ahornboden im Schutzgebiet Naturpark Karwendel gehört offiziell bereits zu Tirol, ist aber nur von Norden her über Garmisch-Partenkirchen oder Lenggries erreichbar.* (Sonntag Aktuell 9. 10. 2011)

von heute//von gestern
Diese Vergleiche erklären, weshalb ein Kurs-Gewinn-Verhältnis von heute nur bedingt mit einem Kurs-Gewinn-Verhältnis von gestern vergleichbar ist. (St. Galler Tagblatt 13. 1. 2018)

von hinnen//von dannen
von hinnen heisst „von hier weg" ○ *Mehrere Dutzend Rebhühner hatten sich nämlich gerade diesen Ort ausgesucht, um von hinnen nach dannen zu kommen.* (Die Presse 30. 10. 1997)

von hinten//frontal
Er wurde von hinten angefahren ○ *Was machst du, wenn dich jemand von hinten oder frontal von vorne angreift?* (Schwäbische Zeitung 10. 8. 2015)

von hinten//nach vorn
Er wisse aus eigener Erfahrung, dass es nicht so leicht zu verteidigen sei, „wenn man von hinten mit Tempo nach vorn kommt – so sind meine meisten Tore gefallen". (Hamburger Morgenpost 21. 3. 2016)

von hinten//von vorn
Der Wanderer wandert, und für manche sieht es aus, als käme er von hinten, für andere, als käme er von vorn. (Der Spiegel 14. 7. 2018)

von innen//nach außen
Die Maschine explodiert regelrecht von innen nach außen und von vorn nach hinten. (Der Spiegel 19. 5. 2018) ○ *... eine Krise, die die Demokratien des Westens eher von innen als von außen bedroht.* (Der Spiegel 1. 6. 2019)

von jetzt an//bis jetzt
bis jetzt waren die Schwierigkeiten gering, doch von jetzt an werden sie größer

von morgen//von gestern
mit der Technik von morgen und der Tradition von gestern für den Menschen von heute ○ *Kleidung von gestern, Technik von morgen* (Nürnberger Zeitung 30. 1. 2012)

von unten//nach oben
Es geht um Fehlertoleranz von oben nach unten, aber auch von unten nach oben. (Der Spiegel 13. 7. 2019)

von vorn//im Profil, von der Seite
ein Foto von ihr von vorn ○ *Praktisch nie sind sie von vorn zu sehen, bestenfalls von der Seite.* (taz 4. 6. 2016) ○ *Der Mann hat zwar von vorn meist die Form eines H, im Profil wird er je nach Bauch*

aber variantenreicher. (Süddeutsche Zeitung 4. 8. 2018)

von vorn//nach hinten
Die Maschine explodiert regelrecht von innen nach außen und von vorn nach hinten. (Der Spiegel 19. 5. 2018) ○ *Nach und nach deckt sie der Spieler auf: von vorn nach hinten, von unten nach oben.* (St. Galler Tagblatt 20. 4. 2013)

von vorn//von hinten
Und ein Doppelkrimi, den wir zuerst von vorn oder von hinten lesen können. (St. Galler Tagblatt 28. 6. 2013)

von ... weg//auf ... zu
von dem Haus weg gehen

vor//hinter; ↑auch: **dahinter**
vor der Mauer ○ *sie sitzt vor mir* ○ *diese Erfahrung liegt (noch) vor mir* ○ *Während sich die Streikenden vor dem Gebäude versammelten, wurde hinter dem Haus im Garten gegrillt.* (Luxemburger Tageblatt 11. 6. 2018)

vor//in
Er ist vor einer Stunde angekommen, und sie wird in zwei Stunden ankommen ○ *vor zwei Wochen ist das gemacht worden* ○ *Als meine Mutter vor zwei Jahren starb, war alles in zwei Tagen erledigt.* (taz 8. 2. 2014)

vor//nach
vor dem Essen ○ *vor dem Krieg* ○ *vor der Therapie* ○ *10 Minuten vor zwölf* ○ *vor dem Geburtstag* ○ *vor Christi Geburt* ○ *Sie sind vor mir dran* ○ *vor jemandem ins Haus gehen* ○ *„Mein Vater war vor dem Krieg Schauspieler, nach dem Krieg Schriftsteller."* (Der Standard 28. 5. 2010)

vor//zurück
drei Schritte vor und einen Schritt zurück ○ *es geht nicht vor und nicht zurück* ○ *Es ist ein Geschacher um wenige Meter, die man dem Feind abgetrotzt hat, es wirkt wie das Vor und Zurück in einem Schachspiel, das keinen Sieger kennt.* (Der Spiegel 31. 3. 2018)

***vor uns die Sintflut//nach/hinter uns die Sintflut**
„Vor uns die Sintflut" (Song von Urs Widmer ○ zu „nach mir die Sintflut") ○ *„Wenn vor uns die Sintflut ist, dann drehen wir uns einfach um, dann ist hinter uns die Sintflut!" Das scheint die Devise bestimmter Herren von der FPÖ zu sein.* (Die Presse 28. 4. 2018)

vor...//nach...; ↑auch: **post... (Adjektiv)**
z. B. *vorweihnachtlich/nachweihnachtlich*

vor...//nach... (Verb)
z. B. *vorgehen/nachgehen (Uhr)*

vor...//rück... (Verb)
z. B. *vorverweisen/rückverweisen*

vor...//zurück... (Verb)
z. B. *sich vorbeugen/sich zurückbeugen*

Vor...//Haupt... (Substantiv)
z. B. *Vorvertrag/Hauptvertrag*

Vor...//Nach... (Substantiv)
z. B. *Vorsaison/Nachsaison*

Vor...//Rück... (Substantiv)
z. B. *Vorschau/Rückschau*

vorangestellt//nachgestellt
vorangestellte Zusammenfassung ○ *Als überaus hilfreich dabei erweisen sich das vorangestellte „Keramats Leben in Daten" sowie das nachgestellte Personenverzeichnis samt den Erläuterungen.* (Die Presse 6. 12. 2012)

vorarbeiten//nacharbeiten
einige Stunden vorarbeiten ○ *... ich würde so gern ... in diesem Winter öfters mit ihr zu dir kommen. Dafür werde ich im Hotel Überstunden machen, vorarbeiten, nacharbeiten, Urlaubstage einsetzen.* (Frankfurter Neue Presse 5. 11. 2003)

voraus...//hinterher... (Verb)
z. B. *vorausfahren/hinterherfahren*

vorausdatieren//zurückdatieren
einen Brief vorausdatieren (ein späteres Datum schreiben) ○ *Le Monde wird als*

„Abendzeitung" immer vorausdatiert auf den nächsten Tag. (Luxemburger Tageblatt 12. 5. 2014)

vorausfahren//hinterherfahren
Da er den Weg wusste, ist er vorausgefahren, und die anderen sind hinterhergefahren

vorausgehen//nachkommen
sie geht (schon) voraus ○ geh du mal voraus, wir kommen (später) nach ○ Es müsse immer jemand ein paar Schritte vorausgehen – und die anderen nachkommen lassen. (Süddeutsche Zeitung 16. 8. 1999)

vorausgehend//folgend
Im vorausgehenden Text ○ Sie betrug immerhin mehr als vier Prozent, unterschied sich jedoch nicht gravierend von den zwei bis drei Prozent der vorausgehenden und folgenden Dekaden. (Die Zeit Geschichte 2. 5. 2018)

voraussein; ↑seiner Zeit weit voraussein

vorausweisend//rückweisend; ↑auch: anaphorisch
Und „Rienzi" zeigt, musikalisch vorausweisend, eine politische Parabel mit Liebesgeschichte. (Tiroler Tageszeitung 20. 6. 2018)

Vorauszahlung//Nachzahlung
Die Einzelbeträge pro Wohnung werden addiert, die Summe von der Vorauszahlung des Mieters abgezogen. Unter dem Strich ergeben sich Nachzahlung oder Guthaben. (Westdeutsche Zeitung 10. 10. 2015)

Vorbau//Rückbau
(Bergbau)

Vorbeben//Nachbeben
(ein Erdbeben ankündendes Beben)

vorbehaltlos//mit Vorbehalt
Z. B. wird im 24. Kapitel Lius vorbehaltlos die friedliche Koexistenz verfochten, während sie im 5. Kapitel der „Mao-Bibel" nur mit Vorbehalt befürwortet wird. (Die Zeit 24. 10. 1069)

vorbehandeln//nachbehandeln
ein Kleidungsstück (bei der Reinigung) vorbehandeln ○ Lippenstiftflecken sollte man mit Spiritus vorbehandeln, dann mit Seife einreiben und nach etwa 20 Minuten mit lauwarmem Wasser nachspülen. (Ostthüringer Zeitung 22. 4. 2017)

Vorbemerkung//Nachbemerkung; ↑auch: Epilog
In einer Vorbemerkung zum Stück heißt es: ... (Hannoversche Allgemeine 29. 9. 2017)

vorbereiten//nachbereiten
eine Unterrichtsstunde vorbereiten ○ Seine Studienwoche dauert nicht von Montag bis Freitag mit Kursen von 8 bis 18 Uhr, sondern von Montag bis Sonntag. «Wir müssen vorbereiten, nachbereiten und Gruppenarbeiten realisieren.» (Neue Zürcher Zeitung 29. 4. 2015)

vorbereitet//unvorbereitet
diese Nachricht traf ihn vorbereitet ○ So gut sich die britischen Konservativen auf die Machtübernahme vorbereitet hatten, so unvorbereitet nahm Labour nach 13 Regierungsjahren wieder auf den Oppositionsbänken Platz. (Die Presse 19. 8. 2010)

Vorbereitung//Nachbereitung
intensive Vor- und Nachbereitung des Unterrichts ○ Die Aufgabe von Trumps Personal ist also weniger die Vorbereitung als die Nachbereitung. (Der Spiegel 30. 6. 2018)

Vorbeter//Nachbeter
(jemand, der die Gebete vorspricht) ○ Einige Vorbeter schreien ihre Parolen: «Tod den USA» und «Nieder mit Musharraf» oder «Lang lebe Osama bin Laden», und die restlichen Demonstranten beten sie nach (Berliner Zeitung 22. 9. 2001)

vorbeugen, sich//sich zurückbeugen
Sie beugte sich zu ihm vor und flüsterte ihm etwas ins Ohr ○ Wer die Inschriften

auf den in vielen Städten verlegten Pflastersteinen lesen will, muss sich vorbeugen oder hinknien (Kölnische Rundschau 25. 4. 2013)

Vorbörse//Nachbörse
(Börse)

vorbörslich//nachbörslich

vorchristlich//nachchristlich
(in der Zeit vor der Geburt von Christus liegend)

vor Christus//nach Christus; ↑auch: **p. Chr.[n.], post Christum[natum]**
im Jahre 5 vor Christus ○ *Darunter sind bemalte etruskische Sarkophage, Marmorstatuen und andere Gegenstände aus der Zeit vom siebten Jahrhundert vor Christus bis zum zweiten Jahrhundert nach Christus.* (Luxemburger Tageblatt 23. 3. 2016)

vordatieren//rückdatieren, zurückdatieren, nachdatieren
einen Brief vordatieren (ein späteres Datum schreiben) ○ *hat Lucas Cranach d. Ä. seinen „Hl. Christoph" doch im Nachhinein auf 1506 vordatiert, um seine Vorreiterrolle zu behaupten, die ihm wohl auch zusteht.* (Die Presse 10. 1. 2014)

Vordatierung//Nachdatierung

Vordeck//Hinterdeck
(beim Schiff)

vordere...//hintere...
der vordere Eingang ○ *die vorderen Plätze im Theater* ○ *er saß im vorderen Wagen* ○ *die vorderen Räder* ○ *Wenn der vordere Skifahrer langsamer wird, weil eine Kuppe kommt, bremst der hintere automatisch mit.* (Süddeutsche Zeitung 3. 4. 2014)

Vorder... //Hinter... (Substantiv)
z. B. *Vordergrund/Hintergrund*

Vorder...//Rück... (Substantiv)
z. B. *Vorderseite/Rückseite*

Vorderachse//Hinterachse

Vorderansicht//Hinteransicht
die Vorderansicht des Hauses ○ *Die Vorderansicht (linkes Bild) zeigt den Heiland am Kreuz, die Hinteransicht (oben) die Geburt Jesu* (Neue Kronen-Zeitung 27. 2. 2016)

Vorderausgang//Hinterausgang

Vorderbein//Hinterbein
Die meisten anderen Vierbeiner setzen beim Gehen gleichzeitig ein Vorderbein und ein Hinterbein nach vorn. (Main-Post 8. 7. 2014)

Vorderbrücke//Hinterbrücke
(Turnen)

Vorderbrust//Hinterbrust
(Zoologie)

Vorderdeck//Achterdeck, Hinterdeck
(beim Schiff)

Vordereck//Hintereck
(Kegeln)

Vordereckkegel//Hintereckkegel
(Kegeln)

Vordereingang//Hintereingang

Vorderfront//Hinterfront
die Vorderfront des Hauses ○ *So sei zwar die Vorderfront saniert worden. Aber die Hinterfront sei extrem in Mitleidenschaft gezogen.* (Neue Württembergische Zeitung 6. 9. 2011)

Vorderfuß//Hinterfuß

Vordergassenkegel//Hintergassenkegel
(Kegeln)

Vordergaumen//Hintergaumen

Vordergebäude//Hintergebäude
Nur das Vordergebäude wurde vollendet, während das Hintergebäude im Rohbau blieb. (Leipziger Volkszeitung 14. 5. 2009)

Vordergrund//Hintergrund
im Vordergrund des Bildes sieht man eine Gruppe zechender Männer

Vorderhand//Hinterhand
(beim Kartenspiel)

Vorderhaus//Hinterhaus
Sie wohnt im Vorderhaus

Vorderkegel//Hinterkegel
(Kegelsport)

Vorderkiemer//Hinterkiemer
(Zoologie)

Vorderlader//Hinterlader
(alte Feuerwaffe, bei der Pulver und Blei von vorn in den Lauf geschoben werden o Waffentechnik)

vorderlastig//hinterlastig; ↑auch: schwanzlastig
(vorn mehr belastet als hinten o bei Schiffen, Flugzeugen)

Vorderlinse//Hinterlinse
(beim Fotoapparat)

Vordermann//Hintermann
der Vordermann in der Reihe o das ist mein Vordermann o Wenn wir im Boot sitzen, dann hole ich mir den Handschlag von meinem Vordermann ab und reiche ihn dann an den Hintermann weiter. (Passauer Neue Presse 30. 7. 2016)

Vordermast//Hintermast
der Vordermast eines Schiffes

Vorderpausche//Hinterpausche
(linker Haltegriff am Pferd, das in Querrichtung steht o Turnen)

Vorderperron//Hinterperron
(früher für: vorderer Bahnsteig)

Vorderpfote//Hinterpfote
die Vorderpfoten der Katze

Vorderpranke//Hinterpranke
die Vorderpranken des Tigers o Die Trittspuren, die der Luchs hinterlässt, sind mit einer Breite von fünf bis sieben Zentimetern für die Vorderpranke und vier bis sechs Zentimetern für die Hinterpranke etwa dreimal größer als die einer Hauskatze. (Rhein-Zeitung 22. 10. 2013)

Vorderrad//Hinterrad
die Vorderräder am Auto o das Vorderrad am Fahrrad

Vorderradachse//Hinterradachse

Vorderradantrieb//Hinterradantrieb

Vorderreifen//Hinterreifen
die Vorderreifen am Auto

Vordersatz//Nachsatz; ↑auch: Apodosis
(Nebensatz, der vor dem übergeordneten Satz steht, z. B.: *Wer zu spät kommt, den bestraft das Leben*) o (erster Teil einer Periode o Musik)

Vorderschiff//Achterschiff, Hinterschiff
(vorderer Teil eines Schiffs)

Vorderschinken//Hinterschinken
(Schinken aus der Schulter des Schweins)

Vorderschlitten//Hinterschlitten
(Technik)

Vorderseite//Hinterseite, Rückseite; ↑auch: Revers
auf der Vorderseite des Blattes steht der Titel o die Vorderseite des Hauses o „beim Kippen ist eine echte Banknote am leichtesten zu erkennen, weil die Folie an der Vorderseite und die Zahl auf der Hinterseite sich verändern und auch die Farbe wechseln." (Neue Kronen-Zeitung 3. 8. 2012) o *Da es sich bei Monstranzen um liturgische Schaugefäße handelt, ist die Vorderseite des runden Fensters mit Glas verschlossen, die Rückseite hat eine Tür.* (Kölnische Rundschau 20. 2. 2018)

Vordersitz//Hintersitz, Rücksitz
auf dem Vordersitz im Auto sitzen o Auch Hunde müssen mitgenommen werden – entweder neben dem Vordersitz

oder an einem Karabinerhaken auf dem Hintersitz. (Tagesanzeiger 13. 4. 2010) o Die Leiche von Al-Hilli wurde auf dem Vordersitz gefunden, zwei erschossene Frauen auf dem Rücksitz. (Hamburger Morgenpost 7. 9. 2012)

Vorderspieler//Hinterspieler
(Faustball)

Vordersteven//Achtersteven, Hintersteven
(vordere Begrenzung des Schiffskörpers, Abschlussbalken o Seemannssprache)

Vorderstübchen//Hinterstübchen
Im Obergeschoss, dem so genannten Saal, befanden sich ein Vorderstübchen und drei Kammern, von denen die hintere nur ein Loch mit Laden statt eines Fensters besaß. (Thüringische Landeszeitung 3. 5. 2008)

Vorderteil//Rückteil
(beim Kleidungsstück: vorderes Teil) o Im Gegensatz zum meist sehr gut gearbeiteten Vorderteil biete der Rückteil ja gewöhnlich schwarzen Futterstoff (Mitteldeutsche Zeitung 15. 8. 2011)

Vordertreppe//Hintertreppe
Das Vorbild ist deutlich: Vordertreppe und Hintertreppe, Oberschicht und Unterschicht sind vereint in Glück und Leid (Frankfurter Rundschau 6. 9. 2006)

Vordertür//Hintertür
Er kam durch die Vordertür herein o Was durch die Vordertür nicht geht, darf auch durch die Hintertür nicht erlaubt sein (Basler Zeitung 29. 6. 2016)

Vorderzimmer//Hinterzimmer
(nach vorn hinaus liegendes Zimmer) o Nach dem Zweiten Weltkrieg legte die Stadt die Miete fest. Sie informierte 1946, dass Charlotte Schmitz für das Vorderzimmer monatlich 22, für das Hinterzimmer 18,50 Reichsmark ... zu zahlen habe. (Märkische Allgemeine 25. 1. 2007)

Vorderzungenvokal//Hinterzungenvokal
(palataler, am vorderen Gaumen gebildeter Vokal o Phonetik)

vorehelich//ehelich
ein voreheliches (vor der Ehe gezeugtes) Kind o In Granschütz erblickt der Jagdflieger ... vorehelich das Licht der Welt. Durch die Heirat der Eltern 1919 in Röcken ehelich, wächst er in Schweßwitz, Tollwitz und seit 1922 in Zöllschen auf (Mitteldeutsche Zeitung 13. 12. 2010)

Voreid//Nacheid
(vor der Vernehmung abgelegter Eid)

voreingenommen//unvoreingenommen; ↑auch: objektiv
Er ist voreingenommen o er befragte sie voreingenommen o Sie argumentieren, die potenziellen Geschworenen in der liberalen Universitätsstadt seien voreingenommen. Bezirksrichter Ed McLean appellierte an die potenziellen Geschworenen, unvoreingenommen an den Fall heranzugehen. (Hamburger Abendblatt 2. 12. 2014)

Vorerbe//Nacherbe
(Rechtswesen)

Vorerbschaft//Nacherbschaft
(Rechtswesen)

Vorfahre//Nachfahre, Nachkomme
Frage: Sehen Sie sich als Vorfahre der Comedywelle? Otto: Eher als Nachfahre. (Saarbrücker Zeitung 1. 3. 2001) o Vorfahre könnte Australopithecus africanus sein. Als Nachkomme stehen Homo habilis oder Homo erectus zur Debatte, der als einer der direkten Vorfahren des modernen Menschen gilt. (Wiener Zeitung 9. 4. 2010)

vorfahren//nachkommen
Er fährt (schon) vor, um im Restaurant einen Tisch zu bekommen, und wir kommen dann nach o Du solltest vorfahren, denn wir werden Vorfahren, wir werden nachkommen, denn wir wollen Nachkom-

men, denn Nachkommen kommen nicht von selber vor. (Schwäbische Zeitung 29. 3. 2018)

vorfahren//zurückfahren
zum Einparken ein Stückchen vorfahren o fahren Sie bitte einige Meter vor! In Düsseldorf wurden vor einem Juwelierladen kürzlich Poller in den Boden eingelassen, damit kein Auto mehr bis zur Scheibe vorfahren kann. (Süddeutsche Zeitung 13. 5. 2017)

Vorgänger[in]//Nachfolger[in]
Er ist mein Vorgänger o Herr Krause ist der Vorgänger von Herrn Meier

vorgeburtlich//nachgeburtlich; ↑auch: postnatal
Offensichtlich hat Contergan das Gefäß-, Sinnes- und Nervensystem vorgeburtlich weit mehr geschädigt als bislang bekannt. (Hamburger Abendblatt 12. 12. 2014)

vorgehen//nachgehen
die Uhr geht vor o Die Zeitnehmer ruhen und haben endlich Zeit, ihre Uhren zu richten, die immer mal wieder vorgehen oder nachgehen oder gar nicht gehen. (Neue Zürcher Zeitung 16. 2. 2011)

Vorgeschlecht//Folgegeschlecht
(veraltet)

Vorgesetzte[r]//Untergebene[r]
sein Buch ärgert die einstigen Vorgesetzten und die damaligen Untergebenen o Vorgesetzte und Untergebene tauschen sich nun häufiger aus (Neue Zürcher Zeitung 9. 11. 2017)

Vorgespräch//Hauptgespräch
Zunächst gibt es ein Vorgespräch der Analysten mit dem Unternehmen, es folgen handfeste Informationen von der Firma, danach findet das Hauptgespräch statt (Handelsblatt 22. 8. 2003)

Vorgriff//Rückgriff
Im Vorgriff auf die zukünftigen Gewinne o Doch ein Vorgriff auf kommende Quotenjahrgänge oder der Rückgriff auf nicht ausgenutzte Quoten schaffen nur kurzfristig Abhilfe. (Kölner Stadtanzeiger 25. 8. 2005)

Vorhand//Hinterhand
(beim Kartenspiel, Reitsport)

Vorhand//Rückhand; ↑auch: Backhand
(Tennis)

vorhanden sein//fehlen
Für den Bau des Schwimmbads ist das nötige Geld vorhanden o Während genug Geld vorhanden ist, um Kriegsgerät in das Land zu liefern, fehlt es der UNO an Milliarden, um die Flüchtlinge auch nur einigermassen versorgen zu können. (St. Galler Tagblatt 26. 8. 2013)

vorher//hinterher; ↑auch: danach, nachdem
vorher hat er den starken Mann markiert, hinterher – nach einem bestimmten Ereignis – war er ganz klein mit Hut o vorher weiß man noch nicht, wie es geht o vorher war sie begeistert, hinterher war sie enttäuscht o Erbarmt euch, lasst die Fachleute vorher ihre Arbeit machen, damit hinterher nicht schon wieder die Kosten explodieren. (Süddeutsche Zeitung 15. 11. 2017)

vorher//nachher; ↑auch: danach
kurz vorher o du kannst das doch (noch) vorher – bevor du gehst – machen/das kannst du doch auch nachher – wenn du wiedergekommen bist – noch machen o Aber ich habe vorher, dazwischen und nachher noch einiges mehr gemacht. (Handelszeitung 14. 6. 2018)

vorhergehend//nachfolgend
die vorhergehenden Äußerungen o Sie haben vorhergehend die Umweltbelastungen angesprochen. (St. Galler Tagblatt 11. 4. 2016)

vorhersehbar//unvorhersehbar
dieser Ausgang war vorhersehbar o Man kann also sagen, dass Bären „örtlich" vorhersehbar, „zeitlich" aber unvorher-

sehbar sind. (Neue Zürcher Zeitung am Sonntag 14. 8. 2005)

Vorhinein; ↑**im Vorhinein**

Vorhut//Nachhut
(eine vorausgehende Gruppe) ○ *Die schnelle Vorhut erkundete die Ortschaften nach Wasserquellen und Rastplätzen, die Nachhut sicherte den Verkehr nach hinten ab.* (Saarbrücker Zeitung 2. 8. 2014)

vorige//diese, nächste
vorige Woche war er verreist

Vorkalkulation//Nachkalkulation
(Wirtschaft)

Vorkriegszeit//Nachkriegszeit
Das illustrierte Buch, …, erzählt eine Familiengeschichte in Briefen – vom Weimar der Vorkriegszeit über das Warschauer Ghetto bis in das Oberösterreich der Nachkriegszeit. (Oberösterreichische Nachrichten 24. 5. 2016)

Vorlauf//Nachlauf
(Chemie, Technik)

Vorlauf//Rücklauf
(bei Recordern)

vorlaufen//nachkommen
er läuft (schon) vor, und wir kommen dann später nach

vorläufig//endgültig
das vorläufige Tagungsprogramm ○ *das vorläufige Wahlergebnis* ○ *Das zeigt sich auch daran, dass die Presse von der Veranstaltung im Bürgerhaus Misburg ausgeschlossen bleibt – erst nur vorläufig, dann endgültig.* (Hannoversche Allgemeine 27. 3. 2017)

Vorliebe//Abneigung
In einem weiteren Experiment … frassen die Mäuse, ohne eine besondere Vorliebe für Süsses oder eine Abneigung gegenüber Bitterem zu zeigen. (Neue Zürcher Zeitung 2. 6. 2018)

vormachen//nachmachen
Er hat ihm das vorgemacht ○ *ich mache euch das vor, und ihr macht es mir nach* ○ *Es wird alles zum Anschauen sein. Einmal vormachen und dann nachmachen.* (Stuttgarter Nachrichten 22. 10. 2015)

Vormarsch//Rückzug
die Soldaten befinden sich auf dem Vormarsch ○ *Angesichts der absoluten Luftüberlegenheit der Nato bieten in der kahlen Topografie Afghanistans Gebirgstäler dem Gegner am Boden die einzigen einigermassen sicheren Schlupfwinkel und decken Vormarsch und Rückzug.* (Neue Zürcher Zeitung 7. 3. 2007)

Vormieter[in]//Nachmieter[in]
Frau Duske war Ihre Vormieterin ○ *Ablösevereinbarungen sind Kaufverträge, durch die der Vormieter Einrichtungsgegenstände an den Nachmieter abtritt.* (Südkurier 10. 2. 2018)

Vormittag//Nachmittag
ein Konzert am Vormittag ○ *morgen Vormittag* ○ *Viele haben zwei Jobs – einen im Staatsdienst am Vormittag und einen privaten Zuverdienst am Nachmittag* (Die Presse 23. 5. 2011)

vormittags//abends; ↑**auch: p. m.**
Um 9 Uhr vormittags ○ *Auch dieses Jahr öffnet der Verkehrsverein wieder das Höttli auf dem Kaienspitz von vormittags 11 Uhr bis abends 11 Uhr.* (St. Galler Tagblatt 29. 6. 2018)

vormittags//nachmittags; ↑**auch: p. m.**
vormittags einen Termin beim Arzt haben ○ *Ich kann ihr nicht vormittags dienen und nachmittags über die Dörfer ziehen und sagen, die Kanzlerin muss weg.* (Stern 22. 6. 2017)

Vormittagsveranstaltung//Abendveranstaltung; ↑**auch: Soiree**

Vormund//Mündel
(gesetzlicher Vertreter von Minderjährigen, die nicht unter elterlicher Sorge

stehen, oder von Entmündigten) ○ *Ein gesetzlicher Vormund darf in einem Strafprozess gegen sein Mündel die Aussage nicht verweigern.* (Mannheimer Morgen 18. 1. 2017)

vorn//hinten
vorn in der ersten Reihe sitzen ○ *das Kleid ist vorn länger als hinten* ○ *nach vorn sehen* ○ *der Wind kam von vorn* ○ *er befindet sich vorn im Laden* ○ *Dass diese Rechnung vorn und hinten nicht aufgeht, scheint kaum zu kümmern.* (Luxemburger Tageblatt 24. 2. 2018)

vorn; ↑nach vorn, nach vorn blicken, von vorn

Vorname//Familienname, Nachname, Zuname
sein Vorname ist Philipp

vorne; ↑vorn

vornüber//hintenüber
vornüber fallen ○ *Immerhin, mit gutem Willen lässt sich nun ein Nickerchen machen in der Dunkelheit des Zuschauerraumes, in dem die Luft vor sich hin brütet. Köpfe kippen vornüber, hintenüber.* (Die Presse 27. 2. 2003)

Vorrang//Nachrang
(Verkehr, österreichisch) ○ *Dabei wurde klar, dass die Betroffenen prinzipiell wissen, dass der Fußgänger Vorrang und der Autofahrer Nachrang hat.* (Wiener Zeitung 17. 4. 2014)

vorrangig//nachrangig
dieses Thema ist vorrangig ○ *Unter anderem sieht es vor, ambulante Leistungen vorrangig zu gewähren und sogenannte teilstationäre oder stationäre Unterbringung erst nachrangig.* (Mannheimer Morgen 10. 11. 2015)

Vorratsproduktion//Auftragsfertigung

vorreformatorisch//nachreformatorisch
Übrigens, die Fasnacht beginnt nicht am Montag nach Aschermittwoch, um die Katholiken in Ihrer Fastenzeit zu ärgern, sondern weil schon vorreformatorisch an diesem Montag die Zünfte ihre jungen Basler militärisch musterten ... (St. Galler Tagblatt 12. 12. 2017)

Vorreiter//Nachzügler
(wer vor Anderen etwas denkt oder durchführt) ○ *Fortschritt gibt es nur durch Innovation. Der Vorreiter hat Vorteile, der Nachzügler die Kosten.* (Die Presse 15. 12. 2018)

Vorrunde//Endrunde
(Sport) ○ *Es schied bei der EM 2006 in Portugal bereits in der Vorrunde aus und verpasste die Endrunde 2007 in den Niederlanden.* (Süddeutsche Zeitung 17. 10. 2008)

vorrutschen//zurückrutschen
einen Platz vorrutschen ○ *Allenfalls wären die Finnen disqualifiziert worden, das deutsche Duo damit auf den sechsten Platz vorgerutscht.* (Süddeutsche Zeitung 20. 2. 2014)

Vorsaison//Nachsaison; ↑auch: Hauptsaison
Hotelpreise in der Vorsaison ○ *In der Vorsaison und in der Nachsaison haben wir zu viele Hotelzimmer.* (Die Südostschweiz 19. 8. 2013)

vorsätzlich//im Affekt
er hat vorsätzlich gemordet ○ *Für das zu erwartende Strafmaß müsse nun geklärt werden, ob der mutmaßliche Täter die Tat vorsätzlich geplant oder im Affekt gehandelt hat.* (Berliner Morgenpost 29. 12. 2014)

Vorschau//Rückschau
Vorschau auf die Themen der nächsten Nummern der Zeitschrift ○ *Diese Vorschau reizt aber auch zur Rückschau, denn es geht um das Amt in der Hofburg.* (Die Presse 27. 12. 2014)

Vorschlag//Gegenvorschlag
Und auch sonst findet sich in den Unterlagen zu jedem Vorschlag nicht nur ein

Gegenvorschlag der Länder, sondern mehrere (Süddeutsche Zeitung 17. 11. 2014)

vorschriftsgemäß//vorschriftswidrig

vorschriftsmäßig//unvorschriftsmäßig
etwas vorschriftsmäßig tun ○ Beamtin am Schalter für postlagernde Sendungen war eine Frau Blümel, deren verstorbener Gatte ... eine unzustellbare Sendung vorschriftsmäßig geöffnet und von ihrem Inhalt unvorschriftsmäßig gekostet hatte (Die Zeit 3. 6. 1966)

vorschriftswidrig//vorschriftsgemäß
Der Vorwurf gegen sie lautet, sie habe ... eine Tätigkeit als Geschäftsführerin und Eigentümerin einer Firma namens „Global Consult" vorschriftswidrig verschwiegen. Noch heute sei sie an der Firma beteiligt, ohne das vorschriftsgemäß offenzulegen. (Der Spiegel 14. 1. 2010)

vorsichtig//unvorsichtig
er war vorsichtig und hat nicht alles erzählt ○ „Wir müssen so vorsichtig abziehen, wie wir unvorsichtig einmarschiert sind" (FOCUS 25. 8. 2008)

vorsichtigerweise//unvorsichtigerweise
Er hat davon vorsichtigerweise nichts erzählt ○ Im Moment nicht. Ich füge vorsichtigerweise ein «noch» hinzu. (Tagesanzeiger 9. 12. 2016)

Vorsicht//*Nachsicht
Vorsicht ist besser als Nachsicht (scherzhafte Redensart)

Vorsilbe//Nachsilbe; ↑auch: Suffix
In „vertelefonieren" ist „ver-" eine Vorsilbe

vorsingen//nachsingen
die Lehrerin sang vor, was die Kinder nachsingen sollten ○ Dort müssen sie, also die Kinder, ein Lied vor- und ein paar einfache Melodien nachsingen (Hannoversche Allgemeine 27. 2. 2014)

Vorspann//Nachspann, Abspann
(Film, Fernsehen) ○ Wird der Name im Vorspann erwähnt? Im Nachspann?

Gross im Nachspann oder unter ferner liefen? (Weltwoche 4. 9. 2014)

Vorspeise//Nachspeise
eine Suppe als Vorspeise ○ In der Küche ging es zeitgleich heiß her, denn die Köche mussten ein komplettes Vier-Gänge-Menü aus Vorspeise, Zwischen- und Hauptgericht und einer Nachspeise entwickeln. (Braunschweiger Zeitung 23. 1. 2010)

Vorspiel//Nachspiel
Küssen, Streicheln gehören zum sexuellen Vorspiel ○ Das Vorspiel der Oper wird – mit Genehmigung der Rechtsnachfolger des Komponisten – zum Nachspiel. (Süddeutsche Zeitung 29. 5. 2013)

vorsprechen//nachsprechen
die Lehrerin sprach vor, die Schüler sprachen es nach ○ Stunde um Stunde wird mit der russischen Sängerin Margaritha Levina im Einzelunterricht die korrekte Aussprache geübt – vorsprechen, nachsprechen, einüben. (Saarbrücker Zeitung 30. 5. 2012)

vorspringendes Kinn//fliehendes Kinn
der Rennfahrer hat ein vorspringendes Kinn ○ Warum hatte Homo erectus so einen breiten Hinterkopf, warum der Neandertaler so ausgeprägte Oberaugenwülste und Homo sapiens ein frech vorspringendes Kinn? (Die Welt 10. 4. 2018)

Vorsprung//Rückstand
Er hatte einen großen Vorsprung ○ „Letztes Mal hatte ich 0,3 Sekunden Vorsprung auf Gabi, jetzt habe ich 0,9 Rückstand". (Der Spiegel 14. 1. 2016)

vorspulen//zurückspulen
eine Kassette vorspulen

vorstellbar//unvorstellbar
das, was er sagte, war vorstellbar ○ Und es geht um die Frage, ob es für den Menschen vorstellbar ist, dass Dinge existieren, die für ihn unvorstellbar sind. (Hannoversche Allgemeine 7. 10. 2016)

vorstellen//nachstellen, zurückstellen
die Uhr [um] eine Stunde vorstellen (bei Beginn der Sommerzeit) ○ *Wir müssen natürlich die Uhr vorstellen. Für mich ist das schöner als zurückstellen, weil ich sowieso Frühaufsteherin bin.* (Braunschweiger Zeitung 29. 3. 2008)

Vorteil//Nachteil; ↑auch: Malus, Minus
materielle Vorteile ○ *das ist der Vorteil dieses Verfahrens* ○ *das hat den Vorteil, dass...* ○ *Die Vor- und Nachteile so auszubalancieren, dass am Ende insgesamt das ökonomisch Beste herauskommt.* (Der Spiegel 5. 5. 2018) ○ *Natürlich hat das alles enorme kommunikative Vorteile, aber es hat eben auch Nachteile.* (Der Spiegel 21. 4. 2018) ○ *Ist es in der Politik Ihres Landes von Vorteil oder von Nachteil eine Frau zu sein?* (Der Spiegel 30. 3. 2019) ○ *Ich glaube, dass in Wahrheit nur Demokratien in der Lage sind, technologische Umbrüche in der Gesellschaft so zu steuern, dass sie zum Vorteil für alle und nicht zum Nachteil für viele werden.* (Der Spiegel 1. 6. 2019)

vorteilhaft//unvorteilhaft
das Angebot ist (recht) vorteilhaft ○ *Aufgabe des Limbischen Systems ist es, alles was durch uns und mit uns geschieht, nach vorteilhaft und unvorteilhaft einzuteilen.* (Süddeutsche Zeitung 18. 1. 2011)

vortreten//zurücktreten
aus einer Reihe vortreten ○ *aus dem Glied vortreten* ○ *Dann endlich darf er vortreten ans gläserne Rednerpult.* (Tagesanzeiger 28. 2. 2014)

vorübergehend//dauernd, ständig
Er ist (nur) vorübergehend zu Hause ○ *Laut Untersuchungen ist bis zu einem Viertel der Bevölkerung vorübergehend oder dauernd in der Mobilität beeinträchtigt.* (Oberösterreichische Nachrichten 12. 6. 2008) ○ *Geplant ist, Gehälter von Wissenschaftern und Forschern für zwei Jahre bis zu 75 Prozent zu subventionieren, wenn sie, vorübergehend oder ständig, bei Unternehmen anheuern.* (Der Standard 25. 4. 2006)

Vorverkauf; ↑im Vorverkauf

Vorvertrag//Hauptvertrag

Vorverweis//Rückverweis
Dessen grüblerisches Moll-Treiben hatte der 26-jährige, in Frankfurt ausgebildete Pianist nämlich wie einen Vorverweis auf die Romantik ausgelegt (Wiesbadener Tagblatt 23. 8. 2013)

vorverweisen//rückverweisen
Weil er die experimentellen Instrumentationskünste des Komponisten, die ins 20. Jahrhundert vorverweisen, offenlegte. (Hamburger Abendblatt 4. 9. 2006)

vorwärts//rückwärts
drei Schritte vorwärts ○ *vorwärts – nach vorn – gehen, fahren* ○ *eine Rolle vorwärts* ○ *14-Jährige können sämtliche Spielsysteme vorwärts und rückwärts vortragen.* (Der Spiegel 7. 7. 2018)

Vorwärtsgang//Rückwärtsgang
(Gang zum Vorwärtsfahren beim Auto)

Vorwärtssprung//Rückwärtssprung
(Wassersport)

vorweihnachtlich//nachweihnachtlich
Vom 23. November bis 22. Dezember werden drei Millionen vorweihnachtlich gestimmte Besucher der Hessen-Metropole den Prachtbaum bestaunen (Tiroler Tageszeitung 11. 8. 2006)

Vorwort//Nachwort; ↑auch: Epilog

Vorzeitform//Jetztzeitform
(Geologie)

Vorzeitigkeit//Nachzeitigkeit
Vorzeitigkeit liegt vor, wenn die Handlung des Nebensatzes/Gliedsatzes vor der des Hauptsatzes liegt, z. B.: wenn du mit deiner Arbeit fertig bist, zeige sie mir bitte; als das gute Wahlergebnis feststand, jubelten die Grünen (Grammatik)

vorziehen//zurückschieben
den Tisch (aus der Ecke) vorziehen

vorziehen//zurückziehen
die Gardinen vorziehen ○ *Deshalb würden sich Frauen auch – obgleich sie die Wissenschaft anderen Berufen vorziehen – häufiger aus dem Bereich zurückziehen.* (Der Spiegel 8. 11. 2013)

Vorzugsaktie//Stammaktie
(Bankwesen)

Votze; ↑**Fotze**

Vulgoname//Familienname, Schreibname
(Name eines Bauernhofes) ○ *Dort ist bei der älteren Generation bis heute der Vulgoname eines Hofes oft besser bekannt als der amtliche Familienname einer dort wohnenden Person.* (Oberösterreichische Nachrichten 17. 5. 2014)

Vulva//Penis; ↑**auch: Penis//Vagina**
der Penis ist das männliche *äußere Geschlechtsorgan, und die Vulva (Scham, Pudendum femininum) ist das* weibliche *äußere Geschlechtsorgan mit Schamhügel, Schamlippen, Klitoris, Scheidenvorhof* ○ *(Die Geste) symbolisiert die Vereinigung von Vulva und Penis – eine aggressive Geste, die sich schon im Mittelalter von Italien aus in alle Länder Europas ausgebreitet hat.* (Wiener Zeitung 16. 2. 2011)

W

waag[e]recht//senkrecht; ↑auch: vertikal
Ein waagerechter Strich ○ Umgesetzt wurde das Projekt mit waagerecht in Seitenkästen oder senkrecht zu bepflanzenden Beeten in einer Wand mit Erde samt integrierter Bewässerung. (Kölnische Rundschau 12. 5. 2016) ○ *Die Worte haben sich waagrecht und senkrecht versteckt.* (Neue Vorarlberger Tageszeitung 18. 2. 2001)

Waag[e]rechte, die//die Senkrechte
(Mathematik)

wachen//schlafen
Er musste (beim Kranken) wachen, ich durfte schlafen ○ Hormone sind im Körper allgegenwärtig: Sie steuern das Wachstum, sie fördern Sexualität und Fortpflanzung, sie lassen die Menschen wachen und schlafen. (Stuttgarter Zeitung 23. 6. 2015)

wach sein//schlafen
Er ist (noch) wach, aber sie schläft (schon) ○ sie ist (schon) wach, doch er schläft (noch) ○ „Schlafcoaching – Wer wach sein will, muss schlafen" (Buchtitel von Brigitte Holzinger und Gerhard Klösch, 2013)

wachsen//verdorren
Zeugen und Gebären, Wachsen und Verdorren, Leben und Sterben (Peter Henisch: Der Mai ist vorbei, 1978)

wachstumsfördernd//wachstumshemmend
Eine Studie von 2002 hat zudem aufgezeigt, dass Kunstschnee-Zusätze zum Teil wachstumsfördernd, zum Teil wachstumshemmend auf alpine Pflanzenarten wirken. (Neue Luzerner Zeitung 31. 10. 2007)

wachstumshemmend//wachstumsfördernd

wackeln//fest stehen
die Leiter wackelt ○ Die eine Scheibe wackelt, die andere steht fest auf dem Boden (Süddeutsche Zeitung 12. 11. 2012)

Waffen; ↑ABC-Waffen, Atomwaffen, konventionelle Waffen

Wagen; ↑Gebrauchtwagen, Neuwagen

Wahl; ↑direkte Wahl, indirekte Wahl

Wahlarzt//Kassenarzt
Von der medizinischen Qualität der Behandlung her gibt es auch keinen Unterschied zwischen Wahl- und Kassenärzten. Wahlarzt und Kassenarzt haben beide einen wichtigen Stellenwert in der gesamtheitlichen medizinischen Versorgung der Bevölkerung. (Niederösterreichische Nachrichten 19. 8. 2016)

Wähler//Gewählte[r]
Le Pen rechnet damit, dass so mancher Wähler oder Gewählter der Droite Populaire zu ihr wechseln wird. (Tagesanzeiger 9. 6. 2012)

Wähler ↑Stammwähler, Wechselwähler

Wählerpartei//Mitgliederpartei
(Partei, deren Macht vor allem von der Zahl ihrer Wähler abhängt ○ Politik) ○ *Es komme darauf an, die CDU von einer Wählerpartei – sie hat fast zwölf Millionen Wähler, aber nur 300 000 Mitglieder – zu einer Mitgliederpartei zu machen* (Der Spiegel 29. 7. 1959)

Wahlfach//Pflichtfach
Chemie ist in der Schule ein Wahlfach

Wahlgewinner//Wahlverlierer
(Gewinner bei der Wahl) ○ *Lieber Koalition mit dem Wahlgewinner CDU oder*

eher mit dem Wahlverlierer SPD im Norden? (Rhein-Zeitung 12. 10. 2017)

Wahlgrab//Reihengrab
ein Wahlgrab – die von den Angehörigen selbst gewählte Grabstelle – ist teurer als ein Reihengrab

Wahlkönigtum//Erbkönigtum
(Königtum, bei dem der Herrscherr gewählt wird)

Wahlleistung//Regelleistung
Wahlleistung bei der Zahnarztbehandlung

Wahlniederlage//Wahlsieg
Dass Labour sich beim Parteitag vorige Woche trotz Wahlniederlage als Sieger gebärdete, die Tories sich aber trotz Wahlsieg als Verlierer fühlen, ist auffällig. (taz 5. 10. 2017)

Wahlrecht; ↑aktives Wahlrecht, passives Wahlrecht

Wahlsieg//Wahlniederlage

Wahlverlierer//Wahlgewinner
(Verlierer bei einer Wahl) ○ In Deutschland zeichnet sich eine Koalition der Wahlverlierer ab, in Österreich eine der Wahlgewinner. (NEWS 7. 12. 2017)

Wahlverteidiger//Pflichtverteidiger, Offizialverteidiger
(Rechtswesen)

wahr//falsch
eine wahre Aussage ○ Das wiederum erreicht man durch möglichst absurde, das heißt unerwartete Nachrichten zu einem aktuellen und brisanten Thema, egal, wie wahr oder falsch sie sind (Berliner Morgenpost 5. 1. 2017)

wahr//unwahr
eine wahre Geschichte ○ „Am Ende ... weiß ich selbst nicht, was wahr – aber dafür immerhin, was unwahr ist." (Der Spiegel 10. 2. 2018)

wahren//verletzen
den Anstand wahren ○ Vielmehr ermuntert er die Journalisten, «den Informationswert gegen die Gefahr einer Diskriminierung abzuwägen und die Verhältnismässigkeit zu wahren». Die hiesigen Redaktionen verletzen also die Berufsregeln nicht. (Neue Zürcher Zeitung 31. 3. 2018)

wahren; ↑das Gesicht wahren

Wahrheit//Dichtung
was ist Dichtung, was Wahrheit? ○ Die weitgehende Abwesenheit unabhängiger Beobachter macht es für Aussenstehende praktisch unmöglich, Wahrheit und Dichtung auseinanderzuhalten. (St. Galler Tagblatt 14. 4. 2018)

Wahrheit//Lüge
Dazu verklebt der fließende Übergang von Fake News und seriösen Nachrichten in sozialen Netzwerken den Blick auf die Welt: Wahrheit und Lüge sind nur schwer zu unterscheiden. (Der Spiegel 10. 12. 2018)

Wahrheit//Unwahrheit
die Wahrheit sagen ○ Oftmals fällt es bei der Fülle der Nachrichten schwer, Wahrheit von Unwahrheit zu unterscheiden. (Mannheimer Morgen 29. 3. 2017)

Wahrheit; ↑das ist die Wahrheit, die Wahrheit sagen, in Wahrheit

wahrheitsgemäß//wahrheitswidrig
Denn er hat nicht nur wahrheitsgemäß die Gräth und die unmittelbar angebauten Gebäude verschwinden lassen, sondern wahrheitswidrig auch jene im Vordergrund, die nach dem Brand stehengeblieben sind. (Südwest Presse 28. 12. 2012)

wahrheitswidrig//wahrheitsgemäß

wahrscheinlich//unwahrscheinlich
ein gutes Ergebnis ist wahrscheinlich ○ etwas für wahrscheinlich halten ○ es ist wahrscheinlich, dass sie kommt ○ Das Erbe des ersten Krieges machte einen zweiten Krieg in Europa eher wahrscheinlich als unwahrscheinlich. (Stuttgarter Zeitung 25. 11. 2016)

Währung; ↑harte Währung, weiche Währung

Wald; ↑Laubwald, Nadelwald

Wallach//Hengst; ↑auch: Stute
ein Wallach ist kastriert, ein Hengst nicht

Wallone//Flame
Wallonen sind Nachkommen romanisierter Kelten in Belgien ○ *Hintergrund ist wieder einmal der Streit um die Rechte der französischsprachigen Wallonen gegenüber den niederländisch sprechenden Flamen in den 35 Umlandgemeinden von Brüssel* (Der Standard 23. 4. 2010)

Wallonien//Flandern
Wallonien ist der südliche Landesteil Belgiens mit dem französischen Sprachgebiet

wallonisch//flämisch
die wallonische Mundart ist eine von den Wallonen gesprochene französische Mundart

WAN//LAN
(wide area network)

Wandelschuldverschreibung//Gewinnschuldverschreibung
(Wirtschaft)

Wandelstern//Fixstern
ein Wandelstern ist ein Planet, ein nicht selbst leuchtender Himmelskörper

Wanderausstellung//Dauerausstellung
(Ausstellung, die an verschiedenen Orten nacheinander gezeigt wird) ○ *Falls es kräftemäßig noch möglich ist, könnte bis dahin eine sehr viel kleinere Wanderausstellung entstehen, die parallel zur Dauerausstellung am Erinnerungsort auf Reisen geschickt werden könnte* (Thüringische Landeszeitung 3. 3. 2010)

Wange; ↑blasse Wangen, rote Wangen

Warenausgang//Wareneingang
(Kaufmannssprache)

Wareneingang//Warenausgang
(Kaufmannssprache)

Warenexport//Warenimport

Warenimport//Warenexport

warm//kalt
warmes und kaltes Wasser ○ *warme Hände haben* ○ *warmes Buffet* ○ *das Essen ist noch warm* ○ *mir ist warm* ○ *die warme Jahreszeit* ○ *warme Miete* (mit Heizung) ○ *Yin und Yang stehen für Gegensätze wie trocken und feucht, kalt und warm, Leere und Fülle – erst zusammen bilden sie ein vollkommenes Ganzes.* (Apotheken Umschau B 5/1999)

Warmblut//Kaltblut
(Pferderasse, die als Reitpferd oder als Wagenpferd eingesetzt wird)

Warmblüter//Kaltblüter, Wechselwarmblüter
(Tier, dessen Körpertemperatur immer fast gleich bleibt ○ bei Säugetieren und Vögeln)

Warmbrüter//Kaltbrüter
(Tier, dessen Fortpflanzung in der warmen Jahreszeit geschieht)

Wärme//Kälte
5 Grad Wärme ○ (übertragen:) *die Wärme ihrer Stimme* ○ *Soziale Wärme gegen die Kälte* (Tiroler Tageszeitung 1. 3. 2018)

Wärmeabgabe//Wärmeaufnahme
In ihrem Projekt lösten Tim Kratky und Sergej Schmidt ... Salze unter Wärmeabgabe oder Wärmeaufnahme aus jeweils 100 Milliliter Wasser und bestimmten alle fünf Sekunden die Temperatur. (Main-Post 15. 3. 2006)

Wärmeaufnahme//Wärmeabgabe

Wärmegrad//Kältegrad
(Grad über dem Gefrierpunkt)

Wärmepol//Kältepol
Wahrscheinlich hätte Beuys als manischer Pädagoge dem Mädchen in Darm-

stadt erklärt, was sein Fettstuhl bedeutet. Dass das Fett eine plastische Masse ist, die sich zwischen bewegtem Wärmepol und starrem Kältepol bewegt. (taz 12. 5. 2006)

Wärmepunkt//Kältepunkt
(auf der Haut)

wärmen//kühlen
Rund 18 Meter unter dem Bau sind sogenannte Energiepfähle, die die Büros im Winter wärmen und im Sommer kühlen sollen. (Hamburger Morgenpost 26. 10. 2017)

wärmer//kälter
gestern war es wärmer als heute o in wärmeren Gebieten lebt es sich angenehmer o Doch woran liegt es, dass es auf der Erde innerhalb eines Jahres mal deutlich wärmer und mal deutlich kälter ist? (Nordkurier 25. 6. 2018)

Wärmerezeptor//Kälterezeptor
(auf der Haut)

Wärmesinn//Kältesinn
(Physiologie)

Warmfront//Kaltfront
(Meteorologie)

Warmluft//Kaltluft
(Meteorologie)

Warmstart//Kaltstart
(EDV) o (Start mit warmem Motor o Kfz)

Warmwasser//Kaltwasser
Die Wasserzähler müssen vor dem Einbau geeicht und alle fünf Jahre (Warmwasser) beziehungsweise alle sechs Jahre (Kaltwasser) ausgetauscht werden. (Mannheimer Morgen 15. 12. 2017)

Warmwasserhahn//Kaltwasserhahn

Warmzeit//Kaltzeit, Eiszeit
(Geologie) o Aber bereits die mittelalterliche Warmzeit vom 9. bis 14. Jahrhundert brachte eine höhere Erwärmung, die dann im 15. bis 18. Jahrhundert durch eine Kleine Eiszeit wieder zurückgeführt wurde. (FOCUS 4. 1. 2010) o So finden sich sowohl in der extremen Warmzeit wie auch in der Phase des Übergangs zur Kaltzeit in den kalkigen Schalen von Mikrofossilien markante Verschiebungen der Isotopenverhältnisse (Neue Zürcher Zeitung 28. 11. 2007)

Warschauer Pakt//NATO
(historisch)

Wasser//Land, ↑auch: zu Wasser
auf hoher See war ringsum nur Wasser und nirgends Land zu sehen o „Die Leute wollen Gaudi auf dem Wasser und Spaß an Land" (Nordkurier 23. 5. 2016)

Wasser//Luft, ↑auch: in der Luft
die Temperaturen: Wasser 18°, Luft 22° o Mit Kollektoren wird nicht Wasser, sondern Luft erwärmt (Tiroler Tageszeitung 11. 8. 2007)

Wasser; ↑juveniles Wasser, Salzwasser, Süßwasser, vadoses Wasser, wie Feuer und Wasser, zu Wasser

wasserabstoßend//wasseranziehend

wasserabweisend//wasseranziehend
Durch Lasertechnik können Oberflächen von Materialien wie z. B. Halbleiter oder Glas so gestaltet werden, dass sie je nach Wunsch wasserabweisend oder wasseranziehend werden. (Der Standard 4. 10. 2017)

wasseranziehend//wasserabstoßend, wasserabweisend
(hygroskopisch) o Die Forscher stellten Glasoberflächen her, die ebenso an bestimmten Punkten wasserabweisend, an anderen wasseranziehend sind. (Die Presse 23. 9. 2017)

wasserarm//wasserreich
ein wasserarmes Gebiet o Wird aus „Kärnten – wasserreich" bald „Kärnten – wasserarm"? Wegen der lang anhaltenden Trockenheit und der hohen Temperaturen während des Sommers ist

das kostbare Nass mancherorts schon knapp geworden. (Neue Kronen-Zeitung 8. 11. 2006)

wasserdicht//wasserdurchlässig
Beton ist wetterfest, alltagstauglich, auf Wunsch wasserdicht oder wasserdurchlässig (Niederösterreichische Nachrichten 30. 9. 2008)

wasserdurchlässig//wasserdicht

Wasserfarbe//Ölfarbe
das Bild mit Wasserfarben malen

Wasserglasur//Fettglasur

Wasserkühlung//Luftkühlung
(Abführung von Wärme durch Wasser ○ Technik)

wasserlöslich//fettlöslich
wasserlösliche Gleitcreme ○ *wasserlösliche Vitamine wie B1, B2, B6, B12, Biotin, Nikotinsäure, Panthotensäure, Folsäure* ○ *Vitamin C ist wasserlöslich*

wasserlöslich//wasserunlöslich
wasserlösliches Pulver ○ *Solche Gewebe können aus nahezu allen Polymeren, ob wasserlöslich oder wasserunlöslich, bioabbaubar oder biostabil, hoch oder niedrig schmelzend hergestellt werden.* (Berliner Morgenpost 30. 5. 2013)

wasserreich//wasserarm
Ein wasserreiches Gebiet ○ *Ob die Regionen wasserreich oder wasserarm sind, scheint dabei keine Rolle zu spielen.* (Stuttgarter Nachrichten 29. 8. 2016)

Wassertemperatur//Lufttemperatur
die Wassertemperatur (der Nordsee) ist (nur) 16 Grad

wasserunlöslich//wasserlöslich
wasserunlösliches Pulver

Wasserweg//Landweg, Luftweg
auf dem Wasserweg Waren befördern ○ *Dieses Schiff soll im übernächsten Jahr von Rotterdam auf dem Wasserweg nach Basel und dann auf dem Landweg nach Sedrun gebracht werden.* (Die Südostschweiz 13. 10. 2010) ○ *Zugegeben, auch der Wasserweg ist nur eine Notlösung. Merkel wollte eigentlich den direkten, also den Luftweg nehmen und eine Gondel von ihrer Wohnung ins Büro installieren lassen.* (Main-Post 26. 11. 2005)

Wechselstrom//Gleichstrom
(Elektrizität)

Wechselwähler//Stammwähler
(jemand, der nicht immer die gleiche Partei wählt) ○ *Sie hat Wechselwähler angelockt, aber Stammwähler vertrieben.* (Süddeutsche Zeitung 7. 7. 2018)

Wechselwarmblüter//Warmblüter
(Tier, dessen Körpertemperatur von der Temperatur seiner Umgebung abhängt; Kaltblüter)

Wechselwild//Standwild
(Wild, das von einem Revier ins andere wechselt)

wecken//schlafen lassen
Du musst ihn wecken und kannst ihn nicht länger schlafen lassen ○ *Nein, ich hätte sie ja nachts wecken müssen. Man soll geplagte Menschen schlafen lassen* (Der Tagesspiegel 20. 10. 2002)

weder ein noch aus wissen
(ratlos sein) ○ *Doch es gab Zeiten, in denen das Paar weder ein noch aus wusste.* (Berner Oberländer 11. 2. 2008)

weder Fisch noch Fleisch
(weder charakteristisch für das eine noch für das andere) ○ *Zu vieles in der EU ist weder Fisch noch Fleisch.* (Salzburger Nachrichten 9. 3. 2015)

weg//her
weg mit den Sachen! ○ *Ein kaputtes System kann niemand mehr reparieren. Es muss weg und was Neues her!"* (Neue Kronen-Zeitung 9. 8. 2015)

weg//ran
weg von der Wand! ○ *Sie sahen all das mit großen Augen, wollten weg vom Kat-*

zentisch, ran ans Gala-Dinner. (Leipziger Volkszeitung 30. 4. 2018)

Weg; ↑den Weg abkürzen, Hinweg, Rückweg

weg.../her... (Verb)
z. B. *wegbringen/herbringen*

weg.../heran... (Verben mit gleichem Basiswort)
z. B. *weggehen von/herangehen an*

weg.../heran... (Verben mit nicht gleichem Basiswort)
z. B. *wegschieben/heranziehen*

weg.../hin... (Verb)
z. B. *sich wegbewegen/sich hinbewegen*

weg.../zu... (Verb)
z. B. *sich wegbewegen von.../sich zubewegen auf...*

wegbewegen, sich von etwas, jemandem//sich hinbewegen zu etwas, jemandem; sich zubewegen auf etwas, jemanden
Er bewegt sich weg von mir und hin zu ihm/auf ihn zu ○ *Die Nutzung der Grundstücke bewege sich weg vom ‚bewirtschafteten Gütle' und hin zum ‚Lauben- und Freizeitgrundstück'.* (Stuttgarter Nachrichten 10. 6. 2014)

wegbringen//herbringen
Er bringt das weg (vom Sprecher woandershin) ○ *„Aber ihr wolltet so viel wegbringen, was wolltet ihr denn dafür herbringen?"* (Der Spiegel 6. 12. 2004)

weggehen//dableiben
Sie wollte weggehen, aber er wollte noch dableiben ○ *Immer weggehen zu können ist zunächst der Königsweg, um immer dableiben zu wollen.* (Der Standard 25. 5. 2018)

weggehen//herkommen
Er geht weg (vom Sprecher woandershin) ○ *„Die Leute sollen ja nicht weggehen, sondern herkommen."* (Nordkurier 7. 8. 2004)

weggehen von//herangehen an
von dem Zaun weggehen

weggehen von//hingehen zu
Er geht von mir weg und zu ihr hin ○ *Wenn sich etwas zusammenbraut, sollte man weggehen. Umso mehr Leute hingehen, desto gefährlicher wird es!* (Mittelbayerische Zeitung 20. 1. 2016)

weggehen von//kommen zu
Er geht von ihm weg und kommt zu mir ○ *Wenn aber die besten jungen Leute dort weggehen und zu uns kommen, hinterlässt das eine Lücke.* (Wiesbadener Tagblatt 9. 10. 2015)

weghören//hinhören
Er hört weg, wenn er etwas machen soll ○ *Statt wegsehen – hinsehen! Statt weghören – hinhören! Statt schweigen – Geschichten Betroffener erzählen!* (Nordkurier 22. 11. 2007)

wegnehmen//wiedergeben
jemandem den Führerschein wegnehmen ○ *Was wir der Natur wegnehmen, muss man ihr an anderer Stelle wiedergeben.* (Märkische Allgemeine 11. 9. 2007)

wegräumen//stehenlassen
das Geschirr nach der Party wegräumen ○ *30 sogenannte Waste Watchers strafen künftig rücksichtslose Städter ab, die Sperrmüll auf die Straße stellen, den Kot ihrer Hunde nicht wegräumen oder Einkaufswagerln vor dem Haustor stehen lassen.* (Der Standard 31. 1. 2008)

wegschauen//hinschauen
Er schaute prüde weg ○ *Dürfen wir wegschauen? Oder müssen wir, gerade weil es die Bilder gibt, hinschauen?* (Neue Zürcher Zeitung 29. 12. 2016)

wegschieben//heranschieben
ich schiebe den Stuhl von mir weg, und er schiebt den Stuhl wieder zur mir heran

wegschieben//heranziehen
den Stuhl wegschieben von mir und dann wieder heranziehen zu mir
(1 Standort)

wegsehen//hinsehen
Sie sah schamhaft weg ○ *Nicht wegsehen, sondern hinsehen ist das Gebot.* (Süddeutsche Zeitung 6. 9. 2012)

weg sein//dasein
Sie ist (schon) weg

wegstellen//stehenlassen
das Geschirr wegstellen ○ *Der Textil- und Schuhladen Terminal soll aus Angst vor Terroranschlägen sogar die Schaufensterpuppen wegstellen. Privatleute dürfen Autos und Müllcontainer selbst in hauseigenen Einfahrten nicht stehen lassen.* (Stuttgarter Zeitung 19. 2. 2005)

wegtreten//antreten
Er ließ die Kompanie (wieder) wegtreten ○ *Es war rechtzeitig am Flughafen, der Mann legte eben die Tickets auf den Check-in-Schalter, als seine Frau neben ihm bewusstlos zusammenbrach. Obwohl die Frau weggetreten war, galt die Reise als „angetreten".* (Kurier 25. 3. 2003)

weg von//hin zu
weg von der Unfallstelle! ○ *Es geht weg von Dekorationen für ein einzelnes Event wie Ostern und Weihnachten und verstärkt hin zu saisonalen Elementen.* (Mannheimer Morgen 28. 3. 2018)

wegwerfen//aufheben
alte Zeitschriften wegwerfen ○ *„Ich habe schon das Gefühl, dass sich etwas verändert hat, die Menschen hier weniger Müll wegwerfen oder auch selbst einmal etwas aufheben."* (Der Tagesspiegel 24. 8. 2012)

Wegwerfflasche//Pfandflasche; ↑auch: Mehrwegflasche
Die Verbraucher greifen am liebsten zur Wegwerfflasche aus Plastik. (Die Presse 4. 6. 2011)

wegziehen//herziehen
die Familie Krause ist weggezogen ○ *Es sind zwei große Familien weggezogen und wenige Junge sind hergezogen.* (Schwäbische Zeitung 22. 7. 2016)

wehe//wohl
jedem wohl und keinem wehe ○ *Carl-Ludwig Thiele von der FDP charakterisierte das Unionswahlprogramm mit dem Karnevalsspruch: Niemandem wehe und allen wohl.* (Thüringer Allgemeine 3. 7. 2009)

Wehe; ↑Wohl

wehrdiensttauglich//wehrdienstuntauglich
er ist wehrdiensttauglich

wehrdienstuntauglich//wehrdiensttauglich
er ist wehrdienstuntauglich

Wehrgerechtigkeit//Wehrungerechtigkeit
(Gleichbehandlung aller Wehrpflichtigen, vor allem hinsichtlich der nicht Eingezogenen des gleichen Jahrgangs) ○ *Selbst nach der nun geplanten Aufstockung um 7000 Soldaten könnte die Armee nicht annähernd alle tauglichen Wehrpflichtigen einberufen. Auch heute bliebe die Wehrgerechtigkeit auf der Strecke.* (Westdeutsche Zeitung 30. 6. 2016)

Wehrpflicht//Berufsarmee
In diesem Land gibt es eine Wehrpflicht ○ *die Wehrpflicht aufgeben und eine Berufsarmee aufstellen* ○ *Auch das BZÖ will ein Aus für die Wehrpflicht und den Ersatz durch eine Berufsarmee samt einer Freiwilligenmiliz* (Tiroler Tageszeitung 22. 9. 2010)

Wehrungerechtigkeit//Wehrgerechtigkeit
(Ungleichbehandlung von Wehrpflichtigen, vor allem hinsichtlich der nicht Eingezogenen des gleichen Jahrgangs) ○ *Um den Vorwurf der Wehrungerechtigkeit zu entkräften, wurden allerlei kreative Maßnahmen entwickelt: Inzwischen reicht schon ein Status als Ehemann oder Vater aus, um der Wehrpflicht zu entgehen.* (Saarbrücker Zeitung 21. 8. 2007)

Weib//Mann
Mann und Weib und Weib und Mann, wie es bei Mozart heißt: die ewige Problematik! (Vorarlberger Nachrichten 8. 5. 2010)

Weibchen//Männchen
das Weibchen (das weibliche Tier) kommt angeflogen ○ *Vielleicht paaren sich daher die Weibchen nur mit den stärksten Männchen.* (Stuttgarter Zeitung 2. 10. 2012)

...weibchen//...männchen (Substantiv)
z. B. *Vogelweibchen/Vogelmännchen*

weibisch//männlich; ↑auch: maskulin
Er sieht in diesem Aufzug weibisch aus (abwertend)

Weiblein//Männlein
ein altes Weiblein saß auf der Bank ○ *Danke auch allen Vereinen und Freiwilligen, die den M3 so tatkräftig unterstützen und ohne die, ich glaube um 300 Weiblein und Männlein, das alles gar nicht möglich wäre.* (Vorarlberger Nachrichten 16. 8. 2014)

weiblich//männlich; ↑auch: maskulin; android
eine weibliche Person ○ *die weibliche Bevölkerung* ○ *weibliche Tiere* ○ *weibliche Blüten* ○ *weibliche Hormone* ○ *weibliche Substantive wie „die Kanne", „die Lampe"* ○ *„die" ist der weibliche Artikel* (Grammatik) ○ *„Bei der Arbeit im Stadtvorstand geht es nicht um weiblichen Charme und männliches Gehabe – die Arbeit und die Sachthemen müssen im Vordergrund stehen."* (Rhein-Zeitung 27. 6. 2012)

weibliche Eizelle//männliche Samenzelle; ↑auch: Spermium
Für eine Samenzelle gibt es im Grunde nur ein Ziel: die weibliche Eizelle. (Berliner Morgenpost 13. 2. 2006) ○ *Der Mensch ist in der Samenzelle präformiert. Für die weibliche Eizelle bleibt in dieser männlich codierten Sicht der Dinge nur noch die Funktion des Nährbodens.* (Die Presse 13. 10. 2003)

weiblicher Reim//männlicher Reim; ↑auch: stumpfer Reim
(reimende zweisilbige Wörter, z. B.: Torte/Worte, dachte/machte)

weibstoll//mannstoll
Er ist weibstoll ○ *In Renns Roman wird er als faul, dumm, nachlässig, spielsüchtig und weibstoll charakterisiert, eben ein Taugenichts.* (Süddeutsche Zeitunge 14. 12. 2017)

Weibstollheit//Mannstollheit; ↑auch: Nymphomanie
Michael Douglas war der Erste, der sich gegen seine chronische Weibstollheit therapeutisch hat helfen lassen (Stuttgarter Zeitung 22. 4. 2010)

weich//fest
der Kranke bekommt weiche Nahrung ○ *Außerdem sollte das Gemüse nicht weich, sondern fest sein – dann hat es mehr Aroma.* (Tiroler Tageszeitung 29. 11. 2011)

weich//hart
weiches Leder ○ *ein weicher Bleistift* ○ *ein weich gekochtes Ei* ○ (übertragen:) *weiche Landung* ○ *Haschisch ist eine weiche Droge* ○ *ein weicher Akzent* ○ *sie hat so lange gebettelt, bis er schließlich weich geworden ist* (nachgegeben hat) ○ *Wer wissen will, ob ein Ei roh, weich oder hart gekocht ist, sollte das Ei auf einer glatten Oberfläche drehen.* (Westdeutsche Zeitung 31. 3. 2018)

weicher Kragen//steifer Kragen
(nicht gestärkter Kragen am Oberhemd)

weiches Wasser//hartes Wasser
(nur gering kalkhaltiges Wasser)

weiche Währung//harte Währung
(keine stabile Währung)

Weichfutter//Hartfutter
(z. B. Kleie, Kartoffeln bei der Tierfütterung) ○ *Amseln, Rotkehlchen oder*

Heckenbornelle sind Weichfutterfresser, Finken und Spatzen mögen dagegen Hartfutter lieber, Meisen bevorzugen die Mischung. (Rhein-Zeitung 31. 12. 1996)

Weichgummi//Hartgummi
Seit 150 Jahren wird in der Region Hamburg Kautschuk zu Weichgummi und Hartgummi verarbeitet. (Hamburger Morgenpost 27. 6. 2007)

Weichholz//Hartholz
Nadelhölzer sind Weichhölzer ○ *Der steigende Bedarf an Energie aus Holz lassen die Preise für ofenfertiges, gespaltenes, trockenes Weichholz momentan auf 50 Euro und Hartholz auf 70 Euro pro Raummeter steigen* (Passauer Neue Presse 10. 12. 2010)

weichlöten//hartlöten
Weichlöten in Trinkwasserinstallationen ○ *Aluminium lässt sich auch nicht weichlöten, wie es bei Kupferleitungen üblich ist.* (Süddeutsche Zeitung 3. 2. 2011)

Weichpackung//Hartpackung
Wer Pulver kauft, der soll laut Plautz auf eine Weichpackung mit Ventil achten. Da Kaffee drei Tage nachgast, spricht eine solche Verpackung für Frische. (Hamburger Morgenpost 30. 1. 2012)

Weichporzellan//Hartporzellan
Im Europa des 17. Jahrhunderts verwendete man zur Produktion von Geschirr vorwiegend eine Art Weichporzellan (Frittenporzellan), ebenso hatte Steingut oder Fayence Tradition, die trotz des im 18. Jahrhundert verstärkten Aufkommens von Hartporzellan weitergeführt wurde. (Wirtschaftsblatt 7. 12. 2001)

Weihnachten; ↑**grüne Weihnachten, weiße Weihnachten**

Wein; ↑**Flaschenwein, offener Wein, Rotwein, Weißwein**

weinen//lachen
sie weint selten, aber sie lacht oft ○ *mit einem lachenden und einem weinenden Auge* ○ *Sie weinen und lachen zusammen und feiern sich in ihrer zutiefst menschlichen Weiblichkeit.* (Mittelbayerische Zeitung 11. 1. 2016)

weise//töricht
es war weise von ihm, das so zu tun ○ *Er war zeitlebens wahrheitsliebend und verlogen, traurig und fröhlich, weise und töricht* (Wiener Zeitung 10. 1. 2014)

Weiser//Tor, Narr
„Nathan der Weise" (Drama von Gotthold Ephraim Lessing, 1779) ○ *Ein Tor kann mehr fragen als sieben Weise beanworten können* (Sprichwort)

weiß//farbig, schwarz
die weiße Bevölkerung Südafrikas ○ *weiße Frauen und schwarze Frauen – er liebte beide* ○ *Innentüren aus Holz können weiß oder farbig lackiert, naturbelassen, gemasert oder sogar gemustert sein* (Rhein-Zeitung 15. 2. 2017)

weiß//rot
Die Regel weißer Wein zu weißem Fleisch und roter zu dunklem wird zudem nicht mehr so streng gesehen. (Rhein-Zeitung 20. 9. 2011)

Weißbrot//Schwarzbrot
(aus Weizenmehl hergestelltes Brot) ○ *Die heimischen Bäckereien Kasses und Lasser waren bei der Entwicklung eines Brotes beteiligt, das wie Weißbrot schmeckt, aber so gesund wie Schwarzbrot sein soll.* (Die Presse 3. 9. 2014)

weiße Blutkörperchen//rote Blutkörperchen; ↑**auch: Erythrozyt**
(kernhaltige, farblose Blutzellen)

Weißei//Gelbei; ↑**auch: Eigelb**
Das Brotgebilde wird dann einen halben bis einen Tag an der Luft getrocknet, mit Weißei bestrichen (dadurch bekommt es Glanz) und anschließend für vier bis sechs Stunden bei mittlerer Temperatur gebacken. (Lausitzer Rundschau 29. 11. 2002)

Weiße[r]//Farbige[r], Schwarze[r]
Weiße und Farbige leben friedlich zusammen ○ *Können Weiße und Schwarze also überhaupt zusammenleben?* (Der Spiegel 3. 3. 2018)

weißer Bruch//schwarzer Bruch
(Weinbau)

weißer Kreis//schwarzer Kreis
(Landkreis, in dem die Preisbindung für Mieten aufgehoben ist ○ in der Zeit nach dem Zweiten Weltkrieg in der alten Bundesrepublik)

weißer Mann//Rothaut
(Europäer) ○ *Wer es noch nicht gewusst hat, kann hier mit eigenen Ohren hören, dass ein weißer Mann wie eine Rothaut denken und wie ein Schwarzer singen kann.* (Nürnberger Nachrichten 3. 5. 2008)

weißer Terror//roter Terror
(die Konterrevolution) ○ *Überdies war auch die Republik für Ebert nur als Staat der Ordnung und des Rechtes denkbar. Er musste es dulden, dass weißer Terror und roter Terror aufeinanderprallten.* (Stern 29. 4. 1999)

weiße Substanz//graue Substanz
(Anatomie)

weiße Wäsche//Buntwäsche
Neben einem Vollwaschmittel, das für die weiße Wäsche benützt wird, sollte man ein Colorwaschmittel für unempfindliche Buntwäsche zu Hause haben. (Passauer Neue Presse 11. 6. 2007)

weiße Weihnachten//grüne Weihnachten
(Weihnachten mit Schnee) ○ *Weiße Weihnachten hatten wir tatsächlich nur 14 Mal, zehn Mal hatten wir angezuckerte oder teilweise weiße Weihnachten und 23 Mal hatten wir grüne Weihnachten.* (Schwäbische Zeitung 23. 12. 2015)

Weißgold//Gelbgold
(legiertes Gold, das für Schmuck verarbeitet wird)

Weißkragen//Blaukragen
Insgesamt sind 78,2 Prozent der Wähler „Weißkragen", d. h. sie gehen keiner manuellen Arbeit nach. Im Zentrum ist die Anzahl der „Blaukragen" mit 15,2 Prozent am niedrigsten. (Luxemburger Tageblatt 8. 10. 2013)

Weißwäsche//Buntwäsche
(weiße [Koch]wäsche) ○ *Sechs Minuten später Weißwäsche raus, Buntwäsche rein.* (Leipziger Volkszeitung 28. 2. 2003)

Weißwein//Rotwein
er trinkt gern Weißwein ○ *Zu handgemachten köstlichen Tapasvariationen gibt es kühlen Weißwein und temperamentvollen Rotwein.* (Stuttgarter Zeitung 9. 6. 2016)

Weisung; ↑allgemeine Weisung

weit//eng
ein weiter Rock ○ *weite Hosen* ○ *weite Grenzen* ○ (übertragen:) *er hat einen weiten Horizont* ○ *Sind die Grenzen heute zu weit oder zu eng?* (Die Presse 2. 2. 2013)

weit//nah
die Berge sind (noch) weit ○ *ein Haus weit von der Stadt (entfernt)* ○ *... die weite Welt ist viel näher als man glaubt* (Johann Nestroy, Der Talisman I/5)

weite Lage//enge Lage
(Musik)

weitergehen//stehen bleiben
Er ging weiter ○ *bitte weitergehen und nicht stehen bleiben* ○ *„Wenn wir nicht weitergehen, werden wir nicht nur stehen bleiben, sondern zurückrollen."* (Süddeutsche Zeitung 8. 10. 2015)

weitermachen//aufhören
er will weitermachen und nicht aufhören ○ *Wir müssen weitermachen, nicht aufhören. Unser Ziel ist nicht das Halbfinale.* (Hannoversche Allgemeine 7. 7. 2018)

weitermachen//unterbrechen
wir machen (jetzt wieder) weiter ○ *Aufhören und Auf-hören. Nicht immer weitermachen. Sich heilsam unterbrechen lassen.* (Ostthüringer Zeitung 16. 9. 2006)

weitherzig//engherzig
eine weitherzige Auslegung des Paragraphen ○ *In Jesus hat Gott sein menschliches Gesicht gezeigt: gerecht und barmherzig, friedlich und gewaltlos, geschwisterlich, weitherzig und frei.* (Märkische Allgemeine 5. 6. 2010)

weitmaschig//engmaschig
ein weitmaschiges Netz ○ *Und da können wir einhaken in der Einsicht, dass wir selbst das Netz bilden, zumindest die Knoten, die die Kirche, das Netz, zusammen halten, so dass es weder zu weitmaschig wird und viele fangreife Fische verloren gehen oder zu engmaschig, dass den Fischen die „Luft" wegbleibt.* (Passauer Neue Presse 28. 4. 2001)

weitsichtig//kurzsichtig; ↑auch: myop
sie ist weitsichtig und braucht eine Brille ○ (übertragen:) *das ist weitsichtig gehandelt* ○ *Das eine ist eine 25-Millionen-Investition in die Zukunft – nachhaltig, wertschöpfend, weitsichtig. Das andere ist eine 2500-Millionen-Investition in den Moment – flüchtig, wertvernichtend, kurzsichtig.* (Die Südostschweiz 30. 10. 2015)

Weitsichtigkeit//Kurzsichtigkeit;
↑auch: Myopie

Weitverkehrsnetz//lokales Netz
(Kommunikationstechnik)

weit weg von//nahe bei
sie wohnt weit weg von ihm ○ *Und um das kühle Wasser des Gardasees zu genießen. „Der ist zwar weit weg von Berlin, dafür aber recht nahe bei München ..."* (Mannheimer Morgen 7. 7. 2012)

Weizen//Spreu
die Spreu vom Weizen trennen ○ *Er erkannte schnell, was in dieser Branche Weizen und was Spreu ist.* (Süddeutsche Zeitung 12. 10. 2017)

Wellenberg//Wellental
(oberster Teil einer Welle) ○ *Wenn ein Wellenberg und ein Wellental aufeinander treffen, gibt es eine Überlagerungserscheinung beim Zusammentreffen – also eine Interferenz.* (Wiener Zeitung 15. 3. 2011)

Wellenstrahlen//Korpuskularstrahlen
(Physik)

Wellental//Wellenberg
(tiefste Stelle zwischen zwei Wellen)

wellig//glatt
Er hatte dunkles, welliges Haar, trug einen dunklen Mantel und einen weißen Schal. (Kölner Express 7. 1. 2017)

Welt; ↑**die Alte Welt, die Neue Welt**

weltabgewandt//weltzugewandt
Die etwa 135 Seelen von Bergholz leben ganz besonders weltabgewandt im nördlichen Ohio. (Tagesanzeiger 13. 2. 2013)

Weltbürger//Provinzei
Ich war jetzt kein Weltbürger mehr, sondern Provinzei. (Der Spiegel 19. 1. 2019)

Weltgeistlicher//Ordensgeistlicher, Mönch
Als Mönch und ab 1789 als Weltgeistlicher ordnete der „rastlose Wissenschaftler" Archive vieler Klöster (Wiesbadener Kurier 7. 5. 2008)

weltlich//geistlich
ein weltliches Amt ○ *weltlicher Besitz* ○ *weltliche Musik, Lyrik* ○ *weltliche Lieder* ○ *Wie sehr auch weltlich und geistlich musikalisch noch nicht getrennt war, zeigten die Canzonen, Choräle, Trinklieder oder Psalmvertonungen.* (Nürnberger Nachrichten 2. 11. 2017)

weltlich//kirchlich
weltliche soziale und kirchliche soziale Institutionen ○ *Überall dort, wo eine Ideologie auftritt, egal, ob sie jetzt welt-*

lich oder kirchlich ist, wird es gefährlich. (Die Presse 14. 3. 2010)

weltmännisch//provinziell
sein Auftreten ist weltmännisch ○ *Im Prinzip findet man doch in jedem kleinen Kaff einen Langhammer, der sich weltmännisch fühlt, aber durch und durch provinziell ist.* (Stuttgarter Zeitung 19. 6. 2012)

Weltpriester//Ordenspriester

weltstädtisch//provinziell
er fand Berlin weltstädtisch ○ *Ein solches Vorgehen ist mitnichten so weltstädtisch, wie sich Hamburg gern sieht – sondern ziemlich provinziell.* (Hamburger Abendblatt 21. 11. 2016)

weltzugewandt//weltabgewandt
sie ist weltzugewandt ○ *Eilis ist weltgewandt geworden, was hier auch heißt: weltzugewandt.* (Die Presse 22. 1. 2011)

Wende//Halse
(beim Segeln)

wenden//halsen
(beim Segeln: mit dem Bug durch den Wind drehen)

wenig//viel
wenig Geld, Zeit haben ○ *wenig trinken* ○ *wenig erlebt haben* ○ *Zudem ist sie eine linke Ikone der alten Bundesrepublik, eine von den friedensbewegten Frauen aus dem Westen, die mit Marx und Lenin wenig und mit Gott und Jesus viel politisch anzufangen wussten.* (Die Zeit Christ und Welt 8. 6. 2017)

wenige//viele
(nur) wenige waren gekommen ○ *Nur wenige Länder haben so viele Spitzenprofis hervorgebracht wie Portugal.* (Hannoversche Allgemeine 7. 12. 2013)

weniger//besonders
diese Farbe ist weniger (nicht so) lichtempfindlich ○ *Denkmalwert ist dieses Haus ... nämlich weniger wegen eines besonders auffälligen Baustils oder* wegen seines berühmten Architekten, sondern vor allem wegen seiner Geschichte (Berliner Morgenpost 9. 4. 2005)

weniger//mehr
er verdient weniger als sie ○ *weniger Staat, mehr Eigenverantwortung* ○ *Manchmal ist weniger mehr* (Wormser Zeitung 16. 2. 2018)

weniger//und
(Subtraktion/Addition) ○ *fünf weniger vier ist eins*

wenigsten; ↑am wenigsten

wenigstens//höchstens
er verreist wenigstens 8 Tage ○ *Das flüssige Metall im Erdinneren sei vor wenigstens einer Milliarde Jahre, höchstens aber vor 1,5 Milliarden Jahren erstarrt* (Süddeutsche Zeitung 8. 10. 2015)

... werden; in Verbindung mit Partizip II = Passiv//... Infinitiv = Aktiv; ↑auch: ...//... lassen
z. B. *verführt werden/verführen* ○ *eingeladen werden/einladen* ○ *die Täter wissen bald auch nicht mehr, ob sie handeln oder gehandelt werden*

... werden//... bleiben; ↑auch: ... bleiben//un... werden
z. B. *untreu werden/treu bleiben* ○ *alt werden/jung bleiben* ○ *Nichtraucher werden/Raucher bleiben*

... werden; in Verbindung mit Part. II// un... bleiben
z. B. *erwähnt werden/unerwähnt bleiben*

Werden und Vergehen
das Werden und Vergehen ○ *zwischen Werden und Vergehen* ○ *Werden und Vergehen befinden sich in einem Kreislauf, auf den Tod folgt das erneute Aufblühen.* (Neue Zürcher Zeitung am Sonntag 8. 5. 2016)

werfen in//holen aus
etwas in die Tonne werfen ○ *Manchmal hat er Sachen in den Papierkorb gewor-*

fen, die ich wieder herausgeholt habe.
(Braunschweiger Zeitung 22. 4. 2008)

Werktag//Feiertag, Sonntag
der Zug verkehrt nur an Werktagen ○ *Egal ob Werktag, Sonntag oder Feiertag, wir haben an 365 Tagen im Jahr auf* (Schweriner Volkszeitung 24. 12. 2012)

werktags//sonntags
der Zug verkehrt nur werktags ○ *Sie ist mit acht bis neun Männern ‚bestückt' und die müssen im Notfall verfügbar sein – auch werktags, in Urlaubszeiten oder sonntags im Hochsommer.* (Schwäbische Zeitung 11. 2. 2012)

Wert//Unwert
sich über Wert oder Unwert von etwas unterhalten ○ *Ich glaube nicht, dass ein Plakat dieser Art den Wert oder Unwert einer Frau bestimmt.* (Tiroler Tageszeitung 27. 5. 2008)

Wert; ↑Einheitswert, Kurswert, Nennwert, Verkehrswert

Werther//Lotte
(Liebespaar in Goethes „Leiden des jungen Werthers", 1774)

Wertkartenhandy//Vertragshandy
(mit Wertkarte betriebenes Mobiltelefon)

wertlos//wertvoll
wertloser Schmuck ○ *ein wertloser Hinweis* ○ *Doch alle sind sie zu gebrauchen. Keiner ist wertlos, jeder für sich wertvoll.* (Passauer Neue Presse 26. 4. 2016)

wertvoll//schädlich
Kein anderes Sternzeichen kann nämlich so gut unterscheiden zwischen dem, was ... wertvoll oder schädlich ist. (St. Galler Tagblatt 26. 8. 1997)

wertvoll//wertlos
wertvoller Schmuck ○ *ein wertvoller Hinweis* ○ *Welche Werke sind wertvoll, welche wertlos, und nach welchen Kriterien entscheidet man, was gute und was weniger gute Kunst ist?* (Nordwestschweiz 12. 3. 2018)

Wertzoll//Gewichtszoll
(Zoll, der dem Wert der Ware entspricht)

wesentlich//unwesentlich
ein wesentlicher Vorteil ○ *eine wesentliche Verbesserung* ○ *Viele haben gespürt, was wesentlich und was unwesentlich, was wichtig und unwichtig ist in ihrem Leben.* (Neue Luzerner Zeitung 27. 10. 2017)

Wessi//Ossi; ↑auch: Ostler
(umgangssprachlich für: Westdeutscher ○ Person, die aus der alten Bundesrepublik – vor der Wiedervereinigung – stammt) ○ *„Lasst uns darauf anstoßen, dass wieder mal ein Wessi erfolgreich eine leitende Stelle von einem Ossi übernommen hat."* (Süddeutsche Zeitung 13. 4. 2018)

West//Ost
Das Oberland – von West bis Ost – darf 16 Grossräte wählen. (Berner Oberländer 12. 12. 2013) ○ *Die Liga ist nicht mehr in drei geografische Gebiete aufgeteilt, sondern in zwei. Und das noch nicht mal in West und Ost, sondern in Nord und Süd.* (Neue Vorarlberger Tageszeitung 2. 10. 2016) ○ *Eine Spaltung zwischen West und Ost in der EU droht ja nicht nur wegen mangelnder Solidarität in der Migrationsfrage, sondern auch deshalb, weil Länder wie Polen und Ungarn wegdriften von Europas demokratischen Werten.* (Salzburger Nachrichten 18. 1. 2018)

West...//Ost... (Substantiv)
z. B. *Westkontakte/Ostkontakte*

Westdeutschland//Ostdeutschland; ↑auch: DDR, neue Bundesländer
In Westdeutschland lag die Arbeitslosenquote im Dezember bei 8,4 %, in Ostdeutschland bei 17,9 %. (Tiroler Tageszeitung 9. 1. 2004)

Westen//Osten
der Wind kommt aus Westen ○ (übertragen:) *die Bevölkerung im Westen (als politischer Begriff)* ○ *„Im Westen nichts Neues", Roman von Erich Maria Remarque, 1929)*

Westkontakte//Ostkontakte
Der Vorwurf, über „Westkontakte" mit dem kapitalistischen Erzfeind zu verfügen, brachte Nachteile in vielen Bereichen. (Wiener Zeitung 8. 1. 2004)

Westler//Ostler; ↑auch: Ossi
(jemand aus dem Westen der Bundesrepublik ○ politisch) ○ *26 Prozent der befragten Westler, aber nur drei Prozent der befragten Ostler waren seit dem Mauerfall noch nie im jeweils anderen Teil der Stadt.* (Der Tagesspiegel 12. 8. 2010)

westlich//östlich (Adjektiv)
westliche Winde ○ (übertragen:) *westliche Denkweisen (politisch)* ○ *Er stamme von einer muslimischen Familie ab, schrieb er, in der sich «westliche und östliche Werte» mischten.* (Tagesanzeiger 4. 12. 2015)

westlich//östlich (Präposition, Adverb)
westlich des Flusses ○ *westlich vom Rhein* ○ *Die Grundstücke nördlich der Constantinstraße ... befinden sich westlich der Hebbelstraße und nicht, wie irrtümlich eingezeichnet, östlich davon.* (Hannoversche Allgemeine 20. 10. 2017)

Whigs//Tories
(Angehörige einer englischen Partei, die die Opposition zu den konservativen Tories bildet; spätere Liberale ○ historisch)

wichtig//unwichtig
wichtige Dinge, Details ○ *eine wichtige Mitteilung* ○ *Geld ist dabei wichtig* ○ *Es scheint, als seien Seehofer ... die Parameter abhandengekommen, für wichtig und unwichtig, für anständig und unanständig ...* (Der Spiegel 14. 7. 2018)

Widder//Hammel, Schöps
(nicht kastriertes männliches Schaf)

Widder//Schaf
(männliches Schaf) ○ *4.500 Schilling etwa bringt ein Widder ein, ein Schaf etwa einen Tausender weniger.* (Neue Kronen-Zeitung 18. 9. 1995)

Wider; ↑das Für und Wider
Über Kostümfragen und das Für und Wider des Karnevals (Hannoversche Allgemeine 9. 2. 2013)

Widerdruck//Schöndruck
(das Bedrucken der Rückseite eines Druckbogens ○ Buchdruck)

widerlegen//beweisen
ein Argument widerlegen ○ *Mit seinem Unternehmen, das auf den Grundsätzen solidarischer Ökonomie basiert, will er die kapitalistische Marktordnung widerlegen und beweisen, dass man eine Firma alternativ führen kann.* (Der Standard 27. 5. 2017)

widernatürlich//natürlich
widernatürliches Geschlechtsempfinden ○ *Was das Christentum, ..., als „widernatürlich" bezeichnet, wird schon in der griechischen Antike als „natürlich" charakterisiert.* (taz 7. 8. 2003)

widersetzen, sich//folgen
er widersetzte sich ihren Anweisungen ○ *diese Mentalität zu kuschen und wegzuschauen, sich nicht zu widersetzen, einem großen Vorsitzenden zu folgen – das hat schon ein wenig Ähnlichkeit mit dem Politbüro.* (Mitteldeutsche Zeitung 8. 2. 2000)

widersprechen//zustimmen
dem Gesagten widersprechen ○ *er hat ihm widersprochen* ○ *Konkret kann er entweder widersprechen, keine Stellungnahme abgeben oder zustimmen.* (Die Presse 1. 8. 2013)

Widerstand; ↑aktiver Widerstand, passiver Widerstand

widrig; ↑**verfassungswidrig**

...widrig//...gemäß (Adjektiv)
z. B. *ordnungswidrig/ordnungsgemäß*

...widrig//...gerecht (Adjektiv)
z. B. *verkehrswidrig/verkehrsgerecht*

...widrig//...mäßig (Adjektiv)
z. B. *gesetzwidrig/gesetzmäßig*

wieder; ↑**schon wieder**

wiederaufbauen//zerstören
eine zerstörte Stadt wiederaufbauen ○ *Arenberg wurde 1861 wiederaufgebaut, nachdem das ehemalige Bürglsteingut bei einem Brand fast völlig zerstört wurde.* (Salzburger Nachrichten 21. 4. 2009)

wieder auf den Damm kommen//nicht auf dem Damm sein
(wieder gesund werden) ○ *Ich muss jetzt erstmals körperlich wieder auf den Damm kommen.* (Berliner Morgenpost 1. 6. 2014)

wieder aufgreifen//fallenlassen
ein Thema (wieder) aufgreifen ○ *So will eine Kommissionsminderheit die Idee einer nationalen Erbschafts- und Schenkungssteuer wieder aufgreifen, die Finanzminister Kaspar Villiger ... wegen bürgerlichen Widerstands bald wieder fallen lassen musste.* (Tagesanzeiger 8. 9. 2003)

Wiederaufnahme//Unterbrechung
die Wiederaufnahme der Verhandlungen ○ *Die Wiederaufnahme dieser psychologischen Kriegsführung nach elfjähriger Unterbrechung wurde vom Ministerium als ein erster Schritt angekündigt.* (Salzburger Nachrichten 11. 8. 2015)

wiederaufnehmen//abbrechen
Kontakte wiederaufnehmen ○ *Nach monatelanger Pause waren am Dienstag die Gespräche ... zwischen Pristina und Belgrad wiederaufgenommen worden – die nach dem Attentat von Serbien sofort abgebrochen wurden.* (Süddeutsche Zeitung 20. 1. 2018)

wieder aufnehmen//einstellen
die Produktion wieder aufnehmen ○ *Mit steigenden Temperaturen konnten in den vergangenen Wochen viele Berufsgruppen ihre Arbeit wieder aufnehmen, die sie wegen des frostigen Winters vorübergehend einstellen mussten.* (Stuttgarter Nachrichten 1. 4. 2010)

wiederfinden//verlieren
ich habe den verlorenen Handschuh wiedergefunden ○ *Das ÖFB-Team hatte in der Kabine nicht wiedergefunden, was es auf dem Platz verloren hat.* (Tiroler Tageszeitung 25. 3. 2017)

Wiedergabe//Aufnahme
ein Gerät zur Aufnahme und Wiedergabe gesprochener Texte

wiedergeben//wegnehmen
jemandem den Ausweis wiedergeben ○ *Der Natur müsse wiedergegeben werden, was ihr beispielsweise durch Flächenverbrauch oder Straßenbau weggenommen werde* (Südkurier 25. 9. 2013)

wie der Herr, so's Gescherr
(die negativen Eigenschaften, die man beim Vorgesetzten o. Ä. findet, finden sich auch bei den von ihm Abhängenden ○ Redewendung) ○ *Jugendliche seien heute genau so „dienstleistungsorientiert" wie Erwachsene, fügt Burghardt hinzu. „Wie sollte es auch anders sein – wie der Herr, so's Gescherr."* (Frankfurter Rundschau 21. 2. 1997)

Wiederholungstäter//Ersttäter
(jemand, der wiederholt in der gleichen Sache straffällig geworden ist) ○ *Denn in diesem Bereich gibt es laut der Richterschaft öfter Wiederholungstäter – diese bekommen schärfere Sanktionen zu spüren als Ersttäter.* (Die Presse 9. 8. 2012)

Wiedersehen//Abschied
beim Abschied sich aufs Wiedersehen freuen ○ *Jeden Monat feiern Layla und*

Magan ein Wiedersehen und einen Abschied zugleich. (Der Spiegel 7. 4. 2018)

wieder zu sich kommen//ohnmächtig werden
Was waren Ihre ersten Gedanken, als Sie unter der brennend heißen Dusche wieder zu sich gekommen sind? ... Was ist jetzt passiert ... Wieso bin ich ohnmächtig geworden? (Oberösterreichische Nachrichten 24. 4. 2010)

wie Feuer und Wasser
die beiden sind seit Jahren schon wie Feuer und Wasser (sind gegensätzlich in Ansichten, Zielen usw.) ◦ *Sein grundsätzliches Nein und das mehrheitliche Ja der Bürger sind miteinander genauso unvereinbar wie Feuer und Wasser.* (Stuttgarter Zeitung 29. 11. 2011)

Wiege; ↑von der Wiege bis zur Bahre

wie Hund und Katze
die leben wie Hund und Katze (vertragen sich nicht) ◦ *Er war zehn Jahre lang ihr Trainer. Und erinnert sich: „Vier, fünf Spielzeiten waren wir wie Hund und Katze – plötzlich war es Liebe."* (Hamburger Abendblatt 9. 1. 2006)

wild//gezüchtet
wilde Erdbeeren ◦ *Welche Arten, wild und gezüchtet, kommen wie in der Region vor?* (Westdeutsche Zeitung 22. 6. 2018)

wild//zahm
wilde Tiere ◦ *ein wilder Bär* ◦ *Der Lech hat zwei Gesichter: wild oder zahm, tosend durchs Tal donnernd oder sanft verzweigt, viel oder wenig Wasser.* (Tiroler Tageszeitung 7. 7. 2015)

wild wachsende Pflanze//Kulturpflanze
(Botanik)

willensschwach//willensstark
sie ist willensschwach ◦ *Frauen sind launisch, willensschwach, zaudern oft, und zu jeder Lösung fällt ihnen gleich eine bessere Alternative ein. Im Gegensatz dazu die Männer: willensstark, durchsetzungskräftig, entscheidungsfreudig. So weit die Klischees.* (Die Presse 7. 7. 2007)

Willensschwäche//Willensstärke

willensstark//willensschwach
sie ist willensstark ◦ *Die Niederlage ... mit Willensschwäche zu rechtfertigen, war ja doch wohl nur ein Verschieben der Frage nach hinten, denn willensstark oder willensschwach zu sein ist doch auch nur ein Schicksal.* (St. Galler Tagblatt 30. 1. 2013)

Willensstärke//Willensschwäche

willig; ↑der Geist ist willig

...willig//...unwillig (Adjektiv)
z. B. *zahlungswillig/zahlungsunwillig*

willkommen//unwillkommen
Aber was ist in Berlin los – fühlen Sie sich dort willkommen? Oder eher unwillkommen? (Der Spiegel 9. 2. 2019)

windig//windstill
heute ist es (recht) windig ◦ *Ist es auf Claude Monets Werk «Frau mit Sonnenschirm» windig oder windstill?* (St. Galler Tagblatt 8. 12. 2012)

Windschatten//Windseite; ↑auch: Luv
im Windschatten

Windseite//Windschatten; ↑auch: Lee
auf der Windseite

windstill//windig
heute ist es windstill ◦ *„Die Leute denken nicht daran, dass es an Land warm und windstill sein kann, während es auf See kalt und windig ist."* (Nordkurier 31. 12. 2007)

Winkel; ↑spitzer Winkel, stumpfer Winkel

Winner[typ]//Loser
(Mann mit Erfolg durch Charme) ◦ *Man spürt: Hier scheint ein Winnertyp auf Loser zu treffen* (Rhein-Zeitung 23. 10. 1998) ◦ *Weil es ja nur Winner,*

aber keine Loser geben darf, ist der Ausgang ebenso vorhersehbar wie das ganze Tanz-Abenteuer. (Wiener Zeitung 7. 8. 2014)

Winter//Sommer
ein Mantel für den Winter ○ *Eine mit Efeu berankte Fassade sei im Winter ein Grad wärmer, im Sommer ein Grad kälter.* (Wormser Zeitung 12. 9. 2015)

Winter...//Sommer... (Substantiv)
z. B. *Wintermantel/Sommermantel*

Winteranzug//Sommeranzug

Winterbiwak//Sommerbiwak

Winterei//Sommerei; ↑auch: Subitanei
(Dauerei ○ Zoologie)

Winterfahrplan//Sommerfahrplan
der Winterfahrplan der Bundesbahn

Winterfeder//Sommerfeder
(Winterhaar beim Schwarzwild)

Winterhaar//Sommerhaar
(Fell des Haarwilds im Winter)

Winterhalbjahr//Sommerhalbjahr
An den Samstagen sind es vier Fahrten im Winterhalbjahr und fünf Fahrten im Sommerhalbjahr, an Sonn- und Feiertagen gibt es jeweils drei Fahrten im Winterhalbjahr und vier Fahrten im Sommerhalbjahr. (Schwäbische Zeitung 6. 12. 2017)

Wintermantel//Sommermantel

Wintermode//Sommermode

Winterolympiade//Sommerolympiade

Winterreifen//Sommerreifen
die Winterreifen aufziehen

winters//sommers
winters wie sommers machte er seine Spaziergänge im Park ○ *In der Gaststube herrscht winters zu wenig und sommers zu viel Andrang.* (Märkische Allgemeine 23. 2. 2018)

Wintersaat//Sommersaat

Wintersachen//Sommersachen
im Frühjahr die Wintersachen zur Reinigung bringen ○ *In der Kleiderkammer herrscht saisonbedingt eher Ebbe: Wintersachen sind nicht gefragt, Sommersachen noch nicht da.* (Rhein-Zeitung 8. 5. 2017)

Winterschäle//Sommerschäle
(Jagdwesen)

Winterschlussverkauf//Sommerschlussverkauf
der Winterschlussverkauf mit den herabgesetzten Preisen für Wintersachen beginnt Ende Januar ○ *Bis 2004 durfte der Handel nur zweimal im Jahr die Lager räumen und Ware mit Rabatten anbieten: im Januar/Februar zum Winterschlussverkauf (WSV) und im Juli/August zum Sommerschlussverkauf (SSV)* (Nürnberger Zeitung 4. 1. 2017)

Wintersemester//Sommersemester
die Vorlesungen im Wintersemester

Wintersonnenwende//Sommersonnenwende
Wintersonnenwende ist am 22. Dezember, Winteranfang ○ *Stonehenge zeigte die Wintersonnenwende, Durrington die Sommersonnenwende.* (Die Presse 1. 2. 2007)

Winterurlaub//Sommerurlaub
der Winterurlaub wird von den Ärzten empfohlen ○ *Man dachte, den begüterten Russen reiche es, in den Winterurlaub nach Sankt Moritz zu fahren und in den Sommerurlaub an die türkische Riviera* (Die Presse 5. 3. 2012)

Winterzeit//Sommerzeit
die Uhr auf Winterzeit umstellen (wieder eine Stunde zurückstellen, so dass die Zeit dann der tatsächlichen entspricht)

winzig//riesig
eine winzige Torte ○ *Der Raum ist zwar winzig, das Vergnügen dafür riesig.* (Nordkurier 19. 7. 2016)

Wir//Ich
So funktioniert Familie: „Weniger Ich, mehr Wir" (Oberösterreichische Nachrichten 30. 10. 2018)

Wirbellose//Wirbeltiere; ↑auch: **Vertebraten**
(Tiere ohne Wirbelsäule)

Wirbeltiere//Wirbellose; ↑auch: **Evertebraten, Invertebraten**

wird anders//bleibt wie es ist
Alles wird anders. Nichts bleibt, wie es ist, alles ändert sich. Ist das gut oder schlecht? (Berliner Zeitung 12. 3. 2015)

Wirklichkeit//Fantasie
Zwischen Wirklichkeit und Fantasie liegt oft nur ein Schrittwechsel. (Der Spiegel 25. 5. 2019)

Wirklichkeit//Fiktion
Die Wirklichkeit ist so überwältigend, dass alle Fiktion dagegen verblasst." (Süddeutsche Zeitung 23. 6. 2010)

Wirklichkeit//Utopie, Illusion
dieser Plan kann Wirklichkeit werden oder Utopie bleiben ○ Im Ars Electronica Center sind Experimente zwischen Wirklichkeit und Utopie im Gang, wie man sie am anderen Ufer der Donau schmerzlich vermisst. (Neue Zürcher Zeitung 7. 1. 2009) ○ *Die Bilder des belgischen Malers René Magritte (1898–1967) spielen mit Abbild und Fantasie, mit Wirklichkeit und Illusion.* (Nürnberger Zeitung 10. 2. 2017)

Wirklichkeit//Fake News
Hier liegt auch die Verbindung zum Thema Wirklichkeit oder Fake News. (Der Spiegel 7. 4. 2018)

Wirklichkeit//Science-Fiction
Inzwischen liegt die Handlung jedoch leider sehr nah an der Wirklichkeit. Die Wirklichkeit hat die Science-Fiction überholt, sagt eine meiner Figuren. (Süddeutsche Zeitung 18. 9. 2018)

Wirklichkeit//Wunsch
Für Kunstuni-Rektor Reinhard Kannonier wird mit diesem Großprojekt endlich Wirklichkeit, was schon lange Wunsch gewesen ist. (Oberösterreichische Nachrichten 31. 8. 2015)

wirklichkeitsfern//wirklichkeitsnah

Wirklichkeitsform//Möglichkeitsform; ↑auch: **Konjunktiv**
„kommt" ist in „wenn er kommt" eine Wirklichkeitsform

wirklichkeitsnah//wirklichkeitsfern
Es gibt Geschichten, die werden immer wieder erzählt. Mal wirklichkeitsnah, mal wirklichkeitsfern. (Leipziger Volkszeitung 24. 8. 2000)

wirksam//unwirksam
ein wirksames Mittel gegen Gicht ○ Manche Klauseln sind in manchen Ländern nicht wirksam. Werden jedoch erst wirklich unwirksam, wenn sie tatsächlich jemand anficht. (Neue Vorarlberger Tageszeitung 15. 4. 2018)

Wirkung//Ursache
kleine Ursachen, große Wirkungen ○ zwischen Wirkung und Ursache unterscheiden ○ Ganz nach dem Motto: Große Wirkung, kleine Ursache. (Salzburger Nachrichten 27. 3. 2018)

Wirkung; ↑**deklaratorische Wirkung, konstitutive Wirkung**

Wirkung zeigen//abprallen
die Vorwürfe zeigten bei ihm Wirkung ○ Das klingt brachial, hat jedoch in den vergangenen Tagen durchaus Wirkung gezeigt. Lange ließ Obama Clintons Vorwürfe fehlender Erfahrung lange abprallen und blieb seiner Botschaft vom Wandel stur treu. (Der Spiegel 5. 3. 2008)

Wirt//Gast
der Wirt begrüßte die Gäste in seinem Lokal ○ Ein guter Wirt wird immer gleich dem Gast erzählen, von wem er den frischen Stint bezieht. (Hamburger Abendblatt 1. 3. 2014)

Wirtschaft; ↑Geldwirtschaft, Marktwirtschaft, Naturalwirtschaft, Planwirtschaft

wirtschaftlich//unwirtschaftlich;
↑auch: unökonomisch
diese Methode ist recht wirtschaftlich (günstig, sparsam hinsichtlich der Aufwendungen) ○ Es gibt Gutachten der einen und der anderen Seite, mal ist eine Offenhaltung möglich und wirtschaftlich, mal unmöglich und unwirtschaftlich. (Der Tagesspiegel 15. 9. 2017)

wirtschaftlicher Verein//Idealverein
(Rechtswesen)

Wirtspflanze//Gastpflanze
(Pflanze als „Wirt" eines Parasiten ○ Biologie)

Wirtstier//Gasttier
(Tier als „Wirt" eines Parasiten ○ Biologie)

wissen//glauben
das glaube ich nicht, das weiß ich ○ Wie lange ich schon dabei bin, weiß ich nicht. Ich glaube, seit drei Jahren. (Stuttgarter Nachrichten 3. 1. 2014)

wissen; ↑nicht ein noch aus wissen

Wissende[r]//Unwissende[r]
Hagen ist ... der Regisseur seines Untergangs. Er ist der Wissende, Siegfried der Unwissende. (Mittelbayerische Zeitung 5. 8. 2017)

Wissenschaft; ↑Geisteswissenschaft, Naturwissenschaft

wissenschaftlich//populärwissenschaftlich
sie schreibt wissenschaftliche und populärwissenschaftliche Artikel

wissenschaftlich//unwissenschaftlich
eine wissenschaftliche Methode ○ So wissenschaftlich die Studie daherkommt, so unwissenschaftlich ist sie in Wirklichkeit. (Der Spiegel 16. 12. 2016)

wissentlich//unwissentlich
er hat wissentlich die Unwahrheit gesagt ○ Da viele Anleger wissentlich oder unwissentlich in von Lehman garantierte Zertifikate investiert hatten, sassen sie nach dem Kollaps der Bank auf wertlosen Papieren. (Neue Zürcher Zeitung 26. 3. 2014)

Witfrau//Witmann; ↑auch: Witwer
(schweizerisch)

Witmann//Witfrau; ↑auch: Witwe
(schweizerisch)

Witwe//Witwer; ↑auch: Witmann
es wird Trost für die Witwen und Waisen erbeten – und für die Witwer? ○ Pro Jahr erhält die Witwe 60 % der Alters- bzw. Invalidenrente ihres verstorbenen Partners. Witwer erhalten, bis das jüngste Kind 18 Jahre alt ist, eine Witwenrente. (Neue Zürcher Zeitung 24. 11. 2014)

Witwer//Witwe; ↑auch: Witfrau
es wird Trost für die Witwen und Waisen erbeten – und für die Witwer?

Wochentag//Feiertag, Sonntag
sein Geburtstag fällt dieses Jahr auf einen Wochentag ○ Die Kreativen sind der Meinung, dass es genug Gründe gibt, zumindest einmal im Jahr einen Wochentag zu einem Feiertag zu machen. (Vorarlberger Nachrichten 12. 10. 2007) ○ Der Bürgermeister muss auch mal zu den Bürgern hingehen, egal, ob Wochentag, Sonntag oder Feiertag ist (Süddeutsche Zeitung 29. 6. 2007)

wochentags//sonntags
Museum bewegt Kultur zum Frühstück, einmal im Monat wochentags und sonntags. (Saale-Zeitung 29. 12. 2014)

wofür//wogegen
wofür oder wogegen hat er sich denn engagiert? ○ Doch kaum vom Hörensagen weiß sie, wofür oder wogegen sich ihre Altersgenossinnen und -genossen vielerorts engagieren. (Nürnberger Nachrichten 22. 12. 2008)

wogegen//wofür
Sie sagen immer nur, wogegen sie sind – und niemals, wofür. (Die Presse 23. 4. 2018)

woher//wohin
woher kommst du, und wohin gehst du? o *„Woher wir kommen. Wohin wir gehen"* (Buchtitel von Johannes Huber, 2018)

wohin//woher
woher kommst du, und wohin gehst du? o *«Wir wissen nur punktuell, wohin die Werke gingen oder woher sie kamen»* (St. Galler Tagblatt 1. 9. 2016)

wohinein//woraus
wohinein willst du es stecken? o *Und, ich stelle die Frage, weil wir uns doch wehren sollen, wohinein tritt man so einen am besten?* (Die Presse 18. 2. 2013)

wohl//übel
etwas steht jemandem wohl an o *wohl oder übel* (notgedrungen) *in den Vorschlag einwilligen* o *das Geld wohl oder übel lockermachen* o *Nun muss man sich wohl oder übel mit den konkreten Folgen des Brexit auseinandersetzen* (Neue Zürcher Zeitung 13. 7. 2016)

wohl//unwohl
mir ist wohl bei dem Gedanken o *Wir sagen dann, dass wir uns wohl oder unwohl, behaglich oder unbehaglich fühlen.* (Die Presse 7. 8. 2010)

wohl//wehe
jedem wohl und keinem wehe – das geht nicht o *Mit der Segnung des Fahrzeuges stellen sich die Einsatzkräfte unter den Schutz Gottes, denn beste Technik und optimale Ausbildung entscheiden nicht allein über wohl und wehe* (Schwäbische Zeitung 7. 9. 2015)

wohlgesinnt//übelgesinnt
wohlgesinnte Nachbarn o *Lassen wir uns also von jenen beraten, die uns wohlgesinnt sind.* (St. Galler Tagblatt 26. 6. 2017)

wohlriechend//übelriechend
Das ist zuweilen nicht nur wohl-, sondern auch übelriechend. (Neue Kronen-Zeitung 16. 3. 2015)

Wohl und Wehe
sein Wohl und Wehe hängt von dieser Entscheidung ab o *Eine Studie zeigt, dass Wohl und Wehe des Angeklagten oft an einem einzigen Richter hängt.* (Der Spiegel 29. 7. 2013)

wohlwollend//übelwollend
eine wohlwollende Kritik o *„Sind Sie gebeten worden, wohlwollende Bewertungen abzugeben, damit die Kredite finanziert werden können?"* (Burgenländische Volkszeitung 22. 11. 2012)

Wohnhaus//Geschäftshaus
das sind alles Wohnhäuser und keine Geschäftshäuser

wohnlich//unwohnlich
es sieht sehr wohnlich aus o *Wo es wohnlich ist, fühlen sich die Menschen wohl. Dort, wo es dunkel, schmutzig und unwohnlich ist, fühlen sie sich bedroht und verängstigt.* (Saarbrücker Zeitung 11. 3. 2006)

Wohnräume//Geschäftsräume
das sind alles Wohnräume und keine Geschäftsräume o *Zwischenzeitlich seien die Wohnräume der Beschuldigten sowie Geschäftsräume der Westerwaldbahn durchsucht worden.* (Rhein-Zeitung 11. 8. 2012)

Wohnungsbau; ↑freifinanzierter Wohnungsbau, sozialer Wohnungsbau

Wohnviertel//Geschäftsviertel
(Viertel, Stadtteil, in dem man wohnt im Unterschied zum Geschäftsviertel, in dem sich vor allem Geschäfte befinden) o *Ursprünglich sollte auf dem alten Eisstadion-Areal ein Wohnviertel entstehen und am Nordostbahnhof ein neues Geschäftsviertel.* (Nürnberger Nachrichten 9. 11. 2002)

wolkenlos//bedeckt, bewölkt
ein wolkenloser Himmel ○ *Die Bedeckung des Himmels mit Wolken wird in Achteln von 0/8 (wolkenlos) bis 8/8 (bedeckt) benannt.* (Frankfurter Neue Presse 22. 2. 2017) ○ *Heute und in der Nacht zu morgen ist es wolkenlos oder nur leicht bewölkt.* (Norddeutsche Neueste Nachrichten 8. 1. 2018)

wollen//müssen
die Tochter wollte studieren, der Sohn musste studieren ○ *der Mann sagt „Ich will", die Frau sagt „Er will"* ○ *„Jeder der rasch Deutsch lernen will, muss auch die Chance dazu haben.* (Neues Volksblatt 11. 1. 2016)

Woofer//Tweeter
(Tieftonlautsprecher an elektroakustischen Anlagen)

woraus//worein, wohinein
woraus willst du es nehmen? ○ *Bei der Frage nach dem Wesen des Einen geht es um die Ursprungs- und Letztbegründungsproblematik, woraus jegliches entsteht, wodurch es besteht und wohinein es vergeht.* (Wikipedia)

worein//woraus
worein willst du es stecken? ○ *Fehlende Mittel sind das eine, worein sie investiert werden sollen, das andere.* (Neue Zürcher Zeitung 18. 6. 2016)

Wort; ↑Begriffswort, deutsches Wort, Fahnenwort, Feindwort, Fremdwort, Funktionswort, indigenes Wort, in Worten, jemandem das Wort erteilen, jemandem das Wort entziehen

Wortanfang//Wortende
der Buchstabe T am Wortanfang in Tasche

Wortende//Wortanfang
der Buchstabe t am Wortende in Mut

Wörterbuch; ↑Herwörterbuch, Hinwörterbuch

Wortschatz; ↑aktiver Wortschatz, passiver Wortschatz

Wuchs; ↑Großwuchs, Kleinwuchs, Riesenschaftwuchs, Zwergwuchs
Überhaupt ... vermischen sich in der Neufassung „die Ebenen zwischen Leben und Tod, Wunsch und Wirklichkeit, Ende und Unendlichkeit". (Der Spiegel 10. 2. 2018)

Wunschgegner//Angstgegner
(beim Sportwettkampf: jemand, den man sich aus irgendeinem Grunde von allen möglichen Gegnern als Gegner wünscht) ○ *„Ich habe weder Wunschgegner noch Angstgegner. Wir nehmen die Auslosung so wie sie kommt."* (Hamburger Morgenpost 2. 12. 2011)

würdig//unwürdig
würdig untergehen ○ *des Vertrauens würdig sein* ○ *„Die Situation in den Gefängnissen ist eines Landes, das seine Bürger würdig behandeln will, unwürdig."* (Stuttgarter Zeitung 9. 12. 2010)

...würdig//...unwürdig (Adjektiv)
z. B. *kreditwürdig/kreditunwürdig*

X

x-Achse//y-Achse
(Mathematik)

X-Chromosom//Y-Chromosom
(für das weibliche Geschlecht)

xeno...//idio... (vor fremdsprachlicher Basis; Adjektiv)
(mit der Bedeutung: fremd) z. B. *xenomorph/idiomorph*

Xenoblast//Idioblast
(Mineralogie)

xenoblastisch//idioblastisch
(Mineralogie)

xenomorph//idiomorph
(Geologie)

xenophil//xenophob; ↑auch: fremdfeindlich
(fremdenfreundlich) ○ *In derselben Rubrik erfahre ich zum selben Zusammenhang die Einschätzung der aktuellen Regierung als garantiert xenophil, ergo nicht xenophob und nicht rassistisch* (Vorarlberger Nachrichten 29. 4. 2000)

Xenophilie//Xenophobie; ↑auch: Fremdenfeindlichkeit
(fremdenfreundliche Einstellung)

xenophob//xenophil; ↑auch: fremdenfreundlich
(fremdenfeindlich) ○ *Werde denn nur noch zwischen den Polen xenophob und xenophil unterschieden* (Leipziger Volkszeitung 2. 9. 2015)

Xenophobie//Xenophilie; ↑auch: Fremdenfreundlichkeit
(Fremdenfeindlichkeit)

xero...//hygro... (vor fremdsprachlicher Basis; Adjektiv)
(mit der Bedeutung: trocken) z. B. *xerophil/hygrophil*

Xero...//Hygro... (vor fremdsprachlicher Basis; Substantiv)
(mit der Bedeutung: Trockenheits-) z. B. *Xerophilie/Hygrophilie*

Xerogel//Lyogel
(flüssigkeitsarmes Gel ○ Chemie)

xerophil//hygrophil
(von Pflanzen, Tieren: einen trockenen Standort liebend)

Xerophilie//Hygrophilie
(Vorliebe von bestimmten Pflanzen, Tieren für einen trockenen Standort)

Xerophyt//Hygrophyt
(Pflanze, die Trockenheit liebt)

Y

y-Achse//x-Achse
(Mathematik)

Yang//Yin; ↑auch: Frau
Yang ist die männliche Urkraft, das schöpferische Prinzip (chinesisch) ○ *Yin und Yang stehen für Gegensätze wie trocken und feucht, kalt und warm, Leere und Fülle – erst zusammen bilden sie ein vollkommenes Ganzes.* (Apotheken Umschau B 5/1999)

Y-Chromosom//X-Chromosom
(für das männliche Geschlecht)

Yin//Yang; ↑auch: Mann
Yin ist die weibliche Urkraft, das empfangende Prinzip (chinesisch) ○ *Asiaten suchen nach Yin und Yang, nach Harmonie und dem Gleichgewicht in der Gesellschaft.* (Neue Luzerner Zeitung 17. 3. 2018)

YMCA//YWCA
(Young Men's Christian Association)

Yoni//Lingam; ↑auch: Penis
(in Indien Symbol des weiblichen Geschlechts)

YWCA//YMCA
(Young Women's Christian Association)

Z

Z; ↑A bis Z

Zahl//Kopf; ↑auch: Avers
Kopf oder Zahl? (wenn eine Münze zur Herbeiführung einer Entscheidung hochgeworfen wird, welche Seite oben liegt)

Zahl; ↑Bruchzahl, Grundzahl, Kardinalzahl, Ordinalzahl, Ordnungszahl, ganze Zahl, rote Zahlen, schwarze Zahlen, in großer Zahl, in Zahlen

zählbar//unzählbar
die Teilnehmer waren (noch) zählbar ○ *Der Philosoph trennte das Dasein in zwei Welten: eine, die messbar und zählbar ist, sowie eine, die unmessbar und unzählbar ist.* (Rhein-Zeitung 4. 2. 2006)

Zähler//Nenner; ↑auch: Divisor
(Zahl über dem Bruchstrich)

Zählspiel//Lochspiel
(Golfspiel)

zahlungsfähig//zahlungsunfähig; ↑auch: illiquid, insolvent
er ist zahlungsfähig ○ *Der beginnt mit der Bestnote AAA, das bedeutet uneingeschränkt zahlungsfähig und geht bis D, zahlungsunfähig.* (Ostthüringer Zeitung 26. 3. 2011)

zahlungsunfähig//zahlungsfähig; ↑auch: liquid, solvent zahlungsunwillig//zahlungswillig
er ist zahlungsunfähig ○ *ein zahlungsunwilliger Schwarzfahrer* ○ *der Schuldner war zahlungsunwillig* ○ *Wird jemand entschuldet, ist er nicht zahlungsunfähig, sondern ganz im Gegenteil wieder zahlungsfähig, denn die unerträgliche Last ist ihm von den Schultern genommen.* (Stern 22. 6. 2011)

zahlungsunwillig//zahlungswillig
„Jeder, der zahlungswillig ist, muss auch zahlen können, jeder der zahlungsunwillig ist, muss ausgeforscht werden können." (Die Presse 24. 7. 2000)

zahlungswillig//zahlungsunwillig
ein zahlungswilliger Schwarzfahrer ○ *der Schuldner war zahlungswillig*

zahm//wild
zahme Tiere ○ *ein zahmer Bär* ○ *Unten halbwegs zahm, im oberen Drehzahlbereich wild und willig, wird Honda manch Freund unter technikaffinen Bikern finden.* (Oberösterreichische Nachrichten 21. 11. 2009) ○ *Strauße faszinieren die beiden Geschwister durch ihr Verhalten, ihr Aussehen und ihre Schnelligkeit. „Sie sind zahm und doch wild"* (Süddeutsche Zeitung 25. 11. 2014)

zanken, sich//sich wieder vertragen
gestern haben sie sich gezankt, und heute haben sie sich wieder vertragen: Die sechs Senioren wohnen in einem Altersheim zusammen, kabbeln sich in aller Freundschaft, lästern und meckern, zanken und vertragen sich und sind alles in allem eine eingeschworene Gemeinschaft. (Mittelbayerische Zeitung 27. 1. 2015)

Zäpfchen-R//Zungen-R
(Phonetik)

Zarewitsch//Zarewna
(Sohn des Zaren)

Zarewna//Zarewitsch
(Tochter des Zaren)

Zeh[e]//Finger
fünf Zehen an jedem Fuß ○ *Die Vibrationen der Klangschalen auf Bauch und Rücken durchdringen den ganzen Körper bis in den kleinen Zeh, sind in jedem ein-*

zelnen Finger zu spüren (Thüringer Allgemeine 8. 1. 2005) ○ Es müssen schon angeblich japanische Armeesocken sein, in denen jede einzelne Zehe ihre eigene Stoffhülle hat, wie die Finger in Fingerhandschuhen. (Stuttgarter Zeitung 12. 8. 2000)

Zehengänger//Sohlengänger
(Zoologie)

Zeichen; ↑Minuszeichen, Pluszeichen

Zeichenfeld//Zeigfeld
(Sprachwissenschaft)

Zeigfeld//Zeichenfeld; ↑auch: Onomasiologie
(Sprachwissenschaft)

Zeilenstil//Hakenstil
(in altgermanischer Dichtung, in der Sinn und Satzabschnitte nicht über die Langzeile hinausgehen)

Zeit; ↑Fixzeit, Gleitzeit, Kern[arbeits]zeit

zeitabhängig//zeitunabhängig
Die Preisobergrenze für zeitabhängig abgerechnete Dienste beträgt zwei Euro pro Minute, für zeitunabhängig abgerechnete Dienste maximal 30 Euro pro Verbindung. (Wiesbadener Kurier 30. 6. 2006)

Zeitaufnahme//Momentaufnahme
eine Zeitaufnahme ist eine Aufnahme mit langer Belichtungszeit ○ *Unsere Straßen sind zu großem Teil eine Zeitaufnahme aus dem Kaiserreich und daher schon national und kolonial geprägt.* (taz 25. 8. 2017)

Zeitfahren//Streckenfahren
(Radsport)

zeitgemäß//unzeitgemäß
zeitgemäße Betrachtungen ○ *etwas ist zeitgemäß* ○ *Große Kunst, quasi das Idealprodukt der Hochkultur, ist zeitlos und somit zu jeder Zeit zeitgemäß. Oder jedenfalls nicht unzeitgemäß.* (Die Presse 20. 3. 2016)

Zeitgewinn//Zeitverlust
Am Schluss steht Zeitgewinn für die Bildungsministerin – und Zeitverlust für die Bildungspolitik. (Salzburger Nachrichten 19. 4. 2005)

zeitlich//räumlich
in dem Satz „die Zeremonie dauerte eine Stunde" ist „eine Stunde" die zeitliche Ergänzung (Sprachwissenschaft)

Zeitlupe//Zeitraffer
eine Filmaufnahme in Zeitlupe (langsam) zeigen ○ *Sonst könnte aus der Kollision in Zeitlupe plötzlich eine Kollision im Zeitraffertempo werden.* (Der Spiegel 13. 7. 2019)

Zeitraffer//Zeitlupe
eine Filmaufnahme in Zeitraffer zeigen (stark beschleunigt ablaufen lassen)

zeitraubend//zeitsparend
eine zeitraubende Tätigkeit ○ *Für alle, die beides machen – zeitraubend lesen und zeitsparend glotzen – , gilt allerdings, dass sich die Belohnung für Ersteres mit Letzterem gar zu oft gar nicht einstellt.* (Hamburger Abendblatt 9. 1. 2017)

Zeitsoldat//Berufssoldat
(Soldat, der sich für eine bestimmte Zeit zum Wehrdienst verpflichtet hat)

zeitsparend//zeitraubend
diese Methode ist sehr zeitsparend ○ *Gerade in den Osterferien wäre wohl mancher Kurzurlauber gerne nach Hamburg oder Berlin geflogen – aber zeitsparend nonstop und nicht zeitraubend und teurer mit Umsteigen.* (Südkurier 6. 2. 2002)

zeitunabhängig//zeitabhängig
Dieser ermöglicht es, den Nutzern auch zeitunabhängig und ganz nach Bedarf Strom zur Verfügung zu stellen. (Nordkurier 27. 9. 2013)

Zeit und Ewigkeit
in Zeit und Ewigkeit ○ Wer die Botschaft Jesu als Wegweiser annimmt, hat Anteil an seiner ganzheitlichen Sicht des Lebens, die Zeit und Ewigkeit umfasst. (Tiroler Tageszeitung 7. 3. 2010)

Zeitverlust//Zeitgewinn
Bedeutet ein Leben ohne eigenes Auto nicht einen Zeitverlust? ... „Es ist ein Zeitgewinn ..." (Salzburger Nachrichten 14. 11. 2015)

Zeitvertrag//Dauerbeschäftigung
Der Zeitvertrag der promovierten Historikerin war im September 2004 nicht mehr verlängert worden, um einen Rechtsanspruch auf Dauerbeschäftigung zu vermeiden. (Wiesbadener Kurier 29. 4. 2005)

zeitweilig//für immer
er ist (vorerst nur) zeitweilig in Berlin ○ All die Menschen waren aus ihrer meist ländlichen Heimat zeitweilig oder für immer in die große Stadt gekommen. (Frankfurter Rundschau 25. 1. 2013)

Zeitwert//Neuwert
die Versicherung ersetzt nur den Zeitwert der Gegenstände (den Wert, den die Gegenstände zu dem bestimmten Zeitpunkt wert sind) ○ *Ob bei einem ausgebrannten Auto der Zeitwert oder der Neuwert ersetzt wird, steht im Kleingedruckten.* (Sonntagsblick 9. 7. 2017)

Zeitzünder//Aufschlagzünder
(Militär)

Zenit//Nadir
(höchster Punkt ○ Astronomie)

zensiert//unzensiert
Herta Müller debütierte 1982 mit der Novellensammlung «Niederungen», die in Rumänien zensiert erschien, zwei Jahre später unzensiert in Deutschland. (Neue Luzerner Zeitung 9. 10. 2009)

zentral//dezentral
die Lage des Unternehmens soll zentral sein ○ Laut Stadt braucht es zentral und dezentral gelegen etwa 65 000 neue Wohneinheiten. (Westdeutsche Zeitung 23. 2. 2016)

zentral//peripher
etwas ist von zentraler Bedeutung ○ Folgend die wichtigsten Differenzen zwischen zentral und peripher gelegenen Zentren (Die Südostschweiz 11. 11. 2005)

Zentrale//Filiale; ↑auch: Neben...
(zentrale Stelle eines Unternehmens, Hauptstelle) ○ *Die Zentrale der Bank liegt am Großen Burstah, eine andere Filiale befindet sich am Jungfernstieg.* (Hamburger Abendblatt 30. 11. 2016)

Zentralflughafen//Satellitenflughafen

Zentralisation//Dezentralisation

zentralisieren//dezentralisieren
die Verwaltung zentralisieren (an einer Stelle konzentrieren, zusammenfassen) ○ *Das Ziel ist, die Verwaltung zu zentralisieren, aber den Bürgerservice zu dezentralisieren.* (Thüringische Landeszeitung 19. 6. 2018)

Zentralisierung//Dezentralisierung

Zentralismus//Föderalismus
(Zusammenfassung politischer Macht an einer Stelle)

Zentralverschluss//Schlitzverschluss
(bei der Kamera)

zentrifugal//zentripetal
(in Bezug auf einen sich bewegenden Körper nach außen hin)

Zentrifugalkraft//Zentripetalkraft
(Fliehkraft ○ Physik)

zentripetal//zentrifugal
(in Bezug auf einen sich bewegenden Körper zum Mittelpunkt hin)

Zentripetalbeschleunigung//Zentrifugalbeschleunigung
(Physik)

Zentripetalkraft//Zentrifugalkraft
(Physik)

Zentrum//Peripherie; ↑auch: Rand
er wohnt im Zentrum der Stadt ○ *die saloppe Umgangssprache gelangt von der Peripherie der Sprache immer mehr in ihr Zentrum* ○ *Teilung Wiens in ein grün–rotes Zentrum und eine proletarische Peripherie* (taz 12. 10. 2015)

zerbrechlich//unzerbrechlich
zerbrechliche Gegenstände ○ *Man kennt sie aus Beton, schwer und zerbrechlich. Faigle Igoplast präsentiert Rasengitter aus Kunststoff, leicht und nahezu unzerbrechlich.* (St. Galler Tagblatt 21. 5. 1999)

zerstören//wiederaufbauen
eine Stadt zerstören ○ *Wie oft ist das Kloster zerstört und wiederaufgebaut worden?* (Kölnische Rundschau 13. 3. 2014)

zerstörend//aufbauend; ↑auch: konstruktiv
eine zerstörende Kritik ○ *«Trauer endet ohnehin nicht, ... sie ist immer da, aber nicht mehr als rein zerstörende, sondern auch aufbauende Kraft.»* (Neue Luzerner Zeitung 30. 10. 2004)

zerstört//unzerstört
zerstörte Städte ○ *Weitere Figuren von Botero finden sich auf der Plaza Berrio und im Parque San Antonio, unter anderem ... zwei Versionen eines Friedensvogels – einmal zerstört und einmal unzerstört.* (Die Presse 31. 10. 2015)

Zerstreuungslinse//Sammellinse; ↑auch: konvex

*zertrennlich//unzertrennlich
(Kontrastbildung zu unzertrennlich) ○ *„Wir sind heute ewig, tausend Glücksgefühle... wir sind zertrennlich, irgendwie unsterblich ... komm, nimm meine Hand und geh mit mir"* (Song von Helene Fischer, Nürnberger Zeitung 23. 3. 1015) ○ *„Zertrennlich"* (Roman von Saskia Sarginson, 2014)

zeugen//gebären
Zeugen und Gebären, Wachsen und Verdorren, Leben und Sterben (Peter Henisch: Der Mai ist vorbei, 1978)

zeugungsfähig//zeugungsunfähig; ↑auch: impotent, infertil
Wird eine Spermienprobe genau in einer solchen Phase abgegeben, wird ein an sich gesunder Mann rasch als bedingt zeugungsfähig oder als zeugungsunfähig stigmatisiert. (Die Presse 15. 6. 2009)

Zeugungsfähigkeit//Zeugungsunfähigkeit; ↑auch: Impotenz, Infertilität

zeugungsunfähig//zeugungsfähig; ↑auch: potent, fertil
Schon jetzt seien bei steigender Tendenz erstaunliche sieben Prozent der Männer zeugungsunfähig oder nur bedingt zeugungsfähig (Hamburger Abendblatt 19. 8. 2003)

Zeugungsunfähigkeit//Zeugungsfähigkeit; ↑auch: Potenz, Fertilität

Ziege//Ziegenbock
(weibliches Tier)

Ziegel; ↑Hochlochziegel, Langlochziegel

Ziegenbock//Ziege
(männliche Ziege)

Ziehdich; ↑Stoßmich und Ziehdich

ziehen//drücken, stoßen; ↑auch: poussez, push
(an Türen der Hinweis, dass man ziehen muss, damit die Tür aufgeht ○ englisch: pull)

ziehen//schieben
den Wagen ziehen (wenn man sich vor dem Wagen befindet) ○ *Als Zweiwege-Typ mit Anhängelast-Fähigkeit bis zu tausend Tonnen kann er ganze Züge ziehen respektive schieben.* (Tiroler Tageszeitung 21. 10. 2017)

ziehen aus//stecken in
den Stecker aus der Dose ziehen ○ *„Unsere Parteiheinis könnten ganz bestimmt nicht alle anständigen Christen aus dem Verkehr ziehen und ins Loch stecken."* (Wiener Zeitung 23. 2. 2001)

Ziehmutter//Ziehvater; ↑auch: **Pflegevater**

Ziehvater//Ziehmutter; ↑auch: **Pflegemutter**

Ziel//Start
der Läufer ist am Ziel angekommen ○ *Damals waren die Stars billig, sie kamen auf Spesen und mit dem Zug und traten brav wie alle anderen vom Ziel bis zum Start den Hang hinauf.* (Falter 23. 2. 2011)

Zieldiskette//Quelldiskette
(EDV)

zielendes Verb//nichtzielendes Verb; ↑auch: **intransitiv**
„geben" ist ein zielendes – ein transitives – Verb: er gibt das Buch seiner Freundin

Zielordner//Quellordner
(EDV)

Zielprogramm//Quellprogramm
(EDV)

Zielschiff//Startschiff
(Segelsport)

Zielsprache//Ausgangssprache; ↑auch: **Muttersprache**
(Sprachwissenschaft) ○ *Die besten Ergebnisse wurden erreicht, wenn die Ziel- oder Ausgangssprache Englisch war* (Saale-Zeitung 21. 2. 2012)

Zielsprache//Quellsprache
(Sprachwissenschaft)

Zielverkehr//Quellverkehr
(Verkehr, der zu einem bestimmten Ziel, Ort hinführt ○ Verkehrswesen) ○ *Zu Grunde lagen 20 Prozent Durchgangsverkehr, 36 Prozent Zielverkehr (Fahrer, die nach Böblingen wollen) und 44 Prozent Quellverkehr (Autos, die ausschließlich innerorts fahren).* (Stuttgarter Zeitung 2. 4. 2007)

Ziergarten//Nutzgarten
Aus seinem Ziergarten macht er derzeit wieder einen Nutzgarten. (Mannheimer Morgen 3. 6. 2017)

Zierpflanze//Nutzpflanze
Denn eine Art ist zwar weniger als Zierpflanze, sondern hauptsächlich als Nutzpflanze bekannt, nämlich die Ananas. (St. Galler Tagblatt 15. 1. 2010)

Ziffer; ↑**arabische Ziffer, römische Ziffer**

Zimmer; ↑**Doppelzimmer, Einbettzimmer, Einzel[bett]zimmer, Zweibettzimmer**

Zimmerantenne//Außenantenne, Freiantenne

Zimmertemperatur//Außentemperatur
Je kühler die Zimmertemperatur, desto öfter muss gelüftet werden. Je kälter die Außentemperatur, desto kürzer muss gelüftet werden. (Süddeutsche Zeitung 22. 5. 2017)

Zimt; ↑**gestoßener Zimt, Stangenzimt**

Zinsertrag//Zinskosten

Zinskosten//Zinsertrag

zivil//militärisch
zivile Einrichtungen wurden beschossen ○ *zivile Nutzung der Atomenergie* ○ *Später wurde der Flugplatz sowohl zivil als auch militärisch genutzt.* (Berliner Morgenpost 24. 7. 2016)

Zivil; ↑**in Zivil**

zivile Güter//Kriegsgüter

zivilisiert//unzivilisiert
sich zivilisiert benehmen ○ *„Wer ist zivilisiert, wer ist unzivilisiert? Wer ist gewalt-*

tätig, wer ist normal?" (Neue Vorarlberger Tageszeitung 14. 5. 2009)

Zivilist//Soldat
(jemand, der nicht zum Militär gehört) ○ *"...ein Soldat blickt anders auf die Welt als ein Zivilist"* (Der Spiegel 2. 6. 2018)

Zivilkammer//Strafkammer
(Rechtswesen)

Zivilprozess//Strafprozess
(Prozess, der in Fragen von Zivilsachen entscheidet)

Zivilrecht//Strafrecht
(in Bezug auf Handlungen usw. privater Personen)

Zivilsache//Strafsache
(Rechtswesen)

Zofe//Herrin
(Betreuerin einer adeligen Dame) ○ *Ob Zofe oder Herrin, begehrenswert ist jede* (Süddeutsche Zeitung 11. 3. 2006)

Zofe//Domina, Herrin
(in einer sadomasochistischen weiblich-gleichgeschlechtlichen Partnerschaft die masochistische Partnerin)

Zollanschluss//Zollausschluss
(Wirtschaft)

Zollausschluss//Zollanschluss
(Wirtschaft)

zollfrei//zollpflichtig
zollfreie Ware ○ *Spanien, Frankreich, Portugal und Griechenland hatten eigene Plantagen, importierten aber auch zollfrei aus ehemaligen Kolonien und zollpflichtig aus Lateinamerika.* (Leipziger Volkszeitung 30. 7. 2005)

zollpflichtig//zollfrei
zollpflichtige Ware

Zonendeckung//Manndeckung
(Ballspiele) ○ *Schwachpunkt in der Anfangsphase war die Zonendeckung, die überhaupt nicht klappte. Erst mit einer Umstellung auf „Manndeckung" kam mehr Sicherheit ins insgesamt gute Spiel* (Hamburger Abendblatt 24. 11. 2009)

Zönobit//Eremit
ein Zönobit lebt in ständiger Klostergemeinschaft

Zoologie//Botanik; ↑auch: **Flora**
(Tierkunde)

zu//auf; ↑auch: **offen**
der Pfeil zeigte auf „zu" ○ *Augen zu und durch!* (Unangenehmes ohne Bedenken hinter sich bringen ○ Redensart)

zu//aus
Übergang zur Wortart Substantiv

zu//nicht ... genug
das Brett ist zu groß dafür ○ *Geht das alles zu schnell? Vielen Fans kann diese Liebe nicht schnell genug gehen.* (Hamburger Morgenpost 19. 5. 2018) ○ *Deutschland ist zu groß, um in Europa zu scheitern, aber es ist nicht groß genug, um Europas Hegemon zu sein* (Die Presse 25. 7. 2011)

zu//offen; ↑auch: **unverschlossen**
wir stehen selbst enttäuscht und sehn betroffen / den Vorhang zu und alle Fragen offen (Bertold Brecht: Der gute Mensch von Sezuan, 1943)

zu//von
zu der Arbeitsstelle ○ *zu ihm gehen* ○ *er geht zum Strand/er kommt vom Strand* ○ *Der Bergmannsverein Roden begeht seine Barbarafeier am Montag, 4. Dezember. Abmarsch zur Kirche 18.15 Uhr vom Gasthaus Pulchen aus.* (Saarbrücker Zeitung 2. 12. 2006)

zu...//ab... (Verben mit gleichem Basiswort)
z. B. *zunehmen/abnehmen*

zu...//ab... (Verben mit nicht gleichem Basiswort)
z. B. *zustimmen/ablehnen*

zu.../auf... (Verben mit gleichem Basiswort)
z. B. zuschließen/aufschließen

zu.../auf... (Verben mit nicht gleichem Basiswort)
z. B. zuschieben/aufziehen (ein Schubfach)

zu.../ent... (Verb)
z. B. zulaufen/entlaufen

zu.../weg... (Verb)
z. B. sich zubewegen auf .../sich wegbewegen von...

zubekommen//aufbekommen
die Tür, den Koffer (nicht) zubekommen ○ Viel Zeit zum Schlafen bleibt den Völsern nicht – wobei ohnehin fraglich ist, ob sie bei all der Aufregung überhaupt ein Auge zubekommen. (Tiroler Tageszeitung 28. 12. 2013)

zu Bett gehen//aufbleiben
ich gehe zu Bett ○ sie ging schon zu Bett, doch er blieb noch auf ○ Der Schlafmangel ist meines Erachtens dadurch verursacht, dass die Jugendlichen viel zu spät zu Bett gehen. Was wird bei Verschiebung des Schulbeginns passieren? Die Jugendlichen werden noch länger aufbleiben, am Schlafmangel wird sich gar nichts ändern. (Die Presse 13. 8. 2015)

zubewegen, sich auf etwas/jemanden//sich wegbewegen von etwas/jemandem

zubinden//aufbinden
die Schürze, den Sack zubinden

zubleiben//aufbleiben; ↑auch: aufmachen
das Fenster bleibt zu! ○ die Schranke blieb auf ○ Finanzamt bleibt zu, Service-Center bleibt auf (Saarbrücker Zeitung 9. 7. 2005)

zubringen//aufbringen
ich kann die Tür nicht zubringen (kann sie nicht schließen ○ umgangssprachlich)

Zuchtfisch//Meeresfisch
Wenn sich selbst ein Fischervolk wie die Norweger an Zuchtfisch gewöhnen kann, kann es der Rest der Welt erst recht. (Tagesanzeiger 21. 8. 2015)

Zuchtperle//(echte) Perle, Naturperle
Auch eine Saphir- und Brillantbrosche mit Zuchtperle konnte den Schätzwert mehr als verdoppeln (Wirtschaftsblatt 16. 9. 2005)

Zuckerbrot und Peitsche
mit Zuckerbrot und Peitsche (mal freundlich-entgegenkommend, mal streng und fordernd, je nach Lage der Dinge) ○ Sie arbeitet mit „Zuckerbrot und Peitsche, sie hat sich als Führungskraft großartig entwickelt" (Oberösterreichische Nachrichten 8. 3. 2012)

Zuckstemme//Zugstemme
(am Reck rasches Hochstemmen)

zudecken//abdecken
das Pferd zudecken ○ ein Frühbeet zudecken zum Schutz gegen Frost ○ In den letzten 10 Minuten das gerüstete, restliche Gemüse zugeben. Salzen und zugedeckt weitergaren. Für die letzten 5 Minuten das Gemüse abgedeckt Farbe annehmen lassen. (Sonntagsblick 21. 4. 2913)

zudecken//aufdecken
einen Schlafenden zudecken ○ ein Grab, einen Brunnen zudecken ○ Wenn Hände und Arme kalt sind, warme Getränke verabreichen und zudecken; wenn sie glühen, aufdecken und Wadenwickel machen. (Südwest Presse 10. 4. 2012)

zudrehen//aufdrehen; ↑auch: andrehen, anmachen
den Gashahn, die Heizung zudrehen ○ Dabei sei es höchst an der Zeit, dass die Konzerne diesen Geldhahn etwas zudrehen und jenen für Investitionen mehr aufdrehen. (Wiener Zeitung 11. 5. 2017)

zueinander//voneinander
zueinander kommen ○ Ein fast unglaublicher Zufall hat zwanzig Jahre nach ihrer

Adoption zwei New Yorker Zwillingsschwestern zueinander geführt, die nicht einmal voneinander wussten (Saarbrücker Zeitung 5. 3. 2003)

zu Ende gehen//beginnen
Eines Tages musste Tom Mix ... sprechen lernen, denn der Stummfilm ging zu Ende, der Tonfilm begann (Der Spiegel 4. 5. 1998)

[...]zu...end (Gerundivum)//...end (Partizip I)
z. B. auszubildend/ausbildend

zuerkennen//aberkennen
jemandem die bürgerlichen Ehrenrechte wieder zuerkennen ○ *Wer die Würde „zuerkennt", glaubt nicht mehr, dass sie vorgegeben, jedem Menschen „von Natur aus" mitgegeben sei. Wer Würde zuerkennen kann, kann sie auch aberkennen. (Neue Zürcher Zeitung 15. 11. 2003)*

zuerst//zuletzt
du kommst zuerst an die Reihe ○ *Mehr als eine Woche zu fasten, ist medizinisch nicht vertretbar. Der Körper fährt dann ein Notprogramm und greift zuerst auf Eiweiß-Reserven, erst zuletzt auf Fettdepots zu. (Oberösterreichische Nachrichten 19. 3. 2016)*

Zufahrt//Abfahrt
die Zu- und Abfahrten zum Parkhaus ○ *Natürlich sind auch ein angrenzender Parkplatz und eine Zufahrt zum Gebäude sowie eine Abfahrt geplant. (Tiroler Tageszeitung 11. 4. 2018)*

Zufallsurkunde//Absichtsurkunde
(Rechtswesen)

zufliegen//auffliegen
die Tür flog zu

zufließen//abfließen
hier fließt das Wasser zu (in das Becken)

zufrieden//unzufrieden
der Lehrer ist mit den Leistungen seiner Schüler zufrieden ○ *sie ist zufrieden (mit ihrem Leben)* ○ *wenn Sie zufrieden sind, sagen Sie es weiter, wenn Sie unzufrieden sind, sagen Sie es mir (Werbespruch)*

Zufriedenheit//Unzufriedenheit
man sieht ihm seine Zufriedenheit an ○ *Dabei werden sowohl Zufriedenheit wie auch Unzufriedenheit über den Zeitraum eines Jahres erfasst und ausgewertet. (Tiroler Tageszeitung 30. 1. 2016)*

zu Fuß gehen//fahren
fährst du oder gehst du zu Fuß zum Bahnhof? ○ *wir wollen zurück zur Natur, aber nicht zu Fuß dahin gehen* ○ *Muss man das Auto für den Einkauf verwenden oder kann man auch die 500 Meter zu Fuß gehen oder mit dem Fahrrad fahren? (Vorarlberger Nachrichten 2. 7. 2015)*

Zug//Schub
(Physik)

Zugang//Abgang
heute hatte das Krankenhaus 10 Zugänge ○ *Da wird ohne Not und Zwang der auch für öffentliche Nutzung gedachte Plenarsaal in das Dachgeschoss verschoben – selbstverständlich mit behindertengerechtem Zugang. Den entsprechenden Abgang sichert im Katastrophenfall die Feuerwehr. (Freie Presse 18. 2. 2013)* ○ *Ein Zugang steht einem Abgang aus dem Kampfmannschaftskader gegenüber. (Niederösterreichische Nachrichten 3. 2. 2017)*

zugänglich//unzugänglich
er ist (sehr) zugänglich (kommunikativ) ○ *Sigmar Gabriel, der so öffentlich zugänglich wirkt, der so öffentlichkeitssuchend erscheint, kann sehr zugeknöpft sein und unzugänglich. (Der Tagesspiegel 27. 9. 2013)* ○ *Sie werde ersatzlos geschleift, das Areal völlig renaturiert und frei zugänglich gemacht. „Das sind immerhin 6500 Quadratmeter, die jahrelang unzugänglich waren." (Die Presse 17. 12. 2015)*

zugeben//abstreiten; ↑auch: dementieren
eine Tat zugeben ○ er hat zugegeben, das getan zu haben ○ So hätten die – bisher unbescholtenen – Angeklagten lediglich das Faktische zugegeben, Details aber immer wieder abgestritten. (Die Presse 1. 2. 2017)

zugeflogen//entflogen
der zugeflogene Vogel ○ »Bubbi« zugeflogen? …. Ein Wellensittich ist am Sonnabend vor einer Woche einer Familie in Michalken entflogen. (Süddeutsche Zeitung 26. 4. 2004)

zugehen//aufgehen; ↑auch: sich öffnen
die Tür, das Fenster geht (nicht) zu ○ die Blüten gehen am Abend zu ○ Es ist so ähnlich, wie wenn einem im Flugzeug die Ohren zugehen und dann nicht mehr aufgehen. (Vorarlberger Nachrichten 20. 12. 2007)

Zügelhand//Degenhand
(die linke Hand des Reiters)

Zugewinngemeinschaft//Gütertrennung
(eheliches Güterrecht)

Zughand//Bogenhand
(die Hand, die beim Schießen die Sehne anzieht)

Zugphase//Druckphase
(beim Schwimmen das Durchziehen der Arme)

zu groß sein//passen
die Schuhe sind zu groß ○ Diese erwies sich als zu groß, um auf die Buchseite zu passen. (Süddeutsche Zeitung 4. 2. 2017)

Zugstemme//Zuckstemme
(am Reck langsames Hochstemmen)

zugunsten//zuungunsten
zugunsten des Vereins ○ Nüchtern muss man dazu feststellen, dass natürlich weder der US-Präsident noch US-Volksvertreter das Recht haben, Land in einem anderen Erdteil zu vergeben oder wegzunehmen, weder zugunsten noch zuungunsten Israels. (Der Standard 21. 5. 2011)

Zugvogel//Standvogel
Die Mönchsgrasmücke etwa ist in Schweden ein Zugvogel, in Spanien dagegen ein Standvogel. (Der Standard 24. 11. 2010)

zuhaben//aufhaben; ↑auch: offen, geöffnet
die Augen zuhaben ○ das Geschäft hat (schon) zu ○ der Fleischer hat (noch) zu

zuhaken//aufhaken
die Gamaschen zuhaken

Zuhälter//Prostituierte
(Mann, der eine Prostituierte finanziell ausbeutet und sie unter Umständen daran hindert, ihre Lebensweise aufzugeben)

zuhause//auswärts
zu Hause essen, wohnen ○ „Wir machen's eben umgekehrt, sind zuhause mit einem Punkt zufrieden, und holen uns dafür auswärts drei." (Niederösterreichische Nachrichten 25. 9. 2014)

zuhinterst//zuvorderst
das Geld lag zuhinterst im Schreibtischfach ○ «Ein junger Spieler ist nie zuhinterst, sondern zuvorderst.» (Neue Zürcher Zeitung 13. 7. 2017)

Zuhörer//Redner
der Redner musterte seine Zuhörer ○ Die Zuhörer können die Redner nicht verstehen, hören den Dolmetschern nicht zu, also reden sie miteinander. (taz 6. 3. 2015)

zukehren//abkehren
ihm den Rücken zukehren ○ Denn wir, die wir keine Matrosen sind, kennen luv und lee nur vom Rätsel, wo mit „Seemannsspr.: dem Wind zugekehrte Seite" nach luv und mit „Seemannsspr.: dem Wind abgekehrte Seite" nach lee gefragt wird. (Neue Kronen-Zeitung 20. 9. 2003)

zuklappen//aufklappen
die Motorhaube zuklappen ○ *den Deckel (einer Kiste) wieder zuklappen* ○ *das Buch zuklappen* ○ *«Der Künstler ist heute nicht mehr ein einsam im stillen Kämmerlein wirkendes Genie, sondern ein Unternehmer, der seinen Laptop in Zürich zuklappen und morgen am neuen Standort in Berlin aufklappen kann.»* (Neue Zürcher Zeitung am Sonntag 17. 1. 2016)

zu klein sein//passen
die Schuhe sind zu klein ○ *Vielleicht ist der Ski zu klein geworden, vielleicht passen die Schlittschuhe nicht mehr oder wird das Snowboard nicht mehr benützt.* (St. Galler Tagblatt 21. 10. 1998)

zuknöpfen//aufknöpfen
die Weste, Bluse, Hose zuknöpfen ○ *„Knopf ist ein schönes Wort oder auch zuknöpfen und aufknöpfen, und das Wort passt auf Deutsch zum Knopf wie eine Knospe."* (Stuttgarter Zeitung 17. 12. 2010)

zuknoten//aufknoten
die Bänder zuknoten ○ *Vorsicht ist auch mit schicken Halstüchern geboten, die so mancher Hundebesitzer seinem Liebling umbindet: Fest zugeknotet lassen sie sich nur schwer wieder entfernen.* (Stuttgarter Nachrichten 24. 1. 2015)

zuknüpfen//aufknüpfen
einen Knoten zuknüpfen ○ *Alt werde ich mich erst fühlen, wenn ich nicht mehr selbst meine Schuhbandln zuknüpfen kann* (Neue Kronen-Zeitung 16. 3. 2000)

zukorken//aufkorken
die Flasche zukorken ○ *... wo Maschinen in endlosen Reihen kreiselnd tanzende Flaschen wie von Zauberhand waschen, befüllen, zukorken und etikettieren* (Die Presse 19. 7. 2014)

zukriegen//aufkriegen; ↑auch: aufmachen
die Tür, den Koffer (nicht) zukriegen ○ *„Da machen wir ein ganz großes Fass auf, das wir nicht mehr zukriegen."* (Südkurier 25. 3. 2000)

Zukunft//Gegenwart
das ist ein Projekt für die Zukunft, noch nicht für die Gegenwart

Zukunft//Vergangenheit
Was derzeit in dem abgewohnten Gebäude stattfindet, hat weniger mit Zukunft als mit Vergangenheit zu tun, mit einer Vergangenheit, der sich viele in der Brandenburger Politik bislang nicht stellen wollten. (Der Tagesspiegel 4. 12. 2009) ○ *Jetzt gilt sie in ihrer Partei als Frau mit Zukunft, von der man Siegen lernen kann.* (Die Zeit 16. 12. 2012)

zukünftig//gegenwärtig
die gegenwärtigen und die zukünftigen Ausgaben ○ *Ob dies zukünftig möglich sein wird, steht gegenwärtig noch in den Sternen.* (Süddeutsche Zeitung 13. 1. 2006)

zukunftsorientiert//gegenwartsorientiert
Das ist häufig das Problem der Leute, die ihren Terminkalender abarbeiten, dass sie zukunftsorientiert sind und nicht gegenwartsorientiert. (Stuttgarter Zeitung 20. 12. 2010)

zukunftsorientiert//vergangenheitsorientiert
eine zukunftsorientierte Politik ○ *„Die Ausgaben müssten mehr zukunftsorientiert und weniger vergangenheitsorientiert sein"* (Süddeutsche Zeitung 10. 4. 2006)

zu Lande//in der Luft, zu Wasser
(Militär) ○ *Es wird versucht, für jeden Geschmack das Passende zu finden: ob Familien-, Abenteuer-oder Kulturreise. Ob zu Lande oder zu Wasser – auf hoher See oder auf Flüssen.* (Tiroler Tageszeitung 7. 4. 2018) ○ *Binnen 24 Stunden waren auf dem Kontinent so gut wie alle Tickets für Reisen auf die Insel zu Wasser, zu Lande und in der Luft vergriffen.* (Hamburger Abendblatt 5. 5. 2018)

zulassen//auflassen; ↑auch: aufmachen
die Tür, das Fenster zulassen ○ „Wenn du schreien möchtest, lass den Mund zu" (Tiroler Tageszeitung 12. 5. 2013)

zulassen//aufmachen
die Packung, den Brief zulassen, noch nicht aufmachen ○ Wir wollen hinten die Türen zulassen und vorne das ein oder andere Fenster aufmachen. (Saarbrücker Zeitung 4. 10. 2013)

zulässig//unzulässig
ein (verfassungsmäßig) zulässiger Einsatz von Truppen ○ Und es ist nicht fair, wenn Deutschland die Konkurrenzfähigkeit seiner Waren nicht nur zulässig durch deren ingeniöse Qualität, sondern auch unzulässig durch Lohndumping erhöht. (Die Presse 13. 2. 2017)

zulaufen//entlaufen
eine zugelaufene Katze ○ Da sei in Bad Ragaz ein rund dreijähriges schwarzweisses Katzenmännchen zugelaufen, kastriert obendrein, und jetzt möge sich melden, wem es entlaufen sei. (Die Südostschweiz 14. 1. 2006)

zu Lebzeiten//postum
ein (schon) zu Lebzeiten veröffentlichtes Werk ○ Bei allem Erfolg, der ihm zu Lebzeiten beschieden war, wurde er postum schnell vergessen. (Thüringische Landeszeitung 16. 7. 2011)

zuletzt//zuerst
du kommst zuletzt an die Reihe ○ Das zuletzt Gelernte geht auch zuerst verloren (Oberösterreichische Nachrichten 20. 6. 2018)

Zuluft//Abluft
(Klimatechnik)

zumachen//auflassen, offen lassen
das Fenster zumachen und nicht länger auflassen ○ Wenn dann ... auch noch eine Formation wie „Dagefoer" auf der Bühne steht, weiß man ohnehin nicht mehr, ob man die Augen zumachen oder auflassen soll. (Mannheimer Morgen 15. 2. 2014) ○ Soll ich zumachen und die Leute hinausweisen, oder soll ich offen lassen? (Süddeutsche Zeitung 9. 12. 2006)

zumachen//aufmachen; ↑auch: öffnen; ↑auch: aufschrauben
das Fenster zumachen eine Kiste zumachen ○ das Geschäft zumachen ○ das sind Momente, wo man wirklich einfach nur die Augen zumachen und nie wieder aufmachen möchte (Der Tagesspiegel 28. 2. 2013) ○ Wir sind aber froh, dass wir nicht nur eine Tür zumachen mussten, sondern auch eine neue aufmachen konnten. (Thüringer Allgemeine 31. 3. 2010) ○ Da muss man das Fenster nicht zumachen beim Üben. Da muss man es aufmachen! (Saarbrücker Zeitung 6. 9. 2006)

zumachen//aufschlagen
das Buch zumachen

zumachen//aufspannen
den Regenschirm zumachen

zum Teil//ganz, völlig
das Haus wurde zum Teil zerstört ○ Übernimmt die Kasse eine sportmedizinische Untersuchung, alternative Arzneien oder Osteopathie zum Teil oder sogar ganz, kann das den Versicherten um einige hundert Euro entlasten. (FOCUS 7. 2. 2015) ○ Dass die darin enthaltenen Zahlen zum Teil auf nicht erklärten, völlig aus der Luft gegriffenen Annahmen der BDO beruhen (NEWS 25. 3. 2017)

zum Tode betrübt; ↑himmelhoch

zumutbar//unzumutbar
diese Arbeit ist zumutbar ○ „Die Wahrheit ist dem Menschen zumutbar" (Ingeborg Bachmann, Rede zur Verleihung des Hörspielpreises der Kriegsblinden, 1959)

zunähen//auftrennen
die Taschen zunähen ○ Sprüche, die irgendwann per Zufall gefallen sind, wie

„verflixt und zugenäht – und wieder aufgetrennt", müssten unbedingt mit rein, erklärt sie schmunzelnd. (Südkurier 4. 4. 2014)

Zunahme//Abnahme
Zunahme des Gewichts

Zuname//Vorname
Batzke ist ihr Zuname (Familienname)

zunehmen//abnehmen
er hat zugenommen ○ der Lärm nimmt zu ○ die Schmerzen nehmen zu ○ zunehmender Mond ○ ... dass mit dem fortwährenden Streit um die Flüchtlingspolitik Abwehrreflexe gegenüber Migranten eher zu- als abgenommen haben. (Der Spiegel 28. 7. 2018)

Zuneigung//Abneigung; ↑auch: Antipathie, Hass
Zuneigung zu jemandem empfinden ○ Wenn ein Vater so zeitintensiv etwas ausübt, entwickelt man eine große Zuneigung dazu oder Abneigung (Neue Vorarlberger Tageszeitung 14. 6. 2009)

Zungenpfeife//Labialpfeife, Lippenpfeife
(Orgel)

Zungen-R//Zäpfchen-R
(rollend gesprochenes R)

zuoberst//zuunterst
das Buch lag zuoberst ○ Wer Erfolg haben will, der beginnt nicht zuoberst, sondern zuunterst. (Neue Luzerner Zeitung 17. 12. 2016)

zuraten//abraten
er hat mir zugeraten (zum Kauf) ○ Alle Menschen, sagt er, sind rednerisch tätig, wenn sie zuraten oder abraten, anklagen oder verteidigen (Weltwoche 20. 10. 2016)

zurechnungsfähig//unzurechnungsfähig
er galt als zurechnungsfähig ○ Kurz vor Prozessbeginn stufte ein neues psychiatrisches Gutachten den Angeklagten als voll zurechnungsfähig ein. Zuvor war er wegen „paranoider Schizophrenie" für unzurechnungsfähig erklärt worden. (Tiroler Tageszeitung 17. 4. 2012)

zureichend//unzureichend
er wurde zureichend informiert ○ Aus der Versammlung kam der Ratschlag, den Eingang an der Wetterseite zureichend vor Wettereinflüssen zu schützen. (St. Galler Tagblatt 3. 10. 2015)

zurück//hin; ↑auch: einfach//hin und zurück
hin sind wir gefahren, zurück gelaufen ○ eine Fahrkarte bitte: hin und zurück ○ Also noch einmal zurück und wieder hin. (Hannoversche Allgemeine 4. 10. 2016)

zurück//nach vorn, vor
drei Schritte vor und einen zurück ○ Es ist ein Geschacher um wenige Meter, die man dem Feind abgetrotzt hat, es wirkt wie das Vor und Zurück in einem Schachspiel, das keinen Sieger kennt. (Der Spiegel 31. 3. 2018) ○ Ein Blick zurück ist auch ein Blick nach vorn. (Neue Zürcher Zeitung 9. 1. 2018)

zurück; ↑hin und zurück

zurück...//hin... (Verb)
z. B. zurückfahren/hinfahren

zurück...//höher... (Verb)
z. B. zurückstufen/höherstufen

zurück...//vor... (Verb)
z. B. zurückfahren/vorfahren

zurückbekommen//auslegen
ich habe das Geld (von ihm wieder) zurückbekommen ○ Die Parteien ... werden für die Wahlen in das Europäische Parlament aus dem Steuertopf zum Teil mehr Geld zurückbekommen, als sie an Wahlkampfkosten ausgelegt haben. (Salzburger Nachrichten 16. 6. 1999)

zurückbeugen, sich//sich vorbeugen
sie hat sich zu ihm zurückgebeugt (z. B. von einer vorderen Reihe aus nach hinten) ○ und nun weit die Flasche von sich

streckend und im Schwung sie wieder hinaufführend, trinkt er sie, übertrieben lehrhaft zurückgebeugt, mit einem Zuge leer. (Franz Kafka: „Ein Bericht für eine Akademie")

zurückblicken//nach vorn blicken
„Wir wollen aber nicht zurückblicken, sondern schauen nach vorn" (Braunschweiger Zeitung 8. 10. 2010) ○ *Nein, zurückblicken mag im Moment niemand so richtig. Viel lieber nach vorn* (Rhein-Zeitung 6. 1. 2016)

zurückdatieren//vorausdatieren, vordatieren
einen Brief zurückdatieren (ein früheres Datum schreiben) ○ *Im Nachgang sei der Vermerk dann vielleicht verändert und zurückdatiert worden, um das zu verschleiern.* (Hannoversche Allgemeine 18. 5. 2017)

zurückfahren//hinfahren
wir sind mit dem Auto (auch wieder) zurückgefahren ○ *Damit werde auch der Bus von Bad Kreuznach ad absurdum geführt, denn „wer wird mit dem Bus zurückfahren, wenn er mit dem Auto hinfahren muss?"* (Rhein-Zeitung 29. 11. 2005)

zurückfahren//vorfahren
fahren Sie bitte einige Meter zurück ○ *zum Einparken ein Stückchen zurückfahren* ○ *Alle Wiener Taxis müssen aus Schwechat leer zurückfahren, die Schwechater Taxis umgekehrt aus Wien.* (Die Presse 30. 4. 2018)

zurückgehen//steigen
der Verbrauch ist zurückgegangen ○ *Der Staatschef will, dass die Urlauberzahlen zurückgehen, aber die Einkünfte aus dem Tourismus steigen.* (Berliner Morgenpost 22. 1. 2017)

zurückkehren//verjagen
Zumindest einmal ist fast jede und jeder an den Ort zurückgekehrt, aus dem sie verjagt wurden (Die Presse 4. 12. 2004)

zurückreisen//hinreisen
am 1. August bin ich zurückgereist

zurückrutschen//vorrutschen
einen Platz zurückrutschen ○ *Dadurch, dass ich im vergangenen Winter alle Konzentration auf den Slalom gelegt habe, bin ich in der Riesentorlauf-Rangliste weit zurückgerutscht.* (Tiroler Tageszeitung 9. 11. 2010)

zurückschalten//hochschalten, hinaufschalten
in den zweiten Gang zurückschalten ○ *Verbal im Vorfeld solcher Spiele „lieber einen Gang zurückschalten". Einen Gang hochschalten müsse hingegen die Frauen-Nationalmannschaft.* (Frankfurter Rundschau 6. 4. 2011)

zurückschieben//vorziehen
den Tisch (in die Ecke) zurückschieben

zurückspulen//vorspulen
eine Kassette zurückspulen

zurückstellen//vorstellen
die Uhr [um] eine Stunde zurückstellen ○ *Im Winter sind die Temperaturen im Minus-Bereich, also eine Stunde zurückstellen. Im Sommer sind sie wieder im Plus-Bereich, also eine Stunde vorstellen.* (Nordkurier 24. 3. 2012)

zurückstufen//höherstufen
jemanden (in eine niedrigere Gehaltsstufe) zurückstufen ○ *Facebook will in Zukunft Inhalte von Unternehmen und Medien zurückstufen.* (Tiroler Tageszeitung 13. 1. 2018)

zurücktreten//vortreten
in eine Reihe zurücktreten ○ *ins Glied zurücktreten* ○ *einen Schritt zurücktreten* ○ *Wenn nicht, müssen die USA einen Schritt zurücktreten und versuchen, die Krise unter Kontrolle zu bringen.* (Mannheimer Morgen 6. 9. 2017)

zurückweichen//standhalten
er wich vor dem Feind zurück ○ *Maaz ist überzeugt, dass seine Therapie ... zur*

Selbstbehauptung befähigt hat: nicht mehr zurückweichen, sondern standhalten können. (Die Zeit 29. 6. 1990)

zurückziehen//vorziehen
die Gardinen zurückziehen ○ *Ich habe im Herbst des Vorjahres angekündigt, dass ich mich Schritt für Schritt aus meinen Funktionen zurückziehen werde.* (Rieder Volkszeitung 30. 1. 2014)

Zusage//Absage
er hat viele Zusagen (auf seine Einladung) bekommen ○ *Mit der Anmeldung an einer Schule folgt dann das Warten der Eltern auf die Zu- bzw. Absage.* (Wiener Zeitung 12. 1. 2016)

zusagen//absagen
wir haben sie eingeladen, und sie hat zugesagt (wird kommen) ○ *Die dauernden Diskussionen sowie Termine zusagen und absagen oder zu verschieben, bringe nichts.* (Ostthüringer Zeitung 5. 12. 2008)

zusammen//allein
er lebt mit ihr/ihm zusammen ○ sie spielt das Stück mit anderen zusammen ○ wir (das Paar) fahren zusammen in Urlaub ○ die Kinder zusammen (von Mutter und Vater) erziehen ○ *Früher noch zusammen mit meinem verstorbenen Mann, heute eben allein.* (Vorarlberger Nachrichten 6. 6. 2009)

zusammen//auseinander
Tanzschritte (beim Rheinländer): auseinander und zusammen ○ *Mirna hat im Wasser eine ganz eigene Körperhaltung verselbstständigt …: Knie zusammen, Oberschenkel zusammen, Unterschenkel auseinander.* (Der Standard 20. 6. 2003)

zusammen//einzeln
man sieht sie immer nur zusammen, nie einzeln ○ *Die können ja zusammen springen, müssen aber einzeln gewertet werden.* (Hamburger Abendblatt 3. 9. 2012)

zusammen//getrennt
zahlen Sie zusammen oder getrennt? (im Restaurant) ○ *sie wohnen jetzt zusammen und nicht mehr getrennt (in zwei Wohnungen)* ○ *Immerhin sei sie mit ihrem Mann und ihrem Sohn zusammen und die Familie nicht getrennt.* (Südwest Presse 27. 4. 2018)

zusammen…//aus… (Verben mit gleichem Basiswort)
z. B. *zusammenrollen/ausrollen (Teppich)*

zusammen…//aus… (Verben mit nicht gleichem Basiswort)
z. B. *zusammenschieben/ausziehen*

zusammen…//auseinander… (Verben mit gleichem Basiswort)
z. B. *zusammenklappen/auseinanderklappen*

zusammen…//auseinander… (Verben mit nicht gleichem Basiswort)
z. B. *zusammensetzen/auseinandernehmen*

zusammenbekommen//auseinanderbekommen
den Klappstuhl nicht zusammenbekommen (nicht zusammenlegen können) ○ *Es gibt immer mehr Leute, die am Ende des Monats beide Enden nicht zusammenbekommen, vor allem Haushalte mit drei oder mehr Kindern* (Luxemburger Tageblatt 2. 5. 2016)

zusammenbleiben//auseinandergehen
die beiden sind trotz des Streits zusammengeblieben und nicht auseinandergegangen ○ *Wir wollen einfach, dass nicht alle gleich auseinandergehen, sondern man noch ein bisschen zusammenbleiben kann* (Mannheimer Morgen 1. 7. 2017)

zusammenbringen//auseinanderbringen
den Liegestuhl nicht zusammenbringen ○ *die Freundin hat sie zusammengebracht (hat gemacht, dass sie sich befreundet haben)* ○ *Sie: „Meinst du nicht, es hat uns sogar näher zusammengebracht?"*

Er: „Es hat uns nicht auseinandergebracht." (Der Spiegel 7. 1. 2013)

zusammenfalten//auseinanderfalten
die Zeitung zusammenfalten o eine Landkarte (wieder) zusammenfalten o Rad zusammenfalten, 23 Minuten mit der Bahn zur Stadtmitte, in einer Minute auseinanderfalten, losradeln. (Stuttgarter Nachrichten 18. 8. 2016)

zusammengesetzt//einfach
eine zusammengesetzte – eine periphrastische – Form des Verbs ist z. B. „hat getrunken" o Smog ist ein zusammengesetztes Wort: aus den englischen Wörtern für Rauch, also smoke, und Nebel, der fog heißt. (Mittelbayerische Zeitung 15. 11. 2017)

zusammenhängend//unzusammenhängend
zusammenhängend sprechen o Erst wenige Jahre zuvor hatte Mendelssohn die bis dahin für unaufführbar gehaltene Matthäus-Passion erstmals nach dem Tod Bachs wieder zusammenhängend und sehr erfolgreich musiziert. (Mannheimer Morgen 11. 8. 2009)

zusammenklappen//aufspannen
den Schirm (wieder) zusammenklappen

zusammenklappen//auseinanderklappen
ein Gestell zusammenklappen

zusammenkommen//auseinandergehen
die Mitglieder kamen (zu einer Demonstration) zusammen o In den heutigen Lebenswelten, in denen viele zusammenkommen und wieder auseinandergehen, scheitern immer mehr Ehen (Neue Zürcher Zeitung 3. 10. 2015)

zusammenkuppeln//entkuppeln
Im Fuhrpark sind 44 Züge, von denen sich je zwei zusammenkuppeln lassen. (Mannheimer Morgen 2. 6. 2016)

zusammenlegen//auseinanderfalten
das Tischtuch zusammenlegen

zusammennehmen, sich//sich gehenlassen
er nimmt sich zusammen (beherrscht sich) o Hier musste man sich zusammennehmen, dort durfte man sich gehen lassen, dem Hang zum Ungegliederten, Maßlosen, zum Nichts nachgeben. (Süddeutsche Zeitung 3. 4. 1999)

zusammenrollen//ausrollen; ↑auch: aufrollen
den Teppich zusammenrollen

zusammenrücken//auseinanderrücken
die Stühle zusammenrücken

zusammenschieben//ausziehen
den Tisch (wieder) zusammenschieben

zusammenschrauben//auseinanderschrauben

zusammenschreiben//getrennt schreiben
„gehen lassen" für „sich nicht zusammennehmen" kann man zusammen- oder getrennt schreiben

Zusammenschreibung//Getrenntschreibung
(Orthografie)

zusammensetzen//auseinandernehmen
das Spielauto (wieder) zusammensetzen o Dadurch lassen sich die einzelnen Körperteile immer wieder zusammensetzen, auseinandernehmen und neu kombinieren. (Stuttgarter Nachrichten 21. 11. 2007)

zusammensetzen//auseinandersetzen
die beiden Freunde wurden in der Klasse zusammengesetzt (saßen an einem Tisch)

Zusammensetzung//Ableitung; ↑auch: Derivation
das Wort „Fensterscheibe" ist eine Zusammensetzung (Sprachwissenschaft)

zusammenstreben//auseinanderstreben
zusammenstrebende (in den Zielen ähnliche, sich annähernde) Interessen o

Sie wirken aufeinander, streben zusammen oder auseinander und beeinflussen sich gegenseitig. (St. Galler Tagblatt 25. 10. 2001)

zusammentreiben//auseinandertreiben
Beamte formieren sich in solchen Fällen als lebende Mauer um Demonstranten oder treiben sie zwischen Absperrungen zusammen. (Haller Tagblatt 7. 3. 2013)

zusammenziehen, sich//sich ausdehnen
die Schienen ziehen sich bei Kälte zusammen ○ Es sind dies Scheiben aus Platinpulver, die sich – ganz ähnlich wie ein echter Muskel – zusammenziehen und ausdehnen. (Salzburger Nachrichten 11. 4. 2003)

Zusammenziehung//Ausdehnung

zuschieben//aufschieben
eine Schiebetür zuschieben

zuschieben//aufziehen
das Schubfach (wieder) zuschieben

zuschließen//aufschließen
die Tür, den Laden zuschließen ○ Anne, die Tochter von Ladeninhaberin Mandy Bernig, schließt zwar pünktlich auf, doch es darf trotzdem niemand hinein. Wieder zuschließen, nochmal aufschließen. (Süddeutsche Zeitung 16. 2. 2016)

zuschnallen//aufschnallen
die Schuhe zuschnallen ○ «Der Helm war nicht zugeschnallt», erzählt sie. (Die Südostschweiz 11. 6. 2008)

zuschnüren//aufschnüren
ein Paket, die Schuhe zuschnüren ○ Nach der parlamentarischen Beratung will er das Paket definitiv zuschnüren, am liebsten mit allen Massnahmen drin. (St. Galler Tagblatt 28. 9. 2017)

zuschrauben//aufschrauben; ↑auch: aufmachen
die Flasche zuschrauben

zu sein//auf sein; ↑auch: geöffnet, offen
die Tür, das Fenster ist zu ○ der Hosenschlitz ist zu ○ das Geschäft ist zu

zu sich kommen//ohnmächtig werden
Am frühen Morgen war sie gemäss ihrer Schilderung in einem Raum zu sich gekommen, den sie nicht kannte. (Tages-Anzeiger 22. 11. 2019)

zusperren//aufsperren
das Haus, die Tür, den Schrank zusperren ○ Man kann nicht immer zusperren, sondern man muss auch den zeitlichen Notwendigkeiten Rechnung tragen und auch wieder Polizeiposten aufsperren. (Oberösterreichische Nachrichten 2. 11. 2012)

zusprechen//absprechen
jemandem einen Besitz zusprechen ○ Konnte man der TSG wenigstens mehr Ballbesitz zusprechen, musste man ihnen aber jegliche Zielstrebigkeit Richtung FCB-Tor absprechen. (Westdeutsche Zeitung 11. 9. 2017)

zuständig//unzuständig
sie ist dafür zuständig ○ sich für zuständig erklären ○ Dass 2015 das Innen-, also das Polizeiministerium und nicht die Sozialstaatseinrichtungen sich zuständig fühlten, aber unzuständig waren, ist bis heute eine Schande. (Die Presse 29. 10. 2016)

Zustandsdelikt//Dauerdelikt
(Rechtswesen)

Zustandshaftung//Handlungshaftung
(Haftung des Eigentümers für bewegliche und nicht bewegliche Dinge hinsichtlich der Gefahren, die von ihnen ausgehen, z. B. bei Einsturzgefahr)

zustellbar//unzustellbar
(von postalischen Sendungen) ○ 20.000 Benachrichtigungen nicht zustellbar. In Hamburg wurden 20.000 Wahlbenachrichtigungen als unzustellbar an das

Wahlamt zurückgeschickt. (Die Welt 13. 9. 2013)

zustimmen//ablehnen
er stimmte dem Vorschlag zu ○ *Ob die Parteien dem Vorschlag der Landesregierung zustimmen oder ihn ablehnen, ist längst bekannt* (Die Presse 20. 6. 2013)

zustimmen//widersprechen
dem Gesagten zustimmen ○ *er hat zugestimmt* ○ *In einem Punkt muss man den Initianten zustimmen und der Kampagne der Gegner widersprechen* (Neue Zürcher Zeitung 26. 5. 2012)

zustimmungsbedürftig//zustimmungsfrei
zustimmungsbedürftiger Teil des Gesetzes

zustimmungsfrei//zustimmungsbedürftig
zustimmungsfreier Teil des Gesetzes

Zustimmungsgesetz//Einspruchsgesetz
(Rechtswesen)

zustöpseln//aufstöpseln
eine Flasche zustöpseln ○ *Entweder die Menschen hetzen, als wäre der Leibhaftige hinter ihnen her, oder sie sind völlig in ihre Mobiltelefone vertieft, die Ohren zugestöpselt und die Augen auf einen Bildschirm fixiert.* (Die Presse 6. 11. 2016)

zuträglich//abträglich
das ist der Gesundheit zuträglich ○ *„Den Kollegen in den Praxen ist diese Arbeit eher zuträglich als abträglich", betont Zenner, die Sprachheilbauftragte stelle keine Konkurrenz zu anderen Logopäden dar.* (Saarbrücker Zeitung 21. 1. 2003)

Zuträglichkeit//Abträglichkeit

zutreffend//unzutreffend
eine zutreffende Beurteilung ○ *Auch wurden die Befragten mit einer langen Reihe von Merkmalen konfrontiert, die sie als zutreffend oder unzutreffend bewerten konnten.* (Wiesbadener Kurier 28. 10. 2010)

Zutreffendes//Nichtzutreffendes
Zutreffendes bitte unterstreichen (auf einem Vordruck)

zuungunsten//zugunsten
eine Entscheidung zuungunsten des Vereins ○ *Man verweist auf den Grundsatz der Objektivität, der verlangt, dass ein Staatsanwalt sowohl zuungunsten als auch zugunsten eines Verdächtigen ermittelt.* (Stuttgarter Zeitung 21. 1. 2008)

zu Unrecht//mit Recht
ein zu Unrecht vergessenes Werk ○ *Es gilt für alle, die fliehen, aus Not oder Kalkül, für alle, die verfolgt werden, zu Unrecht oder mit Recht.* (Die Presse 27. 6. 2013)

zuunterst//zuoberst; ↑auch: **oben, obendrauf**
das Buch lag zuunterst ○ *Die Firma ... wurde damit beauftragt, ein Gerüst rund um das Hochhaus von zuunterst bis zuoberst zu erstellen.* (Die Nordostschweiz 8. 10. 2015)

zuverlässig//unzuverlässig
sie ist zuverlässig ○ *Chef der Lufthansa-Tochtergesellschaft Kay Kratky sagt, es sei ihm lieber, 99 Prozent des Programmes zuverlässig zu fliegen als 100 Prozent unzuverlässig.* (Niederösterreichische Nachrichten 8. 7. 2016)

Zuverlässigkeit//Unzuverlässigkeit

zu viel//zu wenig
er hat zu viel Arbeit ○ *er hat zu viel bekommen* ○ *Deshalb plädiere ich für die richtige Mitte zwischen einem Zuviel und einem Zuwenig.* (Der Spiegel 27. 10. 2018)

zuvorderst//zuhinterst; ↑auch: **hinten**
im Orchester sitzt er zuvorderst (ganz vorn) ○ *Man ist geneigt zu behaupten, dass man es zuvorderst im Dorf hört, wenn zuhinterst jemand hustet.* (St. Galler Tagblatt 7. 7. 2016)

Zuwahl//Abwahl
die Zuwahl von medizinischen Leistungen bei der Krankenversicherung

Zuwanderung//Abwanderung
Zuwanderung nach Deutschland ○ *Die Angst vor einer Zuwanderung werde sich wohl bald in eine Sorge um die Abwanderung von qualifizierten Arbeitskräften umkehren* (Salzburger Nachrichten 29. 3. 2003)

zu Wasser//in der Luft, zu Lande
(Militär) ○ *Nach dem Unfall am Dienstag suchten Feuerwehr und Deutsche Lebensrettungsgesellschaft (DLRG) zu Wasser und zu Land nach einem vermissten 33-Jährigen und konnten ihn nach wenigen Minuten finden* (Wiesbadener Tagblatt 3. 5. 2018)

zuwenden//abwenden
sie hat ihm ihr Gesicht zugewendet ○ *Beim „V"-Zeichen muss der Handrücken nämlich dem eigenen Gesicht zugewendet sein.* (Schweriner Volkszeitung 3. 9. 2012)

zuwenden, sich jemandem//sich von jemandem abwenden
sie wandte sich ihm zu ○ *Trotz allem wird immer wieder befürchtet, dass sich die USA China zuwenden und von Europa abwenden könnten?* (Frankfurter Rundschau 15. 6. 2013)

zu wenig//zu viel
er hat zu wenig Freizeit ○ *er hat zu wenig bekommen* ○ *Der beharrlich reformresistente Föderalismus österreichischer Prägung leidet bekanntlich an der Paradoxie eines gleichzeitigen Zuwenig und Zuviel* (Die Presse 17. 1. 2016)

zuzählen//abziehen; ↑auch: subtrahieren
5 zu 3 zuzählen (zu etwas hinzuzählen)

zuziehen//aufziehen
den Vorhang, die Gardine, den Reißverschluss zuziehen ○ *Vorhang zuziehen, dann aufziehen und jetzt das wundervolle Abenteuer „Draußen" bestaunen.* (Tiroler Tageszeitung 3. 8. 2002)

zuzüglich//abzüglich; ↑auch: ausschließlich
zuzüglich des angegebenen Betrages ○ *Demgegenüber steht ein Betrag von 3496 Euro zur Verteilung zur Verfügung, zuzüglich noch zu erwartender Einnahmen, abzüglich noch anfallender Verfahrenskosten.* (Schwäbische Zeitung 21. 4. 2018)

zweckfrei//zweckgebunden
(nicht an einen bestimmten Zweck gebunden) ○ *Und hoffentlich tun sie das dann lieber zweckfrei als zweckgebunden.* (Hamburger Abendblatt 9. 6. 2008)

zweckgebunden//zweckfrei
(nur für einen bestimmten Zweck zu verwenden)

zweckmäßig//unzweckmäßig
zweckmäßige Kleidung ○ *Diverse Möglichkeiten, eine neue Unterkunft zu finden, seien bereits geprüft, aber als nicht zweckmäßig befunden worden. Der Umbau des Tennishauses scheine aus Kostengründen unzweckmäßig* (Braunschweiger Zeitung 11. 3. 2011)

Zweckoptimismus//Zweckpessimismus
(deutlich zur Schau getragener Optimismus, der eine bestimmte fördernde, stimulierende Wirkung haben soll)

Zweckpessimismus//Zweckoptimismus
(deutlich zur Schau getragener Pessimismus, der eine bestimmte hemmende, von etwas abhaltende Wirkung haben soll)

Zweibettzimmer//Einbettzimmer; ↑auch: Einzelzimmer
(Zimmer mit Schlafmöglichkeit für zwei Personen)

zweieiig//eineiig
zweieiige Zwillinge

zweigleisig//eingleisig
eine zweigleisige Strecke

Zweihänder//Vierhänder
(der Mensch)

zweihändig//vierhändig; ↑auch: à quatre mains
(Klavierspiel) ○ „Es ist toll zu sehen, dass die Schüler immer mehr musikalische Reife erreichen, ... sie spielen zweihändig und vierhändig". (Mannheimer Morgen 9. 12. 2013)

zweihäusig//einhäusig
zweihäusige Pflanzen

Zweihäusigkeit//Einhäusigkeit
(Botanik)

zweihöckrig//einhöckrig
das Trampeltier ist ein zweihöckriges Kamel ○ das Dromedar ist ein einhöckriges Kamel

Zweikammersystem//Einkammersystem
(Rechtswesen)

Zweireiher//Einreiher
(Schneiderei)

zweireihig//einreihig
Der Uhinger Gemeinderat beschloss gestern einstimmig, die Gräber nicht wie zunächst geplant zweireihig, sondern nur einreihig anzulegen (Neue Württembergische Zeitung 14. 5. 2016)

zweiseitiges Rechtsgeschäft//einseitiges Rechtsgeschäft

zweispaltig//einspaltig
zweispaltiger Druck

zweisprachig//einsprachig
zweisprachige Wörterbücher

zweispurig//einspurig
eine zweispurige Bahnstrecke ○ Der äußere Gürtel ... wird dann bis Anfang September tagsüber nur mehr zweispurig befahrbar sein, nachts und an den Wochenenden gar nur einspurig. (Der Standard 21. 6. 2016)

Zweitaktmotor//Viertaktmotor
(Technik)

zweiteilig//einteilig
ein zweiteiliger Badeanzug ○ Kritik von den Grünen gab es mit Verweis auf den größeren Flächenverbrauch, weil der Baukörper zweiteilig, aber eingeschossig und nicht zweigeschossig, dafür jedoch nur einteilig (Stuttgarter Zeitung 12. 10. 2015)

zweitrangig//erstrangig
ein zweitrangiger (weniger guter) Musiker ○ Die wirtschaftlichen Interessen der EU und nationaler Parteien haben für Sie nur zweitrangig zu sein, erstrangig für Sie ist die Meinung des Volkes! (Neue Kronen-Zeitung 1. 5. 2008)

Zweitstimme//Erststimme
ihre Zweitstimme – auch „Leihstimme" genannt – gab sie der FDP (bei der Wahl)

Zwerg//Riese; ↑auch: Goliath
er ist ein Zwerg ○ Kühnerts Appell für ein Nein der Genossen: Heute einmal ein Zwerg sein, um künftig wieder Riese sein zu können. (Der Standard 22. 1. 2018)

Zwerg...//Riesen...; ↑auch: Groß..., Makro... (Substantiv)
z. B. ein Zwergbetrieb/Riesenbetrieb

Zwergbetrieb//Riesenbetrieb
(ein recht kleiner Betrieb mit nur wenigen Angestellten)

Zwergwuchs//Riesenwuchs; ↑auch: Großwuchs, Hypersomie, Makrosomie
(Medizin)

Zwietracht//Eintracht
in Zwietracht (Streit, Unfrieden) leben ○ Wobei Letztere immer weniger ihrer eigentlichen Funktion nachkommen, das besinnliche Fest mit Geschichten zu begleiten, in denen familiäre Zwietracht am Heiligen Abend endlich in Eintracht übergeht. (Der Standard 6. 12. 2008)

Zwischen...//End... (Substantiv)
z. B. Zwischenergebnis/Endergebnis

Zwischenergebnis//Endergebnis
das Zwischenergebnis bei der Auszählung der abgegebenen Stimmen für eine

Partei bei einer Wahl ○ *Das Zwischenergebnis wurde das Endergebnis.* (Schweriner Volkszeitung 15. 9. 2016)

Zwischenlagerung//Endlagerung
die Zwischenlagerung von radioaktiven Abfällen

Zwischenurteil//Endurteil
(Rechtswesen)

zyklothym//schizothym; ↑auch: leptosom
(aufgeschlossen-umgänglich ○ nach Kretschmer ○ zum pyknischen Typ gehörend)

www.ingramcontent.com/pod-product-compliance
Lightning Source LLC
Chambersburg PA
CBHW060451300426
44113CB00016B/2552